PEKING UNIVERSITY

北京大学年鉴

《北京大学年鉴》编委会

2006

北京大学出版社

图书在版编目(CIP)数据

北京大学年鉴（2006）/《北京大学年鉴》编委会编.— 北京：北京大学出版社，2009.2
ISBN 978-7-301-14010-9

Ⅰ．北…　Ⅱ．北…　Ⅲ．北京大学－2006－年鉴　Ⅳ．G649.281-54

中国版本图书馆 CIP 数据核字（2008）第 097805 号

书　　　名：	北京大学年鉴(2006)
著作责任者：	《北京大学年鉴》编委会
责 任 编 辑：	赵学范　陈　洁
封 面 设 计：	林胜利
标 准 书 号：	ISBN 978-7-301-14010-9/G·2413
出 版 发 行：	北京大学出版社
地　　　址：	北京市海淀区成府路205号　100871
网　　　址：	http://www.pup.cn　电子信箱：zpup@pup.pku.edu.cn
电　　　话：	邮购部62752015　发行部62750672　编辑部62752032　出版部62754962
印　　刷　者：	北京中科印刷有限公司
	787毫米×1092毫米　16开本　35印张　1印张彩页　1330 千字
	2009年2月第1版　2009年2月第1次印刷
定　　　价：	120.00元

未经许可，不得以任何方式复制或抄袭本书之部分或全部内容。
版权所有，侵权必究
举 报 电 话：62752024　电子信箱：fd@pup.pku.edu.cn

2005年4月6日,国务委员陈至立视察北大深圳研究生院

2005年6月9日,中央军委委员、解放军总政治部主任李继耐上将看望北大国防生

2005年12月13日,北大召开保持共产党员先进性教育活动总结大会

2005年5月20日,北大召开"保持共产党员先进性,加强党的执政能力建设"理论研讨会

2005年1月26日,北京大学-ORACLE电子政务联合研究室成立

2005年4月4日,泰王国公主诗琳通与北大党委书记闵维方一起为新成立的北京大学诗琳通科技文化交流中心揭牌

2005年7月28日,北大民营经济研究院成立

2005年4月29日,中国国民党主席连战访问北大并发表演讲

2005年9月21日,北京大学－耶鲁大学微电子和纳米技术联合研究中心成立

2005年9月21日,北京大学－康奈尔大学中国与亚太研究项目协议签署仪式举行

2005年3月21日,美国国务卿赖斯访问北大并与学生在北大中国经济研究中心进行交流

2005年4月8日,哥伦比亚总统乌里韦访问北大并被授予名誉博士学位

2005年4月16日,尼日利亚总统奥卢塞贡·奥巴桑乔在北大演讲并被授予名誉博士学位

2005年5月18日,冰岛共和国总统奥拉维尔·拉格纳·格里姆松访问北大并发表演讲

2005年6月3日,秘鲁共和国总统亚历杭德罗·托莱多·曼里克访问北大并被授予名誉博士学位

2005年10月24日,诺贝尔物理学奖得主李政道在北大演讲

2005年4月13日,诺贝尔化学奖得主克鲁岑在北大演讲并被授予北大荣誉教授称号

2005年6月1日,诺贝尔经济学奖得主罗伯特·蒙代尔在北大演讲并被授予名誉博士学位

2005年9月20日,北大授予牛津大学校长约翰·胡德名誉博士学位

2005年9月21日,台湾著名作家李敖在北大演讲

2005年9月5日,北大图书馆旧馆改造工程竣工暨开馆仪式举行

2005年9月17日,2008年北京奥运会乒乓球比赛馆(北京大学体育馆)工程开工典礼举行

《北京大学年鉴》(2006)编辑委员会

顾　问：王学珍　王德炳　陈佳洱　吴树青　郝　斌　王义遒
　　　　迟惠生　王效挺　马树孚　梁　柱　李安模　何芳川
　　　　赵存生　林久祥
主　任：闵维方　许智宏
副主任：吴志攀　林建华　柯　杨　岳素兰　林钧敬　张　彦
　　　　王丽梅　杨　河　鞠传进　张国有　海　闻　敖英芳
委　员：史守旭　张维迎　李晓明　于鸿君　朱　星　李岩松
　　　　李　强　刘　伟　肖东发　缪劲翔　李　鹰　赵为民
　　　　肖　渊　雷　虹　韩　流　李宇宁　秦春华　衣学磊
　　　　姚卫浩　魏国英　夏文斌

《北京大学年鉴》(2006)编辑部

主　编：张国有
副主编：缪劲翔　李　鹰　肖　渊　韩　流　秦春华　魏国英
　　　　夏文斌
学术顾问：肖东发　索玉柱
编　委：余　浚　张兴明　谢元媛　高慧芳　靳　毅　郭丛斌
　　　　李　祎　田　越　任羽中　彭湘兰　黄国珍　李　航
　　　　李海峰

编 辑 说 明

《北京大学年鉴》(2006)是北京大学建校以来的第八本年鉴,反映了北京大学2005年度在教学改革、学科建设、科学研究、对外交流等各方面的发展进程和最新成就。

《北京大学年鉴》(2006)以文章和条目为基本体裁,以条目为主。全书共分特载,专文,北大概况,机构与干部,院系情况,教育教学与学科建设,科学研究与产业开发,管理与后勤保障,党建与思想政治工作,人物,北京大学党发、校发文件,表彰与奖励,2005年毕业生,2005年大事记等基本栏目。

2005年,北京大学紧紧围绕创建世界一流大学这个中心任务,锐意创新,深化改革,在学科建设、教学科研、人事改革、对外交流、基础建设等各方面都取得了重大成就。对其中部分内容,本卷设置"特载"一栏加以记述,并在"专文"一栏中收录了2005年重要会议的讲话摘要。

本年鉴所收录的各院、系、所、中心等单位的资料,基本按照发展概况、学科建设、科研活动等条目编写。统计数字附在相关内容之后。

本年鉴所刊内容由各单位确定专人负责提供,并经本单位领导审定。

本年鉴采用双重检索系统。书前有目录,书后有索引。索引采用内容分析主题法,按汉语拼音排序,读者还可以通过书眉查检所需资料。

本年鉴主要收录了各单位2005年1月1日至2005年12月31日期间发生的重大事件,部分内容依据实际情况在时限上略有延伸。

《北京大学年鉴》(2006)由北京大学党委办公室、校长办公室组织编写,在编写过程中,得到了各有关单位和部门的大力支持,在此谨表衷心感谢。

《北京大学年鉴》编辑部
2006年11月

目 录

·特 载· ……………………………… (1)
北京大学孟二冬教授先进事迹感人至深 ……… (1)
国务院总理温家宝五四青年节
　看望北大师生 ……………………………… (2)
北京大学圆满完成保持共产党员先进性
　教育活动 …………………………………… (3)
　　附录　巩固和扩大先进性教育活动成果
　　　　　扎实推进创建世界一流大学工作 …… (4)

·专 文· ……………………………… (10)
党委书记闵维方在春季全校干部大会上
　的讲话 ……………………………………… (10)
校长许智宏在春季全校干部大会上的讲话 …… (14)
党委书记闵维方在秋季全校干部大会暨先进性
　教育活动工作培训会议上的讲话 …………… (20)
校长许智宏在秋季全校干部大会上的讲话 …… (23)

·北大概况· ……………………………… (28)

·机构与干部· …………………………… (32)
校领导机构组成名单 …………………………… (32)
学术委员会暨教师职务评审委员会 …………… (33)
专业技术职务评审委员会 ……………………… (33)
学位评定委员会 ………………………………… (33)
学部学术委员会 ………………………………… (34)
第五届校教职工代表大会执行委员会 ………… (35)
医学部负责人 …………………………………… (35)
校机关各部门、工会、团委负责人 …………… (35)
各院、系、所、中心负责人 …………………… (37)
直属、附属单位负责人 ………………………… (39)
各民主党派和归国华侨联合会负责人 ………… (41)

·院系情况· ……………………………… (42)
数学科学学院 …………………………………… (42)
力学与工程科学系 ……………………………… (44)
物理学院 ………………………………………… (45)
地球与空间科学学院 …………………………… (48)
信息科学技术学院 ……………………………… (51)
化学与分子工程学院 …………………………… (55)
生命科学学院 …………………………………… (59)
环境学院 ………………………………………… (61)
心理学系 ………………………………………… (64)
中国语言文学系 ………………………………… (65)
历史学系 ………………………………………… (66)
考古文博学院 …………………………………… (68)
哲学系、宗教学系 ……………………………… (70)
国际关系学院 …………………………………… (73)
新闻与传播学院 ………………………………… (76)
政府管理学院 …………………………………… (77)
经济学院 ………………………………………… (80)
光华管理学院 …………………………………… (81)
法学院 …………………………………………… (83)
信息管理系 ……………………………………… (86)
社会学系 ………………………………………… (88)
外国语学院 ……………………………………… (89)
马克思主义学院 ………………………………… (94)
教育学院 ………………………………………… (95)
艺术学系 ………………………………………… (97)
计算机科学技术研究所 ………………………… (100)
中国经济研究中心 ……………………………… (101)
人口研究所 ……………………………………… (104)
对外汉语教育学院 ……………………………… (105)
软件与微电子学院 ……………………………… (106)
工学院 …………………………………………… (108)
基础医学院 ……………………………………… (109)
药学院 …………………………………………… (110)
公共卫生学院 …………………………………… (112)
护理学院 ………………………………………… (113)
第一临床医学院（北京大学第一医院）………… (115)
第二临床医学院（北京大学人民医院）………… (118)
第三临床医学院（北京大学第三医院）………… (120)
口腔医学院（北京大学口腔医院）……………… (124)
临床肿瘤学院（北京肿瘤医院）………………… (125)
精神卫生研究所（北京大学第六医院）………… (128)
深圳医院 ………………………………………… (129)
首钢医院 ………………………………………… (133)
临床药理研究所 ………………………………… (136)
中国药物依赖性研究所 ………………………… (137)
生育健康研究所 ………………………………… (138)

医学部公共教学部 …………………… (140)
元培计划管理委员会 …………………… (141)

· **教育教学与学科建设** · ……… (145)
本科生教育教学 ………………………… (145)
　教学改革 ……………………………… (145)
　教学管理 ……………………………… (145)
　实践教学 ……………………………… (146)
　基地建设 ……………………………… (146)
　教务管理 ……………………………… (146)
　教材建设 ……………………………… (147)
　教学评估 ……………………………… (147)
　招生工作 ……………………………… (148)
　思想政治理论课教学 ………………… (148)
　艺术教学 ……………………………… (148)
　体育教学 ……………………………… (148)
　有关数据 ……………………………… (149)
　附录　本科专业目录 ………………… (150)
　　　　本科课程目录 ………………… (153)
　　　　2005年录取各省（自治区、直辖市）
　　　　　高考理科第一名学生 ……… (169)
　　　　2005年录取各省（自治区、直辖市）
　　　　　高考文科第一名学生 ……… (169)
　　　　2005年录取中学生国际奥林匹克
　　　　　竞赛获奖学生 ……………… (170)
研究生教育 ……………………………… (170)
　概况 …………………………………… (170)
　招生工作 ……………………………… (170)
　培养工作 ……………………………… (172)
　学位工作 ……………………………… (174)
　全国优秀博士学位论文 ……………… (174)
　管理工作 ……………………………… (174)
　课程建设 ……………………………… (176)
　奖助工作 ……………………………… (176)
　中国研究生院院长联席会秘书处 …… (177)
　全国医学专业学位教育指导委员会
　　秘书处 ……………………………… (177)
　医学研究生教育 ……………………… (177)
　深圳研究生院 ………………………… (181)
　附录　2005年全国优秀博士学位论文 … (183)
　　　　有权授予博士、硕士学位的
　　　　　学科专业目录 ……………… (183)
　　　　2005年在校研究生统计 ……… (187)
继续教育 ………………………………… (188)
　概况 …………………………………… (188)
　学历教育 ……………………………… (189)

　教学管理 ……………………………… (189)
　进修教师与访问学者 ………………… (190)
　自学考试 ……………………………… (190)
　高端培训 ……………………………… (191)
　成人教育学院 ………………………… (191)
　网络教育 ……………………………… (193)
　培训中心 ……………………………… (194)
　医学继续教育 ………………………… (195)
　医学网络教育学院 …………………… (197)
海外教育 ………………………………… (199)
　概况 …………………………………… (199)
　短期留学项目 ………………………… (199)
　预科留学项目 ………………………… (201)
　港澳台学生 …………………………… (201)
　第二届国际文化节 …………………… (201)
　附录　2005年秋季校本部在校留学生
　　　　　分国别统计 ………………… (201)
　　　　2005年秋季校本部在校留学生
　　　　　分院系统计 ………………… (203)
　　　　2005～2006学年医学部在校留学生
　　　　　分国别统计 ………………… (204)

· **科学研究与产业开发** · ……… (206)
理科与医科科研 ………………………… (206)
　概况 …………………………………… (206)
　科研基地建设 ………………………… (206)
　科研项目与科研经费 ………………… (207)
　科研成果 ……………………………… (208)
　附录　国家重点实验室 ……………… (209)
　　　　国家工程研究中心 …………… (209)
　　　　教育部重点实验室 …………… (209)
　　　　教育部网上合作研究中心 …… (209)
　　　　卫生部重点实验室 …………… (210)
　　　　卫生部工程研究中心 ………… (210)
　　　　北京市重点实验室 …………… (210)
　　　　2005年获准成立的交叉学科
　　　　　研究中心（虚体） …………… (210)
　　　　2005年理科与医科在研科研项目 … (210)
　　　　2005年理科与医科科研项目
　　　　　到校经费 …………………… (211)
　　　　1998～2005年全校到校科研经费
　　　　　分类统计 …………………… (212)
　　　　2005年理科获准项目及经费 … (213)
　　　　2005年医科获准项目及经费 … (214)
　　　　2005年校本部获准国家自然科学
　　　　　基金项目情况 ……………… (215)

2005年医学部获准国家自然科学
　　基金项目情况 …………………… (216)
2005年各单位获国家自然科学基金面上
　　和重点项目数和经费数 ………… (217)
由北京大学主持的国家重点基础研究
　　发展规划项目 …………………… (217)
2005年新获准国家重点基础研究
　　发展规划子项目 ………………… (217)
2005年新获准国家高新技术研究
　　发展计划课题 …………………… (218)
2005年理科与医科获准创新团队
　　发展计划名单 …………………… (218)
2005年理科与医科获准新世纪
　　优秀人才支持计划名单 ………… (219)
2005年理科与医科获准教育部
　　重大和重点项目 ………………… (219)
2005年理科与医科获准高等学校
　　博士点专项科研基金 …………… (219)
2005年理科与医科获准霍英东高等
　　学校青年教师奖和资助情况 …… (220)
2005年理科与医科获准高等学校全国
　　优秀博士学位论文作者专项资金 … (220)
2005年理科与医科获准北京市
　　自然科学基金 …………………… (221)
2005年理科与医科和北京市科委
　　新签科技合同 …………………… (221)
2005年理科与医科获准北京市
　　教委共建项目 …………………… (221)
2005年理科与医科获准北京
　　科技新星计划人员名单 ………… (222)
2005年理科与医科通过验收结题
　　的主要科研项目 ………………… (222)
2005年度获国家科学技术进步奖
　　名单 ……………………………… (224)
2005年度获教育部提名国家科学
　　技术奖名单 ……………………… (225)
2005年度获北京市科学技术奖
　　名单 ……………………………… (225)
2005年获中华医学科技奖名单 …… (226)
2005年SCI数据库收录的北京大学为
　　第一作者单位的论文及分布 …… (227)
2005年发表的影响因子较高的
　　SCI论文 ………………………… (227)
2005年专利申请受理、授权情况
　　统计 ……………………………… (230)
2005年经过教育部或卫生部正式鉴定
　　的科研成果 ……………………… (230)
2005年获得基金委国际(地区)
　　合作项目 ………………………… (231)
2005年获得科技部政府间国际合作
　　项目 ……………………………… (232)
2005年获得其他国际(地区)合作
　　项目 ……………………………… (232)
北京大学学报(自然科学版)2005年
　　刊载论文学科分布 ……………… (232)
北京大学学报(自然科学版)2004年刊载
　　论文被国际检索机构收录情况 … (232)
文科科研 …………………………………… (232)
　概况 …………………………………… (232)
　项目管理 ……………………………… (232)
　成果管理 ……………………………… (233)
　人才工作 ……………………………… (233)
　基地建设 ……………………………… (233)
　学术会议 ……………………………… (234)
　科研管理 ……………………………… (234)
　附录　2005年国家社科基金项目立项
　　　　名单 ………………………… (234)
　　2005年教育部人文社科研究项目
　　　　名单 ………………………… (235)
　　2005年留学回国人员科研启动基金
　　　　入选者名单 …………………… (236)
　　2005年教育部重点研究基地重大
　　　　项目名单 ……………………… (236)
　　2005年全国教育规划项目立项
　　　　名单 …………………………… (237)
　　2005年北京市基地重大项目名单 … (237)
　　2005年北京市教育调查特别委托
　　　　课题名单 ……………………… (237)
　　2005年北京市其他项目名单 ……… (237)
　　2005年其他省部级以上项目
　　　　名单 …………………………… (238)
　　2005年人文社会科学入选教育部
　　　　"新世纪优秀人才支持计划"人员
　　　　名单 …………………………… (240)
　　2005年获北京市社科理论著作出版
　　　　基金资助人员名单 …………… (240)
科技开发、产业管理与国内合作 ………… (241)
　概况 …………………………………… (241)
　校企改制 ……………………………… (241)
　合同管理 ……………………………… (241)
　成果推广 ……………………………… (242)
　资产经营 ……………………………… (243)
　医疗投资 ……………………………… (243)
　医学在职教育培训 …………………… (243)

| 国内合作 …………………………………… (243)
| 附录　2005年技术合同额统计 ………… (244)
| 2005年技术合同院系分布 ………… (244)
| 2005年技术合同到款额统计 ……… (245)
| 北京大学主要企业名录 …………… (245)
| 2005年主要技术合同目录 ………… (245)

主要高科技企业 ……………………………… (247)
| 北大方正集团公司 …………………………… (247)
| 北大青鸟集团 ………………………………… (249)
| 北大未名生物工程集团有限公司 …………… (252)
| 北大维信生物科技有限公司 ………………… (253)
| 北大科技园有限公司 ………………………… (253)

首都发展研究院 ……………………………… (254)

主要教学科研服务机构 ……………………… (257)
| 图书馆 ………………………………………… (257)
| 医学图书馆 …………………………………… (261)
| 出版社 ………………………………………… (263)
| 医学出版社 …………………………………… (264)
| 档案馆 ………………………………………… (265)
| 医学档案馆 …………………………………… (266)
| 校史馆 ………………………………………… (266)
| 北京大学学报（自然科学版） ……………… (268)
| 北京大学学报（哲学社会科学版） ………… (269)
| 北京大学学报（医学版） …………………… (270)
| 计算中心 ……………………………………… (270)
| 医学部信息通讯中心 ………………………… (273)
| 医药卫生分析中心 …………………………… (273)
| 实验动物科学部 ……………………………… (276)

· **管理与后勤保障** · ……………………… (278)

"985工程"与"211工程"建设 ……………… (278)
| 概况 …………………………………………… (278)
| 资金到位和执行情况 ………………………… (278)
| 研讨会 ………………………………………… (278)

发展规划工作 ………………………………… (279)
| 概况 …………………………………………… (279)
| 学科与事业规划 ……………………………… (280)
| 校园规划 ……………………………………… (280)
| 环保和防辐射工作 …………………………… (281)
| 两部融合 ……………………………………… (281)

对外交流 ……………………………………… (281)
| 校际交流 ……………………………………… (281)
| 大学日 ………………………………………… (281)
| 外国政要来访 ………………………………… (282)
| 留学海外项目 ………………………………… (282)
| 北京论坛 ……………………………………… (283)
| 外国专家工作 ………………………………… (283)
| 国际学术会议 ………………………………… (283)
| 派出工作 ……………………………………… (283)
| 港澳台工作 …………………………………… (284)
| 附录　2005年校本部出访外国和港澳台地区
| 人员统计 ………………………………… (284)

人事管理 ……………………………………… (286)
| 概况 …………………………………………… (286)
| 教职工队伍状况 ……………………………… (286)
| 增员情况 ……………………………………… (287)
| 减员情况 ……………………………………… (288)
| 院士增选 ……………………………………… (289)
| 政府特贴 ……………………………………… (289)
| 长江学者聘任 ………………………………… (289)
| 人才开发与培训 ……………………………… (290)
| 新教职工岗前培训 …………………………… (290)
| 青年教师流动公寓 …………………………… (291)
| 年度考核与岗位聘任 ………………………… (291)
| 专业技术职务聘任 …………………………… (291)
| 科级干部任免 ………………………………… (294)
| 流动编制管理 ………………………………… (294)
| 富余人员管理 ………………………………… (295)
| 临时聘用人员管理 …………………………… (295)
| 人事代理 ……………………………………… (295)
| 工资与福利 …………………………………… (295)
| 保险 …………………………………………… (296)
| 离退休人员工作 ……………………………… (298)
| 博士后工作 …………………………………… (298)
| 人事档案管理 ………………………………… (298)

财务与审计 …………………………………… (299)
| 财务工作 ……………………………………… (299)
| 财务收支概况 ……………………………… (299)
| 财务专题分析 ……………………………… (299)
| 财务管理工作 ……………………………… (301)
| 审计工作 ……………………………………… (302)
| 审计工作绩效 ……………………………… (302)
| 内部审计转型 ……………………………… (302)
| 主要审计业务进展 ………………………… (302)
| 内部审计建设 ……………………………… (303)

资产管理 ……………………………………… (304)
| 概况 …………………………………………… (304)
| 房地产管理 …………………………………… (304)
| 房改工作 ……………………………………… (305)
| 重点专项工作 ………………………………… (305)
| 人防工程管理 ………………………………… (306)
| 实验室管理 …………………………………… (306)
| 仪器设备管理 ………………………………… (306)
| 仪器设备采购 ………………………………… (307)

世行贷款"高等教育发展项目"……………(308)
　　附录　2005年土地资源基本情况汇总……(308)
　　　　2005年房屋基本情况汇总……………(308)
　　　　2005年教职工住宅现状情况…………(308)
　　　　2005年成套家属房汇总统计…………(308)
　　　　2005年人防工程统计……………………(309)
　　　　2005年实验室基本情况一览…………(309)
　　　　2003～2005年新增800元以上
　　　　　仪器设备对照……………………………(310)
　　　　2003～2005年教学科研仪器设备
　　　　　对照………………………………………(310)
　　　　2005年校内开放测试基金情况………(310)
　　　　2003～2005年参加北京地区科学仪器
　　　　　协作共用网情况…………………………(310)
　　　　1998～2005年大型仪器测试服务
　　　　　收入统计…………………………………(310)
　　　　"高等学校仪器设备和优质资源共享
　　　　　系统"入网仪器设备清单………………(310)
　　　　2005年大型贵重仪器购置
　　　　　论证统计…………………………………(311)
　　　　2005年"985工程"进口仪器设备
　　　　　一览………………………………………(312)
　　　　2005年"十五·211工程"进口仪器
　　　　　设备一览…………………………………(314)
　　　　2005年国家重点实验室及基建经费
　　　　　进口仪器设备一览………………………(317)
　　　　2005年接受境外赠送科教用品
　　　　　一览………………………………………(317)
　　　　2005年正常进口仪器设备一览………(318)
基建与后勤…………………………………………(320)
　基建工作…………………………………………(320)
　　概况……………………………………………(320)
　　基建投资………………………………………(320)
　　工程预结算审核…………………………………(321)
　　信息管理………………………………………(321)
　　工程项目管理…………………………………(321)
　总务系统工作……………………………………(323)
　　总务部…………………………………………(323)
　　餐饮中心………………………………………(326)
　　水电中心………………………………………(328)
　　供暖中心………………………………………(328)
　　校园管理服务中心……………………………(329)
　　学生宿舍管理服务中心………………………(330)
　　运输中心………………………………………(330)
　　幼教中心………………………………………(331)
　　电话室…………………………………………(332)
　　后勤党委………………………………………(332)

　　医院管理………………………………………(333)
教育基金会与校友工作……………………………(333)
　捐赠概况…………………………………………(333)
　校友工作…………………………………………(334)
　对外交流…………………………………………(334)
　内部建设…………………………………………(334)
　附录　2005年度奖学金、助学金、奖教金、
　　　　研究资助项目总览………………………(335)
　　　　2005年度奖学金、助学金、奖教金、
　　　　研究资助项目(校级)……………………(335)
　　　　2005年度奖学金、助学金、奖教金、
　　　　研究资助项目(院系级)…………………(338)
会议中心……………………………………………(340)
　概况………………………………………………(340)
　勺园………………………………………………(340)
　对外交流中心……………………………………(341)
　百周年纪念讲堂…………………………………(341)
　中关园留学生公寓建设项目部…………………(342)
燕园社区服务中心…………………………………(343)
燕园街道办事处……………………………………(347)
北京大学医院………………………………………(348)
北京大学附属中学…………………………………(350)
北京大学附属小学…………………………………(352)

· 党建与思想政治工作 ·……………………(354)
组织工作……………………………………………(354)
　概况………………………………………………(354)
　党建工作…………………………………………(354)
　党校工作…………………………………………(354)
　干部工作…………………………………………(355)
　机关建设…………………………………………(356)
宣传工作……………………………………………(357)
　概况………………………………………………(357)
　理论工作…………………………………………(358)
　新闻宣传…………………………………………(359)
　校园文化建设……………………………………(359)
　校刊………………………………………………(359)
　电视台……………………………………………(360)
　新闻网……………………………………………(361)
　摄影………………………………………………(362)
　广播台……………………………………………(362)
　英语新闻网………………………………………(362)
统战工作……………………………………………(362)
　概况………………………………………………(362)
　主要工作…………………………………………(363)
纪检监察工作………………………………………(365)
　概况………………………………………………(365)

党风廉政建设 …………………………… (365)
　贯彻落实中央文件精神 ………………… (365)
　领导干部廉洁自律工作 ………………… (366)
　反腐倡廉宣传 …………………………… (366)
　廉政文化进校园 ………………………… (366)
　信访接待与案件办理 …………………… (366)
　监督检查工作 …………………………… (366)
　奥运场馆工程监督 ……………………… (367)
　纪检监察干部队伍建设 ………………… (367)
保卫工作 …………………………………… (368)
　概况 ……………………………………… (368)
　校园维稳工作 …………………………… (368)
　重大警卫活动 …………………………… (368)
　消防工作 ………………………………… (369)
　校园环境秩序整治 ……………………… (369)
　技防设施建设 …………………………… (369)
　治安防范 ………………………………… (370)
　安全教育 ………………………………… (370)
　保密工作 ………………………………… (370)
　医学部校园110建设 …………………… (370)
工会与教代会工作 ………………………… (371)
　概况 ……………………………………… (371)
　组织宣传工作 …………………………… (372)
　文化工作 ………………………………… (372)
　体育工作 ………………………………… (372)
　青年工作 ………………………………… (373)
　女教职工工作 …………………………… (373)
　生活福利工作 …………………………… (373)
　第五届教职工代表大会 ………………… (374)
　第七届教代会工会工作培训班 ………… (374)
　医学部工会大事记 ……………………… (374)
学生工作 …………………………………… (375)
　概况 ……………………………………… (375)
　机制和队伍建设 ………………………… (375)
　学生思想政治教育 ……………………… (376)
　学生日常管理 …………………………… (377)
　助学工作 ………………………………… (377)
　国防教育 ………………………………… (378)
　心理健康教育 …………………………… (378)
　万柳学区工作 …………………………… (379)
　青年研究中心 …………………………… (379)
共青团工作 ………………………………… (380)
　概况 ……………………………………… (380)
　学生思想政治教育 ……………………… (380)
　理论研究 ………………………………… (380)
　宣传引导 ………………………………… (381)

　学术科技 ………………………………… (381)
　社会实践 ………………………………… (381)
　校园文化建设 …………………………… (381)
　学生组织与社团 ………………………… (382)
　青年志愿服务 …………………………… (383)
　机关建设 ………………………………… (384)
　共青团干与学生骨干培养 ……………… (385)
　万柳学区共青团工作 …………………… (385)
　增强团员意识的主题教育活动 ………… (386)

· 人　物 ·……………………………… (387)
在校院士简介 ……………………………… (387)
教授名录 …………………………………… (409)
2005年在岗博士生导师名录 …………… (416)
2005年逝世人物名单 …………………… (421)

· 2005年北京大学党发、校发
　文件 · ………………………………… (422)

· 表彰与奖励 ·………………………… (429)
北京高校先进基层党组织、优秀共产党员
　和优秀党务工作者名单 ………………… (429)
北京大学党务和思想政治工作先进集体、优秀
　个人(含李大钊奖)和奉献奖名单 ……… (429)
2005年获国家级精品课程名单 ………… (431)
2005年获北京市级精品课程名单 ……… (431)
2005年获北京大学精品课程名单 ……… (431)
2005年获国家级教学成果奖一等奖名单 …… (433)
2005年获国家级教学成果奖二等奖名单 …… (433)
2005年与兄弟院校合作获国家级教学成果奖
　名单 ……………………………………… (434)
2005年北京大学奖教金获得者名单 …… (435)
2004～2005年度北京大学教学优秀奖
　获得者名单 ……………………………… (436)
2004～2005年度北京大学优秀班主任奖
　获得者名单 ……………………………… (437)
2004～2005年度北京大学优秀德育奖
　获得者名单 ……………………………… (438)
关于表彰2004～2005年度学生优秀个人
　和先进集体的决定 ……………………… (438)
2004～2005年度学生奖励获得者名单 …… (439)

· 毕业生名单 ·………………………… (453)
本专科毕业生 ……………………………… (453)
毕(结)业硕士研究生 ……………………… (461)
毕(结)业博士研究生 ……………………… (466)

毕业留学生 …………………………………（469）
中国经济研究中心双学位毕业生 …………（474）

· **2005年大事记** · …………………（476）

· **附　录** · …………………………（508）

2005年授予的名誉博士 ……………………（508）
2005年授予的名誉教授 ……………………（508）
2005年聘请的客座教授 ……………………（509）
媒体有关北京大学主要消息索引 …………（510）

· **索　引** · …………………………（518）

Contents

Features (1)
Glorious Deeds of PKU Prof. Meng Erdong (1)
Premier Wen Jiabao Together with PKU Staff and Students in the May 4th Youth Day (2)
Accomplishment of Re-educating the Excellency of CPC members in PKU (3)

Speeches (10)
CPC Secretary Min Weifang's Speech at the Spring Convention of PKU Cadres (10)
President Xu Zhihong's Speech at the Spring Convention of PKU Cadres (14)
CPC Secretary Min Weifang's Speech at the Autumn Convention of PKU Cadres (20)
President Xu Zhihong's Speech at the Autumn Convention of PKU Cadres (23)

Peking University Survey (28)

Body and Leadership Lists (32)
University Leaders (32)
Academic Committee and Faculty Evaluation Committee (33)
Evaluation Committee of Professional Posts (33)
Committee for the Evaluation of Academic Degree (33)
Board of Academic Committees (34)
The Fifth Executive Committee of Faculty and Staff Representative Congress (35)
Leaders of Health Science Center (35)
Leaders of the Administrative Bodies, Workers' Union and Youth League (35)
Leaders of Colleges, Schools, Departments and Research Centers (37)
Leaders of Direct-subordinate and Affiliated Organizations (39)
Leaders of Democratic Parties and the Union of Homecoming Overseas Chinese (41)

Schools and Departments (42)
Mathematics (42)
Mechanics and Engineering (44)
Physics (45)
Earth and Space Sciences (48)
Information Science and Technology (51)
Chemistry and Molecular Engineering (55)
Life Science (59)
Environmental Science (61)
Psychology (64)
Chinese Language and Literature (65)
History (66)
Archaeology (68)
Philosophy and Religious Studies (70)
International Studies (73)
Journalism and Communication (76)
Political Science and Management (77)
Economics (80)
Guanghua School of Management (81)
Law (83)
Information Management (86)
Sociology (88)
Foreign Languages (89)
Marxist Studies (94)
Education (95)
Art Studies (97)
Research Institute of Computer Science and Technology (100)
China Center for Economic Research (101)
Research Institute of Demographics (104)
International College for Chinese Language Studies (105)
Software and Micro-electronics (106)
Physical Education and Research (108)
Basic Medical Sciences (109)
Pharmacy (110)
Public Health (112)
Nursing (113)
The First School of Medicine (115)

The Second School of Medicine ········· (118)
The Third School of Medicine ········· (120)
Stomatology ········· (124)
Clinic Oncology ········· (125)
The Sixth Hospital ········· (128)
Shenzhen Hospital ········· (129)
Hospital of Capital Steel Company ········· (133)
Institute of Clinic Pharmacodynamics ········· (136)
National Institute on Drug Dependency ········· (137)
Institute of Reproductive and Child Health ········· (138)
Department of Public Teaching in
　Health Science Center ········· (140)
Committee of Yuanpei Program ········· (141)

Teaching and Disciplinary Buildup ········· (145)
Education and Instruction of
　Undergraduates ········· (145)
Graduate Education ········· (170)
Adult Education ········· (188)
Overseas Education ········· (199)

Academic Research and Enterprise Development ········· (206)
Researches in Science and Medicine ········· (206)
Researches in Humanity and Social Science ········· (232)
Scientific Development, Enterprises Management
　and National Cooperation ········· (241)
Main Hi-tech Enterprises ········· (247)
Beijing Development Institute at PKU ········· (254)
Main Teaching and Research Faculties ········· (257)

Administration and Logistics ········· (278)
Construction of "985 Project" and
　"211 Project" ········· (278)
Development and Planning ········· (279)
External Exchanges ········· (281)
Personal Management ········· (286)
Finance and Auditing ········· (299)
Assets Management ········· (304)
Capital Construction and Logistics ········· (320)
Hospital Management ········· (333)
Foundation of Education and
　Alumni Association ········· (333)
Conference Centers ········· (340)

Yanyuan Community Service Center ········· (343)
Yanyuan Community Office ········· (347)
PKU Hospital ········· (348)
Affiliated High School of PKU ········· (350)
Affiliated Primary School of PKU ········· (352)

The CPC Construction and Ideological Education ········· (354)
Organization ········· (354)
Public Education ········· (357)
United Front ········· (362)
Disciplines Inspection and Supervision ········· (365)
Security ········· (368)
Labor Union and Convention of
　Faculty Representatives ········· (371)
Management of Students ········· (375)
Communist Youth League ········· (380)

Profiles ········· (387)
Briefs on PKU Academicians ········· (387)
List of Professors ········· (409)
List of Supervisors for Ph.D in 2005 ········· (416)
The Deceased in 2005 ········· (421)

CPC and Collegiate Documents in 2005 ········· (422)

Lists of Honors and Awards ········· (429)
Excellent CPC Branches, Members
　and Cadres ········· (429)
Excellent CPC Bodies and
　Rewarded Persons ········· (429)
PKU Excellent Courses in China, 2005 ········· (431)
PKU Excellent Courses in Beijing, 2005 ········· (431)
Excellent Courses in PKU, 2005 ········· (431)
PKU Teaching Results with National
　First Reward, 2005 ········· (433)
PKU Teaching Results with National
　Second Reward, 2005 ········· (433)
PKU and Cooperative Teaching Results
　with National Rewards, 2005 ········· (434)
PKU Rewarded Teachers, 2005 ········· (435)
PKU Excellent Teaching Rewards
　(2004~2005) ········· (436)

PKU Excellent Class-director Rewards
(2004~2005) .... (437)
PKU Quality Training Rewards
(2004~2005) .... (438)
A Resolution on Excellent Students and Rewarded
Bodies (2004~2005) .... (438)
Student Award Winners (2004~2005) .... (439)

Undergraduates
and Graduates .... (453)
Undergraduates .... (453)
Graduates .... (461)
Phd Graduates .... (466)
International Graduates, 2005 .... (469)

Double-diploma graduates from China Center
of Economic Research .... (474)

Events Chronicles in 2005 .... (476)

Appendixes .... (508)
Honorary Doctorate Awarded, 2005 .... (508)
Honorary Professors, 2005 .... (508)
Visiting Professors, 2005 .... (509)
Index of Briefs on PKU in Media
Reporting (2005) .... (510)

Indices .... (518)

·特　载·

北京大学孟二冬教授先进事迹感人至深

北大中文系教授孟二冬身患癌症,仍抱病坚持在新疆石河子大学支教,为学生上完最后一节课并倒在了讲台上。孟二冬教授的先进事迹感动了石河子大学师生,感动了北大师生,也感动了全国人民。国家领导人在了解到孟二冬教授的感人事迹后十分重视,胡锦涛总书记对他给予了很高的评价,称赞他"为人师表,品德高尚"。

2005年12月9日下午,国务委员陈至立在教育部部长周济、北大党委书记闵维方、校长许智宏的陪同下,到孟二冬教授家中进行看望。陈至立首先转达了胡锦涛总书记对孟二冬教授的亲切问候。她说,胡锦涛总书记在了解了孟二冬教授教书育人、支援西部的感人事迹后,十分重视,对他给予很高的评价,称赞他"为人师表,品德高尚",并特意嘱托自己代为探望,希望孟二冬教授安心养病,早日康复。陈至立指出,孟二冬教授的先进事迹在当前对广大教师有着非常强的楷模作用,不仅值得北大全体师生学习,而且应当号召全国教师向他学习。她指示,北大党委一定要认真学习贯彻胡锦涛总书记的批示精神,尽一切力量组织安排好孟二冬教授的治疗,并迅速宣传孟二冬教授忘我工作、无私奉献的先进事迹,广泛、深入地开展向孟二冬教授学习的活动。

当晚,北大召开党政联席会,闵维方书记、许智宏校长传达了胡锦涛总书记的重要批示精神和陈至立国务委员的指示,组织班子成员集体学习了孟二冬教授的先进事迹。会议对孟二冬教授下一步的治疗工作再次进行了认真部署,要求校内有关单位继续千方百计、全力以赴地为孟二冬教授提供最好的医疗和救治条件。会议研究决定,授予孟二冬教授"北京大学优秀共产党员"、"北京大学优秀教师标兵"两项荣誉称号,并向全校师生发出"向孟二冬同志学习"的号召,通过全面、细致的宣传工作,迅速兴起一股"学优秀人物、保先进本色、创一流大学"的热潮。

2005年12月13日晚,北京市委常委、教育工委书记朱善璐在市教委主任耿学超、市委教育工委副书记刘建、北大党委副书记杨河等陪同下,到孟二冬教授家中进行探望。朱善璐代表北京市委、市政府、教育工委送来花篮、果篮,向孟二冬教授及其家属表示亲切慰问。

此后,教育部向全国教育系统发出了向孟二冬同志学习的号召。中央电视台、北京电视台、人民日报、光明日报、中国教育报、北京日报等重要媒体纷纷对孟二冬教授的先进事迹进行了深入报道。孟二冬教授的感人事迹在社会上引起了强烈反响。

在北大党委的号召和带领下,北大师生掀起了学习孟二冬教授先进事迹的热潮。

2005年12月25日上午,北大召开深入学习孟二冬教授先进事迹动员大会。学校党政领导班子成员、各职能部门(院系、直属附属单位)负责人以及教代会、工会代表共400余人参加了大会。北大党委副书记杨河主持会议。

北大党委常务副书记吴志攀宣读了教育部党组、北京市委教育工委和北京大学关于向孟二冬同志学习的有关决定。

许智宏校长在讲话中表示,中央领导同志、教育部党组、北京市委教育工委对孟二冬教授的表彰,是对北京大学众多敬业爱岗、无私奉献的全体共产党员的肯定,是对恪尽职守、呕心沥血的全体教师的肯定。孟二冬教授的精神是北京大学的宝贵精神财富,突出反映了北京大学长期以来形成的优良的学风、校风、教风。他指出,此次动员会就是要进一步深入学习孟二冬教授的先进事迹,通过学习孟二冬教授先进事迹来检验和扩大我校开展的保持共产党员先进性教育活动的成果,巩固与加强北京大学师德与学风建设。学校党委要求各单位抓住全国教育系统深入学习孟二冬教授先进事迹的契机,通过举行各种形式的活动深入学习和宣传孟二冬教授的先进事迹,巩固和扩大保持共产党员先进性教育活动的成果,以孟二冬教授为榜样,培育

社会栋梁，推动知识创新，扎实地推进建设世界一流大学的各项工作。

中文系主任温儒敏介绍了孟二冬教授的先进事迹，并谈了自己的切身感受。他说："孟二冬同志是北京大学教师群体的一个代表，他身上集中体现了当代知识分子的高尚品格。孟二冬不是制造出来的英雄，他是那样朴实，那样真实，就生长在普通的生活中。孟二冬的事迹唤起我们重新观察和思考北京大学校园里学者们的生活，让我们的精神境界也得到提升。"他通过具体生动的事例，从做学问、爱学生、爱生活三个方面重温了孟二冬教授的感人事迹。他说："我所看到和理解的孟二冬就是这样一位有爱心、有责任感、有学术尊严，同时又非常热爱生活、非常阳光的当代知识分子。他的身上体现了传统道德文化与现代精神的完美结合。有一批像孟二冬这样有品格的老师，北京大学就能保持她的精神魅力，就有了主心骨，就能更有效地抵制低俗浮华的空气，就仍然称得上是一块学术净土，也就能为中华文化转型与重建做出不可替代的成绩。"

国务院总理温家宝五四青年节看望北大师生

2005年5月4日上午9时50分，国务院总理温家宝在国务委员陈至立、教育部部长周济、国务院副秘书长陈进玉等领导的陪同下来到北京大学看望师生。在北大党委书记闵维方等校领导的陪同下，温家宝总理首先来到北大图书馆二楼阅览室，与正在自习的同学们进行了一个多小时的亲切交流。随后，温家宝总理一行走访了学生宿舍36楼和37楼。中午，温家宝总理来到农园餐厅与师生共进午餐。

温家宝总理每到一处都是掌声雷动，欢呼如潮。总理不时与同学们握手交谈，并亲切地与大家合影留念。

温家宝总理在五四青年节之际看望北大师生在北大引起了强烈反响。

信息科学技术学院的一名研究生有幸在图书馆与温家宝总理进行了交谈。早上，他正在图书馆查资料时，总理走了进来，坐下来与他们谈地质学，谈青年的成长等。他说："'五四'对北大来说是个特别的日子，总理在这样特别的日子里来到北京大学，让所有北大学子深深感受到了党和国家领导人对青年学生和国家教育事业的关心。"

中文系的一位本科生感慨道，这是自己第一次近距离地看到总理，而且几乎是零距离的接触。总理在视察宿舍楼时，一路向同学们问好，完全和同学们打成一片。当一位西藏同学向温家宝总理献上哈达并祝总理健康长寿时，同学们爆发出阵阵掌声。他为中华民族有这样的总理感到骄傲和自豪。

元培实验班的一位同学十分激动地回忆，上午11时40分，温家宝总理来到了学生宿舍，和兴奋不已的同学们热情握手。总理特别详细询问了元培计划的教学理念和同学们家乡的情况。当得知元培计划是北大现正在试行的教学改革计划的一部分，是为了拓宽大学生知识面、改善大学生知识结构和培养大学生综合素质的重要举措时，总理不时点头微笑。温家宝总理嘱咐同学们要好好学习，成为祖国的栋梁之材。

政府管理学院的一位同学回忆，上午12时许，自己正在农园吃饭，温家宝总理一行来到农园餐厅与北大学子共进午餐。看到总理步入餐厅大门，正在吃饭的同学纷纷放下手中的碗筷，站立起来用热烈的掌声欢迎总理的到来。温家宝总理端着很简单的饭菜，走到餐厅中间的一个位子坐了下来。热烈的掌声再次响起，有几位同学大声喊"温总理好"，以表达对总理的敬意。总理那种简朴、平易的形象给所有北大学子留下了深刻的印象。

哲学系的一位同学说，温家宝总理能在百忙之中，在北大107岁生日的时候来到北大，作为北大人倍感荣幸，有机会与总理面对面的交流更是自己一辈子的光荣。真想再对温家宝总理说一声："温总理，您好，希望您能多保重自己的身体，祖国、人民需要您！"

物理学院的一名同学说，一个肩负着整个国家、整个民族和亿万人民希望的总理，竟平常地坐在自己身边，吃了一顿不超过10元钱的午餐，这对自己是极大的震撼，更是莫大的幸福。坐在总理身边，透过和总理简单平实的交谈，每个人都能深深地感觉到一个可敬的老人对这片土地、对生长在这片土地上的人民的深深的爱意，和由这种爱意所转化成的对国家、民族强烈的责任感和奉献意识。他表示，在深受感动的同时，自己也愈发感到了肩上的责任重大。作为民族的希望，北大学子应该在国家、民族需要的时候挺身而出。而踏踏实实学好知识，全面提高自身素质，是当前最应该做的。

地空学院2002级硕士生唐国军说,自从温家宝总理任职以来,大家都能深刻感受到政府执政风气发生的变化。从"非典"危机到宏观调控,从走下矿井到为民落泪,每个人都能感受到,总理和人民是那样亲近,总理的行动是那样让人感动!如果再给我一次和总理握手告别的机会,自己想说的是:谢谢总理!谢谢您对我们的牵挂!

在温家宝总理来校后的短短2个多小时,北大未名BBS上谈论总理来访的话题就达到1000多条。很多同学在网上发表感言,有的希望能够一睹总理风采,密切追踪总理在北大的行程;有的同学把在图书馆、宿舍或食堂的亲眼所见写下来发到网上;有的同学把自己拍摄的照片贴到网上跟其他同学分享;有的同学为没有赶上和总理共进午餐深感遗憾;有的同学的帖子虽然短,但表达的是"总理辛苦了"、"总理您好"、"总理保重身体"等真诚的问候。

北大教师对温家宝总理的来访也深感鼓舞。邓小平理论研究中心主任赵存生教授表示,在"非典"肆虐期间,温家宝总理也曾于2003年4月26日来到北大慰问师生。在五四运动86周年、北大建校107周年之际,温家宝总理再次来北大视察。温家宝总理在短短的两年时间里两次来北大,作为北大教师,自己感到很荣幸,很亲切,受到很大鼓舞。自己一定要在教学科研工作中努力贡献自己的绵薄之力。

马克思主义学院闫志民教授表示,今天是五四青年节,又逢"五一"假期,温家宝总理牺牲宝贵的休息时间来北大看望师生,让我们深受感动。总理平时工作繁忙,还特地抽时间到基层、到北大来,这体现了党和政府的亲民本质和求真务实的作风,这对北大师生而言是一个巨大的鼓舞。我们定将不辜负党和政府的期望,在实施科教兴国战略和培养优秀人才、创建世界一流大学等方面竭尽全力。

哲学系党委书记丰子义教授认为,温家宝总理于"五四"之际来北大,具有典型的象征意义。"五四精神"和"北大精神"是一致的,两者有历史关联,是一脉相承的。温家宝总理的慰问体现了党和政府对北大的关怀,具有历史意义和现实意义。对于北大学生来说,将会激励他们进一步发扬"爱国、进步、民主、科学"的北大传统和"五四精神",为国家、民族努力学习;对北大教师来说,大家将鼓足干劲,更好地教书育人,理性、正确地把握工作方向,在稳定中推进科教兴国的宏伟事业。

北京大学圆满完成保持共产党员先进性教育活动

2005年,在党中央、北京市委、市委教育工委的部署和安排下,北大认真开展了保持共产党员先进性教育活动,取得了良好效果。

3月15日,北大召开党政联席会议,决定成立北京大学开展保持共产党员先进性教育活动领导小组,校党委书记闵维方任组长,党委常务副书记吴志攀任常务副组长,党委副书记岳素兰、常务副校长陈文申任副组长。领导小组下设工作小组,党委常委、组织部长杨河任组长。工作小组由组织、宣传、文秘、会务四个专门工作组组成。

为了稳妥、扎实、有效地开展保持共产党员先进性教育活动,北大党委采取了"两步走"的工作思路:从4月6日到7月5日,北大开展保持共产党员先进性教育活动试点工作,共有18个基层党委(党支部)、975名党员参加了试点工作。为了切实发挥模范带头作用,校领导班子也参加了试点工作;从9月15日至2005年底,北大开展了全校性的保持共产党员先进性教育活动。除上半年已经参加试点工作的党员外,共有824个党支部、15207名党员参加了此次保持共产党员先进性教育活动。

截至2005年底,北大圆满完成保持共产党员先进性教育活动,成效十分显著。全校共产党员更加充分地认识到了保持共产党员先进性的重大意义,进一步增强了保持共产党员先进性的自觉性。党员们根据中共中央总书记胡锦涛提出的"六个坚持"的基本要求深刻思考了在新时期保持共产党员先进性的具体要求,从思想上、作风上、工作上认真查找了不足,针对存在的突出问题认真进行了整改;学校各级党组织的建设得到显著加强,创造力、凝聚力、战斗力和影响力明显提高;学校党委也进一步明确了北大加强党的先进性建设的基本要点,明确了创建世界一流大学与加强党的先进性建设、实践"三个代表"重要思想的关系,大大推进了领导班子的执政能力建设。12月7日,北大进行了保持共产党员先进性教育活动群众满意度测评,满意率高达96.1%,进一步提升了党员和党组织在群众心目中的形象。

2005年12月13日，北大召开保持共产党员先进性教育活动总结大会，校党委书记闵维方发表题为《巩固和扩大先进性教育活动成果 扎实推进创建世界一流大学工作》的讲话，总结了北大在保持共产党员先进性教育活动中的经验。闵维方指出，先进性教育活动集中进行的三个阶段工作的结束并不是党的先进性建设的终点，北大全体党员和各级党组织应努力探索和逐步建立保持共产党员先进性的长效机制，推动全校党建工作的进一步开展，为创建世界一流大学奋发努力。

北大保持共产党员先进性教育活动得到了党中央、北京市委、市委教育工委领导的关心和指导。2005年9月27日下午，中共中央政治局委员、书记处书记、中组部部长、中央保持共产党员先进性教育活动领导小组组长贺国强同志来北大调研高校保持共产党员先进性教育活动，并在部分高校保持共产党员先进性教育活动座谈会上做了重要讲话；北京市委常委、教育工委书记朱善璐多次到北大指导工作；北京市委教育工委保持共产党员先进性教育活动第一督导组组长沈云锁同志、副组长张五洲同志多次带领督导组到北大参加活动，对北大保持共产党员先进性教育活动给予了许多指导和帮助。

附 录

巩固和扩大先进性教育活动成果 扎实推进创建世界一流大学工作

——在新时期保持共产党员先进性
教育活动总结大会上的讲话
（2005年12月13日）
闵维方

同志们：

在全党开展保持共产党员先进性教育活动，是党中央根据党的十六大和十六届三中全会、四中全会精神做出的重大决策。按照中央和北京市委、教育工委的部署，我校党委将先进性教育活动作为今年党的建设的中心工作。考虑到我校规模大、学科多、结构比较复杂，学校内部不同类型的党员群体存在的主要问题、保持先进性的具体要求和实践途径不尽相同，工学矛盾比较突出等情况，为了确保先进性教育活动稳妥、扎实、有效，学校党委确定了"两步走"的工作思路，即先在部分单位进行试点，探索我校开展先进性教育活动的有效机制，然后再全面铺开。从4月6日到7月5日，我们组织了18个基层党委（党支部）、975名党员进行了先进性教育活动试点；同时，为了切实发挥带头作用，学校领导班子也在上半年先期开展了先进性教育活动。在总结试点工作经验的基础上，全校性的先进性教育活动于9月15日正式启动。除上半年已经参加试点以及因故确实不能参加先进性教育活动的党员外，下半年共有15207名党员、824个党支部参加了先进性教育活动。截止到今天，学习动员、分析评议、整改提高三个阶段的主要任务已基本完成。从总体上说，我校先进性教育活动计划周密，进展顺利，逐步深入，成效明显。现在，我代表学校党委和先进性教育活动领导小组，对我校先进性教育活动的主要做法和基本经验做一个简要的回顾和总结。

一、我校先进性教育活动的主要做法

（一）认真总结试点工作经验，为先进性教育活动的全面开展夯实基础

学校党委把开展先进性教育活动当作一项重大的政治任务，本着积极、稳妥、负责的精神计划、部署和推进先进性教育活动。在全面开展先进性教育活动之前，选取了部分单位进行试点，以便更好地找准问题、理清思路，提高我校先进性教育活动的针对性和实效性。实践证明，试点工作为我们在全校开展先进性教育活动奠定了基础，积累了经验，锻炼了队伍，建立了机制，使我们对组织全校党员开展先进性教育活动信心更大，动力更足。试点结束后，学校党委利用暑期认真总结了试点工作的主要做法和基本经验，在此基础上研究制定了全校先进性教育活动的实施意见和方案，坚持和进一步完善试点工作形成的好的经验和做法，并通过试点单位经验交流、骨干培训、工作汇报等多种形式为各级党组织提供明确、具体的指导，确保下半年的先进性教育活动更加切合实际，重点突出，程序流畅，效果显著。

1. 进一步健全组织领导机制。学校党委坚持在试点工作中建立起来的党委牵头、党政共管、层层负责的组织领导机制，除了继续由学校党委和行政的主要负责人组成全校先进性教育活动的领导机构外，还进一步充实和加强了先进性教育活动工作小组的力量。学校党委再次明确，学校党委书记是全校先进性教育活动的"第一责任人"，各基层党委书记是"直接责任人"，各党支部书记是"具体责任人"，必须各司其职，各负其责，一级抓一级。全校各单位也相应地组成了本单位先进性教育活动的领导机构和工作机构，不仅形成了党政齐抓共管的良好局面，而且调动了基层党支部书记的工作责任心和积极性，为先进性教育活动提供了有力的组织保障。

2. 进一步深入调查研究。在试点工作开始前，学校党委曾以专题调研座谈会、发放调查问卷、赴浙江大学考察学习等形式，对高校党员基本情况及基层党组

织的工作状态开展进行了调研。9月上旬,学校党委又对产业、附属医院等不同类型的党员群体进行了补充调研。通过多次深入的调研,学校党委不仅比较全面地掌握了我校党组织和党员队伍的组织状况和思想状况,找出了我校党员队伍中普遍存在的某些与保持先进性要求不相适应的问题;而且还加深了对不同党员群体存在的某些与保持先进性要求不相适应的特殊问题的认识和了解,从而更加有利于开展好分类指导。

3. 调整基层组织、摸清党员底数。参照上半年试点工作的经验,党委组织部门在先进性教育活动全面开展前,通过健全组织结构、理顺工作体系、充实领导班子、调整支部书记等办法,顺利完成了2005年到届的基层党支部的换届选举和调整工作,一批有热情、有水平、有干劲的同志被选到了支部书记岗位上。同时,通过数据上报、核实、处理等方式,对学校党员和党支部底数进行了摸底统计,为保证先进性教育的覆盖面提供了准确的依据。

4. 开展骨干培训。抓好骨干培训是试点工作中一项行之有效且深受基层欢迎的工作方法,我们在下半年的工作中继续坚持了这一做法。9月7日下午,学校党委专题召开先进性教育活动骨干培训会议,我代表学校党委做了先进性教育活动工作培训报告,数学学院、药学院、党委宣传部的负责同志以本单位的试点工作为例,分别就如何开好专题民主生活会、如何组织好保持共产党员先进性的具体要求和实践途径的大讨论、如何扎实搞好党支部先进性教育等问题介绍各自的经验体会。9月15日、10月17日和11月16日,学校党委在每个阶段工作部署会议之后,都立即召开了骨干培训会,由先进性教育活动工作小组对各阶段的工作方案进行详细的分解说明,解答有关问题。扎实的培训工作,使广大党员干部和基层骨干在吃透中央精神的基础上,统一了思想,明确了思路,保证了先进性教育活动的顺利开展。

5. 坚持和完善各项工作制度。在下半年的工作中,学校党委进一步完善了试点工作创立的五项制度。一是领导联系基层制度:每位校领导负责联系部分基层党委,每位基层党委委员联系一个党支部,及时了解、研究、指导基层工作,力求把联系点办成示范点;二是工作小组组长办公会制度:按照党委要求,先进性教育活动工作小组每周召开一次例会,总结上一周工作进展,研究部署下一阶段工作安排;三是阶段性工作汇报制度:学校党委在每个重要环节开始前,组织各基层党委负责人研究讨论工作要点,而在每个重要环节结束后,又组织大家汇报工作进展,交流工作经验,力求善始善终,周详圆满;四是信息报送制度:学校要求各单位及时报送工作进展情况和存在问题,保证信息的准确性、完整性、典型性和实效性。目前,学校先进性教育活动小组已经整理、编发了130期简报,其中,医学部及各大附属医院党委、国际关系学院、地空学院、政府管理学院、物理学院、化学学院、法学院、马克思主义学院、信息学院党委以及产业党工委和后勤党委等单位信息报送及时,数量多,质量好,在此我代表学校党委和先进性教育活动领导小组特别提出表扬。五是督察制度:学校成立了10多个联系指导组,每个组负责联系指导几个单位的先进性教育活动,了解和掌握活动进展,及时提出意见和建议,并督促有关问题的解决。

(二) 深入学习、深刻领会中央精神

学习和领会中央精神,是开展好先进性教育活动的基本前提。8月30日下午,学校领导班子暑期战略研讨会就即将在全校党员中开展先进性教育活动进行了专题研讨,明确提出要把先进性教育活动作为学校各级党组织当前工作的头等大事,并与创建世界一流大学的目标更加紧密地结合起来,针对不同的党员群体,加强分类指导,努力把先进性教育活动办成群众满意工程。

9月27日下午,中共中央政治局委员、书记处书记、中组部部长、中央先进性教育活动领导小组组长贺国强同志来我校调研高校先进性教育活动,并在部分高校先进性教育活动座谈会上做了重要讲话。9月28日晚,学校召开党政联席会,进一步学习了贺国强同志的讲话精神,并就如何贯彻落实进行了认真研究。9月29日上午,学校党委召开先进性教育活动工作小组和基层党委书记会议,传达了贺国强同志的重要讲话精神,要求学校各级党组织以贺国强同志对高校先进性教育活动提出的意见和要求为指导,牢牢把握办人民满意的高等教育的方向,紧密围绕中心工作,努力把党的先进性要求转化为创建世界一流大学的实际行动。

(三) 全面进行动员,搞好思想发动

试点工作的实践证明,只有思想认识到位,才能切实增强广大党员保持先进性的自觉性和使命感,激发和提高大家参加先进性教育活动的积极性和主动性。试点结束后,学校党委先后在暑假战略研讨会、秋季全校干部大会和党委扩大会等会议上,对全面开展先进性教育活动进行了初步动员。经过认真筹备,学校党委在9月15日召开了全校保持共产党员先进性教育活动动员部署大会,学校党委书记和北京市委教育工委第一督导组的主要负责同志都做了重要讲话。9月23日下午,按照中央的统一要求,我为全校党员做了党课辅导报告,汇报了自己对加强党的先进性建设与创建世界一流大学内在关系的思考与理解,以及参加先进性教育活动的心得与体会。10月10日,学校党委邀请中共中央党史研究室副主任李忠杰教授为我校

党员做了理论辅导报告。11月9日,又邀请了国家监察部副部长李玉赋同志做了党风廉政建设报告。这两场报告会,既有深刻的理论性,又有很强的现实意义,内容充实,引人深思,受到了广大党员的欢迎和好评。

在先进性教育活动期间,各基层党委也通过举行动员部署会、理论报告会、党委书记讲党课、新老党员交流座谈等活动,不断进行深入、细致的思想发动。通过层层部署,中央的精神和学校的要求传达到了每个支部、每个党员,使大家充分认识到了开展保持共产党员先进性教育活动的重大意义,准确把握了先进性教育活动的指导思想、基本要求、步骤和方法,为先进性教育活动的顺利开展打下了牢靠的思想基础。

为了营造开展先进性教育活动的良好氛围,学校党委充分运用校内广播、电视、报刊、标语、橱窗、板报、校史展览等阵地,广泛宣传和报道先进性教育活动。从学校的特点出发,学校各级党组织都把校园网作为开展先进性教育活动的辅助载体,纷纷开设了"保持共产党员先进性教育活动专题网页",将领导讲话、学习文献、工作简报、活动动态等信息材料及时加以收集、整理和发布,极大地便利了广大师生的学习和参与,也提高了先进性教育活动组织工作的效率。

学校党委高度重视挖掘和宣传身边的共产党员在平凡岗位上创造出的不平凡的业绩,编印了《先锋本色——当代北京大学共产党员先进事迹》一书,用贴近现实生活的感人事迹增强先进性教育活动的感染力和说服力。最近学校党委和行政作出决定,授予中文系教授孟二冬同志"北京大学优秀共产党员"和"北京大学优秀教师标兵"荣誉称号,并在全校开展向孟二冬同志学习的活动。孟二冬同志是一名普通的党员教师,他忠诚于党和人民的教育事业,热爱学生,教书育人,甘于寂寞,忘我工作,体现了一名共产党员崇高的理想情操和人民教师高尚的职业道德。在此,我代表学校党委和行政向全校党员和师生员工发出号召,希望大家以孟二冬同志为榜样,学习他处处以共产党员的先进性标准要求自己,为党和人民的教育事业淡泊名利、无私奉献的精神;学习他爱岗敬业、为人师表,为教书育人恪尽职守、呕心沥血的精神;学习他崇尚师德、治学严谨,为追求学术锲而不舍、求真务实的精神;学习他珍爱生命、坚毅不拔,为战胜疾病坚忍不屈、积极乐观的精神,奋发有为,拼搏进取,为更好地落实科教兴国和人才强国战略,加快创建世界一流大学步伐而不懈奋斗!

(四)结合学校实际,加强分类指导

在先进性教育活动中,学校各级党组织注重发挥北大的传统优势,将北大校史用作开展革命传统教育和先进性教育的一部生动教材。许多基层党委、党支部都将参观北大校史馆、沙滩红楼和北大英烈展作为先进性教育的一项学习内容。学校党委组织全校党员观看了以20世纪初北大改革和新文化运动为背景、弘扬兴学图强精神的大型话剧——《教育就是兴国》,引导广大党员重温我们党历经艰辛百折不挠的发展历程,强化了大家对党的领导地位是历史的选择、人民的选择的深刻理解,认清了北大只有在党的坚强正确领导下才能健康、持续、快速发展的基本道理。

学校党委要求党员师生不仅要抓住学习贯彻"三个代表"重要思想这条主线,还要深入研究、积极思考如何联系北大实际实践"三个代表"重要思想。为此,学校不仅按要求下发了《保持共产党员先进性教育读本》、《先锋》、《北京高校英烈》、《激浊扬清——教育系统违法违纪典型案例汇编》等学习材料和《党旗下的风采》、《校园警示录》等光盘,而且还精心组织编印了《北京大学保持共产党员先进性教育活动学习资料汇编》和《北京大学保持共产党员先进性教育活动学习笔记》,作为先进性教育的学习辅助材料,帮助和指导广大党员在学习中理论联系实际,立足于本职岗位,学以致用,边学边用。

为了更好地加强分类指导,学校针对产业、附属医院和学生党员的不同特点和实际,分别制定了具体的实施方案。在研究制定第一阶段工作方案时,学校党委考虑到我校校区分散、师生上课时间不统一等实际情况,借鉴了试点工作的经验,提出在确保学习时间不少于40个学时前提下,基层党支部的集中学习时间原则上不少于3个半天;基层党委和校机关的集中学习时间原则上不少于4个半天。这一安排为确保学习质量和效果发挥了作用,受到了不同群体党员的肯定。

(五)发挥基层能动作用,创新教育形式

调动基层党组织的积极性,创新教育形式,是增强先进性教育活动的吸引力和感染力的有效途径。

学校党委在布置、落实先进性教育活动各项"规定动作"的同时,鼓励各级党组织结合实际做好"自选动作",创造性地开展工作。在学校党委的支持和鼓励下,各单位广泛开展了多种形式的活动。例如,外国语学院党委对学生党员参加先进性教育活动提出了"一项指导原则"、"三点具体号召"和"四个学习环节",把开展先进性教育活动与加强专业学习、增强集体观念、提高工作能力结合了起来。产业党工委组织产业系统党员参观了在海淀展览馆举办的"国家'十五'重大科技成就展",使大家了解了我国科技发展情况,受到了启发和激励。人民医院党委启动了"党员零投诉"活动,努力提高医疗服务的质量和水平。北医三院儿科党支部编写了《儿科党支部保持共产党员先进性教育自学题》,使党员的学习更加有的放矢。国际关系学院05级硕士生党支部把先进性教育和纪念中国人民抗日战争暨世界反法西斯战争胜利60周年的主题结合

起来,组织参观了"七七事变"发生地卢沟桥、中国人民抗日主题雕塑馆及中国人民抗日战争纪念馆,增强了广大党员和入党积极分子振兴中华、兴邦立业的历史使命感和责任感。

通过举办杨业功同志先进事迹报告会、全国劳动模范和先进工作者事迹报告会和组织观看根据优秀共产党员、呼和浩特市前市委书记牛玉儒同志先进事迹改编创作的电影——生死牛玉儒,学校党委掀起了一股向以杨业功、牛玉儒、王顺友为代表的时代先锋学习的热潮,使先进性教育活动更加充满了新鲜感人的力量。

(六)发挥专家学者的作用,扩大党在高知识群体中的凝聚力和影响力

针对我校专家学者历史使命感和社会责任感较强、社会影响力和辐射力较大、对党的路线、方针、政策高度认同等特点,在先进性教育活动中,学校党委注意处理好党的领导、行政负责与群众,尤其是专家学者参与管理之间的关系,特别注重发挥党员专家学者的独特作用,通过邀请他们讲党课、谈体会、参加座谈等多种形式,使大批学术带头人成为先进性教育活动的"带动人",有效增强了教育活动的说服力和实效性。

例如,化学学院唐有祺院士、信息学院吴全德院士、杨芙清院士以及物理学院等单位的资深教授、中青年学术带头人等都认真参加了先进性教育活动。长江学者、化学与分子工程学院教授严纯华为全校近2000名入党积极分子讲了一堂生动的党课。他以先进性教育活动为背景,结合自身经历,分别阐释了"做人之道"与"治学之道",论述了先进性教育对建设世界一流大学的推动作用,亲切自然,深入浅出,师生们反响热烈。全国政协委员、北大人民医院原院长杜如昱与该院著名教授祝学光一起,为该院普通外科党支部的同志们讲述了我党80多年的奋斗历程以及人民医院87年的创业史,帮助年轻党员们了解人民医院的巨大变化和显著进步。基础医学院生理学与病理生理学系王宪教授为帮助经济困难学生完成学业,将自己获得的2万元奖金设立为"生理、爱心、立志奖学金",以实际行动落实和体现了共产党员的先进性。

知名学者以亲身经历谈感受,用实际贡献做榜样,使广大师生"努力有方向,交流有平台,学习有素材",对促进先进性教育落到实处、收到实效发挥了十分重要的作用。

(七)合理安排活动时间,切实做到"两不误、两促进"

各级党组织为了缓解工学矛盾,保证覆盖面和参与率,积极想办法,主动谋对策,通过妥善安排时间,处理好日常工作和先进性教育活动的关系,努力把"两不误、两促进"的要求落到实处。为便于集中、不影响工作,绝大多数教师、学生党支部都把集中学习、组织生活会、座谈会等活动安排在晚上、双休日等休息时间,并严格执行考勤制度、请假制度、补课制度。国际关系学院还通过网络教育和建立临时党小组的办法组织国外党员同步参加先进性教育活动。生命科学学院对行动不便的党员主动"送学上门",并设专人负责联络。校医院专为每个离退休党小组刻制学校先进性教育活动的录像光盘,供未到会的离退休教师党员传看,为他们参加先进性教育活动提供了很大便利。

二、我校先进性教育活动的基本经验

在先进性教育活动中,学校党委严格按照中央和北京市委、教育工委的要求,以胡锦涛同志关于先进性教育要取得实效和办成群众满意工程的指示为指导,在实践中不断总结经验,在总结经验中不断提高。

(一)加强宏观领导和微观指导,建立务实高效的组织领导体系,是先进性教育活动取得实效的组织保证

这次在全党开展先进性教育活动,是改革开放20多年来我们党在全党范围内开展的一次人数最多、规模最大的集中教育活动,政策性强,覆盖面广,要求很高,任务很重。能否很好地承担起对活动的领导任务,切实增强对活动的指导,直接关系到先进性教育活动的成败,是对各级党组织创造力、凝聚力、战斗力的一次检阅和考验。

我校规模大,党员多,党员群体类型复杂,加强先进性教育的领导和指导尤其必要。学校党委认真研究并经过试点工作的检验,形成了"北京市委教育工委统一领导、学校党委直接领导、学校保持先进性教育活动工作小组具体指导"相结合的组织领导体系,依托基层党组织,发挥基层党委的核心作用,保证了先进性教育活动的顺利开展。

(二)把思想发动贯穿始终,坚持用发展着的马克思主义教育全校党员,不断提高广大党员与时俱进的先进性意识,是先进性教育活动取得实效的思想基础

进行广泛、深入、持续的思想发动和动员,是使广大党员和各级党组织统一思想,提高认识,开展好保持共产党员先进性教育活动的前提条件和思想保证。在活动中,北大党委坚持把思想动员贯穿始终,通过宣讲文件、党课辅导、理论研讨、骨干培训、典型示范等多种形式,努力把广大党员的思想统一到中央的精神上来。在充分发扬党内民主、发动党员积极参加教育活动的同时,我们还坚持走群众路线,组织和引导广大群众参与先进性教育活动,特别是在征求意见、民主评议、制定整改措施和方案以及满意度测评等环节,尤其注重发挥群众监督和评价的作用,把"群众满意"作为衡量先进性教育是否取得实效的重要标尺,坚持边学边改,

边议边改、边整边改,真正把"党员受教育,群众得实惠"落到了实处。

学校党委还积极引导广大党员从我国高等教育改革发展的大势出发,从北大创建世界一流大学的中心任务出发,深入把握"三个代表"重要思想与创建世界一流大学的内在联系。学校先后组织了"'三个代表'重要思想与创建世界一流大学"、"树立落实科学发展观、深化教育教学改革"的大学习、大讨论活动,组织教授宣讲团宣讲"三个代表"重要思想和科学发展观,在全校范围内开展了大型学习征文活动。通过这些活动,广大党员认识到,创建世界一流大学的工作,就是北大学习贯彻"三个代表"重要思想的具体体现。因为大学只有通过科技创新,不断产生对我国现代化建设发挥重要作用的科研成果,才能真正代表先进生产力的发展要求;只有发挥大学的文化创造、传播和积累的功能,以马克思主义为指导,深入开展学术文化的交流和研究,才能代表先进文化的前进方向;只有坚持社会主义办学方向,努力培养"四有"新人,才能使大学真正代表最广大人民的根本利益。只有以科学的教育发展观为指导,处理好学校改革、发展、稳定的关系,建构和谐校园,才能推进北京大学的可持续发展,为国家的科教兴国和人才强国战略做出自己的贡献。

(三)坚持正面教育、自我教育为主和分类指导,找准着力点,是先进性教育活动取得实效的基本要求

要使先进性教育活动不走过场,就要大力弘扬求真务实精神,坚持从实际出发,提高教育活动的针对性和有效性。北大党委注意区分教师党员、学生党员、党员领导干部、离退休党员等不同群体,在保证覆盖面的同时,根据不同群体的特点提出不同的要求,以利于大家更好地参加教育活动。学校党委把师德学风建设作为教师党员开展先进性教育活动的着力点,要求广大党员教师在教育活动中把师德修养作为一门必修课,自觉以"学为人师,行为世范"为准则,增强职业荣誉感和责任感,努力成为师德建设的先锋和师德的模范。同时,学校党委还提出,要把学习贯彻中央16号文件、加强和改进大学生思想政治工作作为先进性教育活动的一项重要内容,牢固树立"育人为本、德育为先"的观念,坚持用邓小平理论和"三个代表"重要思想武装学生的头脑,培养他们热爱祖国、热爱党、热爱社会主义的真挚情怀。要将学生党员首先锻造成为中国特色社会主义事业的合格建设者和可靠接班人,并通过他们的榜样作用,把广大青年学子紧密团结在党的周围,听党的话,永远跟党走。

高校党员群体是知识层次较高、学习自觉性较强的特殊群体。学校党委坚持以正面教育和自我教育为主的原则,正确运用批评与自我批评的武器,重视调动和发挥党员的主观能动性,引导党员自觉学习理论,提高思想理论水平,主动查找和解决自身存在的问题。实践证明,这种做法符合高校实际,更容易为广大教师和学生党员接受,有助于保证和提高先进性教育活动的质量和效果。

(四)坚持发扬北大光荣传统,不断发挥多学科的综合优势,推进理论创新,是先进性教育活动取得实效的重要条件

北大素有学习、研究、传播马克思主义的光荣传统,又是一个学科齐全、哲学社会科学综合实力较强的研究型大学。学校党委充分发挥北大的学科优势,在先进性教育活动中特别加强了对党的先进性建设的研究,在总结党的建设的历史经验和先进性教育活动所创造的新鲜经验的基础上,努力探索加强党的先进性建设的规律,进行前瞻性的理论思考,推进理论创新。

学校党委组织召开了"加强党的执政能力,保持共产党员先进性理论研讨会",来自校内外的专家学者和党务工作者共150多人系统讨论了党的先进性建设的基本内容、基本经验和时代意义,以及正在开展的先进性教育活动对马克思主义政党理论的新贡献。类似的理论研究和学术研讨活动促进了先进性教育与学科建设的有机结合,并形成了我校推进建立保持共产党员先进性长效机制的一个基本经验:用党的先进性理论指导哲学社会科学的发展,通过哲学社会科学的研究新成果不断推进党的先进性理论建设。

(五)牢牢把握社会主义办学方向,坚持将党的先进性教育与创建世界一流大学的中心工作结合起来,不断提高办人民满意大学的实力,是先进性教育活动取得实效的重要内容

党的先进性同党所处的时代和所要实现的历史任务密切相关。对于北京大学来说,就要紧紧围绕发展这个我们党执政兴国的第一要务,积极落实科教兴国和人才强国战略,加快世界一流大学建设,用维护稳定、深化改革、加快发展的实绩来体现和检验先进性教育活动的效果。

在先进性教育活动中,学校党委坚持科学的发展观和正确的政绩观,进一步对世界一流大学的发展、建设规律进行了探索和总结,清醒地认识到:一方面,必须坚持跨越式发展的战略道路;另一方面,也要注意克服急功近利的浮躁情绪,应当以稳妥的态度推进改革,以务实的精神谋求发展。学校党委利用广大党员在先进性教育活动中激发出来的良好精神状态,不断坚定全体教职工创建世界一流大学的信心和决心,努力克服资金短缺、空间受限等困难,稳步推进"985工程"二期建设的实施。在中央的直接关怀和支持下,我校充分发挥以国际著名数学家田刚院士为代表的一批高层次拔尖创新人才的作用,积极筹办北京国际数学研究

中心、北京大学先进技术研究院、工学院和交叉学科研究院、分子医学研究所、科维理(Kavli)天文与天体物理研究所(KIAA)、社会科学数据中心等学科平台,为我国数学、生命科学、物理、化学以及哲学社会科学等学科早日跻身世界一流奠定了更加坚实的基础。畅春新园学生公寓、新法学院大楼、政府管理学院大楼相继落成,图书馆改造工程顺利竣工,教学大楼和综合体育馆如期开工,进一步改善了学校的办学条件。学校党委还提出了"勤俭创一流"的思想,号召大家牢记"两个务必"的教诲,发扬艰苦奋斗的精神,贯彻建设节约型社会的要求,提高了资源配置和使用的效率。党委把扶助弱势群体、解决群众关心的突出问题、促进依法治校和先进性教育相结合,进一步完善了学生助学体系,为贫困大学生解除了后顾之忧;编辑出版了大学生就业指导教材,加强了就业指导的主动性和针对性;进一步健全了校务公开工作,完成了学校各项规章制度的清理整顿工作,在招生、收费和奥运场馆建设等方面大力推行"阳光工程",受到了群众的欢迎。

在学校党委的要求和引导下,全校各单位一手抓教学科研中心工作,一手抓先进性教育活动,把两者很好地结合起来,"保先进,促发展,创一流"蔚然成风,做到了"两不误、两促进"。

此外,在先进性教育活动中,学校党委进一步增强了维护校园稳定的政治责任感,强化了安全稳定工作一线领导小组的工作机制,妥善处理了一些突发事件对校园带来的冲击和影响,确保了校园稳定和先进性教育活动有序进行。

总的看来,通过开展先进性教育活动,全校党员更加充分地认识到了保持共产党员先进性的重大意义,进一步增强了保持先进性的自觉性。广大党员根据胡锦涛同志提出的"六个坚持"的基本要求深刻思考了在新时期保持先进性的具体要求,从思想上、作风上、工作上认真查找了不足,针对存在的突出问题认真进行了整改。各级党组织的建设得到显著加强,创造力、凝聚力、战斗力和影响力明显提高。学校党委也进一步明确了北京大学加强党的先进性建设的基本要点,明确了创建世界一流大学与加强党的先进性建设、实践"三个代表"重要思想的关系,大大推进了领导班子的执政能力建设。

12月7日,学校党委召开了学校领导班子整改方案通报会。会后按照上级要求对本次先进性教育活动进行了满意度测评。经过统计,群众对我校先进性教育活动的满意率为96.1%。其中,回答"满意"的占59.9%,回答"基本满意"的占36.2%,回答"不满意"的占2.9%,另有2票弃权。到目前为止,绝大部分基层党委(党工委、党总支、直属党支部)也都完成了整改方案通报和群众满意度测评,满意率都在90%以上,不少单位还达到了100%。在接下来的一段时间中,学校党委还将按照中央和北京市委、教育工委的要求,深入开展巩固和扩大整改成果的工作,进一步建立健全保持共产党员先进性的长效机制,努力取得更为扎实、更为丰硕的实践成果、制度成果和理论成果,并在巩固和扩大整改成果工作基本结束后,对本次先进性教育活动进行一次"回头看"。

这次先进性教育集中教育活动的基本结束,不是先进性建设的终点,而是继续推进北大党建工作与先进性建设的新的起点。今后,在中央、教育部和北京市委的正确领导下,在北京市委教育工委的直接指导下,北大全体党员和各级党组织更要奋发进取,开拓创新,保持本色,乘势而上,使北大的党建工作和先进性建设更上一层楼,努力为创建世界一流大学做出新的更大的贡献。

在北京大学开展先进性教育活动的全过程中,得到了中央和北京市委、教育工委有关领导的关心和直接指导。今天北京市委常委、教育工委书记朱善璐和教育工委副书记刘建莅会指导。北京市委教育工委先进性教育活动第一督导组组长沈云锁同志,从上半年试点工作开始就联系我校,一年中不辞辛劳,严谨务实,与张五洲副组长多次带领督导组的同志亲临我校参加各项活动,给予了我们许多指导和帮助。在此,我谨代表学校党委和先进性教育活动领导小组,向上级单位的正确领导、亲切关怀和大力支持表示衷心的感谢!向全校体党员同志们的热情参与和积极配合表示衷心的感谢!向学校先进性教育活动工作小组和各级党组织的负责同志和工作人员表示衷心的感谢!谢谢大家!

党委书记闵维方在春季全校干部大会上的讲话

(2005年2月24日)

同志们：

虽然与往年相比，今年的寒假放得早，春节前的时间也比较长，但是假期中的工作也更加繁忙。除了常规的节前慰问、送温暖活动和春节团拜会，为了落实胡锦涛总书记关于关心寒假留校大学生生活和学习的重要指示精神，学校在坚持传统做法的基础上，进一步加大了工作力度，按照上级的有关要求，精心组织，周密部署，切实安排好留校同学的学习、生活和节庆活动，特别是帮助留校经济困难学生解决实际困难，保证他们留在学校也能安心生活，专心读书，开心过节。学工系统、安全保卫部门、后勤系统、宣传部门等单位及各院系的领导和老师为此做了大量工作，不少同志牺牲了宝贵的休息时间坚守岗位，在此，我代表学校对大家表示衷心的感谢！

1月19日到21日，学校领导召开了今年的寒假战略研讨会，着重研讨了"985工程"二期建设、人才队伍建设、财务工作和党建及学生思想政治工作，并对本学期的主要工作做出了安排。刚才许校长的讲话已经传达了会议的主要内容，请同志们结合本单位实际，尽快制订好新学期的工作计划，明确目标、任务和责任，认真贯彻落实。

下面，我讲一下本学期党的工作。首先我们回顾一下学校党委2004年的工作。2004年学校党委工作有两大重点：一是围绕党的十六届四中全会和第十三次全国高校党建工作会议的主题，全面加强学校领导班子建设；二是为贯彻党中央、国务院2004年16号文件精神，迎接全国加强和改进大学生思想政治工作会议积极做好各项准备工作。根据中央和上级有关部门的统一部署，学校党委分别就这些会议的主题结合我校实际进行了认真研讨和总结，报送了有关材料，并多次接待了有关部门组织的专题调研。在全国高校党建工作会议及加强和改进大学生思想政治教育工作会议上，我校还作为高校代表做了大会发言。深入学习和贯彻这三个重要会议精神，还将是今年党委工作的重要内容，我将在后面布置本学期工作时详细谈到。

去年下半年，学校还做完了两件大事：一件是行政换届工作圆满完成，另一件是第五届教代会暨第十七次工会会员代表大会顺利召开。这次行政换届，适值中央高度重视领导班子建设和"985工程"二期争取启动的关键时期，既对学校下一阶段的建设与发展至关重要，又对新班子的领导能力、人员结构、梯队建设提出了更高的要求。在换届过程中，学校党政领导班子思想高度一致，本着"立足当前，着眼长远，顾全大局"的原则，在上级部门的指导下进行了充分酝酿与协商，经上级部门批准，组成了新一届行政领导班子。这次行政班子调整后的主要变化有两点：一，韩启德副委员长和我本人均不再兼任学校行政副职；二，新任命了陈文申、林建华和柯杨三位常务副校长，他们的主管领域分别是：陈文申副校长协助校长分管财务、审计和产业工作，兼任产业管理委员会副主任和产业工委书记；林建华副校长协助校长负责学科建设，统筹全校的教学科研工作，继续兼任教务长；柯杨副校长受校长委托全面负责医学部日常工作。其余副校长分工不变。此外，教育部党组还任命吴志攀同志为学校党委常务副书记，除原分管的意识形态工作、理论宣传工作外，还将协助党委书记负责党委的全面工作。经过这次行政换届，一批德才兼备、年富力强的干部挑起了更重的担子，而一些经验丰富、深孚众望的老领导也继续连任，这不仅有利于学校工作的平稳延续，保持住蒸蒸日上的发展势头，而且也真正体现了学校党政领导班子"继往开来，团结奋斗，锐意进取，开拓创新"的建设思路和精神追求。特别应该提到的是，学校领导班子里一些资深的老同志，从学校长远发展需要出发，积极支持和帮助较年轻的同志走上更重要的领导岗位，充分体现了强烈的责任意识、大局意识和崇高的思想境界。在教育部领导的直接关怀下，我们还把这次行政换届作为一次加强学习，发扬民主，坦诚交流和研讨工作的大好机会，以实际行动来贯彻落实十六届四中全会和

第十三次高校党建工作会议精神。行政换届的顺利完成,为学校继续深化改革、加快发展和持续稳定奠定了更加坚实的基础。在座有许多同志都参与了行政换届的考察访谈工作,并在各自的岗位上辛勤工作,确保了换届过程中学校各项工作的平稳与有序运行,在此,我代表学校向大家表示衷心的感谢!

第二件大事,是我们去年12月17日到18日胜利召开了北京大学第五届教代会暨第十七次工会会员代表大会,这是新世纪原北京大学与北京医科大学合并组建新的北京大学后召开的第一次双代会。大会认真总结了过去四年多工会、教代会的工作,讨论审议了校教代会工会的工作报告,选举产生了我校第五届教代会执委会、第十七届工会委员会、工会经费审查委员会以及教代会各个专门工作委员会。至此,我校在前后一年左右的时间内已顺利完成了党委、行政、团委和工会教代会的换届工作,这不仅是我校党政和群团工作的制度化、规范化建设的重大进展,而且也充分说明全校上下对学校目前所面临的形势和中心任务具有高度共识,对安定团结的政治局面倍感珍惜,对学校未来的发展充满信心。我们一定要保持住这种"聚精会神搞建设,一心一意谋发展"的精神面貌,鼓足干劲,乘势而上,努力把创建世界一流大学的事业加速推向前进。

另外值得一提的是,今年年初,印度洋海域爆发了强烈的地震和海啸灾害,人员伤亡惨重,引起了世界各国人民的极大关注和同情。为了帮助和支援灾区重建,我校工会、学生会、青年志愿者协会、红十字会、燕园街道办事处等纷纷发出了募捐倡议书,发动全校师生员工向灾区人民捐款献爱心。经过广泛动员和积极组织,我校在寒假已经开始的情况下仍然募得捐款近百万元,其间还发生了许多感人的故事。此外,按上级部门指示,我校第一医院选派了感染疾病科主任王贵强、大内科副主任李海潮和急诊科护士尉昕等3名年富力强、业务精通的同志参加中国第四批专家医疗队赶赴印尼灾区从事医疗救护工作。在选派过程中,许多同志都主动请缨,踊跃报名,充分表现了我校广大医务工作者不怕艰险、无私奉献的优秀品质和崇高的国际主义精神。建议有关单位和宣传部门一起收集和整理援助过程中涌现出来的好人好事,并通过广泛而有效的方式进行宣传和表扬。

关于今年学校党委的工作计划和要求,我分两部分向大家通报:第一部分是重点工作,第二部分是常规工作。

一、今年学校党委工作的重点有三项

第一项重点工作,即以落实《北京普通高校党建和思想政治工作基本标准》入手,按照加强基础、健全机制、突出重点、鼓励创新,注重实绩、科学规范的原则,加强和改进党建和思想政治工作,推动创建世界一流大学的进程。

贯彻落实《北京普通高校党建和思想政治工作基本标准》的工作,我校已于去年3月份正式启动,并决定按查缺补漏、任务分解、研讨落实和自查评估四个阶段分段部署、扎实推进。学校党委专门为此成立了落实《党建基本标准》工作领导小组,由我担任组长,吴志攀副书记、岳素兰副书记和林钧敬副校长担任副组长,张彦副书记、王丽梅书记和郭岩书记作为领导小组成员,从校纪委、两办、组织部和医学部党委抽调部分工作人员组成了分析评估、信息和文秘三个工作小组。近一年来,在领导小组的统筹和协调下,各工作小组按部就班地开展了基层调研、学习考察、细化方案等工作。学校党政领导也多次研讨,分别在去年的暑期战略研讨会和今年的寒假战略研讨会上进行了专题研究。目前,《北京大学落实〈党建基本标准〉实施细则》已获学校党政联席会原则通过,我们第三阶段的工作就要从"研讨"转入"落实"。在此,我代表学校党委明确三点意见:

1. 要进一步统一思想,提高认识,将落实《党建基本标准》作为推动党建和思想政治工作制度化、规范化的良好契机。《党建基本标准》的主要内容不仅涵盖了党建和思想政治工作,而且也通过检验党对高校的实际领导能力而涉及学校工作的各个方面,体现了"抓党建,促发展"的基本思想,对学校工作具有整体性、全局性和战略性。学校党委再次强调,落实《党建基本标准》不仅仅是各级党组织的一项重要任务,而且是统揽学校各级党政工作的一个重要抓手,各级党政领导干部都要高度重视,认真实施,特别是党政一把手,一定要亲自挂帅,率先垂范。

2. 尽管《党建基本标准》的体系庞大、指标众多,但领导小组在经过仔细梳理并与我们的工作现状进行了对照后,认为落实《党建基本标准》并没有给我们的工作带来额外的负担,而只是对我们的各项工作提出了更加系统、更加规范和细致的要求。在这些指标当中,有些我们已经做到了,有些还有所欠缺。我们在制定《实施细则》时已经充分考虑到了我校党建和思想政治工作的实际情况,并力求易于操作、便于检查,希望大家一定要端正态度,认真落实。

3. 学校党委将于今年年底对落实《党建基本标准》和执行《实施细则》的情况进行一次全校范围的评估检查,并将努力做到"五个结合":结合年度工作计划和总结,结合每年一次的评优表彰活动,结合每两年一次的民主评议党员和党支部工作,结合领导班子届中届满考核,结合即将在党内开展的保持共产党员先进性教育活动。学校党委决定,从今年起,将把落实《党建基本标准》的情况作为党内表彰的主要依据,把规范性和创新性作为评优的重点。因此,希望各单位

增强工作的积极性和主动性,定期进行自查自评,及时发现问题,及时做出调整和改进。

关于落实《党建基本标准》的工作,学校党委不久后还将召开党委扩大会,进行进一步动员和部署。

今年党委的第二项重点工作,即根据中央精神和教育部部署,进一步加强和改进大学生思想政治工作。

学习贯彻中央16号文件及全国加强和改进大学生思想政治工作会议精神,是当前高等教育系统的头等大事。各级党政领导务必要高度重视,全体教职员工都要牢固树立"育人为本、德育为先"和"全员育人、全过程育人"的观念,以对党和国家高度负责的精神,切实担负起大学生培养成为中国特色社会主义事业的合格建设者和可靠接班人的光荣责任。

我们要把对加强和改进大学生思想政治教育工作的重要性、必要性和紧迫性的认识统一到中央的基本分析和判断上来。要认识到大学生是十分宝贵的人才资源,是实施人才强国和科教兴国战略的重要力量;大学生和大学毕业生是不是坚定地跟党走,是关系到巩固党的执政基础的关键之一;加强和改进大学生思想政治教育工作,不仅是提高党的执政能力、巩固党的执政地位的重要组成部分,而且是确保党和国家事业兴旺发达的"希望工程",是实践"三个代表"重要思想、办好让人民满意的教育的民心工程,是提高全民族素质、建设社会主义精神文明、构建社会主义和谐社会的基础工程。我们要确保北大的全体同学做到"两拥护,两服务",即拥护党、拥护社会主义,服务祖国、服务人民。

近年来,我校素质教育活动蓬勃开展,校园文化建设富有成效,学生思想政治状况的主流一直是积极、健康、向上的。同学们不断继承和发扬北大爱国、进步、民主、科学的光荣传统和勤奋、严谨、求实、创新的优良学风,求知欲望、自主意识和成才愿望强烈,综合素质发展趋势良好。但不容忽视的是,也存在少数学生政治意识弱化、政治理论修养不够,在价值观判断和选择上存在矛盾,群体协作意识、集体意识、奉献意识较淡漠等问题。同时,来自于学习、就业、人际交往等方面的压力也使学生中的心理问题日益突出,出现焦虑、抑郁、空虚等情绪。从我校学生的实际情况出发,贯彻落实中央16号文件和全国加强和改进大学生思想政治工作会议精神,我们要着重做好以下工作:

1. 切实加强对学生思想政治教育工作的组织领导,建立和完善党委统一领导、党政齐抓共管、专兼职队伍结合、各个方面紧密配合、学生自我教育的领导体制和工作机制,把思想政治教育与教学、科研、社会服务工作密切结合起来。学校党委要对每年学生思想政治工作的任务、内容做出整体规划和部署;各相关职能部门在党委统一领导下整合资源,分工协作;各级党组织要定期调研,监督检查。要抓紧制定并完善《北京大学德育大纲》,对学校德育工作的目标、原则、内容、实施途径、评估方法等问题予以明确和规范。着手制定《北京大学院(系、所、中心)学生工作条例》,对基层学生工作的定位、任务、岗位职责等做出明确规定;并努力构建科学的考核评估体系,奖励先进,以评促建。各基层院系要建立由党政主要领导和学生工作负责人参加的学生思想政治工作联席会议制度,定期分析本院系学生思想状况,制订有针对性的工作措施。学校党委将在适当时候召开北京大学学生思想政治工作会议,集中研讨当前北大学生的思想状况,交流工作经验,深入探索新形势下加强和改进大学生思想政治教育的有效途径和方法。

2. 抓好思想政治理论课、哲学社会科学课和其他各门课程建设,充分发挥课堂教学在大学生思想政治教育中的主导作用。思想政治理论课是对大学生进行系统的马克思主义世界观、人生观、价值观教育的主渠道,必须坚持"以人为本,与时俱进"的教学方针,既要注重针对性和实效性,主动适应当代大学生的思想方式和行为方式,善于解答学生所关心和希望了解的问题;又要注重时代性,不断将马克思主义理论研究的最新成果吸收到课程中来,用发展着的马克思主义武装大学生的头脑,并逐步将形势政策课纳入公共理论课的教学体系。同时,还要充分利用北大学科齐全、思想活跃的优势,加强哲学社会科学及其他学科的课程建设,使之既作为思想政治理论课的有效补充,又为加强和改进思想政治理论课提供多学科的理论支撑。

3. 扬长补短,勇于创新,努力形成全方位、多渠道、立体式的大学生思想政治教育网络。要结合北大的传统和特色,充分发挥第二课堂在大学生思想政治教育中的主阵地作用,做到文化育人、思想育人、环境育人。要继续将"文明生活,健康成才"的观念作为校园文化建设的主旋律,并不断丰富和深化其内涵,充分发挥我校传统优势,帮助青年学生牢固树立和不断强化热爱祖国、热爱人民、热爱中国共产党和热爱社会主义的观念。要重视国情教育和"实践育人",加大对学生社会实践活动的资金投入与政策支持,鼓励学生积极参加青年志愿者活动和社会考察、挂职锻炼、科技开发和推广、公益服务等工作。要牢牢把握网络思想政治教育的主动权,加强校园网络的建设与管理,及时、准确把握网络信息动态,并开展一些同学们喜闻乐见而又富有教育意义的网络应用及信息交流活动,使网络成为弘扬主旋律、开展思想政治教育的重要手段。要健全学校心理健康教育组织管理体系与心理危机监控网络,尽快建立起预防教育为主、防治结合的心理健康教育模式。要坚持解决思想问题和解决实际问题相结合,特别关心经济困难大学生的学习和生活,做好国

家助学贷款的申请和发放工作。要有针对性地做好毕业生的思想教育和就业指导工作，既要帮助他们广征就业信息、广开就业渠道，又要培养他们树立科学的择业观，鼓励他们到祖国需要的地区和岗位上去，并勇于在基层和条件艰苦的地方接受锻炼。

4. 充分发挥党、团和学生组织在大学生思想政治教育中的重要作用，保证思想政治教育的覆盖面和影响力。要始终高度重视在大学生中发展党员的工作，并将学生党建工作作为学生思想政治教育的重要内容和带动学校德育全局的重要途径，加强制度保障与指导服务。共青团要充分发挥自己的政治优势和组织优势，竭诚为学生的成长成才服务。通过推优入党、理论学习、主题团日、团员教育评议等途径，提高广大团员的思想政治觉悟和理论水平；大力拓展素质教育，完善青年学生成才服务体系；不断加强对校、院系两级学生会和研究生会的指导，充分发挥其自我教育、自我管理、自我服务的功能；要加强对社团的管理，完善对学生社团的服务，推动构建合理的社团分类结构，推动社团建设的可持续发展。

5. 大力加强学工队伍建设，为大学生思想政治教育的开展提供坚强的组织保证。学校党政干部和共青团干部、思想政治理论和哲学社会科学教师、辅导员和班主任是大学生思政工作的主体，要用满腔的热忱来关心学生们的成长，促进学生们的全面发展和全面成才。要不断增强做好大学生思想政治教育的自觉性和坚定性，不断探索新形势下大学生思想政治教育的新招、实招、硬招。要以推进学习型组织建设为目标，积极开展业务培训和工作交流，不断提高学生工作队伍的思想政治素质和工作能力。要建立和完善科学的评估、激励和保障机制，使学生工作成为真正具有吸引力和荣誉感的重要工作岗位。

第三项重点工作，以保持共产党员先进性教育活动为契机，进一步深入学习和实践邓小平理论和"三个代表"重要思想。

在全党开展保持共产党员先进性教育活动，是党中央做出的重要决策，也是我校今年党建工作的核心任务，是全校共产党员政治生活中的一件大事。根据中发[2004]20号文件，我校将于今年7月~12月全面开展保持共产党员先进性教育活动。今年上半年，学校将重点开展调查研究和宣传动员工作，各基层党组织要积极配合学校职能部门做好党组织、党员基本情况调研工作，营造有利的氛围，动员和引导全体共产党员以高度的政治责任感和积极主动的姿态，严肃认真地参加到先进性教育活动中来。同时，根据中央的要求，领导干部要在保持共产党员先进性教育中起到领导带头作用，因此，党委计划安排校级领导班子率先启动保持先进性教育活动，按照学习动员、查摆问题、分析评议、整改提高四个阶段逐步推进，争取在6月底前结束。我校还将从文、理、医三大学科群中各选一个学院，从党委系统机关职能部门选择部分单位作为试点，取得经验后，从7月份开始在全校范围内全面推开。学校要求，各级党组织都要努力做到把学习实践邓小平理论和"三个代表"重要思想作为主线贯穿始终，把学习贯彻党章、党的十六大和十六届三中、四中全会精神贯穿始终，把不断提高党员的思想认识贯穿始终，把进一步调动党员的积极性贯穿始终，把抓落实、求实效贯彻始终，把加强领导贯穿始终，确保先进性教育活动的质量，正确处理好开展先进性教育活动和做好各项工作的关系，切实做到学习教育和推动工作两不误、两促进。

保持共产党员先进性教育活动将在学校党委的统一领导下，由党委一把手负责任；同时，成立工作小组，由吴志攀常务副书记牵头，由党委副书记岳素兰以及党委常委、组织部长杨河、党委宣传部长赵为民负责具体落实，制订切实可行的工作计划，确保先进性教育活动在中央精神指导下，高质量、高标准地按期完成。

二、就学校党委的常规工作简要地谈几点意见

1. 以十六届四中全会和第十三次高校党建工作会议精神为指导，加强基层领导班子建设。基层是一切工作的基础，基层领导班子的建设事关党的执政能力建设的全局。因此，我们一定要把加强和改进基层领导班子建设的问题抓紧抓实，始终坚持"立党为公、执政为民"的基本要求，大力弘扬求真务实的工作作风。我们既要抓好领导干部的德、能、勤、绩、廉，又要抓好领导班子的团结、民主、实干和创新。要严格按照《党政领导干部选拔任用工作条例》的要求和程序做好干部任用和班子换届工作。加大干部培训的力度，创新培训方法，提高培训质量，从学校实际出发认真落实大规模培训干部的各项任务。积极探索和制定符合正确政绩观要求的干部实绩考核评价标准，引导广大党员干部牢固树立和努力实践科学发展观。校级领导班子要继续从思想理论建设、能力建设、制度建设、梯队建设和作风建设等五个方面，全面加强自身的思想政治建设。

2. 深入学习贯彻中纪委五次全会精神，加强党风廉政建设和纪检监察工作。学校将在全校党员中开展学习贯彻《建立健全教育、制度、监督并重的惩治和预防腐败体系实施纲要》的活动。要求广大党员干部要严格遵守"四大纪律八项要求"，严格执行党员领导干部廉洁从政各项规定和教育部党组关于高校领导干部廉洁自律的"六不准"规定。继续贯彻落实《党内监督条例》和《纪律处分条例》，深入推进各项改革和制度建设，切实落实党风廉政责任制，努力从源头上预防腐

败。要大力实施"阳光工程",全面推行阳光收费、阳光招生,坚决纠正损害群众利益的不正之风。继续推进以财务公开、基建工程项目公开和大宗物资、仪器设备、教材图书采购公开为重点的校务公开工作,将校务公开工作向学校基层单位延伸。要强化财务审计和执法监察工作,防微杜渐,惩防并举,对各种违法违纪和腐败行为严肃处理。

3. 始终不渝地坚持马克思主义在意识形态领域的指导地位,不断加强理论宣传工作。要充分利用北大的特点和优势,进一步繁荣和发展哲学社会科学,加强马克思主义基础理论研究,争取多出经验,出大成果。要善于总结学校工作的闪光点,善于发掘先进人物和先进事迹,树立好形象,建立好品牌。要牢牢把握思想和舆论动向,畅通信息沟通渠道,加强正面宣传和引导,出现不好的苗头要反应迅速,措施到位。

4. 积极协助有关民主党派市委做好北大委员会的换届工作,热情鼓励民主党派和无党派人士为学校的建设与发展出谋划策,并支持他们发挥好监督作用。要密切关注各方面的形势发展,充分发挥高校在统战工作中的独特优势,努力为维护祖国的安全稳定,促进祖国的和平统一做出贡献。继续保持与我校各级人大代表和政协委员的经常性联系,主动通报情况,加强信息沟通。党委高度重视新一届工会、教代会的工作,岳素兰副书记等三位校领导参与其中的工作,并设两位工会常务副主席。学校党委期望工会教代会的工作在原有基础上有继承,有发展,有创新。要认真研究新形势下工会、教代会工作的特点和难点,积极探索解决途径,充分发挥好民主决策、民主管理、民主监督的作用。要巩固双代会的各项成果,进一步凝聚全校师生员工的智慧和力量,振奋精神,鼓舞士气,维护好团结、和谐、奋发有为的良好局面。

5. 始终保持清醒的头脑和高度的政治敏感性,确保学校安全和政治稳定。特别是在"两会"前后和敏感时期,更要提高警惕,不可麻痹大意。除了加强学生思想政治工作之外,各单位、各部门都要增强服务意识,改善服务态度,提高服务质量,避免因工作中的失误造成热点问题或群体事件。要把师生的健康和安全放在首位,牢固树立"责任重于泰山"的观念,严格执行各项安全和卫生规定,加强督促和检查,尽力杜绝一切安全和卫生事故。各级党组织要加强对安全稳定工作的领导,责任到人,狠抓落实,努力为学校的加快发展创造良好的外部条件。

同志们,从许校长和我所作的两个报告就可以看出,今年学校党政工作的任务都很重,大家肩头的担子都不轻。这一方面说明我们的事业还在蓬勃发展,对我们的工作提出了更高的要求;另一方面也说明形势逼人,任务紧迫,责任重大。希望大家继续发扬勇挑重担,追求卓越的精神,把握机遇,坚定信心,脚踏实地,统筹兼顾,力争在创建世界一流大学的道路上迈出更大的步伐!最后,祝同志们身体健康,工作顺利!谢谢大家!

校长许智宏在春季全校干部大会上的讲话

(2005年2月24日)

老师们、同志们:

大家好!鸡年春节刚刚过去,我代表学校向在座的各位老师,也希望通过大家向全校教职员工拜一个晚年,祝大家在新的一年里身体健康、家庭幸福、事业进步!

在刚刚过去的2004年,学校各方面工作都取得了很大成绩。"985工程"二期建设项目可行性研究报告顺利通过评审并被批准实施;我校继续发挥在自然科学、医学和人文社会科学领域的传统优势,教学改革稳步推进,有显示度的科研成果不断涌现,教学和科研水平日益提高;新一轮师资人事制度改革正式启动,首次面向海内外公开招聘95个教授岗位,一批年富力强、在本领域做出突出贡献、在国内甚至在国际上具有重要影响的专家学者受聘北大教授;学校的基础设施建设加快了步伐,一批新的教学和科研大楼的建设已经启动。我校国际国内交流更加活跃,国际影响力进一步增强。经过全校师生员工的共同努力,2004年学校的整体水平和综合实力持续提高,校园面貌和教学科研环境不断改善,广大师生员工的精神面貌昂扬向上,我们向着世界一流大学的目标又迈进了一步。寒假里,我带领学校代表团和学生艺术团访问了美国斯坦福、马里兰、康奈尔、哥伦比亚和耶鲁5所大学,深入探讨双方合作、展示北大学生的精神风貌。利用这次出访机会,除上述5所大学外,我还访问了加州大学、普林斯顿大学、乔治亚理工学院和爱默里大学,就有关合作事项进行商讨。此次出访扩大了我校在北美的影响,树立了北大学生的良好形象,起到了加强与世界名校交流合作、凝聚校友爱校之心、吸引优秀人才回国效力的积极作用。

2004年学校的重头工作是"985工程"二期的启动筹备工作。从"985工程"一期建设任务基本完成到

二期工程的正式启动,中间有两年的经费断档期。这两年中,学校一方面多方筹措办学经费,努力保持各项工作的正常运转,保持学校在"985工程"一期建设中呈现的良好发展势头,另一方面,认真总结了"985工程"一期建设的经验和不足,进一步明确了学校在二期建设甚至更长远时期的发展重点和战略部署,消除影响学校整体水平进一步提高的制约因素,思考更加有计划、有重点、高效益地使用"985工程"、"211工程"经费等一系列问题。根据教育部"985工程"二期建设基本思路,在全面分析当前国内外高等教育面临的新形势和国家经济社会发展重大需求的基础上,结合我校创建世界一流大学的总体规划和学校发展的现状,经过充分研究论证,我们确立了以队伍建设为核心,以前沿和交叉学科为重点,以体制创新为动力,全面规划和推进科技创新平台和哲学社会科学创新基地建设的"985工程"二期建设总体思路,形成了我校《"985工程"二期建设项目可行性研究报告》,于2004年11月顺利通过了教育部的审核,并被批准立项。在未来的几年内,学校按计划将得到"985工程"二期18~22个亿的资金支持。到此,"985工程"二期的筹备和申请工作圆满完成。在调研和筹备过程中,全校上下进一步统一了思想,明确了思路和目标,全体师生员工,特别是在座的各院系、各部门的领导,从学校的长远发展和整体利益出发,协调一致,表现出高度的责任感和强大的凝聚力,保证了"985工程"二期申请立项工作的按期圆满完成。在这里我要向大家表示衷心的感谢。

2004年,学校完成了校级行政领导班子的换届工作,受上级和全校师生员工的信任和委托,我继续担任校长,几位年富力强的同志进入学校主要领导岗位,为学校今后几年的建设和发展提供了组织上的保证。作为上一届班子的行政主管,我想利用这个机会向全校师生员工,特别是在座的各院系和各行政部门的领导表示感谢,感谢你们在过去的五年中对我工作的支持,对学校各方面工作的批评和建议,确保在过去五年内我校能够有一个比较稳定的发展。同时,我也要代表新一届班子表个态,我们一定不辜负全校师生员工的期望,不辜负上级领导的重托,勤奋工作、积极进取,在党委的领导下,团结和带领全校师生员工,加快北大创建世界一流大学的进程。

根据校领导班子寒假研讨会的精神,我对本学期的工作提出以下几点意见:

一、进一步统一认识,精心组织实施,确保"985工程"二期开局顺利

"985工程"二期建设是学校未来几年工作的重中之重,是学校能否按计划实现创建世界一流大学总体目标的关键。在得到国家稳定的支持后,学校的办学实力和办学水平能否实现新的跨越,科研水平能否进一步提高,关键将取决于我们自己。下一步学校的工作要围绕"985工程"二期的建设,按照创建世界一流大学总体规划,统筹安排,处理好全面发展与重点建设、阶段性目标与远期目标的关系,重点抓好科技创新平台建设和哲学社会科学基地建设,加强人才引进和培养的力度,推进体制改革和制度创新,探索建立符合世界一流大学要求的管理体制和运行机制。希望通过"985工程"二期的建设,我校能够在人文科学、社会科学、自然科学、应用科学和医学科学等领域重点建设一批具有国际先进水平的学科和创新平台(基地),建成一支由一批国际一流水平学术带头人领军的师资队伍,使北京大学成为国家知识创新、技术创新和高层次人才培养的重要基地,为解决国家经济建设、科技发展和社会进步的重大问题做出贡献,为创建世界一流大学奠定更加全面和坚实的基础,在某些优势学科领域能够取得突破性进展。

"985工程"二期2004年下拨经费3个亿元在去年年底已经到位,"985工程"二期进入实质性实施阶段。依照既定的总体思路和建设原则,借鉴"985工程"一期建设的实践经验,"985工程"二期的经费,将按人才队伍、学科建设和基础设施建设各约三分之一的比例安排。在这三个方面都要突出重点,防止分散,积极培育标志性成果,使北京大学的科技创新能力和整体办学水平能够得到显著提高。

需要强调的是,我们在建设"985工程"的同时还要统筹兼顾"211工程"的建设,使两大工程互补、衔接。今年是"211工程"二期的最后一年,院系层面和学校层面都要进行总结和评估,看看我们取得了哪些成绩,还存在哪些问题,为下一期"211工程"建设做好准备。

今天只强调一下经费使用。我们目前还沉淀了不少经费,院系间差别较大,有的院系还沉淀得比较多。学校将在充分调研的基础上调整这部分经费的使用,根据学科特点把资金用到最急需的地方,实现资金使用效益的最大化。学校在这里还要重申,包括"985工程"、"211工程"在内,任何专项经费都是有特定使用范围、使用原则和时效的,不要认为经费申请下来就万事大吉了,要考虑如何能够合理合法、高效及时地使用各类专项经费。不及时合理使用经费既影响学校建设,也不利于我们争取后续经费。近期学校还要召开会议专题研究专项经费的使用问题。

随着"985工程"二期的启动,我校的学科建设、人才队伍建设和基础设施建设将迎来新一轮的快速发展,学校的整体面貌将产生巨大的变化。学校要求全校上下要进一步统一认识,认真领会和落实"985工程"二期建设的指导思想和整体思路,各院系各部门领导干部和学术带头人尤其要着眼于学科建设,着眼于

吸引和培养高水平人才,以高度的责任感和使命感,只争朝夕、不进则退的忧患意识,全身心地投入到建设世界一流大学的工作中来。

二、统筹规划,择优扶重,大力推进学科建设

教育部和财政部把"985工程"二期建设的基本思路明确为"集中资源,突出重点,体现特色,发挥优势"。结合我校的具体情况,学校提出,"985工程"二期建设要坚持文、理、医并重,坚持择优扶重的原则,根据学科发展的自身规律和特点,重点支持有优势、有前途,有望在相对短的时间内冲击国际先进水平的学科;在保持我校传统优势的同时,大力扶持国家经济、社会和科技发展所急需的、能够解决国家重大现实问题的学科,全面展示出北京大学在国家经济社会发展和科学研究中的重要作用。在经费使用上要坚持集中使用、统筹支配、有所为有所不为的思路,坚持资源共享的原则,大型仪器设备的采购和使用要放在整个学校的层面上统筹考虑,严格审批手续,杜绝重复建设和资源浪费。设备管理部门要在充分调研和论证的基础上尽快拿出具体方案和措施,建立大型仪器设备共享机制。

"985工程"二期把哲学社会科学创新基地和科技创新平台放在同等重要的位置,充分体现了国家对哲学社会科学的高度重视,是贯彻落实中央关于繁荣发展哲学社会科学的指示精神、坚持人文社会科学和自然科学并重的一个重大举措,是我校人文社科发展的重要机遇。我校首先要积极参与国家繁荣哲学社会科学计划,充分发挥自身的传统优势,组建跨学科的、具有创新性、交叉性、开放性和国际性的学科体系。第二,文科的建设要根据不同学科的特点和自身规律区别对待,对我校具有传统优势的学科采取保护和扶持的政策,社会科学发展要把重点放在当前国家经济和社会发展面临的重大课题上,对现实问题提出解决方案和理论支持。第三,人文社会科学的教学和研究工作要积极促进信息化方法的普及,加强信息基础设施的建设和共享,提高研究资料的搜集、处理和共享的能力。

学校将继续保持对医学的支持力度,进一步促进医学与文理相关学科的交叉整合,形成新的学科生长点。

文、理、医各个学科的建设规划分别由吴志攀、林建华和柯杨三位同志具体负责。

三、以吸引和培养高层次学术带头人为重点,深化和完善师资人事制度改革,加强人才队伍建设

经过过去几年的努力,我校的教师队伍建设取得了显著成绩。2004年,新的师资人事制度改革进展顺利,《教师聘任和职务晋升暂行规定》和《教师职务聘任条件》正式实施,改革得到了干部教师的理解、支持和配合。2004年,我校启动了文科资深教授的选聘工作,有25位人文社会科学著名学者成为我校第一批文科资深教授。尽管这项工作还有需要改进的地方,但这是我校重视和加强人文社会科学建设的重要举措。2004年,我校新增长江学者20人,在全国高校中首屈一指。"长江学者和创新团队发展计划"是教育部去年启动的"高层次创造性人才计划"的重要组成部分,把长江学者选聘的范围从过去的理科、医科和工科拓展到人文社会科学,我校的部分文科学者首次进入长江学者的行列。去年,我校入选教育部"新世纪优秀人才支持计划"的教师33人,已有91位教师获得自然科学基金委杰出青年基金的资助,自然科学基金委创新群体总数已达4个,"973项目"首席科学家达到14人,均居全国高校首位。

上述这些数字充分显示了我校教师队伍的实力又有了显著增强。学校下一步人才队伍建设要着重围绕两方面工作展开:一是以教育部的"长江学者和创新团队发展计划"、"新世纪优秀人才支持计划"、"青年骨干教师培养计划"和我校的"百名青年学者计划"、"中青年骨干出国培养计划"、"海外讲座教授计划"为重要平台,外部引进与内部培养并举,进一步加大力度,建设高层次创新人才队伍和创新团队,优化队伍结构,形成合理的、可持续的人才梯队;教育部明确要求在"985工程"二期中至少要有20%的份额用于人才队伍建设,包括人才的引进和培养。我们同时还要注意调动老教师的积极性,发挥他们在培养人才、指导教学和科研方面的作用。老教师是学校的宝贵财富,教学和科研工作中发挥他们的作用是非常重要的,学校人事部门要进一步研究,完善相关的政策和制度,做好这方面的工作。二是继续推进师资人事制度改革,完善教师聘任和职务晋升的各项文件和配套措施,已经明确的原则就要落实,措施要配套,贯彻实施要坚决。要建立一个人才引进、培养和流动的良性的人事管理体制,建立公开、公平、公正的绩效考核和评价机制,营造良好的学术环境和氛围。这方面的工作由林久祥同志牵头。

另外,今年两院院士又要增选,希望人事部门、有关院系高度重视,做好工作。院士申报有一套严格的程序,需要做充分的准备,学校主管部门和相关院系要提供好各方面的服务,使我们的优秀教师能够通过不同的渠道,包括院士推荐、教育部和各专业学会推荐,顺利进入到两院院士增选的评审程序。

四、稳步推进教学改革,加强教学管理,不断提高人才培养质量

2004年我校的本科教学改革稳步推进,新教学计划的修订和试行阶段已经结束,通识教育课程体系已经基本形成,"元培计划实验班"的教学和管理体系日趋成熟,生源越来越好;首次成功试办了暑期学校;

2004年我校有14门课程被评为国家精品课程,居全国高校首位,有68项教材被评为北京市精品教材,居北京地区高校首位。从2003年开始按院系和学科大类招生的新举措运行良好,已经顺利完成过渡。

学校将继续稳定招生规模,保证生源质量,稳步推进本科生教学改革,认真总结和评估,巩固改革成果,完善配套措施。进一步加强教学管理,加强精品课程建设,完善课程体系配套建设,改善教学基础设施,既要完善以课堂教学为中心的教学环节,更要注重学生创新精神和实践能力的培养。本学期的几项主要工作包括:第一,学校计划从2005级新生开始实行新的《学籍管理细则》,并出台一系列配套文件。各有关单位要积极配合这项工作,集思广益、群策群力完善文件内容、宣传文件精神。第二,今年将继续举办暑期学校,在总结去年暑期学校经验和不足的基础上,教务部、研究生院、学工、后勤、保卫等部门要进一步加强协调,密切配合,提前拿出实施方案,确保暑期学校的顺利举办和学校的正常运转。第三,2007年,教育部将对我校本科教学工作进行评估。学校已经成立了迎评领导小组和工作小组,全校上下要高度重视,合理规划,分步实施,有条不紊地做好迎评工作。具体要求我已经在去年年底的教学工作会议上强调过,这里不再重复。

这里我要特别强调一点,对学生在加强管理、严格要求的同时,也要从教育人、培养人的角度出发,切实加强服务学生、以学生为本的意识,要坚持全员育人和全过程育人,把学生的教育教学工作、思想政治工作和日常管理、生活服务有机地结合起来,进一步优化教育环境,为学生营造一个和谐向上、井井有条的学习和生活秩序。

在研究生教育方面,2004年,我校在继续保持规模稳定的前提下,积极稳妥地推进研究生招生改革,生源质量明显提高,生源结构更加优化。在2004年度全国优秀博士论文评比中我校有9篇入选,位列全国高校之首。在全国优秀博士学位论文评选的6年中,我校共入选45篇,占全国总数591篇的7.6%。去年我校举办的全国博士生学术论坛吸引了来自全国高校的优秀博士生,很好地促进了国内高校间博士研究生的学术交流。按照既定的分轨培养、分类指导的培养模式,2005年社会科学学部所有院系将全面实行硕士两年制,各职能部门和相关院系要提早准备,做好预案,顺利实现过渡。本学期,学校将继续狠抓研究生教育质量不放松,特别是要提高博士学位论文的质量。研究生院、人事部和各院系要加大力度,加强博士生导师队伍的建设和管理,加强师德师风建设。要按照"面向世界前沿,坚持国际标准,建设优势学科,创造一流成果,改善管理机制,确保培养质量"的指导思想,把培养具有创新能力和实践能力的高水平拔尖人才,取得一批具有国际影响和对国家有重大意义的标志性成果,建立起充满活力的,有利于提高研究生全面素质的研究生教育体系及相应的运行机制,作为我校研究生教育的发展目标。

五、深化科研管理体制改革,增强竞争国家重大科研项目的能力

2004年,我校继续发挥在自然科学、医学和人文社会科学领域的传统科研优势,面向经济社会发展需求,积极参与国家重大科研项目,产生了一批国内领先甚至达到国际先进水平的科研成果。去年的国家和教育部奖项已经确定,我校作为第一完成人的3项成果获国家自然科学二等奖,有5项获教育部提名国家科学技术奖一等奖;文科有2项成果获北京市第八届哲学社会科学优秀成果特等奖。2004年全年到校科研经费4.66亿元,比2003年有所增加;自然科学基金1.17亿元,全国排名第一,其中医学部的国家自然科学基金总额也排名全国医科类首位。这些数字说明了我校在基础科学研究领域仍占有较明显的优势。另外,根据国际权威组织对世界主要大学和科研机构过去10年发表论文的引证频次的统计,我校化学、数学、物理、工程科学、材料科学、临床医学、植物和动物学等7个学科已进入全球的前1%。我校人文社会科学研究水平继续保持高校领先地位,在教育部每三年一次对国家文科重点研究基地的评估中,我校去年又新增3个国家文科重点研究基地,使我校的基地总数达到了13个,跃居全国第一。

以"985工程"二期建设为契机,结合我校自身优势和学科建设规划,瞄准国家经济社会发展的重大需求和国家"十一五规划"以及科技中长期发展规划,学校将进一步深化科研管理体制改革,加强人才引进和培养的力度,进一步健全信息沟通和统筹机制,加强组织和协调,由主管校长牵头,充分发挥院系领导、重点实验室负责人、学科带头人和中青年学术骨干的作用,整合力量、相互配合、共享资源、形成合力,增强我校争取国家重大科研项目和科研经费的能力,提高学校的科研水平。学校将加大力度支持前沿交叉学科、国防科技项目以及对经济建设和科技成果转化有重大意义的科研项目、科研团队。人文社会科学要充分发挥自身优势,加强对社会发展重大思想理论问题的研究,重视政策咨询和文化建设等社会服务功能,做出有重大社会价值、有显示度的成果。

六、发挥合校优势,促进深度融合,进一步加强医学部和附属医院建设

再过一个多月,原北京大学与北京医科大学合并就整整5周年了。合校以来,新的北京大学取得了令人瞩目的发展,学校的综合实力显著增强,表现在:学

科布局更加完善,医学部生源质量明显提高,医学教学改革成效显著,学科交叉的优势和前沿科技成果凸现,学校对社会的服务更加直接,社会影响更广泛,等等。这充分说明两校合并是成功的,顺应了高等教育特别是医学教育发展的客观规律,也为北大在新世纪实现跨越式发展创造了条件。在两校合并5周年之际,学校计划组织相关的学术研讨会和座谈会,认真总结合校以来取得的成绩和存在的不足,以促进深度融合和北京大学的全面发展。在"985工程"二期建设中,学校将继续保持对医学部的支持力度,在队伍建设、基础设施建设和大型仪器设备方面加大投入,争取以"985工程"二期建设为契机,切实改善医学部校园的整体面貌。去年,医学教学楼已经动工,列入规划的项目还包括分子医学大楼、草岚子学生宿舍改造和综合服务大楼等几个大型工程。对医学部电网的改造和校园网的建设也将大大改善医学部的教学科研条件。医学部未来的发展要以学科建设为核心,推动学科交叉和融合,全面提升综合实力;以医学教育改革为动力,建立和完善有中国特色的现代医学高等教育模式。尽管面临行业竞争加剧、管理体制不顺等困难,各附属医院在医疗服务和教学科研上都取得很大成绩,在京七家附属医院去年都获得了首都卫生系统文明单位称号,其中人民医院、三院、口腔医院和肿瘤医院获得首都文明单位提名;除了首钢医院和深圳医院外,我校六所附属医院去年的门诊总量超过466万人次;2003年北大医院SCI论文总数列全国医疗机构的首位;寒假期间北大医院响应国家号召向印尼派出的医疗队已载誉归来。我校的附属医院为首都乃至全国医疗卫生事业做出了贡献,体现了北京大学服务社会的重要职能。学校将进一步为附属医院的建设和发展创造良好的环境。医学部和附属医院方面的工作由柯杨同志负责。

七、进一步强化管理,开源节流,做好学校的财务工作

2004年,在财务支出需求不断加大,财务收入增长相对不足的困难形势下,我校在保证教学科研、队伍建设和基础设施建设正常运行的基础上实现了财务收支平衡。学校领导寒假研讨会通过了2004年财务决算和2005年预算报告,同时也对我校财务工作中存在的问题进行了研究。

去年,审计署驻北大审计组对我校2003年的财务工作进行了全面审计。审计报告对我校财务工作的总体评价是:

"北京大学多年来贯彻执行国家关于高等学校的各项方针政策和有关部门制定的高等学校规章制度,紧紧围绕创建世界一流大学目标,以发展为主题,在国家的重点支持下,经全校教职员工共同努力,学校的教学、科研等各项事业均有较大发展,为国家培养了大量的优秀人才。学校能够较好地执行国家的各项财经法规,特别是在最近几年学校事业发展、资金量增加、经济活动多样化的情况下进行了一系列的财务改革,1999年以来建立健全了预算管理、校内各级经济责任制、大额资金审批、收费票据管理等40多项财务规章制度,实行了会计人员派驻制,研制了校系两级财务核算程序,实现了会计信息的资源共享。校本级财务管理情况良好,财务基础工作扎实,财务核算比较规范,资金管理相对集中,资金运转始终处于良性循环的轨道,为学校的正常运转和发展提供了资金保障"。

审计组的总体评价充分肯定了我校的财务工作是规范有序的,肯定了学校近年来财务制度改革的成果,我在这里要向学校财务部门、各院系和职能部门主管财务的领导,以及全校的财会人员表示感谢。

当然,此次审计也暴露出了我校财务工作中存在的不足和问题。在这里,学校重申"一级核算,二级管理"的财务管理体制和"财力集中,财权下放"的财务管理原则,重申"严格、透明、公平、效益、服务"的管理方针。自从1999年召开财务工作会议以来,学校采取了一系列财务改革措施,取得了积极的成效,但是随着社会经济的发展,学校的内外部环境在这几年发生了很大变化,财务管理的政策性很强,结合审计反映出的不足和问题,学校必须要研究进一步加强财务管理,所以决定在本学期召开全校财政工作会议,所有校领导、各部门和院系正职以及主管财务的副职都要参加。学校希望通过这次会议进一步规范和健全财务制度、严肃财经纪律,提高各单位负责人特别是财会人员的政策水平和业务素质,针对出现的问题找出解决办法,堵塞漏洞,确保学校财政安全。

财务工作既要"节流",也要"开源",在加强管理、厉行节约、提高资金使用效益的同时,还要采取一切办法,多方筹措办学经费。尽管有"985工程"经费的支持,学校各个方面特别是基建工作仍存在着较大的资金缺口,奥运场馆的建设也已经迫在眉睫,学校希望全校各单位都要强化筹款意识,增强筹款能力,调动一切可能的资源,寻求社会各界的支持。由于闵书记不再兼任副校长,财务方面的工作已移交陈文申同志负责。

八、克服困难,保证投入,加快重要基础设施建设

2004年,我校的基础设施建设取得了重大进展,新生命科学大楼和国际关系学院大楼已经启用,畅春新园、篓斗桥和41~43楼学生公寓、法学院大楼和政府学院大楼今年将投入使用,中关园外国专家和留学生公寓工程进展顺利。成府园区的总体规划已经基本完成,几个主要工程项目已经或即将开始建设。未来一段时间,学校的基建任务更加繁重,如何在有限的时间和资金条件下完成教学大楼、文科大楼、交叉学

科/工学楼、环境学院大楼、力学楼、综合服务楼、医学科研楼等一批重大基础设施项目是我们面临的一大挑战。需要指出的是，近一两年，政府部门不断强化基建项目审批程序，基建项目报批的时间更长、手续更复杂，一个项目从立项到开工全部完成审批手续平均需要357天，这给我们的基建工作又增加了难度。学校要求发展规划部门和基建部门要克服困难，提早规划，加强统筹，要有轻重缓急，坚决保证重点项目的工期。各单位要理解和支持基建部门的工作，积极协调配合，把工作做到前面。同时也要加强对基建的规范管理，确保资金合理有效的使用。在推进教学科研基建项目的同时要继续做好学生公寓的新建和改造工程，学校计划再用两年左右的时间把学生公寓全部改建完成。此外，要继续推进教职工的住房条件改善，一方面要做好经济适用房工程，另一方面还要积极寻找新的房源。基建工作由鞠传进同志负责。

九、其他几个方面的工作

1. 国际交流与国内合作工作。在过去的一年，我校国际交流更加活跃，国际影响力进一步提高，先后接待了4位国家元首和政府首脑、主办了一系列大型学术会议和首届北京论坛；与国外著名大学建立联合培养项目和学生交流项目，举办了第一届国际文化节，校园国际化的广度和深度不断拓展。国际交流工作要继续坚持为学校的教学科研服务、为学科建设、人才引进和培养服务这个基本原则，思路要清晰、目标要明确，要特别注重与国外著名大学的合作。各院系、各部门都必须重视国际合作交流工作，要把北京大学的发展放在高等教育国际化的大背景下来考虑。要在保证质量的前提下稳步扩大外国留学生规模，不断提高留学生教育质量。与此同时，我校学生参与国际交流的规模正在不断扩大，据统计在过去的5年中，在校生到海外交流的人数已经达到3000人次，根据教学科研的需要，学校还要采取措施继续鼓励在校学生到国外交流。国际交流和港澳台工作由郝平同志负责。

国内合作方面，学校去年调整完善了国内合作机构及其组成人员，在继续推进现有合作关系的同时积极拓展新领域，与新疆生产建设兵团签署了全面合作协议，将共同建设新疆研究生培养基地。国内合作是我校直接服务于国家经济建设和社会发展，加强与地方联系，争取更多支持的重要渠道。这方面工作由林钧敬同志负责。

2. 产业工作。校办产业总体发展势头是好的，但随着产业规模日趋扩大，资金流动数额巨大，风险也随之增加，产业改制是企业和学校发展的必然。通过产业改制，明确企业权责，规范企业行为，来规避学校在企业经营中的风险，维护学校的社会形象和声誉。学校计划本学期召开产业工作会议，结合审计中发现的问题，深入探讨新形势下出现的新情况，研究制订加强产业管理的措施。这方面工作由陈文申同志负责。

3. 学生工作。要按照中央加强和改进大学生思想政治教育工作会议精神，深入贯彻落实中央16号文件，做好学生工作。在当前形势下，学生工作特别要贴近学生的实际，注意解决学生的实际困难，发挥北大学生思想政治工作的优势。本学期要继续做好家庭困难学生资助工作和助学贷款工作。预计今年普通高校应届毕业生总数将达到338万，增幅达20%，就业工作压力更大、困难更多，学工部门和各院系要充分认识就业形势的严峻性，高度重视、扎实工作，保持较高的毕业生就业率。

4. 安全工作。校园安全与稳定工作必须常抓不懈、警钟长鸣。近一段时间，一些地方先后出现了几起严重的公共安全事件，引起了中央的高度重视，中央主要领导多次批示要求地方各部门加强管理，保证安全生产。我校总体安全形势是好的，但仍然存在安全隐患和薄弱环节。元旦后几天，学校连续出现几次火情，虽然情况不严重，被及时扑灭，但说明尽管经常组织检查，我们还是有不少漏洞。全校各单位各级领导要清醒地估计我们所面临的形势，责任到人、各负其责、查找漏洞、改进不足，确保校园安全稳定，为师生员工创造一个良好的学习和生活环境。

5. 廉政工作。要按照中纪委五次全会的精神，推进反腐倡廉工作的制度化建设，保证把党和人民赋予的权力用来为全校师生员工谋利益。学校要继续加强依法治校教育，进一步推进校务公开，在基建招投标、招生、收费等环节推行"阳光工程"；大宗采购，特别是图书采购和大型仪器设备采购上要强化管理，加强监察督导，严格预防并坚决杜绝腐败。

其他常规工作在去年年底的相关会议上学校都做了布置，我在这里不再重复。

同志们，新的一年，学校工作任务相当繁重。在座各位同志是学校各方面的中坚，让我们团结一心，紧紧围绕"985工程"二期建设这个中心任务，围绕创建世界一流大学的目标，不断开拓进取、锐意创新、规范管理、改善服务，为全面推进我校创建世界一流大学的进程做出新的成绩。

党委书记闵维方在秋季全校干部大会暨先进性教育活动工作培训会议上的讲话

(2005年9月7日)

在全党开展以实践"三个代表"重要思想为主要内容的保持共产党员先进性教育活动,是党的十六大作出的一项重大决策,也是贯彻落实党的十六届四中全会精神的一项重要任务。胡锦涛总书记多次强调:先进性教育活动是当前我党工作的头等大事。

学校党委将先进性教育活动作为今年学校党建工作的核心任务,精心组织,积极落实。上半年在部分单位进行了试点,下半年全面铺开。同时,按照先进性教育与一流大学建设"两不误,两促进"的要求,努力实现"双丰收"。下面我讲四个大问题。

一、先进性教育试点工作圆满结束,成效明显

按照中央和北京市委、教育工委的部署,学校党委于今年4月6日~7月5日在数学科学学院、历史系、药学院和部分机关职能部门等基层党委(党支部)共18个单位、975名党员中开展了先进性教育活动试点工作。同时,为了在先进性教育活动中切实发挥领导带头作用,学校党政领导班子也先期启动了先进性教育活动。

总体看来,我校先进性教育活动试点工作开局良好,进展顺利,步步深入,成效明显,主要表现在四个方面:

1. 试点单位广大党员受到了一次深刻的马克思主义思想教育和党性锻炼,对"三个代表"重要思想和党的先进性建设的重大意义的理解进一步加深。

2. 试点单位基层党组织建设得到增强,创造力、凝聚力、战斗力进一步提高。

3. 通过广泛征求意见、深刻自我剖析和查摆突出问题,改进了工作作风,改善了党群关系、干群关系,进一步增强了为人民服务、为师生员工服务的宗旨意识。

4. 深刻把握了党的先进性建设与创建世界一流大学的内在本质联系,通过先进性教育活动进一步树立了科学的教育发展观,理清了发展思路,推动了创建一流学科的各项工作。

上半年试点工作为下半年全面开展先进性教育活动奠定了基础,积累了经验,锻炼了队伍,建立了机制。测评结果显示,试点单位的群众对本单位开展的先进性教育活动普遍感到满意。我校的试点工作也得到了教育部党组、北京市委和教育工委的充分肯定和高度评价。

二、充分认识开展新时期保持共产党员先进性教育活动的重要性和必要性,增强搞好先进性教育活动的责任感和使命感

先进性是马克思主义政党的根本特征,也是马克思主义政党的生命所系、力量所在。党的先进性建设是马克思主义政党自身建设的根本任务。党中央提出在全党开展以实践"三个代表"重要思想为主要内容的保持共产党员先进性教育活动,是提高党的执政能力、巩固党的执政基础、完成党的执政兴国使命,实现全面建设小康社会宏伟目标、推进中国特色社会主义伟大事业的重要举措。全校各级党组织和全体党员一定要站在全局和战略的高度,充分认识当前党所处的历史方位与环境、党所肩负的任务、党员队伍状况发生的重大变化,充分认识新的形势和任务对共产党员先进性提出的新的更高的要求,充分认识新时期保持共产党员先进性和开展保持共产党员先进性教育活动的重要性和必要性。

在新的历史条件下,共产党员保持先进性,就是要按照胡锦涛同志提出的"六个坚持"的基本要求,自觉学习实践邓小平理论和"三个代表"重要思想,坚定共产主义理想和中国特色社会主义信念,胸怀全局、心系群众,奋发进取、开拓创新,立足岗位、无私奉献,充分发挥先锋模范作用,团结带领广大群众前进,不断为改革开放和社会主义现代化建设做出贡献。

能不能在我校党组织和广大党员中保持党的先进性,是关系到我们能不能牢牢把握住社会主义的办学方向,能不能巩固和加强我们党对创建世界一流大学事业的领导,能不能培养出中国特色社会主义伟大事业的合格建设者和可靠接班人的根本性问题。近年来,我校党委认真贯彻落实党中央和中共北京市委的指示与工作部署,结合学校实际和自身特点,大力加强和积极推进党的建设,党员队伍建设取得明显成效,积累了一些有益的经验。大多数党员在学校改革发展稳定的各项工作中和关键时刻充分发挥了先锋模范作用,体现了党的先进性。但是由于多方面因素的影响,我校党员队伍也还不同程度地存在一些与保持先进性要求不相适应的问题,比如有些党员理想信念不坚定,党性意识和组织纪律观念淡薄,先锋模范作用不明显;

有的党员干部思想理论和政策水平不高,治校理教、依法办事能力不强,思想作风、工作作风不扎实,联系群众不紧密;一些基层组织凝聚力、战斗力不强,党的工作方式落后,组织生活不健全。这些问题在一定程度上影响着全校党组织和广大党员在全体师生员工中的形象,影响着党对高等教育事业的领导和我校创建世界一流大学事业的发展。因此,我们一定要以高度的使命感和责任感,认真抓好抓实先进性教育活动,并以此为契机,巩固和发扬我校党建工作的光荣传统,进一步加强和改进党的基层组织建设和党员队伍建设,提高党组织的凝聚力、战斗力和党员的整体素质,加快推进世界一流大学建设。

三、深刻领会上级精神,紧密联系学校实际,确保先进性教育活动取得实效,真正成为群众满意工程

中共中央2004年20号文件——《关于在全党开展以实践"三个代表"重要思想为主要内容的保持共产党员先进性教育活动的意见》提出了抓住一条主线(学习实践"三个代表"重要思想)、把握一个主题(保持共产党员先进性)、明确一个着眼点(提高党的执政能力)、坚持一个方针(党要管党、从严治党)的"四个一"的总体要求;提出了"提高党员素质,加强基层组织,服务人民群众,促进各项工作"的"四句话"的目标要求;提出了"坚持理论联系实际、务求实效,坚持正面教育为主,认真开展批评与自我批评,坚持发扬党内民主、走群众路线,坚持领导干部带头、发挥表率作用,坚持区别情况、分类指导"的"五个坚持"的指导原则。

胡锦涛总书记在贵州、山东考察期间,强调开展先进性教育活动,关键是取得实效,真正成为群众满意工程。取得实效和群众满意是密切相关、相辅相成的:教育活动只有取得实效,群众才会满意;只有群众满意,才算真正取得实效,要让群众来评价和检验先进性教育活动是否真正取得实效。因此,在开展先进性教育活动中,要坚持从实际出发,把解决群众关心和反应强烈的突出问题贯穿始终,坚持边学边改、边议边改、边整边改;要始终坚持"两不误,两促进",把先进性教育活动与本职工作相结合,将保持党员先进性的基本要求、具体要求转化为加强自身建设、提高工作水平的实际行动。结合下学期学校党委的工作,提出以下具体意见:

1. 在先进性教育活动中认真学习"三个代表"重要思想,进一步深刻认识贯彻"三个代表"重要思想与创建世界一流大学的内在的本质的必然的联系。我们要通过创建世界一流大学为我国先进生产力的发展、先进文化的前进提供源源不断的人才支持和知识贡献,服务全国人民的根本利益。

2. 在先进性教育活动中重温"两个务必"的教诲,继承和发扬艰苦奋斗的精神,牢固树立勤俭创一流的意识。

先进性教育活动为我们提供了一次重温党的发展历史、加强党的基本理论学习的大好机会,也有助于我们在新时期继承和发扬我党的优良革命传统,为建设中国特色社会主义做出新的贡献。

我们创建世界一流大学,也必须牢记"两个务必",牢固树立艰苦奋斗、勤俭节约的意识。我国是一个人均资源和能源紧缺的发展中国家,虽然社会经济发展和人民生活水平保持着良好的发展势头和较高的增长率,但是各项事业的蓬勃发展与资源紧张的深刻矛盾还将长期存在。我们在这种情况下创建世界一流大学,面临着办学空间、资金等资源严重不足的困难,的确会使我们的发展速度受到一定的制约,我们要通过不断努力,争取更多的资源,力争使我们发展得更快一些、更好一些。但是,另一方面,我们也要客观地看到,国家为支持我们创建世界一流大学而给予的投入力度,是前所未有的。这些投入给我们学校和我们的生活所带来的巨大变化,每个人都是有目共睹、亲身感受的,我们一定要倍感珍惜。我们要按照建设节约型社会的要求,努力提高资源使用效率,加快一流大学建设。

3. 将师德建设作为党员教师开展先进性教育活动的着力点,大力加强师德、学风和学术道德建设。

北大素有勤奋、严谨、求实、创新的优良学风,绝大多数北大教师爱岗敬业,严于律己,勤于治学。但随着经济社会的转型,生存和竞争的压力加大,社会上的浮躁、急功近利之风也侵入了校园。个别教师放松对自己的学术道德要求,做出了一些与教师身份极不相称的事情,必须引起我们的高度警觉。学校领导在暑期战略研讨会上已就师德与学术道德建设问题进行了专题讨论,决定采取多种措施加强师德教育和学风建设,将师德建设常规化、制度化,在坚持正面教育、提前教育为主的同时,对在学风、师德上出现错误的教师要严肃处理,加强教育。学校党委要求,广大教师党员在先进性教育活动中进一步学习"三个代表"重要思想、坚定理想信念的同时,必须把师德修养作为一门必修课,增强职业荣誉感和责任感,树立正确的价值观,自觉以"学为人师、行为世范"为准则,努力成为师德建设的先锋和师德的模范。

4. 将学习贯彻中央16号文件、加强和改进大学生思想政治工作作为先进性教育活动的一项重要内容,切实推进大学生思想政治工作。

北京市委书记刘淇在全市第二批先进性教育活动的动员大会上提出,学校开展先进性教育的着力点在于要紧紧围绕育人为本,加强和改进大学生思想政治工作,构建和谐校园。培养高素质人才,始终是大学的首要任务,全校教职员工都必须牢固树立"全员育人、

全过程育人"的意识,不仅通过教学育人,也要通过管理育人、服务育人。新时期大学生思想政治工作面临着新的形势和挑战,这就要求我们必须站在全局的高度来认识学生工作的重要性,不能把学生工作仅仅看做是专职学生工作干部的任务,党委系统、行政系统、教务系统、后勤系统、工会和共青团系统要形成合力,努力形成人人参与、育人为本的大格局。

当前,特别要注意建立健全覆盖全校学生的心理健康教育和心理危机干预体系,以及经济困难大学生的资助体系。同时,学校党委明确,学生工作的基础在基层,各院系院长、党委书记是本院系学生培养和政治稳定工作的第一责任人,必须高度重视,在精力上和资源上加大对学生工作的投入,为培养人格健全、品德高尚、学识广博的高素质创造性人才提供坚实的保障。

5. 将学习落实中共中央《建立健全教育、制度、监督并重的惩治和预防腐败体系实施纲要》(以下称《实施纲要》)与先进性教育活动相结合,继续加强反腐倡廉工作。

今年初,中共中央颁布的《实施纲要》,深刻阐述了建立健全惩治和预防腐败体系的重大意义,总结了党的反腐倡廉基本经验,明确了惩防体系建设的指导思想、主要目标和工作原则,是当前和今后一个时期深入开展党风廉政建设和反腐败工作的指导性文件。

为了贯彻落实好《实施纲要》,教育部党组和北京市委下发了一系列文件,召开了专项会议,要求将这项工作当作一项重大的政治任务,加强领导,明确责任,抓好落实,建立起党委统一领导、党政齐抓共管、纪委组织协调、部门各负其责、依靠群众的支持和参与领导体制和工作机制。

根据上述文件和会议精神,学校党委决定,将学习落实《实施纲要》工作纳入到先进性教育活动的全过程,在学习动员、分析评议和整改提高的各个阶段都要安排廉政教育的有关内容。广大党员特别是领导干部要认真学习《实施纲要》和中央领导同志的有关重要讲话,全面领会《实施纲要》的基本精神和主要内容,通过学习、宣传,增强贯彻执行《实施纲要》的责任感和自觉性,努力形成全面贯彻《实施纲要》的良好氛围。在先进性教育活动整改提高阶段,学校党委将把贯彻落实《实施纲要》的情况作为整改措施的一项重要内容进行分析和总结。

学校党委决定,成立北京大学贯彻落实《实施纲要》领导小组,党委书记任组长,副组长为吴志攀、岳素兰、王丽梅、敖英芳,成员包括各相关部门的负责人。领导小组委托学校纪委书记王丽梅同志统筹协调,在近期内召开专项工作会议,对我校落实《实施纲要》的工作做出具体部署。

6. 在开展先进性教育活动的过程中扎实开展好统战工作和工会工作。

统一战线是中国革命和建设的三大法宝之一。我们要在新时期开展保持共产党员先进性教育活动中进一步弘扬党的统战工作的光荣传统。当前,统战工作要以中央5号文件为指针,加强学习,深刻领会,积极落实。要不断巩固和完善学校党委与民主党派北大委员会(支部)的联系与沟通机制,充分发挥民主党派和无党派人士的参政议政作用;要进一步拓宽民主监督的渠道,健全民主监督机制,认真听取民主党派对学校工作的建议与意见,自觉接受民主党派的监督;要热情支持民主党派根据各自章程规定的参政党建设目标,不断加强自身的思想建设、组织建设和制度建设,并积极为民主党派中央和市委的换届工作提前做好各项准备。此外,要以高度的政治敏感性和历史使命感做好港澳台工作,利用北大的特殊优势为祖国的和平统一大业做出特殊的贡献。要重视和加强党外知识分子和留学归国人员的工作,努力将他们紧紧团结在党的周围,共同为现代化建设贡献力量。

工会要继续当好党联系广大教职员工的桥梁和纽带,积极推行"校领导与教职工代表会面制度",密切校领导与广大教职员工的联系;要激励广大教职员工的主人翁意识,增强工会工作的亲和力,真正把工会建成有影响、受欢迎的"教工之家";要认真研究新时期工会工作面临的新任务和新问题,积极思考对策,增强服务和维权意识,争取在民主管理、民主监督、推进校务公开、建设和谐校园中发挥更大的作用。教代会将在年底召开,在此之前要做好调查摸底工作,了解目前教职员工关注的热点和难点问题,提前化解矛盾,确保教代会的顺利举行。我们要把党的先进性体现在同广大教职员工的血肉联系之中,体现在全心全意为师生员工服务之中。

四、加强领导,层层落实,力争圆满完成先进性教育活动的各项任务

先进性教育活动能否顺利开展,关键在领导,基础在支部,落实在党员。

学校党委高度重视先进性教育活动的组织领导工作,专门成立了北京大学保持共产党员先进性教育活动领导小组,党委书记任组长,党委常委副书记吴志攀任常务副组长,党委副书记岳素兰、常务副校长陈文申任副组长,党委副书记张彦、纪委书记王丽梅、党委常委组织部长杨河、医学部党委书记敖英芳、宣传部部长赵为民、医学部组织部长顾芸为领导小组成员。领导小组下设工作小组,在学校党委的领导下,负责指导、协调各单位开展先进性教育活动的各项工作,党委常委组织部长杨河任组长。工作小组由组织、宣传、文秘、会务四个专门工作组组成。医学部党委、各院系党

委和机关职能部门党支部也要建立起相应的领导和工作机构。学校党委强调,学校党委书记是全校先进性教育活动的"第一责任人",各基层党委书记是"直接责任人",各党支部书记是"具体责任人",一级抓一级,层层抓落实。各级领导干部要起好带头作用,要求党员做到的,自己首先要做到;要求党员不能做的,自己首先不能去做。

为了加强对各单位开展先进性教育活动的督促和检查,学校党委一方面会认真落实校领导联系基层制度,让校领导深入基层进行调研和指导;另一方面还将组建若干联系督导组,由上半年参加试点工作的各单位抽调党员干部,负责与各单位保持日常性的联系与交流。

先进性教育活动政治性强,程序紧凑,环环相扣,必须发挥好基层党组织负责人的作用。各级基层党组织负责人要端正态度,增强责任意识,认真参加培训工作,准确地理解和把握各项任务的目标和要求。要牢牢抓住先进性教育活动三个阶段的中心环节——开展"新时期保持共产党员先进性具体要求"大讨论、组织专题组织生活会和民主生活会、制定整改措施和整改方案,突出重点,以点带面。在把各项"规定工作"保质保量完成的基础上,还要积极开动脑筋,创新活动的内容与形式,努力提高先进性教育活动的吸引力和感染力,增强先进性教育活动的实际成效,为北京大学建立健全保持共产党员先进性的长效机制努力探索好做法好经验。围绕先进性教育活动,党委宣传部以及各基层党委要充分利用各种校内媒体,深入发掘和宣传我们身边的先进人物、先进事迹,为搞好先进性教育努力营造良好的校园氛围。

最后,借此机会通报几项重要的人事变动:

1. 郝平同志现已调任北京外国语大学校长,不再担任北京大学党委常委、委员、副校长职务。郭岩同志被聘为世界卫生组织的高级官员,不再担任北京大学党委常委、委员、医学部党委书记职务。

2. 学校研究决定,李晓明同志任北京大学校长助理,协助林建华常务副校长抓学科建设方面的工作。

3. 学校研究决定,敖英芳同志任医学部党委书记。

4. 根据中央有关文件精神,学校推荐于鸿君同志作为援疆干部挂职担任新疆石河子大学副校长,任期三年。教育部已正式任命于鸿君同志为副校级干部。

同志们,让我们振奋精神,努力工作,在开展先进性教育活动和创建世界一流大学的工作中取得更大的成绩!

校长许智宏在秋季全校干部大会上的讲话

(2005年9月7日)

各位老师、同志们:

前不久,学校召开了校领导暑期战略研讨会,从长期发展战略的角度对学校各方面的工作进行了充分讨论。与此同时,教育部召开了"985工程"二期经验交流会。此外,暑假期间,我们还与清华大学的领导针对两校共同面临的一些问题进行了沟通。前天,北大、清华两校的书记、校长共同向周济部长汇报了两校"985工程"的建设情况以及面临的困难和问题。

下面,我围绕校领导暑期战略研讨会讨论的议题,结合本学期的学校工作谈几点意见和要求:

一、正确、全面地认识和把握当前我校面临的形势

(一)要做好北大的工作,首先必须正确认识国家高等教育发展的大趋势

近年来,我国高等教育在规模上扩张很快,在短短的四五年内翻了一番,毛入学率已经达到19%,高校在校生总人数突破2000万,中国已成为全世界高等教育规模最大的国家。

但另一方面,高等教育的快速扩张也带来了一系列的问题,并引起了社会极大的关注。首先是社会需求与现实之间存在着矛盾,教育发展很不平衡,大学之间教育质量相差甚大,由此引发了对高考制度的质疑、对教育公平及如何发展我国的高等教育的讨论。记得刚到北大不久,当时教育部即有人提出,希望北大清华进行试点,根据我们的需要来单独招考。但是经过认真研究和讨论,我们认为,完全的自主招生需要巨大的人力和财力投入,以及制度上的保证,在现阶段还难以实现,而通过全国和各省市的统一考试来选择考生,虽并不完美,但在没有更好的办法之前,仍比较合理,也相对公平。

教育的核心是育人。最近,社会上关于中国高等教育的大讨论,值得我们深思。前不久,有媒体做了一项问卷调查,内容是评价一所大学办得是否成功的主要指标。其中,得票率最高的几项指标依次是能否塑造学生健康的人格、能否适应社会的需要、教师能否踏踏实实地做学问、学生能否掌握必要的知识技能以及学校的学术声誉。从上述调查中我们不难看出,在评价高等教育的指标中,社会关注度最高的就是学生的

培养。究竟把学生培养成什么样的人,能不能适应社会的需求,能不能掌握必要的技能,这既是社会关注的焦点,也是我们教书育人的中心工作。

社会上还有一些舆论质疑,国家是否牺牲了基础教育来发展高等教育。但教育部提供的数据显示,我国的教育经费中,高等教育经费只占22%,大部分经费还是用于基础教育、职业教育以及高中阶段的教育。在社会舆论环境对高等教育发展并不十分有利的情况下,我们面临的形势就显得更为严峻。北大得到了国家和社会较多的支持,所以我们必须考虑北大怎样更好地适应社会需求,为国家的社会经济发展做出更大的贡献。我们应该朝着创办世界一流大学的目标,稳扎稳打、做好工作,为社会培养最优秀的人才,为国家做出更多的贡献。只有这样,我们才可能源源不断地得到国家和社会对我们的支持。

(二)必须认真分析、研究国家"十一五科技发展规划"

从明年起,国家就要进入"十一五"建设时期了。目前,国家正在制定社会经济发展的中长期规划以及"十一五科技发展规划"。科技部将在今年晚些时候召开全国科技工作会议,明年教育部要召开全国教育工作会议。教育部也已做出部署,提出"985工程"二期建设应紧扣国家中长期科技发展规划,把大学真正建设成国家知识创新体系中的一个重要组成部分。

今年以来,胡锦涛总书记多次强调了创新的重要意义,强调国家创新能力的提高是我国社会经济发展的最关键因素。

从客观上分析,高校在开展知识创新工程方面相对落后于科学院。如果高校不奋起直追,那么就很可能在国家知识创新体系建设的过程被边缘化。从今年科技部"973项目"评审的情况来看,在争取国家重大科研项目方面,高校的竞争力还不够强。所以教育部提出,一批重点大学要利用"985工程"二期的机遇,加强平台建设和基地建设,不断提高整体竞争力,才能争取更多的国家重大科研项目。

"十一五科技发展规划"瞄准了未来一段时间我国经济和科技发展面临的关键性问题,将重点支持高技术研究与社会公益性研究,包括资源环境、粮食安全、三农问题以及基础研究领域的若干重大问题,并特别突出了国家安全、公共安全、人口与健康以及城市化等方面的问题,总经费有800~1000亿。国家还有16个重大专项,涉及信息技术、生命科学、医学、资源环境等领域,每个专项都有几十亿甚至上百亿的经费。

同时,在"十一五"期间,国家自然科学基金会的经费总额将增加一倍,科技部"973项目"的总经费也将增加一倍,此外,"863计划"等国家科技发展专项经费也有大幅度增长。面对新形势,我们的科研工作如果不能适应国家科技发展和社会经济发展的需求,就很可能落后。所以,各院系应主动、及时地调整科研重点方向,增强竞争力。

必须指出的是,我校在国家的支持下科研整体实力有了一定增长,科研经费逐年提高,但另一方面,部分院系和个别实验室也出现了满足现状、小富即安、不思进取的苗头。

大学有自身的特点,应该更多地提倡自由的学术氛围。但与发达国家相比,我国科学基金的强度还很不够,科研经费主要集中在由国家主导的重大科技计划上。在当前的科研管理体制下,我们必须保持高度的清醒和自觉,积极参与国家重大项目的竞争,在继续积极承担国家基础研究项目的同时,各院系都应该认真考虑如何结合国家的重大计划来组织我们的队伍,发挥我们的优势。

最近,学校分析了部分院系的具体情况。在一些理科、医科院系,能承担重大项目的教授,不少工作量已经接近饱和。但一部分副教授和讲师,甚至部分教授的工作量还严重不足。学校将积极为年轻的副教授和讲师创造机会,使他们能够参与到重大科研项目中来,通过项目的开展,带动一批教员更好地发挥作用。

各院系以及各有关行政职能部门,要进一步加强分析研究,让我们的教师更好地了解国家科技和社会经济发展的需求,以充分调动广大教师的积极性。通过项目,发展学科,建设学科,培养人才。

二、根据新形势,扎实推进"985工程"二期建设

"985工程"二期于去年下半年启动,开局良好。但今年教育部下拨的经费出现了一些新情况,与我们原定预算有相当差距。在暑期战略研讨会上,学校党政班子形成了高度统一的意见,决定尽一切努力筹措经费,维持3个亿的额度,确保完成今年的"985工程"建设规划,学科建设、队伍建设等各项工作都不能停滞。财务部门要全力协调,确保经费。

队伍建设是"985工程"二期的核心。人事部门与有关业务部门应加强沟通,与各院系协调配合,继续加快我校队伍建设的步伐,确保人才引进和现有人才的培养。

从宏观指标上来看,我校上半年的队伍建设工作取得了不错的成绩。2005年,我校又有4个国家创新群体通过了评审,全校国家创新群体总数达到了10个。这反映了相关领域的整体科研实力。在国家杰出青年基金的评审中,我们共有13位教员进入公示名单,这将使我校杰出青年基金获得者的总数达到104人,表现非常优异。此外,今年又是院士增选年,我校上报教育部的17位院士候选人中有10位是长江学者。所有这些表明我校近年来培养的中青年学者已经成为教师队伍的中坚力量,学校已初步形成了老中青结合的优秀教师队伍。我们还要根据国家的需求,进

一步加快队伍建设,通过适当引进和内部培养弥补师资队伍存在的不足。

此外还需要强调的是,年轻教员应该有勇气在适当时候转移研究方向。过去很多老教员,包括许多院士,都是在国家需要的时候及时改变了研究领域,做出了非常杰出的贡献。对于基础比较好的年轻教师,学校要鼓励他们在需要时能够根据国家的需求不失时机地调整研究领域。对年轻教师来说,这既是挑战,也是机遇。

"十一五科技发展规划"在基础研究领域的重点将放在:生命科学、脑与认知科学、量子调控和未来信息科学基础、微观介观物理和天体物理、数学、地球系统过程与资源、环境和灾害、新物质创造与转化的化学过程、凝聚态物质与量子特征的研究等方面。在上述这些领域中,我们都有比较大的优势。在应用研究领域,尤其是环境问题、农业、健康和城市规划等方面,我们也有很强的实力,应是可以有所作为的。

"985工程"二期的重点放在交叉学科、前沿学科和应用技术领域。学校为此正在筹建交叉学科研究院,并且准备成立先进技术研究院,力争在高新技术应用领域、尤其是国防工业领域有所突破。历史上,北大曾为国家国防科技的发展做出过巨大贡献,我校力学系、技术物理系、无线电系等有关院系曾先后参与了多项重大国防科研项目,为国防口培养了大批人才,形成了很好的传统。在国防科技投入不断增加的情况下,在这方面北大应继续做出应有的贡献。结合学科建设,学校在国家的支持下,正在尽快启动"北京国际数学研究中心"的工程建设;分子医学研究所自成立以来,已引进了一批优秀学者开展研究工作,运转良好;新建的工学院在生物医学工程、纳米科技领域,与力学系一起在航空航天等方向已经开始学科布局;物理学院正在积极与美国科维理(Kavli)基金会进行协商,共同在北大建立科维理(Kavli)天文与天体物理研究所(KIAA)。科维理基金会旨在在全球范围内推进基础研究,如果合作能够成功,新的天体物理研究所将成为一个宇宙学、天文与天体物理研究的国际研究中心,必将成为我校"985工程"二期建设的另一个亮点。

在人文社会科学方面,"985工程"二期将着重抓好两个方面的工作。

第一,结合国家需要,加强文理医科的交叉融合。当前,国际战略格局正在发生着冷战结束以来最为深刻而复杂的变化。未来20年,围绕国家统一、领土主权、海洋权益、社会稳定的斗争将更加紧迫而尖锐。这些领域的研究,需要文理医科进行交叉融合。因此,应该认真做好组织协调工作,鼓励人文社会科学参与国家重大科研项目。

第二,促进我校社会科学研究的数量化,建立起更大的样本库。今天的社会科学研究往往需要大量的数据支持和大量的样本分析。学校计划和密歇根大学合作,成立社会科学交叉学科研究中心,促进社会科学方面的学科交叉,推进北大社会调查中心的建设,针对国家经济建设和社会发展,以及可持续发展战略和和谐社会建设积极开展跨学科研究。

另外,财政部提出,在北大筹建中国教育财政科学研究所,借助北大教育学院和相关院系的科研力量来研究怎样的投资体系和规模更有利于中国教育的发展,有利于发挥最大的投资效益,并且符合我国的客观实际。这也是我校文科建设面临的重大机遇。只有抓住机遇才能使我们在国家战略的层面上提出更多的建议,并被决策部门采纳,对国家的政策产生积极影响。

在文科的学科建设方面,要注意文科的特点和发展规律。

主管校领导和有关职能部门应积极联系各院系,有针对性地召开专题座谈会,提出思路。在年底前,有关学科应写出建议书,并与国家有关部门,包括科技部、基金委进行沟通,使我们在争取国家重大科研项目方面更加具有主动性。

在全面推进学科建设的同时,我们还要加快体制创新。暑假期间,我和林建华常务副校长进行了多次讨论,提出要进一步加强院系的功能,更好地调动院系积极性。院系一级对于推动全校学科建设至关重要,学校正在积极探索建立新机制,让各位院长和系主任充分发挥作用,放手工作,敢于负责。各职能部门要给予支持和配合,做好服务。学校还决定,今年年底将安排各院系向学校总结和汇报学科建设情况,以便校党政领导能更好地了解院系工作的进展情况和存在的问题。

学科建设方面的工作由林建华常务副校长牵头,柯杨常务副校长、吴志攀常务副书记兼副校长以及校长助理李晓明同志协助。

三、加强资源的统筹配置,提高资源使用效益

围绕"985工程"二期的建设,学校面临的一项很重要的工作就是资源的统筹和合理配置。资源的统筹配置必须围绕学科建设,本着择优扶重的原则,重点支持优先发展的学科,保护和扶持传统优势学科。

在这个前提下,学校要求各有关职能部门首先要摸清家底。近年来,我校硬件条件得到了一定改善,但是还存在着资源配置不平衡的问题。有关职能部门应尽快对全校的资源配置情况进行一次系统的调查,为学校下一步完善学科规划,调整资源布局,加强薄弱环节,实现资源优化配置提供决策依据。学校的事业规划、学科规划和校园规划3个委员会要充分发挥作用,重大问题提交党政联席会讨论,保证决策的科学性。近期,我将主持召开一次事业规划、学科规划和校园规划3个委员会的联席会议,研究、调整学校发展规划。

目前,校内资源中投入最大的是基建项目。在全

校师生的共同呼吁下，经过学校与北京市多次协调，我校东门外成府园的土地性质已经从开发用地转为教学科研用地，有关手续已在暑假前完成。但成府园建设的投入也是十分巨大的，除了之前靠贷款解决的5亿多拆迁经费需要偿还外，还需要投入巨额的建设资金。这是学校面临的重大问题，在积极争取国家和教育部的支持的同时，我们必须加大向社会筹款的力度。

多年来，我校在土地面积没有增加的情况下，事业规模不断扩大，体育设施和场所越来越少，所以我校争取把2008年奥运会乒乓球馆建在北大，而国家要求学校自筹建设经费。根据规划，奥运会结束后，乒乓球馆将成为北大的综合体育馆，总投资需要2.6亿。国家规定，奥运场馆必须在今年内动工，所以学校正在努力筹集社会资金。

下学期，我校主要在建项目和计划建设项目中还包括公共教学大楼。这是广大师生非常关注的一件大事，也是学校发展的当务之急。此外，政府学院和法学院大楼、光华企业家研修大楼已经启动，新化学南楼的准备工作已经就绪，畅春新园二期、校内41~43号楼、篦斗桥学生公寓、医学教学大楼和医学部研究生公寓楼等项目也正在进行中。未来的3~5年时间内，学校计划要完成近75万平方米的基建项目。所以，未来几年仍将是学校基础设施建设比较集中的时期，学校将根据资源优化配置的原则，用有限的财力重点支持需要优先发展的学科，同时，学校还将多渠道筹资建设经费，包括接受捐赠、与企业和金融部门合作等。随着这批建筑以及医学部的一批建设项目的完成，应该能够确保我校今后7~10年的稳定发展，在未来7~10年内，我校基本上不会再进行大规模的基本建设。

需要特别指出的是，地铁四号线将经过我校东门外理科实验设备集中的地区，一些精密仪器可能会受到影响，所以对成府园区的新建项目，尤其需要放置精密仪器的实验大楼需要做相应调整。这一批基建项目任务重、时间紧，审批手续非常复杂，因此在本学期必须完成规划的调整。

此外，学校重申：必须厉行节约、开源节流、严肃财政纪律。去年国家审计署对北大进行了长达半年多时间的审计，对学校的本级财务，包括"985工程"、"211工程"经费的使用给了充分肯定，提出的一些问题也引起了我们的高度重视。陈文申常务副校长正根据审计署提出的意见进行部署，逐个整改。

资源统筹方面的工由请陈文申常务副校长牵头，林钧敬副校长和鞠传进副校长协助。

四、进一步理顺校本部和医学部的关系，加强对附属医院的管理和支持

两校合并5年来，校本部和医学部在学科融合、科研组织和行政管理的深度融合方面做了大量工作，取得了很好的成绩，也得到了上级部门和兄弟院校的肯定。例如，成立了生物医学跨学科中心、理论生物学中心、卫生政策与管理研究中心、脑与认知科学研究中心、言语与听觉研究中心等跨学科研究机构，在财务部等行政职能部门之间加强了干部交流。

本学期，我们要进一步加大工作力度，推进校本部和医学部在教学科研和行政管理方面的关系，在深入调研的基础上，取得更大的实质性进展。

科研方面，本部和医学部要进一步沟通，加强项目的组织协调，共同申请项目，特别在重大科研项目的申请上要整合资源，形成合力；相近或相同的学科要加强协调与合作，减少学科的重复建设；加强大型仪器设备的共享。

教学方面，医科八年制的教学工作已经取得了很好的效果，开局良好，要总结经验，完善管理，学校也要研究探索非八年制医学生如何能够充分利用全校的教育资源和感受校园文化。文科、理科和医科的学生有不同的特点，教务部门要深入到学生当中，切实了解学生的需要，真正实现北大教学资源的统筹和校园文化的共享。校本部和医学部的教学管理部门和学生管理部门要加强引导，密切配合，制定出切实可行的工作方案。

从国内外的经验来看，综合性大学办医学院并没有统一的模式。首先，北大的模式遵循实事求是的原则，在"五个统一"的前提下，明确医学部是一个相对独立的实体；第二，北大的模式也是解放思想的模式，不拘泥、不照搬任何现成的模式；第三，北大的模式要与时俱进，不断探索，逐步推进。

为进一步理顺校本部和医学部的关系，学校提出以下几点具体要求：

首先，结合"985工程"二期建设，进一步促进校本部和医学部在教学科研方面的沟通、合作和整合。

第二，本部与医学部各职能部门要在充分沟通和调研的基础上，在本学期内提出具体措施，推进深度融合。

在两校合并之初学校就明确规定，医学部各职能部门正职兼任学校相应职能部门副职。学校要求，在本学期内，各机关部处要建立切实可行的工作机制，并授权部门正职定期召集有医学部相关部门正职领导参加的工作例会，每月至少一次，沟通情况，共同制订工作计划，起草政策文件。各职能部门要把每月工作例会制度化，促进双方职能部门的沟通协调。

学校重申，从本学期开始，各部门上报的材料和数据必须包括医学部。并且，在年终各机关总结汇报工作时也应有医学部相关部门正职列席。各部门应借鉴财务部和医学部财务处在干部交流和业务整合过程中的成功经验，在发展规划、后勤基建和设备采购领域进一步加强协调和沟通，推进融合。

学校强调,涉及北大整体形象的事项,本部和医学部必须统一,包括统一的开学典礼和毕业典礼、统一的校历等等。其他方面,比如网站域名等问题,有关部门也应尽快拿出可行的方案,尽快推进。

第三,学校还将进一步加强对附属医院的管理和支持。前不久,教育部和卫生部成立了两部联合领导小组和工作小组,加强对大学医学院以及附属医院的领导。附属医院是医学教育不可分割的部分,学校一直以来都非常重视附属医院的工作,而且为医院的发展尽了最大的努力。下一步,为了进一步加强对附属医院的领导、管理和支持,探讨医学教学科研与附属医院共同协调发展的良性模式,学校将在适当的时候召开北京大学附属医院工作会议。

校本部与医学部关系要进一步理顺。这方面的工作由柯杨常务副校长牵头,林建华和陈文申两位常务副校长协助。

五、加强学术道德建设,营造良好的学术氛围

本学期学校将进一步强调师德建设和学术道德建设。

师德建设是我校加强教师队伍建设的一个重要内容,应该说,我校绝大多数教师的师德高尚,确实是"学为人师,行为世范",但个别教师也存在师德失范现象,主要表现包括:课堂教学不认真、指导论文敷衍了事,主要精力外流;学术研究不严谨、缺乏学术道德;个别教师自身政治思想、道德品质存在问题等等。

学校要求人事部和纪委深入调查,认真研究,提出可行性方案,在教师考核和奖惩制度中把师德建设的内容制度化和规范化,做到有法可依、执法必严。在新教职工培训中应加强师德教育的内容,并且要制定教师手册,做到新教职工人手一册。同时,要加强研究生学术道德的教育,研究生院应尽快制订方案,把学术道德教育作为研究生的必修课。

学术道德建设方面的工作由吴志攀常务副书记、林建华常务副校长、纪委书记王丽梅同志负责。

六、进一步加强学生工作,提高全员育人的意识

今年上半年学校发生的几起学生非正常死亡事件,引起了社会的广泛关注。全校各级部门要高度重视学生工作,全面推进素质教育和大学生心理健康教育,尽快成立学生资助中心、心理咨询中心和学生活动中心。

学校再次强调提高全员育人的意识,学生的培养是全体教职工的共同责任,要贯彻到每一个环节。各有关职能部门、各院系的学生管理和服务人员要真正做到以学生为本,满怀热情地关心和帮助学生,特别是在学习和生活中遇到困难的学生。

学校再次强调一定要做好本科低年级,特别是一年级新生的工作,从一开始加强引导,使他们摆正位置。要正确对待出现问题的同学,尽快建立学生学习成绩预警制度,对学生学习状况进行跟踪,必要时,也要及时与学生家长进行沟通。

学生工作由张彦副书记牵头。

七、推进校务公开、民主决策和民主监督,加强与教职工和学生的沟通,提高全心全意为师生服务的意识

要通过工会、团委、统战系统和学生会,进一步建立和健全信息沟通的渠道。各部门在出台涉及教职工和学生切身利益的政策和措施之前,首先必须通过有效的途径加强与师生的沟通。宣传部门要及时把学校各方面工作的进展情况通过网站、电视和广播等形式进行宣传,形成正确的舆论导向,为建设和谐校园做出贡献。

工会、团委、民主党派和无党派人士的工作由岳素兰副书记和张彦副书记牵头。

以上,我结合校领导班子暑期战略研讨会的精神对学校本学期的几项主要工作做了部署。下半年,全校还有一系列重要的外事活动,一批著名的国外大学校长将来访,希望利用这些机会,进一步推进国际合作,促进学科建设。学校其他方面的日常工作仍然按照工作计划正常进行。

下半年,学校还将分别召开有关教育、科研等方面的专题会议,各部门要提前制订计划并报两办,请两办统筹协调。

北 大 概 况

北京大学创建于1898年,初名京师大学堂,是我国第一所国立综合性大学,也是当时中国的最高教育行政机关。1912年,北京大学改为现名。1917年,著名教育家、思想家蔡元培先生出任北大校长,"循思想自由原则,取兼容并包主义",对北大进行了卓有成效的改革,促进了思想解放和学术繁荣,北大从此日新月异。陈独秀、李大钊、毛泽东以及鲁迅、胡适等一批杰出人才都曾在北大任教或任职。卢沟桥事变后,北大与清华大学、南开大学南迁长沙,共同组成长沙临时大学。1938年初,临时大学迁往昆明,改称国立西南联合大学。抗战胜利后,北大返回故园,于1946年10月正式复学。当时设有文、理、法、医、农、工6个学院和1个文科研究所,学生总数为3400多人。新中国成立后的1952年,全国高校进行院系调整,北大成为一所以文、理基础教学和研究为主的综合性大学。同年,北大校址从北京市内的沙滩原址迁移到位于西北郊的原燕京大学校址,即今日燕园。

一个多世纪以来,作为新文化运动的中心和五四运动的策源地,作为中国最早传播马克思主义和民主科学思想的阵地,作为中国共产党最早的活动基地,北大为民族的振兴和解放、国家的建设和发展、社会的文明和进步做出了不可替代的贡献,在中国走向现代化的进程中起到了重要的先锋作用。爱国、进步、民主、科学的传统精神和勤奋、严谨、求实、创新的学风在这里生生不息,代代相传。

改革开放以来,北大进入了一个前所未有的大发展、大建设的新时期,并成为国家"211工程"重点建设的大学之一。1998年5月4日,北大百年校庆之际,国家主席江泽民题词:"发扬北京大学爱国进步民主科学的优良传统为振兴中华做出更大贡献",并在庆祝北大建校100周年大会上发表讲话,发出了"为了实现现代化,我国要有若干所具有世界先进水平的一流大学"的号召。北大适时启动"创建世界一流大学计划"(也称"985计划"),北大的历史从此翻开了新的一页。

2000年4月3日,原北京大学与原北京医科大学合并为新的北京大学。北京医科大学的前身是国立北京医学专门学校,于1946年7月并入北大。1952年全国高校院系调整,北大医学院脱离北大,独立为北京医学院,1985年更名为北京医科大学,1996年成为国家首批"211工程"重点支持的医科大学。两校合并进一步拓宽了北大的学科结构,为促进文、理、医相结合及改革医学教育奠定了基础。

自创建以来,北大为国家和民族培养了大批人才。据不完全统计,北大校友和教师有400多位两院院士,中科院数理学部三分之二的院士来自北大。1955年,北大成立了中国第一个核科学专业,并于50年代后期相继成立了技术物理系和无线电电子学系,为国防科技战线培养了一批骨干力量,在"两弹一星"的研制中发挥了重要的作用。1956年,在黄昆、谢希德教授的主持下,北大创办了我国第一个半导体专业,培养了我国新兴半导体事业的第一批带头人,为我国信息科学技术的发展奠定了人才基础。在人文社科领域,北大更是培养和造就了一大批蜚声海内外的著名学者,许多大师级的学者在中国乃至世界学术和教育史上都产生了深远影响。

北大充分发挥多学科优势和人才优势,高举科教兴国大旗,勇当科学攻坚的排头兵。北大学者在中国科学史和科技史上创造了众多第一。1965年,北大与中国科学院合作,在世界上第一次人工合成了牛胰岛素;1973年,北大在国内首次研制成功百万次电子计算机;1981年,北大教授研制成功中国第一台计算机汉字激光照排系统原理性样机,实现了汉字印刷的第二次革命;1991年,北大在国内首先研制出碳60、碳70,进入国际先进行列;同年,北大测定的铟原子量被接受为原子量国际标准,这是我国科技史上的第一次;2001年,被誉为第一颗"中国芯"的我国首个16位和32位嵌入式微处理器在北大诞生,结束了中国信息产业无"芯"的历史。

2005年,北大设有直属院系41个。全校有201个博士学位授权点、244个硕士学位授权点、101个本科专业、81个重点学科、35个博士后流动站。2005年博士后研究人员出站185人、进站242人、在站428人。有11个国家重点实验室、2个国家工程研究中心、45个省部级重点实验室、研究中心;有8所附属医院和12所教学医院。在职教职工15887人,其中专任教师5381人,教授1428人、副教授1848人;有博士生导师1227人、中国科学院、中国工程院院士57人、"长江学者奖励计划"特聘教授和讲座教授74人、"973项目"首席科学家14人。毕业生25986人,其中,研究生

3639人（博士生1010人、硕士生2629人）、普通本专科生3192人（本科生2945人、专科生247人）、成人教育本专科生5115人（本科生2522人、专科生2593人）、网络教育本专科生14040人（本科生13091人、专科生949人）。招生20853人，其中，研究生5567人（博士生1388人、硕士生4179人）、普通教育本专科生3696人（本科生3479人、专科生217人）、成人教育本专科生4815人（本科生2750人、专科生2065人）、网络教育本专科生6775人（本科生4561人、专科生2214人）。在校生59458人，其中，研究生15119人（博士生5088人、硕士生10031人）、普通教育本专科生15128人（本科生14465人、专科生663人）、成人教育本专科生11101人（本科生6697人、专科生4404人）、网络教育本专科生18110人（本科生11762人、专科生6348人）。

2005年是北大实施创建世界一流大学"两步走"战略第一阶段的最后一年，也是北大"985工程"二期建设的开局之年。北大紧密围绕"985工程"二期总体建设思路，以队伍建设为核心，以学科建设为重点，以体制改革为动力，全面规划、重点突破，各项事业均取得了丰硕成果，为北大顺利进入创建世界一流大学的第二阶段打下了坚实的基础。

一、保持共产党员先进性教育活动成效显著

2005年，北大按照中央、北京市委、市委教育工委的安排，深入开展了保持共产党员先进性教育活动。为确保此次教育活动不走过场、取得实效，北大党委采取"两步走"的工作思路。第一步：从4月6日到7月5日，挑选了18个基层党委（党支部）、975名党员参加保持共产党员先进性教育活动试点工作。为了切实发挥模范带头作用，学校党政领导班子全体成员也参加了此次试点活动。第二步：在总结上半年试点工作经验的基础上，于9月15日正式启动全校性的保持共产党员先进性教育活动。2005年下半年，北大15207名党员、824个党支部参加了保持共产党员先进性教育活动。

截至2005年12月，经过学习动员、分析评议和整改提高三个阶段，北大保持共产党员先进性教育活动顺利完成。经统计，群众对学校先进性教育活动的满意率为96.1%。保持共产党员先进性教育活动有力地推动了北大党建工作的全面发展。一方面，全体党员的党性得到了进一步提高，对在中国共产党领导下的建设有中国特色的社会主义事业有了更深入的认识，尤其对如何在教学、科研、管理等实际工作中保持共产党员先进性有了深刻认识；另一方面，各级党组织的建设得到显著增强，创造力、凝聚力、战斗力和影响力得到明显提高，党组织已经成为带领全校党员齐心协力搞建设、一心一意谋发展的坚强堡垒。

二、人才队伍实力提升，师德医风建设落到实处

2005年，数学科学学院王诗宬教授、环境学院方精云教授、医学部童坦君教授等3人当选中国科学院院士；数学科学学院文兰教授、中国经济研究中心林毅夫教授等2人入选第三世界科学院院士；林庚、季羡林、黄楠森等23位学者被评为文科资深教授；新增21位长江学者和13位杰出青年基金获得者。北大5个团队新入选教育部"创新团队发展计划"，入选总数在全国高校中排名第一，使得北大的国家级创新团队总数达10个；40人入选"新世纪优秀人才支持计划"，入选人数在全国高校中排名第一。北大还启动了百名青年学者计划和海外学者讲学计划，加大对海内外高层次人才的引进力度。经过多年来的不懈努力，北大已初步形成了以82位院士和资深教授、近百名长江学者、108位国家杰出青年和10个国家创新团队为核心的、结构合理的、可持续发展的人才梯队，师资队伍结构得到优化，学校核心竞争力得到有力提升。

北大以宣传和学习孟二冬教授先进事迹为契机深入开展师德医风建设。2004年3月，北大中文系孟二冬教授主动要求赴新疆石河子大学开展志愿支教工作。到达新疆后不久，孟二冬身患重病，仍坚持为学生上完最后一课，并倒在了讲台上。经诊断，孟二冬患食管恶性肿瘤，返京后经过三次大手术。住院治疗期间，孟二冬依旧坚持研究课题和指导研究生。得知孟二冬教授的先进事迹后，中共中央总书记胡锦涛表示高度赞扬，称赞他"为人师表，品德高尚"。为了对孟二冬教授的先进事迹进行表彰，北大授予他北京大学优秀共产党员和北京大学优秀教师标兵荣誉称号；教育部、中宣部向全国发出了向孟二冬教授学习的号召。北大迅速掀起了向孟二冬教授学习的热潮，在广大教师、医师中大力弘扬淡泊名利、无私奉献、爱岗敬业、求真务实的崇高品格，取得了良好效果。

三、学科布局得到调整，学科结构进一步优化

在"985工程"和"211工程"的重点支持下，北大对学科布局完成了一系列调整，重点推进前沿交叉学科的建设和发展。

北大成立了工学院、分子医学研究所、先进技术研究院和国际数学中心、中国教育财政科学研究所、蛋白质科学中心、宽禁带半导体联合研究中心、中国文字字体设计与研究中心、绿色化学研究中心、交通医学中心、糖尿病中心、医学遗传中心、原发性免疫缺陷病研究中心等一批新的跨学科教学科研机构。这些机构整合北大多学科优势和丰富的人才优势，在相关学科前沿领域开展跨学科研究。其中，工学院充分发挥北大理学、医学的基础，瞄准学科前沿，推动学科交叉融合，组建了生物医学工程系、材料与纳米技术工程系、能源与能源工程系、航空航天与机械工程系、工程管理系、

并将组建应用科学研究所、电子技术研究所、物流技术研究所、能源与战略研究所、工程应用软件研究所等一些高质量的研究所;分子医学研究所是北大发展前沿交叉学科、探索体制改革的重点和试点单位之一,建所初期主要开展心血管系统及其相关疾病的基础理论、生物技术和临床研究;北京国际数学研究中心基本建设的前期准备工作正加紧进行,举办学术活动的规模进一步扩大,不同学科与专业间的学术交流更加活跃,追踪和把握国际学术前沿的能力明显增强。此外,前沿交叉学科研究院、科维理(Kavli)天文与天体物理研究所(KIAA)、艺术学院和社会科学交叉学科研究中心的筹备工作进展顺利。

四、教学改革亮点突出,培养质量稳步提高

北大24项教学成果获国家级教学成果奖,其中北大作为第二完成单位完成的"大学生电子设计竞赛的开展与学生创新能力的培养"成果获特等奖,中文系的"古代汉语系列课程建设的新开拓"等6项成果获一等奖,化学与分子工程学院的"一流教育教学水平培育一流化学创新性人才"等18项成果获二等奖。

10门课程入选国家级精品课,8篇博士论文入选全国优秀博士论文。自1999年评选全国优秀博士学位论文以来,北大共有53篇论文入选,占全国687篇的7.7%,名列全国高校之首。

在2004年的基础上进一步改革博士生招生办法:强调对考生综合能力和研究潜力的考察,改进免试方式,严格面试过程,扩大面试成绩在总成绩中的比重,扩大了院系和导师的招生自主权。

在社会科学院系全面推行硕士研究生学制改革。自2005年起,经济学院、光华管理学院、心理学系、新闻与传播学院、国际关系学院、法学院(除法律硕士)、信息管理系、政府管理学院、马克思主义学院等社会科学院系硕士生学制由3年改为2年,中文、历史、哲学以及大部分理科院系硕士生学制仍为3年。

起草了《北京大学关于研究生学术规范的规定》(征求意见稿),并要求各院系结合本学科特点细化对研究生学术规范的具体要求。

推进"博导"遴选制度改革。继2004年在9个院系选出50名副教授"博导"后,2005年又在历史系、教育学院、外国语学院、中国经济研究中心试点博士生导师"不定资格制"。此次遴选出的139位"博导"有三分之一是副教授,彻底打破了以往只有正教授才能当"博导"的规定。"不定资格制"包括"教师申请制"和"学生选择制",即只有本人申请获得批准或被学生选择才能成为博士生导师。"博导"真正成为指导研究生的工作职责,而不是终身荣誉。

医学部全面启动医学教育长学制招生计划和培养模式,在教学体系、教材建设、课程设置、师资培养、素质教育等方面都进行了重大改革。

稳步推进学生工作的转型与发展,贯彻"育人为本,德育为先"的理念。新成立了学生心理健康教育与咨询中心、学生资助中心、学生课外活动指导中心等新机构,学生工作机构和队伍进一步完善。

五、科研工作稳步推进,创新成果不断涌现

2005年,北大科研经费大幅度增加,全年到校科研经费达6.5亿元,比2004年增加51%。

北大在基础研究领域继续保持优势。2005年获自然科学基金项目341项,其中杰出青年基金13项、基金创新研究群体5个,居全国高校首位;获批"973项目"1项、子项目15个;新增"863计划"民口课题24个。

2005年被SCI收录的北大为第一作者单位或北大教师为责任作者的论文达2010篇(平均影响因子为2.02),其中医学部541篇。发表论文呈现总量合理增长、质量不断提高的态势,论文的影响力明显增强;理科和医科在影响因子大于10的学术刊物上发表论文11篇,其中医学部尚永丰教授和地空学院涂传诒院士的研究成果分别发表在著名科学杂志 *Nature* 和 *Science* 上。

获教育部提名国家科技奖6项,其中一等奖4项、二等奖2项,北大均为第一完成单位;27项成果获北京市科学技术奖,其中一等奖5项、二等奖12项、三等奖10项;化学学院徐光宪院士获何梁何利科技成就奖、黄春辉院士获何梁何利科技进步奖;地空学院涂传诒院士和化学学院谢有畅教授的两项科研成果入选高校十大科技进展。

科研基地建设成绩显著。9.5个国家基础科学人才培养基地通过国家自然科学基金委的中期评估,其中6.5个被评为优秀、3个被评为良好,获研究经费1240万元。在科技部组织的数理和地球科学领域国家重点实验室评估中,人工微结构与介观物理国家重点实验室、湍流与复杂系统研究国家重点实验室、环境模拟与污染控制国家重点实验室(联合)、数学及其应用教育部重点实验室、重离子物理教育部重点实验室均被评为良好类实验室;在生命科学领域教育部重点实验室评估中,分子心血管学教育部重点实验室被评为优秀类实验室,神经科学教育部重点实验室被评为良好类实验室。

人文社科领域涌现出了一批重大的研究成果。9月,经专家一年多奋力拼搏,《儒藏》工程结出硕果,推出样书——《论语》专集;10月,北大考古队在北京东胡林人遗址的考古发掘中取得新突破,发现一座保存完整的东胡林人墓葬以及年代更久远的烧火遗迹和打制石器,填补了北京地区自山顶洞人以来人类发展史上的一段空白。

六、国际交流形势喜人，对外合作不断深入

北大已与遍及世界49个国家和地区的200余所大学和研究机构建立了校际交流关系，其中亚洲地区57所、欧洲地区69所、美洲地区46所、非洲地区4所、大洋洲地区8所。

2005年，北大外事活动异彩纷呈，国际影响进一步扩大。

全年接待近200个外国代表团，其中国家元首级代表团9个。蒙古总统恩赫巴亚尔、秘鲁总统杭德罗·托莱多·曼里克、冰岛共和国总统奥拉维尔·拉格纳·格里姆松、尼日利亚总统奥卢赛贡·奥巴桑乔、哥伦比亚总统阿尔瓦罗·乌里韦·贝莱斯、委内瑞拉总统查维斯等先后在北大演讲，美国国务卿赖斯、诺贝尔奖得主蒙代尔等国际名流在北大与师生进行面对面的交流。全年举办了6个外国著名大学的主题大学日活动，包括早稻田大学日、柏林自由大学-洪堡大学日、马里兰大学日等。外国大学日充分展示了外国名校的风采，加深了北大学生对国际一流教育水平的了解，受到一致好评。与海外高校和科研机构的合作走向深入，与耶鲁大学、康奈尔大学等国际名校及微软公司、美国廖凯原基金会等国外知名企业、基金会签订了合作协议。与泰国合作新成立了"诗琳通科技文化交流中心"，与耶鲁大学联合成立了"北大-耶鲁微/纳米技术和集成系统联合研究中心"；医学部分别与日本富山医科医药大学、香港大学医学院、挪威奥斯陆大学、美国密歇根大学医学院、泰国卫生部医疗司、韩国嘉全大学、瑞典卡罗林斯卡医学院、澳大利亚悉尼大学等签署校际合作协议。

11月16~18日，北大成功举办了以"文明的和谐和共同繁荣——全球化视野中亚洲的机遇和发展"为主题的第二届北京论坛。来自46个国家和地区的543位学者参加了会议。除了世界知名学者，许多政界名人也应邀参加，如美国前总统乔治·布什、联合国副秘书长约瑟夫·里德等。本次论坛还为世界大学校长提供了交流平台，开设了大学校长联谊会。来自24个国家30多所大学的校长率团参加。作为高层次的学术盛会，北京论坛已经成为展示北大乃至首都教育的一张名片，成为提升北大国际知名度的重要媒介。

七、校企改制顺利进行，科技开发成绩突出

2005年，以方正集团、青鸟集团、未名集团、资源集团为代表的校办产业产值保持连年增长，达到了254.47亿元。

北大进一步深化校企改制工作。方正集团、未名集团和资源集团都已按照上级部门的要求完成改制，由原来的全民企业改制为股份制公司；青鸟集团改制方案已获学校批准；其他中小企业也都基本完成改制工作。完成改制的股份制公司都相继建立了"产权清晰、政企分开、权责明确、管理科学"的现代企业制度，过去的"行政纽带"逐渐转变为"资本纽带"，降低了学校风险，同时也建立风险撤出机制，为学校产业的发展奠定了制度上的保证。

北大积极组织院系科研人员和企业参加各类大型科技合作及成果交流洽谈会，推广宣传北大的高新技术成果，在展会上受到广泛关注。在沈阳"东博会"上，国务委员陈至立兴致勃勃地参观了北大的展台，对参展的仿生机器鱼和机器海豚表示出浓厚兴趣，鼓励北大做好成果转化工作；在第七届中国高新技术成果交易会上，北大众志研发的具有我国自主知识产权的"北大众志-863CPU系列芯片"和"北大众志网络计算机"获得交易会优秀产品奖；在2005云南省省院省校科技合作技术成果洽谈会上，北大与云南解化集团有限公司就"年产50吨辛基磺酰氟"项目正式签约。2005年我校共签订各类技术合同达276项，合同总额为9598.66万元。

八、基础设施全面改善，校园面貌焕然一新

2005年9月17日，令全校师生瞩目的北大奥运乒乓球馆正式开工建设。奥运乒乓球馆总建筑面积达26900平方米，建成后可容纳观众8000人。按照计划，奥运乒乓球馆建成后首先服务于2008年奥运乒乓球比赛，比赛结束后将成为我校运动场馆的一部分。这将极大地缓解我校运动场馆比较紧张的局面。

经过一年的辛勤工作，北大图书馆旧馆改造工程于7月份顺利完成。改造后的旧图书馆焕然一新，与新图书馆在建筑风格上保持协调一致。通过对天井进行加顶、封闭等改造，不但使图书馆的使用面积增加了1000多平方米，还最大限度地提升了图书馆的使用功能。旧馆改造工程得到了师生的一致称赞，还获得了世界华人建筑师协会设计大奖。

学生住宿和生活条件得到极大改善。校本部畅春新园学生宿舍、41~43号学生宿舍楼、63号楼学生宿舍楼相继竣工，总建筑面积达81732平方米，共有学生宿舍2452间，可容纳学生6170人。这些新宿舍楼的建成，缓解了燕园学生宿舍紧张的状况，保证了万柳学区学生如期搬回燕园。为了方便居住在畅春新园的同学们的生活起居，北大修建了畅春园过街天桥，直接连接主校区和畅春新园宿舍。在北京市的大力支持下，北大将南门外的废墟彻底清除，并全面解决北新商店问题，维护了和谐优美的校园环境。

医学部校园基础设施建设取得长足发展：医学部教学大楼工程结构封顶，研究生公寓竣工并投入使用，医学部运动场经过改造后也已经投入使用。

（张兴明）

机构与干部

校领导机构组成名单

党 委 书 记	闵维方
党委常务副书记	吴志攀
党 委 副 书 记	岳素兰(2005年11月11日免)　张　彦　王丽梅(2005年11月11日任) 杨　河(2005年11月11日任)
党 委 常 委	闵维方　许智宏　吴志攀　陈文申　林建华　柯　杨　岳素兰　张　彦 林钧敬(2005年11月免)　林久祥(2005年11月免)　郝　平(2005年8月免) 王丽梅　杨　河　郭　岩(2005年9月免)　鞠传进(2005年9月任) 张国有(2005年12月任)　敖英芳(2005年9月任)
校　　　　长	许智宏
常 务 副 校 长	陈文申　林建华　柯　杨
副 　校 　长	岳素兰(2005年11月11日任)　吴志攀(兼)(2005年11月11日免) 林钧敬(2005年11月11日免)　林久祥(2005年11月11日免) 郝　平(2005年8月17日免)　鞠传进　张国有(2005年11月11日任) 海　闻(2005年11月11日任)
纪 委 书 记	王丽梅(兼)
校 长 助 理	史守旭　张维迎　海　闻(2005年11月11日免) 李晓明(2005年5月17日任)　于鸿君(2005年6月27日任) 朱　星(2005年11月2日任)　李岩松(2005年11月2日任)
纪 委 副 书 记	叶静漪　孔凡红　周有光
秘 书 长	林钧敬(兼)(2005年11月28日免)　陈文申(兼)(2005年11月28日任)
副 秘 书 长	杨开忠　赵为民　李　鹰(2005年10月25日任)
教 务 长	林建华(兼)
副 教 务 长	李克安　张国有(兼)(2005年12月18日免)　柯　杨(兼)(2005年10月25日免) 吴宝科　李晓明(兼)　刘玉村(2005年10月25日任)　王仰麟(2005年12月18日任)
总 务 长	鞠传进(兼)
副 总 务 长	张宝岭

学术委员会暨教师职务评审委员会

主　　任	许智宏						
副 主 任	闵维方	林建华	韩启德				
委　　员	丁伟岳	马　戎	方　竟	王缉思	王德炳	王　夔	厉以宁	叶　朗	宁　骚	甘子钊
	申　丹	朱作言	朱苏力	何芳川	佘振苏	吴志攀	吴树青	张恭庆	李晓明	杨芙清
	肖瑞平	陈佳洱	陈建生	陈晓非	陈慰峰	周力平	林久祥	林毅夫	欧阳颀	柯　杨
	赵进东	赵新生	袁行霈	郭应禄	黎乐民					

专业技术职务评审委员会

主　　任	许智宏						
副 主 任	闵维方	林建华	柯　杨				
委　　员	吴志攀	陈文申	岳素兰	林久祥	林钧敬	鞠传进	迟惠生	李晓明	陆正飞	温儒敏
	戴龙基	吴慰慈	张新祥	许崇任	闫　敏	张宏印	刘克新	李月东	周岳明	

学位评定委员会

主　　席	许智宏						
副 主 席	林建华	吴志攀	柯　杨				
委　　员	袁行霈	甘子钊	厉以宁	杨芙清	张国有	文　兰	涂传贻	赵进东	彭练矛	陶　澍
	胡　军	王邦维	何芳川	王浦劬	陈学飞	赵存生	魏丽惠	王　夔	章友康	俞光岩
	韩济生									

学部学术委员会

人文学部学术委员会

主　　任	袁行霈	
副 主 任	赵敦华　申　丹	
委　　员	王邦维　叶　朗　仲呈祥　刘金才　严文明　何芳川　吴国盛　张玉安　李克安　陈平原	
	陈　来　林久祥　罗　芃　罗志田　阎步克　蒋绍愚	

社会科学部学术委员会

主　　任	厉以宁
副 主 任	雎国余　陈兴良
委　　员	丁小浩　牛　军　王　余　叶自成　宁　骚　刘世定　吴树青　陈庆云　易杰雄　姚　洋
	姜明安　秦铁辉　曹凤岐　黄桂田　程郁缀　程曼丽

理学部学术委员会

主　　任	甘子钊
副 主 任	姜伯驹　赵新生　赵进东
委　　员	张恭庆　耿　直　赵光达　陈建生　欧阳颀　孟　杰　黎乐民　来鲁华　严纯华　朱玉贤
	张传茂　童庆禧　陈晓非　郝守刚　陶　澍　方精云　王　垒　吴志攀　李晓明

信息与工程学部学术委员会

主　　任	杨芙清
副 主 任	佘振苏　王子宇
委　　员	黄　琳　王建祥　王阳元　查红彬　程　旭　彭练矛　梅　宏　唐孝炎　倪晋仁　肖建国
	林建华　朱　星

医学部学术委员会

主　　任	韩启德
副 主 任	王　夔　黎晓新
委　　员	王志新　王　宪　王海燕　王　夔　张礼和　陈明哲　汤　健　沈渔邨　陆道培　陈慰峰
	张震康　林久祥　柯　杨　秦伯益　郭应禄　郭　岩　秦　炯　党耕町　高晓明　强伯勤
	韩启德　韩济生　蔡少青　翟中和　黎晓新

第五届校教职工代表大会执行委员会

主　　　任	岳素兰（女）
副　主　任	鞠传进　张国有　孙　丽（女）　敖英芳
委　　　员	王春虎　王　蓉（女）　王　磊　王　燕（女）　史录文　关海庭　孙　丽（女）　张大成 张宝岭　陈淑敏（女）　岳素兰（女）　胡　坚（女）　敖英芳　梁　燕　廖秦平　鞠传进 孔庆东　张国有　鲁安怀

医学部负责人

党 委 书 记	郭　岩（2005年6月免）　敖英芳（2005年6月任）
党委副书记	马焕章　李文胜
纪 委 书 记	马焕章（兼）
纪委副书记	孔凡红（兼）
主　　　任	韩启德（兼）
常务副主任	柯　杨（兼）
副　主　任	李　鹰　闫　敏　刘玉村　魏丽惠（2005年2月免）　史录文（2005年10月免） 方伟岗（2005年10月任）　姜保国（2005年10月任）

校机关各部门、工会、团委负责人

校　本　部

党委办公室校长办公室	主任	刘海明
发展规划部	部长	李　强
纪委监察室	主任	叶静漪（兼）
党委组织部	部长	杨　河（2005年12月免）
		郭　海（2005年12月任）
党委宣传部	部长	赵为民（兼）
	常务副部长	夏文斌
党委统战部	部长	卢咸池
学生工作部	部长	陈建龙（2005年11月免）
		沈千帆（2005年11月任）
保卫部	部长	张　虹
教务部	部长	关海庭
科学研究部	部长	朱　星（2005年11月免）

		李晓明(2005年11月任)
社会科学部	部长	程郁缀
"211"工程办公室	主任	李晓明(兼)
研究生院	院长	许智宏
	常务副院长	张国有(2005年12月免)
		王仰麟(兼)(2005年12月任)
继续教育部	部长	郑学益
人事部	部长	周岳明
财务部	部长	廖陶琴(2005年3月免)
		闫　敏(2005年3月任)
国际合作部	部长	李岩松(兼)
总务部	部长	杨仲昭
资产管理部	部长	李国忠
实验室与设备管理部	部长	张新祥
基建工程部	部长	支　琦
审计室	主任	(空缺)
科技开发与产业管理办公室	主任	姜玉祥
信息化建设与管理办公室	主任	黄达武(兼)
工会	主席	岳素兰(兼)
	常务副主席	孙　丽
团委	书记	沈千帆(兼)
机关党委	书记	李国斌
后勤党委	书记	张宝岭(兼)
产业工委	书记	陈文申(兼)

医 学 部

党委办公室、主任办公室	主任	戴谷音
纪检监察办公室	主任	孔凡红
党委组织部	部长	顾　芸
党委宣传部	部长	姜　辉
党委统战部	部长	乔　力
研究生思想工作部	部长	段丽萍
学生思想工作部	部长	辛　兵
党校	副校长(副处)	王军为
机关党委	书记	刘淑英
后勤党委	书记	张　奇(2005年9月免)
	副书记	王运生(主持工作)(2005年9月任)
产业总支	书记	侯利平
工会	主席	王春虎
团委	书记	丁　磊
保卫处	处长	易本兴
人事处	处长	林　丛
人才培训与服务中心	主任(副处)	朱树梅
教育处	处长	辛　兵
科学研究处	处长	方伟岗

研究生院	常务副院长	段丽萍
继续教育处	处长	高子芬
医院管理处	处长	英立平
计划财务处	处长	郑　庄
国际合作处	处长	董　哲
审计办公室	主任	张　明
设备与实验室管理处	处长	周文平
产业管理办公室	主任	章　京
后勤与基建管理处	处长	宝海荣

各院、系、所、中心负责人

校　本　部

数学科学学院	党委书记	刘化荣
	院长	张继平
力学与工程科学系	党委书记	谭文长
	主任	苏先樾
物理学院	党委书记	郭建栋（2005年7月免）
		陈晓林（2005年7月任）
	院长	叶沿林
信息科学技术学院	党委书记	郭　瑛
	院长	何新贵
	常务副院长	张　兴
化学与分子工程学院	党委书记	刘　锋
	院长	席振峰
生命科学学院	党委书记	许崇任
	院长	丁明孝
	常务副院长	许崇任（兼）
地球与空间科学学院	党委书记	宋振清
	院长	陈运泰
	常务副院长	潘　懋
环境科学学院	党委书记	莫多闻
	院长	江家驷
	常务副院长	张远航
心理学系	党委书记	吴艳红
	主任	韩世辉
计算中心	主任	黄达武
中文系	党委书记	李小凡（2005年6月免）
		蒋朗朗（2005年6月任）
	主任	温儒敏
历史学系	党委书记	王春梅

	主任	牛大勇
考古文博学院	党委书记	刘 绪
	院长	高崇文
哲学系/宗教学系	党委书记	丰子义
	主任	赵敦华
国际关系学院	党委书记	邱恩田
	院长	钱其琛（2005年3月免）
		王缉思（2005年3月任）
	常务副院长	潘国华（2005年3月免）
经济学院	党委书记	刘文忻
	院长	刘 伟
光华管理学院	党委书记	王其文
	院长	厉以宁（2005年4月免）
		吴志攀（兼）（2005年4月任）
法学院	党委书记	张守文
	院长	朱苏力
信息管理系	党委书记	祁延莉
	主任	王余光
社会学系	党委书记	吴宝科（兼）
	主任	马 戎
政府管理学院	党委书记	李成言
	院长	罗豪才
	常务副院长	王浦劬
外国语学院	党委书记	吴新英
	院长	程朝翔
新闻与传播学院	党委书记	赵为民（兼）
	院长	邵华泽
	常务副院长	龚文库
艺术学系	直属支部书记	彭吉象
	主任	叶 朗
马克思主义学院	党委书记	黄南平
	院长	陈占安
教育学院	党总支书记	（空缺）
	院长	闵维方（兼）
人口研究所	所长	郑晓瑛
对外汉语教育学院	党总支书记	张秀环
	院长	何芳川
	常务副院长	李晓琪
成人教育学院	党工委书记	朱 非
	院长	李国斌（兼）
网络教育学院	院长	侯建军
体育教研部	直属支部书记	李朝斌
	主任	郝光安
"元培计划"管理委员会	党总支书记	陈建龙（2005年3月免）
		查 晶（2005年3月任）

医 学 部

基础医学院	党委书记	朱卫国
	院长	顾 江
药学院	党委书记	洪和根（2005年2月免）
		解冬雪（2005年2月任）
	院长	刘俊义
公共卫生学院	党委书记	王 燕
	院长	胡永华
护理学院	党总支书记	尚少梅
	院长	郑修霞
公共教学部	党总支书记	王 倩（2005年5月免）
		李文胜（兼）（2005年5月）
	主任	王 倩（2005年5月免）
	副主任	张大庆（主持工作）（2005年5月任）
网络学院	院长	刘玉村
第一医院	党委书记	蒋学祥
	院长	章友康
人民医院	党委书记	李月东
	院长	吕厚山
第三医院	党委书记	贺 蓓
	院长	陈仲强
口腔医院	党委书记	俞光岩（2005年9月免）
		李铁军（2005年9月任）
	院长	俞光岩
肿瘤医院	党委书记	李萍萍
	院长	游伟程
精神卫生研究所	党委书记	黄悦勤
	所长	于 欣

直属、附属单位负责人

校 本 部

校医院	党委书记	叶树青
	院长	张宏印
图书馆	党委书记	高倬贤
	馆长	戴龙基
出版社	党委书记	金娟萍
	社长	王明舟
	总编辑	张黎明

街道党工委	书记	何敬仁
街道办事处	主任	张书仁
附属中学	党委书记	康　健
	校长	康　健
附属小学	直属支部书记	李丽华(2005年6月免)
		尹　超(2005年6月任)
	校长	尹　超
会议中心	主任	范　强
燕园社区服务中心	主任	赵桂莲
餐饮中心	主任	崔芳菊
学生就业指导服务中心	主任	李国忠(2005年3月免)
		方　伟(2005年3月任)
青年研究中心	主任	刘杉杉
学生资助中心	主任	杨爱民(2005年12月任)
学生心理健康教育与咨询中心	主任	查　晶(兼)(2005年12月任)
档案馆	馆长	赵存生(兼)
	常务副馆长	赵兰明
校史馆	馆长	赵存生(兼)
	常务副馆长	马建钧
深圳研究生院	党总支书记	栾胜基
	院长	林建华(兼)(2005年11月免)
		林钧敬(2005年11月任)
	常务副院长	海　闻(兼)(2005年11月任)
		史守旭(兼)
首都发展研究院	院长	迟惠生
	常务副院长	杨开忠(兼)
直属单位党总支	书记	马建钧

医　学　部

图书馆	馆长	吴立玲
档案馆	副馆长	侯建新
实验动物科学部	主任	杨果杰
信息通讯中心	主任	张　翎
医药卫生分析中心	主任	崔育新
出版社	社长	陆银道
学报(医学版)编辑部	主任	周传敬
生育健康研究所	所长	李　竹
医学教育研究所	副所长	郭　立
中国药物依赖性研究所	所长	陆　林
心血管研究所	所长	韩启德

各民主党派和归国华侨联合会负责人

中国国民党革命委员会北京大学支部委员会 （2005年12月换届）	主任委员 副主任委员	吴泰然 关平
中国民主同盟北京大学委员会 （2005年3月换届）	主任委员 副主任委员	鲁安怀 沈正华　刘　力　陈晓明
中国民主建国会北京大学支部委员会	主任委员 副主任委员	黄恒学 邱建国
中国民主促进会北京大学委员会	主任委员 副主任委员	张颐武 胡　军　佟　新　刘凯欣
中国致公党北京大学支部委员会 （2005年5月换届）	主任委员 副主任委员	唐晓峰 马　军
九三学社北京大学委员会	主任委员 副主任委员	陆杰华 种连荣　沈兴海　姚孟臣　杨其湘
北京大学归国华侨联合会 （2005年1月换届）	主席 副主席	李安山 王佩瑛　周力平　李安山
中国民主同盟北京大学医学部委员会	主任委员 副主任委员	范家栋 赵金垣　季加孚　李载权　吴　东
中国农工民主党北京大学委员会	主任委员 副主任委员	顾　晋 李　刚　金燕志　冷希圣　徐　军
中国致公党北京大学医学部支部委员会	主任委员	陈仲强
九三学社北京大学第二委员会	主任委员 副主任委员	马大龙 李安良（常务）　张　波　王荫华 屈汉庭　陈　新
北京大学医学部归国华侨联合会	主席 副主席	于长隆 陈淑华（常务）　刘国魂　黄河清

院系情况

数学科学学院

【发展概况】 1913年,北京大学设立数学门,成为我国现代第一个数学系科。1919年,数学门改称数学系。1952年我国高校院系调整,数学系改称数学力学系。1969年,力学专业迁往陕西汉中,后独立成为力学系。1985年,概率统计专业独立成为概率统计系。1995年,在原数学系和概率统计系的基础上,北大成立数学科学学院。

数学科学学院现设5个系:数学系、概率统计系、科学与工程计算系、信息科学系、金融数学系。北京大学数学研究所是经原国家教委批准成立的研究单位,是数学科学学院体制创新的标志。北京大学数理统计研究所与概率统计系结合在一起,实行系所合一的体制。北京大学数学与应用数学(教育部)重点开放实验室、国家教育部高校数学研究与高等人才培养中心、北京数学会、北京计算数学学会挂靠数学科学学院。数学科学学院还编辑出版《数学进展》、《分析中的理论及其应用》(英文版)等全国性学术刊物。

【党建工作】 根据校党委的部署和安排,数学科学学院作为保持共产党员先进性教育活动试点单位之一,于2005年上半年开展了保持共产党员先进性教育活动,党员积极参加,做到工作学习两不误。许多同志放弃了"五一"长假,利用双休日自觉参加学习,撰写学习笔记。党外群众给予了热情关注和大力支持。经过学习动员、分析评议、整改提高三个阶段的教育活动,广大党员受到了一次深刻的教育,坚定了理想信念,振奋了革命精神,党组织和党员个人都找到了自己的差距和不足,制定了整改方案和措施,明确了努力的方向,基层党组织的影响力、凝聚力得到了明显增强,达到了"提高党员素质、加强基层组织、服务人民群众、促进各项工作"的目标要求,群众给予了一致好评。数学科学学院党委被评为2005年北京大学党务和思想政治工作先进集体,张继平同志被评为北京市高校优秀共产党员,刘化荣同志获得北京大学党务和思想政治工作一等奖——李大钊奖,刘力平同志被评为北京大学优秀党务和思想政治工作者,范桂芝同志获得北京大学党务和思想政治工作奉献奖。

【学科建设】 数学科学学院现有2个一级学科:数学、统计学;3个本科专业:数学与应用数学、统计学、信息与计算科学;4个博士专业:基础数学、应用数学、计算数学、概率统计。4个博士专业都设有博士后流动站并全部被评为重点学科。

2005年年底,数学科学学院在编教职员工139人,其中教师103人,党政管理人员、实验技术人员、教学辅助人员共17人,博士后19人。教师中有教授53人、副教授30人、讲师19人、高工1人,教授中有6人为中国科学院院士,其中3人为第三世界科学院院士。2005年"985"岗位聘任113人,其中A类岗48人,B类岗52人,C类岗2人、职员岗11人。

2005年数学科学学院招收本科生183人、硕士研究生78人、博士研究生43人,毕业本科生196人、硕士研究生108人、博士生40人。2005年春季在校学生1261人,其中本科生815人、硕士研究生277人、博士研究生169人,秋季在校生1213人,其中本科生802人、硕士研究生236人、博士研究生175人。

2005年春季开设研究生课程23门、讨论班54个、本科生课程49门、外院系高等数学课8门,秋季开设研究生课程23门、讨论班57个、本科生课程50门、外院系高等数学课7门。

为了加强学科建设,活跃学术气氛,数学科学学院采取"请进来、走出去"的办法加强学术交流。2004年主请国外短期讲学专家10人,顺请外籍学者75人。学院教师出国出境83人次(含港、澳、台地区),其中长期访问、讲学、合作研究、进修8人次,短期访问、讲学、合作研究、参加研讨会等24人次,参加国际学术会议51人次。

北京大学特别数学讲座于2005年6月上旬到7月下旬成功举办了第8期。讲座聘请了7位国际知名的数学家担任讲座教授,他们是龙以明教授(南开大学)、Chuu-Lian Terng教授(美国加利弗尼亚大学)、Michael Christ教授(美国加利弗尼亚大学伯克利分校)、Jacob A. Rasmussen教授(美国普林斯顿大学)、Jeff. Xia教授(美国西北大学)、Simon Brendle教授(美国普林斯顿大学)、Qing Han(美国Notre Dame大学),开设7门数学前沿课程和1个研究讨

论班。组织者从国内各高校挑选149名优秀博士生和硕士生参加特别数学讲座的学习，其中包括北大学员60名、其他高校学生89名。

【科研工作】 围绕创建世界一流大学的总体目标，数学科学学院在学校的领导和支持下，学院党政班子密切配合，全院师生员工共同努力，2005年取得了丰硕的成果。

2005年发表论文140篇，其中被SCI收录的论文117篇，出版科技论文及教材22种。

数学科学学院2005年在研项目106项，由64人承担，其中：国家"973项目"8项，国家"863项目"3项，国家杰出、海外、群体基金9项，科学基金重大重点项目10项，科学基金重大研究计划5项，科学基金国际合作项目及其他专项2项，科学基金面上项目31项，科学基金协作项目11项，教育部博士点基金12项，教育部人才相关基金及专项10项，国防项目1项，国际合作项目2项，企事业单位委托项目2项。

数学科学学院2005年获准的项目共16项，其中博士点基金项目5项、自然科学基金项目11项。

2005年文兰教授当选第三世界科学院院士，王诗宬教授当选为中国科学院院士；北京大学数学博士后科研流动站被授予全国优秀博士后科研流动站。

表5-1 2005年数学科学学院荣获省部级以上科技奖名单

获奖人	获奖项目	奖项
宗传明	堆积与覆盖理论的研究	2005年度教育部提名国家科学技术奖自然科学奖一等奖
王铎	常微分方程正规形与周期解的研究	2005年度教育部提名国家科学技术奖自然科学奖二等奖
耿直	流行病学与统计学结合进行因果探讨的理论方法与研究	2005年北京市科学技术奖二等奖
耿直	中西医结合治疗SARS的临床研究	2005年北京市科学技术奖二等奖
史宇光		2005年教育部"新世纪优秀人才支持计划"
朱小华		2005年ICTP意大利青年科学奖
文兰、朱小华		2005年全国优秀博士后

表5-2 2005年数学科学学院荣获省部级以上教学成果奖名单

获奖人	获奖项目	奖项
谢衷洁	普通统计学课程建设和教学	第五届国家级教学成果奖国家二等奖
赵春来、蓝以中、蔡金星	高等代数的教学改革	第五届国家级教学成果奖国家二等奖
李承治、柳彬、郑志明、孙文祥、杨家忠	常微分方程课程建设	北京市教学成果奖一等奖
陈大岳、钱敏平、何书元、刘力平	概率论课程建设	北京市教学成果奖二等奖

表5-3 2004～2005年度数学科学学院荣获北京大学教学优秀奖名单

获奖人	性别	年龄	职称
何书元	男	50	教授
刘张炬	男	49	教授

"北京国际数学研究中心"于2005年6月由国家发改委正式批准立项，学校成立了"北京国际数学研究中心"工程建设领导小组，启动了工程的建设工作。在田刚院士的主持下，"北京国际数学研究中心"在人才引进、队伍建设、开展前沿研究课题、培养学生和青年教师、推动国际学术交流等方面做了大量卓有成效的工作，举办了统计与信息技术暑期学校、计算数学研讨班，聘请了20多位世界一流数学家到北京大学访问讲学，特别是当今世界数学大师、费马大定理终结者、世界唯一一位菲尔兹特别奖获得者、沃尔夫奖和邵逸夫奖获得者安德鲁·怀尔斯教授到北京大学访问，在国内外产生巨大影响。

【学术交流】 2005年7月9日至12日，CSTS和IMS联合组织的国际概率统计学大会在北京大学召开，数学科学学院概率统计系的教师与来自海内外的300多位概率统计专家齐聚一堂进行学术交流。

为加强海峡两岸学术交流，数学科学学院于2005年11月24日至27日成功举办"第四届海峡两岸数学科学研讨会"，来自海峡两岸13所大学以及中科院、国家自然科学基金委等单位的30多位数学家参加会议并作学术报告，全国人大常委会丁石孙副委员长会见与会代表。

【学生工作】 在学院党政领导的支持下，数学科学学院学生工作组与学院团委密切配合，除保证同学的正常学习外，积极组织学生社团活动和课外实践活动，活跃同学们的课余生活，培养同学们的集体合

作精神和创新能力，2005年取得下列成绩：

在2005年2月举行的美国大学生数学建模与跨学科建模竞赛中，数学科学学院同学组队参加，获得优异成绩。

在2005年11月举行的"挑战杯"全国大学生课外学术科技作品竞赛中，数学科学学院2001级学生林洁敏、张湛、王丹在谢衷洁老师的指导下，作品获得全国二等奖。

2005年11月，数学科学学院学生秦伯涛、韩思蒙获得北京市三好学生荣誉，本科2002级金融数学1班获得北京市优秀班集体荣誉。获得的2004～2005学年度学校奖励还有：三好学生标兵9人、学术创新奖4人、学术创新集体1个（数学建模竞赛团队）、优秀学生干部3人、三好学生64人、单项奖76人、先进学风班5个。共有150位同学获得学校、学院2004～2005学年各类奖学金，金额近40万元。

2002级博士生王立威同学获得北大研究生学术十杰称号。

力学与工程科学系

【发展概况】 力学与工程科学系是国家基础科学人才培养基地力学基地，有一个国家重点实验室——湍流与复杂系统国家重点实验室，6个博士点——流体力学、固体力学、一般力学与力学基础、工程力学、生物力学与生物医学、力学系统与控制，其中流体力学、固体力学、一般力学与力学基础是教育部重点学科。

全系现有在职教工78人，其中教师49人、教辅人员20人、管理及其他系列人员9人。全系有教授19人，包括院士1人、副教授20人、讲师10人；2位教师受聘为长江特聘教授，7位教师获得国家杰出青年基金；现有在站博士后9人、离退休人员75人。力学与工程科学系还有2名长江讲座教授。

【教学科研】 现有注册学生476人，其中本科生251人、硕士生140人、博士生85人。2005年招本科生62名、硕士研究生48名、博士研究生19名。2005年毕业本科生60名、硕士研究生63名、博士研究生25名。

7月下旬，力学与工程科学系在山东烟台召开全系教学工作大会，就本科生教学、研究生教学进行了为期三天全面深入的研讨，对本科生教学大纲、研究生培养方案进行了修订。教务部、研究生院的领导出席了这次会议，并对力学与工程科学系的教学情况予以高度评价。

2005年，力学与工程科学系在科研工作方面取得较大成绩，共取得科研奖励8项，其中包括国家级奖励3项、发明专利2项、省市级教学成果奖3项。

2005年，力学与工程科学系共主持国家级科研项目57项。

2005年力学与工程科学系申请国家自然科学基金获批准12项，其中包括：1项重点项目（陈十一），杰出青年基金A类2项（李存标，王建祥），B类1项（王龙），面上基金8项；获教育部博士点基金1项、教育部与国防工科委合作设立的国防项目1项、北大北航研究院项目4项。全年进账研究课题经费1210多万元，其中纵向研究课题经费676万元、横向研究课题经费544万元。在国内外学术期刊发表论文近200篇，其中被SCI收录71篇、被EI收录56篇。

2005年，王敏中教授主持的"弹性力学课程及教材建设"获得北京市教育教学成果二等奖，于年才教授主持的"理论力学课程建设"、黄筑平教授主持的"连续介质力学教材建设"获得北京大学教学成果奖。武际可教授等的《分岔及其数值方法》、《微分几何及其在力学中的应用》，殷有泉教授等的《材料力学》获得北京大学教材立项。

3月，力学与工程科学系湍流与复杂系统国家重点实验室通过了科技部、国家自然科学基金委的评估，被评为良好类实验室。专家们充分肯定了实验室在湍流理论、复杂流动计算及涡动力学、壁湍流转捩实验、环境力学及风工程、基因预测软件等方面所取得的丰硕成果。同时，也对湍流室今后的建设提出了宝贵建议。

9月，白树林、戴兰宏、张庆明的译著《先进纤维增强复合材料性能测试》（英国J. M. Hodgkinson主编）由化学工业出版社出版。

表5-4 2005年力学与工程科学系科研获奖情况

项目名称	项目完成人	奖项
大型旋转机械和振动机械重大振动故障治理与非线性动力学设计技术	武际可、黄克服	国家科技进步二等奖
电厂空冷系统风效应风洞模拟实验和应用	顾志福	北京市科学技术奖二等奖
三维水力裂缝空间扩展理论与应用研究	殷有泉	教育部提名国家自然科学奖二等奖
弹性力学教程	王敏中、王炜、武际可	北京高等教育精品教材
弹性力学课程及教材建设	王敏中、武际可、黄克服、荣起国	北京市教育教学成果（高等教育）二等奖
理论力学课程建设与教学体系改革	陈滨、于年才、刘才山、王勇	北京大学教学成果二等奖

【学生工作】 2005年4月,按照《关于开展北京大学2005年度团支部风采展演大赛的通知》中的各项要求,力学与工程科学系团委高度重视、认真部署,在校团委的指导下,组织了一系列形式多样、内容丰富的活动。力学与工程科学系04级本科生团支部参赛,获得了此次大赛的三等奖。

5月,在第十三届北京大学"挑战杯"竞赛中,力学与工程科学系获得团体三等奖的好成绩。

力学与工程科学系近几年来研究生规模逐年壮大,同学们参与研究生会工作的热情也日益高涨,使得原有的研究生工作体制不再适应当前工作的需要。在这种形势下,力学与工程科学系于2005年5月22日召开了第一次研究生代表大会,本次会议选举出了新一届研究生会主席团。此次会议将成为力学与工程科学系研究生工作的一个里程碑,也将开创力学系研究生会工作的新局面。

10月,力学与工程科学系新生足球队与应用文理学院在五四运动场进行了新生杯足球赛决赛。整场比赛队员们积极配合,充分显示了力学与工程科学系团结拼搏的优良传统,获得新生杯足球赛亚军。

12月,在王健平教授的协助下,力学与工程科学系教员史一蓬博士率领8名学生到日本宇航研究中心参加了宇航讲习班。同学们在讲习班上积极参与讨论,表现出良好的科研素养,受到主办者和与会者们的好评。同学们还参观了日本宇航中心,开阔了眼界。

【师资队伍】 5月,力学与工程科学系在学校人事制度改革精神的指导下,开展了公开招聘和职务晋升工作。唐少强晋升教授,引进澳大利亚阿德雷德大学米建春教授(后转为工学院聘任),谢广明和杨莹晋升为副教授,引进在美国乔治亚理工大学获博士学位的付策基为讲师。

谭文长教授被评为教育部新世纪人才,余振苏教授为首的"湍流与复杂流动的多尺度研究"创新团队被评为教育部创新团队。

【交流合作】 2005年,力学与工程科学系有9人到国外参加国际学术会议,2人去香港参加国际会议,4人出国进行合作研究与讲学,3人去香港进行合作研究,2位年轻教师分别到澳大利亚和美国进行校际交流。

10月,余振苏教授领导的课题组与国家体育总局合作,开展水上运动奥运科技攻关研究。12月,国家体育总局水上运动中心负责人与教练员、运动员一行到力学与工程科学系参加水上运动流体力学研讨会。北大校长助理李晓明教授到会预祝双方合作成功,水上运动中心负责人与教练员也分别讲话,期待与北大的合作结出硕果。"水上运动项目器材与技术革新中的关键流体力学问题"的课题已被科技部立项。

11月,在沈阳的东北亚国际科技博览会上,力学与工程科学系参展的由王龙教授等研制的智能机器鱼引起了国务委员陈至立等领导的关注。

2005年,力学与工程科学系注重开拓工程应用项目。与航空材料研究院共同成立先进材料研究中心,白树林教授任主任;在航天科技集团庄逢甘院士、崔尔杰院士、中国空气动力学发展与研究中心张涵信院士、天津大学周恒院士的积极支持和策划下,以北京大学为首的国内主要科研单位加盟的湍流研究中心正在筹建之中。

物理学院

【发展概况】 物理学院成立于2001年5月18日,由原物理系、技术物理系核物理专业、重离子物理研究所、地球物理系的大气物理与气象专业、天文系等单位合并而成。学院现有10个教学科研实体单位:普通物理教学中心、基础物理实验教学中心、大气科学系、天文学系、技术物理系、理论物理研究所、凝聚态物理与材料研究所、现代光学研究所、重离子物理研究所及电子显微镜专业实验室。学院有人工微结构与介观物理国家重点实验室、暴雨监测与预测教育部重点实验室、重离子物理教育部重点实验室等科研机构;有一级学科博士点1个、二级学科博士点8个、博士后流动站4个;有国家重点学科8个、国家理科基础研究和教学人才培养基地2.5个。全院现有在职教职工约246人,其中教师系列167人(教授77名、副教授70名、中科院院士12名、长江特聘教授10名、国家杰出青年科学基金获得者11名),教学辅助人员79人。

【党政工作】 物理学院的党委、行政班子换届工作完成。新一届行政班子为:院长叶沿林,副院长陈晓林(兼)、马伯强、沈波、刘玉鑫、王若鹏;新一届党委领导班子为:书记陈晓林,副书记谭本馗、董晓华。通过广泛征求意见,物理学院党委和行政班子一起制订《关于院内实体单位行政领导班子任免的暂行办法》,并根据该办法,完成10个三级单位行政班子的换届工作。

物理学院共有491位党员参加了保持共产党员先进性教育活动。共发布简报23期,院领导班子召开了有许校长等校领导参加的民主生活会,并针对不同的党员群体提出了保持共产党员先进性的具体要求,制订了整改方案并向群众公布,得到了全院师生员工的普遍认可。

上一届院党委书记郭建栋被授予北京大学党务和思想政治工

作一等奖——李大钊奖,上届党委副书记陈金象被评为北京大学优秀党务和思想政治工作者。

一年来,学院共发展新党员56名(学生党员54名、教工2名),49名预备党员转正。组织学生参加了学校第17～18期党校学习,最后结业的学生超过100人。

院党委注意听取群众意见,促进各方面改进工作,化解矛盾。先后接到各类书面申诉8件,根据申诉具体情况做了妥善处理。

除日常工作外,物理学院组织师生参加了北大冬季健身慢跑活动、北京大学2005年教职工乒乓球比赛、海淀凤凰岭爬山比赛、北京大学第五届青年教师教学基本功和现代教育技术应用演示竞赛、北京大学"一二·九"师生歌咏比赛等,组织教职工去慕田峪长城和顺义县郊游,组建了学院男子篮球队,组织全院迎新春联谊会,举办物理学院首届手工艺品、摄影作品展览等。2005年共评选出工会积极分子28人。

下半年,物理学院对院行政办公室人员的工作进行了适当调整,改进办公和财务系统管理,年底初步完成了不续聘技术物理系、加速器楼的临时工的工作,改由物业公司负责保安、保洁工作。

【教学与科研】 2005年物理学院共引进副教授2人,博士后出站留校2人,博士毕业留校3人;晋升或引进确认教授任职资格6人、副教授5人、教授级高工1人、高级工程师1人、工程师1人、助理研究员1人。聘请短期专家76人,聘请长期专家鲍喜慈教授(德国)教授本科生物理课程。

2005年物理学院共招收18名博士后,截至2005年12月物理学院在站博士后共有24人。物理学院的4个博士后流动站——物理、核技术、天文和大气科学参加了全国博士后流动站评估,其中物理学院物理博士后流动站和核技术博士后流动站进入全国博士后流动站前8名。

2005年物理学院到位科研经费4200万元。正在进行的项目包括:主持"973项目"1项,主持"973课题"17项,主持"863项目"7项,主持国家杰出和海外青年科学基金6项,科学基金重大重点项目10项,教育部重大重点项目2项,国防项目7项,其他项目136项。

2005年,物理学院教师共计申请各类主要基金111项,其中自然科学基金84项、教育部博士点基金13项、教育部新世纪优秀人才支持计划5项、长江学者和创新团队发展计划1项、教育部培育基金1项、北京市基金及北京市科技新星计划7项。获得国家自然科学基金资助36项,其中面上项目26项,平均资助强度30万元。谭本馗教授主持的"北极平流层异常对亚洲及北太平洋地区的天气气候影响研究"获基金重点项目资助;包尚联教授主持的"介入治疗全开放核磁共振成像实验装置关键科学技术问题研究"获仪器设备专项基金资助;许甫荣教授、吴学兵教授获国家杰出青年科学基金资助;与马伯强教授合作的高海燕教授获海外杰出青年基金资助;由龚旗煌教授主持的"飞秒光物理与介观光学研究"获创新研究群体科学基金项目资助。叶沿林教授和张国辉副教授负责的"中子核数据实验及放射性核束物理合作研究"项目获中俄资源环境领域重大问题合作研究资助。欧阳颀教授主持的"863项目——DNA生物计算机的进化算法及信息读取的研究"、王福仁教授主持的"高温超导量子干涉仪及其应用技术"和胡晓东教授主持的"氮化镓基激光器创新结构和工艺研究"相继得到"863项目"的滚动支持。陈志忠副教授主持的"863项目——功率型高亮度LED芯片的激光剥离工艺制备工程化技术"于2005年启动。另外,物理学院获博士点基金资助5项,北京市自然科学基金1项,教育部培育基金1项。

2005年科技部委托国家基金委组织的评审组对北京大学人工微结构和介观物理国家重点实验室和重离子物理教育部重点实验室进行了考察评估。评审组通过评估,高度评价两个重点实验室近5年来在科学研究、队伍建设、人才培养、开放管理等各个方面取得的成果和重要进展。

基础物理实验教学中心被评为国家级实验教学示范中心。吴崇试教授主持的数学物理方法课被评为2004年国家精品课;钟锡华教授主持的光学课被初评为2005年国家精品课;基础物理实验课被评为2005年北京市精品课。王福仁教授承担的国家"863项目"被评为"十五·863计划"新材料领域重大成果。2005年物理学院获3项专利获授权。

中国科学院院士、第三世界科学院院士和北京大学物理学院教授陈佳洱当选为国际纯粹和应用物理联合会(IUPAP)副主席。2005年是联合国确定的"世界物理年",以纪念爱因斯坦的相对论等重要理论提出100周年。1月13～15日,陈佳洱院士代表中国物理学界出席了在巴黎举办的"世界物理年"国际开幕式活动,并做了题为"物理与文化"的报告。

6月16～20日,物理学院理论物理研究所主办的"2005量子色动力学(QCD)和强子物理国际会议"在北大隆重召开。全球十余个国家和地区的150余位理论物理学家就量子色动力学和强子物理领域的前沿问题进行探讨。

2005年物理学院共购置大型设备(20万元以上)5套,一般仪器699台。

表 5-5　2005 年物理学院获得省部级以上奖励

成果名称	获奖人	奖项
电磁学课程建设	赵凯华、陈秉乾、王稼军、陈熙谋、舒幼生	国家级教学成果一等奖
物理人才培养模式与课程体系改革	叶沿林、王稼军、刘玉鑫、段家忯、陈晓林	国家级教学成果奖二等奖
数学物理方法课程建设	吴崇试、周治宁、马伯强、邓卫真、高春媛	北京市教学成果一等奖
纳米硅/氧化硅材料体系发光及其物理机制	秦国刚、秦国毅、冉广照、徐东升、张伯蕊、戴伦等	北京市科学技术一等奖
飞秒超快光谱技术及超快光子学新材料研究	龚旗煌	饶毓泰物理奖
	龚旗煌	全国优秀博士后

【本科生培养】 2005 年学院统一招收本科生 206 位,其中九院定向生 29 名、国防定向生 5 名;录取国际物理奥赛金牌获得者 2 人、全国物理竞赛决赛选手 30 多名。2005 年度本科毕业 168 人,其中获理学学士学位的 157 人,结业 7 人,毕业没有学位的 3 人,毕业一年后换证书的 1 人,转大专毕业的 1 人。

12 月,学院普通物理教学中心承担了北京物理学会举办的北京市大学物理竞赛。在全部 2 个特等奖中,物理学院 2003 级学生获得 1 个,在其他奖项中也取得突出成绩。

郭华、黄显玲获 2004~2005 年度北京大学教学优秀奖。

2005 年出版的教材有舒幼生的《力学》和《力学·习题与解答》。

2005 年开始参加本科生科研项目的 03 级本科生共 59 人,参与项目 35 个。2004 年参加科研项目的本科生于 2005 年 10 月结题,参加 26 个科研项目的 44 名学生获得了研究型学习的学分。学院和理科基地组织了结题答辩,评出一等奖 2 项、二等奖 5 项、三等奖 7 项。

【研究生培养】 2005 年物理学院总计招收博士研究生 76 人、硕士研究生 108 人。收到免试推荐申请 92 份,经过一级学科综合考试和专业差额复试,实际录取 58 人,其中直博生 34 人、硕士生 22 人;在公开招考中,博士生报考人数 36 人,通过初试和差额复试,录取博士生 10 人(其中 1 人保留入学资格);硕士生报考人数 358 人,通过初试和差额复试,录取硕士生 86 人;优秀的硕士生转为博士研究生的 31 人。2005 年物理学院毕业全日制博士研究生 31 人,全日制硕士研究生 83 人。授予博士学位 30 人,授予硕士学位 94 人。理论物理专业毕业的博士朱煜(导师:林宗涵教授)、金立刚(导师:李重生教授)和大气物理学与大气环境专业毕业的博士刘健的博士论文通过学校评选,获得北京大学优秀博士论文二等奖;吴朝新(导师:龚旗煌)获得北京大学优秀博士论文三等奖。理论物理专业的刘魁勇(导师:赵光达)、光学专业的任海振(导师:龚旗煌)、粒子物理与原子核物理专业的吴翠娥(导师:叶沿林)、气象学专业的朱佩君(导师:陶祖钰)被推荐申报 2005 年全国优秀博士论文。光学专业博士生任海振获得第六届北京大学"学术十杰"称号。理论物理专业博士生常雷获得第十二届中国核物理大会优秀青年报告奖。李福山、李智、刘一、孙泉、张晓明、易涛、李泉水、马日获得"凌云奖学金"。

第三届"北大物理'钟盛标教育基金'研究生学术论坛"举行,历时一个半月,物理学院各年级 66 位研究生做了报告,25 名同学获奖。9 月 12 日下午,第三届北大物理"钟盛标教育基金"颁奖典礼在现代物理中心报告厅举行,基金设立人钟赐贤先生及夫人夏晓兰女士出席了典礼。

2005 年,物理学院在原"实创高技术公司"的支持下创办了"萃英"研究生学术沙龙活动,邀请北京大学物理学院的优秀研究生代表担任每一期沙龙的主讲人,每两周举办一次。萃英研究生学术沙龙颁奖仪式于 2005 年 12 月 24 日在物理学院研究生新年联欢晚会上举行,本次获奖的有本学期主讲的 4 位同学:赵清、安然、王有刚和龙文辉。

【学生工作】 改革研究生管理体制,将原来以年级为单位的管理体制改变为以学科为单位的管理体制;加强了系列学科介绍和研究生招生宣传;举办了"萃英"学术沙龙;举办了"北大物理'钟盛标教育基金'研究生学术论坛",共收论文 66 篇,包括发表在 Science 上的一篇,24 位同学获奖。

除日常工作外,学院还组织了"一二·九"歌咏比赛、唱革命歌曲讲北大校史活动、"失落的十字架"校园寻宝竞赛游戏等活动。在世界物理年中,举办"2005 北大物理月"系列活动,包括"大师谈物理"系列讲座、名师中学巡讲、物理实验演示、物理百年辉煌展览、科普名篇朗诵会等。组织了年级篮球赛。在 2005 年度女子排球新生杯比赛中,物理学院获得亚军。

物理学院学生参加的社会实践活动包括:赴北京市鸿雁实验学校志愿支教活动,2004 级学生赴江西老区支教、赴甘肃定西社会调查活动,2002 级大气班赴西北的气候环境科研考察和社会实践活动,2003 级党支部赴河南红旗渠参观。中科院物理所为物理学院学生提供了 23 个暑期实习岗位,在青鸟公司和科学院半导体所

为2002级同学安排了为期两月的暑期实习。

物理学院团委被评为红旗团委,物理学院被评为学生工作先进单位,李军会被评为北京市共青团先进工作者。

(赵秀荣)

地球与空间科学学院

【发展概况】 地球与空间科学学院成立于2001年10月26日,由原地质学系、地球物理学系的固体地球物理专业与空间物理专业、北京大学遥感所、城市与环境学系地理信息系统专业组成。按照一级学科设系、二级学科设研究所的原则,学院内部设置有3个系(虚体)、7个研究所(实体)及1个重点实验室。

北大迄今已为国家培养了包括50多位院士在内的地球科学与空间科学高层次专业人才。地球与空间科学学院现设有5个本科生专业:地质学、地球化学、地球物理学、地理信息系统和空间科学与技术;9个硕士研究生专业和博士研究生专业:构造地质学、矿物学岩石学矿床学、材料与环境矿物学、古生物学与地层学、地球化学、固体地球物理学、空间物理学、地图学与地理信息系统、摄影测量与遥感;3个博士后流动站:地质学、固体地球物理学、地图学与地理信息系统;1个国家理科基础科学人才培养基地(地质学)。学院造山带与地壳演化实验室为教育部重点实验室,构造地质学和固体地球物理学两个学科为国家重点学科,空间物理学为北京市重点学科。

2005年,学院共有教职工153人(包括外聘院士),其中教师97人(教授44人、副教授39人、讲师14人),教辅及行政管理人员56人。2005年新进教师4人、实验技术人员1人、行政人员2人。有离退休人员139人,其中2005年退休3人、调离3人。2005年在站博士后30人(进站14人、期满出站12人、退站2人)。传秀云晋升为教授,郭仕德晋升为教授级高工,孙樯、范闻捷晋升为副教授。

学院现有在校学生771人,其中在校博士研究生164人、硕士研究生204人、本科生403人。2005年招收本科生94人(含国防生3人),其中地质学专业40人;招收博士研究生47人、硕士研究生70人。2005年本科生毕业94人、博士生毕业31人、硕士生毕业92人(含同等学力4人)。

【党建工作】 学院现有党员308人,其中在岗职工党员78人、离退休党员54人、学生党员176人。学院共有17个党支部,其中9个教工支部、8个学生支部,院党委由11名委员组成。2005年学院有37人转为中国共产党正式党员;22人被吸收入党,其中青年教师2人;有62名入党积极分子在初级党校结业。

9月15日至12月15日,按照北大党委统一部署,地球与空间科学学院在全体党员中开展了保持共产党员先进性教育活动。

学院成立了教育活动5人领导小组和由党委委员为主组成的工作小组,下设文秘组和联络员,分工明确,责任到人。确立了党委委员联系人制度,每一个党委委员都负责联系2个以上支部。院党委认真组织广大党员学习,在每一专题学习过后,及时召开支部书记会,了解各支部的学习情况,使教育活动落到实处、取得实效。在先进性教育活动第一阶段的学习过程中,地质硕士生党支部有针对性的列出8个题目,组织党员座谈讨论;遥感硕士生党支部通过组织党员参观双清别墅,重温我党光辉历史;地质本科生党支部、地球本科生党支部带领党员和积极分子观看天安门升旗,激发同学的爱国热情。在分析评议阶段,学院采取设立意见箱、电子邮箱,发放"地球与空间科学学院保持共产党员先进性教育活动征求意见表",举办各种类型座谈会等多种形式,走群众路线,广泛征求意见,深入开展谈心活动;认真指导各支部做好党员党性分析材料的撰写,开好专题组织生活会和民主生活会,对收集到的180多条群众意见和建议逐级反馈。按照《党章》规定的党员标准,结合本单位的岗位职责,学院提出了党员干部、教师党员、离退休党员、学生党员保持共产党员先进性的具体要求。每位党员对照先进性的具体要求,认真写了个人总结材料,重点查找出自己存在的突出问题,剖析思想根源,明确自己今后的努力方向。各支部认真做好了征求党内外群众的意见、党员民主评议工作。在整个先进性教育活动期间,学院对每一阶段都进行了广泛动员。共组织各种党课、报告会7场,直接参会人数为1300人次,参加率达98%以上;制定了9个文件;举办1期橱窗专栏。学校保持共产党员先进性教育活动《情况简报》刊登学院先进性教育活动情况8次,其中专刊6次、选刊2次。

【教学工作】 2005年度学院共开设本科生课程66门(包括院必修课、专业必修课、专业选修课)、校通选课12门、研究生课程112门。

2005年,学院对本科生和研究生的教学计划和培养方案重新进行了全面的整合修订。学院重新编印《地球与空间科学学院本科生教学手册》(2005年修订版),在新的培养方案中,充分考虑到本科生培养中基础教育和专业教育的协调统一,将地球科学概论设立为全院必修课。在本科生教学中积极推广多媒体教学和双语教学,严把教学质量关,本科生毕业论文的质量比往年有了明显提高。在新

的研究生培养方案与教学计划中，对研究生课程教学内容进行改革，使之与本科生培养计划衔接。在课程建设方面，完成主干基础课中期评估工作；继续加强教育部创优名牌课程——普通地质学、岩石学、地史学的课程建设；开设2门暑期课程——定量遥感、区域地质测量实习。在实验教学方面，为使学生更好学习地质知识，拓宽视野，2005年暑期开设"中-日联合地质教学实习"课程，2002级基地班部分学生首次到日本中央造山带进行野外地质教学实习。进行综合野外实习改革，在五台山、宜昌地区进行了第一轮专业实习。5月23日，五台山教学实习基地正式挂牌，这是北京大学目前与地方政府联合建立的第一个地球科学教学基地。

2005年，地球与空间科学学院吴泰然的普通地质学、秦善的结晶学与矿物学、焦维新的太空探索、秦其明的遥感概论课程被评为2005年北京大学精品课。

潘懋、郑海飞教授获2005国家级教学成果二等奖。张立飞、刘建波、潘懋、郑海飞、任景秋、郝维城、吴泰然、韩宝福、张志诚、郑文涛、何国琦、焦维新获北京大学2004年教学成果一等奖；宁杰远、秦善获北京大学2004~2005年度教学优秀奖；秦其明获杨芙清、王阳元院士奖教金优秀奖；刘树文、王劲松获正大奖教金优秀奖；朱永锋获北大宝洁奖教金；濮祖荫、焦维新、王劲松、傅绥燕、陈晓非、宁杰远、陈斌、刘瑜、李江海、吴泰然被评为2005年度地球与空间科学学院第四届最受学生爱戴的老师（十佳教师）。

宋述光（导师：张立飞教授）获2005年全国百篇优秀博士论文奖，王祺（导师：郝守刚教授）获北京大学2005年优秀博士论文二等奖，陈晋阳（导师：曾贻善教授）获北京大学2005年优秀博士论文三等奖，博士生孙作玉（导师：郝维城教授）获得2005年度北京大学研究生科研创新奖。

【学科建设】 地球与空间科学学院"测绘科学与技术"一级学科（工学）博士授予权申请通过全国评审。2005年9月21日，以石耀林工程院士任组长的学科评议组的9位专家（全国）来到北大，召开评议会。评议会上，林建华常务副校长、研究生院生玉海副院长、地球与空间科学学院潘懋常务副院长做了相关介绍，晏磊教授做了学科建设的总体汇报。经过审议、答辩，通过了评审。

【科研工作】 2005年度全院在研和新增科研项目174项，其中国家自然科学基金63项、国家自然科学重点基金项目6项、杰出青年基金4项、国家"973课题"16项、国家"863课题"9项、省部级项目13项、横向课题26项。科研经费约2300多万元。2005年魏春景教授获得杰出青年基金。

2005年全院在国内外学术刊物和会议上共发表论文400多篇，其中被SCI和EI收录152篇。学院老师共出版学术专著5部：《遥感物理》、《地图学》、《交通控制工程》、《伽利略导航卫星系统》、《遥感数据智能处理方法与程序设计》。

2005年郑亚东教授获我国地质学的最高奖——第九届李四光地质科学奖（教师奖）；邬伦、承继成教授作为主要成员参加的"空间数据不确定性理论与方法"项目获得2005年国家测绘局"测绘科技进步奖"一等奖；毛善君副教授为第一完成人的"煤矿地测空间管理信息系统"获2005年度中国煤炭工业科学技术二等奖；李琦教授为第二完成人的"TITAN空间信息处理软件系统"获2005年北京市科技进步二等奖。

在纪念北京大学学报（自然科学版）创刊50周年活动中，地空学院刘瑞珣、钱祥麟、穆治国、史謌获、肖佐、涂传诒、濮祖荫老师获首届《北京大学学报》贡献奖。

鲁安怀等获得专利一项，专利名为"一种光催化剂及其在降解卤代有机物废水中的应用"（专利号：ZL03148558.8，国际专利主分类号为B01J21/06，授权日为2005年7月6日）。

以理论与应用地球物理研究所陈晓非教授为学术带头人的研究群体，被国家自然科学基金委员会遴选为优秀创新研究群体，于2005年10月通过最后一轮同行专家评审以及以学科外专家的实地考察，今后3年他们将得到基金委360万元资助。理论与应用地球物理研究所多年来一直致力于建设高水平的师资队伍，营造宽松和谐、积极进取、追求卓越的文化氛围，并创造一流的科研条件，在学科建设中取得了突出成绩。

【交流合作】 地质系每年都举办年度地质科学讨论会，交流和总结一年来的科研成果；理论与应用地球物理研究所举办的"北京大学星期五地球物理学术报告会"已经成为地球物理学领域比较知名的学术活动。2005年学院各单位共举办各类学术活动130余次，接待来访专家60余人，出国访问与交流合作共110人次，其中学生43人次。

2005年5月，空间物理与应用技术研究所在基金委的支持下，在北京召开了"夸父空间探测"项目的国际研讨会，与会各国科学家约100多人，对由涂传诒院士为首提出的该探测项目的科学与应用意义及有效科学载荷进行讨论。

6月19~20日，由国家自然科学基金委员会地球科学部、中国地质调查局、国土资源部国际合作与科学技术司发起，由北大地球于空间科学学院造山带与地壳演化教育部重点实验室支持承办的"青藏高原地球科学战略研讨会"第二次会议在北京大学召开。

6月25～30日,由造山带与地壳演化教育部重点实验室、国际地质科学联合会固体地球物质组成和演化专业委员会、中国国家自然科学基金委员会、中国地质大学(北京)、中国科学院地质与地球物理研究所等共同发起的"大陆岩石圈的成因、演化与现状国际学术研讨会"在北京大学举行。与会专家、学者120余人,其中包括英国皇家学会会员、中国科学院院士及澳大利亚科学院院士在内的近40位国际岩石地球化学领域的知名学者。

8月16～17日,遥感与地理信息系统所承办了"全球华人地理学家大会"。

理论与应用地球物理研究所于1月承办了国家自然科学基金委地球物理学科2005年学术交流会;3月,承办SEG北京执委会2005年春季学术交流会;11月,承办了北京市地球物理学会2005年学术年会。

9～11月,理论与应用地球物理研究所还邀请了板块理论创始人之一、国际著名地球物理学家Morgan教授和美国加州大学伯克利分校著名教授王其允先生来北京大学进行为期2个月的合作研究,做系列学术报告,并开设短期课程。

【学生工作】 学院学工组坚持"以人为本、深化服务、凝聚人心、构建和谐"的工作理念,充分调动和发挥各级学生组织的积极性和创造性,稳步推进"文明生活、健康成才"主题教育活动。组织同学参观了北大旧址——沙滩红楼;邀请校友做了"尊重科学,关爱生命,为国争光"的精彩报告;学生会还举办了"2005年度地空女生文化节"系列活动;院团委开展"2005年度风云人物"评选活动;太空俱乐部举办了"太空文化节";组织天地人沙龙、院士系列讲座、世界地球日系列活动;组织实践团分赴广西、新疆、山东进行考察。

学院共有86名同学获北京大学三好生标兵、三好生等个人奖励,其中2人还获得北京市三好生奖励;2003级地球本科班级获北京大学优秀班集体称号和北京市优秀班集体称号;2003级地质博、2004级地质硕、2004级遥感硕、2002级遥感本、2004级1班获北京大学先进学风班;7名同学获北京大学创新奖。2004至2005年度,共有78位同学获奖学金22项,总金额214500元。

【工会工作】 学院工会积极组织教职工参加校田径运动会,获得中老年组4×100米项目第一名。组织工会委员参加校工会组织的登凤凰岭活动;杨斌、孟庆茹、安金珍分别带领三组男女乒乓球队参加学校的乒乓球联赛;分管福利和女工工作的安金珍副主席为会员们办理职工安康保险和女工安康保险,并和学校工会一起为地球与空间科学学院一名参加女工安康保险的患病同志办理了理赔;院工会组织教职工为印度洋海啸、灾区捐款共10100元,捐物89件。

在"一二·九"师生歌咏比赛活动中,地球与空间科学学院获得了二等奖,为历史最好成绩。

【北大数字中国研究院】 5月23～24日,与国家卫星气象中心、国家遥感中心、中国遥感委员会和美国威斯康星大学、科罗拉多州立大学、美国国家海洋和大气管理局等联合主办了"国际遥感与空间技术多学科应用研讨会",研讨会在北京大学举行。来自美国、澳大利亚、波兰和中国香港、台湾地区以及内地的150余位专家重点研讨了遥感与空间技术多学科研究与应用动态、中国遥感与空间技术在多学科中的研究与应用现状与趋势、MODIS大气遥感理论的研究和应用、NPOESS系统的应用、高光谱遥感影像的处理以及遥感、GIS、卫星导航系统及其应用集成等问题。在23日开幕式上,大会国际组委会主席、北京大学校务委员会主任闵维方教授发表了相关讲话。5月19～22日还举办了由美国宇航局授权的"第二届MODIS/AIRS处理软件国际培训班"。本次会议和培训班的召开促进了中国MODIS/AIRS遥感数据应用水平的提高,宣传和展示了中国遥感技术在多学科中的应用,同时也推动遥感技术在亚太发展中国家的研究与发展。

10月8日,为迎接第十五个国际减灾日,研究院与联合国教科文组织、国际空间信息技术培训研究院、中国联合国教科文组织全国委员会、中国国家减灾中心等机构在北京大学联合举办了"空间信息技术在防灾减灾中的应用专家研讨会"。来自国家减灾委、国家防汛以及农业、林业、气象、海洋、科技等部门的11位资深专家在会上作了以"空间信息技术在不同类型的灾害监测、预报、评估、治理中的应用理论与技术方法"为主题的专家报告,并就中国面临的主要自然灾害(水旱灾害、风暴潮、地震灾害、地质灾害等),对空间信息技术在灾情预测预报、灾害形势分析和灾后损失评估等方面作用进行了充分研讨和交流。

为宣传中国信息化、数字化建设相关政策与法律法规,把国内外最新的信息化、数字化建设经验成果与典型案例介绍到全国各地,研究院在国家信息化工作主管部门和人事部门的指导下,在思科系统(中国)网络技术有限公司大力支持下,决定组建"数字中国"宣讲与咨询服务团,为地方政府制定和实施"十一五规划"提供建设性意见,并为各地政府信息主管在实际工作中遇到的问题提供咨询服务。

【遥感楼装修】 为改善遥感与地理信息系统研究所教学、科研环境和用房紧张状况,在学校领导及有关部门的大力支持下,学校2004年5月25日召开了关于公用房分配与调整及相关问题会议,会议决

定将生命科学学院腾空的遥感东楼三、四、五层分配给地空学院遥感所使用。2005年9月开始进行遥感楼的装修改造工程，2006年1月遥感楼装修改造工程基本结束。为顺利完成装修工程，使有限的宝贵资源发挥最大的效益，遥感与地理信息系统研究所成立了以郭仕德教授级高工为组长，所办公室主任谢淑环老师为副组长，田原、陈斌、张飞舟、范闻捷、赵红颖、刘平等老师为成员的遥感楼装修工程管理小组。

（李凤棠）

信息科学技术学院

【发展概况】 2005年信息科学技术学院有在职教职工364人，其中教授（含研究员和正高级工程师）67人，副教授（含副研究员和高级工程师）112人，讲师（含工程师）83人、助教（含助理工程师）7人、博士后34人。有中国科学院院士3人、中国工程院院士1人、长江学者4人（2005年新增加了梅宏教授和张志刚教授）、杰出青年科学基金获得者1人、"973计划"首席科学家3人、国家"863计划"专家组成员3人、国家"新世纪百千万人才工程"1人、教育部新世纪人才5人、博士生导师44人。信息科学技术学院有本科生1298人、硕士研究生826人、博士研究生347人。信息科学技术学院有一级学科4个、二级学科11个，其中重点学科5个。2005年新增1个教育部创新团队——微电子科学技术创新团队。

信息科学技术学院设有10个研究所和1个研究中心：教学研究所、电子工程研究所、光子与通信技术研究所、量子电子学研究所、物理电子学研究所、软件研究所、网络与信息系统研究所、系统结构研究所、计算语言研究所、微电子学研究所、信息科学研究中心。

信息科学技术学院有3个国家重点实验室：区域光纤通讯网与新型光通信系统国家重点实验室、视觉与听觉信号处理国家重点实验室、微米/纳米加工技术国家重点实验室；有2个教育部重点实验室：量子信息与测量教育部重点实验室、纳米器件物理与化学教育部重点实验室；有5个其他部委级重点实验室及研究中心：北京市软硬件协同设计高科技重点实验室、微电子科学国家计委专项实验室、微处理器信息产业部重点实验室、教育部软件科学网上合作研究中心、CALIS中心。

2005年，经学院党政领导班子多次认真讨论，重新修订信息科学技术学院发展规划。规划充分体现可持续发展战略，确保学院在相当长的时期内保持快速稳定发展的态势。（1）在平稳发展的过程中逐步整合现有学科，确定重点，坚持自主创新，坚持有所为有所不为的原则；（2）创新人才培养是学院第一重任，教学计划实现宽口径、厚基础，加强对学生创新能力的培养；（3）在信息科学技术领域继承传统，开创未来，正确定位，进行必要的调整和整合，力争五年一小变，十年一大变；（4）学科建设在"211工程"和"985工程"基础上做加法，突出重点，扬长避短，相互协调，建立国家队。面向21世纪，做到合理配置资源，科学布局；（5）创造环境，尽快促使年轻学科带头人成长，同时面向全世界吸引高水平的人才，培养杰出人才和有影响的学术梯队；（6）加强国际合作，发展优势，克服劣势，提高水平，立足于现有基础，在稳定中求发展。

【党建工作】 信息科学技术学院党委和行政高度重视保持共产党员先进性教育活动，以此为契机推动学院各项工作，力争解决1~2个实际问题。针对学院党员多任务重的特点，院党委年初就开始调研，摸清了情况，调整了支部，配备了干部，为保持共产党员先进性教育活动做了充分准备。保持共产党员先进性教育活动开始后，学院成立了领导小组和工作小组。学院党委和领导小组根据学校党委的总体部署，结合学院实际，精心设计，周密安排，及时布置，加强指导和督促支部工作，每个阶段都组织1~2次支部书记交流汇报，确保计划实施；工作小组承担信息收集、情况通报工作，共出5期高质量简报，受到了学校表扬。学院在活动中坚持学生、教工分类指导原则，坚持两不误、两促进、服务群众、边议边改的工作原则；在党员、支部和学院三个层面开展工作，调动各方面的积极性。通过保持共产党员先进性教育活动，加强了党组织的建设，党员、支部、党委及学院党政班子基本找到了主要问题，提出了整改措施和整改方案，群众较为满意。

2005年初，分别对学院教工、学生党支部状况进行调研，根据实际情况调整了支部设置，完成了到届党支部的换届改选工作，组织干部参观韩村河，对新支委进行工作培训，组织积极分子参加业余党校培训。2005年发展新党员71人，转正83人，申请入党的积极分子有153人。院党委被评为北京大学优秀党务思想政治工作先进集体。院党委表彰了7个先进支部、42名优秀共产党员。

【师资队伍建设】 坚持以培养人才为核心的指导思想，以人为本，抓好队伍建设。聘岗总数319人，其中A岗83人，B岗179人，C岗35人、职员22人。49人岗位级别有变动，其中45人岗位级别上升，4人岗位级别降低。招聘录用应届博士生7人、博士后6人，引进回国人员3人，招收博士后19人。聘请中科院院士解思深为兼职教授，聘请客座教授3人。申请长江学者2人。

【本科生培养】 2005年,信息科学技术学院毕业本科生311人,291人获得理学学士学位;辅修毕业19人;授予双学位76人。

2005年信息科学技术学院招收本科生340名、双学位55人、进修教师2人。

为鼓励本科毕业生在论文工作阶段有所创新,学院实行了两级答辩和评优、评十佳的论文评定制度。2005年,从314名本科生中推选81名学生参加学院组织的优秀论文评选答辩活动,评出本科论文优秀者68人,其中10人获信息科学技术学院"十佳优秀论文"。

为做好毕业论文开题工作,学院基础教育部制定了本科生毕业论文工作规定与程序,体现"学生和指导老师双向选择,在自愿结合的基础上,教学指导委员会和基础教育部审核、调配"的原则,以保证学生按兴趣和专长选择毕业课题,同时保证每个学生都有课题。

2005年,结合教务部的工作安排,学院对主干基础课进行了中期检查,让主讲人提交了中期检查报告和教学大纲,并汇编成册。对一些重点建设的主干课增加了资金投入,很好地促进了主干课的建设。

加强教学工作,制定教师工作条例,召开教学工作会议,并制定了《北京大学信息科学技术学院教师教学工作实施条例》。

2005年上半年,信息科学技术学院基础教育部召集了青年教师和督导组老师一起座谈,请老教授们传授教学经验并和青年教师探讨教学中的问题。基础教育部针对这些问题还举行了青年教师教学观摩活动。

2005年信息科学技术学院继续实施学生导师制。信息科学技术学院从2004年建立导师制。一年多来,导师们对指导学生学习、生活都起到了积极作用。根据一年多的工作经验,2005年又对导师的配置安排进行调整,使导师与班主任配合更紧密,全方位关心、培养学生。

2005年上半年,第一次对2004级本科生进行专业分流。专业分流第一志愿满足率为98.5%,仅有5人为第二志愿。

加强2005年本科招生与宣传。在北京大学开放日暨招生咨询会上,信息科学技术学院开放了十几个实验室供学生和家长参观,各系、实验室认真组织咨询、接待、服务工作,对提高信息科学技术学院本科招生生源质量起到了积极作用。

在第29届世界大学生程序设计竞赛全球总决赛中,以北大信息科学技术学院学生为主组成的北京大学代表队与全世界70多个著名高校代表队同场竞技,获得铜牌。这是北大首次参加该赛全球总决赛。参赛队员:李浩源、饶向荣、胡高嵩,教练员:郭炜,领队:李文新。

2005年11月,信息科学技术学院成功承办"第30届ACM国际大学生程序设计竞赛亚洲区北京赛区预选赛暨方正科技杯邀请赛",来自国内外101所高校的453支队伍参加了北京赛区选拔赛,最后选拔出来自48所高校的70支队伍参加了在北大举行的决赛。北京大学Monkey Queen队在决赛中获得了第四名的好成绩,该队将代表北大参加2006年在美国德克萨斯州圣安东尼奥市举行的总决赛。

【研究生培养】 2005年录取博士生89人(其中非定向83人、定向6人);录取硕士生301人(非定向273人、定向17人、自筹8人、委培2人、留学生1人)。2005年毕业博士生40人,毕业硕士生227人(计算机系109人、电子学系66人、微电子系19人、信息中心33人)。

2005年共开设研究生课程114门。

2005年重新制订以学院为单位的硕士、博士生招生专业目录。2005年报考信息科学技术学院的考生达1063人,加上免试生共计1336人。

2005年7月9日开展了研究生招生宣传。信息科学技术学院共有十几位教授和副教授参与咨询活动。通过咨询,扩大了信息科学技术学院的影响力,坚定了不少优秀学生选报的意愿。

由薛增泉教授指导、邢英杰博士完成的博士学位论文《一维半导体纳米线的制备、结构与物性研究》获2005年全国优秀博士学位论文和北京大学优秀博士论文一等奖;由王阳元院士指导、张国艳博士完成的博士学位论文获2005年北京大学优秀博士论文二等奖;由余道衡教授指导、顾晓东博士完成的博士学位论文获2005年北京大学优秀博士论文三等奖。

2005年4月份完成了遴选新"博导"的工作。经北京大学学位委员会第80次会议审议决定,批准信息科学技术学院刘晓彦等12位教授具有博士生导师资格。

在2005年"北京大学第十三届挑战杯——五四青年科学奖"竞赛中,信息科学技术学院获得组织奖和团体一等奖。其中:2002级硕士研究生孙基男的课题"股票预测系统——Internet股评对股票波动影响的定量分析"和2003级博士研究生诸葛建伟的课题"校园网蠕虫主动防治技术研究"均获一等奖,诸葛建伟的课题同时获得了"挑战杯"特别贡献奖二等奖。

【科研工作】 2005年信息科学技术学院共承担各类科研项目225项,其中,国家"973项目"20项、国家"863项目"29项、国家攻关项目3项、其他国家项目56项、国际合作项目2项、教育部各类项目12项、国家自然科学基金66项、北京市项目8项、协作项目25项、其他项目4项,到款经费5987万元。

2005年信息科学技术学院在科技开发部执行的技术服务、技术咨询、技术转让合同99项,新签署的合同69项,到款额为1346万元。

科研部科研项目经费和科技开发部科技服务经费两项到款经费共7324万元。

2005年信息科学技术学院通过鉴定和验收的科研成果共计

7项：杨芙清院士负责的"基于Internet、以构件库为核心的软件开发平台"、张兴教授负责的"系统芯片（System On A Chip）中新器件、新工艺的基础研究"、程旭教授负责项目"Gx2CPU 核心技术转移及开发"、迟惠生教授和吴玺宏教授负责的"人工耳蜗和助听器中的若干关键技术研究"、李正斌副教授负责的"多粒度光交换技术与系统应用——基于时空标记的多粒度光交换技术"、李晓明教授负责的"大学课程在线-分布式视频发布和点播服务平台"、王子宇教授负责的"10Gb/s DFB＋EA 集成光源芯片及模块目标产品"。

2005年，信息科学技术学院梅宏教授获得"中国青年科技奖"、郭弘教授获得"北京市茅以升青年科技奖"，梅宏教授和郭弘教授还分别获得了"全国优秀博士后奖"；黄如教授、谢冰副教授、冯举富研究员入选教育部"新世纪优秀人才支持计划"。

2005年递交到科研部的专利申请39项，获得专利权25项，其中，发明专利22项、实用新型专利3项。

2005年共计发表文章620篇，被SCI收录的论文（第一作者）155篇，比2004年有所增加。出版专著、专业教材、译著14部。

在2005年精品课程建设中，信息科学技术学院屈婉玲教授的离散数学和余道衡教授的电路分析原理获得北京大学精品课程的称号。同时，屈婉玲教授的离散数学还参与北京市和国家级精品课程的评比。

截至2005年12月，信息科学技术学院共有仪器设备7789台，总价值约2.17亿元人民币。其中：大型仪器设备148台，价值约为1.23亿元人民币；一般仪器设备价值约为0.95亿元人民币。2005年新购置仪器设备1461台，总价值约为0.27亿元人民币，其中大型仪器设备20台，价值约为0.15亿元人民币。

2005年，经过院系（所、中心）初评和推荐，校评审领导小组评审，信息科学技术学院"微米/纳米加工技术国家重点实验室"和"电子信息科学基础实验室"被评为实验室工作先进集体，张大成教授、陈清教授、刘宏副教授、郭强工程师被评为实验室先进工作者。

信息科学技术学院向实验室与设备管理部申请的32项实验室开放基金均被批准。

为促进学院各学科不断发展，调动各研究所积极性，形成开拓进取，激烈竞争的氛围，学院建立研究所评估体系。每年年底对各所的工作进行全面、综合评估，根据评估结果对各研究所发放年终奖。各研究所领导班子根据本所职工的综合表现和贡献，决定对每个职工是否发放年终奖，发多少年终奖。评估体系由评估主要指标、评估结果的计算方法、评估各项数据的产生、关于对研究所的奖励、关于单项奖等五部分组成，共有6个表格：研究所占用资源状况表、教学工作量统计表、科研状况统计表、论文、专著、教材等统计表、评估结果、发放奖励额及奖励计算方法。

【交流与合作】 参加国际学术会议98人次，交流论文31人次，短期访问考察46人次，出国进修和攻读学位6人次。

2005年1月29日，信息科学技术学院"纳米器件物理与化学教育部重点实验室"在英杰交流中心召开了第一届学术委员会会议。

2005年2月18～19日，北京大学视觉与听觉信息处理国家重点实验室召开了重点实验室发展战略研讨会。

2005年3月11日，加拿大阿尔伯达省来访人员到信息科学技术学院作学术交流访问。

2005年3月中旬，国防科工委发布了国防科技重点实验室运行评估结论，信息科学技术学院"微米/纳米加工技术国防科技重点实验室"被评为合格类重点实验室，总排名中名列第四。

2005年4月4日下午，美国基金会代表团3位成员参观了纳米器件物理与化学教育部重点实验室、量子信息与测量教育部重点实验室、视觉听觉信息处理国家重点实验室和系统结构研究所。

2005年4月5日下午，美国加州5所大学研究生院院长来信息科学技术学院参观有关实验室。

2005年4月29日，德国可靠性和微集成研究所的Christor Strohhofer博士参观了微电子所的微米/纳米加工技术国家级重点实验室。

2005年7月5日，微电子学研究院聘请美国加州理工学院戴聿昌教授为客座教授。

2005年7月21日，法国科技部主管基础研究的副部长Elisabeth Giacobino、法国大使馆科技参赞郭清溪等参观了信息科学技术学院量子电子学研究所的实验室。

2005年8月1日，中国台湾科技大学光电研究中心副主任廖显奎副教授到区域光纤通信网与新型光通信系统国家重点实验室进行为期1个月的科研访问。

2005年8月5～9日，法国巴黎高师Kastler Brossel实验室研究员、法国科学研究中心主任Michale Leduc女士一行7人到量子电子学研究所进行为期1周的学术交流。

2005年8月13～16日，在大连举行的"中国微米纳米第七届学术年会"上，微电子研究院郝一龙院长做了题为"硅基MEMS标准工艺"的特邀报告，另有6位研究生做了学术报告。

【学生工作】 信息技术学院目前有本科生和研究生共2600多人。学生工作重点是加强学生工作队伍的建设，主要思路为：建设以系所、班级、团支部为主的纵向组织和以团委、学生会、研究生会、团

校、研究生骨干学校为主的横向组织相结合的网格结构。

加强班主任工作队伍的建设和培养，每个班级配备兼职班主任。2005年2月召开班主任工作研讨会，讨论学院班主任工作。制定了学院的《班主任工作条例》和《班主任津贴发放办法》。

学院目前共有学生党支部26个，有650多名学生党员。2005年尝试按实验室纵向建立支部，取得了很好的效果。

学院研究生会和学生会已进入制度化的轨道，为学院培养了大批自我管理、自我服务的学生骨干。

团校和研究生骨干学校也是学院培养学生骨干的良好土壤。信息科学技术学院的团校已经开办了11期，在并入学校团校整体建设体制中后显现了更大的活力。

学院认真做好学生的日常管理和服务工作，将教育理念贯穿于平时的工作中。

2005年，信息科学技术学院通过全方位地开展各种活动，服务学生的成长成才：积极响应学校提出的"文明生活、健康成才"的号召，连续两年举办"健康三月行"主题活动；积极配合校团委开展以学习实践"三个代表"重要思想为主线，以"永远跟党走"为主题的增强团员意识教育活动；大力支持暑期社会实践活动，学院每年拿出近1万元资助学生到贫困地区参加"三下乡"暑期社会实践活动。2005年暑期共有5支队伍到祖国各地参加社会实践，并组织了报告会，取得了很好的效果。

2005年学生科技实践活动取得丰收。获得北大"挑战杯"团体一等奖、组织奖，1个一等奖，2个三等奖，其中一等奖作品在全国"挑战杯"中获得一等奖。在创业大赛中成绩突出，获得银奖和铜奖的团队均以信息科学技术学院学生为主。获得金奖的作品也是由信息科学技术学院学生在电子设计大赛中开发的技术。在"ACM国际大学生程序设计大赛及数学建模竞赛"中，信息科学技术学院代表队都取得了很好的成绩。

2005年信息科学技术学院开展了首届研究生"学术十杰"评选活动。信息科学技术学院评出的研究生"学术十杰"之一获得学校研究生"学术十杰"称号。

积极组织学生参加各类文体活动。组织了若干支运动队，包括足球、篮球、羽毛球、慢投垒球、排球、网球等，并安排专门训练。2005年，这些队伍都取得了很好的成绩；在继续办好品牌活动——信科"十佳歌手大赛"及元旦联欢晚会的同时，又开展了联谊舞会、中秋班级联欢等活动，并积极参加学校的文艺活动。

关心学生生活，调查学生生活状况，了解学生生活状况和需求：为回迁的每个畅春园学生宿舍送去吊兰等植物；走访新生宿舍，了解新生需求；在BBS上开展每日一帖活动，加强对新生的指导；充分与各大公司合作，为同学创造实践和就业机会。

【行政工作】 2005年暑假召开行政工作会议，总结学院成立三年来的行政工作，确定了今后的工作目标。

构建和谐校园，充分发挥院工会的作用。从经费上支持工会开展工作，1～11月共拨付工会31万元开展各项活动；暑期召开了工会工作研讨会；每月召开一次工会委员会或扩大会，及时传达学校、学院有关工作精神；全院教工查体、春节送温暖、平时慰问病号已形成制度；组织离退休人员参观世界花卉大观园；组织45岁以上教职工到龙庆峡观冰灯；组织教职工参加学校的各项文体活动，同时在学院内部组织各种活动，如跳绳比赛、登山比赛、棋类比赛等，增进了学院教职工间的相互了解，沟通了感情，增强了凝聚力。

表5-6　2005年度信息科学技术学院发表论文

单 位	国外发表		全国发表		地方发表		合 计
	自然科学	工程技术	自然科学	工程技术	自然科学	工程技术	
软件所	1	26	5	24		4	60
网络与信息		45		49			94
微处理器		8		8			16
计算语言	15		19				34
电子工程	5	20	6	19			50
光子与通信	3	9		8			20
物理电子	25		12				37
量子电子	15		20				35
微电子	3	105	3	41			152
信息中心	32	38	10	30			110
教学所			6		6		12
总 计	99	251	81	179	6	4	620

表 5-7 2005 年度信息科学技术学院出版科技专著

著作名称	作者	字数(千字)	著作类别	出版单位
计算语言学前瞻	俞士汶	150	编著	商务印书馆
离散数学学习指导与习题解析	耿素云 屈婉玲	440	教科书	高教出版社
离散数学(面向21世纪计算机专业系列教材)	屈婉玲 耿素云	535	教科书	清华大学出版社
业务建模与数据挖掘	杨冬青 马秀莉 唐世渭	610	译著	机械工业出版社
搜索引擎——原理、技术与系统	李晓明	312	编著	科学出版社
计算概论	李文新	498	教科书	清华大学出版社
数据结构与算法——学习指导与习题解析	张铭	620	教科书	高等教育出版社
超大规模集成电路测试——数字、存储器和混合信号系统	蒋安平 冯建华 王新安	845	译著	电子工业出版社
CMOS 电路设计、布局与仿真	陈中建主译,吉利久审校		译著	机械工业出版社
三维结构 MOS 晶体管技术研究	张盛东	260	专著	高等教育出版社
SOI CMOS 技术及其应用	黄如 张国艳 李映雪 张兴	483	编著	科学出版社
微电子学概论(第2版)	张兴 黄如 刘晓彦	541	编著	北京大学出版社
微机原理与接口技术教程	王克义	1217	编著	北京大学出版社
自由飞行空间机器人运动控制及仿真	洪炳熔 柳长安 刘宏	230	教科书	国防工业出版社

化学与分子工程学院

【发展概况】 北京大学化学系始建于1910年,是我国高等院校中建立最早的化学系之一,1994年发展成为化学与分子工程学院(简称化学学院)。2001年,原北京大学技术物理系应用化学专业并入化学学院。北京核磁共振中心于2001年1月成立,并挂靠在化学学院。

90多年来,化学学院培养了8000多名本科生、1000多名硕士生和400多名博士生。目前学院设有化学系、材料化学系、高分子科学与工程系、应用化学系、化学生物学系,以及无机化学研究所、分析化学研究所、有机化学研究所、物理化学研究所和理论与计算化学研究所,北京大学分析测试中心、化学基础教学实验中心,并有2个国家重点实验室和1个教育部重点实验室。化学学院负责编辑出版《物理化学学报》和《大学化学》两种刊物。2003年底,国家科技部批准北京大学化学学院与中科院化学所联合筹建北京分子科学实验室,2004年6月正式挂牌筹建。2003年12月,教育部批准立项建设高分子化学与物理教育部重点实验室。

学院每年招收本科生约180人、硕士生和博士生约100人。学院重视教学,注重学生素质的培养,注重扎实系统的基础理论教学和严格系统的实验训练是化学学院的优良传统。2门课程——分析化学、无机化学被评为国家级精品课,1门课程——有机化学被评为北京市精品课。现有无机、有机、分析、物化、综合五大基础课实验室,总面积为3500多平方米。全院拥有总价值1.9亿元的各种仪器设备。学院自1986年起建立了博士后流动站,截至2005年底,共进站博士后295人。学院有7个二级学科——无机化学、有机化学、分析化学、物理化学、高分子化学与物理、应用化学、化学生物学,其中5个二级学科——无机化学、有机化学、分析化学、物理化学、高分子化学与物理,于2001年再次被评为重点学科。5个重点学科均设有硕士点、博士点。1986年起设立化学博士后流动站,2005被评为全国优秀博士后流动站。1978~2005年,全院共出版专著、译著、教材80多部,其中国家级优秀教材特等奖教材1部、国家级优秀奖教材6部、国家教委一、二等奖教材共9部。共有5项教学成果获得国家级奖励。北京大学化学学科在2002年首次全国一级学科整体水平评估中排名第一。学院注重基础理论与应用基础理论研究,开展多项应用与开发研究。2005年化学学院从国家和省部委获得科研经费6387万元,其中主持2项、参加13项国家科技部重点基础研究发展规划项目("973项目"),主持和参加8项国家"863高科技项目"以及200多项国家自然科学基金项目和省部级项目。

1994～2005年，有25人获得国家自然科学杰出青年基金资助，获得国家自然科学基金委创新群体资助3个（稀土功能材料化学、有机合成化学与方法学、表面纳米工程学）；9人与国外学者合作获得国家自然科学基金海外杰出青年基金资助，1人获得教育部首届教学与科研奖励基金，5人获得教育部跨世纪人才基金，6人获得教育部新世纪人才基金，10人获得教育部优秀青年教师基金，7人被列为国家级百千万人才工程；7篇论文被评为全国优秀博士论文，1人获得教育部优秀博士论文专项基金，2人获得中国优秀博士后奖。1978～2005年，化学学院共获科研成果奖168项（不含北京大学校级奖），其中国家自然科学奖和国家科技进步奖共20项。1994～2005年，化学学院在国内外核心学术刊物上发表论文近4000篇，其中被SCI收录3547篇。

【师资队伍】 化学学院拥有一支学识渊博、治学严谨的师资队伍。现有教职工216人，其中中科院院士8人、教授55人、教授级高工1人、副教授60人、高工18人、博士生导师63人。有12人被教育部聘为长江特聘教授，1人被聘为长江讲座教授。

2005年，化学学院继续贯彻执行了学院的目标责任书，进行了2005岗位考核及2006岗位续聘，共聘A类岗位53人、B类岗位96人、C类岗位16人。

【教学工作】 2005年，学院对2003版本科生教学计划做了微调。物理化学实验5学分确定为"3+2"模式：基础实验3学分（必修）、设计实验2学分（选修）。普通化学实验按2.5学分试运行。对2005级生命、医学类本科生的主干基础课进行了适当调整，无机与分析化学改为普通化学B与分析化学B，普通化学B增加到4学分，各门课程的上课时间也做了相应调整。除化学、材料化学专业继续招收具有学士学位（或同等学力）的五年制博士研究生外，应用化学专业从本年度开始只招收五年制博士研究生，不再招三年制硕士生。培养方案按《五年制博士研究生培养试行办法》及补充规定执行。

学院"一流教育教学水平培育一流化学创新性人才"项目获国家级教学成果二等奖。王远、李维红荣获"北京大学优秀教学奖"，4名教师获北京大学奖教金。出版教材8部。

2005年学院共招收本科生163人，其中保送生58名。招收五年制硕博连读研究生77人、博士生92人（含直博12人）。165名本科生毕业，其中150人获得学士学位；61名博士研究生毕业，58人获得博士学位；7人（含上届）获得硕士学位。接受进修教师6名。

在北京大学第五届青年教师教学基本功和现代教育技术应用演示竞赛中，化学学院获得一等奖1项、三等奖2项。化学学院还获组织奖。

【学生工作】 2005年化学学院团委被评为先进团委。寿恒、孙飞被评为北京市三好学生，王冰冰、丛欢等9人获北京大学三好学生标兵称号，61人被评为北京大学三好学生，陆江等3人获得优秀干部奖，另有40人获得学习单项奖，29人获得社会工作奖，司锐等4名同学获得创新奖。2004级3班被评为北京市先进班集体，2002级1班等4个班集体被评为北京大学优秀学风班。在学校各项文体活动中化学学院多次荣获奖杯和奖牌。2005年11月，化学学院2005级硕士生梁勇、焦雷在第九届全国大学生挑战杯竞赛中获得一等奖，参赛作品为"对微波和光诱导的Staudinger反应的立体化学过程研究"。

【科研工作】 2005年化学学院共承担纵向科研项目223项，其中国家科委重大基础研究"973项目"15项，国家"863项目"9项，国家自然科学基金委重大、重点项目17项，国家自然科学基金委杰出青年基金项目12项，海外青年学者合作基金4项，国家自然科学基金委面上基金（含青年基金）89项，教育部博士点基金18项。

2005年化学学院出版专著5部，在国内外学术刊物发表论文约500篇，其中被SCI收录429篇（以SCI扩展版统计）。

顾镇南、蔡生民、施祖进参加，由物理学院主持的"若干低维材料的拉曼光谱学研究"项目获国家自然科学二等奖。

其鲁主持，化学学院为第二完成单位的"锂离子二次电池正极材料钴酸锂的合成"项目获国家科技进步二等奖。

高松、严纯华等的"磁性金属配合物的设计、结构与性质"获教育部提名国家科学技术奖自然科学一等奖。

寇元等的"原子水平上担载催化剂几何结构的基础研究"获教育部提名国家科学技术奖自然科学二等奖。

谢有畅等的"使用单层分散型CuCl/分子筛吸附剂分离一氧化碳技术"获教育部提名国家科学技术奖技术发明一等奖，并入选中国高校十大科技进展。

徐光宪院士荣获2005年度何梁何利科技成就奖。

黄春辉院士荣获2005年度何梁何利科技进步奖。

邵元华老师被教育部聘为长江特聘教授。

刘忠范教授领衔的"表界面纳米工程学"研究团体入选教育部"创新团队发展计划"名单；张新祥、李子臣、李彦入选教育部"新世纪优秀人才支持计划"。

表 5-8 2005 年化学与分子工程学院承担主要科研项目

项目名称	起止时间	负责人	总经费(万元)	任务来源
SARS 病毒非结构蛋白的结构与功能研究	2003~2005	夏 斌	80.0	973 项目
人类肝脏结构蛋白质组和蛋白质组新技术新方法研究	2004~2006	夏 斌	130.0	973 项目
高表界面固体的分子工程与纳米结构设计、制备与组装	2000~2005	王 远	295.0	973 项目
创造新物质的分子工程学研究	2000~2005	席振峰	32.0	973 项目
纳电子运算器材料的表征与性能基础研究	2002~2006	刘忠范	1325.0	973 项目
纳米结构的化学合成及应用研究	2002~2006	张 锦	120.0	973 项目
纳米结构单元的可控组装及其量子输运性质	2002~2006	刘忠范	240	973 项目
基因功能预测的生物信息学理论与应用	2003~2005	来鲁华	733	973 项目
蛋白质-蛋白质相互作用研究	2003~2005	来鲁华	187	973 项目
新型金属有机配合物非线性光学材料的研究	2004~2006	高 松		973 项目
有机高分子材料器件物理综合性能发光稳定性的基础研究	2003~2005	邹德春		973 项目
肿瘤临床诊断新方法研究	2003~2005	徐怡庄		973 项目
高分子电致发光材料及显示用相关材料的设计与合成	2003~2005	裴 坚		973 项目
高分子多相多组分体系的结构设计与化学合成	2003~2005	周其凤		973 项目
生命分子手性起源	2004~2005	王文清	15.0	973 项目
功能蛋白质设计	2003~2005	曹傲能	45.0	863 项目
生物信息学	2002~2005	来鲁华		863 项目
弹性纳米粒子/环氧树脂复合材料的研究	2002~2005	魏根栓	30.0	863 项目
蛋白质结构与功能预测的新方法和新算法	2002~2005	韩玉真	18.0	863 项目
聚苯并噁唑(PBO)高分子设计合成	2002~2005	范星河	30.0	863 项目
农畜产品中高附加值天然产物高效提取技术产品开发	2002~2005	林崇熙	15.0	863 项目
新型高效稀土光电功能材料及制备技术	2002~2005	邹德春	140.0	863 项目
药物设计关键技术的集成创新及应用	2003~2005	刘 莹	60.0	863 项目
若干重要蛋白质的功能嫁接研究	2005~2007	曹傲能	27.0	863 项目
杰出青年科学基金	2002~2005	高 松	80.00	基金委杰出青年基金项目
杰出青年科学基金	2002~2005	吴 凯	80.00	基金委杰出青年基金项目
杰出青年科学基金	2002~2005	邹德春	80.00	基金委杰出青年基金项目
杰出青年科学基金	2002~2005	夏 斌	80.00	基金委杰出青年基金项目
杰出青年科学基金	2003~2006	王剑波	100.00	基金委杰出青年基金项目
杰出青年科学基金	2003~2006	吴云东	100.00	基金委杰出青年基金项目
杰出青年科学基金	2004~2007	宛新华	100.00	基金委杰出青年基金项目
杰出青年科学基金	2004~2007	杨 震	100.00	基金委杰出青年基金项目
杰出青年科学基金	2004~2007	齐利民	100.00	基金委杰出青年基金项目
杰出青年科学基金	2004~2007	金长文	100.00	基金委杰出青年基金项目
杰出青年科学基金	2005~2007	黄建滨	100.00	基金委杰出青年基金项目
杰出青年科学基金	2005~2007	裴 坚	100.00	基金委杰出青年基金项目
海外青年合作基金	2003~2005	刘 杰	40.00	基金委杰出青年基金项目
海外青年合作基金	2003~2005	汤 超	40.00	基金委杰出青年基金项目
海外青年合作基金	2003~2005	王植源	40.00	基金委杰出青年基金项目
海外青年合作基金	2004~2007	侯召民	40.00	基金委杰出青年基金项目
有机分子及模板引导下的生物模拟材料的合成	2001~2005	齐利民	65	优秀博士论文专项基金
分子固体材料的控制合成及功能性质研究	2004~2008	高 松	800.00	基金委重大项目

续表

项目名称	起止时间	负责人	总经费(万元)	任务来源
手性碳的不对称合成反应研究——不对称叶立德重排反应	2004～2007	王剑波	50.00	基金委重大项目
核技术在分子水平上研究典型环境污染物的毒理	2003～2007	刘元方	140.00	基金委重大项目
免疫大分子间相互作用的物理及化学研究	2004～2009	来鲁华	104.00	基金委重大项目
聚烯烃主链液晶高分子的设计、合成及新材料研究	2002～2005	周其凤	120.00	基金委重点项目
新型两亲分子有序组合体的构筑、结构和功能的研究	2003～2006	黄建滨	220.00	基金委重点项目
单细胞分析化学方法研究	2003～2006	邵元华	200.00	基金委重点项目
金属促进的非活性化学键的选择性切断与应用	2003～2006	席振峰	190.00	基金委重点项目
含重元素复杂大分子体系的理论与计算化学研究	2004～2007	刘文剑	140.00	基金委重点项目
低温等离子体辅助制备纳电子器件单元机理的研究(清华大学负责)	2004～2007	李星国	75.00	基金委重点项目
内源性激素类兴奋剂分析检测新方法的研究	2004～2007	李元宗	180.00	基金委重点项目
生物大分子特征识别技术的基础研究	2004～2007	赵新生	200.00	基金委重点项目
光诱导电荷分离过程的化学调控及应用	2004～2007	王 远	200.00	基金委重点项目
STM热化学烧孔存储技术及材料研究	2004～2007	刘忠范	100.00	基金委重大研究计划重点项目
光电器件中的能量及载流子调控基本问题研究	2004～2007	邹德春	80.00	基金委重大研究计划重点项目
基于AFM蘸笔刻蚀的纳米结构和纳米器件的制备、修饰及特性研究	2004～2007	李 彦	100.00	基金委重大研究计划重点项目
其他167项(略)				

【学术交流】 为促进学术交流,提高研究生和本科生的科研兴趣、创造良好的学术环境,化学学院连续举办了面向研究生的"兴大科学系列报告"和面向本科生的"今日化学"讲座。2005年化学学院共举办"兴大科学系列报告"20讲和"今日化学"讲座6讲。

化学学院2005年学术年会于9月2～3日召开,年会的主题为"化学研究前沿与进展"。国家自然科学基金委员会化学学部和材料科学部代表12人,以及学校科研部的代表参加了会议。化学学院教师共90多人参加会议。国家自然科学基金委员会化学学部梁文平副主任介绍了国内化学领域的研究进展,以及2005年基金申报及获准的情况。化学学院长江特聘教授和杰出青年基金获得者共22人到会做了研究进展报告,主要探讨本领域国际学术前沿和展示本学术小组的研究进展。林建华常务副校长到会讲话,并作为杰出青年基金获得者做了学术报告。席振峰院长在大会上做了化学学院工作报告,院党政其他领导对化学学院教学、大型仪器设备管理、财务及机关后勤、学生工作等方面做了工作报告。

在国家自然科学基金委员会和北京分子科学国家实验室(筹)的支持下,由化学学院和中科院化学所共同主办的第三届中-日双边有机化学研讨会于10月17～22日举行。13位日本知名学者和国内34位青年学者参加会议,26人报告了各自研究领域的最新进展。

在北京分子科学国家实验室(筹)的支持下,由化学学院有机化学研究所主办的2005京津地区青年有机化学家研讨会于10月7～9日举行。来自中科院化学所、北京大学和南开大学的青年专家以及国家自然科学基金委的领导共40人参加了会议,有9位年轻学者报告了研究工作。

在国家自然科学基金委员会和北京分子科学国家实验室(筹)的大力支持下,由中国化学会高分子学科委员会主办,化学学院和中科院化学研究所、清华大学化学工程系联合承办的全国高分子学术论文报告会于10月9～13日举行。会议由王佛松院士主持,席振峰院长出席了开幕式并代表承办单位发言。在开幕式上还进行了颁奖仪式,化学学院高分子系丘坤元教授和陈尔强教授分别获得中国化学会"高分子科学邀请报告荣誉奖"和"高分子科学创新论文奖"。本次年会共有1471篇论文进行报告,其中大会特邀报告7篇、分会邀请报告112篇、口头报告258篇、墙报1094篇,周其凤院士和丘坤元教授分别做大会邀请报告。

在国家自然科学基金委和北京分子科学国家实验室(筹)的大力支持下,由化学学院承办的第九届固体化学和无机合成会议(中国北京)于10月9～12日举行。参会的学者、专家及研究生共120余名,其中海外和港台学者约10人,提交论文170余篇。会议邀请了美国 Inorganic Chemistry 杂志副主编、美国西北大学教授 K. R. Poeppelmeier 等7位国内外知名专家做了大会报告,还安排了10个邀请报告和40个分组报告。

在北京分子科学国家实验室(筹)的支持下,由中国分析测试协会主办、化学学院分析化学研究所承办的第11届国际北京分析测试学术报告会于10月20～23日举行。卢佩章院士担任本届会议的学术委员会主席,与会者有诺贝尔化学奖得主田中耕一,中科院院士黄本立、汪尔康、张玉奎、叶恒强、叶朝辉、金国藩、贺福初,以及在分析化学界做出卓越成就的科学家。本届大会共有学术论文摘要481篇,其中口头报告207篇、报展261篇,参会人数近350人。

2005年化学学院共接待国外及港澳台来宾100余人。

生命科学学院

【发展概况】 北京大学生命科学学院的前身是创办于1925年的北京大学生物学系,是我国高等学校中最早建立的生物学系之一。1993年成立北京大学生命科学学院。学院的教师和培养的学生中先后有26人成为中国科学院院士和中国工程院院士。学院现有博士授予权学科8个、硕士授予权学科12个,是生物科学一级学科博士学位授予权单位,并设有博士后科研流动站。学院现有6个系(生物化学及分子生物学系、细胞生物学及遗传学系、生理学及生物物理学系、植物分子及发育生物学系、环境生物学及生态学系、生物技术系),5个中心(北大-耶鲁植物分子遗传学及农业生物技术联合研究中心、生命科学研究测试中心、生物基础教学实验中心、大熊猫及野生动物保护研究中心、化学基因组学中心),2个研究所(分子生物学研究所、细胞生物学研究所),2个国家重点实验室(蛋白质工程及植物基因工程国家重点实验室、生物膜及膜生物工程国家重点实验室),2个国家基地(国家理科基地、国家生命科学与技术人才基地),2个国家基金委科研创新团队,5个国家重点学科(生物化学及分子生物学、细胞生物学、植物生物学、动物生物学、生理学)。

学院师资力量雄厚,截至2005年底,生命科学学院在编职工142人,其中教授41人(含院士3人、长江特聘教授8人、全国杰出青年科研基金获得者13人)、副教授24人、讲师20人。具有博士学位和硕士学位的教师分别为68人和22人。

目前,生命科学学院在生物化学与分子生物学、细胞生物学、植物发育分子生物学、生物信息学、遗传学与发育生物学、生理与神经生物学、生物技术以及大熊猫、白头叶猴等濒危动物保护学等方面都形成了研究特色,在国内同行中具有明显优势。

【党政工作】 2005年生命科学学院党政班子成员团结奋进,相互支持,组织并落实了保持共产党员先进性教育活动。成立了以党委书记许崇任为组长,柴真、沈扬为副组长,党委委员参加的领导小组,制定了生命科学学院保持先进性教育的具体计划。活动的形式包括:召开保持先进性骨干培训会、邀请党外和民主党派人士座谈、参观抗日战争纪念馆、集中学习、请学校领导参加领导班子民主生活会等。

随着"985工程"二期建设启动与全面实施。生命科学学院积极贯彻"以队伍建设为核心,以前沿和交叉学科为重点,以体制创新为动力"的总体思路,制定了适合生命科学学院特点的规划,为生命科学学院的长足发展打下基础。在行政工作方面,生命科学学院进一步完善了相关管理规定,使日常工作有章可循,并建立与群众交流沟通的良好渠道,搞好教职工福利,组织"送温暖"活动,看望病号和困难职工,落实特困补助,处理突发事件,按时组织教职工查体,搞好文体活动,组织旅游、疗养等活动。为切实落实以实验室负责人为中心的人事分类管理体制改革政策,生命科学学院结合岗位聘任,对全体在职教职员工分4个不同岗位组别进行了岗位述职和岗位评估。

2005年是北京大学生命科学学院80年院庆,来自国家教育部、基金委、全国各兄弟院校的嘉宾和历届校友共1500余人参加了这次盛会。院庆期间,学院举办了学术研讨会、生物经济论坛,出版纪念册和学院介绍画册,举办院史展、在《科学中国人》杂志上设院庆专栏(8版),成立学院校友会等活动,希望以此吸引和影响更多的人来关心和支持学院的发展。

第十六届国际生物奥林匹克竞赛(简称 IBO)于7月10～17日在北大举行,生命科学学院具体承办本届 IBO 的实验和理论考试等工作,科协主席周光召院士任组委会主席,执委会主席由生命科学学院赵进东博士担任。来自50多个国家的参赛选手、领队、国际观察员和组委会对生命科学学院在接待、组织、考务方面的精心安排给予了高度评价。

【科学研究】 由吴湘钰教授主编的《普通生物学》(陈阅增,第2版)出版发行。陈阅增先生在20世纪80年代就极力主张开设普通生物学课程,并成立了普通生物学教研室,出版了《普通生物学》一书,发行

量已达22万册;樊启昶教授的《解析生命》一书由高教出版社出版。

由许崇任、郝福英、柴真、苏都莫日根、赵进东教授等完成的"生命科学创新型人才的培养与理科基地建设"项目获国家教学成果一等奖,丁明孝、陈建国、张传茂、苏都莫日根教授完成的"细胞生物学课程改革和创新型人才培养"项目获国家教学成果二等奖。

吴湘钰教授、戴灼华教授获国家科学名词审定委员会授予的突出贡献奖,林硕教授和张传茂教授分别被聘为长江学者讲座教授和奖励计划教授。生命科学学院陈丹英的博士论文《转录因子NF-κB激活的调节机理》入选2005年第七届全国优秀博士论文,这是翟中和院士指导的博士生第三次获此殊荣。林忠平教授在"利用现代生物技术培育耐旱、耐寒草坪草"的研究中取得重要进展,克隆了8个新的耐旱与耐寒功能基因,通过3年规模化和多点田间试验,筛选出20个绿期延长且耐旱、耐寒性增强的转基因草坪草株系,为转基因草坪草的产业化打下了基础。

茹柄根教授作为大会主席主持召开了第5届MT国际大会并取得圆满成功。李毅教授作为共同主席,于11月16日在人民大会堂主持了"中美食品安全与农业产品绿色通道圆桌会议",会上,李毅教授获"全国优秀博士后"奖励,受到温家宝总理的接见。瞿礼嘉、范六民博士受聘为国际学术杂志 *Environmental and Experimental Botany*(2004年影响因子为1.653)的编辑。邓宏魁教授在干细胞定向分化与模式动物的建立研究中获得极具竞争力的美国Bill & Melinda Gates基金的资助。

截止到12月,学院到账科研经费5484万,其中国际合作经费增加132%。2005年共有107篇生命科学学院学者作为第一作者的论文被SCI收录,比上一年增加24%,论文平均影响因子3.2,比去年提高40%,影响因子总数增加74%;发表重要科研论文(影响因子大于5)26篇。本年度共有自然科学基金重点项目3项,面上项目12项;"985工程"二期也已得到论证并已启动;以张传茂教授为首的"细胞增殖分化调控系统研究"创新研究也获国家批准,至此,全校6个创新研究群体中生命科学学院有2个。

2005年生命科学学院教授在本领域国际一流学术杂志上发表的重要论文有:

1. Ren H, Wang L, Matthew Bennett, Liang Y, Zheng X, Lu F, Li L, Nan J, Luo M, Staffan Eriksson, Zhang C, and Su X. The crystal structure of human adenylate kinase 6: An adenylate kinase localized to the cell nucleus. *Proc. Natl. Acad. Sci.*, (2005) 102: 303~308. (IF=10.272)

2. Lu Z, Zhang C and Zhai Z. Nucleoplasmin regulates chromatin condensation during apoptosis. *Proc. Natl. Acad. Sci.*, (2005) 102, 2778~2783. (IF=10.272)

3. Fu X, Zhang, H, Zhang X, Cao Y, Jiao W, Liu C, Song Y, Abulimiti A, and Chang Z. A dual role for the N-terminal region of Mycobacterium tuberculosis Hsp 16.3 in self-oligomerization and binding denaturing substrate proteins. *J. Biol. Chem.*, (2005) 280 (8): 6337~6348. (IF=6.482)

4. Chen Y, Zhang Y, Yin Y, Gao G, Li S, Jiang Y, Gu X and Luo J. SPD-a web-based secreted protein database. *Nucleic Acids Res.*, (2005) 33: D169~D173. (IF=6.5)

5. Wang X, Shi X, Hao B, Ge S, Luo J. Duplication and DNA segmental loss in the rice genome: implications for diploidization. *New Phytologist.*, (2005) 165(3): 937~946. (IF=3.4)

6. Zhao Y, Shi Y, Zhao W, Huang X, Wang D, N. Brown, J. Brand and Zhao J. CcbP, a calcium-binding protein from Anabaena sp. PCC 7120, provides evidence that calcium ions regulate heterocyst differentiation. *Proc. Natl. Acad. Sci.*, (2005) 102 (16): 5744~5748. (IF=10.452).

7. Li L, Bin L, Li F, Liu Y, Chen D, Zhai Z and Shu H. TRIP6 is a RIP2-associated common signaling component of multiple NF-κB activation pathways. *Journal of Cell Science*, (2005) 118(3): 555~563. (IF=7.25)

8. Chen Q, Liang Y, Su X, Gu X, Zheng X, Luo M. Alternative IMP Binding in Feedback Inhibition of Hypoxanthine-Guanine Phosphoribosyltransferase from Thermoanaerobacter tengcongensis. *J. Mol. Biol.*, (2005) 348 (5): 1199~1210. (IF=5.542)

9. Hong W, Jiao W, Hu J, Zhang J, Liu C, Fu X, Shen D, Xia B, and Chang Z. Periplasmic Protein HdeA Exhibits Chaperone-like Activity Exclusively within Stomach pH Range by Transforming into Disordered Conformation. *J. Biol. Chem.*, (2005) 280(29): 27029~27034. (IF=6.482)

10. Qu X, Hao P, Song X, Jiang S, Liu Y, Wang P, Rao X, Song H, Wang S, Zuo Y, Zheng A, Luo M, Wang H, Deng F, Wang H, Hu Z, Ding M, Zhao G and Deng H. Identification of two critical amino acid residues of the severe acute respiratory syndrome coronavirus spike protein for its variation in zoonotic tropism transition via a double substitution strategy. *J. Biol. Chem.*, (2005)

280：29588～29595．(IF=6.482)

11. Shi Y, Hou L, Tang F, Jiang W, Wang P, Ding M and Deng H. Inducing embryonic stem cells to differentiate into pancreatic β cells by a novel three-step approach with activin A and all-trans retinoic Acid. *Stem Cells*., (2005) 23：656～662．(IF=5.50)

12. Xu D, Liu X, Zhao J and Zhao J. FesM, a membrane Iron-sulfur protein, is required for cyclic electron flow around photosystem I and photoheterotrophic growth of the cyanobacterium synechococcus sp. PCC 7002. *Plant Physiology*, (2005) 138：1586～1595．(IF=5.881)

13. Mao X, Cai T, J G Olyarchuk and Wei L. Automated genome annotation and pathway identification using the KEGG Orthology (KO) as a controlled vocabulary. *Bioinformatics*, (2005) 21(19)：3787～3793．(IF=5.70)

14. Tan G, Gao Y, Shi M, Zhang X, He S, Cheng Z and An C. Sitefinding-PCR：a simple and efficient PCR method for chromosome walking. *Nucleic Acids Research*, (2005) 33(13)：e122．(IF=7.26)

15. Cao X, Zhou P, Zhang X, Zhu S, Zhong X, Xiao Q, Ding B and Li Y. Identification of an RNA silencing suppressor from a plant double-stranded RNA virus. *Journal of Virology*, (2005) 79：13018～13027．(IF=5.398)

16. Ma L, Sun N, Liu X, Jiao Y, Zhao H and Deng X. Organ-specific expression of arabidopsis genome during development. *Plant Physiology*, (2005) 138：80～91．(IF=5.881)

17. Xu L, Wang Y, Han K, Li L, Zhai Z, and Shu H. VISA is an adapter protein required for virus-triggered signaling. *Molecular Cell*, (2005) 19：727～740．(IF=5.40)

18. Xu C R, Liu C, Wang Y, Li L, Chen W, Xu Z and Bai S. Histone acetylation affects expression of cellular patterning genes in the Arabidopsis root epidermis. *Proc. Natl. Acad. Sci.*, 102(40)：14469～14474．(IF=10.4)

19. Qin G, Gu H, Zhao Y, Ma Z, Shi G, Yang Y, E. Pichersky, Chen H, Liu M, Chen Z and Qu L-J. An indole-3-acetic acid carboxyl methyltransferase regulates Arabidopsis leaf development. *The Plant Cell*, (2005) 17：2693～2704．(IF=11.3)

（彭宜本）

环境学院

【发展概况】 2005年是环境学院强化管理年和稳步发展年。在学校领导的深切关怀和大力支持下，学院领导班子带领全院教职员工认真贯彻、落实建设一个具有"高度和谐和充满活力，中国特色和世界水平"的环境学院的总目标，正确处理院内外关系，进一步加强学院的各项基础管理工作，较好地完成了全年的各项工作任务。

【党建工作】 2005年是学院党建与思想政治工作重点年。通过上半年党委、支部党建达标工作以及下半年在全体党员中开展的保持共产党员先进性教育活动，学院党建与思想政治工作取得了突出成绩。

以落实《标准》为抓手，牢抓党建基础工作不放松。支部、党委按要求提交学期工作总结和计划，注重工作笔记及会议记录等文字材料的整理和保存，进一步强调组织生活正常化。党委同时强调，通过党建达标工作，不仅有效促进支部组织生活的正常化，还可以有效促进党务工作之外的各方面工作的提高。4月，为迎接保持党员共产党员先进性教育活动，党委组织全院党员参观西柏坡遗址。

2005年环境学院党建工作获得了多项成绩：环境学院党委获得北京大学党务和思想政治工作先进集体称号，2003级博士生党支部被评为北京高校先进基层党组织，刘建国、蒙吉军被评为北京大学优秀党务和思想政治工作者，白郁华、张剑波、庞岩、胡建信、邓宝山获得北京大学党务和思想政治工作奉献奖。

利用先进性教育活动的良好契机，大力加强思想政治工作。学院成立了保持共产党员先进性教育活动领导小组，党委书记莫多闻任组长，常务副院长张远航、党委副书记白郁华、张剑波任副组长，组员包括学院全体党委委员、学院领导班子党员干部以及团委书记，总计共15名成员。保持共产党员先进性教育活动取得了良好效果，基本达到了开展先进性教育活动的目标要求，得到了学校党委、督导组和各级领导的肯定。在教育活动过程中，学院各系、教研室、行政部门、全体学生党员坚持做到两手抓、两不误、两促进。党员通过理论学习，个人的思想理论素质和对开展保持共产党员先进性以及对加强党的执政能力建设的思想认识有了明显的提高。党员加强了党性修养，增强了事业心和责任意识，更加关心学院的建设和发展，党员的先锋模范作用得到了较好的发挥。党委、领导班子成员、党员领导干部通过找差距和进行认真整改，思想作风和工作作风发生了积极的变化，凝聚力和战斗力得到了增强。通过广泛开展谈心活动，进一步增强了党群关系、干群关系，取得了良好效果，为今后

加强党员队伍建设积累了一定的经验。党组织结构更加紧密,为有效发挥党组织战斗堡垒作用打下了良好基础。学院群众对学院先进性教育活动满意度进行无记名投票,满意度为百分之百。

牢把党员发展关。学院对党员发展工作始终坚持"培养第一,发展第二"的原则,严把发展关。党委制定了党员联系青年积极分子的详细规划,定期举办谈心活动,制定了关于入党积极分子进行思想汇报的制度。举办第18期党的知识培训班,学生积极报名,包括本、硕、博各年级学生以及博士后,共有70人顺利结业。2005年共有33名优秀青年被发展成为中共预备党员,有62名预备党员按期转正为中共正式党员。

党委特别注重加强宣传工作。积极向学校《北大党建》杂志投稿,发表了多篇文章。在先进性教育活动中,在学院网络中开设保持共产党员先进性教育活动专栏,工作小组积极向党委宣传部报送学院及支部活动简报,三个阶段共报送简报20余份,制作完成第一期党委宣传板报。学生会主办的院刊《天地》《环境快讯》在学生中有广泛的影响力,前者还被评为北京大学优秀团刊。

2005年学院党委继续与行政班子紧密配合,在学院人事工作、队伍建设、建设绿色大楼、学生工作等各方面发挥了重要作用。

【学科建设】 环境学院"211工程"二期2005年进入收尾阶段,即将完成终期总结。学院承担的"985工程"二期资助项目——北京大学地球环境与生态系统塞罕坝实验站于7月7日在实验站所在地的河北省围场县塞罕坝机械化林业总场破土动工。林建华常务副校长、国家林业局李育材常务副局长、河北省林业局白顺江副局长等出席主体工程的奠基仪式并讲话。环境学院江家泗院长主持奠基仪式。

实验站建设后,将具有科研、教学实习以及学术交流等3项主要功能。科研方面,主要从事生态、大气、环境、地学等方面的研究工作,近期主要进行大气与沙尘暴监测、恢复生态学实验、生物多样性监测与保育、气候变化控制实验等。在教学实习方面,主要从事生态学、植物学、土壤学、地质地貌等学科的野外实习。在交流合作方面,目前已经或正在同国内外同行建立合作交流关系,争取将该站纳入国际有关环境、大气、生态等监测网络之中,并尽快使该站进入中国国家野外科学观测研究站网络。

实验站主体工程占地10000平方米(1公顷),建筑面积约2500平方米。另外,当地有关部门将约30万平方米(30公顷)的森林和草地等划归实验站,用于长期实验观测。实验站建成后将能同时容纳实习学生80~100名,长期科研人员25人,并能接待40~60人的中小型学术会议。

【教学工作】 本科教学工作的核心是不断提高教学质量,继续修订和完善部分专业的教学计划。尤其是调整了资源环境与城乡规划管理专业的两个方向,进一步梳理了其与城市规划专业的特点和差异;建设和培育新的本科生专业,即环境工程专业;加强教学管理,对全部本科课程教学进行质量评估,根据评估结果切实改进教学工作。通选课和主干基础课的建设进展良好,教师队伍水平得到了进一步提高。对于教学的过程管理和开始环节的管理有所提高。学院领导听课制度正在稳步实施。2005年两门课程被评为北京市精品课,一门课程获北京市教学一等奖,还有一些主干课和通选课的建设呈现良好的发展势头。本科生的研究课程和课外科技活动逐渐形成特色。本科生的研究课程深受学生欢迎,也得到学院教师和学校教务部的支持,本科生科研出现

旺盛的发展趋势。我们的努力方向是:发挥老教授调研组的作用,加强青年教师教学水平的培养和提高;推进具有环境学院特点的本科生导师制;进一步规范教学管理,为迎接2007年教育部对北京大学的本科教学检查做好准备。

加强研究生教学管理工作。在很好地完成日常工作的同时,主要工作包括:(1)在硕士研究生招生工作中,主管院长亲自参加大型招生咨询会和在线答疑,为学院争取一流的生源,满足报考考生的要求;(2)对全部研究生课程进行课程评估,总体呈现出良好的态势。课程评估的全面展开,对于促进研究生教学水平的提高起到了积极作用;(3)在深圳研究生院扩大景观设计学和城市区域规划两专业的招生规模,为培养以上两方面的应用人才开辟了有效途径;(4)对原环境中心和城环系并轨实行申请硕士学位资格评定制度,要求毕业生至少在核心期刊发表一篇文章;严格同等学力人员申请学位的资格评定制度,也提出在核心期刊上发表文章的要求。

【科研工作】 学院的国家重点实验室参加了2005年4月科技部对地球科学国家实验室的评估,在全国4家联合重点实验室提供的5个代表性研究成果中,环境学院提供2个,即"城市与区域大气复合污染的特征、形成机制、来源与控制研究"和"履行国际环境公约决策支持研究",得到评估专家的肯定和认可。

在国际刊物上发表论文的数量稳步增长,在本领域一流刊物发表文章的数量显著增加。

截至11月底,科研经费总额达3500万,其中包括自然科学基金919万。

所获科研奖励:继2004年获得中国国家环保总局保护臭氧层贡献奖特别金奖、2005年获得美国环保局颁发的保护臭氧层奖之

后,在保护臭氧层维也纳公约生效20周年之际,北大环境学院唐孝炎教授被联合国环境署和世界气象组织共同授予维也纳公约奖(UNEP/WMO Vienna Convention Award),以奖励她对保护臭氧层的维也纳公约所做出的杰出贡献;北大环境学院环境科学系又获得美国环保局颁发的保护臭氧层奖,以奖励其"在发展中国家淘汰消耗臭氧层物质活动方面的领导作用"。方精云、贺金生、朴世龙的研究项目"中国陆地生态系统生产力和碳循环的研究"获国家自然科学二等奖。谢绍东的研究项目"中国酸沉降临界负荷研究"为教育部提名国家科学技术奖。由北京大学世界遗产研究中心谢凝高教授为咨询专家、阙维民教授主持的申报项目《浙江省庆元县后坑木工廊桥》荣获2005年联合国教科文组织亚太地区文化遗产保护卓越(一等)奖。冯长春教授荣获中国土地估价师协会"行业创建突出贡献"奖,北大不动产研究鉴定中心荣获"行业推进先进单位"奖。

所获教学奖励:夏正楷荣获北京大学2004～2005年度教学优秀奖。陈效逑的自然地理学课被评为北京大学2005年精品课程。李有利的地貌学课程被评为北京大学2005年精品课程。刘德英荣获北京大学2004～2005学年度优秀德育奖。贺灿飞、张家富荣获北京大学2004～2005学年度优秀班主任二等奖。王雪松、汪芳荣获北京大学2004～2005学年度优秀班主任三等奖。胡敏荣获北京大学2005年度"杨芙清-王阳元院士"奖教金优秀奖。谢绍东荣获北京大学2005年度"正大"奖教金优秀奖。蒙吉军荣获北京大学2005年度"宝洁"奖教金。

【服务社会】 江家驷院长参加了2005年全国政协21世纪论坛,并主持"可持续发展的历史必然性"的讨论。周一星教授在中共中央政治局第25次集体学习中讲解了关于中国特色的城镇化道路问题。

2004年学院成立开发办公室,2005年正式更名为培训部。培训部广泛寻求合作伙伴、积极探索开办研究生课程进修班和短期培训班,取得了优异的成绩。2004～2005年共举办4个人文地理专业研修班。工作重点是严格按照相关专业培养方案制定教学计划,选派有多年教学经验的教师任课,及时听取学员对教师教学的意见和建议,并及时改进,学员反映良好。举办4个房地产开发与管理短期培训班,培训部的工作主要集中在与合作方制订教学计划,聘任教师,严格审查和监督,确保教学质量,维护学院声誉。

【国际交流】 学院承办了2005年全球华人地理学家大会及郑和下西洋600周年纪念活动。

美国南卡大学校长代表团一行九人访问北大,中心议题是与环境学院、北京大学旅游研究与规划中心进行合作框架洽谈。在北大访问期间,一共进行了三次研讨交流会。

诺贝尔化学奖得主、大气化学家Paul Crutzen教授获得北京大学荣誉教授头衔,并做了题为"人类纪的化学与气候(The Anthropocene: its Chemistry and Climate)"的报告。

英国卢顿大学卢顿商学院研究员Petia Petrova女士在学院做了关于"英国旅游高等教育面临的问题"的主题报告。

美国蒙大拿州立大学地球科学系师生一行7人与资源环境地理系师生开展了联谊交流活动。

国家旅游局特聘外国专家Thomas Bauer到学院做南极旅游讲座。

提出"可持续发展是中国的唯一选择,是必须要走的一条路!"的两位世界级环境名人——全国人大环境资源委员会前主任委员、中华环保基金会理事长曲格平先生和联合国副秘书长兼安南秘书长特别顾问莫里斯·斯特朗在北京大学展开了一场精彩的环保对话。这一活动是贝迩绿色示范课程校园讲座的一部分。

世界著名环境研究机构——地球政策研究所所长莱斯特·布朗先生到北大演讲。

【学科建设】 2005年举办了学院学科与队伍建设研讨会,全院8个实体单位分别深刻剖析了自身存在的问题、制约发展的障碍,订立了短期和远景实施措施。会后编纂的研讨会资料汇编分别送林建华副校长及"211办公室"审阅,成为学院顺利渡过磨合期后制定可持续发展长远规划的第一手材料。

方精云当选为中国科学院院士,是目前北大最年轻的院士。2005年学院计划引进的8名教师中有3名教授。引进中青年高水平教师,将有效地改善学院教学、科研人才结构问题。

学院博士后人数成倍增加,现有在站博士后37人。环境科学与工程和地理学两个流动站参加了2005年全国博士后流动站评估,其中,地理学博士后流动站在全国同一级学科评比中名列前茅,获得了好成绩。

【学生工作】 引导学生"文明生活,健康成才,理性报国",圆满完成了学校布置的各项任务,在各个方面都取得了较突出的成绩。学院团委被评为2004～2005学年北京大学红旗团委。暑期社会实践中院团委获优秀组织奖,3名老师获得了优秀领队教师奖,4个团队获得先进实践团队奖,13名同学被评为优秀/先进实践个人。在学生管理方面,以完善班长支书例会制度为重点,完善学工办-班委的学生管理体制,推动班级活动的发展;同时,充分调动学生的积极性,发挥学生的想象力与创造力,大力推动学生会与研究生会活动的开展。学院学生文体活动丰富多彩。恰逢抗日战争胜利60周年,在"一二·九"合唱比赛中,把本院歌手张然的原创歌曲——《晚风吹来的浪花》改编为合唱歌曲,精心制作DV,顺利夺得一等奖。研究生会紧扣时代热点,举办环境学院绿色奥运系列活动暨第四届研究生学

术论坛,分别邀请北京奥组委环境活动部余小萱部长、北京市规划委员会副主任黄艳、中国科学院唐孝炎院士、环保活动家孙丽萍等重要官员与学术名人来北大演讲。

2005年毕业生就业情况良好。毕业研究生149人,除定向、委培、在职、延期、肄业、保留户档、北京待分生等情况外,参加就业130人,实际就业84人,隐形就业(打工签订合同)14人,就业率达97.3%;本科毕业生97人,参加就业22人,实际就业20人,就业率达97.94%,如包括隐形就业,就业率达100%。

【绿色大楼建设】 2005年1月初,基建工程部召集学院相关领导召开会议,环境学院绿色大楼工程正式启动。截至10月,完成全部前期工作。学校对绿色大楼用地给予了重新安排。

(刘 卉)

心 理 学 系

【党建工作】 心理学系党委在校党委的领导下,按照学校关于《北京大学在全校党员中开展保持共产党员先进性教育活动的实施方案》的要求,认真开展了保持共产党员先进性教育活动。系党委严格按照学校的统一要求和部署,认真组织全体党员开展先进性教育活动,切实把开展先进性教育活动作为年度头等大事和首要的政治任务来抓,周密部署,认真组织,扎扎实实地做好学习动员、分析评议和整改提高三阶段各环节的工作。在校党委的正确指导下,在全体党员的共同努力下,心理系党委的先进性教育活动开展得十分顺利,党员既提高了政治理论素养,又强化了角色意识;支部建设也得到了加强,既倡导了良好的民主生活作风,又提高了整体的凝聚力。心理学系通过开展先进性教育活动取得的主要成效有:广大党员学习实践"三个代表"重要思想的自觉性和主动性进一步提高;系党委的战斗堡垒作用进一步加强;系党委进一步明确了今后努力的方向,工作作风进一步转变;做好教学和科研工作的积极性进一步增强。通过开展先进性教育活动,广大党员学习和实践"三个代表"重要思想的自觉性和主动性显著增强,精神面貌和科研作风有了较大转变,工作效率和质量有了新的提高,较为圆满地完成了先进性教育活动各阶段的工作任务,也得到了全体党员和群众的普遍认可,在12月11日举行的群众满意度测评中,满意率达到94%。

【教学工作】 2005年度心理学系录取了硕士研究生35名、博士研究生12名、本科生38名。经系学术委员会和学位委员会的讨论,心理学系的硕士研究生学制将从2006年开始改为3年,硕士研究生的培养计划也得到了修订。经统计,报考2006年心理学系硕士研究生的有611人,从招生比例上看,名列学校各院系前列。除了全日制学生的培养工作,心理学系还积极开拓办学模式以培养人才,与北京大学深圳研究生院合作举办人力资源研究生课程进修班(深圳、广州两地),并在北京恢复开办人力资源研究生课程进修班和发展与咨询研究生课程进修班,共招收学员220名。

【科研工作】 2005年心理学系科研工作取得进一步突破。心理学系教师参与的项目"全国高校心理健康教育创新体系的理论与实践"荣获国家级教学成果二等奖。心理学系教师共发表学术论文90余篇,其中以心理学系为第一单位发表SCI收录期刊论文13篇、SSCI收录期刊论文4篇、EI收录期刊论文5篇、其他国际合作论文8篇,比2004年有显著增加。其中王垒教授作为合作者的论文"National character does not reflect mean personality trait levels in 49 cultures"发表在2005年10月的 Science 上,这是心理学系第一次在国际顶级学术期刊上发表论文。

2005年也是心理学系获得自然科学基金较多的一年,共有6个项目获得国家自然科学基金,1个项目获得北京市自然科学基金,另有来自教育部的纵向项目和国防项目各1项。2005年心理学系共获得科研经费147万元。

【交流合作】 2005年北大心理学系的外事活动主要是访问讲学和交流合作。韩世辉教授等7人于2005年5月3日至5月14日赴德国参加第5届中德高级认知神经科学研讨会,与德国慕尼黑大学医学心理学研究所 Poeppel 教授等学者进行了学术交流。2005年5月18日至24日,中国台湾国立大学心理学系和香港中文大学心理学系的师生共28人来心理学系进行了为期一周的学术交流活动,期间举办的12场学术研讨会涵盖发展、临床、认知、统计和神经科学等领域。此次交流活动不仅促进了两岸三地同学的深入交流和探讨,而且还起到了启迪思路、拓宽领域、促进学科发展的作用。

2005年7月12日至30日,心理学系邀请英国伯明翰大学心理学院院长 Glyn W. Humphreys 教授和 Jane M. Riddoch 教授来心理学系访问工作,并与韩世辉教授共同开设了认知神经科学课程和英文心理学论文写作班,为心理学专业的学生和80名来自全国各地研究机构的年轻学者授课,取得了良好效果。2005年10月28日,罗马大学 Salvatore M. Aglioti 教授应邀到心理学系进行讲学和学术交流。

此外,心理学系韩世辉教授等10人次分别参加了欧洲知觉大会和第4届世界心理治疗大会等;钟杰博士等6人次参与了中国香港、

德国和波兰等国家与心理学系开展的合作研究。

【行政工作】 按照学校的岗聘工作部署,心理学系顺利完成了2005年度岗位聘任及续聘工作。每位教职工都对当年的工作进行了总结,A类岗员进行了述职报告。全系应聘教职员工共计38人,占全系教职员工的90%。心理学系对业绩突出的4位同志给予了晋级,对年度考核没有达到要求的2位同志进行降级。这一举措加强了考核制度的严肃性、约束性,提高了考核效力。

队伍建设方面,2005年从海外归来的陈冰博士和邓世英博士加盟心理学系教师队伍,教师人数已达到31人。在站博士后队伍逐渐壮大。2005年又招收了4位博士后进站,目前在站博士后已达7人。

由行政部门牵头,整合系行政、教学以及科研工作力量,心理学系正在逐步形成一套科学的管理体系,建立健全科学的管理措施,以保证公共资源得到更好地共享。

【学生工作】 除了认真完成学校布置的大量工作以外,学生工作主要完成了以下几件事情:

学生党支部积极参加保持共产党员先进性教育活动。学生党员通过对教育活动三个阶段的学习和践行,统一了思想,坚定了信念,并把这种热情融入到实际工作中。鉴于系里离退休老师身体状况不好以及存在较多空巢家庭,学生党员们主动提出帮助离退休老师解决生活不便,有的还通过参与陪护聊天等方式帮助离退休老师解决实际困难。

系党组织、团组织、学生会和学生社团密切配合,工作扎实有力。系党委、团委、学生会以及学生社团是学生工作的核心力量,以他们为主力,心理学系圆满完成了党员培训、心理健康文化节等各种有意义的活动,很好地完成了学校组织的各项工作。在纪念"一二·九"歌咏比赛中,系团委和学生会干部发挥积极作用,他们为全系演出学生免费借来了演出服,为排练借场地,寻伴奏,找器材,拍DV,还深入本系各个宿舍进行组织和宣传。在学生干部们的努力下,心理学系在比赛中取得了建系以来的最好成绩。

以人为本,做实做细困难学生工作。建立特困生档案,掌握困难学生的情况,给他们以长期关注,或帮助寻找勤工助学岗位,或帮助其贷款,或给予困难补助。2005年心理学系实际受资助学生达24人,一定程度上解决了他们的经济困难。

为了开阔学生视野,提高学生的学术水平,学生会通过多种形式、多种渠道开展了丰富多彩的学术交流活动。每两周一次的"午餐沙龙"活动邀请各研究室的老师,向本系同学介绍实验室的主要研究方向和当前研究动向,使同学们对系里的研究动态有清晰认识,也为他们今后进实验室提供了选择依据。

加强与其他高校心理学系的交流。2005年,心理学系先后与北师大、首师大等高校的心理学系联合进行了多次学生学术交流活动。

为学生提供与国外专家面对面交流的机会。心理学系先后邀请了美国伊利诺伊大学、英国伯明翰大学、德国慕尼黑大学等学校的教授来系里进行学术研讨,并尽可能为同学们提供与国外专家面对面交流的机会。通过这样的活动,可以使同学们更多地了解到当前学术界前沿进展状况。

根据"北京大学学生心理危机排查"制度的要求,心理学系精心挑选了7名学生任专项助理。这些助理工作认真负责,每两周和学生骨干及寝室长一起开展一次全面排查工作,每月15日、30日向学生工作部书面报告排查情况。10月17日,心理学系一名学生在BBS上发表一篇题为"阳光如此的好,我却想自杀"的文章。学生专项助理在第一时间内把情况汇报到系里,系里立即对此事作了妥善处理。心理学系还利用自身优势,及时地请本系专业老师给心里存在问题的学生进行心理辅导和咨询。

按照团委、学生会换届规定,在本人自荐、民主推荐、广泛评议的基础上,顺利完成了新一届团委、学生会换届工作。本届团委、学生会团结协作、积极上进,得到广大同学的信赖。

积极主动创造条件,出版系刊和制作系衫。在系领导关心,团委、学生会多方协调下,实现了同学们多年来想拥有一件系衫的想法。在老师们的支持下,系团委书记积极联系赞助单位,北京京师美德教育科技有限公司成为心理学系系刊《心韵》的赞助单位。同学们纷纷参与系刊的筹划、编写、校对工作,在短短的几个月时间里,由许智宏校长题名的心理学系系刊出刊两期,并发放到广大同学手中。

中国语言文学系

【发展概况】 北京大学中文系是国家文科基础学科人才培养和科学研究基地,现有4个本科专业:中国文学、汉语言、古典文献、应用语言学;9个教研室:古代文学、现代文学、当代文学、文艺理论、民间文学、古代汉语、现代汉语、语言学、古典文献;4个研究所:北京大学古典文献研究所、北京大学比较文学与比较文化研究所、北京大学中国语言文学研究所、语文教育研究所;1个实验室:语言学实验室;1个资料室。除了挂靠在北大中文系的教育部古籍整理委员会秘书处,中文系还有20世纪中国文化研究中心、诗歌研究中心等若干学术研究团体。中文系目前有2个教育部人文社会科学重点研究基地:汉语言学研究基地、中国

古典文献研究基地；5个全国重点学科：古代文学、现当代文学、汉语史、现代汉语、古典文献学；7个博士点：古代文学、现当代文学、文艺学、汉语史、现代汉语、古文献、比较文学；11个硕士点；1个博士后流动站。截止到2005年12月，中文系在编教职工109人，其中教授41人、副教授43人；在读硕士生257人，博士生288人（均含留学生和延长学籍者），其中2005年新招硕士生85人、博士生73人；在读本科生356人、本科留学生116人，其中2005年新招本科生99人、本科留学生32人；国内访问学者28人，国内进修生67人；国外访问学者4人，国外高级进修生9人，国外普通进修生25人；博士后6人。

【教学工作】 中文系文科人才培养基地被教育部评为优秀基地。2005年共开设本科生课程109门次，其中上半年57门次、下半年52门次；开设研究生课程101门次，其中上半年44门次、下半年57门次；开设留学生课程22门次，其中上半年11门次、下半年11门次；为外系开设课程15门次。此外，中文系为香港树仁学院设研究生课程12门次。

中文系课程设置全面，富有特色，历来深受系内外学生欢迎。中文系同时承担了校内若干院系的教学任务，还派出老师赴日本、韩国，新加坡和我国的澳门、香港、台湾等多所大学任教。

2005年，中文系获得多项教学成果奖。古代汉语教研室的"古代汉语系列课程建设的新开拓——以为学生提供全面系统和前沿创新的专业课程训练为核心"荣获全国高等教育教学成果一等奖；"建立严格博士生教育管理制度，造就最优秀的学术后备人才"荣获国家级教学成果二等奖；蒋绍愚主持的古代汉语和温儒敏主持的中国现代文学被评为国家级精品课程，蒋绍愚主持的古代汉语被评为北京市精品课程，温儒敏主持的中国现代文学、曹文轩主持的中国当代文学、蒋绍愚主持的古代汉语和李小凡主持的汉语方言学被评为北京大学精品课程。

【科研工作】 2005年中文系科研取得全面丰收，荣获国家社科研究成果奖项3项、教育部成果奖2项、教育部文科基地重大项目3项，荣获北京大学第10届人文社会科学研究优秀成果奖一等奖4项、二等奖4项。

据不完全统计，2005年中文系教学科研人员共出版各类学术著作、教材、工具书、参考书、古籍整理著作、译著、编著34部；发表论文293篇，其中不包括在各类书刊和学术会议上发表的论文。

2005年中文系教学科研人员承担各类科研项目117项，其中本年度新立项项目8项、合作研究项目11项、本年度完成项目5项、正在进行的项目102项。

【95周年系庆】 2005年，北京大学中文系走过了95载春秋。自1910年建系以来，北大中文系师生常肩负先锋的使命，在五四新文化运动中，在民族解放与革命、建设事业中，都作出过卓越贡献。北大中文系的教学与研究始终往现代化的方向转换发展，不断突破旧有格局，形成新的学术规范，并逐步协调西方学术方法与中国传统学术方法的关系，在中文学科的教学体制、课程设置等方面在全国产生了良好的影响。目前，北大中文系已发展成为全国中文学科中规模最大、学科最全的一个系。95年来，中文系源源不断地为社会输送了一大批优秀人才，在国家建设的各条战线上，在海内外传播中华文化的行列里，都有北大中文系毕业生奋斗的身影。经过一代代学人薪火相传，北大中文系已经成为拥有中文重点学科最多、学术力量雄厚、学术成果突出的文科重镇。

12月20日，中文系在英杰交流中心阳光大厅举行中文系建系95周年庆典活动。关注中文系发展的领导、教师、学生、系友齐聚一堂，共同见证了中文系九五华诞的重要时刻。

从12月初开始，中文系便以"孑民学术论坛"展开了建系95周年系列庆祝活动。该论坛共有7讲，中文学科各个领域的专家用他们渊博的学识为学生展现了学术的魅力和思想的深度。截止到系庆前夕，"孑民学术论坛"恰好举办了100期。同时，中文系推出了杰出系友报告会，向在校师生展现了为建设祖国而奉献才智的中文人的风采。中文系还组织编印了《中文系95周年系庆手册》。

除了学术活动和系列研讨会，中文系还组织了以学生为主体的多种形式的庆祝活动。学生刊物《启明星》、《我们》以及学生社团——"五四文学社"等都组织了相关纪念活动。

历 史 学 系

【发展概况】 北大历史学系是国家文科基础学科人才培养和科学研究基地，现有历史学和世界史2个本科专业；有中国古代史、中国近现代史、世界史、历史地理学、历史文献学、专门史及史学理论与史学史等7个博士点和硕士点；有中国古代史、中国近现代史、世界古代史、欧美近现代史、专门史、民族史、历史文献学与数字化等8个教研室；有中国古代史研究中心、世界史研究院2个实体研究机构；现代化进程研究中心、欧洲研究中心、希腊研究中心、中外妇女问题研究中心、孙中山思想国际研究中心、东北亚所、中外关系史研究所、当代企业文化研究所、历史文化资源所等15个研究机构挂靠在历史

学系。

目前,历史学系现有在编教职员工77人,在66名教师中,有教授34人、副教授27人。全系有各类在册学生545人,其中本科生223人、硕士研究生156人、博士研究生166人;有国内外访问学者11人、进修生10人、博士后6人。

【党建工作】 历史学系共有党员225人。其中,教工党员有84人,学生党员有141人;正式党员有209人,预备党员为16人;男性党员为138人,女性党员为87人;有少数民族党员11人。

根据学校党委保持共产党员先进性教育活动的总体部署,从4月6日开始,历史学系开展保持共产党员先进性教育活动。系党委从实际出发,开展多种形式的活动;联系实际,边学边改;认真征求意见,开展批评与自我批评;制定整改措施,完成测评工作。9月初,历史学系组织党支部书记到京郊进行培训,对新学期的工作进行研讨,并安排新生党员参观香山别墅和焦庄户;10月,组织教职工参观司马台长城和京郊农村;11月,请北大经济学院刘伟院长给党员做经济形势报告。

党委加强制度建设,在原有的历史学系党政班子成员工作规范要求、历史学系党员发展程序与要求、党委委员分工与职责、历史学系党员基本要求等规定基础上,又制定了历史学系班主任工作条例、历史学系党委关于支部联系人的工作要求、历史学系党委关于发展对象联系人书写内容的规范意见等新制度。

【教学工作】 多次组织世界史专业的教学、科研骨干教师研讨教学改革,并拟定了初步的改革方案,还对中国古代史、中国近代史、中国现代史(含中华人民共和国史)、世界古代史、欧美近代史、亚非拉近代史、世界现代史、世界当代史、史学概论、中国史学史、外国史学史等共11门主干基础课进行了中期检查和自评。

2005年共开课155门,其中本科生课82门、研究生课73门。暑期学校课程也由过去的2门扩大到5门。举办了第二届世界历史研究生精品课程班,来自全国22所高校的120名研究生参加了学习,聘请了24位国内外知名学者授课。2005年历史学系共获国家级教学成果一等奖2项,二等奖2项。阎步克教授的中国古代史(上)和高毅教授的欧美近代史两门课程被评为国家级精品课;何芳川教授获王阳杰-杨芙清奖教金特等奖,茅海建教授获正大特等奖,何晋副教授获正大优秀奖。

【师资队伍】 引进了国务院学位委员会历史学科组成员、南京大学世界史学科带头人钱乘旦教授和国家博物馆常务副馆长、前国务院学位委员会历史学科组成员、前南开大学历史学院院长朱凤瀚教授;王希教授受聘"长江学者讲座教授";刘浦江和王立新进入教育部"新世纪人才支持计划"。

【科研工作】 正在进行的科研项目59项,新立项7项,结项13项。

从2005年开始,欧洲研究中心凝聚历史学、政治学、法学、国际关系学等领域的学者,联合开展具有学科交叉性质的"欧洲学"博士培养项目,已获得60万欧元的项目资助。

全年共发表论文、报告和译文219篇;出版专著18部,编著、译著和教材16部。

林承节教授的英国殖民统治时期的印度史获北京市高等教育精品教材奖,吴小安副教授的英文专著获美国亚洲学会2005年度东南亚研究最佳著作奖,王晓秋教授和杨纪国博士编著的《晚清中国人走向世界的一次盛举》获辽宁省图书奖。

【交流合作】 9月,与中国台湾和香港珠海书院联合举办了"两岸三地史学研究生学术研讨会",近百名研究生参加了会议,60多人提交了论文。

11月,历史学系承办了"北京论坛"的史学分论坛,邀请了21个国家和地区的64位一流学者参会,论坛分三个会场同时进行。

12月,历史学系又与日本京都大学共同举办面向学术界和市民的学术大会。

中外妇女问题研究中心与亚洲妇女发展协会共同举办了"经济生活中的两性关系"论坛;与香港中文大学性别研究中心共同举办了"近20年华人社会之女性研究:回顾与展望"学术研讨会;与韩国明知大学女性家庭生活研究所共同举办了"近50年中韩婚姻家庭政策的变迁"研讨会;在北大举办了"智慧女性与和谐社会发展论坛"。12月,中心受到了全国妇联的表彰和奖励。

9月,孙中山国际思想研究中心举办了有100多人参加的国际学术研讨会,纪念同盟会成立100周年。

2005年,历史学系教师出境访问和讲学72人次;参加各类学术会议135人次;邀请国内外学者举办讲座和学术报告60余场。先后与日本东京大学、京都大学、小学馆签订交流合作协议。继续执行与美国耶鲁大学和Skedmore大学的交流协议,向两所大学派遣5名研究生和本科生进修。与中国台湾大学和台湾政治大学、新加坡国立大学、日本驹泽大学等签订交流协议,为开展国际化教育创造有利条件。

【学生工作】 以"三个代表"重要思想为指导,把"文明生活,健康成才"作为培养学生的目标,注重培养学生健康的身心、健全的人格、诚信的品德。认真做好学生的思想政治教育工作和学生的日常管理工作。进一步加强学生党建工作的制度建设,做好入党积极分子

考古文博学院

【发展概况】 考古文博学院下设考古系和文物保存科学技术系，有考古学、博物馆学2个专业，还有文物保护、古代建筑2个视同专业的教研方向。学院下设赛克勒考古与艺术博物馆、科技考古与文物保护实验室、资料室、标本室、北京大学中国考古学研究中心（教育部人文社会科学重点研究基地）、古代文明研究中心等教学科研机构。

2005年全院在校学生结构为：本科生156人、研究生93人、国内外进修生约20人。学院在职员工共56人，其中教员37人（教授16人、副教授15人、讲师7人）、教辅人员19人，高崇文任院长，刘绪任书记。

【教学工作】 2005年考古文博学院共招收本科生36人、研究生34人。本年度毕业本科生29人、硕士生23人、博士生7人。2004～2005年度开设本科生课程33门、研究生课程29门中，新开设课程5门。2005年，著名考古学家严文明教授被评选为北京大学哲学社会科学资深教授；张弛副教授当选新世纪优秀人才。

【科研工作】 除了依托考古文博学院力量建设起来的教育部全国人文社会科学重点研究基地——北京大学中国考古学研究中心以外，学院还设有4个研究机构，分别是旨在发挥北京大学多学科综合优势开展重大前沿研究的"北京大学震旦古代文明研究中心"，旨在进一步发挥学院传统学科优势领域的"陶瓷研究所"、"宗教考古研究所"和"中国古代玉器暨玉文化研究中心"。

2005年度结项的国家课题：(1) 王幼平："中国远古人类与文化源流研究"；(2) 严文明等："聚落演变与早期文明"；(3) 原思训："古代丝织品保存状况分析及糟朽丝织品的加固保护研究"；(4) 吴晓红："河南汝州来和店古代瓷窑址出土瓷器研究"

2005年度在研教育部重大科研项目：赵朝红负责的"华北地区旧、新石器文化过渡研究——以北京门头沟东胡林遗址为中心"，高崇文负责的"安徽寿县朱家集楚王墓青铜器研究"等4项。由学院多名教师参与的科技部国家重大项目"公元前3000～2000年间中原地区社会文明形态研究"也于2005年启动。

2005年度申报获批准的教育部重大项目为：赵辉负责的"浙江余姚田螺山遗址自然遗存综合研究"，孙华负责的"滇东黔西的青铜文化"。

本年度出版研究著作、田野考古报告：《中国远古人类文化的源流》、《都兰吐蕃墓》、《中印佛教石窟寺比较研究》、《旧石器时代考古方法初探》等6部。另有3种著作已获各类科研著作出版基金资助，将于近期出版。

【重要考古发掘】 1. 山东临淄桐林新石器时代遗址调查与发掘。2005年秋，结合2005年度国家文物局全国田野考古培训班的教学，考古文博学院再次主持了桐林遗址的考古工作。经过认真仔细调查，确认桐林遗址是一座面积超过200万平方米的特大型龙山聚落。调查发现，遗址中心台地为一座多道环壕围护着的龙山城址。城址四周由八片聚落环绕，总面积230万平方米。这种结构与良渚、石家河遗址群相似，但在山东龙山文化中尚为首次确认。调查还发现在遗址附近有一处石器原料开采和初加工的场所，为深入了解桐林遗址提供了重要线索。本年度对遗址进行了约750平方米的发掘。通过发掘，确认在中央城址的东南部有一座大型院落遗迹，已经暴露出来的部分是院落的东南部分，南围墙33，东围墙15米。根据该院落推断，桐林龙山文化城址可分为两个时期。早晚两期的聚落布局、建筑技术等方面既有承袭关系，又有各自的时代特点。这些现象为进一步探讨中国文明形成关键期的社会状况提供了重要信息。

2. 周公庙遗址调查与发掘。继2004年度周公庙遗址诸多重大发现之后，2005年的田野考古又获重要成果。通过调查勘探，又在周公庙遗址发现了两处商周时期墓地和一处汉唐时期墓地，以及大面积的居址堆积和多座大型夯土建筑台基。对周公庙遗址ⅣA1区进一步的发掘表明，这个位置的大型夯土建筑基址建造年代不早于先周晚期。建筑基址目前仅存建筑基槽的下部。基槽营造方法主要为"块形基槽大开挖法"与"独立基槽开挖法"两种，前一种方法所形成的网格状夯土结构及其所反映的营建技术为以往所不见。从与周公庙遗址高等级墓地区的位置关系判断，这里的夯土建筑应为宫殿宗庙，建筑基址布局的复原可推测当时的礼仪制度，而其兴建与废弃和商周时期周公庙遗址的繁荣与衰落息息相关，为了解这一大型遗址的结构、性质等提供了十分关键的资料。在宫殿区发掘的同时，还就周公庙遗址樊村墓地进行了小规模发掘，清理西周早中期低等级贵族和一般平民墓葬29座、马坑2座，收获了一批陶器、玉器及近百件小件铜器的随葬品。樊村墓地的发掘丰富了周公庙遗址商周时期社会组织结构的认识。

【学术交流】 考古文博学院学者参加国际学术会议5人次，提交学术论文2篇；参加国内学术会议

（王春梅）

3人次,提交学术论文1篇。

考古文博学院学者受聘赴国外讲学2人次,到国内讲学3人次;港澳台地区学校讲学2人次。国外学者来考古文博学院讲学5人次。

考古文博学院学者赴国外进行社科考察7人次,到国内各地进行社科考察3人次;接待国外学者到北大进行社科考察4人次。

考古文博学院学者赴国外进修学习1人次;赴国外进行合作研究2人次,涉及课题2个;到国内各地进行合作研究3人次,涉及课题2个。

【大事记】 1月10日,北京大学中国考古学研究中心主任李伯谦教授、考古文博学院院长高崇文教授及赵朝红教授、齐东方教授、张弛副教授等应邀出席中国社会科学院考古研究所主办的考古论坛。论坛在2004年度全国考古项目中评选出6项重大考古发现,考古文博学院赵朝红教授主持的东胡林遗址考古发现入选。

1月,秦大树教授应邀前往新加坡,参观在印度尼西亚勿里洞岛发现的唐代"黑石号(Batu Hitam)"沉船出水器物预展,出席研讨会,并应邀为由新加坡国立大学和柬埔寨暹粒高棉研究中心(Center for Khmer Studies, Siem Reap)举办的陶瓷研讨班进行讲座。

3月1日~9日,北京大学中国考古学研究中心主任李伯谦教授、考古文博学院高崇文院长、赵辉副院长、雷兴山副教授和秦岭讲师应邀访问英国伦敦大学学院,作为北京大学考古文博学院与伦敦大学学院考古学院联合成立的"中国文化遗产保护与考古学研究国际中心"管理与工作委员会中方人员,出席中心年度工作会议。会议上,以Peter Ucko教授为首的英方成员,回顾了过去一年中心的学术活动,就新的一年里中心的活动计划进行了充分研讨和安排,主要包括:在北大考古文博学院设立联络处,负责对在中国境内开展的考古活动给予协作支持;建设中心网站;利用中国香港新鸿基郭氏基金的资助,继续选送中国考古和文物保护专业的学生赴伦敦大学攻读硕士学位事宜;中心今后拟开展的研究项目及实施办法;策划2006年在中国召开国际学术会议的相关事宜,等等。

5月19日上午,中国台湾著名文物收藏家协会理事长王度先生一行6人访问考古文博学院,北京大学常务副校长吴志攀会见了王度先生,北京大学中国考古学研究中心主任李伯谦、考古文博学院院长高崇文参加了会见。

5月20日,高崇文、李伯谦、赵辉、吴小红等教师会同中国香港新鸿基郭氏基金会2名代表、英国伦敦大学学院考古学院的3名教师,在赛克勒考古与艺术博物馆举行面试,在应试的8名同学中选拔3名赴英国留学攻读硕士课程。2004年,香港新鸿基郭氏基金会与考古文博学院和英国伦敦大学签署为期3年的协议,每年资助3名学生留学,以支持国家文物考古事业的人才培养。

5月26日~6月7日,在中国台湾法鼓基金会的资助下,英国学术院院士、剑桥大学迪斯尼考古学教授、麦克唐纳考古研究所前任所长、大英博物馆董事会董事、著名史前考古学家柯林·伦福儒教授偕夫人珍·伦福儒女士应北京大学考古文博学院、中国考古学研究中心、北京科技大学的邀请来华学术访问。

5月,英国伦敦大学学院考古学院文物保护技术专家二人应辽宁省文物考古研究所邀请,考察了著名的红山文化牛河梁遗址群的保护工作,并就遗址群石质遗迹的保护问题提交了考察报告。

6月19~20日,高崇文、李伯谦、刘绪应山西省考古研究所所长宋建忠邀请,赴山西省绛县横水,考察正在发掘三座西周高等级贵族墓葬。

7月,赛克勒考古与艺术博物馆赞助人赛克勒夫人来访,常务副书记吴志攀教授亲切会见。

7月,秦大树教授受国家文物局委托前往肯尼亚,对拉穆群岛、马林迪市和蒙巴萨市的遗迹及以往出土的中国古代外销陶瓷进行学术考察。

8月5日,北京大学中国考古学研究中心和陕西省考古研究所联合主办的周原遗址与西周文化国际学术研讨会在西安召开。

8月16日,日本中国考古学会会长、驹泽大学教授饭岛武次来访,与中国考古学研究中心主任李伯谦教授等商谈北京大学中国考古学研究中心与日本中国考古学会进行学术交流事宜。

8月17~20日,中国考古学研究中心主任李伯谦应邀赴河南,考察南水北调中线文物保护工程,考察郑州市文物考古研究所主持的荥阳市娘娘寨周代城址、河南省考古所主持的薛村二里头文化至早商遗址、鹤壁市留村先商文化墓地、社科院考古所主持的安阳县黄张周代遗址的发掘工地。

8月下旬至2006年初,新石器商周考古教研室组队主持田野考古教学实习。实习地点选择在陕西扶风至宝鸡一带的周公庙遗址群。徐天进教授主持实习工作,雷兴山、孙庆伟、董珊副教授担任辅导教授,并特聘国家历史博物馆曹大志为辅导教师。

8月,2003级古代建筑专业本科生组成晋中暑期实践团,赴晋中进行实践考察。

9月,考古文博学院接受国家文物局委托,在山东省淄博市临淄区省文物考古研究所临淄工作站举办第二届全国田野考古培训班。培训班的工作由赵辉教授主持。

培训班开办期间,始终得到了山东省各级政府主管部门和山东省文物考古研究所的全力支持。

9月,再次发掘北京市门头沟区东胡林遗址。此次发掘是北京大学中国考古学研究中心的重大研究课题"华北地区旧、新石器时代过渡研究"的重要部分。

9月,在校党委的统一部署下,学院全体党员开始共产党员先进性教育。

10月,为配合我国文博事业的发展、贯彻落实科学发展观,考古文博学院与国家文物局联合举办"全国文物局局长岗位培训班"和"全国博物馆馆长岗位培训班"。学员来自全国近20个省、市、自治区,共47人。主要课程包括文化遗产学、博物馆学、行政领导学、现代管理科学和法学专题。

10月22~24日,北京大学中国考古学研究中心、郑州市文化局共同举办"织机洞遗址与东亚旧石器文化"研讨会,中外学者60余人参加会议。织机洞遗址的发掘是中国考古学研究中心2004年度重大研究项目,由考古文博学院王幼平教授主持,意在通过发掘,进一步探讨我国华北地区旧石器中晚期的文化变迁及其现代人起源等重要学术问题。

10月14日,北京大学中国考古学研究中心和江西省文物考古研究所联合举办的长江中下游文明演进座谈会在南昌召开。中心主任李伯谦、专职研究员孙华出席会议,李伯谦主持了座谈,并以"新阶段,新课题"为题为座谈会进行总结。

10月21~28日,韩国著名旧石器时代考古学家、涟川史前博物馆教授崔茂藏先生应北京大学考古文博学院、中国考古学研究中心的邀请,来校进行讲学及学术交流活动。崔茂藏教授的讲座题目为"Lower and Middle Paleolithic Artifacts from Wondangli site, Korea"(韩国的旧石器时代早中期石制品)。

10月20日~11月3日,著名考古学家、加拿大史前人类学研究所尼古拉·罗兰(Nicolas Rolland)教授应北京大学考古文博学院、中国考古学研究中心以及中国科学院等单位的邀请,来北京进行讲学及学术交流。访问期间,罗兰教授以"The Behavioral Interpretation of Old World Early/Lower Palaeolithic Assemblage Types or Occurrences without Handaxes"为题,为中国同行做了学术报告。

11月,赛克勒考古与艺术博物馆接受台湾著名收藏家、"中华台湾理事会"会长王度先生捐赠文物700余件。为此,博物馆专门举办"王度收藏展"。

2005年,赛克勒考古与艺术博物馆全年共接待国内外观众3万余人。

11月27日,学院党委为配合保持共产党员先进性教育活动,组织党员群众30余人参观中国人民抗日战争纪念馆及卢沟桥遗址。

12月27日21点,中国著名考古学家、北京大学考古文博学院教授邹衡先生因病在北京逝世,享年78岁。

哲学系、宗教学系

【发展概况】 哲学系现有教职工75人,其中教师65人(教授30人、副教授32人、讲师3人),行政、实验人员8人(副研究员2人、助理研究员1人、讲师1人),资料人员2人(均为副研究馆员)。

2005年,哲学系为充实教师队伍,新录用3名博士后,即仰海峰、徐龙飞、王颂。这3名博士后中有2人在国外获得博士学位,不但专业基础扎实,知识面宽,受过良好的学术训练,而且热心学术,团结同志,为人谦虚,有望成长为哲学系的学术骨干。哲学系新调入教务员谢红梅,新招收9名博士后。

哲学系顺利进行了行政换届工作,赵敦华任主任,胡军、张秀成、李四龙任副主任。

【党建工作】 哲学系党委现有党员241人,党支部16个(其中教工支部7个,学生支部9个,离退休同志与在职人员混合组建党支部)。2005年哲学系党委共发展党员16人,党员转正29名。在党课培训方面,哲学系积极组织入党积极分子参加党课培训和学习,参加党性教育读书班的有35人,参加积极分子培训班的有29人。

以保持共产党员先进性教育活动为契机,哲学系在下半年全面加强党员队伍建设。为了保证先进性教育活动的顺利进行,哲学系党委建立了领导机构,明确了责任,制定了各项制度,力争做到"两不误,两促进"。除去因出国、身体不好等原因不能参加教育活动和已经在上半年参加过教育活动的同志外,共有205名党员参加了先进性教育活动,覆盖率在88%,其中既有像黄楠森这样德高望重的老先生、老党员,也包括刚刚加入党组织的新党员,有多个学生支部还吸收了入党积极分子参加了这次活动,总体上达到了先进性教育的要求。

通过全系上下的共同努力,哲学系保持共产党员先进性教育活动进展顺利,成效明显,群众的满意度较高。通过集中学习讨论、分析评议和制定整改方案,大家提高了认识,找准了存在的问题,明确了整改方向,落实了整改措施,党员的党性意识、觉悟都有所提高,党组织的战斗力得到了进一步提高,也增强了哲学系的凝聚力,达到了先进性教育所要求的"提高党员素质,加强基层组织,服务人民群众,促进各项工作"的目的。

【教学工作】 2005年哲学系录取

本科新生40人(含1名留学生)，33名本科生(含2名留学生)毕业并被授予哲学学士学位，21名外系修读哲学双学位的学生取得哲学学士学位；录取硕士研究生60人(含2名留学生)、博士研究生46人(含4名留学生)；56人被授予哲学硕士学位，3人被授予理学硕士学位，39人(含9名留学生)被授予哲学博士学位；2人获得校级优秀博士论文三等奖。

在教学工作中，贯彻学校"加强基础，淡化专业，因材施教，分流培养"的理念，认真加强本科教学工作。

1. 严肃认真地执行教学计划。春季学期，哲学系教师共开41门本科生课程，其中全校通选课13门、全校公共选修课6门、必修课(含主干基础课与类型必修课)16门、系限选课6门。共有8位教授为本科生开课11门。秋季学期，哲学系共开课44门，其中12门是全校通选课。两个学期教学计划执行情况总体良好。

2. 积极组织三级精品课建设。哲学系在以往申报工作的基础上，积极组织申报学校、北京市、国家级的精品课程。中国哲学史、科学通史、中国佛教史获校级精品课称号；中国哲学史获国家级精品课称号，加上以前的哲学导论，哲学系目前拥有两门国家级精品课。哲学系还获得一批教学成果奖。其中，陈来、李中华、胡军等人申报的"中国哲学课程的全面建设"荣获国家级教学成果二等奖。

3. 加强主干基础课的建设。哲学系汇总11门主干基础课的教学大纲，在教务部集体立项，切实加强主干基础课的建设，并在下半年进行了中期检查。从选课人数与学生反映来看，学生对主干基础课相当认同，教学效果良好，在全系的课程体系中真正发挥了基础性的主干作用。

4. 全面推动教材建设。在教材建设方面，哲学系上半年有4部教材获得学校立项支持，分别是：姚卫群的《印度宗教哲学概论》、王博的《周易哲学》、叶峰的《数理逻辑基础》、张中秋的《美学课堂》。下半年，哲学系积极组织教师申报"十一五"国家规划教材，最后有11位教师申报。孙尚扬的《宗教社会学》、王博的《庄子哲学》、陈来与李中华的《中国哲学史》(第二版)等三部教材荣获2004年北京高等教育精品教材称号。此外，张志刚主编的《宗教研究提要》等一批哲学教材出版问世。

5. 结合本科教学评估工作，严格本科考试与毕业论文管理工作。迎接本科教学评估工作的关键是本科试卷与毕业论文的整理。因此，哲学系要求各教研室及每位教师按照教务部要求，进行试卷分析，规范本科毕业论文的选题与指导工作，并要求各教研室组织答辩。

6. 组织力量积极做好迎接教育部本科教学工作水平评估的准备工作。本着实事求是、以评促建的原则，哲学系积极做好"迎评"工作。哲学系在7月成立了以系主任为组长的"迎评领导小组"，对相关工作做了必要分工，明确了相关责任。所有7大类19项指标都已明确列出。为了配合迎评工作，切实做到以评促建，哲学系筹备了教学网的建设，把有关材料放到网上，形成一个数据库，方便以后的教学管理。

【科研工作】 哲学系教师共发表论文198篇，出版专著29部，主编著作22部，译著11部，译文10篇。另外哲学系编辑的《哲学门》、《外国哲学》2种学术刊物正常出版，得到国内外学术界的充分肯定。

哲学系2005年获奖的项目有：胡军等合著的《金岳霖思想研究》获金岳霖学术一等奖；胡军的《道与真——金岳霖哲学思想研究》获金岳霖学术二等奖。

哲学系教师2005年出版的专著有：陈来的《古代宗教与伦理》(台湾繁体字版)；刘华杰的《万木有灵》(普及读物)、《百草含英》(普及读物)；彭锋的《完美的自然——当代环境美学的哲学基础》和《西方美学与艺术》；姚卫群的《佛教入门——历史与教义》(台湾出版)；徐春的《全球化与社会可持续发展》；张祥龙的《西方哲学笔记》和《当代西方哲学笔记》；朱良志的《石涛研究》、《妙悟的审美考察》、《生命清供：国画背后的世界》；赵敦华等合著的《西方人学观念史》；李中华等合著的《中国人学观念史》；徐向东的《道德哲学与实践理性》、《怀疑论、知识与辩护》；王博的《易传通论》；何怀宏的《问题意识》；王海明的《伦理学原理》(第2版)和《人性论》；胡军的《金岳霖思想研究》；聂锦芳的《清理与超越——重读马克思文本的意旨、基础与方法》；苏贤贵等合著的《敬畏自然》；陈波的《逻辑哲学》；王锦民的《王制笺》校笺和《中国哲学史研究》；章启群的《百年中国美学史略》；吴增定的《尼采与柏拉图主义》；王宗昱的《金元全真教石刻新编》；等等。

哲学系教师出版的编著有：黄楠森、王东主编的《邓小平理论与当代中国哲学》；陈来主编的《北大哲学门经典系列(10卷)》和《不息集——回忆张岱年先生》；彭锋主编的《无言之美》；任定成主编的《科学人文读本》(大学卷)；张志刚主编的《宗教研究指要》；陈波、韩林合合编的《逻辑与语言——分析哲学经典分选》；张学智编选的《儒学与当代文明》(全4册)；徐向东主编的《美德伦理与道德要求》；杜小真主编的《法国思想文化译丛》之《言语意味着什么》、《行为的结构》、《文学空间》；等等。

哲学系教师出版的译著有：尚新建译的《宗教经验种种》；任定成译的《科学史导论》；陈波、张力

峰、刘叶涛译的《证据与探究》;韩林合译的《战时笔记:1914～1919年》;徐向东译的《启蒙运动与现代性——18世纪与20世纪的对话》和《维特根斯坦与心理分析》;程炼译的《尼采与后现代主义》;孙尚扬译的《启蒙的时代》;杜小真译的《火的精神分析》、《德里达、瓦蒂莫:〈宗教〉》;仰海峰译的《生产之镜》;等等。

在科研项目方面,哲学系教师申请到了3项国家社会科学基金,分别是:徐凤林副教授申请的"俄国哲学史原著选读"、叶峰副教授申请的"当代数学哲学问题研究"、仰海峰副教授申请的"马克思哲学与形而上学批判";教育部基地重大项目2项,分别是:张世英教授主持的"西方美学遗产与中国现代美学建构"、彭锋副教授和尚新建教授主持的"从分析美学到实用主义";1项教育部人文社科基金:李四龙副教授申请的"欧美佛教学术史研究"。目前正在进行的各类项目有63项。

【交流合作】 为了加强各学科之间的学术交流和相互了解,活跃学术气氛,哲学系继续举办"北京大学哲学论坛",由本系教师报告自己近期科研工作的情况,同时邀请校外的知名专家来作报告。论坛已举办近20次,加强了系内外的学术交流。

为了活跃学术气氛,哲学系还积极主办各种学术会议,先后召开了"马克思主义文本研究方法暨前沿问题研讨会"、"席勒美育思想的当代意义——纪念席勒逝世200周年学术讨论会"、"分析哲学、科学哲学与逻辑讨论会"、"科学与文化主题学术研讨会"、"纪念冯友兰先生诞辰110周年暨冯友兰国际学术研讨会"、"南北哲学论坛"(与复旦大学哲学系共同主办)、"国际老子道家思想会议"(协办)、"中韩牧隐李穑学术思想研讨会",并参与了北京论坛哲学分论坛的组织工作,等等。

2005年哲学系对外学术交流空前活跃,据不完全统计,全系教师有35人次出国出境开会、讲学和访问。其中,张立波副教授到美国伊利诺依大学哲学系进修半年,吴国盛教授赴哈佛燕京学社访问一年,程炼副教授赴美国圣母大学访问10个月,邢滔滔副教授赴德国维尔兹堡大学、图宾根大学讲学一年;学生有12人次出国出境开会、学习和访问,有12名学生出国出境长期进修、学习。来哲学系开设讲座的国内外专家有25人,这些讲座大多涉及学科前沿,开阔了全系师生的学术视野。

北大-欧洲中国研究合作中心(ECCS)的国外合作方图宾根大学、哥本哈根大学、法兰克福大学、维尔斯堡大学等校先后派200多名学生来哲学系学习中国哲学、历史、文化等课程,2005年继续派出了80余名学生来哲学系学习。11月7日下午,德国黑森州科技、教育、艺术部部长乌多·考尔茨、法兰克福大学校长鲁道夫·施泰因贝格教授一行十余人到访哲学系,就北大-欧洲中国研究合作中心合作项目事宜与哲学系张秀成副主任进行了交流,并看望了在哲学系学习的法兰克福大学学生。另外,维尔斯堡大学校长10月份也访问了哲学系,并就双方的合作事宜进行了交流。

【学生工作】 关心学生生活和健康成长是哲学系学工办的工作重心。无论是新生入学还是毕业生离校,哲学系都积极组织欢迎、欢送活动;针对学生入学、转系、保研、就业,哲学系召开专项会议,及时消除学生在每个阶段面临的困惑;举行了新老生的球类比赛、扫盲舞会,让每个人都融入集体;进行宿舍卫生检查和宿舍风采大赛评比;关注同学生活细节,提供生活防病和心理健康知识;支持系研究生会和学生会开展定期的文娱体育活动,引导学生形成健康向上的生活习惯,等等。

加强宣传和交流平台的建设,营造积极向上的氛围。一是继续加强哲学系两大学生刊物《共青苑》和《学园》的编辑工作,使其在质量上均有新突破;二是注重网上宣传,坚持将主要工作动态、活动情况及时更新并登上哲学系的网站,同时主动对未名BBS上的哲学版进行有效管理。2005年推出了《心裁》报,及时反映学生工作动态,以喜闻乐见的形式鼓励学生随时发表所感所想,为同学间的沟通注入新鲜活力,为了解学生思想建立了重要窗口。

积极举办主题文化活动。从1995年第一届哲学文化节至2004年"走进哲学门"文化节,哲学系的品牌活动——哲学文化节已走过10年。根据时代主题和校园主旋律,2005年启动"社会·文化·心灵"为主题的文化活动,在宣传内容和形式上都有新变化,受到北大各院系学生的热情关注和参与。

除继续主办研究生学术刊物《学园》外,还不定期组织研究生举行读书报告会。报告会由研究生主讲论文,由老师或学生进行评论,与会同学随之展开讨论。这项活动极大地促进了学生间的学术交流。

广泛开展文体活动,活跃学生业余文化生活,为他们的成长营造健康向上的良好氛围。2005年组织学生参加北大新生杯和硕士杯足球赛、排球赛等赛事,组织学生参加校运动会;举行系内跨年级的日常性球类比赛及师生乒乓球比赛;组织了一次扫盲舞会;组织各班举行了中秋茶话会,并成功举办元旦联欢会;组织各年级共同参加了学校2005年"一二·九"合唱比赛,获得三等奖和优秀组织奖,等等。这些活动极大地调动了广大同学参与集体活动的热情,提高了集体凝聚力,让更多同学在共同努

力中体验到学校生活的乐趣和意义。

哲学系2002级本科生刘凯当选为全国学联主席。

【学术活动】 1. "社会·文化·心灵"哲学文化节。哲学系团委和学生会举办了两期"社会·文化·心灵"系列主题活动。上学期的活动包括：在三角地橱窗展出了15位经典哲学名家的介绍展板，举办了两场精品讲座以及一场科学与人文论坛，举办了学生读书沙龙。两场讲座分别是王博教授的"道家的精神气质"、北师大陆杰荣教授的"人与哲学的境界"；科学与人文论坛以"敬畏自然"为主题，坛主分别为清华大学人文社会科学学院科技与社会研究所刘兵教授与北京大学哲学系刘华杰副教授、苏贤贵副教授。下学期的文化节活动举办了3场系列讲座，分别是楼宇烈教授的"佛教与当代中国"、张祥龙教授的"中国传统文化向何处去"、杨立华副教授的"孟子人性论"。

2. 马克思主义文本研究方法暨前沿问题研讨会。由哲学系、马克思主义文献研究中心举办的"马克思主义文本研究方法暨前沿问题研讨会"于2月25日在哲学系举行，来自首都各研究机构和高等院校的50余位专家、学者进行了研讨。会上，大家交流了"马克思主义理论研究和建设工程"、《马克思恩格斯文集》（10卷本）的编辑情况，《马克思恩格斯全集》（历史考证版）编辑和出版的最新动态、国外著名马克思主义文献研究机构近年的研究状况、近年召开的相关国际会议所涉及的前沿论题等。会议着重探讨了马克思主义文本研究的方法论问题。大家认为，置身21世纪，重新参照和解读马克思19世纪的文本显然绕不开20世纪所奠定的基础和积累。在穿越一个多世纪的风雨征程，并已经为数不清的人们所翻译、注释、解析、宣传之后，今天仍有重新研究这些文本的必要。经过20世纪哲学的纵深发展，包括解释学在内的文本解读模式产生了巨大影响的情况下，有必要对马克思文本研究的学术基础进行系统的清理和方法论省思。与会学者对文本研究所关涉到的历史性与现实性、学术性与思想性、客观性与主体性，以及"文本研究"与"比较研究"、"现实研究"的关系等进行了深入讨论，希望以此为契机进一步推进我国的马克思主义文本研究的水准。

3. 纪念冯友兰先生诞辰110周年暨冯友兰学术国际研讨会。11月5~6日，"纪念冯友兰先生诞辰110周年暨冯友兰学术国际研讨会"在北京大学隆重召开。此次大会由北京大学、中国社科院、清华大学、国际儒学联合会、北京市社科联、北京市哲学学会、南阳市政府、南阳理工学院、南阳师范学院和冯友兰研究会联合举办。民盟中央主席丁石孙，著名学者任继愈，冯友兰先生的女儿宗璞，北京市社科联党组副书记石梅，冯友兰家乡河南省南阳市的代表，以及来自国内多所大学、科研单位和美国、韩国、日本等地的专家学者近百人参加了大会。此次研讨会总结了近十年来海内外"冯学"研究的进展状况，并就"冯学"在近现代学术史上的地位和影响、冯友兰先生的治学方法以及"冯学"与中国传统哲学的现代化等热点问题展开深入讨论。冯友兰研究会还在纪念大会上向获得"冯友兰学术奖"的学者颁发了证书和奖金。据悉，由中外学者合作的冯友兰先生的著作《中国哲学史新编》的英文翻译工作已经完成，不久会在英语国家出版面世。

4. 海峡两岸研究生哲学论坛。6月19~25日，由北京大学主办、哲学系承办的"海峡两岸北京大学、辅仁大学研究生哲学论坛"在北京大学召开。台湾辅仁大学派出了由文学院院长陈福滨教授、哲学系主任潘小慧教授带领的21人代表团，其中的15名研究生和北京大学哲学系的15名研究生一起发表论文。

5. 第二届北京论坛哲学分论坛。本次哲学分论坛主题为："全球化时代的东西方哲学对话"，设4个分场：东方哲学与西方哲学、西方文明与伊斯兰文明、儒教与基督教的对话、《儒藏》编纂的世界意义。国内外80余位知名学者参加了论坛。特别值得一提的是，哈佛大学教授杜维明与都灵大学教授、欧洲议会议员瓦提姆举行了主题为"走向对话的时代：同、异、和之间的对话"，这场对话围绕"不同的民族和国家之间如何能够'和而不同'？"及"全球化的时代为什么要成为对话的时代？"等话题展开，引起了很好的反响。

6. 席勒美育思想的当代意义——纪念席勒逝世200周年学术讨论会。由北京大学美学与美育研究中心、山东大学文艺美学研究中心、教育部艺教司、北京市哲学会联合举办的"席勒美育思想的当代意义——纪念席勒逝世200周年学术讨论会"于5月9日在北京大学英杰交流中心第二会议室召开，国内60余位专家出席了会议。

（韩立坤　张健捷　邓联合）

国际关系学院

【发展概况】 北京大学国际关系学院是国内普通高校中最早建立的国际关系学院，是我国培养国际关系领域教学、研究与应用专门人才的重要基地。

1960年，北京大学重建政治学系。1964年，根据中共中央关于加强外国问题研究的批示，北大将政治学系更名为国际政治系，同时成立了亚非研究所。

1996年7月,在原国际政治系、国际关系研究所的基础上,正式成立北京大学国际关系学院。1999年1月,国际关系学院与亚非研究所合二为一。

国际关系学院有3个系和3个研究所:国际政治系、外交学与外事管理系、国际政治经济学系和国际关系研究所、亚非研究所、世界社会主义研究所。此外,还设有20多个研究中心。其他机构包括《国际政治研究》(季刊)编辑部、图书馆、院办公室、学生工作办公室以及发展与交流中心等。

学院现有3个本科专业、7个硕士专业和5个博士专业招生。本科专业为:国际政治、外交学、国际政治经济学;硕士专业为:国际政治、国际关系、外交学、国际政治经济学、中外政治制度、中共党史、科学社会主义与国际共产主义运动;博士专业为:国际关系、国际政治、外交学、科学社会主义与国际共产主义运动、中外政治制度,其中国际政治、科学社会主义与国际共产主义运动是全国重点学科。学院还与北大政府管理学院、马克思主义学院共同设立了政治学博士后科研流动站。

学院有在职教师51人,其中教授21人、副教授26人、讲师4人。2005年下学期,学院共有各类学生1226人,其中本科生554人、研究生447人、双学位生225人、外国留学生219人。招生规模特别是研究生、留学生数量,呈逐年递增趋势。

2005年3月,经学校批准,国际关系学院组成新一届行政班子。原中国社会科学院美国研究所所长王缉思教授出任新院长。新的院领导班子成员为:名誉院长—钱其琛;院长—王缉思;副院长—袁明、许振洲、贾庆国、关贵海;党委书记—邱恩田;党委副书记—王其芬、李寒梅。

【党建工作】 2005年,国际关系学院党委围绕学院争创世界一流国际关系学院的目标,抓支部、抓骨干,求创新、求突破,稳定、扎实地推进学院在党建方面的各项工作。

2005年9月中旬以来,在校党委的统一部署下,国际关系学院在全体党员中认真开展了保持共产党员先进性教育活动,在各级党组织的积极发动、精心安排、认真组织下,此次教育活动做到了"两不误,两促进",达到了此次教育活动的预期目的。

国际关系学院20个教工、学生党支部共409名党员参加了此次先进性教育活动。在教育活动中,学院各级党组织和广大党员以学习实践"三个代表"重要思想为主线,紧紧围绕创建世界一流大学的中心任务,开展了学习动员、分析评议和整改提高三个阶段的各项工作。活动期间,学院共发展学生党员24名,很多支部的积极分子也全程参加了教育活动。

认真开展日常党建工作。2005年间,学院党委主要在以下几方面增强了工作力度:

加强领导班子自身建设,进一步完善和落实各项规章制度。2005年,学院党委牵头制定了《北京大学国际关系学院关于党政领导班子落实"三重一大"制度的实施办法》,并于7月1日的党政联席会议上审议通过,成为学院党政领导班子成员工作的准则。7月,院党政办公会还讨论并通过了第三次修订的《北京大学国际关系学院党风廉政建设责任制》。

严格标准,完善程序,做好党员发展工作。在党委的指导下,院团委完善和修订了《本科生推优入党程序》,各党支部完善了组织考察和培养程序,加强了在党员发展的前期、中期和后期的考察、监督和帮助力度。2004～2005年度,全院共发展新党员126人。

加强党支部书记培训工作,充分发挥支部的积极性和主动性。6月,学院党委召开了本年度的党建工作会暨支部书记培训会。通过党建工作会和党支部书记培训会,提高了党支部书记的认识水平,也丰富了党支部的工作思路,是学院加强基层党建工作行之有效的做法。

【教学工作】 2005年,学院继续对教学体系进行调整、充实和完善。主要举措有:加强对不同层次教学的管理、评估和监督;继续引进和聘请国内外知名专家教授,充实师资力量;实行弹性学制,硕士生、博士生的学制分别改为二年、四年,并视不同情况适当延长或缩短;本科按学院招生,适当降低学分,增加全校通选课和选修课,给学生更大选择空间,自主学习和研究;聘请外籍教师授课,加大外语教学的力度;开展与外国院校联合办学、出国研修考察等各种形式的国际交流活动。

为充实和加强师资力量,2005年学院先后从中国社会科学院和中共中央编译局引进了王缉思、张光明两位知名学者;从日本早稻田大学和北京大学获得双博士学位的归永涛也成为国际关系研究所的新成员。

近20名外籍专家学者在国际关系学院进行长期或短期访学。这些专家分别来自美国、日本、韩国、英国、俄罗斯、澳大利亚、印度、马来西亚、新加坡等国家。他们带来了不同的研究视角和方法,使学院师生的学术视野更加开阔。学院长期坚持聘请外教教授外语,使学生的外语水平得到稳步提高。

【科研工作】 国际关系学院发挥学科齐全的特点,在政治学基本理论、世界社会主义、国际关系理论、大国关系、中国政治与外交、国际政治经济学、亚非研究等诸多领域都形成了较为雄厚的研究实力。

据不完全统计,2005年学院获得各类立项科研项目10项,课题包括党的执政能力与政治文明

建设研究、马克思主义经典著作中的"共产主义"和"社会主义"概念研究、世界多元文化激荡交融中的中国文化建设和文化安全研究、全球化问题研究、日本社会危机管理研究、"西藏问题国际化"的历史与现状、中国崛起与国际关系理论等。2005年学院教师共出版各类著作24种,其中专著11种、编著(含主编、副主编、编著)6种、译著7种。公开发表各类学术论文近120篇。

表 5-9 2005 年国际关系学院出版著作

作者	类型	著作名称	出版机构
安维华、钱雪梅	译著	剑桥插图伊斯兰世界史	世界知识出版社
陈志瑞	译著(合译)	欧洲一体化史(1945～2004)	中国社会科学出版社
黄宗良、林勋健	主编	经济全球化与中国特色社会主义	北京大学出版社
黄宗良	专著	书屋论政——苏联模式政治体制及其变易	人民出版社
李扬帆	专著	走出晚清	北京大学出版社
李义虎	专著	国际政治与两岸关系新思维	中国学术评论出版社
梁守德	主编	国际政治新视角	中国社会出版社、海南出版社
陆庭恩	专著	非洲问题论集	世界知识出版社
陆庭恩	主编	影响历史进程的非洲领袖	世界知识出版社
罗艳华	专著	国际关系中的主权与人权	北京大学出版社
牛军	专著	From Yan'an to The World: The Origin and Development of Chinese Communist Foreign Policy	U S, Norwalk: East Bridge
韦民	专著	民族主义与地区主义的互动:东盟研究新视角	北京大学出版社
韦民	译著	亚洲人会思考吗?	海南出版社
杨保筠、刘雪红	译著	剑桥插图法国史	世界知识出版社
杨保筠	译著(合译)	中国近事——为了照亮我们这个时代的历史	大象出版社
杨保筠	主编	变动世界中的奠边府战役与日内瓦会议——"奠边府战役暨日内瓦会议50周年国际学术讨论会"论文集	香港社会科学出版社
袁明	主编	国际关系史(第2版)	北京大学出版社
张世鹏	译著	德国社会民主党纲领汇编	北京大学出版社
张小明	译著	理解国际冲突:理论与历史(第5版)	上海人民出版社
张植荣	专著	中国边疆与民族问题:当代中国的挑战及其历史由来	北京大学出版社
周南京	主编	境外华人国籍问题讨论辑	香港社会科学出版社
夏吉生等	编著	非洲两国议会	中国财政经济出版社
梁英明等	编著	东南亚近现代史(上下册)	昆仑出版社
安维华等	编著	以色列议会	中国财政经济出版社

【交流合作】 2005年,近20名外籍专家学者在国际关系学院执教或进行学术访问。此外,学院还接待了数十名前来进行学术交流和短期访问的学者,其中包括美国加州大学圣迭戈分校教授谢淑丽、美国普林斯顿大学教授海伦·米尔纳以及来自法国、日本、韩国等国家的知名学者。

据不完全统计,2005年学院主办或与其他国内外学术机构共同举办各种学术研讨会近15次,其中主要有:"朝鲜半岛与东北亚和平"国际研讨会、"中国和平发展的地缘政治环境"研讨会、"东北亚地区共同体的构筑与地区间的合作方案"国际学术讨论会、"国际安全与联合国改革:东西方文化的视角"学术研讨会、"中法国际关系理论研讨会"、"东亚区域安全与中日新关系"学术讨论会、"中日民族主义与中日关系"国际学术讨论会、"构筑亚洲未来——中日关系:困难与希望"中日关系论坛国际学术讨论会、"亚洲和平与安全:现状与展望"国际学术研讨会、"朝鲜核危机与东亚安全"学术讨论会、"全国东南亚教学与学科建设研讨"。

这些主题学术讨论会集中反映了2005年度国际政治领域的一些重大和热点问题,尤其聚焦于联合国改革、中国的和平发展战略、东北亚地区的安全局势以及中日关系等方面。

国际关系学院还积极探索和拓展与海外著名高等学府之间在联合办学、培养学生方面的合作。其中,由日本财团资助、国关学院与日本早稻田大学联合执行的"中日联合培养"项目运作良好。该项目包括本科生双学位计划、中日合作培养硕士生计划和双博士学位

计划。同时,学院同英国、法国、美国的知名学府联合办学的计划也取得了重大进展。

【学生工作】 2005年8月以来,在全面总结和梳理多年工作经验的基础上,国关团委提出了"一二三四"(一个中心,两条道路,三个平台,四项目标)的基本工作思路,即:在今后一段时间内,学院团委将建立一个以精干的团委为中心,以实干的学生会、研究生会为两翼,以能干的学生社团为支撑的全方位覆盖网络;继续沿着建设"精品国关"的思路,走社会化、国际化道路;积极为学生打造社会实践、社会实习和暑期学习平台;最终实现培养健康的人、健全的人、高素质的人和未来领袖四项目标。

学院团委坚持把服务青年贯穿于工作的全过程,强化服务意识,端正服务思想,力求服务实效。2005年主要开展了以下几方面工作:(1)通过中外学生互助复习小组、跨年级中外学生学习经验交流会,搭建团员青年学习交流平台;(2)组织"走进院友"系列活动,把院友请回北大,给团员青年们讲述职场选择和竞争,讲述自己的奋斗过程,为团员青年提供就业服务,满足青年学生发展需求;(3)组织新老生交流会,建立老生对新生的全方位帮助机制,建立研究生辅导员制度,并与心理学系和学工部合作,邀请心理学系老师为学院学生做心理讲座,关注青年学生心理健康,为青年健康成长保驾护航;(4)通过制作通讯录联系卡、组织万柳学区晚间长跑队、在万柳学区举办讲座等工作,为万柳学区研究生的学习和生活提供便利。

建设"学术国关"是国关团委和学生工作的重要内容之一。2005年国关团委继续推出国关品牌活动——"国关系列学术讲座",先后邀请院内外老师就反分裂国家法、朝核六方会谈、美国大选以及中美关系等国际政治热点问题举办讲座。同时,院团委精心打造了另一品牌活动——"外交官谈外交"系列活动。团委还创办"读书沙龙",组织了数次读书会,为师生之间提供了很好的交流和互动机会。

为发挥专业优势,培养学生的世界眼光,学院团委还注重为学院广大青年搭建国际交流平台。2004~2005年先后推荐了数十名学生代表赴美国、丹麦、日本等地进行短期访问学习。学院的学生社团——"模拟联合国",也在2005年先后组织20余人赴波士顿、海德堡、海牙和埃及参加模拟联合国会议。

为鼓励学生参加学术研究,在学院领导的支持下,2005年国际关系学院还与《环球时报》合作,在该报推出了"国关学子看世界"专栏,设立了环球时报奖学金。该项奖学金是以奖励学术研究项目及成果的形式设立的。学院3位本科生合作的论文"INGO在中国的国际合作模式初探"获得了首届环球时报奖学金特等奖。

新闻与传播学院

【发展概况】 北京大学新闻与传播学院成立于2001年5月28日。学院下设四系(新闻学系、传播学系、新媒体与网络传播系、广告学系)、三所(新技术出版研究所、媒体与传播研究所、现代广告研究所)、四中心(多媒体中心、影视制作中心、媒体分析中心、新闻传播实物中心)。学院现任院长为中华全国新闻工作者协会主席邵华泽。

【教学工作】 本年度学院已经基本理顺新的教学计划,在教学计划的执行过程中克服了人手少、师资不足的困难,继续拓展本学院师资资源,努力运用校外资源,不断加强本科和研究生的教学工作。本科的4个专业的教学均按照教学计划进行基础课和专业课的教学工作。

2005年春季开设本科课程36门,秋季学期开设本科课程31门。67门次(66门课)课程中,有3门是公选、通选课,本学院课程64门。本年度实习工作压力增大,除了原有的新闻专业、广告专业、编辑出版专业外,第一届广播电视专业的本科生进入毕业实习阶段,学院进一步加强本科实习工作的协调,制订了实习方案。为了解决师资不足的困难,同时又体现新闻传播学科的应用性、前沿性,学院聘请多位工作在新闻传播一线的既富经验又有理论素养的老师任教实务性课程,并继续开设"新闻与传播专家论坛"系列讲座,每周举办,受到学生的欢迎。深圳研究生教育也逐渐理顺了教学模式,并得到学生的基本认可,同时利用地缘优势,加强了深圳研究生院的教学和交流,增加了学生出访、实习的机会。

【科研工作】 2005年度全院共承担国家级和省部级科研项目10余项,并加强了与业界的学术研究与合作,在学术刊物和相关媒体上共发表学术论文70余篇,出版著作4种、译著6种。

主要研究项目有:龚文庠的"网络媒体的管理模式研究"(国家教育部博士点专项基金研究)、龚文庠的"中外公众传播模式"、肖东发的"中国出版通史"(国家社会科学重点基金资助项目)、程曼丽的"境外对中国目前及未来形象的平息、推论和研究"、程曼丽的"十一五时期我国广电发展战略研究"、谢新洲的"网络信息传播的管理机制研究"(国家自然科学基金)、陈刚的"2006~2010中国报业发展战略研究"、陈昌凤的"广播影视行业和中介组织现状调查研究"、关世杰的"十一五时期我国广电发展战略研究"、刘德寰的"互联网及其相关产品用户细分及竞争研究"、

吴靖的"电子视觉修辞会公共领域转型影响"、许静的"舆论研究理论与实践"。

【国际交流】 境外十多位传播学界学者来访,其活动主要为授课、举办训练班、参加研讨会等。

7月19~20日,新闻与传播学院主办"纪念斯诺诞辰100周年"国际学术研讨会。与会者约300人,其中包括海外著名学者、斯诺的亲属等约40人,并出版了论文集及纪念文集。此次会议在国内引起了较大的反响。

6月11~12日,新闻与传播学院举办了"2005全球华人广告教育"论坛。有100余位来自海内外的专家学者参加,探讨中国广告产业与广告教育发展的有关问题。

2005年,新闻与传播学院教师赴境外参加学术会议、合作研究、采访、进修和访问等十多人次,涉及国家有美国、瑞典、新加坡、印度、日本、韩国等。

新闻与传播学院继续与境外大学和媒介合作培养学生,形式有课程学习、实习和参加国际会议。出访学生逾30人次,涉及国家和地区有美国、新加坡、丹麦、荷兰和我国的香港、台湾等。

【学生工作】 新闻与传播学院根据不同时期、不同年级的学生需要,配合学院教学工作,指导学院团委、学生会、研究生会、万柳团工委开展工作,将工作着眼点放在新生入学、毕业生就业、家庭经济困难学生学习生活、学生心理健康、学生军训、二年级本科生分专业、万柳回迁以及思想政治教育工作等培育学生的关键环节上,理顺关系,加强联系,协调各方面资源,切实有效地开展学生工作。

2005年,新闻与传播学院毕业生就业工作顺利开展。上半年,新闻与传播学院通过多种渠道,积极与用人单位取得联系,并与国内多家知名媒体合作,在院内举行了多次专场招聘会,加强了新闻与传播学院毕业生就业工作的实效性。下半年,面对毕业生就业工作的新特点和新趋势,学院一方面加强与用人单位的联系,另一方面组织就业政策宣讲、应聘指导讲座、与院友交流等活动,帮助毕业生熟悉国家就业政策,了解相关就业规定,培养良好的就业心理素质,提高应聘技巧。目前,学院已经与人民日报社、无锡广电集团、桂林日报社等多家用人单位举办了毕业生见面会等活动。

在"以学生为本"的工作理念指导下,新闻与传播学院团委根据本院实际情况,建立了新闻与传播学院团校,组织各种理论和实践活动,积极探索团干部的选拔、培养和任用制度的创新,努力提高团干部的理论水平与工作水平,培养、建设一支高素质的团干部队伍。经过一年的努力探索,新闻与传播学院团委获得了"北京大学2004~2005学年度先进团委"的荣誉称号,开创了新闻与传播学院共青团工作的新局面。

政府管理学院

【发展概况】 2001年12月,北京大学把政治学与行政管理系和城市与环境学系的区域经济专业进行联合,成立了全国高等院校首家政府管理学院。

学院下设6个系:政治学系、行政管理系、公共政策系、公共经济系、城市与区域管理系、政治经济系。学院有政治学与行政学、行政管理、公共政策学、城市管理等4个本科专业;有政治学理论、行政管理学、中共党史、中外政治制度、区域经济学、公共政策专业、发展管理专业和公共管理硕士专业学位(MPA)等8个硕士点;有政治学理论、行政管理学、区域经济学和中外政治制度专业等4个博士点。政治学理论、行政管理学、区域经济学等专业设有博士后流动站。政治学理论为国家重点学科,政治学理论、行政管理学具有国家一级学科博士授予权。学院还设有2个教研中心——政府管理与公共政策实证研究中心、MPA教育中心,与国家人文社科重点研究基地——北京大学政治发展与政府管理研究所有密切的学术协作关系。

2005年学院共有教职工60人,其中教员50人(教授20人、副教授24人、讲师6人)、行政人员10人。共有本科生234人、硕士研究生246人、博士研究生109人。此外,学院有MPA学生1242人,在各地招收函授学生千余人。现任院长为全国政协副主席、著名行政法学家罗豪才教授,常务副院长为王浦劬,副院长为周志忍、傅军、赵成根、李靖,党委书记为李成言,副书记为李海燕,工会主席为白智立。

北京大学政治发展与政府管理研究所成立于1999年7月,2000年12月被批准为教育部人文社会科学重点研究基地——政治学基地,是政府管理学院的协作单位。研究所主要承担国家社会科学基金项目、教育部人文社会科学基金项目、北京大学基金会项目的科研攻关工作,同时自筹资金开展重大课题的立项和研究工作。2005年,政治学研究基地在科研等工作方面得到了长足的发展。

【党政工作】 2005年,学院党委大力加强党建工作,切实做好党员发展、理论学习、规范民主生活会议制度等各项工作。学院共有11个基层党支部,其中教职工支部4个、学生支部7个。2005年共发展新党员50名,其中研究生26名、本科生24名。24名学生参加了北京大学第13期高级党校培训班,70名学生参加了北京大学第18期初级党校培训班,并全部取得了结

业证书。

2005年,学院认真开展了保持共产党员先进性教育活动。在3个多月的时间里,学院各级党组织和全体党员高度重视,认真实践,努力完成各项学习任务,取得了良好的教育效果。学习动员阶段,政府管理学院按照学校要求并结合学院的教学、科研工作安排,制定出工作方案,并安排了多种形式的学习活动,结合专业优势开展讨论;分析评议阶段,通过诚恳征求意见和深入谈心,党员认真撰写党性分析材料,切实开好专题组织生活会和专题民主生活会,准确提出并反馈评议意见;整改提高阶段,在广泛听取党员、群众和学生意见的基础上,以"关键是要取得实效"和"使先进性教育活动真正成为群众满意工程"为原则,学院经过反复讨论,认真制定整改方案。在之后的群众满意度测评工作中,获得满意度为100%。通过保持共产党员先进性教育活动,学院党员素质得到了提高,基层组织得到了加强,学院其他各项工作如教学、科研、管理、党建和思想政治工作等方面也得到了提高。

学院还立足于中国所处的国内外形势,以"加强党的执政能力建设"为指导思想,精心打造全新的品牌论坛——北京大学政府管理论坛。论坛自开办以来,邀请了河北省常务副省长郭庚茂、国务院振兴东北地区等老工业基地领导小组办公室副主任宋晓梧、中共中央编制委员会办公室副主任吴知论、国家审计署审计长李金华、民进中央副主席王佐书等五位具有深厚理论背景和丰富管理经验的官员作了专题报告。

1月16日政府管理学院院友会成立大会召开。选举产生首届政府管理学院院友会理事会及秘书处。3月15日,编辑印刷首期政府管理学院院友会通讯。

为支持学院新大楼建设,截至2005年12月11日,共收到院友个人捐款总计85200.17元人民币。2005年12月末,大楼整体建筑和装修基本完成,准备进入后期设备协同调试和工程验收。新大楼上交部分面积做学校公共教室后,其余面积由政府管理学院、政治发展与政府管理研究所、廖凯原国际战略研究中心分配使用。

【教学工作】 2005年,政府管理学院共招收77名本科生,其中留学生13名;招收硕士生90名、博士生52名;招收硕士研修班学生231人,函授夜大学生307人。

目前学院已确立了9门本科主干基础课,包括政治学原理、公共管理学原理、公共政策分析、当代中国政府与政治、中国近现代政治发展史、人力资源开发与管理、比较政治学概论、中国政治思想、城市与区域经济学。

学院面向全校学生开出5门通选课,包括徐湘林教授的"中国政治与政府过程"、宁骚教授的"日本经济"、傅军教授的"现代市场经济的演进"、刘霖副教授的"多元化视角的金融市场"、姚礼明副教授的"台湾问题与中华民族的复兴"。

在本科生教学管理工作方面,政府管理学院成功进行了通识教育改革,在建立了新的教学模式和一系列教学管理制度的基础上,将工作重心放在抓制度落实、抓教学管理质量提高和努力练好内功上,并取得了一定的工作成绩。具体表现在几个方面:一是根据学校的统一部署和学院有关制度的规定,严把教学过程的各个环节,确保教学工作的顺利进行;二是继续抓好教材出版工作,本年度有5部教材在北京大学出版社出版或者修订出版,为了确保教材质量,专门确定了严格的专家委员会审稿制度;三是修订了本科生推荐上研规则,在新规则中进一步强化了本科生科研成果所占的分值;四是认真抓好留学生、文体特长生这两类特殊学生群体的管理,努力帮助他们抓好学习,顺利完成学习任务。政府管理学院的本科生教学模式改革成果在全国政治学和公共管理系主任会议上介绍以后,得到了全国同行的广泛认可和高度评价。

学院在成人教育方面:一是继续办好包头、烟台、安阳、长沙等地的专升本班,办好北京的成人夜大专升本班;二是继续办好与北京大学网络学院和北大在线合作举办的网络远程行政管理专业专升本班;三是在短训班的合作模式上,在学校继续教育部的主导下,引入了与公司合作办学的新模式。本年度还举办了北京市局级干部公共财政与预算研修班(一期,50人)、北京市局级干部应急能力研修班(两期,100人)、四川省委组织部高级复合型人才培训班(一期,46人)、北京能源投资集团公司董事监事研修班(五期,76人)等短训班,通过高质量的教学、严格规范的管理、周到热情的服务,各培训班均取得了圆满成功。

【科研工作】 2005年,政府管理学院共有科研成果116项,其中著作5部、教材类3部、编著1部、译著3部、研究报告3篇、论文101篇。部分科研成果获得省部级奖励。

2005年,政府管理学院共申报教育部人文社会科学基金项目5项,立项1项——常志霄的"后WTO过渡期的外部冲击与中国经济波动分析"(教育部人文社会科学研究2005度基金项目);2项获教育部人文社会科学重点研究基地项目——关海庭教授的"中国政治发展的战略研究"和江荣海教授的"中国传统政治文化的现代化研究"。

2005年,政府管理学院在研课题包括:国家社科基金重大项目"科学发展观与政府管理改革研究"、国家教育部重大攻关项目"社会主义政治文明与宪政建设"、国

家自然科学基金重点项目"我国区域城镇化系统研究"、国家教育部政治学基地重大项目——"中国政治发展的战略研究"、"中国传统政治文化的现代化研究"、"加入世贸组织后中国社会团体所面临的挑战与发展的实证研究"。本院还有国家自然科学基金——"2008年奥运会的城市增长效应与控制：一个集合性时空动态建模方法"、"城市演化集成模型及模拟系统研究"；国家社科基金课题——"党政领导人才标准与开发战略"、"中国政治发展及转型战略研究"、"中国传统政治文明的形成与特点研究"、"入世后我国企业竞争力提升与政府信息与政府模式"；国家软科学研究项目——"提升我国汽车工业创新能力战略研究"。

2005年政府管理学院教师还承担了一批委托项目。许多教师承担或参加了国家以及地方的"十一五规划"或规划前期研究，如"十一五"期间京津冀区域科技发展规划，长江三角洲都市圈区域创新能力建设研究等。2005年政府管理学院教师承担课题数十项，课题经费超过400万元。

【交流合作】 2005年，政府管理学院进一步加强对外学术交流活动，在与国外高校合作方面成效显著。

4月1日下午，匈牙利经济研究所高级研究员玛丽亚·萨娜蒂博士在北京大学中国经济研究中心发表了题为"比较改革文献的批判——论社会主义国家的政治经济转型"的演讲。此次演讲是北京大学政府管理学院主办的北大公共政策国际论坛系列讲座之一。

4月7日，美国管理学专家罗伯特·弗能先生与北京大学政府管理学院党委书记李成言教授、清华大学公共管理学院反腐败研究中心任建明副主任、美中教育机构余国良总裁，在搜狐财经频道一同探讨关于公共部门的管理、反腐败等问题。

5月23日，北京大学政府管理学院与美国南加州大学政策、规划与发展学院合作举办的"北京研究室（Beijing Lab）2005"正式启动，由中美双方共60多名学生组成的团队将在为期10日的合作项目中围绕备受瞩目的"北京市西单北大街西侧商业区改造建设工程"，就西单商区的历史、现状与未来展开研究。北京研究室是北大政府管理学院与南加州大学政策、规划与发展学院一项长期合作项目。

5月24日下午，德州农工大学布什公共政策学院副院长查尔斯·赫斯曼访问北大，并与政府管理学院签署"德州农工大学布什公共政策学院-北京大学政府管理学院合作备忘录"。根据备忘录，德州农工大学将与北大政府管理学院开展多渠道的交流与合作。

6月18日至19日，北京大学政治发展与政府管理研究所在卧佛山庄召开了两岸四地的"服务型政府与和谐社会"学术研讨会。北京大学党委副书记岳素兰与社科部程郁缀部长到会并发表讲话，共有100多位专家学者和博士、硕士研究生参加。来自中国大陆、香港、台湾、澳门四地各大学和科研机构的专家学者参加了学术研讨。研讨会议包括6个子主题：服务型政府建设的目标与途径；服务型政府与以人为本；和谐社会的真谛；和谐社会构建的目标与途径；形成和谐社会的能力建设；服务型政府建设与和谐社会构建的关系。

9月6日上午，法国最高法院院长、首席大法官格·卡尼维教授访问北京大学，并于英杰国际交流中心新闻发布厅发表了题为"经济在法律中的作用"的演讲。

9月20日，北京大学联合公共管理教研国际合作项目（GPPN）成员单位——哥伦比亚大学国际公共事务学院、伦敦经济学院、巴黎政治学院，在中国启动公共管理的高级培训和学术交流活动，以促进在公共管理领域的国际研究和教学活动。GPPN是一项由国际一流大学研究生院共同启动的项目。它通过扩大全球范围公共政策对话和提高公共政策教育研究水平，以应对21世纪我们所面临的迫切挑战。为进一步加强GPPN与中国之间的联系，北京大学、伦敦经济学院、巴黎政治学院、哥伦比亚大学国际公共事务学院宣布开展2个新项目：访问学者计划——各方的一流学者将在两年时间内在北京大学轮流任职。公共管理高级培训项目——北京大学政府管理学院将承办对中国政府部门公务员的培训。这4所学院将利用各自优势来设计、发展高级培训项目并承担其教学任务。该培训项目拟于2006年上半年开始启动。

10月16～17日，北京大学政府管理学院人才与人力资源研究所、北京大学人力资源开发与管理研究中心、中国人力资源开发研究会、中国行政管理杂志社等单位联合举办首届中国党政与国企领导人才素质标准与开发战略研讨会。大会共收到学术论文100多篇，选取了其中的37篇编辑成会议论文集。

10月29日，由中国行政学会和北京大学政府管理学院联合举办的中日行政学术研讨会在英杰交流中心举行。

11月25日，中韩政府管理研讨会在英杰交流中心召开，围绕政府与经济发展、中国与韩国的政府管理模式及比较、中国与韩国在各领域的公共政策等主题进行了深入探讨。

12月6日，罗尔斯·罗伊斯公司首席执行官罗世杰爵士在中国经济研究中心万众楼发表了题为"在短期世界里的长期业务战略管理"的演讲。

12月14日下午，巴黎政治科学院社会学教授路易斯·肖韦尔

在英杰国际交流中心发表了题为"法国郊区新一代城市暴力之源"的演讲。

根据商务部文件,在商务部援外司、国际合作事务局和北京大学各级领导的大力支持和协调帮助下,政治学研究基地 2005 年连续举办了 6 个外国官员研修班:北京大学第一期利比亚经济官员研修班、北京大学第二期利比亚经济官员研修班、北京大学非洲国家公共行政管理研修班、北京大学非洲国家外交官研修班、北京大学非洲国家公共行政管理研修班(法语)、阿拉伯国家公共行政管理研修班。这些研修班获得了一致好评,具有良好的社会效益和重大的国际意义。

【学生工作】 2005 年,在学院党委的领导下,工会和学生会等群众团体也积极开展工作,为营造和谐、奋进的学院氛围发挥了积极作用。学院工会干部及行政人员认真参加学校教代会,积极为学校各项工作出谋划策,与学生会、研究生会合作,组织学院同学参加学校运动会、"一二·九"合唱比赛,并举办了师生趣味运动会、新年晚会,繁荣了学院文化生活。

学院还按照"以人才为目标,以责任为基石,以学术为根本,以资源为依托,以规范为保障"的工作理念,大力加强学生思想政治教育工作,着力推进规范化制度化建设,在认真细致地做好新生入学系列教育、奖学金评定、学生经济情况调查、学生就业等常规工作的同时,努力做好具有政府管理学院特色的、适应学院和学生发展要求的各项工作。

在不断完善原有社团(邓小平理论研究会、职业发展研究会)制度建设,充分发挥原有社团功能的基础上,2005 年分别成立北京大学公共管理研究会和北京大学政治发展研究会。在第 13 届北大"挑战杯"竞赛上,本院共获 6 个奖项(一等奖、二等奖、三等奖、鼓励奖各 1 个,特别贡献奖 2 个),刘增、陈敏生、户国栋 3 位 2003 级本科生的作品"专业市场主导下的地方产业集群研究——浙江余姚市塑料产业集群竞争优势和发展路径探析"获得北大"挑战杯"一等奖、第三届首都大学生"挑战杯"竞赛特等奖、第九届"挑战杯"全国大学生课外学术科技作品竞赛特等奖。学院团委获得北大"挑战杯"优秀组织奖。

2005 年,学院继续做好研究生学术工作站"workshop"与"研究生辅导员制"项目,并启动院友辅导员制,强化院友和高年级学生对低年级学生的带动和引导作用;举办"政府管理学院文化之星"综合知识比赛,活跃学院文化氛围,强化集体意识、合作意识;积极谋求与有关单位合作,承办了由校团委主办的"2005 北大青年论坛"等。

2005 年,政府管理学院被评为北京大学学生工作先进单位,政府管理学院团委被评为北京大学红旗团委。

经济学院

【发展概况】 北京大学经济学院成立于 1985 年,其前身是始建于 1912 年的北京大学经济学系——中国高等院校中建立最早的经济系科。

学院现有经济学系、国际经济与贸易系、金融学系、风险管理与保险学系、财政学系、环境资源与发展经济学系等 6 个本科系;有政治经济学、西方经济学、经济思想史、经济史、世界经济、财政学、金融学(含保险)、人口、资源与环境经济学等 8 个硕士专业;有政治经济学、西方经济学、经济思想史、经济史、世界经济、财政学、金融学(含保险)7 个博士点。学院还 12 个科研机构和理论经济学博士后流动站。

经济学院师资力量雄厚,不仅拥有一批享誉国内外的学术带头人,还有众多近年来在学术界崭露头角的中青年学者。学院现有教师 66 人,其中教授 21 人、副教授 28 人、讲师 17 人;在站博士后 40 人。

经济学院拥有完整的学士-硕士-博士人才培养体系,是面向全国培养高级经济人才的重要基地之一。2005 年,经济学院共有学生 7000 多人,其中:本科生 759 人,硕士生 240 人,博士生 114 人,留学生 121 人,访问学者、进修教师近 92 人,研究生课程进修生 350 人,成人教育学生约 6000 人。

【科研工作】 2001 年至 2005 年,经济学院共有科研项目 104 项,总科研经费达 1000 多万元。

2005 年经济学院取得各类科研成果 191 项,其中专著 33 部,编著、教材 16 部,译著 8 部,论文 126 篇,其他成果 8 项。

2000~2005 年,署名为第一作者的经济学院论文被 CSSCI 统计检索 605 次。

2005 年,经济学院设立"经济学院学术论坛"。"经济学院学术论坛"下设 7 个分论坛:经济学论坛、国际经济论坛、金融论坛、保险论坛、经济增长与发展论坛、信用论坛和环境资源与发展论坛。

经济学院科研基地包括 12 个科研机构:外国经济学说研究中心、市场经济研究中心、经济研究所、国际经济研究所、中国金融研究中心、中国国民经济核算与增长研究中心、中国信用研究中心、中国保险与社会保障研究中心、中国都市经济研究中心、产业与文化研究所、金融与产业发展研究中心、经济与人类发展研究中心等。

【交流合作】 2005 年,经济学院对外交流工作取得长足发展。

经济学院相继举办了"外国驻华大使眼中的中国经济"系列讲座、"财经高管纵论中国经济"系列讲座和"经济学讲坛",分别请外国政府高级官员、国际企业财经高管和外国经济学家谈论经济问题,开阔了师生的学术视野,也促进了经济学院的教学和研究尽可能与国际前沿水平保持同步。

2005年,经济学院洽谈了10个国际交流合作项目,其中4个项目已经启动;教师出国访问达26人次,学生出境访问达34人次。经济学院还聘请了3名外籍教师,由他们承担一些本科生和研究生课程。

完成学院中英文宣传册和英文网站的制作。宣传册和英文网站获学校对外宣传材料优秀奖。

【继续教育】 经济学院继续教育主要由六部分组成:高级研修班、在职研究生学历学位班、远程网络教育、函授教育、高等教育自学考试、脱产本科教育。经济学院在发展继续教育事业的过程中,严格遵守学校有关管理规定,注重品牌效应,狠抓教育质量,为学生学员提供周到的服务,多次获得学校主管部门和学员的好评。

2005年经济学院有各类继续教育学员6000余人。

【学生工作】 2005年,经济学院召开学生工作研讨会,提出了加强和改进学生思想政治工作的主要任务和工作思路。

院团委先后组织学生赴卢沟桥、周口店、沙滩红楼、圆明园遗址等地开展主题团日活动,效果良好。

自9月25日起,经济学院全面开展增强共青团员意识活动。院团委以邓小平理论和"三个代表"重要思想为指导,按照校团委的部署,在认真完成"规定动作"的同时,做好"自选动作",注重从实际出发,丰富活动内容,提升活动质量。

继续努力打造一批高品位、有影响的精品活动,努力提高学生的综合素质。组织了学术沙龙系列活动,邀请刚从国外留学归来的学院年轻教师为同学们做主题报告;举办了经济学院第二届"精诚杯"辩论赛;承办纽约州州长北大演讲活动;学院团委和齐鲁发展研究会共同主办了"齐鲁经济强县(市)论坛"。

2005年,经济学院团委组织了11支学生社会实践团队赴全国各地开展社会实践活动,取得了令人瞩目的成绩。同学们突出专业特点,发挥学科优势,精心选择实践内容,深入工矿企业、农村学校,写出了大量以城镇建设、国企改革、金融投资、民营企业发展、乡村教育等为主题的调查报告。学院团委获北京大学2005年学生暑期社会实践优秀组织奖。

(崔建华)

光华管理学院

【发展概况】 光华管理学院的前身是1985年建立的北京大学经济学院经济管理系,1993年12月与北京大学管理科学中心合并成立北京大学工商管理学院,1994年9月北京大学与光华教育基金会签订协议,学院正式更名为北京大学光华管理学院。

著名经济学家厉以宁教授现任学院名誉院长,北京大学党委常务副书记吴志攀教授兼任学院院长,王其文教授任学院党委书记,张维迎教授任学院常务副院长,朱善利教授、武常岐教授和涂平教授任学院副院长。

2005年,学院引进教师4人,招聘博士后27人。学院现有在编教师94人,其中教授33人、副教授37人、讲师24人。教师中有84人获得博士学位(在国外获得博士学位者44人,在香港获得博士学位者5人,占教师总数的52%);在编党政教辅人员17人;在站博士后47人。此外,学院还聘请了一批学术造诣深厚并富有丰富管理经验的专家、学者担任兼职教授,聘任了80多人充实学院管理服务岗位。

2005年共招收1241名学生,其中本科生171人(包括高考状元15名、留学生21人);普通硕士研究生155人、博士生29人、工商管理硕士研究生536人、高级工商管理硕士生300人、会计硕士生50人。截至2005年12月31日,学院在册学生共计3349人。

学院2005届毕业生共有836人,其中本科生110人(21%继续攻读硕士研究生,17%出国深造)、普通硕士研究生166名(9%继续攻读博士学位,5%出国深造)、博士生毕业生22人、MBA毕业生538人(MBA学生153人,EMBA学生385人)。

2005年12月,学院2号教学楼正式破土动工,计划于2007年9月竣工。届时将为学院教师和学生提供更加完善的教学科研条件和学习环境。

【学科建设】 光华管理学院设10个系:会计系、应用经济学系、金融系、卫生经济与管理系、组织管理系、信息系统与物流管理系、管理科学与工程系、市场营销系、商务统计与经济计量系、战略管理系,21个研究所/中心。提供的学位教育包括:学士学位(BA)、普通硕士学位(MA、MSc)、工商管理硕士(MBA)、高级工商管理硕士(EMBA)、会计硕士专业学位(MPAcc)、博士学位(PhD),还有工商管理和应用经济学2个博士后流动站。

本科生教育遵循北京大学本科生教育理念,以培养"厚基础,宽口径,高素质"的复合性人才为目标,坚持"加强基础,淡化专业,分

流培养"的教育方针,低年级实行通识教育,高年级实施专业教育。本科有金融学、会计学、市场营销、人力资源管理4个专业。

普通硕士研究生共包含7个专业:国民经济学、金融学、产业经济学、企业管理、会计学、统计学、管理科学与工程,每年大约招收150人左右。硕士研究生教育一方面加强基础课程和实际技能的训练,提高其分析和解决实际问题的综合能力;另一方面加强研究能力、创新能力的培养,为博士教育输送人才。

博士生培养坚持学术导向,重点培养其对学术研究的兴趣和研究创新能力,努力培养优秀的学术型人才,同时为各大高校经济、管理学学科培养优秀师资队伍。招生专业包括国民经济学、产业经济学、金融学、统计学、企业管理、会计学等6个专业。其中企业管理专业招收组织行为、人力资源管理、市场营销、战略管理以及决策与信息管理等5个方向的博士生。国民经济学是国家重点学科。

光华管理学院的MBA、EMBA和MPAcc项目为具有相关工作经验的业界人士提供学位教育,着眼于培养高素质的管理者。与此同时,EDP项目提供的短期培训为学院的管理学教育提供了有益补充。2005年,EDP中心对外提供培训共1559人次,其中公开课程961人次、公司内训598人次。截至2005年年底,EDP学员总数累计达到5121人。

【科研工作】 2005年度,光华管理学院在研的纵向科研项目共计61项,其中国家自然科学基金、国家社科基金项目为38项,新立项目24项。各类科研成果288项,其中论文228篇,专著、译著、教材及参考工具书20部,研究报告14个。本年度SSCI检索论文19篇,SCI检索论文12篇,CSSCI检索论文87篇。

光华管理学院注重教学科研的交流,各专业的系列讲座和每两周一次的"午间论坛"为师生提供了交流学术见解、分享科研成果的平台。2005年年内,学院举办和承办各种类学术讲座、报告会和大型学术会议百余场。

2月4日,光华管理学院经济-社会系统分析与模拟实验室被评为北京大学先进实验室集体奖。

6月28日,光华管理学院应用经济学系博士生陈晓光在"中国留美经济学会2005年会"上,以题为"教育创新和经济增长"的论文荣获"邹至庄最佳经济学论文奖"。这是国内大学的博士生首次获得该奖项。

7月,光华管理学院战略管理系周长辉副教授与其合作者的论文"Subsidiary's inflow and outflow of knowledge within MNCs"在国际商务学会年会上获得最佳论文奖。组织管理系张志学副教授的论文"Knowledge team design and conflict: Evidence from Chinese high technology companies"被2005年管理学会年会列入最佳论文候选名单。

7月17日,光华管理学院名誉院长厉以宁教授荣获"十大中华经济英才"大奖,光华管理学院副院长朱善利教授获得"十大中华经济英才"特别奖。

9月28日,《经济观察报》在"2005商学院院长论坛"上发布了《2005年中国EMBA发展报告》,光华管理学院在EMBA社交资源化程度排行中名列榜首。

10月,光华管理学院应用经济学博士后科研流动站被评为国家优秀博士后科研流动站,全国2381个博士后科研流动站和科研工作站中有85个流动站获此荣誉,北京大学35个博士后流动站中有4个流动站获得此荣誉。管理科学与工程系雷明教授被评为全国优秀博士后,全国32000多名在站和出站博士后中只有127人获此荣誉称号。

11月11日,光华管理学院应用经济学系3名博士毕业生喜获"黄达-蒙代尔经济学奖",他们分别是2003届毕业生郑志刚、2004届毕业生祝丹涛和张晏。

管理科学与工程系的学科建设——管理科学与工程专业基础课"管理运筹学"荣获2005年国家优秀教学成果二等奖。本成果由管理科学与工程系王其文教授、雷明教授和黄涛副教授共同完成。

【20周年院庆】 举办了一系列庆祝活动,如"院庆20周年'印象·光华'主题征文比赛"、"院庆20周年'印象·光华'主题摄影比赛"等。5月28日,主题为"共聚光华,继往开来"的20周年院庆启动仪式暨校友论坛开幕,光华管理学院各届毕业生代表参加。10月6日~7日,学院举办"2006光华国际论坛——再造全球时代管理教育",邀请了十几家海外著名商学院及国内60多所商学院的院长,共同探讨管理学教育问题,哈佛大学商学院副院长Srikant M. Datar、美国西北大学凯洛格商学院前院长Donald P. Jacobs、沃顿商学院院长Patrick T. Harker等分别做了主题发言,论坛同时邀请国内著名企业家就"我们需要什么样的管理教育"进行了交流。

【交流合作】 光华管理学院始终注重国际合作与交流,2005年光华管理学院教员参加各类国际学术会议与交流活动90余人次。

为了给学生提供国际化的商学教育,学院加强与国外商学院的合作。2005年与光华签订学生交流协议的学校有:新加坡国立大学商学院(本科学生交流协议)、加拿大约克大学舒力克商学院(MBA双学位协议及本科生交流协议)、希腊雅典商学院(MBA学生交流协议)、加拿大女皇大学商学院(本科生交流协议)、香港科技

大学(续签 MBA 学生交流协议)。

截至 2005 年 12 月 31 日,与光华管理学院有交流合作的国外院校达到 27 所,涵盖了亚洲、欧洲和美洲。由学院派出的交流学生达 60 余人。为了使学院的学生更快地适应当地环境,学院国际合作与公共关系部特别为派出学生安排行前讲座,并邀请被派往芝加哥大学商学院学习并受到对方学校师生好评的 2003 级金融学硕士研究生卢燕同学介绍学习生活经验。

在短期培训项目方面,光华管理学院也加快了国际化进程。2005 年 6 月 13 日,EDP 中心为瑞典隆德大学 30 余位 EMBA 学员讲授"Doing Business in China"的课程,为他们介绍并分析了中国近 10 年来的经济增长情况和经济走势。2005 年 6 月 9 日,应韩国中央大学产业经营学院 EMBA 校友会的邀请,EMBA 学员一行 18 人对韩国中央大学、双龙汽车公司(被中国收购)、现代汽车公司、国会、平泽市进行了为期 4 天的访问及参观活动。期间受到了中央大学行政部长、产业经营学院院长、平泽市市长、双龙公司董事长、中国驻韩国领事馆总领事的接见。

【学生工作】 3 月 21 日,院团委、学生会主办"院庆 20 周年'印象·光华'"主题征文比赛和摄影比赛。

4 月 4 日,光华管理学院润灵计划委员会举办"关爱盲童,珍爱双眼"主题周活动。本活动由美国 CBN 基金会资助。

4 月 25 日,第三届"光华杯全国高校企业模拟挑战赛"工作正式开始。

5 月 29 日,光华足球队在"北大杯足球赛"中获得亚军。

7 月 10 日,首届"京港商学院交流营"举行,光华管理学院 10 名优秀学生代表赴香港大学、香港科技大学、香港中文大学交流访问。

9 月 7 日,"光华润灵"发起暑期公益实习活动,该活动得到了学院、社会媒体以及参与同学的一致认可,共筹集善款 10700 元,用于支付贵州贫困学生的学费。

9 月 23 日,2004 和 2005 级本科生党支部召开全体党员和预备党员大会,开展保持共产党员先进性教育活动。

10 月 21 日,"光华管理学院第十二次学生代表大会"成功举办。

10 月 24 日,获得全校篮球新生杯亚军的优异成绩。

12 月 4 日,在"一二·九"合唱比赛中获得优异成绩。

【校友工作】 4 月 16 日,上海、深圳光华管理学院(华东)校友分会成立。

5 月 28 日,"共聚光华,继往开来"2005 北大光华校友论坛在英杰交流中心隆重召开。

5 月～10 月,成功举办"2005 中国 MBA 网球精英赛"。

9 月 13 日,举办北大光华校友会"房地产协会周年庆典"。

9 月 24 日,举办"届届光华情,金秋游香山"活动。

11 月 18 日,北大光华管理学院 EMBA 中原校友会成立。

11 月 15 日,张维迎、马化祥等 6 位老师、校友当选北京大学校友会第六届理事会理事。

【大事记】 3 月 17 日,在美国 Hyperion 公司资助下,北京大学光华海波龙企业绩效管理研究中心成立。其主要负责人和研究人员由光华管理学院的教研人员组成。

4 月 23～24 日,首届在中国举办的"经济计量最新发展国际研讨会"在北京大学光华管理学院举办。20 多位来自海外 13 个国家和地区及中国的经济计量领域的专家学者参加了此次研讨会,共同探讨经济计量领域的现有成就和最新发展。

6 月 11 日,由光华管理学院主办的"中美新市场经济(北京)论坛暨 2004 年诺贝尔经济学奖得主普雷斯科特中国演讲会"在北京大学百年纪念讲堂举行。普雷斯科特就"克服国富的障碍——经济政策与经济周期"为题做了演讲。

7 月 1～3 日,2005 管理科学与工程交叉学科研究国际研讨会在北京大学光华管理学院召开,此活动由北京大学、乔治亚理工学院、运筹学与管理科学学会主办。

7 月 12 日,北京大学 SAS 数据挖掘卓越中心成立大会在北京大学光华管理学院举行。中心由北京大学商务智能研究中心与 SAS 中国联合组建。北京大学 SAS 数据挖掘卓越中心将提供一个全面综合的研究平台,加强中外商业智能专家学者和从事实际工作人员的直接交流与合作。

11 月,光华管理学院协同农业部农业贸易促进中心、澳大利亚外交与外贸部成功举办"第三届农业贸易政策论坛",汇聚了 50 多位中外贸易专家,就 WTO 农业谈判的进程进行评估,并对其他相关问题进行讨论。

12 月 3 日,为庆祝著名经济学家厉以宁教授从教 50 周年暨 75 岁华诞,学校师生和社会各界代表举行了一系列庆祝活动。其中包括厉以宁教授题为"工业化的比较研究"的专题讲座、"北京大学庆祝厉以宁教授从教 50 周年暨 75 岁华诞"座谈会等。

在国家食品药品监督管理局、中国医师协会、国家中医药管理局和美国福特基金会的资助下,卫生经济与管理系启动了一系列与中国医药相关的课题。

3 月～10 月举行光华 20 周年系列庆祝活动。

法 学 院

【发展概况】 北京大学法学院在中国国立大学法学教育中历史最

为悠久。1904年,京师大学堂在其下设的政法科大学堂设立"法律学门",这是中国首个在近现代大学中专事法律教育的部门,是今日北京大学法学院的前身。

目前,北京大学法学院主要以研究中心(所)为平台开展学术研究,努力促进法学的多学科研究。现有研究中心(所)32个:国际法研究所、经济法研究所、比较法和法律社会学研究所、刑事法理论研究所、实证法务研究所、近代法研究所、劳动法与社会保障法研究所、环境与资源法研究所、国际经济法研究所、宪法与行政法研究中心、法治研究中心、金融法研究中心、司法研究中心、立法学研究中心、人权研究中心、人民代表大会与议会研究中心、港澳台法律研究中心、犯罪问题研究中心、房地产法研究中心、非营利组织研究中心、税法研究中心、世界贸易组织法律研究中心、中日法律研究与交流中心、科技法研究中心、海商法研究中心、法制信息中心、经济法与比较法研究中心、财经法研究中心、宪政研究中心、公众参与研究与支持中心、法律经济学研究中心、民法研究中心。其中,北京大学宪法与行政法研究中心于2004年11月26日被评为教育部人文社会科学重点研究基地。

2005年法学院在职教职员工110人,其中教授36人、副教授35人、讲师9人、教辅及党政管理人员22人。在站博士后8人。

2005年招收本科生162人、留学生26人、法学硕士110人、法律硕士347人、政法系统在职攻读法律硕士专业学位102人、博士62人。

2005年毕业本科生144人(130人获得学士学位)、留学生18人(12人获得学士学位)、知识产权二学位30人(全部获得学士学位)、法学硕士119人(全部获得硕士学位)、法律硕士183人(全部获得硕士学位)、在职攻读法律硕士145人(全部获得硕士学位)、博士70人(全部获得博士学位)。

【科研工作】 周旺生、朱苏力获2005年度国家社科基金重大项目招标立项。获2005年度国家社科基金项目立项的其他项目有:白建军的"刑事司法公正性实证研究"(一般项目)、陈永生的"刑事诉讼的宪政基础研究"(青年项目)、李鸣的"条约在我国国内的效力与宪法的修改"(一般项目)、王世洲的"惩治与防范危害国家安全罪的对策研究"(一般项目)、王锡锌的"行政立法和决策过程中的公众参与研究"(青年项目)、张骐的"司法改革和权利科学配置与公正司法研究——中国司法先例制度研究"(一般项目)。

获立项的教育部社科研究2005年度一般项目有:白桂梅的"国际强行法与人权"(规划基金项目)、刘东亮的"WTO后过渡期的中国行政诉讼制度改革"(青年基金项目)、洪艳蓉的"信贷资产证券化投资者保护法律机制"(青年基金项目)。

获立项的司法部立项项目有:赵国玲的"知识产权犯罪被害人实证研究"(一般项目)。

全国教育科学"十五规划"重点课题有:赵国玲的"预防青少年网络被害的教育对策研究"。

2005年出版专著18部、译著8部、教材14部、编著8部,发表论文262篇、译文5篇、研究或咨询报告2篇。

芮沐教授、肖蔚云教授、沈宗灵教授被评为学校哲学社会科学资深教授。陈瑞华教授被评为2005年度新世纪优秀人才,张守文教授被评为2004年度新世纪优秀人才。

【交流合作】 2005年,法学院接待了来自国外著名大学法学院、研究机构、司法机关的学者、学生、法官、官员等约50多人,以及来自我国港台地区的访问学者、学生等约20多人。许多来访者发表了精彩演讲,共计20场。北京大学法学院与来访学者还举行了多次学术交流,举办了6次大中型国际学术研讨会。共有4位国外访问教授进行讲学。

1月,法学院派出了自2002年7月与新加坡国立大学法学院签订交换学生协议以后的第一位交换生——2001级本科生白磷,交换时间为2005年1月初至5月初。

2月14日,李鸣副院长和王世洲教授接待了来访的荷兰Erasmus大学法学院院长,双方商讨了合作交流事宜。

3月2日下午,美国斯坦福大学教授、日本全国学术研究资助项目审查委员会人文社会科学领域委员长青木昌彦(Masahiko Aoki)来访,在法学院模拟法庭做了题为"法律在制度变迁中的作用:从比较制度分析的角度"的讲座。讲座由张骐副教授主持,日本神户大学季卫东教授、中国经济研究中心周启人教授、光华管理学院张维迎教授、法学院的邓峰老师等参加了讲座。

3月5日上午,法学院与东京大学法学部在北大临湖轩签署双方学术交流协议和学生交流备忘录。院长朱苏力教授与到访的东京大学大学院高桥宏志教授签字。学术交流协议内容包括:教师、研究人员之间的相互交流;互派学生攻读学位或研修并互设奖学金;图书馆互赠学术刊物;联合课题研究;举办学术研讨会。这是东京大学法学部与外国法学院签署的第一份类似文件,东京大学法学部对此次合作非常重视。下午,高桥宏志教授做了题为"证据法的理念和2003年日本民事诉讼法的修订"的学术演讲。

3月16日上午,美国康奈尔大学法学院院长Stewart J. Schwab教授访问法学院,并在模拟法庭做题为"法律的经验研究"的演讲。

4月4～10日，北京大学法学院组队参加了在香港举行的第二届国际模拟商事仲裁比赛。该项赛事由 VIS 商事仲裁比赛组委会、香港仲裁委员会以及香港城市大学主办，是国际仲裁领域的重要赛事，在国际法学教育领域享有盛名。参赛队伍包括来自中国、美国、澳大利亚等国家的18支高校代表队。北京大学首次参赛，参加队员：邓澜、胡硕叶、林彦华、徐婷、李磊（研究生）。

4月7日下午，孙东东副教授在临湖轩东厅接待澳门特区政府社会文化司医疗改革咨询委员会成立的医疗事故法跟进小组成员，双方就医疗事故法的立法工作进行了交流和研讨，并对进一步的合作和交流进行展望。

4月12日上午，在模拟法庭举行房地产法研究中心第二次春季论坛暨房地产法协会成立大会。房地产法研究中心春季论坛是北大法学院房地产法研究中心每年例行的学术活动之一。本次会议主题为业主委员会和小区管理，6位美国、新加坡物业管理专家及我国多位法律实务界权威人士光临，对美国及中国的物业管理现状进行介绍、对比和评述。

4月16日下午，韩国延世大学法科大学代表团一行到法学院进行学术交流并在模拟法庭召开"北大-延世大学法学研讨会"。

4月19日上午，德国科隆大学法学院教授赫斯（Professor Hirsch）先生应邀访问法学院，并做"当代德国犯罪论体系的种类及其区别"的学术讲座。

4月21日下午，贝克·麦坚时国际律师事务所合伙人陶博应法学院邀请，在英杰交流中心做了以"起草中英双语合同面临的挑战"为题的讲座。

4月25日上午，瑞典隆德大学校长代表团一行来到北大。代表团中来自法学院的教授访问了北大法学院，并对法学院的人权硕士班项目进行了考察和交流。

4月25日下午，以香港律师会副会长黄嘉纯为团长的香港律师会15人代表团对北京大学进行访问，并与法学院学生代表邵锦莉、刘千千、易立、王东亮等进行交流和座谈，了解内地法学教育以及学生学习情况。

5月9日上午，美国乔治敦大学法学院院长 T. Alexander Aleinikoff 及其副院长 James Feinerman 拜访朱苏力院长，畅谈两院合作的可能性。

5月12日上午，美国马萨诸塞州法官代表团和法学教授在北大英杰交流中心举办了一次模拟审判。主审法官、检察官、被告人、律师、书记官和证人由美国法官、法学教授担任，陪审团成员由法学院学生担任。

5月15日，美国密苏里-堪萨斯大学法学院组织的"中国法律暑期班"开始，有43名海外学生参加该暑期班。暑期班法律课程由北大法学院教师讲授。

5月23日～6月5日，美国密苏里-堪萨斯大学法学院教授 Jeffrey Thomas、Robert Klonofff 访问法学院，并分别做了有关美国保险法和美国诉讼制度及美国集团诉讼的讲座。

5月24～28日，朱苏力院长、邓峰老师赴泰国朱拉隆恭大学法学院参加"第二届亚洲法律研究中心年会"。邓峰做了"中国破产和公司法的立法新趋势"的学术报告。

5月30日～6月7日，美国加州大学伯克利分校法学院著名的公司法和比较法教授 Richard Buxbaum 来法学院访问讲学，为法学院学生、校友开了3场讲座。

6月4日上午，比较法与法社会学研究所主办"比较法与法社会学系列讲座"之二十四讲，邀请美国夏威夷大学法学院教授、国际项目主任康雅信（Alison Conner）女士主讲，题目为"法律分析的方法——以美国法律方法为例"。

6月6日上午，联合国教科文组织社会及人文助理总干事 Pierre Sané 应邀做了题为"贫困——人权斗争的下一道前线"的演讲。

7月19日下午，北大宪法行政法研究中心在模拟法庭召开公法座谈会，乔治敦大学法律中心副主任 Vicki C. Jackson 教授应邀做了题为"外国法在美国最高法院的适用及其争论"的演讲。

9月20日，牛津大学校长一行访问北京大学。下午，牛津大学法学院新任院长 McKendrick 教授及学者 Henderson 先生来法学院进行参观交流。

9月26日，北京大学举行"洪堡大学-柏林自由大学日"活动。下午洪堡大学副校长 Susanne Baer 教授同柏林自由大学法学教授 Philip Kunig 来法学院参观访问。Susanne Baer 教授做了题为"比较宪法学——路径与判例"的演讲。

10月10日，耶鲁大学法学院宪法学教授 Bruce Ackerman 访问法学院，并以"新三权分立"为题发表演讲。

10月10日，日本东京大学著名教授大昭保昭先生访问法学院，并进行学术交流活动。

10月18日，著名旅美学者冯象先生访问北大法学院，并应邀举办了题为"法学研究与学术方法论"的讲座。冯象先生在演讲中批评了当前法学研究中所存在的一些常见的、重要的方法论问题，并讨论了学术研究方法和论文写作技巧。

10月31日，"第五届张福运纪念讲坛"于英杰交流中心新闻发布厅成功举行。著名法学家江平教授以中国改革成败的法律分析为题做了精彩演讲。"张福运纪念讲坛"由北京大学法学院、北京大学

美国研究中心、清华大学法学院和哈佛大学法学院东亚法研究中心共同举办。

11月10日,台湾"中央研究院"汤德宗主任访问法学院并与朱苏力院长洽谈有关两院合作的事宜。随后,汤德宗主任以"司法审查——台湾地区的理论与实践"为题进行演讲。

11月11日,韩国延世大学法学院院长一行访问法学院,向李鸣副院长颁发了"感谢牌",感谢李鸣副院长对韩国延世大学法学院及中国法研究中心所作出的贡献。代表团与朱苏力院长、李鸣副院长等进一步商谈了两院合作事宜。

12月6日,北京大学举行了"北京大学-早稻田大学日"活动,早稻田大学法学院教授上村达男为法学院学生做了题为"企业制度的变貌与法制度的创造"的演讲。

【学生工作】 2005年,在院党委、行政的大力支持和帮助下,法学院学生工作保持了良好发展势头,继续取得了长足进步。

法学院团委和学生工作办公室提出并开展了"青年法律人第二课堂成才计划"。该计划体现了管理与服务、引导与自主、教育与兴趣、校园与社会、学习与教育、求知与成才的有机结合,旨在将思想政治教育融入到大学生专业学习的各个环节,渗透到教学、科研和学生成长成才的各个方面,建立社会实践与专业学习相结合、与社会服务相结合、与勤工助学相结合、与择业就业相结合、与创新创业相结合的管理与服务体制。"青年法律人第二课堂成才计划"是一个文明、科学、健康、开放的人才成长平台以及与之相关联的管理与服务的综合制度结合体。法学院团委积极推进制度、管理、服务、育人等各个层面的工作,将实践成才的理念与青年思想政治教育、"文明生活,健康成才"目标、青年科学世界观的形成、我国创建和谐社会对于法律人才的要求等紧密结合起来。

"青年法律人第二课堂成才计划"是一整套制度化、规范化、科学化的工作体系。基于这样的认识,法学院团委与学生工作办公室制定了《共青团北京大学法学院委员会制度汇编》,包括《共青团北京大学法学院委员会章程》、《共青团北京大学法学院委员会组织制度细则》、《共青团北京大学法学院委员会工作制度细则》、《共青团北京大学法学院委员会各部门制度规范》、《青年法律人第二课堂成才计划项目管理规范》等5部分共24项具体规范,以及涵盖"法律人思想道德与职业规划建设"、"法律人执业素质训练"、"法律人身心健康及法律人形象塑造发展计划"、"法律人文化生活交流建设"、"法律人实践创业计划"等5大板块共27项具体计划和方案,形成了法学院团委与学生工作办公室的制度体系。

团委与学生工作办公室引入项目考核制来保障"青年法律人第二课堂成才计划"各项目的有效运行;加强了对学术实践活动的规范化管理,将各项学术实践活动都纳入制度化管理的轨道;建立了学生管理档案,记录学生在社会实践、工作、实习、志愿服务等各项社会活动中的表现和成绩,结合"第一课堂"成绩,对学生的综合素质与能力进行客观、科学的评价。

为青年学生的成长成才提供丰富的机会和广阔的空间是"青年法律人第二课堂成才计划"的主旨之一。院团委与学生工作办公室从理论研究入手,通过开展"第二课堂计划调研"、"新生调研"、"毕业生去向调研"、"法律实务部门人才需求调研"、"法学院班主任工作现状调研"、"法学院教学工作需求调研"、"往届保研学生近况调研"等调研项目,获取第一手数据,并通过分析,了解青年学生在成长成才过程中各方面的需求,为帮助青年学生健康发展确定了切合实际的工作方向。根据青年法律人的专业特色和未来职业特点,团委与学生工作办公室调动优势资源,举行了"模拟法庭训练营"、"未来之路——职业生涯规划"等活动,为青年学生培养法律实务素质和规划未来职业提供了广阔空间。

在"青年法律人第二课堂成才计划"的框架下,法学院的青年志愿者服务走出校园。以"弘扬宪法精神,增强法制观念"为主题,以"法律志愿者在服务"为口号,通过法律援助和普法宣传等主要形式,联合中华全国律师协会宪法与人权专业委员会、清华大学宪法与公民权利中心和有关高校法学院,组织了"'一二·四'长征沿途送法下乡"主题宣传活动。

(臧文素 党淑平 乔玉君
殷 铭 赵 焕 杨晓雷)

信息管理系

【发展概况】 北京大学信息管理系是我国自己创办的最早的图书馆学情报学教育基地之一,其前身是始建于1947年的北京大学图书馆学系,1987年5月改名为图书馆学情报学系,1992年改为信息管理系。经过半个多世纪的建设和发展,在几代人的不懈努力下,信息管理系逐步壮大为一个多学科、多层次、全日制教育与继续教育相结合的新型专业教育中心和培养高层次信息管理人才的摇篮。信息管理系拥有图书馆学、情报学和编辑出版学硕、博士点以及一级学科授予权,其中图书馆学为国家重点学科。

2005年全系有教职员36人,其中教授10人、副教授15人、讲师3人。系内设有2个教研室——图书馆学教研室、信息管理与信息系统教研室,1个研究所——信息传

播研究所、3个实验室——数字图书馆开放实验室、计算机信息管理应用实验室和中国人搜索行为研究实验室，还设有实习室、资料室、党委办公室、行政办公室、函授办公室、教务办公室等机构。信息管理系还建有国家信息资源管理北京研究基地，承担国家信息化推进工作办公室委托的课题研究任务和相关的社会服务工作。

【学科建设】 在专业设置方面，经过多年的调整和发展，已形成一个以信息管理为核心的、专业门类较齐全的专业体系。2005年在"图书馆、情报与档案管理"一级学科下自设"编辑出版学"硕、博士点，并于当年开始招生。本科层次设有信息管理与信息系统专业、图书馆学专业，2005年招收信息管理与信息系统专业本科生44人。博士和硕士研究生层次设有图书馆学、情报学、编辑出版学3个专业，2005年硕士生招收36人，其中图书馆学专业13人、情报学专业23人。博士生招收15人，其中图书馆学专业3人、编辑出版专业1人、情报学专业11人。招收博士后2人进站工作。2005年在校全日制本科生人数达179人、硕士生112人、博士生59人，招收进修教师与访问学者7人。

为贯彻北京大学"加强基础，淡化专业，因材施教，分流培养"的精神，2005年本系本科生继续实行按系招生，文理兼收，打通专业基础课程。经过全系师生广泛深入的调查研究和论证，确定了今后的学科发展方向：以信息资源管理和信息技术应用为核心，为国家信息化培养合格人才。学科定位在信息资源建设和信息传播与服务的教学与研究。拓宽专业口径，逐步转向信息管理，从技术、经济、政策与法律、人文等不同角度来切入此领域。图书馆学专业也要突破传统的学科范围，重点转向文献信息管理。关键要转变观念，把信息管理、图书馆学视为一个密切相关的学科组合体。要特别关注网络信息管理学科的建设与管理问题。完成了本科生教学计划的修订工作，编制了本科生教学手册，并初步确定出版一套必修课教材。

近年新开设的部分专业课程包括：信息管理概论、信息资源建设、信息组织、信息存贮与检索、信息服务、信息经济学、信息分析与决策、办公自动化、信息政策与法规、管理信息系统、广告学概论、广告实务、调查与统计方法、数字图书馆、信息系统分析与设计、企业与政府信息化、网络信息传播、网络信息资源组织等。

王军老师入选北京大学2005年度"新世纪优秀人才支持计划"。吴慰慈教授负责的"图书馆学"课程被评为国家级精品课，李国新教授的"中国文献信息资源与检索利用"和马张华教授的"信息组织"两门课程被评为校级精品课。陈文广老师获得2005年度优秀教学奖。

【科研工作】 信息管理系教师在教书育人的同时，在图书馆学、情报学、信息管理与信息系统等领域进行了广泛而深入的研究。截至2005年底，在研科研项目近20项，出版各类教材、专著和其他著作数十种，发表论文数百篇，获得各种学术奖励和荣誉20余项，得到了学术界的好评，有多篇论文被SCI和SSCI（社会科学引文索引）等收录。

在学术交流方面，本系是中国图书馆学会、中国科技情报学会、中国社科情报学会、中国信息协会、中国信息经济学会、全国科技传播研究会等重要学术团体的机构会员，并在其中担任了常务理事或副理事长等重要职务。与国内外一些著名大学的信息管理系或其他相关院系有密切的交往，每年都接待一定数量的国内外专家学者访问或讲学，选派若干名教师出国进修、访问或参加学术会议。

与中国图书馆学会合作，信息管理系承担了《中国图书馆年鉴》的组织编纂工作，李国新教授任主编，马张华教授、张广钦副教授、张久珍副教授任副主编。

【交流合作】 为促进信息搜索技术的发展，2005年本系与百度在线网络技术（北京）有限公司合作建立"中国人搜索行为研究实验室"，目的是通过持续的用户信息搜索实验与理论探索，推动中国知识经济的发展。

日本爱知淑德大学图书馆情报学师生30余人来系参观学习，本系教师做学术演讲（每年一次）。

本系与日本筑波大学图书馆情报学系合编的《中日图书情报学研究进展》中、日文版分别出版，该书发表中、日知名学者近20人的学术论文。

韩国、美国、荷兰等国学者约10人次来系讲座。

王余光教授应邀往日本爱知淑德大学、筑波大学图书馆情报学系访问，并做学术演讲。

主持召开"全国图书情报学研究生教育研讨会"，有13所国内重点大学本学科负责人到会，副校长张国有到会讲话。

中国图书馆学会理事会改选，本系有3位教师当选理事，其中王余光教授当选为副理事长兼科普与阅读指导委员会主任、刘兹恒教授和李国新教授当选为理事、吴慰慈教授担任学术研究委员会主任、李国新教授任常务副主任。

【成人教育】 自1956年开办函授班以来，信息管理系为国家培养了近万名函授毕业生，为图书馆界输送了大批实用人才，并为函授教育摸索和积累了许多有益的经验。目前正在开办的成人教育专业有3个，其中专升本专业2个——图书馆学、信息管理与信息系统；专科1个——计算机信息管理。2005年共招收专科生234人、专升本学生151人。目前正在学习的

学生有1000余人,在天津、石家庄、太原、兰州、西安、济南、合肥、广州等地都设有函授辅导站。

2005年正式启动专升本远程教育,目前已有在校生400余人。

信息管理系从1994年起每年都开办研究生课程进修班,为社会上以同等学力申请硕士学位的人员提供进修学习的机会。2005年图书馆学和情报学2个专业的研究生课程进修班在北京、济南招生,共招3个班79人。

表5-10　2005年信息管理系获批重大科研项目

项目来源	项目类别	课题名称	负责人	批准经费
国家社会科学基金项目	一般项目	21世纪图书馆在先进文化建设中的地位与作用	王锦贵	6万
国家社会科学基金项目	一般项目	当代中国图书馆学史(1949.10～1979.12)	周文骏	7万
国家自然科学基金项目	面上项目	数字图书馆自学习知识管理系统的研究与实现	余锦凤	14万
国家社会科学基金项目	一般项目	图书馆危机管理研究	刘兹恒	6万
国家社会科学基金项目	一般项目	网络信息生态评价体系与保护策略研究	周庆山	7万
国家自然科学基金项目	面上项目	竞争情报活动中的人际网络研究	秦铁辉	18万

社会学系

【发展概况】　2005年,社会学系在职的教学、科研、教辅和行政人员总数为43人,其中从事教学和科研的教师33名。2名教师调出,1名教辅人员退休。33名教师中,有教授17人(2005年晋升1人)、副教授15人(2005年晋升1人)、讲师1人。27名教师具有博士学位。

社会学系设有社会学理论、社会学方法、应用社会学、社会工作等教研室,设有社会学、人口学、人类学3个博士点,设有社会学、人类学、人口学、社会保障4个硕士点,有社会学、社会工作2个本科专业。

社会学系设有专业图书分馆2个。"社会学人类学中国网"(www.SAChina.edu.cn)第4版升级工作已经完成,并于2005年4月1日正式发布,在数据库建设、资料集成、为教学和科研服务等方面发挥越来越大的作用。

【党建工作】　2005年,社会学系党建工作中心是认真抓好保持共产党员先进性教育工作。

根据北大党委提出的"单位党委书记是直接责任人"的要求和"党支部书记是具体责任人,党政齐抓"的原则,社会学系党政负责人除参加系保持先进性教育领导小组外,还分别联系某一支部,做到层层有人负责。各支部充分发挥主观能动性,除组织参加爱国主义教育展览等活动外,还积极创新,开展有特色的教育活动,例如,本科生第一支部开展"从生活小事做起,树立党员的良好形象"的活动,要求共产党员在先进性教育活动中争创一次文明寝室,进行一次无偿献血。

认真做好分析评议工作,使先进性教育活动不走过场。在这一阶段中,社会学系首先做好党支部书记的培训工作,对第二阶段中的四个小阶段的九个具体步骤都明确到要做什么事和达到什么效果。征求意见工作是第二阶段的重要环节,社会学系采用设置意见箱、个别访谈和开座谈会等几种方式征求群众意见,共征求到各类意见38条。开好两个专题生活会是将先进性教育活动引向深入的重要环节,在进行充分准备的基础上,社会学系于11月4日下午召开领导班子民主生活会,校党委副书记、纪委书记王丽梅参加。

认真做好整改提高阶段的工作,使先进性教育活动落到实处。社会学系党委认真抓好这一阶段的每个环节,尤其是制定党政领导班子的整改方案。经过广泛征求意见,认真研究了社会学系在党的建设、学科发展、教学和科研中面临的机遇和挑战,认真学习了党中央关于树立和落实科学发展观、构建社会主义和谐社会、加强党的先进性建设、加强和改进大学生思想政治教育的精神,并结合北京大学创建世界一流大学的任务,查找了系领导班子存在的差距和不足,形成了社会学系领导班子整改方案初稿。全部整改方案分为五大部分33条。

根据校党委的要求,社会学系党委于12月12日下午向群众公布整改情况和进行群众满意度测评。参加会议的22人中,有普通党员代表、教代会代表、民主党派代表、无党派人士代表和学生代表。其中认为满意的有16人,占73%;认为基本满意的有6人,占27%。

【教学工作】　2005年本科生招生总数为62人,其中国内学生48人、留学生14人。在校本科生214人,其中国内生177人、留学生37人。

社会学系开设了双学位课程,2005年双学位在读人数为65人。

2005年,社会学系本科生参加各级"挑战杯"竞赛,论文获北京

大学挑战杯一等奖的有2篇,获二等奖的有1篇,获鼓励奖的有1篇;获得北京市挑战杯一等奖的论文有1篇,获二等奖的论文1篇;获得全国挑战杯一等奖的论文有1篇。

2005年社会学系招收硕士研究生86人(包括校本部和北大深圳研究生院两地)、博士研究生18人。在校硕士研究生共203名、博士研究生67名。硕士生为三年学制,博士生为四年制。

刘爱玉的博士论文获得北京大学优秀博士论文三等奖,刘军的博士论文获得北京大学优秀博士论文一等奖,并被选送到教育部评奖。

社会学系设立了研究生助教岗位。2004～2005学年第二学期设研究生助教岗位9个,2005～2006学年第一学期设立研究生助教岗位11个。

在培养全脱产研究生的同时,社会学系也适度培养在职研究生。2005年有在职研究生24人。

社会学系开展继续教育工作,例如,为东城区委组织部开设"社区工作者高级研修班",培养了社区工作干部100名,培训进修教师25人。

社会学系与香港理工大学社会工作系开设了"社会工作文学硕士"研究生班,专门面对全国具有教学经验的社会工作教育者,以培养目前社会急需的社会工作人才。2005年获得社会工作硕士学位的学生21人。

【科研工作】 社会学系2005年在研课题65项,拨入经费286.7万元,新增项目34项。其中,国家社科基金项目3项,教育部规划项目1项,教育部基地重大项目2项,教育部留学归国项目4项,国家各部委和企事业委托以及海外合作项目24项。佟新教授获教育部"新世纪优秀人才支持计划项目"。

社会学系教师在进行基础研究的同时,应用类研究项目有所增加,例如:刘爱玉老师与湖北省世界银行贷款项目办公室合作的"湖北省崔家营航电枢纽项目社会评估"项目、与湖北省交通厅合作的"湖北省十漫公路项目以及农村道路改善评估项目社会评估"项目,刘能老师与国务院妇女儿童工作委员会合作的"联合国儿基会支持的2001～2005年妇女儿童两纲发展项目终期评估"、与中国青少年基金会合作的"希望工程GE教师培训项目的绩效评估"项目等。

2005年社会学系共出版专著、编著、译著16部,发表论文90余篇。

2005年,社会学系举办了一系列学术研讨会,包括"社会学与人类学方法论观念"研讨会、"转型社会中的企业治理、工会角色与工人参与"研讨会、"教育社会学理论、方法与应用"研讨会、"社会学与人口学研究方法和技术"研讨会等。

2005年博士后流动站完成工作评估。10月,在国家人事部召开的纪念博士后制度建立实施20周年大会上,北京大学社会学博士后流动站被评为全国优秀博士后流动站。2005年,钱民辉副教授获北京大学优秀博士后称号。12月,举办了首次社会学博士后回站日学术研讨活动,近20名出站博士后从各地各单位回到北大,交流学术成果。2005年新招博士后3名,出站1名,至12月底,在站博士后8人。博士后在研课题为8项。

马戎教授的"民族与社会"课程被评为2004年北京市级精品课。

社会学系加大了教学出版工作,一批21世纪社会学系列教材得以出版。2005年新出版的社会学系教材有:杨善华、谢立中的《西方社会学理论》(上),钱民辉的《教育社会学》,佟新的《社会性别研究导论》,阮桂海的《SPSS应用教程》。同时,王铭铭的《社会人类学教程》、阮桂海的《SAS社会统计应用教程》和韩明谟的《中国儒家社会思想新编》获得北京大学教材出版立项。

2005年,在学校教务部的支持下,社会学系建立了本科生教学实习基地,为本科学生的社会实践打下了基础。

【费孝通教授逝世】 费孝通教授逝世后,社会学系师生到设于费孝通教授家中和北大社会学系的灵堂参加了守灵和吊唁活动。4月29日上午,师生参加在八宝山革命公墓举行的费孝通教授遗体告别仪式。

4月29日下午,缅怀费孝通教授座谈会召开,参加会议的除社会学系的师生外,还有来自清华大学、人民大学、复旦大学、南京大学、中山大学、上海大学、中央民族大学、韩国汉城大学、美国Youngstown State大学的部分教师。

6月10日,社会学系召开了费孝通教授追思会,与会者围绕费孝通教授的学术思想、社会活动等畅谈了各自的体会。

11月1日～3日,社会学系召开了"费孝通与中国社会学人类学学术研讨会",以纪念费孝通教授从事学术研究70周年和北京大学社会学人类学研究所成立20周年。来自国内外的70多名学者参加了研讨。

外国语学院

【发展概况】 北京大学外国语学院成立于1999年6月22日,是由原北京大学东方学系、西语系、俄语系、英语系合并而成的北京大学第一个多系、多学科的学院。现任院长程朝翔,副院长刘曙雄、王建、刘树森、李政,党委书记吴新英(兼副院长),副书记李桂霞、宁琦。

外国语学院下设英语系、俄语系、德语系、法语系、西班牙语系、阿拉伯语系、日语系、东语系、世界文学研究所等9个所系，包括英语、俄语、法语、德语、西班牙语、日语、阿拉伯语、蒙古语、朝鲜语、越南语、泰国语、缅甸语、印尼语、菲律宾语、印地语、梵巴语、乌尔都语、波斯语、希伯来语等19个招生的语种，共有9个博士点、1个博士后流动站。在学院所属的9个系所中，除世界文学研究所只招收硕士研究生外，其他各系均招收本科、硕士、博士等各个层次的学生。学院现有教职工259人，其中教授51人、副教授101人。学院现有在校学生1244人，其中本科生816人，硕士研究生280人，博士研究生148人。学院主办的学术刊物《国外文学》与《南亚研究》(合办)为全国中文核心期刊。另外，学院有22个虚体研究机构和学术团体：澳大利亚研究中心、西班牙语研究中心、巴西研究中心、伊朗文化研究所、印度研究所、泰国研究所、阿拉伯伊斯兰文化研究所、蒙古学研究中心、南亚文化研究所、英语语言文学研究所、日本文化研究所、朝鲜(韩国)文化研究所、东南亚研究所、印尼-马来文化研究所、俄罗斯文化研究所、世界传记研究中心、中世纪研究中心、法语语言文化研究中心、古代东方文明研究所、外国语言学和应用语言学研究所、外国戏剧和电影研究所、英语教育研究所。另外，教育部的2个文科基地"东方文学研究中心"和"外语非通用语种本科人才培养基地"设立在外国语学院。

外国语学院境外卫星电视节目接收系统向全院学生开放，可接收26个频道的外语节目。

【党建工作】 2005年，外国语学院党委被评为北京大学党务和思想政治工作先进集体；吴新英同志获得优秀党务和思想政治工作的最高荣誉——李大钊奖，李桂霞同志被评为校优秀党务和思想政治工作者；傅增有同志、邹月梅同志、焦英同志获党务和思想政治工作奉献奖。

外国语学院党委现有党支部21个，党员443人。外国语学院党委认真制定理论学习计划，党政领导班子率先进行理论学习。2005年上半年，学院党委组织各党支部认真学习贯彻落实《北京普通高校党建和思想政治工作基本标准》，执行《北京大学落实〈党建基本标准〉实施细则》，按照加强基础、健全机制、突出重点、鼓励创新、注重实绩、科学规范的原则，加强和改进党建和思想政治工作。学习贯彻中央16号文件和全国加强和改进大学生思想政治教育工作会议精神。号召全体教职工党员认真学习领会中央精神，牢固树立"育人为本，德育为先"和"全员育人，全过程育人"的观念，进一步提高对加强和改进大学生思想政治教育工作的重要意义的认识。2005年下半年，根据学校的整体部署，全院认真组织开展为期3个月的保持共产党员先进性教育活动，学院党委组织全院教职工党员和学生党员参观在北大举办的《历史文化的对接，时代精神的互动——红旗渠精神北大展》活动。为纪念反法西斯战争胜利60周年，丰富党员业余生活，学院党委组织全体党员观看"难忘岁月，经典回放"俄罗斯国立模范红军歌舞团访华演出。学院定期召开党支部书记参加的党委扩大会议，总结交流党内建设工作。2005年共发展党员35人，其中教工党员2人，学生党员33人。

【师资队伍】 2005年，外国语学院从国内外招聘引进3名博士、4名硕士到外国语学院任教，完成了教师职务聘任、岗位考核和聘任工作。

2005年新聘博士生指导教师：梁敏和、查晓燕、赵桂莲、谢秩荣、唐孟生、赵华敏、王建、谷裕、田庆生、张敏。英语系试行遴选博士生导师的新办法，即取消博士研究生指导教师固定资格，试行新办法、新机制，不再按以往的办法聘任博士生指导教师。

【学生工作】 2005年招收新生332人，其中本科生205人，硕士研究生92人，博士研究生35人。招收课程进修班学生4人，高校教师攻读硕士学位班学生25人。在总结招生工作经验的基础上，外国语学院重点研究了保送生招生工作，派出3个小组赴广东、江苏和浙江等省的7所重点中学调研，进一步修订和完善了学院招生工作规则和实施细则，有针对性地采取了增加高考提前录取的省份、对推荐生严格实行淘汰率等措施，确保招生工作程序公正、生源优秀和信誉良好。

2005年共毕业学生276人，其中本科生189人(授学位188人)、硕士生80人、博士生7人，同等学力3人被授予硕士学位。

2005年英语系刘扬获全国优秀博士论文二等奖(论文题目：双语WordNet语义知识库的构造理论与工程实践)，阿拉伯语系吴冰冰获北京大学优秀博士论文二等奖(论文题目：什叶派现代伊斯兰主义的兴起)。

【教学工作】 2005年共开设本科生课程400余门，研究生课程240余门。

《大学英语》2005年被评为国家级精品课程；《法语精读》被评为北京高等教育精品教材。

高峰枫、王文融、董欣、黄颖、马剑、王军、孙建军、付志明、林成姬等10名教师被评为外国语学院2004~2005学年度教学优秀奖获得者；高峰枫、王文融获北京大学2004~2005学年度教学优秀奖。

表 5-11　2005 年度外国语学院教材建设立项

名　称	主编	类型	所属系列
中级法语听力教程	杨明丽副教授	新编	主要专业课
大学英语阅读教程（1~4 册）（附光盘）	黄必康教授	新编	主干基础课
基础波斯语	李湘教授	新编	主干基础课
乌尔都语基础教程	孔菊兰副教授	新编	主干基础课
新编俄语应用文写作教程	周海燕讲师	新编	主要专业课
希伯来语教程（五、六）	徐哲平副教授	新编	主干基础课
梵文贝叶经字体教程	段晴教授团队	新编	主要专业课
西班牙战后小说	王军副教授	新编	主要专业课

根据教育部主要领导关于重视培养外语非通用语种人才、争取本科生在 4 年学习期间有一年在国外学习的意见，外国语学院认真总结东语系菲律宾语、缅甸语、乌尔都语、泰语等专业在暑期组织学生到语言对象国访问、实习的经验，将这项活动列入暑期学校课程，推进外语专业人才培养过程的国际化。

外国语学院各系接收法语、德语、日语等外语辅修专业人数为 154 人，共有 78 名学生获得外语辅修专业证书。外国语学院学生选择辅修、双学位报名人数为 185 人，其中双学位 161 人、辅修 24 人，涉及经济、电子、心理学、国际关系、社会学、艺术学、化学、哲学、外语、行政管理、历史学等专业。2005 年 7 月，外国语学院 68 名学生获得经济学等专业的双学位和辅修毕业证书。

学院制定了"北京大学外国语学院本科生毕业论文写作规范和日程安排"，对各专业提出了统一的原则要求。

学院与西安外国语学院人事处签订协议，为西安外国语学院培养印地语、泰语师资各 2 名。

表 5-12　2005 年外国语学院获校方批准立项建设的研究生课程

课程名称	负责人
莎士比亚戏剧	程朝翔
语言学导论	王立刚
东南亚文化	吴杰伟
科研方法与论文写作	李昌珂

【科研工作】　共组织申报 13 项国家社科基金项目，获得立项 6 项，占北京大学文科立项总数的 17.7%，是 2005 年获国家项目最多的院系之一。申请项目中标率达 46%，是全校文科立项率较高的院系。共获项目经费 39.5 万元。

组织教育部留学回国人员科研启动基金项目立项工作，共申报并获立项 3 项，获项目经费 4.5 万元。

组织外资研究项目课题的立项工作，共获立项 1 项，获项目经费 60 万日元，兑换人民币 4.5999 万元。

组织横向研究项目课题的立项工作，共获立项 4 项，获项目经费 6.15 万元。

2005 年外国语学院获得国际奖 9 项。

2005 年获得的国内奖励有：3 月 7 日，张鸿年教授、曾延生教授、叶奕良教授获北京大学伊朗文化研究所、全国高校外国文学教学研究会波斯语言文学研究分会授予的"杰出贡献奖"；6 月 23 日，陈明副教授的《"十月成胎"与"七日一变"——印度胎相学说的分类及其对我国的影响》获第二届北京大学、清华大学、北京师范大学、首都师范大学《余志明文渊阁四库全书电子版》学术成果奖论文一等奖；6 月 26 日，田德望教授的《神曲》、黄燎宇教授的《雷曼先生》获第三届（2001~2003）鲁迅文学奖文学翻译奖；7 月，韩振乾教授的《韩国人的地方观念透析》获顺利科学发展观暨全面建设小康社会学术研讨会优秀论文特等奖；11 月 9 日，滕军副教授、于荣胜教授、刘金才教授、潘钧副教授、马小兵副教授均获得由北京大学日本学研究卡西欧基金会授予的第一届北京大学日本学研究卡西欧学术奖；11 月 12 日，李明滨教授《世界文学简史》、王军副教授的《诗与思的激情对话——论奥克塔维奥·帕斯的诗歌艺术》获中国高等教育学会外国文学专业委员会授予的全国高校第三届优秀教学科研成果奖著作奖；12 月 28 日，日语系马小兵副教授的《日语复合格助词和汉语介词的比较研究》获宋庆龄基金会第四届孙平化日本学学术奖励基金专著类三等奖，金勋副教授的《现代日本的新宗教》获专著类作品奖。

组织北京市社科理论专著出版基金申请工作：上半年申请 5 项，获 3 项资助，获资助率为 60%，占北京大学文科获资助比例的近三分之一；下半年申请 2 项，获 2 项资助，获资助率为 100%，占北京大学文科获资助比例的七分之一。

2005 年外国语学院教师在国内外学术刊物上发表论文 234 篇、译文 6 篇，出版专著 21 部、编著或教材 48 部、工具书 6 部、古籍整理 1 部、译著 34 部、音像软件 1 套，提交研究或咨询报告 1 篇。

2005 年外国语学院举办会议 12 次，其中国际学术研讨会 9 次、国内学术研讨会 2 次、科研工作会议 1 次。

表5-13 2005年外国语学院获国家社科基金项目

批准号	负责人	课题名称	资助金额(万元)	预期成果	计划完成时间
05BWW009	仲跻昆	阿拉伯文学通史	7	专著	2008.06.30
05BZS027	陈明	隋唐时期的医疗、宗教与社会生活	6.5	专著	2008.06.30
05CWW007	谷裕	德语成长发展小说研究	6	专著	2008.06.30
05CYY003	王立刚	对现代俄语中评价意义的研究	6	专著	2008.06.30
05BYY007	高一虹	大学生英语学习社会心理：基础阶段跟踪研究	7	研究报告	2007.12.31
05BWW007	张鸿年	列王纪研究	7	专著	2008.06.30

表5-14 2005年外国语学院获教育部留学回国人员科研启动基金项目

项目负责人单位	项目负责人姓名	项目名称	项目经费
日语系	马小兵	有关日语复合格助词及汉语介词的综合研究	1.5万元
日语系	孙建军	清末西方传教士的中国助手与汉语新词汇	1.5万元
俄语系	宁琦	现代俄语述体配价的研究及其在教学中的应用	1.5万元

表5-15 2005年外国语学院获外资研究项目

项目负责人单位	项目负责人姓名	项目名称	项目经费
日语系	潘钧	日本汉字的确立及其历史演变研究	日本住友财团基金

表5-16 2005年外国语学院获横向研究项目

项目负责人单位	项目负责人姓名	项目名称	项目经费
英语系	王继辉	奥运会英语读本	3万元
英语系	柯彦玢	北京大学大学英语综合评估	1.55万元
英语系	柯彦玢	北大大学英语四级证书考试成绩分析	0.6万元
日语系	赵华敏	高校外语非通用语种专业布局和发展研究	1万元

表5-17 2005年外国语学院所获国际荣誉

姓名	专业	奖项名称	授奖单位	授奖时间
张鸿年	波斯语言文化	终身成就奖	伊朗伊斯兰文化联络组织	2005.03.07
曾延生	波斯语言文化	伊朗终身成就奖	伊朗伊斯兰文化联络组织	2005.03.07
叶弈良	波斯语言文化	伊朗终身成就奖	伊朗伊斯兰文化联络组织	2005.03.07
张鸿年	波斯语言文化	伊朗德黑兰大学建校70周年纪念奖章	伊朗德黑兰大学校长列查·法拉治·达纳	2005.02.04
曾延生	波斯语言文化	伊朗德黑兰大学建校70周年纪念奖章	伊朗德黑兰大学校长列查·法拉治·达纳	2005.02.04
叶弈良	波斯语言文化	伊朗德黑兰大学建校70周年纪念奖章	伊朗德黑兰大学校长列查·法拉治·达纳	2005.02.04
仲跻昆	阿拉伯语言文化	埃及高教部表彰奖	埃及高教、国务科研部部长阿穆尔·伊扎特·萨拉迈	2005.05.18
韦旭升	朝鲜语言文化	韩国宝冠文化勋章	韩国总统卢武铉	2005.10.09
叶弈良	波斯语言文化	伊朗国家文化杰出人物和尊贵学术人物奖暨第五届国际"名人堂"奖	伊朗国家广电部部长赛耶德·埃扎特拉赫·扎尔高米和伊朗广电中心主任扎尔加米	2005.11.14

表5-18 2005年外国语学院获北京市社科理论专著出版基金

申报著作	申请人	获得资助批次
语言对比与语言学习	王辛夷	2005(上半年)
穆斯林诗人哲学家伊克巴尔	刘曙雄	2005(上半年)
英美小说叙事理论研究	申丹	2005(上半年)
俄语的数、数词和数量词研究	左少兴	2005(下半年)
音乐精神——俄国象征主义诗学研究	王彦秋	2005(下半年)

表 5-19　2005 年度外国语学院科研成果分类统计

成果总计	专　著	编著或教材	论　文	译　著	译　文	其他成果
352	21	48	234	34	6	9

表 5-20　2005 年外国语学院举办的会议

名　称	主办单位	类　型	召开时间
斯特林堡国际学术研讨会	世界文学研究所	国际	2005 年 10 月 19～20 日
东方对西方的认知与建构	世界文学研究所	国际	2005 年 08 月 20～22 日
美国戏剧与英语戏剧教育	外国语学院	国际	2005 年 8 月 5～7 日
中泰关系 30 年：回顾与展望国际学术研讨会	泰国研究所、诗琳通科技文化交流中心	国际	2005 年 6 月 29～30 日
纪念肖洛霍夫诞辰 100 周年暨苏联文学国际学术研讨会	俄语系	国际	2005 年 5 月 20～21 日
马尔罗与中国	法语系	国际	2005 年 4 月 18～20 日
东南亚宗教研究学术研讨会	东南亚研究所	国际	2005 年 4 月 13～14 日
全球化时代的中泰关系国际学术研讨会	泰国研究所	国际	2005 年 4 月 4～5 日
2005 中日人文社会科学国际研讨会	日语系	国际	2005 年 9 月 9 日
第四届波斯语言文学研讨会	伊朗文化研究所	全国	2005 年 3 月 7～8 日
蒙古文学与比较文学研讨会	蒙古学研究中心	全国	2005 年 6 月 4～5 日
北京大学外国语学院第三届科研研讨会	外国语学院	校内	2005 年 12 月 16 日

【交流合作】　积极发展与有关国家大学以及外国在华使馆等机构的联系，共同举办文化交流活动，为外国语学院各系所的教学和科研服务，尽可能为教学与科研创造更有利的条件。协助学校完成接待外国国家元首等重大外事活动，接待各国政要、驻华大使、国际名人等来访 23 次，接待国外 20 多所大学的校长、副校长来访。来学院访问、学术交流、讲学以及商谈合作项目的外宾多达 518 人。2005 年聘请长期外教 33 人次，院系自筹经费聘请外教 12 人，接待短期讲学专家 18 人，涉及 13 个语种。主要的外事活动包括：伊朗、阿富汗等多国驻华大使来访；开罗大学副校长哈米德·塔希尔教授来访，商谈扩大两校之间的交流与合作；13 个阿拉伯国家驻华大使夫人组成的代表团访问北大，与阿拉伯语系师生举办了中阿关系座谈会；澳大利亚著名作家托马斯·肯尼利（Thomas Keneally，《辛德勒的名单》作者）来访，并举办了题为"澳大利亚文学创作与世界"的学术讲座；与印尼驻华使馆联合主办了"庆祝中国-印尼建交 55 周年：前途似锦"大型主题座谈会；印尼大学校董主席、被誉为"印尼首富"的李文正率印尼大学代表团 50 余人来访。

【学生工作】　2005 年外国语学院被评为学生工作先进单位，院团委被评为北京大学红旗团委。

4 月 24 日在百周年纪念广场成功举办外国语学院国际服饰文化节；外院团委组织开展了第二届"新生·成长"演讲比赛；外院学生会隆重推出"感受欧罗巴——欧洲文化周"系列讲座活动；外院女排勇夺北大杯排球赛冠军；外院团委学生会联合推出学院院衫；12 月 4 日外国语学院荣获全校"一二·九"合唱比赛一等奖。在社团活动方面，外国语学院关注青年兴趣发展，把握社会最新动向，主动占领学生社团文化阵地。成功指导东亚发展研究会主办 OVALBEIJING 中日韩大学生商业设计大赛；指导奥林匹克文化协会举办"迎奥运倒计时 1000 天"系列活动；"七日·法兰西"首届欧莱雅北京大学法国文化节也获得广泛好评，该活动得到中法文化年中方组委会认可，成为中法文化年中唯一一个高校参与的文化项目。

外国语学院坚持"学以致用"、"知行合一"的原则，积极开展外事交流与外语实践。2005 年暑期社会实践活动评比中，外国语学院团委被评为北京大学优秀组织奖；各专业学生争当第 16 届国际中学生物学奥林匹克竞赛志愿者，外国语学院被评为志愿者工作"优秀组织奖"。此外，法语系学生参加中非青年联欢节并担任翻译，乌尔都语专业学生受团中央委托，接待巴基斯坦百人青年团，俄语系学生接待俄罗斯青年访华团，韩语专业学生与韩国大学生共同参与第四届中韩未来林植树活动。2005 年外院学生还承担了团市委国外奥运志愿活动资料搜集翻译任务，并坚持为天安门国旗班战士义务教授英语。

【继续教育】　充分利用外国语学院雄厚的师资和优越的教学条件为政府部门、企业单位和社会人士提供高质量的外语培训服务。2005 年度举办的培训项目包括：北京市政府公务员高级英语培训班、全国高校外语非通用语种青年骨干教师高级研修班、新疆英语教

师进修班、英语自考助学(专科阶段和专升本阶段)、日语自考助学(专科阶段和专升本阶段)、暑期外教英语口语班、暑期中国文化研习班,接收培训的学生人数约2300人;本年度正式承担北京市日语自考主考院校工作。

【工会工作】 作为学院党政班子与教职员工之间沟通的桥梁,学院工会积极有效地开展工作。

把对教职工的关心落实到每个细节,例如,定期组织全院女教职工体检,经常帮助和慰问离、退、病、困教职员工,三八妇女节给女教职员工发慰问信,六一儿童节为全院的小朋友准备礼物,在教师节为老师们寄送贺卡,等等;组织丰富多彩的业余文化活动,如商业保险知识讲座、女工保健知识讲座、学院中青年教师教学基本功和现代教育技术应用演示和经验交流活动、全院教职工新年联欢会等。

积极参加校工会组织的各项活动:在全校运动会上获团体总分第7名和精神文明奖杯;在全校教职员工乒乓球联赛中取得男子团体第二名、女子团体第三名的好成绩;组织教师参加"北京大学第五届教师教学基本功和现代教育技术应用演示竞赛",获三等奖1项、优秀奖1项,学院获优秀组织奖;2005年1月,组织教职员工向印度洋地震海啸灾区捐款;2005年12月,向受灾及困难群众捐款捐物;参加学校工会组织的"纪念中华全国总工会成立80周年知识竞赛"。

(安晓朋)

马克思主义学院

【思想政治理论课教学】 北京大学的思想政治理论课教学是在学校党委的领导下,由马克思主义学院负责组织实施的。自1997年下半年以来,经过一系列试验和探索,逐渐形成了具有北大特色和品位的新的教学管理方法,如教学组式的教师组合方式、专题讲座式的课堂讲授方法、多种多样的教学环节、多媒体现代教育技术手段、灵活宽松的考核办法、全年滚动的排课方式、学生自由的选课办法、"四位一体"的教学管理模式,等等,教学效果一直很好。而且,这些新方法在校内外产生了很大反响。2004年,马克思主义学院在"邓小平理论和'三个代表'重要思想概论"课上进行了"大班上课、小班讨论"教改试验(即将一个160人左右的大班分成2个小班安排课堂讨论,使更多学生有发言机会),获得了成功。同时,马克思主义学院在"思想道德修养"课中进行了网络教学平台的试验,教师可以及时而广泛地与学生交流思想,并收集最新的信息。该试验得到了师生的一致好评。

2005年,学院集体项目——"高校本科生思想政治理论课教学的改革与探索"课荣获北京市高等教育优秀教学成果一等奖;学院还被评为北京高校德育先进集体。"邓小平理论和'三个代表'重要思想概论"课继续保持国家精品课程地位(2003年认定),"毛泽东思想概论"课保持北京市精品课程地位(2004年认定)。此外,"思想道德修养"课在2005年被评为北大精品课程。

北京大学思想政治理论课在教育理念上实现了几个转变:

(1)以服务学生为根本,牢固树立以学生为中心的思想。总结以往教学经验,特别是总结执行新课程设置方案以来的经验,马克思主义学院认识到,思想政治理论课教学必须以服务学生为根本,必须实现从以教师为中心向以学生为中心的理念转变。也就是说,思想政治理论课教学一定要从学生的思想实际出发,为学生的健康成才服务,以全面提高学生的素质为根本,以教学内容进学生的头脑为目的。思想政治理论课教师必须花大气力去了解学生的特点和需求,并着力研究如何才能使比较抽象的理论变成学生能够接受的东西,努力做到了解学生、理解学生,为学生提供优质服务。北京大学之所以要实行教学组的教师组合方式、专题讲座的课堂讲授方式、全年滚动排课和学生自由选课等教学改革,因为这些改革都是学生喜欢的做法。

(2)以科学研究为支撑,努力增强教学内容的说服力。要提高思想政治理论课教学的质量,一个不容忽视的工作就是努力增加教学中的科研含量。对思想政治理论课教学的基本内容和精神实质的阐述,必须在研究的层面上去讲解,这样才能说服学生,打动学生,才能真正使学生理解。思想政治理论课教学虽然也有告诉学生"是什么"的任务,但主要是在与学生的讨论中使他们懂得"为什么"。思想政治理论课的课堂讲授在教学大纲的指导下,与学生所使用的教材形成一种既统一又区别的关系,教师把讲授的重点放在指导学生更好地读书、更深刻地思考问题上,做到以教学带动科研,以科研支撑教学。马克思主义学院致力于使思想政治理论课教师从单纯的教学型教师向教学科研型教师转变,同时从偏重课时要求向把重点放在教学效果转变。马克思主义学院教师在2005年承担着省部级以上重大课题10多个;在北京大学"十五·211工程"中承担着"马克思主义与中国特色社会主义研究"重大项目的研究任务。

(3)以联系实际的原则,努力提高教学的针对性和实效性。为了使思想政治理论课教学有的放矢,增强教学的现实感和针对性,除了收集整理社会上干部群众提到的一些热点和难点问题外,教研室专门收集整理了北大学生提出的若干个问题。教师在教学中既

要讲清楚有关课程的基本理论，又要十分重视联系国际国内、校外校内的实际，特别是联系中国革命、建设和改革进程中的重大实际和学生们的思想实际。教学组对学生提出的问题认真加以梳理和研究，力求在教学中给学生以指导。教师的课堂讲授重点不是回答学生提出来的全部问题，而是要找到讲授入题的办法，巧妙地把学生的问题纳入讲课体系中去。

（4）以队伍建设为关键，积极推进用人机制改革。几年来，马克思主义学院适应思想政治理论课教学改革的需要，逐渐建立了良性的用人机制。实行教学组的教师组合方式，打破教师个体承包劳动的惯性；既坚持以学院的专职教师为主，又聘请一些专职教师以外的知名专家兼职为学生授课；引进必要的竞争机制，促使教学效果的好转。从1999年开始，马克思主义学院把教师队伍建设的工作重点转移到培养青年教师上。45岁以下的青年教师占到学院教师的一半，他们都具有博士学位，外语好，视野宽，思想活跃，是思想政治理论课教学新的生力军和骨干力量。学院进一步明确了青年教师在教学和科研等方面的工作要求，并尽可能为他们实现目标提供支持。截至2005年，在北京市认定的40名高校思想政治理论课学科带头人培养对象中，北大占4名；5位青年教师进入北京市高校"百人工程"；有好几位青年教师成为省部级和国家哲学社会科学重大课题的主持人。

2005年2月，中宣部、教育部提出了"关于进一步加强和改进高等学校思想政治理论课的意见"；3月又制订了实施方案并召开了思想政治理论课新方案的管理工作会议。北京大学积极组织思想政治理论课教师认真学习并深刻领会文件精神，决心把思想认识统一到中央关于加强和改进高校思想政治理论课重要性的认识上来，统一到中央对高校思想政治理论课教学形势的分析判断上来，统一到中央对高校思想政治理论课的最新部署上来，加紧准备，乘势而上，力争把思想政治理论课的教学水平提到一个新高度。

（陈占安）

教育学院

【发展概况】 北京大学教育学院成立于2000年，在原北京大学高等教育科学研究所、教育经济研究所和电化教学中心的基础上组建而成。教育学院下设3个系——教育与人类发展系、教育经济与管理系、教育技术系，2个研究所——高等教育研究所和教育经济研究所，1个中心——基础教育与教师教育中心。其中教育经济研究所为教育部人文社会科学重点研究基地，教育经济与管理为国家重点学科。教学科研辅助机构包括图书及信息资料中心、计算机室、全国高等教育情报网总站（挂靠单位）和全国高等教育教育技术信息中心（挂靠单位）。在编人员42人，其中教授7人、副教授17人、讲师7人；党政、教辅人员11人，其中高级职称者4人、中级职称者6人、初级职称者1人。

教育学院从事教育学领域的基础性和应用性研究，特别关注我国教育实践中的重大问题的研究，注重与国际同行的交流与合作。在人才培养方面以研究生的培养为主，专业有教育学、教育经济学、国际与比较教育、教育管理与教育政策分析、教育技术、人力资源开发、课程设计与现代教学理论等。另外，还为各级教育决策部门提供有关决策支持研究和政策咨询，为教育管理人员及教师提供在职培训。

院长为闵维方教授（兼），常务副院长为陈学飞教授，副院长为陆小玉研究员、文东茅副教授，院长助理为李文利、汪琼。党总支副书记为胡荣娣副研究馆员。教育与人类发展系主任为陈洪捷教授，教育经济与管理系主任为王蓉副教授，教育技术系主任为郭文革副教授。

2005年10月27日，北京大学中国教育财政科学研究所成立，该研究所得到国家财政部的支持，具有政策咨询、基础研究、能力建设、数据和信息的搜集与传播、教育财政创新的孵化与支持等多项职能。王蓉副教授担任研究所所长。

5月16日讨论"北京大学教育学院遴选博士生指导教师的实施办法（草稿）"，最后决定采用学校研究生院制订的第三种方案，因为教育学院招收高级教育行政管理博士研究生，所以具有博士学位的副教授都可以作为博士生导师。

【人才培养】 教育学院设有高等教育学专业博士点（设于1990年）、硕士点（设于1983年），教育经济与管理学专业博士点及公共管理博士学位一级学科授予权（分别设于1997和2003年）、硕士点（设于1995年），教育学原理博士点（设于2003），教育技术学硕士点（设于2000年）。研究生培养方向包括：高等教育基本理论、教育经济学和教育财政学、中国高等教育及国际与比较高等教育、教育研究方法、教育管理、教育技术学。

2005年度在读硕士研究生79人、博士生116人（其中高级教育行政管理博士研究生62人），访问学者和进修教师以及在职申请学位者近7人。其中新招硕士研究生28人、博士研究生40人（其中高级教育行政管理博士研究生28人）。2005年5人获博士学位，23人获硕士学位。教育学院开设有硕士生、博士生课程以及学校通选课近104门。

5月30日,在第十三届"挑战杯"竞赛中,2003级硕士研究生吴淑姣的论文"从就业状况看民办高校毕业生的竞争力"获二等奖;2004级博士研究生薛海平的论文"国际教育竞争力的比较研究"获三等奖;2004级硕士研究生刘钧燕的论文"通识教育抑或专业教育补充?——探讨北京大学本科生素质教育通选课的理念"获三等奖和特别贡献奖。

6月25日,2002级硕士研究生由由的论文"经费来源与高等教育成本效率研究"在北京大学经济学联合会举办的首届"富大杯"中国经济学研究生论文大赛中荣获优秀论文奖。

【科研工作】 2005年在研大型科研项目32项,包括全国教育科学"十五规划"课题、北京市哲学社会科学课题、教育部"十五规划"基金、教育部哲学社会科学研究重大课题攻关项目、北京市教育科学"十五规划"立项课题等。其中新增项目11项:"农村义务教育投入保障机制研究"(王蓉)、"国际高等教育发展趋势与北京市应对策略"(闵维方、李文利)、"北京市民办高等教育发展的制度与政策环境研究"(郭建如)、"教育经济保障的法规、制度和政策的经济学分析"(张立、李文利)、"教育生产效率的理论与实证研究"(赵耀辉、王蓉)、"网络教育关键技术及示范工程——网络教育技术发展趋势及战略规划研究"(汪琼)、"英特求知计划"(汪琼)、"农民工再教育、再培训"(丁小浩、岳昌君)、"北京市调查课题数据库建设研究"(文东茅)、"转制学校管理与经营的个案调查"(文东茅)、"教育机会与收入不平等研究"(龚六堂、岳昌君)、"制度理论与中国大学制度变迁研究"(马万华、阎凤桥)。

在首届全国优秀高等教育研究机构评选活动中,北京大学教育学院被评为首届全国优秀高等教育研究机构。

丁小浩教授的"中国高等院校规模效益的实证研究"荣获联校教育及社会科学应用研究论文奖计划十周年特别优秀论文奖;陈洪捷教授的《德国古典大学观及其对中国大学的影响》专著荣获联校教育及社会科学应用研究论文奖计划十周年优秀论文奖;林小英博士的"民办高等教育政策变迁中的策略空间"荣获联校教育及社会科学应用研究论文奖计划十周年优秀论文奖。马万华教授的《从伯克利到北大清华——中美公立研究型大学建设与运行》荣获中国教育学会(1999~2004)二等奖,中国高等教育学会第六次高教科研论文、专著一等奖。

9月,展立新副教授获北京大学2004~2005学年度教学优秀奖,陈向明教授获北京大学2005年度奖教金——正大奖教金特等奖,施晓光副教授获北京大学2005年度奖教金——树仁学院奖教金。

【交流合作】 2005年接待来访29次;教师出国访问、考察以及参加国际学术会议24人次;举办北大教育论坛39次,其中4次由研究生举办。

1. 国外及港台地区学者来访。3月8日,美国宾夕法尼亚大学教育代表团一行来访,讨论了高级教育行政博士研究生的培养问题。宾大教育学院院长Susan Fuhrman做了题为"美国义务教育政策:幼儿园—12年级高中毕业"的报告;3月8日,原哈佛大学教育学院院长Jerome Murphy做为"对一流学校的崇拜"的报告;4月6日,台湾国立政治大学教育系周祝瑛教授做为"国际教育改革经验与台湾教育改革——谁捉弄了台湾教改"的报告;4月28日,香港大学教育学院马克·贝磊教授做为"教育的政府和家庭资助——寻找平衡"的报告;5月23、25日,香港中文大学教育学院萧今副教授做题为"人力资本发展的多种路径"和"劳动市场、教育提供与职工参与"的报告;5月26日,美国纽约州立大学教授Bruce Johnstone做题为"高等教育财政的发展"的报告;5月27日,美国哥伦比亚大学Dolores Perin做题为"美国的社区学院:发展教育的挑战";9月7日和14日,荷兰阿姆斯特丹大学前经济学院院长Joop Hartog教授做题为"劳动力市场的经济学分析"和"人力资本的投资风险"的报告;9月8日,美国南俄勒冈州塞滕霍(Seton Hall University, USA)大学Joseph Stetar教授做题为"乌克兰和前苏联的高等教育私有化"的报告;10月12日,英国浩大学(University of Hull)朱志昌教授做题为"教育、制度与制度互补"的报告;11月8日,美国华盛顿大学麦克·乌诺教授做题为"如何在竞争中建立友谊"的报告;11月15日,加拿大凯格瑞大学(University of Calgary)Susan Crichton教授做题为"数字媒体在资料整理分析中的运用"的报告;11月29日,瑞典隆德大学(Lund University)国际法和国际关系教授 Katarina Tomasevski教授做题为"受教育权——全球视角"的报告;12月6日,夏威夷大学前校长恩勒特(Peter A. J. Englert)教授做题为"高等教育系统:比较的观点"的报告;12月8日,英国诺丁汉大学摩根(W. J. Morgan)教授做题为"智力流失"的报告。

2. 国内学者来访。2月22日,清华大学张建伟副教授做题为"网络支持的知识建构共同体"的报告;4月12日,中央党校经济学教授鲁丛明做题为"《资本论》的思想精华和现实意义"的报告;4月22日,应教育知行社的邀请,江苏陶行知研究会副会长、原陶行知纪念馆馆长和南京晓庄师范学校校长汤翠英做题为"陶行知的人生历程及教育思想"的演讲;5月17日,北京师范大学心理学院刘儒德教授

做题为"我对建构性学习的理解"的报告;6月14日,华南师大教育信息技术学院丁新教授做题为"远程教育理论与实践发展前沿"报告;11月1日,北京吉利大学执行校长、北京吉利国际教育有限公司总裁罗晓明先生做题为"吉利大学的今天和民办大学的明天"的报告;11月27日,北京理工大学教育研究所、21世纪教育发展研究院院长杨东平教授做题为"反思与诊断——素质教育与择校热"的报告。

3. 参加学术会议。2月4日~5月4日,陈学飞教授前往日本广岛大学进行交流与合作研究;4月6~8日,李文利副教授在韩国汉城参加了由世界银行和韩国教育与人力资源部合办的"知识经济背景下高等教育财政改革"国际研讨会,并做题为"中国高校助学贷款和入学机会公平"的大会发言;7月9日,汪琼副教授应邀在北京国际教育博览会"信息技术在教育中的应用与推广国际研讨会"上做题为"政府、企业、学校如何共同推进教育信息化"的报告;8月22~24日,施晓光副教授参加了第二届世界比较教育论坛,并在会上做题为"提高大学竞争力:韩国的经验"的报告;9月8日,田玲副教授参加中国教科文体卫工会、中国教育报等机构举办的"师德建设研讨会",并在会上做题为"师德问题原因与对策的理论思考"的报告;10月17日,陈洪捷教授参加首都师范大学"2005大学文化建设论坛",并做题为"大学理念的作用及其局限"的报告;10月27~30日,陈洪捷教授陪同许智宏校长到韩国首尔参加"东亚四国校长论坛",并做题为"科层管理与学术创新"的报告;10月31日~11月9日,施晓光副教授随国家教育部组织的代表团赴台湾访问并参加学术会议,做题为"改革开放后大陆留学教育的现状"的主题发言;11月1~2日,李文利副教授应财政部邀请,参加财政部、教育部与世界银行集团成员之一——国际金融公司在北京共同举办的"公共部门与私营部门合作论坛2005",做题为"学生贷款证券化在中国的适用性探索"的发言;11月7~11日,李文利副教授赴日本广岛参加日本高等教育学会、中国高等教育学研究会主办,广岛大学高等教育研究开发中心承办的"第二届中日高等教育论坛",并做题为"经济学理论与高等教育机构运行"的报告;11月30日,岳昌君副教授在中央教科所举办的"全国中小学校长培训班"上做题为"经济增长与中国教育发展"的专题报告;12月15~16日,文东茅副教授参加由21世纪发展研究院等单位组织的"民办教育论坛",并做题为"反思民办学校的合理回报政策"的主题发言。

【师资队伍】 8月,马万华被聘为教授,吴峰被聘为副教授,展立新被聘为副教授。1月6日,顾佳峰博士(北京大学光华管理学院毕业)开始进行为期两年的公共管理学博士后研究。3月,徐未欣从学校化学院调入教育学院,从事研究生教务工作。7月8日,李轶博士(北京师范大学管理学院毕业)开始进行为期两年的公共管理学博士后研究。10月10日,鲍威博士(日本东京大学毕业)开始进行为期两年的公共管理学博士后研究。11月,美国哥伦比亚大学曾满超教授被国家教育部聘为北京大学长江讲座教授,主要参与和指导教育学院的学科建设与科学研究。

【举办学术会议】 2月26日,与中国教育报社共同主办了"中国教育发展新机遇"主题座谈会,邀请了谈松华、丁宁宁、朱小蔓、杨东平、滕星、张力等教育领域的著名学者就我国教育科学的研究与实践进行了座谈。议题包括农村地区的教育发展的机遇、西部大开发下的基础教育发展模式、弱势群体的教育保障机制、中小学的运营机制与自我壮大之路。

4月18~19日,与美国中西方中心主办了"关于2020年教育领袖人员培训"座谈会。

10月11~12日,"海峡两岸大学文化高层论坛——世界多元文化激荡交融中的大学文化"在北京大学举行,本次大会由北京大学、清华大学、高等教育出版社主办,由大学文化研究与发展中心、北大教育学院、北大校史馆承办。会议代表共38人,其中来自台湾的代表约22人。陈洪捷教授、田玲副教授、施晓光副教授应邀参加会议并做会议发言。

10月14~16日,"比较制度研究国际研讨会"在北京大学召开。来自国内外的28名专家学者就制度理论的最新进展进行了研讨。

11月15日,教育学院、北京大学教育经济研究所和美国东西方中心举办了"中国教育展望:全球-本土相结合的辨证发展观"国际研讨会。参加会议的有来自美国东西方中心、东北师范大学、教育部国家教育发展研究中心、华东师范大学、云南大学以及北京市教委等单位的36名代表。

(陆小玉 陈洪捷)

艺术学系

【发展概况】 艺术学系现有教职员工24人,其中教授7人、副教授10人、讲师3人、助教1人、行政教辅人员3人。艺术学系现有影视编导专业本科生135人(其中留学生27人)、艺术学双学位本科生117人;硕士研究生60人、博士研究生8人,硕士研究生课程班学员384人。艺术学系2001级本科毕业生为27人,2002级硕士毕业生为17人。

艺术学系下设6个研究所：文化产业研究所、电视研究中心、书法艺术研究所、京昆艺术研究所、戏剧研究所、汉画研究所。

艺术学系依托北大得天独厚的丰富资源，现有资料室、影视实验室等多种大规模教学资源。其中，资料室现藏有图书、音像资料（包括录像带、磁带、VCD、DVD）6800余册、期刊70余种（2200余册）、外刊18种（300余册）、幻灯片15000张；影视实验室现有摄像机30余台，多套非线编辑及相关设备，基本具备演、拍、剪辑、合成、三维场景、虚拟等制作功能，主要供影视编导专业本科生实践课使用。艺术学系共有教学仪器设备（包括影视设备、乐器、计算机等）360台，价值380万元。

【教学科研】 艺术学系共开设本科生课程54门（其中通选课14门、公共选修课19门、专业必修课13门、双学位专业课8门），研究生课程8门。

2005年，艺术学系出版各类学术著作、教材和作品专辑9部；在重要学术期刊上发表学术论文44篇；承担了4项国家级科研项目。

表5-21 2005年艺术学系出版的各类学术作品

作 者	著 作	出版机构
丁 宁	图像缤纷——视觉艺术的文化维度	中国人民大学出版社
白 巍	宋辽金西夏绘画史	海风出版社
高 译	中国水墨——高译卷	北京燕山出版社
陈旭光	美国电影经典	对外经贸大学出版社
李道新	中国电影文化史（1905～2004）	北京大学出版社
马 清	音乐理论与视唱练耳	北京大学出版社
马 清	音乐欣赏指南	台湾扬智文化公司
向 勇	北大文化产业前沿报告（第2辑）	北京大学出版社
向 勇	中国文化产业年度发展报告（2005）	湖南人民出版社

表5-22 2005年艺术学系发表的主要论文

作 者	论 文	发表刊物	发表时间
彭吉象	百年中国电影期盼第四个辉煌时期	电影艺术	2005.09.15
陈旭光	"后假定性"美学的崛起——论当代影视艺术与文化的一个重要转向	当代电影	2005.11.15
陈旭光	论新时期以来的影视纪实美学潮流	电影艺术	2005.11.15
俞 虹	直面方言播报主持	现代传播	2005.01.15
俞 虹	传播新格局中省级卫视的突破	现代传播	2005.07.15
李道新	民国报纸与中国电影的历史叙述	当代电影	2005.11.15
李道新	消费逻辑的建立与贺岁电影的进路	文艺研究	2005.08.15
朱青生	抽象与书法——以哈同为例考察书法与抽象的关系	世界美术	2005.07.15
翁剑青	当代艺术与城市公共空间的建构	美术研究	2005.07.15
向 勇	产业集群与文化产业竞争力的提升	北京大学学报	2005.04.15

表5-23 2005年艺术学系承担的国家级科研项目

主持人	项目名称	项目来源	项目类别	申请经费
彭吉象	数字技术与中国电视未来发展	国家社科基金	特别委托重大项目	20万元
丁 宁	希腊艺术史	全国艺术科学"十五规划"	国家年度课题	6万元
李道新	中国电影传播史（1905～2004）	全国艺术科学"十五规划"	国家青年基金课题	5万元
朱青生	中国汉代图像信息综合调查与数据库	全国艺术科学"十五规划"	国家数据库专项	5万元

【交流合作】 2005年6月，与上海大学、美国亚洲电影协会主办"全球化语境中的中国电影与亚洲电影、中国电影百年纪念国际学术研讨会"；2005年12月，举办第三届"中国文化产业高层圆桌新年论坛"。

【学科建设】 成功申报艺术学一级博士学科点。此次申报艺术学一级博士学科点（含艺术学、美学、电影与电视学、音乐与舞蹈学4个研究方向），研究生院组织了校外专家通讯评议和校外专家评议组评议。通讯评议的得分均为优秀；专家评议组的成员都是艺

学方面的知名学者，包括国务院学位评议组的组长，专家一致同意并投票通过北大申报艺术学一级学科点。根据专家论证会的意见，艺术学院成立后应进一步发展研究生教育，同时要继续引进一批优秀人才和聘请一批校外兼职教授，进一步加强师资队伍的建设。

招收首批艺术硕士（MFA）研究生。根据国务院学位办《关于开展艺术硕士专业学位教育试点工作的通知》（学位办[2005]34号）文件的精神和要求，2005年全国首次试点招收艺术硕士（MFA），教育部指定了北大等30多所高校作为试点单位。北大2005年招收广播电视（节目主持人）和表演艺术（含声乐、舞蹈、话剧）两个方向50名学员。艺术学系MFA工作小组认真研究专业学位教育特点，根据MFA专业学位的办学要求，建立有效的质量监督与保证体系，抓好学科建设，理顺办学体制，加强师资和教材建设，统筹教学资源，确保MFA专业学位培养质量。

【北大电视研究中心成立】 电视研究中心的成立得到了学校相关领导的大力支持，它将力图整合多方资源，在全方位地研究电视、促进理论与实践的接合、推动电视产业发展研究与教育等方面有所突破。中心还将积极开展与国外相关教育研究机构及电视公司的国际合作，举办国际学术交流活动，促进中国电视传播业和电视产业的研究、教育与国际接轨。11月8日，电视研究中心成功举办了记者节大型公益活动——与名记者、名主持、名专家面对面，并计划将此项活动办成今后记者节的一个品牌。

【合唱团】 2月，部分团员随北京大学学生艺术团访美演出。

3月，参加首届北京大学生艺术展演活动合唱比赛（3月28日小合唱、3月29日大合唱），大合唱与小合唱比赛均获第一名。

5月8日，与中央芭蕾舞团交响乐团合作，参加"芭蕾经典视听交响音乐会——北京大学百周年纪念讲堂运行5周年专场演出"，演唱《红色娘子军》组歌。

5月9日，参加首届北京大学生艺术展演闭幕晚会的演出，演唱《火把节的火把》。

5月24日，参加"纪念世界反法西斯暨中国抗战胜利60周年"演唱会。

6月21日，部分团员参加周华健北大演唱会。

6月29日，在哈佛大学"鳄鱼"男子清唱团北大演唱会上与哈佛的朋友们同台演出。

7月16日，参加"倾听来自台湾的声音"——两岸大学生文化交流联合演出。

7月，参加全国第一届大学生艺术展演活动（7月17日大合唱、7月18日小合唱），获得声乐类节目的2个一等奖，并于7月28日参加在人民大会堂举办的颁奖晚会的演出。

9月5日，与中国交响乐团及其合唱团合作，参加北京大学2005新生音乐会，演唱《黄河大合唱》。

9月17日，在"难以忘却的历史——戴玉强、刘雁抗日歌曲慈善音乐会"上演出。

10月，部分团员随北京大学生艺术团赴港澳访问演出。

12月5日，参加"华年如歌——北京大学学生合唱团15周年音乐会"。

12月9日，参加首都大学生纪念"一二·九"运动60周年文艺演出。

12月，部分团员随北大学生艺术团赴台湾访问演出。

【民乐团】 1月，与合唱团、舞蹈团、交响乐团联合举办新年音乐会。

2月，部分团员随北大艺术团赴美国访问演出。

3月，参加首届北京市大学生艺术展演，获器乐类一等奖。

4月，参加清水同盟保护水资源活动。

4月，庆祝泰国诗琳通公主50华诞暨中泰建交30周年演出。

4月，欢迎哥伦比亚总统访问北大暨中哥高等教育圆桌会议演出。

4月，庆祝北京大学北京医科大学合并5周年演出。

7月，参加首届全国大学生艺术展演，获器乐类一等奖（民乐类第一名）。

9月，欢迎德国洪堡大学、柏林自由大学代表团访问北大演出。

9月，参加第十届中华医学会全国眼科学术大会开幕式演出。

9月，欢迎马里兰大学代表团访问北大演出。

9月，欢迎剑桥大学代表团访问北大演出。

9月，欢迎纽约州州长访问北大演出。

10月，部分团员随北大艺术团赴深圳、香港、澳门演出。

10月，参加北京大学第二届国际文化节开幕式演出。

10月，参加蛋白质解析方法国际研讨会开幕式演出。

11月，参加"北京论坛（2005）"开幕式演出。

11月，参加第二届中美关系圆桌会议开幕式演出。

12月，部分团员随北大艺术团赴台湾访问演出。

【舞蹈团】 1月2日，学生艺术团新年文艺晚会，表演《故乡》、《秋》、《高原情》、《博雅奥运风》。

1月27日～2月8日，赴美演出。

3月10日，为"两会"代表演出暨赴美节目汇报演出。

3月20日，为庆祝首都企业家俱乐部成立20周年在人民大会堂演出。

4月1日，参加凤凰卫视九周年台庆特别节目——"非常凤凰"在

北大演出。

4月2日，参加两校北京大学北京医科大学合并演出。

4月4~5日，参加首都大学生艺术节比赛，参赛节目为《风从东方来》《高原情》。

4月7~9日，参加成都七中成立100周年校庆演出。

4月26日，与首钢团委联欢演出，表演《澜沧江畔》。

5月，参加全国大学生"五月的鲜花"文艺汇演，表演舞蹈《风从东方来》。

6月11日，北京大学医院成立100周年纪念演出，在政协礼堂演出《澜沧江畔》。

7月，参加"来自台湾的声音——2005年两岸大学生交流夏令营"演出，表演《澜沧江畔》。

7月，参加国际奥林匹克生物竞赛开幕式、闭幕式演出。

7月23日，《风从东方来》参加全国第一届大学生文艺展演活动，荣获舞蹈组一等奖。

10月4~9日，许校长带艺术团出访深圳、香港、澳门，在深圳大学、香港四季酒店、澳门科技大学、北京大学深圳研究生院举行艺术团专场演出。

10月18日，参加中韩文化节演出，表演舞蹈《雨巷》。

10月21日，参加北京大学第二届国际文化节演出，表演舞蹈《高原情》。

10月21日，参加"海峡两岸文化节暨京台文化周开幕式"，表演舞蹈《校园流行风》。

12月13~21日，随北大高级行政代表团出访台湾，与台湾大学、中山大学、中兴大学、文化大学等高校师生在学术、文化等各方面进行交流，并在台北国父纪念馆、中山大学、台湾大学及中兴大学与台湾大学生同台演出。

12月28日，参加中宣部、教育部组织的《青春万岁》主题晚会，表演舞蹈《风从东方来》。

12月31日，表演北京大学2006新年狂欢晚会开场舞蹈《校园流行风》。

【交响乐团】 1月底，在办公楼礼堂举行冬季汇报演出。

4月中旬，赴四川成都进行庆祝成都七中建校100周年演出。

6月初，在办公楼礼堂举行夏季汇报演出。

6月21日，部分同学为周华健北大校园演唱会伴奏。

9月17日，在奥运会乒乓球比赛馆开工奠基仪式上演出。

12月中旬，在办公楼礼堂举行冬季汇报演出。

12月31日，在北京大学2006新年狂欢晚会上演出。

计算机科学技术研究所

【发展概况】 20世纪70年代，王选教授承接了国家科研项目"汉字信息处理系统工程"（简称"748工程"）子项目"汉字激光精密照排系统"的研究开发任务。北大为"748工程"组建了研发团队。经过几十年发展，该团队演变为今天的计算机科学技术研究所（简称计研所），并在王选院士领导下取得一系列令人瞩目的成就。

研究所设有计算机应用技术硕士与博士研究生培养点、博士后流动站，还建设有电子出版新技术国家工程研究中心，以及与教育部共建的中国文字字体设计与研究中心。

2005年，研究所有正式在编人员45人（其中研究生导师21人）、研究生90人（硕士69人、博士21人）、博士后3人。

【科研工作】 计算机科学技术研究所2005年的研究方向为：

1. 电子出版新技术。计算机研究所一直在中文电子出版领域处于领先地位，并于近年逐渐加强网络出版核心或关键技术的研究，目前已经形成了较全面、系统的电子出版新技术——网络出版技术研发体系，主要研究方向包括：（1）栅格图像处理技术—栅格图像处理（RIP）技术是电子出版的核心技术，它是一种将文字、图形、图像等图元描述转换成栅格点阵的技术，用来将所描述的版面信息解释转换成可供输出设备输出的点阵数据信息，并将其输出到指定的输出设备上。在条件具备的情况下，研究所将在今后涉足数码印刷机的设计与制造。（2）文字与图形信息处理技术—在文字与图形信息处理技术方面，研究所主要开展排版技术中的文字、图形、图像信息处理技术的研究，同时进行集文字、图形、图像排版功能为一体，包括数字、表格、流程图等排版的大型彩色交互式排版技术研究。（3）网络与数据库应用技术—在网络与数据库应用技术方面，研究所主要针对媒体新闻信息处理与数据分析（即数字出版）领域，围绕XML多媒体信息的采集、加工、存储管理和跨介质出版与发布等技术开展研究工作。今后的发展方向包括内容互动及个性化服务等方面。（4）数字媒体技术—主要面向广电行业开展数字视频播出技术，今后的发展主要针对网络视频技术、视音频检索技术开展研究工作。（5）数字版权保护技术—目前的研究重点是平面媒体类的数字内容保护技术，并对流媒体、视音频数字内容保护技术进行了探索性研究。（6）内容管理技术—重点开展内容管理平台架构技术、基于数据挖掘技术的多媒体内容的智能搜索技术、面向服务的协同工作技术的研究。（7）图形图像处理技术—重点开展数字图像半色调、数字几何处理以及虚拟现实技术的研究。

2. 信息安全。随着信息安全问题的日益凸显，计研所在2000年

左右开始从事信息安全技术的研究、开发工作,成立了信息安全工程研究中心,重点开展蜜网技术及应用、高性能安全计算平台、微观安全脆弱性分析、网络边界安全等方向的研究及技术成果推广工作。

3. 网络金融。网络金融是研究所近年开拓的全新的研究方向,属金融学和计算机科学的交叉学科,研究方向有:围绕数据挖掘和网络金融的交叉部分,开展网络金融信息挖掘技术的研究;股价形态图的模式研究;期权价格预测的研究。

【交流合作】 计算机科学技术研究所与方正集团紧密合作,研究、开发了一批相关行业急需、市场竞争力强的高新技术产品,有效地提高了相关行业的技术水平,有些产品还进入国际市场。

1. 栅格图像处理器及其应用。栅格图像处理器是电子出版系统的核心技术,计研所所研制的系统占据海内外中文出版市场80%以上,近年开始出口北美、欧洲、东南亚等非中文出版市场,销售量已达到数千套,使我国的印刷出版行业实现了跨越式的进步,告别了传统的铅字排版作业,开创了电子出版新产业。

2. 数码印刷系统。计研所通过与国外硬件厂商合作,自主研究、开发了全部印刷流程软件,研制成功数码印刷系统,在近一年半时间内在国内销售100多套,出口将近1000套,被信息产业部评为2005年重点新产品。

3. 报业数字资产管理系统。报业数字资产管理(DAM)是利用中文信息处理和网络技术对新闻媒体行业的生产及经营管理全流程实行数字化、网络化、一体化,主要应用于报业、杂志社、通讯社以及网络媒体,继"告别铅与火"之后,实现了报业产业"甩掉纸与笔"的历史变革。报业数字资产管理系统项目已应用于人民日报、新华社、解放军报、新加坡联合报系、香港明报等全球490余家中文报社,中文报业市场占有率达到85%以上。该系统的广泛应用使报纸的新闻时效性、报社生产效率与经营业务大幅提升,使我国的报业信息化水平达到发达国家的最高水平。

4. Apabi电子书系统。以研究所的数字版权保护技术为核心的方正Apabi电子书系统,已被国内400多家出版社、1200多家图书馆采用,并出口欧美,拥有数字版权保护的图书20余万种,是世界上拥有数字版权保护的图书最多的系统(美国同类系统最多的拥有约10万余种),极大地推动了我国数字图书馆产业的发展。

5. 数字播控系统。数字播控系统是为适应国内电视台由传统的模拟播出向数字化播出转化的需要,采用国际领先的技术和系统结构,面向国内各级电视台的播出工作流程,自主研究、开发的一套网络化、数字化、多频道大型播出控制和总控监控软件。该系统已经在国内60%以上的省级电视台应用,促进了我国电视台的播出数字化改造进程,提高了电视台的工作效率与播出自动化水平,节约了引进国外系统所需花费的大量外汇。在该系统的基础上,计研所与中央电视台合作,研制成功国内第一个IPTV网站播出系统,实现了海量数据的存储与管理,目前节目量已超过20TB,并以每天70GB左右的数据递增。

6. 网络边界安全防护。计研所在网络边界安全防护方面有多年的技术积累,研究、开发了一系列网络边界防护系统,并开展各种网关安全防范技术、信息检测和监控技术等方面的研究,提出了网关应用层病毒过滤与未知蠕虫检测、隔离技术,已累计创造经济效益1亿多元。

【科研工作】 1. 承担纵向项目。2005年承担国家项目10项,资助总金额为253.6万元。在获得资助的10个项目中,有3项国家自然科学基金项目、3项教育部项目、2项国家信息安全计划项目、1项总参三部的信息安全项目。

2. 发表学术论文。研究所2005年发表学术论文61篇,其中12篇被SCI收录。和2004年相比较,发表论文总数增加22篇,增长了56%。特别是高水平论文增长很快,2004年被SCI收录的论文只有1篇,而2005年已达到了12篇。

3. 出版专著。研究所2005年出版专业编著《网络金融》。

4. 申请专利。研究所2005年共获得授权专利4项,申请专利51项。和2004年相比较,申请专利数增加了39项,增长了3倍多。

5. 获得奖励。汤帜获"中国发明协会发明创业奖"特等奖;周秉锋获"毕昇印刷技术奖";李平立获"森泽信夫印刷技术奖一等奖";王选教授的欧洲专利"高分辨率字形在计算机中的压缩表示"被评选为全国杰出专利工程技术;"报业数字资产管理系统"获北京市科学技术奖一等奖。

中国经济研究中心

【发展概况】 2005年,中国经济研究中心秉承北大优良学术传统,以推动中国经济改革和发展为己任,以建立世界一流的经济学和管理学研究与教学机构为目标,致力于科研、人才培养、教学革新、国际学术交流与合作等工作。

【党建工作】 中心在保障党员权利、落实党员义务、及时了解党员的思想及要求、发展新党员、组织党员活动等方面做了大量工作,取得良好效果。

为促进北大中国经济研究中心师生间交流,中心举办了"人生理想"系列讲座,每次邀请一位知名学者与同学们一起畅谈人生,分享理想。为加强中心员工的向心力和凝聚力,中心先后组织了多次教职工活动,如组织全体教职工及家属新年活动、趣味运动会,组织中心成员参加全校运动会并参加太极操表演。

【师资队伍】 在引进教师方面,中心依据双向选择原则,采用国际上人才招聘的通行办法,在国内外有关经济学杂志以及互联网上发布了招聘广告。2005~2006学年,中心引进霍德明、朱家祥、巫和懋等3位教授,曾志雄、余森杰等2位讲师。在教师晋升的工作中,中心制定了《专职教学研究人员续聘和晋升考核管理规定》,明确了晋升所需达到的学术科研要求、教学要求以及参与中心公共服务的要求。2005~2006年度,有3位讲师(汪浩、沈艳、曾志雄)晋升为副教授,同时完成了3位引进教授(霍德明、朱家祥、巫和懋)的资格认定工作。

【学科建设】 中心按照国际一流大学的标准开设博士、硕士、本科生双学位和国际MBA课程,今年招收学生近千人,其中硕士、博士研究生57人、本科生双学位649人、国际MBA239人、金融学硕士班学生49人。北京大学与伦敦经济学院合作,在北大中国经济研究中心开办LSE-PKU暑期学校,开设金融学、管理学和经济学等5门课程,面向全球招生,由世界顶尖教授用英语集中授课3周,受到好评。

【科研工作】 中心对中国经济各个领域改革和发展相关的重大问题进行大量调查研究,写出了一系列报告;同时在当代经济学理论上也卓有建树,在国际一流经济学刊物发表论文和出版专著。为了侧重围绕中国经济、国内外市场大宗商品供求和价格、与投资环境相关的制度和政策等问题进行持续观察、分析和评论,中心举办了"CCER中国经济观察",并在每个季度举办报告会以介绍最新研究成果。

2005年,卢锋的《经济学原理》荣获北京市精品教材的称号;中心学生李志赟提交的学术论文《Decentralized Mandates and Local Corruption》被第16届CEA(UK)年会评选为5篇最佳论文之一;《财富》(中文版)公布2005年中国工商管理教育调查,北大国际MBA(BiMBA)被评为中国最具市场价值的商学院;北大国际MBA在职班被《福布斯》杂志评选为投资回报率最高的MBA项目;在中国留美经济学会、第一财经日报对经济学教学研究机构所作的联合排名中,中国经济研究中心位列中国内地经济学教育研究能力排名第一名;林毅夫教授获首届张培刚发展经济学优秀成果奖;中心博士生张鹏飞成为全球顶尖经济学刊物Review of Economics and Statistics匿名审稿人;姚洋当选北大第11届十佳教师。

【交流合作】 除参加各种国际学术会议外,中心邀请世界著名学者、专家和政治领袖来中心讲学,其中包括:1992年诺贝尔经济学奖得主、芝加哥大学教授加里·贝克尔,2003年诺贝尔经济学奖得主、美国加州大学圣地亚哥分校教授克莱夫·格兰杰等著名教授,美国现任国务卿康多莉扎·赖斯博士,新上任的亚洲开发银行行长黑田东彦先生等各国政要。

中心不定期地举办经济理论与政策研讨系列讲座,共62期,出版《简报》72期、中文讨论稿18期、英文讨论稿17期、季刊5期。《经济学季刊》作为一本经济类专业刊物,创刊4年来已得到经济学界的广泛关注。中心英文网站还被评为北大优秀对外宣传网站。

【服务社会】 在做好日常教学工作的同时,中心进行了一系列服务于社会的培训工作,主要包括:全国优秀大学生经济学夏令营、西部MBA师资培训、女经济学者培训班、财经记者奖学金班、北京大学-辉瑞中国医院管理高级课程、珠江地产中高层管理人员MBA研修项目、国家外国专家局高级领导干部联合培训等。为加强国内高校教师的培训工作,中心还举办了国际贸易理论暑期培训。

【大事记】 1月21日,新浪财经与CCER共同召开第二届中国经济展望论坛圆桌研讨会,本次研讨会是在中国经济展望论坛10场互联网在线讨论的基础上进行的。

3月2日,第七届《财经》杂志奖学金培训班开学仪式在北京大学隆重举行。北京大学中国经济研究中心主任林毅夫教授、副主任胡大源教授和《财经》杂志主编胡舒立女士出席了开学仪式。林毅夫教授对入选奖学金班的10位青年财经新闻工作者提出了殷切期望。

3月14日,中国经济研究中心在万众楼二楼举办了专场"两会"解读会,由CCER的教授和研究人员共同分析和探讨今年"两会"的重点和中国当前的发展。会议吸引了广大北大同学,同时也受到了媒体关注。

3月18日,2001年诺贝尔经济学奖得主Joseph E. Stiglitz(约瑟夫·斯蒂格利兹)在北京大学中国经济研究中心万众楼做了题为"21世纪的中国与全球化的世界经济"主题演讲。这是"站在巨人的肩上——CCER成立10周年诺贝尔经济学奖得主演讲系列"的第八场。

3月21日,美国现任国务卿康多莉扎·赖斯博士与北京大学、清华大学、北京师范大学学生代表的见面会在北京大学中国经济研究中心致福轩举行。北京大学校长许智宏院士、副校长郝平教授、美

国驻中国大使雷德等出席了讨论会。讨论会由北京大学国际关系学院副院长贾庆国教授主持,中国社会科学院美国所所长王辑思、外交学院副院长秦亚青、北京大学国际关系学院副院长袁明教授、北京大学中国经济研究中心副主任李玲教授以及来自北京大学国际关系学院、经济学院等院系的40多名学生与赖斯博士就中美关系等问题做了深入交流。

3月24日下午,新上任的亚洲开发银行行长黑田东彦先生在北京大学中国经济研究中心致福轩做了题为"亚洲地区经济一体化及中国的作用"的主题演讲。

3月24~25日,加拿大能源研究所、北京大学中国经济研究中心、加拿大阿尔伯塔大学联合在北京大学隆重召开"2005年中加能源合作研讨会"。

4月22日,由北京大学卫生政策与管理研究中心和北京大学医学部联合举行的"中国转型时期医疗卫生改革与发展研讨会"在中国经济研究中心隆重召开。来自于北京大学卫生政策与管理研究中心、中国经济研究中心、北京大学医学部、卫生部、国家发改委、世界卫生组织、北京市卫生局等单位的专家学者100余人,就中国医疗卫生体制改革、新型合作医疗、农村医疗保障制度、健康对经济发展的影响、公立医院的治理结构、营利性医院制度环境、城镇居民健康现状及需求等议题展开了热烈而富有成效的讨论。

4月23日,"CCER中国经济观察第一次报告会"在中国经济研究中心万众楼举行。中国经济研究中心宋国青教授、周其仁教授,中国国际金融公司首席经济学家哈继铭博士,中国社科院金融所所长李扬教授分别就"当前宏观经济形势"、"成本优势的变化"、"中国经济过热的风险"和"国际储备分析"做了演讲。

5月20日,由福特基金会和北京大学中国经济研究中心联合举办的"转型中的中国经济——使用微观数据进行的实证研究国际研讨会"在中国经济研究中心的万众楼召开。

6月3日,第二届"北大—汇丰经济论坛"在中国经济研究中心举行。1992年诺贝尔经济学奖得主、芝加哥大学教授加里·贝克尔以"现代经济中的知识、人力资本、市场和经济增长"为题做了演讲。

6月3日,"站在巨人的肩上——北京大学中国经济研究中心成立十周年诺奖得主演讲系列"第10讲在北京大学中国经济研究中心举行。2003年诺贝尔经济学奖得主、美国加州大学圣地亚哥分校教授克莱夫·格兰杰以"经济预测的未来"为题做了演讲。

6月18日,北大国际MBA2005届毕业典礼在北大百周年纪念讲堂举行。中华人民共和国商务部部长薄熙来作为特邀嘉宾出席了典礼并发表了主题演讲。

6月30日~7月2日,美国国家经济研究局、中国经济研究中心第七届中国经济改革与世界经济发展国际学术研讨会在中国经济研究中心举行。

7月9日,北京大学出版社和中国经济研究中心举办"经济学对话系列"座谈会。林毅夫、汪丁丁、韦森、姚洋、史晋川、张曙光、王则柯、白重恩等20多位国内知名经济学家与北大出版社社长王明舟、总编辑张黎明等一起进行学术讨论。

7月4~5日,北京大学中国经济研究中心2005年全体教师会议在北京顺鑫绿色度假村举行。会议由中心主任林毅夫教授主持。会议对2004~2005学年研究生、双学位、国际MBA、金融班、经济学季刊、科研发展、财务工作、中心十周年庆祝活动等各方面的工作进行了总结,同时还完成了教师的个人总结。会议就经济中心研究及科研项目、教师工作及聘用、研究生培养和管理、中心发展方向及策略等问题进行了讨论,并对下一学年的各项工作做出了具体安排。

7月30日,"CCER中国经济观察"第二次报告会于中国经济研究中心万众楼举行。第一场讨论由卢锋教授主持,中国经济研究中心林毅夫教授、宏观经济学会常务副秘书长王建先生、社科院经济所宏观室主任袁钢明先生分别发言。第二场讨论由林毅夫教授主持,中国经济研究中心的宋国青教授、周其仁教授分别发言。

10月29日,"CCER中国经济观察"第三次报告会在中心万众楼召开,本次报告会侧重围绕目前我国宏观经济形势、内外经济联系与协调、实际汇率趋势、经济成长与财政关系等方面问题进行分析和评论。

10月27日,北京大学-伦敦经济学院系列学术讲座在北京大学中国经济研究中心举行。

10月17日,首届CCER财经新闻班开班。为了培养"新闻+经济+专业"的复合型财经新闻人才,北京大学中国经济研究中心与《21世纪经济报道》联合举办了北京大学21世纪财经新闻班。

11月2日,世界银行副行长丹尼·利浦泽格先生在北京大学中国经济研究中心做了题为"实现多哈谈判关于发展的承诺"的演讲。

11月2日,应北大国际MBA邀请,戴尔公司CEO凯文·罗林斯在北大英杰交流中心阳光大厅与北大国际MBA院长杨壮教授一起,进行了名为"戴尔之魂"的演讲。

11月5日,全国人大常委会副委员长成思危为中国经济研究中心2005级金融硕士班的学员做了题为"中国资本市场面临的问题与对策"的专题讲座,讲座由林毅夫教授主持。在讲座中,成思危副委员长对我国股市存在的主要问题、

股权分置改革、证券监管机构的职责、新《证券法》等发表了看法,并就相关问题与现场同学进行了交流。

11月10日,台湾宝来金融集团总裁白文正先生在中国经济研究中心做了题为"衍生性金融商品:台湾的经验"的讲座。

11月21日,"第三届北大-英国《金融时报》财经新闻高级培训班"开班仪式举行。国家商务部副部长高虎城作为特邀嘉宾,以"中国的对外贸易形势与环境"为题发表了长达3个小时的主题演讲。

12月9～10日,"第五届中国经济学年会"在厦门胜利召开。中心海闻、李玲、姚洋、胡大源、霍德明、施建淮、沈明高、何茵、沈艳、龚强、曾志雄等教授参加了会议,宣读了论文或评议论文。

12月1～23日,"第三届中国经济展望论坛"成功举行。"中国经济展望论坛"由北京大学中国经济研究中心发起举办,组织学者对每年中国经济改革和发展中的重大问题进行对话式的讨论,评论过去一年的发展特色,展望未来一年发展趋势,每年年底举办一次。

12月17～18日,北京大学中国经济研究中心与瑞典斯德哥尔摩全球研究所、清华大学中国与世界经济研究中心、莫斯科经济金融研究中心等一起召开了"中国与俄罗斯经济改革研讨会",就政治与经济、移民、金融市场、中国与俄罗斯经济发展与展望等问题进行了讨论。

12月24日,"中国人口与经济发展:经济学家谈人口问题研讨会"在万众楼多功能厅举行。

(邢惠清)

人口研究所

【发展概况】 2005年,人口所在编教职工18人,其中专职科研与教学人员12人,有博士生导师5人、教授6人、副教授5人、讲师1人。另有博士后在站研究人员3人,聘有国内外客座教授10余名。人口所具有老中青结合、多学科交叉、结构合理的学科梯队,目前教学科研队伍中90%的人员具有高级职称,基本上都具有博士学位,研究队伍来自人口学、经济学、社会学、人类学、数学、计算机、医学、公共卫生、地理学、环境科学等多个学科。2005年,人口所在学术研究、教学和管理等多个方面取得了明显的进步。

【党建工作】 根据学校的部署,人口所开展了保持共产党员先进性教育活动,提出了新时期人口所教师党员保持先进性的具体要求,健全了党支部。在组织生活会上,北京大学保持先进性教育活动领导小组成员、北京大学党委副书记杨河教授充分肯定了人口所的工作,并对人口所党员同志团结一致发展人口所的良好精神状态给予了高度评价。

【科研工作】 人口所2005年出版专著1部、译著2部、编著2部;发表文章87篇,其中,在国内发表59篇,在国际发表4篇,作为书的章节的有24篇;发表译文1篇;提交咨询报告8篇;提交会议论文96篇,其中,国内会议论文64篇,国际会议论文32篇;获奖8项。

人口所每个教师都有自己的科研项目和课题。2005年,人口所在研项目44个,其中新立项的项目19个、完成的项目有9个。同时人口所密切配合学校要求申请"211工程"和"985二期建设项目",推动人口所整体发展。

2005年,郑晓瑛教授受聘教育部首批社会科学领域长江学者特聘教授,这也是我国人口学界的首次。2005年,郑晓瑛教授获全国优秀博士后奖。2005年12月26日,中国老龄爱心护理基金成立暨爱心护理工程启动大会在北京举行,郑晓瑛教授担任中国老龄爱心护理基金专家委员会主任。

人口所还积极参加社会服务,参加了国家相关部门的政策制订和"十一五规划"的起草和修改工作,提交了政府咨询报告,参加了国家人口发展战略总报告的撰写。

【交流合作】 2005年举办双周学术报告会18次,接待外宾来访25次,邀请海外讲座专家3人进行短期讲学和合作,教师出访美国、瑞典、德国、丹麦、法国、奥地利、澳大利亚、印度等国。

为了庆贺北京大学人口研究所成立20周年、中国人口健康与发展中心成立3周年、北京大学老年学研究所成立2周年,先后7次组织和召开了一系列具有影响的学术会议,打造了3个具有重要影响的学术交流平台。

2005年2月28日,以"聚焦农村人口健康,促进社会经济发展"为主题,国家人口和计划生育委员会办公厅、中国人口学会、北京大学人口研究所,联合举办"第三次人口问题高级资讯会",会议邀请了国内著名学者阐述农村问题,旨在为"两会"和"两会"期间的中央人口座谈会提供信息和资料。

2005年10月10日,北京大学和中国人口学会以"老年学的多学科视野"为主题,联合举办"首届中国老年学家前沿论坛",邀请了国内外著名老年学专家为迎接人口老龄化挑战献计献策,收到良好社会反响。

2005年12月8～10日,中国人口学会、联合国人口基金和北京大学人口研究所以"低生育水平下的社会经济后果与政策"为主题,联合举办了"首届中国人口学家前沿论坛",实现了多种学术交流方式,得到联合国人口基金的称赞,取得了非常好的社会评价,被许多国内著名的人口学者认为是"迎来了人口科学发展的春天"。

2005年4月,人口所和世界卫

生组织联合举办"Workshop on Scientific Writing"。

11月,在第二届中美关系圆桌会议上,人口所组织和承担了3个圆桌会议,显示了多学科研究的实力。

人口所还和格里菲斯大学环境与人口健康中心合作,促成了北京大学与格里菲斯大学签署成立"人口健康、环境与发展国际合作中心"的谅解备忘录,为进一步展开人口健康研究奠定了良好的基础。

【教学工作】 2005年,人口所有硕士研究生40人、博士研究生人21人、外国留学生1人、博士后工作人员3人。人口研究所现设置的博士专业有人口学,硕士专业有人口学,政治经济学,人口、资源与环境经济学,老年学专业。

在学校领导的大力支持下,北京大学老年学研究所成立,挂靠在北京大学人口所,这标志着北京大学老年学的教学和科研进入系统发展的阶段。2005年,北京大学老年学专业进入研究生招生目录,以老年学研究和专门人才培养为主要目的,并积极推动老年学新兴学科的建立和发展。

人口所还大力提倡学生参与项目申请和项目工作,一方面提高学生的独立思考和动手能力,另一方面也为经济困难的同学提供一部分生活来源。北京大学第13届"挑战杯"——五四青年科学奖竞赛中,陈佳鹏等同学的"环境污染的健康结局"调查报告荣获博士研究生组一等奖,也是唯一的文科院系博士研究生组一等奖;傅崇辉等同学夺得硕士研究生组一等奖,人口所还获得团体一等奖以及优秀组织奖。

【师资队伍】 根据学校的要求并结合人口所发展的需要,人口所对"人口所规章制度"和"人口所聘岗方案"等管理文件进行了必要的修改和调整,尤其是进一步明确了工作目标和工作职责。

2005年,人口所引入穆光宗教授、乔晓春教授、胡玉坤副教授等3名中青年学科带头人,进一步加强了人口所的队伍力量。

对《市场与人口分析》杂志进行了栏目改革和人事调整,设置了"马寅初人口科学论坛",取得非常好的学术影响,并任命乔晓春教授为常务副主编,以加强编辑部的管理。

对外汉语教育学院

【发展概况】 北京大学是新中国最早开展对外汉语教学的学校之一。1952年,全国高等学校院系调整,"清华大学东欧交换生中国语文专修班"转到北京大学,更名为"北京大学外国留学生中国语文专修班"。1984年10月,北京大学在原"外事处汉语教研组"的基础上成立了"对外汉语教学中心"(简称汉语中心)。2002年6月29日,"北京大学对外汉语教育学院"在汉语中心的基础上成立,翻开了北大对外汉语教学事业的新篇章。

对外汉语教育学院现有教职工58人,其中教师51人、行政及教辅人员7人。教师中有教授5人、副教授21人、讲师25人。为适应教学形势发展,2005年面向社会公开招聘了兼职教师40余人,现已初步建立起以专职教师为骨干、以兼职教师为补充的专兼结合的用人机制。

学院下设综合办公室、精读课教研室、视听说课教研室、预科教研室、选修课教研室、信息资料中心等部门。

现任院长何芳川,常务副院长李晓琪,副院长张秀环(兼)、张英、李红印,院党总支书记张秀环,副书记王若江,委员李晓琪、于素荣。

【教学工作】 2005年对外汉语教育学院就读留学生总数1844人,分别来自45个国家和地区,创历史新高。与2004年相比,韩国、日本以及东南亚留学生稳步增长的同时,欧美留学生有了大幅增加。此外,还有一些来自中东、中亚、非洲和南美的学生。

2005年对外汉语教育学院成功举办了成均馆大学短期班、英国外交官班等课程项目。

在课程设置上,针对长期生、预科生和短期生不同特点设置了汉语精读、口语、听力、专业汉语、汉语阅读与写作等必修课,以及汉字、正音、词汇、语法、虚词、阅读、报刊、写作、商贸汉语、古代汉语、日汉翻译、英汉翻译、新闻视听说、电影欣赏、中国概况、中国家常、语言与文化、传统文化与现代生活、中国古代诗歌选、现当代文学作品选、文化讲座等选修课程。

4月28~29日,学院近600名师生分赴京郊大兴、平谷、密云等地进行教学实习活动,师生们参观了工厂、敬老院、幼儿园、中小学等,还到农民家中做客,品尝农家饭,观看秧歌表演。实习活动对留学生学习汉语和了解中国文化起到了很大的帮助作用。

12月7~9日,留学生汉语演讲比赛在勺园举行,比赛现场气氛热烈,留学生还在比赛间隙表演了丰富多彩的文艺节目。

【科研工作】 商务汉语考试研发进展顺利。专家组就考题难度、预测报告、等级标准等议题进行了两次研讨。5月28日,国家汉办在北大召开"商务汉语考试项目鉴定会",标志着商务汉语考试研发进入了一个新阶段,国家汉办许琳主任到会做了总结发言。

由对外汉语教育学院主办的学术刊物《汉语教学学刊》第1辑顺利出版,并于7月23日在北京大兴区召开编委会第一次全体会议,常务副院长李晓琪教授为与会顾问和编委颁发聘书。

2005年,学院教师在各类期

刊杂志上共发表论文 40 余篇,出版教材、专著共 20 余部。学院教师先后参加第一届世界汉语大会、第八届国际汉语教学讨论会、第四届全国语言文字应用学术研讨会等国内外学术会议 30 余次。

【研究生培养】 对外汉语教育学院 2005 年秋季共招收汉语言文字学专业国内外研究生 12 人,在读研究生总数达 35 人;第二届研究生课程班学员 21 人。

【孔子学院】 4 月 8 日,国家汉办和尼赫鲁大学签订合作协议,决定由北京大学对外汉语教育学院负责承办尼赫鲁大学孔子学院。

6 月初,北大吴志攀副校长率团赴伦敦大学考察访问,具体商谈合作建设孔子学院事宜。

6 月 28 日,日本立命馆大学与国家汉办签署合作建设孔子学院协议。11 月 17 日,立命馆孔子学院举行了开学仪式,中国驻日本大使王毅出席仪式并发表讲话,北大许智宏校长发去贺信。

7 月 1 日,国家汉办与德国柏林自由大学签署合作建立孔子学院协议,随后北大就合作建立孔子学院具体事宜与对方展开商讨。

9 月 8 日,南非斯坦陵布什大学中国研究中心主任 Martyn Davies 博士一行访问我校,并就相关交流合作事宜进行磋商。

【交流合作】 2005 年,学院派出 13 位教师赴韩国、日本、美国、荷兰、英国、新西兰、南非等国开展教学工作;接待美国、日本、韩国、德国、南非等国家和地区的访问团 70 余人次;教师出访美国、英国、泰国等国家和地区达 10 余人次。

(李建新)

软件与微电子学院

【发展概况】 经过 3 年多的建设和发展,软件与微电子学院已经初步成为包括一个学院(北京大学软件与微电子学院)、两个学科(软件工程、集成电路设计与工程)、三个基地(国家软件人才国际(北京)培训基地、国家集成电路人才培养基地、软件工程国家工程研究中心北京工程化基地)的综合性软件与微电子人才培养实体。

软件与微电子学院坚持根据业界的需求,确定学生的培养方向,根据市场需求和技术发展,调整专业方向和课程设置,建立了灵活的课程体系和动态的教学计划。2005 年,学院新建了金融信息工程系,并开始筹建语言信息工程系,累计形成 27 个专业方向。2005 年学院新聘教职员工 14 人,共有专职教职员工 64 人,其中具有博士学历的 30 人,具有硕士学历的 18 人。

2005 年,学院继续坚持以创新、创业为指导思想,从教育理念创新、课程体系创新、办学模式创新、管理体制创新、运作机制创新等几方面进行落实,并在落实思想的过程中得出了"教育理念创新是基础,课程体系创新是核心,办学模式创新、管理体制和运作机制创新是保障"的教育理念。

9 月 9 日,"北京大学软件与微电子学院——示范性软件学院建设"荣获高等教育国家级教学成果一等奖。作为项目成果第一获奖人,学院理事长杨芙清院士在人民大会堂受到了温家宝总理的亲切接见。

【教学工作】 2005 年,学院进一步完善了课程体系,编写了《工程硕士培养方案与课程内容汇编(2005～2006 学年,第 4 版)》,设置了 213 门工程硕士课程,较 2002 年增加了 3 倍。2005 年学院开课达 152 门次,选修课程的学生人数达 3094 人次,参与授课的教员达到 253 人次,参与助教工作的人员为 176 人次。教师课件仍以英文为主,英文主教材 132 种,英文参考教材 83 种。

为提高教学质量,学院还组织了各种教学研讨会,完善了教学指导委员会的功能,并注重组织各系之间的教学交流,教学评估成绩有了明显提高。随着毕业生的数量增大,学院还加强了论文指导工作,严格论文规范、论文评审,保证了学院硕士论文的质量。2005 年共有 32 名工程硕士的论文被答辩委员会推荐为优秀论文。

根据对市场需求的理解,学院还利用北大数学学院金融数学、经济学院金融经济、法学院金融法、软件与微电子学院信息技术等优势,以及与企业的良好合作关系,于 2005 年初开始筹建金融信息工程系。

2005 年下半年,学院开始探索与中文系、外语学院、信息技术学院的合作,筹建语言信息工程人才培养体系以及语言信息工程系,旨在培养数字内容处理、语言信息技术工程人才。

【师资队伍】 国际化的师资队伍是实现建设世界一流大学的必要条件之一,2005 年学院完成了"数字内容软件产业化与人才工程"、"电子服务软件人才工程"等项目的引智工作,新获国家软件与集成电路引智项目经费 110 万元。3 月,学院应邀参加了"2005 国际人才交流大会",并在引智成果展示推介会上展示了"软件工程"、"数字艺术"引进外国专家项目的主要成果,广受社会好评。此外,学院还积极推动、联合主办了"北京大学-IBM 服务创新和服务科学学科建设研讨会"、"花旗杯软件技术大赛暨人才培养论坛"等大型会议。

2005 年学院续聘了 6 名外籍系主任:张德昭博士、柳翔博士、凌小宁博士、高秉强博士、童缙博士、Robin King 教授,新聘了 Charles Lee(李宗南)博士担任管理与技术系主任,学院还从国内外知名企业中新聘了 1 名国际顾

问、3名专业顾问、3名客座教授和6名客座讲师。

2005年,学院专、兼职教师达到80人,其中专职教师为40人,他们大都具有教学、工程实践经验和双语教学能力,11名为外籍,2名来自台湾;40%的教师具有高级职称,32.5%具有副高级职称,25%具有中级职称,具有博士学位的占65%。

2005年度,学院教职员工的职务晋升工作开始纳入到北京大学职务晋升流程中,并于5月14日召开了第一次学术委员会。参照校内教师及管理人员的职务评审标准,校长办公会于8月批准了学院2名教授、1名副教授、1名讲师、2名助理研究员职务的申报。12月20日,学院召开第二次院学术委员会,对学院聘任的一批海内外专家的教授、副教授职务进行认定,审议并通过了7名专家为软件与微电子学院教授、3名专家为软件与微电子学院副教授。

【交流合作】 2005年,学院在维持、深化与已有合作单位关系的基础上,新增15家合作单位,新签署合作协议23份,协议总金额2835万元,已到账总经费1650万元。

2005年3月,在学校的统一部署下,北京大学深圳研究生院、北京大学软件与微电子学院和北京大学微电子研究院联合签署了"关于合作培养理学硕士、工程硕士研究生教学工作的协议",深圳研究生院信息工程学院招收的集成电路设计方向、嵌入式系统方向软件工程硕士正式纳入到了软件与微电子学院的招生和教学规划、管理中。

2005年3月,北京大学与无锡市政府签订了"北京大学无锡市人民政府合作的协议",就合作建设"北京大学软件与微电子学院无锡产学研基地"达成合作意向。7月29日,北京大学软件与微电子学院和无锡市签订合作协议,正式启动了北京大学软件与微电子学院无锡产学研基地。

为加强系科和专业方向的建设,拓宽合作渠道,学院还积极与相关单位合作建系和研究中心,如与日本三菱东京日联银行集团所属子公司ACOM株式会社合作建立了金融信息化研究中心,并获得150万元人民币的捐赠以及每年500万元人民币的合作研究经费支持。

【科研工作】 2005年,学院在科研方面迈出了重要的步伐。为适应动漫产业的发展,学院成立了数字艺术工作室,积极参与北京市发改委项目的申报工作,拓展与Intel公司、中影集团、中央电视台的合作。学院作为主要承担单位,承担了国家"十五攻关计划"——"国家Linux技术培训与推广中心示范"与"国产基础软件技术培训系统研制与课程开发"2个课题;承担了国家"863项目"——"集成电路人才培养与研发环境建设"、"中国海关总署海关信息系统安全保障体系建设项目",并与IBM、Intel、微软等公司合作开展了多个横向合作科研项目。

【获奖情况】 9月,"北京大学软件与微电子学院——示范性软件学院建设"荣获高等教育国家级教学成果一等奖。

10月14日,在香港科技大学举行的两岸四地"金企鹅杯开源软件竞赛"颁奖大会上,学院院长陈钟教授获得两岸四地"金企鹅杯开源软件杰出贡献奖"。12月3日,吴中海教授获得2005年度花旗奖教金。12月15日,学院数字艺术系教师王强获得中国学院奖优秀教师指导奖和中国学院奖动画评委资格奖。

2005年度学生获校级奖励60人次,院级奖励47人次,获校级、院级奖学金65人次,获集体校级、院级奖励5次。

学院学生还获得了4项"首届中国学院奖",其中《种子》荣获最佳技术制作奖(作者:廖莎莎、王理);《鸿》荣获最佳视觉效果奖(作者:马宁洲、李明、王宁、朱江);《望夫石》荣获最佳美术设计奖(作者:赵贵胜、吴天琛、谭雷雷、李翔等);《玩具》、《逝去的记忆》、《地铁》、《纤纤》、《旅》五部片子荣获优秀作品奖。获得3项"第五届动画学院奖",其中《动画蒙太奇在动画电影中的应用》荣获优秀论文二等奖(作者:余丹);《旅》荣获评委会特别奖(作者:李小枚、管筱梅、朱险峰、韩斌、张雯);《纤纤》荣获最佳新人奖(作者:李毅)。另外,学生作品《逝去的记忆》荣获首届中国国际动漫节原创动漫大赛学院奖最佳动画短片奖银奖。

【基础建设】 2005年,学院优化了网络配置,升级了对外网络出口;设计配置了基于PC架构的学院VPN服务器,师生在学院内可直接使用北京大学校本部的教务管理系统,实现了深圳校区、大兴校区内部网络的互访;全部教室实现无线网络覆盖,成功地进行了远程教学系统的实践。另外,还将价值4000余万元的IBM 390大型主机迁移到学院,重新构建了以IBM机为主的大型主机实验室。

学院还新建了信息安全实验室、软硬件协同设计实验室、数字艺术系视频工作室、信息化系统研究室和数字化技术研究室;与Intel、IBM、Motorola、TI、微软等著名企业合作,成立了"北京大学-IBM eServer iSeries联合实验室"、"北京大学-摩托罗拉嵌入式系统联合实验室"、"北京大学-英特尔联合实验室"、"北京大学-微软亚洲研究院基础软件实验室"、"北京大学-Renesas T-Engine联合实验室"等12个联合实验室。

【学生工作】 2005年,学院共招收新生1009人,其中软件工程硕士986名、二学位学生23名,学院在校生人数超过2000人。2005年

度共有 308 名学生获得工程硕士学位，52 名学生获得软件工程第二学士学位。

作为北京大学的工程硕士授予单位，随着学院的快速发展和知名度的日益提高，报考人数呈逐年上升势态，2005 年已经上升为北京大学报考人数排名第五位的院系。根据全国研究生统一考试第一志愿报名人数统计，2005 年报考软件与微电子学院的同学达1029 人，相对于 2004 年上升了20％。另外，学院的生源质量也在逐年提高，据统计，已经录取的考生中，本科背景院校为国家"211"重点院校或"985"重点院校的学生占到了 70％以上。2005 年录取推荐免试生 65 人，占总录取率的6.6％，较 2004 年的推荐免试生录取率上升近 2 个百分点。

2005 年，200 多家企业为学院学生提供了 1171 个实习岗位，421名学生通过双向选择顺利进入实习工作阶段。IBM、微软、Intel、Motorola、联想、方正、中软、Cadence、AMD、华为等 36 家国内外知名企业成为学院相对固定的实习基地。学院与北京大学软件工程研究所合作建立了软件发展战略研究室，与北京大学微电子研究院合作建立了微电子发展战略研究室，学院还建立了数字技术研究室、信息系统研究室，并把它们作为学院内部科研实习基地。

学院坚持学苑式管理的学生工作方针。2005 年新建了北京大学数字艺术协会，新建了学生记者团，在校团委的指导下成立了北京大学研究生干部培训学校分校。2005 年学院共举办了 19 项大型学生活动。13 名同学参加了校团委组织的赴贵州大学生社会实践团，10 名学生参加了校团委组织的赴河南大学生社会实践团，2 名学生参加了校团委组织的赴山东聊城大学生社会实践团。2005 年，针对学生心理问题，学院还设立了心理健康专线和心理咨询日，建立并实施了心理健康教育方案。

为营造"文明修身，健康成才"的校园氛围和丰富校园文化，学生工作办公室还组织编写了《学苑期刊》(2 期)、《素质教育报告文集》(3 册)、《学苑集》、《学生天地》(1期)，其中《素质教育报告文集》、《学苑集锦》和《学生天地》为 2005年新办期刊。

到 2005 年，学院已为社会输送了 459 名毕业生，学生基本实现了 100％就业，90％以上的毕业生进入 IT 企业，其中部分学生开始自己创业。

（宋亦鹏　赵黎丹）

工 学 院

【发展概况】　2005 年 6 月北京大学工学院正式组建。根据学校的综合布局，工学院从成立开始就从高起点出发，立足于尖端科技、交叉学科，如能源与资源工程、生物医学工程、先进材料与纳米技术等。工学院借助北大雄厚的基础研究和综合学科优势，加强跨学科研究，力争使北大工学院成为国家工程科学研究和教学的基地、未来尖端科学技术发展研究的中心，成为国家经济发展的推动者、未来工程技术科学领导者、优秀企业家和工程师的摇篮，为社会、经济的发展做出更多的贡献。

学院组建以来，在院系建设、人才引进、国际合作等方面取得了实质性的进展，在国际上招聘了一批顶尖科研人员，拟设立由国内外著名教授和知名院士组成的工学院学术指导委员会。

工学院拟设 5 个系：能源与资源工程系、航空航天与机械系、生物医学工程系、工业工程与管理系、先进材料与纳米技术工程系。

【师资队伍】　工学院教职员工实行国际通行的聘任制度。招聘的方向和人数由院长、副院长、系主任等协商后决定。工学院组织招聘委员会评审、面试和投票确定，招聘与否最终由院长根据招聘委员会的推荐意见、工学院的资源、被招聘人员的研究方向和能力、发展潜力和教学能力等决定。经北京大学校长授权，工学院院长代表学校与受聘人员签订聘用合同，并根据合同进行管理。

2005 年工学院根据北京大学"优秀青年人才引进计划"，面向国际招聘优秀人才。由于北大工学院从高起点出发，立足于尖端科技、交叉学科，此次招聘吸引了大量海外优秀学者应聘，收到求职信200 余封。经过严格筛选面试，共引进特聘学者 7 人。今后，工学院将继续面向国际引进顶尖优秀人才，共同建设工学院。

【教学计划】　工学院在坚持北大传统的文、理、医基础教育的同时，将注重培养学生面向现代社会新工业、新技术的实际能力。学院注重国际化教育，采用双语教学，由外籍教师英语授课，讲授工业界最新的知识。在学习完大部分学分课程后，输送他们到国内外的企业进行实习，培养实际技能。

2005 年 9 月，工学院开始招收研究生，2006 年起开始招收本科生。

【交流合作】　全面深入开展合作交流是北大工学院建设国际一流工学院的基本方针。工学院积极开展与国内外优秀院校和企业的交流合作，着眼前沿，共创卓越，并致力于教学、科研、应用一体化建设。

9 月 15 日，维也纳技术大学主管学术的副校长 Hans Kaiser 教授一行访问北京大学，希望了解北京大学工程学系的情况并建立联系，林建华副校长及工学院相关代表出席活动并与对方交流。

9 月 19 日，新西兰奥克兰工学院来北大工学院进行交流访问。

双方希望通过交流加深了解，为以后的合作打下基础。

9月25日，哥伦比亚工学院院长 Carlos Arroyave 教授一行来访。哥伦比亚工学院参加了哥伦比亚大学与北京大学的合作计划，很有兴趣展开与北京大学相关院系的合作与交流。

10月18日，北京大学与广州中国科学院工业技术研究院（以下简称广州工研院）在广州举行合作意向书签字仪式。工学院作为合作的主体，将与广州工研院联合建立相关研究中心。双方具体将在专家互聘、教育培训、研究中心的设立、开放实验室的建立、科研开发以及决策机制、合作项目的确定程序、合作项目的财务制度、知识产权管理等方面，整合双方优势资源，共同推动工业产业的结构调整和产业升级，以创造自主知识产权为目标，开展多方面的研发和成果产业化。

10月25日，工学院院长陈十一教授带队访问 Schlumberger 公司，希望能够在与企业共建、共同开拓市场方面进行更深层次的探讨。

10月31日，约翰·霍普金斯大学工学院院长 Nicholas P. Jones 教授、大学副教务长 Pam Cranston 及 Delong Zuo 博士来访。Nicholas P. Jones 院长热烈祝贺北京大学工学院的成立，并对工学院发展充满信心。

11月1日，美国 GIT/Emory 大学联合生物医学工程系的系主任 Larry McIntire 博士专程访问北京大学工学院生物医学工程系。双方分别介绍了各自的科研工作和机构建设情况，并就一些学术成果和进一步的合作等进行了讨论。

11月18日，康奈尔大学工学院院长 Kent Fuchs 教授来访。双方介绍了各自学院的最新进展，交流了生物医学工程等方面的研究情况，并就课程设计、合作交流等方面进行了探讨。

11月23日，工学院一行人前往中共沈阳市委组织部高级经营管理人才中心，就北京大学工学院与沈阳市委组织部合作办学一事进行了初步探讨。双方就未来合作办学过程中可能会遇到的相关问题进行了热烈讨论，在合作的一些具体问题上达成共识，并确定了进一步合作的意向。

11月30日，工学院有关人员前往山东省东营市，与东营市经贸委、招商局、执法局等有关部门的负责同志和业务骨干召开了科技交流座谈会。双方认为，北京大学工学院与东营市政府应进一步加强沟通与交流，建立一定的沟通联系机制，实现合作共赢；地方政府有关部门要发挥好桥梁纽带作用，积极推进科研单位与地方企业直接沟通，加快科技成果的转化效率；双方要建立人才培训机制，快速提高地方企业管理人员的素质。双方确定日后就共同关心的若干项目进行具体研究开发。

12月5～7日，美国 FDA cGMP 中国培训在北京大学成功举行。参加培训的有国内外制药企业的管理人员约240人、国家和省市药监局的药品生产监管人员约30人。此次培训活动也为部分在校学生提供了一次非常好的机会，可以直接参与国际型培训项目并学习药物规范化生产和质量管理。

12月8日，美国佐治亚理工大学副教务长 Howard A. Rollins 教授来访。双方一致认为全面深入的合作是实现双赢的重要举措，并就如何进一步推动合作等问题交换了意见。

基 础 医 学 院

【发展概况】 北京大学基础医学院创建于1954年9月。现设12个学系、1个教研室、1个研究所和1个实验教学中心。现有228位教师，其中教授57人、副教授61人、讲师99人、助教11人。教师中具有博士学位者108人，具有硕士学位者78人。现有教学辅助人员、科学实验技术人员162人，其中副主任技师20人、主管技师84人、技师21人、技士9人、技工3人。现有管理职员25人，包括学生工作人员6人。基础医学院师资力量雄厚，以治学严谨著称，现拥有一批国内外著名的专家、学者，其中，中国科学院院士3人、中国工程院院士1人、长江特聘教授7人、国家杰出青年科学基金获得者5人、获国家人事部和卫生部授予的有突出贡献中青年科技专家称号的8人、教育部跨世纪优秀人才6人、享受国务院政府特殊津贴32人、博士生导师49人。基础医学院现已发展成为国内最著名的，以发展多层次基础医学教育和研究人类生命科学与疾病防治基础理论为主要任务的教学科研中心之一，成为国家基础医学领域高级专门人才的培训基地之一。

2005年生物化学与分子生物学系童坦君教授当选为中国科学院院士；尚永丰教授在 Nature 上发表研究论文。生理与病理生理学系获得教育部创新团队项目；管又飞教授（生理与病理生理学系）、王克威教授（神经生物学）受聘为教育部长江学者特聘教授；免疫学系张毓教授获得国家杰出青年基金资助；张卫光副教授被评为全国卫生系统青年岗位能手；徐国恒、赵振东、王月丹入选被评为教育部新世纪优秀人才；宫恩聪被评为北京市教育创新标兵；顾江被评为北京市先进工作者；管又飞荣获北京市"五四奖章"；韩文玲被评为北京市"青年岗位能手"；万有获得北京大学优秀博士后奖；朱滨被评为北京大学优秀班主任。

【教学工作】 2005年基础医学院基础医学专业毕业学生28名，招

收新生39名；医学实验专业毕业学生17名，招收新生30名。学院毕业研究生66名，其中38名博士生、28名硕士生；招收153名研究生，其中86名博士生、67名硕士生；现有在校硕士生161名、博士研究生203名、在站博士后15名。

在2005年度教学优秀奖评选工作中，基础医学院朱永红、耿彬2名教师被评为北京大学医学部优秀教师，库宝善教授获北京大学优秀教师奖，贾弘禔教授获医学部桃李奖。生理学与病理生理学系获医学部教学优秀集体奖。

2005年，基础医学院病理学系的"新世纪病理学课程体系"和生物化学与分子生物学系的"努力建设精品课程，大力促进素质教育"2个项目荣获国家级教学成果奖二等奖、北京市级教学成果奖一等奖。

基础医学院的人体解剖学、组织胚胎学课程申报了北京大学精品课程，已经通过北京大学评审。组织胚胎学还申报了北京市级精品课程。

【科研工作】 基础医学院2005年共获准各类科研项目89项，共获科研经费4154余万元。全院承担各类科研项目292项，2005年到位科研经费约3800万元。2005年基础医学院发表SCI论文161篇，合计为531.57。其中以第一作者或通讯作者单位发表SCI研究论文107篇，期刊影响因子合计为355.011，平均为3.32；不是以第一作者或通讯作者单位发表的SCI研究论文46篇，期刊影响因子合计为138.498；在SCI收录刊物发表国际会议摘要8篇，期刊影响因子合计为38.061。基础医学院专利工作连年进步，2005年获得批准授权国家发明专利4项。

【学科建设】 基础医学院认真组织了"985计划"二期项目的立项申请，神经生物学系及神经生物学教育部重点实验室、免疫学系及医学免疫学卫生部重点实验室、生理与病理生理学系、生化与分子生物学系、细胞生物学系、病理学系的6个"985计划"二期重点学科与重点实验室建设项目已经通过论证，获得批准实施。糖尿病中心、医学遗传学系的2项科技平台建设项目也获批准立项启动。8项人才计划及人才引进项目获得"985计划"二期经费资助。在实验室建设方面，分子心血管学教育部重点实验室通过教育部组织的年度评估，成绩优异，获得优秀实验室称号。

(孙 敏)

药 学 院

【发展概况】 北京大学药学院现设有化学生物学系、药物化学系、天然药物学系、药剂学系、分子与细胞药理学系、药事管理与临床药学系、基础化学教学实验中心、应用药物研究所和天然药物与仿生药物国家重点实验室。现有在职职工193名，专任教师120名，其中教授33名、副教授31名、博士生导师20名、硕士生导师43名。教师中具有博士学位的58名，占总数的48.3％；具有硕士学位的44名，占总数的36.7％。

药学院拥有一支学识渊博、治学严谨的专家学者、师资队伍，其中有中国科学院院士2名、国家人事部和卫生部有突出贡献的中青年专家3名、"长江学者奖励计划"特聘教授1名、国家"杰出青年科学基金"获得者5名、教育部"跨（新）世纪"人才3名、全国优秀教师2名、北京市优秀教师8名、北京大学医学部（包括原北京医科大学）"桃李奖"获得者6名。另外，还有37人享受国务院政府特殊津贴。

2005年招收六年制学生93名、四年制本科学生42名、夜大学本科生146人、专科生174人；研究生60名（博士生40名、硕士生20名）、进站博士后8名。现有在校生1941名，其中研究生224名（博士后16名、博士生134名、硕士生74名），六年制学生571名、四年制本科生86名。

1月完成了党委和行政两套领导班子的换届工作。刘俊义任院长，解冬雪任党委书记。

表5-24 药学院博士生导师情况

姓 名	现职称	性 别	出生年月	批准时间	学科专长
王 夔	中科院院士	男	1928.05	1990.10	生物无机化学,无机药物化学,化学生物学
张礼和	中科院院士	男	1937.09	1990.10	药物化学,有机化学
彭师奇	教授	男	1947.10	1995.06	药物化学与有机合成
赵玉英	教授	女	1944.01	1997.04	天然药物化学,天然产物结构及生物活性研究
杨 铭	研究员	女	1946.07	1997.04	药物化学,抗肿瘤、抗病毒药物研究
李长龄	教授	男	1946.04	1999.05	药理学,抗肿瘤药物和心血管药物研究
张 强	教授	男	1958.05	1999.05	药剂学,新型药物输送系统
蔡少青	教授	男	1960.05	1999.05	生药学,生药的品种鉴定与质量评价
果德安	教授	男	1962.04	1999.05	生药学,天然产物生物合成与生物转化

续表

姓名	现职称	性别	出生年月	批准时间	学科专长
屠鹏飞	教授	男	1963.04	1999.05	生药学,天然药物活性成分与新药研究
叶新山	教授	男	1963.04	2001.04	药物化学,化学糖生物学和糖类药物
杨秀伟	教授	男	1958.10	2001.04	天然药物化学,天然药物活性成分和生物转化与新药
李润涛	教授	男	1956.10	2001.04	药物化学,杂环药物合成及活性研究
林文翰	研究员	男	1960.05	2001.04	海洋天然产物研究
李中军	教授	男	1964.09	2001.04	药物化学,生物活性寡糖合成及活性研究
刘俊义	教授	男	1953.10	2002.04	药物化学、生物有机、抗肿瘤、抗病毒及中枢神经保护药物研究
赵 明	教授	女	1960.10	2002.04	杂环化学,多肽药物
崔育新	研究员	男	1951.04	2002.04	核磁共振在药物化学和生物化学研究中的应用;核磁共振实验方法及其应用研究
蒲小萍	教授	女	1956.11	2005.01	分子与细胞神经药理
张亮仁	教授	男	1963.10	2005.01	生物活性有机分子的设计与合成

【党建工作】 2005年,药学院有党员298人,其中教工党员81人、离退休党员54人、本科生党员84人、研究生党员79人。2005年发展新党员32人。在北京大学和医学部党委的领导下,药学院召开全体党员大会,顺利进行了党委的换届选举,新党委书记为解冬雪,副书记为李玉莲。

3月至7月,药学院作为北京大学的试点单位,开展并圆满完成了保持共产党员先进性教育活动。药学院被评为北京大学党务和思想政治工作先进集体。

【学科建设】 在"211工程"和"985工程"一期和二期支持下,药学院的学科建设取得了新的进展。在借鉴国内外高水平药学院校办学经验的基础上,积极稳妥地推进学科整合,加大各系结构的调整力度。根据学校的总体规划,组织药学院各系进行深入的学科调研和规划工作,使各学科明确了在国内的地位以及与世界一流药学学科的差距,确定了各二级学科的主要研究方向、特色和可能的突破点,明确了如何开展多学科交叉融合、加强人才队伍建设等。

在2004年完成药学院各学科建设方向、目标的调研、规划和"985工程"二期创新药物与药学科技创新平台的设计及论证的基础上,根据"985工程"二期的总体思路,整合了药学相关学科,以天然药物和仿生药物国家重点实验室为基础,加强充实了现代药学学科,构建了药物新靶标发现技术平台、化学生物学研究技术平台、大分子与小分子相互作用研究技术平台、药物输送系统研究技术平台等5个学科及技术平台,各平台的组织和研究工作进展顺利。

"十五规划·211项目""药学学科群"建设进展良好,并通过中期检查。现有的药物化学和生药学两个重点学科发展态势良好。在加强基础学科建设的同时,着重发展了应用学科和新药的前沿学科,新增设化学生物学博士点和临床药学硕士点。不同学科与专业之间的学术交流更加活跃,把握和跟踪世界学术前沿的能力明显增强。

【科研工作】 药学院2005年获国家自然科学基金8项、国家杰出青年基金2项、教育部博士点基金1项、教育部创新团队项目1项、北京市自然科学基金1项。共计课题数13项,经费706万元。发表论文196篇(SCI收录109篇,第一完成单位全部为药学院),其中国内论文100篇(SCI收录13篇)、国外论文96篇(全部为SCI收录)。会议发表论文72篇。编写教材及著作等29部,其中主编16部、参编13部。获得专利32项,其中申请专利28项,获得授权4项。获得教育部提名国家科学技术奖自然科学一等奖1项、北京市科技进步二等奖1项。负责主办了"2005北京国际生药学学术研讨会",承办了第40届IUPAC会议中的第二主题分会——生命科学中的化学与化学生物学。2005年,有25人次的国外专家来药学院举行了16次学术讲座报告。

表5-25 2005年药学院获国家自然科学基金资助项目

学部	课题名称	负责人	经费(万元)
生命学部	抗耐药瘾性脂质体的构建及其对肿瘤耐药基因的调节机制	吕万良	25
生命学部	整合素介导的抗癌药物长循环脂质体的相关基础研究	张 强	30
生命学部	基于病毒组装和脱壳机制的抗HIV新靶标衣壳结构蛋白功能阻遏中的分子识别	杨 铭	8
化学部	细胞-溶液和细胞-固体间的界面性质对难溶钙磷酸盐形成和溶解的影响	张天蓝	28

续表

学 部	课题名称	负责人	经费(万元)
化学部	山矾抗乙肝活性成分及其构效关系和作用机理研究	赵玉英	30
化学部	绿色有机小分子催化不对称合成	李润涛	30
化学部	蛋白酶抑制剂的设计、合成及优化	徐萍	8
化学部	茯苓三萜类化合物的生物转化和肠吸收	杨秀伟	26

【教学工作】《药理学》、《药用植物学与生药学》获北京高等教育精品教材奖;《有机化学》、《物理化学》分别荣获2005年首届全国高等学校医药优秀教材二、三等奖;长学制教材《化学原理与无机化学》、《生物药剂与药物动力学》陆续出版;承担的三个北京市高等教育精品教材建设立项项目于2005年5月顺利结题;顺利完成了十一五国家级规划教材的推荐和申报工作。

药用植物学被评为北京大学医学部精品课程,医学基础化学被评为北京大学医学部、北京大学精品课程。

为推进学分制教学改革,药学院与医学部网络药学院合作编制选课系统软件;药学院申报的7项教改项目获准医学部教改立项,共获7万元的经费资助;专业实验教学中心建设项目获得教育部"修购专项"经费285万元。

正式启动了教学评估实时监控系统,2004级全体学生对所学课程进行了评估。

药物化学学科承担的国家级继续医学教育基地举办了"当代新药研究与开发研讨班";生药学科承担的"中药现代化研究与开发"国家级继续医学教育项目如期举行;接受进修、研修学员13名。

张礼和教授获医学部桃李奖,王夔教授获北京大学优秀教师奖,李润涛、杨东辉两名老师获医学部优秀教师奖,天然药物学系获医学部教学优秀集体奖。

【研究生工作】 2005届博士研究生毕业论文继续实行双盲评审,论文双盲评审率为30%,硕士生论文不实行双盲评审。

2005年应届毕业研究生40人,其中硕士生21人(12人获学位,另有3人延期)、博士生19人(12人获学位,另有11人延期);出站博士后8人。接收在职申请学位人员16名,其中在职申请硕士学位的13人、在职申请博士学位的3人。

2005年获得奖学金的研究生共26人,其中"五四奖"1人、医学部特等奖1人、优秀奖2人、医药奖2人、光华奖6人、东港制药奖12人。硕士生获奖比例为27.8%,博士生获奖比例为40%。有5位毕业研究生获北京大学医学部优秀毕业生奖。

(杜永香)

公共卫生学院

【发展概况】 北京大学公共卫生学院现设有流行病学与卫生统计学、劳动卫生与环境卫生学、营养与食品卫生学、妇女与儿童青少年卫生学、毒理学、卫生政策与管理学、社会医学与健康教育等7个系及院中心仪器室。全院教职员工150人,其中教授和副教授61人、博士研究生导师14人、硕士研究生导师53人。现任院长胡永华,副院长郝卫东、徐善东,党委书记王燕,副书记陈娟,院长助理冯浩。

【党建工作】 2005年,在上级党委的领导下,公共卫生学院围绕中心工作顺利完成了保持共产党员先进性教育活动的各项内容,完成学院行政领导班子换届等工作,在保持工作的连续性和稳定性、加强党员教育和管理、加强基层组织建设等方面做出了一定成绩,得到了上级党委和学院职工的肯定。

为活跃和改善教职工文化生活,2005年公共卫生学院建立"教工之家"。组织全院教职工爬山和举办保龄球比赛,同时组织教职工积极参加医学部举办的各项文体比赛。

【教学工作】 组织召开三次教学研讨会,继续进行教学内容、教学方法、考核方法的改革。各学系改变教学观念,尝试以学生为中心、以问题为中心的教学,加强学生分析问题、解决问题和实践能力的培养。

吴明、季成叶、张玉梅被评为2005年北京大学医学部优秀教师,秦颖、张颖获得朱章赓青年教师奖。循证医学被评为医学部精品课程,《健康教育与健康促进》、《预防医学》被评为北京市精品教材。

教办和工会组织青年教师讲课基本功比赛,并推荐2名教师参加医学部的比赛,分获二等奖、三等奖。

2005年共毕业博士研究生10人、硕士研究生19人,博士后出站1人。2005年招收博士研究生26人、硕士研究生35人、博士后2人、公共卫生专业硕士29人。在读博士生81人、硕士生92人、博士后3人。在职申请博士学位5人,在职申请硕士学位22人。

完成了新一轮的教学大纲与培养方案的修订工作。加强对研究生课程的过程管理,规范了课程的开设、授课及成绩管理。2005年新增设研究生课程10门,组织

课程评估。加强了研究生培养过程的质量控制,重点加强博士研究生资格考试的管理以及学生论文的过程管理。

改善教学条件,将39台计算机全部更新,更新了交换机、空调等设备。健全研究生学生组织,组织各类活动,丰富学生生活。完成了研究生建班、建党和团支部的工作。组织了学生的学术论坛、春游、联欢、体育比赛等活动,丰富学生生活。

针对各年级学生的学习特点,组织不同类型的活动。通过开设预防医学导论课程,组织学习经验交流会等活动稳定专业思想,明确学习动机,同时在全院学生中创造学习氛围。邀请专家、教授讲授预防专业课程特点、进程及专业人才培养要求,并从社会发展对人才需求与学生进行探讨,拓宽学生视野,使他们能够从更高、更广的角度对学习有更多的认识。

利用暑期组织三支社会实践队伍,分赴房山、海淀区卫生监督所参与公共卫生的现场工作,使同学们了解公共卫生的现状。

全院67名学生获各类奖学金,44人获北大各项奖励,多名学生获得北京市三好学生、北京市优秀学生干部、北京大学及医学部优秀共青团员、北京大学社会实践先进个人称号。多个班级支部分别获得北京市优秀班集体、北京市优秀团支部、北京大学及医学部优秀班集体、北京大学及医学部优秀团支部称号。学院组织的社会实践团队被评为北京大学社会实践先进团队。志愿服务活动开展出色,荣获北京大学"学雷锋,迎奥运"志愿服务先进集体奖。团委被评为北京大学及医学部红旗团委。

【科研工作】 获国家自然科学基金5项,金额为94.5万;获北京市自然基金2项,金额为26万元;获教育部博士点基金3项,金额为18万;获中国社会科学基金2项,其中一项为重大项目,总金额为42万;获卫生部、教育部、科技部、中国疾病控制中心等部委专项基金25项,金额为355万;北京市项目4项,金额为112万元;与公司及单位合作项目17项,金额为149万元;获国际合作项目7项,总金额为276万元。

2005年公共卫生学院共获得项目总数为65项,总额为1072.7万元,比2004年有很大提高。营养学系李勇教授的"重大出生缺陷发生的基础研究"项目获2005年中华医学科技奖二等奖,毒理学系张宝旭教授获专利一项。

2005年在国外刊物发表论文27篇,在全国刊物发表论文219篇,在地方杂志发表论文5篇,总计251篇。2005年学术交流活动频繁,出国参加学术会议54人次,出国进修9人,出国讲学7人,请外籍专家来院讲学22人次。学院一直很重视开展学术活动,每年都进行统计并在院简报上公布。2005年各系配合继续教育工作,积极举办各级各类学术活动,请国内外知名专家来访并做学术报告,扩大交流,了解新的学科发展动向。2005年度共举办各级各类学术讲座62次,约3500多人参加。

在北京大学主办的"北京论坛(2005)"上,公共卫生学院负责"公共卫生与和谐社会的建立分论坛"的组织工作。公共卫生分论坛邀请来自世界19个国家和地区的公共卫生专家学者、卫生部门决策者、中国各大医学院校公共卫生学院院长、疾病控制科研单位的100多位代表参加大会。大会汇集了国内外公共卫生领域最顶级的专家,交流了最新学术理念、研究成果,是一次规模空前的国际学术交流大会。专家们分别就"慢性非传染性疾病的预防与控制"、"环境与健康"、"新发传染病的预防与控制"等世界性的公众健康问题进行交流。

邀请美国疾病控制中心全球艾滋病项目主任叶雷教授、香港中文大学何晨雪樱教授、澳大利亚格林菲斯大学环境与人口朱明若教授、新加坡环境科学与工程研究院郑俊华教授在医学部分别做"中国公共卫生的挑战——从SARS应对到初级卫生保健"、"中年以后妇女疾病的预防"、"人口老化对公共卫生的挑战"、"好氧颗粒污泥——新一代的污水生物处理技术"的学术报告。

2005年继续启动院青年基金,推动青年同志的科研积极性。9位同志申请,6位同志中标,每人研究经费1万元,研究期为1年。

【继续教育】 2005年9月完成卫生事业管理专业本科电大秋季招生工作,组织了电大入学水平测试,共招收2005级新生70人;11月份完成2006级预防医学专业专升本的招生工作,招收专升本学生53人,学生在2006年春季正式入学。2005年,函授部购置了新的服务器,完善了公卫成教导学网站,使电大学习辅导工作达到了新的水平。函授部还专门为毕业班同学编写了毕业实践环节各种多媒体教学参考资料,并及时将夜大和电大本科毕业论文汇编为光盘教材,发给2003级学员参考。2005年接收进修生9人,完成校级继续教育项目13个。

(周小平)

护理学院

【发展概况】 护理学院目前设有4个教研室(内外科护理学教研室、妇儿科护理学教研室、护理学基础教研室、护理学人文教研室)和3个办公室(院办公室、教学办公室、学生办公室)。全院在职教职工50人,其中教师36人(教授

2人、副教授6人、讲师15人、助教13人);硕士研究生导师7人。学院承担3个层次、10个轨道的教学任务,学生1150名,其中在校生785人(研究生17人、本科生201人、高专生481人、高职生86人)。

【科研工作】 院级科研项目"护理专业课程内容与教学方法的改革与实践"获北京大学教学成果一等奖、北京市高等教育教学成果二等奖。申报北京市自然科学基金4项、国家自然科学基金2项、校级教学改革基金3项。在各类期刊上发表论文57篇。在"国际艾滋病培训和科研项目"中,论文"Effect of drug relief hospital-based AIDS educational methods on drug users"被 *Cell-Research* 杂志录用并发表,该杂志已被SCI收录,影响因子为1.946。编写出版教材、参考书(含主编、参编)16种。

表5-26　2005年护理学院承担的主要科研项目

项目类别	项目名称	合作单位	起止时间
国际合作项目	国际艾滋病培训和科研项目	美国伊利诺大学芝加哥分校	2004.02～2006.12
国际合作项目	中日两国癌症生存者的长期适应性及其相关因素的比较研究	日本高知女子大学看护部	2004.09～2006.03
境外合作项目	癌症患者身心评估与健康维护	香港大学	2004.03～2006
国内横向合作项目	社区护理的内涵外延及发展目标的研究	卫生部医院管理研究所护理中心	2004.07～2005.01
国内横向合作项目	涉外多元文化护理服务模式的临床研究	北京大学第三医院护理部	2005.01～2008.01
教育部留学归国人员科研启动基金	从自我发展的观点护理脑卒中患者之效果		2005.10～2008.10
校级项目	社区护理国际交流与服务中心("985项目")		2005.01～2006.01
学院级项目	1. 内外科护理 2. 妇儿科护理 3. 护理教育 4. 社区护理 5. 感染控制 6. 老年痴呆患者的护理		

表5-27　2005年护理学院发表的主要论文

论文发表杂志名称	篇数
Cell-Research 杂志	1
中华护理杂志	5
护士进修杂志	18
中国护理管理杂志	11
中国实用护理杂志	4
护理研究杂志	3
其他中华或中国牌杂志	15
合　计	57

表5-28　2005年护理学院出版的教材

名　称	出版社	参与情况
妇产科护理学(第1版)	中国中医药出版社	主编
儿科护理学(第1版)	中国中医药出版社	主编
护理科研(第1版)	中国中医药出版社	主编
护理学基础(第1版)	中国中医药出版社	主编
外科护理学(第1版)	中国中医药出版社	主编
护理教育(第1版)	中国中医药出版社	主编
护理美学(第1版)	中国中医药出版社	主编
护理管理学(第1版)	中国中医药出版社	主编
护理学基础(第2版)	北京大学医学出版社	主编
护理学基础(第2版)学习指导	北京大学医学出版社	主编

续表

名　　称	出　版　社	参与情况
2005年护理学专业(护师)资格考试辅导	北京大学医学出版社	主编
2005年护理学专业(护师)资格考试全真模拟及题解	北京大学医学出版社	主编
2005年护理学专业(护师)资格考试习题集	北京大学医学出版社	主编
护理学导论(第1版)	中国中医药出版社	副主编
急救护理学(第1版)	高教出版社	参编
现代护理管理学(第3版)	北京大学医学出版社	参编

【学生工作】 2005年，护理学院109名学生获得不同等级的奖学金，86名学生获得不同项目的荣誉奖励。本科班2004级获得"北京大学优秀班集体"称号，96人献血，253名新生参加军训，38人获得研究生保送资格，专科6名同学升入本科。253人参加初级党课学习，29人获得中级党课结业证书，198名同学递交入党申请书，发展党员17名，预备党员转正20人。28名同学暑期前往"红旗渠"社会实践，社会实践团获得2005年度"北京大学医学部优秀社会实践团"称号，2名同学获"优秀社会实践个人"称号。9月，筹备成立护理学院青年志愿者支队。《我心中的梦想》节目在北京大学医学部新生文艺汇演活动中获"最佳人气奖"；专科2005级4班在北京大学医学部举办的新生运动会上获得团体总分第四名；本科2002级丛馨、申洁同学在"北京市数学模块竞赛"活动中获一等奖，史艳菊在"我的2008"北京大学医学部志愿者演讲赛中获第一名。在北京大学医学部举办的"校园十佳歌手赛"中，4人获三等奖，1人获最佳人气奖。在北京大学护理学院、首都医科大学护理学院、中国协和医科大学护理学院、北京中医药大学护理学院四校联合举办的"纪念'一二·九'系列活动"中，李孟颖获英文组"最佳辩手"奖，段琳、崔蕾获最佳辩手三等奖。

【社会服务】 护理学院社区小组定期到西三旗北京大学第三医院第二门诊部社区护理基地进行社区专家免费咨询，并针对社区慢性病人常见的护理问题和保健问题举办健康教育讲座。受北京市卫生局全科医学工程办公室的委托，护理学院与首都医科大学护理学院合作进行北京市社区护理专业技能考试。承担4月和10月北京市高等教育自学考试护理专业的出题、阅卷及58名专升本学生的论文辅导及答辩工作，承担20人的进修培训。

【获奖情况】 护理学院有23名教职工受到北京市、北京大学、医学部和护理学院的表彰：张继英被评为北京大学优秀党务和思想政治工作者；吕凤英被评为北京市高校德育先进个人；尚少梅获北京大学医学部"女工之星"；洪黛玲、孙宏玉被评为北京大学优秀教师，路潜、李湘萍、金晓燕、官锐园、李娟被评为护理学院优秀教师；杨萍获得北京大学优秀班主任三等奖；万巧琴、杨萍获北京大学医学部青年教师讲课比赛优秀奖。在护理学院青年教师讲课比赛中，万巧琴获得一等奖，杨萍、姬萍获得二等奖，郭记敏、金晓燕获得三等奖，朱秀、陈华、江华获得优秀奖。陈敬东被评为北京大学医学部优秀工会干部，耿笑微、庞冬被评为北京大学医学部工会积极分子。

(杜彩霞)

第一临床医学院
（北京大学第一医院）

【发展概况】 北京大学第一临床医学院（北大医院）现有职工3025人。医护人员有2460人，包括工程院院士1人（郭应禄）、高级职称460人、中级职称936人、初级职称1317人。设有临床科室33个、医技科室19个、6个研究所、18个中心。

【医疗工作】 门诊1242176人次，日平均4968.7人次；急诊128461人次，日平均351.9人次；手术14808人次；急诊抢救1959人次，急诊抢救成功率89.69%；医院床位数1368张，病床使用率102.04%，入院37432人次，出院37432人次；平均住院日13.55天；7日确诊率95.79%。特需门诊24791人次，发热门诊8662人次。

组织会诊1000余次；组织11支院外医疗队，共计42人；组织继续教育讲课25次，参加人员达6570人次；组织49次医疗周会；接受29个专业的进修医师1868人；举办58期39个专业的学习班，共计1632人。

为配合2005年卫生部"医院管理年"和北京市"创建人民满意医院"活动，完善和制定了各项医疗规章制度，规范了操作规程和突发事件的应急预案，将缩短平均住院日、缩短病人检查等候时间、减少医疗差错、确保医疗质量和医疗安全作为2005年医疗工作的具体目标，如放射科门诊承诺"急诊半小时，平诊2小时发报告"；检验科血、尿、便常规检查均控制在2小时内出报告；CT、MRI、超声心动预约检查时间缩短至1~2天，冠状动脉CT检查也在3~5天内完成。

8月19日，卫生部医院管理年活动督察小组对北京大学第一医院的医疗质量、医疗安全和医院管理进行了全面检查，对医院推进医院管理年活动给予了充分的肯定，医院也根据专家组提出的反馈意见，逐项落实，及时整改。

积极参加争创首都公共卫生文明单位的活动，经过北京市卫生局、专家和社会监督员综合检查评选，北京大学第一医院获得了"首都文明单位"的称号。

11月22日，胸外科成功完成北京大学首例肺移植。这例手术从准备到麻醉，从体外循环到手术操作完全由北京大学第一医院自主完成。接受肺移植的患者是一名18岁的少女，因化疗导致双肺严重纤维化、肺功能严重障碍，病人已濒临死亡。胸外科成功实施了在体外循环下用异体肺叶，经"无痛开胸切口"替换左全肺的肺移植手术。据文献查新，该例手术创造了如下纪录：世界首例经无痛开胸切口完成的肺移植手术，中国首例用异体肺叶替换左全肺的人体肺移植手术，中国首例用肺移植手术治疗濒亡病人。

1月25日，北京大学第一医院派遣感染疾病科王贵强教授、内科李海潮大夫和急诊室尉昕护士参加印尼海啸灾区医疗救援工作，他们与医疗队其他队员一道克服种种困难，完成了海啸灾区的医疗任务。

【病案管理工作】 完成资料调阅查询工作6500余人次；处理各类文档约25000份；处理各类报表约6200份；新建门诊病案9200份；新建住院病案13800份；完成住院病案缩微工作5万份。2005年度，由于出色完成了病案统计工作及上报工作，被北京市卫生局评选为"卫生统计工作先进单位"。参加北京市医院管理学会组织的DRGs研究工作及医学部"985项目"的临床疾病分类研究工作，承担并主持医院该课题项目的具体组织实施工作。

【护理工作】 护理部结合北京市卫生局"创建人民满意医院"活动及卫生部倡导开展的"以病人为中心，以提高医疗服务质量"为主题的医院管理年活动，结合医院工作的重点，提出了全面开展"护理质量安全管理年"活动。

提高护理服务意识，改善服务态度，转变服务作风，构建和谐医患关系。护理部根据《护士行为规范礼仪服务手册》的要求，组织学习并开展多种形式护理职业道德教育活动，并以护士节及90周年院庆为契机，开展了以"生命守护神"为主题的大型系列活动。护理部还建立了多种护理服务的监督渠道，加强投诉管理，促进护理服务质量持续改进。

提高护理质量，保障医疗安全，保证和巩固基础护理质量，提高护理服务的安全性和有效性。2005年度护理部开展的一系列质量安全管理活动包括：执业行为法制化，严格贯彻落实《护士管理条例》中护理人员准入规定，促进护士执业行为法制化和规范化；管理方式制度化，为进一步推行标准化、规范化管理的理念，使护理管理工作中做到有章可循，护理部在原有《护理规章制度》的基础上，以质量、安全为核心，相继修订和补充了规章制度10项、工作规范和考核标准7项；基础质量规范化，继续强化"三基三严"训练与考核，严格基础质量的检查与监督，加大了对全院护理单位的质控检查；质量管理科学化，强化系统安全管理意识，建立护理质量安全管理组织，应用质量管理工作循环（PDCA循环），以促进护理质量持续改进。

加强护士在职教育，开拓工作视野，丰富专业知识。为拓宽护理人员的知识面，2005年度护理部根据不同专业、不同层次人员的不同需求，分别组织了市级I类学习班2个、各种专题讲座（II类）3个；为开拓工作视野，加强院外交流，护理部派出参加院外（中华护理学会、中华医院管理学会、卫生部等）专项培训11次，总计36人。2005年全院护理人员继续教育学习完成情况良好，全院护士总数1198人，学分达标1137人，占99.74%。

2005年度护理部完成各种临床带教工作累积300人次。

护理部在核心期刊发表论文22篇，地方论文汇编27篇。

【教学工作】 完成了学历教育相应阶段教学计划、管理、监督的工作，其中包括临床医学专业七年制258人，五年制99人。

按照年初计划大力开展双语教学工作，举办外籍教师与学生的专业外语大班讲座2次、小班病例讨论4次，并开展英文病历讨论式教学、英文读书报告等工作；"眼耳皮科教学模式改革"、"临床医学网络考试系统"均获北京大学教学成果一等奖；在深入研究讨论式教学利弊的基础上，组织各学科制定适应本学科的讨论式教学计划，实践以问题为先导的学习方法；面试由见习阶段扩大到生产实习阶段，并在七年制检查中得到验证。

【科研工作】 2005年申报国家、部委、市级课题129项，获批33项，其中国家级20项、部委级8项、北京市级5项，中标率25.6%，获经费665.96万元。

在研课题202项，其中国家、部委、市级课题123项，校级课题56项，院级课题23项。

进展执行项目94项，其中国家、部委、市级课题79项，校级课题14项，院级课题1项。

结题项目108项，其中国家、部委、市级课题44项，校级课题42项，院级课题22项。

申报各类奖项17项，获批准11项，其中国家科学技术进步奖二等奖1项，教育部提名国家奖自

然科学奖一等奖1项、中华医学科技奖一等奖1项、二等奖1项、三等奖1项,北京市科学技术奖二等奖3项、三等奖2项,中西医结合学会科技奖三等奖1项。

组织成果鉴定预答辩10余次,其中会议评议8次,通信评议2次,成果登记8项。

2005年度发表论文1060篇,其中国际杂志113篇、中华系列杂志345篇,北京大学学报(医学版)31篇,其他的国家级杂志571篇。

SCI收录论文数量在全国医疗机构排名第一位,共98篇。

国内论文数量排名第15位,共696篇。

国内论文被引用次数排名第3位,被引用2356次。国内和国际论文总排名第14位,共786篇。

出版书籍33部。

【交流合作】 主办学术会议15次。其中主持国际学术会议7次,主持国内学术会议8次。参加国内外学术会议554人次,其中国际会议195人次、国内会议359人次。在国际大会发言44人次,在国内大会发言169人次。

【医德医风建设】 自2005年9月至12月开展了以学习实践"三个代表"重要思想为主要内容的保持共产党员先进性教育活动。在保持共产党员先进性教育活动中,坚持"两不误、两促进",全院党员通过教育活动,增强了党员意识,深化了责任意识,强化了宗旨意识,提高了学习意识,形成了一个共识,即共产党员要做到"平时能看出来,关键时刻能站出来,生死关头能豁出来",树立起立足本职岗位,创造一流业绩的主人翁思想。三个月来,在北京大学先进性教育活动领导小组的领导下,经过党委、各基层党组织和广大党员的共同努力,圆满完成了先进性教育活动。

共受理和接待来信、来访、来电和投诉74件,其中来信47件、来访16件、电话反映问题11件。对于每一件投诉,都进行了认真的核实、处理,件件有答复、有结果。

【信息化建设】 行政办公自动化系统始建于2004年9月,建成于2005年1月,实现了无纸化、网络化以及移动化办公。

北京大学第一医院由门诊部、第一住院部、第二住院部、第三住院部、男科中心五部门组成。这些部门之间相距很远,因为有了行政办公自动化系统的覆盖,使得网络化办公成为了现实。行政办公自动化系统的特点:

1. 功能综合。不仅能胜任行政办公业务的处理任务,还担负医疗报表发送和统计;人事信息的导入;个人工资、奖金、课题经费、科室奖金等财务信息的导入等任务。

2. 易于应用集成。留有应用集成接口,易于在广域网上把多个这样的OA系统组成一个分布式群组大办公系统,并可与其他业务应用系统如医院的HIS系统集成。

3. 支持移动办公。出差在外的办公人员借助互联网,随时可以访问到北京大学第一医院的OA办公自动化系统,从而实现远程办公、移动办公和协同办公。

4. 协同能力强。OA利用事务提醒、流程跟踪、日历管理等手段,将各部门、每一个办公人员紧密结合,形成一个有机协同的整体,从而提升医院的整体管理和服务效率。

【基建工程】 2005年度共完成医疗改造工程72项,其中包括门诊楼输液室氧气工程、第二住院部血库改造工程等。2005年3月23日,北京市的批文再次明确第一临床医学院门诊楼建设规模为建筑面积40266平方米。2005年6月17日卫生部组织门急诊楼方案设计的专家评审,7月11日,卫生部卫规财发[2005]267号文批复北京大学第一医院门急诊楼工程的项目建议书。

【九十周年院庆】 90周年院庆工作的目标是:总结医院成就,提炼医院文化,扩大医院影响,振奋全员精神。总结医院成就是本次院庆活动的重要目标之一,各有关处室和部门认真总结了建院90周年以来,特别是改革开放以来和近年来医院的医、教、研、防、后勤、基建及党的建设、精神文明建设、文化建设的各项成就。医院文化建设委员会在北京大学的帮助下提炼了"厚德尚道"的医院精神并重新设计使用了新的院徽,"厚德尚道"的医院精神高度概括了北京大学第一医院的人文精神、传统文化和专业水平。各级领导均对院庆活动给予了关注和支持。中共中央政治局常委李长春同志,全国政协副主席、中共中央统战部部长刘延东同志,卫生部部长高强同志等发来贺信或贺电;李瑞环、蒋正华、何鲁丽、傅铁山、韩启德、吴阶平、闵维方、许智宏等领导同志亲笔题词;全国人大副委员长蒋正华、教育部副部长章新胜、中共中央统战部副部长黄跃金、文化部副部周和平、卫生部副部长陈啸宏、国家发改委办公厅主任师荣耀、国家发改委投资司司长杨庆蔚、北京市卫生局局长金大鹏、中华医学会党组书记兼秘书长吴明江等领导同志亲临院庆大会或科研论坛现场。

【获奖情况】 2005年度获得的主要奖项如下:赴印度尼西亚中国卫生救援队获得首都劳动奖状(北京市总工会);赴印度尼西亚中国卫生救援队获人性关怀爱心救助先进集体(中国教科文卫体工会全国委员会);泌尿科获得全国卫生系统护理专业"巾帼文明岗"(全国妇联);感染疾病科获得北京市模范集体(北京市人民政府);感染一病房获得全国"青年文明号"。第一临床医学院还获得首都卫生文明单位等十多个全国、北京市奖励。

(王素梅)

第二临床医学院
（北京大学人民医院）

【发展概况】 北京大学第二临床医学院（人民医院）是一所大型的三级甲等综合医院，第一住院部位于北京市西城区西直门南大街11号（西直门立交桥西南角），第二住院部位于西城区阜内大街133号（白塔寺）。到12月1日为止，医院2005年共开放床位1228张。在职职工2351人（编制内），其中医教、研究、护理及医技系列人员中，正高级职称119人，副高级职称151人，中级职称568人，初级职称972人。医院共有临床科室39个，医技科室12个。

自1918年建院以来，北京大学人民医院曾几易其名，依次为北京中央医院、中和医院、中央人民医院、北京人民医院、北京医学院附属人民医院、北京医科大学人民医院（北京医科大学第二临床医学院）和北京大学人民医院（北京大学第二临床医学院）。2005年是人民医院走过的第87个年头，作为中国人自己集资兴建的第一所大型综合医院，几十年来，人民医院在医疗临床事业、培养医学人才、开展科学研究等诸方面取得了长足的发展。现在，北京大学人民医院已成为学科齐全、设备先进、技术现代化的三级甲等医院，在医疗、教学和科研方面不断有新的建树。

在2005年卫生部开展的医院管理年和北京市卫生局的创建人民满意医院活动当中，人民医院职工将保持共产党员先进性教育活动与医院实际工作相结合，牢固树立"以病人为中心"的服务理念和全心全意为病人服务的宗旨，始终把追求社会效益、维护群众利益、构建和谐医患关系放在第一位，不断地加强医院管理，改善服务态度，规范医疗行为，降低医疗费用，提高医疗质量，确保医疗安全，使医疗服务更加贴近群众，贴近社会，不断努力满足人民群众日益增长的医疗服务需求。

2005年，人民医院职工齐心协力，取得了可喜的成绩：积极参加"医院管理年"和"创建人民满意医院"活动；顺利通过了医院等级评审的复审；被授予"首都精神文明单位"的荣誉称号；盛载未来希望的现代化新病房楼顺利封顶；获得国家级教学成果一等奖；全体党员在历时3个月的保持共产党员先进性教育活动中学理论、提素质，开展"党员零投诉"的活动。人民医院2351名职工一直围绕"爱心，奉献，求精，创新"的八字院训，在医疗、教学和科研方面都取得了可喜的成果。人民医院工作在拼搏中前进、在前进中创新、在创新中发展。

【医疗工作】 2005年门急诊量达1303090人，出院病人32624人，手术16030例，都创造了历史最高水平，分别比上年增加10.77%、17.12%、11.69%。床位总数1228张，2005年入院病人32619人，床位周转26.8次/年，病床使用率96.1%，平均住院日13.1天，7日确诊率94.5%，出入院诊断符合率为99.6%，手术前后诊断符合率达99.8%。

医院成立以专家为主的病历质控中心，定期召开病案质量管理委员会，加强对运行病历的检查。统一设计规范医院处方和各种病历表格，重新调整病历回收工作，方便临床的工作方便。聘请9位专家对23个临床科室进行运行病历的检查。

医院上下齐心努力，一切以病人为中心，把病人的利益放在第一位，严格贯彻执行医疗卫生管理法律、法规、规章以及诊疗护理规范，强调依法行医、依法执业的自觉性，做到依法执业、行为规范。健全并落实医院规章制度和人员岗位责任制度，不断提高医疗质量，保障医疗安全，保证和巩固基础医疗和护理质量，提高医疗服务的安全性和有效性；落实文明服务考核和奖惩办法的措施，切实抓好文明服务的各项工作，进一步改进服务流程，改善就诊环境，方便病人就医；提高服务意识，改善服务态度，增进医患沟通，为病人提供温馨、细心、爱心、耐心的服务；严格医药费用管理，杜绝不合理收费；弘扬白求恩精神加强职业道德和行风建设，树立良好医德医风，发扬优良传统，将现代化的人文文化融入医院中，营造高层次的服务理念和人文关怀，建设文明医院。2005年，医院共收到表扬信、锦旗、铜匾等461件。

【护理工作】 2005年，人民医院共有护士833名，其中具有本科及以上学历的37人，具有大专学历的414人。2005年，护理部围绕病人安全、护理质量、护理管理、护士操作技能等方面全面管理，提升护理整体水平。

2005年1月顺利通过等级医院评审后认真总结，分析不足，提出改进措施。组织人民医院护士长述职，召开人民医院护士长护理管理工作研讨会，围绕病人用药安全、病人交接安全、病人管理安全及节假日病人安全进行了充分讨论，提出保证病人安全的具体办法。组织人民医院护士长认真学习北京市《关于创建人民满意医院》的文件，制定详细计划，进行"人文关怀与沟通"全员培训，要求各病房组织"从我做起，从点滴做起"座谈会，查找工作上的不足及病人对护理不满意之处，提出新举措。组织全体护士学习《北京市医疗事故行政处罚办法》，并进行了"护理风险管理与病人安全知识"的全员培训，加强护士的法制观念，增强依法执业的意识。组织人民医院护士参加"双语服务年"活

动。2005年组织发放征求病人意见表2000多份,针对护理方面的问题逐个核实,情况属实的提出批评并与护理分挂钩,帮助科室分析评价护理问题,反馈结果,要求限期改正。组织7位科护士长到深圳、广州针对护理管理进行了参观学习,在学习经验的同时看到了不足,明年将拿出新举措,以推动护理工作向前发展。

完成了对人民医院所有病房的12次护理质量检查,共检查危重病人护理、基础护理156人次,病房管理204次,技术操作考核170人次。重新修订了病房护理质量评分标准、护理信息月报表、病房工作统计表,增加了护理质量报表内容,改进了护理质量资料的录入方式。召开了"三基三严座谈会"、"护理安全座谈会"、"人文关怀座谈会"。对10个门诊护理单元开诊情况进行调研,制定了门诊护理管理评价标准。

【科研工作】 2005年,共获科研基金30项。共获得科技成果奖4项(其中北京市科学技术三等奖3项、中华医学科技三等奖1项)。申报科研专利2项,授权2项。共发表核心期刊文章554篇,其中论著355篇;参加学术会议121人次;出版学术论著6本。

2005年新招收研究生95人,其中博士研究生53人(医学科学学位17人、临床专业学位36人),硕士研究生42人(医学科学学位23人、临床专业学位19人),医学科学学位研究生的比例逐渐增大。2005年共接收在职申请学位人员55人,其中在职申请硕士学位人员23人、在职申请博士学位人员32人。通过国家资助和人民医院博士后基金资助,人民医院共招收4名博士后入站工作。2005年度毕业研究生75人,其中博士研究生56人、硕士研究生19人。在职申请学位人员44人,其中申请博士学位人员28人、申请硕士学位人员16人。今年共受理学位申请人员119人。

医院新增硕士生导师25名。吕厚山教授的博士研究生周强、冷希圣教授的博士研究生李涛、侯树坤教授的博士研究生管考鹏分别获得北京大学优秀博士论文三等奖。

【教学工作】 2005年共承担13个班634名同学的教学任务。建立了更为科学合理的八年制临床课程体系架构。在调整临床课程设置,压缩大课学时,增设80学时的专业英语课程及80学时临床病历分析课程,目的是使临床八年制医学生临床外语水平和实际操作能力达到较高的水平,以保证八年制的教学质量。

全面启动助学助教系统,搭建临床教学网络平台;开展双语讲课比赛,提高年轻教师临床教学技能;利用医院自主开发研制的网络评估系统对人民医院授课、见习、生产实习、选修课等教学活动进行全程评估监控,并将评估结果反馈给教研室及教师本人;广泛开展教学研究与交流,提升教学与管理的科学性;强化学生的理论和临床操作技能培训,医院2000级和2001级学生的理论与临床技能考核成绩均在北京大学医学部各临床医院中取得了平均分第一名的好成绩。

2005年共获得国家级教学奖项一项、北京市级奖项3项、北京大学校级奖项8项、医学部级奖项7项。由王杉教授主持的国家"十五"重大科技攻关项目——"网络教育关键技术及示范工程"中的"基于网络环境的教学质量实时监控系统在高等教育教学质量管理中的研究与实践"获国家级教学成果一等奖,是唯一一家获此殊荣的临床医学教学基地。

医院8项教改课题在医学部进行了立项,3项教改课题为人民医院立项课题。医院教师及教学管理人员在医学及教育类杂志共发表教学论文16篇,其中临床教师发表文章7篇。

继续教育处2005年共举办各类讲座182次,各种技能培训11次,开展各类国家级/市级继续教育学习班32个,接收进修医师602人(其中,半年以上进修514人),接收学科骨干学员34人。2005年接受并通过了北京市卫生局组织的在京医院继续医学教育评估检查及北京地区专科医师培训基地评审,各项检查成绩均位于榜首,获"北京市继续医学教育先进集体"称号。

【交流合作】 成功举办8次较大型的国际会议;接待参观访问的外宾78批143人;开展学术交流、组织该类学术活动共21次;聘请22位国外专家为客座教授和访问教授;2005年本院短期因公出国或赴港、澳、台参加学术交流的人员共163人次。

【信息化建设】 2005年重点围绕建设门诊信息系统展开。医院组织有关处室参观了北京5家医院,又专程前往广东参观了3家医院,并开展内部需求调研和研讨,于9月底正式启动了门诊信息系统的建设工程。结合门诊楼装修改造和新病房楼建设工程,信息中心开始设计并实施门诊和新病房楼计算机网络布线工程。整个网络系统采用先进的6类网络布线,可以支持千兆到桌面的通讯速度。在软件系统升级改造方面,还完成了放射科PACS与住院系统互联工作,解决了住院病人CT、MRI计算机直接记账的问题;完成了输血科管理信息系统的建设;并做好HIS软件维护和管理协调工作。

【后勤工作】 后勤为医院提供动力保障、物资供应、房屋修缮、卫生保洁、交通餐饮、通讯联络、住宿管理等服务工作。2005年共修订新规章制度218条;完成职工就餐卡系统的更新;改造装修眼科病房、

ICU病房等12项医疗用房;更新改造8部电梯;为保障突发停电等紧急情况下临床重点区域的正常用电,安装了两组自动发电机组;完成自备电源系统的安装、调试和运行工作;为新病房楼更新10 m³液氧罐1个;大修锅炉2台;2005年完成洗衣、被服加工3107748件;人民医院设备共16020台,总值577001336.08元。

【基本建设】 在资金来源十分紧张的情况下,医院紧缩各项开支,进行医疗设备、房屋及基础设施、环境及综合服务能力建设。在门诊大厅设立咨询台、分检中心查询报告处,方便患者就医;重新装修的外科监护病房,贯穿了人性化、简约、实用的设计理念,达到国际同业水平;将住院部8层东侧的病房重新装修,使得整个骨髓移植病房的洁净舱达到17张(新增6张),为国内拥有层流洁净舱最多的血液专科病房;于2005年7月又完成了病房楼主体封顶仪式;新安装的64排VCT已投入使用;老院供应室重新装修完毕;新改造的中心手术室从原来的10间手术间增加到22间,扩大面积达一倍之多,全面运用了层流洁净系统,配备了麻醉准备室和复苏室,实行了中心统一监控,达到了国际先进水平。

(郭静竹)

第三临床医学院(北京大学第三医院)

【发展概况】 北京大学第三临床医学院(第三医院)有职工2106人,其中正高职称120人、副高职称231人、中级职称703人、初级职称919人。职工中具有博士学位的218人,占总人数的10.4%;有硕士学位的233人,占总人数的11.1%。2005年接收毕业生97人。实际开放床位数1160张。

北京大学第三临床医学院是一所集医疗、教学、科研为一体的综合医院,设有30个临床科室、11个医技科室、72个专业、4个重症监护病房、5个研究所、6个研究中心、11个研究室、3个公共实验室。

【医疗工作】 2005年,门诊量1611343人次,比上年增加15.3%,日均门诊量达6420人次;急诊量160632人次,比上年增加6.9%,日均急诊量达440人次。出院病人35167人次,比上年增加4.2%,其中外地病人所占比例由上年的24.77%(8395人次)增加至24.79%(8723人次);平均住院日连续7年持续缩短,由上年的11.3天缩短至11.1天;2005年手术数量首次突破2万例次,达到20694例,比上年增长9.7%。

药品收入占医药收入的比例更趋合理,在连续四年持续下降的基础上,由2004年的42.66%下降至41.67%。

1.加强医疗质量安全核心制度的建设与落实。健全并落实医疗质量和医疗安全的核心制度,包括首诊负责制度、三级医师查房制度、分级护理制度、疑难病例讨论制度、会诊制度、危重患者抢救制度、术前讨论制度、死亡病例讨论制度、查对制度、交接班制度、技术准入制度等。定期举行北京大学第三临床医学院疑难病例和医疗纠纷案例的讨论、学习,2005年组织的病例讨论共计56例次,其中参加科室超过5个的有39例次。新修订了院内会诊制度,对会诊医师资质、到诊时间、流程模式等进一步明确规定,严格管理,定期组织检查。

加强病案质量管理。新出台了《关于病历质量奖惩的规定》、《关于病历质量管理各环节职责的规定》、《住院运行病历质量考核细则》、《住院运行病历检查方案(试行)》等规章制度,完善了病历书写示范,组织临床专家参与,定期检查,严格奖惩,提高了病历书写质量。

严格基础医疗和护理质量管理。依据"三甲"复审工作中制定的各项规章,进一步加强管理,强化"三基三严"训练,定期组织演练、检查。

2.加强影响医疗质量安全的重点平台建设。加强急诊科、ICU、手术室、麻醉科、超声诊断科、放射科、检验科等影响医疗安全、质量的重点平台建设,完善了各项规章制度,调整工作流程,增加工作人员;加大重点平台的设备投入和设备更新,保证设备完好率100%。

修订了急诊科工作制度,加强了急诊医师的培训,提高急诊医师的出诊资质,要求急诊值班医师必须是工作两年以上的住院医师。主治医师培训阶段必须完成急诊科半年轮转工作,该举措既加强了培训力度,也加强了急诊科的医师力量。改善急诊工作运行模式,使之能够独立运行,有效地保障了急诊病人的医疗安全。

加强北京大学第三医院重症病人抢救平台的建设,提高了急危重症患者抢救成功率。把外科ICU的病床由原来的8张增加至20张,并将心外科的术后监护病房统一集中到外科ICU,增加了北京大学第三医院各ICU的人力资源配置。

3.加强影响医疗质量安全的重点环节管理。对检验科、手术室、麻醉科、放射科、超声诊断科、医院感染管理科等重点部门加强了内部质量控制管理。完善了各科已开展项目的SOP文件,对新开展项目,除进行新技术、新业务的论证和准入审查外,还要求提供相关的诊疗操作常规、技术准入、质量控制措施并由管理部门进行审核。加强院内感染的宣传、教育、指导,强化院内感染监控网络。提高临床医师的安全意识;加强对

内镜室、手术室、门急诊等重点科室、重点部门的院内感染监控；进一步规范了医疗废弃物的安全管理；通过网页建设、发行《医院感染与健康教育简讯》等措施，加强医院感染信息的上报和沟通；针对"三甲"复审的反馈意见，持续改进北京大学第三医院在消毒技术应用中存在的问题，邀请国内消毒专家进行技术培训和学术报告，组织相关人员深入口腔科、供应室、内镜室、外科病房楼内新手术室、新中心供应室等临床一线调查研究，指导工作，提出可行的整改方案，杜绝医疗安全隐患，保证了医院的安全运转。根据新颁布的《麻醉药品管理条例》，修订了《麻醉药品和精神药品管理规定》，积极开展专项培训，严格毒麻药品处方权资格管理。对危重病人、大手术后病人、首次实施新技术/新疗法的病人、急诊病人等重点控制；强化重点环节的管理，如危重病人访视、高风险及特殊病人的手术报告等。

4. 加强传染病防控体系建设。进一步完善了医院传染病防控体系的组织构架，脚踏实地做好预防工作，修订了《北京大学第三医院防治重点传染病应急预案》，加强疫情监控、疫情报告，责任到人；在北京大学第三医院范围内印发了《禽流感防治手册》，制定防控禽流感预案，把传染病预防和医院感染控制纳入继续教育培训体系。

5. 建立健全突发事件应急体系。加强后勤保障体系的设备、人员管理，及时更新设备，保障交通、通讯、水、电、气的安全有效运行。进一步制定、细化和完善了院、科两级应对各种医疗、火灾、停水、停电等突发事件的应急预案，加强培训和演练、检查和督察；针对安全隐患，彻底地清理了病房的消防通道；加强消防、安全的宣传力度，组织重点部门人员到市消防培训中心进行培训；增加消防设备投入，添置了专业消防服和装备，增设标志和应急照明设备。完善医院应急小分队的建设，加强了技术培训，承担了院外突发事件应急救援任务。

【教学工作】 为加强中青年医师的培养，出台了专科住院医师/专科总住院医师的工作制度、24小时住院医师的工作制度，完成了住院医师临床公共课程（60学时）的设计和实施工作；努力提高教师队伍素质建设，完善了医学理论授课资格准入制度；为加强职工培训，开展了校级继续教育项目52个、院级继续教育项目25个，内容包括医德医风教育、法律法规宣传以及医学知识普及等内容。

充分利用"四轨合一"的教育资源，分层次、分岗位确定必修课程，对诊疗常规、操作规范、医德医风、医院感染、法律法规等实行强制性培训，并纳入年度考核，与职称晋升挂钩。2005年，共组织13项25次强制性培训，10259人次参加，对保障医疗安全，提高医疗质量起到了有力的推动作用。

建立健全初级医师培训体系。将急诊工作纳入培训体系中，要求工作两年以上的住院医师必须完成半年的急诊轮转，并与职称晋升挂钩。建立健全中级专科医师培训体系。

要求晋升主治医师后，必须担任专科住院医师和住院总医师的工作两年；晋升副主任医师前必须完成半年急诊科的轮转。一方面保障了医疗安全，另一方面加强了医师抢救及处理危重复杂病人的综合技能的培训。

加强护理队伍的培训，重点加强了心肺复苏、应急流程、法律法规等技能的培训和考核，加强对医辅中心人员、保洁员的基础培训，进一步保障了医疗安全。

为落实北京市卫生局城市医疗卫生支援农村医疗卫生工作，北京大学第三医院与延庆县医院、延庆县妇幼保健院签订对口支援协议。2005年组织医生下乡服务53人次，减免贫困地区进修医师进修费用5人次，组织大型义诊20余次。

【科研工作】 2005年，北京大学第三医院获得院外科研基金总额658.8万元。根据2005年12月中国科学技术信息研究所发布的信息，北京大学第三医院2004年SCI文章发表数（37篇）在全国医疗机构中排名从上一年的第20位升至第8位，MEDLINE文章发表数排名第13位。2005年获中华科技进步奖二等奖一项、北京市科技进步奖三等奖一项。

坚持"以学科建设带动医院发展、以项目建设带动学科发展和人才培养"的工作思路，全面推进医院的可持续发展建设。积极引入和培养学科带头人，2005年，肾内科引入"长江学者奖励计划"特聘教授1名，为学科发展搭建良好的平台。

学科建设的发展不仅推动医院的发展，也带动了人才的培养。一大批中青年学术骨干不仅在科室工作中发挥了重要作用，而且得到了社会及同行专家的认可。目前北京大学第三医院专家在国际学术组织中任职的有10人，涉及6个学科；在国内二级学会以上任常委、委员等职的51人，涉及15个学科，其中任主任委员、副主任委员的12人，涉及8个学科。

加强对重点项目的支持，分别从人、财、物及政策上给予优惠。2005年先后投入740万元用于支持重点项目建设，其中心脏移植项目120万元、活体供肝肝移植项目260万元、乳腺外科项目160万元、脊柱肿瘤项目100万元、胸腰椎畸形项目100万元。2005年医院科研基金总数为1477万元，其中院内资助819万元，占55.5%。加大对临床科室的科研绩效考核力度，

完善科研绩效考核体系,鼓励大家多向影响因子高的杂志投稿,并取得良好效果。

重视加强护理学科建设,首次召开了北京大学第三医院护理工作会;加强护理队伍的人才培养,注重培养高层次的护理人员,已选送5名护理人员出国进修,国内派出76人进行学习或参加会议;2005年在核心期刊上发表护理论文40篇,比上年(27篇)增加了13篇;与新西兰怀卡托理工学院签署国内首个助产学教育国际合作项目。目前北京大学第三医院护理队伍中有2人任中华护理学会专业委员会委员,16人任北京市护理学会专业委员会委员。

医院加大了人才培养的支持力度,先后投入79万元种子基金给有一定基础的中青年医师作为科研项目的启动经费,完善、储备了科研项目,为将来申报院外基金奠定基础。

【医院管理】 经过医院学术委员会、院务委员会、医院党政联席会反复酝酿、讨论,确定了医院未来五年发展规划,明确了发展目标,即未来5年内,使北京大学第三医院具有2～3个国内顶尖、国际一流的学科,8～10个国内一流的学科;医院综合实力达到国内先进水平。

制定了《北京大学第三医院基本建设发展规划(纲要)》、《北京大学第三医院信息发展规划(纲要)》。讨论并拟定了重点学科的标准,各科室也都制定了学科发展规划,明确学科发展、建设的思路。加强了心内科、消化科、放射科、检验科等科室设备投入,2005年的设备投入约1.1亿元,为学科的可持续发展和医疗安全提供了有力的支持和保障。

修订了《北京大学第三医院出国出境事务管理暂行规定》,将百万人才基金资助长期公派出国的标准从5000美元增加至7000美元,进一步加大对公派出国培训人员的资助力度,鼓励青年骨干出国学习,更好地培养、选拔人才。

拟定了《北京大学第三医院管理团队的建设发展规划》,加大了管理培训的力度,投入70万元分两批组织了科室副主任、支部书记、大科护士长参加了中欧国际工商管理学院的管理培训,共96人次参加;部分职能处室领导利用周末时间完成了中华医院管理学会主办的"现代医院科学管理培训项目"课程班的学习,更新了管理理念,提高了管理技能。

启动职能处室副职轮岗、管理岗青年干部轮训机制,对本科及以上学历、从事管理工作不满5年者,包括任职不满2年的医院职能处室副处级干部,进行相关职能处室的轮转,使他们能够更全面地了解医院,为医院的管理储备优秀人才。

加强管理队伍中高素质人才的引入,同时加大了考核力度,并将考核结果与本人见面,逐步建立科学、有效、具有可操作性的量化考核体系。

医院专门设立50万元的管理课题科研基金,鼓励以科研的思路来发现、分析、解决管理中存在的实际问题,提高管理水平,培养和锻炼一支专业化的管理队伍。

制定了医院管理论文的奖励办法,以鼓励大家总结经验,积极发表管理论文。2005年度,共发表管理论文31篇,比上年增加50%,会议交流论文10篇。

积极组织职工体检,将两年一度的体检改成一年一度;免费为北京大学第三医院职工接种流感疫苗1593人次。

改善了外科患者的住院条件,重新装修改造了102门诊、儿科门诊,更新了大部分诊室的设施,为患者提供更为整洁的就医环境;整改、完善了门、急诊标志,专设了老年人专用候诊椅;特需医疗部良好运转,满足了不同层次患者的医疗需求。

采取多种多样的便民措施,提供更加人性化的服务。加强节假日分诊护士的值班力量,部分科室试行了分时段就诊;增设静脉取血窗口,延长静脉取血时间;继续加强医辅中心建设,免费为广大患者提供转运、检查接送等服务;进一步规范了护工的管理。

针对医院停车难的问题,将职工停车场让给患者,极大地方便了患者就医,缓解了医院门前的交通压力。

【信息管理】 随着北京大学第三临床医学院各项建设的日益加快,各临床、医技及管理科室对信息的需求越来越强烈,卫生行政主管部门对医院信息化的期望和要求也越来越高。2005年,医院的信息化工作有了新的进展:

医院确定了《北京大学第三医院信息化发展纲要(2004～2010年)》,使信息化的发展方向有了一份指导原则。

信息中心与财务处和医疗保险办公室通力合作,在北京大学第三医院范围实现了门诊费用明细清单的打印,最终解决了长期困扰医院的问题,满足了医保机构的要求,方便了病人。

医院完成了特需门诊楼的网络建设工作。

信息中心、基建处、总务处和经营管理处共同完成了院区各楼宇的门牌号码、基础数据(包括使用面积、上下水、强电和信息接口数量等)的普查,建立了房屋资源数据库,为医院房屋资源的科学化管理以及推行全成本核算创造了条件。

信息中心与财务处和医疗保险办公室协作,正式启用了住院医保接口程序,为住院结算科对医保病人的结算处理提供了很大便利。

按照医疗保险办公室的要求,及时完成了医保字典库的对照和

医保结算程序的升级工作,医师大处方查询系统的开发,满足了北京市医保机构的要求。

信息中心配合外科系统临床科室完成了向外科大楼的搬迁。

完成了北京大学第三医院网站的改版,办公自动化系统建设,建立了各科室信息直接发布的体制,促进了宣传工作,提高了办公效率。

信息中心与放射科、医学工程处一起完成了医学影像系统(PACS)的考察、论证、比较和选择,为医院医学影像系统的实施铺平了道路。

医院正式启动一卡通工程。

受卫生部医院管理研究所和中华医院管理学会信息管理专业委员会的委托,组织完成了《中国医院基本数据集标准(药品部分)》的制订工作,为卫生信息的标准化做出了贡献。沈韬研究员在中国卫生信息学会新成立的医院信息化专业委员会被选为常务委员,进一步扩大了北京大学第三医院在本领域的影响。

【精神文明】 建立健全有效的信息反馈协调机制。每月进行门诊及住院患者问卷调查,定期收集患者的意见和建议;完善患者投诉处理制度,及时反馈投诉处理意见,调查核实后,将结果反馈给科室,与科室、个人奖金和年度考核挂钩。同时,积极引入社会监督,定期召开院外监督员会议,对于经常发生问题的环节、个人、科室报精神文明领导小组及院长办公会进行研究分析,提出改进措施。

加强职业道德和行业作风建设,继续把整治"红包"、回扣及大处方作为专项治理的重点,强化合理用药监测,规范处方管理,定期组织人员对"大处方"进行检查。

通过各种形式加强正面引导,强化宣传教育。通过精神文明工作小组的定时检查、评比,医院专门召开了医药企业座谈会、医疗器械企业座谈会,签订了规范服务协议。

关心职工健康,改善工作环境,努力构建和谐医院。通过开展丰富多彩的活动,展示医院广大职工优良的精神风貌和团结向上的进取精神,增强凝聚力,激发了广大职工爱院、爱科和爱岗、敬业的优良传统;通过职代会等多种形式,加强院务公开,增强广大职工的责任感,强化参与意识。

增强广大职工的责任感、使命感,组织医护人员走进社区,进行各种各样的社区医疗服务,开展义诊,送医送药到基层,支援农村、服务社会;免费开设各类健康教育大课堂。

【基建工作】 北京大学第三医院"改扩建项目可行性研究报告(代立项)"获得国家发改委的批准,总建设规模91578平方米,估算总投资额62273万元。

教学科研楼开工建设,外科病房楼投入使用并正常运转。

【大事记】 经过充分论证,确定了2005～2010年发展规划纲要,明确了未来五年发展目标,即在未来5年内使北京大学第三医院2～3个学科达到国内顶尖、国际一流的水平,8～10个学科达到国内一流的水平,医院的综合实力达到国内先进水平。

认真开展"以病人为中心,以提高医疗服务质量为主题"的医院管理年和创建人民满意医院活动,制定并实施了50项具体措施,把医院管理落实到实处,有效地促进了医院管理水平的提高。

医疗工作取得长足进步,2005年完成手术例数突破2万例大关,创历史新高;门诊量达到160多万人次,较上年增长15.3%,其中急诊量16万多人次,较上年增加6.9%。

在2004年全国医疗机构SCI收录论文的排名中,北京大学第三医院以37篇位居第8位,创历史新高。医院投入720万元用于设立科研"种子"基金和对重点项目的支持。消化科林三仁、周丽雅等的论文"幽门螺旋杆菌感染与胃癌关系的研究"在美国消化疾病周上被评为2005年度"top 40"研究之一,本研究成果被《中国医学论坛报》列为2005年国内十大医学新闻备选项目之一。"临床医学专业学位的培养改革与实践"获2005年国家级教学成果二等奖。

北京大学第三医院内科、外科、妇产科、麻醉科、眼科、耳鼻喉科、医学影像科、检验科、神经内科、口腔科等10个科室通过了北京市卫生局住院医师/专科医师培训基地评审。

3月,北京大学第三医院陈仲强院长被增补为全国政协委员。

4月,北京大学第三医院"改扩建项目可行性研究报告(代立项)"获得国家发改委的批准,总建设规模91578平方米,估算总投资额62273万元;7月,北京大学第三医院教学科研楼开工建设;12月,外科病房楼投入使用并正常运转。

7月,北京大学第三医院正式成为2008年北京奥运会定点医院,陈仲强院长出席签字仪式。

9～12月,北京大学第三医院全面开展了保持共产党员先进性教育活动,党政领导班子高度重视,以各种有效形式顺利完成了先进性教育活动的各项任务,成效显著。

10～11月,国内首个助产学教育国际合作项目在北京大学第三医院签署。

12月,北京大学第三医院召开首届护理工作会议,研讨护理学科的发展。

2005年共获得重大奖项11个,包括:护理部张洪君主任获全国卫生系统护理专业"巾帼建功标兵"称号,运动医学护理组获全国卫生系统护理专业"巾帼文明岗"称号;医院党委被评为"北京高校先进基层党组织";田得祥、曲绵域教授

获得第28届奥运会科技突出贡献奖；田得祥、敖英芳教授获全国体育科技先进工作者称号；运动医学研究所获第28届奥运会科技工作特别贡献奖；贺蓓书记获全国医院院报优秀主编称号，《北医三院》报获全国优秀医院报刊称号；心内科23病房荣获全国青年文明号称号。

（李树强）

口腔医学院（北京大学口腔医院）

【发展概况】 北京大学口腔医学院（口腔医院）医疗人员总人数为270人，其中主任医师70人、副主任医师79人、主治医师100人、住院医师21人。

口腔医学院设立临床科室13个，即口腔颌面外科、口腔麻醉科、口腔种植科、口腔正畸科、牙周科、牙体牙髓科、儿童牙科、中医粘膜科、口腔修复科、口腔预防保健科、口腔特诊科、口腔综合治疗科、口腔急诊室。医技科室11个，即口腔病理科、口腔放射科、魏公村口腔义齿中心、药剂科、检验科、口腔理疗科、病案统计科、营养室、供应室、手术室、计算机中心。口腔医学教研室（组）12个，即口腔组织病理教研室、口腔解剖生理教研室、口腔生物教研室、口腔材料理工教研室、口腔放射教研室、口腔内科教研室、口腔颌面外科教研室、口腔修复教研室、口腔正畸教研室、口腔预防教研室、药学教研组、咀嚼生理教研室。口腔医疗医学中心8个，即正颌外科中心、唇腭裂治疗中心、颞下颌关节病及口颌面痛治疗中心、口腔颌面创伤研究中心、颅面生长发育研究中心、涎腺疾病中心、睡眠呼吸暂停障碍中心。行政后勤职能处室11个。经国家教委批准的重点学科1个，即口腔临床医学。分支机构5个，即口腔医院门诊部三所、紫竹院齿加工中心、北京大学口腔医疗器械检验中心。挂靠单位4个，即中华口腔医学会、全国牙病防治指导组、卫生部口腔医学计算机应用工程技术研究中心、国家食品药品监督管理局北大医疗器械治疗监督检验中心。

2005年，口腔医学院积极响应卫生部和北京市卫生局关于开展"医院管理年"和"创建人民满意医院"活动的号召，成立了以俞光岩院长为组长的活动领导小组。6月15日，口腔医学院党政领导联席会议讨论通过口腔医学院"医院管理年•创建人民满意医院"活动方案。按照该方案，整个活动分为5个阶段——活动部署阶段；院内自查阶段；院内整改复查阶段；上级部门检查阶段；总结评价阶段。活动主要工作举措有：严格依法执业；加强制度建设；实行绩效管理，改革激励机制；依法规范经济活动；持续改进医院服务质量；持续改进医疗服务质量；积极落实督导检查整改措施。

【医疗工作】 2005年，北京大学口腔医学院门诊量685870人次、急诊量55362人次，日均门急诊2379人次。危重症抢救成功率100%。2005年住院患者2854人，出院患者2842人，床位使用率89.3%，治疗有效率95.4%，椅位使用率61.5%，诊断符合率100%，全年施手术患者2657人；住院病人医疗质量诊断指标与治疗指标分别为100%和95.3%。

单病种质量控制工作、特色病种（如眼角膜综合征涎腺移植术、I放射粒子近距离治疗口腔颌面部恶性肿瘤、肿瘤切除同期组织重建术、正颌外科手术、颌面部外伤手术、唇腭裂手术）稳步开展；出院病种前五位排序为：唇腭裂、颌面部恶性肿瘤、颌面部良性肿瘤、牙颌面畸形、面骨骨折；门诊病人特色诊疗项目继续保持同行业先进水平；牙种植10年留存率、复杂根管治疗技术，错、畸形种植体支抗矫正技术，多牙缺失疑难固定义齿修复技术，全口牙缺失疑难活动义齿修复技术，牙周病手术治疗，儿童牙外伤治疗技术，全身麻醉及镇静技术用于儿童牙病治疗、三叉神经痛温控射频热凝术，心电监护拔牙术等继续在国内领先；承接党和国家领导人及其他重要人物会诊手术247人次，同期增长20.5%；组织相关病例讨论25例次；全年确立2005年度新技术、新疗法项目立项40项，其中确立重点项目20项、普通项目20项。

【教育培训】 开展医院感染管理与传染病防治院内培训与教育工作。医务处组织2次4课时的传染病专题讲座，分别为"病毒性肝炎的诊断与预防"、"流感与高致病性禽流感的诊断与防治"，培训对象为全体医务人员、三生、行政后勤人员及临时工等，共计954人次；开展进修生、研究生医院感染管理知识培训；组织医务人员"传染病防治法"培训与考试，参考人员分别为临床医技人员、卫生行政管理人员、工勤人员，考试覆盖率达95%；通过医院网络系统组织各科室医务人员学习15种常见传染病的诊断与鉴别诊断、治疗与预防；向全院发放《法定传染病识别与处理》和习题集2678册、《人禽流感治疗方案》23册；修订并发放《北京大学口腔医院人禽流感防控应急预案》1000册；组织编辑并发放《传染病防治与医院感染使用手册》1560册。

开展医疗安全院内培训与教育。为科室医务人员、全体医师及护士、研究生、进修生、新上岗职工等开设50学时的医疗纠纷与法制教育课程培训；组织召开全体医师医疗纠纷管理研讨会；组织完成67名医师麻醉药品和第一类精神药品处方权资格的培训与考试；两次以简报的形式通报有投诉记录的医疗纠纷；10月下旬，俞光岩院

长评析了2005年较为典型医疗纠纷8起。

参加院外培训与教育。参加国家、北京市和海淀区组织的有关医疗纠纷安全与管理、药品不良反应、麻醉药品和第一类精神药品管理、血液管理、病案管理、口腔类别医师资格实践技能考试考官培训、抗生素合理使用等医政与药事管理培训达25人次。

2005年，完成中华口腔医学会国家级继续医学教育项目申报1项——口腔新技术新疗法进展与推广研修班；完成国家级继续教育备案项目1项——全国口腔医疗纠纷管理高级研修班。

【护理工作】 口腔医学院2005年接受护理进修人员4人，接受院外人员参观学习90人次，接受护理实习生20人，接待访问人员150人。全院护士完成2005年度海淀区护理继续教育基地课程，并通过海淀区卫生局医管中心的年度审核。参加卫生部全国护理管理培训和心理卫生培训、北京市临床英语培训、医学部系统护理培训。

护理人员发表论文21篇，其中核心期刊17篇；院内交流论文11篇，获优秀论文奖1篇；4篇收入医学部论文汇编。完成口腔专科护理技术操作医护配合规范光盘2项（已通过北京市护理学会审核）；制定护士培训手册，修订了护士长手册；获护理新技术新疗法立项2项。

2人被评为校级优秀护士长，3人被评为校级优秀护士；种植科护士宋存雪获海淀区卫生局"微笑天使奖"；1名护士获医学部"传承北医文化，构建和谐校园演讲比赛"一等奖和最佳风度奖。

【科研工作】 获国家自然科学基金项目12项、教育部博士点基金项目6项、教育部启动基金项目2项、首都医学科研发展基金项目5项、北京市科技计划项目1项、科技部"863项目"4项、"985项目"二期2项。

获2005年度教育部提名国家科学技术奖二等奖1项、北京市科学技术奖三等奖1项。

发表论文258篇，其中在国内期刊发表81篇（国内英文版），在其他刊物发表157篇；出版专著9部；获专利3项。

完成"十五·211工程"验收；通过北京市药品监督局药物临床试验机构资格认定。

俞光岩、林野获2003~2005年中央保健先进工作者奖。

医务处完成论文8篇，其中6篇发表于《中华口腔医学杂志》，2篇在第八届全国口腔医院管理研讨会分会场交流。

【教学工作】 2005年新招研究生53人（博士生25人、硕士生28人），毕业研究生37人（博士生24人、硕士生13人），在校研究生138人（博士生54人、硕士生75人、博士后9人），7年制本硕连读生56人，在职申请学位的在读医师53人（博士26人、硕士27人）。

10个教改项目结题，10个新教改项目立项；2人获北京大学优秀教师称号，19名教师分获北京大学医学部教学优秀个人奖、口腔医学院优秀教师奖、"高露洁"医学教育奖和"仁爱"奖；1人获北京市总工会"教育创新标兵"荣誉称号；1人获北京大学优秀班主任三等奖；获北京大学教学成果一等奖1项、二等奖1项。

获全国高校医药优秀教材二等奖1项、三等奖2项；获北京大学医学部教学优秀集体荣誉1个、北京大学医学部继续教育先进集体荣誉1个。

【交流合作】 2005年，口腔医学院接待国外来访535人次；派遣短期出国152人次；与泰国朱拉隆功大学牙医学院、香港大学牙医学院、美国宾州大学牙医学院、美国加州大学洛杉矶分校牙学院、泰国清迈大学牙医学院签订学术合作协议。

(韩 平)

临床肿瘤学院（北京肿瘤医院）

【医疗工作】 2005年肿瘤医院开放床位580张，年门诊129063人次。日均门诊514.2人次，比上年增长8.5%；住院10842人次，比上年增长7.2%；接收新病人4695人，比上年增长2.7%；进行手术2988台次，比上年增长6%；病床使用率达109.9%；病人平均住院日21.6天。

围绕医院管理年主题，以质量、安全为核心，加强管理。

1. 全面整章建制，推进规范管理。医院以迎接等级医院复查工作为契机，在学习评审标准的过程中，边检查、边对照、边整改，全面整章建制，推进规范化、标准化管理。根据评审要求，医教处制定了包括《有创操作管理规定》、《医疗事故处理流程》、《新技术准入制度》、《重大疑难病例救治报告制度》等50余项制度；护理部修订了护理工作制度、流程、应急预案、质量考核标准近百项。编辑出版了制度汇编，使原有规章制度进一步细化、更新，加强了新法规、新技术应用的管理工作，体现了医技与临床的结合。新技术、新业务的准入管理规范化，新技术、新业务项目由医疗质量委员会讨论、批准。2005年共审核10项，批准7项，3项因涉及患者安全和权益而被否决或进入缓议完善程序。

2. 加强三基培训，夯实医疗质量基础。医务人员基本知识、基本技能、基本理论是医疗质量安全的基石，医院分析存在的问题，针对实际开展培训与考核。针对介入科、超声科、放射科、放疗科等科室开展有创检查治疗技术日益增多、医疗风险日益增加的趋势，本院于6~8月特别对医技科室的医技护人员进行心肺复苏培训和考核，医技科室共140人参加培训。

同时，积极配备急救设备和药品，降低患者医疗风险，保证患者医疗安全。

3. 加强医疗安全，制定突发事件、应急事件处理预案。为有效处理突发公共卫生事件，医院在原有应急预案基础上制定出详细、切实可行的应急预案，并在肿瘤医院进行演练。医院要求人员、设备及时到位，各岗位职责落实到人，责任人熟悉本岗位应急预案流程。

4. 加强抗感染管理工作。任用博士毕业生担任院感科室负责人，加大管理力度。在《抗菌药物临床应用指导原则》的基础上，结合医院肿瘤患者年龄较大、营养状况差、接受放化疗免疫力低下等特点，制定具有肿瘤医院特色的抗生素合理使用规范。结合禽流感疫情，对医院职工开展了一系列教育、培训，包括禽流感的诊断与防治、15 种传染病知识讲座等，共计 6 次，累计 20 个学时。同时，组织了肿瘤医院 700 余名职工参加全市统一防控禽流感知识考试。定期召开院感医生、护士会，并定期对专职人员、内部员工、新参加工作的员工进行培训，不断提高肿瘤医院职工对院感工作重要性的认识。

5. 认真贯彻落实医保政策，加强医疗保险管理。2005 年，医院进一步规范了医保患者转诊、转院、出院、结算及医保费用纠纷处理办法等制度。根据医院医保管理工作中的薄弱环节，继续坚持审核医保住院费用和抽查病历的工作，有效控制了拒付费用的情况发生。与上年同期对比，拒付费用的情况下降了 18.54%。2005 年初医院获市医保三等奖。根据医保政策的调整，不断加强培训，保证了医保信息的畅通，坚持通过《基本医疗保险情况简报》、《费用预警告之书》等书面资料将医保动态、政策及医保运行、管理及时公示给科室、病区。组织进修医师、新职工、医保专管人员参加医保培训约 20 余次，介绍医保政策、难点问题及解决办法，为医保病人提供优质的服务。医保处与药剂科、信息部共同完成了对《基本医疗保险药品目录》的调整，系统调整了 17000 个药品条目，并制定了《药品变更目录》、《自费药品变更为可报销药品目录》、《自费药品目录》、《限门诊使用的药品目录》、《医保报销比例 50%、10% 药品目录》。此项工作大大方便了临床工作。

6. 加强护理管理，不断提高护理质量。认真分析医院现行科护士长建制存在的弊端，自 2005 年起取消原有 3 名大科护士长岗位，通过竞争上岗，设立 2 名护理督导。其人事关系隶属于护理部，由护理部直接领导，主要职能是进行护理环节监督，与护理部、各病区护士长一起持续改进护理质量。护理部有计划地安排护理督导的工作，设立护理督导排班表，轮流在各科室蹲点工作，边检查工作边熟悉各科业务，及时发现护理工作中存在的问题并研究解决，保障护理安全。同时，肿瘤医院收治了来自全国各地的肿瘤患者，患者病情复杂多样，护理人员工作负荷大。为加强整体护理，医院将病房与床位护士的比例调整为 1：0.5，增加近 60 名护士。

【教学工作】 2005 年医院研究生（包括在职申请学位）共计 174 人、住院医师 35 人，2005 年共接受进修医师 129 名入院学习，接受国内访问学者 10 名。

2005 年 5 月成立教学办公室，加强对教学工作的协调、规范和指导，初步建立了教学主管院长、教学办公室、教研室（科室）及研究生导师组成的教学管理组织体系。8 月，按照学校的有关精神，结合医院实际情况，成立 5 个研究生班，并完成了研究生班党支部、团支部的建设工作，完善了由研究生班主任、学生会、研究生团支部、研究生党支部、党委办公室、团委、教学办公室组成的学生工作网络，加强研究生的党建、团建工作及研究生德育工作，拓宽信息沟通渠道。

2005 年，通过阶段考核、命题、研究生面试、课程建设、进修生带教、举办学术会议及继续教育学习班等各种形式多样的教学及学术活动，教研室、科室在加强教学管理、学术交流、促进学科间协作方面发挥着重要作用。内科、放疗科组织的定期肺癌多学科学术活动，外科、内科、放射科等科室组织的定期疑难病例讨论，放射科组织的磁共振系列专业讲座，病理教研室开设的《肿瘤病理学》课程，以及外科、内科、放疗、影像教研室开展的研究生定期读书报告会等教学活动，已经成为促进临床和基础研究合作、开拓眼界、锻炼师资队伍和提高业务能力的重要措施，逐渐形成了肿瘤专科的教学特色。

【科研工作】 2005 年在加强项目申请与管理、提高科研水平及论文质量、强化基础研究与临床结合、改善科研环境与条件等方面均取得了较好的成绩。

2005 年，新获国家级资助项目 10 项，其中国家自然科学基金 8 项，"863 计划"及"973 计划"项目各 1 项，总经费 356 万元。特别是继 2004 年医院临床申请国家自然科学基金获得较大突破后，2005 年又有 4 项中标，表现出临床的项目竞争力在不断提高。2005 年，肿瘤医院获北京市自然科学基金项目 2 项、市科委项目 4 项，总经费达 689 万元；获得 2 项北京市科技新星及 1 项北京大学"985 工程"二期项目的资助，共计 437 万元；获得 10 万美元的企业合作项目资助。2005 年共获得科研资助 1562 万元，为 2006 年的科研工作提供了保证。此外，2005 年已有 4 个有关蛋白质谱院内项目进入实施，投入院内基金 16 万元。

按照有关管理规定，2005年组织完成国家级课题结题14项（其中国家自然科学基金5项、"973课题"1项、"863课题"8项），市级课题14项（其中北京市自然科学基金2项、市科委项目7项、科技新星计划项目4项、首发基金1项），其他院外课题13项，完成院内结题项目17项。加强对项目执行过程的管理：2005年3项院内课题因执行不力被终止；对1998年实施院内基金以来的共145项课题的执行情况、效果等进行了较为系统全面的分析，为今后如何更为有效地用好院内基金提供了重要的参考依据。

组织"985工程"二期项目的申报工作，并获得医学部400万元的支持。其中240万元用于中心实验室的设备购置及平台建设，其余160万元主要用于胃癌、结直肠癌、肺癌、乳癌、肿瘤标志物等紧密结合临床实际的相关课题研究，并对标本库及相关数据库进一步建设和完善。2005年还从市科委获得160万元的专项经费，用于购买激光共聚焦显微镜，为肿瘤医院科研提供更好的硬件环境。为适应肿瘤医院科研逐步向以临床应用及应用基础研究为主的转变，促进基础与临床的结合，多次召开有关新科研楼的实验室布局会议，对现有实验室进行了重组和调整，使其能更好地为临床科研服务。

组织安排肿瘤医院学术讲座29次，其中23次为邀请国外学者主讲。成功举办了北京大学临床肿瘤学院新病房楼落成系列庆祝活动暨北京地区肿瘤学术年会。年会上，由中国工程院院士顾健人教授和来自法国、日本的专家做精彩的主题报告，约有300位来自各大医院的医务人员参加。

在对院内课题执行及效益情况进行全面统计、分析的基础上，修订、补充了《院内基金管理办法》，同时，加大了对SCI论文的奖励力度。为加强院内的沟通与交流，组织了4期科研专刊，分别对肿瘤医院的重要公共科研技术平台，承担的国内、国际合作项目及院内基金执行情况等进行了专题介绍。

2005年肿瘤医院申报发明专利3项，获授权的发明专利1项（一种检测孕激素受体水平的生物试剂及免疫组化方法，发明人：孙素莲、张蕾、何洛文，专利号：ZL 01 1 36029.1）。2005年发表论文148篇，其中SCI论文24篇，本院人员为第一作者及责任作者的SCI论文22篇，影响因子大于3的论文11篇，影响因子大于5的论文7篇，总影响因子为78.26。

【创建人民满意医院活动】 将"医院管理年"创建人民满意医院活动作为重点工作，重在落实，成立了以书记、院长为组长，相关部门负责人共同组成的"医院管理年"争创人民满意医院活动领导小组。结合本院实际，将医院管理年活动六大目标、33项要求进行分解，责任到人，并制定医院管理年活动实施方案。

开展各岗位培训。组织医务人员认真学习《医疗事故处理条例》和《执业医师法》；加强岗前培训，对进修医生、研究生及新上岗人员进行培训；团委组织开展了规范化服务培训，请优秀护士给青年团员讲服务意识与服务技巧；各部门组织窗口人员、电梯工、保安人员、电话员在内的各部门的培训，电梯工结合岗位实际总结出20个怎么办，保安人员提出多为病人做好事的具体办法。

开展多种形式的教育活动。针对有些医生病历书写潦草、做事马虎的现象，工会在青年医生中举办了硬笔书法比赛，要求每位参赛者首先阅读胡适先生的短篇名著《差不多先生传》，并写出读后感。90%以上的青年医师参加了比赛，收到了118篇作品。作品不仅书写工整，而且认识到了办事认真的重要性，"做事做到位"成为大家的共识，提高了职工的服务意识。

加强宣传，树立榜样。及时宣传报道医院优秀员工先进事迹，努力营造爱岗敬业良好的氛围，先后报道了肿瘤医院"窗口服务一枝兰"——靳秋兰同志、"天使的心灵"——李燕芹同志的先进事迹。

以人为本，优化流程，方便病人。从医疗服务流程着手，推出优质服务新举措。执行"首问负责"制；专家门诊提前半小时；缩短医技科室预约检查时间；网上公布出诊停诊信息；各科保证在48小时内完成核磁、CT、B超等大型检查；实行门诊预交金一卡通及记账消费，降低患者携带现金的风险。

通过医院管理年以及创建人民满意医院活动的开展，本院医疗服务质量、管理水平不断提高，各岗位职工呈现出良好的精神面貌。2005年门诊病人基本满意率达到97.3%，优良率85.4%；住院病人基本满意率98.7%，优良率83.3%。在北京卫生系统文明单位的评比中，肿瘤医院在57家单位中名列第17位。

【管理工作】 9月召开肿瘤医院可持续发展研讨会，肿瘤医院100多名干部出席研讨会，集中讨论了医院专业化、特色精品优势、多学科合作与创新精神，提出医疗、科研、教学可持续发展战略。

1. 调整科室设置，突出专业方向。医院以新外科楼启用为契机，本着组织结构应更适合学科发展、更突出专业特点、更有利于信息沟通、更方便提高管理与执行的有效性的原则，调整了科室设置，形成大科、科室（病区）、亚科三级框架结构。大内科增设了3个病区：干细胞移植病区、内科特需病区、综合病区，将原综合病区明确为肾癌恶性黑色素瘤病区。大外科系统化大为小：将胸外科作为大科级建制，并增加1个病区；将

原属大外科的妇科、头颈外科、麻醉、ICU设置为独立科室。外科系统结构调整后,更加突出专业方向、明确学科特点,将垂直管理模式变为扁平式管理模式。经过整合的乳腺中心,集早诊、临床、基础研究为一体,已表现出明显的学科优势,具有很强竞争力。

2. 完成临床医技科室主任换届工作。此次换届制定了职位说明书,包括任职条件、岗位职责、考核内容、标准及周期等。要求原任科室主任进行三年任期工作总结,总结内容标准化、量化。在科主任选聘过程中严格按照确定的程序进行,组织考查、公示,贯彻民主集中制,坚持重大事项由院长办公会和党委扩大会集体讨论决定。对条件尚不成熟的科室,暂不调整主任,体现出在干部使用问题上的慎重和实事求是原则。

3. 护士长竞聘上岗,并实行有计划的轮岗制。40人参加了竞聘,26名护士长当选,原护士长落选3人。新一轮竞聘上岗的部分护士长进行了轮岗,继任护士长中有5人调换了科室。

4. 改善合同护士的待遇。随着人事制度进一步改革,人员聘任制、淡化身份、注重能力的用人理念已成为人力资源管理的趋势。医院180余名合同护士占肿瘤医院护理队伍总人数的45%,医院在解决合同护士入会的基础上,给五年以上合同护士年休假。并根据学历,不同程度地给合同护士增加了工资;合同护士评优晋升机会与正式护士相同,符合护士长竞聘条件的可以参加竞聘;每年吸收5名左右优秀合同护士为正式职工。这些举措充分调动了合同护士工作的积极性,增强了凝聚力。

5. 发挥民主管理监督职能,重视医院文化建设。2005年,收到职工代表提案56件,主管领导和主管部门严格执行《提案答复规定》,在规定时间内对提案予以答复,并重视职工代表提案答复落实工作。工会实施"阳光工程",举办"阳光心态"、"我为医院绘蓝图"等演讲比赛,并继续发行《主人翁》刊物21期。

6. 宣传工作。2005年出版院报9期。各类报纸刊登有关医院的信息共251篇;电视播出医院相关节目25次;医学部网站刊登医院信息160条。

7. 审计工作。共完成各类审计154项,共计金额4203万元。在合同审计工作中,除严格审查合同条款的规范、合法、合理外,价格方面试行了与厂家直接对话的形式,采取压低仪器设备单价、要求厂家让利若干百分点等方法,收到了较好的效果。同时,完成了几个专项审计工作:对发病登记组李玲问题进行了历时半年的专项审计;在肿瘤医院开展了清理检查"小金库"的工作;对重要经济活动部门内控制度的健全性、有效性进行了专项检查;撰写了《内部审计工作规定实施细则》。

(章 玉)

精神卫生研究所(北京大学第六医院)

【发展概况】 北京大学精神卫生研究所(第六医院)现有职工291人(在编248人,合同制43人),其中医教研系列77人、护理系列100人、医技系列36人,其他技术系列28人、管理系列20人、工勤系列30人。在编职工中高级职称39人、中级职称85人、初级职称92人。医院编制床位数200张。

【医疗工作】 年门诊病人115099人次,急诊253人次,日均门诊462.76人次。年入院病人1355人次,出院病人1346人次。床位使用率97.78%,平均住院58.52天。2005年无医疗事故发生。

医务处负责新建和修改医技规章制度154项、应急预案4项、应急流程5项,进一步规范了医务人员的医疗行为。每月一次的科主任例会及时通报在医疗工作检查中发现的问题,共同商讨,提出整改措施并监督落实,强化了科级的管理意识。加强病历质量检查工作,严格执行《病历分级奖罚细则》,不留情面,使病历质量逐月提高,甲级病案率达97%,杜绝了丙级病历。组织北京大学第六医院疑难病历讨论9次,包括教学病历和英文病历讨论。

根据精神病专科医院的特点,各临床科室成立了医疗急救小组,对青年医师进行了"三基"训练。由医务处负责每月组织一次急救医疗、技能的培训,参加人员为主治医师、住院医师、临床研究生和护理人员。2005年有22人参加了"三基"训练考核,全部合格,考核内容为"心肺复苏"和"穿脱隔离衣"。

门诊部推出一系列方便病人就诊措施。优化就诊流程,包括对兴奋冲动等急重症病人、70岁以上老年病人、肢体残疾病人、102病人优先就诊,在普通门诊开设取药门诊。解决挂号难,保证普通门诊每单元的出诊医师不少于5人;实行实名制挂号,在一定程度上遏止了"号贩子"的倒号行为;开展出诊业务,提供预约出诊服务,2005年共出诊177人次;每周坚持2次多专家会诊,共讨论疑难病历188例次。

门诊部2005年抽查门诊病历360份,优良率为100%;抽查门诊处方1000份,合格率为95%;抽查检查申请单、报告单抽查160份,合格率为90%。对检查中发现的问题,由医疗院长在院周会上通报,由门诊部落实到本人,进行相应处理。

完成了《护理工作手册》编辑和修订工作,包括有规章制度、岗位职责、工作质量标准、工作流程、

技术操作评分标准等五方面的内容。强化护士"三基"能力训练，做到基本理论清楚、基本操作娴熟、基础护理到位。在病房管理中重点抓护士办公室、治疗室规格化，便于转科护士熟悉工作环境，减少差错发生，同时规范了病房药品管理、输液卡使用、晨护理查房内容、接触病人技巧、护理病历记录等工作。北京大学第六医院病房均开展整体护理工作，护士们运用护理程序为病人解决问题，护理记录全部进入医疗大病历。

【教学工作】 对医学部长学制教学改革投入最强的师资和管理精力，取得了良好效果，学生对PBL教学水平给予了很高的评价。

建立回龙观医院教学病房。组办了16单元一期的教学师资培训课程，协助回龙观医院建立了整套的教学管理规章制度。

在学研究生人数达到76人，成立了医学部第一个跨年级纵向科研班和临床班，设兼职班主任，并荣获"北京大学学生工作先进集体"称号。

国家级继续医学教育基地2005年共申请17个项目，完成16项26班次，1436名学员参加了培训。院内继续教育管理全面实行了ICME软件管理，严格执行了学分登记制度。

【科研工作】 累计申报各类科研项目25项，批准15项，待批10项，批准经费947万元。完成国家科技攻关项目2项，延期2项；完成北京市科委项目1项；完成其他项目4项。获立项批准的国家自然科学基金重点项目1项、面上项目1项，批准经费总额173万元。得到北京大学医学部"985工程"二期立项支持，获得经费400万元。

王玉凤教授的"注意缺陷多动障碍的系统综合研究"通过成果鉴定，获中华医学科技奖二等奖；黄悦勤教授主编的《预防医学》被北京市教育委员会评为北京市高等教育精品教材。SCI论文数量持续增长，以精研所为第一作者或通讯作者单位的论文15篇，累计影响因子61.043。

与世界多所著名大学合作，开展了多领域的合作研究和学术活动，新建立国际合作项目3项，经费折合人民币260万元。13人次参加了国际学术研讨会，并做大会或分会发言。

主办（协办）国际学术会、研讨会9次，有32名国外讲员与国内同行进行了学术交流。组织36篇科研论文向中华医学会精神科分会学术会议投稿。

【交流合作】 国际神经精神药理学会中国支会（ChCNP）在北京大学精神卫生研究所成立；3个国际合作项目获得资助；2005年共接待45批108名外宾来医院参观访问；举办7次国际研讨会和国际讲习班、25次学术报告会。

【服务社会】 获得国家财政部、卫生部重点项目——中央补助地方经费精神卫生项目，经费686万元，用于精神卫生队伍的人员培训。共举办4期中央级培训班，培训310人；在全国30个省市共举办各类培训班321期，21000余人接受了培训。

配合全国人大法文科卫委员在北京进行精神卫生立法调研，配合卫生部政策法规司在上海进行国家立法草案中有关社区精神卫生服务的现场调研，完成了精神卫生立法草案第16稿。举办了两期与精神卫生立法相关的伦理研讨班。

初步设计完成了"全国精神疾病信息系统"软件，设立了临时数据中心并开始了试运行，收入试点区病例共10725例。

组织了4支国家级心理救援队，来自全国8省市的精神卫生工作者28人在统一组织下，为近千名灾民提供了灾后心理社会危机干预（其中儿童800名）。举办培训班4次，培训了近200名当地学员，同时，医疗队促成了国际组织对灾区15万美元的经济援助。

【医德医风建设】 下发《关于开展"小金库"专项清理检查的通知》，成立清理"小金库"检查小组，院长任检查小组组长，并要求各业务科室和行政处室限期自查，上报自查结果。检查不走过场，不留死角，杜绝了"小金库"现象的存在。组织临床科室医务人员学习《关于专项治理收受回扣、"红包"的规定》，观看《医德医风警世录》，设立了举报箱和投诉电话，由专人负责接待投诉。2005年未接到关于上述问题的投诉。

邀请医疗纠纷调节中心主任进行以"医疗事故处理条例、医疗纠纷防范和病案书写"为主题的讲座和培训。会后对北京大学第六医院22个科室的人员进行了笔试，试卷回收率90%。其中，满分试卷185份，占98%，其余试卷都在95分以上。

门诊病人平均满意度为87.3%，住院病人平均满意度92.9%。

【后勤工作】 强化深入做好各项后勤保障工作，增强全体职工的安全生产意识，进一步完善各项规章制度和岗位责任制；完成了门诊楼改扩建工程；完成了传染病接诊室改造工程；双路供电工程内电源部分已经完工，外电源部分已经开工。

（王素荣）

深 圳 医 院

【发展概况】 2005年，北京大学深圳医院在北京大学医学部、深圳北京大学香港科技大学医学中心等上级有关部门的正确领导下，医、教、研及其他各项工作保持强劲的发展势头，赢得了良好的社会效益和经济效益。在2005年深圳市医疗质量整体评估检查中，医院

获得总分排名第一、社会满意度第一、科教工作第一的好成绩。截至2005年12月底，医院总资产9.31亿元，净资产7.89亿元；开放病床724张；有正式员工1122人，其中正高职称82人、副高职称187人、硕士以上学位人员270人，此外，聘用员工530人。

【医疗工作】 2005年，医院共完成门急诊161.6万人次，同比增长11.8%。2005年出院病人26919人次，同比增长4.1%。

2005年共完成手术35906台，同比增长20.5%。其中住院手术10835台，同比增长10.9%；门急诊手术25084人次，同比增长25.2%。病床使用率105.8%，同比增长0.5%。平均住院天数10.3天，同比缩短0.4天。药品收入占业务收入的34.7%。

2005年，医院加强成本控制，在业务输入增长16.2%的情况下，总支出增长13.1%，较业务收入低3.1个百分点，使医院综合绩效不断提高。

建立和完善医疗应急体系，提高重大公共卫生和重大医疗实践的防范和应对能力。加强质控三级网络建设和管理，制订公共卫生突发事件应急和救援预案。建立危重病人三级电子监控网络，明确收治范围，畅通收治通道。在广东省医院管理年督查组对北京大学深圳医院应急反应突击检查中，北京大学深圳医院获高度评价。2005年出车1250多次，同比增长32%，出车时间控制在5分钟以内。在深圳市职工技术运动会上，北京大学深圳医院获气管插管比赛第一名。

合理配置，科学整合，提高医疗效率。22条措施疏通门诊"瓶颈"。主要措施有："二调整"，即调整上班时间，调整门诊布局；增设"快检门诊"，实现常规项目1小时出结果；"三增加"，即增加诊室、增加周末值班医生、增加收费窗口；"四统一"，即统一管理分诊护士，统一医生排班，统一返聘专家管理，统一受理门诊咨询和医学证明。实施医技"归口"管理：为杜绝同一项目多头检查和多种结果，在北京大学深圳医院范围内实施检验、B超、放射、窥镜、病理等的"归口"管理。原分散在北京大学深圳医院18个科室的临床检验室统一划归检验科，7个科31台B超统一划归超声影像科。上述举措使北京大学深圳医院医疗效率持续提高，平均住院日由2000年的12.6天缩短至2005年的10.3天。继续落实"准点手术"，2005年增加住院手术近1000台。开展"临床路径"试点工作，目前已进行剖宫产、急性阑尾炎等病种的临床路径管理和单病种收费的试点工作。

全面实施综合目标管理，提高医院运营质量，用新的绩效理念考核工作业绩。着手制定新的院科两级综合目标管理责任制方案。业务收入与个人效益工资脱钩，缩小分配差距。有效控制医疗成本：耗材药品和医疗设备全部进行招标及核算，制定"抗生素使用有关规定"、"设备折旧管理办法"和"设备效益分析管理办法"等。及时妥善处理医疗纠纷：2005年共受理投诉208宗，甄别确定为有效投诉10宗。制定"医疗赔偿处理办法"，医院、科室、个人承担适当比例。

以制度建设和规范化管理完善医疗管理制度。新增业务制度18项，推行ABC培训制度，加强以医疗安全为重点的技术培训和考核，深入临床第一线解决实际问题。组织院长行政大查房、院长业务查房、业务例会制度。院感科、病案室、医保办等职能科室主动参与科室查房和交班，协助科室把好院感、病历和收费关。护理管理逐步标准化：落实ISO9001护理质量管理体系，推行"五常法"及"QC小组"，开展PICC置管及维护，2005年完成112例，部分科室置管率由20%提高到80%以上。

【学科建设】 急诊及院前急救科技术和管理水平提高，接诊高峰期忙而不乱。ICU抢救监护能力不断提高，抢救成功率91.3%。百岁多器官衰竭的昏迷老人经精心救治，至今存活3年多。今年下半年，患者日均费用降低1000多元。胃肠、甲乳外科手术例数大幅增长，积极探索将传统的"解剖型"手术发展到"功能型"手术，提高患者生活质量。微创手术广泛应用于肝胆外科、骨科、妇产科、心内科、神经外科等多个临床学科，适应征掌握更严格，效果得到充分肯定。

泌尿外科与北京大学及国内外学术界保持密切的技术交流与合作关系。已有3位专家赴国外，参加全国泌尿外科最高层次的"将才工程"培训。脑血管介入检查和治疗技术在开展例数和技术难度上不断增加，技术日趋成熟。

骨科开展上颈椎前后路融合术、颈椎肿瘤前路椎体切除前后路内固定术、肢体恶性肿瘤保肢功能人工关节置换术、一期双侧人工全髋关节置换等高难度手术。

胸外科近几年一直保持较强的收治疑难复杂病例能力。CD型病例占该科70%，治疗效果较为满意。近期还开展了复杂胸廓畸形矫正和胸腔镜胸腺切除等新技术。

心内科从北京大学引进学科带头人后，4个月内完成心脏介入手术110多例，超过2005年总和。重症心源性休克PTCA获得成功，高超技术吸引了市内外不少危重、复杂患者。

造血干细胞移植技术病种不断增加，难度不断提高，移植后的存活率稳定在国内先进水平。至今，已有近40位患者重获新生。

内分泌科在深圳市率先开展多项达到国内先进水平的内分泌诊断及监测技术。开设"糖尿病健

康俱乐部",开通"健康直通车",举办150余次讲座,受益患者4000多名。

消化内科开展黏膜下大块切除良恶性肿瘤和胃镜直视下贲门扩张,以及无创性胰腺功能检测等新技术。消化道内窥镜开展诊疗手术14800多例,居全市首位。

肾内科2005年门诊业务量增长近30%,住院床位长期供不应求。新扩建的血透中心拥有血透机28台,成为全市规模最大的血透中心。

妇产科门诊量稳居北京大学深圳医院首位。加入北京大学妇产科学系后成立的"宫颈癌早诊早治中心"已成为国家级示范基地,两年筛查宫颈病变3万多例,检出早期宫颈癌及癌前病变2000余例,确诊宫颈癌68例。成立"子宫颈癌防治俱乐部",接受社会捐赠,为贫困女性免费筛查。

生殖医学中心经过调整重组的,严格按照卫生部开展人类辅助生殖技术的有关要求,做好学科规划。

耳鼻喉科开展喉咽颈段食管癌切除胃上提咽胃吻合术4例,全部获得满意疗效。人工耳蜗植入技术让20多位失聪孩子重返有声世界。

影像中心CT、MR、DSA三大检查费用"零增长"。PACS系统应用获初步成功。超声影像科在工作量增大的情况下,指导博士后开展B超引导下介入诊断和治疗,已取得初步成效。

检验科整体技术和管理水平明显提高。2005年新开项目44个,建立分子生物实验室,开展项目14个;流式细胞仪开展18个项目,为全市最多。

【教学工作】 加大硬件投入,努力改善教学条件。在业务用房相当紧张的情况下,安排条件较好的教室3间、示教室7间、电教室3间,总面积达660多平方米。投资140多万元,购置现代化教具38套,满足了北大本科生和八年制研究生的临床教学需求。

挖掘名校资源,努力锤炼师资队伍。研究生导师队伍迅速扩大,各学科学生数明显增多。医院现有博士点2个、硕士点22个,博导、硕导60名,全部导师接受北京大学严格培训。2005年接受实习生138名,包括首次接受的北大本科生11名,其他院校进修生53名和研究生21名。大课试讲工作进展顺利。组织北京大学深圳医院教师进行大课教学试讲,以"会看病,能讲课,带教好"三项技能要求带教教师。参加教师118名,首次试讲通过47名。

多层次、立体化培养人才,有效提升医院发展潜力。多层次在职教育成为人才"加油站",医院多元化毕业后教育成为培养人才的亮点。2003年至2005年考取北大硕士、博士生58人,与其他院校联合培养20余人。迄今,医院已培养硕士、博士生近百名,其他在职学历教育300多名。住院医师规范化培训通过率稳步提高。2005年通过广东省住院医师规范化培训17人,通过率100%。短期培训灵活实用。医院组织岗前教育、岗位技能培训、外语培训、主任、护士长管理培训以及各种技能和综合素质培训,全面提升职工综合素质。

【科研工作】 2005年获科研立项50项,其中国家"985项目"子课题1项、国家自然科学基金1项,广东省、部级科研项目8项。北京大学深圳医院具有自主知识产权的"核糖核酸酶保护实验试剂盒"等3个项目被推荐到第七届高交会参展。

项目结题率明显上升:对2000~2003年立项课题进行中期检查,规定结题期限。2004年结题9项,2005年结题15项,2000年立项课题已全部结题。著作、论文总体质量提高,发表论文447篇,其中SCI收录3篇、中华系列33篇、CSCD收录66篇、统计源核心期刊58篇、其他国家级90篇;主编参编著作7部。获奖项目及专利增多:2005年获广东省科技进步二等奖2项,深圳市科技进步一等奖2项、三等奖2项,申请发明专利4项。

【健康产业】 健康产业业务量再创新高。2005年完成体检16万多人次,同比增加17.9%,确诊各种癌症46例。特诊门诊接诊46230人次,增长39%;接待保健对象1809人次,增长16%,接待外宾1529人次,增长5%。社康中心功能不断完善:华为和大学城园区社康中心在完善六项功能的基础上,开展特色服务,工作量、工作质量再创新高,受到上级主管部门和服务单位的高度评价。

2005年共接待一、二级保健对象2066人次,保健对象住院377人次,为保健对象上门服务124人次,完成市保健办下达的一级保健任务18次,参与外事和重大活动等驻地保健工作9次,良好的质量和服务得到上级保健部门信任。

【后勤工作】 2005年实现无安全生产、重大治安、设备安全事故,医疗辅助服务差错率、医疗废物流失事故率为零。院区内交通事故比2004年下降11%,治安事故下降78.9%,盗窃案下降72.7%。后勤服务质量逐步走向稳定。病友及医务人员满意度调查,总体满意度96.37%。

对长期以来难以管理的"黑陪护"进行收编、培训、持证上岗,既满足了不同病人层次的需求,又化解了矛盾,获得医院、公司、患者和陪护"四赢"。

用多种形式宣传识别和揭露"医托"的方法,抓获或处理"黑医托"1600多人次。

【基建工作】 完成宿舍楼改造成病房、综合楼七楼会堂装修、学术报告厅装修、住院楼三楼北面平台

加层等工程。目前,北京大学深圳医院建筑面积已达9.01万平方米。

医院自筹资金4000多万元,购买公寓164套,现已投入使用,基本解决北京大学深圳医院职工周转房以及各类学生的住宿问题。

【信息化建设】 HIS、LIS、体检、B超、PACS等已全面正常运行。与公司合作开发的LIS、体检系统及其他系统已与HIS系统无缝连接,运行稳定,简化了工作流程,提高了工作效率。

计算机硬件总值1860万元,已全面交公司托管,24小时受理硬件故障,对北京大学深圳医院故障率较高的计算机设备按规定定期维护,保证了医院数字信息的安全。

与企业和银行合作开发"金穗卡-医院通",并在第七届高交会上成功签约。目前,这一工程进展顺利,有望简化门诊流程。

【党群工作】 充分发挥党组织、工会、团委、妇委和民主党派的作用,形成医院建设发展的强大合力。以先进性教育为契机,开展行之有效的教育活动,提高党员队伍素质。抓住"看病难,看病贵"等热点问题,开展"关注医疗体制改革,关注医院发展大计"大讨论。开展党员医务工作者结合自己的成长经历及体会,进行"如何做一名好医生"的讨论。改善机关作风,塑造服务型机关形象。机关工作人员公开服务承诺,接受北京大学深圳医院监督,工作作风有了明显改观。

北京大学深圳医院工会被中华总工会评为科教文卫系统全国先进工会。一批科室和个人成为广东省市"三八"红旗集体、"三八"红旗手。妇委和计生管理工作成效明显。培训各科计生兼职人员,有效监控生育情况。在团委组织下,急诊科荣获广东省市青年文明号光荣称号。开展对贵州、西藏和广东省医院对口帮扶工作。

【医院管理年活动】 1.坚决落实收费违规"买单制",四大环节严控不合理收费,清查北京大学深圳医院收费项目。停止自立和提高收费标准的项目34项,规范收费项目1000多项;清理一次性材料收费,已停止收费项目64项;严查"大处方"。利用先进的HIS系统,分4个阶段快速准确识别、跟踪、监控300元以上的"大处方":设置"用药防火墙",提示医师据病情,选择合理用药;实时监控处方,病人的处方交费完成后,就可在HIS系统上查阅有关处方的信息资料;阶段性统计分析,将处方信息的收集、汇总、加工与决策。上述3个阶段的工作在HIS系统完成;结果动态公示,将每月统计的"大处方"的结果公示、点名、诫勉谈话,使开"大处方"的科室和个人接受北京大学深圳医院医务人员的监督。对于近3个月用量增长率在30%以上的药品,根据不同情况分别予以警告、暂停或停止使用以促进医生因病施治、合理用药,打击医药代表的不正当促销活动。12月与4月相比,"大处方"数由原来占处方总数的5.07%降为0.24%,金额由占处方总金额的26.03%降为3.20%。通过综合治理,大处方张数、医疗费用明显下降,并得到卫生部医政司的关注与认可。专项整治住院费用,成立"物价收费专项整治小组",对每份出院病历费用进行核查,违规收费病历的比例由原来的96%下降到7%以下。对单一病例费用超过20万元的,由审计部门介入调查。严肃追究违规收费责任,制定"规范医疗收费管理办法"和"医疗收费责任追究暂行办法",对乱收费的相关责任人按情节轻重进行经济处罚。2005年尚无人受到以上处罚。

2.加强招投标管理,降低运营成本。严格贯彻执行药品集中招标采购政策,采购中标药品占药品总额的96.4%(大于文件规定的90%)。组织医用材料招标10次,涉及金额3259万元,同比增加196%,节约费用327.5万元。率先执行广东省市导管及耗材招标价,平均降价36%,节支160多万元。

【大事记】 2月3日,卫生部"宫颈癌早诊早治示范基地"挂牌仪式在医院综合楼二楼多功能厅举行。

5月16日,接深圳市卫生局文件,医院的妇科内分泌与肿瘤专科经过市卫生局重点医学专科评审小组的严格评审,被评为新的深圳市重点医学专科。

5月27~29日,"北京大学妇产科学系护理管理研讨会"在北京大学深圳医院举行。

6月4日,中国工程院院士郭应禄教授、台湾首位中国工程院院士张心湜教授及全国各地专家一行12人莅临北京大学深圳医院参观。

9月26日,广东省卫生厅张寿生副厅长带队,在深圳市卫生局局长江捍平的陪同下,率领广东省医院管理年活动督导组到北京大学深圳医院现场调研。

9月30日,医院与社会慈善人士胡萍女士签约合作建立"子宫颈癌防治专项基金"。该项基金将主要用于为社会弱势女性人群提供免费的子宫颈病变筛查、健康宣传以及为贫困的子宫颈癌病患提供免费的医疗救助。

10月11日,美国得克萨斯州医学中心与深圳市卫生局在北京大学深圳医院举行交流座谈会,深圳市卫生局党委书记、局长江捍平向来宾介绍了深圳市医疗卫生发展现状。

10月12日,由医院、中国农业银行深圳分行和杭州创业软件集团三方合作的"金穗卡-医院通"项目,成为第7届深圳国际高新技术

成果交易会的首个签约项目。

10月29～30日，深圳首届国际消化疾病论坛暨第17届全国中西医结合消化病学术大会在深圳举行。这是深港两地首次合作规划的国际性大型消化病及消化内镜学术会议。

11月11～15日，由中国医药信息学理事会主办、深圳北京大学香港科技大学医学中心和北京大学深圳医院承办的全国第10届医药信息学大会暨第7届中日韩医药信息学会议在深圳景田酒店举行。卫生部医政副司长张宗久出席了大会开幕式，全球著名的电脑界"明星"、美国国家工程院和艺术与科学院院士、华裔科学家陈世卿以及来自全球多个国家和地区的医药信息学专家和学者济济一堂。会议明确提出，信息化已经成为21世纪医院现代化的重要标志之一。

11月23日，由院长蔡志明带队，一行7人组成参观考察团赴日本东京，对日本癌研究会附属医院进行参观访问。

11月28日，北京大学深圳医院妇产科在全市成立首家"子宫颈癌防治俱乐部"。

（赵羚谷）

首钢医院

【发展概况】 北京大学首钢医院地处石景山区西黄村晋元庄路，始建于1949年10月，自2002年首钢总公司和北京大学合作办院后更名为北京大学首钢医院，是一所非营利性三级综合医院。北京大学首钢医院现已发展成为北京西部地区规模大、技术力量强、医疗环境优美的以医疗为主，集医疗、科研、教学和预防保健为一体的现代化大型综合性三级医院。

医院占地面积9.17万平方米，总建筑面积9.469万平方米。编制床位1006张，实开床位695张。医院专业设置齐全，设有36个临床科室、7个医技科室、25个职能科室、1个实体（益生商贸公司），并有由古城、苹果园、老山、金顶街4个社区卫生服务中心和心血管病防治所组成的社区医疗管理集团，有12个厂区保健站。

医院配有国内最先进的64排螺旋CT、超短磁体的1.5T核磁共振诊断仪、先进的DSA、数字胃肠机、多台彩色超声诊断仪、全数字化X光机、大型自动化分析仪等世界先进的医疗设备，设备总值达14314万元，其中50万元以上的设备38台，10万元以上设备198台（件）。2005年投资539万元，购置医疗设备57台（件）。

2005年医院在册职工1394人，其中卫生技术人员1094人、主任医师16人、副主任医师112人、主治医师282人、医师222人、护士462人。医院有行政管理人员107人、工勤人员239人。

【党建工作】 北京大学首钢医院严格按照上级党委统一部署和要求，于8～12月开展了保持共产党员先进性教育活动，提高党员素质，加强队伍建设。根据医院工作的性质和特点，在医院共产党员中开展"如果我是患者"的换位思考大讨论，营造党员成为优质服务带头人、学科建设带头人的氛围，并从解决职工群众关心的热点、难点问题和患者就医过程中的不方便问题入手，制定10多条整改措施并付诸实施，圆满地完成了保持共产党员先进性教育活动的各项工作，取得了良好的效果，真正做到了学习和工作"两不误，两促进"，受到医院职工及广大患者的欢迎。在首钢保持先进性教育活动总结交流会上，北京大学首钢医院党委做了以"实践党的宗旨，创建人民满意医院"为题的大会交流。

定期对具有业务处置权的工作人员开展如何预防职务犯罪的警示教育活动，进一步完善医务人员廉政档案三级管理制度。

努力办好院报——《医苑之窗》，开辟了医院新闻、医疗动态等十几个栏目。

3月，医院召开了第15届职工代表大会第二次会议，充分发挥职工参与医院民主管理和监督的作用。8月成功举办北京大学首钢医院第4届职工文化艺术节，进一步增强了职工凝聚力。医院团委还组织了以"弘扬雷锋精神，展时代青春风采"为主题的青年志愿者服务活动。2005年被首钢总公司评为"首钢职工文体活动先进单位"。

【医院改制】 2005年1月18日全国人大常委会韩启德副委员长主持召开北京大学首钢医院第一届理事会第四次会议。那彦群院长向理事会汇报了2004年医院工作和2005年的工作规划以及医院在发展中存在的问题。由于首钢总公司分管医院工作领导的岗位发生变化，理事会成员相应做了调整：由首钢总公司总经济师毛武担任北京大学首钢医院理事会副理事长，首钢总公司工会副主席王伟担任北京大学首钢医院理事会理事，首钢总公司工会主席郑章石、卫生处处长谭成元不再担任副理事长和理事。理事会充分肯定了北京大学首钢医院2004年所取得的成绩，并就医院在发展中所面临的问题进行了充分的讨论。

8月4日，北京大学首钢医院召开了北京大学首钢医院理事会改制工作会议，根据改制工作会议精神以及首钢总公司的要求，决定对北京大学首钢医院进行资产评估。10月19日，北京京都会计师事务所进驻医院进行资产评估工作，为医院改制做好积极准备。

【医疗工作】 2005年北京大学首钢医院门诊患者270297人次（其中急诊42282人次），日均门诊量1024人次。急诊抢救511人次，急

诊病人抢救成功率93.74%；住院重病人抢救成功率53.85%，住院患者12096人次，出院患者12129人次，病床使用率75.48%，周转17.45次，平均住院日15.87天，治愈好转率94.12%，死亡率5.23%，入出院诊断符合率99.84%，七日确诊率98.82%，甲级病历率99.66%。2005年北京大学首钢医院共完成手术5304例，其中住院手术2904例。

医院根据实际情况，严格落实新技术、新业务准入制度。2005年开展了多种腔镜外科手术，成功地完成了内镜下经鼻蝶入路垂体腺瘤切除术；内镜微创保胆息肉切除术的临床应用已成为胆管息肉患者的理想手术选择；泌尿外科新开展了超声刀手术止血；针对高龄骨折患者日趋增加的情况，骨科开展了有关临床研究，摸索出一整套保证高龄骨折患者安全接受关节置换手术的经验，为近百名高龄骨折患者实施了关节置换手术，取得了良好结果。普通外科为了防治肺栓塞的危险，新开展了经皮穿刺下腔静脉滤过器置入术，还完成了建院以来首例罕见巨型骶尾部肿瘤手术，获得成功。妇产科用于治疗卵巢肿瘤及卵巢异位妊娠的卵巢修补术给患者解除了痛苦。皮肤性病科利用无创、无痛激光治疗达到皮肤美容、脱毛、脱色素的作用，取得了很好的疗效。麻醉科小儿麻醉、无痛胃肠镜检查、无痛人工流产、无痛分娩等新技术的应用，受到了广大患者的好评，尤其是小儿麻醉技术使医院可以收治14岁以下患儿进行手术治疗。眼科用于诊断多种眼疾的视网膜电流图给眼科患者带来福音。

【管理工作】 2005年为配合三级医院评审和医院管理年及创建人民满意医院的各项工作，首钢医院开展"医院管理年"和"创建人民满意医院"活动。坚持"创新求实，科教兴院"的办院方针和"以病人为中心"的服务宗旨，全天候为病人提供"优质、高效、便捷"的医疗服务。切实加强医疗管理和制度落实，优化服务流程；增购了先进的设备，改善就医环境；重视学科建设，开展科学研究，提高医疗水平和服务质量，取得实效；顺利通过三级医院复审并做好创建人民满意医院各项工作。

加强环节质量监控，开展科室综合质量考评工作，促进医疗质量的全面提高。通过网上监控以及深入科室，及时检查医疗工作的运行情况以及科室的管理现状，掌握各科室医疗工作及质量管理的结果，并以简报的形式将结果公示。2005年，坚持检查每月出院病历的20%，坚持对门诊病历及处方的检查，甲级病历率达99.66%。组织业务院长开展医疗质量综合查房共计21次，对医院各临床科室进行了全面检查，找出管理工作的关键点及薄弱环节。组织医院开展病历评比，促进医疗质量。管理工作的不断改进、完善使得医疗质量管理意识进一步加强，促进了医疗质量的提高。

【护理工作】 2005年医院在各类杂志、期刊上发表护理论文5篇，423名护理人员中已有18人取得大学本科学历，196人取得大专学历。组织护士长进行护理质量检查30余次，接受14所院校204名护理实习生。2005年向病人发放调查问卷18576份，满意率达99.64%。为了强化以病人为中心的服务理念，组织开展了"无缝护理，温馨服务"的活动。在这个活动方案中，制定了"十个第一"、"护理关爱卡"、"温馨提示卡"等具体措施。2005年，为争取奥运无障碍服务，开展了双语学习，对护理人员进行了全员培训，组织英语抽考、英语演讲会、英语查房、英语沙龙，成立了英语爱好者协会。通过一系列活动，提高了护理人员的英语基础会话水平，为2008年奥运会无障碍服务奠定了良好的基础。

【学科建设】 2005年新成立了集心脏内科、心脏介入、心脏监护、辅助检查为一体的心血管疾病诊疗中心，并聘请了中国著名心血管疾病专家胡大一教授为心血管疾病诊疗中心的首席专家，聘请了北大医院心内科主任霍勇教授为心血管疾病诊疗中心的兼职主任。此外，为满足不同人群的不同需求，成立了设备齐全、环境舒适、服务优质的特需病区。特需病区实行一位患者配有一位医生、一位护士、一位服务员的一对一服务。

2005年急诊科与北京市120急救中心首钢急救站相互配合，将院前、院内急救衔接起来，开设了由"120"、急诊科、心血管疾病诊疗中心、神经外科、神经内科、检验科、医学影像科等科室共同组成的抢救急性心肌梗死、严重心率失常、急性脑血管疾病等疾病的生命绿色通道，并承诺"三优先"，即老年、残疾、危重患者优先。引进了64排CT和1.5T的核磁共振仪，成立了医学影像中心。

2005年3月30日成功举办了第二届"北京市西部医学论坛"，大会共收到论文39篇，会上交流论文16篇，3位院士、4位知名教授做了专题讲座，来自北京市二十几家医院的400余名医务人员受益匪浅。

为加强各学科建设，医院还聘请了黎晓新、张宝善、廖秦平、王彬等10多位知名专家教授担任医院的客座教授。

2005年医院卫生技术人员在各类刊物上发表学术论文36篇，其中国家级25篇、市级（地区）11篇。承担科研课题11项，其中在研北京市级课题9项、首钢总公司级课题2项。2005年新立项北京市级课题4项。获得2005年度首钢科技奖三等奖1项。

【教学工作】 北京大学首钢医院重视继续教育工作，每年提取北京大学首钢医院职工工资总额的

1.5%作为教育经费。2005年,医院卫生技术人员外出参加各种学术活动共计181人次。其中,参加各种学术会议43人次,有4名学科带头人分赴加拿大、瑞士、新加坡、香港进行学术交流。参加各种培训班、研修班138人次。上述学术交流更新了知识,提高了专业技术水平。2005年录取硕士研究生17人。临床科室技术骨干外出参加北京大学第一医院、人民医院、第三医院等医院教学查房200余人次。75人完成业余学历教育,3人获得博士、硕士学位。17名卫生技术人员参加北大医学部同等学力在职申请学位学习。

2005年北京大学首钢医院成为北京大学首钢临床医学院,并被北京糖尿病防治协会授予北京市糖尿病防治教育基地。2005年接收了北京、河北、湖北、东北等省市20余所院校的学生418人来院实习,收到了良好的效果,为2006年承担北京大学医学部生物医学英语专业本科生的临床教学工作打下坚实的基础。

医院根据医疗、护理工作的需要,共组织包括"医疗纠纷热点难点讨论"、"临床研究的常用评价指标"、"困难气道的处理"、"冠心病的治疗策略"、"护理论文的书写"、"健康教育"等专题讲座39次,参加人数4000余人次。2005年7月至11月组织了重点传染病防治知识培训工作,并组织医院1080名卫生技术人员参加了北京市统一进行的重点传染病防治知识考试。

2005年医院各类卫生技术人员参加继续教育学习率100%,学分达标率为高级职称96.67%、中级职称92.96%、初级职称85.86%。2005年12月,在北京市卫生局召开的继续教育评估工作总结会议上,医院被评为北京市继续教育先进集体。

【社会服务】 继续加强对农村对口支援单位的卫生支援。医院院长、党委书记亲自挂帅,在医院医疗任务重、人员紧张的情况下,坚持为贫困地区送医、送药、送知识、送健康。选派技术过硬、医德高尚的科主任、学科带头人等10余人组成医疗队,先后派出3批共计30余人次医护人员,支援内蒙古丰镇市医院、房山佛子庄乡和长沟乡卫生院、河北阳原县人民医院,帮助对口支援医院建立健全各种规章制度,讲授基础课知识、仪器设备操作及维护方法,进行义诊、查房、会诊、门诊手术,共诊治病人330余例,进行手术6例,并为60岁以上人群做体检总结30余份。医疗队为帮扶医疗点带去了价值5200多元的常用药品,还走访了生活贫困的家庭,为他们送去了由医院青年志愿者捐赠的油、米、面等生活物品,得到患者及家属的好评。

为了对口支援医院长久的发展,医院无偿为他们提供进修名额。2005年为其培养了13名包括护理管理、骨科、外科、B超、影像等学科的医疗技术骨干。通过医院的对口支援活动,为当地广大患者带去了福音和安康。

2005年医院社区卫生服务人口184560人,上门医疗健康服务1293次,服务高血压病患者2211例、糖尿病患者414例、冠心病患者297例、脑血管病患者205例、精神病患者768例。厂区保健站服务慢性病患者695例,预防接种26273人次,接种率100%,新生儿管理覆盖率100%,女工防癌普查5600多人。

组织医务人员开展宣传义诊活动9次,发放宣传材料148种,约2940余份。对17757名患者进行健康教育,发放健康教育处方6261张,自制宣传材料563份。共有442名医务人员参加了7次健康教育讲座。

【医保工作】 医院以荣获2004年北京市基本医疗保险定点医院二等奖为动力,通过进一步规范医疗行为,狠抓环节管理,严格财务制度,执行价格政策,不断完善制度、加强考核,开展网络实时监控,控制医疗费用。将控制单病种次均费用、参保病人住院次均费用以及医保药费比例等各项工作摆在突出位置,使医疗费用不合理增长得到有效控制,医保拒付金额较2004年减少4111元,药品收入占医疗收入总费用的44%。

【获奖情况】 在北京市基本医疗保险定点医疗机构评比中成绩突出,荣获一等奖第一名。

医院党委被首钢总公司授予"六好班子"称号。

医院党委被首钢总公司授予"2005年度老干部工作先进单位"和"2005年度老干部工作先进集体"称号。

医院荣获"首钢先进单位"称号。

刘京山副院长被中国内镜杂志编辑委员会中国医师协会内镜医师分会授予"杰出编委"称号。

医院被北京市药品监督局授予"2004年开展药品不良反应监测工作先进集体"称号。

医院被北京市公民献血委员会授予"北京市献血先进单位"称号。

经中国金属学会冶金医学奖奖励委员会审定,由那彦群院长主持研究的"同种异体真皮细胞外基质重建尿道的实验和临床研究"获得二等奖;刘京山副院长主持研究的"内镜微创保胆息肉切除术"获得三等奖。

在首钢总公司召开的"庆祝五一国际劳动节暨2004年度先进表彰大会"上,北京大学首钢医院被首钢总公司评为2004年度先进单位。

那彦群院长被中央保健委员会聘请为会诊专家。

在青岛召开的《中华泌尿外科杂志》第七届编辑委员会上,那彦群院长当选为总编辑。

在北京高血压防治协会第二次会议上,王健松副院长当选为协会副会长。

那彦群院长荣获北京医院协会2004年"优秀管理干部"光荣称号。

刘京山副院长被批准享受政府特殊津贴。

医院获得2004年度"首都文明单位"和"公共卫生文明单位"称号。

在2005年第十二届全国暨第七届全球华人泌尿外科学术会议上,那彦群院长因对中国腔内泌尿外科的开拓性工作和卓越贡献,荣获首届"金膀胱镜奖"。

在北京市卫生局召开的继续教育评估工作总结会议上,医院被评为"北京市继续教育先进集体"。

医院被北京市人口和计划生育委员会授予"北京市人口和计划生育工作先进集体"称号。

医院被首钢总公司授予"首钢职工文体活动先进单位"称号。

【基础建设】 北京大学首钢医院新食堂正式启用;燃煤锅炉改造工程竣工;影像中心改造工程竣工。按照北京市、石景山卫生局的要求,医院传染门诊、社区传染接诊室建设完成,已经由市、区卫生局验收合格并投入使用。

(练 欢)

临床药理研究所

【发展概况】 2005年是临床药理研究所稳定快速发展的一年,在领导班子的带领下,完成SFDA下达的研究工作15项、其他研究8项。目前有在研项目16项,科研收入580.2万元,较去年多47.5万,创历史最高水平。药品监督管理局对研究所Ⅱ期临床药物临床试验资格复检合格,并将研究所药物临床试验基地并入北京大学第一医院药物临床试验机构进行管理。研究所完成了我国自行研制的Ⅰ类新药的Ⅰ期临床研究2项,标志临床药理研究所临床试验水平正迈向新高峰。

【医疗工作】 抗感染病房与国内多家知名医院联合,圆满地完成了3个新药临床试验——甲磺酸帕珠沙星注射液与左氧沙星注射液对照治疗急性细菌性感染临床观察、吉米沙星片剂与左氧沙星片剂对照治疗急性细菌性感染临床观察、注射用盐酸头孢吡肟与进口头孢吡肟对照治疗急性细菌性感染临床观察。2005年,病房最多同时进行6个临床试验,起到了组长单位的带头作用,为按时完成SFDA下达的横向课题做出了最大努力,因此也受到委托厂家的充分肯定。

全体工作人员本着以病人为中心的宗旨,以药物临床试验工作为重点,圆满完成承担的医疗工作任务和临床试验工作。病房医生承担抗感染院内外会诊工作,其中院内会诊100次、院外会诊20次,获得了病人及家属的一致赞誉。全体医护人员认真学习《北京地区三级甲等医院规范化服务标准》及《医院医护人员服务规范标准》,在卫生部"医院管理年"以及北京市卫生局关于"创建人民满意医院"活动中,坚持以病人为中心、以一线为中心,严格要求自己,端正工作作风,坚决抵制各种不正之风,病房医护人员热心为病患服务,尽力解决病人的痛苦和困难,未出现差错、事故。

【教学工作】 临床药理研究所在科研、临床医疗等各方面都取得很多成绩,在所领导的支持和教学小组的全体工作人员共同努力之下,教学工作也取得了较大的成绩。

承担了北京大学药学院药理专业本科生的两门课程——临床药理学和抗感染药物,共计50课时,学生人数30名。承担北京大学临床医学院7个实习医院的本科生临床药理学课程各30课时,学生人数210人。

在教学工作中,老师们非常努力,认真备课,积极查文献,把最新进展介绍给同学们。为进一步提高教学水平,对全所老师进行了试讲和教学评估,指出了教案中存在的缺陷,增加了授课内容的针对性,增强了授课内容的生动性,提高了教师的授课水平,使得同学们对临床药理学这门学科有了初步认识,掌握了如何运用临床药理学的方法,并使之与临床相结合,提高临床医疗水平。

2005年开办了2期国家药品临床研究基地医师培训班,共培训200人,系统地介绍了临床药理学的基本内容、药品临床试验质量管理规范的主要内容、实施方法及有关的政策法规、新药临床试验的方法等。学员们反映,通过学习对什么是临床药理学,对临床药理学的方法、任务、重要性和临床试验的规范化有了进一步认识,达到知识更新的目的,对未来开展新药临床试验真正做到心中有数,严格按照GCP的要求进行试验。

指导1名在读在职硕士研究生、1名临床硕士研究生。

【科研工作】 已完成人体药代动力学及生物等效性研究12项;完成Ⅰ类新药临床试验4项、仿制药人体药代动力学和生物等效性研究8项、Ⅱ期临床试验3项,其中临床前研究3项、其他试验5项。Ⅰ期正在进行中的研究8项,Ⅱ期临床试验正在进行中4项,其他正在进行的研究4项。在一级期刊杂志上发表论著21篇。

【交流合作】 2005年郑波医生在日本群马大学攻读临床微生物博士后,于9月学成回国,发挥积极带头作用。应瑞典科技谷的邀请,肖永红、单爱莲、齐慧敏到丹麦参加了临床研究会议,肖永红、齐慧敏做了报告,并参观了瑞典奥斯东

国际临床研究所和伦德大学医院，并与奥斯东国际临床研究所商谈临床研究国际合作项目。肖永红还参加了欧洲抗感染化疗会议、WHO西太平洋地区细菌耐药监测会议、WHO临床治疗委员会教育与培训会议、亚太地区感染性疾病与细菌耐药会议，并在部分会议上做大会报告。

接待来访的外国专家：外国临床药理学专家访问团一行30余人、德国先灵公司总部、荷兰欧加农公司总部、韩国LG公司总部、荷兰莱顿大学药理所。

【大事记】 研究所全体党员参加保持共产党员先进性教育活动，党性得到提高，在各自的岗位上发挥更大的作用。

3月18日，北京市药品监督管理局对研究所Ⅱ期药物临床试验机构资格复检合格，并将研究所药物临床试验基地并入北京大学第一医院药物临床试验机构进行管理。

8月26日，研究所自建所以来投入最大的液质联用设备到货并开始安装。自此，研究所药物浓度的检测能力和水平跨上了一个新台阶，为研究所可持续发展和开展基础研究奠定了坚实基础。

11月，研究所顺利通过了国家科技部"十五"国家重大科技专项"创新药物和中药现代化"的课题检查验收。

中国药物依赖性研究所

【发展概况】 在卫生部、国家食品药品监督管理局、公安部禁毒局以及北京大学各级领导的支持和关怀下，北京大学中国药物依赖性研究所2005年各项事业有了进一步的发展。针对药物滥用防治和禁毒工作中的一些问题，受卫生部、国家食品药品监督管理局和公安部禁毒局的委托，研究所开展了大量的流行病学研究。设立在研究所的国家药物滥用监测中心建立了覆盖全国的药物依赖性监测网络。国家镇痛药物和戒毒药物的临床研究基地承担着国家禁毒委、国家食品药品监督管理局、国家卫生部及世界卫生组织下达的任务和合作项目。2005年获得2项国家自然科学基金的资助项目、1项新世纪优秀人才项目，正在进行的"973项目"及中英合作项目进展顺利。

【学科建设】 研究所的主要特色和学术思路是：建立一套完整的国家级综合性药物依赖性科学研究体系，成为中国各种依赖性药物的临床前和临床药理评价中心，为国家的禁毒和药物滥用防治工作服务。研究所下设各研究室既有分工又有合作：神经药理研究室主要为戒毒药和镇痛药进行临床前的药理研究；临床药理研究室在神经药理研究室工作的基础上进行临床评价；药物流行病学研究室在全国范围内对毒品种类、吸毒人群状况等进行调查、监测和分析，从而为我国政府部门制定禁毒、戒毒政策提供科学依据；药物信息研究室则负责提供国内外药物滥用的状况和动态，同时出版《中国药物依赖性杂志》，编辑、出版各种科普读物，开展预防教育等宣传工作。目前研究所正在积极筹备建设教育部重点实验室及GLP实验室，并筹建药物依赖新药开发研究室。

【科研工作】 承接上级有关部门委派的科研任务是研究所的职责之一。2005年研究所研制开发了"药物滥用监测网络信息管理系统"（目前该系统实现微波-光纤专线通信线路，远程网速提高100倍，在全国31个省区市都开通网站）；甘肃、贵州、湖南、辽宁、浙江等五省社区一般人群药物依赖流行病学抽样调查已完成数据录入、统计分析和调查报告，调查报告上报国家禁毒委、公安部禁毒局；药物滥用人数快速评估和戒毒场所调查已完成论证工作和北京、广东的预调查，即将在重点地区开展；丁丙诺啡药物滥用与药物依赖性的流行病学调查、评价（该项目受国家食品药品监督管理局委托），目前已在五省市完成现场调查，调查报告将于9月报国家食品药品监督管理局。

研究所获得了国家自然科学基金2项、国家"985工程"二期引进人才计划项目"海洛因依赖戒断后复吸的神经生物学机制"1项、新世纪优秀人才1项，承担国家"985工程"二期"药物新靶标发现技术平台"子课题、国家"973项目"子课题3项（跨年度课题）、"211工程"项目（已结题）及中英项目2项。与美国国立药物滥用研究所及加拿大、澳大利亚、泰国等科研机构建立合作关系。同时，研究所积极向政府部门和及其他组织争取合作项目。

"973项目"的3个子课题在顺利进行中："纳曲酮预防海洛因成瘾复吸的回顾性调查"已完成现场调查工作，现在数据处理阶段；"药物滥用者的脑功能显像研究"正在进行中，已取得初步结果；"药物干预对海洛因依赖者治疗中吗啡代谢的影响"也正在进行中。"211课题——四省市癌症疼痛现状及其影响癌痛治疗因素的流行病学调查"已完成，并已发表论文。世界卫生组织国际多中心合作研究项目"美沙酮维持治疗与HIV/AIDS的评价研究"的数据收集工作已完成，现正在进行数据录入、统计和总结。中英合作项目"云南、北京戒毒机构评估"已完成，论文已发表；跨年度课题"降低危害资讯采集分析"正在进行中。

其他课题有：阿片类依赖者稽延性戒断症状评定量表的编制及修订研究；国产、进口纳洛酮的对比试验；替立定与纳洛酮合剂不

同配比、不同给药途径和耐受性等镇痛试验。

神经药理室启动自主开发新药1项,已申请立项。此外,指导北京市开展医院急诊科药物滥用者就诊情况调查;在广东省开展广东省滥用二类精神药品的流行病学调查;在海南省开展戒毒机构进行药物滥用监测的可行性研究;在辽宁省开展麻醉药品吗啡缓释片流失情况的调查;在贵州省劳教系统开展劳教吸毒人员HIV及其他疾病感染情况调查;协助公安部监管局开展强制戒毒所戒毒用药情况分析;在云南省开展药物滥用高危人群监测。

完成药物的药理毒理学评价、依赖性评价等基础研究10项,完成镇痛药临床研究7项、戒毒药研究5项、戒烟药研究1项、镇咳药研究1项、药代动力学研究2项。

2005年研究所高质量研究论文发表数量增加,全所发表(或提交)各类研究论文、报道、综述、调查报告共50余篇,其中在国际刊物发表6篇,参加编写专业书籍6部。研究所编辑出版4期《中国药物依赖性杂志》和6期《降低危害资讯》;组织召开第八届全国药物依赖性学术会议。

【教学工作】 继续为医疗系本科生和全国临床药理进修班开设药物滥用与药物依赖性和药物流行病学课程;为研究生讲授神经精神药理学课程。同时,为中国协和医科大学的本科生和研究生讲授实验药理学、药物依赖与药物滥用。研究所在2005年培养博士研究生1名、硕士生7名。

【社会服务】 2005年,研究所派代表参加国务院法制办、公安部禁毒局关于禁毒立法的专家咨询会,参加了最高人民法院和禁毒局组织召开的"新型毒品犯罪量刑"专家咨询会、美沙酮维持国家工作组会议、卫生部"十一五"科技攻关论证会、卫生部科技司"手术开颅戒毒评估"咨询会,参加国家食品药品监督管理局新药审评会4次、国家食品药品监督管理局安全监管司麻醉药品专家咨询会2次;主持美国CPDD委员会的日常工作;为首都大学生作药物滥用预防报告;接受中央电视台《东方时空》栏目关于"开颅戒毒"采访,接受中央电视台《第一时间》栏目关于"止咳药物含有可待因的安全性"采访,接受中央台、河北台禁毒教育采访;组织北京安康医院戒毒人员有奖征文活动;参与组织"6.26国际禁毒日"宣传活动。

生育健康研究所

【发展概况】 生育健康研究所由所长办公室、流行病学研究部、保健临床技术研究部、信息技术应用研究部、实验研究部、健康促进研究部组成。编辑出版《中国生育健康杂志》,建立了中国生育健康网(www.healthychildren.org.cn)。生育健康研究所还承担国家卫生部和中国残疾人联合会制定的"中国提高人口素质、减少出生缺陷和残疾行动计划(2002~2010年)"的事务性工作。

生育健康研究所所长为流行病学家、博士研究生导师李竹教授。现有专业技术人员53人,有副教授以上高级职称人员17人;拥有9名博士、13名硕士;培养在读博士研究生6人、硕士研究生3人。

【学科建设】 通过"中美预防出生缺陷和残疾合作项目"的实施,参加项目的河北、山西、江苏和浙江4省30多个市县合作单位的专业技术水平得到了很大提高;围产保健、儿童保健、健康教育等综合妇幼保健服务能力和管理水平得到了提高;生育健康研究所建立和完善了这个覆盖2100万人口的全新完整的医学和公共卫生现场研究基地。

在成功运转了10余年围产保健监测、出生缺陷监测和儿童保健监测的基础上,生育健康研究所开发研制了"生育健康电子监测系统"。该系统已在38个项目基地成功运行。为了更好地满足科研项目的需要,2005年在已成功运行的生育健康电子监测系统的基础上,增加了新的"孕期营养项目"功能模块,并利用现代计算机技术、数据库技术、图像处理技术以及多媒体技术等,建立了生育健康监测医学图像管理信息系统模块。

生育健康监测中的医学图像包括静态医学图像和动态医学图像两种。作为生育健康监测系统的重要组成部分之一,医学图像系统模式的建立,为医学图像的即时采集、传输、存储、管理和利用等提供了重要的技术支持手段和标准规范的管理信息平台。

【交流合作】 7月6~7日,生育健康研究所和国家发展改革委员会公众营养与发展中心在北京联合举办"第一届中国公众营养国际论坛"。这是中国首次召开的专门研讨公众营养的多部门、跨领域、高层次的大规模国际论坛,来自国务院20多个部门的有关负责人、15个国际组织的负责人和代表、相关领域的权威专家学者及相关产业界的领军人物共约200人出席了论坛。

9月11~14日,生育健康研究所在北京成功承办了"第二届发展中国家出生缺陷与残疾国际大会"。开幕式在人民大会堂举行,全国人大副委员长顾秀莲、全国人大副委员长韩启德、全国政协副主席张怀西、北京大学常务副校长柯杨及来自40个国家和地区的1200名政府官员、科学家和公共卫生工作者聚集一堂,共同分享全世界预防出生缺陷和残疾方面的研究成果,推动发展中国家预防出生缺陷

的行动。卫生部副部长蒋作君在大会上宣布卫生部决定将"第二届发展中国家出生缺陷和残疾国际大会"正式召开的9月12日定为"中国预防出生缺陷日",并建议将每年9月12日确定为"世界预防出生缺陷日"。中国代表与世界各国代表共同起草并发表一份大会倡议书,号召发展中国家积极行动起来,积极拥护中国政府的倡议,与发达国家携手,为了全世界妇女和儿童健康、为了人类美好的未来而努力奋斗。

在与USCDC合作的基础上,生育健康研究所又发展了新的国际合作科研项目,目前正在进行的项目有:中国出生缺陷高发地区的病因研究(与美国休斯敦A&M大学合作);孕期增补铁和叶酸不同方法的引入性研究(与WHO/WPRO合作);中国育龄妇女营养状况及其影响因素的研究(与WHO/WPRO合作)等。

为评价增补复合营养素或同时增补铁和叶酸预防妊娠相关不良结局的效果,"中美预防出生缺陷和残疾合作项目"决定在河北五县实施"孕期营养项目"。2005年6月,孕期营养项目启动会在河北省满城县举行,8月正式启动预试验;10月在河北乐亭县召开了预试验总结会议,中美双方专家就预试验的进展情况以及存在的问题进行了总结;11月,孕期营养项目数据和安全监测委员会(DSMB)第一次会议在北京举行,来自中国、美国、澳大利亚的5名专家根据预试验进展情况对数据管理和项目安全性等方面的问题进行了深入讨论,并提出了宝贵意见。

为巩固"爱心寻访"活动成果,进一步深化"中国提高出生人口素质、减少出生缺陷和残疾行动计划"工作,生育健康研究所以"爱心寻访"活动寻访到的10个"受严重先天缺陷和残疾痛苦折磨的不幸家庭"的故事为主线,制作了40分钟的专题片《关爱生命、呼唤未来——让我们远离出生缺陷》、6分钟的宣传片《关爱生命、呼唤未来》以及大型画册《关爱生命、呼唤未来》,以催人泪下的故事唤起了政府和民众对"出生缺陷"的重视。

7月,为了解和掌握大众和妇幼保健人员预防出生缺陷知识的知、信、行情况,实施了"'行动计划'知、信、行调查"。本次调查在22个省、市、自治区的2657名孕产妇、450名妇幼保健人员中进行。调查结果显示,妇幼保健人员对出生缺陷的常见性认识不足,对出生缺陷三级预防概念缺乏了解。更为重要的是,一半以上的妇幼保健人员对于叶酸预防神经管畸形的推荐剂量不了解,有不到50%的妇幼保健人员看过"行动计划"的宣传材料。这些结果为以后"行动计划"宣传活动的设计提供了依据。

6月,李竹所长应国家发改委国家公众营养与发展中心邀请,参加关于中国公众营养问题讨论会;7月,李竹所长参加卫生部科教司"十一五"科技攻关研讨会,编写项目建议书,研讨"十一五"卫生科技攻关问题;中央人民广播电台下午2:00"经济之声——财富健康"栏目播出李竹教授专访——"婚检话题";11月,李竹所长应邀出席国家发改委公众营养与发展中心在人民大会堂举办的"第二届中国营养产业高层论坛";李竹教授、任爱国教授及高杰琳博士出席在北京大学举办的"中美关系论坛——环境因素与出生缺陷"圆桌会议;李竹所长应邀参加发改委公众营养与发展中心举办的"十一五营养改善专项规划建议研讨会"。

【卫生部生育健康研究重点实验室】卫生部生育健康研究重点实验室下设分子生物学实验室、细胞生物学实验室、营养生化实验室、病毒学实验室及生物标本库。该实验室有别于其他实验室,所从事的研究是以人群为基础的、以应用为主的基础研究。实验室拥有全国上百个(市)县固定人群现场,借助分子遗传学、细胞生物学、营养学、生物化学和血清学研究手段,主攻出生缺陷病因学研究。实验室具备先进的叶酸、维生素B6、维生素B12、同型半胱氨酸和风疹病毒血清学检测技术,具备成熟的叶酸代谢酶MTHFR、MTRR、MS、CBS基因、还原叶酸载体(RFC)基因,以及TGF-β3、TGF-α、APOC-2、CYP1A1、GSTM1、GSTT1、CYP2E1基因多态性检测技术,并成功建立了淋巴细胞EB病毒转化方法,建立了出生缺陷核心家庭永生细胞库。该实验室所有检测方法均达到国际标准化要求,检测结果得到国际上的认可。

自1996年起,该实验室开始筹划并逐步建立起具有中国特色的生物标本库,在全国多个地区、不同民族人群中开发并建立了标本采集现场。该标本库是北京大学生育健康研究所和"中美预防出生缺陷和残疾合作项目"中生育健康监测系统的重要组成部分,主要收集与人类生育健康和不良生育结局研究相关的人类生物标本和环境标本,用于对我国人口生育健康的重大疾病病因和预防措施的研究。标本库的标本类型多种多样,包括血液标本(纸血片、血浆或血清、血细胞或全血)、DNA标本、永生细胞株、胎盘、毛发、尿液、组织、大体标本和环境标本等,可满足遗传物质、体内营养素及代谢物质和环境毒物等指标检测的需要。该实验室生物标本库制定了统一的标准化标本采集规程,建有一整套从标本采集技术培训、指导到标本采集、运输、处理和保存的运行机制,建立并完善了生物标本库标本质量控制系统,实现了生物标本的动态管理,实现了标本实验数据库与其他信息数据库的连接和应用。

该实验室生物标本库目前已拥有育龄妇女纸血片标本 15 万份,先天性心脏病、脊柱裂、唇腭裂等重大出生缺陷核心家庭的永生细胞株近 100 套,出生缺陷核心家庭 DNA 标本、胎盘等组织标本接近 1500 余例,不同地区、不同民族育龄妇女以及精子发育异常、习惯性流产和宫内发育迟缓等病例血液标本近 10000 份,拥有 60000 张彩色的出生缺陷图片库,拥有 250 万例妇女孕产期及其生育的儿童从出生到 7 岁的完整生育健康数据库。

医学部公共教学部

【发展概况】 医学部公共教学部成立于 2002 年 7 月 11 日,设有哲学与社会科学学系、医学人文学系、医用理学系、应用语言学系和体育学系等 5 个系,共 16 个教研室、1 个研究中心(北京大学医史学研究中心)。2005 年有教职员工 131 人,其中教授 13 人、副教授 35 人、讲师 47 人、助教 7 人、教学辅助人员 19 人,管理人员 8 人,工人 2 人。

【党建工作】 2005 年度公共教学部在学校的统一部署下,参加了第二批保持共产党员先进性教育活动。通过本次教育活动,进一步认识到了公共教学部存在的问题和面临的挑战,党总支也在保持原有工作成绩的基础上,查找了领导班子存在的差距和不足,进一步明确了今后努力的方向。

加强领导班子自身建设,不断提高领导班子的思想政治素质和领导水平。继续坚持中心组理论学习,加强马克思主义理论的科学研究工作,在理论上扩展新视野;积极参与学校、医学部关于党的理论建设方面的工作交流,不断提高领导班子的思想理论水平。

加强领导班子作风建设。开展领导班子成员党风廉政建设,按照《公共教学部党风廉政责任制》要求,不断健全民主生活会制度。密切联系群众,把群众的根本利益作为党的工作的出发点和落脚点,进一步密切领导班子成员与各系教职工、离退休人员和学生的沟通与交流,积极听取各方面对公共教学部发展的意见和建议,充分发挥各方面力量,推动公共教学部的建设和发展。

进一步认识到加强领导班子能力建设的重要性和紧迫性。通过本次先进性教育活动,领导班子成员认识到,在各项具体工作过程中需要进一步提高领导班子的工作能力和管理水平,增强战略思维能力,提高统筹安排各方面工作的协调能力,提高应对复杂局面与解决突发事件确保政治稳定的能力,提高依法办学与依法治学、治教的能力。

不断加强和改进党的组织建设。充分利用先进性教育活动中的工作经验,以提高党员素质和扩大党内民主为重点,逐步建立加强党员教育,支部建立长效机制,使各项制度更加制度化、规范化。依据《公共教学部党员发展程序》,规范入党积极分子的培养和教育,2005 年发展党员 4 名(教工 2 名,学生 2 名)。

组织理论研讨和实践活动。2005 年度公共教学部党总支与医学部宣传联合主办了"保持共产党员先进性,加强党的执政能力建设"理论研讨会,为深入领会保持共产党员先进性教育活动的重大意义,提高党的执政能力的科学内涵和时代意义发挥了重要作用,同时也为医学部开展先进性教育活动提供了理论和实践经验交流的平台。

2005 年为培养青年教师的爱国主义情怀,提高青年教师的人文素质,不断充实其课堂讲授内容,特别是充实"两课"中涉及爱国主义和改革开放部分的内容,设计和组织了公共教学部优秀青年教师去威海进行爱国主义理论教育和实践活动。

积极参与学校、医学部组织的评优活动。公共教学部党总支荣获医学部党务和思想政治工作先进集体称号,1 人获北京大学优秀共产党员称号,1 人获医学部优秀共产党员称号。

【教学工作】 公共教学部所属 16 个教研室承担着医学部在校本专科生及研究生的公共基础课、医学人文课程,应用语言学系同时还担任生物医学英语专业课的授课任务。2005 年度开出的本、专科生必修课共计 43 门、18358 学时,选修课 48 门、1412 学时,研究生课程 15 门、2251 学时。2005 年公共教学部与教育处共同对医学英语的教学计划做了进一步修改,特别明确了医学基础课的授课模式和考察方法。2005 年积极开展各类培训项目:医学伦理学教研室组织举办了校 CMB 课题第 3 期生物医学科研伦理研修班,学员 60 余人;卫生法教研室举办国家级继续教育项目"医疗风险与医疗纠纷新立法动向",培训学员 100 人;医学心理学招收两批应用心理学的硕士研究生班,学员 50 余人,接受进修生 14 人。

【学科建设】 为加快建设与现代医学发展和医学人才培养相适应的医学人文学教育,公共教学部十分重视课程改革与建设,特设公共教学部教学改革课题。2005 年,组织专家评审、确立了其中 6 项,并对 4 项 2003 年教改课题进行了结题评估。各系积极为本专科生和研究生增开选修课,2005 年新开课程 4 门,深受学生喜爱。12 月召开医学人文学科建设工作研讨会,并建立了医学人文学科创新平台,为医学人文学科的深入发展规划了蓝图,明确了方向,对公共教学部今后的工作起到指导作用。

【科研工作】 2005年,在研项目37项,其中国家级项目4项、11万元,省部级项目22项、资金63万元;发表论文65篇,其中核心期刊26篇;出版专著5部、教材11部、其他4部;参加各种学术会议103人次,其中国际会议20人次。

公共教学部张大庆主编的《医学史》、胡佩诚主编的《医护心理学》被评为北京市精品教材;医学史教研室甄橙主编的《病与证的冲击——反思18世纪的医学》获北京市社科理论著作出版基金资助;薛福林、喀蔚波获北京大学医学部2005年度教学优秀个人奖;在医学部团委组织的"十大我最喜爱的教师"评选活动中,薛福林、胡佩诚、王东宇获此殊荣;贺东奇教授主持的《高等学校医药类专业人才数学教育模式探索》、张大庆教授主持的《医学史教学改革:架构医学与人文的桥梁》荣获北京大学教育教学成果一等奖;贺东奇教授主持的《高等学校医药类专业人才数学教育模式探索》被评为北京市教育教学成果二等奖。数学教研室组织培训的医学部代表队参加由美国数学及其应用协会主办的第七届"跨学科模型竞赛",两支参赛队双双获得二等奖;数学教研室还组织了医学部代表队参加由教育部和中国工业与应用数学学会举办的"2005全国大学生数学建模与计算机应用竞赛",共9个参赛队,其中:1个队获全国二等奖,3个获北京市一等奖,2个获北京市二等奖,3个获成功参赛奖。

(甄娜 谢虹)

元培计划管理委员会

【发展概况】 2005年是元培计划发展历程中很重要的一年,首届元培计划实验班学生顺利毕业。学校对元培计划的推进也非常重视,多次召开会议讨论相关问题。

【党建工作】 元培计划实验班4个年级575人中有学生党员117名,其中正式党员73名、预备党员44名。2005年转正党员31名,发展预备党员24名。

在学校统一安排部署下,9月15日~12月15日,元培计划管理委员会教工党员和107名学生党员积极参加了保持共产党员先进性教育活动。元培党总支结合自身特点,把各次讨论、学习变成支部党员交流的机会。各学生支部根据当前工作状况和学生组成多样性的特点,组建了部分特色小组,如文科党员小组、军训方队党员小组、2003级新生辅导员党小组等,创造性地开展工作,使保持共产党员先进性教育活动取得了实效。

【教学改革】 6月13日,学校下发校发[2005]130号文件,明确元培计划管理委员会职责,并公布了新一届元培计划管理委员会人员名单。同时,学校还调整了本科教学发展战略研究小组。新一届元培计划管理委员会和本科教学发展战略研究小组积极研究推进本科教学改革的思路和方案。9月10日,新一届元培计划管理委员会与本科教学发展战略研究小组一起举行了第一次工作会议,林建华常务副校长参加了会议。会议围绕元培计划的进一步推进、北大本科教育教学改革与发展等相关问题进行了研讨。12月1日,林建华常务副校长主持召开了元培计划管理委员会第二次工作会,就元培计划运行中的具体问题和下一步教学改革的方案进行了研讨。林建华常务副校长提出,利用半年到一年的时间发动全校师生开展一次本科教育改革大讨论。12月2日,本科教学发展战略研究小组在办公楼103举行讨论会,研究下一步教学改革问题。12月9~10日,北京大学举行2005年教学工作会,许智宏校长在讲话中肯定了元培计划取得的经验,再次强调元培计划的理念和制度安排要在全校推广,并指示在今后半年到一年的时间里,发动全校师生进行一次教学改革大讨论。

【机构调整】 2005年初,学校对元培计划管理委员会执行机构领导班子进行了调整。2月22日,班子换届会议在办公楼103举行:朱庆之任执行主任,张庭芳、金顶兵任执行副主任,上届班子自然免职。新班子上任以后,和原班子成员顺利完成了工作交接。3月4日,新一届领导班子到任后举行工作人员第一次全体工作会,明确了人员分工和相关工作安排,并建立了隔周召开党政联席会、隔周召开全体办公会的工作制度。朱庆之全面负责各项工作,主抓导师工作;张庭芳负责教学工作;金顶兵主持日常工作,分管与学校各部门的协调,主抓推进元培计划的情况总结和进一步推进教学改革;总支书记陈建龙(后由查晶接任)全面负责党的工作和学生工作;行政办公室、教务办公室和学生工作办公室在工作上分工负责,同时做到相互补位、协调配合。一年来,元培计划管理委员会机构运转正常,工作进展顺利。工作人员克服了大量困难,以满腔热情积极做好实验班的各项工作,并积极参与和推进全校的教学改革。

【教学工作】 元培计划实验班2001级学生顺利毕业。2005年毕业的元培计划实验班学生共72名,其中1人结业,71人顺利毕业。这些毕业论文的整体水平较高,受到老师的好评:毕业论文得到85分以上的有56人,占毕业生总数的78.8%;90分以上的有35人,占毕业生总数的49.3%。

6月27日,首届毕业生毕业典礼在英杰交流中心新闻发布厅举行。许智宏校长发表讲话,充分肯

定了元培计划在教学改革方面取得的成绩和经验，并表示，北大应该始终坚持元培计划"通识教育、学生自由选课和自主选择专业"的基本理念和基本制度，并面向全校推广。第一届完成学业的学生共72名（含结业生1人），其中，29人被保送或考取国内大学研究生（北京大学24人、清华大学1人、中科院3人，1人后来放弃读研而参加工作），19人赴国外读研（美国12人，加拿大3人，法国、德国各2人），继续读研究生的人数占毕业生总数的65.3%。就业同学的就业单位有北大方正、惠普、联合利华、南方报业等知名企事业单位。

元培计划管理委员会聘请北大教育学院对4年来的办学情况进行了评估，结果显示，学生对元培计划的理念和制度安排给予了高度评价，实验班实施效果良好，总体上是成功的。

2002级元培计划学生保送研究生工作顺利完成。2002级毕业班学生共103人，理科54人、文科49人。其中51人申请保送研究生（文科28人、理科23人），全部获得保送资格。最终37名学生被北京大学、复旦大学、中国科学院等单位录取为研究生（文科16人、理科21人）。

2004级元培计划学生顺利完成专业分流。2004级学生163人，5月底预选院系，12月选定院系。共有160人选定了准备进入的院系，其中88人选定理科，72人选文科。11人自愿对5月第一次提出的专业意向进行了调整，最终全部满足了学生的第一志愿。

表5-29　元培计划实验班2004级学生专业分流情况

院　系	人　数	院　系	人　数
数学科学学院	19人	历史学系	1人
物理学院	23人	哲学系宗教学系	1人
信息科学学院	3人	国际关系学院	12人
化学与分子工程学院	11人	经济学院	19人
生命科学学院	18人	光华管理学院	4人
地球与空间科学院	1人	法学院	15人
环境学院	5人	社会学系	7人
心理学系	8人	政府管理学院	5人
中国语言文学系	6人	新闻与传播学院	3人

2005级元培计划新生生源良好。2005年，元培计划实验班计划招生150人，实际招生156人，报到155人。58名学生获得新生奖学金（包括省级高考状元17人），占全校总数的36%。

为解决教学管理中的突出问题，结合毕业班的总结，元培计划管理委员在春季学期多次召开学生座谈会，听取学生意见；在秋季学期分别召开了各个年级的学生座谈会，了解相关情况。12月1日，元培计划管理委员会第二次工作会对实验班运行中选课的保证、上课时间冲突、考试时间冲突和进入专业后教学计划的衔接问题等进行了专门讨论。林建华常务副校长指示教务部研究解决。从秋季学期期末考试开始，大部分考试时间冲突问题将通过A、B卷的方式来解决。

【导师工作】 元培计划实验班实行导师制。2月24日，新一届导师礼聘仪式在办公楼103会议室举行。林建华常务副校长为新聘的34位导师颁发了聘书。会后，根据部分院系情况，增补中文系陈跃红、国际关系学院牛军为导师。实验班现任导师共36人。

新聘导师在春秋两个学期开学之初召开了两次导师工作会议，对导师工作的方式进行了研讨。导师答疑由固定时间制改为学生预约制。在新生入学和学生选课方面，导师给予了大量指导。经过导师会商议，导师工作改变了方式，减少了秋季学期的讲座次数。秋季学期为一年级新生安排了3次有针对性的讲座，即艺术系朱青生讲在北大如何学习、教育学院田玲老师讲职业生涯规划、心理系钟杰老师讲如何进行心理减压。导师们举行了多次学生答疑座谈会，针对学生学习的问题和进入专业后的学习情况进行指导。为拓宽理科同学的视野，电子系毛晋昌带2005级学生参观了电子信息相关学科的重点实验室。

表5-30　元培计划实验班导师名单

院　系	姓　名	院　系	姓　名	院　系	姓　名
数学科学学院	王长平	地球与空间科学学院	郝守刚	经济学院	黄桂田
数学科学学院	丘维声	环境学院	邵　敏	经济学院	孙祁祥
力学与工程科学系	黄克服	心理学系	苏彦捷	中国经济研究中心	林毅夫

续表

院　系	姓　名	院　系	姓　名	院　系	姓　名
物理学院	赵凯华	中文系	朱庆之	光华管理学院	龚六堂
物理学院	吴思诚	中文系	陈跃红	法学院	陈兴良
化学学院	段连运	历史学系	牛大勇	法学院	吴志攀
生命科学学院	许崇任	历史学系	阎步克	社会学系	马　戎
生命科学学院	张庭芳	哲学系	赵敦华	政府管理学院	李　强
信息科学技术学院	傅云义	哲学系	王守常	政府管理学院	赵成根
信息科学技术学院	毛晋昌	国际关系学院	许振洲	艺术学系	朱青生
信息科学技术学院	孙家骕	国际关系学院	牛军	新闻与传播学院	陈昌凤
地球与空间科学学院	杨承运	经济学院	曹和平	教育学院	陈向明

【交流合作】 元培计划实验班的成功举办赢得了国际上其他大学的认可，实验班在国际交流方面取得了突破。

和新加坡国立大学USP计划建立了学生交换计划。3月9～10日，教务部关海庭部长带领的代表团访问新加坡国立大学，就元培计划学生和新加坡国立大学USP计划学生交换计划达成初步协议。6月30日，许智宏校长与新加坡国立大学签署两校交换学生协议。11月16日，新加坡国立大学USP计划彭宇轩主任到北大向元培同学介绍新加坡国立大学及USP计划情况。元培-USP交换学生计划正式启动。

和耶鲁大学开展联合培养项目。经过一段时间的酝酿和准备，11月26日，许智宏校长和耶鲁大学校长理查德·莱温在临湖轩签署了关于两校联合培养本科生项目的谅解备忘录。按照该计划，从2006年秋季学期开始，耶鲁大学每学期将选拔20名优秀本科生来北大与元培计划实验班学生共同学习、生活，并由两校教师联合授课。

【学生工作】 认真做好就业指导工作。2005年7月，72名元培计划实验班2001级学生作为元培计划实施以来的第一届毕业生顺利毕业，其中，参加工作的18人，申请不就业考研的6人，自创业的1人。由于相对院系而言，元培计划是比较特殊的培养模式，72名学生的专业分散在28个不同的方向，而且单就18位参加工作的同学而言，其专业方向也覆盖了经济、法学、工商管理、社会学、生命科学、物理学等12个方向。因此，元培计划实验班的学生就业工作面临着就业专业指导和就业信息提供两方面的巨大困难。在学校就业指导中心的支持和指导下，在兄弟院系帮助和配合下，在元培计划党政班子领导下元培计划较圆满地完成了第一届就业指导工作的任务。

重视新生教育、管理和指导，成立新生辅导员队伍。根据过去几年的经验，元培计划学生入学初期是最容易遇到问题和困难的阶段，也是最需要帮助和关怀的一个时期。元培计划培养模式对元培计划新生提出了较兄弟院系新生更高的要求，同时由于目前元培计划实施中存在诸多不完善的因素，给他们带来了更多的困惑。因此，适时、具体的指导是元培计划新生进行正常调整和适应大学生活、元培生活所必需的。结合过去几年新生工作的体会和经验，元培计划管理委员会从2003、2004级学生中选拔了16名学生担任新生辅导员工作。经过统一培训后，16名学生分为8组，每组负责4～6个宿舍新生的日常联系和指导工作。新生辅导员通过定期到宿舍走访、组织课外活动、组织专业方向或课程讨论小组交流等活动，对2005级新生的大学学习、生活给予了积极的帮助，对新生的思想认识和角色定位起到了引导作用，帮助元培2005级新生比较平稳地实现了从高中到大学的过渡。

表5-31　2005年元培计划获奖情况

获奖名称	获奖人姓名或单位
北京市教学成果奖一等奖1项	林建华　李克安　朱庆之　段连运　张庭芳　朱青生
北京大学第十三届"挑战杯"——五四青年科学奖竞赛团体一等奖	元培计划管理委员会
北京大学第十三届"挑战杯"——五四青年科学奖竞赛优秀组织奖	元培计划管理委员会
北京大学2004～2005年度优秀院系刊	《元培时讯》
北京大学2004～2005年度优秀学生网站	Ypnet(元培计划实验班网站)
北京大学2005年度军训优秀连队	元培计划实验班女生十连

续表

获奖名称	获奖人姓名或单位
北京大学 2004～2005 年度先进团委	元培计划团委
北京大学 2005 年度"加强能力建设,展现青春风采"团支部风采展演大赛鼓励奖	元培计划 2003 级本科 1 支部
北京大学 2004～2005 年度优秀团支部	元培计划 2002 级本科团支部
北京大学"树党员形象、展党员风采"主题党日活动三等奖	元培计划 2003、2004 级本科党支部
北京大学 2004～2005 学年度优秀班集体	元培计划 2004 级本科 2 班
北京大学 2004～2005 学年度先进学风班	元培计划 2002 级本科生班
北京大学 2004～2005 学年度先进学风班	元培计划 2003 级本科 2 班
北京大学纪念"一二·九"运动 70 周年师生歌咏比赛三等奖	元培计划管理委员会
北京大学纪念"一二·九"运动 70 周年师生歌咏比赛最佳组织奖	元培计划管理委员会
北京大学纪念"一二·九"运动 70 周年朗诵比赛优秀组织奖	元培计划管理委员会
2004～2005 年度北京市高校先锋杯优秀团支部	元培计划 2003 级本科 1 支部
2004～2005 年度北京市优秀班集体	元培计划 2004 级本科生 2 班

【大事记】 2月22日,元培计划管理委员会执行机构领导班子换届会议在办公楼103举行。朱庆之任执行主任,张庭芳、金顶兵任执行副主任。上届班子自然免职。

2月24日,元培计划新一届导师聘任仪式在办公楼103举行。林建华常务副校长为新聘的34位导师颁发了聘书。之后,举行了导师工作会。

3月4日,新一届领导班子到任后举行工作人员第一次全体工作会,明确了人员分工和相关工作安排。

3月9~10日,教务部关海庭部长带领的代表团访问新加坡国立大学,就元培计划学生和新大 USP 计划学生交换计划达成初步协议。

3月,元培计划管理委员会委托教育学院陈向明教授对元培计划实验班4年办学情况进行总结。

6月27日,元培计划实验班2005届毕业典礼在英杰交流中心新闻发布厅举行,许智宏校长发表讲话。

6月30日,许智宏校长与新加坡国立大学施春风校长签署元培-USP交换学生协议。

8月29日,2005级新生报到。晚上,新生家长会在图书馆北配楼举行,朱庆之主任向2005级同学家长介绍元培计划情况。

同日,学校宣布学生工作部副部长查晶接替陈建龙担任元培计划管理委员会党总支书记。

8月30日上午,2005级新生开学典礼和新生大会在图书馆北配楼举行,李克安副教务长出席典礼并讲话。新生大会上,朱庆之主任向2005级新生介绍元培计划情况,张庭芳副主任介绍教学管理有关规定。

9月10日,新一届元培计划管理委员会与新一届本科教学发展战略研究小组一起举行第一次工作会议,林建华常务副校长参加会议。会议围绕元培计划的进一步推进、北大本科教育教学改革与发展等相关问题进行了研讨。

9月15日,元培计划管理委员会教工党员和107名学生党员开始参加"保持共产党员先进性教育活动"。

9月17日,元培计划导师与新同学共话中秋晚会在百周年纪念堂多功能厅举行。

9月,元培计划实验班启动新生辅导员制度。

10月,2002级学生保送研究生工作完成。

11月16日,新加坡国立大学USP计划彭宇轩主任到北大向元培计划同学介绍新加坡国立大学及 USP 计划情况,元培-USP 交换学生计划正式启动。

11月26日,许智宏校长和耶鲁大学校长理查德·莱温在临湖轩签署了关于两校联合培养本科生项目的谅解备忘录。按照该计划,耶鲁大学每学期选派20名优秀本科生来北大与元培计划实验班学生共同学习、生活,并由两校教师联合授课。

11月22日,元培计划管理委员会执行主任朱庆之教授应邀到台湾中央大学文学院介绍北京大学元培计划情况。

12月1日,元培计划管理委员会第二次工作会在办公楼103举行。会议就元培计划实验班运行中的具体问题和下一步教学改革的方案进行研讨。林建华常务副校长主持会议,指示教务部研究解决实验班运行中选课的保证、上课时间冲突、考试时间冲突和进入专业后教学计划的衔接等问题。

12月2日,本科教学发展战略研究小组在办公楼103举行讨论会,研究下一步本科教学改革问题。

12月4日,元培计划学生参加了学校举行的"一二·九"合唱比赛。

12月9~10日,在北京大学2005年教学工作会上,许智宏校长肯定了元培计划实验班取得的经验。

(元培计划管理委员会)

教育教学与学科建设

本科生教育教学

【教学改革】 以明确的改革理念为先导是做好本科教育教学工作的关键。从2000年元培计划实施起,教务部有计划地推行了一系列改革措施:修订教学计划、鼓励高年级的本科生从事科学研究、以通选课和平台课为课程建设重点、按院系或学科大类招生、实行学分制和灵活的选课制、全面推行双学位和辅修制度、建立健全本科生导师制、完善转系转专业制度,等等。10月,林建华常务副校长带队前往复旦大学考察教学改革;12月,教务部召开教学工作会议,主要讨论教学改革问题。

元培计划的办学理念和实践被社会逐渐认同和接受。元培计划实验班学生通过通识教育和宽口径专业课程的学习,整体素质得到提高,在科研创新能力方面表现出很大的潜力,学生对专业的满意度比其他学生高16个百分点。元培计划实验班的成功实施为以后北大本科教学改革积累了宝贵经验。

2005年度医学部教育改革研究立项工作全面启动,共收到申报课题100余项,通过评审最终立项73个,内容涉及专业培养模式、教学内容、教学方法和考核方式的改革,课程建设以及教学管理与评估等。"医学基础课程实施PBL教学方法改革及效果评价"获得北京市级高等学校教育教学改革立项,"研究性学习和创新能力培养的研究——PBL教学方法在医学教育中的应用"获得教育部高等教育专题研究项目立项和20万元经费支持。基础医学院继续"以问题为中心"的教学改革,2005年完成了"SARS"、"动脉粥样硬化"、"糖尿病"、"病毒性肝炎"、"神经生物学——疼痛专题"共5个专题的PBL教学。

2005年医学部在条件成熟的学科建立了临床学系,包括儿科、皮肤与性病、检验学及眼科学系。同时,以临床医学长学制学生为起点,对在各临床学院学习的临床医学专业长学制学生进行统一理论考核,并进行不同模式临床多站化考试的技能考核探索,除了对学生理论知识严格要求外,更注重对学生临床技能的要求。进一步强化对医学生能力的考核,学习和借鉴国际通行的 OSCE (Objective Structured Clinical Examination),逐步完善临床教学考核的标准化建设。此外,医学部还积极推进以器官系统为中心、以病例为中心的临床教学改革。

【教学管理】 1. 主干基础课建设。主干基础课始终是北大的建设重点,2005年教务部主持修订主干基础课大纲295门,并对主干基础课建设立项进行了中期检查。

2. 通选课建设。2005年春季学期开设通选课151门,秋季学期开设138门。继续加强对通选课的重点建设,确定了把通选课建设成为精品课的建设目标,草拟了《北京大学素质教育通选课管理办法》并在全校试行,进一步规范对通选课的管理。组织两次本科发展战略研究小组会议,对本科教育改革和通选课建设进行研讨,并对2005~2006学年开设的通选课程进行筛选,调整了10多门与通选课建设目标不相符的课程。

3. 平台课建设。学科大类平台课是相近学科的共同基础课,是学生进入相关院系的基础平台。计划以学部为基础,根据各学科的特点,建立不同层次的平台课程,给学生一定的自主选择空间。加强大类平台课建设,对低年级的同学而言,有利于他们拓宽基础,开阔学术视野,并为他们进一步的选择提供基础。目前,理科有数学、物理、化学、生物4个系列不同层次的基础课。

4. 精品课建设。确定北京大学校级精品课52门,其中医学部8门。北京大学已形成校级、市级、国家级三级精品课体系,这批课程大部分是主干基础课,建设好这批课程对确保人才培养质量具有重大意义。为此,教务部出台了《北京大学精品课管理办法》,从精品课的申报、评选、资助、管理和检查都做出了明确规定,并与现代教育技术中心合作,建立了北京大学精品课网站,帮助教师建立课程网站,使教师更集中精力于课程本身质量的建设上。2005年7月,教务部成功召开北京大学首次精品课

建设工作会议,教师代表和各院系教学负责人共160多人出席会议,会议重点讨论了北京大学精品课建设思路和规划,并就如何进一步加强精品课建设、发挥精品课的示范和辐射作用、加强教师之间教学观摩和交流、以精品课带动全校课程建设水平提高等问题展开了讨论。

5. 成功举办暑期学校。2005年暑期学校共开出课程65门、82个班。其中,聘请外籍优秀学者4人开出4门课,聘请外校学者4人开出4门课;高级英语听说课程,共开26个教学班,聘请外籍教师27人、外籍志愿者助教40余人。校内选课人数2265人,选课3478人门次(选课上限为4学分/人),约占本科在校生人数的20%;校外选课人数669人,选课787人门次(选课上限为3门/人),占暑期学校总人数23%。通过两年的暑期学校实践,开放性、国际化和为社会服务的目标初步实现。

6. 迎评准备工作和期中教学检查。2005年6月,在林建华校长带领下,教务长办公室以及教务部有关人员对新闻传播学院、社会学系、信息科学技术学院、中文系、环境学院等5个院系迎评准备工作进行抽查。抽查方式为听取院系领导汇报和现场查阅院系教学基本文件建档情况。通过此次检查,及时发现院系在培养计划、课程设置、教学大纲,以及试卷批改、成绩登录等方面做得还不够规范,进一步明确了下一步工作的重点和要求。

4月和11月,教务部组织了两次期中教学检查,深入全部本科教学单位,掌握了大量第一手材料,并与各院系就当前教学中存在的问题、下一步本科教育改革方向及需要注意的问题进行了深入研讨。组织老教授调研组对新闻传播学院课程情况进行全面调研,讨论主干基础课程、通选课程质量。

7. 医学部的情况。医学部首届药学、基础医学以及预防医学专业长学制学生开始进入二级学科培养,教育处组织各学院,就二级学科培养目标、培养计划以及有关管理问题进行了深入的讨论,顺利完成了导师遴选工作,并在实践中逐步完善工作程序。此外,就长学制培养及管理问题出台了"八年制临床医学专业临床各阶段考试方法"、"关于长学制学生阶段分流出口设置及安排的意见",系统规划长学制学生培养方案。

2005年暑期,医学部举办了第二期为期1个月的半封闭式英语培训班,30名青年骨干教师参加了培训,教师们英语能力普遍提高,特别是听说能力提高较明显,为医学部"双语教学"的开展做好准备。

11月,医学部组织教育处率队赴香港大学医学院进行了为期3周的考察,全面了解港大医学院的课程融合、教学方法、考核方式、教学质量监控以及教学管理等工作,培养了教学及管理骨干队伍。

为加强精品课程建设,使教师更好地运用现代教育技术做好课程教学工作,医学部教育处组织开设网页制作培训班,各学院的教师踊跃报名,参加学习的教师达70余名。

【实践教学】 2005年有375名2003级本科生受科研基金资助选修"研究课程",是历年来受资助学生最多的一年。2005年对2002级293名选修"研究课程"的学生进行中期检查、结题验收工作,全校有284名2002级本科生获得"研究课程"的学分(内含4名非科研基金资助的本科生,他们提交科研成果报告,申请并获得"研究课程"的学分)。自从"研究课程"设立以来,参加本科科研的学生以第一作者发表科研论文58篇,以第二作者发表16篇。

教务部加大对各院系实验与实习经费的投入,并重点支持了地球与空间科学学院学生赴俄罗斯、外国语学院学生赴巴基斯坦、越南,考古文博院学生赴陕西周公庙的实践教学。

教务部与国际合作部一起,组织学生参加了耶鲁大学和奥地利的暑期学校。医学部建立了13个稳定的教学实习基地,并扩大了深圳临床医学院、首钢临床医学院等4个实习基地的实习范围。

加大了对实验教学中心建设的支持力度,实验课教学改革成效显著。在2005年北京市级实验教学示范中心的评选中,北京大学物理和化学两个实验教学示范中心被评为第一,获得北京市实验教学示范中心的称号。

【基地建设】 2005年,北京大学9.5个国家基础科学人才培养基地通过国家自然科学基金委的中期评估,获得6.5个优秀,3个良好,获经费1240万元。在2005年评选的国家级教学成果奖中,北京大学生命科学学院、物理学院、化学学院、经济学院、地球与空间科学学院的人才培养基地项目都获得了国家一等奖和二等奖。在2003~2005年的国家级精品课评选中,北大33门国家级精品课的绝大部分是人才培养基地所在院系的本科基础课。

2005年医学部教育处组织专家对部分成熟基地进行评估考察,最后确定:深圳临床医学院开始承接五年制临床医学的生产实习,并于2006年承担基础医学长学制的全部临床教学任务;第四临床医学院2006年承担临床医学专业八年制全学程临床教学任务;首钢临床医学院2006年开始承担医学英语专业的临床教学任务;第三临床医学院2005年下半年开始承担药学专业临床药学教学工作。

【教务管理】 2005年,教务部重新修订了本科生管理制度的核心文件《学籍管理细则》,并于2005年4月经校长办公会议讨论通过,从2005级新生起实施。新修订的

《学籍管理细则》注重了人性化管理,增加了不及格课程的重修次数;对违纪处分的规定进一步完善,增加了有关申诉权利和程序的条款;进一步扩大了转专业的比例,将允许转专业人数从10%提高到20%,在条件允许的情况下可以进一步扩大这一比例。重新修订《北京大学本科考试工作与学术规范条例》,强调以读书报告、论文等方式考试的课程,教师要重点进行学术道德和论文写作规范教育,防止学生造成抄袭的事实。为进一步规范艺术和体育特长生的管理,学校研究制定了艺术和体育特长生管理办法,力求解决学训矛盾。为促进学生赴境外一流大学学习,进一步提高北大本科教育的国际化水平,学校研究出台了《赴境外大学的课程认定及学分转化办法》,并在本学期进行首次认定工作。此外,教务部与继续教育部合作,与北京市考试院达成协议,使北大部分未完成学业的学生可以参加自考,继续学习,2005年北大已有约10名学生转往自考。这一举措为北大建设和谐校园,进一步提高本科教育质量开辟了空间。医学部借试点《中国本科医学教育标准》自评为契机,强化教学环节及要素管理,完善培养模式,为医学部以后的工作提供了重要指导。

2005年4月发布《关于北京大学医学部本科生选修辅修/双学位专业管理办法》(北医[2005]部教字52号),推行辅修制和双学位制,规范管理。7月,根据教育部精神修订《北京大学医学部学生学籍管理规定》,新规定体现依法治校,维护学生合法权益,对学生的处理程序更加规范,并建立学生权益救济制度等。

9月,医学部规范本专科学生注册制度,加强学生注册管理,发布《关于加强管理本专科生注册工作的通知》(北医[2005]部教字158号),要求学生必须按时交费、注册,进一步规范对学生的管理,教育学生遵守学校管理规定,做到管理育人、服务育人、制度育人。12月,制订《北京大学医学部本专科教学考核工作与学术规范条例》,进一步加强了考试工作的管理,明确了认定违反学术规范的行为,加大了对作弊的处罚力度,规范了对作弊行为的处罚程序。

【教材建设】 按照北京大学教材建设规划,2005年教务部继续组织每年一次的教材建设立项工作,广大教师申报踊跃,共有24个院系135个项目申报,经教材建设委员会批准,确定了94个项目为2005年教材建设立项项目。

在北京市高等教育精品教材评审工作中,北京大学68种教材荣获北京高等教育精品教材称号,在北京市高校中居榜首。

2005年10月,教育部高教司启动了"十一五国家级规划教材"的申报工作。经认真组织,北京大学共申报了700多个项目。

医学部教育处会同医学出版社组织完成了涵盖儿科、外科、妇产科、内科、传染科、皮肤病与性病学的《北京大学临床医院教学案例丛书》,以及涵盖内科、外科、妇产科、儿科的《北京大学医学生临床操作技术手册丛书》;受人民卫生出版社委托,组织6所附属临床医院的临床教师高质量地完成《牛津临床医学丛书》(共18分册)的翻译工作。

2005年6月15日,北京大学教材建设委员会工作会议召开,会议审议通过了《2005年度北京大学教材建设立项名单》、《北京大学教材选用管理办法》以及修订的《北京大学教材建设立项项目管理办法》,并就制定北京大学"十一五教材建设规划"进行了热烈讨论。

2005年6月,北京市教委组织专家组对北京大学承担的116项北京市精品教材建设立项项目进行检查。专家组对北京大学教材建设工作给予了高度评价,认为北京大学教材建设工作从指导思想、管理、组织等各方面水平都很高,制度健全,工作作风严谨,教材建设工作思路清晰,符合当前形势发展,出版了一批高水平教材。

【教学评估】 在2005年国家级教学成果奖评选中,北京大学以24项的好成绩再次居全国高校首位。学校专门为此召开表彰大会。此次获得的奖项覆盖了北京大学14个基础学科和部分教学管理工作,课程获奖项目达13个,生命、物理、化学、经济学、地质等5个人才培养基地同时获奖。这些成果充分展示了北京大学的综合实力,为进一步深化教学改革奠定了坚实的基础。

在2005年国家级精品课评选中,北京大学共有10门课当选,再次荣登全国高校首位。至此,北京大学获国家级精品课总数33门,获北京市级精品课总数42门。

为了加强对课程教学质量的监控,教务部建立网上课程评估系统,2005年春季学期首次投入使用。春季学期网上评估课程1400多门次,每门课程的问卷回收率基本达到100%,每学期有4万多人次学生上网对教师课程教学情况进行评估。对评估结果的查询实行分级查询:教师本人、院系主任、学校领导分别查询。网上教学评估系统运行了2个学期,运行状况良好。网上课程评估系统的建立,大大提高了学生课程评估的参评率,增强了评估问卷的针对性和灵活性,加快了评估结果反馈的速度,为提高教学质量提供了更有效的支持。

在2005年北京大学本科课程教学学生评教中,春季学期全校595门参评课程的平均分为86.8分,优等率达到35.8%,良好以上课程达67.9%;秋季学期全校741门参评课程的平均分为88.6分,

优等率达到43.5%，良好以上课程达到75.2%。与春季学期相比，秋季学期课程平均分提高了1.8分，课程优等率增加了近8个百分点。

【招生工作】 2005年北京大学校本部共录取各省（自治区、直辖市、港澳台地区）第一名47人（48人次），其中，北京、黑龙江、安徽、福建、山东、河南、湖北、广东、青海、港澳台地区等10个省份和地区的文、理科第一名同时被北京大学录取。文科继续保持绝对优势，例如录取各省市和地区文科第一名31人；河北文科前20名全部进入北大；湖北省文科前30名有29人进入北大；其余各省文科前10名绝大多数进入北大；北京大学校本部在全国31个省市中除山东、江西之外的文科录取分数线居全国高校首位，文科录取分数比各地重点线平均高出111分。理科再次取得突破成绩，例如录取各省市和地区理科第一名16人（17人次）；黑龙江省理科前10名有8人进入北大；山东、山西、安徽、吉林等省理科前10名有5人进入北大；在全国14个省市的录取分数线居全国高校首位；辽宁、广东实行大综合考试，文理一条录取线，北京大学录取分数线比最高线略低；理科录取分数比各地重点线平均高出138分。"北大文强理弱"的偏见正逐步消失。医学部的录取分数在绝大部分地区仍然保持了较高水平，在有些地区的录取分数线甚至排在全国高校第一名。

2005年北京大学共招收保送生515人，其中含学科竞赛获奖生381人、省级优秀生12人、教育部全国理科试验班学生23人、非通用语种73人、港澳免试生36人。在2005年国际奥林匹克数学、物理、生物等学科竞赛中，北京大学共录取11名奖牌得主，其中，数学金牌5人、银牌1人，物理金牌2人，生物金牌3人。在信息学奥赛中录取了3名国家集训队成员，另外还录取多名综合素质特别突出的学生。确定自主招生拟录对象203人，高考实际录取153人，其中包括北京市文科第一名、江苏文科第一名和湖北文科第一名。自主招生学生的第一专业志愿录取率为88.24%。招收各类特长生67人，其中艺术特长生31人、体育特长生32人、棋牌特长生4人。经推荐、自荐、资料审核、面试择优筛选，医学部在全国范围内最终确定28名保送生，圆满完成了保送生的选拔录取工作。医学部在北京市21所市级重点中学推荐的70名考生中确定了38名作为医学部自主招生考生。

北京大学共录取港澳台学生55人，其中港澳地区保送生36人，港澳台侨联合招生录取19人，文理科第一名首次全部被北京大学录取。招收留学生本科生248人，规模保持稳定。留学生本科新生录取人数在前五名的国别依次为韩国、日本、新加坡、美国、朝鲜，其中韩国留学生占录取总人数的66.13%；留学生本科新生人数在前六位的院系依次为国际关系学院、中国语言文学系、经济学院、法学院、光华管理学院、新闻与传播学院。

（关海庭　蔡景一　舒忠飞）

【思想政治理论课教学】 北京大学的思想政治理论课教学是在学校党委的领导下，由马克思主义学院负责组织实施的。自1997年下半年以来，经过一系列试验和探索，逐渐形成了具有北大特色和品位的新的教学管理方法，如教学组式的教师组合方式、专题讲座式的课堂讲授方法、多种多样的教学环节、多媒体现代教育技术手段、灵活宽松的考核办法、全年滚动的排课方式、学生自由的选课办法、"四位一体"的教学管理模式等等，教学效果一直很好。

2005年，学院集体项目《高校本科生思想政治理论课教学的改革与探索》荣获北京市高等教育优秀教学成果一等奖；学院还被评为北京高校德育先进集体。"邓小平理论和'三个代表'重要思想概论"课继续保持国家精品课程地位（2003年认定），"毛泽东思想概论"课保持北京市精品课程地位（2004年认定）。此外，"思想道德修养"课在2005年被评为北大精品课程。

（陈占安）

【艺术教学】 艺术学系承担着全校艺术类公共选修课和艺术类素质教育通选课等本科教学任务。2005年，艺术学系开设本科课程54门（其中通选课14门、公选课19门、专业必修课13门、双学位专业课8门）。艺术学系管理北大学生艺术团4个分团——合唱团、交响乐团、舞蹈团、民乐团，它们对增加北大校园的艺术氛围、繁荣校园文化建设、提高全校大学生的艺术修养和综合文化素质发挥了重要作用。

（孙　翔）

【体育教学】 1. 教学工作。体育教研部开设36个项目共计44门课程。暑期体育课程开设游泳、跆拳道和击剑3个项目7个班。

《北京大学体育特长生管理办法》于2005年8月28日经第597次校长办公会讨论通过。《北京大学体育特长生管理办法》分5个章节24条，对体育特长生的学籍管理、训练、奖励、升学等做了规定。

2005年7月，北京市教育委员会对2004年度体育课课件进行评选，北京大学体育教研部赫忠慧的"北京大学'体育健康中心'模式探究"获得一等奖，冉文生的"排球教学"课件和卢福泉的"营养与减肥"课件以及赫忠慧的"体育健康理论"课件获得二等奖。

9月，体育教研部李杰、田敏月、萧文革、何仲恺、万平等的"面向21世纪高校体育课程改革与实践"项目，获得北京大学2004年度

教学成果一等奖、北京市优秀教学成果二等奖;万平获北京大学教学优秀奖。

2. 体育代表队。第 19 届"京华杯"棋牌赛于 4 月 2 日在清华大学留学生楼举行。北京大学以 19∶3 战胜清华大学队(小分是 55.5∶30.5)。至此,在已经举行的 19 届比赛中北京大学以 11∶8 领先于清华大学。

在 10 月 16 日结束的 2005 全日空北京国际马拉松赛大学生组的挑战赛中,北京大学在男子全程十强中占了将近一半的席位,这也是北京大学在该项目上获得的历史最好成绩。

2005 年 9 月 25 日,第二届长城国际自行车嘉年华大学生接力赛中,北京大学自行车协会队员杨威、孙亚飞、叶青、吴宪国组成的男子团体率先杀出重围,蝉联了男子公路四人接力的冠军。

2004～2005 年中国大学生菲利浦足球联赛北京赛区决赛于 4 月 9 日举行,北京大学在点球中以 4∶3 战胜清华大学队,获得本届中国大学菲利浦足球联赛北京赛区冠军,为北京大学男子足球队创造了历史最好成绩。

北京高校第 43 届田径运动会于 5 月 20～23 日在北京师范大学举行。北京大学取得甲 A 组团体第三名(甲 A 组男子团体第二、甲 A 组女子团体第四)的好成绩,共获得 7 块金牌。

"2005 年首都大学生'佛雷斯杯'羽毛球锦标赛"在北京大学举行,来自北京大学、北京交通大学、清华大学等 13 所北京院校的 100 余名学生参加了比赛。北京大学获得学生男女团体冠军、教工团体亚军。新闻传播学院的望开力同学获得男子单打冠军。

2005 年"玛麒杯"第十届中国大学生田径锦标赛 7 月 20～25 日在青岛大学举行,北京大学获得 3 块金牌。

2005 年全国健美操锦标赛中,北京大学参加了高校组的比赛,获得男女团体冠军和 5 个单项第一。张连生、李文斌、黄俊森参加六人操和三人操的比赛,获得第一名。

2005 年中国第九届大学生羽毛球锦标于 8 月 8～10 日在辽宁抚顺举行,新闻传播学院学生望开力获得男子单打第一名。

9 月 26 日,北京大学夺得"2005 年国际名校赛艇挑战赛"男子 8 人有舵手 2000 米冠军,成绩是 10 分 3 秒 06。这是在国际名校赛艇挑战赛中,首次由中国大学折桂。耶鲁大学、哈佛大学、伦敦大学、米兰大学、北京大学、清华大学、上海交通大学、华南师范大学以及湖州师范学院的 9 支高校赛艇队参加了在浙江湖州龙溪港举行的比赛。

第十届全国运动会于 10 月 23 日在南京闭幕。北京大学景雪竹获得女子跳高冠军;邢衍安同学以 13 秒 76 的成绩达到男子 110 米栏国际健将级水平,与刘翔一起参加比赛,获得第四名。

第一届亚洲大学生田径运动会于 11 月 8～10 日在广州暨南大学举行。邢衍安以 14 秒 02 的成绩获得男子 110 米栏冠军;法学院硕士研究生赵宁以 1.76 米的成绩获得女子跳高第一名。本次比赛北京大学有 15 人代表中国大学生体育代表团参加了比赛,其中有 11 人获得了前六名的好成绩,为中国代表团获得团体总分第一做出了贡献。

"2005 年北京高校大学生足球联赛"于 11 月 20 日进行决赛,北京大学队取得亚军,这也是北京大学近年来在足球比赛中取得的较好成绩。

北京赛区 CUBA 篮球联赛 11 月 23 日晚在北京交通大学体育馆举行闭幕式。北京大学女子篮球队获得北京赛区的冠军,获得参加东北赛区的比赛资格。

"2005 年北京市大学生乒乓球锦标赛"于 12 月 24 日在首都经济贸易大学结束,北京大学获得 3 项冠军,在甲组名列第一。

3. 群众体育活动。从 3 月 28 日开始,学生按体育班出早操,早操从 6 时 30 分开始,7 时 10 分结束。共计 34 个班的 1020 名同学参加早操,为 4 月举行的 2005 年全校运动会开幕式准备团体操。团体操的内容是新编的八式太极拳和功夫扇。

北京大学第十三届体育文化节暨教职工田径运动会开幕式 4 月 16 日举行,全校 60 多个院、系、所、研究中心和 23 个体育协会的 3000 名师生参加了运动会开幕式,教育部和北京大学领导观看了开幕式大型团体操表演。2000 多位师生参加了大型团体操表演,教师的"穗操"、学生的九式太极拳和"功夫扇"赢得观众喝彩。

5 月 28 日中央电视台 CCTV5 体育新闻中的栏目——"历史上的今天"播放了北京大学运动会 100 年的报道。报道说 100 年前北京大学的运动会开创了中国学校运动会的先河。

为推动北京大学冬季健身运动,迎接 2008 年北京奥运会,"2005 年北京大学'迎奥运 健康长跑'比赛"于 12 月 16 日中午举行。来自全校 50 多个单位的 3000 多名师生参加了长跑活动。

(李德昌　滕炜莹　卢福泉)

【有关数据】 2005 年入学的 3082 名新生,有 3022 人取得学籍,其中重新入学 3 人、保留入学资格 3 人、取消入学资格(未报到)69 人。

全年办理异动 538 人次,其中休学 42 人、停学 89 人、复学 109 人、转系转专业 109 人、退学 68 人、提前毕业 3 人、转学出 5 人。

为在校生补办学生证、办理在学证明等 2000 多人次。

为在校本科生发放"乘车优惠卡"2500 多张。

处理违纪作弊19人。

发放学士学位证书2531本，其中境外办学19本；发放本科毕业证书2564本，其中境外办学19本；发放结业证书76本；发放大专毕业证21本；发放双学位证书827本；辅修毕业证书144本。

毕业生保研初审具备免试资格人数1569人，成功推荐1082人，其中硕士生1010人、直博72人、留学生6人。办理各类出国手续404人次；公派出国学习、研修31人；校际交流58人，其中派出东京大学1人，香港大学20人，香港科技大学20人，香港中文大学18人，其他国家（如美国、丹麦、瑞典、澳大利亚等）每年人数不等。接受香港科技大学9人、香港中文大学18人次、香港大学13人。

留学生875人，全年异动106人次，其中休（停）复学31人次、退学23人、转专业4人、延期毕业27人；49名本科留学生获得奖学金。

境外办学点4个，招收学生约300人。

考试中心组织全国大学外语四六级、TOEFL、GRE、BEC、TOEIC、韩国语、日语、LSAT、DAF等考试，总计24220人次。

2005年北京大学招生总数3957人（其中校本部3081人、医学部876人）。招收普通本科生3362人（其中校本部2710人、医学部652人），第二学士学位（软件工程专业）31人，思想政治教育专业（专升本）92人；另外，校本部招收留学生248人，医学部招收专科生224人。

2005年3月，医学部为2004级本专科新生电子注册，本科生638人、专科生220人。

2005年6月，医学部分别为2005届本专科毕业生、长学制毕业生电子注册，本科毕业生363人，本科生完成本科阶段学习进入二级学科337人，专科生247人。

2005年11月，经北京市教育委员会同意，医学部曹宇等10名应用药学、护理学专业大专生转为本科生。

附　录

表6-1　本科专业目录

编号	院系编码	院系名称	专业代码	专业名称
1	023	哲学系	010101	哲学
2	023	哲学系	010102	逻辑学
3	023	哲学系	010103	宗教学
4	025	经济学院	020101	经济学
5	025	经济学院	020102	国际经济与贸易
6	025	经济学院	020103	财政学
7	025	经济学院	020104	金融学
8	028	光华管理学院	020104	金融学
9	025	经济学院	020107	保险
10	029	法学院	030101	法学
11	024	国际关系学院	030201	科学社会主义与国际共产主义运动
12	031	社会学系	030301	社会学
13	031	社会学系	030302	社会工作
14	032	政治学与行政管理系	030401	政治学与行政学
15	024	国际关系学院	030402	国际政治
16	024	国际关系学院	030403	外交学
17	040	马克思主义学院	030404	思想政治教育
18	020	中国语言文学系	050101	汉语言文学
19	020	中国语言文学系	050102	汉语言
20	020	中国语言文学系	050105	古典文献
21	020	中国语言文学系	050107	应用语言学
22	038	英语语言文学系	050201	英语
23	037	俄罗斯语言文学系	050202	俄语

续表

编 号	院系编码	院系名称	专业代码	专业名称
24	036	西方语言文学系	050203	德语
25	036	西方语言文学系	050204	法语
26	036	西方语言文学系	050205	西班牙语
27	035	东方学系	050206	阿拉伯语
28	035	东方学系	050207	日语
29	035	东方学系	050208	波斯语
30	035	东方学系	050209	朝鲜语
31	035	东方学系	050210	菲律宾语
32	035	东方学系	050211	梵语巴利语
33	035	东方学系	050212	印度尼西亚语
34	035	东方学系	050213	印地语
35	035	东方学系	050216	缅甸语
36	035	东方学系	050218	蒙古语
37	035	东方学系	050220	泰语
38	035	东方学系	050221	乌尔都语
39	035	东方学系	050222	希伯来语
40	035	东方学系	050223	越南语
41	018	新闻学院	050301	新闻学
42	018	新闻学院	050302	广播电视新闻学
43	043	艺术学系	050303	广告学
44	030	新闻学院	050304	编辑出版学
45	043	艺术学系	050420	广播电视编导
46	043	艺术学系	050422	艺术学
47	021	历史学系	060101	历史学
48	021	历史学系	060102	世界历史
49	022	考古文博院	060103	考古学
50	022	考古文博院	060104	博物馆学
51	001	数学科学学院	070101	数学与应用数学
52	001	数学科学学院	070102	信息与计算科学
53	004	物理学院	070201	物理学
54	004	物理学院	070202	应用物理学
55	010	化学与分子工程学院	070301	化学
56	006	技术物理系	070302	应用化学
57	011	生命科学学院	070401	生物科学
58	011	生命科学学院	070402	生物技术
59	009	天文学系	070501	天文学
60	014	地质学系	070601	地质学
61	014	地质学系	070602	地球化学
62	015	城市与环境学系	070701	地理科学
63	015	城市与环境学系	070702	资源环境与城乡规划管理
64	015	城市与环境学系	070703	地理信息系统
65	005	地球物理学系	070801	地球物理学
66	005	地球物理学系	070901	大气科学
67	003	力学与工程科学系	071101	理论与应用力学

续表

编号	院系编码	院系名称	专业代码	专业名称
68	007	电子学系	071201	电子信息科学与技术
69	008	计算机科学技术系	071202	微电子学
70	010	化学与分子工程学院	071302	材料化学
71	015	城市与环境学系	071401	环境科学
72	011	生命科学,环境学院	071402	生态学
73	016	心理学系	071501	心理学
74	016	心理学系	071502	应用心理学
75	001	数学科学学院	071601	统计学
76	008	计算机科学技术系	080605	计算机科学与技术
77	015	城市与环境学系	080702	城市规划
78	003	力学与工程科学系	081702	工程结构分析
79	180	医学部	100101	基础医学(五年)
80	180	医学部	100101	基础医学(八年)
81	180	医学部	100201	预防医学(五年)
82	180	医学部	100201	预防医学(七年)
83	180	医学部	100301	临床医学(八年)
84	180	医学部	100301	临床医学(五年)
85	180	医学部	100304	医学检验(五年)
86	180	医学部	100311w	医学实验学
87	180	医学部	100401	口腔医学(八年)
88	180	医学部	100401	口腔医学(五年)
89	180	医学部	100402w	口腔修复工艺学
90	180	医学部	100701	护理学(五年)
91	180	医学部	100801	药学
92	180	医学部	100801	药学(六年)
93	180	医学部	100807w	应用药学
94	030	信息管理系	110102	信息管理与信息系统
95	028	光华管理学院	110201	工商管理
96	028	光华管理学院	110202	市场营销
97	028	光华管理学院	110203	会计学
98	028	光华管理学院	110204	财务管理
99	028	光华管理学院	110205	人力资源管理
100	032	政治学与行政管理系	110301	行政管理
101	043	艺术学系	110302	公共事业管理
102	030	信息管理系	110501	图书馆学
103	025	经济学院	020115w	环境资源与发展经济学
104	024	国际关系学院	030406w	国际政治经济学
105	032	政府管理学院	110307w	公共政策学
106	032	政府管理学院	110308w	城市管理
107	008	信息科学学院	080627s	智能科学与技术
108	012	地球与空间学院	070803s	空间科学与技术
109	012	地球与空间学院	070802s	地球与空间科学

表 6-2 本科课程目录

课程名称	年级	课程名称	年级	课程名称	年级
数学科学学院		常微分方程	2003	低年级讨论班Ⅲ	2003
同调论	2002	几何学	2005	几何学的演进与发展	2003
随机过程	2001	泛函分析	2002	非线性动力学	2002
微分拓扑	2002	几何学习题	2005	数值方法：原理,算法及应用	
泛函分析（二）	2002	实变函数	2003	符号计算	2002
概率统计应用实例选讲	2001	李群及其表示	2002	数学概论系列讲座	2002
信息科学基础	2002	模形式	2001	普通统计学	
初等数论	2001	数理逻辑	2003	高等概率论	2002
拓扑学	2002	密码学	2002	微观经济学	2003
微分流形	2002	黎曼几何	2001	公司财务	2003
数学模型	2002	统计软件	2002	**力学与工程科学系**	
数学模型	2003	测度论	2002	计算方法	2002
计算机图形学	2002	抽样调查	2002	力学与工程科学系	
常微分方程定性理论	2002	统计计算	2002	理论力学(A)(下)	2004
动力系统	2001	应用多元统计分析	2002	材料力学	2003
数值代数	2003	应用随机过程	2003	弹性力学	2002
数值分析	2003	应用回归分析	2002	流体力学（A）(上)	2003
最优化方法	2002	毕业论文(1)	2001	流体力学(A)(下)	2002
流体力学引论	2002	毕业论文(2)	2001	力学实验(上)	2003
基础物理(上)	2004	理论力学	2003	力学实验(下)	2002
基础物理(下)	2004	并行计算	2002	计算流体力学	2002
利息理论与应用	2002	数学物理中的反问题	2001	有限元法	2002
非寿险精算	2002	毕业讨论班	2002	塑性力学	2002
期权期货与其他衍生证券	2002	高等统计学	2002	经典力学中的数学方法	2001
证券投资学	2002	低年级讨论班	2003	自动控制原理	2002
概率论	2003	程序设计技术与方法	2002	计算机图像处理	2002
时间序列分析	2002	理论计算机科学基础	2002	振动理论	2002
试验设计	2001	人工智能*	2001	固体力学进展	2002
计算概论	2004	软件工程	2002	工程制图	2003
数据结构	2004	抽象代数	2004	结构矩阵分析	2002
抽象代数（Ⅱ）	2002	数理统计	2003	常微分方程	2004
信息安全	2001	风险理论	2002	数学物理方法（一）	2003
古今数学思想		偏微分方程数值解	2002	数学物理方法（二）	2003
数学分析		控制论中的矩阵计算	2002	算法与数据结构	2004
高等代数		实分析	2001	工程数学	2003
分布式计算与网络	2002	毕业论文(证券)讨论班	2001	工程流体力学	2003
数学分析（Ⅰ）	2005	毕业论文(汇率)讨论班	2001	钢结构	2002
数学分析（Ⅱ）	2004	毕业论文(资产定价)讨论班	2001	土力学与地基	2001
数学分析（Ⅲ）	2004	毕业论文(精算)讨论班	2001	微分几何及其在力学中的应用	2001
微分几何	2002	经济动力学基础	2002		
微分几何	2003	微分几何		数学分析习题	2004
数学分析（Ⅰ）习题	2005	近世代数		数学分析习题	2005
数学分析（Ⅱ）习题	2004	常微分方程		工程CAD(1)	2002
数学分析（Ⅲ）习题	2004	抽样调查		工程弹性力学	2002
复变函数	2003	应用多元统计分析		微机原理	2003
高等代数（Ⅰ）	2005	统计软件		生物固体力学	2002
高等代数（Ⅱ）	2004	数理统计		系统与控制引论	
偏微分方程	2003	概率论		数学分析（一）	2005
高等代数（Ⅰ）习题	2005	实变函数与泛函分析		数学分析（三）	2004
高等代数（Ⅱ）习题	2004	随机模拟方法	2001	线性代数与几何(上)	2005

续表

课程名称	年级	课程名称	年级	课程名称	年级
力学与结构工程概论	2005	普通物理实验(A)(一)	2004	大气概论	
结构力学及其矩阵方法	2003	普通物理实验(A)(二)	2003	海洋、气候变化和我们的星球	
计算概论	2005	综合物理实验(一)	2002	微机原理及上机	2002
智能优化算法引论	2003	指导研究	2002	固体物理学	2002
复杂系统科学导论		基础物理概论(英文)	2003	激光物理学	2002
普通物理实验(B)(一)	2004	基础物理概论(英文)	2004	近代物理实验(A)Ⅰ	2002
普通物理实验(B)(二)	2003	计算物理学	2002	近代物理实验(A)Ⅱ	2002
普通物理学(B)(一)	2004	应用磁学基础	2002	半导体物理学	2002
普通物理学(B)(二)	2003	低温物理	2002	超导物理学	2002
数学分析(二)	2004	计算概论	2005	天文文献阅读	2002
线性代数与几何(下)	2004	计算概论上机	2005	量子规范场论	2002
理论力学(A)(上)	2004	算法与数据结构	2004	文献阅读	2001
物理学院		算法与数据结构上机	2004	量子场论	2002
高等数学(B)(一)	2005	医学物理导论	2002	群论	2002
高等数学(B)(二)	2004	宇宙探测新技术引论	2002	高等量子力学	2002
高等数学(B)(一)习题课	2005	天体物理前沿	2001	量子统计物理	2002
高等数学(B)(二)习题课	2004	数学物理方法	2004	物理宇宙学基础	
计算方法(B)	2002	平衡态统计物理	2003	纳米科学前沿	
线性代数(B)	2005	平衡态统计物理	2004	纳米科技进展	2002
线性代数(B)习题	2005	电动力学(A)	2003	今日物理	
固体理论	2002	量子力学(A)	2002	天气学	2002
Java 编程		宇宙概论	2005	毛泽东思想概论	2005
非线性物理专题		固体物理导论	2003	思想道德修养	2005
雷达气象学	2002	数学物理方法	2004	军事理论	2005
光学理论	2002	数学物理方法习题	2004	**计算机科学技术系**	
粒子理论专题	2002	卫星气象学	2002	计算机网络概论	
演示物理学		大气探测原理	2003	数据库概论	
现代电子电路基础及实验(一)	2004	理论力学	2003	软件工程	
现代电子电路基础及实验(二)	2003	理论力学	2004	汇编语言程序设计	
现代物理前沿讲座Ⅰ	2005	电动力学	2003	文科计算机基础(上)	2005
人类生存发展与核科学		核物理与粒子物理专题实验	2002	文科计算机基础(下)	2004
天体物理导论	2003	现代物理前沿讲座Ⅱ		电子商务技术	2005
实测天体物理(一)	2002	数学物理方法Ⅱ	2003	网络信息安全	
实测天体物理(二)	2002	热力学与统计物理(B)	2003	Internet 技术与 Web 编程	2005
大气科学导论	2003	粒子物理	2002	Web 数据仓库技术	2004
大气科学导论	2005	现代光学及光电子学	2002	电子商务实习	
电磁学习题	2004	核物理与粒子物理导论		市场管理与网络营销	
力学	2005	加速器物理基础	2002	金融市场学	2004
热学	2004	天体光谱学	2002	离散数学Ⅰ	
电磁学	2004	大气物理学基础	2003	离散数学Ⅱ	
光学	2004	流体力学	2003	C++语言程序设计	
近代物理	2004	量子力学(B)	2003	操作系统	
热学	2004	大气动力学基础	2002	微机原理	
电磁学	2004	大气物理实验	2002	Java 语言程序设计	
光学	2004	天气分析与预报	2002	信息技术知识产权保护	
原子物理	2003	卫星气象学	2002	网络实用技术	
热学习题	2004	现代天文学		**化学与分子工程学院**	
原子物理习题	2003	环境生态学		线性代数(C)	2004
光学习题	2004	工程图学及其应用		高等数学 C(一)	2005
力学习题	2005	自然科学中的混沌和分形		高等数学 C(二)	2004

续表

课程名称	年级	课程名称	年级	课程名称	年级
力学	2004	中级有机化学	2003	生理学	2002
热学	2004	中级有机化学实验	2003	生理学实验	2002
电磁学	2004	色谱分析	2002	人类生物学导论	
光学	2004	电分析化学研究方法	2002	脊椎动物比较解剖学	2003
热学习题	2004	立体化学	2003	脊椎动物比较解剖学	2004
普通物理实验	2004	中级分析化学	2003	脊椎动物比较解剖学实验	2003
机械制图	2002	化学专业英语	2004	脊椎动物比较解剖学实验	2004
化工实验	2002	环境化学	2003	生物统计学	2003
物理化学实验(A)	2002	应用化学基础	2003	生物进化论	
化学实验室安全技术	2004	放射化学	2002	生态学概论	
化学实验室安全技术	2005	波谱分析	2003	生化及分子生物学仪器分析	2002
化学动力学选读	2002	化学信息学	2003	计算概论及上机	2004
多晶X射线衍射	2002	界面化学	2002	算法与数据结构及上机	2003
今日化学	2004	辐射化学与工艺	2002	生物技术制药基础	2002
生命化学基础	2002	胶体化学	2002	人类的性、生育与健康	
材料化学导论	2002	有机化学实验	2003	生物学野外实习	2004
材料物理	2002	生物化学实验	2002	普通生态学	2003
高分子化学	2002	大学语文	2005	保护生物学	
高分子物理	2002	**生命科学学院**		植物分子生物学	2002
催化化学	2002	高等数学C(一)	2005	植物生物学	2004
结构化学选读	2002	高等数学C(二)	2004	植物生物学	2005
大学化学		物理学(C)(一)	2004	动物生物学实验	2004
无机化学实验	2002	物理学(C)(二)	2004	植物生物学实验	2004
化工基础	2002	普通物理实验(B)(一)	2003	植物生物学实验	2005
化工基础实验	2002	有机化学(B)	2004	动物生物学	2004
无机化学	2002	物理化学(B)	2004	毕业论文	2001
综合化学实验	2002	有机化学实验(B)	2003	发育生物学	2003
今日新材料		有机化学实验(B)	2004	神经生物学	2002
功能化学		物理化学实验(B)	2004	脑科学导论	
魅力化学		普通化学(B)	2005	动物组织与胚胎学及实验	2003
化学与社会		普通化学实验(B)	2005	植物生理学(1)	2003
计算概论及上机	2005	生物化学(上)(生物分子的化学)	2003	植物生理学实验	2003
计算机上机	2004			现代生物技术导论	2002
计算机上机	2005	生物化学(下)(新陈代谢)	2003	生物学综合实验	2002
普通化学	2005	生物化学(下)(新陈代谢)	2004	普通生物学(B)	
普通化学实验	2005	基础分子生物学	2003	基础分子生物学实验	2003
算法与数据结构及上机	2004	生物化学实验	2002	普通生物学(A)	
定量分析	2004	生物化学实验	2003	普通生物学实验(A)	
定量分析实验	2004	微生物学	2003	结构生物学	2002
有机化学(一)	2004	微生物学实验	2003	神经解剖生理学	2003
有机化学(二)	2003	微生物学实验	2004	大学语文	2005
有机化学实验(一)	2004	遗传工程学	2002	**地球与空间科学学院**	
仪器分析	2003	免疫学	2002	高等数学(B)(一)	2005
仪器分析实验	2003	细胞生物学	2002	高等数学(B)(二)	2004
结构化学	2003	细胞生物学实验	2002	高等数学(B)(一)习题课	2005
物理化学	2003	遗传学	2002	高等数学(B)(二)习题课	2004
物理化学实验	2003	遗传学实验	2002	计算方法(B)	2002
无机化学	2003	微生物遗传学	2002	线性代数(B)	2004
化工基础	2003	普通生物学实验(B)		线性代数(B)习题	2004
中级分析化学实验	2004	生物伦理学		概率统计(B)	2003

续表

课程名称	年级	课程名称	年级	课程名称	年级
大气科学导论	2003	海洋地质学	2002	遥感数字图象处理	2002
电磁学习题	2004	石油地质学	2002	遥感应用	2002
力学	2005	水文地质学	2002	色彩学基础	
热学	2004	遥感地质学	2002	**环境学院**	
光学	2004	沉积环境和相分析	2002	线性代数(C)	2003
电磁学	2004	自然资源与社会发展		高等数学C(一)	2005
原子物理学	2003	地球历史概要		高等数学C(二)	2004
电磁学	2004	综合野外地质实习(一)	2003	概率统计(B)	2004
热学习题	2004	构造地质学	2003	普通物理	2004
光学习题	2004	普通岩石学(上)	2003	近代物理	2004
普通物理实验(A)(一)	2004	普通岩石学(下)	2003	普通物理实验	2003
普通物理实验(A)(二)	2003	地史学	2003	普通物理实验	2004
普通物理实验(C)(一)	2004	材料与环境矿物学	2003	物理化学(B)	2004
数学物理方法	2003	地球连续介质力学基础	2003	有机化学(B)	2003
数学物理方法习题	2003	电离层物理学与电波传播	2002	有机化学实验(B)	2003
理论力学(B)	2003	空间探测与空间环境模拟	2002	物理化学实验(B)	2004
电动力学(B)	2003	地球物理观测与实验	2002	普通化学实验	2005
量子力学(B)	2002	重力学与地球电磁学	2003	普通化学	2005
地震学与地球内部物理学	2002	软件工程原理	2003	定量分析	2004
地球物理信号处理	2002	GIS概论	2003	定量分析实验	2004
中、高层大气物理学	2002	计算数学	2003	中级分析化学实验	2004
太阳与太阳风物理学	2002	计算机图形学基础	2003	动物生物学	2004
太空探索		数字地形模型	2002	海岸环境、开发与管理	
计算概论	2005	GIS设计和应用	2002	全球变化及其对策	
物理化学(B)	2004	地学数学模型	2002	板块构造与地震	
物理化学实验(B)	2002	网络基础与WebGIS	2002	板块构造与地震	
物理化学实验(B)	2003	数据库概论	2003	山水成因赏析	
普通化学实验	2004	遥感入门		世界文化地理	
普通化学	2004	遥感数字图像处理原理	2002	现当代建筑赏析	
普通化学	2005	地理科学概论	2002	中国传统建筑	
定量分析	2003	数字地球导论	2002	环境科学导论	
C程序设计		地史中的生命		环境科学导论	
C程序设计		普通地质学	2002	环境材料导论	
地球科学概论(一)	2005	普通地质学	2003	环境材料导论	
地球科学概论(二)	2004	孢粉学概论	2002	环境伦理概论	
环境与生态科学	2004	算法与数据结构	2004	文明与环境导论	
遥感概论	2003	地貌与第四纪地质	2002	环境保护与可持续发展	
测量与地图学	2003	普通地质实习	2004	全球环境问题	
城市与区域科学	2003	专业实习	2002	人类生存发展与环境保护	
离散数学	2003	矿产资源经济概论		人类生存发展与环境保护	
全球导航卫星系统		自然资源概论	2003	环境学基础	
普通地质学	2005	自然灾害与对策		环境学基础	
结晶学与矿物学	2004	古生态学与古环境恢复	2002	中国历史地理	
古生物学	2004	古生态学与古环境恢复	2003	地图学	2003
矿床学	2003	岩浆作用理论概述	2002	城市化与城市体系	2003
地球化学	2003	地震地质学	2002	中国地理	2005
大地构造学	2003	结晶岩石学研究方法	2001	中国自然地理	2003
同位素地质学基础	2002	结晶化学原理	2002	地貌学	2004
环境地球化学	2002	微量元素地球化学	2002	计算概论	2004
矿产资源经济概论		微量元素地球化学	2003	算法与数据结构	2004

续表

课程名称	年级	课程名称	年级	课程名称	年级
遥感基础与图像解译原理	2003	普通生态学(下)	2003	变态心理学	2002
地球概论	2005	普通生态学	2003	变态心理学	2003
气象气候学	2004	环境经济学	2003	生理心理学	2003
环境演变与全球变化	2002	应用数理统计方法	2004	认知心理学	2003
土壤学及实验	2004	环境生物学	2002	比较心理学	2002
城市形态与结构	2002	环境污染与人体健康	2003	消费心理学	2002
人与环境		环境监测与实验	2002	青少年心理学	2002
区域规划原理	2002	微机应用	2004	生理心理实验	2002
乡村地理	2003	地学基础	2004	心理咨询	2002
中国历史地理	2004	环境模型	2002	心理咨询与治疗引论	2002
现代自然地理学实验方法	2003	微量有毒物风险分析	2003	计算机与心理实验	2002
经济学概论	2004	环境工程(上)	2002	心理学史	2002
人文地理	2004	环境工程(下)	2002	儿童心理学	2002
城市总体规划原理	2003	环境监测(2)	2002	健康心理学	2002
城市园林绿地规划	2003	环境法	2003	职业心理学	
人口地理	2002	环境评价	2002	职业心理学	2002
城市生态学	2004	生态毒理学	2003	组织管理心理学	2003
中外城市建设史	2004	环境科学	2003	普通心理学	2003
社区空间规划	2002	环境化学	2003	普通心理学	2004
城市规划管理与法规	2001	环境化学实验	2003	普通心理学	2005
城市总体规划(课程设计)	2002	环境微生物学	2003	大学生心理卫生与咨询	
详细规划(课程设计)	2001	宏观经济学	2003	大学生健康教育	
规划机助技术(规划CAD)	2004	应用生态学	2002	生活中的心理学	
建筑设计概论与初步	2004	中国地貌与第四纪	2002	高级统计spss上机	2003
房地产开发与管理	2003	北京历史地理		心理学概论	
城市基础设施规划	2002	文化地理学	2004	心理学概论	2003
工业地理学	2002	**心理学系**		应用社会心理学	2001
城市设计	2003	高等数学C(二)	2004	**新闻与传播学院**	
美术与制图	2004	概率统计(B)	2004	高等数学(D)(上)	2005
城市道路交通规划	2003	物理学(C)(一)	2004	高等数学(D)(下)	2004
房地产估价	2003	生理学	2004	新闻采访与写作(三)	2001
建设项目经济评价	2003	社会心理学		新闻采访与写作(一)	2003
经济地理学	2004	社会心理学	2002	新闻采访与写作(二)	2003
自然地理概论	2005	心理测量	2003	新闻评论	2002
规划设计实习	2001	实验心理学实验	2004	新闻传播入门	2005
城市社会地理学	2003	神经心理学	2002	广播电视概论	2004
自然资源学原理	2002	神经心理学	2002	网络传播	2003
综合自然地理学	2002	生物化学概论	2004	传媒管理概论	2002
土地评价与管理	2002	异常儿童心理学	2002	舆论学	2004
水文学与水资源	2004	实验心理学	2003	国际广告动态	2002
自然保护学	2003	实验心理学	2004	CI研究	2003
营销地理学	2003	社会心理学		广告媒体研究	2002
旅游规划	2003	社会心理学	2003	广告综合研究	2001
旅游地理学	2002	社会认知心理学	2002	广告心理学	2003
植物学(上)	2004	心理统计		市场调查	2002
植物学(下)	2003	心理统计(1)	2004	市场营销原理	2003
野外生态学	2003	心理统计(1)	2005	广告策划	2003
生物化学(上)	2003	发展心理学	2003	广告管理	2002
生态学实验技术	2003	SPSS统计软件包	2003	新闻摄影	2003
普通生态学(上)	2003	人格心理学	2003	传播学概论	2004

续表

课程名称	年级	课程名称	年级	课程名称	年级
传播学概论		传媒法律法规	2003	方言调查	2002
社会学概论	2005	新闻传播学	2004	敦煌文献概要	2002
报刊英语	2005	英语新闻阅读与写作		《汉书》导读	2004
专业英语	2003	广播电视编辑	2002	元明杂剧研究	2001
专业英语(二)	2003	电视节目策划	2002	民间文学概论	2002
编辑出版概论	2004	中国语言文学系		汉语方言语料分析	2002
编辑实用语文写作	2003	高等数学C(一)	2005	西方文论经典研究	2002
中国古籍资源与整理		高等数学C(二)	2004	老庄导读	2001
中国古籍资源与整理	2003	文科高等数学Ⅰ	2005	接受美学理论的嬗变	2001
中国图书出版史	2003	现代汉语(上)	2005	中文工具书及古代典籍概要	2001
中国图书出版史		现代汉语(下)	2004	中文工具书及古代典籍概要	2002
信息检索与利用	2003	古代汉语(上)	2005	胡风研究	2001
出版营销	2001	古代汉语(下)	2004	汉语和汉语研究	2001
现代汉语	2001	中国古代文学史(一)	2004	汉语和汉语研究	2002
汉语修辞学		中国古代文学史(二)	2003	《论语》《孟子》导读	2001
汉语修辞学	2003	中国古代文学史(三)	2003	《论语》《孟子》导读	2002
外国文学	2001	中国古代文学史(四)	2002	离散数学	2004
基础写作	2002	中国现代文学史	2004	计算语言学导论	2002
传播学研究方法	2004	中国当代文学	2004	程序设计	2004
期刊编辑实务	2003	语言学概论	2004	西方文学理论史	
电脑设计(一)	2003	实习	2002	庄骚研究	2001
优秀影视作品分析	2003	中国文学理论批评史	2003	唐宋词选讲	2001
影视编导概论		汉语方言学	2003	语言学专业英语	2001
影视编导概论		汉语音韵学	2003	台湾文学	2001
汉语语言修养	2004	理论语言学	2002	老舍与现代中国文化	2001
出版法规与版权贸易	2003	文字学	2002	西方文学史	2002
跨文化交流学		目录学	2002	东方文学史	2002
跨文化交流学	2004	版本学	2003	学年论文	2002
英语演讲的艺术与技巧	2003	校勘学	2002	中文工具书	2004
说服学	2004	古文献学史(上)	2002	语言工程与中文信息处理	2002
媒体与国际关系	2004	古文献学史(下)	2002	文言小说研究专题	2002
新闻传播学概论	2004	古典文献实习	2002	语言统计分析	2003
广告学概论	2004	民俗学	2001	鲁迅研究	2002
毕业实习	2001	散曲研究	2002	当代诗歌选读	2002
毕业实习	2002	比较文学原理	2002	古代汉语	2005
传播伦理学	2003	现代汉语语法研究	2002	文学概论	2001
纪录片简史	2003	实验语音学基础	2003	文学概论	2002
公共关系	2003	《论语》选读	2004	中国现代散文研究	2002
品牌研究	2003	索绪尔语言学理论	2002	民俗研究	2002
新闻传播史(一)	2003	语义学	2001	文章选读	2001
新闻传播史(二)	2003	说文解字概论	2002	文学原理	2004
新闻传播理论	2003	孙子兵法	2001	古代典籍概要	2003
世界广播电视事业	2003	诗经	2002	大学语文	2001
广播电视采写	2003	汉语史(上)	2003	大学语文	2002
广播电视节目制作	2003	汉语史(下)	2002	沈从文研究	2002
播音与主持	2003	中国古代文化	2001	中国现代戏剧	2002
专题片与纪录片创作	2003	中国古代文化	2002	高级汉语	2005
广告视觉传达	2003	中国古代文化	2003	汉语修辞	2002
广告创意与文案	2003	中国古代文化	2004	汉字书法	2003
社会实践	2001	小说的艺术	2001	现代汉语(上)	2005

续表

课程名称	年级	课程名称	年级	课程名称	年级
现代汉语（下）	2004	基督教文明史	2002	当代中国	
古代汉语（上）	2004	18～19世纪欧洲	2002	历史视野中中国人生活	
古代汉语（下）	2003	拉丁文基础(2)	2002	**考古文博院**	
中国古代文化	2002	拉丁文基础(3)	2003	文科高等数学Ⅱ	2004
中国古代文学（二）	2003	中国古代政治与文化	2003	普通物理	2003
语法研究	2003	中国婚姻、家庭与社会	2002	普通物理实验(B)（一）	2003
中文工具书使用	2004	二十世纪中外关系史	2002	中国古代史（一）	2005
中国现代文学史（下）	2003	二十世纪世界史		中国古代史（二）	2004
中国古代文学（三）	2003	资本主义史	2003	中国历史文选（上）	2003
中国古代文学（四）	2002	中国传统官僚政治制度		中国历史文选（下）	
中国当代文学作品	2002	埃及学专题	2002	中国历史文选（下）	2004
现代汉语词汇	2003	中世纪西欧社会史		毕业论文	2001
古文选读	2004	当代印度史	2002	古文字学	2004
中国现代文学（上）	2004	拉美国家现代化进程研究	2002	田野考古学概论	2003
中国民间文学	2004	中国近代社会史	2003	中国考古学（上）	2004
中国当代文学作品（上）	2003	中国古代社会生活史专题	2003	中国考古学（下）	2003
中国古代文学（一）	2004	中国民族史名著导读	2003	中国考古学（中）	2004
中国古代史（上）	2005	台湾百年史	2003	人体骨骼学	2003
中国古代史（下）	2004	现代希腊语(1)	2002	动物考古学	2003
历史学系		现代希腊语(1)	2003	国外旧石器时代考古	2002
中国古代史（上）	2005	现代希腊语(2)	2002	文化人类学	2002
中国古代史（下）	2004	现代希腊语(2)	2003	中国古代青铜器	2004
中国近代史	2004	现代希腊语(3)	2002	现代科技与考古	2002
中国现代史	2003	现代希腊语(3)	2003	中国佛教考古	2002
中华人民共和国史	2003	古希腊语(1)	2002	中国古代陶瓷	2003
世界上古史	2005	古希腊语(2)	2002	丝绸之路考古	2002
世界中古史	2004	西方史学名著选读	2002	田野考古实习	2003
世界现代史	2003	国别史专题	2002	博物馆教育	2002
当代世界史	2003	欧美近代史	2004	西周金文通论	2002
中国历史文选（上）	2005	亚非拉近代史	2004	世界遗产	
中国历史文选（下）	2004	中国古代民族史	2002	世界遗产	2004
中国史学史	2003	秦汉史专题	2003	无机质文物保护与实验	2003
中国史学史	2004	隋唐史专题	2002	文物保护材料学	2003
外国史学史	2003	宋辽金史专题	2003	文物考古技术	2003
考古学通论	2003	蒙元史专题	2003	文物建筑导论	2005
中国古代政治文化	2003	明史专题	2002	文物保护概论	2004
中华人民共和国史专题		古代中外关系史	2002	博物馆学概论	
中国妇女历史与传统文化	2003	中国通史（古代部分）		设计初步	2003
世界现代化进程	2002	中国历史重要问题评析	2002	博物馆陈列内容设计	2003
环太平洋地区的历史发展	2002	文史知识专题	2002	博物馆陈列形式设计（上）	2002
现代国际关系史	2002	中国近代思想史		考古学导论	2004
美国史	2003	明清经济与社会		建筑设计（一）	2004
德国史专题	2002	简牍学概论	2002	建筑设计（二）	
韩国史专题	2002	中国区域历史地理——地缘政治、区域经济与文化	02	计算机建筑制图（上）	2004
中国通史（近代部分）				中国古代物质文化史	
世界通史（上）		中国古代地理文献导读		中国建筑史（上）	2004
世界通史（下）		罗马史	2003	建筑力学与建筑结构（上）	2004
中国书法（技法与理论）		欧洲一体化研究	2003	美术色彩基础（上）	2004
晚清史专题	2002	日本史专题	2003	文物建筑的保护及规划设计（上）	2002
专业英语		意大利历史专题	2002	美术素描基础（上）	2004

续表

课程名称	年级	课程名称	年级	课程名称	年级
美术素描基础（下）	2003	基督教原典	2003	国际格局与国际组织	
美术素描基础（下）	2004	圣经导读	2003	国际格局与国际组织	2004
古建测绘与修缮实习	2002	宗教哲学	2003	国际关系与国际法	2004
历史时期考古（中）	2002	基督教史	2003	近代国际关系史	2004
历史时期考古（下）	2002	佛教原著选读（上）		现代国际关系史	
文化遗产管理	2004	佛教原著选读（下）		现代国际关系史	2003
博物馆藏品管理	2003	中国佛教史		第三世界发展学	
哲学系		欧美佛教研究专题		第三世界发展学	2002
哲学导论	2005	如何理解宗教		英语精读（一）	2005
马克思主义哲学导论（上）	2004	宗教人类学		英语精读（二）	2004
马克思主义哲学导论（下）	2004	拉丁语		中华人民共和国对外关系	
逻辑导论		现代欧陆哲学原著选读		中华人民共和国对外关系	2004
西方哲学导论		海德格尔《黑格尔的精神现象学》	2002	中国政治概论	2005
现代西方哲学	2004			英语听说（一）	2005
中国现代哲学史	2003	柏拉图原著选读		英语听说（二）	2004
马克思主义哲学史	2003	专业英语		英语听说（三）	2004
科学哲学导论		古希腊语导论（二）		英语听说（四）	2003
伦理学导论		古希腊语导论（三）		英语写作	2002
伦理学导论	2003	希腊哲学专题		毕业实习	2001
美学原理		20世纪欧陆哲学		战后国际关系史	2003
美学原理	2003	德国古典哲学专题		中国近现代对外关系	2004
人学概论		后现代主义哲学		世界政治中的民族问题	
当代中国马克思主义哲学	2003	后现代主义与马克思主义哲学比较		世界政治中的民族问题	2002
形而上学	2003			外国政治思想史	2003
西方马克思主义专题	2002	老庄哲学		中国涉外法律概论	2002
西方马克思主义		宋代哲学	2003	世界宗教与国际社会	
马克思主义宗教学		易学哲学		世界宗教与国际社会	2002
全球化问题研究		伦理学专题Ⅲ（伦理学问题研究）		国际贸易和国际金融	2003
环境哲学				台湾概论	2004
美国环境思想		环境伦理学		澳门概论	2003
文化哲学		哲学与当代中国		两岸关系与一国两制	2002
管理哲学		学年论文	2002	中美关系与台湾问题	2001
波普的历史哲学		中国古代思想世界		香港与世界事务	2004
西方美学史		西方哲学史	2004	冷战后国际关系	2002
中国美学史		中国哲学史（上）	2004	海外华侨与华人社会	
西方美学与西方艺术		中国哲学史（下）	2004	海外华侨与华人社会	2004
艺术与人生		西方哲学原著选读		国际战略学	
艺术与人生		知识论	2002	国际战略学	2004
数理逻辑		科学与宗教		中文报刊选读（一）	2005
数理逻辑	2005	现代科学与哲学		中文报刊选读（二）	2004
逻辑史	2002	**国际关系学院**		中文报刊选读（三）	2004
哲学逻辑		高等数学C（二）	2004	中文报刊选读（四）	2003
集合论	2003	国际政治概论		外交决策理论和实践	2003
一阶理论	2003	国际政治概论	2003	经济外交	2002
逻辑与批判性思维		国际政治经济学		毛泽东思想概论	2005
印度佛教史		国际政治经济学	2002	专业汉语（一）	2004
伊斯兰教史		世界社会主义理论与实践	2003	专业汉语（二）	2003
基督教和中国文化		政治学原理	2005	中美关系史	2002
道教原典	2002	外交学		中俄关系史	2004
古兰经导读		外交学	2003	留学生英语（一）	2005

续表

课程名称	年级	课程名称	年级	课程名称	年级
留学生英语（二）	2004	国际贸易政治学	2003	保险会计	2002
中国外交史（上）	2004	当代中国外交热点问题		国家预算	2002
中国外交史（下）	2004	**经济学院**		国际税收	2002
非政府外交	2004	高等数学(B)（一）	2005	公共选择理论	2002
西方外交思想概论	2004	高等数学(B)（二）	2004	公共选择理论	2003
冲突学概论		线性代数(C)	2003	公债管理	2002
媒体与国际关系	2005	线性代数(C)	2004	中华人民共和国经济史	
媒体与国际关系	2004	线性代数(B)	2004	美国经济	
东欧各国政治与外交	2003	概率统计(B)	2003	开发经济学	
东南亚各国政治与外交	2003	文科计算机基础（上）	2005	经济学原理（Ⅰ）	
日本政治与外交	2003	高等数学（微积分）（上）	2005	经济学原理（Ⅰ）	2005
美国政治与外交	2003	高等数学（微积分）（上）	2005	经济学原理（Ⅱ）	
英国政治与外交	2002	高等数学（微积分）（下）	2004	经济学原理（Ⅱ）	2004
东北亚政治与外交	2003	统计学	2004	政治经济学（上）	2005
中东政治与外交	2002	微观经济学		政治经济学（下）	2004
俄罗斯政治与外交	2003	微观经济学	2004	国际宏观经济学	2002
非洲政治与外交	2002	宏观经济学		公共经济学	
邓小平理论概论	2004	宏观经济学	2003	中级财务会计	2002
美国文化与社会		货币银行学		名家专题讲座	2004
印度社会与文化		计量经济学	2002	固定收益证券	2002
中美经贸关系	2002	发展经济学	2003	英语口语	2002
中国边疆问题概论		外国经济史		外国经济思想史	2003
比较政治制度		资本论选读	2002	审计学	2001
比较政治制度	2002	资本论选读	2003	环境资源经济学	
环境与国际关系	2002	中国经济思想史		福利经济学	2003
翻译理论与实践	2003	房地产经济学	2002	西方财政学	2003
英语原著选读	2002	市场营销学	2002	中国环境概论	2003
亚太概论		投资学	2002	俄罗斯经济	2003
中国政治概论		保险法	2002	营销学	2003
当代西方政治思潮	2002	风险管理学	2002	税收制度比较	2003
美国与东亚	2001	财产与责任保险	2003	中国金融体制改革	2003
中东：政治、社会与文化		人寿与健康保险	2003	组织行为学	
中级宏观经济学	2003	国际经济学	2002	组织行为学	2003
中级微观经济学	2004	国际经济学	2003	专业英语	2003
中东地区的国家关系		国际投资学	2002	世界经济史	2005
晚清对外关系的历史与人物		商务日语	2001	国际金融	2003
欧洲联盟概论	2004	跨国公司管理	2002	毛泽东思想概论	2005
中苏关系及其对中国社会发展的影响		财政学	2003	**光华管理学院**	
		会计学	2004	线性代数(B)	2004
台湾政治概论		公司财务	2002	高等数学(B)（一）	2005
东南亚政治导论		世界经济专题	2002	高等数学(B)（二）	2004
日本历史		世界经济专题	2003	高等数学(B)（一）习题课	2005
日语（一）	2004	投资银行学	2002	高等数学(B)（二）习题课	2004
日语（二）	2003	随机过程	2003	线性代数(B)习题	2004
日本经济	2003	金融市场学	2002	社会主义改革与建设	2002
日本研究入门	2003	金融经济学导论	2002	人力资源管理	2002
日本史专题	2003	数理经济学	2003	社会心理学	2004
社会经济统计原理	2003	中国经济史	2003	组织与管理	2004
国际经济学	2003	保险学原理	2003	组织与管理	2004
国际政治经济学理论	2003	保险精算学原理	2002	经济学	

续表

课程名称	年级	课程名称	年级	课程名称	年级
经济学	2005	民事诉讼法	2003	法律实务	2004
微观经济学	2004	外国法制史	2004	国际金融法	2002
宏观经济学	2003	宪法学	2005	会计法与审计法	2002
民商法		行政法与行政诉讼法	2003	英美侵权法	
民商法	2002	民法总论	2004	专业英语	2004
金融学中的数学方法	2003	刑法总论(刑法一)	2004	国际公法	2004
中级财务会计	2003	刑法分论	2004	国际私法	2003
成本与管理会计	2003	国际私法	2002	知识产权导论与专利法	2004
财务会计	2003	民事诉讼法	2004	法律导论	
公司财务会计与报告	2002	知识产权法学	2002	**信息管理系**	
营销学	2004	亲属法与继承法	2003	高等数学(B)(一)	2005
概率论基础	2004	企业法/公司法	2003	高等数学(B)(二)	2004
应用统计分析	2003	犯罪学	2004	高等数学(B)(一)习题课	2005
货币金融学	2003	经济法概论		高等数学(B)(二)习题课	2004
财政学	2002	竞争法	2002	文科高等数学Ⅰ	2005
国际金融	2002	竞争法	2004	文科高等数学Ⅱ	2004
管理思想史	2003	财政税收法	2003	著作权法	2002
博弈与社会	2002	金融法/银行法	2002	传播学原理	2003
财务管理	2002	劳动法与社会保障法	2004	毕业设计	2001
公司财务管理	2003	国际经济法	2002	毕业论文	2001
公司财务管理	2003	专业英语(听力及口语)	2002	信息存储与检索	2003
高级财务会计	2002	专业英语(听力及口语)	2003	计算机网络	2003
税法与税务会计	2002	国际税法	2002	信息经济学	2003
税法与税务会计	2003	海商法	2002	管理信息系统	2002
计量经济学	2002	国际技术转让法	2002	办公自动化	2003
管理信息系统	2003	商法总论	2003	程序设计语言上机	2004
数理统计	2003	国际公法	2003	数据库系统上机	2003
金融学概论		司法精神病学	2004	数据结构上机	2004
国际营销	2002	外国宪法		图书馆自动化系统上机	2002
保险学	2002	票据法	2002	办公自动化上机	2003
国际贸易	2002	著作权法	2003	计算机网络上机	2003
企业伦理	2002	青少年法学		管理信息系统上机	2002
战略管理	2002	计算机技术的法律保护	2003	信息存储与检索上机	2003
证券投资学	2002	刑事侦查学	2002	计算概论上机	2005
审计学	2002	法学概论		程序设计语言	2004
消费者行为	2002	心理卫生学概论		管理学原理	2004
金融衍生工具	2002	保险法	2004	信息政策与法规	2002
微分方程	2002	刑事执行法	2002	信息组织	2004
金融计量经济学	2002	商标法	2004	媒体与社会	2004
管理学研究方法	2002	世界贸易组织法		计算概论	2005
投资银行	2002	经济法学	2003	数据结构	2004
心理测量	2002	经济法学	2004	电子商务	2003
劳动法规	2002	实习	2001	普通目录学	2004
实证金融	2001	实习	2002	中国文化史	
法学院		犯罪通论		专业英语	2002
文科高等数学Ⅰ	2005	刑事诉讼法	2004	信息管理概论	2005
法理学	2003	环境法	2003	数据库系统	2003
中国法律思想史	2005	法学原理	2005	信息分析与决策	2002
中国法制史	2005	债权法	2003	信息服务	2002
西方法律思想史	2004	国际投资法	2002	调查与统计方法	2003

续表

课程名称	年级	课程名称	年级	课程名称	年级
数字图书馆	2002	劳动社会学	2003	地方政府管理	2002
信息系统分析与设计	2002	社会问题	2003	现代管理技术与方法	2003
广告实务	2002	西方社会思想史	2003	人力资源开发与管理	2004
市场营销学	2002	现代社会学理论核心观念		电子政务与计算机技术	2004
企业与政府信息化	2003	环境社会学	2003	博弈论与政策科学	2003
选题策划与出版编辑实务	2002	社会学导论		模拟决策技术	2003
信息资源建设	2005	社会学导论	2003	模拟决策技术	2004
社科文献资源与检索利用	2003	社会工作概论	2004	宏观经济政策	2003
西文工具书	2002	社区工作	2003	公共政策案例分析	2004
广告学概论		社会工作实习	2002	宏观经济学	2003
网络信息传播	2003	数据分析技术	2004	城市与区域经济	2004
网络信息资源组织	2002	医学社会学	2004	经济地理学	2004
中国名著导读		影视文本和社会工作	2004	城市管理	2004
电子资源的检索与利用		中国社会福利	2002	数字城市	2003
人类信息学	2003	论文写作	2002	现代不动产	2003
信息系统分析与设计上机	2002	社会调查与研究方法	2003	中国现代政治思想	2003
视觉圣经——西方艺术中的基督教		马列经典著作选读	2002	环境保护政策与管理	2003
		人口社会学	2003	国际经济与发展政策	2003
社会学系		实习	2002	发展经济学	2003
文科高等数学Ⅰ	2005	人口统计学	2004	地方财政管理	2003
国外社会学学说	2004	中国社会：社会学视野中的近代中国历史变迁	2003	公共政策分析	2004
国外社会学学说	2005			政治哲学	2003
社会学专题讲座	2005	**政府管理学院**		政党学概论	2002
社会学概论	2005	马克思主义政治学著作选读	2002	人才素质测评与选拔	2003
国外社会学学说	2003	政治学原理	2005	当代世界经济与政治	2004
国外社会学学说	2004	比较政治学概论	2004	高等数学（上）D类	2005
中国社会思想史	2003	当代中国政府与政治	2004	高等数学（下）D类	2004
社会统计学	2004	当代西方国家政治制度	2003	多学科视角的金融市场	2000
社会人类学	2004	组织与管理	2003	市场与法治	2002
社会人类学	2005	社会调查的理论与方法	2002	现代市场经济的演进：国际体系、国家与企业	2000
城市社会学	2002	社会调查的理论与方法	2004		
社会心理学	2003	民族政治学	2002	日本经济	2000
社会心理学	2004	西方文官制度	2003	**外国语学院**	
农村社会学	2002	政治学行政学专业英语（上）	2002	东方文学史	2001
家庭社会学	2003	公共关系学	2002	古代东方文明	2003
社会性别研究	2003	行政案例：方法与实例	2002	藏语（上）	
社会分层与社会流动	2003	秘书学与秘书工作	2002	藏语（下）	2005
教育社会学	2004	中国近现代政治发展史	2005	梵语语法速成	2005
教育社会学思考		公共财政学	2002	公共印地语（一）	2003
教育社会学思考	2003	中国政治制度史	2003	公共印地语（二）	2003
个案工作	2003	中国政治思想史	2003	东方宗教概论	2003
群体工作		西方政治思想史	2003	基础蒙古语（一）	2005
社会保障	2002	中国政治与政府过程	2000	蒙古文化	2005
社会政策	2003	台湾问题与中华民族的复兴	2000	蒙古语翻译教程（下）	2001
社会行政	2002	公共管理学原理	2005	蒙古语写作	2001
组织社会学	2003	公共经济学原理	2004	蒙古现代文学	2001
中国社会	2002	微观经济学	2005	朝鲜语视听说（上）	2004
中国社会	2003	宪法与行政法学	2004	朝鲜语视听说（下）	2004
经济社会学	2002	政治经济导论	2004	韩（朝鲜）半岛概况	2005
贫困与发展	2002	战略管理	2004	韩国（朝鲜语）语法	2003

续表

课程名称	年级	课程名称	年级	课程名称	年级
韩国语（朝鲜语）报刊选读（上）	2003	高年级日语（一）	2003	印尼语写作	2002
		高年级日语（二）	2002	印度尼西亚电影欣赏	2002
韩国语（朝鲜语）报刊选读（下）	2002	高年级日语（三）	2002	马来西亚概况	2002
		高年级日语（四）	2001	印尼语（六）	2002
汉朝翻译教程	2002	基础日语（二）	2004	希伯来语视听说（四）	2003
汉朝翻译教程	2003	基础日语（辅修）（一）	2005	希伯来报刊选读	2003
韩国（朝鲜）文学简史（上）	2002	基础日语（辅修）（二）	2004	以色列概况	2003
韩国（朝鲜）文学简史（下）	2001	日语视听说（辅修）（一）	2004	希伯来语写作（上）	2003
韩国（朝鲜）名篇选读（上）	2002	日语视听说（辅修）（二）	2004	希伯来语（四）	2003
韩国（朝鲜）名篇选读（下）	2001	日语视听说（辅修）（三）	2003	希伯来语（五）	2003
朝鲜（韩国）经济	2003	日语阅读（辅修）（一）	2004	菲律宾文学史	2002
朝鲜（韩国）国际关系史	2003	日语阅读（辅修）（二）	2003	菲律宾语写作（一）	2002
朝鲜语会话（一）	2004	日本文化概论（辅修）	2004	菲律宾语写作（二）	2002
朝鲜语会话（二）	2004	日语语法概论	2003	英语译菲律宾语（上）	2002
朝鲜语会话（三）	2003	基础越南语（四）	2003	英语译菲律宾语（下）	2002
高年级韩国（朝鲜）语（下）	2002	越南语泛读（上）	2003	菲律宾历史（二）	2002
韩国（朝鲜）语（一）	2005	越南语泛读（下）	2003	菲律宾语报刊选读	2002
韩国（朝鲜）语（二）	2004	越南语语法	2003	菲律宾政治与经济	2002
韩国（朝鲜）语（三）	2004	越南近现代短篇小说选	2003	中国与菲律宾交流史	2002
韩国（朝鲜）语（四）	2003	越南语视听说（一）	2003	菲律宾宗教	2002
韩国（朝鲜）语（五）	2003	越南语视听说（四）	2001	菲律宾民间文学	2002
基础日语（四）	2003	越南报刊选读（三）	2001	印地语视听说（一）	2003
基础日语（一）	2005	基础泰语教程（一）	2005	印地语视听说（二）	2003
基础日语（三）	2004	基础泰语教程（一）	2005	印地语语法	2003
日语视听说（一）	2004	泰语听力（下）	2002	印地语写作	2003
日语视听说（二）	2003	泰文报刊选读（下）	2002	基础梵语（上）	2005
日语视听说（三）	2003	泰语翻译教程（上）	2002	印度英语报刊文章选读（一）	2003
日语视听说（四）	2002	泰语写作（上）	2002	印度宗教	2001
日语视听说（五）	2002	泰语写作（下）	2002	印度佛教史（上）	2005
日语文言语法	2002	泰国现代文学选读	2002	印地语报刊阅读（一）	2003
日语作文指导	2002	泰语视听说	2002	印地语（一）	2005
日本文化概论	2003	高年级泰语（二）	2002	印地语（四）	2003
日本报刊选读	2003	泰语旅游口语	2002	印地语（五）	2003
日语报刊选读（上）	2002	基础缅甸语（一）	2005	印度历史	2001
日语报刊选读（下）	2002	缅甸语视听说（三）	2002	乌尔都语口语（上）	2004
日译汉教程	2002	缅甸语视听说（四）	2002	乌尔都语翻译课程（三）	2001
汉译日教程（上）	2002	缅甸语报刊选读（三）	2002	乌尔都语文学史（上）	2001
汉译日教程（下）	2001	缅甸语翻译教程（二）	2002	乌尔都语文学史（下）	2001
日本社会	2004	缅甸语翻译教程（三）	2002	乌尔都语戏剧选	2001
日语概论	2002	缅甸报刊选读（二）	2002	南亚伊斯兰文化概述	2004
日语概论	2003	缅甸现代文学作品选读（二）	2002	乌尔都语高级口译教程	2001
日语敬语概论	2002	缅甸现代文学作品选读（三）	2002	印巴英语报刊文章选读（下）	2001
日语词汇概论	2002	战后印尼政治与经济	2002	基础乌尔都语教程（二）	2004
日语词汇概论	2003	印尼报刊选读（一）	2002	基础乌尔都语教程（三）	2004
日语会话	2004	印尼报刊选读（二）	2002	高级听力课程	2001
日本语言文化专题	2002	印度尼西亚文学史（一）	2002	基础波斯语（二）	2004
公共日语（一）	2004	印度尼西亚文学史（二）	2002	基础波斯语（三）	2004
公共日语（二）	2001	印尼文学选读	2002	波斯语视听说（上）	2004
公共日语（三）	2004	印尼民俗学	2002	波斯语视听说（下）	2004
公共日语（四）	2001	印尼语译汉语	2002	基础阿拉伯语（一）	2005

续表

课程名称	年级	课程名称	年级	课程名称	年级
基础阿拉伯语(二)	2004	法语视听说(七)	2002	德语笔译(二)	2002
基础阿拉伯语(三)	2004	法语视听说(八)	2001	德语笔译(三)	2002
基础阿拉伯语(四)	2003	法语写作(一)	2003	德语笔译(四)	2001
阿拉伯语视听(一)	2004	法语写作(二)	2002	德语笔译(一)	2003
阿拉伯语视听(二)	2004	法语写作(三)	2002	德语口译(上)	2003
阿拉伯语视听(三)	2003	法语写作(四)	2001	德语口译(下)	2002
阿拉伯语视听(四)	2003	法语笔译(上)	2002	德语中、短篇小说	2002
阿拉伯语视听(五)	2002	法语笔译(下)	2001	德语中、短篇小说	2003
阿拉伯语视听(六)	2002	法语笔译(下)	2002	德语国家青少年文学	2002
阿拉伯语口语(一)	2004	法语口译(上)	2002	德语国家青少年文学	2003
阿拉伯语口语(二)	2004	法语口译(下)	2001	德语长篇小说(上)	2002
阿拉伯语口语(三)	2003	法国文学史和文学选读(上)	2002	德语长篇小说(下)	2001
阿拉伯语口语(四)	2003	法国文学史和文学选读(下)	2002	德国文化史	2004
阿拉伯语阅读(一)	2004	法语泛读	2003	德国文化史	2002
阿拉伯语阅读(二)	2003	法国历史	2004	德语文学名著(上)	2002
阿拉伯语阅读(三)	2003	法语国家及地区概况	2003	德语文学名著(下)	2001
阿拉伯语阅读(四)	2002	法语国家及地区概况	2002	德国历史	2001
阿拉伯语阅读(五)	2002	商务法语(下)	2002	德国历史	2004
阿拉伯语语法	2003	法国报刊选读(一)	2003	德语语法专题	2003
阿拉伯语写作	2003	法国报刊选读(二)	2002	德语报刊选读(下)	2002
阿拉伯语口译(一)	2002	法国报刊选读(三)	2002	德语国家戏剧	2001
阿拉伯语口译(二)	2002	法国报刊选读(四)	2001	德语写作	2003
阿拉伯语翻译教程(一)	2002	法语文体学	2002	奥地利概况	2002
阿拉伯语翻译教程(二)	2002	法语精读(辅修)(一)	2005	奥地利概况	2003
阿拉伯伊斯兰文化	2003	法语精读(辅修)(二)	2001	奥地利传媒	2003
阿拉伯文学史	2002	法语精读(辅修)(三)	2004	德语精读(辅修)(一)	2005
阿拉伯文学选读	2001	法语精读(辅修)(四)	2002	德语精读(辅修)(二)	2001
当代阿拉伯世界	2004	法语视听(辅修)(一)	2005	德语精读(辅修)(三)	2004
阿拉伯报刊文选(一)	2003	法语视听(辅修)(二)	2001	德语精读(辅修)(四)	2002
阿拉伯报刊文选(二)	2002	法语视听(辅修)(三)	2004	德语视听(辅修)(一)	2005
阿拉伯报刊文选(三)	2002	法语视听(辅修)(四)	2002	德语视听(辅修)(二)	2001
阿拉伯语应用文	2002	法语泛读(辅修)(一)	2004	德语视听(辅修)(三)	2004
高年级阿拉伯语(一)	2003	法语泛读(辅修)(一)	2005	德语视听(辅修)(四)	2002
高年级阿拉伯语(二)	2002	法语泛读(辅修)(二)	2001	德语泛读(辅修)(一)	2005
高年级阿拉伯语(三)	2002	法语泛读(辅修)(三)	2004	德语泛读(辅修)(二)	2001
高年级阿拉伯语(四)	2001	法语泛读(辅修)(四)	2002	德语泛读(辅修)(三)	2004
法语精读(一)	2005	公共法语(上)	2002	德语泛读(辅修)(四)	2002
法语精读(二)	2004	公共法语(上)	2003	公共德语(上)	2002
法语精读(三)	2004	公共法语(下)	2001	公共德语(下)	2001
法语精读(四)	2003	德语精读(一)	2005	西班牙语精读(一)	2005
法语精读(五)	2003	德语精读(二)	2004	西班牙语精读(二)	2004
法语精读(六)	2002	德语精读(三)	2004	西班牙语精读(三)	2004
法语精读(七)	2002	德语精读(四)	2003	西班牙语精读(四)	2003
法语精读(八)	2001	德语视听说(一)	2005	西班牙语精读(五)	2003
法语视听说(一)	2005	德语视听说(二)	2004	西班牙语精读(六)	2002
法语视听说(二)	2004	德语视听说(三)	2004	西班牙语精读(七)	2002
法语视听说(三)	2004	德语视听说(四)	2003	西班牙语精读(八)	2001
法语视听说(四)	2003	德语视听说(六)	2002	西班牙语视听(一)	2005
法语视听说(五)	2003	德语国家文学史与选读(二)	2002	西班牙语视听(二)	2004
法语视听说(六)	2002	德语国家文学史与选读(三)	2003	西班牙语视听(三)	2004

续表

课程名称	年级	课程名称	年级	课程名称	年级
西班牙语视听（四）	2003	俄语阅读——文化背景知识（三）	2003	测试（A）	2003
西班牙语视听（五）	2003	俄语应用文	2002	英国文学史（一）	2003
西班牙语视听（六）	2002	俄语二外（下）	2001	英国文学史（二）	2002
西班牙语阅读（一）	2004	俄语口译（上）	2002	普通语言学	2003
西班牙语阅读（二）	2004	俄语口译（下）	2001	英译汉	2001
西班牙语阅读（三）	2003	俄罗斯文学选读（上）	2003	英译汉	2003
西班牙语阅读（四）	2003	俄语电影赏析	2002	汉译英	2002
西班牙语阅读（五）	2002	俄语（三）	2002	美国文学史与选读（一）	2002
西班牙语口语（一）	2004	俄语（四）	2001	美国文学史与选读（二）	2001
西班牙语口语（二）	2004	翻译（二）	2002	二外（德）（二）	2002
西班牙语口语（三）	2003	俄语新闻听力（下）	2002	二外（法）（二）	2002
西班牙语口语（四）	2003	俄语报刊阅读（二）	2002	希腊罗马神话	2005
西班牙语口语（五）	2002	俄罗斯文学史（一）	2003	英语结构	2005
西班牙语作文（上）	2003	俄罗斯艺术史（下）	2001	文学形式导论	2003
西班牙语作文（下）	2002	基础俄语（一）	2005	短篇小说选读	2005
西班牙语作文（下）	2003	基础俄语（二）	2004	美国电影与文化	2003
西班牙语文学史和文学选读	2003	基础俄语（三）	2004	欧洲现代文学选读	2003
拉丁美洲文学史和文学选读	2002	基础俄语（四）	2003	美国大众文化	2004
西汉笔译（上）	2002	高级俄语（一）	2003	英语词汇学	2004
西汉笔译（下）	2001	俄语语法（上）	2004	美国历史专题	2002
西汉口译（上）	2002	俄语语法（下）	2003	英语史	2004
西汉口译（下）	2001	俄语写作（上）	2003	电影	2001
拉丁美洲历史和文化概论	2005	俄译汉教程	2003	电影	2002
西班牙语语法	2002	俄罗斯国情（上）	2005	电影	2003
西班牙语报刊选读	2002	俄罗斯国情（下）	2004	汉英口译	2003
西班牙语应用文	2002	俄罗斯民俗民情（上）	2004	报刊选读	2004
现当代拉丁美洲作家作品研究	2001	俄罗斯民俗民情（下）	2003	社会语言学	2002
西班牙语精读（辅修）（二）	2001	俄语语音	2005	英国散文名篇	2002
西班牙语精读（辅修）（三）	2004	俄罗斯文学与音乐	2004	英国小说选读	2003
西班牙语视听（辅修）（二）	2001	文学概论	2003	美国政法体制	2003
西班牙语视听（辅修）（三）	2004	俄语视听说（一）	2004	文学与社会	2002
西班牙语阅读（辅修）（二）	2004	俄语视听说（二）	2004	美国研究入门	2003
西班牙语阅读（辅修）（二）	2001	俄语新闻听力（上）	2003	英语文学文体学	2002
欧洲文学史	2003	英语精读（一）	2005	高级英语阅读	2002
传记文学：经典人物研究	2001	英语精读（二）	2004	测试（B）	2002
二十世纪欧美诗歌导读	2002	英语精读（三）	2004	莎士比亚新读与欣赏	2002
葡萄牙语（一）		英语精读（四）	2003	加拿大小说选读	2002
葡萄牙语（二）	2002	英语视听（一）	2005	中西文化比较	2001
俄语（二）	2002	英语视听（二）	2004	中西文化比较	2002
俄语写作（下）	2002	英语视听（三）	2004	英语戏剧实践	2002
翻译（三）	2002	英语视听（四）	2003	英语戏剧实践	2003
翻译（四）	2001	口语（一）	2005	欧洲文学主题	2002
俄语视听说（三）	2003	口语（二）	2004	文学导读与批评实践	2004
俄罗斯文学史（二）	2002	口语（三）	2004	文学导读与批评实践	2005
俄罗斯文学史（三）	2002	口语（四）	2003	大众文化简介与批评	2004
俄罗斯文学史（四）	2001	英语语音（一）	2005	认知语言学概论	2003
俄语功能语法学	2003	英语语音（二）	2004	清末民初的中国人文地理——西方人眼中的旧中国	2002
俄语报刊阅读（一）	2003	应用文写作	2005		
俄语阅读——文化背景知识（一）	2004	写作（一）	2004	莎士比亚戏剧名篇赏析	2001
俄语阅读——文化背景知识（二）	2004	写作（二）	2003	多元共生的奇观：巴西文化	2001

续表

课程名称	年级	课程名称	年级	课程名称	年级
西方学术精华概论（英文讲授）		篮球		中外名曲赏析	
西方学术精华概论（英文讲授）	2001	篮球提高班		毕业实习	2002
		排球		中国电影史	2004
		形体（女生）		电影史研究专题	
英汉对译理论与技巧	2001	体育舞蹈		美学原理	2002
马克思主义学院		健美		美学原理	2003
毛泽东思想概论	2002	保健3		美学原理	2004
青年学	2003	保健4		外国文学	2003
伦理学	2004	棒、垒球		戏剧艺术概论	2004
社会学	2004	防身术		艺术史方法论	
组织行为学	2003	攀岩		毕业论文	2001
组织行为学	2005	搏击擒拿术		影视文化与理论	
计算机应用（一）	2005	少林棍术		电影史研究专题	
计算机应用（二）	2004	跆拳道		中国美术史专题	
思想政治教育心理学	2003	击剑		影视营销管理专题	2002
思想政治教育原理与方法	2003	奥林匹克文化		影片分析	2003
领导学	2005	体育舞蹈		影片分析	2004
中国政治思想史	2005	象棋文化内涵与技战术（初级班）		视听语言（电影语言）	2003
政治学概论	2004			影视编剧	2003
马克思主义政治经济学原理	2005	体育综合素质训练		影视导演	2003
当代世界经济与政治	2005	现代健身方法		影视导演（二）	2002
公共关系学	2003	合球		影视节目策划	2002
英语（三）	2004	国际象棋（初级班）		中国绘画及名画鉴藏	
英语（三）	2005	**艺术学系**		素描造型技法	
英语（四）	2003	艺术概论		影视艺术概论	2003
英语（四）	2004	艺术概论	2005	影视艺术概论	2004
邓小平理论和"三个代表"重要思想概论	2003	艺术学概论	2004	美学专题（艺术学部分）	
		中国音乐概论		中国古代文学（一）	2004
中国共产党思想政治教育史	2004	西方音乐史及名曲欣赏		美术学专题	
当代社会思潮评析	2004	中国美术史及名作欣赏		主持人节目概论	2002
法学原理	2004	世界电影史（3）	2003	主持人节目概论	2003
思想政治教育学原理	2004	钢琴（一）		主持人节目策划	2002
思想政治教育学方法论	2004	钢琴（二）		影视音乐	
马克思主义经典著作选读	2005	舞蹈		中国电影史	
现代化理论与中国现代化	2004	当代文化艺术专题		播音与主持人技巧	2003
文化产业导论	2004	中国传统装饰艺术赏析		播音与主持人技巧	2004
个人理财		舞蹈排练（小品排练）		影片导赏（一）	2005
体育教研部		影视鉴赏		影片导赏（二）	2004
游泳		中国书法艺术技法		毕业作品拍片实践	2001
游泳提高班		交响乐（初）		毕业作品拍片实践	2002
太极拳		交响乐（高）		影视技术（非线性编辑）	2003
健美操		中国书法史及名作欣赏		舞蹈原理与鉴赏	
乒乓球		基本乐理与管弦乐基础		艺术心理学研究	
乒乓球提高班		舞蹈课		中外声乐作品赏析	
羽毛球		合唱（初）		中国流行音乐流变	
羽毛球提高班		合唱（中）		西方美术史十五讲	
网球		合唱（高）		芭蕾名作赏析	
网球提高班		民族管弦乐（初）		中国美术概论	
足球		民族管弦乐（高）		西方歌剧简史与名作赏析	
足球提高班		西方交响乐欣赏		室内乐	

续表

课程名称	年级	课程名称	年级	课程名称	年级
艺术史		工艺原理	2002	数字逻辑电路实验	2003
艺术史	2003	半导体器件物理	2002	信号与系统	2003
文化产业导论		微电子学专业实验课	2002	物理中基础数学	2005
优秀电视节目精品赏析		集成电路CAD	2002	微机与接口技术实验	2003
优秀电视节目精品赏析	2002	计算机网络概论	2002	热学与分子物理	2004
优秀电视节目精品赏析	2003	数据库概论	2002	近代物理	2003
优秀电视节目精品赏析	2004	人机交互	2002	近代物理	2004
艺术训练（一）		图像处理	2002	理论力学	2003
电化教学中心		面向对象技术引论	2002	半导体物理	2003
网站设计与开发		问题求解与程序设计		数字集成电路设计	2003
元培计划委员会		双极集成电路	2002	半导体器件物理	2003
计算概论	2005	MOS集成电路	2002	智能科学技术导论	2004
算法与数据结构	2004	思想品德修养	2005	脑与认知科学	2004
普通化学	2005	信息科学技术概论	2005	微电子学概论	
学术规范与论文写作	2003	微电子与电路基础	2004	**中国经济研究中心**	
信息科学技术学院		科技交流与写作	2003	线性代数	
信息科学技术概论		计算概论A	2005	经济学原理	
线性代数(B)	2005	数据结构与算法(A)	2004	概率统计	
高等数学(B)（一）	2005	程序设计实习	2004	经济思想史	
高等数学(B)（二）	2004	集合论与图论	2004	中级微观经济学	
高等数学(B)（一）习题课	2005	代数结构与组合数学	2003	计量经济学	
高等数学(B)（二）习题课	2003	数理逻辑	2003	国际贸易	
线性代数(B)习题	2005	数字逻辑设计	2004	微积分	
概率统计A	2003	数字逻辑设计实验	2004	分析历史学与演化经济学	
概率统计(B)	2003	微机原理A	2003	组织行为学	
量子力学(B)	2003	微机实验	2003	战略管理学	
电磁学习题	2004	编译技术	2003	金融经济学	
力学	2005	操作系统A	2003	基础管理学	
电磁学	2004	数据结构与算法实习	2004	发展经济学	
光学	2004	编译实习	2003	公共财政学	
力学习题	2005	操作系统实习	2002	市场营销	
普通物理实验	2004	软件工程	2002	会计学	
热力学与统计物理(B)	2003	数据库概论	2003	产业组织	
数学物理方法	2003	计算机图形学	2002	全球化与经济开放	
数学物理方法	2004	计算机图形学	2003	博弈论及其应用	
数学物理方法习题	2004	理论计算机科学基础	2002	卫生经济学	
量子力学(B)	2002	程序设计语言概论	2002	中国经济专题	
近代物理实验(B)	2002	Web技术概论	2003	新制度经济学	
热力学与统计物理	2002	Windows程序设计	2002	**教育学院**	
固体物理	2002	电子商务概论	2002	大学教育与个人及社会的发展	
微波技术与电路	2002	数字化艺术		大学校园文化学概论	
数字信号处理	2002	信息安全引论	2002	**人口研究所**	
通信原理	2002	网络实用技术		人口学概论	
微机原理与接口应用实验	2002	操作系统B(含实习)	2003	**医学部教学办**	
电子物理	2002	光学	2004	高等数学(C)(下)	2004
光电子学	2002	电动力学	2003	算法与数据结构上机	2004
数字信号处理实验	2002	电路分析原理	2004	高等数学C（一）	2005
量子力学(B)	2002	电子线路(A)	2003	物理学(B)	2004
电子系统课程设计	2002	电子线路实验(A)	2003	普通物理实验(B)(1)	2003
嵌入式系统	2002	数字逻辑电路	2003	算法与数据结构	2004

续表

课程名称	年级	课程名称	年级	课程名称	年级
有机化学(B)	2004	伦理学导论	2003	全球化之辩	
有机化学实验(B)	2004	法学概论	2003	发展经济学：全球化时代的发展，贫穷和制度变化	
普通物理实验(B)(Ⅱ)	2003	计算概论(B)	2005	亚太国际关系	
普通化学(B)	2005	计算概论(B)上机	2005	**武装部**	
普通化学实验(B)	2005	医学发展概论	2005	军事理论	2004
生物统计学	2003	健康的生活方式与健康传播		军事理论	2005
普通生物学(A)	2004	**教务处**		当代国防	
物理化学实验(B)	2004	中美关系及国际政治			
普通心理学	2003	全球化的文化回应：中国与西方			

表6-3　2005年录取各省(自治区、直辖市)高考理科第一名学生

来源	姓名	性别	毕业中学	录取院系
北京	田禾	女	东直门中学	元培计划班
山西	陈敏	女	康杰中学	元培计划班
黑龙江	刘诗泽	男	佳木斯一中	元培计划班
黑龙江	程相源	女	佳木斯一中	光华管理学院
安徽	何玙伽	女	安庆一中	化学与分子工程学院
福建	朱诗雄	男	晋江养正中学	元培计划班
山东	张博然	男	烟台二中	元培计划班
河南	王轩	男	河南省实验中学	元培计划班
湖北	朱师达	男	襄樊四中	元培计划班
广东(双科第一)	谭志宏	男	广州二中	数学科学学院
广东	王凝	女	广雅中学	元培计划班
广东	贾方兴	男	深圳中学	生命科学学院
广东	穆小天	男	珠海一中	外国语学院
广东	卢晓宇	女	高明区一中	经济学院
青海	马强	男	湟川中学	生命科学学院
港澳台地区	冯涛声	男	广东江门市一中	医学部(临床医学)

表6-4　2005年录取各省(自治区、直辖市)高考文科第一名学生

来源	姓名	性别	毕业中学	录取院系
北京	易萌	女	北师大二附中	元培计划班
河北	武睿颖	女	石家庄二中	元培计划班
内蒙古	杨青	女	海拉尔二中	光华管理学院
吉林	孙田宇	女	东北师大附中	光华管理学院
黑龙江	任飞	女	鸡西一中	光华管理学院
上海	杨慧敏	女	彭浦中学	外国语学院
江苏	林叶	女	南师大附中	元培计划班
江苏	阙建容	女	句荣市高级中学	元培计划班
浙江	徐语婧	女	衢州二中	元培计划班
安徽	赵雪	女	淮南一中	元培计划班
安徽	余子宜	男	贵池中学	光华管理学院
福建	谢宇宏	男	龙海一中	元培计划班
山东	林小杰	男	莱州一中	光华管理学院
河南	杨楠楠	女	驻马店高中	元培计划班
湖北	康静	女	武汉外国语学校	法学院
湖南	陈博	男	衡东县进修学校	光华管理学院

续表

来源	姓名	性别	毕业中学	录取院系
江西	肖梦君	女	新余市第一中学	光华管理学院
广西	何燕	女	桂平市浔州高级中学	国际关系学院
广西	卢昫莹	女	桂林市第十八中学	经济学院
海南	冯文婷	女	海南中学	光华管理学院
四川	邱汛	女	内江六中	光华管理学院
重庆	屈仁丽	女	巴蜀中学	元培计划班
云南	吴倩	女	昆明一中	光华管理学院
云南(外语类)	蒋士莹	女	云南师大附中	外国语学院
陕西	谢尼	女	西北工业大学附中	光华管理学院
青海	徐竑宇	女	湟川中学	经济学院
新疆	郑晶晶	女	哈密地区第二中学	经济学院
宁夏	梁莹	女	银川市唐徕回民中学	光华管理学院
西藏(民考汉)	郄凌鹿	女	林芝区外考生	经济学院
西藏	曾海卿	男	拉萨区外考生	法学院
港澳台地区	林巧璐	女	厦门外国语学校	光华管理学院

表 6-5　2005 年录取中学生国际奥林匹克竞赛获奖学生

学科	姓名	性别	所在中学	录取院系	奖项
数学	任庆春	男	天津耀华中学	数学科学学院	金牌
数学	刁晗生	男	上海华东师大二附中	数学科学学院	金牌
数学	罗晔	男	江西师范大学附中	数学科学学院	金牌
数学	康嘉引	男	广东深圳中学	数学科学学院	金牌
数学	邵烜程	男	上海复旦大学附属中学	数学科学学院	金牌
数学	赵彤远	男	河北石家庄二中	数学科学学院	银牌
物理	余江雷	男	湖北华中师大一附中	物理学院	金牌
物理	李晗晗	男	湖北华中师大一附中	物理学院	金牌
生物	于静怡	女	山东省实验中学	生命科学学院	金牌
生物	周舟	男	湖北武汉二中	生命科学学院	金牌
生物	王澜	女	浙江杭州二中	生命科学学院	金牌

注：国际化学奥赛在中国台湾举行，未能参加。

研 究 生 教 育

【概况】 2005 年,北京大学的研究生教育继续坚持不懈地从各个方面建立和完善研究生教育质量保证体系。根据不同学科的特点,继续改革机制,提高质量,在招生、培养、学位授予、奖助等重要环节采取了一系列促进和保证研究生教育质量的措施,并取得了较好的成效。

2005 年北京大学招收研究生共 5224 名,其中博士生 1389 人、硕士生 3835 人。在校研究生 14652 人,其中博士生 5021 人、硕士生 9631 人。

北京大学共有 33 个博士学位授予权一级学科,其中校本部 27 个、医学部 6 个;共有 209 个博士学位授予权二级学科点,其中校本部 162 个(含自设 12 个)、医学部 47 个;共有 242 个硕士学位二级学科点,其中校本部 185 个(含自设 10 个)、医学部 59 个;有专业硕士学位 MBA、MPA 等 11 种(校本部)。

2005 年博士生指导教师为 1360 人,其中正在招生的博士生指导教师为 1100 人。

在 2005 年全国百篇优秀博士学位论文评选中,北京大学有 8 篇入选,名列全国高校第一。

【招生工作】 2005 年北京大学共录取 7294 名研究生。参加全国统

一招生，经过学校推荐和应试考试入学的研究生（双证）5224名（1389名博士生、3835名硕士生），其中包括1074名推荐免试硕士生、354名硕博连读生、139名直博生、3657名应试考生；校本部3674人，医学部731人，深圳研究生院553人，大兴软件与微电子学院266人。2005年报考北京大学博士生的人数共计4368人，报名人数与录取比为4.7∶1。申请北京大学推荐免试研究生的人数共计2150人，申请人数与录取比为2∶1；报名参加硕士生考试的人数达到了破纪录的21124人，报名人数与录取比为7.8∶1。参加全国联考和自主考试入学的在职攻读专业学位研究生（单证）的学生2070名，包括法律硕士（J.M）101名、工程硕士740名、公共管理硕士（MPA）427名、公共卫生硕士（MPH）40名、工商管理硕士（MBA）216名、高级工商管理硕士（EMBA）400名、会计硕士（MPAcc）50名、高校教师96名，其中校本部1210人、医学部40人、深圳研究生院116人、大兴软件与微电子学院704人。

1. 招生计划。由于受资源条件的限制，北京大学的研究生招生需要通过计划加以宏观调控。2005年招生计划安排的原则仍然是根据学校学科发展规划，在基本保持现有招生规模的基础上，重点进行结构的优化调整。为统筹考虑各方面的比例关系，2005年计划安排为：稳定校本部和医学部招生规模，适当增加深圳研究生院和大兴软件与微电子学院的招生规模；在基本稳定科学学位硕、博士生招生规模的基础上，适当增加了在职攻读专业学位研究生的招生专业和规模；在努力扩大留学研究生的招生人数，特别是西方发达国家留学生人数的同时，适应国家对港澳台工作政策的调整，适当增加了港澳台录取人数；在保持推荐免试研究生质量的前提下，部分院系适当扩大了接收推免生的人数；在继续保留单独考试考生计划的同时，根据考生情况，适时调整了报考专业录取人数；保证了强军计划的招生；保证了交叉学科、优秀人才、对口支援、支持西部以及招收少数民族学生的计划。

2. 招生宣传与咨询。认真做好招生简章和专业目录，让申请和报考人了解北京大学接收和录取研究生的基本条件、北京大学交叉学科的发展状况和招生情况、北京大学各个院系的招生情况和考试科目。

积极组织好2005年招生咨询日活动。研究生招生咨询日应成为招生宣传的一个固定的重要活动，使北京大学研究生招生咨询活动成为研究生招生工作的一个品牌，吸引更多的优秀生源申请或报考北京大学研究生。2005年7月9日的招生咨询日活动中，一方面以宣传咨询活动为主，提供有效渠道方便考生查询专业信息；另一方面以论坛的形式进行演讲交流活动，包括各院系主管领导组织各学科专业知名专家教授、优秀研究生代表，以报告和座谈的方式与考生面对面交流。活动内容包括：招生信息发布会、现场咨询、学者论坛、有关院系关于专业学位招生的专场咨询会等四部分。邀请了北京师范大学、南开大学、复旦大学、同济大学、华南理工大学、武汉大学、西安电子科技大学、西安交大以及中国科学院等20多家兄弟院校、单位参加咨询，邀请了《新京报》、《京华时报》、《北京青年报》等20多家媒体、网站进行了采访与报道。充分体现和扩展了北京大学在研究生教育中的号召力和影响力。

利用新闻媒体和各种宣传工具展开宣传工作。在2005年及2006年招生宣传工作中，研究生院成功地联络了新闻媒介，利用网络、广播电视、报刊等现代化宣传工具，登载招生广告，发布招生信息，进行新闻报道宣传工作，起到了很好的宣传作用。在招生宣传工作中，还特别重视充分发挥北京大学研究生院主页和研究生招生网的作用，建立招生论坛或采用网上聊天的方式，使考生及时有效地获取信息。从2003年北大研究生招生首次开辟"北大研究生招生论坛"以来，每年都坚持进行网上咨询。除了研究生招办参加外，还邀请各学院、系、所、中心主管学位与研究生教育工作的院长（主任）作为嘉宾，以访谈形式与考生进行近距离交流。通过在线咨询，使报考相关院系的同学即时有效地获取了招生信息，解决了疑问。网上咨询后，还专门将同学们提出的问题进行汇总，集中解答，将答案公布在北大研究生网站以供同学们查询。在2005年多次进行了网上咨询活动。

3. 接受免试推荐研究生工作。2005年，申请北京大学推荐免试研究生的人数2150人，共接收推荐免试研究生1213人，申请人数与录取比为2∶1。其中硕士研究生1074人，直博生139人（来自外校110人）；本校推荐免试生742人，占61%；外校推荐免试生471人，占39%。在2005年接收推荐免试研究生的工作中，研究生院推出了五大举措。一是增加了一级学科综合考试，使接收推免试生的过程实际上形成了3次筛选：材料初审—综合笔试—综合面试；二是综合考试＋综合面试：研究生的选拔方式是初试加复试，而推荐免试生不参加全国统考的初试，因此就使得复试尤为重要，综合考试＋综合面试加强了复试的力度；三是增加招收"硕博连读"和"直博生"的数量；四是对外语水平做出了更加具体的规定，各院系普遍增强了对推荐免试研究生外语听、说、读、写能力的考察；五是接

收更多外校的优秀应届本科毕业生。2005年北京大学共接收外校推荐免试研究生471人，占接收推荐免试研究生总人数的39%，其中来自清华大学、中国人民大学、北京师范大学、南开大学、复旦大学、浙江大学、南京大学、吉林大学、武汉大学、中山大学等全国重点大学的有314人。

4. 加强研究生考务工作规范性。在2005年应试考生的选拔中，为使真正具有培养潜质的考生能够脱颖而出，研究生院在报名、考试、阅卷、复试、录取等一系列环节上加强了管理，努力把初试和复试作为一个有机的整体来考虑，尽量使初试和复试前后衔接，以避免单纯依靠分数决定录取的片面性。为此，进一步完善了复试的规则和规范，分别对博士考生、硕士考生参加复试的基本条件、资格做了明确规定，对复试的方式和内容、具体的操作程序、差额复试的比例以及复试成绩的权重等做了详细说明，对复试的结果进行公示并接受社会监督。这不仅为考生创造了一个公开、公正、公平的竞争环境，也对北京大学的择优录取起到了重要的保证作用。

5. 考试安全与保密。一方面针对试题试卷的保密工作完善规章制度，加强考务管理；另一方面是加强保密室的建设与管理工作。为此，不仅制定了保密室管理规定，还安装了监控设备。为加强保密性及便于保密室的管理，以提高工作效率，在保密室添置密集柜，以密集存储方式保存试题试卷。与传统文件柜相比不但节省了大量空间且储存量大，更便于保密及管理。

6. 加强研究生招生监督机制。研究生的招生与本科有很大不同，接受社会监督规范行为更加具有其特殊重要性。北京大学为保证生源质量，在2005年的招生选拔工作中加强了以下三方面的工作：完善自我约束机制；加强复试监督机制；公平竞争，校内外一视同仁。

7. 改革研究生招生选拔办法。改革博士生选拔办法。在博士生招生方面，为选拔真正适合科研创新的人进入博士研究生队伍，在2004年改革的基础上，2005年进一步强调考察学生的综合能力以及研究潜力，改进免试方式，严格面试过程，扩大了面试成绩在总分中所占的比重，扩大了院系和导师的招生自主权，招生质量进一步改善。

改革北京大学现行的招收外国留学硕士、博士研究生的办法，其目的是为了吸引并方便外国学生报考北大研究生，增加外国学生特别是发达国家的学生在研究生结构中的比例，进一步改善生源结构，提高外国留学研究生的生源质量。2005年，研究生院起草了招生和培养外国留学研究生的办法和简章，经讨论并报学校批准后，拟从2007年起，将招收外国留学硕士、博士研究生的选拔录取办法，由原来的以考生应试考试成绩为主的选拔录取方式，转变为申请报名与考核申请人的素质能力为基础的选拔录取方式（申请—审核制）。

【培养工作】 1. 完善研究生培养管理政策。修订了《北京大学研究生学籍管理实施细则》。根据教育部2005年2月发布的《普通高等学校学生管理规定》，结合北京大学近年来研究生教育管理中出现的问题，对《北京大学研究生学籍管理实施细则》进行了全面的修订，使得新规定在规范性、操作性等方面有所突破。修订了《北京大学硕博连读研究生的培养办法》，对硕博连读生的选拔要求、考核办法、培养过程及具体学习要求分别提出了明确的指导性意见。起草了《北京大学关于研究生学术规范的规定》（征求意见稿），就开展研究生学术规范教育提出建议。要求各单位深入持久地开展与学术道德和学术规范教育有关的法律、法规、规则、制度的学习，并要求各院系结合本学科特点细化对研究生学术规范的具体要求。建议各院系根据本学科特点，面向全院或不同专业的研究生开设不同层次的学术道德、学术规范、研究方法和创新能力培养类课程，一般记1~2个学分。修订了《北京大学研究生手册》，针对研究生培养管理工作中不断出现的新情况、新问题进行深入调查研究，2005年对《北京大学研究生手册》中的各种规章制度、措施与办法进行了梳理与整合。

2. 组织和推动研究生课程建设。为保证和提高研究生培养质量，积极组织教师申报研究生课程建设项目，不断完善教学条件，及时更新教学内容，切实改进教学方法，促进新的教学手段的运用。2005年度对重点建设的"研究生英语选修课"等45门研究生课程进行中期检查，进展良好。2005年度立项资助23门研究生课程和19门学术规范类研究生课程的专项建设。

3. 完善课程评估体系。2005年开展研究生课程评估工作，第一次评估12个院系127门课，第二次评估20个院系204门课程，第三次评估18个院系的532门研究生课程。

4. 规范单证专业学位研究生的管理。试运行信息管理系统。2005年正式启动了专业学位（单证）信息管理系统，力图规范地对专业学位（单证）学生的全过程管理，单证学生不拥有北京大学学籍，同时具有2~4年的弹性学习年限，这给管理上提出了许多新问题。研究生院一方面督促院系运用这套管理系统，同时积极地听取院系意见，结合系统实际条件，摸索管理方法。汇编《北京大学专业学位培养方案》。自2005年9月开始汇编《北京大学专业学位培养

方案》，在与院系老师充分沟通、借鉴兄弟院校培养方案并且学习国家政策的基础上，经过院系反馈后修改形成了相对统一的编写体例。

5. 调查反馈。多渠道调查了解北京大学研究生培养状况，开展毕业研究生问卷调查，了解即将离开母校的研究生对研究生课程设置、发表文章要求等方面的意见和建议，为完善研究生培养政策提供数据支持。2005年7月发放问卷200份，收回98份。

6. 交流学习。2005年研究生院采取走下去、请上来的方式了解院系研究生培养工作；利用到外地监考的机会开展与其他高校的研究生院之间的院际交流。2005年访问了重庆大学、上海交通大学和复旦大学。

7. 研究生培养创新工程。完成教育部批准的2005年"北京大学研究生教育创新工程"项目之"北京大学研究生精品课程"子项目，包括数学科学学院承担的"2005年应用数学与科学计算研究生精品课程"等8种精品课程的教学安排与后勤保障。完成教育部下达的"北京大学研究生教育创新工程"项目之"北京大学研究生访学基地"的实施工作，目前有13名学生参加。完成2006年创新工程的项目申报。

8. 调整研究生学制。2005年起，北京大学将在社会科学学部全面推行硕士研究生学制改革。自经济学院和光华管理学院将全日制硕士研究生的学习年限调整为两年后，自2005年起，硕士研究生学制改革在北京大学社会科学学部全面推行。包括心理学系、新闻与传播学院、国际关系学院、法学院（除法律硕士）、信息管理系、政府管理学院、马克思主义学院在内的社会科学各院系，其硕士研究生的基本学习年限由3年改为2年；文、史、哲以及大部分理科院系仍保持3年不变。另一方面，北大的

博士研究生学制继续按照"4-5-3"的模式进行，即博士生的基本学习年限为4年，本科起点直博生基本学习年限为5年，硕博连读生进入博士生培养阶段后的基本学习年限为3年。北大的研究生学制调整不能简单地归结为"实行弹性学制"，因为各种学习年限的规定针对不同类型的学生。学生虽然可以根据自身情况申请提前毕业，但前提是必须修完所有的学分，并认真完成所承担的科研工作。

9. 教学成果奖。"临床医学专业学位培养模式的改革与实践"获得2004年度国家级教学成果二等奖。成果总结了在临床医学专业学位教育的经验，通过不断摸索和实践，健全组织管理，确定培养方式，统一培养渠道；建立以临床能力训练为主的培养模式，健全质量监控机制，保证培养质量；制定严格的阶段考核制度，采取导师个人指导与临床科室集体指导相结合的方式；培养出一批临床医学专业学位博士、硕士，为社会输送了合格的临床医学高层次人才，有相当一部分的临床专业学位博士已成为学科领头人和学术骨干。

10. 改革"博导"遴选制度。2004年，北京大学改革博士生导师遴选制度，以前沿性的研究成果和研究经费保障作为主要遴选标准，在9个院系选出了50名副教授"博导"。2005年又在历史系、教育学院、外国语学院英语系、中国经济研究中心试点"不定资格制"。"不定资格制"包括"教师申请制"和"学生选择制"。选出的139位"博导"中有1/3是副教授，彻底打破了传统上博士生导师必须由有正教授职称教师担任的做法。只有教师申请获得批准或教师被学生选择才能指导博士生。"博导"真正成为指导研究生的工作职责，而不是终身荣誉。这种制度使有能力、有条件的中、青年教师及时进入研究生导师队伍，提高

了导师队伍的指导水平，避免了优秀师资资源的闲置。

根据北京大学医学部对教学医院硕导遴选的工作部署，11～12月，经过各学位分会初审、一级学科专家组评议、医学部学位评定委员会二届四次会议审核通过及北京大学学位评定委员会确认，审批了10家教学医院的24个硕士培养点资格及73位教授的硕导资格，圆满完成了医学部教学医院第四批"硕导"遴选工作。此次工作对申请遴选者在学位、学术水平、科研项目、经费等方面做出了更具体的要求，进一步加强了教学医院"硕导"队伍的建设，为确保研究生培养质量提供了保证。

11. 学科增列。2005年，按照国务院学位委员会文件通知精神，北京大学进行了学科增列自审试点工作，已有天文学、测绘科学与技术、核科学与技术、教育学和艺术学5个专业申请增列一级博士学位授权学科点。

12. 选拔"奥运实习生"。为满足2008年北京奥运会对媒体运行人才的需求，北京大学将从2006级硕士研究生中择优选拔派遣36名同学，于2007年8月～2008年9月进入北京奥组委实习，参与媒体运行的相关工作。2005年9月8日，发出了《关于北京大学奥运实习生硕士培养项目的通知》，截至9月28日，共有63名已经获得北京大学2006级全日制硕士研究生免试推荐资格的学生报名。"奥运实习生"选拔分为两部分：第一部分为英语能力测试，第二部分为综合素质面试。通过了英语能力测试的学生方能进入综合素质面试。英语能力测试实到53人，其中理科院系8人，文科院系45人。

总结本次"奥运实习生"选拔过程，其特点为：外国语学院与新闻与传播学院学生入围比例较大，在22名通过英语能力测试的同学中，外国语学院有6人，占27.3%，新闻与传

播学院有5人,占18.5%;男生比例偏低,仅有5名男生通过英语能力测试,入围男女生比例大于1:3;入围学生所在学科门类丰富,22名同学来自11个院系。

13. 研究生课程进修班。2005年研究生课程进修班在学学员3800多人,2005年在北京地区分两次组织了3200多人和2100多人的课程考试。此外,还在北京之外的55个考点组织了200多场课程考试。2005年研究生课程进修班结业人数2100多人。

14. 毕业审批。2005年度审批、审查硕士研究生毕业2404人次(其中毕业2370人次,结业8人次,肄业26人次)。审批、审查博士研究生毕业746人次(其中结业2人次,肄业21人次)。

【学位工作】 2005年度北京大学授予5084人研究生学位,其中授予博士学位951人,授予硕士学位4133人。

12月9日,对2005年度北京大学优秀博士学位论文共58篇的作者及其指导教师进行了表彰,其中的一等奖为全国优秀博士学位论文获得者。北京大学2005年获全国优秀博士学位论文8篇,居全国高校第一,所在学科分别为:哲学、中文、数学、物理、化学、地质、生物、电子科学与技术、基础医学。

9月27日,北京大学学位评定委员会确定了2006年北京大学优秀博士学位论文名单和参加教育部"全国优秀博士学位论文"评选的名单。

2005年拨款90万元培养经费到相关院系,奖励获全国优秀博士学位论文的学科点。

博士研究生指导教师是保证和提高博士研究生培养与学位授予质量的关键因素,北京大学每年遴选一次博士生指导教师。2005年遴选了包括49名副教授在内的139名博士生导师。2005年具体组织实施了博导遴选机制改革试点工作的有教育学院、历史学系、中国经济研究中心等3个院系和外国语学院英语系的1个专业,该专业实行博士研究生指导教师不固定资格制。

2005年完成了学科增列自审试点工作。北京大学共有5个二级博士学位授权学科点申请增列一级博士学位授权学科点,分别为:天文学、测绘科学与技术、核科学与技术、教育学和艺术学;有1个硕士学位授权学科点申请增列:体育人文社会学。

2005年共授6个名誉博士学位。至此,北大授予名誉博士学位总数已有37名。

北京大学-莫斯科大学联合研究生院是国务院、教育部关注和支持的中外联合办学项目。2005年,第二批共8名北京大学研究生从莫斯科大学学成归来、派出第三批6名北京大学研究生赴莫斯科大学,接收第二批5名莫斯科大学派赴北京大学的学生。

中国学位与研究生教育学会文理科工作委员会秘书处挂靠北京大学研究生院,2005年承担了文理科工作委员会和北京市学会培养专题组的有关工作任务。如:组织课题研究,协助有关领导策划,组织了"中国学位与研究生教育学会文理科工作委员会2005年学术年会",组织"2005年北京地区研究生教育培养、学位专题工作研讨会",等等。

【全国优秀博士学位论文】 2005年北京大学有8篇博士学位论文入选全国优秀博士学位论文,名列全国高校第一。自1999年评选全国优秀博士学位论文以来,7年中北京大学共有53篇论文获得全国优秀博士学位论文,占全国687篇的7.7%,名列全国高校之首。北京大学第一临床医学院吴希茹、王海燕教授指导的博士学位论文双双获得了2005年全国优秀博士学位论文奖,实现了医学部临床医学一级学科全国优秀博士学位论文零的突破。

与往年不同的是,2005年的优秀博士学位论文与北京大学教学成果奖颁奖仪式于2005年12月9日在办公楼礼堂一起举行。2005年,北京大学在国家级教学成果奖、全国优秀博士论文获奖数目上再次创下全国第一的好成绩,增加了颁奖仪式的庄严与隆重的氛围。北京大学党委书记闵维方教授、校长许智宏教授、党委常务副书记吴志攀教授、常务副校长林建华教授、副校长张国有教授、校长助理李晓明教授出席了本次大会,并为获奖代表颁发证书。

许智宏校长在表彰大会上发表了重要讲话,对北大2005年所取得的成绩给予了高度的肯定。他同时指出,已有的成果是对过去的肯定,但培养人才的任务仍然很艰巨。他说,人才培养是学校的根本任务,无论我们取得多少奖项,教学成果的价值最终要在我们培养的学生质量上体现。

【管理工作】 1. 研究生公共课教学管理。组织入学分班考试、排课、选课,期末组织考试工作;完成全校研究生专业课的排课,每学期课程表涉及30个单位的1334门课程;完成了学期初与学期末对研究生课程教学情况的检查。2005年聘请6位外籍专家全职任教,担任博士生研究生第一外国语的教学工作。2005年接收外单位人员旁听研究生课程358人次。

2. 学籍管理。2005年研究生新生入学注册4435人次;各类研究生学籍异动1941人次;办理研究生毕业(结业、肄业)离校手续3150人次;办理研究生对外联系用成绩单5200余份;办理研究生公派出国手续近600人次,涉及40余个国家和地区。

3. 北京大学研究生工作研讨会。为推进研究生教育工作,进一步提高研究生培养质量,11月4日

至5日,"2005年北京大学研究生工作研讨会"在英杰交流中心召开,校长许智宏、常务副校长林建华、党委副书记张彦等校领导及各院、系、所、中心共150余人出席了会议。

本次研讨会的主题是"继续建设和完善北京大学研究生教育质量保证体系",重点研讨研究生创新能力与培养环境、研究生指导教师工作规范、研究生学术道德培养、改革外国留学研究生招生办法、改进研究生助研资助机制以及北京大学研究生教育未来10年发展等一系列关于研究生教育发展的重大问题。开幕式上,在研究生院常务副院长张国有对2005年研究生工作研讨会有关情况做了概括性发言后,部分院系结合自身研究生教育的特点做了工作汇报。

化学与分子工程学院陈尔强教授就加强研究生学术道德教育和学术规范训练介绍了经验。化学与分子工程学院专门开设了由陈教授主讲的"学术道德规范与科技写作"课程,该课程开设的宗旨是贴近科研一般规律,贴近研究生实验生活,使学生知道如何规范地进行科学研究,强调研究生不但要有卓越的学术研究,更要有优秀的学术品行。

历史学系高岱教授谈到关于改进导师遴选机制、提高指导水平、保证培养质量等问题,总结了历史学系2005年博士生导师遴选制度改革取得的成绩与经验,介绍了历史学系"把博导视为一种工作岗位"的指导方针,使具有副教授以上职称的老师都有申请博导资格。医学部常务副院长段丽萍就医学部研究生综合素质及心理健康教育改革进行了工作汇报。

在开幕式上,许智宏校长以"改革机制,提高质量,推动北大研究生教育健康发展"为题做了总结报告。他介绍了北大在2004~2005年研究生教育所取得的成绩;谈到了目前存在的一些问题,提醒大家认识到北京大学同世界一流大学存在的差距;指出"研究生教育发展不仅关注规模,更要注重质量",同时他还指出,研究生的培养不光是导师的事,各级领导都应关心研究生的成长。

在为期2天的研究生工作研讨会期间,各院系参会人员分组就"改革招生机制,确保生源质量"及"加强师资队伍建设,严格学术规范,促进研究生全面健康成长"为议题展开讨论;就"改进奖助机制,改善培养环境,保证科研条件"及"北京大学研究生教育的未来发展"等问题进行研究。

在2005年北京大学研究生工作研讨会闭幕式上,分组讨论情况汇报结束后,林建华常务副校长做了"以质量为生命,以创新为灵魂,以制度为保证,扎扎实实推进北大的研究生教育工作"的主题报告。林校长指出,这次研讨会的主要目的是对北京大学研究生教育进行一个定位,北大在建立世界一流大学的过程中,需要构建一流的研究生培养环境,具体要进行以下几点工作:

(1) 对研究生进行系统的学术道德和学术规范的教育,树立良好的学风。

(2) 学科建设上,以交叉学科为重点。

(3) 在招生方面,继续改进研究生的选拔录取方式,推动应试考核机制向素质审核机制的转化。

(4) 在培养方面,积极推进学术型研究生以长学制为主进行培养的方式。

(5) 重视硕士研究生在培养中的特殊性。

(6) 加强导师队伍建设。

(7) 加强研究生培养的质量保证体系建设,提高标准。

(8) 重视研究生的心理调适工作。

4. 2005年研究生教务工作研讨会。7月11~16日在新疆石河子大学举行"2005年北京大学研究生教务工作研讨会",各院系负责研究生教务工作的老师及研究生院工作人员共50多人参加了会议。会议总结了2005年度研究生教务工作,研讨和规划了新形势下研究生教务管理工作的问题及对策。同时与石河子大学等西部院校共同交流和研讨了北京大学新疆研究生教育基地的发展及研究生教育等方面的问题。

5. 2005年研究生毕业典礼。2005年北京大学有851位博士毕业生、3449位硕士毕业生圆满完成学业。7月5日,学校在百周年纪念讲堂举行庄严隆重的2005年研究生毕业典礼暨学位授予仪式,典礼分为上(下)午两场举行。党委书记闵维方、校长许智宏、常务副书记兼副校长吴志攀、常务副校长陈文申、常务副校长柯杨、副校长林钧敬、副校长林久祥、纪委书记王丽梅、校长助理张维迎、理学部主任甘子钊院士、信息与工程学部主任杨芙清院士、人文学部主任袁行霈教授、社会科学学部主任厉以宁教授出席了毕业典礼。大会由林钧敬副校长主持。

毕业典礼气氛隆重而热烈。常务副书记、副校长吴志攀以及常务副校长柯杨分别宣布了北京大学关于表彰优秀毕业生的决定,校领导向优秀毕业生代表颁发了证书。许智宏校长向毕业生讲话。外国语学院程朝翔教授、光华管理学院王其文教授分别代表教师在大会上讲话。

6. 2005年研究生开学典礼。2005年有5224名研究生新生进入北京大学学习,其中博士生1389人、硕士生3835人。9月1日上午,北大2005年研究生新生开学典礼在百周年纪念讲堂举行。

许智宏校长首先发表讲话,向同学们提出了4点要求和希望:第一,希望未来的学子用心深刻理

解北大的精神,用行动付诸社会实践,从理想信念、道德品质等多方面提升自己的能力,无论做人、做事都要不负于北大的崇高声誉和"北大人"的光荣称号;第二,希望同学们珍惜在校期间宝贵的学习资源,刻苦钻研、精益求精,充分发挥科研生力军的作用,积极参与科研项目,努力使自己成为国家现代化建设需要的优秀人才;第三,希望同学们牢记创新是一个民族进步的灵魂,是国家兴旺发达的不竭动力,在研究生期间不仅要掌握扎实的基本功,广阔的知识面,更要培养强烈的求知欲、好奇心,培养创新精神、追求卓越;第四,希望同学们注重培养交际能力,要有社会责任感,放眼世界,在当今激烈的科学竞争中发挥出青年人的智慧和力量。

【课程建设】 1. 研究生课程建设。2005年,研究生院对2004年立项建设的45门研究生课程进行了中期检查。2005年又立项资助23门研究生课程和19门学术规范类研究生课程的专项建设。2005年将研究生学术道德教育、学术规范教育、研究方法训练等方面的课程作为立项重点给予支持。自1996年开始至2005年,共资助424门研究生课程。

2. 首次完成研究生课程评估。2004～2005学年第一学期,研究生院首次对127门研究生课程进行了评估,课程的主讲教师涉及数学科学学院等12个单位的教授64人、副教授47人、讲师16人。除个别课程没有参评外,研究生课程的参评率超过了88%。

从评估结果看,问题主要集中在三方面:研究生课程的讨论性、前沿性和创新性是其主要特色,但这任课教师的责任要更加强进一步;部分研究生课程内容陈旧,缺乏实用性;要进一步优化课程体系,增加相关专业的公共课程。

为了保证和提高教学质量,借鉴世界一流大学的先进经验,在充分调研的基础上起草了《北京大学研究生课程评估试行办法》。依据这个办法,2005年4月和10月进行了两次、共310门课程的评估,效果良好。11月,又启动了对18个院系532门研究生课程的评估工作,评估促进了教师对教学工作的重视,改进了研究生课程的教学质量。

3. 研究生精品课程。根据北京大学"研究生精品课程资源共享网络"建设的基本目标,2003～2005年共完成了13个系列的研究生精品课程。2003年完成了"应用数学与科学计算"、"粒子物理与场论"、"世界历史"3门研究生精品课程;2004年完成了"应用数学与科学计算"、"定量遥感"、"高分子前沿专题"、"中国现当代文学研究"、"理论与计算化学"5门研究生精品课程;2005年完成了"应用数学与科学计算"、"世界历史"、"定量遥感"、"财税法"、"经济学与金融学"5门研究生精品课程。

根据立项计划,拟开办9个系列的精品课程组合,实际完成了13个系列精品课程。其中,"应用数学与科学计算"自2002年开始举办,2003～2005年纳入精品课程后已开办了4届;"全国化学研究生暑期学校"已连续开办了3届,2004年正式纳入精品课程项目;"世界历史"和"定量遥感"已连续开办2年;2005年新开的"财税法"与"经济学和金融学"两个系列的研究生精品课程暑期学校,参加学习的学员都超过了200人。

由于精品课程的选择注重前沿性、研究性、交叉性和基础性,所选师资都是各领域的学术带头人,代表着国际、国内学界最前沿的思想和学术水平,精品课程产生了广泛的社会影响,获得了各研究生培养单位和广大研究生的积极支持和参与,初步实现了设立"研究生精品课程资源共享网络"的目标,圆满完成了预定的项目任务。三年来,作为正式学员参加精品课程学习的高校和科研院所的博士生、硕士生、青年教师和研究人员达到1735名,旁听学员超过1000名;授课教师都是包括诺贝尔奖金获得者在内的国内外专家学者,共206人次。

【奖助工作】 奖助办公室是2005年新成立的机构,主要工作是通过对研究生实行奖学、助学激励机制,起到奖励优秀,促进创新,培养拔尖人才的作用。

改进和完善研究生奖助办法,打破原来的"大锅饭,铁饭碗",促进研究生之间的公平竞争,形成激励机制。进一步优化研究生培养环境,提高培养效率是研究生教育中的重要内容。因此,要想把工作做好,必须学习与此相关的理论和国内外先进的经验,做好必要的知识储备。在这个过程中,加强学习是一项非常重要的工作。

结合工作需要调研国内外研究生的奖助状况:一方面分类别与不同的院系进行座谈,了解情况;另一方面通过文本调研,查阅国外相关资料。

起草和修订相关文件、条例和奖助方案 起草了《北京大学研究生教育成本分担及奖助研究生条例(草案)》、《北京大学研究生成本补偿及奖助方案(草案)》、《奖助办公室工作职责及其分工(草案)》、《研究生课程设立助教岗位的实施细则》、《北京大学关于进一步推进研究生助研工作的办法(草案)》等。

2005年担任助教的研究生共有1730名,发放助教津贴为492万元。其中,担任本科生课程的研究生人数为1560名,发放助教津贴为430.6万元;担任研究生课程助教的研究生人数为170名,发放助教津贴为54.4万元。

2005年医学部研究生"三助"工作全面展开。工作的落实获得了医学部第四届教代会的优秀落实提案奖。

【中国研究生院院长联席会秘书处】 中国研究生院院长联席会2005年年会于10月22～23日在复旦大学召开。出席会议的有国务院学位办公室、教育部有关部门的领导,上海市教委和学位办公室领导及全国57所研究生院的院长或常务副院长。会议以"推动与改进研究生培养工作"为主题,听取了联席会秘书长、北京大学校长兼研究生院院长许智宏院士做的"联席会2004年工作报告和财务报告";国务院学位办主任杨卫院士做了题为"研究生院的和谐发展"的报告;国务院学位办有关处长做了关于"中国学位与研究生教育23年的回顾与总结"、"中国学位与研究生教育中长期发展纲要"、"中国学位与研究生教育的创新与发展"、"研究生培养机制改革的有关问题"等报告。会议还安排了12所研究生院就"研究生培养的新举措"进行了大会交流发言。

中国研究生院院长联席会院长代表团一行3人于5月15～27日赴澳大利亚出席澳大利亚"国家研究生教育的院长、主任委员会"的工作会议,并访问了澳大利亚悉尼大学、新南威尔士大学、昆士兰大学、新西兰奥克兰科技大学等。通过考察交流,代表团对澳大利亚研究生教育的情况和发展动态有了较深的了解。会上,代表团团长、西安交通大学研究生院常务副院长宋小平教授做了大会专题发言,将中国的研究生院和研究生教育介绍给了澳大利亚同行。

6月,英国伦敦大学研究生院副院长代表"英国研究生教育委员会"来院长联席会访问,双方介绍了各自的基本情况,并希望以后进一步加强合作与交流。

11月,香港大学研究生院院长来访交流。

根据专家评议意见和国务院学位办公室领导的意见,"中国研究生院建设的研究"课题组于4月26～29日在昌平召开了研讨会。9月,完成了研究报告的统稿工作,并提交高等教育出版社。按照计划,高教出版社将于2006年1月以《探索与创新——中国研究生院的建设与发展研究》为题,正式出版。

【全国医学专业学位教育指导委员会秘书处】 遵照国务院学位办[2005]3号文件《关于批准2004年新增专业学位研究生培养单位的通知》精神,2005年6月17～19日,全国医学专业学位教育指导委员会秘书处组织对全国7所新增医学专业学位培养单位进行培训。此外,还充分交流了医学专业学位研究生培养工作经验。代表们一致认为,统一医学专业学位授予标准,强化临床能力和现场实践训练,严格考核办法,是确保医学专业学位授予质量的核心;建立客观合理、公平公正及行之有效的能力考核指标体系是确保医学专业学位授予质量的关键。

秘书处组织修订MPH考试科目及考试大纲、规范MPH培养专业方向。

【医学研究生教育】 1. 课程教学。医学部研究生院在2004年研究生课程教学大纲修订工作的基础上,与有关院、部共同研讨课程改革工作。根据学科发展需要,为做好研究生课程建设,规划制定了新的研究生课程教学大纲,优化了课程的设置,更符合研究生的学习特点,使研究生课程设置更适应研究生培养的要求和特点,体现"高、精、新、宽"的特点,体现"拓宽基础、追踪前沿"的教学要求。

在国内率先新开了研究生"生物安全与法规课程"课程,重新开设"实验动物学"课程,做到了开课有评估,完善了课程的设置,并协助组织了教材的编写。

2005年继续完善研究生培养信息化系统的建设,网上选课、审核、公开各种信息更加完善和规范,提高了工作效率,确保了包括研究生、在职申请学位人员及外校人员近万人次选课,使医学部的研究生、开课教研室及各级研究生管理人员能及时了解各自所需的信息,为做好各项工作提供了准确的信息和保障。

为了加强和规范研究生课程教学管理,保证研究生课程教学质量,在2005年根据《研究生课程教学管理条例》的要求,规范课程学习管理,严格检查监督,对研究生开课情况、备课情况、课堂教学效果、考核方式、教学方法和态度进行了不定期的检查,对部分课程进行了评估,进一步规范教学管理制度,保证了教学秩序和教学质量,促进了研究生积极主动学习,保证教学质量的逐年提高。

2. 研究生综合素质及心理健康教育改革。在11月4日召开的2005年北京大学研究生工作研讨会上,北大医学部常务副院长段丽萍就医学部研究生综合素质及心理健康教育改革进行了工作汇报。

医学部自2005年开始就从入学、教育、管理等方面全面进行了有针对性的改革。首先,在研究生入学复试环节增加了笔试——"综合素质及能力倾向测试";在面试环节增加了"心理及沟通能力测试"。在学生入学后的教育上,加强对研究生相关情况的了解,并对导师进行培训,强化了导师对相关问题的重视程度。另外,完善了党团建设,使学生有组织,更容易管理监督,同时,还开设了相关课程,对研究生加强了社会知识及责任感的培养。

2005年,医学部对毕业研究生进行了问卷调查,结果显示:研究生在学习期间压力来源依次为学业、就业、感情、经济以及人际关系。通常学生采取的调节办法主要是与人交流以自我调节。多数学生都希望校方能够提供便捷、专业的心理辅导。这些为北京大学

3. 招生工作。2005年医学部硕士研究生报考人数为1637人，录取347人。接收推荐免试硕士生37人，录取港澳台学生8人、留学生2人，保留资格返回8人。2005年硕士新生共计402人，其中医学科学学位研究生279人、临床/口腔医学专业学位123人。

博士生报考人数607人，录取149人。接收推荐免试直博生25人。校内研究生转博163人，其中硕博连读转博47人、临床/口腔医学专业学位硕士生和住院医师插班转博90人、七年制临床医学学生转博26人。2005年博士新生共计337人，其中医学科学学位研究生221人、临床/口腔医学专业学位116人。

2005年研究生招生工作以吸引优秀生源、提高生源质量为重点。

(1) 完善复试工作程序、严格监督机制：制定了《北京大学医学部研究生招生的复试和录取工作办法》工作文件。在文件中，对不同招生渠道及类型的复试要求、报考资格的审查、复试方法、录取原则、工作程序等做了明确规定。在文件中要求各学院（部）在复试和录取工作中要坚持公开、公正、公平的原则，坚决杜绝"人情风"、"走后门"等不良倾向，一旦发现违法违纪违规问题，按有关规定严肃处理。增强招生工作透明度，通过网站公示复试分数线和复试工作相关要求、复试生名单和复试办法以及考生的复试成绩，在复试时严格按照公布的细则执行。在硕士生复试、博士生和推荐免试生面试期间，派出研究生院有关干部作为巡视员随机旁听复试，监督和了解复试情况，保障复试和录取工作严谨有序开展。

(2) 增强对考生综合素质的考察，通过两种途径增加对考生综合素质考察：一是综合素质及能力倾向测试，建立以测试考生综合能力的测试评价方法和系统，通过问卷形式进行测试，考查考生是否具有取得科研成果的必备基础和创新能力必需的潜质。该测试在复试时统一进行，其结果不计入复试成绩，但作为复试小组选拔考生的参考依据。二是提高复试小组考察考生综合素质的面试技巧，邀请心理学专家制定了《研究生入学综合素质访谈指导大纲》，对导师进行面试技巧、面试重点内容及如何对考生进行判断的培训，使导师了解通过哪些问题可以考察考生的职业兴趣、心理素质、语言表达与逻辑思维的能力、沟通协调与管理的能力等。通过帮助导师掌握一些技巧，能够在面试时比较准确地评价考生。

(3) 改进博士生录取工作。在2005年博士生的招生工作中，听取了导师意见。将原来在导师未得知考生初试成绩后，经面试后即给出成绩和录取意见的办法，改为将笔试成绩反馈给导师后，再由导师确定面试成绩和录取意见，以利于导师对考生的选择。

(4) 修订和实施香港科技大学-北京大学 PhD-MD 双学位计划。针对往年与香港科技大学联合 PhD-MD 双学位计划招生存在的后期问题，重新确定了 PhD-MD 双学位计划招生和培养。为有利于选拔优秀人才进入该计划，将招生对象范围扩大，不仅从七年制医学毕业生中招收，同时也从已获得临床/口腔医学博士专业学位的本校在职人员、应届临床/口腔医学博士专业学位毕业生中招收；并且要求应届七年制毕业生进入该计划时首先参加转博考试，已转博的学生方能纳入该计划，并保留北京大学学籍，解决了这些学生完成 PhD 学业后回校读临床医学/口腔医学专业学位的归属问题。2005年招收1名。

(5) 多方位采取措施，吸引生源，提高生源质量。在2006年招生计划中，调整了医学科学学位与专业学位研究生招生类型比例，对各学院的招生规模做了适当调整。

加大了2006年的招生宣传工作，编制了《研究生招生指南》。其中不仅有各院（部）、系的介绍，还有近2年医学部的招生、推荐免试报考人数、成绩和录取统计、生源情况、就业情况以及校园生活介绍等，使考生对医学部有较全面的了解；向38所高校免费邮寄招生目录和招生指南；走出校门，到湖南、湖北和东北三省6所院校开展招生宣传工作；积极参加北京大学组织的现场招生咨询和网上咨询；及时在网上公布医学部内部生源状况。

以上措施取得明显成效，医学部2006年硕士生招生报考人数达到2443人，较2005年增加了25.5%；2006年申请医学部推荐免试研究生129人，较2005年增加了51.8%；共接收推荐免试研究生77人，较2005年增加了22.2%，生源质量有明显改进。

4. 学籍管理。2005年研究生新生入学注册739人，在校生注册2035人次，各类研究生学籍异动66人次，办理研究生毕业（结业、肄业）离校手续473人次，办理研究生出国手续86人次（其中短期出国学习或开会35人次，探亲、旅游15人次，自费出国留学36人次）。

2005年，根据教育部2005年下达的《普通高校学生学籍管理规定》文件，以及《北京大学研究生学籍管理规定》文件，结合医学研究生的特点，修订了《北京大学医学部研究生学籍管理规定》以及相关配套文件，并于2005年9月开始执行。

为了保证毕业研究生顺利就业，重新修订了《北京大学医学部关于研究生毕业工作管理规定的通知》，理顺了研究生毕业资格的

审批程序：研究生毕业属于行政事务范畴，将原由学位评定委员会审批研究生毕业资格的程序，改为各级行政主管部门逐级审批，并在当年执行。

为了获得研究生全面准确的学籍信息，并利于研究生在学期间的管理，加强了研究生学籍信息管理工作。自2005级新生开始，网上录入学生本人信息，对在校学生建立完整的学籍变更信息库，实行动态管理。

5. 研究生课程进修班。2005年在与北京大学医学部网络教育学院的共同努力下，基本完成网络课件制作和举办远程教育研究生课程进修班的准备工作，第二期班已结业。2005年举办了应用心理学、护理学、社会医学与卫生事业管理学、精神病与精神卫生学4个专业4个研究生课程进修班，共招收学员180人。2005年获得研究生课程进修班结业证书学员共计77人。

6. 培养工作。10～12月进行了2003年临床医学专业学位硕士研究生、在职申请学位人员和住院医师阶段考核工作。参加考核的考生明显多于往年，共有487名考生参加，其中研究生148名、在职申请学位人员136名、住院医师263名，涉及18个专业。严格临床技能考核标准，以考核促进临床医学专业学位研究生的培养。对于合格者颁发《住院医师规范化培训第一阶段合格证书》，作为临床能力训练的证明，解决了用人单位对毕业研究生能力认定的困惑，使研究生享有正常的待遇。

草拟了《临床医学博士专业学位研究生毕业考核办法》，将按照三级学科统一组织考核，并征求了临床各学科专家组的意见，在2005级研究生中落实执行。

利用培养管理系统对2005届毕业研究生进行了毕业审核，对2003级临床医学专业学位研究生进行临床轮转科室审核。

完成两学期260余门课程、研究生资格考试、专业课、专业外语的成绩审核与录入工作，使研究生能够及时上网查询课程完成情况。

针对研究生课程与培养过程的管理监控进行了调研。

完成培养经费的预算和分配等工作。对新开及重新调整的课程给予了重点投入，如基础医学院、实验动物科学部、公共教学部等。

7. 学位工作。2005年6月共向723名研究生授予学位，其中授予264人博士学位（含临床医学博士专业学位103人、口腔医学博士专业学位25人），授予160人硕士学位（含临床医学硕士专业学位49人、口腔医学硕士专业学位12人），授予83名在职人员博士学位（含临床医学博士专业学位67人、口腔医学博士专业学位4人），授予156名在职人员硕士学位（含临床硕士专业学位81人），授予60人七年制医学硕士专业学位。

在医学部及医学部研究生院的领导下，成功举办了"2005年度医学部研究生导师培训"，230余人参加了此次培训。培训结束后，为导师们颁发了《研究生指导教师培训证书》。

受卫生部考试中心委托，2005年组织了在职人员申请博士学位英语全国统考报名和全部考务工作。参考人员215人，其中99人获得考试合格证。经严格审查，接受在职人员申请硕士学位人员149人，接受申请博士学位在职人员99人。

根据医学部第二届三次学位评定委员会精神，对《北京大学医学部研究生在学期间发表论文的规定》进行了修订，除了更加明确以往的条例外，对以并列为第一作者发表文章而获学位的情况做了具体要求。为了加强导师队伍的建设，确保研究生培养质量，2005年11月出台了《北京大学医学部研究生指导教师职责及管理暂行规定》。重新修订了《研究生手册》、《研究生工作手册》中的学位工作部分，内容更全面、具体，方便了研究生及导师的使用。

8. 就业工作。医学部在就业工作中，坚持以提高毕业生"就业质量"为重心的就业工作理念，因此出台了《关于做好2005年研究生就业工作的通知》，积极鼓励毕业生到基层、西部和国家重点行业与单位就业。加强就业教育与指导工作：2005年先后召开两次医学部毕业研究生就业动员暨就业指导大会，帮助毕业生认识形势、了解政策、调整心态、准确定位，并在现场提供咨询服务。关注"待就业"毕业研究生，把择业援助落实到个人。对于各种原因未签约的"待就业"毕业研究生，分别在3月、5月和年底召集他们座谈，进行问卷调查，深入了解每个人的情况，帮助他们分析主客观原因，有针对性地给予个别指导，引导他们做出适度调整，鼓励毕业生到京外就业；并与每位毕业生建立了联系方式，随时向他们提供用人单位信息，及时跟踪并掌握他们的就业进展情况。对于确因延期等原因不能及时落实就业岗位的毕业生，在政策允许的情况下，将毕业生的档案保留时间延至年底。在2005年7月毕业生办理离校派遣时，与毕业生签订了"保留档案到年底"的协议书。对于经批准延期到2006年毕业且在2005年未落实就业岗位的博士生，递交报告给北京市教委，建议将其转入2006年就业。拓宽渠道，努力扩大有效职位需求，做好就业服务工作。2005年初开通了医学部研究生就业信息

网,在网上及时公布就业政策、需求信息,以及有关出国、考研、就业、做博士后的政策,并向毕业生分期分批发放资料和信息。

北京大学医学部2005年总计毕业研究生427人,其中博士生264人、硕士生163人。2005年医学部毕业研究生中,参加就业、申请自费出国、考取国内博士生、进入博士后流动站的百分比分别为:86.2%、10.1%、1.4%、2.3%。427名毕业研究生中含统招生298人、自筹经费生38人、单位定向生67人、委托培养生24人。427名毕业研究生中,172人攻读临床专业学位,其中攻读临床医学博士学位的118人。

2005年毕业研究生就业特点是就业率较高,流向基本合理。研究生全年就业率为99.5%,就业单位遍布全国21个省、市、自治区、直辖市。有264名毕业研究生在北京地区就业,占毕业生总数的61.6%,较2004年增加了4个百分点;有15名毕业生在西部地区就业,占毕业生总数的3.5%。在教育部系统就业的研究生有146人(其中博士生103人,硕士生43人),较2004年上升6个百分点;在省、市所属单位就业的毕业研究生196人(博士生116人,硕士生80人);在其他部委就业的有37人(博士生15人,硕士生22人)。毕业研究生进入高校的有198人,比与2005年增加了8%,其中进入高校附属医疗机构的有125人,占进入高校总数的88%,占毕业研究生总数的29.3%;另有103人进入其他医疗机构,占毕业总数的24.1%。

2005年北京大学医学部留用毕业研究生135人,其中博士毕业生94人、硕士毕业生41人。近几年,学校留用毕业生更强调层次合理、比例恰当,增加了校外毕业研究生。

研究生毕业后在国内就业的比例近几年逐年攀高,2005年达到86.2%,较2002年上升10个百分点,较2001年上升了18个百分点。自费出国的人数比例下降。

随着毕业生就业更加理性和社会人才市场的更加成熟和完善,选择在公司和民营企业就业的毕业生逐年增加。

9. 博士后管理工作。为了提高博士后研究人员的进站质量,加强了博士后进站前的资格审查工作。2005年博士后进站共42人,目前在站75人、待就业14人。

协助后勤部门做好博士后公寓住房的调整工作,解决了部分滞留问题。

加强博士后管理工作,突出创新,提高质量。重点增加自筹经费、企业博士后。严格进站考核录用,做好中期检查和出站评定工作。

2005年是博士后制度实施20年,于3月份组织了医学部6个流动站、9个学院(医院)博士后流动站评估材料汇总、上报工作。临床医学博士后流动站在人事部、全国博士后管委会组织的评估中排名第三。

8月,组织博士后赴河北赤城、张北社会实践,举办健康咨询。活动中博士后耐心细致地为群众解答医学问题,为当地医生和大学生志愿者做学术讲座,受到欢迎和好评。

基础医学院尚永丰教授的博士后武会健在站期间参加子宫内膜癌分子机理的课题研究,其的研究论文"子宫内膜癌分子机理"以第一作者身份在 Nature 上发表。

10. 学生工作。贯彻落实中央16号文件精神,按照党委的统一部署和年初制定的工作计划,以"进一步加强研究生综合素质教育,全面提高研究生的政治、文化、专业、心理素质"为目标,针对医学研究生的特点,对研究生的管理工作进行了积极的探索和实践,收到了良好的效果。

配合医学部研究生"保持共产党员先进性教育活动",组织召开各院(部)研究生党支部书记会。

经过试点,2005年3月通过了《北京大学医学部关于建立院系(科室)层面研究生班和研究生党、团支部的意见》,在医学部研究生中共建立起59个纵向班级、4个党总支、37个党支部,并给每个班级配备了兼职班主任。班级建设大大增强了研究生对班集体的认同感,增加了研究生之间的交流、沟通与协作。

经2005年医学部第四次部务办公会研究,通过了《北京大学医学部关于设立研究生助研、助教和助管岗位及实行岗位津贴制度的实施办法(试行)》,决定自2005年3月始逐步落实研究生的"三助"工作。

2005年医学部研究生共组织了3个社会实践团,分别为"北京大学医学部研究生赴井冈山社会实践团"、"北京大学第三医院研究生赴青海社会实践团"、"北京大学药学院研究生赴湖北武汉马应龙药业社会实践团",其中有2个团队分别获北京大学社会实践优秀团队奖和先进团队奖,6名研究生获北京大学社会实践先进个人表彰。

在2005年研究生新生教育中,请医学心理学专家为新生进行心理健康知识讲座。在导师上岗培训时,邀请心理学专家对导师进行心理健康知识的相关培训。组织各二级单位主管研究生思想工作的老师及班主任参加医学部的"学生心理健康及心理疾病知识"的系列讲座。

2005年有1名在校研究生患重病住院,研究生工作部和基础医

学院给予高度重视,多次去其家中或医院看望,并给予资助。协助家长做好善后处理工作。完成了日常的贫困学生资助工作,协助困难学生申请国家贷款。

与保卫处配合,做好研究生公寓及校园治安宣传工作;与党委组织部、宣传部配合,做好研究生的党建、积极分子的培训和形势教育宣传工作;与后勤各部门、机关有关部处一同加强研究生的思想道德、日常行为管理,积极协调研究生学位培养中遇到的各类问题;与房地产管理中心配合,协调解决研究生住宿中出现的种种问题。

指导研究生会办好第5届北大生物医学论坛、学术十杰评选等活动。

2005年,第六医院(精神卫生研究所)被评为北京大学学工系统先进单位,共有240名研究生获得北京市、北京大学各类奖励表彰,231名研究生获得各类奖学金奖励,46名研究生获北京大学优秀毕业生称号。

有1人获得北京大学优秀德育工作者称号,1人获得北京大学优秀班主任二等奖,3人获得北京大学优秀班主任三等奖。

11. 医药科工作委员会。根据"中国学位与研究生教育学会"的布置,2005年医药科工作委员会圆满完成了"临床医学专业学位试点单位评估的研究"、"十五"重点科研课题的结题工作,出版1部专著《医学研究生教育实践的研究》。

密切配合"中国学位与研究生教育学会",做好本年度学会及工作委员会的日常工作。加强医药科工作委员会与所属各会员单位及学会的相互联系和沟通。积极发展了医药科新会员单位,目前会员单位已增加到82所医药院校。

深圳研究生院

【发展概况】 为发挥北京大学的学科优势和深圳的区域优势,为深圳经济和社会发展特别是高新技术产业发展培养高层次人才,探索和发展新型的高校—政府—企业在人才培养和科技创新方面的合作机制,2001年4月,教育部批准北京大学与深圳市人民政府合作,设立北京大学深圳研究生院。深圳研究生院为深圳市正局级事业单位,同时隶属于北京大学,是北京大学设在深圳的、以培养研究生为主要任务的教育机构。

深圳研究生院下设信息工程学院、生物技术与医学学院、环境与城市学院、商学院、文法学院以及微处理器研发中心、互联网信息研发中心等教育、教学和科研机构。在深圳市的支持下,深圳研究生院正在筹建化学基因组学实验室、集成微系统科学工程与应用实验室和人居环境科学与技术实验室等3个国家级重点实验室。

2005年12月,深圳研究生院院领导班子进行了调整,现任院长为林钧敬,常务副院长为海闻、史守旭,副院长为栾胜基、张虹、李贵才,党总支书记为栾胜基。

深圳研究生院2005年招收博士生27名、全日制硕士生631名,网络教育学生187名,举办各类培训班5个。截至2005年年底,全院在校研究生1555人,其中博士生83人、全日制硕士生1472人、网络教育学生732人。2005年深圳研究生院成为深圳市市级人才培训基地。

2005年,深圳研究生院培养的第一届全日制研究生216人顺利毕业。80名法律硕士专业毕业生中,超过35%的同学在深圳和周边地区就业,初步实现了"培养复合应用型人才并服务深圳和珠三角地区"的办学宗旨。

深圳研究生院有教职工175人,其中专职教师98人、实验技术人员29人、党政管理和教学辅助人员48人。在专职教师中,教授37人(全部为博士生导师)、副教授21人、博士后23人。专职教师中从国外引进的归国人员共有22人。

【学科建设】 深圳研究生院采取有力措施克服异地办学中的困难,增设特色学科,开设特色课程,优化学科结构。2005年新增西方经济学、景观设计、城市与区域规划等3个专业方向。在原有基础上进一步加强与业界的合作:文法学院聘请法院、银行、政府、企业、律师事务所等部门有学术功底和实践经验的老师讲授法律实务课程20余次;法律专业硕士生参加全国司法考试通过率达35.45%,远远高于全国11.22%的通过率。信息工程学院与华为、中兴等大企业合作进行研究、开发和培养学生,并与企业在校内建立实验室,为学生提供实践机会。环境与城市学院、新闻传播专业、社会学专业等都开设了实务课程,并派学生深入企业实习和参与课题研究,取得了良好的教学效果。

【科研工作】 深圳研究生院承担了包括国家"863计划"项目、自然科学基金项目、自然科学基金中港合作基金项目、省市科技计划项目、联合国规划署项目及各类横向课题共百余项,课题经费达3200万元。2005年发表学术论文144篇(其中102篇发表在核心期刊),申请专利10项。已建和在建各类实验室共27个,其中化学基因组学实验室、集成微系统科学工程与应用实验室和人居环境科学与技术实验室等3个拟建为国家级重点实验室,正处于论证之中。

2005年，深圳研究生院共举办各类学术讲座148次，内容涉及法律、金融、经济、环境、信息、社会学、传播学等各个领域，主讲者中除了北大教授，还有来自海内外的众多知名教授、学者和专家，包括诺贝尔奖得主。积极开展学术交流活动，先后举办了"全国城市景观生态学学术研讨会"等高层次学术研讨会，邀请了海内外著名专家学者、深圳市领导和专家等参加。

【党团建设】深圳研究生院现有25个党支部，其中教工支部1个、学生支部24个。根据北京大学党委的部署和要求，深圳研究生院从2005年9月中旬到12月下旬在全院党员中开展了保持共产党员先进性教育活动。通过3个阶段的教育和学习，不仅提高了全体党员的认识和觉悟，而且结合深圳研究生院实际，推动了深圳研究生院党团建设和事业发展。

针对一部分学生仍缺乏对深圳研究生院的认同感的情况，深圳研究生院加强了学生的思想教育工作和引导工作，开展了丰富多彩的文娱体育活动，活跃了校园文化。2005年，先后举办"五四青年文化节"、"关爱校园，共建和谐"系列活动、摄影比赛、迎新羽毛球赛、迎新国庆晚会、"增强团员意识，共建和谐校园"活动月等活动，还组建辩论队参加了深圳市读书月电视辩论赛，表现出了良好的精神风貌，为北大赢得了荣誉。深圳研究生院现有学生社团18个，各社团积极深入校园和社会开展活动，如举办英语演讲比赛、参与深圳普法宣传等，丰富了校园文化生活，增进了学生对社会的了解。

【大事记】1月11～12日，深圳研究生院召开学院发展战略研讨会。会议全面总结了2004年深圳研究生院在学科建设、教学工作和科研创新等方面的工作，针对在异地办学过程中在学科规划和建设、科研平台搭建、学术文化氛围营造以及学院公众形象树立等方面存在的问题和困难进行了深入分析，并结合深圳研究生院长远战略目标和发展规划进行了深入探讨。

3月22日，深圳市市委书记李鸿忠带领深圳市市委、市人大、市政府、市政协、市纪委等五套班子到大学城义务种树。深圳研究生院师生热情参与。

4月6日上午，国务委员陈至立视察深圳研究生院，陪同视察的有文化部部长孙家正、国家发展和改革委员会副主任张晓强、教育部副部长赵沁平、科技部副部长李学勇、财政部部长助理张少春、深圳市委书记李鸿忠、广东省副省长许德立、深圳市市委办公厅主任戴北方、深圳市副市长闫小培、深圳市政府办公厅主任唐杰等。

4月9日，"环境与发展——'人类纪'时期的核心挑战"系列学术报告会在深圳研究生院拉开帷幕。首场报告的主讲人是1995年诺贝尔化学奖得主Paul Crutzen，北京大学环境学院院长江家驷教授主持并做演讲，长江学者陶澍教授、胡建英教授和北京大学环境学院客座教授Sjaak Slanina先生也参加了报告会并做了精彩演讲。

4月9日，国务院学位委员会办公室主任、教育部学位管理与研究生教育司司长杨卫院士，教育部学位管理与研究生教育司副司长郭新立，教育部学位管理与研究生教育司重点建设处处长赵玉霞、副处长徐维清等视察了深圳大学城，参观了化学基因组学实验室，并就异地研究生院办学问题进行了座谈。

4月24日，由北京大学法学院主办、深圳研究生院承办的"第三届全国法学研究生教育和管理研讨会"在深圳研究生院召开，来自北京大学、吉林大学、清华大学、四川大学等26所大专院校法学院的领导和教授参加了这次研讨会。会议就如何构建良好的法律专业硕士学位研究生培养模式、如何在招生规模扩大的情况下保证法学研究生的培养质量、如何落实法学硕士和法律硕士的培养目标以及学生就业定位等问题进行了研讨。

6月4日，深圳市常务副市长刘应力会见了北京大学常务副校长、深圳研究生院院长林建华。林建华首先代表北大祝贺刘应力当选深圳市常务副市长，并对刘应力常务副市长长期对北大与深圳市的合作给予大力支持表示感谢。刘应力介绍了深圳市建设自主创新城市的工作思路。对深圳研究生院的建设，双方均表示要进一步加强合作，共同促进深圳研究生院的健康发展。

7月4日，为更好地把握研究与教学方向，深圳研究生院化学基因组学实验室召开该实验室学术委员会第一次会议。会议由该实验室学术委员会主任、美国洛克菲勒大学教授、艾滋病及病毒学专家何大一教授主持。会议对化学基因组学、创新药物研制等研究领域进行了深入探讨，对整个实验室当前工作和发展方向交流了意见并提出建议。

10月8日，北大深圳校友2005年联谊会在深圳研究生院隆重召开，许智宏校长出席联谊会，北大学生艺术团为北大在深圳的校友和深圳研究生院师生献上了一场精彩的演出。

10月9日，深圳市市长许宗衡在市民中心会见了北京大学校长许智宏一行。许宗衡代表市委、市政府对北大长期以来高度关注、大力支持深圳发展表示衷心感谢。双方就市校合作前景以及深圳研究生院的建设和发展交换了意见。

11月29日，为提升城市的科技自主创新能力，深圳市政府在罗湖、福田、南山等6个区建立博士后创新实践基地，深圳研究生院与各区博士后创新实践基地签订了合作协议。

附 录

表 6-6　2005 年全国优秀博士学位论文

序 号	院系/专业	作 者	论 文 题 目	导 师
1	刑法学	白建军	罪行均衡实证研究	储槐植
2	国民经济学	卜永祥	人民币汇率的决定及汇率变动的宏观经济效应	秦宛顺
3	英语语言文学	刘扬	双语 WordNet 语义知识库的构造理论与工程实践	王逢鑫
4	基础数学	姚国武	Teichmüller 空间与调和映射的若干问题	李 忠
5	细胞生物学	陈丹英	转录因子 NF-κB 激活的调节机理	翟中和
6	物理电子学	邢英杰	一维半导体纳米线的制备、结构与物性研究	薛增泉
7	内科学	梁秀彬	人系膜细胞硬化相关新基因 AngRem104cDNA 克隆/表达及其功能研究	王海燕
8	儿科学	陈育才	儿童失神癫痫关联研究和 T-型钙通道基因突变筛查	吴希如

有权授予博士、硕士学位的学科专业目录

01　哲　学

0101　哲学
- 010101　马克思主义哲学
- 010102　中国哲学
- 010103　外国哲学
- 010104　逻辑学
- 010105　伦理学
- 010106　美学
- 010107　宗教学
- 010108　科学技术哲学

02　经济学

0201　理论经济学
- 020101　政治经济学
- 020102　经济思想史
- 020103　经济史
- 020104　西方经济学
- 020105　世界经济
- 020106　人口、资源与环境经济学
- 020120　理论经济学（发展经济学）

0202　应用经济学
- 020201　国民经济学
- 020202　区域经济学
- 020203　财政学（含：税收学）
- 020204　金融学
- 020205　产业经济学
- 020206　国际贸易学
- 020207　劳动经济学
- 020208　统计学
- 020209　数量经济学
- 020210　国防经济

03　法　学

0301　法学
- 030101　法学理论
- 030102　法律史
- 030103　宪法学与行政法学
- 030104　刑法学
- 030105　民商法学
- 030106　诉讼法学
- 030107　经济法学
- 030108　环境与资源保护法学
- 030109　国际法学
- 030110　军事法学
- * 030120　法学（知识产权法）
- * 030121　法学（商法）
- * 030122　法学（国际经济法）

0302　政治学
- 030201　政治学理论
- 030202　中外政治制度
- 030203　科学社会主义与国际共产主义运动
- 030204　中共党史
- 030205　马克思主义理论与思想政治教育
- 030206　国际政治
- 030207　国际关系
- 030208　外交学
- 030220　政治学（国际传播）
- * 030221　政治学（国际政治经济学）

0303	社会学		060102	考古学及博物馆学
030301	社会学		060103	历史地理学
030302	人口学	*	060104	历史文献学(含：敦煌学、古文字)
030303	人类学		060105	专门史
030304	民俗学(含：中国民间文学)		060106	中国古代史
* 030320	社会学(老年学)		060107	中国近现代史
			060108	世界史
		*	060120	历史学(中国少数民族史)

04 教育学

0401 教育学
- 040101 教育学原理
- 040106 高等教育学
- * 040110 教育技术学

0402 心理学
- * 040202 发展与教育心理学

05 文 学

0501 中国语言文学
- 050101 文艺学
- 050102 语言学及应用语言学
- 050103 汉语言文字学
- 050104 中国古典文献学
- 050105 中国古代文学
- 050106 中国现当代文学
- 050107 中国少数民族语言文学(分语族)
- 050108 比较文学与世界文学

0502 外国语言文学
- 050201 英语语言文学
- 050202 俄语语言文学
- 050203 法语语言文学
- 050204 德语语言文学
- 050205 日语语言文学
- 050206 印度语言文学
- 050207 西班牙语语言文学
- 050208 阿拉伯语语言文学
- 050209 欧洲语言文学
- 050210 亚非语言文学
- 050211 外国语言学及应用语言学

0503 新闻传播学
- * 050301 新闻学
- * 050302 传播学

0504 艺术学
- 050401 艺术学
- * 050403 美术学
- * 050406 电影学

06 历史学

0601 历史学
- 060101 史学理论及史学史

07 理 学

0402 心理学
- 040201 基础心理学
- 040203 应用心理学

0701 数学
- 070101 基础数学
- 070102 计算数学
- 070103 概率论与数理统计
- 070104 应用数学
- 070105 运筹学与控制论

0702 物理学
- 070201 理论物理
- 070202 粒子物理与原子核物理
- 070203 原子与分子物理
- 070204 等离子体物理
- 070205 凝聚态物理
- 070206 声学
- 070207 光学
- 070208 无线电物理

0703 化学
- 070301 无机化学
- 070302 分析化学
- 070303 有机化学
- 070304 物理化学
- 070305 高分子化学与物理
- 070320 化学(化学生物学)
- 070321 化学(应用化学)

0704 天文学
- 070401 天体物理

0705 地理学
- 070501 自然地理学
- 070502 人文地理学
- 070503 地图学与地理信息系统
- 070520 地理学(环境地理学)
- 070521 地理学(历史地理学)
- 070522 地理学(地貌学与环境演变)
- * 070523 地理学(城市与区域规划)
- * 070524 地理学(景观设计学)

0706	**大气科学**		083002	环境工程
070601	气象学		**0831**	**生物医学工程**
070602	大气物理学与大气环境		* 083100	生物医学工程
0708	**地球物理学**			**08　工　学**
070801	固体地球物理学		**0801**	**力学**
070802	空间物理学		080120	力学(生物力学与医学工程)
0709	**地质学**		**0810**	**信息与通信工程**
070901	矿物学,岩石学,矿床学		081001	通信与信息系统
070902	地球化学		081002	信号与信息处理
070903	古生物学与地层学		**0811**	**控制科学与工程**
070904	构造地质学		* 081101	控制理论与控制工程
070905	第四纪地质学		**0813**	**建筑学**
070920	地质学(材料及环境矿物学)		* 081302	建筑设计及其理论
0710	**生物学**		**0816**	**测绘科学与技术**
071001	植物学		081602	摄影测量与遥感
071002	动物学		**0817**	**化学工程与技术**
071003	生理学		* 081704	应用化学
071004	水生生物学		**0827**	**核科学与技术**
071005	微生物学		082703	核技术及应用
071006	神经生物学			
071007	遗传学			**12　管理学**
071008	发育生物学			
071009	细胞生物学		**1201**	**管理科学与工程**
071010	生物化学与分子生物学		* 120100	管理科学与工程
071011	生物物理学		**1202**	**工商管理**
071012	生态学		120201	会计学
071020	生物学(生物信息学)		120202	企业管理
071021	生物学(生物技术)		120203	旅游管理
0712	**科学技术史**		120204	技术经济及管理
* 071200	科学技术史		**1204**	**公共管理**
0801	**力学**		120401	行政管理
080101	一般力学与力学基础		120402	社会医学与卫生事业管理
080102	固体力学		120403	教育经济与管理
080103	流体力学		120404	社会保障
080104	工程力学		120405	土地资源管理
0809	**电子科学与技术**		* 120421	公共管理(公共政策)
080901	物理电子学		* 120422	公共管理(发展管理)
080902	电路与系统		**1205**	**图书馆、情报与档案管理**
080903	微电子学与固体电子学		120501	图书馆学
080904	电磁场与微波技术		120502	情报学
0812	**计算机科学与技术**		120503	档案学
* 081200	计算机科学与技术		120520	图书馆、情报与档案管理(编辑)
081201	计算机系统结构			
081202	计算机软件与理论			**20　专业学**
081203	计算机应用技术			
0830	**环境科学与工程**		**2001**	**法律硕士**
083001	环境科学		* 200101	法律硕士

2003		工程硕士
* 200301		工程硕士
* 200309		电子与通信工程
* 200312		计算机技术
* 200313		软件工程
* 00340		项目管理
2006		**工商管理硕士**
* 200601		工商管理硕士
* 200602		高级管理人员工商管理硕士
2009		**公共管理硕士**
* 200901		公共管理硕士

备注 * 仅为硕士学位授权点

医学部有权授予博士、硕士学位的学科专业目录

07 理 学

0703	**化学**
* 070301	无机化学
0710	**生物学**
071003	生理学
071006	神经生物学
071007	遗传学
071009	细胞生物学
071010	生物化学与分子生物学
071011	生物物理学
0712	**科学技术史**
	（不分二级学科）

10 医 学

1001	**基础医学**
100101	人体解剖与组织胚胎学
100102	免疫学
100103	病原生物学
* 100106	放射医学
100120	病理学
100121	病理生理学
1002	**临床医学**
100201	内科学（心血管病）
100201	内科学（血液病）
100201	内科学（呼吸系病）
100201	内科学（消化系统）
100201	内科学（内分泌与代谢病）
100201	内科学（肾病）
100201	内科学（风湿病）
100201	内科学（传染病）
100202	儿科学
100204	神经病学
100205	精神病与精神卫生学
100206	皮肤病与性病学
100207	影像医学与核医学
100208	临床检验诊断学
* 100209	护理学
100210	外科学（普外）
100210	外科学（骨外）
100210	外科学（泌尿外）
100210	外科学（胸心外）
100210	外科学（整形）
100210	外科学（神外）
100211	妇产科学
100212	眼科学
100213	耳鼻咽喉科学
100214	肿瘤学
* 100215	康复医学与理疗学
100216	运动医学
100217	麻醉学
* 100218	急诊医学
1003	**口腔医学**
100320	牙体牙髓病学
100321	牙周病学
* 100322	儿童口腔病学
* 100323	口腔黏膜病学
* 100324	口腔预防医学
100325	口腔颌面外科学
100326	口腔颌面医学影像学
100327	口腔修复学
100328	口腔材料学
100329	口腔正畸学
100330	口腔组织病理学
1004	**公共卫生与预防医学**
	流行病与卫生统计学
100402	劳动卫生与环境卫生学
100403	营养与食品卫生学
100404	少儿卫生与妇幼保健学
100405	卫生毒理学
1006	**中西医结合**
*	中西医结合基础
100602	中西医结合临床
1007	药学

100701	药物化学		
100702	药剂学	03	法　学
100703	生药学	0302	政治学
*100704	药物分析学	*030205	马克思主义理论与思想政治教育
100706	药理学		
100720	[药学]化学生物学	04	教育学
*100721	[药学]临床药学	0402	心理学
		040203	应用心理学
12	管理学		
1204	公共管理	备注	*硕士学位授权点
120402	社会医学与卫生事业管理		

表6-7　2005年在校研究生统计

院系代码	院系名称	博士生	硕士生	合　计
001	数学科学学院	175	236	411
003	力学与工程科学系	85	141	226
004	物理学院	261	309	594
010	化学与分子工程学院	317	173	490
011	生命科学学院	271	152	423
012	地球与空间科学学院	164	204	368
013	环境学院	238	310	548
016	心理学系	54	69	123
017	软件学院	0	497	497
018	新闻与传播学院	45	146	191
020	中国语言文学系	260	252	512
021	历史学系	170	160	330
022	考古文博院	32	66	98
023	哲学系	173	173	346
024	国际关系学院	162	346	508
025	经济学院	109	266	508
028	光华管理学院	151	1050	1201
029	法学院	272	951	1223
030	信息管理系	58	111	168
031	社会学系	67	137	183
032	政府管理学院	187	190	377
039	外国语学院	146	283	429
040	马克思主义学院	41	72	113
043	艺术学系	9	52	61
044	对外汉语教育学院	0	37	37
047	深圳研究生院	11	1071	1082
048	信息科学技术学院	390	866	1256
062	中国经济研究中心	56	179	235
067	教育学院	121	79	200
068	人口研究所	22	40	62
	医学部	927	1036	1963
	总　　计	5021	9631	14652

继 续 教 育

【概况】 2005年是北京大学继续教育发展史上具有重要意义的一年。这一年,北京大学继续教育部在学校的正确领导下,大力贯彻2004年底"北京大学继续教育工作会议"精神,以"转型与创新"、"规范与发展"为工作主线,引领北大继续教育向"高层次,高水平,高效益"的战略目标坚实迈进。

在严格控制成人学历教育规模,稳步发展现代远程教育,重点发展高层次大学后继续教育的工作思路下,继续教育部在2005年3月至6月期间,对机构和人员进行了较大规模的调整。这次机构调整,以整合北大继续教育优秀资源、打造北大继续教育精品、加强校内继续教育工作监管为指导思想,对原有的继续教育管理机构进行了职能上的整合,新设了部分适应培训市场需求和北大创建世界一流大学需要的新机构。调整后的继续教育部,由部机关和成人教育学院、网络教育学院、培训中心3个直属实体组成。其中,部机关下设综合管理办公室、非学历教育办公室、学历教育办公室、教学管理与研究办公室4个职能管理科室。和从前相比,科室总数减少了一个,行政管理效能却有所增强。此外,为了规范管理,这次机构改革压缩了成人教育学院和网络教育学院的内设机构,成人教育学院(除院团委和图书馆外)下设4个职能办公室,网络教育学院下设2个职能办公室。

在机构和人员调整的基础上,北大继续教育工作推出了一系列创新之举:

1. 塑造和推广全校继续教育品牌,加大对全校继续教育的宣传力度。将学校高端培训的名师名课制作成中英文宣传手册、光盘,通过不同渠道赠送海内外客户;充实、完善北大继续教育原有网站,新建北京大学培训中心网站。通过举办公益大讲堂"北京大学管理创新大讲堂"、"中美企业发展高峰论坛"与《北京青年报》、搜狐网、《财经文摘》等知名媒体建立起战略合作关系,以便媒体关注北大继续教育。此外,还通过参加海峡两岸继续教育论坛等学术交流活动进一步扩大学校继续教育的影响。

2. 开发新增长点。在学校继续教育转型发展的过程中,锐意进取,积极开拓培训市场,努力开发新的增长点。将中国人保、中国人寿、中国再保险等三大国有保险公司的高端培训囊括进来;搭"奥运经济"之车,为北京市政府举办公务员英语培训,此班由北京大学培训中心开发,交外国语学院承办,是北京大学培训中心直接支持院系发展的一个例子;开发了宣传文化系统的培训,与江苏省委宣传部签订5年合作计划,开展宣传文化系统"五个一批"人才培训;承担国务院信息化系统的培训业务,开发政府信息化系统的培训市场。

3. 开展国际合作。国际化是北大继续教育工作会议上所明确的一个重要方向。2005年,继续教育部在开展继续教育的国际合作方面做了一些卓有成效的工作:12月17日,继续教育部联合北京青年报社、美国泛太平洋风险投资集团、美国中国旅美科技协会举办了"中美企业发展高峰论坛——全球视野:中国企业国际化道路",邀请中外著名企业的高管共同探讨中国企业的国际化道路;借用美国的师资力量和教学方式,与美国中美文化交流协会(ESCC)合作在北大开办英语文化班;此外,还与俄罗斯莫斯科大学、圣彼得堡财经大学、美国加州大学伯克利分校、加拿大多伦多大学、澳大利亚澳洲国立大学、意大利政府科技局进行了合作洽谈。

4. 创新师资培训。为进一步提高师资培训的质量,调动师生积极性,继续教育部在访问学者、进修教师中适时推出了访问学者、进修教师"优秀成绩奖"、"创新成果奖"、"精诚合作奖"、"杰出导师奖"、"社会实践活动基金"、"优秀论文专刊"等六大奖励工程。

5. 加强理论研究。理论研究是实践的先导,继续教育部配合学校继续教育改革发展的需要,组织有关教育学专家、职能部门的管理人员积极申报北京市继续教育的课题研究,目前课题"高端培训与一流大学继续教育的转型创新"已经得到北京市教委立项批准。此外,还组织人员开展"国内高端培训市场调研分析"、"继续教育的国际比较研究"、"全球化视野下的继续教育"等课题的研究。2005年12月,在香港召开的第六届海峡两岸继续教育论坛上,北京大学继续教育部的主题论文"继续教育的转型创新与专业化道路的选择"得到与会两岸四地兄弟院校的好评。

此外,继续教育部进一步强化了检查、监控、管理的职能,与学校两办督查室、法律顾问办公室等相关部门加强配合,加大了对北大继续教育市场的监管力度,通过法律手段和其他综合手段,严格治理社会公司假冒北大名义办学,损坏学校利益以及直接损害各院系继续教育事业发展的情况。

在北大继续教育部的组织协调下,2005年校内培训市场不断得到规范,优秀教学资源在跨学科跨院系甚至跨学校的范围内得到整合,以"名师名课"、"前沿系列讲

座"等形式推出的精品培训也开始受到社会的广泛欢迎。在打造精品的过程中,那些原先就具有良好培训成绩的院系得到了更好的发展,培训精品越做越多;那些在培训工作中起步较晚的院系则得到学校的重点扶持,并在主动挖潜与主动发展中渐入佳境。整个北大的培训工作开始呈现出总体进步、内外和谐、优化高效的发展势头。

【学历教育】 2005年教育部下达北京大学成人高等教育招生计划总数是5200人,其中专科2010人,专升本2590人,高中起点本科毕业生(高起本)600人。北京大学编制的分省计划总数是3900人,其中专科1000人,专升本2300人,高起本600人。全校共有9个院系37个专业招生,招生计划分布在12个省、市、自治区,其中北京地区3260人,外地640人。在3900人的总名额中,医学部1200人,均为北京地区夜大(其中专科500人、专升本700人);校本部2700人,其中函授640人、专科100人(珠海)、专升本540人;夜大660人,均为专升本;脱产1400人,其中专科400人、专升本400人、高起本600人。由于校本部招生层次的调整,教育部下达的专科计划剩余1010人,另外还预留了290个的本科计划,用于录取时调剂到生源较好的地区或专业。

在学历教育方面,2005年北京大学共录取成人高考学生4080人,其中校本部2842人,医学部1238人。校本部函授611人(专升本488人,专科123人)、夜大学774人(专升本)、脱产班1457人(高本750人、专升本367人、专科340人)。医学部专升本703人,专科535人。远程教育自主招生考试共录取12416人,其中高本4546人、专升本7870人。

2005年招生工作的重点是贯彻落实教育部关于高校招生工作实施阳光工程的精神。学历教育办公室积极响应并采取有力措施,在建立和完善以"六公开"为主要内容的信息公开制度上做了积极的努力,对社会和考生公开招生章程、招生计划、收费标准,及时公布考试成绩,在录取结束后当日公布录取结果查询办法,将录取分数线和录取信息在网上公布,通过咨询电话接受考生咨询和申诉,并向校纪委汇报实施阳光工程的情况,主动接受纪检监察部门的监督指导。实施招生阳光工程的另一个主要内容是严格执行招生工作"六不准",学历教育办公室在整个招生录取过程中从未出现过违规行为,确保招生工作的公平、公正、公开。

截至2005年12月16日,北大成人高等学历教育在校生总计25579人,其中函授1831人、夜大学1659人、脱产班4619人、网络教育17470人;从学历层次上看,高中起点专科2448人,高中起点本科7268人,专升本15863人。

2005年共办理学籍异动手续80人次,其中休学23人、复学1人、转站9人、转专业18人、转学习形式5人、转学(出)3人、转学(入)21人。

为全面贯彻落实教育部新颁布的《普通高等学校学生管理规定》,继续教育部学历教育办公室积极参与了《北京大学成人高等学历教育学籍管理细则》的修订工作,并承担了"入学与注册"、"转专业、转学习形式、转学、转函授站或远程教学中心"、"休学、复学"、"退学"、"毕业、结业、肄业"等章节的执笔任务。学历教育办公室由原招生办公室和学籍管理办公室合并而成,为明确职责,加强继续教育部的管理职能,规范全校各院系成人高等学历教育的招生、学籍管理工作。学历教育办公室起草了《学历教育办公室管理职能》、《学历教育办公室年度工作进程表》、《学历教育办公室年度归档清单》等文件,并针对网络教育学院自主招生的特殊性,起草了《北京大学现代远程教育网络高等学历教育招生、学籍管理若干问题暂行规定》。逐步健全完善管理制度,旨在促进全校成人高等学历教育健康有序地发展。

毕业生学历证书电子注册工作是学历教育管理中的一项重要工作。2005年,在总结以往经验的基础上,继续教育部学历教育办公室对这项工作进一步加强了规范管理。首先是对毕业生数据进行统一集中管理,对毕业资格审核工作严格把关,强调录取大表(新生录取名单)的重要性和唯一性。在部领导的支持下添置了新的打印机,由学历教育办公室统一打印毕业证书,并与北京市教委沟通协商,将注册时间往后延迟,确保上报的数据都是成绩合格准予毕业的学生。因而改变了以前毕业证书积压,有些学生在未取得毕业资格时就已经获得了证书电子注册的现象。

2005年1月和7月进行毕业生学历证书电子注册工作。两次毕业生总计10220人,其中1月毕业生1314人,7月毕业生8906人。从办学形式上分,函授毕业生1842人,夜大学毕业生898人,脱产班毕业生954人,网络教育毕业生6526人;从层次上分,专科毕业生1691人,高中起点本科毕业生878人,专升本毕业生7651人。

在合作办学方面,继续教育部学历教育办公室大力推动各院系积极开展合作办学,探索成人高等学历教育办学新模式。2005年3月份,根据教育部批复,北大信息管理系与澳门业余进修中心暨澳门图书馆与资讯管理协会合办图书馆学与资讯管理大专班的事宜归口到成人高等教育系列,继续教育部学历教育办公室承办了起草报告、办理报批手续以及与院系及澳门方协调联系等工作。

【教学管理】 鉴于新《普通高校学

生管理规定》出台等新形势、新情况的出现,继续教育部自2005年7月开始对《北京大学成人高等学历教育学籍管理细则》、《北京大学成人教育考核工作条例》两大管理规定进行全面修订。

修订工作领导小组由继续教育部部长郑学益和副部长李国斌、侯建军组成;工作小组包括继续教育部、网络教育学院、应用文理学院等单位的有关工作人员。此次修订主要是依据《高等教育法》等法律、法规,参照《普通高等学校学生管理规定》,同时注意与北京大学其他教育形式的管理规定协调一致,根据北京大学成人高等学历教育的客观情况与发展规划,进行了全面、彻底的研究和整理。

2005年8月,经多次研究和讨论,工作小组提交修订草稿,交继续教育部、应用文理学院、网络教育学院征求意见;2005年10月,根据各方意见,工作小组提交修订草稿第二稿,交继续教育部、应用文理学院、网络教育学院有关领导征求意见;2005年11月7日,就修订草稿第三稿事宜,召开继续教育部、应用文理学院、网络教育学院有关领导、各相关院系成人教育工作人员参加的管理规定修订研讨会,对这两个规定进行了全方位的研究和讨论。根据会议讨论结果,工作小组拟定初步定稿,提交各相关院系主管成人教育的领导征求意见;2005年12月形成最终定稿,报学校审批。

【进修教师与访问学者】 进修教师的总体规模继续扩大,品牌项目优势明显,管理工作进入创新阶段。2005年北京大学全年共接收访问学者及进修教师411人,分别来自全国近百所高等院校,其中具有副教授以上职称、从事课题研究的国内访问学者165名,以系统学习专业知识为主的进修教师246名,均比上年略有增加。由于国家对西部地区教育的支持,在北京大学接收的全部进修教师中,来自西部地区、属于合作项目系统的学员在逐年增加。其中由中共中央组织部、教育部、人事部、财政部联合实施并资助所有经费,选送西部地区的高校教师到国内重点大学研修访问的"西部之光"项目的访问学者13人;属于"北大-云南省校合作"项目的访问学者15人;北京大学对口支援新疆石河子大学的"手拉手"项目的进修教师和访问学者17人;受教育部委托,新疆教育厅集中培养的大学教师40人、中学英语和语文教师共70人;新疆兵团集中培养的教师38人;来自全国各高校的骨干访问学者18名。经过导师的认真推荐和学报编辑部的审核、筛选,最终36篇有一定学术水平的论文被北大学报刊登,编辑出版了《北京大学学报——北京大学国内访问学者、进修教师论文专刊》。2005年,北京大学在全国高校中首次推出了进修教师、访问学者的六大奖励工程,以激励机制培养造就高层次的教学、科研人才,积极推动我国的教育改革和发展。2005年4月,在纪念师资培训网络体系成立20周年大会上,北京大学做了关于进修教师培训的经验交流,北京大学的文章"为西部培养人才,人与社会携手共进"收录为大会专做的纪念文章。

2005年5月10日,中组部人才局、教育部人事司相关领导组成的考察组一行六人来到北大考察"西部之光"访问学者的工作落实情况。考察组首先视察了"西部之光"学者的工作环境,在北大化学学院的实验室里,考察组观看了"西部之光"学员在实验室的工作情况。随后,考察组一行来到邮电疗养院,看望了住宿在这里的"西部之光"访问学者。看到学员们良好的生活条件,考察组的领导表示很满意,充分肯定了北大对"西部之光"访问学者所做的各项工作,对北大为这批学员生活、学习方面的安排非常满意,认为北大在教学及管理方面做出了许多"亮点"。

【自学考试】 2005年,北京大学自学考试的总体规模保持稳定,管理创新有所突破。北京大学作为主考学校完成了在北京市承担的4个专业和3门公共课程的命题、阅卷、相关课程的实习实验、本科毕业学生的论文指导与答辩等主考任务,以及各主考专业毕业材料审核等工作;阅卷总量约为34.5万份,专科和本科毕业学生共计6509人,获得北京大学(成人教育系列)学士学位的本科毕业生2522人。北京大学有3个单位举办了全日制自学考试辅导班,入学新生约1174人,现有在校生约2003人;2个单位举办了业余形式的自学考试辅导班,约有2600人次参加学习。北京大学在广东省承担的4个自学考试主考专业的相关工作全部完成,毕业学生255人,获得北京大学学士学位的本科毕业生133人。应北京教育考试院的请求,经过双方多次协商,北京大学同意承担北京市日语专业的主考任务,命题、阅卷、相关课程的实习实验、本科毕业学生的论文指导与答辩等具体工作由外国语学院日语系负责。为了探索自学考试的管理创新,经北京大学教务部提议,北京教育考试院与北京大学进行了多次磋商论证,由北京教育考试院颁布了《北京大学在籍'无法按时毕业'的学生自学考试参加学习的试点方案及实施细则》。2005年是北京市自学考试建立并成功运行25周年,北京教育考试院编辑出版了论文集《理论研究与实践》,其中包括北大继续教育部非学历教育办公室安会泳、樊虹、焦云侠提交的论文"教育国际化与我国高等教育自学考试的发展"。2005年年底,北京大学继续教育部与北京教育考试院自学考试办公室经过多次协商,决定成

立北京大学自学考试工作小组，全面启动自学考试改革与试点工作。

【高端培训】 高层次继续教育与短期非学历教育的总体规模保持稳定，办学单位有所增加。2005年在继续教育部非学历教育办公室的统一管理和协调下，校内28个单位全年共举办高级研修班和短期培训班147个，培训学员11645人，其中高级研修班129个、学员6860人。在28个办学单位中，经济学院、光华管理学院、心理学系、信息科学技术学院、北大附中、继续教育部（北大培训中心）、法学院的招生人数均超过500人。在品牌项目方面，经济学院的"中国企业家特训班"已连续举办26期，"金融投资家高级研修班"已连续举办8期、"现代经理人高级研修班"已连续举办9期；光华管理学院的"高层经理工商管理系列课程研修班"已连续举办11期，每期3个班；继续教育部（北大培训中心）的"现代公共管理高级研修班"、贵州省委组织部的"经济管理高级研修班"、中国人民财产保险股份有限公司、中国人寿保险股份有限公司的"中青年领导干部高级研修班"均多年连续举办，获得委托单位的高度赞赏；社会学系的"北京大学商务与社会总裁战略研修班"和哲学系的"管理哲学与企业竞争谋略董事长高级研修班"也已经成为品牌项目。

【成人教育学院】 北京大学成人（继续）教育学院，又称北京大学应用文理学院，是北京大学继续教育部直属的专门从事成人、继续教育以及其他社会教育服务的专门化学院。学院有两个校区——北京大学圆明园校区和昌平校区。学院目前有教职工220余人，其中专科以上学历者占全体总数的2/3。

2005年是学院落实北京大学继续教育工作会议精神，推动学院体制调整、规范化管理的一年。学院顺利完成了院领导班子的换届、理顺管理体制、调整机构设置及人员调配的工作，在办学规模、综合管理、资源建设、学生工作、校园文化等方面都取得了进一步发展。

2005年春季共有1547名新生入学。目前，学院有脱产住校学生4938人。其中，昌平校区有3476人，共45个班级，学历生有2632人，非学历生有844人；圆明园校区共有学生1462人，共22个班，学历生有1210人，非学历生有252人。全院共有脱产住校学历生3842人，脱产住校非学历生1096人。学生学习层次有高中起点本科、高中起点专科、专科起点本科、培训等，专业有国际经济与贸易、金融学、金融保险、法学、法律事务、英语、应用英语、计算机科学与技术、计算机应用技术、财务管理、市场营销等11个。

1. 教学管理。学院致力于学生素质、能力的提高，注意组织协调好各种教育资源，不断加强教学管理，推动了教学质量稳步提高。在组织教与学的过程中，一是制定一系列管理规定，督促学生认真学习，用典型激发学生的学习兴趣，引导学生立志成材；二是认真审定教学计划，教学安排真正落实到位，针对成人教育特点，改进教学管理机制，突出应用与创新，完善教学内容，加强对学生基本信息与教师教案的合理掌控和归档，建立学生管理的数据库；三是制定教学检查制度，设立专人专职检查教学效果，通过抽查、听课、民主评议等加强和完善对教师教学的监督，使教师在教学上加强针对性，既强调全面，又突出重点；四是设立专门的教学监督机制，教学管理人员随机抽查学生到课率，并及时张榜公布，班主任每节课均检查到课率，引导学生增强学习自觉性；五是以学风建设为重点，全面提高校园文明建设水平，努力为学生创造一个良好的学习氛围。

2005年，学院进一步学习和熟悉学校所制定的《北京大学成人教育考核工作细则》、《北京大学成人高等学历教育学籍管理办法》等教学管理文件，进一步完善和规范教学管理文件的整理与保管。在日常教学管理工作中，认真研究教学计划、教学进程、教学课表，做到管理工作的首问责任制，处理问题不拖拉；加强与教学院系的沟通与合作，召开各院系教学负责人的工作会议；召开教师座谈会和学生座谈会，总结教学管理中的问题与经验；认真严密地安排每学期的考查考试工作，强化了考风考纪管理；成立教学组，自主完成财务管理和市场营销专业的教学，为学院的师资和学科建设打下了好基础。

2. 招生与培训。为了总结经验，提高生源数量与质量，更好地做好学院培训班的招生工作，在春季入学的新生中进行了问卷调查。调查结果反映，学生了解招生信息的渠道有亲友和同学介绍、来学院实地考察、电话咨询、查询网站等，因此学院在招生宣传中充分发挥网络的作用，在网站上发布招生简章，认真耐心地做好现场报名和电话咨询服务工作，既节约了经费开支，又赢得了信誉。从6月10日开始招生至8月底，高中起点培训班学生达811人，专升本培训班学生达158人。通过师生的共同努力，顺利完成了培训班的考前辅导及成考后的学习培训。2005年成人高考秋季招生共录取1522人，其中本科录取847人、专科录取324人、专升本录取351人。此外，还完成了北京大学ESEC英语特训班第13、14期的招生培训。

3. 2005年暑期工作研讨会。面对学校继续教育改革与发展的新形势，成人教育事业遇到了许多新困难和问题，继续保持学院的可持续发展是一个重要课题。2005年暑假，学院召开工作研讨会，会议决定顺应学校发展高层次、高水平、高效益继续教育的要求，继续

发展专升本学历教育,并在以后首先努力搞好专升本学历教育和培训类非学历教育相结合、相促进的新教育模式,努力探索成人高等教育办学新路子。在这个过程中努力开拓新渠道,争取在国内外合作方面迈出新步伐,并最终朝着重点向高层次继续教育转移的目标迈进。研讨会还对学院的定岗定编、人员聘用、工资改革方案、规章制度等进行了讨论。

4. 综合管理与资源建设。2005年,学院全面制定和修订学院教学、行政、学生工作、安全保卫、后勤服务等各方面的规章制度,制定了北京大学成人脱产班学生手册,做到学院各项工作有章可循,有章可依。

继续抓紧制度建设,从教学、教务、学生管理、财务管理、后勤保障等几个方面制定和修订了包括《成人脱产班学生违纪处罚条例(试行)》、《车辆停放管理办法》、《驾驶员及车辆管理规定》、《台式电脑、笔记本电脑使用管理办法》等十几个规章制度,保证了2005年从教学到公共安全的各项工作基本上没有出现大的问题。

制定了一系列学生管理规定和学生行为准则,如《北京大学应用文理学院学生宿舍管理规定》、《进修教师宿舍管理规定十条》等,加强了专职班主任队伍的建设与培训,使班主任的工作贴近学生、贴近生活,通过专职班主任和学生党、团、学生会组织,形成"点—线—面"为一体的管理模式,构筑了学院与学生沟通的联系网络,完善了学院的学生工作管理体系。通过细致认真地工作,努力培养学生树立勤奋、团结、求实、进取的学风,使学生的综合素质得到全面的提高。

增加办学投入,稳步改善办学条件,营造良好的育人环境。2005年共投入近百万元,用于购置教学设备、图书、电脑、多媒体语音教室装备,并进行了电话改造、单体视听室建设、园林绿化等工作,改善了学院的办学环境。

暑假期间对两校区的学生宿舍进行了改造,粉刷墙面,铺设地砖,安装空调,按国家规定布设网线及电源插座,学生宿舍整体面貌焕然一新,学习生活环境得到改善和提高。

更新管理队伍,培训管理人员业务能力,提高整体素质,增添了现代化办公设备,建设了学院的网络,实现了办公自动化。

推行校园一卡通工程。通过一卡通的实施使学院两个校区各个点的消费都集成到校园卡上,实现了智能化和自动化,提高了使用效率,极大方便了学生的学习生活。由于浴室、开水房采用了智能节水系统,每月能够节约近一半的水量。

改造学生宿舍电话,推行了"孤岛卡"电话系统,既方便了学生的使用,又帮助学生节约了开支。

投入25万元新购图书5237册,订阅期刊3000本及报纸18250份,增大了图书馆的图书和期刊藏量。在昌平校区图书馆投资6万元建设了单体视听室,采购了音像媒体资料,并正式启用。

对两校区多媒体教室进行升级改造。尤其是新建的两个语音教室,采用了市场上最强大的NewClass语音教学系统,产品功能和性能都优于校本部目前使用的语音教室,现代化教育技术得到了充分的应用。目前学院现拥有计算机机房8个、多媒体教室29个、语音教室6个,还建设有多媒体远程主控点播学习实验教室、单片机开发应用实验室、微机接口实验室、模拟和数字电路实验室等。

总务办每天对食堂进行食品卫生、饭菜品种、质量数量检查监督,做好详细记录,及时收集学生对伙食及服务的意见,并广泛宣传食品卫生安全知识,保障了学生的饮食卫生安全。

针对综合服务中心存在的问题和教职工、学生的反映,学院整顿并规范了综合服务中心的经营,对于违反学院规定的经营者一律"请"出校园。利用暑假时间,在学生开学前完成了综合服务中心的新老交替,切实保障并解决了学生学习和生活上的需求。学院花大力气加强对学院餐饮和综合服务中心的监督管理,完善服务中心的功能。

抓稳定、保安全,创建有益于学院发展的良好环境。2005年,进一步加强学院内部管理与周边环境治理。学院6月20日发出公告:院内各单位和个人(包括校内外常驻本院单位和个人)未经学院批准,禁止擅自摆摊设点和从事其他经商行为;禁止饲养一切动物(包括家禽);禁止私自开荒种地;不准私自留宿外来无关人员居住;禁止向学生出售白酒,禁止向学生宿舍售卖成箱啤酒,等等。学院还联系昌平校区属地城管和村委会,克服困难,解决长期滞留在校门口的"黑车"的问题,保障了师生的出行安全。学院修订了"北京大学应用文理学院关于处理突发事件、治安灾害事件的应急预案"和"干部夜间值班制度",保卫部门坚持全年24小时值班制度,节假日和假期由院领导和干部值班,周末由班主任24小时值班。定期进行安全检查,排查直接关系学生的思想、学习和生活及影响着学院稳定的因素,逐条进行检查和整改,力图消除一切安全隐患,切实保障好学院的正常教学、学习、生活秩序的稳定。

5. 党、学、团、工会建设及校园文化建设。学院重视党、学、团、工会的建设及校园文化建设。2005年学院坚持贯彻学习"三个代表"重要思想,根据中央、北京市和学校的统一安排,结合学院的实际情况和党员队伍建设的现状,开

展了以学习实践"三个代表"重要思想为主要内容的保持共产党员先进性教育活动,巩固和加强党、团、学、工会等组织建设,广泛开展各种有益于提高师生政治思想觉悟的活动。先后组织学习《中共中央关于加强党的执政能力建设的决定》、《反国家分裂法》等;召开教职工和学生党团骨干会议,学习贯彻《中共中央、国务院关于进行一步加强和改进大学生思想政治教育的意见》;组织参观北京市反腐倡廉警示教育展览、董存瑞烈士纪念馆、张北坝上草原、元中都遗址、北大红楼等,使师生接受爱国主义教育;组织参加学校和校外开展的各项活动,并荣获北京大学青年志愿者"先进集体奖"、北京大学运动会"甲组男女团体总分第三名"、仪仗队"精神文明奖"、北京大学第13届"挑战杯"——五四青年科学奖竞赛三等奖及鼓励奖、首都高校"先锋杯"优秀团支部奖、北京市"德青杯"文明手机短信大赛活动三等奖、"学雷锋、迎奥运"主题志愿者活动"优秀项目奖"、北京大学第六届"纽曼杯"演讲十佳大赛总决赛"演讲十佳提名奖"、北京大学"修身养性、报国为勇做先锋"主题团日特色活动奖等多项奖励,同时学院工会还荣获校工会"先进教工之家"荣誉称号,院团委荣获北京大学"先进团委"称号。

学院认真做好入党积极分子培养和考察工作,定期组织理论学习和考察,做好党课培训。通过设立"我身边的共产党员"专栏,观看电影《惊涛骇浪》,开展党课讲座等措施,认真做好党员发展工作。2005年,有1000余人递交了入党申请书,有300多人参加了党校学习,发展党员74人,预备党员转正45人。

学院十分重视学生综合素质和创造性思维能力的培养,积极推进以"文明生活,健康成才"为主旋律的校园文化建设。创立了《学生工作通讯》、《团内信息》和《毕业指南》,并在网站上发布,及时汇总学生工作状况;专门在网站上开辟党建栏目,组织网上党校、团校;开办广播电台,活跃校园文化氛围,加强对学生的思想品德教育和新生入学前教育;引导学生开展青年志愿者行动和暑期社会实践活动;举行"发挥自我才能,展现精彩人生"为主题的体育文化周活动;举办"从中国文化看中国"、"健康生活,快乐工作"、"从文学看台湾"和"如何规划自己的财务人生"等名家主题讲座及"感恩·奉献"主题报告会;举办迎新生文艺汇演、纪念"一二·九"师生歌咏比赛、"创意杯"设计大赛和"继承传统,突破创新,做新时代健康北大人"主题冬季拔河比赛等活动;开展"一校带一镇"服务社区、服务居委的"奥运英语进社区"活动、"送书下乡到社区"活动和"献爱心,送温暖"慰问活动。2005年,共有812名学生获得了三好学生、优秀学生干部、学习优秀奖、社会工作奖、文体优秀奖和优秀毕业生等奖励。

【网络教育】 2005年是北京大学远程教育持续发展的一年。继2004年12月全校继续教育工作会议之后,北京大学于2005年3月2日下发文件《关于成立北京大学网络教育学院的通知》,宣布成立北京大学网络教育学院,任命侯建军教授为网络教育学院院长,王鹏副教授为网络教育学院副院长。网络教育学院是继续教育部的直属办学实体机构,负责统筹规划、协调、组织和管理全校面向社会开展网络教育方面的具体工作。网络教育学院下设6个部门:综合办公室、教学与教务管理办公室、招生办公室、技术部、资源部、北京中心。

2005年4月26~30日,北京大学网络教育学院在广西桂林召开了"2005年度网络教育学院工作会议",对2004年工作进行了总结,各教学中心在会上交流讨论了一年来的远程教育管理工作。根据几年来各教学中心的管理和学生服务情况,2005年北京大学网络教育学院首次评选并表彰了2个"优秀教学中心":浙江教学中心、广东北达经贸专修学院教学中心,并由这两个教学中心对各自的工作和成绩做了汇报。

2005年,网络教育学院陆续与各地院校及教育单位合作建立远程教育校外教学中心,包括云南大学网络教育学院、天津南开大学允公高等进修学院、内蒙古大学成人教育学院等17个教学中心。这些教学中心已经在2005年秋季和2006年春季陆续展开了招生。

1. 招生工作。2005年网络教育学院招生工作比较繁忙,招生次数增加(共计6次),报名学生数量增加。1月16日进行春季入学考试;4月20日、8月20日、9月24日先后举行了2005年秋季招生的三次入学考试。10月15日,针对高检、高法系统法学远程教育,进行了第四次招生入学考试;11月20日举行2005年秋季招生第五次入学考试。2005年的招生考试共录取学生12436名,其中,高检、高法系统招生6748人。

2. 教学与教务。2月26日,春季学期学生开学,注册14674人(含英华5205人),其中新生1540人;9月3日,秋季学期学生报到,注册19023人(含英华8781人),其中新生3710人。

4月,对教学计划进行大规模调整,将总教学计划分为春秋两季,分别于春秋两季执行。对经济类的教学计划做了统一修订,保证课程名称统一、学分统一。2005年春季学期开始增加专升本层次信息管理与信息系统专业、高升本层次国际经济与贸易专业,共计开设10个专业层次;2005秋季招生增加了风险管理与保险学专业(高升本、专升本两层次)、市场营销高升本,共计开设13个专业层次。

除法学专业和行政管理专业外，2005春季共进行语音答疑94场、复习答疑66场，文字答疑区学生提问200多条；布置了62门课程的作业，公布了101门课程的复习提纲。秋季进行语音答疑128场、复习答疑57场，文字答疑700条；布置了73门课程的作业；对50门课程提供了学习指导；公布了102门课程的复习提纲。

2005年网络教育学院共有2339名学生申请毕业，其中2005年春季毕业生607人，秋季毕业生1732人。2005年实际毕业人数为2235名，授予学位1194人，本年度学位授予率53.42%。

5月28日，北京地区学生参加试点高校网络教育公共基础课第一次统一考试，北京教学中心共153人报考，73人通过大学英语B。

3. 技术支持。2005年初，为配合招生工作，网络教育学院技术部更改了招生阶段数据采集办法，增加采集考生身份证、学历毕业证的电子扫描图像，同时增加考生报名信息签字确认环节。

根据教学管理需求，2005年网络教育学院对教学教务管理程序做了修改，进一步满足了学院招生管理、学籍管理、毕业管理等的需要，同时启动了2006春新生收费管理、选课、选考、分班等程序的开发工作。

2005年下半年，技术部配合财务工作，安装调试有关收费程序。2005年秋季开始，北京地区学生用农行金穗卡缴纳学费，并实现了机打发票。2005年底，起草了"北京大学网络教育学院学生学费收缴管理办法"。

4. 远程教育合作。2005年下半年，北大与最高人民检察院和最高人民法院分别签订合作协议，在原举办专升本教育的基础上进行高中起点法学本科学历网络教育。截至2005年年底，在全国高检、高法系统共录取6600余名学员参加法学本科学历网络教育。

7月，网络教育学院与北京奥鹏远程教育中心合作，委托奥鹏在北大授权范围内的全国9个区域招生。

2005年网络教育学院接待哈佛大学教育研究院、英国公开大学等十几所国外高校，就网络教育发展及合作进行探讨。

5. 非学历教育培训。2005年3月，网络教育学院就中小学师资培训教育设计了方案及执行计划，上报教育部相关部门，同时开通"北京中小学教师远程教育课堂"网站，提供网络课程和学习资讯。课件资源包括近200课时的网络课件和60课时的光盘课件。

【培训中心】 2005年3月，学校按照市场化模式组建了北京大学培训中心，从学校层面开展综合性、跨学科的培训，并为相关院系开发培训市场。培训中心下设市场开发部、人力资源部、教学管理部、公共关系部、国际开发部、技术保障部等6部门。培训中心努力营造热爱学习、终身学习、与时俱进、勇于创新的工作氛围，打造创新型、学习型的团队，锐意进取，积极开拓培训市场，努力开发新的增长点。

在继续教育部协调下，培训中心将开发出的部分培训业务直接交给相关院系举办，加大了在市场开发方面对院系的扶持力度；塑造和推广全校继续教育品牌，加大对全校继续教育的宣传力度。

培训中心还将学校高端培训的名师名课制作成中英文宣传手册、光盘，通过不同渠道赠送给海内外客户，并通过举办公益大讲堂"北京大学管理创新大讲堂"、"中美企业发展高峰论坛"，与北京青年报社、搜狐网站、《财经文摘》杂志社等知名媒体建立起战略合作关系，希望媒体关注北大的高端培训。还通过参加海峡两岸论坛等学术交流活动，进一步扩大学校继续教育的影响。

2005年，培训中心在开展继续教育的国际合作方面做了一些卓有成效的工作。12月17日，培训中心与北京青年报社、[美]泛太平洋风险投资集团、[美]中国旅美科技协会举办"中美企业发展高峰论坛——全球视野：中国企业国际化道路"，邀请中外著名企业的高管共同探讨中国企业的国际化道路。

2005年12月初，在香港召开的"第六届海峡两岸继续教育论坛"上，培训中心代表学校宣读的主题论文"继续教育的转型创新与专业化道路的选择"，得到与会两岸四地兄弟院校的好评。

2005年，培训中心举办了"北京大学-中国人保第八期保险青年干部研修班"、第二期"信息资源开发利用工作研修班"、"首期江苏省'五个一批'人才高级研修班"、"第七期贵州省经济管理高级研修班"、"贵阳市委直机关党组织书记研修班"等一批高层次研修班。其中，"北大-中国人保"研修班以精湛的教学和良好的服务被中国人保公司列为精品培训项目，为推动学校与公司的进一步合作打下了很好基础；"首期江苏省'五个一批'人才高级研修班"近40名学员中，有多名教授、高级记者、高级编辑、一级演员、一级美术师、一级演奏员、二级作家等，其中具有硕士以上学位的人员占41%、具有副高级以上职称的人员占72%。这些学界和业界的杰出人才选择北大作为自己不断提高的地方，充分说明北大培训水平和培训质量在社会上的影响——巨大的声誉和良好的口碑，也在一定程度上凸显了北大培训品牌的高含金量和吸引力。

这些综合性、跨学科的培训班，均采用了"名师名课"、"前沿讲座"的教学形式。授课的著名教授们理论联系实际，有的放矢

地在课堂上精讲了自己最有心得的前沿成果,受到了学员们的热烈欢迎。

作为继续教育部直属的办学实体,北京大学培训中心在精心组织上述研修班的同时,还按照公司化的运作模式完成了第一轮人员的招聘工作,首批招聘的20余名人员已全部到位。培训中心新的办公场所也已投入使用,中心的内部制度也正在逐步建设和完善之中。

医学继续教育

【发展概况】 2005年,医学部继续教育处在学校各级领导的关心支持下,在学校继续教育工作会议精神指导下,积极加强与上级主管部门的沟通,在调研和总结的基础上,拓展了医学部高层次继续医学教育工作,在保证质量、打造品牌的基础上,以求增加合理的经济效益。医学部继续教育处深化住院医师规范化培训工作,不但注重了过程管理和人文关怀,更注重了质量管理,得到各二级单位的认可,也发现了亟待解决的问题;深化内部管理,加强队伍建设,注重梯队培养,充分发挥每一位人员的作用,尤其注重发挥老同志多年积累的管理经验,并培养循证办公意识,规范办公例会,健全办公自动化系统和建立专家数据库,提高了管理能力、水平和效益。

2005年医学继续教育继续保持全国领先地位:医学部继续教育处当选为中国高等教育学会高校继续教育分会常务理事单位和中华医学会医学教育分会继续教育学组组长单位;北京大学第一医院、北京大学人民医院和北京大学首钢医院在北京市2005年医学继续教育评估工作中获得了优秀集体荣誉;参加了卫生部"住院医师/专科医师规范化培训"相关规定的起草工作,并应邀为福建省卫生厅、江苏省卫生厅、贵阳医学院附属医院等省(市)单位介绍住院医师规范化培训经验;完成了卫生部课题"医学终身教育"的子课题——"毕业后医学教育和继续医学教育中的住院医师规范化培训"撰写工作,并重点修改了继续医学教育部分;派专家参加了北京市卫生局的北京市专科医师培训基地评估工作和北京市专科医师培训部分培训细则的制定工作;在保质保量完成国家人事部"西部少数民族学科骨干培养"项目的同时,积极主动协助人事部设计了医学类继续教育短期项目。

【住院医师规范化培训】 2005年顺利完成了住院医师规范化培训两次考核工作,第二阶段229名考生,合格者200名;第一阶段考生251人,合格者151人。考核后,对每一位未通过者进行仔细分析,发现问题所在,针对性提出解决办法;积极策划开展各种讲座,提高住院医师培训质量和通过率。此外,还在教学医院的内科、外科、儿科、麻醉科举办了"名师点播"讲座;在北京医院、中日友好医院、积水潭医院、世纪坛医院、首钢医院、民航总院、深圳医院等7所教学医院对管理干部进行培训,进一步规范管理流程、提高管理水平;为新教工举办岗前培训讲座1次,使住院医师一上岗就明确和正确认识规范化培训的意义和重要性,以提高其接受规范化培训的自觉性和主动性;积极与各医院职能部门沟通,增强二级管理体系管理力度;使教学医院职能部门由临时性转为常规性,逐渐向科室深入,三级管理体系作用明显;修订出版了《北京大学住院医师规范化培训》手册,并按新版要求实施培训。

【项目拓展】 加强学科优势的教学转化,积极举办各类专业培训,培养高层次医学人才。2005年共举办国家级继续教育项目114项,培训学员14570人次;举办市级继续教育项目19项,培训学员1359人次;举办单科进修班93个,培训学员1692人次;举办人事部高级研修班1个,培训西部学员15人;接受各部委托培养学科骨干17人(卫生部委托培养新疆少数民族8人、中组部委托培养"西部之光"7人、人事部委托培养2人);各省卫生厅、医学院校委托培养学科骨干64人(河北卫生厅51人、贵阳医学院附院10人、山西省长治医学院2人、天津汉沽区1人);各单位自主接受高访学员15人,零散进修531人次(新疆石河子大学医学院对口支援教学进修12名、建设兵团医疗进修6名)。培训学员总数达18263人次(其中有西部学员697人次、少数民族学员74人次),为全国医药卫生单位输送了大批高水准人才。

加大了综合性培训工作,将EMBA班办出质量,形成品牌,在获取优质社会效益的基础上,谋求更大的经济效益。对"医院院长EMBA高级研修班"和"医药行业EMBA高级研修班"进一步加强组织领导,规范办学程序,注重教学质量,加强多方合作,开辟办学市场,为打造品牌开展教学研究。2005年新开班10个,结业班9个,培养学员近2000人。与澳门联合举办的续接硕士学位首批学员开始在澳门学习,这一大胆尝试的成功必将开拓一条新的医药卫生管理人才培养途径,也为学校争取到大批经费,支持了学校的进一步办学。

积极利用学校学科优势为西部建设出力,借助临床学科的整合,积极为西部开发新项目。依附新成立的妇产科学系的力量,为青海设计了适合西部需要的妇产科学的继续医学教育项目;为人事部设计并在新疆举办了"重点传染病防治"学习班。这些项目的举办为宣传学校相关学科优势和支持西

部建设起到重要作用,也为西部医学高层次人才培养做出了贡献。

积极开拓新的办班方式,大力支持网络教育学院,通过现代远程方式举办了2个国家级继续教育项目,共培训学员485人,初步探索了远程继续医学教育项目的过程管理、质量保证及正确评估,为获得卫生部相关部门的资质认定做了准备。

加强教学管理和教学基地建设。2005年,通过了卫生部对首批国家级继续教育基地的复评工作,学校基地全部获通过。北京大学第一医院、北京大学人民医院获得北京市继续医学教育工作优秀集体奖励。

举办了406项校级继续教育项目,参加培训的医学部人员52385人次。

组织申报2006年国家级继续医学教育项目160项(新申报项目81项、第一批备案29项、基地项目50项),组织申报北京市级继续医学教育项目12项。

【调研工作】 2005年启动了医学继续教育调研工作。整理分类了1991～2004年以来多渠道导师制学科骨干培训学员名单;分别与国家人事部、河北省卫生厅、新疆维吾尔自治区人事厅、贵阳医学院联系并商定了调研、考察计划,已完成了在贵阳、新疆的调研、考察并填写了人员的信息录入工作;就新疆石河子大学医学院选派进修教师工作,举办学员座谈会并和相关领导沟通;以座谈会形式对临床医院学科骨干导师和学员进行调研,发现了问题并提出解决的办法;规范学科骨干"医学新进展知识讲座"的课程评估,为丰富课程内容,完善课程管理,评价教师教学质量提供科学依据。

【医学部在职教育培训中心】 北京大学医学部在职教育培训中心成立于2002年,是直属于北京大学医学部的二级教学单位,是经北京大学及北京市海淀区教育委员会批准注册的、专门举行在职人员非学历教育、继续教育的教学机构。中心现有10名专职工作人员,中心主任由北京大学医学部副主任李鹰教授兼任,副主任由北京大学医学部继续教育处孟昭群副处长兼任。

培训中心恪守"厚德,博学,济世,尚善"的培训理念,遵守国家法律法规,弘扬北大教育精神,以成人教育和继续教育为途径,面向国内医药卫生行业高层管理人员及执业人员;以医药行业及卫生事业管理的新理念、新思想、新知识、新方法及行业法律法规为主要培训内容,使学员及时了解和掌握行业管理的理论与方法,了解本领域与国内外的现状及最新信息,不断更新、补充、拓展、提高知识和能力,完善知识结构,并不断提高管理素质与执业能力。

北京大学医学部在职教育培训中心已形成跨省市的教育培训网络。目前中心主要开展医疗卫生行业从业人员的继续教育和专业技能培训、医疗卫生行业管理人员及医药企业管理人员的EMBA高端培训,组织医药卫生行业管理人员高级研讨会、论坛、高级峰会、出国考察和学术交流,并组织医药卫生行业管理人员的俱乐部和沙龙。

2005年是北京大学医学部在职教育培训中心EMBA高端培训快速发展的一年。通过内部管理体制的建立,教育教学进一步实现规范化管理,服务质量进一步提高。通过与地方医疗卫生主管部门和培训机构的合作,在广东、湖北、浙江、上海、四川、山东、新疆分别开办了EMBA高级研修班。2005年开设医院院长班7个、医药企业总裁班3个,其中培训中心独立开班2个、合作办班8个,结业班9个。近2000人参加培训,遍及除香港、澳门、台湾、新疆、西藏以外的国内各省。医院院长班学员以县市级医疗机构人员(公立和民营)为主,包括部分军队和武警医院学员;医药总裁班学员以国家中小企业医药公司学院为主,其中相当一部分为民营企业。中心还针对医药卫生行业的现实问题,开展短期专题培训。中心还举办各种研讨会和论坛,邀请专家学者和广大医药卫生行业的同行,研讨和交流我国医药卫生行业的热点和难点问题。

医学部在职教育培训中心的教学模式是:采用在职不脱产培训和集中面授相结合,集中授课和讲座相结合,为学员提供方便的学习方式。

11月,在职教育培训中心作为协办单位参与举办中央电视台大型公益活动——医学大家进校园。医学部副主任李鹰教授代表在职教育培训中心向有关学校赠送《医学大家访谈》光盘和书籍。

为总结2005年在职教育培训的经验,规范EMBA培训项目的教学管理体系,医学部在职教育培训中心于12月21日举办年会。全国人大常委会副委员长、北京大学医学部主任韩启德院士,卫生部医政司长王羽,北京大学常务副校长、医学部常务副主任柯杨教授,北京大学医学部副主任刘玉村教授和北京大学经济学院雎国余教授出席会议并发表演讲。韩启德副委员长在演讲中提出了当前需要摸索和研究的7个方面的问题,包括医疗卫生改革的取向、加强广大农村地区的医疗卫生事业建设、社区医疗机构的定位、扩大医疗保险的覆盖面、对医疗费用的控制特别是对药价的控制、公共卫生体系的保证、政府部门对医疗卫生管理的职能等。他指出,必须综合考虑这些问题的解决方法,不能用单一的思维方式解决问题。在目前建设和谐社会的大环境下,医务工作者特别是医院的院长们,要自觉摆正自己的位置,不能仅代表

本院员工的利益,更要站在人民大众的立场上考虑问题。李鹰副主任在讲话中着重强调了培训工作的社会效益与经济效益相结合问题。培训的成功标志不能只是经济效益,还必须看到社会效益,要实现学员方、办学方和合作方的三赢,通过合作形成共同的理念、共同的标准、共同的团队。会议在充分听取大家意见的基础上,通过了《合作办班管理办法》、《关于合作办班的财务规定》、《班主任岗位职责和管理办法》等6个制度性文件,为下一步严格规范培训教育各个环节的工作,保证培训质量打下坚实基础。

【首届"全国医药卫生行业EMBA高级论坛"】 6月25～26日在北京举行。来自全国各地的200余名曾经在医学部参加过EMBA学习的医院院长、医药企业老总以及一些地区医药卫生行业的负责人、专家、学者参加了此次盛会。这次论坛的主要目的是充分利用北京大学医学部雄厚的科技教育力量和广大学员在行业内的资源优势与市场经验,共同打造医药卫生管理的交流平台。

全国人大常委会副委员长、医学部主任韩启德院士,卫生部医政司王羽司长,北京市卫生局梁万年常务副局长,北京大学常务副校长、医学部常务副主任柯杨,医学部党委书记敖英芳,北京大学校长助理、光华管理学院副院长张维迎,医学部副主任刘玉村、李鹰等出席了本次论坛,并就医药卫生行业的相关问题发表演讲。

韩启德院士在开幕词中指出,作为医院管理者,要看清全国医疗改革的方向,真正做好医院的功能定位及战略规划;每个医院必须要有自己明确的工作方向,既要高瞻远瞩,又要脚踏实地,立足于今天,从细节问题上、制度问题上踏踏实实做工作,为患者服务,为人民健康服务。北京市卫生局梁万年常务副局长认为,本次论坛对医院管理者探索如何有效地运营医院,从而提高医院服务的效率和公平性,满足老百姓的健康需求有着重要的指导意义。

【医学部夜大学】 医学部成人高等学历教育设夜大学、网络教育两个层次,夜大学有专科和专升本科两个层次,设有药学、护理、临床医学、医学检验、预防医学专业。专科学制四年(药学专科三年),专升本科学制三年,实行业余学习。夜大学招生对象主要是北京地区的医药卫生单位在职人员。报考考生全部参加全国成人统一高考。2005年夜大学招生1262人,其中专科543人、专升本科719人,在校生4257人。2005年有1508人毕业,其中专科879人、专升本科629人,获学士学位371人。

医学部夜大学在办学中能主动适应经济、社会发展,自1983年以来已为北京市培养了8041名具有专科或本科层次的各类医药卫生人才。他们中很多已成为医药卫生系统的骨干力量,受到所在单位的好评。

医学部夜大学主要培养实用型人才,将根据市场发展,拓宽办学途径,稳定办学规模,按照成人高等教育培养目标和社会需求,教学内容、教学方法与临床紧密结合,使学生在原有的医学理论与实践的基础上有较大提高;将更好地利用医学部在医药卫生学科方面的优势资源,把工作重点放在深入教改和提高教学质量方面,为社会培养更多相关专业的急需人才,以适应未来知识经济发展的需要。

【医学部自学考试】 医学部自学考试办公室成立于2000年初,是北京市自考办护理专业独立专升本科段主考学校之一。医学部护理学院承担自考毕业生论文撰写指导和答辩组织工作,每年6月份办理学士学位的申请。2005年有34名自考本科毕业生被授予学士学位。

医学网络教育学院

【发展概况】 北京大学医学网络教育学院始建于2000年10月10日,是实施医学远程教育的实体学院,隶属北京大学,由医学部负责管理。学院实行企业化管理模式,北京医大时代科技发展有限公司是学院拓展业务的运营实体。医学部副主任刘玉村兼任院长,高澍苹任常务副院长、总经理。

学院一贯坚持"管理规范,资源优秀,服务满意,技术可靠,提供一流的医学远程教育"的质量方针,2003年顺利通过ISO9001:2000质量管理体系认证,成为全国首家通过该体系认证的远程教育机构,并被教育部纳入远程教育质量管理试点学校。

学院始终以"人人享有优质医学教育"为目标,充分利用北京大学医学部丰富的教育资源,采用卫星通讯技术、网络技术、计算机技术等现代科技手段,开展具有自身特色的医学远程教育。经过几年的发展,学院创出了品牌,扩大了规模,医学远程教育已成为北京大学的四条重要医学教育轨道之一,同时学院采取多元化发展策略,逐步形成三大职能板块:

1. 学历教育。学院开设护理学、应用药学、卫生事业管理、医学信息管理专业;办学层次有专科、专升本;在全国20个省、自治区、直辖市设有47所校外学习中心。目前在校生9712人,历届毕业生3993人,获得学位学生825人。

2. 非学历教育。学院自主开发了"北京大学医学远程教育信息系统",为全国医疗单位提供长期系统的医学教育信息及培训服务,深受医务人员的欢迎;学院已与全国60余家医疗单位建立合作关系。学院还积极开发全科医生岗位培训等继续教育项目。

3. 技术开发。学院专门成立教育技术公司,采取市场化运作机制,研发教学支撑系统软件产品,提供专业资讯服务、软件定制技术服务和多媒体技术服务,现拥有1个照相室、3个演播室、专业级摄录与编播系统以及1个数据中心机房,有10余台服务器、交换机、路由器等网络设备。

目前,学院下设3个部和1个全资子公司:综合管理部、教育事业部、项目发展部和北京医大时代教育技术有限公司。现有92名员工,65人具有本科以上学历,占学院总人数的70.7%,其中博士学位1人、硕士学位23人、高级职称10人。

【学历教育】 2005年学历教育在保证质量、规范管理、过程监督、提供优质的教学资源与服务等方面取得成果,不仅圆满完成了4个专业、17条轨道、39个不同招生批次学生的正常教学工作,还有所创新:

开设了远程学习导引课程,编写了配套纸质教材,帮助学生尽快熟悉适应远程学习环境。

探索课程开发新模式,启动医学概述课程的开发,成立由项目经理、专家与学习者共同组成的课程开发小组,采用协同办公平台,体现以学生为中心的理念,开发适合远程学习的纸质教材、学习手册和资源光盘。

将原学习支持部扩建更名为学生支持中心,下设5个部门:学习过程部、考试部、学籍部、咨询部、配送部,为保支持服务上万学生奠定了组织基础。

学院为保持和稳定学历教育规模,加大招生力度,增强市场意识,对招生市场进行广泛调研,走访用人单位,召开"远程医学教育研讨暨招生拓展会",2005年实现招生4268名。为支持推动西部地区的教育发展,学院把西部地区学生学费标准下调20%,从2003~2005年,减免的学费累计达195万元。2003~2005年,上缴学校利润累计达1598万元。2005年赞助学校贫困学生10万元,取得良好的社会效益与经济效益。

7月30日,学院举行盛大的毕业典礼,为2904名学生颁发了毕业证书,其中专升本1955名、专科949名,涉及临床医学专升本、护理学专科和专升本、药学专科和专升本等5个教学轨道,685名学生获得学士学位。

学院重视校外学习中心的建设和管理,制定和修改了"校外学习中心组织管理规定"等规章制度;新建丽水、上海、青海、杭州、湖州、桐乡、台州、北京房山学区等8个学习中心;成立了代表学院协调浙江省内事宜的"浙江办公室";为加强对学习中心辅导教师的指导与监督,提高远程学习效果,学院对丽水等学习中心辅导教师进行了培训,推广辅导员助学服务管理模式;召开网络视频工作会10余次;召开了"2005年度全国学习中心工作会议",31个学习中心的70余名代表参加了会议,对加强校外学习中心的持续发展起到积极的作用。

【非学历教育】 2005年非学历教育"MEIS项目"在教学资源开发、专家库建设、客户追踪服务等方面得到快速发展。全国签约站点达62家,专家库资源涉及20家医院172位专家;新制作252学时课件,播放教学节目780学时,20万名医务人员受益,为客户提供形式多样的、满意的医学信息服务,收到良好的社会效益和经济效益。

学院为适应改革、增强竞争力,加大了对自主创新技术的投入,使教育技术公司创建伊始便取得实质进展:

启动自主研发"教学运营支撑系统",即TOSS系统。该系统集招生策划、教学管理、业务统计和师生自我服务功能于一体,是专门为中、高等教育机构设计的高效的管理平台,尤其适用于远程教学。

签定首个中标科技展项合同,分别为北京天文馆二期导游小精灵"豆豆"内核设计制作、火星剧场互动游戏和火星剧场宣传片制作。

为学院、医学部、社会提供可靠的技术与媒体服务;积极引进OA办公自动化系统。

【学术交流】 学院加强对远程教育理论与方法的研究。结合实践,努力推动教学改革的实施,加大对外宣传力度,树立学院品牌形象,策划并组织实施了建院5周年系列活动。

在医学部"2006~2007年本科教学改革"课题申报中,学院有两组课题获准立项——"远程教育课程开发模式的研究"、"医学远程教育学生支持服务体系的研究",课题主持人分别为刘玉村和高澍苹。

为学习国外先进的教学理念与方法,10月10日,学院邀请英国开放大学(Opening University, OU)2名资深专家 Dr. Gerald Francis Hancock 与 Dr. Tony Nixon 来院,共同就课程开发与学习支持等课题进行了为期4天的交流活动。

10月14~16日,学院成功举办了"中英现代远程教育培训班",全国60余名远程教育工作者共同接受了英国开放大学的2位专家以及国内远程教育专家的培训。培训班由全国高校现代远程教育协作组委托北大医学网络教育学院承办。

10月18日,由学院组织筹办的"中国高等教育学会医学教育专业委员会医学远程教育研究会"第一次代表大会在京隆重召开,标志中国医学远程教育领域又一学术组织正式成立。全国12所医学远程教育学院以及所属的学习中心60余位代表出席了会议。会议选举吕兆丰为首任理事长,余海等为副理事长,高澍苹为秘书长,王德炳为研究会名誉会长。

为不断提高教学与教学管理质量，学院召开"医学远程教育教学研讨会"，同时邀请远程教育专家做专题讲座；组织中层以上教学管理人员参加"现代远程教育试点高校网络教育管理干部高级研修班"，提高任课教师与教学管理人员对远程教育的认识。

此外，奥地利科技发展委员会主席Bonn教授率领的校际交流代表团莅临学院参观访问；美国中华医学基金会主席M. Roy Schwarz莅临学院制作电视节目，并对学院的制作条件和制作水平给予高度评价。

【内部管理】 2005年学院在教学理念、学生人数、员工人数、工作场地、组织机构、业务模式等方面都发生了重大变化。学院积极改革内部激励机制，全面推行新的薪酬、绩效考核和任职资格管理体系，对全体员工进行业务与管理拓展培训，建设企业文化，倡导"做事"理念，圆满完成"2005年十大任务"，为进一步发展奠定扎实的基础。特别是在7～8月，根据医学部部署，学院与原教育技术中心进行了快速整合。在此基础上，8月15日注册成立了"北京医大时代教育技术有限公司"，该公司为北京市高新技术企业，由原教育技术中心部分员工和学院技术部门员工组成，高澍苹兼任总经理，李瑛任副总经理。

8月6日起，学院对原教育技术中心1500平方米办公用房进行了为期45天的装修改造工程，重新规划了所有办公地点。10月8日，除学生支持中心外，所有部门均迁入新办公区。

学院不断优化教学管理流程，提升服务质量，专门成立质量办公室，举办ISO9001质量管理体系培训班，国家ISO管理体系首席执笔人李靖亲临授课。经过考试，48位员工获内审员资格证书。

【学生工作】 2005年学院进一步加强和完善远程人文学习环境建设，注重对学生综合素质及创造性思维能力的培养，积极推进校园文化建设，策划并组织实施了学生系列活动。召开了"2005年远程医学教育学习实践研讨会"，全国各地100余名学生参加会议，交流了远程学习经验。其中，新疆学习中心的2002级学生新疆克拉玛依市人民医院骨科主任医师岳勇于2005年以总分第一的成绩考入新疆医学院临床骨科的研究生，他和同学们的经验体会被收入学院"2005年远程医学教育学习实践研讨会"专刊。北京学习中心组织2002级外埠学生到京参加母校一日游活动，使他们感受到母校的亲切关怀，受到学生的热烈欢迎。

（马联凤）

海 外 教 育

【概况】 2005年秋季，北京大学在校长期外国留学生达2657人，来自94个国家，其中博士生159人、硕士生201人、本科生1460人、各类进修生837人；全年接收各类短期留学生2366人次，再创新高。北京大学留学生工作继续以"深化改革，完善管理，保证质量，积极稳妥发展"为指导方针，在办学规模、管理水平、服务质量上都取得了长足进步。

2005年9月新启动了"北京大学-加州大学JCIS(Joint Center for International Studies)项目"和"北京大学-早稻田大学本科生双学位项目"，分别招收了53名、15名学员，项目进展顺利。

留学生积极参加了各项活动，第二届国际文化节于10月27日成功举办。在北京市举办的"北京市高校外国留学生2005'来华杯'汉语演讲比赛暨征文比赛"中，新加坡学生潘家玲获得一等奖，另外2名同学获得三等奖，北京大学获得组织奖。2005年校本部共评出留学生学习优秀奖49名，其中本科生奖20名、硕士生奖9名、博士生一等奖4名、博士生二等奖5名、荣誉奖共11名；医学部25名留学生获学习成绩优良一等奖，32人获二等奖，67人获单项奖。

2005年，北京大学派人参加有关机构组织的留学中国教育展，分别在新加坡和马来西亚（3月）、印度和尼泊尔（3月）、泰国（10月）、荷兰、意大利（11月）、日本（11月）举办，收到较好效果。

2005年12月，医学部留学生新宿舍楼落成，经过大量细致的组织和思想工作，344名海外学生顺利入住新宿舍。同时，奖学金留学生的住宿条件有了明显改善。

【短期留学项目】 2005年，北京大学共接受来自60个国家和地区的短期留学生2366人次，其中国际合作部独立接受来自25个国家和地区的短期留学生1295人次，较2004年增长30.6％；各院系接受来自43个国家和地区的短期留学生1071人次，与2004年基本持平。

2005年，国际合作部共组织各类短期项目47批次，其中汉语研修项目24批次，培训留学生527人次；举办"中国学项目"23批次，培训留学生768人次。

2005年，国际合作部新举办短期项目6个，包括：夏威夷大学"中国学项目"（英语授课）、新加坡南洋理工大学"中国学项目"、早稻田大学"中国学项目"（日语授课）、韩国外国语大学"中国学项目"、哥伦比亚大学暑期汉语项目、香港大学暑期普通话训练项目等。牛津大学、剑桥大学、斯坦福大学、SKIDMORE大学等重点项目顺利举办。

斯坦福大学北京大学分校项目。继首届斯坦福北大分校项目圆满结束后，第二和第三届斯坦福北大分校项目分别于2005年3月和9月开班。从第二届项目开始，分校项目的课堂上出现了更多北大学生的身影，他们和斯坦福同学同堂上课、互通有无。闵维方书记出席了两届项目的开班和结业典礼，并指出，斯坦福北大分校项目在第一届成功运作的基础上，北大和斯坦福大学的相关部门更加紧密合作，积极交流，使该项目的运作更为成熟、顺利和成功；北大学生和斯坦福大学学生同堂上课是个新创举，有利于两校青年学生近距离、面对面的交流，从而进一步提升斯坦福课堂的教学和交流效果，促进斯坦福学生对课程内容的理解和思考；同时，这个举措对北大学生也是一个非常好的机会，让他们不用出国就可以学习到世界一流大学的课程，与优秀的美国学子进行交流，并感受美国教授的教学、科研形式和课堂讨论方式。

第二届华裔新生代企业家中国经济高级研修班。4月中旬，来自马来西亚、印度尼西亚、新加坡、泰国、菲律宾、文莱和香港地区的33位华裔新生代企业家云集北大，参加由国务院侨务办公室、中国海外交流协会委托北大举办的"第二期华裔新生代企业家中国经济高级研修班"。研修班课程将课堂讲授与实地考察相结合，学员先在北大集中学习，了解中国的行政、司法、经济体系和相关知识，之后赴中国各地进行考察，掌握一手资料。学员们表示，这种以短期集中学习辅以实地考察的研修方式，让海外华人、华侨企业家在最短的时间了解中国改革的现状和把握发展的趋势，增强了他们对华贸易和投资的信心与决心。

该项目得到了国务委员唐家璇的高度重视和肯定。唐家璇接见了全体学员，并对北京大学成功举办类似高层次项目给予了充分肯定，建议北大继续举办类似项目，不断拓展海外华人华侨及其子弟深入了解祖国发展现状的窗口。

北京大学-哥伦比亚大学首届暑期汉语研修项目。6月至8月，首届北京大学-哥伦比亚大学项目开班。该项目近一半的美国学生住在北大老师的家里，以"住家"的形式全方位、多角度地学习汉语口语和中国文化，更生动、全面地了解中国人的日常生活。这种形式不但有利于美国学生尽快适应在中国和北京的生活，而且可以给北大老师带来国际化的交流机会，在互相提高口语的同时可以吸收对方文化中的精华。项目开展期间，共有38名同学选择居住在北京大学周边的老师家庭中，切身感受中国文化。

北京大学-南洋理工大学首届"中国学项目"。8月至12月，北京大学-南洋理工大学首届"中国学项目"在北京大学举行。本届"中国学项目"是南洋理工大学"全球教育计划（GIP）"的重要部分，也是其构建"铁三角"战略框架（北京大学-南洋理工大学-耶鲁大学）的一个重要步骤。"北京大学-南洋理工大学-耶鲁大学"的铁三角合作模式，是南洋理工大学提出的世界一流大学间紧密合作的三角模式，即让三校学生在不同的文化空间和不同的区域共同参与合作。南洋理工大学2005年夏天派遣了14名学生来北大留学，学生除了在学校学习和参加由留学生办公室组织的参观实践活动外，还在北京高新技术企业实习，了解中国的社会和经济情况。项目主要课程包括"中国语言、文化与古典文学概论"、"文化交流与现当代中国文学"和"近现代中国历史、政治和经济研究"等。为了配合该项目的顺利开展，也为了开拓南洋理工大学在北京的教育延伸，继在上海设立办公室之后，该校于2005年6月在北京设立了在中国的第二个办公室。

北京大学-早稻田大学首届"中国学"暑期项目。8月15～25日，北京大学-早稻田大学首届暑期"中国学项目"举行。该项目是北京大学与国外著名大学的重点交流项目之一，经过两校领导以及双方相关部门的长期协商后，在北大-早大联合研究中心的大力协助和配合下，于2005年暑期正式启动。早稻田大学此次派遣了近80名学生来北京大学留学。项目期间，早大学生除了聆听由北京大学著名教授使用日语讲授的有关中国政治、历史、农业、宗教、伦理、民俗等方面的精彩讲座之外，还参加了由北京大学组织的攀登长城、参观故宫、历史博物馆和卢沟桥等丰富多彩的活动，加深了对中国历史文化的理解。

斯坦福北大分校项目开设厨艺课程。4月初，国际合作部委托社区中心安排斯坦福北大分校项目的8名学生在北大老师家中学习中餐制作，并将这一活动纳入项目的课程体系，作为文化体验之"中国厨艺课程"。北大两位教师

家庭承担了接待任务。在国际合作部和社区中心具体安排下,这两个家庭把这项任务看成是弘扬民族文化、加深中美两国人民友谊的重要任务。他们根据各自优势,发挥各自特长,精心准备,事先制订出每次的教学内容和教学方法。斯坦福大学的学生们在学习期间都能够认真学习,虚心求教。通过14次课的学习,他们对中餐制作有了初步了解并掌握了一些基本功。结业时,同学们学会了多种中餐的制作方法和技巧。斯坦福大学学生表示,这是他们在中国学习的很有意义的一门课程,最真切地体验了中国文化,了解了普通中国民众的生活,感受了中国人民、北大老师的友好和热情。

夏威夷中国学项目剪纸课程。这是社区中心与国际合作部合作开发的民间剪纸艺术课程,参加学习的十几位外国留学生剪纸爱好者来自美国夏威夷大学。通过三次,6个学时的剪纸教学,夏威夷大学的学生很快掌握了多种花样剪纸的技巧,多数同学按照计划完成了剪纸课程的学习后,还进行了创作练习。

【预科留学项目】 2005年秋,预科项目实际招生138名,开学实际报到123名,留学生来自韩国等8个国家。2005年结业的预科班中,72名同学被录取为北京大学本科生。

北京大学-庆熙大学预科培训班项目进展顺利。1月,北京大学招生小组赴韩国庆熙大学面试,共录取60名学生为第三届预科班学员,是人数最多的一届。5月,由北京大学招生办公室、国际合作部组成的北京大学代表团一行4人赴韩国庆熙大学,经过面试和全面考察,从第二届预科班学员中录取26人为北京大学本科生。12月,两校校长续签了项目合作协议,协议有效期为3年。

【港澳台学生】 2005年,北京大学共招收港澳台地区学生273人,其中香港76人,澳门29人,台湾168人,在校港澳台学生总数达689人,其中60%为研究生。

【第二届国际文化节】 北京大学第二届国际文化节于10月22日在百周年纪念讲堂广场举行。共有68个国家和地区的留学生参加了此次文化节的展览和表演,来自18个国家和地区的驻华使馆代表(包括斯里兰卡、墨西哥等国的8位大使)出席了文化节开幕式。

附 录

表6-8 2005年秋季校本部在校留学生分国别统计

国家	本科	博研	高进	普进	硕研	学者	预科	合计
阿尔巴尼亚					1			1
阿根廷	1			1				2
埃及				1				1
埃塞俄比亚					2			2
爱尔兰	1			1				2
奥地利				2				2
澳大利亚	3			4				7
巴基斯坦				1				1
巴西	2			3				5
保加利亚	2			1				3
贝宁	1	1						2
比利时	1							1
冰岛				5				5
波兰			1	1				2
玻利维亚					2			2
伯利兹	2							2
朝鲜	14			5			1	20
赤道几内亚					1			1
丹麦				4				4

续表

国家	本科	博研	高进	普进	硕研	学者	预科	合计
德国	1			21				22
多米尼加共和国	1							1
多米尼克	2							2
俄罗斯	2	1		13			1	17
厄瓜多尔				1	1			2
法国			1	9	2			12
菲律宾	2	1		5				8
芬兰				4				4
刚果			1					1
刚果（金）				1				1
哥伦比亚				1				1
哈萨克斯坦	4			4				8
韩国	660	93	6	82	76	7	106	1030
荷兰			1	20				21
吉尔吉斯斯坦	1			2	1			4
几内亚比绍	1							1
加拿大	7	1	1	9	3			21
柬埔寨	2							2
捷克		1						1
肯尼亚					2			2
莱索托					1			1
老挝	6	1		1				8
罗马尼亚				1	1			2
马来西亚	10	5		3	2			20
马里				1	1			2
美国	22	6	11	234	7		2	282
蒙古	7		1	5	1		1	15
孟加拉		1			1			2
秘鲁	1							1
摩尔多瓦				1	1			2
墨西哥		1		2	1			4
尼泊尔					1			1
尼日利亚					1			1
挪威				2				2
葡萄牙	2							2
日本	61	16	21	116	16	3	4	237
瑞典		1		6				7
瑞士	1			4				5
塞尔维亚		1						1
塞拉利昂		1						1
斯里兰卡	1				1			2
苏丹					1			1
塔吉克斯坦				1				1

续表

国　家	本科	博研	高进	普进	硕研	学者	预科	合　计
泰国	4	1		9	3		6	23
坦桑尼亚					1			1
突尼斯					1			1
土耳其				2				2
委内瑞拉					3			3
西班牙				15	1			16
希腊		1						1
新加坡	27	1		16	12			56
新西兰	1			2	1			4
匈牙利			1	2				3
伊拉克					1			1
伊朗		1						1
意大利	2		1	4				7
印度		3		2				5
印度尼西亚	22			7			2	31
英国	10			16				26
越南	7	1	1	3	2			14
赞比亚					1			1
总　　计	894	139	47	656	153	10	123	2022

（王　勇）

表6-9　2005年秋季校本部在校留学生分院系统计

院　系	本科	博研	高进	普进	硕研	学者	预科	合　计
地球空间科学学院	1							1
对外汉语教育学院				439	12		123	574
法学院	111	2	2	5	4			124
光华管理学院	60	1	1	19	18			99
国际关系学院	157	18	2	36	52	1		266
合作项目				113				113
化学学院	2							2
环境学院	1	5	1		1			8
教育学院		1				1		2
经济学院	122	2		7	1			132
考古文博院	18	3	4	5	6			36
科学与社会研究中心		1						1
历史学系	62	18	10	3	10	1		104
人口研究所		1			2			3
社会学系	39	1	3	2	3			48
生命科学学院	4	1	1	1	1			8
数学学院	1							1
外国语学院				2	2			4
物理学院	5	1						6

续表

院　　系	本科	博研	高进	普进	硕研	学者	预科	合　计
心理学系	3	2	1	1				7
新闻传播学院	77	4		1	10			92
信息管理系	5				2			7
信息科学技术学院	4	1			1			6
艺术学系	27	1	1	1	3			33
哲学系	16	21	5	2	4			48
政府管理学院	60	9	1	1	3	1		75
中国语言文学系	119	46	14	19	18	6		222
总　　　计	894	139	46	657	153	10	123	2022

（王　勇）

表 6-10　2005～2006 学年医学部在校留学生分国别统计

洲别	国　家	总数	男	女	奖学金学生					自费生				
					本	硕	博	进修	预科	本	硕	博	进修	预科
亚洲	尼泊尔	17	10	7	10	6	1							
	蒙古	15	5	10	5	1	1			4				4
	也门	5	4	1	5									
	巴勒斯坦	2	1	1	1						1			
	马来西亚	32	21	11						32				
	朝鲜	3	3										3	
	泰国	2	1	1						2				
	菲律宾	12	5	7						12				
	印度尼西亚	3	1	2						3				
	日本	94	51	43	1					76			3	14
	韩国	125	75	50						98				27
	土耳其	1	1							1				1
	新加坡	1	1							1				
小计	13 国	313												
非洲	肯尼亚	3	1	2	3									
	喀麦隆	1		1	1									
	刚果	1	1		1									
	乌干达	2	2		1								1	
	布隆迪	4	2	2	4									
	几内亚比绍	56	25	31						54				2
	坦桑尼亚	1	1		1									
	塞拉里昂	1	1							1				
	毛里求斯	3	3		2	1								
	布吉纳法索	3	2	1	3									
	利比里亚	1	1		1									
	苏丹	1	1			1								
	加蓬	1		1	1									
小计	13 国	78												
欧洲	保加利亚	1		1	1									
	德国	1	1										1	
	俄罗斯	1	1											1
	英国	1	1		1									
小计	4 国	4												

续表

洲别	国家	总数	男	女	奖学金学生					自费生				
					本	硕	博	进修	预科	本	硕	博	进修	预科
美洲	美国	19	12	7						19				
	加拿大	41	31	10						41				
	伯利兹	4	3	1						4				
	巴哈马	3	2	1	3									
	洪都拉斯	1		1						1				
	哥斯达黎加	1		1						1				
	秘鲁	2	1	1						1				1
小　计	7 国	71												
大洋洲	澳大利亚	6	4	2						6				
	新西兰	11	4	7						11				
	瑙鲁	1	1							1				
小　计	3 国	18												
总　计	40 国	484												

（徐白羽）

科学研究与产业开发

理科与医科科研

【概况】 2005年,北京大学发挥已有优势,以国际科学前沿和国家科技需求为导向,统筹协调以自由探索为特点的原创性基础研究和以联合攻关为特点的面向国家重大科技需求的应用基础研究,承担和完成了2200项国家自然科学基金、国家重点基础研究发展规划(简称"973计划")、国家高技术研究发展计划(简称"863计划")、重大科技专项和国际合作等研究课题。

2005年理科到校经费4.2亿元,医科到校科研经费1.4亿元。全校到校科研经费中,国家科技部和自然科学基金委来源经费各占1/4以上。

2005年北京大学在基础研究领域继续保持优势。新批自然科学基金项目341项,经费总额13425万元,其中,杰出青年基金13项(含外籍文科1项)、基金创新研究群体5个(含延续1个),均居全国各单位之首。新批"973(延续)项目"1项、子项目15个,新增"863计划"民口课题24个,国际合作项目也取得重要突破。本年度各类新批科研项目经费金额总量约3.3亿元,国家自然科学基金委仍然是北京大学科研项目和经费最主要的来源部门。

2005年被SCI收录的北京大学为第一作者单位或北京大学教师为责任作者的论文2010篇(平均影响因子为2.02),其中医学部541篇。北大发表的科学论文呈现总量合理增长、质量不断提高的态势,科学论文的影响力明显增强。

在2005年发表的论文中,影响因子最高的2篇论文分别是医学部尚永丰教授在 Nature 上发表的关于子宫内膜癌分子机理研究的论文和地空学院涂传诒院士在 Science 上发表的有关太阳风起源研究的论文。2005年理科和医科在影响因子大于8的刊物上共发表论文18篇。

2005年北京大学国家重点实验室评估取得好成绩,各参评实验室继续得到国家科技部的专项经费支持。部门重点实验室建设也取得了明显进展,获准筹建"细胞分化与增殖"教育部重点实验室等一批新的部门重点实验室。北京市重点实验室首次获得北京市共建经费支持。新批准成立若干校内跨学科研究机构,包括北京大学宽禁带半导体联合研究中心、中国文字字体设计与研究中心、北京大学绿色化学研究中心、北京大学蛋白质科学研究中心、北京大学交通医学中心、北京大学糖尿病中心、北京大学医学遗传中心、北京大学医学部原发性免疫缺陷病研究中心等。

截至目前,北京大学已有国家实验室1个、国家重点实验室11个、国家工程中心2个、教育部重点实验室11个、教育部网上合作中心6个、卫生部重点实验室6个、卫生部工程研究中心2个、北京市重点实验室2个、校内跨学科研究中心81个(虚体,未含医学部的)。这些研究基地从不同方面为科学研究提供了良好的支撑平台,反映了北京大学整体科研条件和承担科研任务的能力。

【科研基地建设】 北京大学的科研基地包括国家实验室、国家重点实验室、教育部重点实验室、卫生部和北京市重点实验室等,它们在承担国家重要科学研究项目、探索国际科学前沿研究、提升北大科研影响力、培养优秀科研人才方面起着非常重要的作用。国家实验室和国家重点实验室是北大科研基地的优秀代表。2005年北京大学科研基地建设在不同层次上取得进展。

1. 国家实验室建设。2005年,北京大学与中科院化学所联合筹建的"北京分子科学国家实验室(筹)"召开了国家实验室理事会第一次全体会议,会议审议通过了"北京分子科学国家实验室(筹)理事会章程"。经理事会建议,教育部科技司与中国科学院综合计划局批准聘任席振峰教授与万立骏研究员为北京分子科学国家实验室(筹)主任。理事会完成了对实验室学术委员会和研究部主任人选的推荐。经过科技部专家组考察,国家实验室运行经费得以落实。

2. 重点实验室评估。2005年,在科技部组织的数理和地球科

学领域国家重点实验室评估中,人工微结构与介观物理国家重点实验室、湍流与复杂系统研究国家重点实验室、环境模拟与污染控制国家重点实验室(联合)、数学及其应用教育部重点实验室、重离子物理教育部重点实验室均被评为良好类实验室。在生命科学领域教育部重点实验室评估中,分子心血管学教育部重点实验室被评为优秀类实验室,神经科学教育部重点实验室被评为良好类实验室。

3. 基地建设其他工作。2005年,北京大学继续积极组织申报新建科研基地。在申报的多个国家或部门重点实验室中,"细胞增殖分化调控机理研究教育部重点实验室"获准建设。与教育部语言文字信息管理司合作共建了"中国文字字体设计与研究中心",以发挥北大学科综合优势,加强中国文字的标准化和信息化建设。

2005年,按照北京市教委要求,科学研究部对校内2个北京市重点实验室进行了自2001年资格认定以来的第一期建设计划验收,并组织实验室制定了2006年度以及2006~2008年"建设计划任务书"。自2004年底开始,北京市教委开始以共建项目的形式对北京市重点实验室给予专项经费投入,并对实验室建设任务提出具体要求。

2005年,按照教育部要求,科学研究部对2003年度获得设备更新改造立项的3个国家重点实验室组织了设备更新改造验收;组织3个在2004年教育部评估中获优秀的教育部重点实验室申报"高等学校科技创新工程重大项目培育资金项目"。

【科研项目与科研经费】 1. 国家自然科学基金委员会资助的各类项目。

2005年度北京大学获得国家自然科学基金各类项目(包括面上项目、重点项目、重大研究计划、杰出青年科学基金、海外[及港澳]青年学者合作研究基金、创新研究群体科学基金),资助总额达到1.2亿多元,在全国受资助的各高校和科研院所中居首位。其中作为人才基金的国家杰出青年科学基金和创新研究群体获资助数均在全国排名第一。

(1) 面上项目。2005年度北京大学共申请面上项目916项,获批准263项,获资助总经费6941万元。

(2) 重点项目。2005年度北京大学共申请重点项目58项,获批准18项,获资助经费2569万元。

(3) 国家杰出青年科学基金。2005年度北京大学共有58人申请国家杰出青年科学基金,其中13人获得资助,总经费达1240万元。他们是物理学院许甫荣、吴学兵,力学系李存标、王建祥,数学学院李伟固,化学学院徐东升、杨荣华,地空学院魏春景,环境学院王学军,医学部叶新山、屠鹏飞、张毓,光华管理学院徐信忠(外籍)。

(4) 创新研究群体科学基金。2005年度北京大学共有4个研究群体获得基金委创新研究群体科学基金,学术带头人分别为物理学院龚旗煌教授、化学学院席振峰教授、化学学院刘忠范教授、地空学院陈晓非教授。4个研究群体获资助经费总额为1440万元。另外,以化学学院严纯华教授为学术带头人的研究群体在经过评估和考察后,获得后3年的延续资助,资助经费为360万元。

(5) 海外(及港澳)青年学者合作研究基金。2005年度共有6位以北京大学作为国内研究基地、目前尚在海外(或港澳)从事自然科学基础研究的优秀青年学者,获得了此项基金资助,他们的合作者都是北京大学相应学科的带头人。获资助的海外(及港澳)青年学者及其合作者(括弧内为合作者)是:许进超(李治平,数学学院),高海燕(马伯强,物理学院),陈通文(王龙,力学系),宗秋刚(傅绥燕,地空学院),田之楠(张大成,信息学院),胡振江(梅宏,信息学院)。

(6) 国际交流与合作项目。2005年度北京大学在基金委资助下开展各类国际交流与合作活动共103项,其中包括国际合作重大项目、留学回国人员短期回国工作讲学、国际合作研究项目、在华召开国际会议,广泛开展国际交流与合作,很好地促进了科研人员高水平完成所承担国家自然科学基金项目。

2. 国家科研计划项目。

2005年度北京大学从科技部主管的各类国家科研计划中获得科研经费15597万元(理科11970万元、医科3627万元),占理科、医科到校经费的27%。其中,国家重点基础研究发展规划项目("973项目")8486万元、高技术研究发展计划项目("863计划")6235万元、科技攻关计划项目及其他科技专项875万元。

(1) 国家重点基础研究发展规划项目("973项目")。2005年北京大学获准"973项目"1个,项目首席科学家为化学与分子工程学院严纯华教授,这是北京大学继圆满完成科技部1998年首批启动的"973项目"后,第一个重新申请获滚动资助的"973项目"。此外,北京大学2005年新获准"973"子项目15个(理科10个、医科5个),其中综合前沿领域4个、人口健康领域6个、信息领域2个、材料领域2个、资源环境领域1个。

2005年北京大学有2个"973项目"通过了中期评估验收,项目的首席科学家分别是物理学院赵夔教授和信息学院梅宏教授。根据中期评估专家的意见和各子项目前两年任务完成的情况,2个项目做了少量调整后,得到了后三年的继续资助。

2005年北大有3个任首席的"973项目"完成结题验收,它们分别是数学学院姜伯驹院士、信息学院张兴教授、基础医学院唐朝枢教

授任首席并依托北京大学的"973项目"。同时,北大共有21个"973"子项目(理科11个,医科8个)完成了结题验收工作。

(2)国家高技术发展计划("863计划")。2005年北京大学在"863计划"的5个民口研究领域新立课题24个(理科16个,医科8个,含滚动课题18个)。其中,生物技术领域16个、信息技术领域3个、新材料领域3个、资源与环境技术领域1个、先进制造与自动化领域1个。2005年北大有49个民口"863计划"课题(理科23个,医科26个)按计划完成并通过专家组验收。

3. 教育部资助项目。

(1)创新团队发展计划。2005年北京大学有5个团队入选教育部"创新团队发展计划",入选团队负责人分别为工学院佘振苏教授、物理学院俞大鹏教授、信息学院张兴教授、基础医学院尚永丰教授和药学院果德安教授,入选团队数在全国高校中排名第一。

(2)新世纪优秀人才支持计划。2005年北京大学共有40人入选"新世纪优秀人才支持计划"(其中理科19人,医科8人,人文社科13人),入选人数在全国高校中排名第一。

(3)教育部重大项目、重大项目培育资金项目、重点科学研究项目及高等学校博士点学科专项科研基金。2005年度北京大学获准教育部重大项目3个(理科)、重大项目培育资金项目2个(理科)、重点项目5项(理科2项,医科3项);2005年北京大学获得教育部高校博士学科点专项科研基金48项(理科23项,医科25项),获准项目数和经费数继续在全国高校中排名第一。

(4)教育部其他资助。2005年北京大学理科、医科共有3人获得霍英东高校青年教师奖,其中一等奖、二等奖、三等奖各1人。另有1人获得霍英东青年教师基金资助,1人获得优选资助课题资助;2005年北京大学理科、医科获得高等学校全国优秀博士学位论文作者专项资金资助3项,39人获教育部留学回国科研启动基金资助(理科14人,医科25人)。

4. 北京市科研项目。

(1)北京市自然科学基金项目。2005年度北京大学获北京市自然科学基金项目29项(理科9项,医科20项),其中重点项目3项、面上项目17项、预探索项目9项。

(2)北京市科技项目与北京市科技新星计划。2005年度北京大学与北京市科委新签科技合同2项,合同额215万元;2005年度北京大学5名青年教师入选北京市科技新星计划A类(理科2人,医科3人),2名青年教师入选北京市科技新星计划B类(理科、医科各1人)。

(3)北京市教委共建项目。2005年度北京大学理科、医科获准北京市教委共建项目8项,资助范围包括3个重点学科、2个北京市重点实验室和3个产学研合作项目,资助经费共360万元。

5. 北京大学校长科研基金。

2005年"北京大学校长科研基金"支出情况如下:2004年SCI论文奖励经费540万元;引进人才科研启动费和科研项目资助费共28万元;理科各院系科研活动组织费32万元;《北京大学学报(自然科学版)》《物理化学学报》和《地学前缘》3个刊物的办刊补助费25万元,专利基金45万元,合计670万元。

【科研成果】 1. 论文专著。根据2005年12月6日中国科学技术信息研究所召开的"第13届中国科技论文统计结果发布会"上发布的统计结果,北京大学2004年度国际论文被引用次数为4314次,在高等院校中排名第一位;国际论文被引用篇数为1678篇,在高等院校中排名第二位。北京大学2004年度SCI收录论文1604篇,在高等院校中排名第三位。在1995~2004年10年间,北京大学SCI收录论文累积被引用次数达36121次,在高等院校中排名第一位;累积被引用篇数为6272篇,在高等院校中排名第二位。

据统计,2005年被SCI收录的北大为第一作者单位或北大教师为责任作者的论文2010篇(平均影响因子为2.02),其中医学部541篇。北大发表的科学论文呈现总量合理增长、质量不断提高的态势,科学论文的影响力明显增强。

2005年出版理工类著作129部,通过鉴定的科技成果共37项,通过验收结题的主要科研项目共90项。

2. 科技奖项。2005年度以北京大学为第一完成单位获得的科技奖项有:国家科技进步二等奖1项;教育部提名国家科学技术奖9项,其中一等奖6项、二等奖3项;北京市科学技术奖19项,其中一等奖3项、二等奖9项;2005年度,北大化学学院徐光宪院士荣获何梁何利科技成就奖,化学学院黄春辉院士荣获何梁何利科技进步奖。至此,北京大学共有33人获得何梁何利基金的奖励。

3. 专利。北京大学2005年度共有70项授权专利(本部58项,医学部12项)。专利申请方面,2005年度的专利申请量为218项(本部181项,医学部37项),较2004年度的141项增长55%。

4. 其他成果。2005年度,北大两项成果入选高校十大科技进展:"太阳风在日冕漏斗结构中的起源"(地空学院,涂传诒等)、"使用单层分散型CuCl/分子筛吸附剂分离一氧化碳技术"(化学学院,谢有畅等)。在历届"中国高校十大科技进展"评选中(1998~2005年),北京大学共12项成果入选,居高校首位。

附 录

表 7-1 国家重点实验室

编号	实验室名称	负责人
1	人工微结构和介观物理国家重点实验室	龚旗煌
2	分子动态与稳态结构国家重点实验室（合作）	来鲁华
3	蛋白质工程及植物基因工程国家重点实验室	朱玉贤
4	生物膜与膜生物工程国家重点实验室（北大分室）	王世强
5	视觉与听觉信息处理国家重点实验室	查红彬
6	湍流与复杂系统研究国家重点实验室	佘振苏
7	稀土材料化学及应用国家重点实验室	严纯华
8	区域光纤通信网与新型光纤通信系统国家重点实验室（北大分室）	徐安士
9	文字信息处理技术国家重点实验室	
10	环境模拟与污染控制国家重点实验室（北大分室）	胡 敏
11	天然药物及仿生药物国家重点实验室	叶新山
12	微米/纳米加工技术国家级重点实验室（北大分室）	金玉丰

（蔡 晖）

表 7-2 国家工程研究中心

中心名称	所在单位	中心主任
电子出版新技术工程研究中心	计算机科学技术研究所	肖建国
软件工程研究中心	信息科学技术学院	杨芙清

（蔡 晖）

表 7-3 教育部重点实验室

编号	实验室名称	负责人
1	数学与应用数学教育部重点实验室	丁伟岳
2	重离子物理教育部重点实验室	郭之虞
3	北京现代物理中心	李政道
4	生物有机与分子工程教育部重点实验室	王剑波
5	纳米器件物理与化学教育部重点实验室	彭练矛
6	量子信息与测量教育部重点实验室	杨东海
7	地表过程分析与模拟教育部重点实验室	陶 澍
8	水沙科学教育部重点实验室（联合）	倪晋仁
9	造山带与地壳演化教育部重点实验室	张立飞
10	分子心血管学教育部重点实验室	韩启德
11	神经科学教育部重点实验室	万 有
12	高分子化学与物理教育部重点实验室	（建设中）
13	流行病学教育部重点实验室	（建设中）
14	信息数学与信息行为教育部重点实验室（联合）	（建设中）

（蔡 晖）

表 7-4 教育部网上合作研究中心

编号	网上合作研究中心名称	负责人
1	数学与应用数学教育部网上合作研究中心	张恭庆
2	生命科学与生命技术教育部网上合作研究中心	陈章良
3	应用化学教育部网上合作研究中心	焦书明
4	核科学与核技术教育部网上合作研究中心	郭之虞
5	软件科学与技术教育部网上合作研究中心	杨芙清
6	脑科学教育部网上合作研究中心	周晓林
7	流行病学调查网上合作研究中心	顾 江

（蔡 晖）

表 7-5 卫生部重点实验室

编 号	实验室名称	负责人
1	心血管分子生物学与调节肽卫生部重点实验室	韩启德
2	精神卫生学卫生部重点实验室	沈渔邨
3	肾脏疾病卫生部重点实验室	王海燕
4	神经科学卫生部重点实验室	万 有
5	医学免疫学卫生部重点实验室	高晓明
6	生育健康研究卫生部重点实验室	李 竹

（蔡 晖）

表 7-6 卫生部工程研究中心

编 号	中心名称	负责人
1	肝炎试剂研究中心卫生部工程研究中心	魏 来
2	口腔医学计算机应用卫生部工程研究中心	吕培军

（蔡 晖）

表 7-7 北京市重点实验室

编 号	实验室名称	负责人
1	医学物理和工程北京市重点实验室	包尚联
2	空间信息集成与3S工程应用北京市重点实验室	晏 磊

（蔡 晖）

表 7-8 2005年获准成立的交叉学科研究中心（虚体）

编 号	实验室名称	负责人
1	北京大学中国文字字体设计与研究中心	张建国
2	北京大学宽禁带半导体联合研究中心	张国义
3	北京大学绿色化学研究中心	寇 元
4	北京大学蛋白质研究中心	昌增益
5	北京大学交通医学中心	姜保国
6	北京大学糖尿病中心	纪力农 管又飞
7	北京大学医学遗传中心	钟 南
8	北京大学医学部原发性免疫缺陷病研究中心	高晓明

（蔡 晖 陈绍鹏）

表 7-9 2005年理科与医科在研科研项目

单位		科技部项目			国家自然科学基金委项目	教育部项目	北京市项目	其他部委省市专项	海外合作项目	企事业单位委托项目	合计
		973项目	863项目	攻关及科技专项							
校本部	数学学院	9	3		68	32		2	3	5	122
	力学系	3			30	11		11		11	66
	物理学院	18	11	2	111	43	6	16		8	215
	化学学院	17	11	12	143	77	4	7	2	5	278
	生命学院	20	33	9	63	23	9	1	3	3	164
	地空学院	10	6	2	68	22	2	24	2	27	163
	环境学院	15	8	12	70	16	7	29	9	90	256
	心理学系	1		3	16	5		1	1	8	35
	信息学院	16	31	5	76	35	11	80	3	12	269
	计算机所					1	4			1	6
	分子医学所	1			2						3
	其他单位			4	2	3		3		2	14
	小 计	110	103	49	649	267	40	178	23	172	1591

续表

单位	科技部项目			国家自然科学基金委项目	教育部项目	北京市项目	其他部委省市专项	海外合作项目	企事业单位委托项目	合计
	973项目	863项目	攻关及科技专项							
医学部	20	30	32	308	118	52	48	1	0	609
总计	130	133	81	957	385	92	226	24	172	2200
		277								

（韦宇肖瑜）

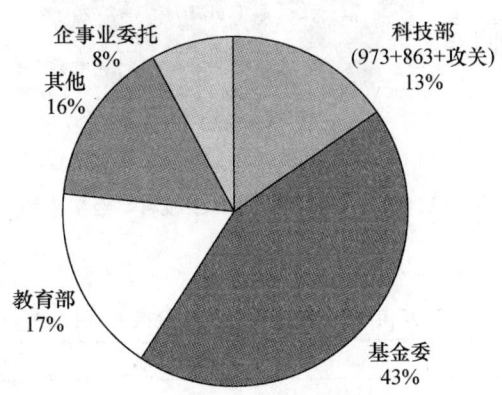

图7-1 2005年理科与医科在研科研项目来源

（刘小鹏）

表7-10 2005年理科与医科科研项目到校经费（经费单位：万元）

单位		科技部项目			国家自然科学基金委项目	教育部项目	其他部委省市专项	企事业单位委托项目	海外合作项目	科技开发	合计
		973项目	863项目	攻关及科技专项							
校本部	数学学院	377	5		758	213	255	18		19	21	1666
	力学系	33			405	15	266	82			409	1210
	物理学院	781	376	19	1848	155	890	131			109	4290
	化学学院	1600	169	302	2246	109	1086	158	33		684	6387
	生命学院	2090	1524	87	1062	37	406	210	527		108	6051
	地空学院	398	586	9	1061	77	930	172			524	3757
	环境学院	650	154	75	1019	34	289	1309	205		1842	5577
	心理系	44			173	34	24	152	4		40	471
	信息学院	1877	3654		1154	90	1292	294	37		1346	9744
	计算机所					2	20					22
	分子医学所				84							84
	其他			25			273	31			370	699
	暂存	−1479	−1594	208	1339		1355	2399			0	2228
	小计	6371	4874	725	11149	766	7086	4956	825		5453	42205
医学部		2115	1361	150	4725	730	2583	590			2023	14277
总计			15597		15874	1496	9669	5546	825		7476	56482

（吴锜）

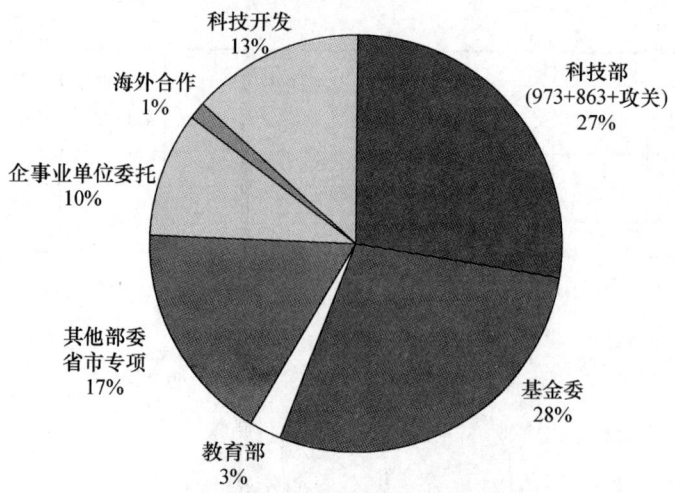

图 7-2 2005 年理科与医科到校科研经费来源

(刘小鹏)

表 7-11 1998～2005 年全校到校科研经费分类统计(经费单位：万元)

年　度	理科	文科	医学部	科研编制费	合　计
1998	9887	1701		579	12166
1999	14977	793		696	16466
2000	27571	1820	2720	758	32868
2001	22891	2488	4467	1170	31016
2002	29967	2600	8581	1172	42320
2003	30748	2650	9587	1153	44138
2004	33243	3129	10562	1240	48174
2005	42205＋1671*	5529	14277	1239	64921

＊注：深圳研究生院 2005 年到校科研经费 1671 万元。

(吴锜)

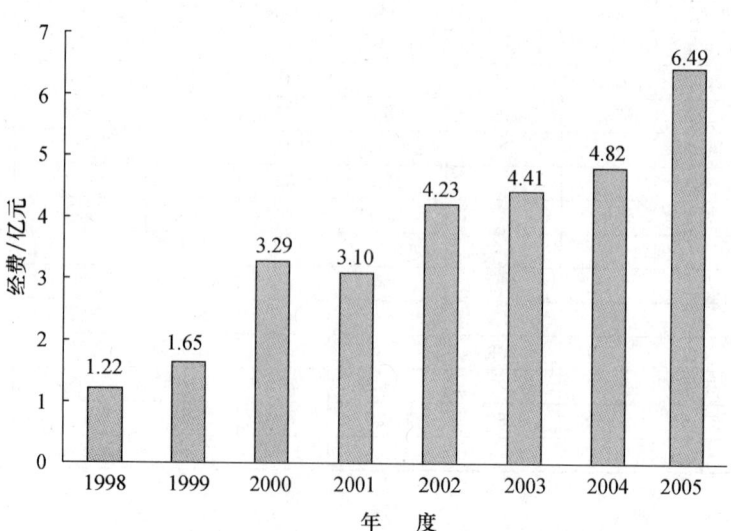

图 7-3　1998～2005 年全校到校科研经费总额增长趋势

(刘小鹏)

表 7-12 2005 年理科核准项目及经费(经费单位:万元)

单位	科技部项目 973项目		科技部项目 863项目		科技部项目 攻关及科技专项		国家自然科学基金委项目		教育部项目		北京市项目		其他部委省市专项		企事业单位委托项目		海外合作项目		合计	
	项目	经费	项目	经费	项目	经费	项目	经费	项目	经费	项目	经费	项目	经费	项目	经费	项目	经费	项目	经费
数学学院	1	610					13	455	13	106.7			1	17	3	25.6	1	34.22	32	1248.52
力学系			4	297			12	676	3	6	1	45	7	378	6	80			29	1185
物理学院			1	27	1	80	36	1766	17	137	2	92	7	290	5	52.95			72	2714.95
化学学院	2	1066	6	412	2	205	41	2699	47	39.5	1	20	1	240	4	180			99	4476.5
生命学院	1	330					14	684	10	135.3	5	146			1	30	2	1594.21	39	3331.51
地学学院	1	420					26	1367	7	108	2	108	8	955.5	11	211.39			55	3169.89
环境学院	2	696	1	80	1	36	19	831	4	71.87	5	52	8	322	40	1094	2	74.57	82	3257.44
心理系							6	116	2	6.5	1	12	1	5.6	2	2			12	142.1
信息学院	2	655	4	1504.1	2	190	21	729	8	62.38	3	24	23	798	4	68			67	4030.48
计算机所							3	59.6			1	50	4	154.5	1	1.8			9	265.9
分子医学所	1	250																	1	250
其他					2	450	2	58					1	65	1	3			6	576
总计	10	4027	16	2320.1	8	961	193	9440.6	111	673.25	21	549	61	3225.6	78	1748.74	5	1703	503	24648.29

(韦宇)

表 7-13 2005年医科科技获准项目及经费（经费单位：万元）

单位	科技部项目 973项目 项目	经费	973前期 项目	经费	863项目 项目	经费	攻关及科技专项 项目	经费	国家自然科学基金委项目 项目	经费	教育部项目 项目	经费	北京市项目 项目	经费	卫生部项目 项目	经费	国家中医药局课题 项目	经费	其他项目 项目	经费	合计 项目	经费
基础医学院	2	207.95	1	50	3	155			29	917	17	49.5	7	177							59	1556.45
药学院									14	400.5	2	6	2	112			1	15	3	170	22	703.5
公共卫生学院									6	94.87	3	18	3	102	1	100			4	44	17	358.87
第一医院					1	46	1	30	20	465.96	14	47	6	172							42	760.96
人民医院	3	560			1	45			12	259	5	18	6	1378					3	12	30	2272
第三医院									19	409	11	44.5	6	54.7					2	110	38	618.2
口腔医院					2	250			11	247	11	47.5	3	54							27	598.5
精研所									2	173	1	4									3	177
肿瘤医院	1	150			1	40			8	186	1		8	724					2	70	21	1170
深圳医院									1	27											1	27
生育健康所									1	25											1	25
药物依赖所									2	54											3	54
医药分析中心													1	12							1	12
其 他											1	3									1	3
总 计	6	917.95	1	50	8	536	1	30	125	3258.33	67	237.5	42	2785.7	1	100	1	15	14	406	266	8336.48

（肖 瑜）

表7-14 2005年校本部获准国家自然科学基金项目情况（经费单位：万元）

单位	面上项目		重点项目		重大研究计划				杰出基金		海外青年合作基金		创新群体		其他		合 计	
					面上项目		重点项目											
	项目	经费	项目	经费	项目	经费	项目	经费	项目	经费	项目	经费	项目	经费	项目	经费	项目	经费
数学学院	10	215	1	130					1	70	1	40					13	455
力学系	8	236	1	200					2	200	1	40					12	676
物理学院	28	876	1	120	1	40	1	50	2	200	1	40	1	360	1	80	36	1766
化学学院	31	811	3	560					2	200			3	1080	2	48	41	2699
生命学院	9	224	3	440											2	20	14	684
地空学院	22	717	1	150					1	100	1	40	1	360			26	1367
环境学院	16	577	1	115	1	39			1	100							19	831
心理学系	5	94													1	22	6	116
信息学院	18	429	1	220							2	80					21	729
光华学院	12	206.5	3	249					1	70							16	525.5
计算机所	3	59.6															3	59.6
其他院系	8	168.6	1	90													9	258.6
总 计	170	4613.7	16	2274	2	79	1	50	10	940	6	240	5	1800	6	170	216	10166.7

（马 信）

表 7-15　2005 年医学部获准国家自然科学基金项目情况（经费单位：万元）

单位	面上项目 项目	面上项目 经费	重点项目 项目	重点项目 经费	主任基金项目 项目	主任基金项目 经费	海外青年基金项目 项目	海外青年基金项目 经费	杰出青年基金项目 项目	杰出青年基金项目 经费	与香港研究资助局联合基金资助项目 项目	与香港研究资助局联合基金资助项目 经费	国际合作项目 项目	国际合作项目 经费	总计 项目	总计 经费
基础医学院	23	616	1	150	2	20			1	100	1	27	1	4	29	917
药学院	8	185											4	15.5	14	400.5
公共卫生学院	5	94.5											1	0.37	6	94.87
第一医院	16	441			2	20			2	200			2	4.96	20	465.96
人民医院	10	239			2	20									12	259
第三医院	17	391			2	18									19	409
口腔医院	9	227			2	20									11	247
精研所	1	28	1	145											2	173
肿瘤医院	8	186													8	186
深圳医院	1	27													1	27
生育健康所	1	25													1	25
药物依赖所	2	54													2	54
总计	101	2513.5	2	295	10	98			3	300	1	27	8	24.83	125	3258.33

（肖　瑜）

表 7-16 2005 年各单位获国家自然科学基金面上和重点项目数和经费数

单 位	申请项目数		获准项目数		获准率（%）		获准经费（万元）	
	面上	重点	面上	重点	面上	面上＋重点	面上	重点
数学学院	16	1	10	1	63	65	215	130
力学系	24	1	8	1	33	36	236	200
物理学院	69	2	27	1	39	39	876	120
化学学院	56	6	32	3	57	56	811	560
生命学院	36	7	9	3	25	28	224	440
地空学院	56	4	22	1	39	38	717	150
环境学院	54	4	16	1	30	29	577	115
心理学系	9	1	5		56	50	94	
信息学院	76	2	18	2	24	24	429	220
光华学院	39	3	12	3	31	36	207	249
计算机所	11		3		27		59.6	
分子医学所	1	3						
医学部	413	37	93	2	23	21	2328	295
其 他	54	3	8	1	15	33	167.4	90
合 计	914	74	263	18	29	28	6941	2569
面上、重点总计	988		281		28		9510	

注：面上、重点的统计包括重大研究计划中的面上和重点项目。

（马 信）

表 7-17 由北京大学主持的国家重点基础研究发展规划项目

项目编号	首席科学家	项目名称	状 况
G1998061300	严纯华	稀土功能材料的基础研究	2003 结题
G199906400	甘子钊	超导科学技术	2004 结题
G1999053900	丁明孝	细胞重大生命活动的基础与应用研究	2004 结题
G1999075100	姜伯驹	核心数学中的前沿问题	2005 结题
G2000036500	张 兴	系统芯片中新器件、新工艺的基础研究	2005 结题
G2000056900	唐朝枢	心脑血管疾病发病和防治的基础研究	2005 结题
2001CB6105	刘忠范 彭练矛	纳电子运算器材料的表征与性能基础研究	在研
2001CB1089	王忆平	高效生物固氮机理及其在农业中的应用	在研
2001CB5103	郑晓瑛	中国人口出生缺陷的遗传与环境可控性研究	在研
2001CB5101	李凌松	人胚胎生殖嵴干细胞的分化与组织干细胞的可塑性研究	在研
2002CB713600	赵 夔	基于超导加速器的 SASE 自由电子激光的关键理论及技术问题的研究	在研
2002CB312000	梅 宏	Internet 环境下基于 Agent 的软件中间件理论和方法研究	在研
2003CB715900	来鲁华	基因功能预测的生物信息学理论与应用	在研
2006CB601100	严纯华	新型稀土磁、光功能材料的基础科学问题	在研

（韦 宇）

表 7-18 2005 年新获准国家重点基础研究发展规划子项目

领 域	任务编号	项目名称	负责人	单 位
材料	2006CB601102	稀土分子固体材料的磁性研究	高 松	化学学院
材料	2006CB601104	介观尺度稀土功能化合物材料的基础研究	严纯华	化学学院
信息	2005CB321704	材料物性的多物理多尺度计算研究	张平文	数学学院
信息	2005CB321805	虚拟计算环境的程序设计方法学	邵维忠	信息学院
人口健康	2005CB522504	利用斑马鱼研究先天性心脏病的致病分子机理	张 博	生命学院
人口健康	2006CB500802	细胞分泌与内吞的调控	周 专	分子医学所
人口健康	2005CB522403	DNA 甲基化异常与肿瘤发生发展	朱卫国 邓大君	医学部
人口健康	2005CB522404	染色质重塑与肿瘤发生发展	尚永丰	医学部
人口健康	2005CB522902	乙型肝炎病毒变异及与宿主相互作用的分子与免疫机制	魏 来	医学部

续表

领　域	任务编号	项目名称	负责人	单　位
人口健康	2005CB622600	严重创伤救治与损伤组织修复的基础研究	姜保国	医学部
资源环境	2005CB422204	典型地区大气酸化机理研究	白郁华	环境学院
综合前沿	2005CB724205	城市生命体承载系统的健康识别和调控理论与方法研究	郭怀成	环境学院
综合前沿	2005CB724503	超冷原子微波频标的探索	陈徐宗	信息学院
综合前沿	2006CB701306	网格环境下空间信息智能服务及应用示范	李　琦	地空学院
综合前沿	2005CB724307	视觉功能修复的基础医学问题研究	黎晓新	医学部

（韦　宇　肖　瑜）

表 7-19　2005 年新获准国家高新技术研究发展计划课题

领　域	任务编号	课题名称	负责人	单　位
生物领域	2005AA221010	DNA 生物计算机的进化算法及信息读取的研究	欧阳颀	物理学院
生物领域	2005AA235070	若干重要蛋白质的功能嫁接研究	曹傲能	化学学院
生物领域	2005AA220270	棉纤维功能基因研究平台的建立	秦咏梅	生命学院
生物领域	2005AA224010	耐旱新基因的克隆及耐旱小麦、玉米的培育	胡鸢雷	生命学院
生物领域	2005AA231060	生物信息学网络实验室 WEBLAB 的建立	罗静初	生命学院
生物领域	2005AA235080	蛋白质结构和功能关系的生物信息学研究	魏丽萍	生命学院
生物领域	2005AA206040	牛结核杆菌多价 DNA 疫苗的应用和植物反应器的研制	蔡　宏	生命学院
生物领域	2005AA220080	肿瘤坏死因子家族成员信号转导相关基因的克隆、功能及应用研究	舒红兵	生命学院
生物领域	2005AA214200	重大疾病与药物筛选条件基因敲除小鼠动物模型的研究	谭焕然	医学部
生物领域	2005AA216130	人类新基因 HRG1 的肿瘤基因治疗研究	邱晓彦	医学部
生物领域	2005AA223010	典型儿童失神癫痫基因研究	潘　虹	医学部
生物领域	2005AA205070	骨髓基质干细胞分化的神经组织细胞促进周围神经选择性再生的临床前研究	姜保国	医学部
生物领域	2005AA205280	干细胞移植治疗帕金森病的临床研究及角膜损伤治疗	李凌松	医学部
生物领域	2005AA216110	以 VEGF 受体为靶点的小肽及小肽融合蛋白的抗肿瘤药物	寿成超	医学部
生物领域	2005AA320040	新型口腔根管治疗材料的研制与开发	马　琦	医学部
生物领域	2005AA240420	数字化口腔修复体制作装备关键技术的研究开发	吕培军	医学部
信息领域	2005AA113030	软件开发公共技术支撑体系的若干关键技术研究和系统集成	张世琨	信息学院
信息领域	2005AA1Z1140	0.09 微米 CMOS 集成电路大生产工艺与可制造性	康晋锋	信息学院
信息领域	2005AA122310	动态灵活光网络的体系结构与关键技术研究	李正斌	信息学院
新材料领域	2004AA311010	功率型高亮度 LED 芯片的激光剥离工艺制备工程化技术	陈志忠	物理学院
新材料领域	2005AA306160	高温超导量子干涉仪及其应用技术	王福仁	物理学院
新材料领域	2005AA31G020	氮化镓基激光器创新结构和工艺研究	胡晓东	物理学院
资源与环境技术领域	2005AA649030	大气中有机物的来源解析技术	张远航	环境学院
先进制造与自动化领域	2005AA4Z3070	国产数据库在金融领域应用中的关键技术研究	王腾蛟	信息学院

（韦　宇　肖　瑜）

表 7-20　2005 年理科与医科获准创新团队发展计划名单

学术带头人	研究方向	单　位
佘振苏	湍流与复杂系统动力学研究	工学院
俞大鹏	新型低维功能结构与物理	物理学院
张　兴	微电子科学与技术	信息学院
尚永丰	肿瘤发生的遗传学和表观遗传学基础	基础医学院
果德安	基于中药资源的创新药物研究与开发	药学院

（韦　宇　肖　瑜）

表7-21 2005年理科与医科获准新世纪优秀人才支持计划名单

姓名	单位	姓名	单位	姓名	单位	姓名	单位
史宇光	数学学院	郑汉青	物理学院	刘文新	环境学院	齐永芬	基础医学院
甘少波	数学学院	张锦	化学学院	吴艳红	心理学系	陆林	药物依赖性研究所
谭文长	力学系	沈兴海	化学学院	黄如	信息学院	解云涛	临床肿瘤学院
朱守华	物理学院	刘海超	化学学院	谢冰	信息学院	王海长	第一医院
胡永云	物理学院	魏丽萍	生命学院	封举富	信息学院	韩鸿宾	第一医院
蒋红兵	物理学院	朱永峰	地空学院	毛泽滨	基础医学院	傅开元	口腔医学院
王宏利	物理学院	王劲松	地空学院	罗非	基础医学院		

（韦宇 肖瑜）

表7-22 2005年理科与医科获准教育部重大和重点项目

项目名称	负责人	项目类别	承担单位
成像科学中的数学问题及应用研究	姜明	重大项目	数学学院
荷能重离子纳米通道技术及生物分子检测应用	王宇钢	重大项目	物理学院
北京周边地区土地利用变化及其生态与环境效应	方精云	重大项目	环境学院
$Al_xGa_{1-x}N/GaN$低维异质结构与微电子器件	沈波	培育项目	物理学院
肝癌干细胞的分离、鉴定、发生机制及相关药物靶点的研究	邓宏魁	培育项目	生命学院
不完全数据下单指标模型的统计分析	房祥忠	重点项目	数学学院
冬季早期和晚期相反气候趋向的模拟研究	胡永云	重点项目	物理学院
骨髓间充质干细胞向肝脏肌成纤维细胞分化的机制研究	李丽英	重点项目	医学部
类风湿关节炎特异性抗原的筛选及其在发病中的作用	栗占国	重点项目	医学部
护理干预提高痴呆患者及其照顾生活质量的研究	尚少梅	重点项目	医学部

（韦宇）

表7-23 2005年理科与医科获准高等学校博士点专项科研基金

批准编号	项目名称	负责人	单位
20050001001	新型的纳米结构加工与图形复制技术研究	刘忠范	化学学院
20050001002	低维分子磁体的研究	高松	化学学院
20050001003	青藏线昆仑山-唐古拉山段冰期序列宇宙核素研究	刘耕年	环境学院
20050001010	羞耻感、自我认知及思维方式的跨文化研究	钱铭怡	心理学系
20050001013	立体选择性金属卡宾反应在有机合成中的应用	王剑波	化学学院
20050001014	金属纳米簇基催化剂研究	王远	化学学院
20050001016	地应力声波测井的力学问题研究	苏先樾	力学系
20050001019	湖北晚泥盆世古植物研究	郝守刚	地空学院
20050001023	强子结构与奇特强子态	马伯强	物理学院
20050001024	高温超导π结、π环及其阵列的研究	王福仁	物理学院
20050001026	活动星系核黑洞吸积盘物理研究	吴学兵	物理学院
20050001030	放牧和气候变化对内蒙草原生态系统影响数据分析和植被-气候模式	刘树华	物理学院
20050001031	自旋动力学和本征特性的研究	马中水	物理学院
20050001038	Bt杀虫蛋白超微量检测方法研究	许崇任	生命学院
20050001041	结构生物学膜蛋白结构与功能研究	苏晓东	生命学院
20050001043	马兜铃属植物药中马兜铃酸的快速检测方法及其毒理学研究	刘虎威	化学学院
20050001045	一类非线性发展方程的初值问题	王保祥	数学学院
20050001047	Iwasawa理论的研究	赵春来	数学学院
20050001048	图的对称性研究	方新贵	数学学院
20050001050	非线性分析	张恭庆	数学学院

续表

批准编号	项目名称	负责人	单位
20050001053	非双曲动力系统的大范围研究	文 兰	数学学院
20050001055	纳米器件材料的表征及物性研究	陈 清	信息学院
20050001062	科技期刊竞争力评价研究	谢新洲	新闻学院
20050001103	马尔尼菲青霉菌致病性酵母相特异表达基因的研究	李若瑜	医学部
20050001105	新加压素蛋白（NPP）在透析病人高血压中的意义和作用机制	汪 涛	医学部
20050001108	活体肿瘤细胞凋亡核素显像实验研究	王荣福	医学部
20050001109	寡发酵链球菌在口腔中的分布及在龋发病过程中的作用	高学军	医学部
20050001110	牙源性角化囊肿中SHH传导通路信号分子基因的分子生物学研究	李铁军	医学部
20050001111	国产微螺钉正畸支抗种植体的动物实验研究	周彦恒	医学部
20050001112	中性区全口义齿的CAD研究	吕培军	医学部
20050001113	唾液生长激素释放肽的来源、功能及分泌机制的研究	俞光岩	医学部
20050001114	骨细胞凋亡在机械力引起的牙槽骨改建中的作用	张 丁	医学部
20050001115	一个新型Ras抑制分子对肿瘤侵袭相关信号传导通路的作用研究	方伟岗	医学部
20050001120	非视觉光信号处理的神经机制	濮鸣亮	医学部
20050001123	HIF-1α阻断剂及黄连素对脑缺血（缺氧）性损伤的神经保护作用	周长满	医学部
20050001125	mPBP在B淋巴细胞发育和迁移中的作用	张 毓	医学部
20050001134	HLA-DRB1特异性抗原在类风湿关节炎发病机制中的研究	栗占国	医学部
20050001139	叶酸、VB12、同型半胱氨酸及相关基因多态性与高脂血症的关系	李 勇	医学部
20050001142	大脑感知在非糜烂性反流病发病中的作用及机制	段丽萍	医学部
20050001143	抑制肺泡巨噬细胞活性对气道炎症的作用	贺 蓓	医学部
20050001144	不同疾病状态蛋白表达异常的相关研究	乔 杰	医学部
20050001146	人胚胎干细胞诱导定向分化为胰岛内分泌细胞的研究	洪天配	医学部
20050001147	应力在胸椎黄韧带骨化中的分子机制	陈仲强	医学部
20050001148	视网膜前体细胞诱导分化、移植的研究	王 薇	医学部
20050001149	调脂治疗对脂蛋白相关的磷脂酶A2及Rho信号通路的影响	陈 红	医学部
20050001152	苄氨基二硫代甲酸酯类新型抗肿瘤化合物的合成及构效关系研究	李润涛	医学部
20050001157	母亲应激、内分泌与子宫提前收缩对早产的分子遗传流行病学研究	陈大方	医学部
20050001159	膳食营养干预的循证评价	李立明	医学部

（韦　宇）

表7-24　2005年理科与医科获准霍英东高等学校青年教师奖和资助情况

姓　　名	单　　位	奖励或资助类别
孙聆东	化学学院	研究类一等奖
黄　如	信息学院	研究类二等奖
佟向军	生命学院	研究类三等奖
史宇光	数学学院	青年教师基金
籍国东	环境学院	优选资助课题

（韦　宇）

表7-25　2005年理科与医科获准高等学校全国优秀博士学位论文作者专项资金

项目名称	姓　　名	单　　位
Toll样受体细胞信号转导的调控机制研究	陈丹英	生命学院
祁连山-柴北缘典型造山带洋陆俯冲碰撞过程及其动力学机制	宋述光	地空学院
面向信息处理的大型汉英语义工程及相关英语研究	刘　扬	信息学院

（韦　宇）

表 7-26 2005 年理科与医科获准北京市自然科学基金

任务编号	项目名称	负责人	单位
9062006	基于空间信息技术的北京市自然资本变化定量研究	秦其明	地空学院
8062018	北京市域绿色空间的变化及其复合功能研究	许学工	环境学院
8061002	北方地区人工湿地污水处理系统的设计准则和生态评价	陈国谦	力学系
5062020	噬藻体 SLP4 基因组功能及宿主专一性识别因子的研究	高 音	生命学院
5063043	植物精油合成关键酶基因克隆、功能及应用研究	吴韩英	生命学院
4062017	AlGaN/GaN 异质结构及二维电子气输运性质研究	沈 波	物理学院
7062035	帕金森氏病中汉语句子加工损伤模式及其性质	张亚旭	心理系
4062018	基于 XML 数据流的主动服务关键技术的研究	高 军	信息学院
4062019	空间信息服务组合的分布式执行及其事务机制研究	马修军	信息学院
7061003	肝癌相关抗原杀伤性 T 细胞表位的分离与鉴定	张 毓	医学部
7062016	胃癌特异血清蛋白标志谱的建立及在早期诊断中的应用	潘凯枫	医学部
7062039	甘草抗抑郁有效成分及其作用机理研究	郭洪祝	医学部
7062040	同位素比值法鉴别北京城乡儿童体内铅源研究	王京宇	医学部
7062041	腺病毒介导基因转移在肝干细胞治疗肝硬化中的研究	沈 丽	医学部
7062065	RNA 干扰技术治疗虹膜新生血管的实验研究	姜燕荣	医学部
7062066	CD36 基因与多囊卵巢综合征的相关性研究	乔 杰	医学部
7062067	胰腺 ghrelin 表达与胰岛发育和分化的关系研究	洪天配	医学部
7062068	异体骨-后交叉韧带-骨复合体重建前交叉韧带临床研究	敖英芳	医学部
7062069	调控涎腺腺样囊性癌转移相关基因的研究	俞光岩	医学部
7063081	MAGE-D1 与胶质瘤的关系	田新霞	医学部
7063082	间变性大细胞淋巴瘤的标准化诊断及预后相关性研究	高子芬	医学部
7063083	溃疡性结肠炎发病的中枢调控及其机制研究	梅 林	医学部
7063095	骨桥蛋白及其受体在草酸钙结石形成过程中的作用机制	王 莹	医学部
7063096	在高热惊厥脑损伤中内质网应激体系的调节机制	秦 炯	医学部
7063097	蛋白质组学在造血干细胞移植合并症研究中的应用	黄晓军	医学部
7063098	中毒性肝病的分子机制及其生物标志物研究	赵金垣	医学部
7063099	牙齿发育异常的分子调控机制研究	冯海兰	医学部
5061002	干扰素调节因子 3 可变剪切体的发现与功能研究	李 勇	医学部
5062025	丝裂原活化蛋白激酶信号通路在重金属低剂量兴奋中作用	郝卫东	医学部

（韦 宇）

表 7-27 2005 年理科与医科和北京市科委新签科技合同

任务编号	项目名称	负责人	单位
1	肝癌干细胞及其肿瘤发生机制的研究	丁明孝	生命学院
2	注意缺陷多动障碍共患病的危险因素及治疗研究	王玉凤	医学部

（韦 宇）

表 7-28 2005 年理科与医科获准北京市教委共建项目

项目类别	项目编号	项目名称	单位
重点学科	XKl00010502	无线电物理	信息学院
	XKl00010504	空间物理	地空学院
	XKl00010503	内科学	北大医院
北京市重点实验室	SYSl00010501	医学物理和工程实验室	物理学院
	SYSl00010502	空间信息集成与 3S 工程实验室	地空学院
产学研合作项目	ZHl00010501	纳米氧化锆放大制备	化学学院
	ZHl00010501	利用现代生物技术培育耐旱、耐寒草坪草	生命学院
	ZHl00010502	医学部产学研项目	医学部

（韦 宇）

表 7-29　2005 年理科与医科获准北京科技新星计划人员名单

姓　名	单　位	计划类别
籍国东	环境学院	A 类
李本纲	环境学院	A 类
王月丹	基础医学院	A 类
陈亚红	第三医院	A 类
熊宏超	肿瘤医院	A 类
胡莺雷	生命学院	B 类
孙　宇	肿瘤医院	B 类

表 7-30　2005 年理科与医科通过验收结题的主要科研项目

承担单位	项目名称	负责人	项目来源分类	开始时间
数学学院	核心数学中的前沿问题	姜伯驹	973 项目	1999
信息学院	系统芯片中新器件、新工艺的基础研究	张兴	973 项目	2000
医学部	心脑血管疾病发病和防治的基础研究	唐朝枢	973 项目	2000
数学学院	动力系统	文兰	973 子项目	1999
数学学院	流形与复形的拓扑学	姜伯驹	973 子项目	1999
力学系	斑图的形成、演化及动力学特征	唐少强	973 子项目	2000
物理学院	新型栅结构材料相关问题研究	熊光成 康晋峰	973 子项目	2000
物理学院	放射性核束物理与天体物理的理论研究	孟杰	973 子项目	2000
物理学院	丰中子核结构和反应研究	叶沿林	973 子项目	2000
化学学院	高表界面固体的分子工程与纳米结构设计、制备与组装	王远 吴念祖	973 子项目	2000
生命学院	水稻和小麦抗主要真菌病害的分子遗传学基础	陈章良	973 子项目	2000
分子医学研究所	细胞通讯、离子通道、信号转导特性及调控衰老机制	程和平	973 子项目	2000
环境学院	生物多样性大尺度格局及其形成机制	方精云	973 子项目	2000
信息学院	适于 20～50 纳米的器件模型、仿真及模拟软件基础研究	刘晓彦	973 子项目	2000
信息学院	微小尺度半导体器件的可靠性问题的研究	张兴	973 子项目	2000
信息学院	亚 50 纳米 CMOS 器件、结构及相关物理问题研究	黄如 韩汝琦	973 子项目	2000
医学部	出生缺陷生物信息库的建立	李竹	973 子项目	2000
医学部	细胞复制性衰老及其端粒与端粒酶变化的分子机理研究	张宗玉	973 子项目	2000
医学部	细胞黏合与间隙连接通讯调节细胞衰老逆转的分子机理	张志谦	973 子项目	2000
医学部	心血管活性物质功能多样性及其在高血压发病中的作用	唐朝枢	973 子项目	2000
医学部	高血压心血管再塑时心血管活性物质受体和细胞内信号转导体系的调控与整合	张幼怡	973 子项目	2000
医学部	高血压和生物活性多肽生物信息库的建立	尚彤	973 子项目	2000
医学部	心血管细胞保护的分子机制	王宪	973 子项目	2000
医学部	心血管细胞内分子运载体系的研究	马大龙	973 子项目	2000
生命学院	动植物干扰 RNA(RNAi)技术的开发和利用	顾红雅	国家 863 课题	2003
生命学院	肿瘤坏死因子家族成员信号转导相关基因的克隆、功能及应用研究	舒红兵	国家 863 课题	2003
生命学院	海洋蓝藻基因组及功能基因组研究	赵进东	国家 863 课题	2004
生命学院	蛋白质结构和功能关系的生物信息学研究	魏丽萍	国家 863 课题	2004
生命学院	基因表达分析软件和钙信号传导蛋白谱数据库的建立	魏丽萍	国家 863 课题	2005
生命学院	耐寒新基因的克隆及耐寒小麦、玉米的培育	胡鸢雷	国家 863 课题	2005

续表

承担单位	项目名称	负责人	项目来源分类	开始时间
生命学院	牛结核杆菌多价 DNA 疫苗的应用和植物反应器的研制	蔡 宏	国家 863 课题	2005
生命学院	生物信息网络实验室 Weblab 的建立	罗静初	国家 863 课题	2005
地空学院	兼容软件接收机的研制及其在 ITS 中的应用	陈秀万	国家 863 课题	2004
地空学院	国家卫星导航技术研究支撑共享平台研究	张飞舟	国家 863 课题	2004
地空学院	基于 SIG 框架的数字城市服务系统与示范	李 琦	国家 863 课题	2004
环境学院	大气污染的源解析技术与示范	张远航	国家 863 课题	2003
环境学院	可移动遗传因子在污染体系中的水平基因转移与基因强化技术研究	温东辉	国家 863 课题	2004
环境学院	稠油污染土壤淋洗-人工湿地联合修复新技术研究	籍国东	国家 863 课题	2004
信息学院	硅基 MEMS 标准加工工艺、规范及应用	张大成	国家 863 课题	2002
信息学院	中间件新技术	王千祥	国家 863 课题	2003
信息学院	3tnet 波分复用系统组网、测试与试验	徐安士	国家 863 课题	2003
信息学院	构件化嵌入式操作系统开发环境研制	陈向群	国家 863 课题	2004
信息学院	基于 Internet、以构件库为核心的软件开发平台研究	谢 冰	国家 863 课题	2004
信息学院	原子芯片及其应用	陈徐宗	国家 863 课题	2004
信息学院	Gx2CPU 核心技术转移及开发	程 旭	国家 863 课题	2004
信息学院	0.09 微米 CMOS 集成电路大生产工艺与可制造性	康晋锋	国家 863 课题	2005
信息学院	国产数据库在金融领域应用中的关键技术研究	王腾蛟	国家 863 课题	2005
医学部	人类新基因 HRG1 的肿瘤基因治疗研究	丘晓彦	国家 863 课题	2002
医学部	重大疾病与药物筛选条件基因敲除小鼠动物模型的研究	谭焕然	国家 863 课题	2002
医学部	中国海洋药用植物及其附生微生物中新药先导化合物的发现和机构优化	林文翰	国家 863 课题	2002
医学部	典型儿童失神癫痫基因研究	潘 虹	国家 863 课题	2002
医学部	新型抗肝癌免疫治疗疫苗的研究	陈红松	国家 863 课题	2002
医学部	骨髓基质干细胞分化的神经组织细胞促进周围神经选择性再生的临床前研究	姜保国	国家 863 课题	2002
医学部	牙周炎致病相关基因的研究	孟焕新	国家 863 课题	2002
医学部	海洋动植物中活性先导化合物的发现和优化	林文翰	国家 863 课题	2003
医学部	干细胞移植治疗帕金森病和角膜损伤的临床方案研究	李凌松 沈 丽	国家 863 课题	2003
医学部	干细胞移植治疗帕金森病的临床研究及角膜损伤治疗	李凌松	国家 863 课题	2005
医学部	异种器官移植供体小型猪的筛选和人源化改造研究	周春燕	国家 863 课题	2003
医学部	治疗帕金森病及其他神经系统退行性疾病的创新药物——雷公藤内酯类先导化合物(T10)的研究	王晓民	国家 863 课题	2003
医学部	应用新型癌抗原研制肿瘤疫苗的研究	吴红彦	国家 863 课题	2004
医学部	酵母基因组 DNA 微振列芯片研究中药作用机理	郭洪祝	国家 863 课题	2003
医学部	基于机理的唾液酸转移酶抑制剂的设计合成及抗肿瘤活性研究	吴艳芬	国家 863 课题	2003
医学部	生物相容性与可降解的可控载药缓释微球血管栓塞剂的研究	齐宪荣	国家 863 课题	2003
医学部	新药筛选及关键技术研究	崔景荣 杨秀伟	国家 863 课题	2004
医学部	20 种常用中药化学对照品的研究	屠鹏飞	国家 863 课题	2004
医学部	高校口服环孢素 A 的纳米药物研究	张 强	国家 863 课题	2004
医学部	生物活性与可降解的可控载药缓释微球的研究	邹英华	国家 863 课题	2003

续表

承担单位	项目名称	负责人	项目来源分类	开始时间
医学部	AngRem104 对肾小球系膜细胞 NF-κB 及 FN 的影响	张 宏	国家 863 课题	2004
医学部	适用于视网膜修复的微纳米传感器材料及技术研究	黎晓新	国家 863 课题	2003
医学部	纳米 β-磷酸三钙/胶原复合体以及纳米纳米 β-磷酸三钙/胶原复合体结合骨髓间质干细胞在颌骨缺损修复中的应用研究	邓旭亮	国家 863 课题	2003
医学部	纳米 α-磷酸三钙-β-磷酸三钙/胶原复合体以及纳米纳米 β-磷酸三钙/胶原复合体结合骨髓间质干细胞在颌骨缺损修复中的应用研究	邓旭亮	国家 863 课题	2004
医学部	VEGF 受体为靶点的小肽及小肽融合蛋白的抗肿瘤药物研究	寿成超	国家 863 课题	2002
医学部	全国报告的 SARS 临床诊断病例核实诊断研究	高晓明	国家 863 课题	2003
化学学院	纳米级粉末橡胶及其改性聚合物材料产业化	魏根栓	国家科技攻关项目	2002
环境学院	监控 POPS 物质排放的国家行动计划研究	胡建信	国家科技攻关项目	2003
环境学院	重要环境保护技术政策研究	张世秋	国家科技攻关项目	2003
环境学院	公元前 2500 至公元前 1500 年中原地区自然环境及其变化与文明演进关系研究	周力平	国家科技攻关项目	2004
信息学院	核磁共振仪的研制与开发	王为民	国家科技攻关项目	2001
信息学院	奥运信息系统模型的研究与建立	梅 宏 邵维忠	国家科技攻关项目	2003
医学部	人类重要生理活性及具有药物开发前景的功能基因研究	马大龙	国家科技攻关项目	2002
医学部	人类重要生理活性及具有药物开发前景的功能基因研究	尚永丰	国家科技攻关项目	2002
医学部	人类重大疾病相关基因研究	柯 杨	国家科技攻关项目	2002
医学部	精神系统疾病相关基因与单基因遗传病致病基因的研究	张 岱	国家科技攻关项目	2002
医学部	新药筛选技术平台研究	崔景荣 杨秀伟	国家科技攻关项目	2002
医学部	一类新药 8-氯腺苷的新型长循环脂质体注射剂的研究	张 强	国家科技攻关项目	2002
医学部	血管内皮生长因子(VEGF)基因药物治疗梗塞性心血管病的研究与应用	高 炜	国家科技攻关项目	2002
生命学院	新型草甘膦基因的优化及其高抗突变体在植物中的功能鉴定	王忆平	科技部转基因专项	2003
生命学院	棉花纤维起始与伸长基因的克隆与功能鉴定	朱玉贤	科技部转基因专项	2003
生命学院	耐旱耐寒抗逆性基因的克隆及其对棉花的转化	吴 锜	科技部转基因专项子课题	2003
力学系	共混/填充高聚物体系的动态力学行为	黄筑平	自然科学基金重点项目	2001

(科研部科研计划办公室)

表 7-31 2005 年度获国家科学技术进步奖名单

奖励类别	获奖等级	单位排序	获奖人	项目名称	完成单位
国家科学技术进步奖	2	1	丁 洁 杨霁云 王 芳 郭顺华 姚 勇 黄建萍 俞礼霞 刘景城 肖慧捷 张敬京	遗传性进行性肾炎(Alport 综合征)从临床到基因诊断的系列研究	第一医院

(汪 立)

表 7-32　2005 年度获教育部提名国家科学技术奖名单

奖励类别	获奖等级	单位排序	获奖人	项目名称	完成单位
自然科学奖	1	1	宗传明	堆积与覆盖理论的研究	数学学院
自然科学奖	1	1	高松　严纯华　马宝清　寇会忠　高恩庆　陈志达　王哲明　苏刚　李俊然　徐光宪	磁性金属配合物的设计、结构与性质	化学学院
自然科学奖	1	1	舒红兵　翟中和　陈丹英　吴旻　赵允　黄俊　孙英丽　蒋争凡　卢志刚	细胞凋亡与 NF-kappa 激活的信号传导研究	生命学院
自然科学奖	1	1	杜军保　唐朝枢　耿彬　闫辉　汪立　钟光珍　张春雨　金红芳　李晓惠　张清友　蒋宏峰　卜定方　汤秀英	硫化氢——心血管功能调节的新型气体信号分子	第一医院
自然科学奖	1	1	果德安　郭洪祝　叶敏　戴均贵　宁黎丽　占纪勋　韩健	天然抗肿瘤活性化合物的生物转化研究	药学院
自然科学奖	2	1	王铎　王晓峰　李静	常微分方程正规形与周期解的研究	数学学院
自然科学奖	2	1	寇元　王弘立　林励吾　邹鸣　赵东滨　闵恩泽	原子水平上担载催化剂几何结构的基础研究	化学学院
技术发明奖	1	1	谢有畅　张佳平　耿云峰　唐伟　童显忠　唐有祺　邱建国	使用单层分散型 CuCl/分子筛吸附剂分离一氧化碳技术	化学学院
科技进步奖	2	1	李铁军　于世凤　罗海燕　王恩博　王晶　田雪飞	颌骨牙源性肿瘤的临床病理学研究	口腔医学院

（张　铭　何　洁　汪　立）

表 7-33　2005 年度获北京市科学技术奖名单

获奖等级	单位排序	获奖人	项目名称	完成单位
1	1	赵东岩　熊开宏　田朝飞　肖建国　曹学军　卢作伟　全心　刘万福　刘洋　宫丽杰　周祖胜　郑伟	报业数字资产管理系统	计算机所
1	1	秦国刚　秦国毅　冉广照　徐东升　张伯蕊　戴伦　马振昌　段家忯　尤力平　乔永平　王思慧　郭国霖	纳米硅/氧化硅材料体系发光及其物理机制	物理学院
1	1	童坦君　张宗玉　马宏　王培昌　刘新文	细胞衰老的生物学年龄指证	基础医学院
2	1	顾志福　霍广钊　李燕　赵广和　彭继业　陈学锐　赵汝敖　杨军	电厂空冷系统风效应风洞模拟实验和应用	力学系
2	1	陈左生　王关玉　李伟　李常青　黄萍　周正　刘耕耘　邹南智　史烨弘	北京市环境土壤的二噁英类物质污染状况调查研究	地空学院
2	1	李国平　张文忠　孙铁山　卢明华　韩振海　李涛　谭成文　薛领	首都圈结构、分工与营建战略	政府管理学院
2	1	谢新洲　包昌火　刘细文　杨列勋　腾跃　邱均平　胡星光	现代信息分析的理论和应用研究	新闻传播学院
2	1	那彦群　周利群　潘柏年　郝金瑞　李宁忱　张凯　郭应禄　吴阶平	腔内泌尿外科技术的应用和推广	第一医院
2	1	李润涛　王欣　葛泽梅　张红梅　李长龄　程铁明　孙崎　高峰丽　刘红	哌嗪季铵盐类非成瘾性镇痛药物研究	药学院
2	1	朱学骏　王亮春　王京　卜定方　王仁贵　张澜波　李挺　涂平　陈喜雪　郑瑞　张秉新　王爱平	副肿瘤性天疱疮临床及发病机理研究	第一医院
2	1	彭师奇　赵明　王超	治疗中风和骨质疏松多肽的关键技术	药学院

续表

获奖等级	单位排序	获奖人	项目名称	完成单位
2	1	吴希如　沈　岩　吴沪生　许克铭　陈育才 吕建军　张月华　潘　虹　刘晓燕　姜玉武	儿童失神癫痫基因研究	第一医院
3	1	周丛乐　卜定方　刘晓燕　王红梅　孙丽霞 陈小霞　刘云峰　王　颖　冯　琪	颅脑超声对围产期脑损伤和脑发育评价的应用研究	第一医院
3	1	郭　卫　汤小东　杨　毅　李　南　唐　顺 曲华毅　李大森　董　森	骨肉瘤化疗的临床应用和基础研究	人民医院
3	1	谢竹藩　李　宁　张学智	中医名词术语英译标准化的研究	第一医院
3	1	郭继鸿　许　原　张海澄　李学斌　马向荣 王　斌　王立群　王智勇　黄卫斌　赵　京 李　鼎　刘元生	心电图新概念、新技术的临床研究与应用（新概念心电图：21世纪的战略目标）	人民医院
3	1	栗占国　苏　茵　陈巧林　周　强　陈　适 程永静　贾　园　李　霞　李　茹　贾汝琳 韩　蕾	HLA-DRB1及其特异性结合肽在类风湿关节炎发病机制及治疗中的作用	人民医院
3	1	吕培军　王　勇　李彦生　韩景芸　张震康	牙冠/桥/嵌体的CAD研究	口腔医学院
3	1	姚婉贞　陈亚红　孙永昌　赵鸣武　唐朝枢 章晓初　刘　政　沈　锋	支气管哮喘气道炎症和气道重塑发病机制的研究	第三医院

（张　铭　何　洁　汪　立）

表7-34　2005年获中华医学科技奖名单

获奖等级	单位排序	获奖人	项目名称	完成单位
1	1	吴希如　沈　岩　吴沪生　许克铭　陈育才 吕建军　张月华　潘　虹　刘晓燕　陶拉娣 姜玉武	儿童失神癫痫基因研究	第一医院[1]
2	1	那彦群　周利群　潘柏年　郝金瑞　李宁忱 张　凯　郭应禄　吴阶平	腔内泌尿外科技术的应用和推广	第一医院
2	1	谢敬霞　韩鸿宾　杨正汉　郑卓肇　杜湘柯 母其文　王建利　刘挨师　张　芳　孔令琦	MR新技术基础研究及临床应用	第三医院 人民医院
2	1	王玉凤　钱秋谨　杨　莉　李　君　程　嘉 孔庆梅　刘豫鑫　李雪霓　顾伯美　刘　津 臧玉峰　刘　粹　孙　黎　任园春　汪　冰	注意缺陷多动障碍的系统综合研究	精研所
2	1	李　勇　马爱国　朱文丽　韩秀霞　王军波 臧明玺　张秀珍　肖　颖　张国雄　刘　虹 陈祥贵　徐洪伟	重大出生缺陷发生的基础研究	公共卫生学院[1]
3	1	胡大一　李翠兰　刘文玲　杨新春　秦绪光 李　萍　李运田　李　洁　王　俊　卢颖如	国人长QT综合征的临床特征、发病机制与治疗方法研究	人民医院[1]
3	1	杜军保　齐建光　唐朝枢　汪　立　金红芳 李晓惠　石　琳　魏　冰　汤秀英　李　简 张春雨	一氧化氮前体L-精氨酸对肺动脉高压的干预研究	第一医院

说明：本表格中项目均为北京大学医学部作为第一完成单位获奖项目，完成单位后面角标注"1"的项目有合作单位。

（汪　立）

表 7-35 2005 年 SCI 数据库收录的北京大学为第一作者单位的论文及分布

单　位	国内刊物			国外刊物	总　计	所占百分比(%)	影　响　因　子	
	中文	英文	小计	英文			平均	最高
数学科学学院	1	29	30	93	123	6.1	0.58	2.96
力学与工程科学系	0	13	13	60	73	3.6	0.89	5.74
物理学院	46	83	129	220	349	17.4	2.10	15.23
化学与分子工程学院	61	51	112	327	439	21.8	2.31	9.16
生命科学学院	6	9	15	90	105	5.2	3.13	12.56
地球与空间科学学院	32	29	61	42	103	5.1	1.43	31.85
环境学院	4	12	16	62	78	3.9	1.65	4.33
心理学系	0	2	2	12	14	0.7	2.33	4.87
信息科学技术学院	5	16	21	134	155	7.7	0.96	5.68
计算机科学技术研究所	0	1	1	11	12	0.6	0.02	0.28
分子医学研究所	0	0	0	4	4	0.2	6.99	10.45
光华管理学院	0	1	1	6	7	0.3	1.89	12.56
考古文博学院	1	0	1	0	1	0.0	0.35	0.35
现代教育技术中心	1	1	2	0	2	0.1	0.62	0.68
图书馆	0	0	0	2	2	0.1	0.00	0.00
深圳研究生院	0	0	0	2	2	0.1	1.32	2.64
医学部	7	74	81	460	541	26.9	2.51	32.18
总　计	164	321	485	1525	2010	100	2.02	32.18

(刘小鹏)

2005 年发表的影响因子较高的 SCI 论文

1. H. J. Wu, Y. P. Chen, J. Liang, B. Shi, G. Wu, Y. Zhang, D. Wang, R. F. Li, X. Yi, H. Zhang, L. Y. Sun and Y. F. Shang(医学部 尚永丰). Hypomethylation-linked activation of PAX2 mediates tamoxifen-stimulated endometrial carcinogenesis. *Nature*, (2005) Dec 15, 438 (7070): 981. (IF=32.182)

2. C. Y. Tu, C. Zhou, E. Marsch, L. D. Xia, L. Zhao, J. X. Wang and K. Wiihelm(地空学院 涂传诒). Solar wind origin in coronal funnels. *Science*, (2005) Apr 22, 308(5721): 519. (IF=31.853)

3. S. G. Luo, J. J. Condon and Q. F. Yin(物理学院 罗绍光). Radio identifications of recently discovered planetary nebulae. *Astrophysical Journal Supplement Series*, (2005) Aug, 159(2): 282. (IF=15.231)

4. J. Gu, E. C. Gong, B. Zhang, J. Zheng, Z. F. Gao, Y. F. Zhong, W. Z. Zou, J. Zhan, S. L. Wang, Z. G. Xie, H. Zhuang, B. Q. Wu, H. H. Zhong, H. Q. Shao, W. G. Fang, D. S. Gao, F. Pei, X. W. Li, Z. P. He, D. Z. Xu, X. Y. Shi, V. M. Anderson and A. S. Y. Leong(医学部 顾江). Multiple organ infection and the pathogenesis of SARS. *Journal of Experimental Medicine*, (2005) Aug 1, 202(3): 415. (IF=14.588)

5. G. J. Qin, H. Y. Gu, Y. D. Zhao, Z. Q. Ma, G. L. Shi, Y. Yang, E. Pichersky, H. D. Chen, M. H. Liu, Z. L. Chen and L. J. Qu(生命学院 瞿礼嘉). An indole-3-acetic acid carboxyl methyltransferase regulates Arabidopsis leaf development. *Plant Cell*, (2005) Oct, 17(10): 2693. (IF=11.295)

6. K. F. Ouyang, H. Zheng, X. M. Qin, C. Zhang, D. M. Yang, X. Wang, C. H. Wu, Z. Zhou and H. P. Cheng(分子医学研究所 程和平). Ca2+ sparks and secretion in dorsal root ganglion neurons. *Proceedings of the National Academy of Sciences of the United States of America*, (2005) Aug 23, 102(34): 12259. (IF=10.452)

7. C. R. Xu, C. Liu, Y. L. Wang, L. C. Li, W.

7. Q. Chen, Z. H. Xu and S. N. Bai(生命学院 白书农). Histone acetylation affects expression of cellular patterning genes in the Arabidopsis root epidermis. *Proceedings of the National Academy of Sciences of the United States of America*,(2005) Oct 4,102(40):14469. (IF=10.452)

8. Y. H. Zhao, Y. M. Shi, W. X. Zhao, X. Huang, D. H. Wang, N. Brown, J. Brand and J. D. Zhao(生命学院 赵进东). CcbP, a calcium-binding protein from Anabaena sp PCC 7120 provides evidence that calcium ions regulate heterocyst differentiation. *Proceedings of the National Academy of Sciences of the United States of America*,(2005) Apr 19, 102(16):5744. (IF=10.452)

9. Z. G. Lu, C. M. Zhang and Z. H. Zhai(生命学院 张传茂). Nucleoplasmin regulates chromatin condensation during apoptosis. *Proceedings of the National Academy of Sciences of the United States of America*,(2005) Feb 22, 102(8):2778. (IF=10.452)

10. H. Ren, L. Y. Wang, M. Bennett, Y. H. Liang, X. F. Zheng, F. Lu, L. F. Li, J. Nan, M. Luo, S. Eriksson, C. M. Zhang and X. D. Su(生命学院 苏晓东). The crystal structure of human adenylate kinase 6: An adenylate kinase localized to the cell nucleus. *Proceedings of the National Academy of Sciences of the United States of America*,(2005) Jan 11, 102(2):303. (IF=10.452)

11. L. G. Ma, C. Chen, X. G. Liu, Y. L. Jiao, N. Su, L. Li, X. F. Wang, M. L. Cao, N. Sun, X. Q. Zhang, J. Y. Bao, J. Li, S. Pedersen, L. Bolund, H. Y. Zhao, L. P. Yuan, G. K. S. Wong, J. Wang and X. W. Deng(生命学院 邓兴旺). A microarray analysis of the rice transcriptome and its comparison to Arabidopsis. *Genome Research*,(2005) Sep, 15(9):1274. (IF=10.382)

12. Y. Ji, Y. F. Luo, X. R. Jia, E. Q. Chen, Y. Huang, C. Ye, B. B. Wang, Q. F. Zhou and Y. Wei(化学学院 贾欣茹). A dendron based on natural amino acids: Synthesis and behavior as an organogelator and lyotropic liquid crystal. *Angewandte Chemie-International Edition*,(2005) 44(37):6025. (IF=9.161)

13. Y. Z. Zhang, H. Y. Wei, T. Pan, Z. M. Wang, Z. D. Chen and S. Gao(化学学院 高松). Two molecular tapes consisting of serial or parallel azido-bridged eight-membered copper rings. *Angewandte Chemie-International Edition*,(2005) 44(36):5841. (IF=9.161)

14. C. J. Jia, L. D. Sun, Z. G. Yan, L. P. You, F. Luo, X. D. Han, Y. C. Pang, Z. Zhang and C. H. Yan(化学学院 严纯华). Iron oxide nanotubes-Single-crystalline iron oxide nanotubes. *Angewandte Chemie-International Edition*,(2005) 44(28):4328. (IF=9.161)

15. R. Si, Y. W. Zhang, L. P. You and C. H. Yan(化学学院 张亚文). Rare-earth oxide nanopolyhedra, nanoplates, and nanodisks. *Angewandte Chemie-International Edition*,(2005) 44(21):3256. (IF=9.161)

16. J. H. Yang, L. M. Qi, C. H. Lu, J. M. Ma and H. M. Cheng(化学学院 齐利民). Morphosynthesis of rhombododecahedral silver cages by self-assembly coupled with precursor crystal templating. *Angewandte Chemie-International Edition*,(2005) 44(4):598. (IF=9.161)

17. C. H. Lu, L. M. Qi, J. H. Yang, X. Y. Wang, D. Y. Zhang, J. L. Xie and J. M. Ma(化学学院 齐利民). One-pot synthesis of octahedral Cu_2O nanocages via a catalytic solution route. *Advanced Materials*,(2005) Nov 4, 17(21):2562. (IF=8.079)

18. H. L. Peng, C. B. Ran, X. C. Yu, R. Zhang and Z. F. Liu(化学学院 刘忠范). Scanning-tunneling-microscopy based thermochemical hole burning on a new charge-transfer complex and its potential for data storage. *Advanced Materials*,(2005) Feb 23, 17(4):459. (IF=8.079)

19. X. C. Tian, Y. Ban, K. Abe, et al(物理学院 班勇). Measurement of the wrong-sign decays D-0->K+pi(-)pi(0) and D-0->K+pi(-)pi(+)pi(-), and search for CP violation. *Physical Review Letters*,(2005) Dec 2, 95(23). (IF=7.218)

20. H. M. Liao, L. Q. Zhou, C. X. Zhang and O. Y. Qi(物理学院 欧阳颀). Wave grouping of a meandering spiral induced by Doppler effects and oscillatory dispersion. *Physical Review Letters*,(2005) Dec 2, 95(23). (IF=7.218)

21. L. Q. Zhou, I. Cassidy, S. C. Muller, X. Cheng, G. Huang and Q. Ouyang(物理学院 周路群).

Frequency-locking phenomena of propagating wave fronts in reaction-diffusion systems. *Physical Review Letters*, (2005) Apr 1, 94(12). (IF=7.218)

22. C. Ye, G. Q. Xu, Z. Q. Yu, J. W. Y. Lam, J. H. Jang, H. L. Peng, Y. F. Tu, Z. F. Liu, K. U. Jeong, S. Z. D. Cheng, E. Q. Chen and B. Z. Tang(化学学院 陈尔强). Frustrated molecular packing in highly ordered smectic phase of side-chain liquid crystalline polymer with rigid polyaceiylene backbone. *Journal of the American Chemical Society*, (2005) Jun 1, 127(21): 7668. (IF=6.903)

23. X. D. Mu, J. Q. Meng, Z. C. Li and Y. Kou(化学学院 寇元). Rhodium nanoparticles stabilized by ionic copolymers in ionic liquids: Long lifetime nanocluster catalysts for benzene hydrogenation. *Journal of the American Chemical Society*, (2005) Jul 13, 127(27): 9694. (IF=6.903)

24. G. B. Li, L. P. You, W. T. Wei, Y. Lu, J. Ju, A. Wannberg, H. Rundlof, X. D. Zou, T. Yang, S. J. Tian, F. H. Liao, N. Toyota and J. H. Lin(化学学院 李国宝). $La_4Cu_{3-x}Zn_xMoO_{12}$: Zinc-doped cuprates with Kagome lattices. *Journal of the American Chemical Society*, (2005) Oct 12, 127(40): 14094. (IF=6.903)

25. D. F. Zhang, L. D. Sun, C. J. Jia, Z. G. Yan, L. P. You and C. H. Yan(化学学院 孙聆东). Hierarchical assembly of SnO_2 nanorod arrays on alpha-Fe_2O_3 nanotubes: A case of interfacial lattice compatibility. *Journal of the American Chemical Society*, (2005) Oct 5, 127(39): 13492. (IF=6.903)

26. M. Ma, L. L. Peng, C. K. Li, X. Zhang and J. B. Wang(化学学院 王剑波). Highly stereoselective [2,3]-sigmatropic rearrangement of sulfur ylide generated through Cu(I) carbene and sulfides. *Journal of the American Chemical Society*, (2005) Nov 2, 127(43): 15016. (IF=6.903)

27. Y. Wang and K. Wu(化学学院 吴凯). As a whole: Crystalline zinc aluminate nanotube array-nanonet. *Journal of the American Chemical Society*, (2005) Jul 13, 127(27): 9686. (IF=6.903)

28. Y. Q. Liang, C. G. Zhen, D. C. Zou and D. S. Xu(化学学院 徐东升). Preparation of free-standing nanowire arrays on conductive substrates. *Journal of the American Chemical Society*, (2004) Dec 22, 126(50): 16338. (IF=6.903)

29. Y. W. Zhang, X. Sun, R. Si, L. P. You and C. H. Yan(化学学院 严纯华). Single-crystalline and monodisperse LaF_3 triangular nanoplates from a single-source precursor. *Journal of the American Chemical Society*, (2005) Mar 16, 127(10): 3260. (IF=6.903)

30. X. J. Duan, J. Zhang, X. Ling and Z. F. Liu(化学学院 张锦). Nano-welding by scanning probe microscope. *Journal of the American Chemical Society*, (2005) Jun 15, 127(23): 8268. (IF=6.903)

31. Y. Y. Zhang, J. Zhang, H. B. Son, J. Kong and Z. F. Liu(化学学院 张锦). Substrate-induced Raman frequency variation for single-walled carbon nanotubes. *Journal of the American Chemical Society*, (2005) Dec 14, 127(49): 17156. (IF=6.903)

32. F. Wei, C. L. Chen, L. Zhai, N. Zhang and X. S. Zhao(化学学院 赵新生). Recognition of single nucleotide polyrnorphisms using scanning potential hairpin denaturation. *Journal of the American Chemical Society*, (2005) Apr 20, 127(15): 5306. (IF=6.903)

33. X. Q. Chen, B. Hu and R. Yu(环境学院 陈效逑). Spatial and temporal variation of phenological growing season and climate change impacts in temperate eastern China. *Global Change Biology*, (2005) Jul, 11(7): 1118. (IF=4.333)

34. S. Q. Zhao, J. Y. Fang, S. L. Miao, B. Gu, S. Tao, C. H. Peng and Z. Y. Tang(环境学院 方精云). The 7-decade degradation of a large freshwater lake in central Yangtze river, China. *Environmental Science & Technology*, (2005) Jan 15, 39(2): 431. (IF=3.557)

35. J. Y. Hu, F. Jin, Y. Wan, M. Yang, L. H. An, W. An and S. Tao(环境学院 胡建英). Trophodynamic behavior of 4-monylphenol and nonylphenol polyethoxylate in a marine aquatic food web from Bohai Bay, North China: Comparison to DDTs. *Environmental Science & Technology*, (2005) Jul 1, 39(13): 4801. (IF=3.557)

36. Y. Wan, J. Y. Hu, M. Yang, L. H. An, W. An, X. H. Jin, T. Hattori and M. Itoh(环境学院 胡建英). Characterization of trophic transfer for

polychlorinated dibenzo-p-dioxins, dibenzofurans, non-and mono-ortho polychlorinated biphenyls in the marine food web of Bohai Bay, north China. *Environmental Science & Technology*, (2005) Apr 15, 39(8): 2417. (IF=3.557)

37. Y. S. Liu(环境学院 刘阳生). Novel incineration technology integrated with drying, pyrolysis, gasification, and combustion of MSW and ashes vitrification. *Environmental Science & Technology*, (2005) May 15, 39(10): 3855. (IF=3.557)

38. X. L. Zhang, S. Tao, W. X. Liu, Y. Yang, Q. Zuo and S. Z. Liu(环境学院 陶澍). Source diagnostics of polycyclic aromatic hydrocarbons based on species ratios: A multimedia approach. *Environmental Science & Technology*, (2005) Dec 1, 39(23): 9109. (IF=3.557)

39. S. Tao, F. L. Xu, X. J. Wang, W. X. Liu, Z. M. Gong, J. Y. Fang, L. Z. Zhu and Y. M. Luo(环境学院 陶澍). Organochlorine pesticides in agricultural soil and vegetables from Tianjin, China. *Environmental Science & Technology*, (2005) Apr 15, 39(8): 2494. (IF=3.557)

40. X. H. Qiu, T. Zhu, B. Yao, J. X. Hu and S. W. Hu(环境学院 朱彤). Contribution of dicofol to the current DDT pollution in China. *Environmental Science & Technology*, (2005) Jun 15, 39(12): 4385. (IF=3.557)

(刘小鹏)

表 7-36　2005 年专利申请受理、授权情况统计

发明人单位	申报专利受理(项)		授权专利(项)	
	国内专利	国际专利	国内专利	国际专利
信息学院	60		24	
地空学院			4	
物理学院	15		3	
化学学院	26	1	12	
生命学院	7	1	10	
环境学院	8		1	
计算所	56		4	
工学院	7			
基础医学院	12		3	
药学院	15	1	1	
公卫学院	2		2	
第一医院	0		0	
人民医院	2		2	
第三医院	2		0	
肿瘤医院	3		1	
口腔医院	0		3	
第六医院	0		0	
合计	215	3	70	

(何　洁　赵春辉)

表 7-37　2005 年经过教育部或卫生部正式鉴定的科研成果

成果名称	完成单位	组织鉴定单位
中国人口出生缺陷干预的国家战略框架和实施方案	人口所	教育部
《全宋诗》分析系统	中文系	教育部
现代信息分析的理论和应用研究	信息学院	教育部
"大学课程在线"分布式视频发布和点播服务平台	信息学院	教育部
使用单层分散型 CuCl/分子筛吸附剂分离一氧化碳技术	化学学院	教育部
利用现代生物技术培育耐旱耐寒草坪草的新种质	生命学院	教育部

续表

成 果 名 称	完 成 单 位	组织鉴定单位
基于 Internet、以构件库为核心的软件开发平台	信息学院	教育部
颅脑超声对围产期脑损伤和脑发育评价的应用研究	第一医院	卫生部
中医名词术语英译标准化的研究	第一医院	卫生部
儿童失神癫痫基因研究	第一医院	卫生部
靶控输注的应用研究	第一医院	卫生部
副肿瘤性天疱疮临床及发病机理研究	第一医院	卫生部
腔内泌尿外科技术的应用和推广	第一医院	卫生部
一氧化氮前体 L-精氨酸对肺动脉高压的干预研究	第一医院	卫生部
前列腺癌特异性基因及功能研究	第一医院	卫生部
骨肉瘤化疗的临床应用和基础研究	人民医院	卫生部
心电图新概念、新技术的临床研究与应用	人民医院	卫生部
国人长 QT 综合征的临床特征、发病机制与治疗方法研究	人民医院	卫生部
HLA-DRB1 及其特异性结合肽在类风湿关节炎发病机制及治疗中的作用	人民医院	卫生部
北京市孔源性视网膜脱离流行病学调查	人民医院	卫生部
耳软骨在中耳手术中的应用	人民医院	卫生部
胸椎黄韧带骨化症的临床与研究	第三医院	卫生部
支气管哮喘气道炎症和气道重塑发病机制的研究	第三医院	卫生部
MR 新技术基础研究及临床应用	第三医院、人民医院	卫生部
重大出生缺陷发生的基础研究	公共卫生学院	卫生部
胆红素、牛黄在主要职业有害因素致病过程中的保护作用	公共卫生学院	卫生部
2 Hz 电针刺激听宫穴产生的降压效应及其机制	基础医学院	卫生部
细胞衰老的生物学年龄指征	基础医学院	卫生部
哌嗪季铵盐类非成瘾性镇痛药物研究	药学院	卫生部
牙冠/桥/嵌体的 CAD 研究	口腔医学院	卫生部
牙龈炎和牙周炎免疫机制的研究	口腔医学院	卫生部
用附着体和双重冠技术制作覆盖义齿的基础及临床应用研究	口腔医学院	卫生部
应用游离腓骨复合组织瓣功能性重建上颌骨缺损	口腔医学院	卫生部
左旋门冬酰胺酶治疗难治性面部中线鼻型 NK/T 细胞淋巴瘤	肿瘤学院	卫生部
探究性眼球轨迹运动标记记录检查对精神分裂症诊断的临床应用	精研所	卫生部
注意缺陷多动障碍的系统综合研究	精研所	卫生部
保留感觉与勃起功能的阴茎再造术	深圳医院	卫生部

(张 铭 汪 立)

表 7-38 2005 年获得基金委国际(地区)合作项目

项 目 名 称	负责人	项目来源	开始时间	结题时间
果蝇肿瘤抑制基因 mats 的表达调控机理研究	张文霞	两个基地	2006.01.01	2008.12.31
多尺度问题的建模、分析和算法研究	张平文	两个基地	2006.01.01	2008.12.31
地核内轻元素的实验研究	郑海飞	两个基地	2006.01.01	2008.12.31
抗生素类药物环境危害性评价的方法学研究	胡建英	两个基地	2006.01.01	2008.12.31
应用反转录病毒插入诱变技术研究斑马鱼心血管发育相关基因与机制	张 博	两个基地	2006.01.01	2008.12.31
水在碱流岩浆中的扩散	张立飞	两个基地	2006.01.01	2008.12.31
创新自旋电子学器件——有机半导体/铁磁氧化物半金属异质结构	熊光成	港联 RGC	2006.01.01	2008.12.31

(马 信)

表 7-39 2005 年获得科技部政府间国际合作项目

姓 名	院系	期 限	合作国家
张乃孝	数学学院	2005～2007	葡萄牙
晏 磊	地空学院	2005～2007	爱尔兰
彭练矛	信息学院	2005～2007	斯洛文尼亚
吴小红	考古文博院	2005～2007	斯洛文尼亚
俞孔坚	环境学院	2005～2007	斯洛文尼亚
姚淑德	物理学院	2005～2006	比利时

(韦 宇)

表 7-40 2005 年获得其他国际(地区)合作项目

项目名称	负责人	单位	项目来源	开始时间	结题时间
研发新颖艾滋病及肝炎感染小鼠模型	邓宏魁	生命学院	比尔·盖茨基金	2005.07.01	2010.07.01
Prevention future SARS epidemics through the control of animal and human infection	邓宏魁	生命学院	欧盟第六框架 SARS 基金		
A highly safe water processing system with low environmental impact	胡建英	环境学院	日本三菱	2005.07.08	2006.03.31
偿付能力报告编保规则——动态偿付能力测试	吴 岚	数学学院	中国保险监督管理委员会	2005.03.01	2005.10.30
自由基/正离子转化聚合法合成液晶型嵌段共聚物	郭海清	化学学院	日立化工	2005.03.01	2005.08.31

(韦 宇)

表 7-41 北京大学学报(自然科学版)2005 年刊载论文学科分布

年 份	数学	力学	物理学	化学	地球空间	地理环境	生命科学	心理学	信息科学	总 计	总计(英文稿)
2005	14	12	21	1	26	23	4	5	22	128	18

(北京大学学报[自然科学版]编辑部)

表 7-42 北京大学学报(自然科学版)2004 年刊载论文被国际检索机构收录情况

学 科	数学	力学	物理学	化学	地球空间	地理环境	生命科学	心理学	信息科学	总 计	收录比例
刊载篇数	8	9	12	3	25	27	11	6	36	137	
Ei 收录	6	9	11	3	24	24	11	3	25	116	84.67%
CA 收录	0	0	2	0	10	4	11	0	4	34	24.82%
SA 收录	5	8	11	1	12	10	2	2	10	61	44.53%
MR 收录	8	6	0	0	0	0	0	0	3	17	12.41%

(北京大学学报[自然科学版]编辑部)

文 科 科 研

【概况】 2005 年北大共获得国家社科基金项目立项 34 项、国家社科基金重大项目立项 2 项、国家社科基金后期资助项目 3 项、教育部一般项目立项 19 项、全国教育科学规划项目 4 项、教育部重大攻关课题 2 项。2005 年文科到账科研经费达 5673.89 万元,比 2004 年有较大增长。2005 年,北大 13 个基地共申请 52 项重大课题,位居全国之首。

【项目管理】 2005 年北京大学的哲学社会科学研究经费有了一定程度的提高,同时社会科学部也加强了对项目管理,使项目管理更加规范和合理。

1. 纵向项目申报立项。纵向项目的取得被看作衡量个人或单位科研水平的标志之一,帮助广大教师争取纵向项目是项目办的主要工作之一。2005 年项目办先后组织了如下纵向项目的申报:2005 年度国家社会科学基金项目申报 130 项,立项 34 项,立项经费

共223.5万元；教育部一般项目申报94项，立项19项，立项经费共80.6万元；国家社科基金重大项目申报5项，立项2项，立项经费共70万元；国家社科基金后期资助项目申报5项，立项3项，立项经费共17万元；全国教育科学规划项目申报21项，立项4项，立项经费共8万元；教育部重大项目攻关课题申报11项，立项2项，立项经费共67万元。同时，项目办先后召开了2005年度国家社会科学基金项目评审专家会议、2005年度国家社会科学基金项目立项负责人会议、2005年度教育部重大项目攻关课题申报总结会等会议，旨在探讨和总结纵向项目申报工作。

2. 横向项目和经费管理。横向项目是北大文科科研经费的主要来源，是北大教师多渠道争取到的各类项目。为了便于管理，社科部与财务部合作对各类项目的入账类型和入账要求做了梳理和明确，尽量做到使各类项目的经费管理、合同管理有章可循，入账流程简单明了。据统计，近几年北大到账经费有较大增加。2005年到账经费首次突破5000万元大关，创历史新高。

3. 纵向项目的中检、结项。2005年项目办公室共完成项目中检48项、项目结项50项，在配合上级部门做好项目的检查工作的同时，相应地推进项目的宣传工作。为此，项目办一方面于2005年上半年和下半年前后两次做了纵向项目结项计划的统计工作，并为纵向项目的结项程序制定了简要的说明，同时还将2003～2004年经评审通过的国家社科基金结项项目成果汇编成册，于2005年11月完成了第一期《国家社科基金项目成果汇编》的工作。

4. 项目评审。组织校内专家参与国家社科基金、教育部项目、北京市项目等项目的评审工作是配合各个上级科研部门努力实现科学的学术评价机制的重要步骤，也

是国家实现繁荣和发展哲学社会科学的重要一环。2005年北京大学共完成国家社科基金的通讯评审2515项、教育部一般项目通讯评审1400项、霍英东教育基金116项。

【成果管理】 3月，社会科学部组织了北京大学文科教师申报北京市社科理论著作出版第26批资助，申报著作15项，获资助10项。9月，又组织北大文科教师申报北京市社科理论著作出版第27批资助，申报著作23项，获资助14项。

9～11月，整理编辑《北京大学人文社会科学研究获奖成果总览(1980～2005)》(上编)，依据的底本是"国家社会科学基金项目优秀成果获奖名册"、历届"中国高校人文社会科学研究优秀成果奖获奖成果名单"、历届"北京市哲学社会科学获奖优秀成果荣誉册"和历届"北京大学人文社会科学研究优秀成果获奖名单"。

社会科学部还进行了成果统计工作，2004年度北大文科共完成各类成果2972项，人均发表2.06项，其中专著201部、编著和教材198部、论文2391篇、译著68部、译文28篇、其他成果86项。

【人才工作】 1月，经学校研究决定设立哲学社会科学资深教授岗位，聘任林庚、季羡林、裘锡圭、田余庆、黄楠森、宿白、胡代光、厉以宁、芮沐、肖蔚云、袁行霈为第一批资深教授；严家炎、马克尧、汤一介、叶朗、严文明、胡壮麟、刘安武、沈宗灵、梁柱、汪永铨、梁守德、赵宝煦、吴尉慈、吴树青为第二批资深教授。

3月，教育部公布2004年度"新世纪优秀人才支持计划"入选者名单，北京大学文科12人入选。6～7月，北京大学文科申报2005年度"新世纪优秀人才支持计划"的人数为15人。12月，教育部对2004年度入选者进行年检。

社会科学部还选派了郭建宁等15位教学科研骨干，从2005年2月28日开始，分6批到中央党校

参加了中组部、中宣部、中央党校、教育部、总政治部举办的培训。

【基地建设】 2005年是教育部文科重点研究基地第二轮建设计划的起步之年，总结经验、加强规划是基地工作的重中之重。2005年上半年基地管理办公室对4年来基地建设的成绩、经验、不足进行了系统的梳理和分析，撰写了"2001～2003年北大文科重点研究基地建设回顾"。第一轮批准的10个文科重点研究基地也对各自建设的成绩和经验做了总结，并提出了下一步发展规划。这些总结报告最后结集成为《北京大学文科通讯—文科重点研究基地专刊》，产生了良好的反响。

科学研究是基地建设的核心，本年度基地管理办公室共组织13个基地申请并获批52项重大课题，批准项目经费1040万元，获批会议费和资料费等达到780万。基地管理办公室一直注意加强基地项目的管理和成果鉴定，本年度共组织基地重大项目结项19个，使按时结项课题总数达到了35项，占应结项课题总数的92%。基地管理办公室还积极承担了教育部重大项目的评审工作，共组织121位教授通讯评审了273份教育部人文社会科学重大课题申请材料，组织13位教授评审了16份教育部重大项目结项成果。

经济学院中国都市经济研究中心作为北京市社科规划办首批批准的研究基地，定位于为北京市发展提供理论服务和智力支持。截至2005年10月，该中心出版《中国都市经济研究报告》一书，承担4个重大课题：2008奥运对北京产业发展联动作用的研究、北京地区水资源短缺与对策研究、全球价值链下北京产业升级研究、北京市政债券问题研究。该基地的科研工作获得北京市社科规划办的高度评价。

9～12月，社科部对学校文科

各单位的虚体机构进行了为期4个月的调研工作。调研工作分两步进行：一是以文科院系为单位，组织全校192个虚体机构负责人座谈；二是制作详细的调查问卷，通过文案分析探索文科科研的发展规律。

【学术会议】 2005年社会科学部受理审批国际（双边）学术会议42个。比较成功、影响比较大的会议有：马儿罗与中国双边学术研讨会；近代汉语官话音国际学术研讨会；纪念冯友兰先生诞辰110周年暨冯友兰学术国际研讨会；织机洞遗址与东亚旧石器文化国际学术研讨会；全球化时代的中泰关系双边学术研讨会；斯特林堡国际学术研讨会；转型期中国公民社会的发展国际学术会议；再造全球时代管理教育——2005光华国际论坛；2005资产证券化国际研讨会；全球化与财税法改革国际学术研讨会；全球化背景下社会工作教育发展：东方与西方相遇国际学术研讨会；让世界了解中国——斯诺百年纪念学术研讨会；第二届全球华人广告教育论坛；海峡两岸大学文化高层论坛；2005中国首届女性与体育文化国际论坛。

【科研管理】 9~11月，社科部项目办公室根据项目管理的实际情况，对1998年开始施行的"北京大学人文社会科学科研项目管理办法（试行）"和"关于文科科研项目经费管理的规定"进行了修订，主要是对经费管理的一些环节做出调整，加大经费管理的力度。成果办公室也修订"北京大学人文社会科学研究优秀成果评奖办法"，并在11月24日布置北京大学第十届人文社会科学研究优秀成果奖申报工作中具体实施。与以往相比，最大的不同是把二等奖的评定权下放到院系学术委员会，社科部将集中精力做好一等奖成果的评选工作，促使一等奖成为名副其实的学术精品。

1月7日，社科部召开文科科研秘书大会，程郁缀部长主持大会，宣读了"2003~2004年度文科科研管理先进个人"名单，他们是法学院赵焕，中文系周燕，经济学院李梅，信息管理系薛美华，外国语学院丁昱，社科部朱邦芳、赵毓荷。获奖代表李梅、薛美华发言介绍了自己科研管理的工作经验。

（刘 睿）

附 录

表7-43 2005年国家社科基金项目立项名单

课题批准号	所在单位	负责人	课题名称	项目类别
05&ZD026	马克思主义学院	赵存生	弘扬和培育民族精神问题研究	重大项目
05&ZD042	法学院	周旺生	构建社会主义和谐社会的法制保障	重大项目
05&ZD017	国际关系学院	袁 明	世界多元文化激荡交融中的中国文化建设和文化安全研究	重大委托
05&ZD016	医学部	王红漫	我国农村人口卫生保障制度研究	重大委托
05@ZH007	艺术学系	彭吉象	数字技术与中国电视未来的发展	特别委托
05CYY010	对外汉语教育学院	张 雁	面向第二语言习得的汉语词化模式研究	青年项目
05CFX020	法学院	陈永生	刑事诉讼的宪政基础研究	青年项目
05CFX026	法学院	王锡锌	行政立法和决策过程中的公众参与研究	青年项目
05BFX036	法学院	白建军	刑事司法公正性实证研究	一般项目
05BFX052	法学院	李 鸣	条约在我国国内的效力与宪法的修改	一般项目
05BFX039	法学院	王世洲	惩治与防范危害国家安全罪的对策研究	一般项目
05BFX005	法学院	张 骐	司法改革和权力科学配置与公正司法研究——中国司法先例制度研究	一般项目
05CTJ004	光华管理学院	刘京军	信用风险管理中数据挖掘技术和方法的研究	青年项目
05BJY016	光华管理学院	吴联生	上市公司盈余管理程度研究	一般项目
05BYY043	计算语言学研究所	王厚峰	基于指代链的汉语文本主题分析研究	一般项目
05CJL012	经济学院	王曙光	我国民营经济融资约束与民间金融内生成长研究	青年项目
05CJY016	经济学院	夏庆杰	城镇贫困人口现状、问题和对策研究	青年项目
05BSS001	历史学系	包茂宏	人与环境关系的新认识：环境史学史	一般项目
05BZS013	历史学系	郭润涛	明清时代地方政府与基层社会互动关系研究	一般项目
05BSS008	历史学系	林承节	印度八十年代末以来的政治发展新格局研究	一般项目
05BGJ021	马克思主义学院	李淑珍	时代性质、时代特征和时代主题	一般项目

续表

课题批准号	所在单位	负责人	课题名称	项目类别
05BRK007	社会学系	郭志刚	人口学方法论研究	一般项目
05BSH014	社会学系	钱民辉	教育公平与社会分层研究	一般项目
05BSH003	社会学系	秦明瑞	卢曼社会系统理论研究	一般项目
05BWW009	外国语学院	仲跻昆	阿拉伯文学通史	一般项目
05BZS027	外国语学院	陈 明	隋唐时期的医疗、宗教与社会生活	一般项目
05CWW007	外国语学院	谷 裕	德语成长发展小说研究	青年项目
05CYY003	外国语学院	王立刚	对现代俄语中评价意义的研究	青年项目
05BYY007	外国语学院	高一虹	大学生英语学习社会心理：基础阶段跟踪研究	一般项目
05BWW007	外国语学院	张鸿年	列王纪研究	一般项目
05BTQ004	信息管理系	刘兹恒	图书馆危机管理研究	一般项目
05BTQ027	信息管理系	周庆山	网络信息生态评价体系与保护策略研究	一般项目
05BSH040	医学部	刘继同	社会转型期社会政策框架与卫生政策战略地位	一般项目
05BZX042	哲学系	徐凤林	俄国哲学史原著选读	一般项目
05CZX001	哲学系	仰海峰	马克思哲学与形而上学批判	青年项目
05BZX049	哲学系	叶 峰	当代数学哲学问题研究	一般项目
05BYY046	中文系	沈 阳	现代汉语焦点敏感算子语义研究	一般项目
05BZW040	中文系	李 杨	"中国现代文学"与"中国当代文学"之关联研究	一般项目
05BZW033	中文系	刘勇强	话本小说的文本诠释与历史构建	一般项目
	外国语学院	凌建侯	巴赫金哲学思想与小说诗学	后期资助
	外国语学院	李 政	赫梯条约研究	后期资助
	历史学系	辛德勇	秦汉政区与边界地理研究	后期资助

（王周谊）

表7-44　2005年教育部人文社科研究项目名单

所在单位	项目类别	课题名称	负责人
政府管理学院	重大攻关项目	中国地方政府绩效评价体系与管理机制研究	周志忍
中文系	规划基金项目	汉语述补结构的历史发展及其与相关语法形式发展关系研究	刘子瑜
中文系	规划基金项目	解构主义与中国当代文学批评	陈晓明
政府管理学院	规划基金项目	后WTO过渡期的外部冲击与中国经济波动分析	常志霄
哲学系	规划基金项目	欧美佛教学术史研究	李四龙
外国语学院	规划基金项目	蒙古人西征与东西方文学交流和文化对话	陈岗龙
外国语学院	规划基金项目	德语文学中的艺术家问题	黄燎宇
外国语学院	规划基金项目	现当代俄罗斯语言学研究的流变与走向	宁 琦
外国语学院	规划基金项目	泰语汉语关系词历史层次研究	薄文泽
外国语学院	规划基金项目	当代世界性邪教的网络传播模式与对策研究	金 勋
社会学系	规划基金项目	民间商会与政府关系的政治社会学研究：协商民主中相互赋权的路径选择	陶 庆
经济学院	规划基金项目	基础设施产业中的垄断与竞争问题	王大树
光华管理学院	规划基金项目	两税合并与外资企业投资行为研究	黄慧馨
光华管理学院	规划基金项目	创建我国商业银行产品成本核算体系的研究	宁亚平
光华管理学院	青年基金项目	分形统计学的发展及其在资本市场的应用研究	陈梦根
法学院	规划基金项目	国际强行法与人权	白桂梅
法学院	青年基金项目	WTO后过渡期的中国行政诉讼制度改革	刘东亮
法学院	青年基金项目	信贷资产证券化投资者保护法律机制	洪艳蓉
医学部	规划基金项目	我国医学人文学科的现状、问题及发展战略研究	张大庆
心理学系	专项任务项目	国有大中型企业人力资源管理与开发	王登峰

（刘 睿）

表 7-45　2005 年留学回国人员科研启动基金入选者名单

所在单位	负责人	课题名称	资助金额(万)
社会学系	姜星海	西部地区教育需求的研究	1.5
人口研究所	任　强	中国人口和人力资本多区域预测	1.5
新闻与传播学院	许　静	舆论研究理论与实践	1.5
光华管理学院	蔡　剑	基于互联网的商务活动建模和优化研究	1.5
哲学系	韩林合	维特根斯坦《哲学研究》研究	1.5
外国语学院	马小兵	有关日语复合格助词及汉语介词的综合研究	1.5
哲学系	聂锦芳	清理与超越——重读马克思文本的基础、意旨与方法	1.0
外国语学院	宁　琦	现代俄语述体配价的研究及其在教学中的应用	1.5
中国经济研究中心	沈　艳	加入 WTO 后外资对中国经济增长的影响	1.5
社会学系	盛晓明	北京地区不同社会群体对举办 2008 年奥运会的社会期待研究	1.5
教育学院	施晓光	美国著名大学的办学思想和实践研究	2.0
外国语学院	孙建军	清末西方传教士的中国助手与汉语新词汇	1.5
光华管理学院	吴剑锋	企业潜在闲置资源与创新导向：基于中国新兴高技术企业的研究	1.5
社会学系	薛永玲	不同的宗教信仰对社会交往的影响	2.0
历史学系	臧运祜	近百年中美日关系中的台湾问题	2.0
社会学系	赵旭东	乡村互联网建设与农民政治参与意识的转变	2.0
信息管理系	刘　嘉	数字图书馆中元数据之研究	1.5
历史学系	吴小安	东南亚华人家族史与商业网络研究	2.0

（刘　睿）

表 7-46　2005 年教育部重点研究基地重大项目名单

所在单位	课题名称	负责人	课题批准号
邓小平理论研究中心	和谐社会构建中的利益协调问题研究	郭建宁	05JJD710123
邓小平理论研究中心	社会公平与共同富裕	薛汉伟	05JJD710124
东方文学研究中心	《三国演义》在东方各国的流传和影响	张玉安	05JJD750.47-99160
东方文学研究中心	东方作家传记文学研究	刘曙雄	05JJD750.47-99161
汉语语言学研究中心	汉语大规模真实文本的语义标注研究——从句子的论元结构、情态结构到语篇结构	袁毓林	05JJD740176
汉语语言学研究中心	语言接触与汉译佛典语法比较研究——以梵汉对勘为基础	蒋绍愚	05JJD740177
教育经济研究所	教育机会与收入不平等研究	龚六堂	05JJD880052
教育经济研究所	制度理论与中国大学制度变迁研究	马万华	05JJD880053
美学与美育研究中心	从分析美学到实用主义	尚新建	05JJD720188
美学与美育研究中心	西方美学遗产与中国现代美学建构	张世英	05JJD720189
外国哲学研究所	20 世纪西方逻辑哲学和数学哲学	刘壮虎	05JJD720190
外国哲学研究所	西方哲学文献选编(德国古典哲学)	韩水法	05JJD720191
宪法与行政法研究中心	公益征收和征用制度研究	王　磊	05JJD820001
宪法与行政法研究中心	行政规划制度研究	朱　芒	05JJD820002
政治发展与政府管理研究所	中国地方政府创新的理论与实证研究	陈红太	05JJD810204
政治发展与政府管理研究所	组织绩效评估的应用与正确政绩观的树立	孙柏瑛	05JJD810205
中国古代史研究中心	十三世纪以前中国军事地理研究	辛德勇	05JJD770106
中国古代史研究中心	新出土及海内外散藏吐鲁番文献的整理与研究	荣新江	05JJD770107
中国古文献研究中心	美国所藏汉籍善本图录	曹亦冰　卢　伟	05JJD870154

（王康宁）

表 7-47 2005 年全国教育规划项目立项名单

课题批准号	课 题 名 称	负 责 人	课 题 类 别
DEA050071	预防青少年网络被害的教育对策研究	赵国玲	教育部重点课题
DFA050093	青少年网络游戏现状及消费行为研究	张红霞	教育部重点课题
DCA050059	高校现代远程教育试点政策变迁及未来对策研究	郭文革	教育部重点课题
DIA050149	我国医学人文素质教育课程体系研究	张大庆	教育部重点课题

（王周谊）

表 7-48 2005 年北京市基地重大项目名单

课题批准号	课 题 名 称	负 责 人
05BJDJG154	全球价值链下北京产业升级研究	刘 伟
05BJDJG153	北京市财政收入合理化问题研究	王大树

（王康宁）

表 7-49 2005 年北京市教育调查特别委托课题名单

负 责 人	课 题 名 称	来 源
卢晓东	大学生对高等学校教育教学状况评价调查	北京市教科院
文东茅	转制学校管理与经营的个案调查	北京市教科院
文东茅	北京市教育调查课题数据库建设研究	北京市教科院

（王周谊）

表 7-50 2005 年北京市其他项目名单

所在单位	负责人	课 题 名 称	来 源
法学院	姜明安	基层政府依法行政能力建设研究	北京市朝阳区人民政府法制办公室
政府管理学院	周志忍	北京城市近期建设规划动态调控体系研究	北京市城市规划设计研究院
政府管理学院	李国平	崇文区"十一五"期间国民经济和社会发展规划框架思路研究	北京市崇文区发展和改革委员会
政府管理学院	李国平	北京市"十一五"市级专项规划	北京市发展和改革委员会
政府管理学院	李国平	京津冀都市圈区域规划北京市规划研究	北京市发展和改革委员会
政府管理学院	李国平	北京市资源禀赋与区县发展研究	北京市发展和改革委员会
政府管理学院	万鹏飞	创新北京市公共服务的组织与管理	北京市发展和改革委员会
首都发展研究院	杨开忠	北京市推进科技创新的咨询建议	北京市发展和改革委员会
政府管理学院	李国平	北京市产业用地调查、评价及整合研究	北京市国土资源局
政府管理学院	薛 领	北京市产业用地调查、评价及整合研究	北京市国土资源局
政府管理学院	万鹏飞	"十一五"期间海淀区应急体系建设研究	北京市海淀区发展和改革委员会
政府管理学院	万鹏飞	海淀区差异化发展战略和对策研究	北京市海淀区发展和改革委员会
政府管理学院	谢庆奎	"十一五"期间海淀区推进政府管理体制改革和政府职能转变思路研究	北京市海淀区发展和改革委员会
政府管理学院	肖鸣政	北京市海淀区"十一五"时期人才战略发展研究	北京市海淀区发展和改革委员会
政府管理学院	薛 领	按照"城市功能拓展区"的定位与相应指标体系的要求，海淀区新的发展目标和功能布局研究	北京市海淀区发展和改革委员会
首都发展研究院	杨开忠	"十一五"期间海淀区国民经济和社会发展总体规划和未来15年展望等三个课题	北京市海淀区发展和改革委员会
光华管理学院	陈丽华	北京地区企业技术联盟实证研究软科学项目	北京市科学技术委员会
政府管理学院	李国平	京津冀科技发展现状与问题分析研究	北京市科学技术委员会
政府管理学院	李国平	京津冀区域发展与北京创新型城市建设研究	北京市科学技术委员会
政府管理学院	李国平	京津冀区域科技发展规划	北京市科学技术委员会
政府管理学院	李国平	京津冀区域科技发展战略研究	北京市科学技术委员会

续表

所在单位	负责人	课题名称	来源
光华管理学院	王其文	高新区"二次创业"重大问题研究	北京市科学技术委员会
政府管理学院	李国平	平谷区在环渤海圈中的战略地位与区域经济合作研究	北京市平谷区发改委
人口研究所	陆杰华	新时期北京市流动人口管理面临的挑战及改革思路研究	北京市人口与计划生育委员会
社会学系	王思斌	北京市养老机构在2010年及2020年前的规划发展问题研究	北京市社会福利管理处
政府管理学院	万鹏飞	北京市突发性事件管理体制研究	北京市社科联
社会学系	王思斌	义务工作者管理制度研究	北京市社区建设工作领导小组
法学院	刘剑文	石景山区产业转型期间的税源培育问题综合研究	北京市石景山区发展和改革委员会
文化产业研究所（艺术学系）	向 勇	北京市石景山区文化发展规划	北京市石景山区文化委员会
政府管理学院	李国平	顺义区"十一五"期间国民经济和社会发展规划框架思路研究	北京市顺义区发展和改革委员会
政府管理学院	李国平	顺义区国民经济和社会发展第十一个五年计划规划纲要	北京市顺义区发展和改革委员会
政府管理学院	肖鸣政	北京市通州区"十一五"时期人力资源战略与开发规划	北京市通州区人事局
政府管理学院	李国平	"十一五"期间全面提升宣武区核心竞争力研究	北京市宣武区发改委

（王周谊）

表7-51　2005年其他省部级以上项目名单

所在单位	负责人	课题名称	来源
法学院	刘剑文	企业所得税"两法合并"改革与中国经济发展	国家财政部
法学院	白建军	保密工作基本情况实证分析	国家保密局
法学院	白建军	泄密案例实证分析	国家保密局
对外汉语教育学院	李晓琪	中国汉语水平考试HSK（商务）研发	国家对外汉语教学领导小组办公室
对外汉语教育学院	李晓琪	国家汉办HSK（商务）考试	国家对外汉语教学领导小组办公室
新闻与传播学院	关世杰	"十一五"时期我国广播电影电视产业发展研究	国家发展和改革委员会
政府管理学院	余 斌	国家物资储备参与宏观调控的社会经济效果评估指标体系	国家发展和改革委员会
中国经济研究中心	海 闻	国家海关总署进出口预警系统（二期）	国家海关总署
首都发展研究院	杨开忠	伊犁河谷旅游发展总体规划	国家旅游局
历史学系	茅海建	通纪——第八卷（上）	国家清史编撰委员会
图书馆	沈乃文	文献、清代诗文集丛刊、编目	国家清史编撰委员会
中国古文献研究中心	杨 忠 漆永祥	清人文集篇目分类索引全编	国家清史编撰委员会
图书馆	姚伯岳	图录 北京大学图书馆馆藏古文献中清代历史图像的数字化整理	国家清史编撰委员会
光华管理学院	刘国恩	药品不良反应的经济学研究	国家食品药品监督管理局
马克思主义学院	仓道来	健身气功的辩证唯物主义理论基础的研究	国家体育总局
法学院	郑胜利	专利权的限制和例外	国家知识产权局
考古文博学院	刘 伟	中国古代陶瓷的色度学研究	国家自然科学基金
信息管理系	秦铁辉	竞争情报活动中的人际网络研究	国家自然科学基金
新闻与传播学院	谢新洲	我国电子媒体管理与政策研究	国家自然科学基金
光华管理学院	符国群	品牌延伸研究：延伸对母品牌产生正面或负面影响的条件与机制	国家自然科学基金
光华管理学院	孔繁敏	激励机制与安全生产：探索保障中国煤矿工人生命和健康的组织理论和人力资源管理体系	国家自然科学基金
光华管理学院	刘国恩	中国医疗个人账户：成本控制和健康产出研究	国家自然科学基金
光华管理学院	陆正飞	产权保护导向的会计研究	国家自然科学基金

续表

所在单位	负责人	课题名称	来源
光华管理学院	彭泗清	中国品牌的消费者-品牌关系：维度、类型与强化机制	国家自然科学基金
光华管理学院	苏良军	空间相关模型的半参数分析	国家自然科学基金
光华管理学院	涂荣庭	整体服务经验、消费情绪、与顾客满意互动研究	国家自然科学基金
光华管理学院	吴剑峰	高新技术企业的横向联盟网络构建与产品创新绩效的关系研究	国家自然科学基金
光华管理学院	吴联生	公司实际税负与盈余管理	国家自然科学基金
光华管理学院	武常岐	中国企业国际化战略研究	国家自然科学基金
光华管理学院	徐信忠	行为金融若干基础问题研究	国家自然科学基金
光华管理学院	于鸿君	转型期区域经济和谐发展模式选择分析——从最优货币区理论角度给出的一个基本框架	国家自然科学基金
光华管理学院	张维迎	利用电子政务建设服务型政府的基础问题研究	国家自然科学基金
光华管理学院	张一弛	人力资源管理影响企业绩效的中介机制研究	国家自然科学基金
光华管理学院	张志学	高技术企业中的交互记忆系统的发展与功效	国家自然科学基金
光华管理学院	周黎安	地方官员的晋升激励与区域经济合作和发展：理论与实证检验	国家自然科学基金
经济学院	杨子江	科技资源配置理论及其优化路径研究	国家自然科学基金
中国经济研究中心	曾毅	老年人口家庭、健康与照料需求成本研究	国家自然科学基金
教育学院	岳昌君	高校毕业生求职效率研究	国家自然科学基金
政府管理学院	张波	城市群高速发展条件下城市空间成长管理研究——以环渤海和长江三角洲地区为例	国家自然科学基金
社会学人类学研究所	刘能	联合国儿基会支持的2001~2005年妇女儿童两纲发展项目终其评估	国务院妇女儿童工作委员会
法学院	刘剑文	建立国有资本经营预算制度的主要内容和整体框架	国务院国有资产监督管理委员会
法学院	张平	开放源码软件和通用公共许可（GPL）的知识产权及其相关法律问题研究	科学技术部
经济学院	刘文忻	加快发展服务业的总体构想与政策研究	商务部
中国经济研究中心	卢锋	大国经贸战略、经贸体制及经贸结构研究	商务部
中国经济研究中心	卢锋	开拓农村市场、搞活农产品流通、促进农民收入增长研究	商务部
光华管理学院	王咏梅	以科学发展观统筹国内发展和对外开放研究	商务部
光华管理学院	张维迎	电子商务报告	商务部
经济学院	章政	上海郊区小城镇产业集聚与产业支撑问题综合研究	上海市农业委员会
政府管理学院	金安平	全国重点湿地水环境保护政策	水利部
法学院	钱明星	关于资产证券化法律问题研究	司法部
法学院	汪劲	外来物种入侵法律问题研究	司法部
法学院	王世洲	现代国际刑法学理论研究	司法部
国际关系学院	王缉思	全球化问题研究	外交部
艺术学系	丁宁	希腊美术史	文化部
艺术学系	李道新	中国电影传播史（1905~2004）	文化部
法学院	湛中乐	保险条款费率监督制度比较研究	中国保险监督管理委员会
光华管理学院	宁亚平	对我国公关预算范围和科目体系研究	中国发展研究基金会
经济学院	曹和平	中国纺织各行业重大经济指标统计发布会前期研发	中国纺织工业协会
审计室	王雷	内部审计管理研究	中国教育审计学会
社会学人类学研究所	刘能	希望工程GE教师培训项目的绩效评估	中国青少年发展基金会
中国经济研究中心	平新乔	2005年20国集团"发展理念创新"研究	中国人民银行

（王周谊）

表7-52 2005年人文社会科学入选教育部"新世纪优秀人才支持计划"人员名单

编　号	姓　名	单　位
NCET-05-0027	傅　军	北京大学政府管理学院
NCET-05-0028	韩林合	北京大学哲学系
NCET-05-0029	金　勋	北京大学外国语学院
NCET-05-0030	王立新	北京大学历史学系
NCET-05-0031	张　健	北京大学中文系
NCET-05-0032	苏耕欣	北京大学外国语学院
NCET-05-0033	陆正飞	北京大学光华管理学院
NCET-05-0034	李　玲	北京大学中国经济研究中心
NCET-05-0035	宋新明	北京大学人口研究所
NCET-05-0036	章　政	北京大学经济学院
NCET-05-0037	陈瑞华	北京大学法学院
NCET-05-0038	佟　新	北京大学社会学系
NCET-05-0039	王　军	北京大学信息管理系

（倪润安）

表7-53 2005年获北京市社科理论著作出版基金资助人员名单

著作名称	申请人	所在单位
意识形态与美国外交政策——以20世纪美国对华政策为个案的研究	王立新	历史学系
英国政党政治的新起点	高　岱	历史学系
语言对比与语言学习	王辛夷	外国语学院
穆斯林诗人哲学家伊克巴尔	刘曙雄	外国语学院
英美小说叙事理论研究	申　丹	外国语学院
商务印书馆与近代文化	史春风	马克思主义学院
公平效率与当代社会发展	夏文斌	马克思主义学院
医院管理创新："五四一"管理模式研究	潘习龙	医学部
病与证的冲击——反思18世纪的医学	甄　橙	医学部
中国民营中小企业间接融资研究	梁鸿飞	出版社
近现代日本亚太政策的演变——从大陆政策到"大东亚共荣圈"	臧运祜	历史学系
公元前2世纪~公元5世纪中原及北方地区钢铁技术研究	陈建立	考古文博学院
俄语的数、词和数量词研究	左少兴	外国语学院
音乐精神——俄国象征主义诗学研究	王彦秋	外国语学院
国际企业制度创新研究	王跃生	经济学院
制度变迁中的中国保险业：风险与风险管理对策	孙祁祥	经济学院
经济周期理论与应用研究	陈昆亭	光华管理学院
技术制衡下的网络刑事法研究	刘守芬	法学院
公共服务中的市场机制：理论、方式与技术	句　华	政府管理学院
环境危机与文化重建	魏　波	马克思主义学院
近代汉语复合动词研究	张　雁	对外汉语教育学院
人口与可持续发展研究——中国人口、资源环境、经济社会发展关系的系统研究	穆光宗	人口研究所
明代县政研究	何朝晖	图书馆
战后日本出版物中的价值取向变迁研究	诸葛卫东	出版社

（朱邦芳）

科技开发、产业管理与国内合作

【概况】 围绕北京大学创建世界一流大学的中心目标,坚持为北大教学与科研服务的原则,2005年科技开发与产业工作取得了良好的进展。北大企业改制工作继续深化,建立现代企业制度。2005年校办企业产值达到了254.47亿元,以各种形式回报学校8460万元。科技开发工作进一步加强对合同项目的规范管理,控制风险,加大宣传推广力度,不断拓宽与国内外企业的合作渠道。2005年共签订各类技术合同276项,合同总额达9598.66万元,合同到款总额6056.16万元。

2005年北大各校办产业总产值达到了254.47亿元,其中方正240亿元、青鸟0.29亿元、资源2.8亿元、未名3亿元、科技园2亿元、出版社4亿元、印刷厂0.13亿元、维信1.7亿元、英华0.15亿元、医学部0.4亿元,与2004年度比较,产值增加了近10亿元。校办企业回报学校的幅度有所增长:校本部的主要企业完成了6000万元的上缴计划,另有出版社1200万元、印刷厂60万元,医学部企业向医学部财务上缴1200万元(其中时代医大公司上交644万元,北医投资管理有限公司上交299.8万元,教育培训中心上交238万元,医疗投资公司上交60万元),总计回报已经达到8460万元,此外校办企业向学校各部门捐款,用于支持教学和科研。

6月22日,北大绿色科技有限公司与美国嘉吉亚太公司签署"财产购买协议",美国嘉吉亚太公司以6600万元的价格购买北大绿色公司全部资产和业务。北大绿色公司成立于2001年初,注册资金1000万元,北大资产经营公司持有40.79%股权。此次转让,公司股东的原始投资增长了7倍,不仅给北大带来了丰厚的经济回报,同时也给北京大学产业的运营和发展带来了新的思路。

2005年,医学部通过对市场的深入调研和对产业发展的通盘考虑,决定转让在北京基因投资有限公司中所拥有的股份,有效实现了国有资产的保值增值。

【校企改制】 2005年北大校办企业进一步深化改制工作,北大方正集团、未名集团和资源集团都已经按照国务院58号文件完成了改制工作,由原来的全民企业改制为股份制公司;北大青鸟集团改制方案已经获得北大批准,其他中小企业也都基本完成了改制工作。已经改制的股份制公司都相继建立了以"三会"(股东会、董事会和监事会)为代表的"产权清晰,政企分开,权责明确,管理科学"的现代企业制度,过去的"行政纽带"逐渐转变为"资本纽带",降低了学校风险,同时也相应建立了风险撤出机制,为学校产业的发展奠定了制度上的保证。

2005年是北京大学医学部产业发展和改制取得实质进展的重要一年,确定了医学部产业未来的发展重点,即医疗投资、教育培训、现代制药、房租物业和商贸服务"四大板块",同时通过培训加强产业管理团队素质和协助精神,推进企业改革。关闭了北医投资管理有限公司下属的康保分公司,组织和监督北大药业公司迁出了医学部校园西北区。2005年医学部还开展了国有资产产权登记工作,查清国有资产现状,防止国有资产流失;处理了多起盗用和冒用北大和医学部名称、侵害学校声誉的事件。

【合同管理】 2005年科技开发部继续加强合同的规范管理,对所签合同认真审核,积极主动做好服务工作。与上年相比,签订的合同增加了43项,是北京大学科技开发部成立以来签订合同最多的一年。医学部技术转移办公室完善了医学部合同审核管理体系,规范了横向科研合作项目和科技开发项目的经费管理等工作。对外签订科研技术合同,均需经技术转移办公室、医学部法律事务小组及医学部主管领导三级审理程序,各院(所)、系、项目组以及科室不得私自以北京大学医学部或下属单位的名义签订任何形式的技术合同,有效地防范医学部的法律风险和经济风险;项目经费管理按照"北京大学关于科技开发收入管理的若干规定"、"北京大学关于科技开发管理的补充规定"、"北京大学关于理科科研经费管理的规定"及医学部相关补充规定分配。

2005年科技开发部代表北京大学共签订各类技术合同223项,合同总额8760.56万元,合同到款总额5491.16万元;医学部签订技术合同53项,合同额838.1万元,到款565万元。与上年相比,各类技术合同增加了87项,到款总额也增加了1300余万元。各类技术合同款中,技术开发2375.88万元、技术转让381.76万元、技术服务及其他项目3298.52万元;环境学院1842万元、信息学院近1346万元、地空学院近524万元、化学学院684万元、力学系408余万元、综合所287万元、物理学院109万元。这些项目到款为增加学校科研经费作出了应有贡献,有力支持了相关院系的教学科研。

【成果推广】 2005年,科技开发部继续挖掘医学部、各院系和校办产业的高新技术成果,共收集电子信息、化工材料、环保技术、生物医药类项目50余个,并汇编成册。通过各种大型或地方的科技成果交易洽谈会,为地方省市科技部门和企业提供历年来北大的近400项高新技术成果资料,在加强与地方联系的过程中宣传北大,宣传北大的科技成果,不断寻求合作机遇。并将各地的技术需求上网,为院系教师提供合作信息。

2005年科技开发部继续组织院系科研人员和企业参加的几个大型高新科技成果展洽会和地方的技术交易会。其中大型高新科技成果展洽会有:5月在北京举行的第八届北京国际科技产业博览会;10月在深圳举行的第六届中国高新技术成果交易会。北大众志研发的具有我国自主知识产权的"北大众志——863CPU系列芯片"和"北大众志网络计算机"获得了"第七届中国国际高新技术成果交易会优秀产品奖",北京大学展团获得了"中国国际高新技术成果交易会优秀组织奖"。

2005年,科技开发部还参加了几十次在其他省市举办的科技合作及成果交流洽谈会,在这些洽谈会上积极推广宣传北京大学的高新技术成果。北京大学的多项成果在洽谈会上引人注目,例如在沈阳的"东博会"上,国务委员陈至立就兴致勃勃地参观了北京大学的展览,对参展的仿生机器鱼和机器海豚表示出极大的兴趣,鼓励北大做好成果转化工作。同时,科技开发部也继续与和北京大学签署技术合同的云南、河南、辽宁、浙江、江苏等省保持紧密联系,积极进行科技合作,将省校合作落到实处。2月18日,在昆明参加了2005云南省省院省校科技合作技术成果洽谈会,会上与云南解化集团有限公司就"年产50吨辛基磺酰氟"项目正式签约。4月,北京大学承担的"山嵛菜综合开发及其关键技术"项目及"转基因植物引进、评价、开发及技术体系研究"项目顺利通过了云南省省院省校合作项目验收。自1998年以来,北京大学多项科技成果在云南省得到推广应用,为促进该省的科技创新和社会经济发展起到了积极作用。

2005年度医学部技术转移办公室也参加了深圳第七届中国国际高新技术成果交易会、第八届中国北京国际科技产业博览会、北京第五届中国医药高新技术交易会、第五届中国泰州科技经贸洽谈会、第六届盘锦市科技合作工程项目洽谈会、2005年新密市科技项目发布洽谈会、2005中国无锡民营企业高新技术洽谈会暨乌克兰科技日等成果洽谈会和交流会,与企业对接洽谈,推介医学部的科技成果,走访考察相关企业,寻求与企业间的合作,加强医学部在科技方面的对外合作与交流。

除了参加各种地方交流会,科技开发部还与相关的科技信息网、网上技术市场联系紧密,通过多种渠道宣传推广北京大学的科技成果,了解需求信息。作为首都高校科技信息网的理事长单位,科技开发部在主持召开了2005年第一次理事长工作会议,进一步明确了信息网发展以"政府联系高校的渠道,学校技术转移的平台,企业技术创新的源泉"为目标,为信息网的进一步实质性运作达成了共识。11月,科技开发部参加了在杭州举行的2005年中国浙江网上技术市场活动周和在南京举行的香港国际应用科技协作网会议。通过这些网络交流渠道,将北大的科技成果信息向外发布,同时了解各地需求信息,更快、更广、更高效地为北大与企业的合作牵线搭桥。

科技开发部也致力于与国外大企业进行技术合作。与美国在线签订了总额为55万美元的关于中文输入法的合作研究协议,进行手机汉字输入技术研究,加强高质量的人才交流与合作,将高新技术研究转化成新的有竞争力的产品,并努力在合适的行业进行有效的应用;朱守涛教授负责的智能ABC项目具有自主知识产权,多年来与IBM、康柏、苹果公司、中科红旗等国内外多家公司进行合作;为促进北大与古巴神经科学中心签订的关于合作开发、合资生产人工耳蜗及脑神经类电子产品协议的顺利进行,科技开发部与北京华夏保险经纪有限公司签署了合作协议书,双方共同出资组建注册资本金5000万元的公司,主要进行北京大学科技成果产业化投资,首先支持中古合资"人工耳蜗"项目,投资规模为3000万元。

医学技术转移办公室为在国内外寻求到有一定实力和发展前景的企业实体,建立长期的战略伙伴关系,先后与美国GE公司、大冢中国投资有限公司(日本)、上海复兴医药(集团)股份有限公司、中国医药集团、地奥集团、江苏省泰州医药高新技术产业园、无锡马山生物医药工业园等中外企业、单位进行了多轮的合作洽谈,努力开拓新的项目市场空间和校企合作空间,为科研成果转化为生产力架起桥梁。

2005年度医学部技术转移办公室通过网络、举办知识产权讲座等形式宣传专利知识,提高广大师生员工的知识产权意识。并与"北京纪凯知识产权代理公司"达成了代理合作意向,确保医学部所属专利申报文件的质量和相对优惠的价格。

2005年度医学部申报国内专利37项,其中申请国外专利1项;获得国内授权专利13项(其中发明

专利10项、实用新型专利3项)。

【资产经营】 根据国务院58号文,北大于2002年6月成立了北大资产经营有限公司(简称资产公司),管理北大在公司中的所有股权,2005年已改制企业中的北大股权都已转入资产公司。2005年资产公司董事会进行了重大调整,由主管产业的常务副校长担任董事长,使企业的利益和学校的利益紧密联系。聘请会计师事务所对资产公司所控股权进行合并报表,注册资本金增加到30亿元,提高了对下属公司的控制能力和贷款担保能力。聘请了咨询公司对资产公司进行设计,其核心内容为:资产公司对其所拥有的北京大学经营性资产行使出资人的权利,公司依法享有股东的各项权益,并通过学校的实际影响,确保公司的健康发展和国有资产的保值增值及北大科研成果产业化渠道的畅通。

资产公司的主要职能包括:规划设计,平台搭建,融资作用,成果转化,制度建设,管理监督。资产公司完善母子公司治理机制,着重对子公司的战略与财务进行控制,而较少介入具体营运业务的管理。资产公司要行使股东权力:向子公司派驻董事、监事,甚至总经理、财务负责人等,参与子公司治理;建立健全派出董事、监事以及其他高级管理人员的激励与约束机制;建立对董事、监事的责任追究制度,强化董事、监事的责任心;指导子公司完善法人治理结构,建立健全相关制度。资产公司还要进行审计控制:通过审计特别是内部审计,约束子公司经营管理、对外投资等行为,监督检查子公司对北大产业整体发展战略、资金集中管理等的执行情况。

【医疗投资】 北京北医投资管理有限公司(以下简称"北投公司")代表北京大学医学部统一持有校办企业及其对外投资的股权,负责经营和管理,并承担相应的保值增值责任。北京大学医学部不再直接对外投资和从事经营活动。北投公司成立以来,依托北京大学相关学科的一流学术资源、一流人才资源和医学部国家级医疗资源,运用现代企业经营理念和管理手段,观念创新和实践创新相结合,积极探索医院体制改革的新模式和新机制,与各合作医院共同提高,协同发展。2005年4月,北投公司成立了"北京大学医学部远程医疗中心",旨在建立一个以医学部为核心、各附属医院为后盾、北京北医医疗投资有限公司为运营中心的覆盖全国的医疗服务平台。

【医学在职教育培训】 北京大学医学部在职教育培训中心自2001年开始在国内率先涉足医药卫生行业高端EMBA培训,以培养21世纪中国医药卫生行业优秀领导者为己任,以灵活高效的市场化运作为手段,引进国际最先进的EMBA教学体系,在强手如林的企业高级管理人员培训市场上独树一帜,打造出了优秀的行业品牌。到目前为止,已经培训了1500多名医药卫生行业的诸如院长、总裁等的高级别学员。2005年6月,在职教育培训中心主办了首届"全国医药卫生行业EMBA高级论坛",主题是"全面提升我国医药卫生现代化管理水平、增强行业核心竞争力"。论坛期间成立了北京大学医药卫生行业EMBA校友会,充分利用北京大学医学部雄厚的科技教育力量和广大学员在行业内的资源优势与市场经验,为国内医药卫生行业搭建了一个充满活力的交流平台。在职教育培训中心于12月举办年会,总结了在职教育培训的经验,通过6个制度性文件,为下一步严格规范培训教育各个环节的工作,保证培训质量打下坚实的基础。韩启德院士在年会上发表演讲,明确提出了当前需要摸索和研究的7个方面的问题。在职教育培训中心还于11月协办了"2005医学大家校园行"活动,为"弘扬医德医风,构建和谐社会"贡献力量。

国内合作

【概况】 2005年是北京大学国内合作工作迈向规范化、整合化的一年。自2004年底学校调整国内合作执行机构以来,在校党委、行政的正确领导下,围绕学校建设世界一流大学的中心工作,国内合作办公室将移交工作与大量历史资料基本理顺,形成了适应新形势下要求的工作方式方法,初步开创了务实高效的国内合作局面,为学校长远发展不断争取更多的社会支持。

【省校合作】 2005年与辽宁省续签了合作协议,并与新疆生产建设兵团启动第一期合作项目。

2005年9月20日,北京大学与辽宁省人民政府在沈阳续签了省校合作协议,双方将继续在人才培养、科学研究、科技成果转化等多个领域展开交流与合作。北京大学副校长林钧敬与辽宁省委书记李克强、省长张文岳等领导出席签约仪式。

2005年1月13日,北京大学与新疆生产建设兵团共同协商启动了第一批合作项目。第一批合作项目以人员挂职、进修和培训为主。北京大学副校长林钧敬、兵团副司令阿勒布斯拜·拉合木等领导出席合作座谈会。

【市校合作】 2005年3月10日,北京大学与无锡在京签署了市校合作协议。协议内容主要包括人才培养培训、人员挂职以及共同建设北京大学软件与微电子学院无锡产学研教育基地。北京大学校

长许智宏、副校长林钧敬、中国科学院院士杨芙清、副秘书长杨开忠，无锡市委书记杨卫泽、市长毛小平、副市长谈学明出席了合作签字仪式。此外，北京大学与河北邯郸、浙江嘉兴、绍兴、宁波、温州等市保持着沟通和联系。

【对口支援】 在继续做好对口支援石河子大学工作的同时，援助新疆大学两个学科的建设工作，并对西藏大学、烟台大学提供支持。

2005年10月27日至11月2日，北京大学与石河子大学在新疆石河子召开对口支援2005年工作例会。会议总结了两校上一年度对口支援的工作情况，并制订了今后的工作计划。北京大学副校长林钧敬，石河子大学党委书记周生贵、校长向本春等领导出席了例会。

2005年6月24日，北京大学与新疆大学在乌鲁木齐签署了《北京大学-新疆大学落实"援疆学科建设计划"协议书》。北京大学支援新疆大学生物、化学两个学科的建设。教育部长周济，北京大学副校长林久祥、研究生院副院长王仰麟以及兵团、自治区和新疆大学的领导出席了签约仪式。

2005年6月28日，北京大学与西藏大学在拉萨签署了合作意向书。双方在图书馆建设、资料共享、教师进修培训等方面达成初步合作意向。北京大学副校长林钧敬、西藏大学党委书记房灵敏出席了合作签字仪式

2005年12月24日至25日，北大、清华支援烟台大学建设委员会第八次会议在北京大学召开。大会审议了烟台大学"十一五"建设发展规划，并对烟台大学的下一步发展进行建言。

（国内合作办公室）

附 录

表 7-54 2005 年技术合同额统计

校 本 部			医 学 部		
合同类型	合同数目	合同金额（万元）	合同类型	合同数目	合同金额（万元）
技术转让	14	621.6400	技术转让	2	240
技术开发	98	3487.0524	技术开发	5	168
技术服务	76	1931.5438	技术服务	46	430.1
技术合作	20	668.8500	技术合作		
合资联营	1	2000.000	合资联营		
其他合同	14	51.4789	其他合同		
校本部合计	223	8760.5651	医学部合计	53	838.1
总 计	276	9598.66			

表 7-55 2005 年技术合同院系分布

院 系	合同数						
	技术开发	技术转让	技术服务	技术合作	合资联营	其他	合计
数学学院	2						2
物理学院	4						4
化学学院	4	1	2	3			10
地空学院	12		11	2		2	27
环境学院	17		28	3		1	49
信息学院	39	11	11	4	1	4	70
生命学院	1		1	2		1	5
力学系	13		21				34
其他	6	2	2	5		7	22
总 计	98	14	76	19	1	15	223

表7-56　2005年技术合同到款额统计

校财务处立项号	项目总名称	2005年到款额（万元）
180	技术开发经费	2290.9808
201	科技成果转让	299.2638
301	科技咨询收入	1029.6731
402	实验室对外开放	1871.2415
财务部到账小计		5491.1593
医学部所签订合同的到款额		565
北大2005年合同总到款额		6056.1593

注：到款以2005年12月30日财务部进账为依据。

北京大学主要企业名录

北大资产经营有限公司
北大方正集团有限公司
北京北大青鸟集团
北京北大资源集团有限公司
北京北大未名生物工程集团有限公司
北京北大科技园有限公司
北京北大维信生物科技有限公司
北大科技园建设开发有限公司
北京北大先行科技产业有限公司
北京北大先锋科技有限公司
北京北大软件工程发展有限公司
北京北大教育投资有限公司
北大软件教育发展有限公司
北大英华科技有限公司
北京燕园天地科技有限公司
北京北大天创信息技术有限公司
北京开元数图科技有限公司
北京北大方正乒乓球俱乐部有限公司
北京北大国际医院投资管理有限公司
北大世佳科技开发有限公司
北大生宝科技发展有限公司
北京时代博雅咨询有限公司
北大星光集团有限公司
北京世纪博雅房地产有限公司
北京燕园隶德科技发展有限公司
北京北大创业园有限公司
江西北大科技园区发展有限公司
北京博雅禾木生物技术有限公司
北京睿源固态照明科技有限公司
北京北大西创有限公司
北京北大千方科技有限公司
北京北大金秋新技术有限公司
北京北大众志微系统科技有限责任公司
北京北大升平生物科技有限公司
上海蓝光科技有限公司
北京博雅方略管理咨询有限公司
北京北达华彩科技有限公司
北京燕园科玛技术发展有限公司
北京北大宇环微电子系统工程公司
北京北大德力科化学公司
北大纵横管理咨询公司
北大大北科技开发公司
北大方联医学科技中心
北大方达理化工程公司
北京北大绿色科技有限公司
北京华瑞能科技发展有限责任公司
北京北医投资管理有限公司
北京北医联合生物工程有限公司
北京北大药业有限公司
北京北医医疗投资有限公司
北京大学医学部在职教育培训中心
北京医大时代科技发展有限公司

2005年主要技术合同目录

地球与空间科学学院
北京交通综合信息平台系统方案深化研究
昆明市五华区"数字城管快车"项目
中国西北地区盆地新构造变形特征及其动力学背景
山西潞安环保能源开发股份有限公司煤矿生产管理信息系统

深海地震资料叠前处理关键技术研究
新疆—西区三叠系精细油藏描述
数字化社区示范工程建设
基于 SIG 框架的 LBS 应用服务平台
水下无源导航技术研究
吉林省荒漠化遥感监测的数据获取技术
大庆外围扶杨低渗透油藏地质和岩石力学模型建立
大庆外围扶杨低渗透油层地应力场模型建立及压裂前裂缝预测研究
基于 WebGIS 的煤炭资源管理信息系统
中欧导航技术培训合作中心简报编辑制作
柴西北区深层天然气成藏机理及勘探目标选择
杜尔伯特蒙古族自治县景观生态可持续发展规划研究
北京市综合遥感影像数据库系统二期技术咨询
地址地理编码软件产品开发
滇西盆地形成演化与新生代盆地结构重组对油气成藏的制约
马吉水电站岩石变质作用及工程区地质构造发育规律研究

化学与分子工程学院

大庆油田低渗透储层注水水质控制技术研究
分子筛新分析方法开发
新型催化剂，催化新材料及助剂研究
羊绒专用洗涤剂研究及其产业化
牙齿表面去矿化/再矿化测定方法
黏土盐卤法生产冰晶石副产盐酸综合利用技术研究与应用
含水体系地球化学模型软件包
PMC 多核无机高分子絮凝剂研究及其产业化

环境学院

昌平新城高科技走廊产业规划研究
国家工程技术创新研发中心产业发展规划咨询报告
开发区对北京城市空间发展的影响及其机理研究
山东省淄博市城市总体规划产业专题研究
山东省淄博市城市总体规划人口专题研究
顺义区"十一五"期间经济结构调整研究
肥乡县城总体规划
中国 HCFC 特别是 HCFC-22 长期管理战略开发
中国林丹削减与淘汰项目（第一阶段）
廊坊体育场风荷载风洞试验研究
国家体育馆风荷载风洞试验研究
开县"12.23"天然气井喷事故风洞模拟试验
山东省临清市旅游发展总体规划
呼和浩特体育场模型风荷载风洞试验研究
合肥大剧院模型风荷载风洞试验

城阳云头崮村发展规划研究
"大浑南"地区发展战略咨询
城市饮用水源藻类污染特征及水厂除藻工艺的研究及示范
湖南小墨山核电站厂址常规气象观测及分析
武汉市土地市场培育及规划对策研究
我国土地市场的理论基础与建设研究
UN Habitat Sustainable Cities Program（SCP） 2nd Round China SCP Promotional Project
临沭县城市总体规划
辽西城市群发展规划暨锦葫都市区空间协调规划
物流管理信息可视化系统研制开发
温州制造业集群升级研究
北京与周边地区大气污染物输送、转化及北京市空气质量目标研究方案
水土流失对社会经济发展和生态安全影响评价
北京城市职能、发展目标定位及总体发展策略研究
天津开发区空间拓展规划图件制作
网络信息管理平台设计与开发
辽西城市群发展规划
首都产业聚集区和知识聚集区互助研究

力学与工程科学系

湛山宾馆改造（万邦中心）风洞模拟实验
河南省体育中心体育场罩棚改造份荷载风洞模拟实验
民航博物馆风荷载风洞试验研究
黄河口模型实验厅建筑工程风荷载风洞模拟实验研究
烟台市体育公园三馆风洞实验
北京新保利大厦玻璃幕墙气动弹性实验研究
JL9 飞机外挂物投放计算研究
北京北辰大厦风荷载风洞实验研究
华能上安电厂三期工程直接空冷系统风洞模拟实验
法门寺合十舍利塔建筑工程风荷载风洞模拟实验研究
淮北体育场膜结构挑棚风荷载风洞试验
沈阳"东北世贸广场"风荷载风洞试验
固原市体育馆风荷载风洞试验
中石油大厦中厅玻璃幕墙结构分析和气动弹性风洞试验研究
A380 机库风荷载风洞试验
呼和浩特白塔机场扩建工程新建航站楼风荷载风洞模拟实验研究
洛阳新区体育中心体育场罩棚风荷载风洞实验
淮南洛河发电厂冷却塔塔群风洞试验
大唐韩城第二发电厂二期工程直接空冷系统风洞模拟实验
济宁体育场膜结构挑棚风荷载风洞实验

内蒙古博物馆和乌兰恰特大剧院风洞模拟实验
北辰 B5 区公共建筑项目风荷载和风洞试验
烟台广电中心大楼建筑项目风荷载风洞试验
推进系统局部动力学诊断与优化设计
烟囱气动弹性模型风洞试验
武汉天河机场航站楼建筑工程风荷载风洞实验研究
非均匀地应力和各种复杂环境下的套管荷载
天津滨海国际机场扩建工程航站

物理学院

湖南核电厂小墨山厂址气象铁塔和地面气象站建设与常规气象观测合同书
紫外探测器 AlGaN 薄膜材料技术研究
大气中扫描隧道显微镜（A-STM）
0.4T 磁共振激光定位控制系统
航空危险天气卫星监测预报系统——数据服务子系统

信息科学技术学院

知识元数据库及其基础平台建设
多频段多模式数字化接力机数字化调制解调单元
安塞油田长 6 油藏开发潜力评价数据仓库数据管理策略研究
咀嚼口香糖对脑部供血的作用
中国移动经营分析系统安全策略研究
茂名市应急指挥系统
WLAN 蜂窝网及保证 QoS 的终端接入技术研究
WEB 信息提取，集成与综合服务系统开发
3G 无线网络通信信息安全应用技术和产品
三维模型检索系统的深入研究与开发
软件承制单位能力成熟度模型认证
WEB 信息提取集成与综合服务系统建设分包
高精度超声波流量仪表技术开发与研究
海底底质声传播模型和底质参数反演技术研究
水文自动测报系统中 CDMA 传输单元
半导体工艺的模拟技术

掌纹图像采集开发
"多普勒超声波流量计"的开发研制
智能家居系统
煤矿生产管理信息系统
信用信息服务共享系统的关键技术研究
混沌神经网络雷达引信码发生器及信号处理系统研究
基于 IEEE802.15.4b 标准的无线收发机研发及中国短程无线网络收发机标准草案的制定
永磁 0.5 T 磁共振成像系统关键技术的开发
离子注入工艺研究
532 nm 固体皮秒激光器
光子记数卡
基于图像识别法的车辆自动识别系统
基于中芯国际的系列硬 IP 核开发
卫星定位接收机射频模块
嵌入式操作系统板的研制
飞秒固体激光器的研制

医学部

肾康注射液指纹图谱检测技术及控制标准研究与完善
天苄冻干粉针（彼络舒）的研制
紫杉醇微乳型注射剂产品转让
卫康星牌卫康胶囊基础与临床试验科研协作
关于 VI-28（中国注册名卫康胶囊）中药制剂抗衰老作用机制的实验研究
复元颗粒用于阿片类依赖脱毒治疗 II-III 期临床试验研究
化合物 FS005002-FS005007 样品的制备
阿嗪米特促进胆汁分泌作用机制研究
酒石酸氢可酮片用于镇痛临床试验研究
替曲朵辛 I 期临床耐受性试验研究
京制咳嗽痰喘丸与其减方（去马兜铃）的比较研究

主要高科技企业

北大方正集团公司

【概况】 方正集团是由北京大学 1986 年投资创办的中国著名 IT 企业，在中国 IT 产业发展进程中占据着重要地位——国家首批 6 家技术创新试点企业之一、500 家国有大型企业集团之一、120 家大型试点企业集团之一、2005 年电子信息百强企业排序第十一、北京企业百强第九。它拥有 5 家在上海、深圳、香港及马来西亚交易所上市的公众公司和遍布海内外的 20 多家独资、合资企业，员工 2 万多人。2005 年集团销售收入 245 亿元。

方正集团是一家真正拥有自主知识产权技术的高科技企业，拥有并创造对中国 IT 产业发展和大规模应用至关重要的核心技术，是中国重要的软件出口企业。在国

家组织的重大科技攻关项目"748工程"中,王选教授发明的汉字激光照排技术,经方正集团成功转化并产业化,彻底使中国印刷业告别了铅与火的时代。截至2005年12月,方正集团在新闻出版领域的技术占据了国内85%以上的市场份额,印刷领域的相关产品成功挺进海外市场,覆盖了亚太和欧美的30多个国家和地区,市场占有率逐年提高。

与此同时,方正进军PC制造领域,构筑中国IT产业发展和大规模应用的制造基地,连续6年稳居行业第二的地位。面对市场竞争,方正快速向IT产业更具增加值的上游环节转移,先后进入电路板、芯片制造领域。

2004年6月,方正依托北大的医学资源,以医疗管理公司的方式切入医疗、医药领域,引入国际资本共同投资巨型医院,打造医疗、医药平台。

在上一年形成的产业布局基础上,方正集团在2005年进一步深化产业整合,以IT软硬件为主的第一主业和以医疗、医药为主的第二主业的发展方向日渐明晰。与此同时,方正集团明确了以IT软件、IT硬件、医疗、医药、综合5个事业部为核心的产业管理架构,加强了对各项产业的管理职能,加大了管理力度,全方位实现了对各项产业高效可控的集中统一管理,理清了各项产业的管理脉络,使得方正作为一家大型企业集团的轮廓日渐清晰。

方正集团坚持以IT、医疗、医药为主业,有选择地进入某些传统行业,主动寻求跨越式发展机遇,将方正做实、做强、做大,成为一个国际化的企业集团。

【业务发展】 方正集团始终坚持以IT产业为第一主业。在软件领域方面,在新组建的IT软件事业部统一管理下,各块业务逐步实现了资源共享、优势互补,使得方正集团在该领域捷报频传:签约北京地铁5号线自动售检票系统;顺利通过中国人寿关于"数据中心项目"的验收;携手Oracle公司成功签约深圳证券交易所;方正印捷数码印刷系统被评为国家重点新产品;曾连续多次获得信息产业部、国家科技部等部委的多项荣誉的方正阿帕比数字版权保护系统(Apabi DRM),再次被列入国家重点火炬计划项目;相关技术的市场运用同样业绩不俗:方正Apabi电子书在我国省级公共图书馆的占有率已超过80%、北京市教育资源网方正Apabi数字图书馆合同正式签订,合同总金额达600多万、获得首都图书馆项目等重大业务。

在IT硬件领域,方正集团的PC业务保持了稳健发展的良好势头。在持续保持行业排名第二的同时,市场占有率稳中有升。2005年方正推出了国内首款双核服务器,取得了首批税控机生产资质,上述举措极大地拓展了相关业务的发展空间,促进方正在IT硬件领域的实力不断增强。与此同时,方正加紧芯片生产线及PCB产业园的建设,推动IT硬件相关产业链的发展,大力丰富产品线。目前,方正的IT硬件已基本形成了PC、多层电路板、芯片的产业架构。

作为方正集团两大主业之一的医疗、医药业产业也取得了长足的发展。方正集团与北京中关村生命科学园发展有限责任公司共同签署了北大国际医院项目土地开发建设合同,此次签约的土地总用地面积为19.82万平方米(合297.3亩),位于北京市昌平区回龙观镇的中关村国际生命医疗园。根据规划,北大国际医院总建筑面积为29万平方米,获批总床位2400张。医院总投资约32亿元。建成后的北大国际医院将弥补北京地区缺少国际化大型医院的空缺,缓解"看病难、住院难、手术难"现象。2005年3月,"ST合成"成功"摘帽",股票简称变更为"西南合成";6月,西南合成又被国家科学技术部认定为2005年度国家火炬计划重点高新技术企业;12月,顺利通过美国FDA认证复查。

【品牌建设】 2005年方正集团的品牌建设工作成效显著,荣获2005年"中国品牌建设年度十大案例"的殊荣,该奖项的获得意味着方正品牌成为国内强势品牌,取得了品牌再塑之战的关键胜利。

方正集团在2005年推出了崭新的企业形象广告,这一突出中国"红色"特征的广告创意,意在体现"中国的自主品牌"的形象定位,方正以"中国的自主品牌"而骄傲,中国也以拥有方正这样一家曾以激光照排改变一个时代的企业而骄傲。"中国红"的品牌视觉形象,在市场上独树一帜,力求品牌与产品传播形象的一致。在新的形象定位推出后,方正集团所属公司均采用统一形象,合力传播方正品牌。

2005年国内众多主流媒体充分关注到方正品牌发生的变化,通过大量积极深入的报道,在更大范围内传播了方正的品牌价值,进一步树立了方正健康稳定的企业形象。包括"信息产业二十年卓越企业奖"、"影响百姓生活的十大企业"等一系列重要奖项的获得,都充分证明和辉映了这些变化。

品牌建设的成功为方正集团赢得了来自政府、银行等社会各界更广泛的关注。2005年方正集团获得政府资助总额高达2100万元,同比增长了37个百分点,这部分资金全部投入研发领域,包括方正研究院的方正网络出版实验室建设项目、IT软件的方正印捷数码印刷系统、方正通信的方正Vi-COM宽带无线综合接入系统产品化项目等。资金方面,方正集团重点加大与中国进出口银行、国家开发银行等政策性银行的合作力度,获得了中国进出口银行50亿

元的授信额度,成功发行两期短期融资券,合计30亿元。

【发明创新】 2005年,方正集团汤帜博士获首届由中国发明协会颁发的"发明创业者奖"特等奖。作为目前国内知名的IT企业,方正集团始终不忘技术背景,坚持走产、学、研一体化的道路,坚持自主研发,坚持持续不断的创新,牢牢把握新一轮技术创新的方向和关键。2005年,方正集团完成专利申请125件,同比增长了36%,其中发明专利申请80件,同比增长了150%。与此同时,集团加强了统一的技术规划和技术分析,加强知识产权管理工作,为源源不断地技术创新提供了强有力的制度保障,充分体现了创新为企业立身之本的发展之道。在技术创新领域,2005年方正集团获得了一系列殊荣和褒奖:中国印刷界最高奖——"毕昇印刷技术奖"、"森泽信夫印刷技术奖"和"年度创新企业奖"等。

北大青鸟集团

【概况】 北大青鸟集团是北京大学下属的大型高科技企业集团。2005年,北大青鸟集团成立11周年。北大青鸟集团紧密依托北京大学优良、丰富的资源,立足于IT、教育、文化传媒、房地产、海水淡化等五大产品行业,充分发挥旗下5家上市公司、8000余名员工的积极性和创造性,积极适应市场变化,正确决策,克服了重重困难,各个产业均有不同程度发展。其中尤以IT职业教育、传媒文化产业效益增长最为突出,IT产业综合业务增加了市场份额,综合教育产业链开始形成,房地产重大项目已经快速启动,核能海水淡化产业展现出美好前景。

【主要成绩】 1. IT行业。2005年度,北大青鸟集团IT及制造业务发挥优势、锐意进取,使整体经营效益比上年增长了近二成,走出了稳定发展的路子。其中,北大青鸟APTECH、青鸟信息、青鸟应用、青鸟天桥仪器设备公司在2005年度经营工作中取得突出成绩,在软件产品市场开发和做好国际IT硬件品牌产品的代理分销业务等方面积累了一定经验。2005年度,IT产业连同产品疲软、经营效益亏损的企业,总体实现经营收入比上一年度增长17%,实现毛利比上一年度增长17.2%。其中,北大青鸟APTECH体系、青鸟信息公司、青鸟应用公司比上一年度利润总额都增长了23.5%以上。

9月,经中国产品质量协会、中国21315网、中国产品质量协会质量信用评估中心联合组成的专家组的严格评审,青鸟天桥公司获得了由上述机构联合颁发的全国质量信誉AAA等级证书,成为目前为止我国内地第一家获得这一全国质量信誉最高等级证书的软件企业。

12月,北大青鸟商用信息系统公司正式通过了国家保密局"涉及国家秘密的信息系统集成甲级资质"认证,使北大青鸟在全国范围内承接涉密信息系统的规划、设计和实施业务有了新的保证书和通行证。

北大青鸟多年来认真服务于国家机关和部队,积极开展网络信息安全等方面的研究、开发工作。北系统,通过大量的国家级重点科技攻关项目的实践,积累了丰富的涉及国家秘密的信息系统集成工作经验。同时,北大青鸟以完善的管理为基础,把信息技术的知识产权及保密协议放到极为重要的位置,遵照国家相关的保密法规和保密制度,完善了严格的内部保密规定并认真贯彻实施;健全了保密技术体系,并确保有效运转。

2005年,青鸟天桥、青鸟华光双双获得由信息产业部、国家发改委、商务部、国家税务总局联合颁发的"2004年度国家规划布局内重点软件企业"资质证书。

12月,国家发改委主办的国家高技术产业化示范工程项目授牌大会上,潍坊北大青鸟华光科技股份有限公司的锂离子二次电池极板材料项目被授予"国家高技术产业化示范工程"。青鸟华光的锂离子电池是新一代绿色电源,具有电压高、充放电寿命长、无污染等优良特性,是小型电子设备及移动通信设备配套电源的发展方向。该产品属国内拥有自主知识产权且进行规模化生产的高科技产品,于2003年通过了国家发改委验收,项目实施后取得了良好的经济和社会效益。

2005年,青鸟华光照排公司5个项目获得国家和部、省级科研基金资助。其中,青鸟华光照排申请研发的"藏文书刊、公文电子出版系统"项目获信息产业部电子信息产业发展基金资助。该项目将开发基于藏文信息技术新国家标准的、Windows XP环境下的藏文书刊、公文电子出版系统,包括藏文新字库、藏文标准输入法、藏文书刊排版系统、藏文公文排版系统、藏文解释输出系统和藏文电子公文系统,主要面向藏文出版社、印刷厂、藏学研究机关、藏文学校、藏区政府机关、企事业单位、家庭以及藏传佛教寺庙。青鸟华光照排与新疆民语委、西双版纳报社联合申请研发的"基于ISO10646的维、哈、柯、傣文电子出版系统研发"项目获教育部、国家语委民族语言文字规范标准建设及信息化科研基金资助。新疆民语委与华光照排联合申请研发的"锡伯文、满文传媒出版技术研究"项目获国家自然科学基金资助。该项目主要研究基于ISO10646的锡伯文与满文智能输入与OpenType字库制作技术、计算机排版技术、视频系统锡伯文显示处理技术,并实现

锡伯文与满文的跨媒体出版系统。青鸟华光照排申请研发的"传媒报业多人协同实时网络出版平台"项目获山东省信息产业专项发展资金资助。青鸟华光照排申请研发的"中国多民族文字电子公文系统"项目获山东省科技型中小企业创新发展专项扶持资金资助。

2005年，在中国报业协会电子技术进步委员会2005年会上，南方报业传媒集团提交的信息化建设项目——"南方日报网络组版项目"喜获技术进步一等奖。该项目是该报社于2004年与青鸟华光成功合作实施的"南方日报网络组版项目"，为南方日报2004年以来的成功改版、扩版提供了强有力的技术保障，实现了出报流程各环节、各岗位的协同工作，降低了运营成本，提高了出报时效。

12月，由北大青鸟集团智能楼宇事业部承建的公安部警卫局"618工程"、武警总医院综合病房楼、北京大学畅春园公寓获得"长城杯"金质奖，工程质量蜚声业界。

12月，青鸟天桥公司通过了国家科技部火炬高技术产业开发中心"国家火炬计划软件产业基地骨干企业"的复评，准予换发新证。

在2005年度全国建筑智能化工程量前50名评选活动中，北京北大青鸟安全系统工程技术有限公司以优良的工程质量和业绩获奖。这是自该奖项设立两年来北大青鸟连续第二年获奖，是少有的连续获奖的企业之一。

2. 教育行业。据全球著名市场咨询顾问机构——IDC（国际数据公司）发布的2005年IT职业培训市场报告显示，2005年全国个人IT培训市场实现销售额31.2亿元，比上一年增长27.7%。消费者选择IT培训机构更注重品牌和投入产出比，使IT培训市场份额向一些大品牌集中。其中，北大青鸟Aptech在全国IT职业培训市场份额中的占有率居于首位，达到27.3%，遥遥领先于第二名。2005年，北大青鸟Aptech全体系销售收入达8.5亿元，比2004年增长77%。

9月，北大青鸟集团总裁许振东根据教育产业的市场情况和长远发展目标，提出了教育产业总的发展战略：北大青鸟的教育实业必须做成强势产业链，作为一门整体事业做强、做大，才能健康生存，对社会有更大的贡献。

根据强势产业链思路，2005年秋季开学前，北大青鸟在珠海成功收购了中国人民大学附属中学珠海校区和珠海希望之星实验学校，新增在校生1000多人，扩大校舍4万多平方米，为增强北大青鸟教育产业在珠海特区的竞争力、打造北大青鸟教育强势产业链迈出了具有战略意义的一步。

北大青鸟集团的教育项目得到了各地政府在土地资源和其他资源方面的大力支持，到2005年，北大青鸟集团教育项目在各地的土地储备已达5000亩左右。

12月，国内IT职业培训行业领先品牌北大青鸟APTECH公司推出的新产品ACCP 4.0通过了国家劳动与社会保障部技术与技能鉴定中心组织的专家组鉴定。

12月，由搜狐网组织的我国十大品牌教育集团评审中，青鸟教育公司位居前10名，荣获2005中国十大品牌教育集团奖牌。

北大青鸟基础教育2005年再创佳绩。在2005年高考中，北大南宁附属实验学校54位同学应试，其中43人上本科线，24人上重点。北大附属实验学校（北京）23名同学分别被北京大学、北京航空航天大学等重点大学录取。2005年，几处北大附属实验学校的在校学生总数增长很快：其中，合肥北大附属实验学校计划招生650人，实际报名达到750人；北大南宁附属实验学校董事会根据承诺，对在该校考上北大、清华的学生实行奖励制度，每人一次性给予4万元的奖励。

北大青鸟的高等学历文凭教育2005年又推出新专业，其高等教育学历文凭教育主要有中华研修大学和北大资源学院。中华研修大学是经教育部认可的能从事研究生层次教育的唯一一所民办高校。2005年，北大青鸟集团中华研修大学在开辟了4个新的就业前景好的特色专业的基础上，与北大资源学院首次实现联合招生，两校共享师资、专业课程体系、教学设备、科研成果、就业渠道等资源，大大提高了办学能力和品牌效应。

3. 文化传媒行业。北大青鸟集团与人民日报社合办的《京华时报》创刊4年来，持续快速发展，2005年其经营效益与社会效益又创新高。在北京都市早报零售市场的份额中，京华时报占有61.21%的市场空间，接近于2/3，目前全面覆盖北京市区；2005年的广告收入达到了8.7亿元，在北京报纸读者群中占的读者份额已达到了12.9%。京华时报的版面越来越多，发行量越来越大，广告收入越来越高；知名度和美誉度在读者市场和广告市场上节节高升，已成为北京都市早报的主流。

2005年，北大青鸟集团旗下的其他几个传媒企业也加大力度进行报业改革，进一步扩版经营，提高自我造血功能，取得了一定的成绩。北大青鸟集团旗下的北大文化公司与相关机构进行合作，以经营公司形式负责相关印务、发行和广告。

由青鸟华光公司研制的北大青鸟MDV2000有线数字电视接收器（机顶盒）相继通过了国家电磁兼容认证中心的国家强制性产品认证、国家广播电视总局的入网认证，还通过了国内最主要的条件接收系统供应商永新同方数字电视技术公司的CAS认证。

4. 新能源及海水淡化行业。青鸟华光锂离子动力电池2005年2月投放市场,受到客户欢迎。此举对国内科技产品和技术市场做出了贡献,提高了青鸟华光电池公司的科技创新和竞争力,丰富了北大青鸟的新产品体系,为北大青鸟在高科技产品领域又增添了效益生长点。

12月,北大青鸟新能源科技有限公司与山东海化集团有限公司签署了"海水淡化项目合作意向",项目规模为日产淡水3万吨/天。

【大事记】 1月,北大青鸟集团员工积极响应政府号召,慷慨解囊,向蒙受印度洋大海啸灾难之苦的灾区人民伸出了援助之手,共向海啸灾区捐款82000余元。

2月22日,北大青鸟新能源公司(以下简称BJB)与以色列IDE公司(简称IDE)签署了面向中国海水淡化市场的合作、合资协议。

3月2日,北京市妇联正式为杨芙清等10名优秀女性授予第二届首都"巾帼十杰"称号。杨芙清院士因长期以来在科学研究、学科建设、人才培养和产业建设等诸多方面的卓越贡献和良好的社会影响而脱颖而出。

4月,经中共北京大学产业工作委员会批准,新一届中共北大青鸟集团委员会正式成立。北大青鸟集团高级副总裁刘永进同志当选为党委书记,高级副总裁张永利同志当选为统战委员。该委员会由7名委员组成,分别是:叶智勇、刘永进、李春、李启龙、张永利、周敏、蒋自媛。新一届党委成员的分工为:刘永进任党委书记,叶智勇任副书记,蒋自媛任组织委员,李启龙任宣传委员,张永利任统战委员,周敏任青年委员,李春任保卫委员。

5月17日,北京大学2004年度奖教金颁奖典礼在北京大学英杰交流中心举行。奖项捐赠方嘉宾——北京大学信息与工程科学部主任、北大青鸟集团董事长杨芙清院士,总裁许振东、高级副总裁刘永进等出席了典礼。此次奖教金颁奖典礼是北京大学第一次为所有的奖教金项目同时颁奖,旨在表彰获奖教师在教学科研上取得的优秀成绩,并进一步加强捐赠者与学校、获奖教师之间的联系,扩大奖教金在全校范围内的影响。

6月,由青鸟网软公司自行研发的平台级民族网管软件"青鸟网硕"又膺殊荣,被国家科技部、商务部、国家质量监督检验检疫总局、环保总局四大部门评为2005年国家重点新产品。

6月15日,河北北大青鸟环宇消防设备有限公司(以下简称青鸟环宇消防公司)建立四周年暨新厂房揭牌庆典活动在河北涿鹿举行,北大青鸟集团执行总裁徐祗祥,高级副总裁、财务总监张永利,副总裁张万中及有关部门领导出席庆典活动。徐祗祥代表北大青鸟集团在典礼上致辞,河北省信息产业厅副厅长刘万青女士、中共张家口市委副书记曹英忠、涿鹿县县长王江在庆典上讲了话,来自全国各地的该公司产品代理商和客户的代表、青鸟环宇消防公司和当地有关方面的代表共计400余人参加了庆典活动。中共涿鹿县委书记张卫东主持了庆典仪式。

7月22~24日,全国青联十届一次全委会和全国学联第二十四次代表大会在北京人民大会堂隆重召开。全国青联第九届常委、北大青鸟集团总裁许振东出席大会,并当选为全国青联第十届常委。会议开幕前,中共中央总书记胡锦涛等党和国家领导人亲切接见了全体委员代表,并合影留念。

7月6日,北大青鸟集团旗下的青鸟天桥第六届董事会第24次(临时)会议决议,青鸟天桥拟购买上海企发持有的光电股份29.9%的股权(共计96885800股)和上海企发对光电股份法人股股东——麦科特集团有限公司、惠州益发光学机电有限公司的相关债权,受让价款共计289337724.40元。会议还决议,青鸟天桥拟出售所持有的剥离光电股份股权及相关债权后的上海企发100%股权,转让价格共计7.2亿元,其中以1440万元向鑫枫公司转让2%的股权;以3.816亿元向陈炎錶转让53%的股权;以1.44亿元向陈齐华转让20%的股权,以1.08亿元向李国来转让15%的股权,以7.2亿元向邵建林转让10%的股权。以房地产开发业务为主业的上海企发是青鸟天桥公司的全资子公司,本次重大资产出售的价格是以上海企发公司截至2005年5月31日经审计的净资产为依据,由交易各方协商确定的。根据本次股权转让双方协商,青鸟天桥公司将继续保留上海企发持有的光电股份的股权和对光电股份法人股股东的相关债权。青鸟天桥公司此举是为贯彻该公司2005年度的战略思路,在资产结构调整和投资管理方面的经营计划,继续实施2003年公司董事会"收缩投资战线,瘦身资产规模,强化主营业务,剥离其他业务,使公司能够集中优质资产,提升信息技术业主营业务品质"的战略。

8月,由北大青鸟集团旗下的北京城建东华房地产开发有限责任公司建设的北京东直门交通枢纽暨东华国际广场商务区项目(以下简称"东华广场项目")正式破土动工。东华广场项目位于北京市东城区东直门东北角,为亚洲最大的交通枢纽工程,是21世纪北京十大标志性建筑物之一,也是2008年北京奥运会配套工程,开发周期大概为3年。该项目占地面积78000平方米,建设规划为建设政府的交通枢纽及其配套设施、5A级高档写字楼、高档涉外公寓、超五星级豪华酒店、商业设施,估测开发总成本为人民币60亿元左右。此建筑项目是与2008年北京

奥运会直接有关的大型项目之一,预期于2007年年底前落成。北大青鸟于2005年正式接手该项目时,离计划竣工日期已经非常近了,许多事宜尚未落实。北大青鸟集团下属的城建东华房地产公司本着为奥运负责、为北京市政府负责和为老百姓出行方便负责,同时也为企业自身负责的态度,一拿到政府的批准手续,就立即使各项工作齐头并进,赢得了宝贵时间,开始了该项目的正式建设。

8月6~8日,北大青鸟集团经营管理工作会议在山东威海召开。会议听取了许振东代表集团领导班子所做的工作报告,听取了集团各职能部门、上市公司和下属各产业单位负责人的工作述职,全面回顾了前一段的经营形势和工作情况,客观评价了前段工作,提出了北大青鸟今后3年的经营战略计划以及实现这一计划的基本思路。

9月2日,全新改版的青鸟集团网站正式对外运行。新改版的北大青鸟集团网站从网页内容、结构布局层次、友情链接范围都做了较大丰富和改变。尤其是吸收多种资源,开始了集团网站信息数据库的建设,以期逐步建成青鸟集团信息的交流、共享平台。

9月9日,中共中央政治局常委、国务院总理温家宝在人民大会堂接见了第五届高等教育国家级教学成果奖获奖代表。北京大学信息与工程科学学部主任、北京大学软件与微电子学院理事长、北大青鸟集团董事长杨芙清院士,作为高等教育国家级教学成果一等奖成果"北京大学软件与微电子学院——示范性软件学院建设"项目成果第一获奖人,受到了温总理的亲切接见,并与温总理进行了亲切交谈。"北京大学软件与微电子学院——示范性软件学院建设"继荣获"北京大学2004年教学成果一等奖"、"2004年北京高等教育教学成果一等奖"之后,又荣获"2005年国家级教学成果一等奖"。

9月9日,北京大学隆重召开了2005年庆祝教师节暨表彰大会。杨芙清院士现场向2005年度"杨芙清-王阳元院士奖教金"特等奖获奖者——北京大学历史系何芳川教授颁了奖。青鸟集团总裁许振东、高级副总裁刘永进出席了大会。"杨芙清-王阳元院士奖励基金"是以杨芙清院士捐赠其所得15万港元的何梁何利奖和王阳元院士捐赠其所得50万元新台币的潘文渊研究杰出奖为基础,以北大青鸟集团进一步出资为后援,由北京大学与杨芙清、王阳元院士及北大青鸟集团共同签订协议,于1999年正式在北京大学设立的。奖励基金分为奖教金和奖学金两部分,每年颁发一次。从2001年度开始,"杨芙清-王阳元院士奖励基金"年度捐赠额度达40万元,奖励学科范围覆盖人文、社会、理学、信息4个学部。自2005年起,年度捐赠额度增加到60万元,医学部也被纳入奖励范围。

9月21日,"天津泰达与北大青鸟战略合作协议签约仪式"在天津经济技术开发区万丽泰达酒店举行。中共天津市委常委、天津市滨海新区区委书记皮黔生,泰达集团及泰达新水源公司高层领导,北京大学党委副书记张彦,北大青鸟集团总裁许振东及有关高层领导出席了仪式。北大青鸟集团总裁许振东和天津泰达控股公司董事长刘惠文在合作协议书上签字。合作双方将合资重组天津泰达新水源科技开发公司,承担天津日产20万吨海水淡化BOT工程项目。

11月12日,北京大学隆重举行了2004~2005学年奖学金颁奖典礼系列活动,2005年度"杨芙清-王阳元院士奖学金"发给了32名优秀学生。

3月,经北大资源集团有限公司股东会和董事会分别决议,并报北京大学校产管理委员会批准,北大资源集团有限公司董事会人事组成近期做重大变动,北大青鸟集团总裁许振东当选为北大资源集团有限公司董事、董事长和法人代表。据北大资源集团有限公司股东会决议,选举许振东、姜玉祥、张永利为该公司董事,同时免去鞠传进、仇守银的董事职务。据北大资源集团有限公司董事会决议,选举许振东为该公司董事长、法定代表人,选举姜玉祥为该公司副董事长;免去鞠传进公司董事长、仇守银公司副董事长职务。(注:有关北大青鸟集团接管、继而又转手北大资源集团的变动,详见北京大学校产管理委员会的决定。)

12月28日,北大青鸟集团在杭州与温岭市和中国核动力院共同签订了浙江省温岭日产10万吨核能海水淡化项目合作协议。海水淡化及和平利用核技术产业是北大青鸟集团五大产业之一,得到了全国政协和国家发改委、海洋局、中核集团及有关方面的关心和支持,得到了各级地方政府和北京大学的大力支持。温岭日产10万吨核能海水淡化项目,就是浙江省与北京大学省校合作的一大硕果,被列入了浙江省"十一五规划"。

北大未名生物工程集团有限公司

【概述】 北京北大未名生物工程集团有限公司(以下简称北大未名)成立于1992年10月,是北京大学支柱产业集团之一。主要从事生物技术的研究开发和产业化,重点发展3个领域:生物产业、生物智能和个性化医疗。集团拥有三大产业基地(北京北大生物城、厦门北大生物园、广州流溪湾生物港)和十多家子公司,是极具国际竞争潜力的中国最大的生物工程企业集团。

【生物工程产业化】 北大未名历经10余年发展,通过在实践中探索出的"利用一个产品启动一个市场;利用一个市场发展一个企业;利用一个企业创建一个基地;利用一个基地推动一个产业"的发展思路,努力推进中国生物产业化进程。目前主要经营产品有:注射用鼠神经生长因子(恩经复)、甲肝灭活疫苗(孩尔来福)、甲乙肝联合疫苗(倍尔来福)、流感裂解疫苗(安尔来福)、重组人红细胞生成素(依普定)、重组人粒细胞集落刺激因子(白特喜)、口服酪酸梭菌和双歧杆菌二联活菌制剂(常乐康)等。

【研发工作】 北大未名始终坚持自主创新,坚持以建立现代生物产业研发的新思路、新模式、新标准为出发点,通过跟踪研究、改进研究和原创研究的创新思维和不懈努力,在以下几个方面的研究取得显著成果:

1. 疫苗研究。2004年1月,集团企业——北京科兴承担的SARS灭活疫苗的研究被国家食品药品监督管理局批准进入临床试验,2004年12月5日Ⅰ期临床研究结果表明该疫苗是安全的,并具有良好的免疫原性,成为全球首支进入临床研究并取得Ⅰ期临床试验成功的SARS疫苗。2004年4月,集团企业——北京科兴与中国疾病预防控制中心合作共同承担"人用禽流感疫苗研制"课题,该项目于2005年6月28日被列入"十五"国家科技攻关计划——"人禽流感流行防治技术研究"项目。课题组经过艰苦努力,完成了临床前研究、疫苗工艺等研究,建立了相关质控标准,并完成中试生产,2005年11月下旬,人用禽流感疫苗获准进入Ⅰ期临床研究。在生产能力建设方面,已建成了3900平方米的流感疫苗生产车间,并通过SFDA的GMP认证,预计年生产能力可达200万支。2005年11月17日,温家宝总理视察了北大未名集团,并重点参观北京科兴流感疫苗生产车间,对北大未名集团自主创新精神给予充分肯定和高度评价。

2. 基因药物研究。2005年5月,北大未名与北大生命科学学院合作建立联合实验室,主要从事药物功能基因组、长效重组蛋白药物、重组蛋白药物高效表达系统等方面的研究,获得了长效重组人红细胞生成素、长效重组人α干扰素、长效重组人粒细胞集落刺激因子等多项中国/美国专利。

3. 分子育种。2004年3月,国家作物分子设计中心正式落户北大未名北大生物城园区内,近两年主要进行了作物、花卉、果蔬的分子育种等方面的研究,取得了一系列成果:建立了作物分子设计平台,已完成10万个水稻突变体库;获得两项国家专利;完成30多个各类文库,并被广泛应用于功能基因的研究;2005年5月27日在国际著名杂志 Genome Biology 发表了题为 "Tilling microarray analysis of rice chromosome 10 to identify the transcriptome and relate its expression to chromosomal architecture." (利用覆瓦式芯片技术分析水稻10号染色体结构及确定基因的表达)的论文;分离了1万个水稻新基因;建立了一系列高效植物转基因技术平台,并应用于水稻、油菜、牧草、草坪草、中草药、花卉等植物品种的基因转化;利用作物分子设计技术获得了高耐氨酸含量的转基因水稻,转基因水稻的耐氨酸含量提高20倍,但水稻的生长状况和其他农艺性状基本没有影响。

4. 多肽药物。国家一类新药——虎纹镇痛肽已完成临床前实验,并通过基因工程方法在昆虫病毒中表达成功。已获得中国、美国及欧洲专利,2006年3月获得国家食品药品监督管理局临床批文,进入Ⅰ期临床试验。

北大维信生物科技有限公司

2005年6月,血脂康胶囊(台湾地区品牌为"寿美降脂一号")历经5年时间,正式获得台湾卫生署中医药委员会许可通过,作为处方中药进入台湾医药市场。这项新药是全球首例符合国际标准"优良临床规范"(GCP),并获准进入台湾市场的处方中药;同月,首批印度尼西亚包装的血脂康正式发往印尼雅加达;同年,公司还启动了在挪威的临床实验。

为了满足公司不断扩大的生产能力,维信在永丰高科技园区投资6000万元建设GMP新药厂。新GMP工厂作为国家中药现代化的示范基地,向世界领先的制药水准看齐。

北大科技园有限公司

【园区建设】 2006年1月11日,北京大学政府管理学院、法学院和工学院大楼正式移交北京大学资产部,该项目获"结构长城杯"质量奖,同时也获得了两院和学校职能部门的好评。

2005年9月开始成府园区市政建设,完成了图纸设计、工程招投标和工程建设,确保学校政府管理学院、法学院正常工作。

积极推进北大科技园创新中心一期项目拆迁、报建工作。北大创新中心一期主要用做科技企业孵化用房和培训中心。它位于北

大成府园区最北端,占地面积23270平方米,总建筑面积66000平方米(地上45000平方米,地下21000平方米),容积率2.07,绿化率40%,建筑高度18米。2005年7月底提前完成全部拆迁工作,2005年完成设计招投标、方案修改和细化工作,设计方案正式报送北京市规划委员会,取得建设用地规划许可证,与有关部门协调做好开工前现场准备工作。12月21日,该工程土方工程开工。

【科技孵化】 截至12月底,北大孵化器累计入园企业115家、毕业9家、离园27家,目前在园企业79家。累计注册资金12818.6万元,累计创业人数129人,其中博士68人、硕士56人、其他人员5人。

【资产分离】 落实学校关于科技园与资源集团资产业务分离的决定,完成了公司董事会、高级经营管理人员的调整工作。北大科技园与资源集团往来账已全部核对清楚,在平等协商的基础上完成与资源集团资产、业务分离的审计工作,部分未决事项已上报学校,争取早日落实。完成学校对成府园区土地成本费用的审计工作,明确支付计划。配合学校审计室完成了成府园区土地费用审计工作,并配合学校委托的兴中海会计师事务所对北大科技园进行专项审计工作。

首都发展研究院

【概况】 2005年度,北京大学首都发展研究院(以下简称首发院)在北京市委市政府和北京大学领导下,继续加强能力建设,完善服务首都功能,进入"持续稳定"的发展阶段。首发院积极配合北大市校合作计划,服务于首都经济建设和发展,在咨询研究、市校合作、国际合作和交流等方面中都取得了很好的成绩。

【科研工作】 1. 承担科研项目。包括:区域城镇化管理系统研究(国家自然科学基金重点项目);"高教发展趋势及北京市应对策略"(市教委);北京市就业岗位分布与交通的关系研究(北京市交通委);北京市科技与经济发展重点问题研究(北京市科委);农业高新技术发展中公司-农户合作的社会和政策创新研究(东亚发展网络/全球发展网络资助项目);京津冀科技发展现状与问题分析研究(北京市科技计划项目);北京市优势产业集群发展战略研究(北京市发改委);北京市城市化发展战略研究(北京市发改委);创新北京市公共服务的组织与管理(北京市发改委);北京市海淀区应急体制研究(北京海淀区发改委);北京市突发事件应急管理体制研究(北京市社科联);首都科技创新能力研究(北京市发改委"十一五"规划咨询项目);京津冀都市圈区域创新体系规划研究及编制(国家"十一五"专项规划专题);长三角区域创新体系规划研究(国家"十一五"专项规划专题);北京市出租汽车业主要问题研究(北京市交通委);延庆县经济发展战略规划研究(2005~2020)(延庆县人民政府);延庆县旅游发展规划(2005~2020)(延庆县人民政府);京津冀都市圈区域规划北京市规划研究(北京市发展与改革委员委托项目);顺义区"十一五"期间国民经济和社会发展规划框架思路研究(北京市顺义区发展和改革委员会招标委托项目);"十一五"期间全面提升宣武区核心竞争力研究(北京市宣武区发展和改革委员会招标委托项目);"十一五"期间全面提升崇文区核心竞争力研究(北京市崇文区发展和改革委员会招标委托项目);"十一五"期间崇文区经济和社会发展框架思路研究(北京市崇文区发展和改革委员会招标委托项目);平谷区在环渤海经济圈中的战略地位与区域经济合作研究(北京市平谷区发展和改革委员会招标委托项目);"十一五"京津冀区域科技发展规划研究与制定(国家中长期科学和技术发展规划课题);北京市产业用地调查、评价及整合研究(北京市国土资源局招标委托项目);北京市"十一五"时期开展区域经济合作发展规划(北京市"十一五"市级专项规划);京津冀科技发展战略研究(北京市科技计划项目);京津冀区域科技发展规划(北京市科技计划项目);北京市资源禀赋与区县发展研究(北京市科技计划项目);京津冀区域发展与北京创新型城市建设研究(北京市科技计划项目);青藏沿线地区旅游发展规划(国家旅游局项目);新疆伊犁河谷地区旅游发展规划(国家旅游局项目)。

2. 提交科研报告。包括:杨开忠(主持),京津冀都市圈区域规划区域创新体系研究(国家发改委);杨开忠(主持),长江三角洲地区区域规划区域创新体系研究(国家发改委);杨开忠(主持),海淀区"十一五"期间国民经济和社会发展总体规划和未来15年展望前期研究(海淀区发改委);杨开忠(主持),海淀区发展战略研究(海淀区发改委);李国平(主持),京津冀都

市圈区域规划北京市规划研究(北京市发改委);李国平(主持),北京市产业用地调查、评价及整合研究(北京市国土资源局);李国平(主持),顺义区"十一五"期间国民经济和社会发展规划框架思路研究(北京市顺义区发改委);李国平(主持),"十一五"期间全面提升宣武区核心竞争力研究(北京市宣武区发改委);李国平(主持),"十一五"期间全面提升崇文区核心竞争力研究(北京市崇文区发改委);李国平(主持),"十一五"期间崇文区经济和社会发展框架思路研究(北京市崇文区发改委);蔡满堂(主持),北京市贫困人口生计状况研究(北京市科学技术委员会);蔡满堂(主持),北京市通勤"最后一公里"问题研究(北京市科学技术委员会);万鹏飞(主持),北京市优势产业集群发展战略研究(北京市发改委);万鹏飞(主持),北京市城市化发展战略研究(北京市发改委);万鹏飞(主持),北京市突发事件应急管理体制研究(北京市社科联);万鹏飞(主持),北京市海淀区应急体制研究(北京市海淀区发改委)。

3. 发表学术论文。包括:

彭朝晖、杨开忠,区域经济差异演化的一个空间均衡模型,当代经济科学,2006年第1期。

彭朝晖、杨开忠,政府扶持下的都市农业产业群模式研究,中国农业大学学报,2006年第1期。

刘安国、杨开忠、谢燮,经济地理学与传统经济地理学之比较研究,地球科学进展,2005年第10期。

杨开忠、谢燮、刘安国,一个新的垄断竞争的空间模型,系统工程,2005年第6期。

杨开忠、谢燮,厂商数目有限交易费用不同的垄断竞争的空间模型,系统工程,2005年第6期。

谢燮、杨开忠、刘安国,新经济地理学与复杂科学的区位选择模型,经济地理,2005年第4期。

李文亮、翁瑾、杨开忠,旅游系统模型比较研究,旅游学刊,2005年第2期。

谢燮、杨开忠,新经济地理学模型的政策含义及其对中国的启示,地理与地理信息科学,2005年第3期。

薛领、杨开忠,基于空间相互作用模型的商业布局——以北京市海淀区为例,地理研究,2005年第2期。

杨开忠,关于中部崛起的基础和战略,中国金融,2005年第5期。

韦文英、杨开忠,区域营销的基本前提:区域及其特性,改革与战略,2005年第1期。

李国平等(2005年),首都经济圈分工与合作战略研究,载于刘振刚主编《北京软科学》(2001～2004年),北京科学技术出版社。

李国平等(2005年),平谷县'绿都'建设战略研究,载于刘振刚主编《北京软科学》(2001～2004年),北京科学技术出版社。

李国平等(2005年),北京若干高新技术重点领域产业链研究,载于刘振刚主编《北京软科学》(2001～2004年),北京科学技术出版社。

李国平等(2005年),北京高新技术产业发展的区域创新环境建设研究,载于刘振刚主编《北京软科学》(2001～2004年),北京科学技术出版社。

李国平、蒋力歌(2005年),明确北京郊区产业与区域发展的功能定位与发展方向,专家顾问团简报(第2期,总第242期),北京市人民政府专家顾问团办公室编,2005年2月27日。

李国平、玄兆辉,抚顺主导产业演替与城市经济发展及对其他煤炭城市的启示,地理科学,2005年第3期。

万鹏飞,北京市突发事件应急管理体制现状与对策的分析,清华公共管理评论,2005年12月。

柏兰芝,村转居:中国城市化过程农村社区的演变。

柏兰芝,中国城市化过程中土地农转非以及股份制改造。

柏兰芝,空间规划和区域整合的政治:对珠三角城市化战略的反思。

4. 出版著作。包括:

谢燮、杨开忠著,劳动力流动与区域经济差异——新经济地理学透视,新华出版社,2005年5月。

陈璟、杨开忠著,空间组织与城市物流——供应链管理环境下的新透视,新华出版社,2005年5月。

彭朝晖、杨开忠著,人力资本与中国区域经济差异,新华出版社,2005年5月。

万鹏飞主编,地方政府与地方治理译丛——比较英德公共部门改革、美国地方政府、加拿大地方政府、北欧地方政府:战后发展趋势与改革、德国地方政府、民主制中的以色列地方权力、治理地方公共经济、趋向地方自治的新理念,北京大学出版社出版,2005年。

5. 参加咨询活动。2005年度,首发院抓住国家研究制定"国家中长期科学技术发展规划纲要"和国家全面启动"十一五"计划研究编制的机遇,重点围绕中长期科技发展规划,积极参与了"十一五"规划以及中共中央组织部、国家发展和改革委员会、中国科学院、中国工程院、中国社会科学院联合组织的院士专家咨询活动。

首发院常务副院长杨开忠教授被国家中长期科学技术规划领导小组聘任为国务院"国家中长期科学技术规划纲要"起草小组成员,参与了大量起草工作,院长助理李国平教授系国家中长期科技

发展规划区域科技发展专题研究组成员，承担了研究咨询工作。

首发院常务副院长杨开忠教授受聘参加了国家"十一五"规划前期研究招标项目评标专家工作；参加了国家发改委规划体制改革试点专家咨询工作；被聘任为国家"十一五"发展规划专家委员专家，多次参加国家"十一五"发展规划纲要的研究咨询，多数咨询意见为纲要吸纳。杨开忠教授还是国家旅游发展"十一五"规划的首席咨询专家，为国家研究编制"十一五"旅游发展做了大量咨询工作。此外，还应邀参加了中共中央组织部、国家发展和改革委员会、中国科学院、中国工程院、中国社会科学院联合组织的院士专家咨询活动；参加了中国工程研究院组织的两院院士天津市政建设咨询活动，以及国家环保局组织的两院院士西部生态环境考察。

首发院被聘为北京市"十一五"规划咨询单位。首发院常务副院长受聘为北京市"十一五规划"前期研究招标项目评标委员会副主席和综合组组长，北京市"十一五"规划专家委员会委员、海淀区"十一五"规划专家小组组长、东城区"十一五"规划专家组副组长。万鹏飞副院长亦受聘为海淀区"十一五"规划专家组成员。

常务副院长杨开忠担任北京市自然科学界和社会科学界联席会议专家顾问委员会委员，参加多次咨询会议；应邀在北京科博会、中关村电脑节全球研发中心论坛、中关村企业创新能力研讨会上演讲；参加北京市委召开的构建和谐社会专家座谈会、北京城市近期建设规划编制专家研讨会议。万鹏飞副院长参加2005年6月崇文区经济和社会发展研讨会。

3月9日，柏兰芝博士在美国加州柏克利大学中国研究中心演讲；4月20日，柏兰芝博士接待台湾区域科学学会理事长冯正民以及资深教授杨重信、彭信坤来访；9月13日，柏兰芝博士在杜克大学（Duke University）亚非研究中心演讲。

【合作工作】 继续策划推动"北京市-北京大学首都教育行动计划纲要"。

争取和参与筹备"全球发展大会"。2003年4月17日北京市同意举办全球发展大会。之后，北京大学向GDN正式发出邀请，希望在北京举办一届GDN年会。GDN于2005年1月在塞内加尔召开的理事会上，同意2007年在北京召开第八届年会。3月28～30日，GDN总裁Lyn Squire先生访问北京，就会议相关准备工作同北京市政府和北大领导进行初步磋商，并实地考察北京部分会议设施条件。范伯元副市长、许智宏校长分别会见。

参加协调北京大学-通州合作事宜。

编辑《北京大学服务首都工作简报》。

参加林钧敬副校长主持的北大-浙江省、海南省省校合作协调与考察活动。

【其他工作】 编制一年一度的《中国地区新经济指数》。这项工作是2003年启动的，首发院和北京大学中国区域经济研究中心联合，由《经济日报》、搜狐网站独家发布区域新经济指数报告，已连续在《经济日报》发布2年，在国内外引起广泛影响。从2006年开始，这项工作拟做几个方面的调整和深化：首先，改由以首发院名义发布；其次，加强相关数据库建设，保障该项工作的连续性和动态性；最后，在条件成熟时研究编制《中国城市新经济指数》。

举办首都发展专家圆桌会议，编辑《首都发展专家建言》。围绕首都发展重大问题，组织专家研讨，给市委市政府提供建议，始终是首发院的重要工作。首发院自成立以来，曾举办多次专家研讨会，但未能形成系列和品牌。在总结经验的基础上，经认真研究，决定从2005年11月起，举办首都发展专家圆桌会议，旨在汇聚北京学术和企业精英，长期跟踪和考察首都地区的重大社会经济问题，集思广益，提出分析和建议。每次会议的成果均整理成《首都发展专家建言》，及时上报。

11月30日，首发院召开第一次论坛——首都创新能力存在的问题及对策。会议邀请了中关村管委会赵慕兰委员、北京市社会科学院中关村发展研究中心主任赵弘参加了会议。根据专家发言，首发院编辑了《首都发展专家建言》第1期。

12月14日，首发院召开第二次论坛——首都应急能力存在的问题及对策。会议邀请了中国减灾协会副秘书长高建明、北京市减灾协会副会长苏向明、北京气象局灾害问题教授级高工吴正华、北京市减灾学会副秘书长明发源、中国农业大学教授郑大伟参加。会议的专家发言被汇编成了《首都发展专家建言》第2期。

研究和编制《决策前沿》。首发院利用北京大学丰富的数据资源，围绕国家和北京市的重大战略问题，对国内外相关的研究成果进行介绍、编译和专题研究，定期或不定期地将有关信息和研究成果以《决策前沿》的名义呈交给市委、市政府及相关职能部门，供其参考。

（程　宏）

主要教学科研服务机构

图 书 馆

【概况】 2005年,图书馆继续保持良好的发展态势,读者服务工作不断创新深化,文献资源持续稳定增长,数字图书馆建设继续探索前进,内部结构调整取得重大突破,人事管理工作尝试新的思路,对外交流合作收到良好效果,馆藏特色展览彰显文化底蕴,职工文体活动取得丰硕成果,中国高等教育文献保障系统(以下简称CALIS)与中国高校人文社会科学文献中心(以下简称CASHL)项目进展顺利。

2005年,旧馆改造工程圆满竣工。这不仅提高了北大图书馆舍的整体水平,统一了整体建筑风格,扩大了馆舍面积,优化了内外部环境,改善了网络条件,而且使馆藏分布更加合理,读者服务更加深入细致,服务布局更趋合理便利。旧馆改造的完成为北大图书馆面向现代化的发展提供了坚实基础,带来了新契机。

2005年,朱强被任命为图书馆副馆长;图书馆组织全体员工赴海南和云南考察;数字图书馆门户建设取得明显成效;校园卡作为进入图书馆和借阅文献的有效证件正式开始使用,同时图书馆门禁系统通道机正式启用;成立了特藏部;期刊采访、电子资源采访等工作并入采访部,形成"大采访"格局;CASHL项目进展顺利,推出4次优惠活动,受到欢迎;期刊改排架工作进展顺利;读者服务部门主任赴上海、浙江的7处图书馆考察学习;新增应用文理学院、艺术学系、外国语学院资料室为图书馆分馆。此外,在校运动会中取得团体总分第三名的好成绩。

【文献采访】 图书方面,与2004年相比,2005年除理科的中外文图书采访量略有下降外,其他书籍采访量都有增加,其中外文文科图书采访量和赠送交换的外文图书量增幅最大,图书采访总量也有较大增加。

与2004年相比,购入中文文科图书种数增长8.48%,册数增长5.71%;中文理科图书种数减少33.5%,册数减少8.17%;外文文科图书种数增长126.9%,册数增长118.7%;外文理科图书种数减少24.3%,册数减少30%;赠送、交换中文图书种数增长6.66%,册数增长9.3%;赠送、交换外文图书种数增长198%,册数增长194%。中外文图书种数总计增长29.7%,中外文图书册数总计增长19%。

表 7-57 2005年图书采访统计

类 别	文科中文图书	理科中文图书	文科外文图书	理科外文图书	赠送、交换中文图书	赠送、交换外文图书	总 计
种 数	26072	3573	12906	2191	3439	9322	57503
册 数	64072	9092	14618	2325	6410	10493	107010

表 7-58 2005年期刊采访统计

刊 类	文科中文报刊	理科中文报刊	文科外文报刊	理科外文报刊
种 数	2211	1558	1394	909

与2004年相比,文科中外文报刊略有增加。其中文科中文报刊增加112种,增长5.3%;文科外文报刊增加5种,增长0.36%。理科中、外文报刊略有减少,其中理科中文报刊减少8种,减少0.51%;理科外文报刊减少229种,减少20.1%。

电子资源方面,2005年英文数据库总计154种、181个,其中新增6种,停订17种;中文数据库新增5种,总计217种、233个;中文电子期刊20380份,外文电子期刊24322份。电子图书方面,外文图书12306种、中文图书78894种。

古籍采访方面,2005年购入珍贵古籍1436种、1563册。

音像资料方面,2005年共购进语言录音带22种、37盘;影视光盘839种、9839盘,影视VCD 1种、56盘。

【文献编目】 见下表:

表 7-59 2005年文献编目统计

项 目		数 量
年入编书刊总量	种 数	84044
	册 数	149793
新书入编量	种 数	55906
	册 数	102644

续表

项　目	数　量	
回溯图书入编量	种　数	28070
	册　数	47152
学位论文入编量	种　数	1914
电子资源入编量	种　数	15383
期刊入编量	种　数	163

【读者服务】 2005年，图书馆共接待读者1467898人次，外借图书达1011486册。

表7-60　2005年接待读者借阅咨询统计

部　门	接待读者人次	外借册次	阅览册次	咨询人次	馆际互借册数	电子资源检索频次	电子资源下载篇次
期刊阅览部	331587			24937			
流通阅览部		782627					
古籍部	8191		57801				
视听部	118867						
信息咨询部	98946			27251	5406	8033769	5883085
特藏部（9～12月）	7641	1413		2077			

2005年，旧馆改造工程完工，在馆藏和服务布局方面都有很大调整。

2005年，"1小时讲座"继续开办，共举办91场，接待读者2582人次。开设"文献资源检索和利用"专题选修课共34学时，累计听课人数达1100人次。

1～11月，累计处理馆际互借与文献传递请求28103件，满足22093件，满足率约为79%。请求件数比去年同期增长30%，满足率提高9%。

1～11月，完成查新项目39件、论文查收查引报告344件、大中型课题咨询5件。

2005年，图书馆视听部继续组织推出星期音乐会——"享受音乐，享受生活"，共举办24场，深受师生中音乐爱好者的欢迎。

2005年10月起，图书馆组织编目、采访等部门内部工作人员参与咨询台值班。该举措对于了解读者需求，加强读者服务起到了非常积极的作用。

【旧馆改造】 2005年7月，经过一年多的努力，旧馆改造工程胜利完工。

图书馆相关部门员工牺牲暑假休息时间，胜利完成书刊回迁旧馆和上架整理工作，确保新学期对读者开放。同时，系统部完成信息点测试并开通调试，为保证旧馆网络的畅通做出了积极努力。

9月5日，旧馆改造工程竣工暨开馆仪式在旧馆新落成的阳光大厅举行，出席仪式的有许智宏校长、吴志攀副校长、林久祥副校长、鞠传进副校长等校领导。

旧馆改造完成之后，北大图书馆馆舍面积达53000平方米，并在馆藏布局、服务布局上做了很大调整：在增建的阳光大厅集中了主要的读者服务部门——信息咨询及电子资源检索、馆际互借和文献传递、总还书处、闭架借书处、目录检索区、证卡管理、复印等；增设了港台报刊阅览室、方志阅览室、特藏阅览室等新的阅览室；增加了用户培训中心；书库布局做了功能调整。

【数字图书馆建设】 2005年，数字图书馆门户建设的数据准备、服务整合和系统改造等工作基本完成，整体门户平台已经搭建、测试完毕，将于2006年1月投入试运行。

2005年，北京大学应用文理学院昌平园分馆正式使用Unicorn系统的流通模块；外国语学院编目模块启用。

2005年，Unicorn系统完成了书目格式转换和UnicornGL3.0版（Unicode字符集版）升级准备工作。

【特色展览】 2005年，图书馆结合馆藏，配合学校工作举办了一系列特色展览：

4月20～30日，"册府琼林——北京大学图书馆珍藏古籍善本展览"在香港中文大学举办。图书馆古籍部主任沈乃文和副研究馆员刘大军担任展览解说，并举办了两场讲座，受到了香港中文大学师生的欢迎。香港各大媒体也都做了相关报道。

9月，为迎接李敖先生来访，根据学校的安排，古籍部和特藏部共同举办了"古籍特藏展览"。此次展览以胡适的藏书手稿为主，包括胡适批注的《水经注》、《脂砚斋重评石头记》、胡适日记、手稿、藏书和名人题赠胡适藏书等，此外还展出一批珍贵的拓片。李敖先生参观了展览，并欣然写下"人书俱

老"的题词。

2005年下半年，为配合特藏室的开馆，图书馆318特藏阅览室举办了两次展览——西文特藏展和西文善本展；前者主要是为宣传特藏的藏书；后者是为了接待港、澳、台的30多位馆长参观。

2005年下半年，季羡林工作室从1万册书中挑选出了有名人签章的30种书籍，举办了"季老赠书（名人题签本）展览"。

【部门调整】 2005年初，编目部与分馆办公室编目人员合并，并开始试行专业与非专业岗位的划分，尝试岗位聘用的改革。

7月，特藏部成立，张红扬任主任。特藏部主要包括特藏阅览室、北大文库、季羡林工作室、中国台湾文献中心和美国研究中心。10月，特藏阅览室（318室）正式开放，提供阅览服务。特藏部的宗旨是根据本馆文献结构的特点和需求，搜集、整理、研究和利用特藏文献，提供特藏文献服务，进一步充实北大图书馆的人文内涵。特藏部现收藏符合本馆特藏既定主题的中外文珍贵书籍、重要私人收藏、北大教职员的重要学术著作以及其他符合特藏资源发展既定方针的重要书籍。

9月，期刊采访收登、电子资源采访以及订单处理等工作并入采访部，形成"大采访"格局。

【期刊改排架】 2005年，期刊改排架工作主要进行了二～四期工程。

二期工程为1984年以前的西文过刊改分类排架，系统内的改号、期刊部贴号工作均在旧馆改造前结束，倒架工作因时间关系，未及进行。旧馆改造一期工程完成后，西文刊馆藏的顺利回迁为西文过刊的倒架创造了条件，期刊部利用回迁的间隙进行了最后的倒架工作。

三期工程为期刊阅览区1990年以后中文期刊的改分类排架，6月30日完成中文刊贴号，7月14日完成中文刊倒架，倒架后随即更换了过刊架导读标志及阅览室布局图，并提供了馆藏目录。

四期工程为过刊阅览室中文过刊改排架，首先是清点册数，完成贴号，2005年12月13日开始提刊，预计2~3个月完成。

【交流合作】 2005年是图书馆和哈佛大学人员交换计划的第四年，图书馆派出古籍部姚伯岳副教授进行为期一年的学术交流，主要协助哈佛燕京图书馆完成古籍、拓片编目等工作。

4月，副馆长肖珑率读者服务部门主任赴上海、杭州，对上海交通大学图书馆、上海图书馆、浙江大学图书馆等7个图书馆进行了充分、细致的实地考察。

5月，应北大图书馆的邀请，哈佛大学图书馆主管系统和数字化的副馆长 Dale Flecker 夫妇在哈佛燕京图书馆馆长郑炯文的陪同下，到北大图书馆进行技术咨询和业务指导，并为北京市高校图书馆做了两场关于数字图书馆方面的学术报告。

10月，香港大学主管读者服务和技术的副馆长、北京大学图书馆顾问（2005～2006年）Peter Sedorko 应邀进行工作访问。他从馆舍、部门设置、岗位设置等等各方面对北大图书馆进行了评价，并提出了很多建设性的意见。

11月，哈佛大学学院图书馆（总馆）副馆长 Lynda Leahy 女士在哈佛燕京图书馆馆长郑炯文的陪同下访问北大图书馆，并为北京市高校图书馆做了关于读者服务的学术报告。

【分馆建设】 2005年，北京大学图书馆分馆工作小组成立。该小组由分馆办公室成员与分馆工作人员共同组成，旨在更密切联系分馆实际，在决策前小范围征求意见，同时也分担分馆的一些具体工作。目前工作小组由5人组成，其中4人来自分馆。

2005年发展分馆3个：应用文理学院分馆、艺术学系分馆、外国语学院分馆。至此，分馆数量达15个。

分馆工作小组组织的活动有：组织分馆和系资料室工作人员赴厦门、武汉考察学习；编辑出版了2期分馆建设简讯；制定并正式通过了分馆评估方案和评估标准；对新加入的分馆人员进行培训；11～12月举办了3次分馆工作专题研讨会，分别就采访、编目、读者服务、管理和规章制度等专题展开研讨。

【CASHL项目】 2005年，CASHL（中国高校人文社会科学文献中心）新加入成员馆43个，新增系统注册用户2926个；提供文献传递服务41000件，比2004年增长24%；文献传递服务成本由2004年的每笔30.30元降为24.39元，降幅为20%。

2005年度新增期刊1172种，共拥有国外人文社科类期刊3968种，收藏量已经超过国家图书馆。

3月，CASHL 管理中心与CALIS 管理中心联合成立了"高校馆际互借协调组"，为馆际互借与文献传递工作提供业务指导。

2005年，CASHL共开展4次优惠活动：4月10日～5月10日，CASHL 举行2005年度系列优惠活动之一——"3篇免费计划"，在此期间 CASHL 新注册用户531个，提交文献传递请求1034份；5月15日～6月15日，CASHL 举行2005年度系列优惠活动之二——"年度优惠月"活动，在此期间，CASHL 新加入成员馆13家，新注册用户609个，提交文献传递请求10856份；9月10日～9月23日，CASHL 举行2005年度系列优惠活动之三——"教师节服务周"活动，在此期间，CASHL 新注册用户221个，提交文献传递请求8626份；11月1日～11月13日，CASHL 举行2005年度系列优惠活动之四——"论文开题特惠周"活动，在此期间，

CASHL新注册用户379个,提交文献传递请求9771份。

此外,6月15～16日,CASHL管理中心在武汉大学组织召开了CASHL专家委员会第一次会议,对CASHL下一步的发展规划提出了若干建设性意见。

【CALIS项目】 CALIS项目"十五"建设在2005年取得重要进展,为"十五"验收做好了准备。主要包括:项目中期检查顺利通过;开展了引进数据库用户满意度调查;加强了对系统管理员的培训;和KERIS签署了合作备忘录;CALIS省中心建设全面启动;在CALIS和CASHL的共同推动下,高校馆际互借交流与培训进一步发展;积极开展和其他系统的合作。

5月9～10日,CALIS项目"十五"建设中期检查会议在北京大学英杰交流中心召开。此次中期检查会议的目的是为了梳理各子项目完成的情况,为项目验收做准备。与会专家分别听取了CALIS综合文献服务平台、CALIS馆际互借与文献传递系统、CALIS西文期刊目次数据库(CCC)、CALIS联合目录数据库、CALIS高校学位论文全文数据库、CALIS分布式联合虚拟参考咨询系统、CALIS全国高校专题特色数据库、CALIS重点学科网络资源导航库、CALIS高校教学参考信息管理与服务系统等9个子项目的现场汇报,观看了部分子项目的系统演示,并针对每一个子项目的组织管理、具体目标、实现功能以及存在问题等与各子项目组进行了深入交流与讨论。与会专家审查了服务体系类和非自建类资源建设20个子项目,以及馆际互借与文献传递网20个服务馆的中期检查报告。在此基础上形成了对各个子项目的具体意见,并通过CALIS管理中心反馈给各子项目组,更好地推动了各子项目工作的开展。

6月8日,CALIS项目和CERNET、大型仪器设备共享一起顺利通过了"211办"对三大公共服务体系项目的中期检查。

CALIS从1998年开始组织"集团采购"国外电子资源。为了更多地了解各成员馆及其他用户对CALIS的"集团采购"、引进数据库本身以及威海培训周活动的意见和建议,从而发现问题所在,给各成员馆提供更好的服务,CALIS在"第三届引进数据库培训周"活动(2005年5月在威海举行)中进行了针对图书馆用户的"CALIS联盟采购及威海培训周满意度调查",以及针对数据库商的"CALIS引进数据库威海培训周满意度调查"。

本次调查主要涉及CALIS全国文理中心、全国工程中心、全国农学中心、全国医学中心,以及华东南地区中心所组织的全国性集团采购。其中,面向图书馆用户的调查由"基本信息调查"、"CALIS联盟采购的满意度调查"、"CALIS联盟采购数据库的满意度调查"、"威海培训周满意度调查"四部分组成,共回收有效问卷186份;面向数据库商的调查由"基本信息调查"和"威海培训周满意度调查"两部分组成,共回收有效问卷38份,问卷回收率达到95%以上。在对所有问卷的汇总、统计和处理的基础上,完成了"CALIS引进数据库用户满意度调查总结报告"。

表7-61 CALIS省中心建设启动时间

序 号	省 份	承建单位	启动批次	启动时间
1401	浙江	浙江大学	第一批	2004.11
1402	天津	天津高等教育文献信息中心		
1403	河南	郑州大学		
1404	新疆	新疆大学		
1405	重庆	重庆大学		
1406	福建	厦门大学		
1407	湖南	湖南师范大学	第二批	2005.05
1408	江西	南昌大学		
1409	海南	海南大学		
1410	内蒙古	内蒙古大学		
1411	山东	山东大学		
1412	青海	青海师范大学		
1413	山西	山西大学	第三批	2005.07
1414	河北	燕山大学		
1415	黑龙江	哈尔滨工业大学		

鉴于CALIS"十五"建设部署在各中心和成员馆的应用系统运行环境为"Linux+Oracle 10G",均为一般图书馆系统管理员不太熟悉的平台。为了保障CALIS应用系统在各中心的顺利安装、运行和维护,CALIS管理中心决定与中科红旗、Oracle等公司对各中心馆和成员馆的系统管理员进行联合培训。为了保证培训效果,每班严格控制人数,参加人数在15人左右。Linux和Oracle都是由原厂家直接培训,并对所有培训课程进行考核,合格者发放专业证书和CALIS培训证书。举办了4次CALIS系统管理员培训班。根据CALIS的调查,学员对培训班的内容和安排反映很好,达到了预期的培训效果。为CALIS系统软件在各中心和成员馆的部署奠定了基础。

6月,中国高等教育文献保障系统(CALIS)管理中心接待了韩国教育科研信息服务中心(KERIS)访问团,双方就进行文献信息资源共享方面的合作进行了讨论,达成了初步意向。

11月23日,应KERIS邀请,CALIS派代表前往首尔,参加了2005 KERIS年会,并出席了交换合作备忘录的仪式。根据双方签署的合作备忘录,在未来几年中,CALIS和KERIS将首先就以下三方面开展合作:联合目录:实现元数据检索、MARC记录下载/上传;馆际互借:通过双方代理开展馆际互借与文献传递服务;学位论文:通过OAI协议实现双方元数据收割,首先实现元数据检索,进行文献传递服务。

CALIS省中心是"十五"期间CALIS加强三级服务体系建设的重要举措之一。CALIS第一批省中心在2004年11月"CADLIS启动大会"上正式签订承建协议书;第二批和第三批分别于2005年5月和7月与CALIS管理中心签订承建协议书,15个省中心全面启动。

2005年4月1日,CALIS管理中心与CASHL管理中心联合在广州中山大学图书馆召开高校馆际互借工作交流与培训会。本次大会是高校图书馆第一次专门为馆际互借和文献传递工作召开的会议。CALIS管理中心制定了大力发展用户馆和服务馆,进一步升级完善馆际互借系统,开展对各中心和服务馆的中期检查和评估等一系列工作计划。本次会议期间还召开了高校馆际互借协调组会议,成立了高校馆际互借协调组。这是高校图书馆之间首次在全国范围内开展大规模的馆际互借业务合作。

2005年5月13日,国家科技图书文献中心、国家图书馆、中国高等教育文献保障系统(CALIS)、上海图书馆上海情报所在北京中国科技会堂联合召开了科技文献信息资源建设工作交流会。与会代表充分肯定了科技部支持的"我国数字图书馆标准规范建设"项目中的联合、合作的精神以及取得的丰硕成果,一致同意以后在科技文献信息资源建设工作中,在联合举办国内外重大学术活动等方面进一步加强联合与合作,扎扎实实地开展工作,共同为实施科教兴国战略、构筑国家科技创新体系提供文献保障与服务。

医学图书馆

【概况】 2005年医学部图书馆以配合学校创建世界一流大学为目标,在不断完善基础建设的同时加快图书馆数字化建设,着重强调全心全意为读者服务的意识,为医学部的医、教、研及管理工作做好文献信息保障服务。医学图书馆正式启用了北大图书馆UNICORN自动化管理系统后,极大地方便了读者。

2005年4月开始两馆实行异地还书,医学图书馆向北大图书馆送还图书7041册,带回图书492册,大大方便了读者。系统合并进一步加强了两馆的资源共建共享,为今后两馆的共同发展奠定了坚实基础。

2005年,由于刘祖敬副馆长退休,医学部图书馆的领导班子进行了调整,谢志耘担任副馆长,柳和担任馆长助理。结合图书馆各项业务工作发展的需要,先后有多人参加了馆内外各种培训,不断提高自身业务水平。

2005年全馆共发表论文17篇。

【文献采访编目】 2005年书刊经费460万,为迎接2007年教育部教学评估,加大了纸本图书采购,共采购中外文图书3894种、19073册,比2004年增长了2.5倍。

【读者服务】 医学部图书馆对工作人员加强"读者第一,服务至上"的教育,不断提高服务质量,采取多种服务方式,开展了大量的服务工作。

日常借阅服务方面,截至2005年12月25日,图书流通部接待读者119899人次,借出图书67099册,还回图书69272册,复印图书448册,收新书9361种、19449册(其中学位论文占847种、847册),转录磁带254盘,采购DVD片205盘,做新书导读介绍共11期。

馆际互借方面,CALIS馆际互借与文献传递系统正式运行以来,医学部图书馆加大了宣传力度,馆际互借量有了明显增加。2005年为多个单位或个人提供了馆际互借服务,接待用户总计673人次,比2004年增长96.2%;馆际互借文献检到总量增长95.2%。

参考咨询方面,2005年累计完成科研课题立项或成果申报的查新咨询40余项,完成检索题目500余项,其中包括辅导检索项目。电子阅览室共接待读者39794人次,累计使用41450.1小时机时。

表 7-62　2005 年医学部图书馆图书采购情况

	采购（种或册）	编　　目
中文图书	2853 种（15555 册）	7392 种（17491 册）
西文图书	1041 种（1051 册）	1095 种（1255 册）
中文期刊	667 种	
西文期刊	242 种	
视听资料	129 种	
数据库	33 种	
年书刊经费总计	4577681.34 元	

表 7-63　医学部图书馆信息参考咨询部全年教学工作量

培 训 项 目	对　　象	总学时	人　数
读者培训	2005 年新生	18	900
图书馆电子资源系列讲座	医学部工作人员	18	350
信息用户培训的继续教育项目	附属医院及护理学院	40	300
医学文献检索（课）	本科生	30	133
医学文献检索（课）	专升本	42	400
医学信息检索与利用（课）	心理学研修班	12	80
医学信息检索与利用（课）	研究生	72	200
医学文献检索（课）	脱产夜大专升本	60	440
文献课	网络教育学院和中央电大	20	2000
合　　计		312	4803

信息参考咨询部承担了医学部研、本、专等各层次学生的医学信息检索与利用课程的教学工作，以及大量用户教育与培训工作。

另外，医学图书馆组织有经验的教师上门为特需用户进行培训。

为配合医学部"以问题为中心（PBL）"的教学改革，图书馆建立了专门的网站，对 PBL 的由来、有关文献和网站进行了介绍；还结合 PBL 课题，在网上提供相关电子书、刊、数据库和病例；给学生开设了 PBL 专题检索的培训；针对新引进的 MD Consult 数据库，为研究生和 2002 级八年制学生开展了专项培训，受到了学生的热烈欢迎。

【数字图书馆专项建设】　1. 图书馆自动化管理系统建设。医学部图书馆投入了大量的人力、物力，完成了系统合并工作，包括处理大量的书刊书目数据、读者信息数据，以及培训使用新系统的人员。

2. 网络资源建设。医学图书馆在 2004 年的基础上，2005 年新增数据库 5 个，进一步丰富了校园网上的电子资源。医学部图书馆与北京大学图书馆的电子资源实现共建共享，并与各附属医院图书馆进一步协调，使得医学部和各附属医院共享一套网络资源，为医学部节省了大量经费。通过购置和自建数据库，医学部图书馆的数字化资源更加丰富，到 2005 年底已拥有文摘索引数据库 35 个，包括最著名的"美国全科医学文献数据库"、"荷兰医学文摘"、"美国生物学文献数据库"和"美国化学文摘光盘数据库"等数据库，有电子期刊全文数据库 19 个。自取消外文影印刊后，纸本外文期刊的品种大量减少，医学图书馆引进多个电子期刊全文数据库。目前可提供生物医学电子期刊约 4000 余种，比以前有了大幅度提高，通过网上期刊导航系统，极大地方便了读者的使用，满足了医、教、研的需要。购进引文分析数据库 4 个，如"美国科学引文索引（SCI）网络版数据库"、"中国生物医学引文数据库"等，为读者查找论文引文情况和发表期刊的影响因子提供了方便。自建数据库 3 个，包括北京大学医学部图书馆数字论文库（新增学位论文 600 篇）、学科导航库、心血管疾病专题库。

【CALIS 二期工程建设】　作为 CALIS 医学中心，北京大学医学部图书馆除自身建设外，还承担着携手兄弟院校医学图书馆共同发展的重任，并承接 CALIS 二期建设项目。

1. 集团采购数据库。从 2002 年至今，医学部图书馆共组织了全国 45 所医学图书馆、192 个馆次联合采购 8 个生物医药数据库。2005 年由医学部图书馆牵头京大学经过与数据库商反复谈判和协调，新增 2 个集团采购数据库、续订 6 个数据库，较好地抑制涨价幅度和采购价格，使参加的中小型成员馆受益面不断扩大，文献资源逐步丰富，为各单位节约了经费，同时提高了医学中心的凝聚力。

2. 开展馆际互借与文献传递工作及相关培训工作。开展馆际互借与文献传递工作是 CALIS 建设

中提高文献保障的中心任务。随着CALIS馆际互借系统软件在医学中心的正式启用，医学中心馆际互借与文献传递工作步入了新台阶。CALIS医学中心坚持宣传与服务并重的方针，树立读者至上的服务意识，努力缩短服务响应时间，降低文献获取成本，提高文献传递的满足率，赢得了读者和兄弟馆的认同。到2005年底，已和30家图书签订了协议书，完成上报的馆际互借与文献传递任务量排在CALIS各中心的第四名。2005年CALIS医学中心在北京大学医学部图书馆举办了第二届馆际互借系统用户培训班，从软件系统、文献传递网、具体应用流程三方面对CALIS馆际互借/文献传递系统进行了详细介绍，并对CALIS馆际互借/文献传递系统进行详细操作演示。

为了促进全国医学文献资源建设，协调全国医药文献资源的共建共享，全面提高保障率和受益面，医学部图书馆多次与解放军医学图书馆、中国协和医科大学图书馆就资源共建共享工作进行了交流讨论，为形成"三角模式"的馆际互借联合保障体系打下了基础。目前，解放军医学图书馆已与医学部图书馆建立了较为通畅的馆际互借关系。

3. 主办首届CALIS全国高校医学图书馆工作会议。为通报CALIS项目建设情况，加强高校医学图书馆相互之间的合作与交流，由医学部图书馆主办，郑州大学图书馆承办的"首届CALIS全国高校医学图书馆工作会议"于4月20～22日在河南郑州成功召开。来自80多所高校医学图书馆的109位馆长和同仁参加了会议；会议内容丰富，加强了相互间交流与合作，提升了对CALIS二期建设的总体认识与了解。许多医学图书馆提出，希望今后CALIS医学中心能够定期举办CALIS全国高校医学图书馆工作会议，为全国医学图书馆提供一个交流合作的平台。

4. 子项目建设。目前，CALIS已进入二期工程后期建设阶段，医学部图书馆作为CALIS全国医学文献信息中心，成功中标了3个CALIS子项目，包括心血管疾病信息资源特色数据库、重点学科网络资源导航库、教学参考书数据库。

(多苏敏)

出版社

【发展概况】 2005年，北大出版社累计出版图书250多个系列，全年出版图书4022种次，比上年增长45%；发行码洋4.2亿元，比上年增长29%；销售收入2.05亿元，比上年增长25%。电子音像出版也比上年有较大幅度的增长。2005年，出版社上交学校1200万元，比上年增长20%，同时，支持学校教材建设专项基金213万元，支持《儒藏》编纂100万元，上交国家各种税赋1600多万元。出版的3211种图书中，新版1731种、重版289种、重印1191种；新版图书中高校教材730种、教参88种、中小学教材15种、教辅15种，职业成人教育教材73种，社会教育教材57种，学术著作495种，一般图书130种。

出版社出版的图书中50%左右是北大各院系相关学科的教材和学术著作。到2005年，法学、中文、对外汉语、哲学、数学等学科基本配套出版了从本科生到研究生教育的教材和教学参考书，英语、经济、管理、新闻传播等其他学科的教材和学术著作出版已全面规划并正在落实，学校规划的学生素质教育教材已经出版几十种，形成了一定规模并在各兄弟院校产生广泛影响。出版社坚定不移地坚持了"教材优先，学术为本，建设一流"的办社方向，教材、教学参考书和学术著作出版所占比重始终保持在70%以上。

至2005年底，出版社职工有310人，其中事业编制112人，其他人员198人；正高职称12人，副高职称46人，中级职称57人；博士学位15人，硕士学位111人，本科81人，大专33人。

【重点项目】 "十五"期间，北京大学出版社共承担国家重点图书出版规划项目7项，分别是：邓小平理论与当代中国哲学社会科学发展丛书、学术史丛书、北京大学法学百科全书、世界文明史、中华文明史、北京大学语言学研究丛书、北京大学数学丛书。除个别项目由于客观原因延误了出版，到2005年已经基本完成7个项目共43种著作中的39种，完成率为90%。

这些重点项目出版后，受到了广泛关注，很多在各自学科领域都享有较高的学术声誉。《邓小平理论与当代中国哲学社会科学发展丛书》首次全面阐述了邓小平理论对当代中国社会科学主义、政治学、经济学、国际关系学、管理学以及哲学等学科理论和实践发展的重大指导意义，对我国改革开放和社会主义建设的各个方面的一些重点、难点问题进行了深入探讨和研究，是一套具有高度理论性、实践性、总结性的学术专著。"学术史丛书"作为一项"触摸历史，感受传统，反省学科"进而"重建中国学术"的文化工程，向世人展示了一批眼界开阔且论证严密的学术史以及思想史、文化史方面的著述，在学术界享有很高的评价。其中，《明清之际士大夫研究》和《士大夫政治演生史稿》荣获首届"长江读书奖"，《中国现代学术之建立——以章太炎、胡适之为中心》获第三届高校人文社会科学著作一等奖。《北京大学法学百科全书》是由北京大学资深学者构筑的一项跨世纪学术工程，涵盖27个法学学科，体系完备，对古今中外尤其是中国和世界上有代表性的国家的法学

和法律制度给予了全面、系统的总结性研究。全书选条和释义融学术性、知识性、应用性于一体，充分反映了当代中外法学研究和法制建设的新成果、新观点、新发展和新经验。《世界文明史》是我国学者写出的第一部世界文明史专著，通过表述不同文明的发展和演变历程，表明各类文明有不同的发展速度，同时，在各类文明之间存在着广泛深入的相互交流和影响，从而形成促进人类进步的强大动力。本书展现了我国学者对世界文明发展历史的理解和独特视角，代表了目前中国学界的最高水平。"北京大学语言学研究丛书"中的《语用学——理论及应用》是国内第一部高水平的、用英文撰写的语用学概论性著作，代表了当代语用学研究的最新水平。"北京大学数学丛书"全面反映现代数学最高学术水平，已出版的 12 种图书中有 7 种图书获 8 次国家级图书奖，有 4 种图书和国外出版社合作出版了英文版在欧美地区发行。这套丛书站在现代数学的制高点上，得到了世界数学界的认可，成为我国对欧美国家版权输出的力作。此外，丛书中的《黎曼几何初步》获第六届全国优秀科技图书特别奖，《黎曼几何选讲》获第二届全国高校出版社优秀学术著作优秀奖。

在较好地完成了国家"十五"重点图书出版项目的同时，出版社确立了近 20 项"十一五"国家重大出版工程项目，立项数量居全国出版行业第一位。

出版社积极组织参加"十一五"国家级立项教材的申报工作，申报项目达 800 余项。

【版权工作】 出版社坚持"立足北大，面向全国，走向世界"的开放办社模式，版权转让和版权输出工作都位居国内出版业前列，多次受到国家版权局表彰。北大出版社有大批出版物行销海外。据不完全统计，2005 年对外销售额超过 400 万元，输出版权 51 种，其中教材 43 种、学术著作 5 种、一般图书 3 种；引进版权 309 种，其中教材 65 种、学术著作 103 种、一般图书 141 种。

【获奖情况】 2005 年，北大出版社图书获奖 23 项，其中获省部级奖 9 项。《应用时间序列分析》获第五届国家统计局优秀统计教材二等奖，《历史学是什么》获国家图书馆文津图书奖，《内部控制学》获江苏省优秀教学成果一等奖并申报教育部优秀教学成果二等奖，《世界文学简史》、《诗与思的激情对话：论奥克塔维奥·帕斯的诗歌》获全国高校第三届优秀教学科研成果奖著作奖，《路与灯：文艺学建设问题研究》获山东省社会科学优秀成果一等奖，《新编土地法教程》获新疆维吾尔自治区人民政府教学成果二等奖。

(刘乐坚)

医学出版社

【概况】 2005 年北京大学医学出版社全力开发选题，完善医学长学

表 7-64 2005 年度医学部科学出版基金资助评选结果

批准号	书　名	申请者	单　位	字数(万)	资助金额(元)
0401	专科医师规范化培训大纲	刘玉村 郭晓蕙	第一医院	16	5000
0402	北京大学危重病医学科 ICU 诊疗常规（手册）	王谊冰 安友仲 王东信	第三医院 第一医院 人民医院	25	8000
0403	皮肤科疑难误诊病例分析	朱学骏	第一医院	60	20000
0404	骨与关节 X 线图解——正常、正常变异与损伤	张益英	肿瘤医院	30	10000
0405	青少年健康人格	黄悦勤	精研所	30	10000
0406	循征医疗卫生决策理论与实践	MuirGray （英）唐金陵	公卫学院	50	17000
0407	直肠癌的诊治	顾　晋	肿瘤医院	30	10000
0408	口腔颌面骨疾病临床影像诊断学	吴运堂	口腔医学院	70	24000
0409	骨盆骨折手术学	姜保国	出版社组	60	20000
0410	神经精神药理学	库宝善	基础医学院	60	20000
0411	腹部外科手术学	万远廉	第一医院	100	30000
0412	肿瘤标志研究进展及临床应用	万文徽	肿瘤医院	25	8000
0413	骨折手术固定图谱	姜保国	人民医院	150	45000
0414	毒难戒、毒能戒	韩济生	基础医学院	20	6000
0415	临床康复医学（教材）	王宁华	第一医院	20	7000
0416	医学心理学（第 2 版）（教材）	洪　炜	公教部	35	10000

(马　新)

制教材、本科教材、高职高专教材建设的同时,增加了医学专著和翻译图书的种类,并积极开展国家重点图书出版规划的申报和普通高等教育"十一五"国家级教材的申报工作。

2005年北京大学医学出版社确定申报"十一五"国家重点图书项目共19种,其中丛书、套书项目6种,科技专著7种,引进翻译著作6种。

北京大学医学出版社挑选了248种教材参加普通高等教育"十一五"国家级教材的申报,其中医学长学制教材65种,本科教材110种,高职高专教材73种,营养、食品与健康专业本科、专科系列教材2套(25种)。

【教材推广】 2005年,结合目前教材销售压力较大的情况,北大医学出版社将工作重点调整为在维持日常宣传和网站经营的情况下,重点以各省市为中心,开展集中式教材研讨会和地毯式教材巡回展。2005年4~7月分别在陕西、四川、黑龙江、河北、内蒙古等省市进行教材推广,有较大收获。

召开了山东、广西、青海、新疆、湖南、河北等地医学院校领导、专家、教授参加的教材推广会,取得了一些经验,为以后开展工作打下了基础。五年制本科教材年发行量呈上升趋势,有些课本年销售已达1.5万册以上。

加大市场营销力度,组织了5次大型推广活动。

【队伍建设】 随着出版社用工渠道的多元化,逐步健全了事业编制、企业编制、临时用工、返聘人员等系列人事管理制度,以维护职工的合法权益。

积极吸收优秀出版人员加盟。2005年有3名医学硕士毕业生到北大医学出版社工作,建立了能进能出的良性循环的用人机制;充实到编辑岗位、市场营销岗位和国际合作部岗位的事业编制达33人。

全年完成业务系列讲座10次,聘请兄弟出版社专家、领导、业务骨干和国外专家讲课,加强交流。坚持派员工参加国际书展和香港新编辑培训班,全年达13人次。

【医学部出版基金】 北京大学医学部科学出版基金委员会审议通过2005年度科学出版基金资助的评选结果。资助专著、教材出版16种,资助金额25万元;资助护理学教材出版,金额5万元。

档 案 馆

【概况】 一年来,档案馆党支部和行政班子密切配合,认真组织开展保持共产党员先进性教育活动,取得了良好效果。在直属单位党总支先进性教育领导小组的直接领导下,档案馆支部根据学校开展先进性教育活动的具体工作方案,结合档案馆工作实际,坚持教育活动与各项工作"两不误、两促进",严肃认真地组织开展了支部党员先进性教育活动。另外,以保持共产党员先进性教育活动为契机,进一步贯彻落实党风廉政建设责任制,建立保持共产党员先进性教育活动的长效机制,充分发挥党支部的战斗堡垒作用和党政一把手廉洁自律的表率作用。

档案馆还充分发挥全馆职工的积极性,不断提高职工的政治理论修养和职业道德素养,充分利用馆藏档案信息资源的优势,鼓励学术交流,重视宣传档案编研成果。2005年4月,国民党主席连战北大演讲,北京大学把连战母亲在燕京大学学习的相关学籍材料的档案复制件赠送给他,在社会各界引起很大反响,在《中国档案》评选的"2005年十大档案新闻"中名列第六位。

【档案收集】 2005年档案馆继续坚持"简化立卷,指导在先"原则,工作人员深入各立档单位对兼职档案人员进行业务指导,通过文件材料立卷部门先预审、接收进馆前档案馆复审、进馆后再审核的"三审制",从"录入、检查、收集、汇总"4个流程进行把关,确保我校档案的归档质量。本年收集各门类档案共计14001卷件,其中:文书档案5895卷件、学籍档案4361卷、科研档案220卷、会计档案226卷、基建档案363卷、照片档案698张(含240张底片)、出版档案2006册(期刊81册、样书1925册)、音像档案47件(光盘30张、录像带17盒)、人物档案117件、资料8册、实物7件、已故人员材料53卷。

在做好常规业务档案收集工作的基础上,重点解决了归档齐全率的问题,并就各单位归档情况在校园网进行了公示。完成了成教生学籍档案的补归档工作,到2005年年底,共计归档341卷。完成文科科研档案的归档工作,进一步落实了2004年文科科研档案员会议的有关要求,本年移交归档了2001~2005年文科科研档案共112卷,填补了这一门类档案的空白。会计档案归档中存在的一些问题得到解决,1999~2004年共226卷档案移交归档。

4月28日,档案馆组织召开了北京大学2005年档案工作研讨会,全校各院系、机关各部处和中心的部分领导和专兼职档案员共计130多人参加了大会。会议对2002~2004年度档案工作进行了总结,并就档案实际工作中的一些经验和工作方法进行了交流。

【档案整理】 2005年继续开展文革前档案的整理工作,全年整理档案2797卷(件),改换装具1958盒,案卷目录已全部录入计算机,同时编制了目录索引。

【档案服务】 全年来馆利用1488人次,利用档案6342卷次。其中编史修志650卷次、工作查考2695卷次、学术研究1447卷次、宣传教

育447卷次、其他1103卷次，提供复制6505张。

2005年档案馆精品陈列室的陈列布展工作是将档案馆建设爱国教育阵地的一个重要步骤。精品展共制作档案复制件70余组，连同近70件档案原件实物，共同组成档案馆第一期精品陈列展，内容涉及名人手迹、人物档案、科研奖状奖品、学籍管理等档案，时间跨度近200多年。

【学术研究】 在北大校刊开设反映老北大校园变迁专栏，以连载的方式刊发10期，内容包括：三院五斋的校园格局、马神庙公主府校区——北大第二院、北京大学第二院（理学院）的大门和前院、今天的马神庙公主府校园等。

鼓励职工钻研业务，撰写档案学术论文。在高等教育、档案类核心期刊发表论文6篇，8篇论文在教育部档案工作协会学术交流中获奖。

【信息化建设】 1. 档案WEB检索系统投入使用。档案WEB检索系统包括快速检索、主题检索、高级检索和全面检索，分别适合不同需求的用户的检索要求，可以根据不同的用户群体，开放不同的查询和阅览档案原文的权限。系统的开发采用了先进的设计理念，可以方便地定制整个查询系统的各个部分的功能、界面。

2. 建立流媒体服务器。为实现声像档案的有效利用，档案馆建立了流媒体服务器，自行开发了基于WEB检索平台的流媒体检索系统。目前此项技术的应用在高校档案馆中处于相对领先的地位。馆藏100多卷的声像档案已经转为流媒体格式保存，在相关硬件升级和调试完毕后，可以通过在线形式流畅地实现音频和视频档案检索、查询和播放。

【保密工作】 积极配合学校保密资格认证开展各项工作。档案馆是学校安全保密重点部门之一。在学校领导和校保密办大力支持下，档案馆以学校申请保密资格认证工作为契机，认真贯彻"积极防范、突出重点，既确保国家秘密又便利各项工作"的方针，从强化档案工作人员保密知识和保密意识教育以及加强日常保密工作管理入手，进一步健全档案馆保密制度，规范涉密档案管理工作，使档案馆保密工作迈上了一个新台阶。2005年度档案馆被评为北京大学保密工作先进集体。

（贾永刚）

医学档案馆

【概况】 2005年档案馆专职人员5人，其中副高级职称2人、中级职称2人。档案馆临时库房仍设在图书馆北面一层，建筑面积350平方米，集中保管着12类档案，馆藏数量达到5万多卷/册/件。

【党建工作】 9月19日～12月19日，档案馆4名党员参加保持共产党员先进性教育活动。以这次教育为契机，全体党员表示，在今后的工作中充分发挥党员的先锋模范作用，尽心尽力做好本部门和个人岗位的工作，在实际工作中体现新时期共产党员的先进性。

10月14日，档案馆党员及群众到北京市档案馆参观保持共产党员先进性教育活动展览。通过参观，全体党员一致表示向革命先烈、建设模范、时代先锋学习，爱岗敬业，在实际工作中树立好窗口形象，全心全意为师生员工搞好服务工作。

7月15日，档案馆党支部书记夏桂青任职届满，进行换届改选，侯建新当选为书记。

档案馆认真组织全馆人员参加医学部组织的各种理论学习，听政治报告，观看反映郑培民和牛玉儒等时代先锋事迹的电影，提高全馆人员的政治理论修养和道德修养。

【日常工作】 2005年档案馆继续做好档案的接收工作，首先加强档案归档业务指导并协助立卷，坚持预立卷后归档，做到优化归档质量。2005年接收进馆的永久和长期保存的档案共4922卷，其中党政文书档案53卷、外事档案47卷、出版物档案6卷、财会档案2449卷、教学档案1918卷、科研档案260卷、设备档案3卷、产业档案40卷、基建档案38卷、房产档案207卷、人物档案1件。

2005年档案馆面向医学部全体师生员工及社会各界人士服务，做到爱岗敬业、高效有序、服务热情。全年利用档案327人次、679卷（电话、来信查询不计算在内）。

7月，经过财务处鉴定审批后，由档案馆与财务处共同监销1981～1987年的财务会计凭单档案3286卷。

2005年剪报211篇，内容包括医学部及各医院发表的论文、新闻报道、校友事迹、专家解答疑难问题等，现已登陆在医学部档案馆网页上。

档案馆加强档案理论学习。派出2人参加国家档案局举办的电子档案管理培训班；派出2人参加陕西省教委举办的7省市档案研讨班；全馆人员参加北京市高校档案协会举办的档案现代化管理讲座；在馆内开展了档案知识百题问答等。通过理论学习，大家觉得在新知识、新技术、新方法等方面收获很大，开拓了思路。

2005年档案馆年轻同志积极撰写论文。王兆怡同志撰写的"浅析高校档案服务工作的强化"获中国教育学会档案分会三等奖。

（夏桂青）

校 史 馆

【概况】 校史馆于2001年9月1日落成，2002年5月4日举行了隆重的开展仪式，正式对校内外开

放。展览包括北京大学校史陈列和北京大学杰出人物展2个部分：校史陈列以北京大学光荣革命传统和优良学术传统为主线，将北大历史分为9个阶段依次展示，有图片、图表800余幅，实物展品440余件，展线长度400余米；北京大学杰出人物展展示北大历史上217位杰出革命家、思想家、理论家、科学家、教育家的生平及照片。

校史馆内设研究室、办公室、资料室，编制7人，兼职2人，返聘14人。日常工作主要为校史展览、校史研究及校史文物的征集、保管和展出。

【校史展览】 校史馆继续发挥作为传统教育课堂和对外宣传窗口的作用。2005年接待参观总人数为37231人；接待各种参观团组66个，其中包括：教育部部长周济，中纪委驻教育部纪检组组长、教育部党组成员田淑兰，哈尔滨工业大学校党委领导，青海民族大学党委书记樊大新，佳木斯大学党委副书记兼副校长王宪章，国防大学校领导，浙江大学党委副书记王玉芝，中央军委委员、中国人民解放军总政治部主任余继耐，中共中央直属机关工作委员会组织部长周延凯，新疆建设兵团副司令，二炮副政委，北京市离退休部长级老干部参观团，国家教育行政学院学员班，教育部第一期直属高校党务工作专题研修班，中国国家乒乓球队，天安门国旗护卫队，中央团校学员班。此外，还有中国香港特区驻京办副主任聂德权，澳门社区服务人员培训班，台湾南山私立中心代表团、台湾元智大学代表团，韩国中国留学博士协会会长李映周，韩国金刚大学代表团，美国佩珀代固大学代表团，钱思亮教授之子钱复及夫人，胡适校长大儿媳曾淑昭女士等。

在做好日常接待工作的同时，配合学校特别做好新生入学教育、毕业生离校教育和北大开放日及校庆的工作。尤其是在今年全校开展的保持共产党员先进性教育活动中，接待了大量校内外参观学习的团队和个人，据不完全统计，北大外语学院、信息学院等15个单位组织党员集体参观校史馆。

【专题展览】 举办、协办各种形式和内容的专题展览是校史馆可持续发展的重要内容。2005年度校史馆自办了3个专题展览，展览中注意运用多媒体手段辅助配合，以期增强效果。其中，"书生本色，学者风范"系列展之二——"李赋宁先生生平图片展"成为外语学院纪念李赋宁先生逝世一周年活动的重要内容；"高扬的党旗坚定的信念"——"北京大学英烈展"和"纪念抗日战争胜利60周年暨'一二·九'运动70周年图片展"有力地配合了学校保持共产党员先进性教育的活动。

【校史研究】 校史馆2005年度研究工作的一个特点是，结合校史馆的展示功能，力争将校史研究的新成果及时向全校及社会予以展示介绍。2005年度推出的3个专题展览，既促进了校史研究工作的开展，加强了校史馆展览的基本建设，又配合了学校的中心工作。

各项研究工作正在按计划进行。其中，由王学珍同志主持的北京大学校志已经完成了部分门类，其余部分正在编写；对《北京大学纪事》进行了全面的修订；编辑《陆平纪念文集》。由李大钊研究会与校史馆合作进行的《李大钊年谱长编》的编写工作，大部分研究资金已到位，并全面启动，已经编写出部分章节；同时，今年还由人民出版社出版了新版校订的《李大钊全集》。全馆还进行了《北京大学图史》的编写工作。馆内部分同志编写的《西南联合大学图史》也已完成，并提交出版社。2005年，校史馆研究人员主持出版的校史方面的书籍有：《北京高等学校英烈》（王学珍主编，北京大学出版社2005年7月出版）,《北大的大师们》（郭建荣、杨琥主编，中国经济出版社2005年1月出版）,《北大的学子们》（郭建荣、杨琥主编，中国经济出版社2006年1月出版）等。由王效挺、黄文一主编的《战斗的足迹——北大地下党有关史料选编》（北大出版社出版）荣获北京市第五届党史研究优秀成果二等奖。

馆内同仁发表了多篇有关校史的研究文章，其中有：新北大的拓荒者——纪念江隆基诞辰100周年（北京大学校刊）、江隆基与北京大学（收入兰州大学2005年出版的《纪念江隆基文集》）、《新青年》通讯栏与五四时期社会文化互动（收入上海古籍出版社2005年出版的《东南社会与近代中国》）、老北大出版物述略（北京大学学报哲学社会科学版2005年第5期）、"对'第一张大字报'再考订"一文的商榷（文史精华2005年第12期）等。

组织或参加了多次国际国内的学术研讨会，如5月在湖南长沙召开的"大学文化百年研究"学术讨论会、6月在北京师范大学召开的"全国校史理事会会议"、7月在北京大学召开的"纪念抗日战争胜利60周年"学术研讨会、10月在天津召开的"严复与天津"国际学术讨论会、12月在北京召开的"纪念'一二·九'运动70周年座谈会"、"北京市党史工作会议"；在兰州大学召开的"江隆基同志诞辰100周年纪念大会"等。10月，在北京大学与北大教育学院共同承办了"世界多元文化激荡交融下的大学文化——海峡两岸大学文化高层论坛"学术研讨会。

继续做好党史校史资料的积累和整理，2005年完成了35卷档案的整理编目。

为配合保持共产党员先进性教育活动的开展，将《北大英烈简介》补充修订。

另外，校史馆还参与了"大学文化研究与发展中心"的各种研究和组织工作。

【校史讲座】 继续举行北京大学校史系列讲座。该课题于2002年6月被列入学校"985规划"项目中,成为北京大学"创建世界一流大学工程"学科建设素质教育的一个子项目。在此前进行了10余次重点讲座的基础上,2005年又进行了数次讲座,即"北京大学与中央研究院史语所"(历史系尚小明副教授主讲)、"北京大学与现代化研究"(历史系董正华教授主讲)、"蒋梦麟与北京大学"(校史馆杨琥副研究员主讲)。此系列讲座还被北京大学电视台录像,在校内电视节目多次重播,产生了一定的社会影响。校史馆力求把该讲座办成一个展示北京大学形象,宣传北大、研究北大的具有较高学术水准和宣传力度的"名牌讲座"。

【校史文物征集】 校史文物的征集是校史馆一项长期的工作,是促进校史研究和增强展览效果的基础性工作。在增强全员文物征集意识的同时,返聘了一位老同志专门进行这方面的工作,目前的重点是人物专题照片的收集。2005年度共收集到13位教师1200余幅照片。另外,结合《西南联合大学图史》的编写工作,征集到联大时期的校史照片千余幅。收到校际交流的各种礼品86件。目前,馆藏实物总数达到767件。

【行政工作】 逐步建立和完善一些行之有效的规章制度,努力做到管理的规范化和专业化。坚持实行周馆务会、行政人员例会等制度,便于沟通情况,掌握全局,及时发现和解决问题。在安全保卫方面,通过坚持执行值班人员定时巡视展区、访客登记、按时清馆、安保监控系统录像定期检查、馆领导定期组织分管人员实地检查安保情况、保安班长向馆办领导定期汇报工作等制度,保证全员防范意识的加强及具体工作行为上的落实。

注意结合校史馆的特点,悉心摸索展馆的安保规律,做到人防与技防相结合,力求保证校史馆自身及参观人员的安全。继续完善消防报警系统,在安装运行自动喷淋消防系统的同时,在展厅和办公区适当增配了灭火器,尽可能做到万无一失。安全防范监控系统和门禁设备等经过一段时间运行后逐步改进完善,并与安装施工单位签订了定期保养合同,每月对设备进行安检保养。校史馆已连续四年做到"十无"达标。

继续加强图书资料室的规范化管理,在搞好自身基础建设、为展览和内部工作人员服务的同时,每周定期对社会开放,做到资源共享,充分发挥馆内图书资料的作用。2005年度新增图书108册,图书总数为2291册,另有刊物16种,108册。

在基建部的帮助下进行四个卫生间的改造,提高展馆的文明程度,使之更好地为参观人员服务。

针对校史馆工作人员缺乏一定的专业管理经验等问题,制定了业务学习计划,通过自学、组织参观有关展览、校史系列讲座、馆内外交流、举办专题展览等学习实践活动,提高大家的业务水平,促进校史馆的自身建设。

为全面展示北京大学校址变化的历史和现状,筹划了"北大旧址模型"和"燕园校区图"项目,批准列为北大素质教育资助项目。2005年准备工作已经全部就绪。

【对外交流】 经过校史馆4年多的努力,北大校史馆在国内高校中已具有一定的知名度。除与原有的多所院校的校史研究部门保持联系外,与来访的哈尔滨工业大学、西南交通大学、青海民族大学、佳木斯大学、吉林艺术学院、中央教育科学研究所、清华大学、新疆医科大学、上海同济大学、兰州大学、北方交通大学、浙江大学、西安建筑科技大学等13所学校的同行进行了业务交流。

(郭卫东 周爽 马建钧)

北京大学学报（自然科学版）

【概况】 2005年北京大学学报（自然科学版）（以下简称《学报》）共刊载研究论文128篇。2005年共收稿165篇,退稿43篇（不包括社会上非学术单位来稿）。

根据中国科技信息研究所等部门的统计,《学报》2004年仍被国际权威检索数据库CA、SA、Ei（pageone）、MR以及国内20多家权威数据库收录。

【主要工作】 1月,《学报》获得中宣部、新闻出版总署、科技部联合举办的第三届"国家期刊奖"提名奖（即二等奖）,和第二届相比,名次有所上升。此外,2005年《学报》首次入选"中国百种杰出学术期刊"。

协助学校进行《学报》编委会换届工作。截止到2005年4月,《学报》第四届编委会的任期已满10年。2005年初,学校领导和科研部即酝酿编委会换届事宜。新一届编委会名单先由各院所提名,再经科研部和主管校领导审定后任命。2005年3月30日召开了新一届编委会负责人会议,2005年4月21日召开了第五届编委会第一次全体大会。

为配合《学报》创办50周年纪念活动,出版了《学报》纪念专刊、《学报》全文检索数据库（DVD）和校报纪念特刊。纪念专刊是以《学报》2005年增刊的形式出版,内容包括"历史沿革"、"学人与学报"、"数据与成果"以及"编辑者与合作者"4部分。全文检索数据库（DVD）收入了《学报》创刊以来发

表的全部文章约 3300 余篇。可以通过多种形式对这些文章进行检索。

协助科研部组织召开了"庆祝北京大学学报（自然科学版）创刊 50 周年暨首届学报贡献奖颁奖典礼"。有 7 名院士和《学报》各个时期的主管领导、编委、作者、审稿者、编辑部负责人以及校内外嘉宾等共计 115 人参会，会上表彰了 65 位为《学报》的创立和发展做出积极贡献的人士。

北京大学诉重庆维普资讯有限公司和科技部西南信息中心侵犯期刊著作权案，经北京市第一中级人民法院和高级人民法院审理，判决北京大学获得胜诉，被侵权的 14 种期刊（校本部 4 种，医学部 10 种）共获得赔偿费 48 万余元。分配到《学报》编辑部的 6.5 万元全部用于庆祝《学报》创刊 50 周年的活动费用。

7 月下旬，《学报》编辑部在兰州组织召开了"中国高校学报（自）研究会第四次版权工作研讨会"。2005 年 10 月陈进元编审的专著《科技期刊著作权讲析》（35 万字）由清华大学出版社出版。

2005 年 11 月，《学报》网站正式开通。该网站放有 1995 以来《学报》全部的中、英文文摘和《学报》的计量指标以及《学报》论文被国际权威检索机构收录、被国内期刊引用等数据，用户可以通过多种检索方式对文摘进行检索。从该网站还可以链接到刊载有《学报》全文的《中国期刊网》等数据库。

北京大学学报（哲学社会科学版）

【概况】 北京大学学报（哲学社会科学版）创刊于 1955 年，已经走过了半个世纪的风雨历程。2005 年 9 月 17 日，"北京大学学报创刊 50 周年庆典"在英杰交流中心隆重举行，北京大学许智宏校长、中宣部出版局刘建生副局长、教育部社政司徐维凡副司长、新闻出版总署报刊司张泽青助理巡视员、中国期刊协会张伯海会长等有关领导和负责人出席庆典并发表讲话。来自中国社会科学院、中国人民大学、北京师范大学、南京大学、复旦大学等兄弟院校的代表参加了庆典，对北京大学学报创刊 50 周年表示祝贺，并就"积极推进名刊工程，繁荣哲学社会科学"这一主题进行座谈研讨。

1955 年创刊的北京大学学报（哲学社会科学版）是北京大学主办的大型综合性学术理论刊物。北大学报依托北大丰厚的人文社会科学资源，把创建世界一流大学的品牌意识和办刊的精品意识结合起来，把优良的学术传统和现代办刊理念结合起来，既是展示学校北大学术阵容和学术水平的窗口，又是塑造学校形象、打造学校品牌的重要传媒。创刊 50 年来，北京大学学报在传承文明、积累文化、创新理论、服务教学、扩大交流、咨政育人等方面均做出特有的贡献，在国内外享有良好声誉。

为了庆祝创刊 50 周年，北京大学学报（哲学社会科学版）精心组织和策划，从 50 年来的众多论文中遴选出几十篇优秀论文，编辑出版了《学术的风采》（人文科学卷和社会科学卷）。

【办刊理念】 北京大学学报（哲学社会科学版）在办刊过程中十分注重更新观念、深化改革，推动学报办刊理念的创新。学报提出了精品意识，尽量多刊载一些研究解决国家或地区经济、社会发展中具有全局性、前瞻性、战略性的重要研究成果和一些在基础理论方面有创新意义、特别是具有原创新意义的学术成果；进一步组织学术前沿文章、学术前沿栏目，加强交叉学科的综合研究。例如，在 2005 年第二期开设了"第二届文化产业高层新年论坛"；在第四期开设了"保持共产党员先进性教育"等专题。

在栏目设置方面，北京大学学报（哲学社会科学版）发挥北大文史优势，结合本校重点学科、重点基地、重大课题和学术活动进行选题策划，办出特色。程郁缀主编把学报建设当作一项系统工程来抓，进一步整合资源。由社会科学部协调，把教育部学报名刊建设和教育部重点基地建设结合起来，从 2005 年第一期开始开设"重点研究基地论坛"，展示我校 10 多个教育部人文社会科学重点研究基地的最新研究成果，同时在封三对各研究基地的情况进行介绍。

【规章制度】 2005 年，北京大学学报（哲学社会科学版）进一步修订、完善和新制定了一系列规章制

表 7-65 大学学报类期刊 2004 年被引总频次分类排序

序 号	刊 名	被引总频次	影响因子
1	北京大学学报（哲社版）	837	0.933
2	中国人民大学学报	749	1.185
3	复旦学报（社会科学版）	481	0.402
4	浙江大学学报（人文社会科学版）	447	0.508
5	南京大学学报（哲学人文科学社会科学）	396	0.425

度,进一步加强管理,使审稿、发稿、付印、付稿酬等工作流程实行制度化、程序化。

在用稿方面坚持公平、公正、公开原则,建立有权威、负责任专家库,对稿件实行双向匿名评审制度和三审制,做到学术水平至高无上,质量面前人人平等;实行优稿优酬;进一步完善了"北京大学学报(哲学社会科学版)管理条例";建立健全竞争激励机制,严格工作考核与管理;注重加强选题策划,积极主动向有深厚学术造诣的著名学者和中青年骨干教师组稿、约稿,加强编辑与作者的联系,扭转了学报以往主要靠自然来稿的局面。

【影响与声誉】 2月28日,第三届国家期刊奖颁奖大会在京隆重举行。自1999年国家期刊奖设立以来,北京大学学报(哲学社会科学版)连续荣获三届国家期刊中的最高级别奖。全国社科类期刊约4000多种,其中全国高校社科学报约1000多种。北京大学学报(哲学社会科学版)保持"三连冠"的荣誉,不仅在全国高校社科学报中是唯一的,也是全国社科类综合性学术理论期刊中的唯一。

根据中国学术期刊(光盘版)电子杂志社、中国科学文献计量评价研究中心和清华大学图书馆编写的"中国学术期刊综合引证报告"(2005版),北京大学学报(哲学社会科学版)2004年被引总频次和影响因子均名列前茅。

2005年,北京大学学报(哲学社会科学版)被中国人民大学书报资料中心全文转载56篇,居全国高等学校学报之首。

北京大学学报（医学版）

【概况】 北京大学学报(医学版)创刊于1959年,由北京大学主办,是国内外公开发行的综合性医药卫生学术期刊。中国科学院院士、病理生理学家韩启德任主编,周传敬任编辑部主任。

在教育部"2004年全国高校优秀科技期刊评比"中,北京大学学报(医学版)荣获教育部优秀科技期刊一等奖;2004年3月,北京大学学报(医学版)被中国科学技术信息研究所评为"百种中国杰出学术期刊";2004年7月,北京大学学报(医学版)入选《中文核心期刊要目总览》(第4版);2004年3月,北京大学学报(医学版)再次入选中国生物学文摘和中国生物学文献数据库。

(周传敬)

计 算 中 心

【概况】 计算中心现有职工68人,其中正高级职称7人、副高级职称16人、中级职称37人、初级职称7人。具有本科以上学历者51人,占计算中心总人数的76%以上;具有博士学位的5人;具有硕士学位的24人。平均年龄42.5岁,人员结构正逐步向年轻化和高知识层转化。

2005年计算中心圆满地完成了年度工作任务,不仅在校园网建设与规范管理、电子校务方面取得了很大发展,而且对微机教学实验环境和高性能并行机进行了升级改造,为广大师生的学习和工作提供了良好的服务。

计算中心于3月17日组织召开了"北京大学信息网络工作会议"。林建华常务副校长、张彦副书记及校内各部、处、院、系、所、中心、校企单位的信息网络管理员近70人出席了会议。会议期间,校领导明确表达了加快北京大学信息化建设步伐的意见,并传达了进一步加强校园网管理的精神。计算中心通报了北京大学信息网络建设进展情况和电子校务在信息服务中的应用情况,介绍了校园网IP地址管理、信息网络安全管理和服务,并对规范校园网用户管理办法进行了说明。

计算中心本年度相继进行了"十五·211工程"项目的研发;参与了"北京大学军工项目保密资格"认证验收;完成了ACM大赛比赛环境的建设和运行保障及"博士后进站报到系统"的开发使用工作,受到了各方面的一致好评。

在保持共产党员先进性教育活动中,中心党政班子紧密团结,充分发挥党支部的战斗堡垒作用,带动全体党员立足本职,强化服务,为学校信息化建设积极工作。

计算中心十分注重对年轻骨干的培养,积极鼓励他们结合工作积累经验,2005年他们共发表18篇论文,其中被SCI或EI收录2篇。

进一步拓宽合作渠道,加强国际交流,2005年2月开始,通过视频会议系统与北京大学主校区、北京大学医学部、Georgetown大学、密歇根大学、中国协和医科大学建立视频合作环境,开展医学领域国际合作的尝试;作为"中国高等教育学会教育信息化分会"的理事长单位,在香港成功组织了该学会的第三届二次理事会;与商业公司合作推广网络管理软件和电子校务软件。

中心的研究生培养和成人教育方面又有进一步发展。目前计算中心共有在读硕士研究生13人;成人教育在毕业400多人的同时招收新生380多人。目前有各类在读学生1400多人,分布在全国25个城市。

计算中心2005年度被北京大学评为先进实验室;在校运动会上取得团体总分第4名的佳绩;在CERNET北京大学主节点的服务

工作评比中,荣获三等奖。

【校园网建设】 作为校园网建设与规范管理的主体——网络室,在其他科室的配合下,2005年做了以下工作:

1. 校园网主干升级。为适应用户增长、应用增长的需求,实现校园网主干无阻塞。2005年计算中心利用"211"建设工程的契机完成校园网主干带宽升级和核心层设备之间万兆互联,本学期末将完成校园网主干升级到万兆的工作。

2. 学生宿舍联网工程。9月初畅春新园网络设备到货,3330个信息点从9月9日起开通使用。41、42、43、63楼等4栋楼(共3424个信息点)预计2006年1月初完成整个联网工程。

3. 教工宿舍联网工程。10月计算中心完成了西二旗二期教工宿舍(共531户)计算机联网工程,截至12月中旬,近300个用户办理了开通手续。

4. 东门光缆改道工程。受北京市地铁施工和成府园区规划建设的影响,11月中旬路经北京大学东门与校外连接的6条光缆(共304芯)需要进行改道。本次光缆改道直接影响校内部分用户,并影响到经北京大学接入中国教育和科研计算机网(CERNET)的50多个单位以及中国科技网和中国高速互联实验网的广大用户。为使网络运行不受影响或中断时间尽可能短,计算中心经过反复调研、实地勘测并与CERNET网络中心协调设计了最好的改道方案,并做了周密部署和安排,顺利完成北大东门的光缆改道。

5. 千兆防火墙和入侵检测系统的测试、选型。计算中心对国内主流的千兆防火墙和入侵检测系统在校园网实际运行环境中做了周密的测试。目前,防火墙和入侵检测系统已在校园网中进行了部署,对校园网管理和安全起到了促进作用,对代理服务器和NAT设备的使用起到了监控和防范作用。

6. 在办公区实施IP网关控制管理。继学生宿舍和教工宿舍实施IP网关控制后,4月1日IP网关控制管理正式在办公区实施。这是一项提高校园网安全和规范化管理的重要举措,有利于校园网资源的合理使用。

7. 对校园网升级,优化网络性能,全面提升网络管理和服务质量。1月,校园网出口链路升级到2000兆;燕北园汇聚交换机升级;对部分楼群(33、34B、理科2号楼等楼)更换网络设备;网关流量监控;校园网主干升级准备;校园网用户系统的改造,支持在校内任何一台校园卡圈存机上缴网络费;IP网关认证中重定向模块的开发;IP网关客户端认证程序功能扩充和改进;IP地址管理系统开发;校园网重要服务器管理系统的开发;邮件过滤网关系统升级;教工宿舍联网方案和预算;41、42、43、63楼4栋楼联网方案以及设备招标采购。利用合作项目提供的AP,扩大了校园网无线网络覆盖范围,许多用户受益,部分学生和教工用户还通过项目提供的WiFi手机尝试VOIP电话这种新的网络应用。越来越多的用户依赖于无线网络工作学习,更加迫切希望增加无线网络的覆盖范围和信号强度,改善无线网络服务质量。利用这个项目的契机,网络室先实验性地在部分区域安装了无线网络室外单元,通过勘查和技术测量,拟定了整个校园区域的部署计划,待条件成熟时实施。为了做好北京大学军工项目保密资格认证工作,网络室有关人员承担了该项工作的技术支持。这是一项较为繁琐的系统工程,在缺乏经验、时间紧、人手少、任务重的情况下,走出去、请进来,深入调查研究,采取技术措施,为推动北京大学军工项目保密资格认证做出了贡献。从2005年夏季开始,应届毕业生需要办理校园网账户销户/转户手续。因为是首次办理大规模的离校清理网络账号的工作,网络室事先做了大量准备工作,包括对校园网用户管理系统的毕业生账号清理销户功能进一步完善,使得6000多名毕业生离校校园网账户销户/转户工作紧张而有序,获得同学们的好评。认真做好主节点的域名和IP地址申请工作,努力为接入院校提供技术支持和服务,坚持每周主节点视频会议例会制度;在2005年度获得CERNET NOC工作评比中荣获三等奖和荣誉证书。网络室承担"校本部校园网主干升级"、"网络管理和安全保障体系"、"统一用户管理和身份认证"3个子项目,经过努力达到了立项时的整体目标——"完善信息网络基础设施建设,进一步提高校园网的服务能力和技术水平;建立起更为完善的网络管理、网络安全及网络服务体系,提高校园网运行的安全保障能力,为用户提供良好的服务";完成两项"下一代互联网中日IPv6合作项目"的研究课题,准备验收。

【科研工作】 在研项目8项,包括1项中央财政专项"现代远程教育工程"项目、4个"下一代互联网示范工程"项目、2个"国家信息安全计划"项目、1个教育部"十五·211工程"项目。

【电子校务】 管理信息系统研究室主要从事管理信息系统的研究、系统集成和开发等工作。多年来为本校及其他高校和社会的企、事业单位研制开发过不同规模、不同类型的管理信息系统,且不少项目获得省部级奖励。2005年的工作项目进展和成果如下:

"新外汇版财务管理系统"2005年初开始在北京大学教育基金会上线应用。这是一个严格遵循国家新颁布的民间非营利组织会计制度的财务管理系统,系统的应用对规范管理、提高工作效率起到

极大的促进作用。

"博士后进站报到系统"在2005的博士后报到工作中投入使用。此系统与"人员变化自动跟踪程序"和"校园卡用户身份同步系统"配合使用,完成了博士后信息从外部系统转入到人事系统再到到校园卡应用系统等一系列过程,发挥出信息共享与协同工作的优越性,提高了管理部门服务质量。

"学生保险管理系统"和"211及985经费管理系统"分别开发完成,并投入使用,解决了学校实际工作的需求。

数据中心一期建设初见成效,已有许多关键应用在该系统上运行,当数据出现意外故障时,系统发挥出了出色效果。数据中心二期项目的实施工作也已经开始,目标是在一期的基础上进行扩容,建立异地的数据容灾。截至2005年底,硬件设施基本安装到位,图书馆已连通测试。

信息采集系统是一个服务于全校的、通用的应用系统,各部门如果需要在网上进行信息采集,都可以通过这个系统完成,系统即将投入使用。

2005年下半年开始进行北京大学资产部房屋管理系统,系统调研和数据库设计已经结束,门户网站开发完毕,并投入使用。

由管理信息系统研究室主要承担的科技部重点科研项目中的子项目之一——"科技部全国大型科学仪器共享管理系统",完成了中标、设计、开发和测试工作,11月召开了专家意见会,系统进入试运行阶段。

由管理信息系统研究室主要承担的教育部优质资源共享项目的子项目之一——"教育部全国实验和教学示范中心网上申请和评测系统"开发和测试工作已结束,在教育部网上申报和专家评分过程中得到成功应用。

保证电子校务各个应用系统的稳定运行是管理信息系统研究室另一项重要工作。2005年开始建立的监控系统将电子校务中重要的数据库和应用服务器加入到了监控之中,有效地保障了电子校务应用的安全性和稳定性。

【微机教学实验室】 微机教学实验室是面向全校文、理、医本科生和研究生上机实习的大型公共基础课教学实验室。随着北京大学"211工程"、"985工程"的实施,实验室的环境建设得到快速地发展与改观。微机教学实验室长期坚持服务、技术、管理、研发相结合,不断提高环境应用质量,拓展应用范围,先后构架了基于两种操作系统的教学环境,并开发了相应的记账系统,构建了良好的计算机、英语两位一体的教学环境。2005年度主要完成了以下任务:

1. 顺利实施学生上机计算机环境系统的更新改造。2005年2月,计算中心完成了学生上机环境的更新改造工程,包括600台高档微机、11台PC服务器,整个系统选配合理、性能指标高、技术先进,学生上机与教学环境提高到新的层次,处于高校领先水平。

2. 圆满完成教学、英语实习和选课的机时量。计算中心的微机教学环境连续5年未影响过学校的教学实习和选课等工作。2005年全校通选课、公共课在8个机房同时进行了连续3天的选课任务。上半年每周安排英语实习人数增加到5000人,同时点播人数可达上千人;下半年每周安排英语实习人数增加到5500人,同时点播已从机房拓展到文史楼、外文楼等,并完成2005年两个学期英语补选机时的任务,明显提高了英语教学质量,受到教务部、外语学院和同学一致好评。

3. 基于Windows 2000的机时记账系统开发成功。替换了已使用5年的基于Windows NT的系统。从2005年暑假使用以来,该系统稳定可靠,性能良好,增加了用户磁盘定额功能和磁盘备份功能,增强了组策略功能,集中管理更加安全,用户使用更加便捷。

4. 为数学建模和ACM大赛创建了良好的比赛环境。数学学院一年一度的"数学建模大赛"在计算中心举行,在连续三天三夜的比赛中机器未出现任何问题,保证了比赛圆满成功;"北京大学ACM校内选拔赛"的参赛人数增加到400多人,大赛在7个机房同时进行,连续5小时比赛中环境未出现任何问题,保证了比赛圆满结束:11月13日,北京大学连续第二年主办"ACM国际编程大赛",计算中心负责为ACM大赛创建比赛环境的任务,在连续5小时的比赛过程中保持零故障水平,受到亚洲区ACM组委会主席的赞扬和兄弟院校的好评。

5. 圆满完成对账号的咨询、创建、注销、管理等工作。尤其是今年校园卡在圈存机上首次应用,形成了许多账户不能正确开户的现象,为此值班人员和账户服务窗口的同志克服困难,竭诚为用户解决问题。

6. 接待东北大学计算中心、华南理工大学计算中心同仁的来访,并对石河子大学技术人员进行了一学期的培训。

7. 协助举行全校一年一度的职称聘任计算机考试,并圆满完成了培训、出题、考试和阅卷的任务。

【高性能并行计算】 计算中心顺利完成HP Cluster机群安装并提供计算服务。6月8日,HP机器运抵计算中心,经过连续多天的机群安装调试,最终HP机器顺利通过了运行测试。由于所购买的机群没有相关科研软件,负责机群运算的老师积极联络各家软件公司,共获赠价值数百万元的商业软件。目前该HP机群已正式提供计算服务,并建立起机群的计账系统。

IBM SP/RS6000 大型机继续为全校高性能并行计算提供服务，特别是在一些重大科研项目中，该大型机 4 个节点上 64 个 CPU 的平均利用率一直保持在 80% 以上。

在 PBS 中增加了很多安全管理的模块，同时用国际上公认效率最高的 maui 替掉 PBS 系统自带的 pbs-sched。解决了管理系统 Open PBS 不稳定、作业调度系统 pbs-sched 效率不高的问题。

完成了机群的记账数据库系统，把系统用户的使用情况变成表格输入数据库，并提供网上查询。完成了 NIS 用户和 MySQL 数据库中用户身份的统一认证。

【服务保障工作】 2005 年计算中心为学生提供上门服务解决疑难问题上千次，暑假期间验收修缮后信息点 2000 个；3 月对全校公共教室的网络端口逐个进行了全面的测试、检修及普查，保证网络连接通畅；4 月底为迎接"连战北京大学演讲会"，在办公楼加班加点铺设网线；完成了新闻传播学院、燕南园 60 号院、事务中心一院地下室、餐饮中心采购供应部、家园三层办公室、动物中心、运输中心等单位新建联网；完成理科一号楼及理科教室的无线网络等工程；对 62 公寓因失火被烧毁的网线及设备进行了及时修复；24 小时值班接收报修和咨询电话，为教职员工上门维修 800 多次，随时解决用户的各种问题；协助其他科室完成相关工作。

2005 年计算中心配合学校审计室及校外审计事务所，对物理大楼与 36~37 楼学生宿舍进行审计，挽回近 3 万元的损失。为避免万柳学生区交换机丢失的情况再度发生，经与万柳学区协商，暑假期间计算中心组织人力冒高温，给 1560 台交换机喷涂"北京大学网络设备"字样，避免设备丢失。

在不影响学生上机和网络正常运行的情况下，对 8 个学生机房的电力系统进行了全面的更新改造，彻底解决了因微机负载过大而掉电的问题；并及时更换部分空调老化的下水管，解决了空调漏水问题；先后数次组织相关人员对学生宿舍、家属区网络机房空调进行清洗。为保持校园网机房的正常运行温度，为该机房实施了外部贴防晒膜、内部做隔热层的机房保护工程。

（朱洪起　孙光斗　刘贺湘
李庭晏　丁万东）

医学部信息通讯中心

【概况】 医学部信息通讯中心主要负责医学部的网络、电话正常运转及网上信息的建设与发布管理，现有员工 16 人。

【校园网建设】 2005 年的网络建设工作主要是无线网的建设，对大型会议室、教室等网络信息点布放不足的地方用无线网的方式进行了补充，满足不断增多的笔记本用户移动上网的需要。本次建设的无线网覆盖了校内所有大型会议室、教室、学生自习室、体育馆、办公楼、生化楼、学生 2 号楼及部分楼前广场。

还进行了新建研究生大楼的网络布线、设备选型及该大楼的网络开通工作，使得校园网信息点数达到 8000 个。

为了满足广大上网用户的需要，在网上开通了网关服务，给用户提供更多的上网时长选择。

【电话网建设】 VOIP 是利用计算机网络进行语音传输的技术。2005 年配合赛尔网络对医学部全部学生区的网络线路进行了改造，并连接上语音网关设备，使得学生宿舍增加了价格低廉的网络电话；除了价格优势外，还实现了全部学生区内免费互通。在办公电话交换机上也安装了语音网关，使得办公区电话实现了 VOIP 功能，并且与学生区电话免费互通。

【服务工作】 开通新网站，全面介绍网络及电话的各项服务；协助各单位使用发布平台及时更新网页，也为校内各单位设计网页。对托管的医学部主页、老年网站、精品课程网站、网络教学平台、校内信息系统等进行维护；开发继续教育处管理信息系统；开发肿瘤医院电子病理系统。

展开全方位的服务，首先开通了网络服务热线 82802999，回答关于网络及电话的咨询；进行了上千次网络及电话上门服务；坚持每周三上午免费对网络用户进行培训；协助用户通过网络召开远程视频会议，等等。

医药卫生分析中心

【概况】 北京大学医药卫生分析中心直属北京大学医学部领导，多次通过国家计量认证检查评审，属学校公共服务体系。根据各重点学科的科研特点，下设 5 个实验室（细胞分析实验室、蛋白质组学实验室、放射性药物实验室、卫生与环境分析实验室、药学与化学分析实验室），拥有一支业务素质高的科研和技术队伍。除配合和参与学校各学科承担的国家重点重大科研课题的实施外，中心还承担"十五"国家科技攻关、"863 工程"重大专项、国家科技部专项资助、国家自然科学基金等多项研究课题。同时承担研究生和本科"高等波谱分析"、"细胞分析"、"实验核医学"、"环境卫生分析"等教学任务。北京大学医药卫生分析中心已发展成国内集研究和测试服务为一体分析中心，实验条件和各类分析仪器已接近国际水平。

医药卫生分析中心科研技术力量雄厚，专业技术人员结构合

理。现有工作人员53人，其中正高职称8人、副高职称11人、中级职称28人、初级职称4人、高级技工2人，有博士学位的11人、有硕士学位的11人，平均年龄约40岁。下属5个实验室均由各相关学科学术带头人担任实验主任，各实验室根据实际情况配备研究人员和专业技术人员。队伍建设按照引进与培养相结合的原则，已从国内外引进专业人才6人，培养在职硕士3人（已毕业），正在培养在职博士3人、在职硕士2人。还将从国外引进2~3名有专长的研究技术人员，同时聘请了美国印第安纳大学郑其煌博士和香港科技大学朱广博士分别担任医药卫生分析中心的兼职教授、客座教授。

【党政工作】 行政办公室在2005年成功举办了"Maestro非侵入式活体荧光显影系统介绍及实机展示"、"奥林巴斯新一代激光共焦显微镜技术交流会"，并与细胞分析室共同举办了高等学校仪器设备和优质资源共享系统流式细胞仪技术培训班、北京大学医学部显微成像学术交流会。

再次完成了双光子激光扫描仪"985工程"二期仪器设备的立项论证报告，上交医学部"985工程"办公室。

完成了医学部"211工程"办公室下达的"211工程""十五"期间建设成效与"九五"期间比较的文字总结材料，上交给医学部"211工程"办公室。

细胞分析室、蛋白质组学实验室、卫生与环境分析室各派参加完成了高校计量认证评审组在北师大举办的内审及监督员的培训班任务。

完成了高分辨率质谱仪的仪器室改造装修工作，目前高分辨率质谱仪正在进行安装调试工作。

医药卫生分析中心党支部积极参加北京大学保持共产党员先进性教育活动，于4月21日组织党员和入党积极分子到中华世纪坛艺术馆参观"北京市反腐倡廉警示教育展"。下半年组织党员很好地完成了保持共产党员先进性教育活动。

【细胞分析实验室】 细胞分析室测试服务思想改为在保证一般服务的前提下，加强了仪器的开放管理；加强对承担国家重点科研课题的科室的服务。配合这些科室尽快出一些高水平能在有国际影响的杂志上发表的学术论文，以提高细胞分析室实验室的服务水平和学校的国际知名度。

流式细胞计FACS Vantage DiVa和FACSAria已成为细胞分析室最繁忙的仪器，此两台仪器在2005年成功运行1200小时，其中大部分时间用于高水平的多参数的分选服务，尤其无菌分选的大力开展使得有关学科的论文水平有了大的提高。有几篇高水平的科研论文陆续要刊登。仪器的高速分选和干细胞分选功能已有长足的进步。2005年细胞分析室管理的另三台流式细胞计也完成了1200小时以上的测试工作。

图像分析仪Leica Q550IW在2005年运行1000小时；激光共焦显微镜Leica TCS SP2运行1200小时；激光共焦显微镜Leica TCS NT运行超过1200小时。

细胞分析室2005年继续为全校研究生开设了"细胞分析与定量"课，研究生人数为50余人，2005年还辅导了免疫系研究生班和科大生物系研究生班200余名研究生上机。

细胞分析室在2005年成功举办了"高等学校仪器设备和优质资源共享系统流式细胞仪技术培训班"。培训班的首要宗旨是提高我国流式细胞计的应用水平，其中主要是分选水平。培训班开办之前，细胞分析室聘请了世界著名免疫研究所——澳大利亚Wehi医学研究所的流式细胞计专家Frank Battye和免疫学专家吴励高级研究员和学校流式细胞专家共同主讲这次课程。北京大学基因中心陈英玉博士、北京大学医药卫生分析中心细胞分析室陶家平主任和吴后男副主任也承担部分讲课工作。中科院院士陈慰峰教授也指导和参与了信息交流工作。

澳大利亚流式细胞仪专家Frank Battye讲授了流式细胞分选原理，干细胞分选，多激光、多参数流式细胞计分选和数据分析课题。吴励研究员讲授了树突状细胞的分选课题。学校专家讲授了利用流式细胞计研究细胞凋亡、建立肿瘤免疫数据库、流式一般分选、无菌分选和高速分选等具体分选工作。

由于细胞分析室服务思想的改变，又有一批使用细胞分析室的仪器后产生的影响因子超过2.0的文章在不同国外杂志上发表。细胞分析室2005年有2篇以第一作者署名的论文发表。

在北京大学医学部和北京大学卫生分析中心的支持下，细胞分析室引进3台流式细胞计、2台FACSCalibur流式细胞计和1台具有高速分选功能的FACSAria高档流式细胞计，大大加强细胞分析室流式的分选能力，满足了分析、分选工作日益增长的需要。目前通过细胞分析室积极调试，这些仪器已陆续投入使用。细胞分析室继续积极开展开放实验室工作。2005年细胞分析室购买了2台台式电脑，并购买了专用数据处理软件，为细胞分析室的脱机数据处理工作提供了便利条件。

目前，细胞分析室积极争取"985工程"二期双光子激光扫描共焦显微镜的款项。这台仪器包括多项先进技术，它的引进将有助于细胞分析室共焦测试技术的更大进步。

【电镜室】 协助本校SARS课题研究组对SARS病毒进行检测；帮助出入境检验检疫局对SARS病毒进行检测；协助动物所对神州3号搭载培养细胞进行检测；协助

航天20号返回舱搭载培养细胞检测；协助中国人民银行完成对纸币的部分检测；标记抗原在组织或细胞内的具体位置。

电镜室3名工作人员每年分别为50余名硕士、博士研究生开设生物医学电镜技术课，2005年为380名本科三年级学生开设生物医学电镜技术课。

与北京大学天士力微循环研究中心进行科研协作。

为国内多家单位培训了数名生物电镜专职工作人员，包括北京市疾病控制中心、烟台医学院、湖北医科大学、辽宁大学等。部分兄弟院校、相关科研单位电镜室的工作人员86人次到本室参观和调研。在近几年内，与中国电镜协会和Leica公司联合举办了电镜冷冻超薄切片学习班（2次）、生物样品速冻技术学习班（1次）、免疫电镜方法学习班（2次）。与中国电镜协会、美国Gatan公司联合举办了电镜CCD数字图像应用学习班（3次），国内各大学及研究单位勇跃参加。与中国电镜协会、香港尚丰公司联合举办了电镜CCD数字三维图成像学习班，国内各大学及研究单位参加。

【蛋白质组学实验室】自2004年10月以来，蛋白质组学实验室的Q-TOF四极-飞行时间串联质谱仪一年多来始终正常运行，2005年已测试样品数百个。与其他类型仪器相比，串联质谱仪在鉴定未知蛋白质、蛋白质翻译后修饰以及蛋白质相互作用等方面显示了强大威力。同时，在岛津的MALDI-TOF飞行时间质谱仪上也完成了数百个样品的测试。两台仪器总共测试样品550多个。这些测试服务为基础、药学和各临床医院的蛋白质组学研究和科研、教学工作提供了强有力的支持。此外，还承担了中国科学院生物物理所、植物所、微生物所、北大、清华、农大等外单位送来的大量样品，既充分发挥了仪器的社会效益，也扩大了北京大学医学部对外的影响力。北京大学医学部在蛋白质的多肽指纹谱、多肽序列分析以及核苷酸分析等技术方面都得到外界一致好评。

2005年5月以后，解决了蛋白质组学实验室工作人员严重短缺的困难，暑假后人员力量进一步加强，蛋白质预处理平台的大量工作终于有了专人负责，工作得以迅速开展。首先为基础和临床十几个课题组提供了优质服务，使他们的蛋白质组学研究项目得以启动。在此基础上，又进一步完善和扩展了相关的业务，如针对因蛋白质定量不准确引起实验误差的普遍情况，建立蛋白质定量系统并开始对外服务；开发了二维凝胶电泳与WESTERN-BLOT相结合的蛋白质鉴定方法。同时，很快建立起组织、细胞和血清样本预处理方法，建立了适合本实验室的二维凝胶电泳、SDS-PAGE和酶切等一系列规范化的实验操作规程；为校本部和各临床医院从事蛋白质组学研究工作的研究生和技术人员提供技术咨询、培训和服务。

2005年初，与"北医蛋白质组学研究启动基金项目"中标的19个课题组签订了合作协议书，并尽一切力量帮助启动这些课题。截至2005年底，已有16个课题组在该实验室开展了研究工作。个别课题组已取得初步成果。

2005年奥地利欧亚-太平洋学术网络的Brigitte Winklehner教授和Innsbruck大学分析化学与放射化学研究所Guenther K. Boon教授来校访问并参观本实验室，对北京大学医学部肿瘤研究开展情况和本实验室条件留下深刻印象，主动提出加强中-奥双边蛋白质组学学术交流活动的建议，并邀请有关人员于10月访问了奥地利。

与人民医院外科、第三医院消化科等临床医院以及与中科院微生物所、生物物理所等单位开展了协作科研。此外，实验室技术人员在完成分析测试任务的同时，还积极开展了一些蛋白质组学研究工作，如"电喷雾质谱法对SARS 3CL蛋白的结构研究"、"新的凋亡蛋白PDCD5与DNA及与其他核蛋白相互作用研究"。2005年实验室独立或与其他单位共同发表论文5篇。

就Q-TOF仪器延期验收近一年的问题，经过两年来艰苦交涉和谈判，于2005年11月与Waters公司达成协议。对方同意以建立合作实验室的名义，为医学部无偿提供一台价值20多万美元的新型MALDI-TOF质谱仪和数万元的Q-TOF零备件，有力地维护了学校的利益。仪器于明年初到货，将为北京大学医学部蛋白质组学研究的进一步开展提供有力支持。

2005年北京大学设备处向教育部申报并获得批准，本实验室Q-TOF四极-飞行时间串联质谱仪被选入全国大型仪器和资源共享协作网。10月份得到入网仪器设备条件建设费10万元，拟用于自动进样管理系统的改进。

接待了国内外数十个代表团的来访、参观和技术咨询，实验室的建设得到国内外专家一致的好评。

【医学同位素研究中心】加强科研力度，加快科研进程，发展同位素学科。与301医院PET中心和干细胞中心联合承担的"863项目"重大专项通过验收，顺利结题。承担的原子能院"院长基金"项目也通过验收顺利结题。"985项目"和"211项目"以及北京市科委科技计划项目在正常进展中。发表SCI论文1篇、国内核心期刊论文2篇、国际会议论文4篇。

加强国际合作与交流，4人次参加国际会议，聘请5位国外专家来同位素中心讲学。与美国斯坦福等大学建立密切合作联系。

科研工作进展迅速，特别是在

抗体和多肽放射性药物的研究方面取得显著进展，为即将启动的"十一五计划"做好充分准备。

继续承担教学任务，为基础医学院的本、专科学生和研究生开设"实验核医学"，包括理论教学和实验教学。在教学内容上进行调整和改进，使之更为实用。

医学同位素研究中心的建立有利于加强医学部同位素的集中和规范化管理，消除不安全隐患，减少污染，节省实验空间，大大提高了医学部在同位素技术方面科研和教学的条件。医学同位素研究中心为医学部提供同位素技术支持和服务，先后有药学院、药理、基础医学院、药物依赖研究所、神经科学研究所、干细胞中心、免疫中心、人类疾病基因研究中心、北医三院、人民医院等单位在中心进行科研。2005年，医学同位素研究实验室安排了一位老师专职负责公共服务，加强管理，服务到位，不断提高和完善服务质量。

【卫生与环境分析室】 2005年，卫生与环境分析室共投寄科研论文11篇，其中发表4篇、接受6篇，另外，还有会议文章3篇。卫生与环境分析室到位的横向科研资金约22.89万元。由于硬件和学术水平的提升，卫生与环境分析室在教学方面也有明显改观，目前有统招研究生4名，培养本科毕业专题生2名。开设研究生课程——高级医药卫生仪器分析，有5名研究生选修该课程；多次协助公共卫生学院培养本科生。此外，还经常接受各个学院、附属医院以及外单位博士后、博士生、硕士生毕业专题测试实验工作。卫生与环境分析室对医学部内部的测试服务原则上采取收取成本费的政策，共测试样品1000余份。此外，卫生与环境分析室2005年社会服务创收约3.95万元。

【药学与化学分析室】 2005年度在药学院、天然药物及仿生药物国家重点实验室和医药卫生分析中心的领导下，在仪器设备基本齐全的条件下，主要抓岗位责任制，提高服务质量。

现有16台大型仪器设备，除Bruker FT-HR-MS（正在安装调试）外，全部投入使用。

表7-66 2005年度药学与化学分析室完成测试数统计

仪器名称	测试样品数或机时数
300 MHz 核磁	3309 个样品
500 MHz 核磁	2200 个样品
LC-MS	1100 个样品，1500 小时
元素分析	480 个样品
顺磁共振仪	
紫外光谱仪	1100 个样品
红外光谱仪	600 个样品
荧光光谱仪	2500 个样品
高效液相色谱仪	机时 1200 小时
圆二色散光谱仪	机时 80 小时
GC-MS 和 EI-MS	669 个样品
FAB-MS	254 个样品
双光束薄层扫描仪	

2005年度全员实行岗位责任制，加强职业道德教育，爱岗敬业，自觉维护好本岗仪器设备。对于擅自离岗者给予必要处罚。

本年度本科生仪器演示实验接待学生130人次，参与仪器包括：元素分析仪、紫外光谱仪、红外光谱仪、荧光光谱仪、高效液相色谱仪、圆二色散光谱仪、气相色谱GC-MS、EI-MS、FAB-MS和核磁共振波谱仪。300 MHz核磁共振波谱仪开放培训130人次，已对内开放；Varian ProStar 230 HPLC色谱仪已基本对内开放；2005年度接待药学院3个班的新生到药学与化学分析实验室参观学习。

2005年度正式发表研究论文6篇，已受理待发表论文5篇。

Bruker FT-HR-MS正在安装调试。

（王靖野）

实验动物科学部

【概况】 2005年实验动物科学部坚持"一个中心，两个确保"，即"以为教学和科研工作服务为中心，确保提供优质足量的实验动物，确保提供全方位的动物实验服务"的工作宗旨，并遵循"以研养教，以外养内"的原则，在各级领导的关怀指导下，在相关部门的大力配合下，在实验动物部全体同志的共同努力下，各项工作又取得了新的进展，完全进入了良性循环的轨道，使实验动物部成为学校生命科学教学与科研公共支撑服务系统中重要组成部分。2005年自筹资金30余万元添置了部分动物饲养、实验设备，对平房兔饲养室进行了改造，进一步改善了动物实验条件。

【教学工作】 承担并完成医学部博士研究生课程——实验动物学2个班、400多人的教学工作。选课的同学经考试合格后全部取得了北京市科学技术委员会颁发的从业人员上岗证书，受到广大同学们的好评，教学工作也得到研究生院的肯定。

【交流合作】 6月，美国南卡莱罗纳医科大学比较医学系主任Kathy Laber博士参观实验动物科学部并做了专题学术讲座。

11月，聘任美国北卡州立大学副校长助理Steve Dempsey博士为实验动物科学部名誉顾问并进行了学术交流。

11月，杨果杰教授赴日本参加实验动物年会及考察实验动物设施。

2005年实验动物部向校内外供应合格（达到SPF/VAF标准）实验动物24万余只；协助各教研室及附属医院等112家单位进行动物实验293项；成功繁殖了SPF家兔；受校内外22家单位委托，以

合同形式独立承担并完成有关毒理学、一般药理学、免疫学、肿瘤学等方面的动物实验42项;模型动物、近交系动物生产供应量比2004年增加了一倍;新引进并保种繁殖成功动物品系2个;2005年12月,实验动物科学部生产、使用实验动物许可证通过北京市实验动物管理办公室年检;接受了首都医科大学等单位实习、进修生7名。

2005年举办了10余个实验动物从业人员(包括需做动物实验的教学及研究人员、研究生)岗位证书培训班,培训校本部及附属医院等单位相关人员500多人。

管理与后勤保障

"985工程"与"211工程"建设

【概况】 2005年,"十五·211工程"进入最后关键的一年;"985工程"二期第一批中央专项资金于2004年年底下拨,建设项目正式启动。

2005年,北京大学规划并实施了"北京大学优秀青年人才计划",面向校外,强调"潜力",从海内外吸引了一批优秀青年学者;启动了"北京大学海外学者讲学计划",重点用于发挥校外人才资源的作用,改善教学和科研队伍的结构,加强国际合作;先后组织了"生命科学前沿研究中的化学问题"、"生物信息学"等多次学科发展研讨会以及座谈会;在"985工程"的重点支持下,新成立了工学院、分子医学研究所、先进技术研究院等新型基地。

此外,"211/985工程"办公室协同实验室与设备管理部进行了若干大型设备购置的论证审议工作;与财务部一起,共同参与"985工程"二期年度预算方案的编制工作。

【资金到位和执行情况】 1. "985工程"。"985工程"建设的总体目标是搭建科技平台,提高科技创新能力,重点解决学校科技创新能力的瓶颈,凝聚高水平的人才队伍。北京大学"985工程"二期(2004~2007)计划总投资为38亿元。在全部建设总投资38亿元中,计划用于队伍建设4.4亿元、科技创新平台和哲学社会科学创新基地24.7亿元、支撑条件7.9亿元、国际交流与合作1亿元。

北大坚持贯彻"以队伍建设为核心,以交叉学科为重点,以机制改革为动力"的建设原则,自2004年12月30日起,一些科技创新平台项目、哲学社会科学创新基地项目和人才引进项目逐步启动,重点建设了一批公共实验平台,如试验动物中心、遗传学与发育生物学研究中心水体实验室、微流与纳米技术研究中心、河北坝上地球环境与生态系统定位站等。

2. "211工程"。北京大学"十五·211工程"建设项目2005年计划投资为7500万元。截至2005年底,北京大学"十五·211工程"中央专项资金全部到位。

截至2005年底,北京大学"十五·211工程"建设各子项目已完成投资21113.7万元,占58%。

自筹资金共完成12943万元,主要用于相关建设项目的学科建设和师资队伍建设。

至2005年底,北京大学已完成"十五·211工程"的建设任务,实现了学科建设目标,基本建成了门类比较齐全、有特色、整体达到国内领先水平、部分达到国际先进水平的学科体系,并做好了迎接2006年上半年国家验收的准备。

【研讨会】 1. 生命科学前沿研究中的化学问题研讨会。5月7~8日,林建华常务副校长在香山饭店主持召开了"生命科学前沿研究中的化学问题"研讨会。化学学院席振峰院长、生命科学院丁明孝院长、医学部张礼和院士以及本学科领域12名长江学者和教授以及"211工程"办公室李晓明主任、科研部朱星部长出席了会议。

林建华常务副校长在会上介绍了北大"985工程"二期建设的进展情况,并指出北大生命科学学科建设对北大创建世界一流大学的重要意义、化学与其他基础学科要瞄准生命科学中的基础问题;在未来几年,北大将在化学、生命科学、药学等学科交叉领域的一些重要方向进行重点建设;交叉学科建设必须建立在高水平的基础上,以交叉学科为重点,也意味着必须先把基础学科做好。

丁明孝院长介绍了生命科学和数理化学科紧密结合的重要性,指出:生命科学学院未来三年确定的主攻方向多与化学紧密相关,通过与化学的深度融合,有望获得重要的突破性进展。

席振峰院长介绍了化学学院的重点建设方向。近年来,化学学院与生命科学学院开展了很好的合作,化学、生命科学的交叉研究已经取得了显著进展。建议学校应通过政策导向,引导、促进化学与生命科学的深度交叉合作,在教授之间兴趣合作的基础上,推动团队合作。

与会代表交流了新的学术思想和方法,展望了生命科学的发

展趋势。

2. 生物信息学学科战略研讨会。6月19日，李晓明校长助理在生命科学学院大楼主持召开了"生物信息学学科战略"研讨会。来自北大生命科学学院、化学学院、信息科学技术学院、数学学院、力学系和美国芝加哥大学的18位学者参加了会议，校科研部、发展规划部的负责同志也参加了会议。林建华常务副校长对生物信息学学科的发展提出了建设思路，指出学校在未来一段时间内将非常重视生命科学的学科建设和发展，其他基础学科应当重视围绕生命现象和生命问题开展研究和探索；生物信息学是在多学科交叉的基础上发展起来的，具有很强的生命力，北大在这一领域已有很好的基础，学校将在这一前沿方向认真规划，促进生物信息学的发展。

参加本次研讨会的学者分别围绕生物信息与数据库、计算生物学和医学生物信息学3个主题介绍了学科领域的发展趋势和最新进展。与会学者结合自己的研究现状、研究方向以及北大目前从事生物信息学研究的队伍情况进行了介绍和讨论。

生命科学学院丁明孝院长介绍，北大已经建立了蛋白质组学、试验动物中心等平台，为进一步的科学验证及新的发现提供了基础条件；通过生物信息学的建设可以做出有特色的研究成果。

林建华常务副校长指出，生命科学是北大学科建设的重点，希望利用北大的基础学科优势，在生命科学领域做出创新性的研究成果，培养一批具有创新能力的人才。

本次研讨会交流了生物信息学新的学术思想和方法，展望了其发展趋势；同时，围绕北大如何结合基础学科优势，组织、协调生物信息学发展展开了认真讨论。

3. 地球科学发展战略座谈会。6月25日，林建华常务副校长、李晓明校长助理在理科3号楼会见来华出席学术会议的部分北大校友，共谋北大地球科学学科发展战略。

林建华常务副校长首先介绍了北大创建世界一流大学的发展规划和"985工程"二期建设的进展情况，并对各位校友对母校发展的关心表示感谢。到会的6位校友和北大3位长江教授畅谈了地球科学发展的现状，并对北大地球科学的发展提出了很好的建议。

4. 社会调查中心建设研讨会。7月11日，吴志攀常务副书记、林建华常务副校长主持召开了社会调查中心建设研讨会，来自中国经济研究中心、社会学系、教育学院、经济学院、光华管理学院、国际关系学院等单位的10位教授参加了座谈。会议还特邀了美国密西根大学李中清教授、杜克大学周雪光教授参加，共商提升北大社会科学研究整体水平的战略举措。与会学者畅谈了国内外社会科学发展的现状，并对北大社会调查中心的建设提出了很好的建议。

经过讨论，与会学者建议成立"北京大学社会调查中心筹备小组"，由马戎教授任组长，成员包括林毅夫、邱泽奇、姚洋、郭志刚、丁小浩、黄桂田等。

发展规划工作

【概况】 发展规划部主要承担三方面职能：第一，根据学校领导、专家和广大师生的意见，负责制定学校整体发展规划的具体工作；第二，通过学科规划委员会、事业规划委员会和校园规划委员会发挥在学校管理中的整体协调功能；第三，负责学校的环境保护和辐射防护事宜。

2005年，发展规划部积极开展学校规划研究，完善各委员会机构，强化各委员会的职能，为北大整体资源配置的有效协调运作发挥了积极作用。

1. 调整充实规划委员会。发展规划部成立之初，学校设立了规划委员会以及下属的学科、事业和校园3个规划委员会，其目的是：加强学校的宏观管理以及学科、事业、校园统一规划，实现资源有效配置；实现学校决策的统一性，防止分散决策可能造成的决策冲突与资源配置不合理；从制度上体现决策与执行相对分离的原则；协调各职能部门的意见与工作，在决策中吸收专家的意见。

2004年底，学校领导班子调整后，对3个委员会进行了相关调整和充实。

2005年1月，对校园规划委员会进行了调整；2005年3月，对学科规划委员会和事业规划委员会进行了调整，林建华常务副校长和陈文申常务副校长分别担任2个委员会的主任；2005年11月，陈文申常务副校长兼任校园规划委员会主任。自此，3个委员会同步协调、分工合作的工作格局初步形成，学科规划委员会对有关学科建设的重要事宜进行审议，事业规划委员会对学校重要资源的配置和人员编制的调整等进行审议，校园规划委员会对涉及校园总体规划的重要事项、校园重要建设项目的立项进行审议。

各委员会充实完善后，发展规划部作为3个委员会的具体办事

机构,以委员会的工作为中心,组织论证、参与了学科、事业、校园方面重大事项的论证与决策。2005年学科规划委员会召开会议4次,事业规划委员会会议6次,校园规划委员会召开会议15次;共撰写各种会议纪要、工作简报27期,发放事业规划项目审批意见书和校园建设项目审批意见书64件。

2. 注重制度化建设,形成规范化运行程序。首先,明确各委员会的定位。学科、事业和校园规划委员会的职责是协调相关职能部门,进行决策前论证审议。委员会审议通过的重要事宜均须提交党政联席会议审议批准;其次,明确相关职能部门的职责,有关学科、事业及校园规划的重要事项一般先提交发展规划部、教务长办公室、人事部、资产管理部等部门,由发展规划部协调各部门,组织调研,进行前期论证,然后提交委员会决策;再次,规范决策及公布程序。各委员会审议通过的决定,由发展规划部以审批意见书的发式发给有关部门,以保证决策的规范性与统一性。

【学科与事业规划】 1. 积极参与重大学术机构的筹建。2005年,根据学校的发展规划和学校领导的指示,发展规划部先后参与了工学院、前沿与交叉学科研究院、先进技术研究院、艺术学院、国际数学研究中心、天文学研究中心等机构的筹建工作,对这些机构设立的必要性、学科结构和事业规模组织专家进行了论证,然后提交学科规划委员会和事业规划委员会审议。审议结果上报校党政联席会议通过。

2005年审议新成立的机构包括:工学院、前沿与交叉学科研究院、先进技术研究院、艺术学院、国际数学研究中心、天文学研究中心。

2. 发挥委员会的职能,处理常规事务。2005年由学科规划委员会和事业规划委员会审议的常规事项包括:继续教育部机构设置、人员编制及管理运行机制;成立北京大学信息化建设与管理办公室;成立北京大学实验动物中心;成立北京大学学生心理健康教育与咨询中心和北京大学学生资助中心、学生课外活动指导中心。

委员会还对科研部、教务部、基金会、保卫部、党办、发展规划部等部门内设机构及人员编制的调整进行了审议。

除机关外,委员会还对有关教学、科研机构的编制、级别、运行机制等问题进行了审议,包括现代技术教育中心的编制与级别问题、软件工程中心的编制问题等。

3. 研究中长期发展规划,启动"银校"合作方案。发展规划部组织部分教师、研究生,利用业余时间对国外近10所一流大学的学科设置、队伍结构、资源配置等进行比较研究,现已形成初步材料。发展规划部拟在各院系进行学科评估和自评的基础上,参考国外研究型大学的运作模式,进一步完善北大的中长期发展规划。

2005年,北京大学启动和国家开发银行与中国银行的"银校合作"方案。在陈文申常务副校长的直接领导下,发展规划部会同财务部、产业办完成了北大关于银校合作的方案。

4. 收集各类信息,填写重要报表。根据国家制定新的发展规划的需要,应上级主管部门要求,发展规划部2005年填写的重要报表包括:关于北京大学2005年研究生招生计划执行情况的报表;关于北京大学2005年普通高等教育招生计划执行情况及2006年在校生规模估算(均包括医学部)的报表;根据教育部发展规划司的要求,组织填写上报的普通高等学校基本情况现状调查表、普通高等学校校舍建筑面积现状调查表和普通高等学校建设用地现状调查表,并根据调查提纲,起草对修订"92指标"的综合分析意见和建议;根据北京市海淀区发展和改革委员会要求填写的土地需求情况调查表;根据北京市教育委员会要求填写的北京地区普通高校办学情况调查表;根据北京市教育委员会要求填写的北京地区普通高校土地、校舍资源调查表。

【校园规划】 1. 配套规划报批工作。2004年11月,北京市规划委员会批准了北京大学海淀校区校园总体规划,并要求北大尽快做出"文物保护规划"与"交通影响评价",报有关主管部门并规定在这两项规划完成之前,不审批北大的单体建筑规划设计。

为了适应政府部门新的工作方式与程序,发展规划部将这两项规划列为2005年校园规划的重点。从2005年3月起,发展规划部分别向具备文保规划及交通评介资质的单位邀请投标。校园规划委员会分别召开会议审议投标单位的资质与设计理念。经过审议,选定北京工大福田公司负责交评报告的编制工作,清华大学建筑设计研究院负责文保规划的编制。

为了使两个规划最大限度地满足北大的建筑需求并获得有关部门的批准,发展规划部与负责两个规划编制的团队反复勘踏现场,多次沟通意见,并通过各种渠道与政府有关主管部门沟通,比较圆满地完成了两个规划的制定。经过各方面的共同努力,2005年10月21日,北京市交通委员会批准北京大学"交通影响评价报告",2005年12月6日,国家文物局批发了"未名湖燕园建筑文物保护总体规划"。

2. 地铁四号线工程协调工作。发展规划部牵头与地铁公司进行反复协商、谈判,争取将地铁建设对北大教学科研的影响降到最低程度。发展规划部还曾多次向学校领导(包括党政联席会议)

汇报地铁建设相关的问题,并在地铁动工之前组织公示,适时将师生的不同意见反馈给校领导以及地铁修建部门。

3. 校园规划常规工作。2005年,发展规划部组织召开校园规划委员会15次、校园规划办公室会议1次、专题讨论会4次、工程项目初步设计评审会3次,协调、审议、评审的校园规划重大方案有:成府园区地块及相关配套设施的设计施工,歌剧院与艺术大楼的建设用地和调整,16～27楼区域详细规划,北京国际数学研究中心建筑设计。此外,还有东操场改造设计,法学院教学楼建筑设计,校医院迁建,理科3号楼改造外装修设计修改方案,运输中心车队搬迁周转方案,图书馆室外环境改造设计方案,中关园留学生公寓规划方案等。

【环保和防辐射工作】 经过反复讨论,2005年2月校长办公会议讨论通过了发展规划部和辐射防护室起草的"北京大学放射防护管理细则",使北大的辐射防护工作有章可循。

针对2004年调查的北大实验室类污染物情况,同实验室与设备管理部合作,制定"北京大学实验室排污管理办法(试行)"草案。

为进一步加强放射工作人员的管理,组织全校辐射防护相关单位人员进行培训、考试。

召开北京大学第二届辐射防护工作会议,传达国家新颁布的"放射性同位素与射线装置的安全和防护条例",分析北大辐射防护工作中存在的问题,制定今后工作的方案。

开展未名湖水源调研工作。经过校内外实地勘察,走访政府主管部门,形成"未名湖现状及其水源调查报告",对未名湖水系现状作了分析,对未名湖治理有关方案的可行性作出初步评估。并按照国家规定,定期组织饮用水和湖水的监测。

此外,2005年,北京市公安局、卫生局、环保局管理对北大的辐射防护与环保工作进行了近20次检查,对北大工作给予好评。

【两部融合】 积极促进医学部和校本部沟通、融合。

在调整学科、事业、校园规划委员会以及辐射防护领导小组时吸收医学部有关负责同志参加。

聘请医学部教授周春燕担任挂职副部长,沟通双方学科、事业、校园规划情况。周春燕部长还在征求医学部领导与专家意见的基础上写出关于医学部与本部学科融合、合作的书面意见。

应邀参加医学部综合服务中心建筑方案评审。

积极配合医学部解决辐射防护工作中的有关问题。

对 外 交 流

【校际交流】 截至2005年底,北京大学已与世界50多个国家和地区访的200余所大学和研究机构建立了校际交流关系。2005年间,北京大学与海外高校新签或续签校际交流协议、重点项目协议44个。

2005年,北京大学根据校际交流协议派出长短期交流教师、学生108人。

学校以加强教学科研建设为主题进一步拓展与海外知名高校的交流互访,累计派出校级交流代表团15个,其中亚洲非洲6个、美洲大洋洲6个、欧洲3个。2005年度北京大学校领导代表团的出访,体现出主动出访的特色,内容以探讨加强校际交流为主,使北大形象得到进一步的提升。

1月份,许智宏校长率北大高级行政人员代表团及学生艺术团对6所美国知名大学的成功访问。经过前期周密的协调与安排,代表团一行顺利访问了加州伯克利、斯坦福、马里兰、哥伦比亚、康奈尔和耶鲁等6所美国知名高等院校,并成功为海外校友和美国友人献上了精彩的艺术演出。此次艺术团访美是北大首次组织大规模学生艺术团出访美国本土,访问不仅加深了北大与这些国际姊妹院校的交流,更充分展现出北大学生的风采。

2005年,共有来自高等院校、政府组织、知名企业的共计749个重要代表团到访北京大学,其中包括耶鲁大学、加州大学总校、牛津大学、伦敦政治经济学院、大学等世界著名高校校长代表团。北京大学成立了"诗琳通科技文化交流中心",并与耶鲁大学联合成立了"北大-耶鲁微/纳米技术和集成系统联合研究中心"。

医学部分别与日本富山医科医药大学、香港大学医学院、挪威Oslo大学、美国密歇根大学医学院、泰国卫生部医疗司、韩国嘉全大学、奥地Eurasia-Uninet、澳大利亚LaTrobe大学、瑞典卡罗林斯卡医学院等3所大学、美国Emory大学、澳大利亚悉尼大学签署校际合作协议。

【大学日】 1. 北京大学-马里兰大学日。9月15日,美国马里兰大学校长莫特教授率团访问北京大学。此次"北京大学-马里兰大学日"活动历时一天。当日上午,随团来访的马里兰大学计算机与自然科学

学院院长斯蒂芬·海尔柏林(Stephen Halperin)、生命科学学院院长诺马·奥维尔(Norma M. Allewell)、罗伯特·史密斯商学院院长霍华德·弗兰克(Howard Frank)、行为社会科学学院院长爱德华·蒙哥马利(Edward Montgomery)分别在信息科学技术学院、生命科学学院、光华管理学院和中国经济研究中心发表演讲。下午,莫特校长和许智宏校长与两校代表在英杰交流中心举行圆桌会议;随后,莫特校长在英杰交流中心阳光大厅发表演讲;之后,两校召开了联合新闻发布会。

2. 北京大学-柏林自由大学/洪堡大学日。9月26日,德国知名高校柏林洪堡大学与柏林自由大学两校代表团联合造访北京大学,并与北大联合举办"柏林自由/洪堡大学日"活动。柏林洪堡大学代表团由其代校长汉斯·尤尔根·普梅尔教授率领,柏林自由大学代表团有其校长迪特·蓝森教授率领,随行成员包括两校在教育学、法学、汉学、历史学、政治学、人类学以及信息技术科学等领域的知名学者。这是首次由两所大学联合在北大举办主题大学日活动。当日上午,柏林自由大学校长蓝森教授与柏林洪堡大学校长普梅尔教授分别向广大师生发表了题为"从创始到未来:柏林自由大学的历史与概况"及"创新是我们的传统"的主题演讲,并回答了北大师生的提问。演讲结束后,许智宏校长分别与两位校长签署了校际合作协议,北大将在人员交流、联合培养等方面与两校开展进一步的合作;中午,柏林洪堡大学-柏林自由大学教育展在北大百周年纪念讲堂正式开幕;下午,两校代表团分赴信息科学技术学院、法学院、历史学系、教育学院、社会学系和欧洲研究中心发表系列讲座,并与相关领域师生进行了交流。此次大学日活动富有成果且内容丰富多彩,既使广大师生对德国高校有了更深层次的认识,也促进了双方学者之间的相互交流,对于进一步推动相互之间的合作起了积极的促进作用。

3. 北京大学-早稻田大学日。12月6日,"北京大学-早稻田大学日"举行。早稻田大学白井克彦校长率领学者代表团一行共29人前来北京大学进行访问并开展相关学术交流活动。"北京大学-早稻田大学日"的主要活动包括:白井克彦北京大学名誉教授授予仪式暨特别演讲会;北京大学-早稻田大学联合学术研讨会(环境可持续发展方向);相关学科带头人在本领域的小规模学术交流演讲会(信息科学、人工智能、纳米科学、物理学、亚洲学研究等);早稻田大学教学科研成果展。

【外国政要来访】 2005年访问北京大学的各国政要包括美国国务卿赖斯、泰国公主诗琳通、哥伦比亚总统乌里韦、尼日利亚总统奥巴桑乔、奥地利总理许塞尔、美国前国务卿基辛格、冰岛共和国总统格里姆松、秘鲁总统托莱多、韩国总理李海瓒、蒙古总统恩赫巴亚尔等,共有59个部长以上级代表团及10余位驻华使节来访。

3月21日,美国现任国务卿康多莉扎·赖斯博士与中美关系研究专家和北京大学、清华大学、北京师范大学学生代表的讨论会在北京大学中国经济研究中心致福轩举行。北京大学校长许智宏院士、副校长郝平教授、美国驻中国大使雷德等出席了讨论会。讨论会由北京大学国际关系学院副院长贾庆国教授主持,中国社会科学院美国所所长王辑思、外交学院副院长秦亚青、北京大学国际关系学院副院长袁明教授、北京大学中国经济研究中心副主任李玲教授以及来自北京大学国际关系学院、经济学院等系的40多名学生与赖斯博士就中美关系等问题做了多方面的深入交流。

4月15日,尼日利亚联邦共和国总统奥卢塞贡·奥巴桑乔北京大学名誉博士学位授予仪式暨演讲会在北京大学英杰交流中心举行。教育部副部长章新胜、北京大学许智宏校长、郝平副校长等会见了代表团。北大非洲留学生联合会也组织了在京各高校的非洲留学生40余人参加此次活动。奥巴桑乔总统夫妇在交流中心前栽种了中尼友谊树;在阳光大厅接受了许智宏校长授予的北京大学名誉博士学位,并发表了精彩演讲,表达了希望进一步加强交流的愿望。奥巴桑乔总统还介绍了他的新书《人性论》,并向北大图书馆捐赠了此书的中文版本。

5月18日,冰岛共和国总统格里姆松一行访问北京大学。中国教育部副部长章新胜、中国驻冰岛大使王信石、北京大学校长许智宏教授、副校长郝平教授及国际关系学院、政府管理学院学者代表在英杰交流中心与格里姆松总统一行进行了会谈。随后,格里姆松总统在英杰交流中心阳光大厅向北大师生发表了题为"冰岛与中国:经验与教训——通往未来之路"的主题演讲。演讲会之前,格里姆松总统还在英杰交流中心门前栽种了"中冰友谊之树"。

【留学海外项目】 北大留学海外项目(Education Abroad Program,简称为EAP项目)启动于2003年12月,旨在为学生提供更多海外学习、实习、交流、研修的机会。2005年共完成9个校际交流项目的报名、选拔、派出工作。全年共派出学生23名(含医学部学生4名),其中本科生8名、研究生15名(医学部4名);完成国家留学基金委公派项目1个,有2名硕士研究生获国家留学基金委资助赴荷兰莱顿大学学习;完成推荐毕业班学生赴海外攻读高级学位项目3个,有4名本科生和1名硕士研究

生成功获得奖学金赴海外高校攻读高级学位。

【北京论坛】 2005年11月16～18日，第二届北京论坛举行。来自46个国家和地区的543位学者参加了此次会议，外国和港澳台地区学者超过三分之二，其中包括美国前助理国务卿Susan Shirk，欧洲议会议员、意大利著名哲学家Gianteresio Vattimo，哈佛燕京社社长杜维明，摩根斯坦利的首席经济学家Stephen Roach，世界卫生组织驻中国总代表Henk Bekedam，伊朗萨德拉伊斯兰哲学研究所所长Hosseini Muhammad Khamenei等知名专家学者。与会学者具有广泛的代表性，使论坛吸引了全世界哲学社会科学界和高等教育界的目光，成为真正意义上的国际盛会。

美国前总统George Herbert Walker Bush、联合国副秘书长Joseph Verner Reed等外国政要也出席了会议并在开幕式做了精彩的发言，Reed还转达了安南秘书长对论坛的祝愿。全国人大常委会副委员长许嘉璐、韩启德（本届论坛的大会主席），全国政协副主席罗豪才，教育部副部长吴启迪，北京市副市长范伯元等领导出席了开幕式。共有来自23个国家的33所大学派来代表团参加本届论坛，其中有32位校长和副校长亲自与会，包括康奈尔大学校长Hunter Rawlings教授和前校长Jeffrey Lehman教授、日本早稻田大学校长Shirai Katsuhiko教授、新加坡国立大学校长Shih Choon Fong教授、澳大利亚悉尼大学校长Gavin Brown教授等。

作为高层次的学术盛会，论坛发挥了综合性效益，不仅充分展示了中国高等教育事业发展的最新成就和近年来中国哲学社会科学研究领域取得的最新成果，而且极大地提升了北京大学乃至首都高等教育的国际知名度，促进了海内外哲学社会科学界的交流与合作。

北京论坛为北大创建世界一流大学创造了良好的国际氛围，同时也成为亚洲学术界一个重要的对外窗口和交流平台，对于扩大中国乃至亚洲的哲学社会科学研究和高等教育事业的国际影响具有重要意义。

2005年3月8日，北京论坛秘书处经学校批准正式成立，挂靠国际合作部。秘书处的成立是北京论坛正规化管理的标志，也为北京论坛的进一步发展提供了行政保障和组织支持。秘书处自成立之日起，作为北京论坛组织委员会的常设执行机构，就承担起了北京论坛（2005）的组织筹备以及信息中枢的重要任务。

【外国专家工作】 为实施"科教兴国"、"人才强国"战略，北京大学把引智工作与争创世界一流大学的总体目标紧密结合，使引智工作呈现全方位、多层次、高水平的特点。2005年应邀来校长期工作和短期讲学的外国专家、教师共计668人，其中长期专家127人、短期专家541人，来自25个国家或地区，60%分布在自然科学院系，40%分布在语言、社会科学院系。

外籍教授每年在学校开设的专业课程超过20门。如国际关系学院开设的日本和亚洲经济、中国经济研究中心开设的MBA高级商务沟通课程、软件学院开设的软件工程硕士专业、数字媒体艺术等。

北京大学国家级重点实验室、文科基地，多年来也非常注重以项目为依托，聘请高水平的外籍专家开展强强合作，科研成果、学术论文层出不穷。如2005年获得教育部批准的重点项目有32项，涉及物理学院、化学学院、社会学系、人口所、生命学院、教育学院等众多院系，每一项目都按期聘请外籍专家、学者从事科研工作。地球与空间学院承担着"夸父计划"等重点科研项目，该院聘请3位国际著名的空间科学家来校做学术报告，参与科学研究。众多院系注重基础研究与应用开发相结合，注意选择前沿课题和应用性强、具有经济与社会效益的课题，为国民经济发展服务。

2005年先后有6位诺贝尔奖得主来北大演讲，分别为诺贝尔奖化学奖得主保罗·克鲁臣（Paul Crutzen）、诺贝尔经济学奖得主蒙代尔教授、诺贝尔奖获得者李政道先生、诺贝尔经济学奖得主约瑟夫·斯蒂格利兹、诺贝尔经济学奖得主加里·贝克尔、诺贝尔经济学奖得主克莱夫·格兰杰。

2005年国际合作部还与经济学院联合举办"外国驻华大使眼中的中国经济"系列讲座活动，先后邀请美国、德国、瑞典、加拿大、英国、澳大利亚、瑞士、以色列8国的驻华大使来校演讲。

【国际学术会议】 2005年，北京大学共举办181次国际学术会议，其中文科类会议41次，理科类会议140次。来自世界20多个国家或地区的5000多人与会，其中国外学者逾千人。较大规模的会议有：大规模、高通量蛋白结构解析定相位方法国际研讨会（生命学院）；通向北京奥运：健身、女性与体育文化国际研讨会（体育教研部）；第二届世界韩国学大会（韩国学中心）；第五届金属硫蛋白大会（生命科学学院）；全球华人地理学大会（环境学院）；第11届北京分析测试学术报告会（化学学院）；中国国际纳米大会（科学研究部）；概率统计联合大会（数学学院）；2005国际家庭医学会议（医学部）；第九届亚洲儿科肾脏病大会（9th ACPN）（北大医院）；第四届国际病理学会亚洲-太平洋地区学术大会（基础医学院）；2005年国际护理学术会议（护理学院）；第五届亚洲-太平洋地区国际口腔正畸大会（口腔医院）等。

【派出工作】 2005年北京大学因公出国（境）2833人次，其中参加国

际会议1441人次、访问考察478人次、合作研究284人次、出国讲学125人次、进修学习197人次、实习培训91人次、校际交流208人次、其他出访9人次。2005年派出工作的最大特点是：学生出访比2004年大幅增加，共有578人次出访，其中本科生218人次、硕士研究生182人次、博士研究生168人次。

【港澳台工作】 2005年，北京大学接待港澳台地区访问代表团约115个，总人数约4260人。

1. 中国国民党主席连战来访。4月29日上午，中国国民党主席连战访问北京大学并演讲。在近40分钟的演讲过程中，连战提出了"坚持和平，走向双赢"的两岸关系的设想。

2. 北大高级行政代表团及艺术团出访港澳台地区。2005年，为广泛联络校友、扩大北京大学在港澳台地区的知名度及影响力，许智宏校长率北大相关部门负责人及学生艺术团先后成功走访了三地：访澳期间，许智宏校长会见了全国政协副主席马万祺；访台期间，会见了中国国民党主席马英九、中国国民党名誉主席连战等。

3. 第三期北京大学国情研习课程成功举办。5月8日～5月24日，受国务院港澳办、香港特区政府的委托，由北大举办的2005香港特区公务员"北京大学国情研习课程"（第三期）在北京、青岛两地举办。本期学员共24名，分别来自香港特区律政司、卫生署、海事处、警务处等单位。在北京上课期间，共邀请了13位教授举办讲座，就当前中国在政治、经济、法律、军事、外交、新闻以及国有企业改革、公共卫生等各方面的情况做了课堂讲授。除此之外，学员们还拜访了国务院港澳办、外交部、教育部港澳台办公室等政府部门，并实地参观访问了北京军区某部和京郊农村。2005年的课程首次增设了外埠考察项目，安排学员赴山东青岛考察国有企业运作机制。

4. 台湾地区知名学者李敖北京大学演讲。9月21日，"神州文化之旅——李敖先生北京大学演讲会"在北大办公楼礼堂举行。李敖希望通过访问进一步密切两岸学术界、文化界的联系，促进两岸知识界的良好互动，继续推动两岸的友好交流。

附 录

表8-1　2005年校本部出访外国和港澳台地区人员统计

国家/地区	参加会议	访问考察	合作研究	讲 学	进修学习	实习培训	校际交流	其 他	合 计
美国	232	70	78	11		6	58		455
日本	128	107	36	16	20	3	18		328
韩国	149	29	2	12	3	2	8		205
法国	38	17	19	3	13	1	15		106
德国	47	32	54	6	7	1	34		181
澳大利亚	21	13	6	2	5				47
英国	4			11	34		44		93
泰国	29	4	1	0		11		2	45
加拿大	33	17	5	3	4	1	10		73
新加坡	32	21	7	13	10		1		84
意大利	31	7	6		1	2	1		48
俄罗斯	24								24
荷兰	20	1	1	1	1	5	9		38
奥地利	7		10						17
丹麦	34		1		11			2	46
瑞士	11	13	3				1	1	28
瑞典	6	6	2		2		3		19
印度	9	14			3	1			27
蒙古	1								1
西班牙	8	1	3		1		2		15
新西兰	6								6
埃及	4	1					1		6
比利时	13						1		14

续表

国家/地区	参加会议	访问考察	合作研究	讲学	进修学习	实习培训	校际交流	其他	合计
朝鲜	5								5
马来西亚	25	25	16	4		11		4	81
巴基斯坦	7								7
缅甸	4								4
希腊	2				1	1	1		5
捷克	1								1
波兰	9								9
葡萄牙	1								1
越南	6	1	1						8
智利	1								1
阿根廷	2		2						4
墨西哥	5	2							7
南非	2	1	1						4
巴西	7								7
芬兰	6								6
挪威	6								6
斯洛文尼亚	3								3
以色列	2								2
匈牙利	6								6
印尼	21								21
菲律宾	1								1
土耳其	5								5
伊朗	4								4
塞内加尔	1								1
保加利亚			1						1
冰岛	1								1
古巴	2	1							1
委内瑞拉							1		1
肯尼亚	1								1
乌拉圭	2								2
黎巴嫩	1								1
老挝	2								2
阿尔及利亚	2								2
哥伦比亚	1								1
秘鲁	1								1
马里	1								1
也门	1								1
突尼斯	1								1
捷克斯洛伐克	1								1
乌兹别克斯坦	1								1
摩洛哥	2								1
尼泊尔	1								1
阿曼	5	1							1
香港(地区)	141	82	34	48	18	0	0	81	404
台湾(地区)	147	179	5	13	11	0	0	3	358
澳门(地区)	25	39	2	1	0	0	0	36	103
总计	1358	684	296	144	145	45	208	129	2992

人 事 管 理

【概况】 2005年3月,党中央发出了"构建社会主义和谐社会"的号召,其中最重要的一点就是要为中国经济和社会的持续良性发展营造一个好的环境。在此精神指引下,北京大学的人事工作处处牢记以"和谐"为核心,有条不紊地运筹了人才培养、引进、储备、激励和保障等工作,为促进北大教学科研及其他各项事业的发展而努力创造一个好的环境,并取得了良好的成果。

在人才队伍建设方面,学校在"以队伍建设为核心,促进学科建设"的指导原则下,实施了"优秀青年人才引进计划",在吸引后备才俊、争夺未来学术大师的道路上迈出了坚实而卓有成效的一步;进一步推进和完善专业技术聘任工作,做好岗位聘任和年度考核。在学科建设机制创新方面,一些新建单位率先与国际惯例接轨,实行院长聘任制、年薪制等措施,这种新的人事、分配制度探索和突破也为学校带来了活力。

【教职工队伍状况】 1.校本部。2005年北京大学教职员工队伍的建设继续朝着控制规模、结构合理的方向发展。截至2005年12月31日,北京大学校本部在职人员共5846人(不含博士后),比2004年净减员50人,减员幅度为2%。离退休人员4411人(其中离休341人),比2004年增加88人,增幅为2.3%。学校教职工总规模10669人,比2004年增加54人。职工队伍的年龄、学历结构趋于合理。教师队伍中具有博士学位1457名,基本达到了预期目标;硕士学位479人;大学毕业(含学士学位)257人。教师的平均年龄为43岁,其中教授平均年龄为50岁,45岁以下教授占教授总人数的33.5%。

校本部在职人员的专业技术职务分布是(不含博士后):正高级职务925人,占15.8%,其中教授有819人;副高级职务1600人,占27.4%,其中副教授924人;中级职务1645人,占28.1%;初级职务451人,占7.7%;员级职务19人,占0.3%;无专业技术职务1206人,占20.6%。

表8-2 2005年校本部教职员工基本情况一览

人员及分布	数量(人)	比例
总规模	10669	100%
在职总人数	5846	54.7
其中:女性	2492	42.6
教师	2212	37.8
非教师专业技术人员	1373	23.5
党政管理人员	858	14.7
工勤人员	1033	17.6
中小学幼教	370	5.4
其中:教师	314	84.8
附中	219	59.2
附小	102	27.6
幼教	49	13.2
事业编制	5086	86.9
企业编制	137	2.3
集体所有制	505	8.6
博士后流动人员	412	7
离退休人员	4411	41
其中:离休人员	341	8.3
退休人员	3994	90
退职人员	76	1.7

表8-3 2005年校本部人员分布情况

合计	教学科研	实验技术	工程技术	党政管理	图书资料	出版印刷	财会	医护	中小幼教	工勤
5846	2212	477	306	858	235	103	190	118	314	1033

表8-4 2005年校本部教师队伍年龄结构

	平均年龄		45岁以下教授		60岁以上教授		45岁以下教师	
	教师平均	教授	数量	比例	数量	比例	数量	比例
1994年	46	58.6	50	6.8%			1008	40.6%
1999年	43	55	171	22%	367	46%	1403	60.4%
2001年	43	52.6	236	28%	266	32%	1408	63.1%
2002年	42	53	184	25%	226	30%	1379	62%
2004年	42	50	257	32.2%	144	18.1%	1460	65.5%
2005年	43	50	274	33.5%	153	18.6%	1481	67%

表 8-5　2005 年校本部教师队伍的学历状况

学位状况	人数（人）	比例（%）
博士学位	1457	65.9
硕士学位	479	21.7
学士学位	257	11.6

表 8-6　2005 年校本部现有人员编制构成

总　计	事业编制	企业编制	集体编制	合同制工人	博士后
6258	5086	137	505	118	412

2. 医学部。2005 年医学部教职工队伍建设继续朝着规模适度控制、结构基本合理的方向发展。截至 12 月 31 日，医学部在职职工总数 10206 人，比 2004 年增加 158 人，增幅 1.6%。其中医学部本部 1762 人，比 2004 年减少 6 人，减幅 0.3%；附属医院 8444 人，比 2004 年增加 164 人，增幅 2%。

表 8-7　2005 年医学部教职工基本情况一览

人员及分布	医学部本部人数/（比例）	医学部（人）
在职总人数（人）	1762	10206
其中：教师	653/(37.06%)	2994
非教师专业技术人员	686/(38.93%)	5861
党政管理人员	177/(10.04%)	421
工勤人员	246/(13.96%)	930

【增员情况】　1. 校本部。2005 年北京大学校本部增员 196 人，其中事业编制 191 人，企业编制 5 人。

2005 年增加的事业编制人员中，教学科研人员占 47.1%，党政管理人员占 35.0%。

2005 年北京大学校本部选留毕业生 101 人，占全校增员 44.1%（博士 24 人，占 23.8%；硕士 45 人，占 44.6%；本科及双学位 32 人，占 31.7%；硕博研究生 69 人，占 68.3%）。除选留两年的学生工作干部 23 人，实际选留毕业生 78 人，研究生比例占 88.5%，达到教育部规定的研究生所占 80% 比例。

2005 年校本部录用留学生 37 人，占 18.9%；选留博士后 16 人，占 8.2%。录用留学生与选留博士后共 53 人，占全年总增员的 27.0%，其中 52 位获博士学位。2005 年北京大学校本部从地方调入 41 人，占总增员 30%。引进了 2 名院士（郭光灿、解思深）、6 名教授（张志刚、周专、王缉思、张光明、俞虹、朱凤瀚）。

表 8-8　2005 年校本部增员情况分布

	合计	教学科研	实验技术	工程技术	党政管理	选留学工	图书资料	出版印刷	财会	医护	中小幼教	工勤
合　计	196	90	7	13	44	23	5	1	3	3	7	0
事业编制	191	90	7	8	44	23	5	1	3	3	7	0
企业编制	5			5								

表 8-9　2005 年校本部增员的类别及学历分布

	合　计	选留毕业生	录用留学生	地方调入	选留博士后	其　他
合　计	196	101	37	41	16	1
博　士	91	24	36	15	16	
硕　士	54	45	1	8		
本科/双学位	42	32		9		1
无学位	9			9		

表 8-10　2005 年校本部选留毕业生的分布

	合　计	教学科研	实验技术	工程技术	党政管理	学生工作	图书资料	财　会	校医院	中小幼教
合　计	101	20	1	13	28	27	5	3	1	2
博　士	24	14	0	4	4	1	1			
硕　士	45	6	0	9	22	3	4		1	
双学位	1					1				
本　科	31		2		2	22		3		2

表 8-11　2005 年校本部从地方调入人员分布

	合　计	教学科研	实验技术	党政管理	出版编辑	财　会	医　护	中小幼教	工　勤
合　计	41	18	6	9	1		2	5	
博　士	15	13	1		1				
硕　士	8	2	2	4					
本　科	9	2	1	4			2		
无学位	9	1	2	1				5	

2. 医学部。北京大学医学部调配工作继续实行编制控制，以调整结构，优化队伍，搞好梯队建设为出发点，把有限的编制资源用到教学、医疗和科研第一线。在控制人员总量的同时，仍有计划地吸引优秀人才和补充新生力量。针对学科梯队断档现象，补充了中级专业技术职务的学科后备力量，使学科梯队建设日趋合理。2005 年医学部共调入 82 人，其中：具有博士学位以上的 32 人，具有副高以上职务的 24 人；接收毕业生 471 人。针对副高层面的人才需要补充的现状，2005 年加大了引进力度，主要补充了这一层面的人才。目前仍缺乏学科顶尖人才，今后的任务是千方百计吸引顶尖人才。

表 8-12　2005 年医学部调入人员技术岗位及来源分布

项　目		小计	岗　位							来　源			
			教学科研	医药护技	实验技术	工程技术	党政管理	图书资料	出版印刷	留学回国	京外调干	京内调入	军队转业
专业技术职务	正高	12	3	9						4	5	3	
	副高	12	3	7			1	1		3	1	7	1
	中级	30	7	17			6			5		19	6
	初级	20	1	14	2		3			1		19	
	未定	8	3		2		3			1		7	
	合　计	82	17	47	4		13	1		14	6	55	7
学历	博士	32	10	22						12	4	13	3
	硕士	16	4	7	2		3				3	13	
	本科	24	3	10	1		9	1				23	1
	大专	7		5			1					7	
	中专	3		3								3	
	合　计	82	17	47	4		13	1		15	17	46	4

表 8-13　2005 年医学部接收毕业生岗位分布及学历分布

项　目		小计	岗　位							来　源		
			教学科研	医药护技	实验技术	工程技术	党政管理	图书资料	出版印刷	本校	外校	其他
学历	博士后	10	5	5	0	0	0	0	0	7	3	0
	博士	108	20	86	0	1	1	0	0	88	20	0
	硕士	112	15	76	1	0	17	2	1	56	56	0
	本科	45	0	19	0	6	20	0	0	5	40	0
	大专	156	0	156	0	0	0	0	0	114	42	0
	中专	0	0	0	0	0	0	0	0	0	0	0
	合　计	431	40	381	1	7	38	2	1	270	161	0

【减员情况】　校本部。2005 年北京大学校本部共减员 273 人，其中：离退休 177 人，调出、辞职、自动离职、在职死亡 96 人。非离退人员减员和学历分布情况：非离退人员减员 96 人，其中事业编制减员 81 人、企业编制减员 15 人。

管理与后勤保障·人事管理

表 8-14 2005 校本部总减员分布

合计	教学科研	实验技术	工程技术	党政管理	选留学工	图书资料	出版印刷	财会	医护	中小幼教	工勤
273	96	33	10	29	18	8	8	8	1	9	53

表 8-15 2005 年校本部离退休人员分布

合计	教学科研人员		其他人员							
	教授	其他	实验技术	党政管理	图书资料	出版编辑	财会	医护	中小幼教	工勤
177	40	13	30	17	6	5	8	1	6	51

注：其他人员中含正高 12 人。

表 8-16 2005 年校本部非离退人员减员分布

合计	教学科研	实验技术	工程技术	党政管理	图书资料	出版编辑	中小幼教	工勤
96	43	3	10	30	2	3	3	2

表 8-17 2005 年校本部非离退人员减员学历分布

合计	博士	硕士	本科	无学位
96	28	36	26	6

医学部。2005 年共调出 149 人，其中副高以上 28 人。

表 8-18 2005 年医学部调出人员技术岗位及来源分布

项目		小计	教学科研	医药护技	实验技术	工程技术	党政管理	图书资料	出版印刷	考研	出国	调到本市其他单位	调到京外其他单位	其他
专业技术职务	正高	7	3	4								7		
	副高	21	4	17							1	19	1	
	中级	43	6	35	1		1			13		30		
	初级	59	3	51			5			18		41		
	未定	19	2	13		3		1		1		18		
合计		149	18	120	1	3	6	1		32	1	115	1	
学历	博士	21	6	15							1	19	1	
	硕士	28	6	21			1			14	1	12	1	
	本科	35	6	26			3			16		18	1	
	大专	23		20			3			2		21		
	中专	42		35			3	1				42		
合计		149	18	117		3	10	1		32	2	112	3	

【院士增选】 2005 年北京大学推荐中科院院士候选人 12 人、工程院院士候选人 5 人。3 人当选中科院院士，他们分别是数学学院王诗宬、环境学院方精云和医学部童坦君。目前，在北京大学工作的两院院士达到 60 人。本次北京大学增选的 3 位院士中有两位是在岗的长江特聘教授，这是自 2001 年田刚教授被增选为中科院院士以来，北京大学第二次有长江学者获此殊荣。北京大学文兰、林毅夫教授被评选为第三世界科学院院士。目前，在北大工作的第三世界科学院院士共 14 位。

【政府特贴】 2005 年北京大学上报教育部政府特贴人选 19 人，分别是：哲学系吴国盛，信息科学技术学院郝一龙，历史系彭小瑜，化学学院翁诗甫，中文系李小凡，地空学院胡天跃，光华管理学院张维迎，数学科学学院何书元，法学院张守文，政府管理学院李成言，环境学院张远航，力学系苏先樾，物理学院段家忯以及医学部顾江、于仲元、陈仲强、万远廉、刘俊义、胡永华。2005 年 9 月收到教育部通知，入选 19 人（校本部 13 人，医学部 6 人）。截至目前，北京大学校本部共有政府特贴获得者 754 名。

【长江学者聘任】 根据 2004 年推荐工作取得的经验，北京大学积极主动地开展了 2005 年的长江学者推荐遴选工作。6 月底教育部发文后，学校立即召开全体教学科研单位领导会议，布置 2005 年的遴选推

荐工作。经过各院系的积极工作，共有40多名海内外优秀人才通过了同行专家评审，其中，海外申报者占总人数一半以上，在海外任教授职务的达20余人。学校组织了自然科学、人文社会科学两个专家委员会，进行学校一级的筛选和推荐。经学校专家委员会的严格审核，共遴选出王长平等18人为特聘教授、林晓松等12人为讲座教授正式候选人。从北大推荐的候选人的实际情况来看，候选人均是学科领域中杰出的带头人，学术水平相当高，其中还包括了诺贝尔经济学奖获得者。对于特聘教授，北京大学严把质量关，候选人原则上应承担过国家杰出青年基金项目；对于讲座教授，北京大学认为候选人原则上应在海外高水平大学担任过教授或相应的职位。经教育部专家评议，有10位特聘教授、11位讲座教授候选人通过评议。

为继续发挥聘期届满的长江学者作用，学校出台了"关于长江学者聘期届满评估以及续聘工作的意见"，对于聘期中业绩优秀的长江学者继续聘用，并享有原有长江学者的待遇。根据学校安排，第三批长江学者的届满评估及第五批长江学者期中评估延期到2006年的1月举行。

【人才开发与培训】 1. 校本部。2005年校本部办理公派出国人数共计94人（男63人，女31人）。共有公派留学人员99人回校。2005年办理教职工探亲等因私出国（境）事务22人次。承办国家人才开发与培训项目31项，推荐人数共计100余人。办理出国（境）人员自动离职、辞职累计15人，其中自动离职7人（手续未完者6人）、辞职8人（4人手续未办完）。

表8-19 2005年校本部公派出国人员派出类别

派出类别	人数	派出类别	人数
单位公派进修	31	国家公派进修	18
校际交流	27	随任	1
单位公派任教	14	其他	1
国家公派讲学	2		
合　计	94人		

表8-20 2005年校本部公派出国人员学历、职称、年龄分布状况

职称	人数	学位	人数	年龄段	人数
正高	15	博士	64	50岁以上	9
副高	48	硕士	24	45～50岁	4
中级	28	学士	2	40～45岁	21
初级	3	无学位（大学）	4	35～40岁	30
				30～35岁	22
				30岁以下	8
合　计	94人				

表8-21 2005年公派出国人员派往地

国别	人数	国别	人数	国别	人数	国别	人数
美国	33	英国	7	荷兰	3	马来西亚	1
加拿大	2	法国	1	澳大利亚	1	缅甸	1
日本	12	西班牙	3	摩洛哥	1	澳门地区	1
韩国	7	新西兰	2	伊朗	2	台湾地区	1
德国	12	瑞典	1	新加坡	2		
合　计	94人						

表8-22 2005年校本部公派留学人员回校工作类别分布

派出类别	回国人数	批准延期人数	逾期未归人数
国家公派进修	17		
国家公派读博士	2	2	1
单位公派进修	38	6	5
单位公派读学位			
校际交流	27		
单位公派出国任教	12	1	
其他	1		
合　计	99	9	6

备注：逾期未归人数中，国家公派读博士学位1人；单位公派进修5人。

2. 医学部。医学部积极鼓励青年教师在职攻读学位和出国留学。2005年有26位青年教师在职攻读硕士学位，78人在职攻读博士学位；选派75名优秀人才出国留学，其中国家公派留学11人、单位公派留学64人。在派出人员中：副高级以上人员34人、中初级人员41人；派往美国33人、德国11人、澳大利亚10人、日本5人、法国、加拿大等其他国家16人；出国进行合作研究的27人、进修学习40人、攻读博士学位3人、攻读硕士学位3人、短期讲学及从事临床工作2人，自费留学1人。

【新教职工岗前培训】 1. 校本部。8月19～21日举办2005年新任教职工岗前培训，共有82名。2005年报到来校的新教职工参加了培训，林久祥副校长到会致开幕词，学校常务副校长陈文申研究

员、历史系何芳川教授、中国经济研究中心林毅夫教授、副教务长李克安教授、学校心理咨询和治疗中心方新副主任治疗师做了有关管理干部的素质、北大人文精神、教学科研心得体会以及如何处理心理问题等方面的报告。

2. 医学部。组织681名新教师进行岗前教育理论培训，其中本部70人、附属医院276人、教学医院228人、北京科技大学104人、北京中医药大学3人。为了提高新教师的全面素质，结合医学院校的特点，在课程设置和内容上做了一定的调整和安排，培训效果较理想，679人取得高等学校教师岗前培训合格证书。对医学部从1996～2005年组织的新教师岗前教育理论培训情况进行了全面统计和工作总结，10年来共对4047人进行了培训。

【青年教师流动公寓】 2005年学术假期间，公寓共接待北大校本部各院系国内外访问学者共计34人次，为来北大进行学术交流的国内外专家提供了一个舒适、安静、宽松、自由的生活环境。其中，有部分院系租用学术假公寓用于新引进人才在落实住房之前的过渡。

【年度考核与岗位聘任】 2005年北京大学校本部年度考核分两类：岗位目标的年度考核及正常晋升工资档次的年度考核。

2005年校本部参加晋升工资档次年度考核人员共5883人（不含在站博士后人员），考核合格者5738人，不合格者145人。考核不合格的主要原因是未在学校工作。

校本部于9月1日正式启动2004～2005年度考核与2005～2006年度岗位聘任工作，并在召开的全校各单位领导干部大会上做了布置。人事部同时下发"关于年度考核与岗位聘任的通知"。各单位按照学校的布置，于9月20日前完成了年度的岗位考核与岗位聘任工作；各职能部门对各单位新聘A岗人员进行了审核，并在学部审议会议上进行了汇报；各学部于9月30日前完成了所属各单位聘岗的审议工作；校学术委员会于10月18日完成了对全校聘岗的审议工作。

校本部2005年度岗位聘任与续聘继续坚持高标准、严要求。聘任、审核和批准程序继续按照2002年度办法执行。

2005～2006年度，校本部聘任各类岗位人员3739人。A类岗845人，其中：A1岗142人、A2岗251人、A3岗452人、BC岗2007人；职员制人员共887人，其中：院系职员制237人、教辅单位职员制8人、机关职员制642人。

校本部各单位拟新聘A类岗位人员116人，其中：A1岗19人、A2岗39人、A3岗58人。学部审议通过116人。新聘A类岗位人员占A类岗位总数的13.7%。与上一年度的新聘A类岗位138人相比，占A类岗位总数16.8%。2005年新聘A类岗位人数和比例都有较明显的下降。

全校各教学科研单位共聘岗位2472人，其中：A类岗位825人，BC类岗位1647人。A类岗中，A1岗位141人、A2岗位248人、A3岗位436人。教学科研单位职员制人员考核合格共聘任237人，各教学辅助单位共聘岗388人。其中：A岗人员20人、BC类岗位人员360、职员制8人。校机关及直属单位考核合格共聘任642人。（中学、小学进行单独的考核聘任。）

2005年，医学部本部设ABC及职员岗。单位应参加考核人员1384人，实际参加考核人员1296人。优秀人员121人，占实际参加考核人数的9.3%；合格人员1171人，占实际参加考核人数的90.4%；不合格人员4人，占实际参加考核人数的0.3%；未考核人员88人，占应参加考核人数的6.4%。按照考核结果进行了新一轮的岗位聘任，聘任ABC岗位共968人（含博士后69人）、职员岗位共325人，共计1293人。在岗位聘任工作中，医学部人事处严格执行岗位聘任标准，坚持学术标准和道德标准。由于宏观控制得当，保证了岗位聘任工作的顺利完成，并较好地体现了公开、公平、公正原则，做到了能高能低、能上能下，达到了调动人员积极性和优劳优酬的目的。

2005年聘岗工作继续延续上两年对晋升A类岗位和降低岗位级别聘任的要求。从实际情况来看，很多院系注重了对实际工作业绩的考核。全校降级聘任共26人，其中A类岗位降级聘任6人，BC类岗位降级聘任20人。

学部会议在审议时，就聘岗中反映的一些问题进行了讨论，主要有以下两个方面建议：第一，对于研究型大学，研究生教学更反映学科前沿，更有利于创新性人才的培养，不应仅强调本科生教学，应强调本科生教学和研究生教学并重。第二，学校对于不同的学科特点，应设立不同的考核标准。重大工程项目、国防项目、国家重大项目、专著、专利等方面都应作为教员水平、能力的体现。学校应创造一个宽松的学术环境，鼓励教员去争取大项目，出大成果。

【专业技术职务聘任】 1. 校本部。各单位根据学校批准的岗位进行公开招聘。各单位按照学校要求，将拟聘的教授岗位公开，在校园网上公布。单位推荐候选人均按照学校规定，经过教授会议、同行专家鉴定、学术委员会、党政联席会后推荐到学部。同时，各候选人的推荐材料在各单位公示一周。

6月2日，在学部会议前，许智宏校长传达了学校对教师职务聘任的意见，并通报了学校各单位审议的情况。6月6～10日，各学部严格按照学校的要求，对所属各单位推荐的候选人按无差额投票的

方式进行审议。6月2日~7月11日,分会对所属各学科评议组推荐的候选人按差额投票的方式进行审议。

6月20日下午,校学术委员会对全校教师职务聘任进行了审议。7月14日下午,校专业技术职务评审委员会对全校非教师系列专业技术职务聘任进行了审议。

7月上旬及9月上旬,校长办公会分别审议通过了全校教师及非教师系列专业技术职务晋升。

教师系列中,学校共批准校本部各单位70个正高级岗位进行招聘,其中至少20个岗位专门用于对外招聘。各单位实际推荐37名候选人(不含提退申请8人、引进19人、软件学院2人、医学部1人),共有13个岗位空缺(物理学院2个、生命学院1个、心理系1个、信息学院2个、外语学院5个、马克思主义学院1、新闻与传播学院1个)。通过学部及校学术委员会审议,并实际通过34名。

校本部共下达91名副教授岗位,各单位实际推荐76名候选人(不含引进15人、软件学院1人、医学部1人、代评5人),共有15个岗位空缺(物理学院3个、化学学院1个、地空学院2个、心理系2个、力学系1个、信息科学技术学院1个、外语国学院4个、中国经济研究中心1个)。经学部及校学术委员会审议,实际通过72名。

各学科审议组审议通过教师系列中级职务15人,经校学术委员会确认,全部通过。

在非教师系列中,校本部各学科评议组共申报正高18人,学科评议组指标为11人。学科评议组实际评议13名候选人(不含提退6人、医学部2人、提调1人)。分会评议后,通过11名。

校本部各学科评议组共申报副高45名,学科评议组指标为34名。学科评议组实际评议34名候选人(不含医学部2人、提调1人、代评3人)。分会评议后,通过31名。

各分会审议通过专业技术非教师系列的中级职务47人,其中实验/财会/工程分会12人、图书出版分会6人、医疗卫生分会4人、教育管理分会25人。另有中级职务代评13人。

审议通过实验/财会/工程分会初级职务1人,代评6人。

表8-23 校本部各学部教师系列教授(研究员)审议结果

	占年度指标			其他				未通过人数
	总数	正常	破格	引进	提退	转聘	其他	
人文学部	9	8	1	3	2			
社科学部	12	11	1	5	1		1(医学部)	
理学部	8	7	1	7	5	1		2
信息学部	5	3	2	4		1	2(软件学院)	1
合 计	34	29	5	19	8	2	3	3

表8-24 校本部各学部教师系列副教授(副研究员)审议结果

	占年度指标			其他			未通过人数
	总数	正常	破格	引进	代评	其他	
人文学部	18	14	4	1		1(医学部)	
社科学部	28	26	2	2	5		
理学部	12	12		10			
信息学部	16	15	1	2		1(软件学院)	3
合 计	74	67	7	15	5	2	3

表8-25 校本部聘任教师系列教授(研究员)(不含引进、提退)年龄与学历分布统计

	总数	年龄结构			学历情况			
		最小	最大	平均	博士	博士比例	硕士	大学
人文学部	9	38	57	46.8	7	77.8%	2	
社科学部	12	39	55	45.3	10	83.3%	1	1
理学部	7	36	47	39	7	100%		
信息学部	5	35	43	39.2	4	80%	1	
合 计	33	35	57	43.4	28	84.8%	4	1

表 8-26　校本部聘任教师系列教授(研究员)(不含引进、提退)任职时间与教学任务、科研文章统计

	任职时间(年)			教学任务(学时/年)			科研文章(核心期刊)			
	最短	最长	平均	最多	最少	平均	最多	最少	平均	SCI平均
人文学部	4	12	8.8	312.8	12.4	114.6	45	4	15.7	
社科学部	5	12	8.6	263.2	8.3	138.8	22	9	16.1	
理学部	2	10	5.4	136	24	55.1	19	6	13.1	10
信息学部	5	9	6.6	107.3	11.4	49.3	24	10	18.8	5.8
合　计	2	12	7.7	312.8	8.3	100.9	45	4	15.8	

表 8-27　校本部聘任教师系列副教授(副研究员)(不含引进)年龄与学历分布统计

	总数	年龄结构			学历情况				获博士学位后平均任职时间
		最小	最大	平均	博士	博士比例	硕士	大学	
人文学部	18	31	46	35.6	14	77.8%	4		3.6
社科学部	27	28	48	36.1	25	92.6%	2		3.2
理学部	11	31	43	35	11	100%			4.4
信息学部	16	30	38	32.4	16	100%			2.6
合　计	72	28	48	35	66	91.7%			3.3

表 8-28　校本部聘任教师系列副教授(副研究员)(不含引进)任职时间与教学任务、科研文章统计

	任职时间(年)			教学任务(学时/年)			科研文章(核心期刊)			
	最短	最长	平均	最多	最少	平均	最多	最少	平均	SCI平均
人文学部	2	14	6.2	380	16	130.1	17	2	8.9	
社科学部	1	12	5.0	525.8	30.8	121.7	13	1	6.4	
理学部	1	10	4.5	124.5	4	49.8	10	1	6.1	3.8
信息学部	1	4	2.4	91	0	42.7	33	2	9.3	4.8
合　计	1	14	4.6	525.8	0	95.3	33	1	7.6	

表 8-29　校本部各分会非教师系列正高职务评议结果

	占年度指标		提退	其他
	总　数	备　注		
实验/财会/工程分会	4		2	
图书出版分会	3+2	医学部编审2	2	
医疗卫生分会	1			
校产分会	1	研究员1		
教育管理分会	2	研究员2	1	提调1
合　计	11+2		5	1

"+"后面的数字为医学部申请人员的统计。

表 8-30　校本部各分会非教师系列副高职务评议结果

	占年度指标		提退	其他
	总　数	备　注		
实验/财会/工程分会	7+1	医学部高级工程师1		代评1
图书出版分会	8		1	代评2
医疗卫生分会	3+1	医学部副主任医师1		
校产分会	2	副研究员1,高级工程师1		
教育管理分会	11	副研究员8,德育副教授3		
合　计	31+2		1	3

"+"后面的数字为医学部申请人员的统计。

2. 医学部。医学部专业技术职务评聘工作仍然本着"坚持标准，保证质量，全面考核，择优评聘"的原则，经各级评审组评审，2005年共有248人获聘高级专业技术职务，其中正高级职务91人、副高级职务157人。

表8-31　2005年医学部专业技术职务聘任统计

	正高级职务			副高级职务			小　计
	晋升	平拉	确认	晋升	平拉	确认	
本　部	4	—	5	21	—	6	36
临床医院	59	10	5	103	7	9	193
合　计	63	10	10	124	7	15	229

表8-32　2005年医学部教师队伍年龄结构统计

职务 \ 年龄段	总数	35岁以下人数(百分比)	36～45岁人数(百分比)	46岁以上人数(百分比)
正高级	615	1(0.2%)	229(37.2%)	385(62.6%)
副高级	890	121(13.6%)	560(62.9%)	209(23.5%)
中级	1090	738(67.7%)	267(24.5%)	85(7.8%)
初级	399	384(96.2%)	13(3.3%)	2(0.5%)
合　计	2994	1244	1069	681

表8-33　2005年医学部教师队伍学历结构统计

学历 \ 年度	2005年		2004年		2003年	
	人数(人)	百分比	人数(人)	百分比	人数(人)	百分比
博士	1060	35.4%	945	31.7%	808	27.7%
硕士	841	28.1%	758	25.4%	676	23.2%
本科及以下	1093	36.5%	1282	42.9%	1431	49.1%
合　计	2994		2985		2915	

【科级干部任免】　2005年北大校本部共任免机关基层办公室负责人35人。

表8-34　2005年校本部机关基层办公室负责人的职称结构统计

职　称	总计	副高	中级	初级	无职称
人　数	35	9	23	2	1

表8-35　2005年校本部机关基层办公室负责人的年龄结构统计

年龄段	总计	30以下	31～35	36～40	41～45	46～50	51～55	56～60
人　数	35	2	8	8	6	5	5	1

表8-36　2005年校本部机关基层办公室负责人学历结构统计

学　历	总　计	研究生	本科	本科以下
人　数	35	13	17	5

表8-37　2005年校本部机关基层办公室负责人学位结构统计

学　历	总　计	硕士	学士	无学位
人　数	35	14	11	10

【流动编制管理】　2005年北大校本部流动编制增加29人，减员14人，净增15人，流动编制人员总量达到177人。

流动编制人员管理坚持5项原则：第一，北京大学实行总量控制，防止流动编制人员规模迅速扩大；第二，对中国经济研究中心、幼教中心、网络教育学院等管理尚不

规范的单位,实行定量控制、先进后出、先整改后调入的政策;第三,不再接收自管档案人员;第四,向教学科研单位或教辅岗位倾斜,逐步压缩具有经济实体性质单位的人员数量;第五,实行新增流动编制人员的单位与人才中心签署工作备忘录的制度,督促用人单位加强管理,帮助用人单位明确流动编制的日常管理内容。

在流动编制人员日常管理方面,特别强调要规范程序性服务,理清学校、用人单位与海淀人才之间的关系,基本做到程序性服务均由海淀人才加盖公章的做法,以强化人事代理的概念;加强年度考核工作;强化聘用合同管理;加强流动编制人员住房公积金和社会保险的缴纳工作等。

【富余人员管理】 北京大学校本部转岗富余人员队伍净减少1人,共有离退休人员(含退职)24人,在职人员26人,总计60人,其中:年内调出学校1人,死亡1人,因特殊原因接收1人。

工作的总体思路是:理顺各方面关系,维护学校的基本稳定。理顺关系方面,所做的工作:第一,向组织部提交书面报告,要求妥善解决人才中心所属人员的党组织关系问题,建议对人事关系在人才中心的党组织关系应及时调转,明确人才中心党支部的建制和党员管理方式;第二,理顺与所管理人员之间的关系;第三,理顺与安置转岗富余人员单位之间的关系,要求安置转岗富余人员的单位按月提交考勤报告,及时考核。

此外,根据学校保持共产党员先进性教育活动领导小组的部署和安排,组织人才中心所属党员进行学习。

【临时聘用人员管理】 校本部。经过近两年努力,北大校本部临时聘用人员管理基本走上规范化管理的轨道。2005年,北大共办理临时聘用人员备案手续1100余人次,并着手摸清临时聘用人员的底数。

主要做的工作:第一,规范备案程序,强化合同管理—继续与财务部相配合,实行不备案不发放劳动报酬的政策,使校内大多数单位都具备了备案意识。在备案过程中,逐步强化用人单位依合同进行管理的观念,要求其在备案时提供合同复印件,强化合同管理。第二,协助工资与福利办公室做好社会保险的缴纳工作—2005年已经有1400余人先后参加医疗保险。第三,积极推动非事业编制人员管理数据库建设—目前,需求设计工作已告结束,程序开发工作正在进行。第四,增强法制建设,协助处理劳动纠纷—鉴于2004年度临时聘用人员劳动纠纷开始逐步增多的实际,人才中心积极学习劳动法和劳动合同有关知识,与中国劳动网保持密切联系,增强依法管理的意识。2005年度,人才中心先后协助环境学院、医学部、生命学院和物理学院等单位,妥善处理了几起劳动纠纷,既化解了矛盾,又帮助单位确立依法管理的意识。

【人事代理】 1.校本部。北大校本部在做好向北京市人才服务中心填写月报表,参加北京市人才服务中心组织的工作研讨会之余,2005年重点做了两项相对比较重要的工作:一是收支两条线改革后,工作站的工作定位;二是人事代理人员合同到期不再续聘后其人事关系和档案关系转移工作。

2005年,首批实行人事代理制度的人员中有部分合同期限届满但不再继续聘用的人员。按照与北京市人才服务中心签署的协议,应将这部分人员的人事关系和档案关系转至北京市人才服务中心,积极与北京市人才服务中心磋商。最终,已经形成了相对明确的办事程序。

2.医学部。2005年对新增加的584名工作人员实行人事代理,其中新增教职工508人(其中自筹编制5人、合同制人员45人),对调入的事业编制人员实行人事代理65人、自筹编制11人。从1999年1月1日起至2005年12月31日止,共接收各类代理人员3851人(在卫生部代理577人,在北京市代理3274人),终止或解除合同516人,现有各类代理人员3335人。

2005年有400余人续签了聘用合同。

截至2005年12月31日,为医学部下属12个二级单位实行人事代理的自筹编制人员、合同制人员、临时用工人员及个人存档人员共计572人分别办理了各项社会保险,其中养老、失业、医疗保险均为572人,代理缴纳工伤保险86人,代理缴纳生育保险340人,代理缴纳住房公积金61人。2005年度因各种原因终止保险代理276人,转入保险代理116人。

【工资与福利】 1.校本部。2005年校本部发放岗位奖励津贴4140人;同时进行了正常晋升工资档次工作,升级人数为4727人,月增资额285519元,人均增资60.4元,年增资总额3426228元;年终一次性奖金发放;确定调入人员工资,查阅了132名调入人员的档案,做出详细记录,为他们确定参加工作时间、职务工资等人事管理必需的项目,并签订工资协议书。另外,核发其他津补贴、临时工工资、校内返聘人员工资等。

2005年共办理退休手续176人。至2005年底,校本部离退休人员总数为4411人,相当于在职职工人数的71%。

进行了缓退手续报批,提高离退休人员退休费、护理费等。

办理遗属生活困难补助;对享受"102"高干医疗的人员进行重新登记,并启动新信息查询系统。目前,校本部已享受高干医疗待遇人员有1184人。2005年办理了校内八号门诊194人,组织70名高级专家体检。

完成了住房补贴发放过程中全部人事信息的提供和核对工作。提供5677人当前的档案工资;提供179位无房职工人员1999年至今工资变化情况;提供2000～2005年人员调进、调出、退休、死亡时间等情况,涉及3344人;提供257人暂停薪及企业编制人员参加工作时间、工龄;提供80位毕业生工资及身份证号;提供1972～1992年参加工作的2927人的相关待遇材料信息;查阅600多人档案,提供其参加工作时间、连续工龄、学龄、建立公积金时间、建立公积金前工龄等。

表8-38　2005年校本部工资日常工作量统计(人次)

起薪	停薪	工资变动	暂停薪及恢复工资	内部调动	病休及恢复	合计
435	275	703	65	53	8	1539

表8-39　2005年校本部离退休人员分类统计

项目	离休	退休	退职	合计
年底人数(人)	341	3994	76	4411
占总人数比例(%)	7.73	90.55	1.72	100

表8-40　2005年校本部福利费支出金额统计

下拨院系所福利费	离退休人员纪念品	儿童节补助幼教中心	各种临时补助及慰问	校机关家属互助医疗费	合计
434424元	6680元	35000元	8967元	12316元	497387元

2. 医学部。2004年9月至2005年7月医学部本部第五轮岗位奖励津贴实际发放总额1781.7649万元。

2005年10月医学部本部1308名在职人员晋升一个工资档次,人均月增资52.49元;1037名离退休人员增加离退休费,其中:107名离休人员人均月增资40.23元,888名退休人员人均月增资20元,42名退职人员人均月增资15元。

2005年医学部本部共为1704人发放年终一次性奖金1638701元。

医学部本部办理在职人员死亡抚恤1人,离退休人员死亡抚恤13人。

医学部人事处给本部26位遗属发放遗属生活困难补助78840元。

医学部本部保卫处干部及校卫队在编工作人员16人,浮动壹档工资后,月增资857元,年增资10284元。

医学部从2005年7月1日起执行每月580元最低工资标准。

【保险】 校本部2005年底校本部缴纳失业保险人数为6835人,平均月缴费人数为6716人。其中返回保险费的人数为2583人,比去年增长了13%,占缴费总人数的38%;缴费人员中临时聘用或流动编制人员占22%,比去年增长了5%。全年办理人员增减手续1383人,其中转出549人次,转入834人次,比去年增加了23%。为136名临时聘用人员办理了失业保险清算待遇,总金额72784元,人均535元,是上年的1.9倍。

2005年养老保险参保人数增长很快,年末缴费人数较上年增加了52%,办理转出转入等手续的人数较上年增加了70%,全年缴费500万元,前三季度返回学校327万元。

1月,北京市发文要求为享受公费医疗单位中不享受公费医疗待遇且未参加基本医疗保险的职工办理基本医疗保险。北大全部临时聘用人员都适用。北大成立了学校的医保领导小组,制定校内的相应规定,并召开了启动医保工作的大会布置工作和下发北人发4号、5号文件,请专业人员来校进行政策宣讲;3月19日之前完成了近1500人的材料审核、录入、打印、报批等工作;4月份按要求加入医疗保险的共有1370人。

4月以后医疗保险由突击性工作逐步转变为日常性工作。由于临时聘用人员流动性大,从5月到12月的8个月共转出转入573人,全年缴费186万元,并且所缴费用全部返回学校财务部。

表8-41　2005年校本部失业保险缴费情况统计

平均月缴费人数	单位缴纳	个人缴纳	合计	返回学校金额
6716人	224万元	73万元	297万元	51万元(1～3季度)

表 8-42 2005 年校本部养老保险人员及缴费情况

分类	项目	数额	月/人均数	较上年增加
人员情况	年终人数	1536 人	/	52%
	其中：事业编制职工	142 人	/	0%
	企业编制职工	4 人	/	0%
	流动编制人员	153 人	/	17%
	临时工	1237 人	/	69%
	返回保险费人数	1503 人	/	61%
	全年转出人数	196 人	/	15%
	全年转入人数	726 人	/	95%
	更改基本信息人数	110 人	/	/
	接收外地汇款人数	9 人	/	/
	全年缴费总人次	15754 人	1313 人	49%
缴费金额	单位缴纳	3571817.58 元	226.70 元	35%
	个人缴纳	1428698.70 元	90.68 元	35%
	合计	5000516.28 元	317.38 元	35%
返回金额	保险费	1~3 季度	/	暂空

表 8-43 2005 年校本部医疗保险工作统计

分类	项目	数额	月平均数
人员情况	年终人数	1401 人	/
	其中：企业编制职工	4 人	/
	流动编制人员	139 人	/
	临时工	1258 人	/
	返回保险费人数	1401 人	/
	全年转出人数	271 人	27 人
	全年转入人数	302 人	30 人
	更改基本信息人数	60 人	6 人
	发放个人账户存折	707 人	71 人
	全年缴费总人次	14138 人	1414 人
缴费金额	单位缴纳	1376198.32 元	137619.83 元
	个人缴纳	249713.88 元	24971.39 元
	合计	1625912.20 元	162591.22 元
返回金额	保险费	全部返回	/

表 8-44 2005 年医学部本部(含临时聘用人员)失业保险缴费情况

缴费期限	平均月缴费人数(人)	单位缴纳金额(元)	个人缴纳金额(元)	合计(元)
2005 年 1 月~2005 年 12 月	1859	603244	196802	800046

表 8-45 2005 年医学部本部(含临时聘用人员)养老保险缴费情况

缴费期限	平均月缴费人数(人)	单位缴纳金额(元)	个人缴纳金额(元)	合计(元)
2005 年 1 月~2005 年 12 月	197	350210	140084	490294

表 8-46 2005 年医学部本部临时聘用人员医疗保险缴费情况

缴费期限	平均月缴费人数(人)	单位缴纳金额(元)	个人缴纳金额(元)	合计(元)
2005 年 1 月~2005 年 12 月	234	99183	10853	110036

【离退休人员工作】 1.校本部。2005年底北大校本部离退休人员总数为4411人,相当于在职职工人数的71%。北大调整了离退休工作委员会的组成,委员会主任由校党委书记闵维方担任,副主任由校党委副书记岳素兰、副校长林久祥担任。与此同时,学校成立了由林久祥副校长任组长的北京大学离退休工作小组,促进离退休工作的日常开展。

北大始终以"基本政治待遇不变,生活待遇略为从优"的准则,坚持司局级离休干部学习制度;坚持向老干部通报情况制度;坚持组织老干部就地就近参观工农业生产;坚持走访慰问制度等四项制度。

在落实生活待遇方面的措施有:第一,确保活动经费到位,提高护理费标准,保证离休干部每人每年1000元、退休人员每人每年300元的活动经费及时到位——为生活困难的老干部申请补助,关心他们的身体健康,丰富他们的文化生活,真正把学校对他们的关怀落到实处;第二,做好特困补助的申报和审批工作——到目前为止共有300多人受到补助;第三,完善医疗保健工作——人事部和校医院专门协商老干部的医疗保健工作,决定由校医院一名专科医生每两周为司局级离休干部开药一次,由若干名专科医生每两周为27名80岁以上行动不便的离休干部上门巡诊一次;第四,发挥老干部活动中心主阵地作用,改善活动条件,并由专人负责管理,提高了管理和服务水平;第五,组织积极健康的休养活动——以抗日战争胜利60周年为主题,广泛开展纪念和慰问活动。在开展保持共产党员先进性教育活动期间,针对离退休人员高涨的学习热情,采取送学上门的方式,对个别行动不便的老同志进行一对一的辅导。

2.医学部。截止到2005年12月31日,北大医学部共有离退休人员3730人,其中:离休干部295人(正局级4人、正局级待遇2人,副局级及副局级待遇21人);红军老战士2人(王承祝、谢世良);退休人员3435人,其中副局级干部8人。医学部本部有离退休人员1256人,其中:离休干部106人,退休人员1150人。医学部(含附属医院)有离退休党支部38个、离退休党员1381人。2005年医学部本部退休情况:干部退休23人,工人退休7人,退职1人。

医学部党委十分重视离退休人员的党支部建设,每年都参加市教工委老干部党校组织的党支部书记培训,组织部门按规定拨给党费支持离退休党支部活动。各党支部结合党员的思想实际和身体情况,精心组织主题鲜明、内容丰富的党日活动。组织参观西柏坡、李大钊故居、香山"双清别墅"、首都博物馆等。

坚持开展丰富多彩的文体活动,组织老同志春秋季京郊一日游活动、春秋季老年运动会;组织第十四届老年书画展和第九届门球赛;常年开设老年书画班、电脑培训班。对门球队、老年合唱团、京剧组、民乐队、太极剑组、健身操队,在经济上给予大力支持。

【博士后工作】 2005年北大共招收博士后287人(医学部42人),出站213人(医学部32人),在站517人(医学部75人)。1985年至今,累计招收2121名博士后(医学部374人),累进出站1573人(医学部264人)。北京大学在博士后研究人员的管理中一贯坚持"在培养中使用,在使用中培养"的原则,效果明显。2004年博士后被收录SCI论文173篇,2005年上半年,发表SCI论文78篇、EI论文44篇、ISTP论文7篇。在站博士后获自然科学基金16项,金额361万;获国家社科基金2项,金额11万。

在2005年10月21日召开的"全国优秀博士后表彰暨博士后工作会议"上,文兰、倪晋仁、龚旗煌、袁谷、段海豹、梅宏、郑晓瑛、黄建滨、朱小华、李毅、郭弘、雷明等12位人员获得"全国优秀博士后"荣誉称号;北大数学、化学、社会学、应用经济学获得"全国优秀博士后科研流动站"荣誉称号。人事部博士后办公室冯支越获得"全国优秀博士后管理工作者"称号。第三批北京大学优秀博士后共计21人,名单如下:数学学院朱小华、莫小欢,物理学院付遵涛,化学学院徐东升、杨荣华、张亚文,生命科学学院朱玉贤、李毅,信息科学技术学院何进,环境学院陈效逑,地球与空间科学学院陈衍景、周仕勇,力学系白树林,考古文博学院李崇峰,法学院王轶,社会学院钱民辉,基础医学院万有,公卫学院刘民,药学院吕万良,人民医院刘玉兰,肿瘤医院陈克能。

【人事档案管理】 1.校本部。2005年基本完成了6238卷教职工档案的整理。6月20日召开北大2005届毕业生暨2005级新生档案材料收集归档及转递工作培训会。各院系所中心及相关职能部门人员共62人参加了会议,会上分析了毕业生就业档案服务工作面临的形势和任务,全面部署2005年的毕业生就业工作中与学生档案密切相关的各项工作。

表 8-47　2005 年校本部人事档案工作统计

毕业生	出国	新生	归档数	查阅	机要转档	建档	整教工档	催回执	发调档函
派遣转出 2226 卷	学生出国存档 115 份	总数 6256 卷（本 2950 卷，研 3276 卷）；接收核对档案数（本 2940 卷，研 3220 卷）	11050 份	1564 人次（校外 856 人次，校内 708 人次）；电话咨询上千余次	2470 卷（其中教职工调出 35 卷，博士后出站转出 209 卷，学生转出 2226 卷）	接收建立博士后档 112 卷，接收建档调进及留校教职工档 123 卷	2005 年 7 月以前整理完毕	213 份	191 份

2. 医学部。医学部人事处档案室负责医学部职工人事档案管理工作。2005 年医学部本部接收（包括审核、催补、编排、录入）档案 120 份；办理转出 99 份；办理查借阅 403 份、材料归档 3520 份。截至 2005 年底，累计管理档案 4500 份。

财　务　与　审　计

财　务　工　作

【财务收支概况】 2005 年学校收入总额为 263435 万元，比 2004 年的 238530 万元增加 24905 万元，增长 10.44%。其中，专项经费 29419 万元，比 2004 年的 3901 万元减少 10382 万元；非专项经费 234016 万元，比 2004 年的 198729 万元增加 35287 万元。此外，科研事业收入和其他收入分别比上年增加 3385 万元和 5353 万元。

2005 年学校支出总额为 271012 万元，比 2004 年的 225066 万元增加 45946 万元，增长 20.41%。年末固定资产总额为 379552 万元，比 2004 年的 358921 万元增加 20631 万元，增长 5.75%。

总体看来，2005 年学校收支总量和固定资产总量仍保持稳健增长趋势，这表明学校教学科研事业发展活跃、办学实力进一步增强。

【财务专题分析】 1. 多渠道筹措办学经费。2005 年学校收入具体构成情况如下：教育经费拨款 65157 万元，科研经费拨款 50668 万元，其他经费拨款 15183 万元，上级补助收入 141 万元，教育事业收入 74461 万元，科研事业收入 12364 万元，附属单位缴款 944 万元，经营收入 598 万元，其他收入 43919 万元。国家拨款（包括教育经费拨款、科研经费拨款、其他经费拨款和上级补助收入）占总收入的 49.77%，是学校办学财力的主要来源；学校自筹资金（包括教育事业收入、科研事业收入、附属单位缴款、经营收入和其他收入）占总收入的 50.22%，是弥补办学经费不足的重要来源。学校的事业发展不再单纯依靠国家拨款，而是逐步形成了以国家拨款为主、多渠道筹措办学经费的格局。

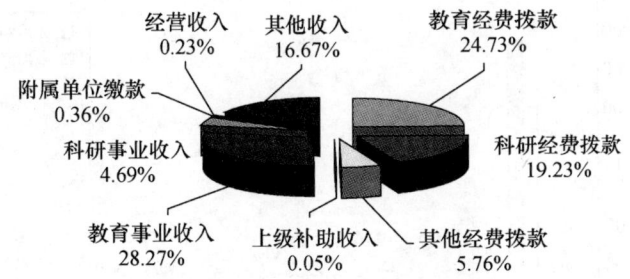

图 8-1　2005 年北京大学收入构成

（1）自筹经费能力增强—为弥补办学经费的不足，促进学校长远、可持续发展，在保证正常教学、科研工作的前提下，学校充分利用科研、人才优势，积极开展各种社会服务，努力发展校办产业，广泛争取海内外捐赠和社会资助。2005 年学校自筹经费收入达 132286 万元，占总收入的 50.22%，首次超出国家拨款。

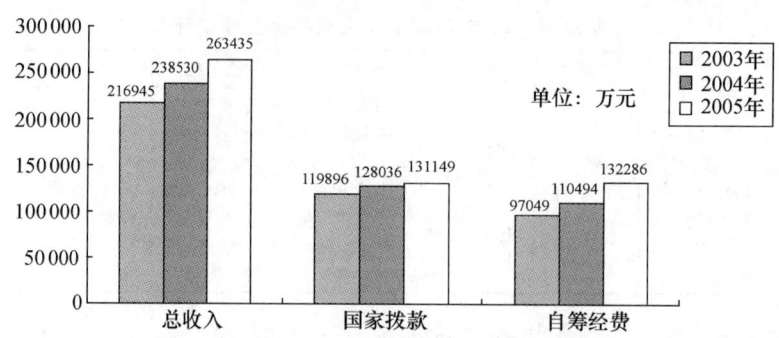

图 8-2　2003～2005 年北京大学收入情况比较

从 2003～2005 年学校收入情况比较图中可看出，学校自筹经费保持逐年增长趋势，且增长速度远远快于国家拨款。自筹经费能力的增强大大缓解了学校事业发展和办学经费不足之间的矛盾，为增强办学实力、提高办学效益提供了强有力的资金保障。

（2）支出结构合理——2005 年学校总支出为 271012 万元，教学支出和科研支出占总支出的 68.33%。这表明学校在支出预算安排上始终以教学、科研为核心，资金投向明确，支出结构合理。

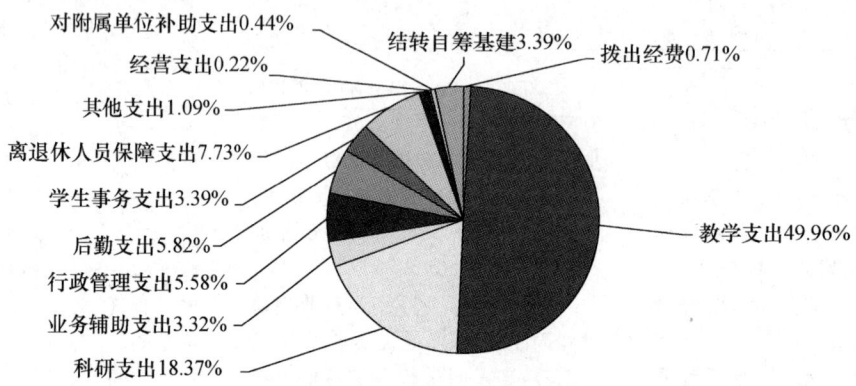

图 8-3　2005 年北京大学支出构成

同时，通过与 2004 年支出的对比可以看出，学校各项支出情况比上年更为活跃，尤其是教学、科研支出，继续维持较高水平，教学、科研工作稳步推进。此外，随着离退休人员数量的逐年增加和待遇的不断提高，学校每年用于离退休方面的支出也在持续上升，学校的负担将越来越重。

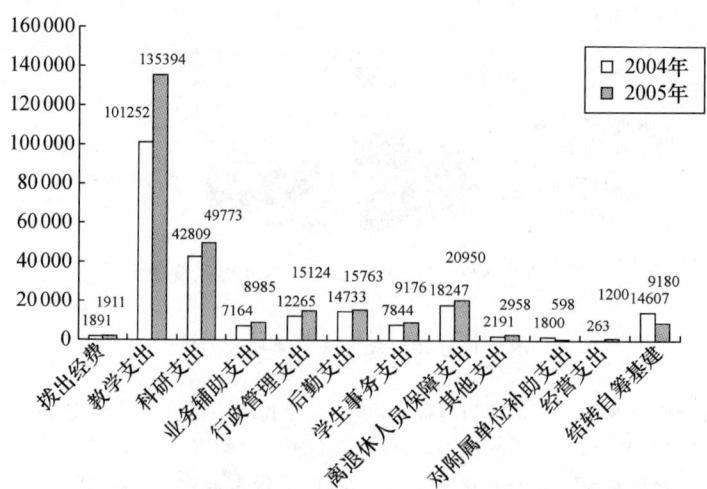

图 8-4　2004、2005 年北京大学支出构成比较

2. 财务指标评价良好。2005年学校现实支付能力11.21个月,潜在支付能力10.07个月,非自有资金余额占年末货币资金的比重为78%,自有资金余额占年末货币资金的比重为79%,自有资金动用程度为66%,自有资金净余额占年末货币资金的比重为79%。以上数据表明学校各项财务指标均维持在合理范围之内,财务状况处于良性循环状态。这说明财务工作的指导思想和财务管理体制是适合学校实际情况的,只有坚持"积极、稳健"的财政方针,才能确保学校各项事业的长远、可持续发展。

【财务管理工作】 1.遵循财务工作"十字"指导方针。2005年学校财务工作继续围绕创建世界一流大学的战略目标,紧密配合教学、科研工作,不断深化财务改革,规范财经行为,严格财务管理,坚持"严格,透明,公平,效益,服务"的"十字"指导方针,妥善处理各种财务关系,加强资金管理,全心全意为教学、科研服务,为学校事业发展做出了很大努力。

2.召开2005年财政工作会议。2005年5月,结合事业发展的需要,学校召开了全校党政一把手参加的财政工作会议,这是自2000年原北京大学和原北京医科大学合并以来,第一次全校范围内的财政总结和研讨大会。会上,陈文申常务副校长做了"北京大学2005年财政工作报告",系统介绍了学校近5年来的财政工作,提出了学校未来发展的总体思路,并从战略的高度研讨了多渠道办学、合理办学的机制,多渠道筹措办学经费、增强办学实力的途径。会议还邀请教育部副部长张保庆、审计署行政事业司司长鲍国明做了重要报告。会议取得了以下重要成果:第一,全面总结了过去5年的财政工作,对学校的经费现状进行了分析和总结,为今后的发展奠定了基础;第二,进一步明确了今后财政工作的基本思路,即继续坚持财务工作的"十字"指导方针,走可持续发展的道路;第三,修订、起草了10个财务管理方面的文件,进一步规范了学校各项经济活动。与会代表一致认为,本次会议调动了大家创建世界一流大学的积极性,增强了大局意识和全局意识。

3.认真落实审计整改意见。2004年5月至12月,国家审计署对学校进行了长达6个多月的全面审计,这是学校历史上规模最大、时间最长、涉及范围最广的一次审计。审计署既对学校各项财务工作给予了充分肯定,也指出了财务工作中还存在的个别问题。针对审计提出的问题,学校一方面向全校领导干部通报了审计情况,进一步严肃了财经纪律;另一方面,及时制定了整改方案,并与各有关单位和部门逐个落实、限期整改,在组织落实、制度落实、措施落实等方面做了大量工作。目前,大部分审计整改意见已得到贯彻落实。

4.多渠道筹措办学经费。随着事业发展和职工待遇的提高,学校医学部支出大幅上涨,加上长期以来经费缺口大,资金非常紧张。2005年,在校领导的支持下,医学部通过各种渠道向财政部、教育部反映财政困难,并争取到教育专项经费2765万元。此外,医学部还积极挖掘现有资源,调动二级单位的创收积极性,努力开拓财源。

5.加强财务规章制度建设。为进一步规范校内经济活动、努力提高财务管理水平,针对实际工作中存在的问题并结合学校长远发展的需要,2005年学校在充分调研的基础上,修订、起草了10个财务规章制度。经过财政工作会议的充分讨论,其中7个文件已经校长办公会正式审议通过,具体包括:

(1)修订"北京大学经济责任制条例"。2004年国家审计署对学校进行全面审计后,对加强经济责任、确保资金安全提出了更高的要求;学校经济活动的多样化发展,也对各级负责人提出了新的要求。因此,学校对各级经济责任制进行了进一步细化,既明确了各岗位职责和责任,又便于实际操作。

(2)修订"北京大学办学收入分配管理暂行办法"和"北京大学医学部收入分配管理暂行办法"。2005年,学校在进行了大量校内外调研的基础上,结合自身实际情况,重新修订了办学收入分配管理办法,并明确将合作办学收入纳入分配。修订后的办法,调动了全校各单位的积极性,增强了校级财力,对充分发挥学校的社会服务功能、依法增加办学收入、健全教育成本补偿机制、合理调整利益关系、增强办学活力有着重要意义。

(3)修订"北京大学收费票据管理办法"。为进一步规范学校各类收费票据的使用,结合收费票据管理过程中出现的新情况、新问题,根据"中华人民共和国发票管理办法"等有关法律法规,对原办法进行了重新修订。

(4)制定"北京大学银行账户管理规定"。继前一阶段对全校银行账户进行多次清理检查后,根据国家有关法律、法规和"教育部直属高校和事业单位银行账户管理暂行办法"(教财[2004]19号),结合北大实际情况制定了本规定。

(5)制定"北京大学外汇收费管理规定"。为进一步规范学校各类外汇收费业务,保证外汇资金的安全和完整。根据国家外汇管理局"境内机构外币现钞收付管理暂行办法"等外汇规章制度,结合北大实际情况制定了本规定。

(6)制定"北京大学非贸易非经营性外汇财务管理办法"。为进一步加强北大非贸易非经营性外汇财务管理工作,根据国家外汇管理有关政策规定和"教育部所属高

等学校、事业单位非贸易非经营性外汇财务管理办法"(教财[2000]4号),结合北大实际情况制定了本办法。

6. 规范科研经费管理工作。加强科研经费管理,提高资金使用效益,是学校科研事业持续、健康发展的基本保证。根据财政部、教育部联合下发的教财[2005]11号文件的要求,学校制定了"关于贯彻执行教育部 财政部关于进一步加强高校科研经费管理的若干意见的通知",对以下科研工作进行了重点规范:第一,规范研究生助研津贴管理工作——规定在科研经费中据实安排研究生助研津贴,并将津贴直接转入研究生个人银行卡,确保助研津贴按时足额发放给研究生;第二,落实校内科研经费管理责任制——根据上级文件要求,结合学校实际情况,对校内单位在科研经费管理方面的责任进行了明确落实。

7. 加强财经政策法规的宣传学习。2005年校本部财务新编了"北京大学财务规章制度汇编",内容包括国家现行财经政策和北大财务规章制度;同时,为便于校内各单位学习,还从中选取了10个重点学习文件,单独编印成册。这两本文件汇编已下发校内各单位,对宣传国家财经法规、加强财务管理、严格财经纪律、预防财务工作中的非制度化行为具有重要意义。

8. 加强会计队伍建设。2005年校本部财务结合新的工作形势,在思想道德文化建设、业务培训等方面建立了一系列经常化、制度化措施,恢复成立了团支部,进一步加强对青年财务人员和管理骨干的培养,努力提高财会人员的政治素质、业务素质和管理水平。

医学部财务结合保持共产党员先进性教育活动,采取了一系列整改措施。例如,实行挂牌服务,鼓励工作人员以饱满的热情进行窗口服务,并树立团结协作、积极向上、无私奉献的精神。

此外,学校还组织会计人员参加了由国务院机关事务管理局举办的会计人员继续教育培训,通过加强学习,促进大家努力更新业务知识,不断提高业务水平,为创建世界一流大学提供优质高效的服务。

(田 丽)

审 计 工 作

【审计工作绩效】 2005年共开展审计项目560项,包括:财政审计34项、工程审计190项、企业审计24项、经济责任审计10项、内部控制审计7项、科研经费决算审签295项。审计工作绩效如下:

1. 为学校增收节支、增加价值。通过对成府园区土地开发费用的审计,为学校直接减少支出1亿元;通过工程审计工作,为学校直接减少支出1050万元;通过对二级单位审计,收回账外资金数百万元。

2. 为学校防范风险。处理违规资金数千万元,防范了违规风险;经过学校审计的项目或单位,在外部审计或检查时普遍反映良好。

3. 促进规范内部管理。通过审计工作,提出规范财经管理的意见和建议80多条,促进了学校财经活动的规范运行;近年来连续进行审计的单位,其内部财经管理规范化程度明显提高。

4. 学校内部审计工作在2005年9月接受教育部主管部门和审计署内部审计协会检查时获得高度评价。在2005年11月全国教育审计工作会议和教育审计20周年总结大会上,陈文申常务副校长作为部属高校代表做了大会发言,介绍了北京大学内部审计工作的战略、理念、思路以及实现途径,受到广泛赞誉。

【内部审计转型】 不断借鉴国际内部审计的先进理念,努力使内部审计从传统内部审计向现代内部审计转变。

1. 在审计目标上,从合规性审计向合规性审计与增值性审计并重转变;在内部审计的各种目标中,突出强调防范风险和创造效益两个主导目标,并以此引导整个审计工作。

2. 在审计内容上,从财务审计为主向业务审计、管理审计为主转变,从以关注资金为主,向全面关注资金、资产、资源转变;为实现好这一转变,从学校内部资源配置的方向、结构及其变化,资源配置与管理控制的关系上关注资源配置的新方向、新变化,从而确定审计的领域、方向、重点。把财政审计、企业审计、工程审计作为三大重点领域;把经济责任审计、内部控制审计作为强化经济责任制、完善内部管理控制的重点方法,初步形成了"3+2"的审计模式。

3. 在审计方式上,从事后审计为主向事前审计为主转变,也就是从事后检查向事前控制的转变;充分发挥内部审计在管理控制中的作用,把传统的检查处理问题的工作方式转变到通过设置控制环节防止问题发生的方式上来。

4. 在审计方法上,从财务入手审计向业务入手审计转变。通过审计方法的改进,全面提高审计质量。

【主要审计业务进展】 1. 财政审计。坚持日常运行经费和重点专项工程的预算执行情况审计以及大额资金支出月度审计审签。在重点专项工程预算执行情况审计中,针对此项业务长期持续开展而且学校资金量大、二级单位较多、业务复杂等特点,把全面审计与突出重点相结合,在全面审计

的基础上,确定几个重点方面,做深做透,既提高效率又提高效果,促进了学校预算管理规范化程度的提高。对二级预算单位,把对其延伸审计与其负责人经济责任审计相结合,提高了审计的效率与力度。

在大额资金支出月度审计审签中,严格执行教育部财务司"银行对账单双签制"的有关规定,坚持按照北大"银行存款审计审签规范"开展工作,每月对于10万元大额资金支出严格执行审计程序,特别是对非经常性业务开支重点审核。一些重点大额支出进行了事前审计。通过这些工作,规范了大额资金的支出程序,完善了资金管理的内部控制,确保了资金安全。

2. 工程审计。坚持对10万元以上的工程项目进行竣工结算审计,把审减工程造价与规范工程管理相结合,不断推动工程管理部门加强管理,取得了一定的效果,表现在:工程管理部门已经将对审减率的约束条款签订在施工与监理合同之中,严格要求其履行职责,降低造价;送审工程洽商逐渐减少,结算价逐渐降低;审计二次审减率不断降低。2005年结审项目中,平均审减率为2.66%,充分发挥了内部审计的约束作用。

限于事后审计的局限,无法对很多建设前期和过程中确定下来的对造价有重要影响的事项进行审计和控制,因此,2005年制定发布了"北京大学建设工程项目全过程审计办法",要求对概算造价在1000万以上的项目实行全过程审计,在建设工程设计阶段、招标阶段、施工阶段、竣工结算阶段全过程介入,审核把关。建设工程全过程审计不是结算审计的过程化,而是采取事前审计方式,发挥内部审计的事前控制作用,保证了建设资金使用效益的提高。北大体育馆工程、光华研修楼工程已经开始从施工阶段进行全过程审计。箕斗桥学生公寓已经开始从招标阶段开始全过程审计;中关园留学生公寓项目、国际数学中心项目已经从设计阶段,从设计概算开始进行全过程审计。

3. 企业审计。加大了企业审计的力度,凡是涉及企业和学校资产、权益关系的事项,都要经过内部审计部门审定;过去由企业或有关管理部门委托中介机构做出的审计、评估、咨询结果,都要由内部审计部门复核、把关;在此之后需要委托中介机构进行的事项都要有审计部门委托,并加强业务监管;对于改制后的企业,还要依法加强对企业的定期审计和企业负责人的经济责任审计,通过审计加强监管,防止企业财务或经营风险波及学校。2005年完成了对资源集团及其控股的24个公司的审计。

【内部审计建设】 1. 内部审计队伍建设。建立一支专业化、职业化、适应国际内部审计发展与世界一流大学建设的内部审计队伍是内部审计队伍建设的目标,经过近年来的努力,以国际注册内部审计师为骨干的审计队伍初步形成,校本部8名审计人员中,有4人拥有国际注册内部审计师资格。此外,还有7人次具有中国注册会计师、注册造价工程师、注册税务师、注册资产评估师、注册价格鉴证师等专业资格。医学部2005年调入审计人员2人,加强了审计队伍的力量。

2. 内部审计法规规范建设。通过近年发展,学校建立了完整的以"北京大学内部审计规定"为核心的内部审计制度体系。目前,适合学校情况与现有审计人员特点的一套内部审计实务标准与工作程序已经形成,该标准细化流程、注重程序、目标引导过程,包括5大类40多个规范化的文件,并在5年的实践中不断修订完善。从1999年9月时的"审计业务规范与文书格式"到现在的"内部审计实务手册",每一项工作都建立了程序与标准。医学部结合自身特点,制定了程序规范、文书规范、档案管理制度,修订了岗位责任制,进一步完善了内部管理制度。

3. 内部审计业务技术建设。按照"业务入手"审计方法,要求审计人员全方位地获取信息、提炼信息,在审计业务过程中既要查账务、查账户,又要查业务,既要关注财务信息也要关注业务信息,既要运用查账手段也要运用调研手段,来揭示存在问题,提炼有用信息和综合分析,并从体制、机制上提出解决和防范问题的办法。随着审计方法的改革,审计活动不再局限于财务收支的审计,而是拓展到整个业务活动以及与业务活动有关的内部控制,通过对业务活动及其内部控制的审计,完善整个管理控制过程,从而防范风险、创造效益。

充分发挥电子数据审计的优势,从手工数据审计向电子数据审计逐步过度,并积极探索不是基于专门的审计软件,而是基于通用软件的计算机辅助审计模式和方法。这种模式和方法发挥了通用性软件稳定性好、适用广泛、技术成熟且成本低廉的优点,促进了审计效率、质量、效果的提高。

4. 内部审计理论建设。2005年末,组织课题组完成了教育部财务司的研究课题——"教育内部审计技术与方法专题研究"。

2005年9月,王雷获得中国教育审计学会课题一等资助,承担"效益审计理念及其实现途径"研究课题。

2005年完成"'业务入手'审计方法与审计质量控制"、"内部控制审计略论"、"着眼国际内部审计发展,服务世界一流大学建设"等论文,在国家级刊物上发表或入选

高级研讨会会议论文。

5. 内部审计环境建设。审计室通过多种方式，宣传内部审计在学校发展中的作用，营造大家理解关心支持审计工作的局面；在工作中，既充分发挥内部审计的制衡作用，又与各相关业务职能部门建立良好的沟通机制与工作关系，站在不同角度为学校发展服务，共同为学校防范风险、增加价值。

（沈　寄）

资 产 管 理

【概况】 2005年，围绕学校创建世界一流大学的核心目标和总体工作安排，资产管理部在完成土地与房屋产权管理、公用房调配、人防工程管理、教师公寓管理与服务、住房补贴发放等常规性工作的基础上，强化制度建设和信息化建设，完善服务，不断创新，着重抓好了北京大学房地产信息系统建设、西二旗二期经济适用房入住、公用房管理办法改革、宣传工作以及保障学校重要基建项目建设等五项重点工作，保证了北大房地产工作的顺利开展。

2005年底，北京大学（本部）占地面积2332552平方米。各类房屋建筑面积1626306平方米，其中：教学、科研及辅助用房435797平方米，行政办公用房19874平方米，学生宿舍211085平方米，教职工住宅（含集体宿舍）483406平方米。

2005年，实验室与设备管理部的工作重点是继续加强学校实验室建设，加强实验技术队伍的建设、管理与改革，完善与强化集中采购与政府采购工作，加强大型仪器设备的开放与管理，集中修改和完善了与实验室管理、仪器设备管理、设备采购有关的24项管理办法和管理规定，这些规章制度的实施将进一步促进实验室与设备管理工作的制度化、规范化；隆重召开了"北京大学实验室工作会议暨实验室工作先进个人、先进集体表彰大会"。2005年"985工程"二期项目正式开始实施，"十五·211工程"进入第三年，我部承担了大量设备采购与管理工作。

（殷雪松）

【房地产管理】 2005年，根据学校的规划和安排，资产管理部进一步加强了对各类房屋、土地资源的科学管理与合理调配，主要包括公用房调配与管理、教职工住房与教师公寓的管理与服务、土地与房屋产权管理等方面。

1. 公用房调配与管理。

（1）公用房分配与调整。畅春新园1～4号学生公寓、校内40～42学生宿舍、畅春园63楼学生公寓、附小综合楼建成并投入使用，极大地缓解了学生住宿困难、办学资源紧张的矛盾。

（2）公用房搬迁与周转。配合篓斗桥学生公寓、校内40～42楼学生公寓、新化学南楼的工程建设需要，完成校园管理中心、社区管理中心等相关单位的腾空搬迁工作；根据奥运乒乓球馆的建设需要，完成青鸟公司和游泳池用房的腾空及运输中心的搬迁周转工作；根据公教大楼的建设需要，完成老三教、十三斋、仪器厂小楼内工会、团委、武装部、校园管理中心、印刷厂、青鸟公司等相关单位的腾空搬迁工作；继续进行生命科学学院、国关学院等单位应交回学校房屋问题的沟通协调工作。

（3）公房普查工作。在2004年公用房普查的基础上，对公房数据进行了全面的核对和整理，完成了全校所有院系的公房数据的普查和基础数据整理工作。

（4）公房验收工作。与学校相关部门配合参与了畅春新园1～4楼学生公寓、畅春园63楼学生公寓、校内40～42楼学生宿舍、附小综合楼、图书馆旧馆改造、燕南园60号小楼改造等新建及改造工程的竣工验收。其中，畅春新园1～4楼学生公寓、畅春园63楼学生公寓、校内40～42楼学生宿舍、附小综合楼为新建工程，建筑面积合计8.9万平方米。

2. 教职工住房、教师公寓的管理和服务。

（1）教师公寓管理和服务。2005年毕业留校教职工60多人，引进人才及调入人员近100人，共安排教师公寓160套（间），其中成套房99套，非成套房61间。安排教师公寓粉刷检修146套（间），其中成套房84套，非成套房62间。

（2）博士后公寓管理。共办理进站入住89人，成套房59套，非成套房30间。博士后公寓粉刷检修67套（间）。

（3）校内20楼房屋改造。2005年3月起，制定详细置换方案，搬迁出20楼内所有住户。

（4）供暖费、物业费支付。经过认真审核，学校统一支付西二旗供暖费220万元；支付西三旗（育新花园小区）、六道口供暖110万元，物业费58万元。

3. 土地与房屋产权管理。

（1）国有土地使用权登记。办理了学校与集体土地相临宗地国有土地使用权证，包括海淀区苏家坨镇寨口村44号、海淀区苏家坨镇北安河村金仙庵和海淀区苏家坨镇北安村金仙庵朝阳院，相关材料全部交北京市国土资源局

海淀分局,等待发证。配合北京市集体土地调查工作,对学校已办理国有土地使用权证,但与集体土地相邻的宗地进行指界。蓝旗营、燕北园和417公寓土地证的办理工作已接近尾声,估计2007年初可以发证。协助医学部第六医院办理土地证等。

(2)房屋产权管理。办理海淀区西二旗铭科苑房屋产权证6个,建筑面积518.62平方米;东升园和华清嘉园两处的北京大学房屋产权证正在办理之中;为100多家租赁学校房屋的校办公司出示经营场所产权证明。

办理簸斗桥学生宿舍征地批复手续,征用海淀乡土地1.23万平方米(1.23公顷,18.5亩)。

(刘学志 姜 如)

【房改工作】 2005年学校住房制度改革工作主要包括房改售房和发放教职工住房补贴等方面。

1. 售房工作。

根据北京市房改售房政策,2005年6月对按2001价申请购房的教职工集中办理了结账手续,共办理246户,收取购房款664万元,同时,与购房人签订了"北京大学公有住宅买卖契约",统一填写了"北京市房屋产权登记申请书"等购房材料。此外,与因住房调整再次购房的教职工签订了原已购住房的"回购契约"。

农转居拆迁户优惠售房工作。完成售房结账收尾工作,为20户申请购房的农转居拆迁户办理了结清房价、签订契约等手续。开始办理整理制作售房档案等工作。

解决了历史遗留的燕北园拆迁户建设基金退还问题。经与基建工程部核实、个人核对,为83户拆迁户办理退款手续,共退款20余万元。

完成了210户1999价产权制证工作。

为55户购房职工办理产权证发放手续。

为25户退西三旗住房购西二旗住房的住户办理退原购房款工作。与北京高校房地产公司多次沟通,经过计算回购房价款、个人核对、退房款、签订回购契约等工作程序,共办理退款156万元。

2. 教职工住房补贴发放和预算决算工作。

按照"北京大学教职工住房补贴发放办法"的规定,核发教职工住房补贴2222人次,发放补贴金额6529万元。其中包括办理离退、去世人员住房补贴发放的拾遗补漏工作,共计核发46人;办理部分在职无房及在职未达标职工住房补贴的发放工作,共计2176人次。

按照住房补贴支取程序,共为501位在职的无房和住房面积未达标职工办理了住房补贴支取手续,建立了住房补贴支取档案。

按时完成上报教育部"北京大学住房补贴预算及决算报表"。在人事部、财务部协助下,依据职工人事信息和住房档案对校本部在职和离退休职工的住房情况、住房补贴金额及发放记录进行了汇总及核算,在与医学部数据汇总后,完成了"2004年北京大学住房补贴决算报表"及"2006年北京大学住房补贴预算报表",并按时上报教育部相关部门,为保证上级财政部门正常拨付住房补贴资金做好基础工作。

(杜德华)

【重点专项工作】 1. 积极推进北京大学房地产管理信息系统的建设。

为提高工作效率和管理的现代化、规范化,资产管理部争取到教育部支持,开展高校房地产信息系统建设试点,并获得了专项资金支持。经校领导批准,资产管理部与计算中心合作从2005年11月开始研制开发北京大学房地产管理信息系统,该系统包括公用房和人防工程管理子系统、教师公寓管理子系统、房改售房管理子系统和资产部网页。为此,资产管理部和计算中心联合成立了信息化工作小组,系统必需的数据收集、整理及初步需求分析工作已经完成。目前该项工作正稳步进行,主页已经开通,系统将于2006年9月后全面投入使用。

2. 圆满完成西二旗二期经济适用住房的入住工作。

精心准备、妥善安排西二旗二期入住前后的相关工作,确保了490多户教职工的顺利入住。

做好入住西二旗二期教职工原住房的收回与检修工作。从6月下旬开始催交西二旗二期教职工原住房,并安排部分收回房屋的粉刷检修。目前,已经收回成套房169套,非成套房119间,占所有应收回房屋的75%。收回的原住房作为教师公寓的主要房源,保证了新留校教职工和引进人才的公寓用房。

针对入住后小区出现的问题,代表学校积极协调物业管理、供暖等事项,促进有关问题的解决。

3. 稳步推进公用房使用与管理制度改革。

公用房建设规模不断扩大,公用房总量日益增加,教学科研和办公条件也逐步改善。但随着学校事业的迅速发展,公用房供需紧张状况却没有得到根本缓解,文科与理科之间、各院系之间、院系与重点实验室之间以及院系内部用房情况苦乐不均,矛盾突出,必须对现行的公用房管理使用办法进行改革。此项工作涉及面广、情况复杂,资产管理部制定了周密的工作计划,在进行调研和座谈的基础上,分阶段分步骤稳步推进。

资产管理部与有关部门、院系代表成立了公房管理改革调研小组,利用暑期走访北京、上海、广州等相关兄弟高校,进行了公用房管理考察和调研工作,提出了"关于公房使用与管理改革调研报告"。

在进行公房普查，掌握第一手公房使用数据的基础上，结合调研情况，进行定额测算，提出了公房管理办法初步修改方案。

4. 全力配合，积极做好"北京国际数学研究中心"工程建设有关前期工作。

按照学校"数学中心"工程建设规划安排，多次到海淀区政府、区建委、房改办等有关政府部门进行咨询、申报文件和资料，积极争取办理有关事项。

5. 推进五道口经济适用房项目开展。

2005年4月，受学校委托，资产管理部代表学校与北京法政实业公司签订了"合作协议"。由于法政公司至今尚未完成拆迁，正式建设施工日期无法确定。学校已将有关情况向北京市教委进行了汇报，同时与法政公司及时沟通，关注项目进展情况，促进该项目早日动工。

6. 通过市场机制联系房源，为教职工选购住房提供服务。

为帮助教职工改善住房条件，资产管理部分别考察了"润千秋"和"世界名园"、"大河庄园"、"中海枫涟山庄"等商品房项目。2005年7～8月，资产管理部与中海地产北京公司签订团购优惠协议。该公司以优惠价格向北京大学（包括医学部和附属医院）教职工优惠出售中海枫涟山庄商品住房，共有40多户教职工购房。

7. 开展房屋安全检查工作。

根据国家及北京市的有关规定，结合学校实际情况，资产管理部拟定了"北京大学房屋安全检查实施方案"。2005年完成了主校园内平房区、8～13公寓、中关园1～3公寓的房屋安全检查，涉及楼房9幢，平房600间，建筑面积3万多平方米。

8. 地铁四号线施工临时占用学校部分土地及补偿事宜。

根据校园规划委员会确定的原则意见，资产管理部与发展规划部、总务部等有关单位密切配合，就地铁四号线施工临时占用学校部分土地、地上物迁移和补偿事宜，以及可能对周边区域教学科研所造成的影响问题，与地铁建设、设计和施工单位进行了多次沟通协商、论证。2005年11月，受学校委托，资产管理部代表学校与北京市轨道交通建设有限公司签署了有关协议。

（殷雪松）

【人防工程管理】 根据中央机关人防办和教育部人防办的要求，进行冬季防火、夏季防汛的安全检查，发现隐患，及时整改。

进一步加强和完善了人防资料的管理工作，指定专人负责人防工程文件、统计资料、图纸、档案的保管和管理，并提供专门的文件柜用于存放相关保密资料。随着保密制度的落实，管理人员的保密意识和责任意识普遍提高。

根据"教育部人防办关于转发国务院机关事务管理局'关于开展中央国家机关普通地下室平时使用与安全管理情况调查摸底工作的通知'的通知"（教人防［2005］6号）的有关要求，认真开展普通地下室摸底调查工作，及时准确上报数据材料。建立健全普通地下室基础档案，为进一步加强管理制度、规范安全管理工作打好基础。

进一步加强人防工程信息化建设。按照教人防［2005］5号文件精神的要求，人防办公室高度重视、认真组织，配备专门用于人防数据库系统建设的专用计算机，指定专人负责数据的采集和录入工作。此项工作已稳步推进，北大人防工程管理的现代化、信息化、规范化水平有所提高。

积极开展人防工作宣传和国防教育活动。向全校各单位发放了"中华人民共和国防空法"、"北京市人民防空工程及地下室安全使用管理办法"等法律、法规及宣传材料，宣传群众、教育群众，增加广大群众的防空知识，提高了国民的防空意识。

（杨晶）

【实验室管理】 截至2005年底，北京大学共有各类实验室79个，其中基础课实验室10个、专业实验室15个、科研实验室45个、综合实验室9个。开展的主要工作有：

4月22～23日，召开了"北京大学实验室工作会议暨实验室工作先进个人、先进集体表彰大会"。此次大会规模大，层次高，对于强化北大的实验室与设备管理，促进学校实验室的建设与发展具有重大意义。

加强5个校级基础实验教学中心的建设，其中基础物理实验教学中心和化学基础教学实验中心通过了北京市实验教学示范中心的评审，并被推荐参加国家级实验教学示范中心的评审。

"985工程"二期规划建设项目——北京大学实验动物中心一期工程已经完成，并通过北京市动物管理委员会的指标检测，投入试运行。二期工程正在筹划中，相应的管理办法——"北京大学实验动物管理办法"、"北京大学实验动物福利伦理审查办法"等已起草完毕，正在报审。

组织完成2005年度实验技术系列职务评审工作。

召开院系实验室与设备管理人员2005年总结、培训会议。

组织召开北大世行贷款高教发展项目建设的6个实验中心的交流培训会议。

对口支援新疆石河子大学培训实验技术人员，2005年共培训两批9人次。

（张聂彦）

【仪器设备管理】 2005年北京大学"十五·211工程"进入第三年，"985工程"二期项目也正式实施。北大的仪器设备购置量与上年相

比数量略有增加,而资金量略有减少。年新增 800 元以上仪器设备 10127 台,价值人民币 1.60 亿元。截至 2005 年底,在用仪器设备总量为 72455 台,价值人民币 14.18 亿元,其中,教学科研仪器设备数量为 61762 台(套),价值 124325.97 万元人民币。

仪器设备管理主要工作:

第十三期大型仪器开放测试基金的结算。基金总额 306 万元("十五·211 工程"出资 204 万元,配套 102 万元),参加开放仪器 65 台,完成课题 556 个,使用测试经费 301.7 万元。受益单位有化学与分子工程学院、生命科学学院、物理学院、地球与空间科学学院、环境学院、信息学院、考古文博院、力学与科学工程系等。

第十四期大型仪器开放测试基金的申报、评审工作已结束,开放仪器增加到 84 台,批准资助课题 628 个,批准基金总额 373.71 万元。其中,"十五·211 工程"出资 249.14 万元,配套 124.57 万元。为提高校拨资金的使用效率,扩大受益面,从第十三期起,该项基金的配套比例调高为学校资助金额的 50%。

北京科学仪器协作共用网入网仪器的管理。2005 年入网仪器 10 台。

完成了教育部"十五·211 工程"建设项目——"高等学校仪器设备和优质资源共享系统"子项目"入网仪器设备条件建设"的申报工作,北大共有 23 台单价 100 万元以上大型仪器设备获得资助,项目总经费为 284 万元(其中校本部 176 万元/医学部 108 万元),目前项目正在执行中。

加强免税科教用品的管理。5~7 月组织校本部单位对 2000~2005 年进口免税科教用品进行了一次全面自查工作,在院系自查的基础上,进行了抽查。抽查结果表明,北大免税科教用品管理总体情况良好,但也不排除个别违反海关法规的现象存在,因此加强培训、宣传及管理力度仍是今后工作的重点。

根据北京海关每两年进行一次免税用户年审备案的要求,我部会同医学部设备处于 11~12 月间对北京大学 2003~2005 年的所有进口免税的科教用品进行了一次全面汇总、统计。统计结果显示,3 年间校本部和医学部办理免税共计 865 项,涉及仪器设备 2457 台/套/批,合同总金额 3349.90 万美元,按平均税率 25% 计算,免除的税款达 837.48 万美元,折合人民币为 6951.08 万元。

为 23 台(件/套)价值在 40 万元以上的大型贵重仪器设备的购置进行可行性论证工作。

集中开展复印机、计算机及其外设等通用仪器设备的巡检活动 3 次,对其中 109 台有故障的台式机、笔记本、打印机、扫描仪进行了检修和维护,保障了教学、科研、行政工作的顺利进行。

(张解东 李小寒 石铄)

【仪器设备采购】 2005 年采购任务主要集中在以下几个项目上:"十五·211 工程"、"985 工程"、国家重点实验室更新改造费及校基建费、世行贷款高等教育发展项目三标合同、接受境外友好赠送和其他一般性采购。通过招标方式采购 25 次,招标总额达 3592.12 万元人民币。2005 年进口采购签约 342 项,金额 1128.79 万美元,折合人民币 9368.95 万元,引进仪器设备 1046 台(件/套/批),其中 10 万美元以上的大型贵重仪器 19 台(套)。

1. "985 工程"采购。截至 2005 年底,由实验室与设备部负责执行的"985 工程"一期设备经费总拨款约 4.58 亿,目前已完成 4.16 亿,其中 2005 年完成结算的约 2374 万元(其中国外 2143.54 万,国内 230.43 万);"985 工程"二期总拨款 5843.185 万元,完成结算约 2334 万元(其中国外 1013.74 万,国内 1320.48 万)。"985 工程"招标、谈判、最终签订进口采购合同 101 项(见表 8-9:2005 年"985 工程"进口仪器设备一览表),合同金额折合美元 345.11 万元,折合人民币 2864.41 万元,包含仪器设备 328 台(件/套/批);超过 10 万美元以上的大型贵重仪器 7 台(套),包括 3 kHz 相位锁定飞秒激光放大系统、紫外-近红外显微荧光/拉曼测试系统、激光共聚焦显微镜、紫外激发-低温-显微拉曼光谱仪、高温高阻霍尔效应测量系统、原位纳米力学测试系统、离子阱质谱仪。

2. "十五·211 工程"采购。截止到 2005 年底,由实验室与设备部负责执行的经费总拨款约 2.3 亿,完成 1.6 亿,2005 年合同执行完毕结算约 4600 万(其中国外 2908.6 万、国内 1691.4 万)。"十五·211 工程"通过招标、谈判,最终签订进口采购合同 128 项,合同金额折合美元 605.17 万元,折合人民币 5022.91 万元,包含仪器设备 540 台(件/套/批)。其中超过 10 万美元的大型贵重仪器 9 台(套),包括:阴极荧光光谱仪、冷场发射扫描电子显微镜、多级离子阱质谱仪、激光拉曼显微光谱仪、傅立叶变换离子回旋共振质谱仪、扫描探针显微镜、热质联用仪、碳纳米管热化学气相沉积系统、多针尖蘸笔纳米刻蚀系统。

3. 国家重点实验室更新改造费及校基建费采购。利用国家重点实验室更新改造费及校基建费招标进口设备 5 项,共 6 台(件/套),合同金额折合美元 40.90 万元,折合人民币 339.47 万元,其中超过 10 万美元的大型贵重仪器 2 套,分别是数字通讯分析仪和 128 导脑机交互实验系统。

4. 接受境外赠送。接受境外友好赠送 11 项,计 83 台(件/套/

批),总价值17.54万美元,折合人民币142.07万元。全部办理了申请接受赠送的行文、报审、进口(或出口)审批手续。

5. 一般性进口采购。签约108项,合同金额折合美元137.61万元,折合人民币1142.16万元,包含仪器设备172台(件/套/批)。其中超过10万美元的大型贵重仪器1台——超低温生物分子分析仪。

6. 国内设备采购。积极组织厂商、供应商举办仪器设备展示、研讨活动7次,促进用户与商家的交流与沟通。完善了采购工作的各项规章制度及流程,并编写"仪器设备采购简明手册"分发到各用户手上,提高了工作效率,改善了服务质量。

(石铄 张聂彦)

【世行贷款"高等教育发展项目"】
在1998年立项的世界银行贷款"高等教育发展项目"中,北京大学有6个基础教学实验中心纳入建设计划。2005年度该项目进入关闭阶段,各项工作进展顺利。三标合同的执行金额16.93万美元,包含170台(件/套)仪器设备;完成第三批图书资料采购的执行及报账;进行该项目的完工总结工作,撰写执行完工报告和汇报材料;两次接受世行完工检查团对北大的实地检查,并获得好评;接受并顺利通过国家审计署对此项目2005年度的审计;向协作院校内蒙古大学捐赠仪器设备,合计300台(套),价值284.9万元;组织培训研讨活动一次,15人参加。

(张聂彦)

附 录

表8-48 2005年土地资源基本情况汇总

区片	面积(平方米)
主校园	1016971
燕东园	185073
中关园	160201
蔚秀园	84851
畅春园	60644
承泽园	58748
燕北园	98402
蓝旗营	25324
畅春新园	20000
昌平园区	346296
成府园	92313
其他	183729
合计	2332552

(杨晶)

表8-49 2005年房屋基本情况汇总

类别	建筑面积(平方米)
1. 教学科研用房	435797
公共教室	30138
图书馆	55896
体育馆	12426
会堂	12421
实验室	114002
其他教学科研及辅助用房(院系)	210944
2. 行政办公用房(校机关)	19874
3. 生活用房	377535
学生宿舍	211085
教工集体宿舍	20734
学生食堂	27126
生活福利及其他附属用房	118590
4. 教工住宅	462672
5. 产业用房	246180
6. 附小、附中用房	84248
合计	1626306

(胡垣霞)

表8-50 2005年教职工住宅现状情况

建筑面积(平方米)	使用面积(平方米)	居住面积(平方米)	实住户数(户)	家庭人均居住面积(平方米)	有成套房户数(户)	住房成套率(%)
534227*	401674	241004	8505	10.12	7226	81.95

注:住宅面积中包括蓝旗营小区以及部分校外购福利房面积。

(赵月城)

表8-51 2005年成套家属房汇总统计

区片	套数(套)	建筑面积(平方米)
校内	96	9834
附中	108	6000
中关园(含科学院)	1286	79083

续表

区 片	套 数(套)	建筑面积(平方米)
蔚秀园	817	43403
畅春园	320	20068
承泽园	386	24961
燕东园(含清华园)	884	51698
燕北园	1390	96700
蓝旗营	641	75600
西三旗(一期)	316	22387
西三旗(二期)	129	14575
六道口	83	6166
燕东园小楼		6547
燕南园小楼		5650
合　计	6456	462672

(赵月娥)

表 8-52　2005 年人防工程统计

地　区	项　目	个　数	使用面积(平方米)
办公区	校办公区	10	17066.52
宿舍区	中关园	2	3688.8
	燕东园	4	2086
	蔚秀园	2	714.8
	燕北园	3	2249.8
	畅春新园	1	1393.51
合　计		22	27199.43

注：表格统计数据不包括普通地下室。

(杨晶)

表 8-53　2005 年实验室基本情况一览

序号	单　位	实验室个数	实验室使用面积(m^2)	教学实验(2004~2005 学年)			仪器设备(2005 年度)		其中 20 万元以上	
				实验个数	实验时数	实验人时数(万)	数量(台)	金额(万元)	数量(台)	金额(万元)
	合　计	79	79417	1398	28574	122.66	51554	115022	806	60734
1	数学科学学院	2	2100	24	114	0.32	1823	1433	2	48
2	力学与工程科学系	5	3872	28	1631	0.63	2169	4171	25	1952
3	物理学院	12	15719	308	3198	21.06	7400	21042	122	13198
4	信息科学技术学院	14	12629	193	10160	40.14	7972	21913	150	12356
5	化学与分子工程学院	15	17724	168	2089	30.04	7385	19179	181	12576
6	生命科学学院	9	7311	264	2929	20.74	7124	14263	108	6032
7	地空学院	5	4905	184	706	2.43	3505	5993	44	2629
8	环境学院	4	3400	90	4879	2.63	3944	6351	63	2594
9	心理学系	4	1160	109	1488	1.25	679	738	3	211
10	中国语言文学系	1	80	7	808	0.55	579	597	0	0
11	考古文博院	1	720	0	0	0	883	1408	11	596
12	光华管理学院	1	520	23	572	2.87	2019	2019	3	151
13	北京核磁共振中心	1	2000	0	0	0	199	2767	5	2448
14	现代教育技术中心	1	1128	0	0	0	1434	2044	12	482
15	计算机科学技术研究所	1	1400	0	0	0	132	393	2	204

续表

序号	单位	实验室个数	实验室使用面积(m²)	教学实验(2004~2005学年)			仪器设备(2005年度)		其中20万元以上	
				实验个数	实验时数	实验人时数(万)	数量(台)	金额(万元)	数量(台)	金额(万元)
16	计算中心	1	3168	0	0	0	2507	7074	43	3610
17	图书馆	1	400	0	0	0	1583	3191	30	1573
18	分子医学研究所	1	1235	0	0	0	217	446	2	74

注：现代物理中心和电镜室含在物理学院中。

(李小寒 张媛)

表8-54 2003~2005年新增800元以上仪器设备对照

项目\年份	2003年	2004年	2005年
增加数量(台/套)	8455	8949	10127
增加金额(亿元)	1.86	1.78	1.60

(张解东)

表8-55 2003~2005年教学科研仪器设备对照

项目\年份	2003年	2004年	2005年
仪器设备数量(台/套)	49602	55555	61762
仪器设备总值(万元)	103342.71	116672.46	124325.97

(李小寒)

表8-56 2005年校内开放测试基金情况

序号	测试费额度(万元)	经费来源	资助课题(个)	执行测试费(万元)
十期	60.00	"985工程"一期	358	75.00
十一期	70.00	"985工程"一期	374	91.00
十二期	152.00	"十五·211工程"	443	198.00
十三期	204.00	"十五·211工程"	564	306.00
十四期	249.00	"十五·211工程"	628	374.00

(李小寒)

表8-57 2003~2005年参加北京地区科学仪器协作共用网情况

年份	测试项目(个)	测试样品(个)	测试机时(小时)	测试费收入(万元)	获运行补贴费(万元)
2003年	217	3691	7876	95.90	29.34
2004年	193	3808	9410	103.59	17.77
2005年	204	4404	6971	94.79	12.55

(李小寒)

表8-58 1998~2005年大型仪器测试服务收入统计

年份	测试服务收入(万元)
1998年	54.00
1999年	80.00
2000年	100.00
2001年	138.00
2002年	178.00
2003年	270.00
2004年	328.00
2005年	437.00
合计	1585.00

(李小寒)

表8-59 "高等学校仪器设备和优质资源共享系统"入网仪器设备清单

仪器编号	仪器名称	规格型号	所在实验室	负责人	资助额(万元)
0303325	800 MHz核磁共振谱仪*	AV 800	北京核磁共振中心	金长文	24
0302852	场发射透射电子显微镜	TECNAI F30	北京大学电镜室	尤力平	18
9400782	高分辨透射电子显微镜	H9000NAR	北京大学电镜室	陈晶	18
0404087	物理性质测量系统	PPMS-9	凝聚态物理与材料物理研究所低温实验室	陈晋平	10

续表

仪器编号	仪器名称	规格型号	所在实验室	负责人	资助额(万元)
0201567	蛋白质测序仪	Procise 491	生命科学院蛋白质测序室	赵进东	8
0108955	电子探针X射线显微分析仪	JXA-8100	造山带与地壳演化实验室	魏春景	18
0207679	高分辨多接收等离子质谱仪	VG AXIOM	造山带与地壳演化实验室	韩宝福	8
0108948	粒子成像流场测量系统	Y120-15E	力学系测试分析室	李存标	10
9703475	交变梯度磁强计	2900-4C	磁测量实验室	陈海英	10
	激光飞行时间串联质谱仪	Ultraflex TOF TOF	蛋白质工程与植物基因实验室	赵进东	10
0210467	流式细胞分选仪	MoFlo	细胞生物学与细胞工程实验室	邓宏魁	8
9701789	材料研究衍射仪	X'Pert MRD	材料物理实验室	张酣	10
0210230	全自动全时标高精度激光显微探针$^{40}Ar/^{39}Ar$定年系统	MS5400	造山带与地壳演化实验室	季建清	18
9400801	傅里叶变换红外/拉曼光谱仪	750/910	红外拉曼光谱实验室	翁诗甫	6
20022022	扫描探针显微镜	MMAFM-2	北大医药卫生分析中心	沙印林	18
971494	核磁共振波谱仪	INOVA 500	北大医药卫生分析中心	崔育新	12
20010555	高效液相色谱-质谱联用仪	QSTAR	北大医药卫生分析中心	李军	10
20031272	电感偶合等离子体质谱	Elan DRC II	北大医药卫生分析中心	王京宇	8
971307	激光扫描共焦显微镜	TCS NT	北大医药卫生分析中心	何其华	8
	流式细胞计*	FACSvantage Diva	北大医药卫生分析中心	陶家平	16
	激光共焦显微扫描系统	TCS SP2	北大医药卫生分析中心	何其华	8
19990484	透射电子显微镜	JEM-1230	北大医药卫生分析中心	胡白和	18
	四极杆飞行时间生物质谱仪	Q-TOF GLOBAL	北大医药卫生分析中心	彭嘉柔	10
共 计					284

* 注:800 MHz核磁共振谱仪、流式细胞计是试点仪器,资助经费加倍。

(李小寒)

表 8-60　2005年大型贵重仪器购置论证统计

序号	仪器名称	参考型号	参考单价(万元)	经费来源	申请单位	申请人	论证日期
1	离子阱质谱检测系统				化学与分子工程学院	刘虎威	2005.01.07
2	手动探针台	6510-sf6-v0-1-e	40.6	"十五·211工程"	化学与分子工程学院	刘忠范	2005.04.18
3	蛋白质组质谱样品制备仪		119		生命科学学院	纪建国	2005.05.10
4	碳纳米管热化学气相沉积(CVD)系统		100		化学与分子工程学院		2005.05.13
5	多针尖蘸笔刻蚀纳米加工系统		110		化学与分子工程学院		2005.05.13
6	具有电子束曝光功能的扫描电子显微镜		387		化学与分子工程学院		2005.05.13
7	1 kHz 相位锁定飞秒激光放大系统				物理学院	龚旗煌	2005.05.20
8	高温高阻霍尔测量系统		103		物理学院	沈波	2005.06.01
9	综合电学测量系统		64.6		物理学院	沈波	2005.06.01
10	扫描探针显微镜		220		信息科学与技术学院	彭练矛	2005.06.02
11	激光拉曼显微光谱仪		160		环境学院	朱彤	2005.07.18
12	原位纳米力学测试系统	TriboIndenter	222		力学与工程科学系	白树林	2005.07.19
13	热质联用仪		108万($)		化学与分子工程学院	林建华	2005.07.26
14	高分辨质谱仪		560		化学与分子工程学院	席振峰	2005.08.02
15	裂变径迹定年系统		78		地空学院	张志诚	2005.09.08

续表

序号	仪器名称	参考型号	参考单价（万元）	经费来源	申请单位	申请人	论证日期
16	多功能 X 射线衍射仪	Xpert ProXCelerator	180		地空学院	王河锦	2005.10.13
17	光谱扫描型活细胞显微荧光快速成像系统	FV1000&SPECTRUM DSU	300	"985 工程"二期	化学与分子工程学院	张宁	2005.11.02
18	十八角度静态光散射仪		65.6	"十五·211工程"	化学与分子工程学院	宛新华	2005.11.18
19	紫外可见光谱宏观测试系统		47	"十五·211工程"	信息科学技术学院	彭练矛	2005.11.22
20	ICP 刻蚀和化学沉积系统	KVICP-T888036	93.5	"985 工程"二期	物理学院	沈波 秦志新	2005.12.02
21	紫外可见近红外光光谱仪	"十五·211工程"	8万($)	"十五·211工程"	化学与分子工程学院	刘忠范	2005.12.05
22	条纹相机系统		170	"十五·211工程"	物理学院	张家森	2005.12.16
23	自动释光测年系统		75	"十五·211工程"	环境学院	周力平	2005.12.16

(张解东)

表 8-61　2005 年"985 工程"进口仪器设备一览

序号	品名	数量	折合美元($)	用户
1	3 kHz 相位锁定飞秒激光放大系统	1	525000	物理学院
2	3 kHz 飞秒激光放大系统光学附件	1	29084	物理学院
3	真空管式气氛炉	1	17185	信息科学技术学院
4	基因扩增仪	1	6800	分子医学研究所
5	微电极拉制仪	1	6800	生命科学学院
6	离心机	2	10600	力学系
7	紫外-近红外显微荧光/拉曼测试系统	1	106000	信息科学技术学院
8	材料计算软件	1	34500	物理学院
9	倒置显微镜	1	10941	生命科学学院
10	倒置显微镜/体视显微镜	3	12778	分子医学研究所
11	旋转蒸发仪	1	3300	化学与分子工程学院
12	超微量紫外分光光度计	1	9500	生命科学学院
13	荧光定量 PCR 仪/电泳转印系统/凝胶成像系统/基因转移系统	4	96500	分子医学研究所
14	膜片钳放大器等	6	66700	分子医学研究所
15	eppendor 离心机/移液器等	40	65000	分子医学研究所
16	荧光制冷型数字探测器	1	8950	分子医学研究所
17	高效液相色谱仪	1	37000	化学与分子工程学院
18	显微操作仪/显微注射仪/PCR 仪/离心机	6	50910	生命科学学院
19	基因扩增仪	1	7500	生命科学学院
20	M106 溶液	1	4095	分子医学研究所
21	电泳转印系统	1	6467	分子医学研究所
22	干泵	2	14000	考古文博院
23	显微镜附件	7	3015	生命科学学院
24	倒置荧光显微镜/倒置显微镜/体视显微镜	4	18715	分子医学研究所
25	CO_2 培养箱/培养箱/生化培养箱	9	28800	生命科学学院

续表

序号	品名	数量	折合美元($)	用户
26	PCR仪	2	23400	生命科学学院
27	体式显微镜	1	1930	生命科学学院
28	显微镜及数码成像系统	9	193000	生命科学学院
29	机电一体化实验系统	1	10200	力学系
30	电子喉	3	1753	中文系
31	肌电脑电仪	1	21400	中文系
32	光电倍增管等	26	1747	信息科学技术学院
33	超声细胞破碎仪/高速匀浆器	2	5400	分子医学研究所
34	生物信号记录系统	3	46700	分子医学研究所
35	三自由度直升机实验系统	1	13000	力学系
36	血管研究系统	1	16260	分子医学研究所
37	精密阻抗分析仪/半导体参数分析仪	1	67400	物理学院
38	台式摇床	1	8943.9	生命科学学院
39	光学平台	2	43760	物理学院
40	高压灭菌仪,CO_2培养箱,超低温冰箱	5	17000	生命科学学院
41	超低温冰箱/高压灭菌仪	2	12000	分子医学研究所
42	微注射器	1	6112	信息科学技术学院
43	制冰机	1	3400	分子医学研究所
44	CO_2培养箱/高压灭菌锅	2	9200	力学系
45	高压灭菌仪	1	4600	生命科学学院
46	偏光显微镜	1	15263	地空学院
47	激光共聚焦显微镜	1	275195.34	分子医学研究所
48	高速冷冻离心机	1	22000	生命科学学院
49	真空泵/真空计	6	22142	考古文博院
50	显微镜	1	5250	生命科学学院
51	金相显微镜、体视显微镜	2	32431	考古文博院
52	细胞电穿孔仪	1	7795	化学与分子工程学院
53	落地式冷冻离心机	1	25470	生命科学学院
54	小型高速(冷冻)离心机	5	8300	生命科学学院
55	真空泵	2	3900	化学与分子工程学院
56	平行反应器	3	11199	化学与分子工程学院
57	紫外激发-低温-显微拉曼光谱仪	1	144000	物理学院
58	超纯水系统	1	10500	分子医学研究所
59	恒温水浴/低温培养箱/培养箱/烘箱	5	9960	分子医学研究所
60	低温恒温水浴	1	2450	分子医学研究所
61	真空泵/摇床/涡流振荡器	13	13100	分子医学研究所
62	CO_2培养箱/生物安全柜/液氮罐/超低温冰箱	10	46600	分子医学研究所
63	移液器	35	3770	分子医学研究所
64	高温高阻霍尔效应测量系统	1	120000	物理学院
65	化学试剂	1	3900	化学与分子工程学院
66	个人型PCR仪	1	3450	分子医学研究所
67	FISHER实验仪器	1	10000	分子医学研究所
68	培养箱	2	5200	生命科学学院
69	生物安全柜	1	6800	生命科学学院
70	高速冷冻离心机	1	19700	生命科学学院
71	碎冰制冰机	1	3800	生命科学学院
72	凝胶成像仪/电穿孔仪	2	10800	生命科学学院
73	凝胶成像仪	1	7500	分子医学研究所

续表

序号	品名	数量	折合美元($)	用户
74	液氮罐	1	3600	分子医学研究所
75	超低温冰箱	2	10800	生命科学学院
76	倒置荧光显微镜	1	30238	力学系
77	循环制备高效液相色谱仪	1	52354	化学与分子工程学院
78	超纯水系统	1	5400	分子医学研究所
79	石英晶体微天平	1	78166	工学院
80	超纯水仪	1	5200	生命科学学院
81	马弗炉	1	6200	考古文博院
82	酶标仪	1	4500	生命科学学院
83	高速冷冻台式离心机/真空干燥仪	2	8500	生命科学学院
84	基因扩增仪/精密移液器	2	7200	生命科学学院
85	生物安全柜/CO_2培养箱	2	7075	工学院
86	高速冷冻离心机	3	11450	生命科学学院
87	电转化仪/电泳仪	2	10400	生命科学学院
88	离心机/磁力搅拌器	4	9820	考古文博院
89	超纯水系统	1	7288	考古文博院
90	倒置相差显微镜	1	2527	生命科学学院
91	超纯水系统	1	5300	工学院
92	紫外可见分光光度计	1	3571	生命科学学院
93	照度仪	1	8300	分子医学研究所
94	毛细管电泳系统	1	68562	化学与分子工程学院
95	宽频带地震仪(摆)	24	174400	地空学院
96	超纯水仪	1	5600	分子医学研究所
97	原位纳米力学测试系统	1	243000	力学系
98	真空阀门等配件	1	9913.99	考古文博院
99	控温仪	2	15575	考古文博院
100	离子阱质谱仪	1	114500	化学与分子工程学院
101	化学试剂	1	3791	工学院
	合计:328台(套/件/批)		金额:3451052.23($)	

(石铄 张志强)

表8-62 2005年"十五·211工程"进口仪器设备一览

序号	品名	数量	折合美元($)	用户
1	紫外可见分光光度计	1	13000	生命科学学院
2	CO_2培养箱	1	4000	化学与分子工程学院
3	数字源表	2	9543	化学与分子工程学院
4	气相色谱仪	1	24370	化学与分子工程学院
5	磁盘阵列	1	378899	计算中心
6	数字图像处理和分析软件	1	8600	化学与分子工程学院
7	数字荧光示波器	1	6324	物理学院
8	氦镉激光器	1	18924	信息科学技术学院
9	微电极拉制仪	1	6800	生命科学学院
10	紫外-可见宏观测试系统	1	56300	信息科学技术学院
11	光功率计及光学附件	64	6900	信息科学技术学院
12	体视显微镜	1	12000	生命科学学院
13	阴极荧光光谱仪	1	240000	电镜实验室
14	制备型高效液相色谱仪	1	78600	化学与分子工程学院
15	电化学分析仪	1	18000	化学与分子工程学院

续表

序号	品　　名	数　量	折合美元($)	用　户
16	红外双色成像系统	1	47000	生命科学学院
17	气相色谱质谱联用仪	1	53300	环境学院
18	膜片钳放大器系统	1	24035	物理学院
19	显微操作仪	1	7500	化学与分子工程学院
20	气质联用仪	1	52900	环境学院
21	气相色谱仪、液相色谱仪	2	49200	环境学院
22	CISCO网络设备	87	216846	计算中心
23	CISCO网络设备	101	419874	计算中心
24	高效液相色谱仪	1	49800	环境学院
25	气相色谱仪	1	20598	生命科学学院
26	半导体特性测试系统	1	44108	化学与分子工程学院
27	锁相放大器	2	9000	信息科学技术学院
28	光照培养箱	2	25600	生命科学学院
29	超低温冰箱	1	5800	生命科学学院
30	酵母显微操作系统	1	27581	生命科学学院
31	硬件仿真平台系统	1	49000	信息科学技术学院
32	声光偏转器	1	16543.96	信息科学技术学院
33	电子束强度分布采集和处理系统	1	61600	生命科学学院
34	高速冷冻离心机	1	8000	生命科学学院
35	高压灭菌仪	1	4300	生命科学学院
36	切片机2/数字成像仪	3	51000	生命科学学院
37	气质联用仪	1	63600	化学与分子工程学院
38	PCR仪/移液器/离心机	5	16000	生命科学学院/物理学院
39	显微操作仪	1	14900	生命科学学院
40	四极质谱计	1	15236	化学与分子工程学院
41	电动冲击土壤采样设备	1	15366	环境学院
42	冷冻干燥机	1	18500	生命科学学院
43	超低温冰箱	1	6200	生命科学学院
44	NIKON偏光显微镜	40	144020.6	地空学院
45	超能探测器	1	36797	物理学院
46	冷场发射扫描电子显微镜	1	260000	化学与分子工程学院
47	多级离子阱质谱仪	1	163600	化学与分子工程学院
48	气动泵（高压装柱泵）	1	7720	化学与分子工程学院
49	电镜用灯丝	2	8000	信息科学技术学院
50	电动光学调节器	1	2094.7	信息科学技术学院
51	液相氧电极	1	4908	生命科学学院
52	楔焊机	1	20600	化学与分子工程学院
53	倒置荧光显微镜	1	41358	生命科学学院
54	生物安全柜	1	6150	生命科学学院
55	裂变径迹定年系统	1	89291	地空学院
56	小型在线质谱仪	1	53717	化学与分子工程学院
57	倒置显微镜	1	41963	生命科学学院
58	扫描电镜场发射灯丝	1	2395.75	信息科学技术学院
59	十八角度静态光散射仪	1	80000	化学与分子工程学院
60	显微操作仪	1	31300	生命科学学院
61	化学发光检测仪	1	14225	生命科学学院
62	程控直流电源	1	10887	化学与分子工程学院

续表

序号	品名	数量	折合美元($)	用户
63	气相色谱仪	1	55000	化学与分子工程学院
64	自动释光测年系统	1	84312	环境学院
65	激光拉曼显微光谱仪	1	153000	环境学院
66	氩离子激光器	1	8000	环境学院
67	半电动荧光显微镜/冷冻切片机/石蜡切片机	3	62500	生命科学学院
68	自动双速旋转磁力仪	1	45423	环境学院
69	傅立叶变换离子回旋共振质谱仪	1	540000	医学部
70	凝胶成像仪	1	7140	生命科学学院
71	光照培养箱	1	23000	生命科学学院
72	杂交箱	2	5384	生命科学学院
73	储存液氮罐	1	11000	生命科学学院
74	双向电泳仪	1	24933	生命科学学院
75	高速冷冻离心机	1	24200	生命科学学院
76	电泳仪	1	2900	化学与分子工程学院
77	微量超速离心机/超声波破碎仪	2	35100	生命科学学院
78	高速离心机	1	9100	化学与分子工程学院
79	扫描探针显微镜	1	244500	信息科学技术学院
80	生物分子相互作用分析仪用芯片	30	4550	化学与分子工程学院
81	紫外分光光度计	1	11000	化学与分子工程学院
82	隔膜泵	4	4400	化学与分子工程学院
83	热质联用仪	1	128000	化学与分子工程学院
84	无油隔膜泵	11	12100	化学与分子工程学院
85	旋转蒸发仪	8	16800	化学与分子工程学院
86	凝胶成像仪/电转化仪	2	27750	生命科学学院
87	生物显微镜	1	8200	环境学院
88	蛋白质纯化仪	1	18600	生命科学学院
89	蛋白快速分离色谱系统	1	30000	生命科学学院
90	无油隔膜泵	20	21600	化学与分子工程学院
91	高速台式冷冻离心机/精密移液器/梯度PCR仪	5	13400	环境学院生命科学学院
92	荧光显微镜/体视荧光显微镜/倒置荧光显微镜	3	59951	生命科学学院
93	微孔板光密度测定仪	1	21500	生命科学学院
94	微波消解/萃取系统	1	30200	环境学院
95	碳纳米管热化学气相沉积系统	1	117500	化学与分子工程学院
96	高速冷冻离心机	1	27400	生命科学学院
97	毛细管电泳系统附件	1	7000	化学与分子工程学院
98	多针尖蘸笔纳米刻蚀系统	1	129298	化学与分子工程学院
99	手动探针台	1	50000	化学与分子工程学院
100	光学腔	2	22000	信息科学技术学院
101	光谱光度色度计	1	13000	化学与分子工程学院
102	氙灯全光谱老化测试机	1	33000	考古文博学院
103	模拟太阳光源	1	10673	化学与分子工程学院
104	大气痕量物质标准样品	3	5000	环境学院
105	电击转化仪	1	7400	生命科学学院
106	高分辨数字显微图像系统	1	7000	生命科学学院
107	中压柱分离系统	2	11000	化学与分子工程学院
108	大面积位置灵敏硅探测器/光敏二极管	10	13087	物理学院
109	防火墙	3	99804	计算中心

续表

序号	品名	数量	折合美元($)	用户
110	前置放大器	1	3425	信息科学技术学院
111	环境PUF采样器	4	15200	环境学院
112	ACD分子结构设计套件	1	5096.5	化学与分子工程学院
113	雪崩二极管	1	2703	信息科学技术学院
114	表面波芯片杂交仪	1	32882	化学与分子工程学院
115	单光子计数器	1	5191	化学与分子工程学院
116	荧光定量PCR检测系统	1	34000	化学与分子工程学院
117	多道分析器	2	7800	地空学院
118	高效液相色谱仪	1	35000	化学与分子工程学院
119	微波合成仪	1	24600	化学与分子工程学院
120	凝胶渗透色谱仪	1	48100	化学与分子工程学院
121	杂交炉/储存液氮罐	2	5700	生命科学学院
122	CO_2培养箱	2	9900	生命科学学院
123	显微镜	7	53500	生命科学学院
124	显微操作仪/离心机	2	41000	生命科学学院
125	定量PCR仪/基因扩增仪/化学试剂	7	68100	生命科学学院
126	全自动液晶测试仪	1	22965	化学与分子工程学院
127	总有机碳分析仪	1	24000	环境学院
128	自动磨抛机	1	21166	地空学院
合计:540台(套/件/批)			6051708.51($)	

(石 铄 张志强)

表8-63 2005年国家重点实验室及基建经费进口仪器设备一览

序号	品名	数量	折合美元($)	用户
1	数字通讯分析仪	1	120390.5	信息科学技术学院
2	宽带频谱分析仪	1	50270	信息科学技术学院
3	高精度GPS	2	40164	信息科学技术学院
4	三维运动数据处理装置	1	58138	信息科学技术学院
5	128导脑机交互实验系统	1	140000	信息科学技术学院
合计:6台(套/件/批)			408962.5($)	

(张 洁 张志强)

表8-64 2005年接受境外赠送科教用品一览

序号	品名	数量	折合美元($)	用户
1	固体探测器	1	15000	化学与分子工程学院
2	臭氧探空仪	70	39039.09	物理学院
3	真空泵及附件	4	900	生命科学学院
4	图书	1	5329	外语学院
5	臭氧分析仪	1	11000	环境学院
6	气溶胶监测系统	1	18100	物理学院
7	六氯二硅烷	1	1000	化学与分子工程学院
8	倒置显微镜	1	15000	分子医学研究所
9	富士通小型机	1	30000	计算中心
10	膜厚测定仪	1	25000	微电子所
11	气相色谱仪	1	15000	化学与分子工程学院
合计:83台(套/件/批)			175368.09($)	

(石 铄 张志强)

表 8-65 2005 年正常进口仪器设备一览

序号	品　名	数　量	折合美元($)	用　户
1	化学试剂	1	12358	生命科学学院
2	宽频带前置放大器	1	2340	物理学院
3	数字锁相放大器	1	5131	信息科学技术学院
4	高功率可调激光器	1	30470	信息科学技术学院
5	中子探测器	1	1636	物理学院
6	40GB 光电误码测试系统附件	25	3520	信息科学技术学院
7	自动阻抗测量系统	1	86300	信息科学技术学院
8	Blast EDA 软件	1	40000	信息科学技术学院
9	分液漏斗振荡器	1	2200	环境学院
10	SUN FIRE V40Z 服务器	2	27908	生命科学学院
11	静电式氡/钍射气采样测量仪	1	5830	物理学院
12	离心机/移液器	5	6630	生命科学学院/化学与分子工程学院
13	化学试剂	1	9892	生命科学学院
14	ICCAP 模型软件/半导体参数分析仪附件	1	31340.35	信息科学技术学院
15	体视显微镜	1	9091	生命科学学院
16	低漏电开关矩阵	1	8117.14	信息科学技术学院
17	台式离心机	2	12400	化学与分子工程学院
18	台式冷冻离心机	1	8800	化学与分子工程学院
19	数字源表	1	5565	环境学院
20	制冷型 CCD 系统	1	29800	物理学院
21	电源电表	1	12400	物理学院
22	光谱光度色度计	1	17546	物理学院
23	精密电流测量计	1	1902	物理学院
24	交直流电流源/纳伏表	2	8989.85	物理学院
25	数字源表	1	4600	物理学院
26	紫外可见分光光度计	1	13500	物理学院
27	双风冷氩离子激光头	1	5000	地空学院
28	单光栅光谱仪	1	18000	物理学院
29	PCR 仪	2	8400	生命科学学院
30	锁相放大器	1	1968	信息科学技术学院
31	声光调制器、声光调制器驱动器	2	2190	信息科学技术学院
32	高效液相色谱仪	1	22074	核磁中心
33	单路输出直流电源	1	3078.1	信息科学技术学院
34	液相芯片分析系统	1	58000	生命科学学院
35	压电陶瓷制动器		2680	信息科学技术学院
36	光电倍增管等	4	940	信息科学技术学院
37	超低温生物分子分析仪	1	180000	核磁中心
38	高速冷冻离心机	1	15960	生命科学学院
39	有机金属气相淀积系统附件	1	67978	物理学院
40	高压灭菌仪	1	4200	生命科学学院
41	徕卡切片机附件	1	3800	生命科学学院
42	超低温冰箱	1	6200	生命科学学院
43	光功率计	1	2200	化学与分子工程学院
44	锁相放大器	4	5721	信息科学技术学院
45	S4 X 射线荧光光谱仪配件	2	8679	化学与分子工程学院
46	电镜专用浮动管	1	9298	电镜实验室
47	电镜用气体阀门	1	750.7	信息科学技术学院
48	聚焦离子束真空分子泵	1	10028	物理学院

续表

序 号	品 名	数 量	折合美元($)	用 户
49	扫描电镜接口板	1	1481.8	信息科学技术学院
50	光栅	4	7405	物理学院
51	生物安全柜	1	6150	生命科学学院
52	快速蛋白质液相色谱仪	1	38000	化学与分子工程学院
53	免疫共沉淀试剂/杂交炉	3	5968	生命科学学院
54	集成光栅光谱仪	1	4300	物理学院
55	快速液相纯化系统及光度计配件/塑料管	1	3957	生命科学学院/核磁中心
56	化学试剂	1	5500	生命科学学院
57	超纯水仪	1	4300	生命科学学院
58	电泳槽	1	4328	生命科学学院
59	化学试剂	1	5666	生命科学学院
60	化学试剂	1	10000	生命科学学院
61	电镀化学试剂	1	2422.29	信息科学技术学院
62	双向电泳槽	4	8500	生命科学学院
63	荧光分光光度计/紫外分光光度计	2	29410	生命科学学院
64	荧光分光光度计	1	20800	信息科学技术学院
65	蛋白质纯化仪/化学试剂	2	11429	生命科学学院
66	基因杂交检测试剂	1	2875	生命科学学院
67	无水无氧操作箱	1	40000	化学与分子工程学院
68	化学试剂	1	3444	生命科学学院
69	凝胶成像分析系统	1	5860	物理学院
70	小型高速冷冻离心机	1	4697	生命科学学院
71	沙尘暴监测系统	1	14500	物理学院
72	多肽合成仪	1	23800	化学与分子工程学院
73	化学试剂	1	3339	生命科学学院
74	中子探测器	2	910	物理学院
75	超低温冰箱	2	17400	生命科学学院
76	四极质谱仪	1	14700	信息科学技术学院
77	探针台	1	70000	信息科学技术学院
78	微波探针台用探针	4	3180	信息科学技术学院
79	电源控制器	1	1195	物理学院
80	薄膜蒸镀仪用坩埚及靶材	1	1551.27	信息科学技术学院
81	近场光学显微镜用陶瓷剪切力模块	2	2770	物理学院
82	X射线探测系统	1	75605	物理学院
83	雪崩光电二极管探测器	1	1881	信息科学技术学院
84	光电倍增管	1	1293	物理学院
85	Ah受体效应测定试剂盒	10	10450	环境学院
86	高精度三轴微控器	1	2008	信息科学技术学院
87	化学试剂	1	3791	化学与分子工程学院
88	化学试剂	1	2918.2	环境学院
89	化学试剂	1	5100	生命科学学院
90	化学试剂	1	2111.3	生命科学学院
91	化学试剂	1	1046.4	生命科学学院
92	化学试剂	1	860	生命科学学院
93	化学试剂	1	1559	生命科学学院
94	化学试剂	1	1073.5	生命科学学院
95	化学试剂	1	1327.2	生命科学学院
96	化学试剂	1	1989.5	生命科学学院

续表

序 号	品 名	数 量	折合美元($)	用 户
97	化学试剂	1	1233.9	生命科学学院
98	化学试剂	1	916.66	生命科学学院
99	化学试剂	1	2495.3	生命科学学院
100	化学试剂	1	1747.58	生命科学学院
101	化学试剂	1	1432.4	生命科学学院
102	化学试剂	1	3645.02	生命科学学院
103	化学试剂	1	1734.5	生命科学学院
104	化学试剂	1	4490.56	生命科学学院
105	化学试剂	1	2559.7	生命科学学院
106	化学试剂	1	9532.83	生命科学学院
107	化学试剂	1	8825.63	生命科学学院
108	化学试剂	1	9242.05	生命科学学院
合计：172 台(套/件/批)			1376118.73($)	

（石　铄　张志强）

基 建 与 后 勤

基 建 工 作

【概况】 学校批准基建工程部岗位编制为32人。截止到2005年12月底，在编人员28人。其中，计划办公室9人、维修办公室11人、工程建设办公室8人。因工作需要，计划办公室返聘1人，维修办公室返聘1人。在编人员中，教授级职称2人、高级职称6人、中级职称13人、助理工程师3人、其他工作人员4人。

2005年，基建党总支认真组织在职党员16人（含预备党员2人）和部分退休党员积极参加北大保持共产党员先进性教育活动。党员们联系工作实际，贯彻落实党的十六大精神和"三个代表"重要思想，紧紧围绕创建世界一流大学的中心任务，加速校园基础设施建设，改善办学条件，改善教学科研环境，适应党的科教兴国、人才强国的发展战略。党员们通过学习教育更加坚定了理想，增强了学习的紧迫感、工作的责任感和使命感。在保持共产党员先进性教育活动中，党员们坚持学习、工作"两不误，两促进"，以实际行动确保基建任务圆满完成。

2005年，基建党政领导班子密切配合，在党员、干部中继续坚持勤政廉政思想教育，坚持"两个务必"，保持坚定的革命意志，艰苦奋斗的思想教育，自觉抵制腐败，抗住诱惑，保持共产党员先进性。在基建行政工作、党务工作中，党政领导要求党员坚持党的原则，自觉做到自重、自省、自警、自励，坚持预防为主、教育为主的方针，做好反腐倡廉的宣传和警示教育。

2005年，在继续加强管理、强化制度建设中，以北京大学体育馆（奥运场馆）建设为契机，重新修订和完善基建相关的规章制度，其中包括工程招标制度、材料设备价格确认制度、工程质量管理制度、工程造价控制制度、工程项目跟踪审计制度等，共30多项，约4万字。基建工程部的整个管理体系在良性循环中发挥了更大作用。

积极开展对入党积极分子的培养教育工作。经组织考察批准，基建分总支一支部又发展1位积极分子加入党组织，成为预备党员；2004年发展的预备党员按期转为正式党员。基建在职一支部有正式党员15名（预备党员1名），占在职职工人数的50％。

【基建投资】 2005年教育部下达北京大学基建投资计划共计53841万元，其中基建工程投资计划38381万元（含教育部拨款1247万元，学校自筹及捐款37134万元），另有校"211工程"办管理的211工程财政部拨款15100万元。

2005年北京市发改委安排"中关园留学生公寓"年度投资计划6832万元。

2005年北京大学基建工程投资计划共计45213万元，其中，校本部投资计划30977万元、医学部投资计划14236万元。

2005年北京大学基建工程实际完成投资35006万元，其中，校本部完成投资24474万元、医学部完成投资10532万元，实际完成投资为2005年工程建设投资的77％。

未完成投资计划主要原因为：光华企业家研修院工程等待办理政府园区土地变性手续；新化学南楼工程等待解决搬迁问题；篦斗桥学生宿舍工程等待学校总体交通影响评价审批等。上述因素致使工程开工滞后，影响投资计划完成。

2005年完成维修改造投资3706万元，其中，图书馆旧馆改造工程完成1971万元，附小教学楼改造工程完成578万元，医学部改造工程完成1157万元。

【工程预结算审核】 2005年预结算审核工作任务仍然较重，预结算审核工作仍以提高审核质量和清理遗留结算项目为重点，加强内部管理，采取各项措施，实现审核目标。2005年完成审核主要项目包括国政楼工程、学生食堂工程、化学楼改造（三期）工程以及各项室外工程等近百项，审核金额约10750万元，审核质量不断提高。基建工程部初审后的工程结算送学校审计后，学校审定的结算造价，总体审减幅度不超过2%。

为提高工程结算审核质量，提前抓好工程造价控制工作，并采取多项措施：

（1）设计阶段。配合基建工程部两个工程管理办公室，明确要求二次设计或者专业分包的范围，避免招标界限不清，造成工程结算出现扯皮现象。

（2）招标阶段。划定暂定金额、暂估材料、设备价格，明确充分利用竞争手段，尽量缩小暂估价范围，反复认真界定暂估范围。除此之外，对市场价格差异比较大的，事先给出材料、设备参考品牌。

（3）合同签订阶段。对市造价处文件规定需要发包方确认价格的材料、设备和洽商，明确确认方式，对可能出现的漏洞，在合同中予以明确，并对不同价格体系的合同补充条款不断进行完善。

（4）施工阶段。工程开工后，召集施工方、监理方、项目负责人员等宣讲合同条款，明确造价管理要求、洽商签订要求，确认价格程序等，实现参建各方共同控制造价。

（5）工程结算阶段。监理先行，施工管理人员配合，预算人员严格把关，力争做到及时、完整、合规、准确。

（6）审计阶段。积极配合学校审计，对反映的问题注意反馈，加强管理，减少漏洞。

全面实行工程全过程控制，以保证工程竣工结算的良好。

【信息管理】 2005年重点对工程造价控制系统的洽商增减账管理进行了完善。北京大学体育馆工程已经开始实施动态造价信息管理，建立了材料、设备价格查询系统，购置了材料、设备市场价格信息网，各办公室可以直接上网查询价格信息。

地下管网录制和文字处理工作做到及时准确。

【工程项目管理】 2005年工程项目管理继续坚持以工程安全、质量为核心，全面做好安全、质量、投资、进度和文明施工等各项工作。2005年北大新建和改造工程开复工主要项目15项（医学部4项），建设规模约为310900平方米（医学部87877平方米）。其中竣工项目9项（医学部3项），竣工面积约186265平方米（医学部63277平方米）。

1. 竣工工程。

（1）畅春新园学生宿舍工程。总建筑面积50276平方米，主体结构为剪力墙结构，地上六层，地下一层（局部二层），学生宿舍1631间，可安排3262位学生入住。学生宿舍内配备电视机、电话、网络线路，地下室人防及消防设施先进，备有自动喷洒系统。该项工程采用了节能和环保的中水系统和地热水系统：地热水处理采用多项新工艺，使投资成本降低20%，运行成本节约40%；中水处理采用生化法，工艺标准已被列入国标图集。该项工程于2004年8月17日破土动工，2005年8月17日竣工验收。该项工程由北京市住宅建筑设计研究院设计，北京市第六建筑工程公司总承包，北京华厦工程建设监理有限公司施工监理，基建工程部工程建设办公室负责该工程项目施工管理。该项工程被评为北京市结构长城杯金奖，已申报工程长城杯。

（2）学生宿舍41～43楼工程。总建筑面积为25996平方米，工程主体为全现浇钢筋混凝土剪力墙结构，地上六层，地下一层（局部二层），学生宿舍633间，可安排2532位学生入住。该项工程地上为学生宿舍，地下为功能用房，包括人防、自行车库、管道夹层、变配电室、弱电室。该工程于2005年1月24日开工，2005年11月15日竣工验收。该项工程由北京市住宅建筑设计研究院设计，北京市第六建筑工程公司总承包，北京中联环建筑监理有限责任公司施工监理，基建工程部维修办公室负责工程项目施工管理。该项工程被评为北京市结构长城杯金奖，已申报工程长城杯。

（3）畅春园学生宿舍63楼工程。总建筑面积为5460平方米，工程为现浇剪力墙结构，地上五层，地下一层。学生宿舍194件，可安排388位学生入住。该项工程主要为学生宿舍，地下一层为办公室及库房，首层设有开水房。该工程是学校第一个按新的节能标准设计建设的大楼，施工中，专业管理人员对新工艺、新做法进行了认真研究。在传统做法上，改进了聚苯板粘贴和阳台保温做法，取得很好效果。该项工程于2005年3月7日破土动工，2005年10月底竣工验收。该项工程由北京大学建筑设计研究院设计，北京市第三建筑工程有限公司总承包，北京华清科技工程建设咨询有限公司施

工监理。基建工程部工程建设办公室负责工程项目施工管理。

以上学生宿舍竣工交付,使北京大学学生宿舍紧张状况得以缓解,万柳学区的学生可以如期搬回校本部。

(4) 北大附小教学楼及宿舍楼工程。总建筑面积为11666平方米,主体结构为框架结构,地上五层,地下一层。该项工程设计为组合建筑,主要由教学楼、学生宿舍及多功能教室组成,其中,普通教室55间,学生宿舍75间(可容纳450名学生入住)。附小新教学楼包括综合布线、消防、有线电视、广播、安防、多媒体、弱电等系统,设备齐全,能满足目前及将来现代化教学的需要。设计平面布局保留了附小原有的古树及人文环境。建筑设计充分体现绿色环保的生态理念,室内首次采用了国内先进的诱导式通风系统(地道风系统),在冬季和夏季室内都有地温新鲜空气补充,提高了教室的空气质量和舒适度。此项工程是附小教学楼工程的亮点。该项工程于2004年6月30日开工,2005年8月底竣工验收。该项工程由北京市中颐和建筑设计公司设计,河北鹏达建设集团有限公司总承包,北京鸿厦基建工程监理有限公司监理,基建工程部维修办公室负责工程项目施工管理。该工程已被评为北京市结构长城杯银奖,已申报工程长城杯。

(5) 图书馆旧馆改造工程。总建筑面积为26198平方米。旧图书馆经过了30年的使用,其设施及功能已远不能满足教学科研的需要,急需进行功能改造。由于图书馆是学校重要的教学科研场所,旧馆改造期间部分阅览室必须正常开放,因此增加改造工程施工难度,只能采取分段施工办法。旧馆改造分为南部、北部,分段分期施工,工程参建人员克服困难,使改造后的图书馆在建筑风格上与新馆协调一致,焕然一新。并且通过对天井进行加顶、封闭等改造,不仅增加1385平方米,还最大限度地提升图书馆旧馆的使用功能。该项工程于2004年7月20日开工,于2005年7月底竣工验收。该项工程由清华大学建筑设计研究院和北京冶金建筑设计院设计完成。中国建筑技术集团公司总承包,北京华厦工程建设监理有限公司施工监理,基建工程部维修办公室负责工程项目施工管理。该项工程设计被评为世界华人建筑师协会设计大奖。

(6) 附小教学楼改造和加层工程。教学楼加层建筑面积为1443平方米。旧教学楼经历20多年的使用,外墙涂料褪色,楼内功能系统均已不能满足现代教学需要。为适应现代化教学,增强办学实力,学校利用暑期对附小旧教学楼进行装修改造。改建加层工程必须在暑期完成,保证附小按时开学,工程十分紧张。基建工程部维修办公室各专业人员与参建单位共同努力,克服困难,按时交付使用。该项工程于2005年6月中旬开始施工,至2005年8月底竣工验收。该项工程施工单位为河北鹏达建设集团有限公司,监理单位为鸿厦监理公司,基建工程部维修办公室负责工程项目施工管理。

(7) 畅春新园过街天桥工程。天桥全长168米,桥体为钢结构,基础为钢筋混凝土柱,施工中克服了场地内地下管线多,地质情况复杂,劳动力调配紧张等困难,使工程在最短时间内顺利完成。天桥开通极大地方便了住在畅春新园的学生,不仅节约了时间,而且保证了学生的安全。该项2005年9月初开工,2005年10月20日竣工。该项工程由北京市政专业设计院有限责任公司设计,北京市市政工程管理处总承包,北京华厦工程建设监理有限公司施工监理,基建工程部工程办与维修办有关人员负责工程项目施工管理。

2. 在建工程。

(1) 北京大学体育馆工程。总建筑面积为26900平方米,2005年9月开工,计划2007年8月竣工。截至2005年年底,工程进度为基础施工。该工程基础施工难度较大,在11个新建奥运场馆工程中,该工程施工场地最狭窄,场地内东、南、西三侧几乎没有工作面,而北侧又要对老建筑"治贝子园"和古树进行保护,且周边地下管线复杂,深基坑达14.6米,是4个高校新建奥运场馆中基础最深的。截至2005年12月底,已完成降水护坡和桩基工程。该工程是北京大学第一个跟踪审计的工程项目,没有类似工作经验。为配合审计工作,基建工程部相关人员与学校审计室进行多轮探讨、交流,制定了北京大学体育馆工程跟踪审计方案,并在工程施工过程中积极摸索,不断完善审计方案。基建工程部密切配合社会监督,密切配合学校纪检、审计监督,加强完善工程管理各项工作,切实实施"阳光工程"。

(2) 中关园留学生公寓(一期)工程。2004年2月,基建工程部受北大会议中心委托,接手中关园留学生公寓(一期)工程管理工作。该项工程总建筑面积为39950平方米。截至2005年年底,留学生甲型公寓已基本完成,专家公寓工程已完成主体结构和外装修。

(3) 燕北园生活配套用房工程。总建筑面积2018平方米,截至2005年年底已完成工程主体结构一层一段。因存在"民扰"问题,施工暂停,燕园社区、基建工程部等多方面做工作,争取早日复工。

(4) 光华企业家研修院工程。总建筑面积29880平方米,该工程原由北大科技园负责施工管理,后转为基建工程部负责施工管理。北大科技园负责该工程成府园区土地变性手续工作,到2005年年

底,手续办理妥当,具备开工条件,计划2007年7月竣工。

3. 其他工程。

(1) 新化学南楼工程。总建筑面积22633平方米,计划2006年年初完成工程招标工作,办理施工许可证。由于拆迁问题,影响工程开工。计划2006年2月开工,2007年7月竣工。

(2) 篓斗桥学生宿舍工程。总建筑面积20800平方米。在该项工程前期报批过程中,因等待北京大学整体交通影响评价审批工作,该项工程未能在2005年开工。计划于2006年2月开工,2007年元月竣工交付。

(张淑鸾)

总务系统工作

【总务部】 2005年,总务部遵照校党委、校行政的总体工作部署,以"三个代表"重要思想为指导,认真贯彻落实科学发展观,坚持"为教学科研服务,为师生员工服务"的指导思想,克服困难、开拓创新、扎实工作,使总务部的管理水平、保障能力、服务质量有了较大提高。

后勤社会化改革以来,总务部与各中心实体形成甲乙方契约关系,按照"小机关、多实体、大服务"的管理模式运行。总务部作为甲方代表学校履行"管理、监督、协调、服务"的职责,各中心实体作为乙方具体承担后勤保障服务职能。总务系统不断深化高校后勤社会化改革,不断探索运行模式与协调机制,不断理顺甲乙方关系,为学校各项工作的高效有序运转提供了有力的后勤保障。

1. 以开展保持共产党员先进性教育活动为契机,注重规范管理,加强制度建设。

规范岗位责任制和建立岗位目标管理机制。力图使每个岗位都有章可循、有法可依,依据岗位职责对目标完成情况进行考核评估。

落实民主集中制,坚持"系统集体议大事"。坚持集体领导和个人分工相结合的原则,总务部机关逐步形成"集体议大事,个人有分工,工作有人抓,事事有人管"的良好风貌。

落实党风廉政建设责任制及相关配套制度。在实施"阳光工程"的基础上,要求所有维修改造及新建工程必须实行工程预决算制度、重大项目审批制度、项目负责人制度、工程招投标制度、合同制和监理制。每项工程实施之前都严格遵照党风廉政建设和"三重一大"的有关规定,规范成立了招投标小组。

2. 以提供安全有效及时可靠的保障为根本,服从安全稳定大局,促进学校的改革和发展。

进一步加大监管力度,全力做好学校后勤保障服务工作,确保全年供水、供电、供热系统的正常运行和餐饮、学生宿舍、学生教室、浴室、校内环境、运输、幼教、通讯的服务工作。

与各中心密切配合,重点做好几项基础保障工作:

(1) 同学校相关部门密切配合,完成好学校组织的各种大型活动,如毕业生离校、迎接新生、国际文化节、北京大学开放日、毕业生就业招聘会、第30届国际大学生程序设计大赛、第16届国际生物奥林匹克竞赛、新年狂欢夜及学校重大外事活动,为这些活动提供后勤保障,保证各项活动的圆满完成。

(2) 做好全面接管畅春新园的各项准备,迎接万柳学生顺利入住。为学生宿舍配齐各类家具及饮用水设备;为畅春新园浴室加装应急灯和后备电源、风扇、水温水压监控仪表等,尽量改善浴室条件。同时完成畅春新园园区绿化面积5695平方米,为学生营造舒适的生活休闲活动空间。

(3) 同供暖中心配合在校内大浴室节水改造的基础上,完成教工浴室改造,并提出"以时间换空间"的管理方式,即通过安装智能卡淋浴控制系统减少单人洗澡时间和用水量,增加开放天数(全年开放浴室358天),延长洗浴时间(下午2:00~晚10:00),使从学生和教工洗澡人数从节水改造前的84万人次增加到今年的120万人次,日均3000余人次,高峰时可达4500人次,有效地缓解了浴室的拥挤状况。全年节约用水约15万吨(含地热水、燃气加热水和自来水),节水率在40%~60%之间。

(4) 同餐饮中心配合采取措施加强管理,不断克服就餐人数激增与人均用餐面积缺口加大的矛盾。为做好近3000名万柳回迁同学的饮食服务工作,采取了"员工停休加班、临时来校就餐人员12:30以后错峰就餐、中午延长售饭时间"等措施和办法,保证了饮食服务的安全与稳定。

(5) 为改善学生生活质量,与学生宿舍管理服务中心、学校发展规划部、基建工程部一起完成了洗浴水进入学生宿舍的前期调研和初步设计工作。

2005年总务部始终把做好安全稳定工作放在首位,在学校各级领导特别是在保卫部门的领导支持下,切实做好安全生产、防火防盗、食品卫生、交通运输等方面的安全工作:

(1) 由总务部牵头,会同保卫部、学工部等7个单位配合学校开展了以"排查安全隐患,构建和谐校园"为主题的安全宣传教育活动,对校本部和万柳学区学生宿舍的消防设施和违章用电现象等进行了安全检查。目前学校春秋两季的安全检查活动已经成为一项例行工作。

(2) 学校组织的部分重大活

动需要临时供电且负荷较大，为保证活动的正常进行，总务系统有关实体积极克服困难，测算负荷、调整线路并派专人值班确保用电安全。

（3）做好供暖、供电、供水、消防各种设备设施的维护、检修工作，确保安全运行，安全生产，保障供给。7月份，组织协调有关单位进行供配电设施安全隐患排查检查；对全校供用电系统进行监督，强化各单位的用电增容报批及110 kV电站日负荷抄报制度。

（4）针对近几年重大交通事故频发、伤害幼儿事件增加、禽流感疫情严重等情况，总务部加强了对职工的生产安全教育与管理，使各中心均无安全责任事故发生，特别是餐饮中心创造了47年未发生群体食源性疾患的佳绩，运输中心被评为"北京市交通安全先进单位"。

3．不断改善基础设施条件，提高保障服务能力。

（1）完成畅春新园外线配套工程。为保证新建畅春新园学生宿舍的用水及用电，总务部完成了成府路过街地下涵洞工程的建设，并对上下水及地热水外线进行连通工程，用款191万元。

（2）集中供热锅炉房增容改造工程。为保证今后7～10年学校规划建设的需要，总务部对集中供暖锅炉房进行增容改造，增加供暖能力60万平方米，计划投资3527万元。目前改建锅炉房土建已封顶，外管网基本完工，主要设备完成了招投标工作，工程顺利进行。

（3）学生宿舍改造。2005年，总务部为3487间学生宿舍配置组合柜、写字台、书柜、床、椅等各类家具及窗帘23199件套；在学生宿舍楼内配置饮水机48台；在63号楼新建电茶炉房1间；对45～48楼学生宿舍楼全部更换了塑钢窗；为万柳研究生楼安装400余盏应急灯；完成了1300余间学生宿舍的检修、粉刷工作，保证了新生顺利入住。上述项目用款1250余万元。

（4）学生教室改造。今年总务部先后在公用教室配备饮水机6台，为教室配置新的讲台120个，并将公共教室内的教员休息室家具全部更新，对文史楼厕所进行了改造并粉刷其楼道。上述项目用款200余万元。

表8-66　2005年总务部基础设施主要工程一览

序号	工程名称	工程内容	投入资金(万元)	竣工日期
1	安装节电器	进行全校部分学生宿舍、教室、路灯安装节电器工程	99	2005.12.30
2	过街地下隧道工程	畅春新园学生公寓基础设施顶管工程	153	2005.08.20
3	电源改造工程	物理学院大楼、化学学院大楼外电源改造	60	2005.08.30
4	电缆更换工程	燕北园10 kV外线电缆更换	13	2005.05.11
5	危电改造工程	暑期危电改造	15	2005.08.30
6	电梯改造工程	餐饮中心粮库电梯改造	16	2005.06.20
7	安装应急灯	万柳学区安装应急照明灯400盏	11	2005.03.15
8	维修工程	维修粉刷学生宿舍1324间	135	2005.08.17
		更换学生宿舍钢窗1179樘	79.65	2005.08.05
		教室厕所装修改造20间	17.4	2005.08.28
		维修教室桌椅1756件	5	2005.08.10
		学生宿舍组合家具装插座2200套	6.4	2005.08.17
		校园中心建粉碎机房17 m²	4.1	2005.07.20
9	订购新生卧具	订购新生卧具2650套	75.79	2005.08.30
10	采购家具及饮水设备	组合柜4486套	1081.2956	2005.08.28
		学生浴室更衣柜等171件		2005.08.28
		双层铁床2576套		2005.08.28
		单人铁床4006架		2005.08.28
		椅子9309把		2005.08.28
		写字台3654张		2005.08.28
		书柜3654个		2005.08.28
		8座楼的窗帘		2005.08.28
		长条凳50个		2005.08.28
		收发台4张		2005.08.28
		教室讲台145个		2005.03.25
		连排椅及报柜等57件		2005.08.30
		新建63楼电茶炉1台		2005.08.30
		学生宿舍及公教饮水机54台		2005.08.30

续表

序号	工程名称	工程内容	投入资金(万元)	竣工日期
11	供暖锅炉增容改造工程	集中供暖锅炉增容改造结构工程1100平方米 全部设备招标	130 660	2005.09.15
12	畅春新园上下水工程	新建畅春新园学生宿舍上水、地热水外线工程1000米	38	2005.08.15
13	修路	校内修路1500平方米	35	2005.09.15
14	设备维修	供暖夏季维修(设备)	200	2005.09.15
15	零修	房屋水电零修	240	全年
	合计		3074.6356	

4. 完善财务制度，严格管理总务系统运行经费。

（1）2005年财务收、支情况。综合收入11151.9万元，其中：学校预算拨款5923.5万元，后勤创收收入5228.4万元；全年综合支出10459.4万元，其中：预算支出5654.6万元（供暖费2815.5万元含万柳，维修费610.8万元，公用水电费1156.6万元含万柳、园林绿化卫生费430.00万元、学生宿舍管理服务270万元，其他支出371.7万元）。上缴学校学生宿舍45甲楼地下超市租金99.75万元。

（2）专项资金的使用情况。"教育振兴行动计划"经费年支出889万元，主要用于电网改造、校内绿化等工程。

修购专项全年支出900万元，用于学生区电线路改造和供暖增容工程项目。

其他专项全年收入1222万元，全年支出900万元，主要用于学生家具、饮水机和畅春新园基础设施建设。

（3）2005年水电费全额收缴情况。学校2002年起执行用水用电全额收费管理办法，总务部负责水电管理与协调工作，水电中心负责水网电网的运行管理及水电费的收缴，4年来基本达到收支平衡略有节余，共上交学校财务1122万元。2005年全校用水量342万吨，用电量7528万度，水电费支出5384万元，回收5493万元。

（潘小兵）

5. 优化人力资源，加强后勤管理骨干和技术骨干队伍建设。

总务系统各中心实体在定岗、定编、定职责的基础上，实行了干部聘任制和全员岗位合同制，逐步建立了固定编制与流动编制、事业编制和企业编制相结合的多种形式的用人制度。截止到2005年12月底，总务系统的事业编制人员由1999年686人稳步减少为497人，各类合同制职工由1136人增长为1441人。正式在编人员中，干部、工人的比例为1∶3，干部中大专科以上的人员达到52.3%，工人中技师和高级工的比例占62.6%。

（1）加强干部队伍建设，进一步建立健全干部选拔、任用、考核、交流、监督机制。根据"北京大学2004～2008年干部培训工作实施办法"，积极配合学校党委组织部、人事部做好对后勤服务实体干部的考核聘任准备工作。

（2）加强大学生聘用和培养工作。2005年招聘了5名大学生。2001年以来，总务系统共招聘27名流动编制的大学生。近几年各中心为他们铺台阶、压担子，帮助其成长、成熟，并大胆委以重任，通过培养部分大学生已成为中心管理技术骨干。

（3）加强职工队伍建设。总务系统高度重视后勤职工职业技术培训，积极组织职工参加各类技术比赛。今年7月餐饮中心参加"2005烹炉大观世界金厨大赛"，获得3个个人特金奖和1个团体特金奖。幼教中心在北京市学前儿童保教工作者职业技能大赛中获26个奖项，海淀区学前教育岗位技能大赛中夺得集体三等奖。供暖中心和校园管理服务中心全体干部职工共同努力，被评为"北京市先进供暖单位"和"海淀区绿化先进单位"。

6. 积极开展节约能源建设节约型校园工作。

随着学校事业快速发展，近几年全校能源支出费用势迅猛，年增长速度在20%以上。为了节约能源、合理有效利用水电等资源，2005年校节能办公室积极响应中央及北京市有关部门的要求，坚持协调、推广、宣传、监督的原则，协调学校各单位做好节电节水、保护资源、持续发展、支持绿色奥运的工作。

（1）用电运行管理。2005年夏季，为保障学校教学科研及师生生活的正常用电，总务部协调水电中心强化管理用电系统，并加强巡视、按期维修，以保证其正常运行。除此之外，总务部还制定了停限电预案，向全校发出节约用电的号召，既保证学校用电也维护了北京市的用电安全。

（2）坚持执行全校用水用电全额收费的市场运作机制，将节约能源纳入到市场经济的轨道。2005年是执行全额收费办法的第4个年头，全校各单位及广大师生的节约意识、资源意识、环境意识和忧患意识有了显著提高，各单位的成本核算观念也进一步增强。

（3）加强节能宣传。积极完成各级政府的能源管理部门及市

区节水办布置的节能宣传周、节水宣传周工作,加大宣传节水、节电、节气、节油的工作力度。与校内学生社团合作开展了2005年中国节水宣传周活动;还积极召开节能片组会,组织片组兄弟院校完成市教委布置的工作等。

(4) 安装使用节能器具。在校内积极推广应用节水器具,并于2005年投资近100万元在全校部分学生宿舍、教室及路灯安装使用节电控制器,平均节电率达到20%以上,达到了预期的节电效果,节约了资源。

(王祖荫)

7. 卫生工作。

对全校230多座楼房进行灭蚊蝇消杀6次;对全校20多个食堂和食品制售单位进行灭蟑消杀18次;对全校学生宿舍投灭蟑药2次;暑期将维修改造后和新建学生宿舍3238间进行灭蟑消杀;接受北京市、海淀区和学校的创建国家卫生区大检查4次;组织全校灭鼠监测、投药2次,共计57箱,重57公斤。

(张玉芬)

【餐饮中心】 餐饮中心是北京大学后勤服务实体,是北京高校伙食专业委员会主任单位、北京高校伙食联合采购中心主任单位和中国烹饪协会团体会员。餐饮中心承担着北京大学师生日常就餐的服务和管理工作,现有员工950人,2005年营业额达6700万元。中心实行独立核算、自主经营、自负盈亏,下设中心办公室、质检监督室、财务室、运行保障室、人力资源与培训部、生产采购部等6个职能部室,辖11个食堂(餐厅)。

中心始终坚持"以服务师生为本、服务学校为本,做后勤改革先锋,创高校餐饮精品"的精神,注重处理改革、发展与稳定的关系,经济效益与社会效益的关系,沿着后勤社会化的改革方向,夯实管理技术基础,锐意进取,不断创新,奋力工作,稳妥推进,努力建设与北京大学创建世界一流大学相适应的餐饮服务与保障体系。

中心坚持统一规划和定位校内餐饮服务,宏观调控,微观搞活,形成了突出学生伙食、坚持特色经营、多档次、多方式的格局。基本伙食食堂、风味餐厅、快餐厅、宴会厅、西餐厅、咖啡厅等各类食堂在校园内主次分明,良性互补,满足师生的不同饮食需求。中心所属的农园、燕南美食、艺园、学五、学一食堂和万柳食堂等6个食堂是北京市教委命名的标准化食堂。中心通过实施"三级组织(餐饮行业组织、政府职能部门、餐饮中心)承担、两支队伍(管理技术队伍、服务队伍)为主,培训、考核、监督一体"的全面落实的政策,确保饮食安全、产品质量与服务规范。

中心有较强的管理、技术队伍。通过改革,中心打破了用人上的身份区别,形成了"不分校内校外,不论正式临时,注重实际能力"的招聘用人机制。45人的管理团队中,1/3具有大专以上学历,具有星级以上饭店餐饮经理任职经历的青年餐饮管理人才4人,全国烹饪比赛金牌得主8人,本科毕业生8人。中心建立了后备人才的招聘、培训、轮换实习制度,建设了扬州大学实习生培训基地,为中心的长远发展储备足够的人才。

通过几年的建设,中心的硬件水平、服务水平得到了明显提高,初步实现了厨房设备的不锈钢化、米饭生产的集约化、储存的恒温恒湿化、消毒的科学流程化、部分初加工的机械化(其中全自动米饭生产线具有国际领先水平,集标准化产品和环保、节能、高效等众多优点于一身),为饮食卫生的保证和伙食质量的提高奠定了良好硬件基础。中心形成了一套比较规范的管理制度,包括岗位责任制度、成本核算制度、集中采购制度、质检监督制度、例会制度等;中心运行机制高效灵活,包括人事上的全员招聘上岗机制、食堂管理上的经济指标机制、工程和设备采购上的招投标机制、劳资分配上的激励机制等。

北大餐饮中心在全国高校餐饮系统具有广泛的社会影响。设在北大餐饮中心的北京高校伙食专业委员会,在促进北京高校伙食部门的联系与联合、沟通高校伙食部门与政府主管部门等多个方面,发挥着重要的不可替代的作用。作为后勤社会化的重要成果,由北京大学餐饮中心牵头成立的北京高校伙食联合采购中心已成功开展了6次北京高校伙食联合招标采购活动,吸引了几百家京内外大型主副食供应商参加。北京58所高校从该招标采购会上采购所需的相当部分伙食原材料,实现了学校管理服务部门、师生和供应商的三满意。

2005年,餐饮中心按照"国际化、专业化"的标准,将餐饮服务发展的长远需要与现实需求结合起来,以管理技术干部培训为重点,以基层技术骨干培训为基础,以人才招聘为重要补充,努力建设了一支政治素质好、服务意识强、业务素质高、视野开阔的"学习型"管理技术队伍。

餐饮中心还通过参加餐饮行业内高级别的比赛锻炼队伍,应世界烹饪联合会、中国烹饪协会的邀请,中心7月还组队参加在马来西亚举行的"2005烹炉大观世界金厨大赛",获得3个个人特金奖和1个团体特金奖(团体特金奖为该比赛的最高奖,北大餐饮中心是唯一获奖的高校代表队)。除此之外,中心还充分利用行业信息与资源,瞄准国际国内行业先进水平,开展培训。全年共组织4批26人次的管理技术骨干分别赴澳洲、新西兰和香港餐饮考察(中国烹饪协会举办),并组队参加第十届中国厨师节(中国烹饪协会和武汉市政府举办)、首届中国高校餐饮职业

经理人培训班（中国高校伙食专业委员会举办），"餐饮业管理法"培训班（中国烹饪协会举办）等；选送质检监督室主任参加餐饮业国家级评委的培训，以此开阔管理技术骨干的视野，丰富管理技术知识。

在基层技术骨干培训方面，中心暑假分两批组织班组长等管理技术人员240多人进行了为期两天的业务知识培训和工作研讨，还以生产采购部的业务知识专题培训、燕南美食的"微笑服务之星"评选与演讲比赛为先行，结合各食堂、各部门陆续自主开展了具有本部门特点、面向全体员工的各类培训活动，收效明显。

在人才引进招聘工作方面，中心通过多种渠道，招聘应届食品工程、经济类本科毕业生3人，水厂经理、计算机维护、餐厅实习经理等大专以上管理人员等9人，不仅充实了餐饮管理队伍而且也储备了人才力量。

2005年，餐饮中心从品种开发和餐品管理两方面推进餐饮创新。在品种开发上，中心根据校园餐饮特点和师生的饮食需求，4月开设松林包子快餐厅（纳入康博思快餐的管理），9月在学五二层开设桂林米粉风味小吃，还在其他食堂推出创新菜点30多个。为降低师生整体就餐额，增加营养选择性，中心在各食堂增设经济菜窗口（价格为0.8~1.5元），要求品种不少于10个，并制订了对食堂低档菜的奖励办法。在餐品管理上，中心制定并实行了新的食谱核算单，精确了原来主辅调料的核算单位，增加了成品特点等项目；并要求各食堂实行厨师长每日例会制度，增强了成本核算的准确性。

2005年中心采取了多种新举措降低伙食成本：年初成立中心能源节约领导小组，制定水、电、气等能源节约措施10多条，通过实施奖罚的方式严格落实；从采购上严控高档伙食原材料（每斤单价2.5元为分界点）在学生基本伙食中的使用，中心生产采购部还利用地区间的伙食原料价格差，在河北、天津等地开展异地、跨区采购，约节省伙食成本46万多元。

2005年，中心从先进的管理理念、专业的管理系统和良好的管理设施三方面着眼，全力推进了ISO9001国际质量管理体系建设、计算机物流系统建设和标准化食堂建设，提高管理的现代化水平。

6月，中心经过充分调研和考察，投资40多万元，在中心各食堂、生产采购部开发和使用了南开太阳计算机物流管理系统。经过半年的设备安装、使用培训和试点后，各食堂于12月彻底告别传统的手工管理伙食物资方式。生产采购部继续手工和计算机管理并行至2006年1月，以进一步考察其安全性。该系统的投入使用对餐饮中心强化物资管理，增强成本核算的精确性和及时性，提高工作效率，堵塞漏洞，降低人力成本，减少物资损耗等都具有重要意义。

2005年中心还通过软件和硬件两方面的改善，使万柳学区食堂和学一食堂达到了北京高校标准化食堂的标准并通过验收（北大的标准化食堂总量至此为6个）。

至年底，中心修订完成了《餐饮中心管理手册》（第2版，约16万字），进一步提高了管理的制度化和规范化水平。

2005年，中心加大了对食堂学生监督员工作的支持力度，通过中心全力指导和配合学生监督员开展制度化、经常化的工作，使由10名成员组成的学生监督员队伍在"了解同学需求，及时发现问题，使服务调整更加迅速有效，提升服务的满意度，增进同学与伙食部门的相互理解"等方面发挥了重要作用。中心还支持校学生会开展北京大学第二届"十佳服务员，十佳菜肴"评选活动，既展示了餐饮服务的成果，增进了师生对餐饮的了解，又大大调动了厨师钻研技术、服务员做好服务的积极性，产生了较好的社会反响。吴志攀常务副书记、张彦副书记对此给予了高度评价和关注。

高度重视，积极应对就餐拥挤、禽流感预防等重大压力，确保饮食安全。学校就餐面积原本严重不足，2005年下半年新增加万柳学区回迁同学3000名，使食堂就餐更加拥挤。中心在向学校多次汇报的同时，采取了"员工停休加班，临时来校就餐人员12:30以后购卡就餐，中午延长售饭时间"等一切力所能及的措施和办法，靠员工的高度责任心和超负荷工作，全力维护饮食安全。

2005年11月之后，餐饮中心站在"为就餐师生的身体健康负责，考验队伍在卫生难题面前的战斗力和凝聚力"的高度，加强领导，抓住关键，强化原有制度，严格落实各项禽流感预防措施；启动禽流感应急预案，加强监督检查；积极配合学校开展宣传，加强禽流感预防工作的信息沟通，使食堂远离禽流感。

至2005年，北大餐饮中心创造了47年未发生群体食源性疾患的佳绩（1958年至今），确保了师生的饮食卫生和身体健康。中心主任9月中旬还应邀参加卫生部召开的"餐饮业和集体用餐配送单位卫生规范"会议，就饮食卫生管理交流经验。

按照学校党委保持共产党员先进性教育活动的统一安排，中心分总支9月以来结合餐饮服务工作的实际，制定详细的实施方案，狠抓落实；妥善解决了工学矛盾，真正做到了所有的学习均在非工作时间完成，切实做到了"两不误，两促进"；紧密结合实际工作，拿出24条整改措施；党员的马克思主义理论知识水平得到明显提高，党性得到进一步提升；达到了"增强党性意识，强化服务意识，改进服

务态度,提高服务质量"的目的。

以先进性教育为契机,中心进一步加强了党风廉政建设;健全财务管理和采购手续,使采购工作全部纳入北京高校的联合采购。在近百名管理、财务人员经手大量财物的情况下保证了廉洁奉公,全年未收到一件关于廉政问题的群众举报。

中心还努力把"密切联系群众,竭诚服务群众"的原则真正落到实处,全年安排资金100多万元,为550多名外来务工人员上了社会保险,保护了他们的合法权益,增强了中心的吸引力。

(李振)

【水电中心】 校园供电系统2005年是校园电网改造工程全面完成后的第一年,全校电力网络发生了根本性的变化。水电中心电管科面对这一改变及时调整运行模式,做了以下电力安全运行保障工作:(1)完善校110 kV变电站值班运行制度,保证全校电源的稳定运行。(2)成立校内开闭站巡视值班组,24小时负责全校10 kV及以下线路、设备的运行维护。(3)加强对校内电缆沟及隧道的巡视及管理,保证输配电支干线路的运行环境。(4)春、秋季对全校家属区架空线及杆上变压器进行清扫,清除架空线沿线树枝及障碍,拆换老化的供配电设备。(5)配备高科技故障检测设备,紧急处理校园电网的突发故障。(6)完成全年校园路灯系统的维护、检修工作—对全校近2000盏路灯定期检修,在有重大活动和节日前都进行一次全面的大检修,在接到群众反映时也尽快安排检修。全年共更换高压钠灯灯泡250 W的20个,100 W的650个,白炽灯泡2400个,更换钠灯镇流器20余个,更换飞利浦338型灯具3套、飞利浦268型灯具3套、庭院柱灯6套、草坪灯3套,全年出动升降车12个台班。(7)对全校建筑防雷、避雷器51处509个点进行了检测,对检测不合格的接地点进行了检修,新做避雷线40米,接地极4组。水电中心燕北园维修室克服了电气运行人员少、设备老化的困难,积极配合上级供电部门完成燕北园家属区的供电工作,全年安全供电282.8万度。校园电网系2005年全年8760个小时无一次人为操作故障,为学校教学科研工作创造了良好的用电条件。

1. 校园给排水系统。2005年,水电中心水管科共对学校由6所水泵房和约3.2万余米上水管线组成的供水系统进行了检修和维护。全年共排除水泵、水井消毒器、除沙器、变频器和流量器等各类问题40余起。同时,中心水管科对校内3.5万余米的雨污水管线进行疏通和维护。

2. 校园水电收费。水电中心收费科在克服了较大人员变动和校内新增多处学生宿舍楼宇需要进行收费前期准备等重重困难后,全科人员对全校近千户公用单位、7300多户居民、30余栋学生宿舍楼、近6000户IC卡售电户进行了查表、售电、输电、水电收费。2005年北大用电量为7528万度,用水量为342万吨,水电收费科在科领导的带领下,全年共收取水电费5493万元。水电收费科还配合总务部、保卫部、教务部、学宿管理中心对学生宿舍楼进行了两次安全用电检查,及时排除安全隐患。

3. 校园零修。北大水电零星维修服务工作琐碎、繁杂,但又是保证教学科研正常进行不可或缺的一部分。中心以强化优质服务入手,积极完成全校水电零星维修工作。2005年校园零修工作共完成维修小票26000多张,全年更换白炽灯泡(各种规格)9630个、日光灯管5165支、各种规格塑铜线40盘、护套线9盘、胶抓线9盘、各种空气开关687块、单双联开关171个、插头插座1032个;抢修跑水挖漏102次,装换水表34组,检修阀门消火栓86组,疏通污水管线2.1万余米;燕北园家属区维修班全年共完成上下水零票3700余张,电工零票2800余张,公共设施零票400余张,玻璃等其他零票270余张。

4. 校园水电施工工程。2005年水电中心共完成校内水电新建和改造工程80余项,其中包括公教地区三通一平工程、41～43楼、附小等11项外线电缆工程;万柳学生公寓应急灯安装改造、学生宿舍检修、新化学楼电缆改造工程、物理大楼箱变工程、畅春新园工程、北京大学附小电源工程、学生宿舍41～43楼配电室工程、新化学楼的进户电缆改造工程、暑期宿舍楼粉刷检修工程、畅春新园室外上下水新建、地热水新建及消防设施安装工程、篓斗桥学生公寓上下水改造工程、公共教室室外上下水改造工程、文史楼改造工程、东操场上下水改造工程、科技园西路电力沟修筑工程、二附中上下水改造工程等。以上工程总造价约为500万元。

5. 校园水电物业管理。为了改进校园新建楼宇的水电运行模式,水电中心成立了物业管理小组,对理科楼群和光华管理学院等大型楼宇实施物业管理。2005年初,水电中心与生命科学学院续签了"生命大楼维修运行服务协议",负责管理建筑面积27000多平方米的生命科学学院大楼。2005年10月份,水电中心物业组又承接了约5万平方米畅春新园学生宿舍管理项目。

(张海峰)

【供暖中心】 1. 党支部及工会工作。2005年中心分总支通过先进性教育活动提高了全体党员的素质、加强了基层组织、服务了人民群众。2005年中心党支部还在具备入党条件的积极分子中发展了2名新党员,党支部同时还组织党

员和入党积极分子参观了红旗渠展览,参观了双清别墅,接受革命传统教育。2005年10月中心工会进行了换届改选,产生了新的一届工会委员会。

2. 供暖工作。2005年随着畅春新园学生宿舍、畅春园63楼、政府管理学院大楼、法学院大楼、学生区41~43楼、北大附小新教学楼等工程相继竣工后,新增供暖面积143140.52平方米,供暖总面积达到1541123.29平方米。由于供暖面积的增加,供暖运行总经费达到2812万元。在中心职工的共同努力下,供暖中心被北京市评为2004~2005年度供热先进单位。燃气锅炉房根据北京市的要求,将原有的锅炉房天然气计量表改造为一炉一卡式天然气计量表。

3. 浴室工作。2005年8月畅春新园学生公寓建成,畅春新园浴室划归中心管理,至此中心所管理的公共浴室增为3个,淋浴喷头达到508个,较好地改善了广大师生员工的洗浴环境。同时,浴室进一步完善岗位责任制,职工们不断提高服务质量,改进服务态度,为师生员工提供了优质的服务。2005年暑假期间对教工浴室进行了节水改造,安装了智能节水卡设备。至此,所有公共浴室都进行了节水改造,加装了智能节水卡淋浴控制系统。

4. 新建、改造工程。为了满足今后供暖的需求,学校投资1600余万元,于2005年8月在集中供暖锅炉房东侧拆除了原有发电机厂房770平方米,计划新建一个有3台14MW燃气热水锅炉的燃气锅炉房。新建锅炉房面积为1200平方米,在9月20日举行了新建燃气热水锅炉的开工典礼,到2005年底结构工程已经基本完成。为配合学校的基础设施建设,2005年中心通过紧张的施工,克服了工期短、需要交叉施工协调、工程难度大等困难,顺利完成了畅春新园学生宿舍、畅春园63楼、政府管理学院大楼、法学院大楼、学生区41~43楼、北大附小新教学楼、畅春园一、二期、篓斗桥、乒乓球馆、东操场、生物系、燕北园搬迁楼、成府园等外线工程,按时达到了学校使用的需求标准。

(翁正明)

【校园管理服务中心】 校园管理服务中心2005年有正式在岗职工62人(含流动编制1人),外来务工人员198人,离退休职工273人,代管职工10人;中心下设办公室、财务室、绿化环卫服务部、保洁服务部、茶饮服务部、收发室、订票室、会展服务部等8个职能部门。中心的主要工作包括:承担校本部绿化养护工作,新建和改造绿化的全部工程,湖塘、河道水面的补水保洁及管理,承担校内道路清扫、校园保洁、生活垃圾清运、粪便清运及雪后道路积雪的清扫,公共教室及部分院系办公用房的清扫保洁,承担校本部各种会议和会场布置及学校重大活动、节日的校园环境布置,承担校本部报刊、杂志订阅及信件报刊的投递工作,师生开水饮用水的管理和供应,寒暑假学生返家车票及日常师生出行的火车票、航空机票的预定工作,毕业生及新生的行李托运、发放及新生报到在两站(北京站、北京西站)迎新接待工作。

1. 园林绿化工作。完成校本部89.6万平方米的绿化养护管理,80177余株乔灌木,322460平方米草坪,21664延长米绿篱,竹子13408株,宿根花卉及攀缘植物89458株,514株一二级古树的日常养护管理工作。2005年引进种植了5种乔木(青榨槭、卫矛、接骨木、文冠果、胶东卫矛)和6种灌木(四季丁香、香雪丁香、紫叶稠李、白鹃梅、大花水桠木、日本绣线菊),共49株植物。完成学校昌平园区3505亩荒地绿化日常管理与养护工作。学校重大节日及校园内盆花摆放、环境布置,全年摆放5.4万盆,花坛花带924.8平方米,完成学校重大活动、外国元首和领导人来访的会场布置130余次(1.3万盆)。

根据北京市政府的文件要求,中心从2005年4月至9月开展了全面的绿化普查工作,此项工作历时5个月。经普查,北大目前现有绿地面积89.6万平方米,绿化率为全校占地面积的53.65%,覆盖率为55.72%,比2000年绿化普查增加绿地面积8.4万平方米。

2. 绿化新建和改造工程。2005年绿化新建和改造工程12项,包括国政楼绿化工程、畅春新园学生宿舍绿化工程、图书馆改造绿化工程、北大附小广场铺装及绿化工程、篓斗桥学生宿舍绿化工程、蔚秀园山体恢复及绿化改造工程、畅春新园过街桥校内部分铺装及绿化改造工程、燕北园铺装工程、东操场改造大树移植工程、物理大楼移树工程、奥运场馆大树移植工程。全年新增绿地5695平方米,改造绿地7151平方米,铺装广场及园路3614.5平方米,种植草坪12846平方米,移植树高5~10米常绿树25株,非季节移植落叶乔木28株、灌木77株。

2005年北京大学燕北园居民小区获得"北京市绿化美化示范小区"称号;校园管理服务中心获得"海淀区绿化美化先进单位"称号;2人获得"海淀区绿化美化积极分子"称号;3人获得"北京市绿化美化积极分子"称号;1人获得"昌平区绿化美化积极分子"称号。

3. 环卫、保洁工作。2005年校本部日常校园环境卫生清扫、保洁面积达360889平方米;清扫了公共教室212间17114个座位,保洁面积35652平方米;各院系清扫保洁面积67982平方米,清运生活垃圾4380标准箱,粪便清运、清掏1072车次,清运树枝树叶及建筑垃圾1385车。同时负责公共教室21台饮水机的日常管理维护工

作,配合总务部为三教、四教、文史楼更新讲台120个,更新三教、四教教室窗帘318块,配合学校相关部门完成了研究生考试、高考阅卷、英语四级和六级、国际奥林匹克物理竞赛等大型活动的准备接待工作。

4. 其他工作。2005年共分拣、投递信件252000余封,挂号信270000余封,报纸162000余份,杂志39600份,外信39600余封,印刷品13500公斤,外刷13500公斤。中心于9月份开通了畅春新园的信件投递工作,2月订票室安装联网售票机,北京燕园票务中心正式挂牌,全年完成现售、预定火车票19221张、飞机票1076张、寒暑假学生返家车票12315张。全年开水供水量11195.5吨,天然气消耗130782立方米,比2004年节约燃气12000立方米。为毕业生离校行李托运1700余件;为考研学生存放行李500余件;2005年8月29日、30日参加迎新工作,在两站(北京站、北京西站)设立迎新站和发放行李1900余件。

(刘凤梅)

【学生宿舍管理服务中心】 燕园校区有学生宿舍楼26栋、5472间学生宿舍,建筑面积15.75万多平方米,住宿学生约计16629人,管理服务工作人员210人。

按照校党委的总体部署,中心先进性教育从9月中旬～12月中旬分3个阶段全面展开。通过此次先进性教育,党员的思想认识、纪律观念、理论学习的自觉性都得到了提高,树立了全心全意为同学服务的宗旨意识,并明确了建设一流管理队伍的目标。

根据学校下达的关于毕业生离校的指示和精神,结合各项工作的具体情况,从4～5月份就对毕业生的离校进行了细致安排。各楼管组组织开展板报宣传动员活动,倡议同学们文明离校,以真情回报母校的培养。新生入住的各项准备工作在暑假期间已全面就绪。报到当天,中心工作人员热心细致地为新生解决各类困难,认真负责地完成了迎新任务,为新生尽快融入大学生活打下了坚实的基础。自7月6日毕业生开始离校到8月29日新生报到,先后有毕业生4700人离校,万柳4330名研究生回迁,3000余名本科新生入住,学生宿舍人员流动达12000余人次。由于事前充分准备,各项工作都进行得井然有序。

中心自8月5日正式接管畅春新园公寓,中心26名工作人员全部到岗,保证了安装家具、饮水机、电话、网络等各项工作的有效开展。学校还为畅春新园购置了48台饮水机、3262架钢架床,靠背椅3262把,购置组合柜、书架、写字台3264套。

暑期综合修缮工程时间紧任务重。医学部搬迁的同学7月29号才结束小学期,施工队8月1日进入,万柳同学8月20号回迁,新生8月29号入住。在不足1个月的短短时间里,共维修学生宿舍1324间,为45～48楼更换了塑钢窗909个。期间,中心协助总务部购置双层铁床1300架,椅子2759把。中心所属木工厂也为回迁同学和新生的宿舍生产了2000套家具。中心的全体职工同心协力,克服了种种困难终于在预定时间完成了工作计划。

2005年中心成立安全保卫工作领导小组,定期召开中心及各部门安全保卫专题工作会,保证安全保卫工作职责到人常抓不懈,定期检查与不定期抽查相结合,逐一排查各种安全隐患,将其消灭在萌芽状态。

中心全年分两次在学生宿舍楼区开展了"文明卫生宿舍"评比表彰活动,共评选"文明卫生"宿舍2016间,全年累计获奖个人6926人。此次创建活动在搞好宿舍卫生的基础上,还着力探索学生宿舍的特色文化建设,发掘学生宿舍文化的内涵和外延,极大地发挥了学生宿舍的文化效应,提高了学生宿舍的育人功能。

中心继续与学生书画协会合作,在38楼和39楼开展"我爱我家"楼道美化项目。今年五一期间温家宝总理来到宿舍楼内参观时,饶有兴趣地欣赏了同学们的书画作品,并对北大的这种做法提出了表扬,希望能够将此做法推广到更多的高校。

中心分4批次为所有宿舍楼楼长办公室配备了计算机,所有计算机通过安装宿舍管理系统实现了与中心住宿资料的完全共享,确保了楼长对本楼住宿情况的准确把握。同时该系统还实现了网上通知发布、文明卫生宿舍网上申报、学生照片及信息网上查询、门禁监控等功能。计算机管理有效地提高了楼长队伍的服务效率和水平。

(宋 飞)

【运输中心】 2005年运输中心在全年运输任务量增加的情况下,坚持安全管理、制度落实和驾驶员队伍建设工作不放松,保证了学校各项运输任务的顺利完成。2005年投入各种运营车辆38台,全年运行110万公里,承接学校"两会"代表接送、接新生、学军、万柳学区夜间班车、教工住宅区班车和学校其他教学科研活动的运输任务。为了完成班车任务,运输中心以学校稳定大局为重,克服困难,将班车任务作为全年工作重点,合理调配车辆,保证了班车任务和其他任务的顺利完成。2005年班车运行7万公里,累计接送学生教工22万人次,做到安全运行无责任事故。2005年运输中心继续深入贯彻落实"中华人民共和国道路安全法"和实施细则,开展多形式的宣传教育活动,提升职工遵章守法意识,提高职工安全行车自觉性。2005年运输中心还被评为"北京市交通

安全先进单位"。

2005年因学校建设奥运项目北京大学体育馆,运输中心要进行整体搬迁。9月11~12日办公机构按期搬至新址,9月14日油站如期拆除,10月期间小车和大车分别按规定时间驶入新的停放地生物楼地下车库和加速器大楼西侧停车场,至此整体搬迁工作完成。搬迁后新的地方工作环境不如从前,增加了管理难度,但运输中心积极想办法逐步解决好出现的问题,保证搬迁后职工队伍稳定和生产任务不受影响。

2005年车辆结构进入调整期。根据学校教学科研、外事活动需求,在学校和总务部支持下,中心新增加了2台苏州金龙大客车,进一步提升了大客车的质量。为了发挥好优势与医学部运输中心进行车辆互补合作,使车辆需求之间一些矛盾得到解决。运输中心为了稳定可持续发展,加强车辆结构调整力度,进一步携手一些高校车队,相互支持取长补短,互相促进,使分散资源进一步得到整合。

运输中心党支部和全体党员通过三个阶段学习和自我教育,增强了党性,坚定了理想信念,进一步树立全心全意为学校教学科研服务的思想。先进性教育活动激发了党员在运输服务工作中发挥先锋模范作用,党员优质服务意识和服务创新意识进一步提高,影响和带动了职工,推动了安全运输优质服务工作向前发展。

(牛林青)

【幼教中心】 幼教中心现有教职员工130名,其中在编职工48名,外聘人员82名。该园为日托、寄宿混托园,有25个教学班,其中:大、中、小、托、四个年龄段的教学班25个,蒙班、亮博士班3个。入托儿童近720名,其中:三岁以上儿童545名,三岁以下儿童175名,工作人员与儿童之比三岁以上为1∶5.8,三岁以下为1∶4。中心在满足北京大学教职工子女入托的情况下,积极接纳社会人员子女入托,充分实现了教育的社会服务功能。入托幼儿中教职工子女约占60%,教职工三代子女及外单位儿童约占40%。

中心继续实行全园聘任制,采取"优材优用,优劳优酬"的原则,基本作到人按岗定,薪随岗动。在固定编制人员减少、外聘人员增加的情况下,人员结构从年龄、学历、能力等方面趋于合理并形成梯队。优劳优酬的岗位奖励机制起到了吸引人才、留住人才、发挥人才作用的功效。目前,幼教中心凝聚了湖南、湖北、四川、甘肃、河北、陕西、内蒙、北京等地的优秀人才60余名,确保了师资队伍的专业化和年轻化。

中心一贯鼓励教师深造学习。一线教师本专业专科以上学历达到89%,现有"北京市骨干教师"2名,"海淀区骨干教师"5名。目前,中心一方面注重要求教师在园内练好内功,另一方面,还鼓励教师大胆承担教研课题、发表专业论文,其中一些论文获得国家级、市级、区级一等奖。中心还组织教师积极参加各种职业技能比赛,获得较好成绩:3月25日在海淀区教委、海淀区水务局举办的"关心水、珍惜水、爱护水幼儿绘画比赛"中获"优秀组织奖";10月获"北京市学前儿童保教工作者职业技能大赛组织奖";12月获"为发展海淀区学前教育作出突出贡献先进集体"、海淀区教工委、海淀区教委"海淀区学前教育岗位技能大赛三等奖"。同时,中心利用网络,设立专业讨论区,搭建教师交流平台,促进教师的专业成长。2005年4月,3名青年教师获得"海淀区教育系统青年先进教育工作者"称号。

中心整合和发挥各种教育资源优势,注意加强对幼儿一日生活整体性教育的研究,既重视幼儿的需要、兴趣、主体性,又不将幼儿园的教育简化为幼儿个体的自发学习活动,使儿童在参与活动的过程中愉快学习、快乐发展。同时,中心还深入开展教学科研工作,从实际出发,研教师所需、补教师所缺,指导教师在理论与实践的结合上寻求途径与办法,最终提高教师的教育实践能力,落实课程改革。

中心结合本地区适龄儿童和家庭的实际情况及幼儿园的自身优势,继续创造性地开展灵活多样的亲子教育活动,探索适合本社区实际,提高0~3岁儿童受教育率的新路。如:开办周末亲子乐园;不定期地邀请心理系博士开展教育咨询活动;请有经验的儿科专家在园进行科学育儿和幼儿常见病多发病的治疗与预防讲座;开办保姆学习班;入户早教指导;网络交流等。凭着积极而有效的工作,幼教中心在海淀区"让科学的早期教育走进千家万户"的主题活动中获"先进集体"称号,并获得了"海淀区普及社区婴幼儿早期教育工作先进集体"称号。

2005年中心继续进行全纳教育,以满足北京大学教职工子女中和周边社区中一些特殊需要儿童入托接受正规教育的需求。中心在较好地完成日常保教工作的前提下,实现残障儿童随班就读。同时,中心还充分利用学校资源并与心理系、医学部联合,开设特训室,对有不同障碍的儿童进行科学指导与治疗。2005年中心成为北京市教委首批"特殊儿童早期教育示范基地"(北京市仅有4所幼儿园),并获得专项课题经费。

幼教中心在努力拓展办园空间和办园条件,改善教师工作环境、生活条件上做出了不懈努力。儿童入园率大幅提高,2005年儿童收托率比2003年提高了35%,经济效益也有了明显的提高。中心不仅全额承担了在编及外聘人员的工资、社会保险,还投入资金

为教师备课室添置了新的办公设备，开通了网络，行政实现了联网办公，教师实现了电子备课，中心内部信息资源共享，提高了工作效率。中心每年优惠学校教职工子女教育费近100万元，2001～2005年累计优惠近500万元。与2003年相比，中心教职工的收入也翻了一番。中心严格财务制度，做到专款专用，在保证教职工生活待遇不断提高、工作质量不断提高的基础上，中心统筹安排，增支节资，使固定资产从2003年的107万元增加到2005年的171万元，提高60%，可使用资金比2003年提高了33%。体现了经济效益良好的发展态势，确保了幼教中心的可持续发展。

中心开辟了多种形式的家园沟通渠道，除了沿用已有的交流渠道外，利用网络交流的快捷与便利，中心完善了幼教中心网络，实现班班通网络。教师可以通过上网、与家长沟通信息，使幼儿园的信息能够及时向家长宣传，同时及时获得家长对幼儿园工作的反馈，加强了家长与幼儿园之间的配合及交流。

中心把安全工作放在第一位，领导、医生、后勤、教师组成了安全工作小组，定期进行安全检查。为配合全面安全工作的开展，中心重新制定修改了各种安全预案，并在儿童、教师中进行有关"安全"的主题教育活动，包括日常生活自我保护教育以及防火演练、逃生训练、防范伤害知识教育、发放紧急逃生手册等，大大提高了幼儿及教师的安全意识和安全保护能力。同时严把教师准入关，在保卫部的帮助下在公安网上对聘任教师一一进行核查。中心还加大了安全方面的硬件投入，在楼道出入口和寄宿班安装应急灯，墙面安装紧急出口标志，检修了红黄蓝安全报警器，更换了灭火器，购买电子门卡，实行入园、离园刷卡登记制度；同时还聘请保安人员，对家长及外来人员实行更严格的登记和示证检查。此外，中心还严格审查食堂安全操作流程和食品卫生制度，将幼儿园的安全工作与先进的科学技术结合起来，保障了在园每一位幼儿的生活和学习安全。

在保证日常卫生保健工作顺利进行的同时，中心医务室加强科学管理，严格执行各项健康检查制度和膳食营养管理制度，加强保健工作的科学性，并积极开展各项科研工作，如继续大力开展"肥胖儿减肥训练"课题的研究工作，初步总结有效经验。中心保健人员还就本园幼儿体质发展状况进行总结、分析，撰写科研报告，以科学的数据为依据，指导卫生保健工作。

（余　丽）

【电话室】电话室现有正式职工16人，务工人员4人，担负着北京大学电话支局的电话安装、迁移、维护工作以及电话的申报、收费、查询等任务。全年共安装电话510部，迁移电话220部，安装和加装电话宽带（ADSL）550部，维护电话电缆25000米，电话线路18000线，修复电话故障650个，铺设电缆900米，改接电话电缆6条，光缆27条，检修学生宿舍电话1100部次，免费检修各类电话机70部。电话收费24万户次，电话号码及电话业务咨询5.5万人次，受理各类电话业务2100宗。打印各类文件1.5万份，印刷复印文稿26万页。圆满地完成了电话通信保障任务，为北京大学创建世界一流大学做出了贡献。

（赵洪才）

【后勤党委】2005年，后勤党委共有党员414人，所属4个分总支，24个党支部，其中有7个离退休党支部。今年，后勤党委在坚持做好加强后勤党员队伍建设、党支部建设和党风廉政建设、充分调动后勤广大党员和职工的积极性与创造性、推进后勤社会化改革等一些常规工作的同时，还集中时间、集中人力进行了保持共产党员先进性教育活动。

在2005年下半年北大开展的保持共产党员先进性教育活动中，后勤党委按照学校党委和先进性教育领导小组的部署，较好地组织了先进性的学习教育活动。在先进教育活动以前，主要完成了党支部的换届选举、摸清党员状况、培训骨干等三项工作；先进性教育正式启动以后，建立了联络员制度与信息员制度，并成立了工作小组，负责主会场活动的通知、联络与协调，将学校先进性教育工作小组的文件精神及时传达到后勤13个单位，并负责把后勤系统开展先进性教育活动的情况、材料归类整理报送学校组织部。

后勤党委高度重视信息收集、整理与报送工作，2005年共报送信息119件，共计约85 000字，并编辑印刷"北京大学后勤党委保持共产党员先进性教育活动情况简报"（共计58期），发全校各职能部门和后勤系统共160份，及时、快捷、有效地宣传了后勤党委的先进性教育活动的开展情况。

根据后勤基层党支部的特点，后勤党委还通过"4个落实"，积极做好分会场的组织工作。一是党委计划方案落实到支部—在学校动员会的当天，制定后勤党委的实施方案，并于次日上午以电子版的形式及时发放到支部书记手中；二是负责人、联络员、信息员制度落实到位—充分利用网络办公条件，减少传统信息报送方式浪费的人力和物力，使信息传递工作及时、准确、便利，先进性教育活动期间，共转发组织部发文8份，上报学校先进性教育文秘组信息119件，力争做好分会场信息上情下达、下情上传的工作；三是将学校主会场的规定活动落实到分会场—后勤参加先进性教育的357名党员中有近300名党员通过观看光盘来参加主会场的学习活动，为安排好学习活动，在上级组织发放光盘之前问好

医院管理

2005年5月,卫生部在全国医院开展"以病人为中心,以提高医疗服务质量为主题"的"医院管理年"活动。北京市卫生局为落实"医院管理年"活动方案,在北京地区开展"创建人民满意医院"活动。北大各医院积极参加活动,依法执业,医疗质量持续改进,在行风建设、和谐医患关系构建等方面均取得明显进步。医学部召开了医院管理年大会,总结、交流各医院开展医院管理年和创建人民满意医院活动的经验,促进创建活动深入健康发展。

为加强对医院医疗质量的综合管理,医学部成立了"医院医疗质量管理委员会",委员会下设内科、外科、护理等8个专业委员会。医学部分管领导担任委员会主任,委员会由各医院医疗院长、相关职能部门负责人及临床专家组成。

引进国际医疗质量指标(IQIP)体系,组织专题研讨会和医院相关人员培训会,并在第一医院、人民医院、第三医院进行试用。

5月,医学部召开庆祝"5.12"国际护士节大会,表彰优秀护士长和优秀护士。

11月,医学部召开各医院预防人禽流感党政联席会,成立预防人禽流感工作领导小组和工作小组。

医学部组织本部40岁以上在职、具有高级技术职务的354名教职员工接受健康体检。

11月,医学部组织临床人才情况调研,设计下发了"临床科室、临床研究所、医技科室学科带头人情况调查表"、"临床、医技会诊专家情况调查表"。

第一医院、人民医院完成卫生部支援西部农村医疗卫生工作项目任务,组派医疗队分赴内蒙锡林郭勒盟和海拉尔工作一个月,并接收当地进修生15名。第三医院完成共青团中央农村公共卫生体系志愿服务项目,试点支援河北张北县医院工作,两批6人各工作3个月。

11月,医学部获中宣部"全国文化、科技、卫生'三下乡'先进集体"荣誉。

(医学部医院管理处)

教育基金会与校友工作

【捐赠概况】 2005年北京大学教育基金会共接受社会捐赠12833万元,其中用于奖学金826万元,助学金285万元,奖教金387万元,资助科研892万元,学术交流1036万元,学校基础设施建设3773万元,用于学校院系和学科发展1415万元。这些捐赠有效地拓宽了学校办学资金渠道,增强了学校的自我生存和发展能力,在一定程度上为缓解学校发展中的资金缺口做出了贡献。

2005年基金会接受的重大捐赠仍然集中在基础建设领域。4月27日,美国廖凯原基金会与北大签订协议,承诺在未来10年内共捐赠5000万人民币,支持政府管理学院教学大楼建设以及政府管理学院的研究工作和学科发展。首笔捐赠150万美元于2005年底通过北京大学教育基金会(美国)汇入北大。2005年9月,著名歌剧表演艺术家金曼与北京大学签订协议,承诺捐赠并筹集2亿元人民币支持建设北京大学艺术大楼,并共同建立北大歌剧研究院。2005年底,金光集团黄志源校友向北大捐赠第三笔1000万元,支持生命科学大楼建设。此外,奥运乒乓球场馆继续获社会各界支持,于9月17日开工建设。

借鉴美国及香港大学的经验,基金会在教席捐赠方面取得新的突破。2005年11月,香港新昌国际集团主席叶谋遵博士经与基金会协商,决定向北京大学一次性捐资500万元,设立"鲁迅社会科学讲座教授"。这是北大第一个校级教席捐赠项目。

在保证原有项目顺利实施的基础上，基金会稳步推进奖助金的募集工作，项目的数量和金额都稳步增长。2005年，基金会管理的奖励资助项目共有183项，年度捐赠总额为2100余万元人民币（含在北大设立的奖助基金项目收益增值54万余元人民币），共有4000余名教师和学生获得奖励和资助。

此外，通过周到细致的联络和服务工作，校友中"关爱母校，回馈母校"的意识日益增强。2005年，"我爱母校"校友年度捐赠项目继续获校友大力支持，共收到1200余名校友约45万元人民币的捐款；各地校友会积极协助推广奥运场馆捐赠项目，为奥运场馆建设添砖加瓦；校友以年级或者班级为单位自发设立的奖助金项目开始涌现，继物理系1986级校友班级基金之后，计算机系1981级校友的"PKU8108创新奖学金"和物理系1980级校友的"北大兰怡女子物理助学金"也先后设立。

【校友工作】 本着"以感情为纽带，以沟通为基础，以活动为载体，以发展为目标"的校友工作原则，2005年，基金会和校友会向海内外54000多位校友寄发了新年贺卡，新收集了15000余条校友信息，向7000余名校友寄发了4期《北大人》，为4500多位校友制作了校友卡，为近3000名校友提供了校友专用邮箱，并开展了丰富多彩的校友联谊活动：

2月19日，校友会邀请150余名毕业于20世纪70~90年代、来自各行各业的校友返校参加"2005年北京地区中青年校友春节联谊会"，通过形式多样的联谊活动加强了北京地区中青年校友与母校之间的交流与沟通。

3月10日，参加人大、政协两会的百余位北大校友重返母校，与学校及各院系的领导进行了座谈交流，并观看了刚刚访美归来的北大学生艺术团的精彩演出。此次活动进一步密切了学校与各地两会代表的联系，并通过他们的影响力进一步推动了各地校友工作的开展。

4月30日，为庆祝北大107周年校庆，基金会和校友会邀请近千名"5字级"校友重返母校，为他们安排了校友大会、医疗保健专题讲座、校庆文艺晚会等系列活动，并特意为1985届校友准备了"20年后再相会"的主题活动。

10月15~16日，北京大学第五次校友工作研讨会在合肥召开，来自世界各地的120名校友会理事和各地校友会代表齐聚一堂，就近两年来校友工作的经验、问题及发展方向等进行了深入的探讨和交流。

11月19日，教育基金会和校友会协助北大产业文化研究所组织数百位校友观看"北大原创音乐20年纪念演唱会"，在校友中引起强烈反响。

12月3~4日，来自全美12个校友会的40多位代表汇聚华盛顿DC，就海外校友会如何加强与当地校友的联络、如何加强校友会负责人与北大的联系、如何发动更多校友为母校做贡献等议题达成了共识，并开始积极推进。

【对外交流】 2005年，基金会通过在几个重点地区开展大型交流活动，进一步扩大了北大和基金会的影响，带动了筹款工作的开展。

为扩大北大在美国地区的影响，基金会提议并策划了北京大学学生艺术团的首次访美演出。2005年1月27日~2月7日，许智宏校长率领北大学生艺术团一行45人访问美国，先后在斯坦福大学、马里兰大学、康奈尔大学、哥伦比亚大学、耶鲁大学等5所美国著名大学访问演出。北大学生用他们的学识和技艺，向美国主流社会展示了当代中国大学生的素质和风采，树立了北大良好的国际形象，也增进了海外校友对母校的感情和认同。

为感谢香港各界长期以来对北京大学的关注与支持，促进两地共同发展，基金会于2005年10月5~6日成功举办了以"互助与发展"为主题的访港交流活动，并正式启动"香港北京大学政治经济文化沙龙"。沙龙通过邀请北大知名专家学者赴港举办讲座的形式，与香港同胞共同解读中国政治经济文化政策，搭建北大与香港互助发展的广阔平台。

为答谢设奖单位和个人，进一步扩大奖学金在社会及学生中的影响，11月12日，基金会发起举行了规模盛大的"2004~2005学年奖学金颁奖典礼"，邀请世界各地的奖学金设奖单位代表前来出席，并为每个设奖单位制作了宣传海报。包括学校领导、设奖单位代表及获奖学生在内的近2000人参加了颁奖典礼，取得了良好的互动效果。

【内部建设】 针对近年来工作范围和内容不断扩大的形势，2005年，基金会对内部组织结构进行了相应调整，并加强制度建设，推进信息化进程，以提高工作效率和筹款效果。

1. 在工作机制方面。从2005年开始，基金会严格按照"基金会管理条例"的要求，以及"北京大学教育基金会理事会章程"的规定，定期召开基金会理事会（或常务理事会），加强理事会对基金会工作的领导和决策作用。

2. 在机构调整方面。基金会秘书处取消业务部，增设国内事务部、亚洲事务部和欧美事务部，针对不同地区的特点开展相应的联络和筹款工作；增设奖助金项目管理部，负责奖助学金等专项基金的设立、实施和管理；增设信息部，加强基金会的对外宣传以及捐赠信息的收集和研究工作。

3. 在财务管理方面。2005年，基金会根据新的"民间非营利组织会计制度"，对原有的计算机程序进行了重新设计，实现了财务系统由事业单位的财务系统向非营利机构财务系统的转变，对社会捐赠进行专业化管理。

4. 在信息工作方面。2005年,在不断完善校友数据库的同时,基金会建立了有关捐赠项目和捐赠人的数据库,加强对捐赠资料的分析和研究。在维护好校友网和基金会网站的同时,完成了北京大学教育基金会(美国)网站和北大奥运场馆专题网站建设,以加强基金会在北美地区以及奥运场馆筹款的宣传。继校友通讯《北大人》和基金会年度报告之后,新编了基金会宣传册、基金会工作简报以及奥运体育馆筹款图册,向校友及各界朋友宣传基金会的工作。

(教育基金会 校友会)

附 录

表8-67 2005年度奖学金、助学金、奖教金、研究资助项目总览

项　　目	奖学金	助学金	奖教金	研究资助	合　　计
校级项目	67项	33项	12项	11项	123项
院系项目	33项	9项	3项	15项	60项
合　　计	100项	42项	15项	26项	183项

表8-68 2005年度奖学金、助学金、奖教金、研究资助项目(校级)

奖学金

序　号	项目名称	捐赠单位或个人	捐赠金额(元)
1	华润奖学金	华润(集团)有限公司	1350000
2	光华奖学金	光华教育基金会	919200
3	明德奖学金	香港北大之友有限公司	848000
4	罗定邦奖学金	香港罗氏基金会	529215.25
5	董氏东方奖学金	香港东方海外货柜有限公司　香港董氏慈善基金会	335752.35
6	唐仲英奖学金	唐仲英基金会	320000
7	奔驰奖学金	戴姆勒克莱斯勒公司	236609.86
8	三星奖学金	三星集团	215000
9	玫琳凯奖学金	杭州玫琳凯有限公司	204000
10	四季沐歌奖学金	北京四季沐歌太阳能技术有限公司	200000
11	中国石油塔里木奖学金	中国石油天然气股份有限公司塔里木油田分公司	200000
12	中国工商银行奖学金	中国工商银行	200000
13	杨芙清-王阳元院士奖学金	杨芙清院士、王阳元院士　北大青鸟集团有限公司	192000
14	通用电气基金会奖学金	美国通用电气基金会	160056
15	东港奖学金	东港工贸集团公司	150000
16	POSCO奖学金	POSCO青岩集团	149323.79
17	美林集团奖学金	美林集团	108042.12
18	大和证券集团奖学金	大和证券集团	108000
19	翔鹭奖学金	翔鹭集团	105000
20	细越奖学金	财团法人细越育英会	97200
21	韩国学研究基金奖学金	韩国国际交流财团	96614.89
22	中国石油奖学金	中国石油天然气集团公司	90000
23	东京三菱银行奖学金	东京三菱银行	84243
24	泽利奖学金	黄绍文先生	78750
25	杜邦奖学金	杜邦(中国)集团有限公司	70000
26	德尔奖学金	苏州德尔地板有限公司	64800
27	丰田奖学金	丰田汽车公司	63000
28	惠普奖学金	惠普公司	60000
29	南方都市报新闻学奖学金	南方都市报	52000

续表

序号	项目名称	捐赠单位或个人	捐赠金额(元)
30	光华鼎力奖学金	光华鼎力教育机构	50400
31	SK奖学金	韩国SK商务株式会社	50000
32	索尼奖学金	中国青少年基金会	48000
33	UFJ国际财团奖学金	日本UFJ国际财团	47254.12
34	宝钢奖学金	宝钢教育基金会	46750
35	华为奖学金	深圳华为技术有限公司	45000
36	大韩生命保险奖学金	大韩生命保险株式会社	42000
37	中国科学院奖学金	中国科学院	35000
38	沈秉钺先生纪念奖学金	沈燕士先生	32400
39	三井住友银行全球基金会奖学金	三井住友银行全球基金会	32240
40	住友商事奖学金	日本住友商事株式会社	32000
41	IBM中国优秀学生奖学金	IBM(中国)公司、国家留学基金管理委员会	28000
42	黄鹰育才奖学金	黄鹰先生	21000
43	百人会奖学金	美国百人会	20000
44	松下育英奖学金	中国友好和平发展基金会、松下育英基金	20000
45	香港城市大学校长奖学金	香港城市大学	19517.19
46	王度奖学金	王度先生、孙素琴女士	14000
47	霍铸安奖学金	霍铸安先生	13691.18
48	杨乃英奖学金	杨乃英先生	13209.22
49	力学攀登奖学金	中国科学院力学所	10000
50	林超地理学奖学金	刘闻女士、刘阳先生	10000
51	Demsets经济学奖学金	杨国华校友	9420.64
52	西南联大国采奖学金	江国采校友	9000
53	成舍我奖学金	成舍我纪念基金会	8640
54	朗讯奖学金	朗讯公司	8079.20
55	冯奂乔奖学金	冯奂乔纪念基金会	4228.93
56	彭瑞安奖学金	彭瑞安教育福利基金会	2100
57	世川良一研究基金	日本财团	89473.74
58	佳能奖学金	佳能公司	30097.87
59	东宝奖学金	通化东宝实业集团公司	22500
60	冈松奖学金	岗松家族	15460.37
61	西南联大奖学基金	西南联大北京校友会、北京大学教育基金会	13500
62	欧阳爱伦奖学金	欧阳桢兄妹	6981.53
63	顾温玉生命科学奖学基金	顾达诚、孙同方;顾乐诚、张光裕;顾孝诚、蔡荣业	4501.35
64	ECSC奖学金	美国教育服务机构(ECSC)	3042.66
65	谢培智奖学金	谢培智基金	2718.84
66	芝生奖学金	冯钟璞女士	1285.29
67	顾毓琇名誉教授基金	顾毓琇教授	352.63
总计			8148652.02

助学金

序号	项目名称	捐赠单位或个人	捐赠金额(元)
1	周虞康奖助学金	周氏教育基金(筹)周虞康先生	350000
2	宣明助学金	世界宣明会-中国	330000
3	郑格如助学金	郑格如基金会	322718.98
4	ING贫困学生助学金	荷兰国际集团亚太区	300000
5	贫困学生患病救助基金	北京大学法学院救助顾孝亮同学募捐委员会	200000

续表

序号	项目名称	捐赠单位或个人	捐赠金额(元)
6	晨兴助学金	晨兴(中国)有限公司	199994.31
7	香港思源奖助学金	香港思源基金会	159847.70
8	光华EMBA爱心助学金	郑翔玲校友99692.84,光华EMBA31班29500,天津天强科技发展有限公司20000,金辉校友9000	158192.84
9	奔驰助学金	戴姆勒克莱斯勒公司	114841.54
10	全国总工会-澳柯玛爱心助学金	全国总工会、青岛澳柯玛集团	100000
11	深圳福浩铭徐森助学金	深圳市福浩铭实业有限公司	100000
12	张维迎助学金	张维迎校友5万、肖龙江先生5万	100000
13	悟宿助学金	悟宿基金会	99971.02
14	杨福如助学金	杨福如先生	56000
15	霍济光助学金	霍济光基金会	55309.43
16	李良玉-肖玉敏育才助学金	李良玉先生、肖玉敏女士	50000
17	南航"十分"关爱助学金	南航"十分"关爱基金会	50000
18	黄乾亨助学金	黄乾亨基金会	49986.43
19	许戈辉助学金	许戈辉女士	30000
20	德尔助学金	苏州德尔地板有限公司	30000
21	古龙文教基金助学金	古龙著作管理发展委员会代理人赵震中先生	24000
22	春节返乡路费	光华EMBA26班、27班	20000
23	汉京凯美助学金	汉京凯美(北京)商贸有限公司	16000
24	孙素琴助学金	王度先生、孙素琴女士	16000
25	浩瀚助学金	浩瀚基金会	15000
26	安徽思创助学金	安徽思创集团公司	10000
27	仁政助学金	仁政公司	10000
28	王丽真-郑振宜助学金	王丽真、郑振宜校友	10000
29	湘成助学金	李奔豪先生	9000
30	香港校友会助学金	香港校友会	7268.53
31	智慧助学金	照惠法师(释照惠)	6476.63
32	社会育才助学金	佟巧红、Bernald Yeung、Randall Morck、Minyuan Zhao	4000
33	易卫卫助学金	易卫卫	1500
总计			3006107.41

奖教金

序号	项目名称	捐赠单位或个人	捐赠金额(元)
1	中国工商银行奖教基金	中国工商银行	1800000
2	北京银行奖教基金	北京银行	1000000
3	杨芙清-王阳元院士奖教金 杨芙清院士、王阳元院士	北大青鸟集团有限公司	400000
4	正大奖教金	北大正大发展基金	200000
5	宝钢奖教金	宝钢教育基金会	50000
6	华为奖教金	深圳华为技术有限公司	30000
7	树仁学院奖教金	香港树仁学院	23952.47
8	宝洁奖教金	宝洁公司	22631.78
9	东宝奖教金	通化东宝实业集团公司	22500
10	IBM软件奖教金	IBM(中国)公司、国家留学基金管理委员会	8000
11	朱光潜奖教金	朱光潜先生的亲属	1583.09
12	莱姆森奖教基金	莱姆森先生	1409.61
总计			3560076.95

研究资助

序号	项目名称	捐赠单位或个人	捐赠金额(元)
1	正大优秀科技论文奖	北大正大发展基金	800000
2	IBM博士生英才计划奖励金	IBM(中国)公司、国家留学基金管理委员会	140000
3	桐山研究资助	日本阿含宗桐山靖雄先生	111267.51
4	法鼓山人文奖学金	法鼓山人文社会奖助学术基金会	79676.45
5	韩静远先生哲学教育奖助金	中流文教基金会 喜马拉雅研究发展基金会	70000
6	泰兆大学生科研奖助金	泰兆基金会	50000
7	中流与喜马拉雅研究奖助金	中流文教基金会 喜马拉雅研究发展基金会	33034.23
8	中国传统文化基金	查良镛先生	23238.50
9	505中国文化奖基金	来辉武教授	22500
10	东盛优秀科学论文奖	西安东盛集团有限公司	
11	华新杰出学者奖学金	无名氏	
总计			1329716.69

表8-69 2005年度奖学金、助学金、奖教金、研究资助项目(院系级)

奖学金

序号	项目名称	捐赠单位或个人	捐赠金额(元)
1	史美伦奖学金	史美伦女士	800000
2	章文晋基金	TAI基金会	400140
3	AMD奖学金	美国AMD公司	150000
4	PKU8108奖学金	计算机系1981级校友	132375.63
5	捷迪讯奖学金	JDS Uniphase Co.	81378.11
6	长飞奖学金	长飞光纤光缆有限公司	70000
7	权亚励志奖学金	北京市权亚律师事务所	50000
8	国泰奖学金	台湾国泰人寿保险公司	48000
9	仇浩然奖学金	仇浩然先生	40507.75
10	中科院地球物理奖	中科院地质与地球物理研究所	40000
11	英特尔奖学金	英特尔公司	39900.99
12	三昌奖学金	三昌企业株式会社李斗哲会长	36107.65
13	LG化学奖学金	乐金LG化学(中国)投资有限公司	30000
14	环球时报奖学金	环球时报	30000
15	费孝通奖学金	费孝通教育基金	25200
16	肖蔚云基金	肖蔚云先生及其亲友	24627.61
17	泰瑞达奖学金	泰瑞达(Teradyne)公司	22000
18	法学院育才奖助金	杨敦先教授、北京纳通医疗技术有限公司	20000
19	凌云光电奖励金	武汉凌云光电科技有限责任公司	20000
20	王仁院士基金	蔡永恩	18000
21	华藏奖学金	新加坡净宗学会	16095.88
22	外院社会育才	于若木、陈方等	15000
23	人口学奖学金	人口学基金	7666.06
24	杨钦清宗教学奖学金	杨钦清先生	6699.88
25	儿玉绫子奖学金	儿玉绫子、铃木重岁	6292.82
26	斯缔尔奖学金	北京斯缔尔商务调查服务有限责任公司	5000
27	白仁杰奖助基金	白仁杰先生	4500
28	广发奖学基金	广发证券责任有限公司	4500
29	谢义炳奖学金	谢义炳基金会	3286.47
30	君合奖助金	君合律师事务所	2295

续表

序号	项目名称	捐赠单位或个人	捐赠金额(元)
31	甘雨沛先生奖助基金	甘雨沛先生,杜岫石先生	2250
32	红十字志愿服务奖	崔从政先生	1000
33	关伯仁奖学基金	Prof. Gorlden Beanland & Mr. Andrew Power	349.76
总计			2153173.61

助学金

序号	项目名称	捐赠单位或个人	捐赠金额(元)
1	仇浩然助学金	仇浩然先生	40000
2	金融保险助学金	中国金融教育发展基金会、法国安盛保险集团	24000
3	信息学院校友励志助学金	邵铮先生	16005.60
4	王智文助学金	王智文先生	12115.20
5	兰怡女子物理助学金	物理系1980级校友、兰怡校友的朋友	12000
6	李宁同学助学基金	李宁先生	8437.50
7	斯缔尔助学金	北京斯缔尔商务调查服务有限责任公司	5000
8	长城律师奖助金	长城律师事务所	3375
9	葵美术考古助学金	鹤田一成先生	
总计			120933.3

奖教金

序号	项目名称	捐赠单位或个人	捐赠金额(元)
1	国泰奖教金	中国台湾国泰人寿保险公司	36000
2	捷迪讯奖教金	JDS Uniphase Co.	15220
3	优秀青年加速器工作者奖	陈佳洱教授	4921.08
总计			56141.08

研究资助

序号	项目名称	捐赠单位或个人	捐赠金额(元)
1	ACOM项目	ACOM株式会社公司	1466950.85
2	孙贤鈢基金	李惠民、孙卫东、CHING OH SUN、YAOLING NIU、孙贤隆、WARREN SUN、Roberta Rudick	753823.22
3	河合创业基金	日本通用工程股份有限公司	206715.17
4	曼隆学院学生交流项目	马士基(中国)航运有限公司	120000
5	奔驰校刊项目	戴姆勒克莱斯勒公司	101412.18
6	奔驰图书馆购书项目	戴姆勒克莱斯勒公司	40554.13
7	1986级物理校友基金	物理系1986级校友	29229.43
8	国泰专项科研奖励基金	台湾国泰人寿保险公司	16000
9	陈岱孙基金	社会各界人士	13500
10	吴瑞讲学基金	United Board	11531.60
11	刘绍唐奖励基金	刘绍唐	11250
12	华藏图书馆项目	新加坡净宗学会	8048
13	胡济民教授奖基金	社会各界人士	6975
14	曾昭伦基金	社会各界人士	751.94
15	石青云基金优秀论文奖	视觉信息处理国家重点实验室教师	
总计			2786741.52

会议中心

【概况】 北京大学会议中心1999年9月正式组建专业化服务实体,主要承担为外国专家、留学生和中外宾客提供住宿、餐饮等服务;组织承办各类会议,开展各种形式的对外学术、文化交流活动;管理经营群众文化活动场所,组织各类群众文化艺术活动等工作任务。

会议中心组建初期下设办公室、勺园管理部、会议与学术交流部(对外称"北京大学对外交流中心")、百周年纪念讲堂管理部。2003年8月增设中关园留学生公寓建设项目部,负责中关园留学生公寓前期筹备和施工阶段的工作,并为公寓建成后的运行管理做准备。

会议中心实行理事会领导下的主任负责制,设主任1名,副主任若干名,由学校聘任。范强任会议中心主任,陈振亚、张胜群、刘寿安任副主任。会议中心办公室设在勺园,郝淑芳任办公室主任(2005年3月起)。

会议中心组建以来运行稳定,在学校工作中发挥了积极作用,逐渐成为学校举办各类活动的重要基地和对外展示形象的窗口。2005年会议中心提出打造自身专业化优质服务品牌的目标,以提升整体品牌形象,推动管理水平和服务质量的不断提高,保证持续健康发展,并在9月召开了题为"如何认识和打造品牌"的干部研讨会,在普及全员品牌意识、树立品牌观念、加强品牌管理、整合优势资源等诸多方面达成了共识,为会议中心工作再上一个新台阶奠定了基础。

2005年3月16日,会议中心理事会第四次会议举行。林钧敬理事长主持会议,范强主任汇报2004年会议中心工作情况,张胜群副主任汇报中关园留学生公寓工程进展情况;通报了理事长办公会同意郝淑芳任会议中心办公室主任。林钧敬理事长、鞠传进、周岳明、廖陶琴副理事长和各位理事对会议中心成立以来所取得的成绩给予了充分肯定和高度评价,认为会议中心为学校创建一流大学提供了有力保障,"把接待任务交给会议中心感到特别放心,特别满意",希望会议中心继续发扬自身优势,对学校各单位、各方面的工作给予更多更好的支持。

2005年会议中心坚持社会效益与经济效益并重的原则,坚持服务宗旨,以有偿、低偿、无偿服务相结合的方式为学校的重要活动提供多种便利的条件。在会议中心总体框架下,勺园、交流中心、讲堂继续紧密合作,在管理、经营上相互借鉴,在人员、设备等方面相互支援、互通有无,形成合力,进一步发挥会议中心的整体综合优势,在履行各自不同管理与服务职能的同时,共同承担和完成了学校春节团拜会、北京大学第二届国际艺术节开幕式、两会校友相聚燕园招待会、教育部第一期直属高校党务工作专题研修班、第16届国际中学生生物奥林匹克竞赛、哥伦比亚、尼日利亚、奥地利、冰岛、秘鲁五国总统和泰国诗琳通公主来访等多次重要接待服务任务。

2005年,在会议中心的艰苦努力和校内外各方面的大力支持下,中关园留学生公寓园区工程取得实质性进展,博士后公寓完成内部装修工作;专家公寓完成主体结构施工和外立面施工等工作。6月,校园规划委员会审议通过将园区命名为"中关新园"。

2005年,会议中心获得安全保卫工作先进集体荣誉称号。

2005年会议中心会议中心全年总收入5578万元,实现利润1481万元,其中:对外交流中心收入927万元,利润262万元;讲堂收入680万元,利润182万元;勺园收入3971万元,利润1037万元。同时,交流中心对校内单位免除和优惠收费共62万元;讲堂支持校内单位活动免收费用60万元,优惠收费65万元;师生各艺术团体免费使用讲堂排练361次;讲堂在低价位基础上通过电影票兑换券形式再让利20%给师生,5年累计优惠12万元;已连续6年为全校特困生共2560人次免费提供电影票兑换券15360张,价值76800元。

(范　强　郝淑芳)

【勺园】 2005年,在保证为外国专家和留学生提供优质服务的同时,勺园全年共接待中外宾客23851人次住宿,其中外宾6099人次,港澳台宾客883人次,各类国际、国内会议261批,短训班39批,年平均住房率85%,为35万人次提供了餐饮服务。圆满完成了数以百计的重要接待任务:4月4日在7号楼餐厅成功举办泰王国诗琳通公主殿下五十华诞寿宴;联合国安南秘书长的特使和难民署官员、中美日智库人士、非洲15国教育部长、美国康奈尔大学、德国柏林自由大学等世界著名大学代表团;第16届国际生物奥林匹克竞赛、第30届国际大学生程序设计大赛亚洲预赛北京赛区;中组部、教育部、外交部等中央部委,北京、山东、甘肃、河南等省市,清华大学、新疆石河子大学、烟台大学等多所高校的领导和同行数百人次。

1. 努力打造优质服务品牌。2005年,各部门在严格执行工作规程、保证基本服务质量的同时,努力发掘和培植具有良好基础和独特优势的服务项目,严格规范、

稳定质量、提升品位、推出精品，并坚持不懈地在菜肴创新上下功夫。克服困难，多次为学校重要活动提供送餐服务；对食品和餐具质量化验、检查近300件次，7号楼餐厅保持了食品卫生量化分级管理A级水平，佟园清真餐厅被海淀区评为清真饮食先进单位；继续摸索为宾客提供个性化服务的经验，为留学生提供电器租赁50余件次；进一步完善VIP接待制度，启动首接负责制；与国际合作部合作，首次开辟2号楼餐厅为留学生迎新场地，为新生提供方便、高效的入学报到环境和服务。通过加强防盗和消除火险隐患扭转了不利局面，争得学校安全先进，已连续16年保持了交通安全先进单位的称号，保安班荣获北京市"十强百优"保安班队集体二等功。

2．加强队伍建设。2005年利用全体干部和员工岗位重新聘任的机会，产生了13位初次走上领班以上管理岗位或提高了岗位职级的新干部，其中10位是非学校正式编制人员；在餐饮部、总务部增设了经理助理岗位，为新引进的具有较高学历或在勺园实践多年的优秀年轻干部提供锻炼机会；6月完成了22位来自广西宜州、河北承德实习生培养工作，经过双向选择和严格择优，录用17人正式加入员工队伍；10月迎来新一批实习生；进一步严格规范了新员工招收、培训、考核制度和标准，严把人员入口关，结合待遇调整对厨师等技术岗位给予特殊政策，加大吸引优秀人才的力度。努力通过加强培训和鼓励学习提高全员素质，全年对53位新员工进行岗前培训，坚持组织实习生进行文化学习；开辟电脑培训教室完成培训110人次；46人参加管理、计算机等专业大专以上课程学习或英语等专业培训。

3．调整全员待遇体系。这次待遇调整减少了原来对学校编制员工的平均发放，加大了岗位收入在总收入中所占的比例，进一步拉开了不同岗位的收入差距；适当提高了非学校编制员工待遇标准，从总体上缩小了与学校编制员工的收入差距，规范了待遇体系，使非学校编制员工的待遇结构除档案工资外与学校编制员工相同，实际收入随在勺园工作年限逐渐增加，体现了管理责任与技术含量，鼓励骨干相对稳定。整个调整过程比较顺利、平稳。

4．加强硬件设施维护。完成了4000多次零修工作，加强老化设备、管线的检查维护，保证水、电、气、暖的正常供应；对勺园所有客房水用具进行了两次维护保养；更换6号楼部分楼层地毯；对1号楼、2号楼、4号楼部分教室、留学生宿舍及楼梯等重新进行粉刷；为6号楼、8号楼女儿墙、佟园餐厅屋顶、7号楼多功能厅重新做了防水工程。

勺园由范强兼任总经理，张胜群兼任副总经理。2005年勺园共有员工440人，其中学校编制员工176人。

（范强　李晶）

【对外交流中心】　对外交流中心以"树立中心文化，培养新生力量，搭建交流平台，创造新的业绩"为工作方向，工作中力图做到以创新保持持续发展（即为做好对长期合作项目、抓住新项目、开拓后续项目）、以制度保证持续发展（即为完善已有的规章，建立新的制度和规范，争取所有的工作有规范，制度有章可循）、以人力资源保持持续发展（即为优化用人制度，留住人才、建立服务员骨干梯队，保持合理的人员流动），取得了良好的工作成效。

2005年共组织承办会议19次，如："2005中国纳米科技国际会议"（1150人），"2005年全球华人地理学家大会"（1000人），"北京论坛2005"等。2005年是中心成立以来承办会议数量最多的一年、承办会议规模最大的一年、承办会议难度最高的一年，也是承办会议能力获得肯定最多的一年。

2005年共组织和接待了交流团队和研修班共12批，较2004年增加2批。中心常规双方交流项目最长的保持了近18年，中期项目亦保持了6年左右。如SAS大学，OKLAHOMA大学，UMKC大学，明治学院等。

2005年中心共接待了来自16个国家和地区的413批、18602人次的访问团体，是中心成立以来接待海外游客最多的一年。

2005年度交流中心会场使用达3387场次，198000人次参加了在中心举办的会议和活动，其中"纪念郑和下西洋600周年学术会议"、"法国文化年"等重要会议和活动达144场。较2004年增加了669场次和26000人次，是中心会场使用量最大的一年。

2005年有6位中央领导和137位校领导出席了在中心举办的活动。协助党办、校办举办活动36场、协助国际合作部举办活动21场。中心协助学校和国际合作部接待了6位外国首脑，分别是泰国公主诗琳通、哥伦比亚总统ALVARO VELEA、尼日利亚总统OLUSEGUOS OBASANJO、奥地利总理WLOFGANG SCHUSSEL、冰岛总统OLAFUR RAGNAR GRIMSSON、秘鲁总统ALEJANDRO TOLEDO MANRIGUE。

对外交流中心由陈振亚兼任主任，崔岩任副主任，宋玉兰任会场部部长，王颖任交流部副部长，刘昕果任综合部副部长。还有职员5名，服务员13名，另有约30名在校学生以助理身份加盟。

（陈振亚）

【百周年纪念讲堂】　2005年，百周年纪念讲堂以"创品牌，出精品"思想为指导，牢固树立"以人为本，科学管理，服务师生，繁荣文化"的

工作理念,继续强化内部管理和服务水平,积极配合学校开展各项活动推进素质教育,在弘扬传统文化、活跃校园生活、促进与国内各地及国际间文化交流方面做出了应有的贡献。讲堂"高品位,低价位"的定位也得到了社会各界的广泛赞许。

2005年讲堂始终把加强内部管理放在工作首位,着力加强人力资源管理,在深入探讨员工的招聘、考核、奖惩、培训等工作的基础上,出台了员工手册。引进硕士生4名,本科生6名,另有2位业务过硬、踏实肯干的同志担负起了部门的重要工作。

在讲堂管理部的直接领导下,志愿者尽职尽责,做好每一次上岗服务工作。两次将上岗补助集体捐赠给学校基金会,支持学校奥运场馆建设,并在北京大学2005年学生暑期社会实践成果展示交流活动中,获得了优秀团队奖。

在文案、设计方面引进专业人才,演出策划、宣传工作取得重要进展。整理出版《北京大学百周年纪念讲堂运行五周年纪念画册》;重新设计讲堂网页,调整原有栏目,增强条理性,加大信息量;调整优化《大讲堂》期刊。

2005年,莅临讲堂出席各类活动的党和国家领导人10人次、部委领导90人次、校级领导200多人次;承办各类会议、报告、典礼、演出等活动总计751场,其中:演出197场,电影放映184场,会议、报告、典礼、讲座等370场。

2005年是讲堂承接各种活动最多的一年。在活动较密集的情况下,讲堂始终把服务学校的各项工作放在首位,确保校党委的中心任务"保持共产党员先进性教育"工作顺利进行。还承办了一批具有重要影响的活动,如:北京大学第二届国际文化节开幕式及专场演出、周华健演唱会暨向北大奥运场馆捐赠仪式、凤凰卫视"世纪大讲堂"讲座等。

讲堂立足北大校园文化,引进了一系列高品质演出,如:白先勇主创的青春版昆曲《牡丹亭》、世界著名芭蕾编导大师罗兰·佩蒂排演中芭首演舞剧《卡门》、第八届北京国际音乐节大型交响京剧《杨门女将》等;讲堂的传统活动,如"打开音乐之门"暑期系列音乐会等仍然表现出良好发展势头。此外,讲堂还通过放映原文影片,在演出中穿插讲座、邀请电影导演、演员在映后与观众的互动交流,配合教学,普及艺术知识。

讲堂定期进行音响设备、消防工具等各类设备的检修工作。全年未发生任何重大设备故障和火灾事故。在加强日常维护的同时,逐步淘汰老化设备,自行解决经费30万元,更新改造及购置必用设备(三角钢琴)。多功能厅自9月全面投入使用以来,除了承接会议、讲座及传统曲艺、地方戏曲等受众群体小而又独具艺术性的文艺演出外,讲堂还与时代今典集团合作,引入"蒙太奇数字电影播放机",建成"金色时代大学生电影基地"。

讲堂管理部由刘寿安担任主任。2005年共有职工32名,其中正式职工6名,外聘人员26名,另有学生志愿者121名。

(刘寿安)

【中关园留学生公寓建设项目部】
2005年是中关园留学生公寓园区工程建设整体推进的第二年,项目部在工区剩余住户拆迁、一期工程施工建设、二期工程设计方案优化与申报、内部管理诸方面都有了较大进展。

1. 拆迁工作。

2005年拆迁工作仍然极为艰难,经积极努力争取,海淀区建委于11月30日对3户拆迁户进行了行政裁决;12月底与位于化学南楼工区最后1户拆迁户签订了房屋拆迁协议,扫清了化学南楼开工建设的最后障碍。经过攻坚性谈判,全年共与10户拆迁户签订拆迁协议;协助资产管理部完成化学南楼剩余1户强占房户的拆迁工作;通过区法院对1户拆迁户实行司法强制拆除;完成燕园社区服务中心在中关园的最后一个服务网点拆除工作;截至2005年底,尚有5户拆迁户、2户强占房户未拆除。

2. 工程建设。

(1) 一期工程建设—配合基建工程部进行工程建设,截至年底,博士后公寓(8号楼)在主体结构施工完毕后,陆续完成了内部各类管线、外立面施工、设备安装等工作。在与人事部多次沟通协商基础上,确定内部装修方案,完成装修工作;专家公寓(9号楼)完成主体结构施工、外立面施工等工作。

(2) 园区整体建设—10月20日与北京网通公司签署了通信合作框架协议;完成园区外管线系统总体规划方案和具体实施办法;确定园区主要供电方案和景观规划方案;与总务部一起完成在成府园开凿地热井的前期论证和可行性分析工作,12月中旬获校园规划委员会审议批准。

(3) 二期工程筹建—为使一期工程能早日投入使用,确定先期筹建二期工程中具有动力供给、综合控制和行政办公功能的7号楼,11月初取得规划许可证;11月下旬,中国建筑设计院完成施工图设计出图工作,提交北京市建筑设计研究院进行审查。

3. 工程设计方案调整及申报。

(1) 在密切配合基建工程部和施工单位完成一期工程施工图设计变更与洽商工作基础上,项目部的工作重心是二期工程设计方案调整及申报工作。年初,集中力量开展了因市规划部门在二期工程用地范围内新增加三条市政规划路而引起的设计方案调整及申报工作。3月31日获得北京市规划委员会签发的规划意见书。6月初,校园

规划委员会审议通过了新调整的设计方案和将园区命名为"中关新园"的提案。6月10日，获得北京市规划委员会关于方案审定的批复，之后陆续完成了消防、园林、人防、交通方案的报批工作。

（2）8月中下旬组织校内及设计院相关人员，利用暑期赴欧考察学生（留学生）公寓现状及其管理模式，并在此基础上细化、优化、完成了二期工程初步设计。12月14日，召开二期工程初步设计审查会，由校审计室、基建工程部、资产管理部、保卫部、总务部、校建筑设计院、水电中心、供暖中心、校园管理服务中心等部门对相应专业初步设计进行详细审查，并提出调整意见。

4. 内部管理。

根据工作需要，全年共招聘5名员工；根据学校相关人事政策和项目部具体情况，为2名员工办理了流动编制。陆续下发试行中关园项目部的"员工手册"、"流动编制人员管理细则"、"考勤管理细则"、"财务报销细则"、"借款管理办法"、"差旅费开支及报销管理办法"等。根据学校相关政策，项目部申请实行会计派驻制，使项目部财务工作纳入学校财务管理范畴。

中关园项目部由张胜群兼任主任，马钧兼任副主任。外聘专职员工11名，会议中心内部兼职工作人员2名。

（张胜群　何海燕）

燕园社区服务中心

【概况】 北京大学燕园社区服务中心成立于1999年11月16日，承担着北大燕园9个园区的社区建设和社区服务工作，其宗旨和工作任务是：为北大教职工及其家属提供优质的生活服务和创造良好的工作、生活环境，使他们解除后顾之忧，全身心投入到教学、科研和学校的各项工作中；通过多方位、高水平、高质量的社区服务来体现学校对北大教职工的关怀。

北京大学燕园社区理事会代表学校管理燕园社区服务中心。理事长由学校主管副校长担任，常务副理事长由社区服务中心主任担任。燕园社区理事会的职责是：审定"燕园社区服务中心章程"、资源配置、发展规划、管理制度、收支预决算等重大事项。

北大燕园社区服务中心是燕园社区理事会的日常执行机构，下设5个职能部门：综合管理部、服务管理部、经营管理部、财务管理部、工程管理部，以及2个管理中心：燕园社区网络服务中心、燕园社区市场管理中心。

燕园社区网络服务中心是燕园社区服务中心的服务实体。网络服务中心由医疗服务、安全服务、家政服务3个分系统和3个服务站组成。

燕园社区市场管理中心负责管理畅春园、中关园、燕东园3个便民服务市场。

燕园社区服务中心现有16个经营企业，通过参与市场经营和社区便民服务，取得经济效益，为燕园社区服务提供经济保障。燕园社区服务中心现有正式职工152人，外聘职工500多人，具有中高级职称的管理和技术人员100多人，大中专以上学历150多人。

2005年，社区中心按照构建社会主义和谐社区的要求，在市、区有关部门的指导下，在燕园社区理事会的领导下，在学校领导和各部门支持、帮助下，认真贯彻落实"三个代表"重要思想，与时俱进，开拓创新，努力做好社区服务工作。

【社区服务】 2005年，社区网络服务中心按照构建社会主义和谐社区的要求，认真贯彻落实"三个代表"重要思想，与时俱进，开拓创新，积极做好社区服务工作。特别是在体现人性化服务，努力提高社区服务水平、服务质量和服务效率方面加大工作力度，为教职工提供了方便、快捷、优质的社区服务。

1. 社区网络服务运行情况。2005年，网络呼叫系统呼叫总数为4378次，其中家政服务560次，医疗求助呼叫115次，安全求助呼叫13次。同时，对410户的呼叫器进行了检测，测试呼叫3690次；全年接听热线电话21944个。社区网络服务积极发挥沟通作用，热心为教职工排忧解难。

社区服务信息网站设有10个栏目，500余个网页。由于及时发布有关社区服务方面的新内容，备受居民关心。全年有97180人次访问，平均每天访问人数266人次。同时，为北京市社区服务信息系统提供北大燕园社区服务信息979条。

2005年，红黄蓝网络服务站配送商品45000人次，完成营业流水64.8万元，为工作繁忙和年老体弱的用户提供了很大的方便，深受老师们的欢迎。

2. 社区家政服务运行情况。2005年，为教职工提供52种家政服务项目。全年完成家政服务10986人次，其中包括介绍保姆小时工1048人次，保洁服务839次，家电维修服务、油烟机、热水器清洗、上下水管道维修等项服务3901次。

燕园网络服务中心不仅对校园区域内的北大家属提供社区服务，同时还肩负着北京市社区服务中心呼叫热线96156的服务工作。2005年共为96156系统提供了105次的服务。

表 8-70　燕园社区家政服务项目汇总

介绍保姆	介绍小时工	家庭保洁	接送儿童	看护病人	看护老人
介绍养老院	代为挂号	订餐送餐	代购物品	送水服务	订送机票
送花服务	红黄蓝购物	婚介服务	修脚服务	保险咨询	医疗健康咨询
法律援助咨询	上门理发	上门照相	冰箱修理	彩电修理	洗衣机修理
空调清洗消毒	空调修理	微波炉修理	消毒柜修理	小家电修理	电脑修理
光盘刻录	复印打字	修锁配钥匙	修理自行车	代换灯泡	清洗油烟机
清洗热水器	维修灶具	上下水疏通	安装节水器	洗车服务	家庭装修
家装零修	家具翻新	制作家具	封闭阳台	安装防护网	更换纱窗
更换玻璃	废品回收	殡仪服务	安装节水器		

3. 大型便民服务活动开展情况。为了满足教职工生活需求,2005年组织大型便民服务活动两次,50多家服务单位参加了大型便民服务。两次便民服务活动中,完成服务、咨询13209次,其中提供了医疗等方面的咨询7962人次,完成便民服务5247人次。

为方便燕北园教职员工购物,社区中心每月最后一个周六,组织20多家商户在燕北园开展商品展销,集中销售教职工日常需要的100多个品种的生活用品,深受教职工欢迎。

4. 教育培训工作开展情况。2005年,社区中心应广大教职员工的要求组织开展了两次教育培训讲座。2005年6月25日,社区中心与北大法律援助协会合作在燕南园63号院举办了"房地产法律知识讲座",讲座由北大房地产法研究协会、北大房地产协会会长田磊主讲,60多名北大教职工听取了讲座。2005年11月20日,由北大社区中心和美国花旗银行北京中关村支行联合举办了家庭理财知识讲座。主讲人为老师们讲述了一系列家庭理财的相关知识和全新的理财理念,包括:理财的目标、理财内容、如何选择理财产品以及合理配置外币资产等。

【社区建设】 2005年,社区中心继续进行社区服务设施的维修、改造新建工作,改善了服务环境,充实了社区服务内容,为教职工提供了更多的生活便利。

完成超市招待所等改造、装修、维修工程34项,面积3338平方米;完成零修服务74项;燕北园生活服务附属用房开工建设;燕北园社区综合楼完成公示程序和施工图报审工作。

表 8-71　2005年燕园社区工程情况汇总

建设项目	数　量	面积(平方米)	费用总额(元)
燕北园生活服务附属用房	1	2018	
燕北园社区综合楼	1	5450	
改造、装修、维修工程	34	3338	1272133.29
零修项目	74	480	12706.00
设备安装	2		173339.00
合　计	81	3818	1458178.29

【社区经营】 2005年,社区下属企业全部按合同规定完成了各项指标,全年经营流水8000多万元;实现利税800多万元;上缴统筹金60多万元,上缴学校447万元。2005年,社区中心将留存在下属企业的历年结余资金归集上缴,用于社区服务和社区建设。

2005年,社区中心对下属企业建筑工程处、水电队、招待所进行了改组、调整、充实,将建筑工程处的富余人员调整到招待所、水电队等企业,并对有关房屋、场地资源进行了调整和重新分配。由此既提高了企业工作效率,也优化、提高了房屋等资源的效益。

2005年,社区中心与北大校产管理公司合作成立了燕园隶德科技发展有限公司。

2005年,新开办的北大超市招待所,有客房67间,可同时容纳160位客人住宿。招待所不仅有经济效益,而且安置了7名职工就业。

2005年,社区中心安排下属的博实商场在光华管理学院地下一层开办了MBA俱乐部,主要提供茶点服务,也为学生交流、讨论、休息提供了方便场所。

2005年,社区中心所属企业参与共同出资组建的北京市燕园阳光新能源科技有限公司,已经开始正常生产运转。该企业主营家用太阳能热水器、空气源热泵等节能产品,也承接太阳能热水工程,可以为用户提供最佳的生活、洗涤热水产品。

燕北园便民服务中心建成后,因特殊原因受阻,多年未能使用。2005年,经过社区中心多方面的

细致工作,在街道办事处的配合下,在主管校长的领导下,完成了服务单位的挑选和开业准备工作,预计2006年春节前开业。

2005年,社区中心购买博雅西园底商600平方米,用于社区服务经营。

【对外合作】 2005年,社区中心积极开展对外合作项目,取得比较好的工作业绩。

(1) 与山东日照合作开发的教授花园三期已于2005年9月末竣工。"十一"长假期间,先后有80多位北大老师前往日照看房并办理入住手续。

(2) 受北大国际合作部委托,承办了首届北大-哥伦比亚大学暑期汉语项目"住家活动"。本次住家活动从6月19日开始到8月20日结束,社区中心安排38名美国学生住在北大教职工家中。首届住家活动取得巨大成功,许多接待了美国学生的家长们认为,住家活动是中美文化交流的好方式,可以相互学习、增进了解和友谊,希望继续把"住家活动"搞下去。

(3) 受北大国际合作部委托,承办了留学生剪纸艺术课程班(1期)和斯坦福大学学生在北大老师家学做中国菜的厨艺课程(2期)。社区中心聘请北大退休老师为外国留学生教授中国剪纸艺术,受到留学生的喜爱;社区中心安排20多名留学生在北大老师家中学做中餐,促进了中外饮食文化的交流。

(4) 与北京筑贤现代管理技术开发有限公司签订了合作协议,双方共同开展组织实施高级专业职业经理人资格认证培训工作。

(5) 与校医院签订合作开办口腔医疗服务的协议。

【文化宣传】 2005年度,社区中心按照构建和谐社区的目标,积极开展文化宣传活动,收到较好效果。

(1) 12月24日,社区中心与人事部、街道办事处、工会主办了"北大社区首届新春联欢文艺演出"。北大离退休人员、社区居民、北大老师、大学生、中学生、小学生和幼儿园的小朋友同台为大家奉献一场精彩的歌舞演出。联欢文艺演出的举办对建设燕园和谐社区,丰富校园文化生活起了重要的作用。

(2) 8月29日,在北大本科新生入校之际,为解决部分新生的生活困难问题,北大社区中心为全校300位经济困难新生赠送了一个"爱心礼包"。礼包中有暖瓶、饭盒、牙具、毛巾、拖鞋、脸盆、肥皂、洗衣粉、香皂盒等16件入学生活必需品,基本满足了新生的生活日用需要。16件一套的"爱心礼包"虽不昂贵,但体现了社区中心对经济困难学生的点滴心意和关爱之情。社区中心主任赵桂莲、副主任李永新在现场组织发放活动,校党委书记闵维方、校长许智宏、副校长林钧敬、副书记张彦等校领导亲临现场,闵书记、许校长亲手向新生赠送了"爱心礼包"。

(3) 社区中心提供活动经费,积极支持北大老干部民乐团、合唱团、舞蹈队、书法协会、布艺协会开展文化艺术活动和艺术创作,丰富了离退休职工的文化生活。

(4) 编印6期"社区工作简讯",上报校内外有关领导,汇报燕园社区建设、社区服务工作进展情况。北大电视台播放了2个有关社区中心专题片;北大电视台、校刊、新闻网刊登、播放反映燕园社区服务、社区建设工作的新闻报道十余次,起到了宣传社区、研究社区、热爱社区、服务社区的效果。

(5) 11月10日,在北京市召开的题为"加强社区服务、建设和谐社区"的北京论坛上,林钧敬副校长介绍了燕园社区建设经验。林钧敬副校长在会上介绍了北大社区建设过程中,以建设燕园和谐社区为目标,在北大主导的社区服务单位模式的框架下,以社区中心为平台,汇集各种资源,充分调动各方面、各部门的积极性,在燕园社区建设管理体制、运行机制等方面进行创新、探索的经验。他还介绍了北大社区中心成立6年来在社区服务、园区便民服务设施建设、社区经营服务等方面做出的工作业绩。林钧敬副校长讲话文稿编入了北京论坛文集。

(6) 在中国高教学会、北京高校后勤研究会主办的"高校后勤实体发展论坛"上,社区中心副主任周波代表社区中心以"创新机制、完善体制,加快后勤产业发展"为题,介绍北大后勤产业中心社会化改革的实践情况。

(7) 组织编印了2006年年历画册,收集了包括杨辛先生在内的北大艺术爱好者创作的书法、绘画、布艺、剪纸、篆刻、压花等形式的艺术作品。艺术年历画册既有艺术性又有实用性,受到广泛好评。

【安全生产管理】 建立健全了消防安全组织机构,社区中心与下属各单位签订了治安综合治理领导责任书和防火安全责任书,落实安全主任到企业、到责任人。

坚持每年三次(春节、"五一"、"十一")的定期综合检查,以及每月的不定期抽查,及时消除检查中发现的安全隐患。增设了"综合检查流动红旗",发给安全生产先进单位。2005年度进行了3次大型综合检查,8次抽查,3个单位获得"综合检查流动红旗"。

开展消防安全教育,增强安全意识、学习消防知识、提高消防技能。2005年,社区中心开展了全员消防安全教育,分别于上半年、下半年两次组织全体职工观看消防安全教育专题片,近千人次观看了消防安全教育专题片。学习结束时,进行了书面答卷考核和安全知识竞赛,350多人参加了答卷考

核。对这种教育形式,企业职工和经理一致反映效果好。

2005年,社区中心投资对磁福酒楼等企业的用电线路进行了改造,并加强了北京大学消防安全重点单位建筑工程处大院的管理。中心对建筑工程处大院的消防安全、卫生环境进行了治理、整顿,由中心派专人进行管理,建立24小时值班制度,确保建筑工程处大院的安全和卫生。

通过社区中心全体员工的努力,全年未发生任何安全生产事故,保证了社区服务的正常进行。

(李永新)

附 录

表 8-72 燕园社区服务中心企业名录

企业名称	经营地址	联系电话
北大理发店	校内三角地	62753284
北京校苑博实商场	校内燕南路	62750033
北大超市发超市	北京大学畅春园	62758364
燕园禾谷园超市	4~7公寓东侧	62759633
社区中心招待所	48楼南、承泽园、7公寓北侧	62755755
北京燕园蔚秀餐厅	蔚秀园	62755715
北京海淀华庆商行	校内三角地	62754582
北大水电队	水塔东侧平房	62757963
北京燕园甲天下餐厅	4~7公寓南侧	62753655
北京海淀北欣科技公司	校内	62750675
北京海淀北大综合服务社	校内学五东南侧	62765982
北京海淀国辉洗衣部	校内东南侧	62754271
北京北大燕园建筑工程处	校内朗润园南侧	62751554
北京海淀成龙玻璃经销公司	海淀区后八街	62943389
北京海淀新北高科技开发公司	上地国际创业园C座8层	62974070
北京北大普发中心		62751059

表 8-73 燕园社区各项服务单位名录及联系电话

项目分类	服务单位	服务内容	地址	电话
安全救助	保卫部 燕园派出所	防火、防盗、安全救助	理科楼东连廊205室	62751321 62751331
医疗救助	校医院	医疗急救,上门诊治、注射、输液等	校医院	62751919 62754276
家政服务	燕园社区网络 家政服务中心	保姆、小时工介绍,家庭保洁,油烟机、热水器、燃气灶具清洗、维修,儿童接送、代购物品等51项服务	中关园北门	62759677 62752492
医疗站	承泽园社区医疗站	全科门诊,牙科、妇科等专科门诊,注射、输液、化验,药房	承泽园1号	62759299 62753419
便民服务站	中关园服务站 畅春园服务站 燕北园服务站	网上购物、电话购物、现场购物,送货上门 网上购物、电话购物、现场购物,送货上门 网上购物、电话购物、现场购物,送货上门	中关园北门 畅春园北门 燕北园东门	62754282 62753396 62881490
维修服务	社区服务队 北大综合服务社 北大综合服务社	家电、电脑维修,家庭零修、装修服务 家电、电脑维修,家庭零修、装修服务 自行车修理、配钥匙等	中关园北门 校内浴室南侧 校内浴室南侧	62752492 62753099 62757866
理发、美发	北大理发店 燕东园理发店 中关园理发店	理发、美发,上门服务 理发、美发,上门服务(燕东园、4~7公寓) 理发、美发,上门服务(中关园地区)	校内三角地 燕东园 中关园	62753284 13683376820 62753025

续表

项目分类	服务单位	服务内容	地址	电话
缝纫、洗衣	北大综合服务社 中关园缝纫店 燕东园缝纫店 国辉洗衣店 燕东园洗衣店	服装制作、缝补 服装加工 服装加工 水洗、干洗、熨烫 水洗、干洗、熨烫	校内浴室南侧 中关园 燕东园 校内浴室南侧 燕东园	62756629 62767264 62764333 62754271 62753301
照相、彩扩	未名湖图片社 春之绿摄影服务部	数码彩扩、图文输出、影像集锦、放大装裱 艺术摄影、证件快照、团体合影、彩扩	校内浴室南侧 校内45楼甲地下西侧	62759112 62751998
商场、商店、超市	博实商场 北大超市发超市 燕园禾谷园超市 北欣商店 蔚秀园商店	食品、百货、礼品等 食品、百货等 食品、日用品、粮油等 食品、日用百货等 食品、烟酒、鲜肉等	三角地邮局西 畅春园 4～7公寓东侧 三角地 蔚秀园东门	62767698 62759018 62758364 62758362 62759633 62753270 62755715
药店	博实金象大药店 同仁堂博塔药店	药品、医疗卫生用品等 中药、西药、医疗卫生用品等	校内45楼甲地下西侧 畅春园超市	62758552 62759023 82871855
餐饮	景晨轩餐饮有限公司 燕园快乐老家餐厅 临湖居饭庄 蔚秀园餐厅 小羊倌涮涮锅餐厅 甲天下餐厅 磁福餐厅 北清食业送餐中心	中餐、订餐、送餐 快餐、早点 中餐、订餐、送餐（校内、周边园区） 快餐、早点、订餐、送餐（校内、周边园区） 火锅涮肉 火锅涮肉 中餐、早点、订餐、送餐（校内、周边园区） 快餐专送	中关园1公寓 蔚秀园南门西侧 蔚秀园南门西侧 蔚秀园东门 畅春园北大超市二楼 燕东园北门西侧 北大西便门外 燕东园西侧 （原东大粮店）	62755723 62756332 62750518 62767506 62752424 62755715 62756347 62753655 62758167 62525478
招待所	燕园社区培训中心 燕园社区培训中心 东区招待所 南区招待所 西区招待所 西区招待所	住宿 住宿 住宿 住宿 住宿 住宿	4～7公寓东侧一楼 4～7公寓东侧二楼 清华西门东100米 校内48楼前 畅春园北大超市东侧 蔚秀园南门	62752838 62767971 62753996 62753583 62767990 62769980 62753954
各园区便民服务管理部门	燕园社区市场管理中心			62752501 62765745 62752047

燕园街道办事处

【概况】 燕园街道办事处成立于1981年12月，属于大院式街道办事处，工作职能是：在辖区内履行政府派出机构职能，依法进行城市管理；重点从事教职工生活园区的管理；负责与政府、学校职能部门相互联系，发挥桥梁纽带作用。

【党建工作】 2005年9月15日保持共产党员先进性教育活动在街道系统正式开始启动，街道工委高度重视，先后成立了领导小组和工作小组。街道工委下有9个党支部，220名党员，其中8位属离退休支部。工委鉴于所管理的党员年龄大、体质差、居住分散、文化程度普遍偏低等特点，结合在2004年11月25日社区工作总结会上提出

的在社区党支部开展争做"六模范"活动,即:遵守党纪国法的模范;学习的模范(理论、方针、政策、时事和科学);为民排忧解难的模范;邻里团结互助的模范;带头参与社区管理、社区建设和社区公益活动的模范;带头维护社区安全稳定、化解各类矛盾、构建和谐社会的模范,组织了一系列的其他活动,如参观"北京市反腐倡廉警示教育展"、观看"崇尚科学,远离愚昧"的教育光盘、搞"崇尚科学,反对邪教"的专题培训、参观卢沟桥抗日战争纪念馆、组织法律知识讲座、知识竞赛、书画展、文艺汇演及丰富多彩的园区文化活动,通过高雅的文化活动和健康的体育活动占领群众文化阵地,以铲除邪教滋生的土壤,达到了保持共产党员先进性教育和争当六个模范活动的双丰收。

【环境综合整治】 2005 年为迎奥运拆除周边车库临建房 2500 平方米、游泳池临建房 2500 平方米、拆除老游泳池 3000 平方米、拆除燕东园社区平房违章建筑 7 间 80 平方米、中关园大小违章建房、棚 22 间共计 200 多平方米;改造清华南路两侧的居民社区泄水和排水系统;解决 4～7 公寓雨水倒灌问题;

缴获盗版、黄色光盘 829 张,没收假发票 30 本。对北大校内东门、西门等地的无照经营查抄 15 次,收缴黑三轮车 9 辆,伪劣矿泉水、饮料 500 瓶,文化衫 50 件及各种纪念品。

【社区建设】 2005 年社区工作的重点是围绕和谐社区建设这一主题,夯实社区建设基础,推进社区精神文明建设。

2005 年初办事处在燕东园投入经费修了两条水泥方砖路;修整了 4～7 公寓路面,建起花坛;增设了足底按摩健身场地;协调总务部解决了 4～7 公寓雨后排水等老大难问题;协调区市政修理了清华南路,解决马路雨水向 4～7 公寓灌水问题。

用自筹资金分期付款方式从社区服务中心为燕北园社区购买到 120 平方米老年活动用房,有利于社区和谐建设。

提议并通过综治委主任扩大会议决定:为燕北园设计安装了治安监控系统,提升了社区治安技术防范水平;为 8～13 公寓安装对讲式防盗门,为老年人办实事。

开展各种丰富多彩、健康有益的文体活动:组织英语比赛、合唱比赛;社区舞蹈队、秧歌队、健身队为社区居民展示风貌;举办书法、绘画、花卉、篆刻展览;举办书法、绘画、花卉、英语讲座。

【其他工作】 调解民间矛盾纠纷 74 件,成功 71 件,3 名服刑人员积极接受社区矫正。为失业人员办理 138 张求职证、48 张优惠证,为 25 名失业人员办理自谋职业手续,实现 125 人再就业,开发了 142 个社区就业岗位,在劳务派遣组织中安置了 98% 的特困人员,为 37 人发放失业金 67609 元,报销失业人员医药费 13 人次 4100 元,98% 的"4050"就业困难人员得到安置,为 5 人办理知青回城手续;落实"北京市人口与计划生育条例",办理一胎"生育服务证"103 本,为 112 名新生儿办理入户手续,为 72 个独生子女父母办理一次性奖励,为 248 名无业人员发放独生子女费,为 477 名青少年、幼儿办理"国寿学平"保险,为 200 余名育龄人群发放了避孕药具自助发放机 IC 卡;为灾区募捐衣被 8663 件、人民币 82264.8 元(仅家属园区);为辖区受灾群众申请临时救助款共 12000 元,为低保人员免费注射流感疫苗,为低保家庭申请医疗救助共 39759.33 元。

(修亚冬)

北 京 大 学 医 院

【概况】 在编职工 136 人,其中卫生技术人员 115 人,包括主任医师 3 人、副主任医师 35 人、主治医师 66 人、医师 11 人;行政后勤人员 21 人,聘用合同人员 87 人。总建筑面积 8600 平方米,床位 101 张。有万元以上医疗设备 183 件,其中 2005 年新购置数字超声成像系统、全自动电脑视野仪等 18 台万元以上设备,800 元以上固定资产总价值 2632 万元。设有 10 个普通门诊,30 多个专家专科门诊,由正副主任医师和外聘教授开诊。设有妇女肿瘤中心、体检中心、心理咨询治疗中心、博士伦高校眼睛保健中心、实验室及辅助科室。按照学校人事制度改革的要求,8 月对上年度聘任的 130 名上岗人员进行岗位考核,并进行新学年的岗位聘任;132 名在职职工、3 名流动编制职工受聘上岗。

【医疗工作】 全年门诊 251659 人次,急诊 23346 人次,急诊危重症抢救 1 人次,抢救成功率 100%,全年手术例数 242 人次,年住院人数 484 人次,出院人数 478 人次,床位周转次数 4.73%,床位使用率 29.28%,平均住院日 22.55 天,七日确诊率 99.57%;出入院诊断符合率 99.57%,治愈好转率 89.8%,死亡率 5.64%,院内感染率 6.07%,住院手术 73 例。查体 25585 人次。网上咨询电话回访 263 人次,护士上门服务 1010 人次,对行动不便的慢性病患者由医

生定期上门服务的有551人次,免费为院士巡诊516人次。

医院严格按照北京市卫生局统一要求书写住院病例,病案室制度齐全,严格按卫生局统一规定执行,规定保护患者隐私权,复印借阅病历按要求并有登记。2005年全年出现终末病历478份,其中内科271份、外科128份、肿瘤科74份、妇科5份。终末病历由各科主任在出院后的1个月之内逐份检查完成,医院的病案质量管理委员会定期检查,全年抽查10人次共54份病历,均为甲级病历,抽查病历占所有终末病历11.2%;全院甲级病历达100%。每年推选优秀病历提出表扬,欠缺病历提出批评。

医保工作严格按照北京市医保中心规定的药品库、诊疗库、服务设施项目库及卫生局、物价局制订的标准收费。所有医保病人就医信息均经网络传给医保中心。2005年度医保门诊人次为1312人,总费用为150348.31元,处方均值为114.59元;医保住院人次为28人,总费用为214126.33元,次均费用为7647.37元。

【护理工作】 认真落实创建"人民满意医院"考评细则,对照标准抓落实,不断完善医院护理规章制度和相关工作流程,修订成册下发科室,并进行全员培训,做到学有标准,行有规范。同时加强科室业务学习培训,要求每个护理单元每月最少进行一次集中业务学习与讨论,使各项规章落到实处,以不断促进护理工作制度化、规范化管理。坚持每月护理查房和护士长例会,对医疗护理安全工作常抓不懈,细化护理质控考核标准,对医院护理质量进行综合考评。重点检查等级护理制度、三查七对制度、交接班制度、一级护理和危重症病人护理到位情况。督促检查诊疗护理常规落实情况,对科室护理质量包括基础质量、环节质量和终末质量进行检查分析,对发现的问题及时提出改进措施。

积极开展以病人为中心的整体护理,实行人性化亲情服务。根据创建"人民满意医院"工作要求,在开展病区分组护理工作的基础上,结合医院工作情况,制定护理病历书写规范及护理病历书写范本。通过开展护理病历书写,提高了护士综合分析问题的能力,发挥护士专业理论和专业技能,提高了理论指导临床实践的应用水平,使综合护理质量得到提升,提高了护理服务质量和病人满意度。加强医院聘用护理人员管理与考核,对每位聘用护理人员进行德、勤、技能和理论知识综合考评,根据综合考评结果,向医院提出奖惩意见。加强护理危机管理、护理缺陷管理,做到发现问题有记录,错因分析及时准确,改进措施有成效。加强输血、输液反应处理、过敏反应、误吸等抢救流程管理,杜绝护理差错、事故的发生。做好院内感染控制工作,对医院感染管理委员会成员进行调整,对全院人员进行分层次培训,每月做好空气培养、物表采样,全年共监测756人次,发现问题15人次,院内感染率≤8%。

【科研工作】 参与了为期3年的首都医学发展基金重点科研项目——强化降压治疗研究(项目编号为2002~2014)。对极高危的高血压患者随机分配到强化降压组和常规治疗组,使强化降压组的血压控制在135/85 mmHg内,提高血压的控制率,减少并发症。目前该工作已经进入随机期。全年发表医学科技论文16篇,参与编写著作《人类生物学》。

【教育培训】 全年57人次(医生)参加中华医学会的教育课程。有2名医师参加并通过了全科医师的培训,取得了合格证。10人次参加市举办专科培训班。组织28次院职工业务学习,1020余人次参加。到国内、外进修各一人。

【国际交流】 日本渡边牡蛎研究所渡边贡一行分别于1月、8月两次访问医院,双方就活性牡蛎丸对更年期妇女的药物作用进行了探讨。6月,心理治疗中心主任赴比利时首都布鲁塞尔参加了"第十六届国际EMDR治疗大会",并在大会上发言。11月,心理治疗中心主任参加了中国卫生协会举办的第四届泛亚太心理学大会,并主持了"创伤心理治疗"工作坊。

【其他工作】 北京大学红十字会有会员1400名、骨干会员150名、性健康教育成员700人。2005年发放宣传品3万多份,分别在三角地、万柳园区进行涞源希望小学义诊活动。有250人参加红十字会急救培训,组织为印度洋海啸捐款、为涞源希望工程捐款捐物活动。北大红十字会学生分会被评为2005年度北大十佳社团,北大红十字会被评为北京市红十字优秀单位。

医院与北京金萌泰物业管理公司签订陪护、保洁协议书,使陪护工作更加安全、有序。

体检中心扩建15平方米休息室。

9月,北京大学健康促进领导小组成立。11月,在密云召开由校领导及全校各院系、部门领导参加的健康促进工作会议,研讨健康新理念及教职工健康状况。

按照市卫生局对二级医院的要求,与密云东邵渠医院签订城市支援农村卫生协议。

(叶树青)

北京大学附属中学

【概况】 北大附中创办于1960年,地处中关村高科技园区。作为北京市重点中学、北京市示范高中的北大附中,还是北京大学基础教育的教育教学实验基地和后备人才的培养基地。学校倡导"勤奋、严谨、求实、创新"的校风,把"肩负天下,敢为人先,追求卓越,志存高远"作为自己的办学理念。学校拥有各种现代化的实验室和多媒体教室,信息网络系统十分完备。学校拥有整洁、舒适的食堂、宿舍以及塑胶操场、塑胶篮球场、体育馆、图书馆和幽雅、亮丽的校园环境。

北大附中以"三个面向"为办学指导思想,全面贯彻教育方针,坚持"育人为本",坚持走改革创新之路,积极推进素质教育,形成了鲜明的办学特色和生动活泼、丰富多彩的校园文化。建校以来,学校共培养毕业生数万人,在尖子生培养方面取得了显著成绩,恢复高考后的升学成绩一直名列全市前茅,为高校输送了大批优秀人才。在全国及北京市数学、物理、化学等竞赛中硕果累累;在国际中学生科竞赛中有9人获得金牌,4人获得银牌,1人获得铜牌。北大附中是北京市中小学科技活动示范学校和青少年科技俱乐部活动基地学校、全国先进体育传统基础学校和北京市绿色学校。北大附中还把大力发展远程教育,与社会分享教育资源,积极支持边远贫困和少数民族地区的教育视为己任。

北大附中自20世纪60年代就开始招收外国留学生,与10多个国家的学校建立了友好关系。学校金帆管乐团、舞蹈团先后赴美、日、俄等国家以及港澳台地区演出。北大附中已经发展成具有广泛国际联系的开放性学校。

2005年,北大附中开设教学班58个(初中12个、高中46个),招生533人(初中135人、高中398人),毕业805人(初中155人、高中650人),在校学生2207人(初中550人、高中1657人),应届高考录取率90%。教职工179人,其中,专任教师162人、高级专业技术职务教师69人、特级教师7人。学校占地面积50000平方米,建筑面积63000平方米,物理、化学、生物实验室和各种专用教室46个,体育场地16000平方米,图书馆藏书55000册。

【党建工作】 按照中央关于深入开展以实践"三个代表"重要思想为主要内容的保持共产党员先进性教育活动的具体要求,附中党委自9月15日~12月15日组织全体党员开展保持共产党员先进性教育活动,经过学习动员、分析评议和整改提高三个阶段的工作,圆满完成各项任务。

在动员部署工作中,附中党委健全组织制度,明确原则要求,组织2次全体党员的集中学习活动,编辑工作简报6期。支部组织3次集中学习和2次讨论,参学率达100%。在先进性具体要求大讨论阶段,各支部根据本部门实际情况,提出既符合党章和"6个坚持"要求,又符合本部门实际工作情况的先进性具体要求。

在分析评议阶段,党委在教学楼和办公楼设立意见箱,并召开了工会教代会等7次座谈会。在广泛征求意见的基础上,全体党员认真撰写党性分析材料,从总体评价、主要问题、原因分析、努力方向四部分深刻剖析。党委组织支部集中召开专题组织生活会,交流党性分析材料,认真进行批评和自我批评。专题组织生活会后,党支部根据党员个人党性分析材料和群众的意见,对每位党员提出分析评议意见。党委和行政领导班子共同召开专题民主生活会,北京大学林建华副校长与会,校党政领导就所负责工作中存在的问题作出深刻自我批评。

在整改提高阶段,党委发放意见建议调查表,并根据分析评议阶段的反馈意见和此次调查意见制定出整改方案。

【大事记】 1月24日,以芬兰国家教育局局长Ms. Lindroos为团长的芬兰国家教育代表团一行5人对北大附中进行了访问。北京大学陈文申常务副校长、北大附中康健校长和部分师生参加了交流。

2月28日下午,语文专题讲座"中学生鲁迅作品选读"在教学东楼209阶梯教室开讲,北大中文系教授钱理群先生讲述了如何重新感受鲁迅、重新认识鲁迅等内容。

3月20日~4月3日,香港圣保禄学校师生访问团一行80人来北大附中进行交流和学习。此次圣保禄学校师生来访的主要目的是"强化普通话,体认中国情"。香港学生在北大附中学习期间,参加了普通话、中国书法、篆刻、武术、民族舞蹈等课程,参观了故宫、人民大会堂等名胜古迹。

3月28日,由北京市科协、北京市教委、北京市科委、北京市知识产权局、大兴区人民政府、北京青少年科学基金会共同主办的"第25届北京市青少年科技创新大赛"落下帷幕,北大附中取得优异成绩。石涵的"冷冻温度与持续时间对土壤N素矿化影响的初步研究",张宇晨、于泓的"汉语拼音优化键盘布局及其推广方案"获一等奖。

在2005年北京市高中化学教学优秀论文评比中,熊美容的"浅谈研究性学习中知识的落实与能力的提高"获北京市一等奖、海淀

区一等奖,该论文在全国高中化学优质课评比(华北赛区)暨教学研讨会上交流时被评为二等奖;秦蕾的"浅析探究'镁在空气中燃烧主要产物的确定'"获北京市二等奖、海淀区一等奖。

4月15日,法国德比西中学师生一行20余人到北大附中进行为期2周的友好交流。

4月19日下午,爱尔兰驻华大使Declan Kelleher先生到北大附中访问并与高一和高二部分学生自由交流。

7月3~16日,周磊老师和许梦涵、张忱、冯春蕾、段瑶、连畅等5名同学一起参加了在澳大利亚悉尼大学举行的第33届Harry Messel教授国际科学学校(ISS2005)活动。连畅同学获得由澳大利亚教育部长颁发的唯一一个科学领袖奖,冯春蕾同学获得了"Lecture杰出表现奖",段瑶同学所在的组获得了"Science & Engineering Challenge"活动的第一名。

7月6日,德国斯图加特市副市长马伊妮博士访问北大附中,康健校长接待。马伊妮副市长此次来访的主要目的是推动该市海涅中学与北大附中合作事宜。

7月14日,"西点军校学员与北大附中学子交流探讨会"在北大附中多功能厅隆重举行。西点军校两位学员就"领导力"这一主题做了精彩发言。

7月16日,第十六届国际生物学奥林匹克竞赛(IBO)部分选手来北大附中参观访问,此次来访的选手来自澳大利亚、阿根廷、文莱、巴西等10个国家。附中学生与各国选手互换礼物。

7月24日~8月6日,中欧艺术夏令营在北大附中举行。来自欧盟25个国家的学生和来自中国25个省、市的同龄人参加了夏令营,他们共同学习艺术,并共同生活2周。中欧友好协会的相关领导和英国大使馆文化教育处的官员出席了夏令营开幕式并做了发言。

8月3日,香港"女童军总会国情研习班"开班典礼在附中礼堂隆重举行。教育部港澳台事务办公室副主任宋波、北大港澳台事务办公室副主任潘庆德参加了典礼。附中邀请了北大相关领域的专家和教授给女童军授课。

在8月举行的全国中学生生物学联赛中,附中学生庞博、吴江、唐瑶荣获一等奖。

8月22~23日,在第六届广茂达杯中国智能机器人大赛上,附中学生冀逸峰获机器人论文比赛一等奖。

8月24~26日,北大附中2004~2005学年度教育教学研讨会召开。通过研讨会,师生进一步明确了教育教学计划,增强了再创北大附中辉煌的信心。

在第21个教师节来临之际,附中教师张思明以全票通过当选为第六届全国十杰中小学中青年教师,并代表当选教师在人民大会堂做了主题发言。

10月6日,北大附中举行了建校45周年庆典活动,3000多名校友从海内外相聚母校。附中校长康健校长在发言中回顾了北大附中艰苦创业的历程,展示了北大附中45年来取得的成就,衷心地表达了对附中生日的祝福和对全体附中人的感谢。全国人大常委会副委员长许嘉璐以一首诗表达了对附中的祝福——虽依乔木自成春,叶茂枝繁覆万人,桃李无言勤自勉,花期不负艳阳晨。

2005年全国高中数学联赛中,魏来、申井然获一等奖;刘一凡、王尧、程晓行获二等奖;徐哲、王蔚鸽、王海宁、许钊、许梦涵、杜洋、张忱获三等奖。

10月21日,高二年级师生20人去山西平遥县东泉中学进行助教联谊活动。通过这次活动,附中学生了解了困难地区学生的学习和生活状况,感受到了他们学习的刻苦和艰难,也感悟到了他们的真诚和善良,更加珍惜自己的生活和学习条件。

根据北京市教委统一部署和安排,北大附中与昌平区小汤山中学、怀柔区红螺寺中学、北京市47中学先后建立起了"手拉手"关系。

11月1~5日,北大附中学生石涵、汪瑜婧、张宇晨获第五届"明天小小科学家"二等奖。

11月12日下午,北大附中金帆管乐团参加北京市教委组织的"奥运向我们走来——倒计时1000天"系列活动之"首都千名青少年管乐手纪念北京奥运倒计时1000天专场音乐会",附中管乐团演奏了《召唤英雄》、《没有共产党就没有新中国》、《歌唱祖国》等曲目。

11月20日上午,北京市第59/60期叔频奖学金发奖大会在附中礼堂隆重举行,附中共有16位同学获奖。

11月25日上午,来自非洲贝宁、刚果(布)、埃及、肯尼亚、苏丹、埃塞俄比亚、卢旺达、莫桑比克、坦桑尼亚和吉布提等10国的教育部长和高级官员一行50余人来北大附中参观和访问。

11月27日,在第四届"21世纪·深圳日报杯"全国中学生英语演讲比赛总决赛中,附中学生李春北获高中组一等奖;王婧祎获初中组二等奖。

12月14日下午,由校教科处组织的"北大附中教育教学学术论坛"系列讲座在附中大阶梯教室举行,附中青年教师100多人到会听讲,康健校长做了题为"现代教育中教师专业化发展和教学反思"的学术报告。

12月19日下午,海淀区相关单位领导对北大附中"健康促进学校项目"进行检查验收,康健校长做了"构筑以人为本、健康和谐的现代学校"的主题汇报。检查组对附中的健康促进学校项目予以了较高评价。

(王欧阳)

北京大学附属小学

【概况】 2005年，北京大学附属小学共有学生2536人，59个教学班。教职工共140人（不含外籍教师），其中专任教师114人。现有特级教师1人、中学高级教师3人、北京市学科带头人1名、北京市中青年骨干教师9名、海淀区学科带头人10名、海淀区骨干教师6名。专任教师本专科学历达到94.7%。

【行政工作】 经过多方努力，附小新教学楼及宿舍楼于9月1日投入使用。教学楼分为南楼、中楼和北楼，其中南楼一部分建筑和中楼为原有教学楼，在建新教学楼同时对其进行改造，使其与新教学楼浑然一体。教学楼面积为12370平方米，宿舍楼为3240平方米。目前，该教学楼为全国小学中唯一的生态教学楼。

10月18日，海淀区首批素质教育优质校（原名为示范校）挂牌，北大附小名列其中。此次活动历时一年多，附小在各项检查中名列前茅。

鉴于北大附小目前财力、人力所限，学校行政会、教代会讨论决定停止承办西北旺科技园区小学。

经多方努力，北大附小领取了住宿收费许可证，提高了住宿收费标准，从每学年320元调为1500元。

【教学工作】 学校聘请了特级教师沈大安为老师们做"从教育观念，到教育行为——小学语文课程改革的回顾和前瞻"的讲座。附小充分利用学校现有教学设施和教学条件，召开北京市数学现场会、北京市科学现场会、海淀区语文现场教研，被指定为海淀区世纪杯评优科学课场地校、海淀中心评优语文课场地校等。多种教学活动为附小教师营造了浓厚的学习氛围。在"请进来"的同时还让老师"走出去"，派教师参加了全国英语研讨活动、全国数学课堂教学评优活动、北京市语文教学研讨活动、东城区男教师教学风采展示活动、全国评优课北京展示活动等，使教师们有机会领略名师风采，开阔了眼界。

附小完成了校园网络平台建设（www.bdfx.pku.edu.cn），实现千兆光纤接入和校区无线网络覆盖，重新建设北大附小信息中心（增加教师备课室1间、机器人教室1间、学生机房2间、中心机房1间、电视广播制作室1间、电教室1间、多功能小讲堂，重建GKE教室、NC教室）；完成所有教室和专业教室的音视频、网络终端建设（增建科学实验教室4间、音乐教室6间、美术专业教室4间）；逐步完善现有的各级各类教学软硬件设施。

1. 教师获奖。

石润芳获全国主体课题研讨会课堂教学一等奖；延瑞获全国挑战名师作文教学竞赛一等奖；蔡青、潘东辉获北京市基础教育课程教材实验论文评比一等奖；李宁获北京市小学数学骨干教师专题研讨会优秀论文评比一等奖；任辉、何立新获北京市信息技术学科教学论文评比二等奖；柴立男、刘桂红获第9届海淀区教育科研优秀论文评选一等奖。

此外，孙雪林获海淀区首届教学管理创新奖和海淀区教科研先进个人光荣称号；何立新被评为海淀区科协系统科普先进个人；石润芳被评为北京市优秀科技辅导教师；李宁、范沈两位老师获得创新奖教师光荣称号；潘东辉荣获海淀区教学管理先进和海淀区教科研先进个人光荣称号。

2. 学生获奖。

27人获第10届全国中小学绘画、书法作品比赛一等奖，44人获二等奖，57人获三等奖；2人获2005年北京市艺术节绘画比赛一等奖，5人获二等奖，26人获三等奖；2人获第25届北京市青少年科技创新大赛二等奖；5人获第5届北京市青少年电脑机器人竞赛一等奖；15人获第5届中国青少年机器人竞赛小学组机器人和计算机比赛一等奖，16人获二等奖，8人获三等奖；1人获第六届全国青少年"春蕾杯"征文一等奖，5人获二等奖；11人获海淀区中小学生科技竞赛航海模型比赛一等奖；6人获2004~2005学年海淀区信息技术课程学生作品评比一等奖；1人获第10届全国华罗庚金杯少年数学邀请赛决赛（北京赛区）二等奖；21人获北京市海淀区中小学科技竞赛"世纪杯"计算机一等奖，18人获二等奖，19人获三等奖；4人获第6届华人作文竞赛一等奖，2人获二等奖，14人获三等奖；7人获北京市中小学第10届头脑奥林匹克竞赛（OM）一等奖；男女队均获得2005年全国青少年无线电测向分区赛北京赛区短80米第一名，2人获2005年全国青少年无线电测向分区赛北京赛区电子制作一等奖，7人获二等奖，2人获得优秀运动员称号。

3. 学校获奖。

北大附小获海淀区中小学生计算机知识技能竞赛团体一等奖、海淀区中小学科技竞赛"世纪杯"计算机比赛团体一等奖，代表中国参加WRO国际奥林匹克机器人竞赛。

【德育工作】 已成为北京市科技示范校的附小进一步申报"金鹏科技团"。10月25日，市委领导、"金鹏科技团"评审专家小组到附小检查。专家对附小的科技教育理念、工作思路予以充分肯定，对附小优越的科技教育条件表示赞赏，对附小特色科技活动所取得的突出成绩给予高度评价。

10月中旬,附小与中国科协、海淀区进修学校合作确立了科学教育项目——科学家与小学科学教育系列活动。这项活动把科研院所、各大高校的科研人员请到学校,请到教师学生中来,开展科学知识讲座,辅导师生的科学探究活动,做学校的科学顾问。其中地球空间学家潘厚任、生物学家孙万儒等著名科学家为核心成员。10月19日,项目启动仪式暨首场科普知识讲座在附小拉开帷幕。著名空间技术专家潘厚任教授为全区小学科学教师用最生动最前沿的影视资料做了关于航天方面的精彩讲座。10月24~27日,附小又安排了三次科普讲座,分别由张厚英教授、潘厚任教授、张孚允教授主讲。

由北京市政府主办的"民族艺术进校园"启动仪式在附小举行,启动仪式不仅展示了附小学生的精神风貌,还使师生们了解了民族艺术中曲艺的表演形式。残疾人"千手观音"的表演使全校师生在感受到美的同时受到激励与鼓舞。

为庆贺海淀区艺术教育20周年,附小隆重推出了"花枝俏古韵新声演唱会"。海淀教委指定由附小代表海淀区向社会公演,展示海淀区的艺术教育。

参加湖南"金鹰卡通卫视"举办的全国"少年中华唐诗行——中华小诗仙"评比活动,附小取得了全国唯一最佳成绩。三年级学生汪铄齐代表华北赛区在决赛中获唯一的"中华小诗仙"称号。

11月8日,130名学生参加了"大地之爱——母亲水窖巨星慈善捐款义演"活动。

12月25日印度洋发生了罕见的特大地震、海啸,附小师生踊跃捐款,总计59234.22元。当天下午学校就派专人把捐款送到了北京市红十字会,市红十字会高度赞扬了同学们的行为。同时,附小的学生还参与了为在京务工人员的子女捐书捐物,为学校科技活动捐书的活动,体现出了附小学生人道、博爱、奉献的精神。

(附 小)

党建与思想政治工作

组织工作

【概况】 全校共有党员18902名，其中校本部共12678名、医学部6224名。全校教职工党员数达5992人，其中校本部共3023人、医学部共2969人。离退休党员共计3454人，其中校本部达2061人、医学部1393人。全校学生党员数已达7736人，其中校本部共6571人、医学部共1165人。其他党员人数已达1720人，其中校本部共1023人、医学部697人。

全校共有院系级党委55个。校本部共有院系级党委41个，其中党委31个、工委3个、党总支4个、直属党支部3个；医学部共有院系级党委14个，其中党委11个、党总支3个。

全校党支部总数共889个，其中校本部达573个、医学部316个。

【党建工作】 组织党员深入学习领会十六届五中全会精神。党的十六届五中全会审议通过的"中共中央关于制定国民经济和社会发展第十一个五年规划的建议"发布后，通过组织基层院系党委理论中心组学习、专家讲座、专题党日等多种活动形式，使全校的党员师生统一思想，自觉地把科学发展观和创建世界一流大学的目标结合起来，与正在开展的保持共产党员先进性教育活动结合起来。

利用先进性教育的契机，大力加强基层党建工作的规范化、制度化建设。党委组织部充分利用先进性教育的重要契机，主动要求基层党组织调整工作不得力的干部，对多年没换届的党组织要求马上换届，进一步强调基层党组织的学习制度、会议制度，并对基层党组织的各项活动记录、文字材料和数据统计提出了严格细致的存档要求，为党建工作的进一步规范奠定良好的基础。

认真组织开展先进性评选和表彰工作，营造良好的争先创优氛围。2005年，北京大学共评选表彰党务和思想政治工作先进年集体9个，优秀党务和思想政治工作者65人（含10名李大钊奖获得者），党务和思想政治工作奉献奖49人。医学部还评出5个"医学部党务和思想政治工作先进集体"及20名"医学部优秀党务和思想政治工作者"。北京大学向北京市推荐高校先进基层党组织2个，高校优秀共产党员3人，高校优秀党务工作者2人。2005年底，又在全校范围内表彰了15个党内年统优秀单位。

加强党建理论研究，努力提高党建研究水平。依托北京大学党建研究会深入开展党建课题的研究。在继续整理党建研究一期课题的基础上，积极发布二期课题，课题立项内容涉及北京大学党建工作的诸多方面。完成了北京高校党建研究会的"保持共产党员先进性教育与加强党的执政能力建设研究"课题；结合先进性教育活动，完成"北京大学党员思想状况调研报告"。1月12日，召开了医院党建工作研讨会。5月，北京大学与北京市高校党建研究会召开"保持共产党员先进性，加强党的执政能力建设"理论研讨会。

《北大党建》自2001年创刊以来，使北京大学的党建工作有了宣传政策、传递信息、沟通情况、反馈意见、交流经验、探讨问题的舆论阵地和工具。2005年出版1期。

【党校工作】 认真贯彻中央和北京市委教工委关于大规模培训干部文件的精神，积极开展干部培训。修订下发了《北京大学干部学习培训手册》，对干部进行分层次、分类别、多渠道的培训。（1）举办了新上岗干部和中青年骨干培训班，参加培训人员校本部31名、医学部30余名。主要进行干部工作的基本理论、工作方法和廉洁从政等方面的教育。（2）举办了75人参加的院（系）和部门正职干部暑期研讨班。教育部和学校领导介绍了高等教育改革和发展趋势以及学校总体形势与发展战略。（3）举办了"高等教育管理中的法律问题"选修课程培训班，就学生管理、人事制度建设、校办企业管理等相关的法律问题进行了探讨，57名干部全程参加了培训。

在积极推进干部理论培训工作的同时，组织干部开展社会实践。7月中旬，组织28名中青年干部去河南省林县红旗渠参观考

察；暑期组织近30名中层正职干部赴革命摇篮井冈山参观学习；医学部组织业务骨干和管理骨干30余人去青海省进行社会实践。这些活动，有利于干部学习革命传统，增强时代意识。

采取多种形式，组织入党积极分子的教育培训。对入党积极分子分阶段培养、分校区管理。2005年上半年举办了学生入党积极分子党性教育读书班（即提高班），对近期准备发展的1130名发展对象进行了培训；下半年举办了学生入党积极分子基础班，校本部和各分校区共有3426名学生（含本科生和研究生）入党积极分子参加了培训。培训内容主要是理想信念、党的基本知识、基本理论、党员基本条件和如何争取入党等。在培训过程中，坚持办好主课堂，辐射分校区的办学模式，党校负责组织，院系加强管理，确保了课堂讲授质量。上半年和下半年分别举办了校本部和医学部教职工入党积极分子培训班，232名教职工入党积极分子参加了培训。

【干部工作】 进一步深入学习贯彻"党政领导干部选拔任用条例"，加强干部工作的制度化建设。在北京大学党委领导下，适应北京大学创建世界一流大学工作的要求，结合北京大学干部工作的特点，进一步推动干部工作的制度化、规范化建设。出台了"北京大学关于领导干部个人向党组织推荐干部人选的规定"，完成了"北京大学关于调整补充中层领导班子后备干部工作的意见"、"北京大学关于谈话和诫勉的暂行规定"等文件初稿，对"北京大学中层干部选拔任用办法"等几个文件提出了初步修订意见，制订了有关规章制度的规划。

认真贯彻党的干部工作路线，坚持用好的作风选人，选作风好的人。坚持用好的作风选人，是当前加强和改进党的作风建设的关键问题，也是全面贯彻干部队伍"四化"方针和德才兼备原则的迫切要求，组织部门作为党委选人、用人的参谋和助手，在落实用好的作风选人方面负有重大的责任。在2005年的工作中，党委组织部继续深入学习贯彻十五届六中全会和十六大精神，注意加强党委组织部自身建设。具体有：(1)深入理解、严格遵循六中全会关于用好的作风选人必须做到的"五坚持五不准"；(2)在选拔任用党政领导干部过程中，始终坚持党管干部的原则，德才兼备、任人唯贤的原则，群众公认、注重实绩的原则，公开、平等、竞争、择优的原则，民主集中制的原则和依法办事的原则等六条原则；(3)坚持解放思想，树立与时俱进观念，进一步拓宽选人用人的视野；(4)深入调查研究，努力探索高校干部工作的客观规律和改革的途径；(5)严肃干部人事工作纪律，增强廉洁自律意识；(6)加强业务学习和内部管理，提高工作效率和水平。

结合北京大学内部管理体制的改革，积极稳妥地推进干部人事制度的改革。深化干部人事制度改革，是建设高素质的干部队伍，培养造就大批优秀人才的治本之策。党委组织部根据上级的要求，结合北京大学的实际，在这方面进行了积极的探索：(1)在干部选拔任用的方法上，将坚持党管干部的原则与走群众路线相结合、民主推荐和党委任用相结合，进一步落实群众对干部工作的知情权、参与权、选择权和监督权，增强干部工作的透明度，坚持"4个公开"，即干部任用的岗位公开、选拔任用的原则公开、干部任用的条件公开、选拔任用的程序公开；(2)在干部选拔任用的具体制度上，继续坚持和完善"党口干部选任制、行政干部任期制、提拔干部公示制、任免干部票决制"的模式；(3)对基层党组织的换届选举工作出现的新问题进行了研究，在如何有效地预先酝酿、考察书记及副书记候选人，保证换届工作稳步进行和如何应对随着学科整合和院系结构调整力度加大、党员总数超过或接近500人的基层单位增多的情况下，采用党员代表大会的方式进行基层党组织换届工作做了积极的探索和实践；(4)结合机构改革、院系调整和岗位聘任，采取多种方式疏通干部"能上能下"渠道；(5)结合两校合并，扩大干部交流范围，积极探索并完善校内交流和校外交流相结合的干部交流机制：2005年度校内交流干部5人，校外挂职6人（其中到西部地区挂职干部2名），其中医学部1名，向校外输送干部3人，校外单位到北大挂职5名；(6)加大选拔优秀年轻干部特别是年轻的党政正职领导干部的力度，在注重德才表现、工作实绩和群众认可度的基础上，继续采取轮岗、交流、挂职等多种形式，把年轻干部放到工作的第一线和艰苦复杂的环境中锻炼，全面提高他们的素质。经过这几年的努力，北京大学干部队伍结构正在发生变化，各级领导班子在年龄、专业、知识结构等方面逐步趋于合理。

正常有序地进行中层领导班子的调整和换届工作。党委组织部根据北京大学党委的统一部署，按照中层领导班子换届条件的成熟程度、干部准备情况以及到届时间长短，分批启动，交叉进行，有序、稳步、渐进地开展中层领导班子的调整和换届工作，换届条件不成熟的先搞调查研究。2005年度校本部换届、调整、充实、新建、撤销、考核领导班子共26个，干部任免共89人次，其中，考察新任命与提任干部（副职提正职）21人，换届连任与调配任命干部23人，干部免辞25人（次）；确认干部级别1人。医学部完成了3个单位的党委或行政班子换届工作，任免干部共21人次，其中班子换届任免11人次，个别调整任免10人次。

中层领导班子的调整和换届工作正常有序的进行，为各单位工作的顺利开展提供了组织保障。

配合教育部完成了北京大学党政领导班子的调整工作。2005年9月，教育部对北京大学党政领导班子进行了部分调整，党委组织部积极配合，精心安排具体工作，圆满完成了上报相关材料、候选人考察等环节的工作，保证了这项工作的顺利进行。

健全和完善干部考核机制，组织实施机关干部年度考核工作。根据"北京大学机关干部聘任管理暂行办法"和"北京大学机关干部考核暂行办法"的规定，结合2005年度的具体情况，进行了校本部机关干部（含直属附属单位及群团组织干部）的考核工作。为了保证考核工作的真实性、有效性和严肃性，2005年度改变了原来对机关各单位正、副职干部的考核由本单位统计测评结果的做法，测评表当场封存，直接报送党委组织部，由党委组织部统计、反馈，并把考核登记表存入个人档案。2005年度考核机关各单位及其挂靠机构共计31个，考核机关干部共计580人，准确地完成了大量数据的统计工作和考核登记表的存档工作，促进了北京大学机关职能部门和机构的工作。

加大对领导干部的管理和监督的力度：(1)根据北京市委《关于加强国家工作人员因私出国(境)管理实施办法》的通知要求，加强了对北京大学处级以上领导干部和离退休厅(局)级以上干部登记备案工作。为配合市公安局完善教育系统因私出国(境)报备管理建设，建立了联络员制度和登记备案制度。党委组织部指定一名联络员，专门负责此项工作。2005年度干部登记备案名单累计新增107人，更新13人，撤销54人。2005年度，基层单位干部认真执行出国请假制度，干部出国请假300多人次，干部办理护照60多人次。(2)与基层党委配合，认真执行个人收入申报制度，上半年的收入申报工作基本完成，下半年的收入申报工作正在开展。(3)与纪委、审计室密切配合，健全和完善领导干部廉政谈话、诫勉谈话制度，提高领导干部廉洁自律和党风廉政建设的自觉性，通过考核和加强外部力量对中层领导干部进行监督，严格执行领导干部离任经济责任审计制度，对每一个换届的行政班子都给出了审计结论，并向常委会报告。

严格要求、认真组织教育管理与德育系列职称评审工作。2005年3月教育管理与德育系列职称评审准备工作正式启动。党委组织部针对近几年评审工作中存在的问题和主要的成功经验进行了研讨，会同人事部研究讨论了高级职称名额、转系列等问题，对于职称评审工作中应该注意的问题以及评审文件中的相关部分进行了修订和完善，对于评审委员会分会评审委员和各评审组评审委员进行了调整。在北京大学党委的领导和相关部门的配合下，2005年6月圆满完成了2005年度的教育管理与德育系列职称评审工作。2005年度职称评审参评人员53人，其中正高级职称8人（其中提调1人，提退2人），副高级职称20人，中级职称25人。共计评审出正高级职称4人（其中提调1人，提退1人），副高级职称11人，中级职称25人。

按照中央政策，妥善处理历史遗留问题。这些问题涉及到干部群众切身利益，但处理这些问题政策性强，有一定的难度。组织部的基本做法是：认真查阅文件、档案，调查历史上处理过程中的当事人，全面掌握政策，掌握情况；主动接待，耐心解释，不推不拖；严格按照中央政策进行妥善处理，对一些复杂问题，分步解决。2005年组织部接待处理对历史上冤假错案的平反决定和待遇有意见的2人，对参加革命工作时间、职级待遇有异议的3人，对历史上处分有意见的1人，对过去待遇有意见的1人。

【机关建设】 1.思想作风建设。

组织部自身建设的基础是作风建设，按照胡锦涛总书记提出的"党性要强，作风要正，工作要实，业务要精"的要求，进一步扩大"树组工形象"教育活动的成果，在配合北京大学开展党员先进性教育活动的同时，做好组织部党支部的先进性教育活动，认真学习，深入讨论，通过批评和自我批评，深刻剖析，积极整改，切实加强思想作风、学风、工作作风和生活作风建设，真正做到党性要强、作风要正、工作要实、业务要精，用高度的党性指导北京大学党组织建设，用好的作风为北京大学的发展选出作风好的党政领导干部。用良好的工作业绩体现先进性教育的成果。加大对组织工作内容、程序、结果的公开力度，加大对组织工作民主监督的力度，鼓励党员、干部和群众了解、评价和监督组织工作。建立健全信访办理制度，坚持原则，讲究方法，及时妥善地处理各类信访案件。改进会风和文风，坚持少而精的原则，精简会议和文件，提倡开短会、发短文，能不开的会议坚决不开，可以合并的合并召开；减轻基层负担，进一步树立组织部门"党员之家、干部之家、知识分子之家"的形象。

2.制度建设。

建立健全机关运行机制，切实改进工作质量和办事效率。突出机关效能建设和公道正派两个方面内容，认真查找单位和个人存在的突出问题，建立健全部机关各项工作制度，以规章为依据，实现各项工作的协调运转。建立健全责任分解制度，把全年的工作任务和职责具体分解落实到人。建立健全监督保障机制，努力提高办事效率和工作创新。对照"廉洁、勤政、务实、高效"和"对己清正、对人公正、对内严格、对外平等"的要求，

进一步建立和完善部机关管理制度、工作制度和监督约束制度。

干部队伍建设 2005年6月，响应教育部对口支援西部高校建设的号召，组织部副部长于鸿君赴新疆担任石河子大学副校长，主管石河子大学文科教学科研和教育宣传。2005年11月，教育部对北京大学党政领导班子进行了部分调整，组织部部长杨河提任为北京大学党委副书记，主管宣传工作。在学校党委领导下，经过民主推荐和组织考察，确定组织部副部长郭海担任组织部部长。

3. 干部能力建设。

建立健全学习教育机制，构建"学习型"机关。（1）加强理论学习，制定学习规划——采取个人自学、集中培训、专题辅导等多种形式，加强对国情、世情、党情的了解和掌握，努力提高组工干部贯彻执行党的路线方针政策的水平，以过硬的素质适应工作需要。（2）强化业务学习——组织部工作具有自身的专业性，组织部的干部必须情况熟、业务精。组织部充分发挥长期从事组织工作的老同志在带队伍、教业务、练作风等方面的积极作用，帮助年轻干部尽快成长。这些年，组织部年轻干部在工作能力、业务水平、思想素质、敬业精神等方面都有很大提高，重要原因之一就是组织部坚持了新老结合、上下配合的工作模式。（3）加大干部培训和交流工作力度——2005年1月选派干部借调最高人民法院研究室民事处进行锻炼，全面提高干部素质。

4. 信息化建设。

2005年度，组织部把信息化建设作为提高服务水平和管理效率的重要工作加以推进，成立了专门的工作班子，责成分管副部长具体落实。本着统一规划、分步实施的原则，与基层党组织、计算机中心和其他相关单位多次沟通，提出了"北京大学党委组织部管理信息系统"的需求报告，分步、分层次逐步实施开发。目前系统的开发已有阶段性成果，预计2005～2006学年下学期能够投入使用。组织管理信息系统将是一个基于互联网的、拥有多层次用户的信息管理系统，其主要功能包括行政机构管理、党组织机构管理、党员和干部基本信息管理、党员发展、调离、出国出境管理、党员、干部培训管理、公共信息服务、统计分析、系统管理、用户管理等内容，能够实时提供各类统计信息，基本实现组织工作的主要业务流程，有效提高工作效率，为科学决策、科学管理和监督提供辅助帮助。

（组织部）

宣传工作

【概况】 2005年，北京大学宣传工作坚持以邓小平理论和"三个代表"重要思想为指导，贯彻落实党的十六大、十六届四中、五中全会精神，按照科学发展观和建立社会主义和谐社会的要求，服务和服从全党全国工作大局，服务和服从北京大学创建世界一流大学的中心任务，着眼于增强校党委的执政能力和治校能力，着眼于增强宣传工作的育人能力，着眼于增强创建世界一流的新闻宣传能力，进一步巩固马克思主义在学校意识形态领域的指导地位，进一步提升学校文化建设的渗透力和影响力，进一步增强德育工作的科学性和系统性，为北大的改革发展稳定提供了强大的精神动力、思想保证和舆论支持。在理论学习和宣传方面，围绕加强党的执政能力建设和先进性建设、贯彻和落实科学发展观、构建和谐社会等重大理论和现实问题，组织全校哲学社会科学专家的力量，发挥跨学科的优势，集中进行了研讨，取得了重要成果，在学术界和社会上引起了较大影响。

在全校保持共产党员先进性学习教育活动中，宣传部组织编写了学习材料，包括：《北大保持共产党员先进性学习资料汇编》（简称《资料汇编》）、《北大英烈》、《先锋本色——当代共产党员先进事迹》（简称《先进事迹》）。《资料汇编》既收录了胡锦涛等国家领导人对保持共产党员先进性的重要讲话，又汇集了有关论述保持共产党员先进性的重要理论文章，为党员学习提供比较权威的理论参考；《北大英烈》收集了北大95位先烈的优秀事迹，共计10余万字，生动地展现了先烈的崇高品德和献身精神，是师生了解北大历史、学习先烈精神的宝贵资料；《先进事迹》收集78位当代北大共产党员先进事迹。

2005年，党委宣传部继续与新闻媒体进行广泛联系，围绕学校重要工作，注重对北大进行全方位、多角度的宣传。2005年校外各类媒体对北大不同内容的直接报道有2000多条。在中央电视台、中国教育电视台、人民日报、光明日报、中国教育报、中国青年报、北京日报等重要媒体上都刊发了重要新闻和专题，在新华网、新浪网、中新网等主要网络上也发布了大量新闻、图片和专题报道。在北大一些重大事件上，媒体都给予高度关注和广泛报道，如北大与原北京医科大学合并五周年、五四青年节温家宝总理看望北大学生、台湾国民党主席连战访问北大、第二届北京

论坛隆重召开等。

(赵为民 夏文斌)

【理论工作】 1. 理论研讨。

3月19日,召开构建社会主义和谐社会研讨会。会议就社会主义和谐社会的理论依据、实现条件和建设重点等问题进行了讨论,哲学系、法律系、社会学系、国际关系学院、马克思主义学院等院系30余位专家、学者参加了会议。

5月20日,召开"保持共产党员先进性,加强党的执政能力建设"理论研讨会。该研讨会由北大与北京市高校党建研究会主办,北大党委宣传部、组织部、社会科学部、邓小平理论研究中心和马克思主义学院承办,来自教育部、中央党校、北京大学等兄弟院校及研究机构的近百名专家学者参加了研讨,北大保持共产党员先进性教育活动试点单位、全校基层党委书记、各党支部近百名党员代表参加了此次研讨会。研讨会在如何开展高校党建工作、共产党员党员先进性的内涵、保持共产党员先进性的重要性和必要性、保持共产党员先进性与"三个代表"重要思想关系等方面取得了重要成果。

9月2日,召开纪念抗日战争暨世界反法西斯战争胜利60周年老干部老教授座谈会。原北大党委书记王学珍等老一辈革命者、北大纪委书记王丽梅、北大党委宣传部部长赵为民、宣传部常务副部长夏文斌、北大青年马克思主义研究会的同学等出席座谈会。

10月20日,召开"学习十六届五中全会精神,树立科学发展观"理论研讨会。来自社会学系、哲学系、国际关系学院、马克思主义学院以及宣传部的学者从各个角度论证了科学发展观及和谐社会的构建对国家"十一五"规划的促进和保障作用,就科学发展观与和谐社会之间的内在关系展开热烈讨论。

2. 理论学习。

党委宣传部组织、参与重大的报告会有:

4月14日,组织宋鱼水同志报告会。报告会由北大党委常务副书记、副校长吴志攀主持,北京市委教育工委先进性教育活动督导组副组长沈云锁出席报告会,北大党政领导班子成员、各试点单位党政领导和全体党员共1000余人参加了报告会。宋鱼水同志以朴实的语言,饱含热情地汇报了自己的学习、工作情况以及对先进性教育活动的体会。

4月29日,组织李君如理论辅导报告会。闵维方书记主持报告会。李君如集中谈了3个问题:一是开展保持共产党员先进性集中教育活动是加强党的先进性建设的重要举措;二是加强党的先进性建设必须认真学习和实践"三个代表"重要思想;三是加强党的先进性建设必须发挥党员的先锋模范作用。

10月10日,组织李忠杰保持党的先进性报告会。中共中央党史研究室副主任、教授、博士生导师李忠杰介绍了中国共产党开展第一批先进性教育活动的情况,运用鲜活的数据、生动形象的事例,从充分认识党的先进性建设的重大意义、党的先进性要通过党员的模范行动来体现、不同时期对共产党员保持先进性的具体要求、准确分析和判断共产党员的现状以及全面把握先进性的内涵等几个方面展开了精彩的论述。

由医学部宣传部举办的报告会有:4月21日,邀请了外交学院院长、原驻法大使吴建民就目前中国所处的国际形势的形成、现状、总趋势等一系列问题进行论述;6月29日,宣传部与统战部联合主办了"台湾问题和两岸关系新进展"形势报告会,报告会邀请到了全国台胞联谊会副会长、北大党委统战部部长卢咸池研究员主讲;12月22日,外交部部长李肇星为医学部师生做了一场题为"当前的国际形势与中国外交"的报告会。三场报告会内容精彩,切合当前形势,均取得了良好的效果。

医学部新闻网设立"保持共产党员先进性教育活动专题",借助网络快捷、便利、覆盖面广的特点,准确传达上级有关精神,报道医学部保持共产党员先进性教育活动的信息,建立经验交流平台。

以医学部开展保持共产党员先进性教育活动的实践经验及医学部共产党员先进典型为素材,编辑出版了2期《北医人》保持共产党员先进性教育特刊,制作先进性教育校园专题橱窗5块。

3. 调查研究。

3月,宣传部参加了教育部组织的京、津、沪、鄂、粤、陕、苏、赣等八省市2005年教师状况调查活动。该活动历时一个多月,以座谈会、问卷、实地了解等调查方式对250多名教师进行了调查,撰写了北大2005年教师状况调查报告,为上级和学校充分了解北大教师各方面的情况、正确决策提供了科学依据,受到了市教工委的充分肯定和表扬。围绕"构建和谐社会、贯彻和落实科学发展观"等重大问题,深入调研,听取专家的意见和建议,撰写了"北大专家谈如何搞好纪念抗日战争胜利60年的新闻报道"、"北大专家谈构建社会主义和谐社会的几个理论问题"等调查报告,这些报告引起了中宣部和北京市委宣传部领导的高度重视和充分肯定。

继续发挥北大作为中宣部在北京高校设立的唯一的舆情直报点的便利条件,定期了解师生思想状态,及时上报师生的看法、意见、呼声,为中央了解民意和决策提供科学依据。围绕神舟六号发射、十六届五中全会,纪念中国人民抗日战争胜利60周年、禽流感等国内外热点、难点问题及时做好舆情信息工作,成绩显著。上报中宣部、北京市委宣传部、市教工委《思想宣传动态》164期,平均每个工作日约1篇,被中宣部《舆情摘报》单

篇采用8条、综合采用60余条,被中央领导批示7次。其中上报的"'超级女生'现象产生原因、社会影响分析及需要重视的几个问题"、"全球祭孔活动受到广泛关注"、"北大师生高度评价抗战胜利60周年纪念盛典"等舆情信息受到中宣部的好评。

(夏文斌 罗永剑)

【新闻宣传】 注重主流媒体的舆论引导效果,组织撰写重头报道在主流媒体上发表,较好地树立了北大在社会上的正面形象。其中,反映北大保持共产党员先进性教育活动的报道有:"把先进性要求转化为创建世界一流大学的实际行动"(人民日报)、"北京大学积极推进保持共产党员先进性教育活动"(光明日报);反映北大与原北医合并成就的报道有:"1+1>2的合并——写在北京大学与原北京医科大学合并5周年之际"(光明日报)、"坚定的跨越迎来崭新的北大"(中国教育报);反映北大教学科研国际合作及思想政治工作的报道有:"把握新时期大学生思想规律"(中国教育报)、"闵维方:我们这样看待世界大学排名"(光明日报)等。

继续摸索应对危机事件的处理方式,最大限度减少负面影响。主要是:一要做内部工作,二要做外部工作。所谓内部工作,即尽快想方设法制止危机事件影响的扩大;外部工作则是选择在媒体上的应对策略,或低调处理,或正面回应。例如,在有关北大某学院教师在课堂和媒体上发表不当言论的事件,北大主要采取了低调处理的方式,没有在媒体上进行公开回应,而是尽量通过其他渠道减缓其影响力的扩大,同时吸引媒体关注北大同期发生的如授予诺贝尔经济奖得主蒙代尔名誉教授、北大首届国学博士毕业等正面新闻事件;而对2005年北大学生意外事件多发和邱成桐对北大数学学院及田刚教授进行诘难的事件,北大则采取了正面回应的处理方式。8月31日,宣传部在中央电视台新闻会客厅的"决策者说"栏目中策划了对闵维方书记的专访,请他谈关于北大学生思想教育包括心理健康教育等问题,澄清了社会上的一些错误认识,减少了对北大的负面影响。11月16日,在光明日报上发表了宣传部组织撰写的文章"北大数学学院:将中国数学推向世界",12月9日又在北大新闻网上登出了"北大学术人物:田刚"的文章,从正面肯定了北大数学学院多年来所取得的成就,也借此纠正了社会上一些不实传闻。

注重发掘北大内部资源,为社会做贡献。搭建教师与社会联系的平台,使得北大教师的学术成果能够为社会发展发挥作用,同时,也可以使社会更加了解北大教师,了解他们在大学校园中传道授业解惑的同时,仍然积极关注和参与社会建设的各个方面,利用自身专长为社会发展做着不懈的努力。

(孙战龙)

【校园文化建设】 3月4日,邀请在2005年春节晚会中备受好评的节目——"千手观音"的表演者演出了残疾人艺术晚会"让爱飞翔",得到许多师生的好评。

4月1日,与凤凰卫视合作制作了大型晚会"非常凤凰在北大",节目播出后反响热烈。

4月30日,组织策划"北大建校107周年暨两校合并5周年"大型晚会,得到了到现场观看演出的教育部周济部长的肯定。

5月22日,与中华民族文化促进会在校内共同主办"20世纪华人摄影经典作品高端点评"。30多位享誉海内外的著名华人摄影家到会进行精彩点评,并与现场学生们进行了面对面的交流。

5月25日,与中央电视台"与您相约"栏目组共同策划了北大专场晚会,并在正值高考报名的两个周末的黄金时段播出,取得了很好的效果。

9月5日,和数家文化单位联合主办了"文化名人进校园"活动。师生们通过了解宋庆龄、鲁迅、郭沫若、蔡元培等历史文化名人生平事迹,受到了一次爱国主义教育。

9月20日,宣传部与人事部、工会、团委、书画协会、北大老年书画协会、北大学生书画协会共同举办了"珍惜和平——纪念抗战胜利60周年书画展"。这两项活动成为北大庆祝抗战胜利60周年系列文化活动中的重要内容。

9~10月,为配合北大在全校开展的保持共产党员先进性教育活动,邀请了"教育就是兴国"剧组来北大演出,全校大部分党员都轮流观看了此剧。

10月20日,与山西忻州市委宣传部在三角地联合举办了"忻周山水关文化"展览,并支持了学生社团——三晋文化研究会的活动。

(孙战龙 张琳)

【校刊】 2005年校刊共出报35期,其中4期奔驰副刊为4开8版,其余都是对开4版大报。除去寒暑假,出报周期接近周报,远远超过了旬报工作量。在35期报纸中,正刊22期,奔驰副刊4期,专刊9期。在北京论坛专刊中,第一次进行了英文版的尝试。

1. 主要工作成果。

(1) 多种形式报道保持共产党员先进性教育活动。2005年春天,北大保持共产党员先进性教育活动试点工作展开,校刊立即制定了宣传计划,及时报道了先进性教育活动的部署情况及试点活动工作的全过程,多次在一版刊发评论员文章,并在三版开辟"历史丰碑"和"党员先进性教育信息速递"等专栏。在下半年全校保持共产党员先进性教育活动全面展开之际,校刊特地在一版显著位置开辟专栏"先锋本色"和"先进性教育活

动连线",宣传师生身边普通共产党员的感人故事、报道北大师生保持共产党员先进性教育活动新进展,并继续编发"历史丰碑"专栏文章,获得了比较好的宣传效果。

(2) 改革校刊网络版。在网络版的建设中注重突出了报纸特色,并建设了数据库,设计了"每日新闻"、"学术学人"、"校刊风采"等专栏,使报纸上的所有内容都可以在网上分门别类地进行浏览、查找。在每周的5个工作日内,平均每天上传新闻1~5条,校刊组织采写的稿件在第一时间优先上网,增强了时效性,起到了网络版和纸介版宣传互补的作用。遇重大活动时,即使是周末休息日,校刊也安排人员值班上传新闻。

(3) 不断提高编辑的理论素养和业务水平。在每周一次的编前会上,除了通报校内外重要事件,大家还切磋交流,讨论新一期报纸的重头稿件并针对上一期相关文章仔细评点,探讨如何从更好的角度进行报道,如何用更好的语言进行写作,如何将版面编排得更漂亮。魏国英、李彤还编辑了《校报新论》一书,已由清华大学出版社出版,校刊全体编辑的论文都被收录。

(4) 在全国和北京高校校报协会好新闻评奖中成绩突出。在校刊主编魏国英的积极努力和全体同志及兄弟高校的大力配合下,促成教育部发布文件"教育部关于进一步加强和改进高等学校校报工作的若干意见"(社政司[2005]13号),对全国高校校报工作起到了巨大的促进作用。在全国、北京市高校校报系列好新闻、好论文评选中,校刊刊登的新闻作品也获得好成绩。

获中国高校校报好新闻一等奖4项,其中:

消息类一等奖:奥运圣火点燃北大激情(作者:蔡欣欣、郭山庄);

言论类一等奖:保守也是与时俱进的(作者:王义遒);

版面类一等奖:1042期第一版(北大校报,编辑:张兴明);

通讯类一等奖:北大的斑马鱼世界(作者:朱飞飞);

获北京新闻奖(高校校报系列)一等奖7项、二等奖2项、特别奖1项,其中:

特别奖:老安走了(作者:吴志攀);

消息类一等奖:奥运圣火点燃北大激情(作者:蔡欣欣、郭山庄)、95个北大教授岗面向海内外招聘(作者:萧凯);

通讯类一等奖:北大的斑马鱼世界(作者:朱飞飞);

言论类一等奖:保守也是与时俱进的(作者:王义遒);

版面类一等奖:1042期第一版(北大校报,编辑:张兴明);

图片类一等奖:中国经济研究中心毕业典礼(摄影:徐若涵);

专栏类一等奖:新闻透视(编辑:汤继强)。

(5) 积极打造特色栏目和版面。为配合学校保持共产党先进性教育活动,开辟了"先锋本色"、"历史丰碑"等栏目;为反映北大建一流大学新气象,设计了"教改新天地"、"重点实验室主任访谈""前沿论坛"、"老者风范"等。"留学知识问答"、"社团之窗"等专栏的文章为学生所喜爱,"抱拙居闲话"、"心灵罗盘"等栏目文章展现了浓浓的文化气息。这些专栏增强了报纸的思想性和可读性。刊发的儒藏专版使校内师生及时了解了儒藏工程的启动和进展情况,整理刊发中国国民党主席连战访问北大并演讲的资料,为师生留下了宝贵的信息资料。

2. 创新工作。

(1) 校刊网络版具有报纸特色。为了有别于新闻网等其他网站,校刊网络版使用报纸页面版,附带报纸PDF版。只要进入网站,即使没有纸质报纸,也能方便地随时读报。新网站还建立了庞大的数据库,有便利的搜索功能,读者可以很方便地调阅过期报纸,也设计了图片搜索功能。此外,校报网络版颜色热烈,版式大方,在页面中充分利用FLASH的形式突出了北大校报的历史源流。网站的这些特点和功效在高校校报网站中都是创新的。

(2) 奔驰副刊将过去的4开4版变为4开8版,全部彩色,用铜版纸印刷,面貌焕然一新。版式也做了调整,所登文章栏目化,设计了"奔驰动态"、"燕园传真"、"留学德国"、"中国人眼中的德国名字"、"中德文化交流"等栏目,得到师生及戴-克公司的好评。

(3) 校刊正刊采用了双面彩报,即1版、4版彩色,使整张报纸显得醒目、鲜明。

(4) 将2004年报纸电子版刻成光盘保存,以方便日后查寻。

(5) 为了使国外学者更多地了解北大,"北京论坛"专刊尝试编辑了英文版,收到了成效。

(魏国英)

【电视台】 2005年共制作"北大新闻"60期637条(截止到12月2日)、"美丽人生"12期、"读书时间"10期、"聊吧"12期、"新闻观察"12期、"影视新生代"12期、"北大讲坛"12期、"新闻直通车"15期、"每周五分钟"16期、"媒体聚焦"18期、"大讲堂"3期。全年共计122期。2005年,副台长王兴章同志被评为全国教育电视先进工作者。截止到2005年12月21日,医学部电视台共完成电视新闻制作20期229条,合计时间390分钟。主要工作成果为:

(1) 完成学校保持共产党员先进性教育活动宣传报道任务。2005年上半年电视台摄制完成"北京大学保持共产党员先进性教育活动试点单位工作总结"专题片。2005年下半年,学校保持共

产党员先进性教育活动全面启动后，全程录制了10次主要会议和报告。全体工作人员加班加点，均是当天刻盘160套，第二天下发到全校各党支部，保证了学校保持共产党员先进性教育活动的顺利进行。此外，在"北大新闻"节目中对学校保持共产党员先进性教育活动进行了专题系列报道，并制作"历史的丰碑"6期。

（2）为北京市委教育工委完成全市教育系统保持共产党员先进性教育活动的大型历史纪录片——跨越历史的青春之歌。该片是北大电视台首次独立制作完成的历史纪录片，深刻表现了北京市教育系统的广大共产党员和先进知识分子在建党前后到建国前后为民族独立和国家富强所做出的卓越贡献，受到北京市委教育工委的充分肯定和高度评价。

（3）摄制完成中国高校历史上首部形象宣传片。2005年上半年，拍摄完成了中国高校历史上首部形象宣传片——北大光影交响曲。该片在内容和形式上都实现了新的突破，改变了以往"画面＋解说"的方式，完全以音乐和画面准确地阐释了北大精神的内涵，播出后在国内外引起了强烈反响。

（4）与凤凰卫视和中央电视台合作，在北大完成两次高水平的综艺演出活动，推出了北京大学学生主持人的群体品牌形象。与凤凰卫视合作，完成"非常凤凰在北大"节目，由北大电视台的学生主持人和凤凰卫视的知名主持人同台演出，在全球播出后引起极大反响，为北大赢得了荣誉。此后，与中央电视台第三套节目合作，摄制"与您相约"节目，由北大电视台的学生主持人和中央电视台的著名主持人同台主持，播出后也引起很大反响。

（5）首次独立实现现场直播。2005年下半年，对第三届国际文化节、ACM国际大学生程序设计大赛、校园原创音乐剧、纪念"一二·九"校园原创歌曲试听会、纪念"一二·九"师生歌咏比赛等大型活动进行了现场直播。其中，对ACM国际大学生程序设计大赛首次进行了全球网络直播。

（6）开辟新栏目。2005年，为了更贴近普通教职工的生活，反映他们工作、生活的实际情况，与校工会等单位合作在"北大新闻"栏目中新开辟了"每周五分钟"栏目；此外，为了更贴近学生的实际，在"北大新闻"栏目中开辟了"来自学生记者的报道"栏目，受到各方的好评。

（7）圆满完成学校教学科研以及重大活动的全面报道。2005年，按照学校党委的要求，及时圆满地完成了对"北京论坛（2005）"、"博士后制度实施20周年"、"保密工作会议"、"教学工作会议"等重大活动的报道，使广大师生员工在第一时间详细了解活动的情况。

（秦春华）

【新闻网】 2005年，新闻网共发稿42884篇，图片1420张，新设一级栏目13个，建立专题100多个，以网页形式进行报道的专题共11个。新闻网目前点击总人次已经达到791.1705万次，日均点击量达到4454次。从下半学期开始，每日的点击量一直维持在2万多次，在服务器压力很大的情况下，11月到12月，日均突破3万次，单日最高纪录突破6万次。北大新闻网在塑造北大社会形象，宣传学校大政方针，服务师生教学科研，促进学校民主管理等方面发挥着举足轻重的作用。新闻网2005年下半学期起，增加了毕业于中国人民大学的正式工作人员1名、2加2选留生1名，投入日常网络编辑工作的职工增加到4人。新闻网在宣传部的几个媒体中成为最年轻的团队。2005年9月策划了新闻网历史上规模最大的一次招新活动，提出了"从此一网，尽知北大新情"、"北大新闻，日日更新，时时更新"的形象标语，制作了宣传板报。设立了报名、笔试、面试、实习等严格的选拔环节，最终从100多名报名者中选拔了30名记者。实践证明，这一批记者的素质比较过硬。北大光影数码工作室是新闻网为集合学校数字技术人才，开拓新的报道方式而设立的。自成立以来，在FLASH制作、网站制作、图片摄影等方面发挥了重要作用，特别是在2004和2005新生军训的宣传报道上，形成了规模效应，受到兄弟单位和学校领导的好评。

2005年，新闻网在页面制作、内容编辑、栏目设置、专题策划等方面都提高了专业化的要求。发布的新闻稿件中，记者原创稿件已经成为重要新闻的主体。在"副教授做博导"、"北大研究生教育定位"、"连战访问北大"、"李敖访问北大"、"东胡林再次大发现"等重要新闻中，新闻网都成为引起媒体跟进的信息原点。

提出了"让世界了解北大，让北大走向世界"的办网宗旨、"全面报道、深入报道、人文报道、创意报道"的工作理念、"严肃、正大、文明、活泼、务实、团结、开拓"的团队核心精神，先后制订了"北大新闻网工作守则"、"北大新闻网信息发布制度"、"北大新闻网记者团学习手册"等重要制度，建立了编务周末总结、编辑与记者骨干策划会、记者团全员会议、部门专题会议、业务培训等工作机制。

"北大信息周刊"是以网络信息为依托，全面搜集社会媒体对北大报道的刊物。刊物力求借助社会媒体的视角，多角度反映学校的现状、历史和人物。信息发布、资料储存、焦点观察是该刊的三大功能。2005年全年发刊量达56期，收录文章4800余篇，成为名副其实的周刊。经过几年的发展和变革，刊物已经定型，共设有媒体关注、言论参考、学者活动、文教视点、历史记忆等5个栏目，内

容涵盖学校发展动态、学者言论观点、教师活动动态、教育热点分析、学校历史回顾等各个方面。另外，周刊还不定期出版人物增刊，对杰出教师和校友进行集中报道。有重大事件时，刊物也增设了增刊和专栏，如两会增刊和北京论坛专栏。

（杨晓华）

【摄影】 图片组在校内外报纸杂志共发稿100余幅图片，做到当天及时发稿，提高了新闻时效性。一年来拍摄来访的总统、部长、著名大学校长等20多人次，照片被多家媒体采用。橱窗质量有提高，版式设计有所创新，对其中一些大活动，如国民党主席连战来北大演讲、北大学生艺术团访问香港澳门等，都在三角地推出5～10版的专题图片展。宣传部编写了《北大人物画册》，用半年时间为180多位教授拍摄了较高质量的照片。

（王天天）

【广播台】 2005年共制作节目18档，其中"新闻专题"、"静园文学驿站"、"假如我们不知道该听什么"、"留学生活我爱你"、"aigomusic排行榜"是新开的节目。

糊涂说文——北大的校园文化类节目，报道北大校园文化的热点。

音乐盒（music box）——这是一档个性化很强的节目，主持人分别有很好的中国和西方音乐的基础，对节目涉及的领域游刃有余，而且风格日益显著。

文海星空——除了播出一些经典的文学作品，该节目更加注重播出同学们的原创作品。

烤鱼片——对校园中关注的娱乐动向予以关注，是广播台唯一一档娱乐节目。

有故事的人——访谈节目，自开播以来就受到了关注。

天天点歌——点歌互动节目，为师生提供在广播台网站上点歌的服务，送出祝福。

未名湖音乐欣赏——主要是以中国民乐和西方古典音乐为主，也制作少量比较经典的通俗音乐。

未名每日播报——新闻节目，该节目的定位是记录北大的时代步伐。节目组还承担新成员入台后的实习、培训任务。

音乐快递——主要介绍华语最新歌曲，资源由北京音乐台及各唱片公司提供。每天制作播出。

音乐伞兵——推荐欧美新歌，节目形式新颖活泼。

新闻专题——对重大新闻事件进行深度和详细剖析。

静园文学驿站——文学节目，很多听众和做节目的同学都反映喜欢这个节目。

假如我们不知道该听什么——一档具有个人风格的节目。

留学生活我爱你——一档由留学生参与制作的节目，从留学生的视角探讨中西文化的相同和不同。

郝挺天天说——新闻时评节目，在发挥广播台舆论监督的功能上起到了重要的作用。

aigomusic排行榜——一档推广和引导大家使用网络正版音乐的节目。

（刘乃勇）

【英语新闻网】 2005年开设的主要专题栏目有：

Global专题——关注北大与外界的交流合作，为人们及时展示一个充满活力、积极开放的北大。其中包括各国首脑访问北大、世界著名高校校长及教授访问北大、国际文化节等内容。对一些重要内容进行了连续报道。

Focus专题——主要聚焦影响大的新闻人物、新闻事件，如神六成功发射、李敖访问北大等。

Campus专题——主要展示北大校园独特的社团文化和丰富的学术活动，反映北大人的学习、生活状态。

Outlook专题——综合外界媒体对北大的各类报道并进行编译，换一种视角去倾听校外的声音，体现北大开放、包容的姿态。

加强"图片北大"栏目的建设。充分报道北大重要的国际交流活动，如北京大学-马里兰大学日、北京大学-耶鲁大学微电子和纳米技术联合研究中心成立、北京大学-柏林自由大学/洪堡大学日、法国科技周等重要活动；展示北大的学术、文化风采，充分报道了校园学术、文化生活，如中国信用与法系列论坛、北京大学第21次研代会、北大教授带队发现万年墓葬、第30届ACM国际大学生程序设计竞赛、北京幽默艺术节、京台文化周等；宣传北大优美的校园环境和人文氛围，刊登高质量的风景照片，捕捉燕园的瞬间美景；开设了2005北京论坛专题版面，对2005北京论坛进行了系统的图片报道；为英语新闻的报道提供图片支持，为校内外机构提供了部分图片。

（胡献红）

统 战 工 作

【概况】 2005年，在中央5号文件指引下，在校党委统一领导下，在中央统战部、市委统战部的关心和指导下，北大统战部以开展保持共产党员先进性教育活动为契机，坚决贯彻党的统战路线方针政策，全校专兼职统战工作干部和统一战线广大成员共同努力，学校统战工作有了新的进展。

统战部认真学习、贯彻、落实《中共中央关于进一步加强中国共产党领导的多党合作和政治协商制度建设的意见》(中央[05]5号文件)和《中共北京市委关于贯彻落实〈中共中央关于进一步加强中国共产党领导的多党合作和政治协商制度建设的意见〉的实施意见》(市委9号文件)精神,以此提高各级领导和专兼职统战干部对统战工作重要性的认识、提高统战队伍的综合素质。学校理论中心组集体学习了5号文件,统战部长在学习会上专门做了解读辅导。为基层党委发放了《〈中共中央关于进一步加强中国共产党领导的多党合作和政治协商制度建设的意见〉学习问答》,并组织统战委员进行了培训。各民主党派组织也认真学习了中央5号文件,民盟北大委员会还编辑印发了学习5号文件的《北大盟讯》专刊。

在开展先进性教育活动中,学校党委、统战部支部和各机关、院系党组织广泛听取党外同志意见,党外人士也提出了不少有建设性的意见建议,得到有关部门的重视和采纳。2005年,北大著名党外人士林毅夫教授被增选为全国工商联副主席、全国政协经济工作委员会副主任,袁行霈教授被任命为中央文史馆馆长。党委统战部根据中央统战部、中央组织部的指示,认真完成了选举任职前的考察,配合国家监察部完成对5位特约工作人员的考察,向中央统战部推荐12名党外人士为信息联络员。2005年初,数学学院教授田刚、第三医院院长陈仲强增补为全国政协委员,马克思主义学院副教授李少军增补为海淀区政协委员。

北大第一医院党委在2005年1月专门组织召开了由民主党派负责人参加的统战工作会议,就如何进一步做好医院统战工作听取了大家的意见和建议。九三学社北大第二委员会在2005年先后召开了组织工作会议、归国留学人员座谈会、参政议政培训与研讨会、离退休社员"阳光之家"成立大会;农工北大委员会召开了基层委员会工作会议专题学习中共中央5号文件,开展了赴河南艾滋病流行区的医疗扶贫和捐助活动;医学部部分农工、九三、民盟支部组织开展了赴内蒙、延庆、房山等义诊活动;第一医院农工支部组织骨干参观考察了卢沟桥和狼牙山。

民盟北大医学部委员会被评为学校优秀党务和思想政治工作先进集体,4位民主党派干部评为优秀党务和思想政治工作先进个人,1位获党务工作奉献奖。

2005年,统战部还分别协助民盟北大委员会、致公党北大支部、民革北大支部完成了换届工作。医学部统战部协助民革北大医院支部顺利完成换届工作,协助民盟北大医学部委员会完成了原有4个支部的换届工作,并在北大一院新成立了民盟北大医学部第五支部。

党委统战部遵照中央统战部"关于转发'关于进一步做好民主党派组织发展工作座谈会纪要'的通知"精神,注意加强民主党派组织发展工作的制度化、规范化建设,认真做好发展前的考察工作,协助民主党派在保证质量、提高素质的基础上,有计划地稳步发展成员。据统计,2005年共发展新成员45人,其中医学部37人。

信息、研究工作是统战工作的重要组成部分,2005年统战部有1人被评为北京市统战系统和市台办优秀信息员。统战部干部撰写、发表了多篇关于统战、对台工作的论文,在全国高校统战工作研讨会、北京市民主党派工作会议、北京高校统战理论与实践研究会年会上都做了大会重点发言。统战部提交的论文和调研报告分别获得了北京市纪念抗战胜利60周年优秀论文奖和市台办涉台调研课题二等奖。在8月份召开的中国统战理论研究会第四届理事大会上,北大4位统战工作领导和统战问题专家任理事,其中2人当选为常务理事。

【主要工作】 1. 民盟北大委员会换届。3月31日,民盟北大基层委员会换届大会举行。民盟中央副主席、市委主委王维城,北京大学党委副书记岳素兰,民盟中央组织部副部长何奉贤等领导同志出席。民盟北大第四届委员会主委王晓秋同志做了工作报告,民盟北京市委组织部长严为宣布了民盟北大第五届委员会班子成员名单:主委鲁安怀,副主委沈正华、刘力、陈晓明。王维城、岳素兰及党委统战部长卢咸池分别讲话。清华大学、中国人民大学、北京师范大学、中国农业大学、北京邮电大学等兄弟院校民盟组织负责人和校本部其他民主党派组织代表也出席了换届大会。

2. 致公党北大支部换届。5月24日,致公党北大支部举行换届会议。致公党北京市委主委叶文虎、市委副主委林义、海淀区委主委孙津等负责同志参加了会议,致公党北大支部第四届主委李崇熙讲话,致公党海淀区委副主委肖世钧宣读了致公党海淀区委对北大支部换届的批复意见:致公党北大支部新一届委员会由马军、张向英、唐晓峰、王若鹏、吴跃等5人组成。随后,致公党北大支部委员会召开了会议,确定由唐晓峰担任支部主委,马军任副主委。

3. 北京市委统战部副部长到北大调研。11月25日,北京市委统战部常务副部长任冈克率市委统战部研究室、党外干部处、党派处干部来北大,就贯彻落实《中共中央关于进一步加强中国共产党领导的多党合作和政治协商制度建设的意见》(中发[2005]5号)和《中共北京市委关于贯彻落实〈中共中央关于进一步加强中国共产党领

导的多党合作和政治协商制度建设的意见〉的实施意见》(京发[2005]9号)文件精神进行调研。闵克副部长首先与北大党委副书记张彦、医学部党委副书记马焕章、校党委统战部长卢咸池等进行了座谈,张彦副书记介绍了学校理论中心组认真学习中央5号文件的情况,卢咸池部长汇报了北大学习贯彻中央5号文件和市委9号文件的情况。随后,闵克副部长听取了北京大学各民主党派干部对统战工作的意见和建议。

4.市侨联主席到北大调研。12月15日,北京市侨联主席李昭玲率市侨联干部到北大调研。北大党委统战部长卢咸池、市侨联副主席、北大侨联主席李安山及北大侨联会全体委员、顾问接待了李昭玲主席一行。调研会上,北大侨联主席李安山、常务副主席王佩瑛向李昭玲主席等介绍了北大归侨、侨眷及侨联会的基本情况以及存在的一些问题。卢咸池部长着重谈了学校统战部支持侨联工作的一些做法和新归侨确认工作的一些困难。侨联会的其他同志分别就归侨侨眷的权益保护、新归侨侨眷的认定、学校侨联与街道及社区侨联在侨务工作方面的协调等发表了意见。李昭玲主席在听取北大同志发言后强调,目前侨务工作形势很好,但侨务工作仍要坚持以人为本、为侨服务;要以国内工作为基础,国外工作为主导,要组织归侨侨眷在学校工作大局中发挥作用。北大侨联会还向北京市侨联赠送了一套12卷本的《华人华侨百科全书》。

表9-1 2005年底校本部民主党派组织机构状况

党派名称	委员会数	总支数	支部数	小组数	2005年发展人数	总人数	备注
中国国民党革命委员会			1			28	
中国民主同盟	1		9		4	217	
中国民主建国会			1		2	21	
中国民主促进会	1		6			106	
中国农工民主党			1			6	
中国致公党			1			31	
九三学社	1		7		2	133	
台湾民主自治同盟						1	
总计	3		26		8	543	

表9-2 2005年底医学部民主党派组织机构状况

党派名称	委员会	支部(支社)	成员	外单位成员数	发展人数	去世人数	备注
中国国民党革命委员会		1	36	1	3		2000年8月成立中国国民党革命委员会北京大学第一医院支部。
中国民主同盟	1	4	122	1	7		1992年7月8日成立中国民主同盟北京医科大学委员会,2001年3月27日更名为中国民主同盟北京大学医学部委员会。
中国民主建国会			2		1		
中国民主促进会			15		5		
中国农工民主党	1	5	251	6	9		1990年11月10日成立中国农工民主党北京医科大学总支,2001年12月成立中国农工民主党北京大学委员会。
中国致公党			18				2001年2月成立中国致公党北京大学医学部支部。
九三学社	1	8	324		17	2	1956年成立九三学社北京医学院支社,1989年9月16日成立九三学社北京医科大学委员会,2003年12月更名为九三学社北京大学第二委员会。
合计	3	19	768	13	37	2	

(统战部)

纪检监察工作

【概况】 以邓小平理论和"三个代表"重要思想为指导,深入学习贯彻中央纪委第五次全会精神,以贯彻落实"建立健全教育、制度、监督并重的惩治和预防腐败体系实施纲要"为重点,结合"保持共产党员先进性教育"活动,紧紧围绕北大创建世界一流大学的奋斗目标和学校的中心工作,进一步加大预防腐败工作力度,抓好反腐倡廉工作各项任务的落实,努力取得党风廉政建设和反腐败工作的新成果,保证和促进学校的改革、发展与稳定,为北大全面协调、可持续发展创造良好的政治环境。

【党风廉政建设】 在党中央、教育部和北京市系列纪检监察工作会议后,纪委监察室先后在校党委常委会、校纪委全体委员会议上认真传达了上级会议精神,研究确定了北大纪检监察工作计划以及向全校传达部署的落实方案。

2月24日,北京大学召开全校干部大会,安排部署学校党政工作。闵维方书记、许智宏校长就党风廉政建设工作专门做了部署和讲话。闵维方特别强调,要深入学习贯彻中纪委五次全会精神,加强党风廉政建设和纪检监察工作;广大党员干部要严格遵守"四大纪律"、"八项要求",严格执行党员领导干部廉洁从政各项规定和教育部党组关于高校领导干部廉洁自律的"六不准"规定;要加大实施"阳光工程",全面推行阳光收费、阳光招生,坚决纠正损害群众利益的不正之风。许智宏强调,对学校的财务管理工作要进一步加强和规范,学校重申"一级核算,二级管理"的财务管理体制和"财力集中,财权下放"的财务管理原则,重申"严格,透明,公平,效益,服务"的管理方针;要加强依法治校,进一步推进校务公开,在基建招投标、招生、收费等环节推行"阳光工程";大宗物资采购,特别是图书采购和大型仪器设备采购要强化管理,加强监察督导,严格预防并坚决杜绝腐败。

3月10日,学校召开2005年党风廉政建设工作会议,校党政领导班子全体成员、校党委委员、纪委委员、各基层单位党委书记、纪检委员、各职能部门及各附属医院负责人、全体纪检监察干部参加了会议。会上,纪委书记王丽梅传达了中纪委五次全会精神和胡锦涛总书记的重要讲话,传达了教育部和北京市有关党风廉政会议精神,总结分析了2004年学校党风廉政建设工作情况,并就学校2005年党风廉政建设和反腐败工作做了部署和安排。具体工作包括:第一,严格执行党风廉政建设责任制,推进反腐倡廉各项任务的落实;第二,加强反腐倡廉教育,提高领导干部廉洁自律的自觉性;第三,以解决群众反映的突出问题为重点,坚决纠正损害群众利益的不正之风;第四,继续加强信访和案件的查处工作;第五,深入推进各项制度建设,努力从源头上预防和治理腐败;第六,切实加强监督检查和执法监察;第七,以提高能力和改进作风为重点,加强纪委、监察室的自身建设。

纪委监察室协助校党委、行政制定并下发了《2005年北京大学党风廉政建设和反腐败工作主要任务分工》,将党风廉政建设任务分解为22项具体内容,分别落实到有关主管领导和相关部门,并以党发[2005]6号文件发至校内各单位。

【贯彻落实中央文件精神】 将中共中央颁布的《建立健全教育、制度、监督并重的惩治和预防腐败体系实施纲要》、《中共北京市委关于贯彻落实〈建立健全教育、制度、监督并重的惩治和预防腐败体系实施纲要〉的意见》、《中共教育部党组关于贯彻落实〈建立健全教育、制度、监督并重的惩治和预防腐败体系实施纲要〉的具体意见》等列入了保持共产党员先进性教育活动学习资料汇编。将这一工作列入学校总体工作计划,并纳入先进性教育的全过程。

9月6日,学校党委研究决定,成立北京大学贯彻落实《建立健全教育、制度、监督并重的惩治和预防腐败体系实施纲要》领导小组。组长闵维方;副组长吴志攀、岳素兰、王丽梅、敖英芳;成员(以姓氏笔画为序)有王雷、孔凡红、叶静漪、刘海明、闫敏、关海庭、杨河、吴宝科、沈千帆、张国有、张宝岭、陈建龙、周有光、周岳明、郑学益、赵为民。学校党委托校纪委办公室、监察室负责领导小组日常工作。

纪委监察室先后参加了北京教育纪工委和教育部在北京、上海等地召开的贯彻落实《实施纲要》调研座谈会。在校内召开由有关职能部处、文理科有关方面负责人参加的座谈会,开展制度建设方面的调研。在调研的基础上,纪委监察室起草了《北京大学贯彻落实〈建立健全教育、制度、监督并重的惩治和预防腐败体系实施纲要的具体办法〉》。

12月7日,北京大学贯彻落实《建立健全教育、制度、监督并重的惩治和预防腐败体系实施纲要》领导小组召开会议,就《北京大学贯彻落实〈建立健全教育、制度、监督并重的惩治和预防腐败体系实施纲要〉的具体办法》进行了讨论。校党委书记闵维方、常务副书记吴

志攀、副书记兼纪委书记王丽梅、副书记杨河及各部门负责人出席了会议。会上，闵维方书记发表了重要讲话。他在讲话中指出，建立健全惩防体系是学校工作中最重要的内容之一。在社会经济转型时期，各种矛盾凸显，这也反映在学校的各项工作之中。因此，为加强党的执政能力建设，提高党的领导和执政水平，纯洁党的机体，要将反腐倡廉和干部廉洁自律的教育工作经常化、制度化。他强调，要建立完善的制度，树立一种信念，使党员干部的言行遵照这种制度，并使之内化在价值观念和行为模式中。他还指出，学校将加大在建立健全惩防体系工作中人、财、物的投入，并加快纪检、监察、审计方面的队伍建设。

为进一步推动《建立健全教育、制度、监督并重的惩治和预防腐败体系实施纲要》和《"三个代表"重要思想反腐倡廉理论学习纲要》的学习，结合保持共产党员先进性教育活动，按照中纪委和北京市纪委的统一部署，校纪委监察室在9月组织全校各单位副处级以上干部开展了《实施纲要》和《学习纲要》的知识竞答活动。

【领导干部廉洁自律工作】 廉洁自律工作重点是：

（1）党员干部要严格遵守中央纪委三次全会提出的"四大纪律"、"八项要求"以及教育部党组对高校领导干部提出的"6个不准"（① 不准利用职权违规干预和插手建设工程、大宗物资设备采购招投标；② 不准接受与其行使职权有关的单位、个人的现金、有价证券和支付凭证；③ 不准配偶、子女、亲属以及身边工作人员利用领导干部职务的影响牟取私利；④ 不准利用职务和工作便利越权干预招生录取、职称评聘、科研项目评审等工作正常开展；⑤ 主要领导不准担任社会上经营性实体的独立董事；⑥ 不准擅自决定学校对外投资、借贷、融资、合作等重大事项）等廉洁自律规定。

（2）坚决杜绝中央纪委五次全会提出的党风方面存在的5个突出问题（① 违反规定收送现金、有价证券和支付凭证；② "跑官要官"、"买官卖官"；③ 放任、纵容配偶、子女等亲属和身边工作人员利用领导干部职权和职务影响经商办企业或从事中介活动谋取非法利益；④ 利用婚丧嫁娶等事宜收钱敛财；⑤ 参加赌博，特别是到国［境］外赌博）。

结合保持共产党员先进性教育活动，组织校、院（系）两级领导班子民主生活会，促进领导干部廉洁自律。上半年，校党政领导班子和试点单位按照要求召开专题民主生活会；下半年，校党委加强了对二级单位领导班子专题民主生活会的督察、指导，校党政领导和先进性教育工作组联系指导组成员分头参加了二级单位的生活会。各级党员领导干部针对上述各项廉洁自律规定，逐条对照检查。

2月，收到教育部纪检组转发的《国有企业领导人员廉洁从业若干规定（试行）》文件后，校党委书记闵维方、纪委书记王丽梅、党委副书记岳素兰、常务副校长陈文申等有关领导都有批示，要求在产业系统贯彻执行。常务副校长陈文申还要求以产业党工委和产业管理委员会的名义向各校办企业转发该文件。

【反腐倡廉宣传】 结合保持共产党员先进性教育活动，加强反腐倡廉的教育，将胡锦涛同志在中央纪委第五次全体会议上的讲话等材料列入保持共产党员先进性教育活动学习资料汇编，向全校各党支部下发了《校园警示录》、《激浊扬清——教育系统违法违纪典型案例汇编（二）》等音像图书资料，组织党员参加了11月9日李玉赋同志的反腐倡廉专题报告会。

【廉政文化进校园】 "廉政文化进校园"活动是建立惩防腐败体系、形成思想道德教育长效机制的一项重要工作内容，北京市被确定为首批试点地区，北京大学被确定为北京市的试点单位之一。5月12日，市教育纪工委书记高云华等相关部门领导就开展"廉政文化进校园"活动来北京大学与校本部和医学部的20位师生进行座谈交流，党委副书记张彦、纪委书记王丽梅出席座谈会，校纪委监察室全体同志列席会议。高云华希望北大作为排头兵，在形成工作思路的同时，边总结实践边探索，推动整个高校"廉政文化进校园"活动的开展。

【信访接待与案件办理】 1. 信访。2005年度共受理来信来访及电话举报372件（校本部185件、医学部187件），其中来信265件（校本部138件、医学部127件）、来访55件（校本部21件、医学部34件）、电话举报52件（校本部28件次、医学部24件次）。所有信访中，政治类1件、组织人事类7件、经济类50件、违反社会主义道德3件、失职类1件、招生考试类35件、申诉类11件、批评建议类93件、其他类171件；在信访涉及人员方面，涉及党员74人次，监察对象23人次，其中厅级干部1人、处级干部26人、科级干部11人。

2. 案件。立案3件，其中经济类1件、违反社会管理秩序类2件；涉及处级干部1人、教师党员2人。

【监督检查工作】 1. 纠正行业不正之风。纠风工作的重点是治理教育乱收费、实行"阳光招生"、继续深入抓好医药购销和医疗服务方面的行风建设以及加强学术道德建设。收费方面，严格落实义务教育阶段的"一费制"收费办法；执行高中招收择校生的"三限"政策；进一步规范大学收费行为，落实教育收费公示制度，提高收费工作透明度；实行医疗收费价格公开制。

2. 教育收费专项检查。3月，学校相关部门专门组成收费检查组对附中、附小进行教育收费专项检查。检查组认为附中、附小较好地执行了国家规定的收费政策和收费标准，并实行了收费公示。下半年，根据《关于转发国家发展和改革委员会等七部委开展全国教育收费专项检查文件的通知》（京发改[2005]1918号）文件要求，学校"治理教育乱收费工作领导小组"及时召开会议，部署北大教育收费自查工作。经过各单位自查，没有发现违反国家规定擅自设立收费项目、提高收费标准、扩大收费范围的问题。9月，学校形成了《北京大学关于2005年教育收费自查情况的报告》（北发[2005]18号），并上报北京市发展和改革委员会。

3. 清理清查"小金库"。5月底，学校召开了财政工作会议，进一步明确了学校财政工作管理的指导思想和原则，印发了教育部有关《严禁直属高校在经济往来中违规收受回扣通知》及严禁设立"小金库"和"账外账"等相关制度规定，要求各单位对"小金库"进行清理清查。

4. 招生工作监督检查。以规范"小语种"、"艺术、体育特长生"以及自主招生为重点，指派专人参加学校招生工作，加强对各类招生考试工作的监督、检查和监察。重点协助招生部门做好招生工作人员的培训，对招生人员提出纪律要求，规范工作程序，完善制度，实施"阳光招生"。坚持在参与中服务，在服务中监督，认真及时处理有关招生的信访件，对反映出来的问题，及时督促、协助有关部门健全和完善相关规章制度，进一步规范招生程序，严肃招生纪律。

5. 基建工程项目招投标。纪委监察室指派专人参加基建工程部、总务部、保卫部、供暖中心、校园管理服务中心等部门牵头组织的50余项新建、改造工程以及大宗物资采购的招标工作，加强事前、事中监察，及时堵塞管理上的漏洞。

6. 药品、医用耗材集中采购。医学部两级纪检监察干部参加了北京市北医组药品、医用耗材集中招标采购管理小组会，全程监督专家抽取办法、专家名额分配、专家库维护、专家抽取及药品、医用耗材的评标议标工作。

【奥运场馆工程监督】 根据"第29届奥运会监督委员会关于进一步加强奥运场馆工程建设监督工作的建议"和"教育部关于直属高校奥运场馆建设监督工作方案"，北大于7月6日发文（校发[2005]154号）成立了北京大学奥运乒乓球馆工程监督工作领导小组，组长王丽梅；副组长张宝岭、周有光、邓娅；成员王雷、支琦、闫敏、孙丽、李国忠、缪劲翔。领导小组下设办公室，主任：周有光。确定了北京大学体育馆监督工作第一负责人为许智宏，监督工作主要领导人为鞠传进，监督工作责任部门负责人为王丽梅，联络员为周有光。6月27日，北大将此工作联系表报北京市"2008"工程建设监督办公室。

由纪委、监察室起草，经学校第577次校长办公会讨论通过，印发"北京大学体育馆暨2008年奥运会乒乓球比赛馆工程监督工作实施办法"（校发[2005]155号），进一步明确了体育馆工程建设监督工作的领导体制、工作职责和工作方式。

学校建立了北京大学体育馆工程监督工作责任制，按照谁主管谁负责的原则，先后与上级主管部门和学校下属有关单位签署监督责任书，一级抓一级，层层抓落实。7月5日，北京大学奥运场馆建设监督工作领导小组组长王丽梅与教育部直属高校奥运场馆建设监督工作领导小组组长田淑兰签署了"直属高校奥运场馆建设监督工作责任书"；10月18日，北京大学奥运场馆监督工作领导小组办公室主任周有光与王丽梅签署了"北京大学体育馆工程监督工作责任书"，有关负责人还签署了廉政承诺书。

9月12日，以中纪委驻教育部纪检组组长田淑兰同志为组长的奥运场馆建设监督工作检查组莅临北大，听取了有关奥运场馆建设监督工作情况汇报。10月19日，第29届奥运会监督委员会对北大奥运场馆工程建设监督工作情况进行了检查，听取了北大关于奥运场馆工程建设和监督工作情况的汇报，检查了监督工作记录和日志，并对北大奥运场馆建设监督工作给予了充分肯定。

【纪检监察干部队伍建设】 组织纪检监察专职干部认真学习"行政许可法"和新颁布的"信访条例"，参加了北京市组织的有关案件和信访工作的培训。校本部、医学部和附属医院纪检监察干部16人次参加教育部监察学会组织的教育纪检监察干部业务培训班和北京市教育纪检监察学会组织的预防职务犯罪专题报告。医学部纪委召开了两级纪检监察干部及主管纪检监察工作的党委（总支）书记参加的医学部纪检监察工作交流暨业务培训会。对各单位负责信访统计工作的干部进行培训。口腔医院改选产生了新一届纪委。医学部纪委新增干部1人，纪检干部转其他岗位1人。

（纪委监察室）

保卫工作

【概况】 目前,保卫部的工作已逐步由过去的单一管理型向管理服务型转变。保卫部以年初闵维方书记在2005年春季全校干部大会上的讲话和林钧敬副校长在2004年全校安全保卫工作总结表彰会议上的讲话为指针,以"构建校园安全防范体系为主线,加强技术防范为重点,努力创造平安校园"为工作重心,依靠日益先进的现代技术防范力量,坚持服务上的不断创新,以获得广大师生员工对保卫工作的理解和支持。

2005年,保卫部首先在管理干部和保安人员中广泛开展了"建立学习型组织"的学习和自我教育活动,举办讲座20余次。此活动得到市委教育工委的赞扬,并通过相关媒体进行了宣传。

2005年,北京大学荣获"北京高校科技创安工作先进学校"荣誉称号,北京大学的科技创安系统工程被评为"北京高校科技创安示范工程",保卫部荣立北京市公安局集体三等功。

在认真做好各项工作的基础上,保卫部还积极开展保卫学的研究工作。全年共撰写论文22篇,其中有2篇参加中国高教保卫学会华北学术研究协作区第六次会议,"高校安全危机与危机管理"一文获北京市高等教育学会第六次优秀高等教育科研成果优秀奖。

2005年医学部的保卫工作"稳定有序,规范管理,真抓实干,团结友善",取得了显著成绩,确保了校园的安全稳定和广大师生员工的生命财产安全。医学部保卫处被评为北京市国家安全局国家安全小组先进集体、北京市交通安全先进单位,有7人分别被北京市公安局、北京市国家安全局授予个人嘉奖并被评为先进个人。

医学部保卫处党支部组织全体党员开展了以"理想、责任、形象、能力"为主题的保持共产党员先进性教育活动,增强了党员的凝聚力。

医学部任命赵成知为副处长,结束了保卫处近10年没有副处长的现状。此外,保卫处还从公安大学选拔了1名双学位毕业生来单位工作。

1月,医学部保卫处与北京大学保卫部共同召开了有各附属医院保卫处长参加的首届北京大学保卫工作研讨会,取得了较好效果。3月17日,全国人大副委员长、医学部主任韩启德院士视察了医学部安全技术防范监控中心,对医学部技防工程给予了高度评价,并提出明确要求。自3月起,医学部保卫处协助海淀区花园路派出所给在校学生和集体户口教工办理第二代居民身份证,获得了师生及公安机关好评。5月1日,医学部保卫处在家属区设立了治安巡察值班室,对家属区派专人24小时巡察,协助社区做好家属区治安工作,管理家属区的交通秩序和治安秩序,处理突发事件,接受和处理群众的举报,得到广大教工的广泛赞许。2005年,医学部安全技术防范监控系统建成,并于12月14日顺利通过验收,该系统含277路监控录像,可对校园区、家属区实施24小时不间断有效监控。2005年,医学部保卫处继续发动和组织全处干部和二级单位兼职保卫干部一起参加保卫工作研讨,已连续7年编写了《保卫工作论谈》,共收集发表论文、调查报告129篇。每个保卫干部每年都要写出一篇结合工作实践的保卫工作文章,提高了保卫工作理论水平。2005年,医学部保卫处进一步将安全意识深入广大师生员工,提高保卫工作的宣传力度。共编写各种简报41期,印发各种宣传材料5000余份(册),召开各种会议29次,进行治安、防火、交通、国家安全工作培训3700余人次,举办橱窗宣传10期。

【校园维稳工作】 2005年,学校根据实际制定了维护稳定和应对突发事件的工作制度、工作方案和预案,保证了工作机制的制度化和长效性;在学校党委的统一领导下,保卫部始终把维护政治稳定作为安全保卫工作的首要任务,积极稳妥地处理各项事端,确保了学校的稳定。

2005年医学部政保工作讲政治、抓信息,结合医学部实际,有针对性地开展多层次、多渠道的工作。着重抓了信息工作和宣传教育,在重大敏感期保持了信息渠道畅通,并力求做到信息及时、准确。为提高广大师生的国家安全观念,保卫处有计划地对2004级军训学生进行了"国家安全法"教育,同时播放了"国家安全警示录",提高了同学们国家利益高于一切的观念。

2005年,在医学部党委的领导下,医学部保卫处做到了"领导未松动,组织抓健全,措施重落实",同时健全了档案,做到了信息及时,亲情关怀,防控到位。在人员少、任务重的情况下,保卫处还配合国家安全部门、公安部门协查15次,上报信息15份,做调研20余次,涉及300余项内容,有效地维护了学校的稳定。

【重大警卫活动】 2005年,保卫部完成重大警卫任务和安全保卫任务92次,其中三级以上警卫34次、大型活动35次、涉外活动31次、外国元首来访6次。例如,国务院总理温家宝等国家领导人来北大视察和参加各种活动、美国国务卿赖斯等外国国家领导人来北

大访问、中国国民党大陆访问团以及国民党主席连战及夫人来北大访问演讲、万人参加的就业洽谈会,还有校庆、迎新、开放日等。

【消防工作】 2005年,保卫部除会同北京市公安局文保处、海淀分局高校治安处对学生宿舍、重点实验室和图书馆、档案馆、财务部等公共聚集场所进行了联合检查外,还对校内北新商店、博实商店、学一食堂工地、国关楼工地、老图书馆工地等地段进行消防检查,并对学生宿舍进行了以安全用电为主的检查。此外,保卫部还于年底对全校学生宿舍和教工集体宿舍、畅春新园学生宿舍的灭火器进行了统计、检查和更换,目前全校学生宿舍和教工集体宿舍共配备灭火器944具,更换326具。由于采取了上述积极主动的举措,一年中各处重点建筑和建设工地未发生消防问题。

2005年,医学部的消防工作坚持以人为本、求真务实、节约高效、科学管理。在进行充分讨论后,有针对性地对医学部消防器材的购买、维修及校内服务单位进行了调整。通过调整、改革,在保证质量的基础上,使学校有限的消防经费的使用效率成倍增加。

9月1日,医学部保卫处成功地举办了学生公寓消防演习。参加演习的有学生、辅导员、学生公寓工作人员、后勤管理人员和义务消防队员等,共计600余人。这次演习对义务消防队的初级扑救、学校后勤管理系统处理重大事故的能力、楼内消防设施等均进行了实战检验,也使广大学生学习了消防知识,掌握了防火技能,提高了逃生和自救能力。

2005年,医学部进一步加强了校园消防安全大检查,全年消防安全检查经常化,特别是实验室和学生宿舍、易燃品库等重点防火部位。全年共整改消防隐患20余处,其中包括5号楼学生公寓、行政2号楼、图书馆、家属区25号楼消防泵;召开现场会2次;维修干粉灭火器1582具;新购灭火器520具,新购3×5消防器材箱450个,并在消防箱上喷印灭火器使用提示语。目前医学部的灭火器全部配箱放在楼道内,便于集中管理、统一使用。2005年,以培训的形式对全校安全员、校医院、饮食中心、动物部、药学院、幼儿园、后勤、家委会等单位的师生员工进行了700余人次的防火宣传教育和消防演习。审查批准药物依赖所麻醉药品购买单2件次,审查批准各教学单位同位素、放射源购买单15件次,协助钴源室处理放射源21箱。全年对校内放射源进行安全检查3次,从监管上保证了校内放射源的安全使用。在119宣传日活动中,组织了多项宣传活动,挂横幅9条,做宣传展板10块,收到较好效果。

【校园环境秩序整治】 2005年,门卫人员阻拦校外无关车辆入校39049辆次;查、阻非本校人员入校86413人次(其中国内人员57846人次、国外人员24544人次、小商贩2110人次、贴广告1106人次、无证携物人员807次);纠正各类违章16882人次;校内巡逻人员查处有校门滋扰、贩卖、乱贴广告、违章捕鱼、打架、盗窃、卖盗版盘等行为的违章违纪人员1981人次;交通办和校卫队处理校内违章停车达2434辆次。

交通方面,学校各有关部门密切配合,进一步强化校园交通管理。通过规范校园交通标志、加强校园交通疏导和启动校外机动车计时收费等措施,积极探索校园交通管理的新模式,有效缓解了校园交通秩序恶化的势头。4月2日正式实行的校外机动车停泊计时收费的措施,使校园机动车流量由原来的11000辆次/日减少到7000辆次/日,一定程度上延缓了校园交通秩序恶化的势头。

2005年,学校继续加大综合治理力度,保卫部综治办与爱卫会办公室、燕园街道城管科等相关部门配合,规范了校内广告和学生社团室外活动的审批与管理。年底,在海淀区政府等上级机关的配合与支持下,学校对南门外天光照相馆拆迁遗留部分进行了彻底清理,解决了这个长期影响校园环境和学校形象的痼疾。

2005年,医学部校园交通安全工作抓得紧,抓得实,获得较好成绩。为加强校园内部交通的治理,根据高校安委会的要求,年初与各二级单位签订交通安全责任书2000份。与此同时,利用多种形式抓宣传教育。全年分阶段进行大型交通安全宣传教育5次,印发各种宣传材料4000份。全年进行交通安全知识讲座5次,完成高校安委会布置的调查问卷1000份,积极参加"交通新法"演讲比赛并获得三等奖。进一步规范了校园机动车和非机动车停放位置,增加各种交通设施35个,画黄白线6处。全年分阶段对在校园乱停乱放的1000余辆自行车进行了清理。同时制定了每季度一次的司机安全季活动,进行法规和安全意识教育。

2005年,医学部校园治安综合治理工作不断深入,校园环境得到进一步改善。在进一步健全、完善医学部综合治理网的同时,建立了全校整治台账;在多方努力下,整治了校区东南门至家属区西南门一条街,清除了占路摆摊设点的小商贩;为了保证校区西南门主路交通畅通,拆除了校园内私自安装的机动车锁7处;治理整顿了原药厂院内混乱的治安秩序,并于5月24日由医学部校园治安综合治理委员会派保安接管了原药厂门卫,所有在药厂内工作的人员凭单位工作证进出厂门。

【技防设施建设】 2005年,北京大学启动并完成了畅春新园、校内

学生宿舍区和单身教工宿舍区的监控建设。北京大学安全技术防范系统已发挥积极作用,为各类案件的侦破提供了重要证据,有效震慑了犯罪分子,受到师生的热烈欢迎。同时,安全技术防范系统在涉日事件等重要事件中发挥了监控和决策指挥的作用。

2005年底,北京市教育工委对各高校的安全技术防范系统建设进行检查和评比,北京大学荣获"北京高校科技创安工作先进学校"荣誉称号,北京大学的科技创安系统工程被评为"北京高校科技创安示范工程"。

医学部安防监控系统自2005年1月投入试运行。该系统包括入侵报警系统、电视监控系统、报警求助系统、通讯联络系统、出入口管理等5个子系统,可同时对中心实验楼、易燃品库、学生公寓、家属区等处进行实时监控,可监控图像为277路。系统建立后,24小时不间断进行校园内治安、交通、消防情况视频监控,重点要害部位报警监控,校园报警求助系统监控等。

医学部全年共进行录像查询80余次。主要作用是:(1)利用录像及时找回遗失和被盗物品,如找回学生在阅览室丢失的手机、找回留学生楼被学生私自拿走的钥匙、找回学生在跃进厅遗失的书包;(2)为公安机关破案提供录像光盘作为线索和处理依据,如两楼丢失自行车情况的光盘、家属区丢失丰田花冠汽车的录像光盘、学生公寓丢失笔记本电脑的录像光盘。以上三起均已破案,录像资料提供了很重要的线索,起到了证据作用。除事后提供依据,监控系统还起到了一些预防作用,如校内各种大型活动的实时监控、日常分时段有重点的巡视监控等。尤其在配合治安办公室集中整治跃进厅拎包盗窃问题中,监控系统发挥了优势,节省了大量人力,使设伏人员更加隐蔽,跃进厅拎包盗窃的发案率大大下降。

【治安防范】 2005年,燕园派出所全年共接到各种报案并出警1100余起,赴现场出警人数达2300人次,抓获、审查违法违纪人员400余名。

2005年,医学部治安工作以抓主要矛盾为主,采取多项预防措施,使得校园治安状况进一步得到改善。2005年,学校进行了大规模建设,校内施工项目多,到处都是工地,外来人口增多。针对这一现状,保卫处抓住校园治安秩序和环境这一主要矛盾,确保校园安全稳定。从实践"三个代表"的高度出发,把师生员工根本利益放在首位,采取了一系列防范措施。首先,对全校师生员工进行法制、安全防范教育,半年组织一次讲座;其次,进一步健全了安全员网络,每3个月对其培训一次;在各项基础防范工作中,对影响校园环境和秩序安全的诸项因素进行了细致摸底、排查和建档,并逐一进行解决,收到了较好效果。针对一段时间内师生反映自行车被盗情况较为严重的现实,保卫处联合花园路派出所在校园易发案地区进行蹲守,对盗车分子予以打击,破获了数起盗窃自行车案件,使校内自行车被盗现象得到好转。

1~11月,医学部共发生各类案件29起,比2004年减少3起,减少9%。在发生的案件中,保卫处配合公安部门侦破14起,有几起案子的破获在师生员工中反响强烈。

1~11月,医学部共报失自行车78辆。在校内打击自行车盗窃工作中,现场破获6起盗窃自行车案,查处违法、违纪人员30余人,给广大教职员工和学生创造了较好的教学、工作、学习和生活环境,同时也提高了广大教职员工的安全防范意识。

【安全教育】 一年来,保卫部与学校其他部门积极探索宣传教育工作的途径,利用网络、演习、讲座、主题教育等多种形式,在全校范围内大力营造安全保卫的氛围,努力提高广大师生员工的安全意识。一年来,校本部和医学部分别组织在校学生开展逃生演练活动;同时,保卫部与学工部等部门协同合作,先后开展了"文明生活,健康成才"和"生命如花,安全是根"的主题教育活动;在市委教育工委的领导下,以北京大学等高校保卫部门为主,编纂研制了"大学生安全教育"课件,不仅为学生安全教育进课堂提供了重要参考资料,也向安全教学的规范化迈出了重要的一步。

保卫部还建立了网络信息监控机制,并和医学部保卫处都对各自的网页进行更新,增加了形式多样的服务内容,充分利用互联网的优势开展安全信息的发布和安全知识的宣传,取得了良好成效。

【保密工作】 2005年,保卫部协助全校各部门加强校内的保密培训和保密检查,建立了保密工作相关制度。同时,保卫部与校科研部密切合作,积极准备学校"国防武器科研生产保密资格认证"的各项前期工作,通过对各种保密规章制度的制订、修改、审定、宣传并进行相关培训与检查,保证了认证工作的顺利进行。

【医学部校园110建设】 2005年,医学部校卫队以校警队为模式,逐步走向规范化。校卫队由保安队、校卫巡逻队和学生治安服务队三支队伍组成,共有112人。

校卫巡逻队承担着校园110接警的重任,校园110开通7年来,培养了一支能迅速出动、能战斗的队伍。2005年,校园110全年共接案270件(次),其中治安类40件、服务类220件、交通类2件、消防类8件,均进行了彻底处理。做到了有警必接,有求必应,有险必救,有难必帮,成为医学部一支能处理校园治安、消防、交通、突发事件、群众求助及组织大型活动、稳定工作的重要力量。

(白云 何霁 易本兴 陈亚东)

工会与教代会工作

【概况】 根据学校党委和上级工会的工作部署,新一届教代会执委会、工会委员会确立了2005年北京大学工会工作的总体思路——以邓小平理论和"三个代表"重要思想为指导,深入学习贯彻党的十六大、十六届四中全会和北京大学第十一次党代会精神,贯彻落实全总十四届二次执委会议和北京大学第五届教职工代表大会暨第十七次工会会员代表大会的要求,加强工会思想建设、组织建设和制度建设,以服务大局、服务教职工为根本,围绕学校创建世界一流大学的目标和全心全意依靠教职工办学的方针,按照"组织起来,切实维权"的工会工作方针,增强依法履行基本职责的能力,提高工会工作的整体水平和质量,抓大事、办实事、出精品、求实效,使工会工作在原有基础上发展和创新,把工会建设成为组织健全、维权到位、工作活跃、作用明显、深受信赖的教职工之家,在学校的改革发展稳定大局中充分发挥积极作用。

1. 明确工作理念。新一届教代会执委会、工会委员会的工作理念包括3个方面:(1)确立"发扬传统、完善机制、突出重点、与时俱进"的十六字方针。(2)明确"五个坚持"的总体工作思路:坚持以科学发展观为统领,致力于构建和谐的校园环境;坚持以"组织起来,切实维权"为工作重点,更好地表达和维护教职工的合法权益;坚持以履行"民主决策,民主管理,民主监督"为职责,在"围绕中心,服务大局"方面有所作为;坚持以建设"教职工之家"为平台,搭建党联系群众的桥梁和纽带;坚持以完善长效机制和制度化建设为基础,加强工会干部队伍的自身建设。(3)加大五个方面工作的力度:加大调研力度、加大培训力度、加大维权力度、加大民主建设力度、加大制度建设力度。

2. 拓宽民主管理渠道。5月举办了许智宏校长与青年教师代表恳谈会,9月举办了闵维方书记与管理干部代表恳谈会。

依法维权,为教职工排忧解难,办实事好事。首先,及时了解群众意见和要求,并向学校领导及职能部门反映和提出建议,在住房、安康保险、子女入学、通勤班车等问题上,特别是西二旗智学苑小区供暖问题上为教职工排忧解难。同时也进一步组织了旅游疗养,在节日慰问先进工作者、优秀教师和教职工,为经济困难教职工送温暖,代购代销物美价廉的商品等传统工作项目。其次,通过教代会劳动争议调解委员会、校工会教职工接待室等途径,受理和解决有关争议案件。共接待群众反映问题11人次。另外,工会还积极稳步地推进非在编教职工入会工作。

3. 加强教职工队伍建设。首先,大力开展以师德医德为主的职业道德建设活动。校工会以多种形式宣传了"全国师德标兵"潘文石、"全国先进工作者"林毅夫、"北京市先进工作者"顾江以及"北京市模范集体"北京大学第一医院感染疾病科的事迹。医学部工会召开了"弘扬劳模精神共树育人新风"表彰会,编辑了《教书有道》一书,并完成了"医学部本部青年教师师德师风的现状分析和对策研究"调研课题;其次,工会积极为青年教师队伍建设服务:(1)成功举办北京大学第五届青年教师教学基本功暨现代教育技术应用演示竞赛活动;(2)组织青年教师暑期社会实践考察团,由鞠传进副校长带队赴延安参观学习,接受革命传统教育;(3)在5月20日组织召开以"在创建世界一流大学进程中如何发挥青年教师的作用"为主题的校长与青年教师恳谈会。

4. 开展群众性文体活动。举办了一系列全民健身的活动,如:举办2005年全校运动会,乒乓球代表队参加北京市教育系统乒乓球联赛(分获男、女团体冠军),参加北大、清华"京华杯"棋牌友谊赛(北大以大比分获胜),承办第二届首都高校教工足球联赛,举办共有67支部门工会男、女代表队参加的教职工乒乓球联赛和有1800余名教职工参加的"迎奥运健康慢跑"等活动。部门工会组织的文化、体育活动五彩纷呈,年度内达百次(项)以上,涌现出计算中心工会、信息科学技术学院工会、外国语学院工会、幼教中心工会等一批教职工文化、体育工作活跃的部门工会。医学部工会还组织开展了野外拓展训练、女教职工呼啦圈比赛、卡拉OK比赛、摄影比赛等群众喜闻乐见的文体活动。

5. 教代会、工会自身建设取得成效。(1)组织建设方面:校工会积极支持基层工会加强自身建设,提高办会能力和水平,创造性地开展各项工作。例如,外国语学院工会积极配合院党委开展保持共产党员先进性教育活动,多次组织群众代表座谈会;数学科学学院、信息科学技术学院、校医院、附中工会配合院党政完善二级教代会制度建设;物理学院工会增强工会班子团结和谐;图书馆、人事部工会认真组织理论学习和宣传教育工作;计算中心的党、政、工共同"建家";出版社工会积极吸纳非在编职工入会;生命科学学院、法学院工会坚持不懈地做好离退休人员的服务工作,等等。(2)制度

建设方面：在广泛听取意见的基础上，对部门工会"建家"活动及验收的有关规定和标准作了全面修订，并对二级单位民主管理工作的规定进行修订。为适应工作发展的要求，制定了"北京大学教职工代表大会工作细则"，并对"北京大学工会工作细则"作了修订，提交"双代会"年会审议通过后施行。（3）思想理论建设方面：注重创建学习型工会组织，提高工会干部队伍素质，把行之有效的工作方式方法和典型经验成果提炼到理论观念层面，形成体现本质要求与规律性的并具有前瞻性的方针、思路、计划，以指导和促进实际工作。为此，工会积极参加上级工会举办的各类培训，并组织校内培训，医学部、各附属医院、院系等单位近千人参加培训；组织992位工会干部参加"纪念中华全国总工会成立80周年"百题知识竞赛；医学部工会举办了论文、调研报告写作知识讲座和教代会、工会理论知识答卷活动，大力开展调查研究和理论研究工作，共有9篇调研报告、论文报送市教育工会参加评选，获得了2项一等奖、2项二等奖，并有一篇文章和一个调研报告分获师德建设论文评选二等奖、优秀奖。

6月，召开了"工会工作与构建和谐校园"主题研讨会，全校120余位干部参加，取得了丰硕成果。

（孙 丽）

【组织宣传工作】 2005年，校工会根据学校机构变动继续调整部门工会，理顺关系。截止到年底，全校共有分工会2个、部门工会61个、校工会直属工会小组6个；会员5843人，其中女会员2499人。

3月，校工会分别召开中老年和青年教师座谈会，共有25位教师参加。会后，校工会将座谈会发言记录整理上报党委宣传部。

根据上级指示，校工会对非在编人员情况进行调查，调查以发放调查问卷和座谈会两种形式进行。

2005年，全校共有132名教职工从事教育工作满30年。9月，校工会向他们颁发了证章、证书和纪念品。

为调动部门工会干部和会员的积极性，校工会根据每两年评选一次校、系两级工会工作积极分子的制度，于2005年1~2月评选出141名校级积极分子、472名系级积极分子，并进行了表彰。

中国经济研究中心林毅夫教授被全国总工会和北京市总工会分别授予北京市先进工作者、全国先进工作者荣誉称号；北京大学信息与工程科学学院杨芙清教授被北京市妇联授予"巾帼十杰"光荣称号；教务部自然科学处王秀华等7人被北京市总工会授予"北京市教育创新标兵"称号。

4月，各部门工会干部和各单位分管工会工作的党政领导参加了全国总工会组织的"纪念全国总工会成立80周年全国职工知识竞赛"答题活动。

教师节期间，校工会分别代邀校内专家参加了全国教科文卫体工会的师德建设研讨会；协办了由北京市教育工会举办的"北京市师德论坛"。先后组织教师代表参加了北京市师德事迹报告会和中宣部、教育部、全国总工会等单位联合举办的"全国劳动模范和先进工作者事迹报告会"，在全校形成了宣传弘扬劳模精神和良好师德师风的热潮。

（王冬云）

【文化工作】 2005年，北京大学教职工艺术团下属10个分团。在没有专用场地的情况下坚持开展日常活动，参加艺术团活动的教职工人数比2004年有所增加。12月，由各单位教职工组队，和学生一同参加了每年一次的"一二·九"歌咏比赛。

【体育工作】 4月2日，北京大学、清华大学第十九届"京华杯"棋类、桥牌友谊赛在清华大学举行，北大队员奋勇拼搏，获得胜利。

4月14~16日，校工会举办第九届"北大资源杯"教职工田径运动会，本届教职工田径运动会和学生田径运动会合并举行。5月27日下午，校工会、体育教研部联合在"五四"体育活动中心举行了2005年北京大学学生体育文化节暨田径运动会颁奖仪式。获得2005年北京大学田径运动会教工团体总分前八名的单位分别是：北大附中、信息科学技术学院、北大图书馆、计算中心、印刷厂、北大资源集团、外国语学院、实验室与设备管理部；获得2005年北京大学田径运动会"精神文明奖"的单位分别有：机关、幼教中心、成人教育学院、信息科学技术学院、环境学院、计算中心、元培计划实验班、国际合作部、外国语学院、生命科学学院、医学部、资源集团。

2005北京市教育工会系统"钟声杯"乒乓球比赛于3月26~27日及4月2~3日在北京第六十六中学举行。北京大学代表队的成员既有校本部体育教研部教师、医学部公共教学部教师、奥运冠军刘伟、世界冠军梁戈亮等，也有长江学者刘国庆、博士后张继伟等中青年教学、科研骨干，还有部门党政干部。北京大学获得男子团体冠军和女子团体冠军，这是北大多年来在北京市教职工乒乓球比赛中取得的最好成绩。

5月21日上午，校工会在凤凰岭举办了工会干部登山活动。部分院系党政领导和部门工会干部近170人参加了登山活动。

6月15日，北京大学教职工艺术团健美操团参加了海淀区第二届"繁荣杯"中老年人优秀健身操项目比赛，获最佳表演奖。

9月开始，校工会和体育教研部联合免费开放教职工健身项目（网球、太极拳、器械健身）及场地，并为每项健身项目配备了教练员。

9月，校工会主办了北京市第

二届高校教工足球联赛,共有28支高校代表队参赛。北大教工足球队获得第五名。

10月,北京大学工会与北京大学心理学系合作进行"压力与健康"问卷调查,撰写了本次问卷调查的调查报告。

11月,校工会举办"全民健身活动月"活动。11月7日开始的北京大学2005年教职工乒乓球联赛,经过两个阶段的比赛,于11月16日落下帷幕。此次比赛中,经济学院获得男子团体冠军,外国语学院获得男子团体亚军,信息科学技术学院和数学科学学院并列男子团体第三名,校医院获得女子团体冠军,计算中心获得亚军,外国语学院和数学科学学院并列第三名。

"迎奥运——健康慢跑"活动于12月16日中午进行,行程约3000米,近2000名教职工参加。

2005年,北大教职工棋牌协会围棋队获得海淀棋院年度冠军。至2005年,已连续4年蝉联冠军。

【青年工作】 5月19日下午,来自24个院系的29名青年教师代表在办公楼103会议室参加了北京大学工会和党委办公室、校长办公室举办的"北京大学校长与青年教师座谈会",主题是"在创建世界一流大学进程中如何发挥青年教师的作用及青年教师的现状"。参加座谈会的青年教师围绕"教学和科研"、"人事制度改革"进行了热烈讨论,校长许智宏、党委副书记兼校工会主席岳素兰、副校长林久祥和党办校办、人事部、教务部、资产部、科研部、社科部等职能部门领导参加了座谈会。

6月4~5日,北京市教育工会在昌平区富来宫温泉度假村举办北京部分高校单身教职工联谊活动,北大工会组织30名单身教职工参加。这项活动由北大工会最先发起,已经延续了5届。

10月,校工会、校教代会教工队伍素质建设工作委员会、教务长办公室、教务部、人事部、现代教育技术中心联合举办了北京大学第五届青年教师教学基本功和现代教育技术应用演示竞赛。经济学院董志勇获得人文社科类一等奖,化学与分子工程学院严纯华获得理工类一等奖,北大医院李骏、基础医学院薛丽香获得医学类一等奖;现代教育技术中心曾腾、政府管理学院张波、马克思主义学院刘军获得人文社科类二等奖,生命科学学院陈丹英、力学与工程科学系陈永强获得理工类二等奖,公卫学院潘习龙、口腔医院江泳、积水潭医院孙宇庆、北大医院秦乃珊获得医学类二等奖;体育教研部吴昊、外国语学院丁林棚、社会学系卢晖临获得人文社科类三等奖,力学与工程科学系杨莹、化学与分子工程学院江洪、信息科学技术学院郭炜、唐大仕获得理工类三等奖,基础医学院徐健、北大医院王艳、肿瘤医院李明、北医三院田华、公卫学院王红漫、人民医院刘代红、基础医学院刘利梅、北医三院曾辉获得医学类三等奖;其余参赛教师获得优秀奖。现代教育技术中心、外国语学院、体育教研部、化学与分子工程学院、工学院、信息科学技术学院获得优秀组织奖。

【女教职工工作】 "三八"妇女节期间,校工会举办了两场面向全校女教职工的电影招待会,并向全校女教职工发出慰问信。3月7日下午,校工会在临湖轩东厅举办了"我与创建世界一流大学"女干部专题座谈会,校内中层女干部骨干和近年获得各项奖励的女教职工代表30余人参加了座谈会,校党委书记闵维方、校党委常务副书记吴志攀、党委副书记兼校工会主席岳素兰出席座谈会。

工会在"六一"儿童节慰问幼儿园的小朋友,并赠送玩具;在护士节慰问校医院的护士,为她们举办联欢会提供经费支持。

5月12日,校工会召开女中层干部座谈会,主题是"为校工会建设建言献策和如何创建健康的校园环境"。

11月24日下午,中国教科文卫体工会女教职工委员会、北京大学工会女教职工委员会、北京大学中外妇女问题研究中心联合举办了"科学母爱与共建和谐校园"北大师生座谈会,座谈会在北京大学工会会议室召开。

(王洪波 张桂芳)

【生活福利工作】 1. 开展慰问和"送温暖"活动,包括:(1)春节前,校工会代表学校慰问在职教职工和离退休老同志,并送上一份节日慰问品;(2)慰问有特殊困难的教职工36户,并给予金额不等的补助金;(3)看望、慰问了部分知名学者、教授和先进工作者;(4)1月4日下午,北京市教育工会主席张振民及市总工会有关领导一行4人来北大图书馆和校园管理中心为特困教职工"送温暖"。校园管理中心职工闫春波同志在2004年因病做了肝脏移植手术,爱人下岗多年,生活极其困难。校工会及时将其情况反映到北京市教育工会,张振民主席亲自将2万元特困慰问金送到闫春波同志家属的手中。

2. 开展职工互助保险。3~5月,有447位教职工投保职工安康互助保险,投保储金447万元;有1091位教职工新入或续保女职工安康互助保险,投保3203份;有178位教职工加入中国职工保险互助会;有4位投保女职工安康互助保险的教职工得到赔付;有1位投保职工安康互助保险的教职工得到赔付。

3. 举办旅游休养活动。7月,组织教职工西藏游32人、新疆游64人、欧洲游25人;组织辽宁丹东疗养11人。

4. 为教职工提供其他服务。举办外币、人民币理财讲座;与上海通用集团签署团购协议,为教职

工提供优惠购车服务；为教职工提供优惠购房服务；4月，与"东风雪铁龙"联合组织新车试驾及驾驶技术交流活动；7月，校工会与海淀驾校联系，为北大教职工开办暑期驾驶员培训班，70余人参加学习汽车驾驶技术。

5. 关心教职工生活。6月，组织召开关于西二旗智学苑小区问题的专题座谈会，就西二旗住户面临的交通、物业管理、周边环境等问题进行了讨论。在鞠传进副校长的关心和亲自协调下，在运输中心的支持下，西二旗班车由原来的2辆增加到4辆，基本解决了教职工上下班的通勤问题。为了维护教职工的乘车秩序，校工会与总务部共同制定了"班车管理办法"和"乘车注意事项"。

12月，校工会、资产管理部与西二旗智学苑小区开发公司（北京市安达房地产公司）、物业管理单位（北京东居物业管理中心）的负责人就供暖问题专门召开协调会进行沟通，海淀区供暖办、清河街道办事处等单位负责人也出席了协调会。会后，经过各方共同努力，基本解决了西二旗智学苑小区的供暖问题。

为解决好西二旗智学苑小区物业管理问题，副校长兼校工会主席岳素兰亲自与小区物业公司进行沟通，为教职工业主和小区物业公司之间搭建了对话的平台。

6. 关注教职工健康。举办人禽流感科普知识讲座；在教师节向部分院系的教师及工会干部赠送由校友捐赠的卵磷脂；9月，与校医院眼保健中心联合开展为教师免费检查眼睛及试戴隐形眼镜活动。

7. 举办生活福利委员培训班。为适应新时期工会工作发展的要求，更好地保障广大教职工的权益，校工会于7月14～15日在天津召开了北京大学2005年工会生活福利委员培训班。培训期间，市总工会职工大学工会理论研究所研究员张宝刚教授作了关于"如何更好地履行工会职责，做好福利工作"的主题发言。北京大学副校长鞠传进出席并做报告，向大家介绍了学校过去5年的建设情况和今后的发展规划，表达了学校对改善教职工福利的积极态度。

（张丽娜 刘永福 崔 龙）

【第五届教职工代表大会】 12月25日上午，北京大学第五届教职工代表大会暨第十七次工会会员代表大会第二次会议在英杰交流中心召开。到会的正式代表266人。

会上，许智宏校长在学校行政工作报告中回顾了2005年学校工作。2005年学校工作主要围绕"985工程"二期的总体思路展开，以队伍建设为核心，以交叉学科为重点，以体制改革为动力，全面规划、重点突破，实现跨越式发展，在人事制度改革、学科建设等方面都取得了突出成就。许校长指出，2006年"985工程"二期建设任务更重、难度更大，学校希望广大教职工建言献策，为把北大建设成世界一流大学贡献力量。

校教代会执委会主任、工会主席岳素兰做了题为"促进和谐校园建设，推动创建世界一流大学进程"的校教代会第五届执委会、工会第十七届委员会工作报告。她指出，本届校教代会执委会、校工会委员会在"十六字方针"、"五个坚持"、和"加大五个方面力度"的理念指导下，按照"构建和谐校园，工会责无旁贷"的要求，以促进校园和谐建设为主线，加强教代会、工会工作，取得了成绩。

当天下午，各代表组讨论了学校工作报告，审议了教代会、工会委员会工作报告和"北京大学教职工代表大会工作细则"（试行）、"北京大学工会工作细则"（修正案）。

在随后召开的全体大会上，代表们以举手表决方式通过了"北京大学教职工代表大会工作细则"（试行）和"北京大学工会工作细则"（修正案），以举手表决方式选举增补孔庆东、张国有、鲁安怀为教代会执委会委员，并通过了全体与会代表向全校教职工发出的"关于向孟二冬同志学习的倡议书"。

大会结束后，校教代会第五届执委会第六次会议、校工会第十七届委员会第二次全体会议分别通过投票选举增补张国有为教代会执委会副主任，谷涛、范凤立、荆西平为校工会常委会委员，黄福祥为校工会副主席。

（王冬云）

【第七届教代会工会工作培训班】 7月11～13日，北京大学第七届教代会工会工作培训班在天津举办。此次培训的主题是"充分发挥教代会、工会在构建和谐校园中的积极作用"，学校及校内各单位的党政分管领导干部和工会负责人共123人参加。

培训班上，市教育工会主席张青山，校教代会执委会主任、校工会主席岳素兰，医学部党委副书记马焕章和北大邓小平理论研究中心主任赵存生分别做动员和辅导报告，外国语学院、临床肿瘤学院等6个单位的工会主席介绍了学习体会和工作经验。

参加培训的同志普遍反映，通过学习、研讨，进一步提高了认识，明确了职责，今后要更加努力提高工作水平和质量，充分发挥教代会、工会在构建和谐校园和创建世界一流大学中的积极作用。

（梁 燕）

【医学部工会大事记】 4月28～29日，医学部举办工会干部培训班。院级工会领导及专兼职工会干部70多人参加会议。

3月，医学部工会设立"医学部本部青年教师师德师风建设的现状分析和对策研究"等5个调研课题，于10月结题，并上交市教育工会参加优秀论文和调研课题的

评选；举办了"女教职工权益保障法知识讲座"，邀请公共教学部李小农老师主讲；举办女教职工呼啦圈比赛，为期1周，近百名女教职工参与。

4月，100多名教职工参加工会组织的登山比赛；医学部教职工乒乓球男队在北京市卫生系统迎奥运乒乓球比赛中获团体第一名；11月，举办论文写作知识讲座，邀请中国劳动关系学院赵健杰教授主讲，部院两级工会专、兼职干部近80多人到会听课。

5月，医学部工会以知识答卷的形式对324名教代会代表进行了一次教代会、工会理论知识培训，共发出答卷324份，回收率100％。

6月17日，医学部召开第四届二次教职工代表大会。校党委副书记岳素兰出席会议并讲话，柯杨常务副校长做了医学部主任工作报告，医学部党委书记敖英芳做了教代会工作报告，提案工作委员会主任杨振军报告了提案工作，医学部副主任史录文通报了医学部及各医院的大型基建工程进展情况，李鹰副主任通报了产业工作情况，王杉主任助理通报了国际医院的筹建工作。在第四届二次教代会期间，提案工作委员会共收到教职工代表提案51件。

9月，医学部工会举行"弘扬劳模精神，共树育人新风"表彰会暨《教书有道》赠书仪式，表彰了全国模范职工小家、北京市先进工作者、教育创新标兵等奖项的获奖集体和个人，并完成《教书有道》、《沃土》、《健康伴我行》等三本书的出版工作。

12月8日，医学部工会在肿瘤医院召开了构建和谐校园精品工作交流会。岳素兰副校长、医学部副书记马焕章出席会议。14名院级工会的专兼职干部在会议上交流汇报了18项构建和谐校园精品活动。经评选，"星光耀我心，精品铸院魂"等11项精品活动、"趣味运动会"等7项活动获优秀活动奖。

医学部工会举办了元旦、春节送温暖活动，慰问劳动模范、优秀教师、困难职工共37人；组织教职工向海啸灾区捐款361777.5元（包括各医院的捐款）；分别组织176名教职工利用寒暑假赴港澳、欧洲、塞班岛、华东等地修养旅游；举办了第二批教职工驾驶员培训。

（王京华）

学 生 工 作

【概况】 2005年，学生工作部、人民武装部以邓小平理论和"三个代表"重要思想为指导，以开展保持共产党员先进性教育活动为契机，深入贯彻落实中共中央、国务院"关于进一步加强和改进大学生思想政治教育的意见"、全国加强和改进大学生思想政治教育工作会议和北京市大学生思想政治教育工作会议精神，加强基础建设，理顺工作机制，改进工作方法，团结一心，开拓进取，比较圆满地完成了各项任务，为推进北京大学学生工作的进一步发展和科学转型打下了良好基础。

【机制和队伍建设】 2005年，在学校党委、行政的大力支持下，学生工作系统从加强基础建设入手，采取了多项有利措施，进一步完善学生工作机制，加强学生工作队伍建设。开展保持共产党员先进性教育活动，使全体党员的精神面貌、工作热情、思想觉悟焕然一新，使学工部、武装部党支部这个群体出现了自觉学习、勤奋工作、团结和谐、讲正气、树新风的氛围。

1. 调整机构建制，进一步提高学生工作的专业化、科学化水平。12月6日，学校党政联席会议批准成立了2个副处级实体事业单位——北京大学学生心理健康教育与咨询中心、北京大学学生资助中心，行政关系挂靠在学工部；成立学生课外活动指导中心，日常工作由校团委负责。北京大学学生工作在二级管理体制层面形成了以学生工作部、校团委为核心，以学生心理健康教育与咨询中心、学生资助中心、就业指导服务中心、青年研究中心、学生课外活动指导中心和万柳学区办公室为依托的格局。

深入推进"文明生活，健康成才"主题教育活动，与宣传、组织、教务、保卫、后勤等部门合作开展工作，建立了部门间的协调配合平台，形成了"全员育人"的良好工作格局。积极搭建思想政治理论课与课外思想教育活动的互动平台，学生工作部门一直承担大学生人生理论课的部分授课任务，经常与政治理论课教师进行交流沟通，把学生中存在的突出问题、实际问题和生动的案例提供给他们，从而使学生工作与政治理论课教学工作获得更紧密和广泛的结合。

2. 加强学生工作队伍建设。加大培训力度，学生工作部专门制定"北京大学2005年学生工作系统干部培训计划"，采取讲座、调研、研讨、自学、团体训练等多种方式，对学生工作系统的干部就政策解读、法律常识、心理知识与方法等方面进行系统培训，并有针对性地安排院系党委副书记、班主任、机关干部、选留学生工作干部等人员参加教育部、北京市教工委等举办的

研讨会和培训班,不断提高学生工作队伍的整体素质和工作能力。

加强理论研究,编辑出版《北大青年研究》(3期),团结和带动了一批机关和基层单位同志把学生工作当作一门科学进行研究,使学生工作的理论水平和科学化层次不断提高。

优化队伍结构,逐步对新进入人员提出专业、学位和能力结构方面的要求,使学校学工队伍年龄结构、知识结构、能力结构等日趋优化、合理。充实队伍力量,进一步增加选留学生工作干部的数量,优选了30名品学兼优的本科毕业生充实学生工作队伍。扩大学生助理的规模,新增设专项学生助理320名,协助开展筛查学生心理状况、掌握家庭经济困难学生状况以及全面了解和把握学生的思想状态等工作。医学部组织举办了2005年学生干部培训班,并组织开展了"加强班风建设,创建和谐集体"系列活动。

加强对基层工作的关注和指导,学生工作部专门拿出力量增加对院系学生工作的报道和总结,推出《学生工作简报》(16期),鼓励基层改革试点,推广先进院系的工作经验,形成互相学习、互相促进的整体氛围;着手研究制定"北京大学院(系、所、中心)学生工作条例",对基层学生工作的定位、任务和岗位职责做出明确规定;以课题招标形式推广"北大学生成长成才指导讲座",积极推动基层院系学生工作模式转型和促进学生工作创新;提高基层院系班主任津贴和学生活动经费的额度,班主任津贴由每人最高40元/月提高为平均100元/月,学生活动经费由每人20元/年提高到40元/年。

【学生思想政治教育】 开展有针对性的思想教育活动,引导学生文明生活,健康成才。开展形势政策教育、理想信念教育和爱国主义教育活动。"两会"期间,通过组织学生观看"两会"报道,举办报告会、座谈会等形式,引导学生关注国家发展,自觉投身祖国的建设事业。举办"成才报国北大人"大型宣传报道活动,介绍奋斗在祖国各条战线上,尤其是在边远地区、艰苦行业、有突出事迹的北大校友;举办"成才报国北大人"系列报告会,邀请杰出校友返回母校,介绍他们的奋斗经历,激励在校学生将满腔的爱国热情与脚踏实地的奋斗精神结合起来,刻苦学习,勤奋钻研,早日成为祖国栋梁之材。围绕纪念五四运动86周年和校庆107周年,推出"青春北大——2005红旗校园文化节",大力弘扬北大人爱党、爱国的光荣传统,坚定青年学生"学以报国"的理想信念。为纪念中国人民抗日战争胜利暨世界反法西斯战争胜利60周年,开展了"缅怀先烈,铭记历史,自豪胜利,奋发强国"主题系列活动。通过未名BBS的"抗战胜利60周年"版,举行以"重温抗日史,续写强国梦"为题的一句话感言征集活动。组织学校师生代表前往中国人民抗日战争纪念馆,向抗日英雄敬献鲜花,并在纪念馆召开了"不忘前车之鉴,立志成才报国"主题座谈会。

1. 文明礼仪宣传教育实践活动。积极响应北京市委的号召,以"人文奥运和校园文明礼仪"为主题,在上半年和下半年分别进行了大规模的教育活动。学生工作部和学校其他部门通力合作,开展广泛宣传,在全校形成了讲文明、学礼仪的良好氛围。同学们网上评出了随地吐痰、占座不到、考试作弊等"校园十大不文明行为",并画成漫画在三角地展出。校礼仪队同学不辞辛苦,精心排练,为全校同学献上了精彩的文明礼仪风采展演活动。全校各班级召开了"校园文明大家谈"主题班会,许多班级制定了"班级文明公约"和"寝室文明蓝皮书"。由于教育活动成绩突出,北京大学被北京市委教育工委、市教委授予北京高校人文奥运与文明礼仪教育活动创意活动奖。

2. 安全教育活动。学生工作部与相关部门紧密配合,除定期进行全校安全大检查外,还在春、秋两季开展内容丰富的安全教育活动。活动以交通安全、消防安全、校内治安安全、人身安全、电脑网络安全、团体出行安全、个人金融安全等7项内容为重点,采取专题报告会、安全小贴士、经验交流会、现场急救培训、观看专题片等多种形式进行。其中,"心肺复苏术"和"四项急救术"的培训、女子防身术培训以及由山鹰社和自行车协会负责人主讲的团队安全出行经验分享会,对增加同学们的安全意识、丰富同学们的安全知识提供了有效渠道。

3. 新生入学教育活动。2005年迎新工作和新生入学教育得到校领导的高度重视,闵维方书记、许智宏校长、张彦副书记等校领导亲临迎新现场指导、督察各项工作,并与新生及家长亲切交流。面向2005级本科生和研究生,学生工作部组织了迎新报告会、新生党员培训、参观校史馆、优秀新生座谈、校规校纪学习、新生家长见面会等活动,帮助新生尽快了解学校基本情况,让新生从入学一开始即保持健康、良好的精神状态。医学部也开展了新生入学一周教育活动,组织了新生开学典礼、校纪校规教育、职业生涯设计与指导系列讲座、熟悉校园学习生活环境及新生消防演习、观看电影等活动。

4. 毕业教育活动。除组织开展"放飞祝福与希望"活动、走进校史馆重温校史、毕业生赠言、师长寄语、毕业生电影、优秀毕业生座谈会、毕业生职业指导讲座等多项活动外,学生工作部还特别推出了《2005年毕业生专刊》、"情怀与责任——2005届优秀毕业生访谈"网上专题,受到广大毕业同学的普遍关注。同时,发起了书写"毕业

家书"活动,号召广大毕业生拿起笔,给家中的父母、乡亲或中学母校的老师们、同学们,以及其他关心、关注自己的人写一封"毕业家书",让毕业生们多一份感恩之心。中国教育报、文汇报等多家媒体纷纷报道这一活动,在校内外引起较大反响。

5. 保持共产党员先进性教育活动。2005年上半年,学生工作部和党委组织部联合举办了北京大学第六届学生党支部书记培训班,对全校各院系300多名学生党支部书记进行培训。同时,在全校学生党支部中开展了"树党员形象,展党员风采"活动。通过活动提高了学生党员的思想认识和综合素质,增强了学生党支部的凝聚力、吸引力和战斗力。9月15日,北京大学保持共产党员先进性教育活动全面启动。根据学校党委提出的分类指导原则,学生工作部协助党委组织部专门制定了"北京大学学生保持共产党员先进性教育活动实施方案",并在先进性教育活动的过程中,通过与各学生党支部的密切联系,在监督指导、典型宣传、经验总结等方面发挥了重要作用。

【学生日常管理】 2005年,学生工作部在顺利完成学生学籍异动登记、研究生普通奖学金造册、学生违纪处理以及学生违纪申诉受理等日常学生管理工作的基础上,坚持稳中求进、推陈出新的原则,促使学生管理工作不断向科学化、规范化迈进。

1. 顺利完成奖励奖学金评审工作。2005年,由于学校对相关工作的安排有较大调整,奖学金的评选工作与奖励评选工作在时间上基本重叠。学生工作部本着对学生负责、对岗位负责的态度,克服时间紧、任务重、要求高等难题,顺利完成了奖励和奖学金评审工作。2004~2005学年,北大共评出了"北京大学三好学生标兵"213名、"北京大学创新奖"(103名个人,6个团队)、"北京大学三好学生"1448名、"北京大学优秀学生干部"94名、"北京大学社会工作奖"596名、"北京大学学习优秀奖"1124名、"北京大学五四体育奖"21名、"北京大学红楼艺术奖"35名,共计3637名优秀个人;推荐57名北京市三好学生、19名北京市优秀学生干部。在集体评奖方面,2004~2005学年共评出物理学院等8个"北京大学学生工作先进单位"、环境学院2004级博士生等27个"北京大学优秀班集体"、马克思主义学院2004级硕士生等76个"北京大学先进学风班",推荐化学与分子工程学院2004级本科生3班等19个班集体为北京市优秀班集体。2005年学生工作先进单位的评选,是在各院系就学生工作进行充分交流的基础上进行的:首先由各院系、各学生工作相关单位、学生工作部、部长书记联席会就各院系的学生工作进行打分,随后校奖励评审委员会根据上述打分的加权评分结果确定本年度的学生工作先进单位,增强了评审工作的公正性和广泛性。11月,召开了隆重的年度奖励表彰大会。此外,进行了62项奖学金的评选工作,2837名同学获得各类奖学金,奖金总额达7549200元人民币。

2. 召开首次奖学金颁奖大会。2005年,结合北京大学奖学金评定工作的实际需要,学生工作部改变了以往各单项奖学金分别召开颁奖会的工作模式,以统一颁奖大会的形式颁发了32项奖学金,这在北京大学的历史上还是首次。奖学金颁奖大会的举办,不仅为广泛宣传北大的奖学金项目提供了更好的途径,也为设奖单位与获奖学生、设奖单位之间的进一步交流提供了便利条件,校领导对颁奖模式的创新给予了高度评价。在组织好全校性奖学金颁奖大会的同时,应个别奖学金设奖单位的要求,还组织了POSCO奖学金、中国石油塔里木油田奖学金、UFJ国际基金奖等一系列专项奖学金颁奖会。

3. 修订学生管理规章制度。为了适应2005年3月29日教育部新颁布的"普通高等学校学生管理规定",推动北大学生管理工作向科学化、规范化、人性化的方向发展,学生工作部对"北京大学学生违纪处分条例"、"北京大学学生违纪处理申诉受理暂行办法"等基础性规章进行了修订,并对现存学生管理制度做了系统梳理,为规范北大学生管理工作提供了制度保障。同时,还把学校处理的多起学生受骗、打架斗殴等事件,编辑成案例,广而告之,对广大同学起到了很好的警示和教育作用。

4. 学生团体保险人数增加、范围扩大。2005年,北京大学继续为在校学生提供团体保险。投保学生不仅包括在校正式注册并参加全日制学习的本科生、第二学士学位学生、研究生(医学部除外),还扩大到国防定向、港澳台学生以及委培、自筹、定向生。同时,学生工作部还努力满足学生的特殊投保需要(如社会实践、野外活动、对外交流等项目的投保),保险公司同意为2005年暑假参加登山活动的山鹰社学生、参加北京高校大学生定向越野比赛的学生办理保险,并免费赠送保险给100位特困生。在各方共同努力下,2005年共有13471名同学投保。

【助学工作】 "资助"与"育人"相结合,全力打造北京大学助学工作的精品工程。构建和推广精品助学体系,注重对家庭贫困学生开展全方位立体式资助,取得了下述六方面成效:(1)2005级新生中贫困家庭学生全部通过"新生绿色通道"顺利入学;(2)贫困家庭学生在校期间的生活质量得到保障;(3)贫困家庭学生的学习成绩有

所提高;(4)贫困家庭学生参加社会工作积极性明显提高;(5)贫困家庭学生升学、就业状况稳步提升;(6)贫困家庭学生在日常学习生活中乐观开朗,在北大校园里健康成才。

2005年,累计为学生发放了总金额为729.591万元的国家助学贷款,获得贷款学生总人数为1304名,其中2005年新增贷款人数为596名;共为241名特困家庭学生减免学费,总金额达96.345万元;共有2080名学生获得助学金,总金额为526.796万元;共为91名特困家庭学生办理了学生借款,总金额为51.4万元。推出勤工助学岗位2400个,参与学生达1000人,勤工助学获得的报酬总金额达30万元。

"信用中国论坛"、学生服务总队和勤工助学培训是助学工作的3个品牌项目。2005年,"信用中国论坛"以讲座、比赛、主题征文等多种形式开展活动,并邀请校外单位协办,在学生中的影响力不断提高。北大学生服务总队一直秉承"自强自立、回报社会"的宗旨,在学校各级领导和社会各界的共同关怀下,积极开展各项公益活动、能力建设活动和思想道德建设活动,成为北大"资助"与"育人"有机结合助学体系中重要的一环。2005年,学生工作部以服务总队能力建设论坛为平台,专门根据贫困家庭学生特点开展了各种讲座和教育活动,还针对服务总队女生的特点专门举办了"彩虹工程——关注女生"系列活动,收到了良好的效果。

【国防教育】 2005年,北京大学顺利完成了2004级3006名本科生的军训任务;较好完成了2004级文科学生和2005级理科学生3000多人的军事理论课教学任务;有效配合了总政驻北京大学"后备军官选培办"开展工作;加强了与周边军队机构的联系,继续保持与国防大学、军事科学院、北京卫戍区、三十八军、海淀武装部和军训基地等单位良好的军地关系。学生工作部、人民武装部开展了形式多样的国防教育活动:参加了北京高校的国防辩论赛,获得团体第三名,1名同学获最佳辩手称号;首次参加了全国高校射击比赛以及北京高校和兄弟院校举办的定向运动比赛;在10月举办的全国国防教育电视演讲大赛中,北京大学经济学院2003级本科生杨婷登台演讲,在全国61名选手中获得第十名的成绩。

2005年是我国学生军训工作开展20周年,北京市举行了"纪念学生军训工作开展20周年阅兵活动"。在北京大学党委、行政的高度重视和正确领导下,学生工作部、人民武装部圆满完成了阅兵方队任务。北京大学阅兵方队经过2个多月的刻苦训练,克服困难,在三次北京市合练和最后的阅兵活动中都取得了优良成绩,为学校争得了荣誉。

2005年,北京市全面推行从在全日制高等学校在校生中征集义务兵。北京大学第一次开展义务兵征集工作。学生工作部、人民武装部在10月下旬接到北京市下达的任务后,迅速制定了"北京大学从在校生中征集义务兵暂行规定"和征兵工作方案,北京大学成立了征兵工作领导小组,组建了征兵工作办公室,高效地开展了各项工作。光华管理学院2003级本科生高明同学光荣入伍,成为二炮的一名解放军战士。

【心理健康教育】 预防为主,防治结合,学生心理健康教育和预防体系得到进一步完善。建立了系统的危机排查与干预制度,于10月正式实施"北京大学学生心理危机定期排查制度",达到及早发现和识别学生中的高危人群,对有心理问题的学生早发现、早干预。心理危机定期排查制度取得了良好成效,根据6次危机排查的结果,学生工作部已成功对30例同学实施了干预,有效预防了5起危机事件的发生。

1. 开展新生心理测评和访谈。2005级新生心理测评采用了国内高校较多使用的UPI量表,以在线测评的方式进行,不仅大大节约了成本,提高了工作效率,也便于及时反馈测试结果,有利于建立系统的学生心理健康档案。整个新生心理测评约谈工作历时1个月,共3436名新生参加了测评,学生工作部对其中的447名同学进行了约谈,96人被建议进行心理咨询。

2. 完善心理咨询机构。2005年下半年,北京大学学生心理咨询室成立,面向全校同学开放。凡是北京大学的全日制注册学生,每学期均可在学生咨询室获得6~8次免费咨询的机会。至年终,咨询室共接待来访同学340余人次,帮助学生解决了各种心理困扰。北京大学开设学生心理咨询室、为学生提供免费咨询的举措受到了社会各界的广泛关注,新京报等媒体进行了报道。

3. 发展在线心理咨询。2005年,学生工作部在未名BBS上组织在线咨询35次,共有1500多人次参与活动。通过网上咨询,总结出了学生群体中普遍存在的考试焦虑、人际关系紧张、就业焦虑、社交恐惧问题等八大心理问题,为今后更有针对性地开展工作积累了丰富的材料。北京大学心理健康教育网站(http://www.psych.gov.cn/pku/)于10月初步建成,为学生心理健康教育、管理与咨询提供了网络平台。通过该网站,学生可以掌握学校心理健康活动和心理咨询的重要动态,了解和学习有关心理健康和自我心理调适等相关知识。在该网站注册审核后,学生还可以进行在线心理测试和预约个体咨询。

4. 举办心理健康教育活动月。2005年春秋两季，学生工作部与心理学系、校医院、心理学社、红十字会、青春热线等多家机构合作，举办了两届心理健康教育活动月，受到了同学们的广泛好评。上半年的活动月以"点滴生活，健康心灵"为主题，通过筹办心理沙龙，组织讲座，制作宣传手册、展板，现场咨询，编演情景剧等方式，增强了学生的心理健康观念，提高了学生的心理素质，在北京大学建立起了愉快的精神氛围。下半年的活动月以"打开心门，走进咨询"为主题，在前一次活动月的基础上，又添加了职业测评、心理工作坊、心理健康知识竞赛等新的形式，使同学们对心理咨询、心理咨询师有了更正确的认识。活动月期间，学生工作部编制了诸如《心理危机干预手册》、《新生心理健康手册》、《大学生考试焦虑的预防与调试》等宣传手册，并把这些宣传材料与推荐书籍发放给广大学生，对普及心理健康知识，提高学生的心理健康意识发挥了很大的作用。

【万柳学区工作】 2005年，万柳学区的总体工作步入了稳定成熟和全面发展的阶段。学区办公室根据万柳的特殊情况和几年来的经验教训，积极建设和发展学区特色的学生工作模式，探索如何在校外学生公寓对研究生进行思想政治教育、日常行为管理和综合性服务工作。(1)通过学生辅导员将学生工作做到宿舍，做到学生的实际生活中。(2)加强对学生工作的调查研究，真正摸清学生的实际情况。学区办公室完成了"研究生生活状态和时间规划状况调查"，为学生工作提供了参考和继续深入研究的实证资料。(3)建立学生助管队伍，扩大学生骨干的规模。学区办公室招聘了70名学生助理，形成了一支颇具规模的学生骨干队伍，分别在办公室、自习室、文体活动室进行助理和助管的工作。(4)深入学生、深入宿舍，开展思想政治教育工作。学区办公室扎根于学生之中，依靠学生辅导员队伍、学生助理骨干队伍，深入学生、深入宿舍，以思想工作为抓手，帮助学生"文明生活，健康成才"。除开展了各项教育活动外，学区办公室还很好地处理了4月"反日游行"等事件，维护了学区的稳定。(5)开展丰富多彩的文体活动，营造浓厚的学术氛围，丰富同学们的课余生活。

万柳学区办公室开展了"安全在我心中，生命在我手中"主题教育活动。举行了全学区范围的安全知识竞赛，内容涉及生活安全、交通安全、治安安全、消防安全四方面；积极响应学校六部门联合开展的"关注安全，关爱生命"活动，开展用电安全教育；坚持集中安全教育与日常安全教育相结合，通过学生辅导员、学生助管、楼长平时提醒同学们注意安全。

圆满完成了2003级硕士研究生、2004级两年制硕士研究生及计划内博士的回迁工作，完成了2005级硕士研究生的迎新，与资源集团的部分交接等工作；组织了两次文明宿舍评比，督促同学们维持良好的宿舍卫生；通过严格出入管理、严肃住宿纪律等方式，严格查处出租、出借床位的违纪行为，规范学生的住宿行为。在日常工作中，学区办公室加强与相关单位的联系和协调，进行各种基础服务设施的硬件建设，从小事、细节上努力为同学服务；对宿舍楼进行全面的检查和维修，加装安全网，消除同学们身边的安全隐患；疏通学校和同学之间的信息交流渠道，及时收集同学的意见建议，并汇总整理向学校和相关职能部门反映；积极协调有关部门，解决同学生活中的各类实际问题，如332公交车、灭蟑、供暖等；迅速有效地处理突发紧急事件，如交通事故、急病等，稳定学生情绪，保护学生利益。

【青年研究中心】 2005年是青年研究中心转型的一年。根据教育部和学校领导对青年研究中心的工作提出的新要求，青年研究中心在工作内容方面做了较大的调整，由单一的校园网监控部门转为网络监控、信息舆情收集、BBS建设发展、青年研究工作等相结合的校园网管理部门。

根据教育部和团中央2005年17号文件精神，北大未名BBS平稳地由面向公众开放的BBS论坛转变为北京大学师生的校内信息交流平台。未名BBS率先通过ipwg（网关登陆）等方式实现了实名制，最小限度地降低了师生们对实名制的抵触情绪。在整个3月份的整顿期间，未名BBS没有出现长时间关站的局面，站务组和广大用户对学校的处理表示满意和理解，上站人数和讨论气氛没有受到影响，实现了平稳过渡。

作为中宣部高校唯一一家校园网——信息舆情收集部门，青年研究中心对校园网上出现的对各种重大社会事件和社会现象的反映和评论等相关信息进行了收集、整理和分析，如东莞暴力事件、重钢工人罢工事件、小泉再次参拜靖国神社等，及时向有关部门汇报，一些重要信息得到了领导的重视和批示。

密切关注针对突发性事件引发的网上讨论，疏导学生的情绪，捕捉他们思想上的变化，为这些事件的处理提供相关依据。

在学校领导的大力支持下，青年研究中心承办了《北大青年研究》杂志，这是校内学工系统最高级别的理论研究性杂志。2005年共出版了3期。杂志为研究青年思想、交流学生工作经验等提供了平台。

（学生工作部）

共青团工作

【概况】 2005年,团委以邓小平理论和"三个代表"重要思想为指导,牢固树立科学发展观,深入学习、认真贯彻党的十六届五中全会、团的十五届四中全会和团市委十一届八次全委(扩大)会议精神,在校党委的领导和上级团组织的指导下,在全体团干部和广大团员青年的共同努力下,胜利召开了共青团北京大学第十七次代表大会第二次全体(扩大)会议,并以此为契机,服务构建社会主义和谐社会、全面建设小康社会的发展大局,围绕北京大学创建世界一流大学的中心工作,开创了服务大局、服务青年的崭新工作局面。校本部和医学部团的各项工作又迈上了新台阶。

【学生思想政治教育】 团委坚持以邓小平理论和"三个代表"重要思想为指导,秉承北大光荣传统,明确自身职能定位,准确把握高等教育体制改革趋势和大学生群体的需求特点,贯彻"育人为本,德育为先"的工作理念,以增强共青团能力建设为突破口,以服务青年全面成才为落脚点,坚持以鲜明主题引导人、以品牌活动塑造人、以优秀组织动员人、以先进典型感染人,逐渐形成了导向明确、内涵丰富、机制健全、成效显著的大学生思想政治教育体系,取得了良好的育人效果。全国加强和改进大学生思想政治教育工作会议召开之后,北大团委以深入学习胡锦涛同志重要讲话精神和进一步贯彻中央16号文件为主要内容,以兴起新高潮、实现新突破为主要任务,继续将思想政治教育工作向纵深推进。

上半年,团委以纪念五四运动86周年和校庆107周年为工作重点,大力开展爱国主义教育和理想信念教育。4月30日上午,北京大学在电教西门广场举行107周年校庆升旗仪式,校党委书记闵维方出席了升旗仪式并发表重要讲话,天安门国旗护卫队的战士也参加了本次升旗活动。5月3日,北京大学纪念五四运动86周年师生座谈会在英杰交流中心第二会议室举行。5月4日,国务院总理温家宝在国务委员陈至立、教育部部长周济、国务院副秘书长陈进玉等领导的陪同下来到北京大学,与北大学子共度五四青年节,温总理发表了重要谈话。4~5月,校团委研究生与青年工作部、部分院系团委和学生社团以"创新发展,科学发展,和谐发展"为主题,举办了"2005北大青年论坛"。

下半年,团委举办了纪念中国人民抗日战争暨世界反法西斯战争胜利60周年主题教育活动和纪念"一二·九"运动70周年文化节,使大学生思想政治教育向纵深推进;8月29日,北京大学"节约校园,从我做起"系列活动正式启动;9月1日,北京大学纪念中国人民抗日战争暨世界反法西斯战争胜利60周年座谈会举行;9月2日,"忆抗战史,励爱国志,铸民族魂"——北京青年学生纪念中国人民抗日战争胜利60周年先锋论坛在北京大学百周年纪念讲堂隆重举行,北京市委副书记强卫,团中央书记处书记杨岳,市委常委、市委教育工委书记朱善璐,北京大学党委书记闵维方等领导,及来自首都20多所高校的近2000名学生参加了此次活动;9月3日,90名北大学生参加了在天安门广场举行的"向人民英雄纪念碑敬献花篮仪式",并与首都各界人士代表共同瞻仰了人民英雄纪念碑;9月13日,2004~2005年度北京大学共青团系统评优表彰暨增强共青团员意识主题教育活动动员大会在北大办公楼礼堂隆重召开,共青团中央学校部部长卢雍政、共青团中央学校部大学处处长陈光浩、共青团北京市委副书记王粤、共青团北京市委大学与中专工作部部长刘震、北京大学党委副书记张彦等出席了本次大会;12月2日,北大团校系统在英杰交流中心新闻发布厅举办纪念"一二·九"运动70周年座谈会;12月3日"一二·九"文化节主题歌会、原创歌曲试听会在北大百周年纪念讲堂多功能厅顺利落下帷幕;12月4日,北京大学纪念"一二·九"运动70周年师生歌咏比赛在百周年纪念讲堂隆重举行;12月7日,北大团委以"继承北大传统,弘扬民族精神,锻造时代英才"为主题举行了北京大学纪念"一二·九"运动70周年座谈会。

2005年,医学部团委继续坚持以先进思想理论构建团员青年精神支柱,坚持思想育人与实践育人相结合,利用纪念抗战胜利60周年、"一二·一"运动60周年和"一二·九"运动70周年等契机,通过各种有效方式大力开展增强共青团员意识主题教育活动,并不断改进工作方法,增强了思想政治工作的针对性、时代性和实效性。

【理论研究】 团校、研究生骨干学校和青年马克思主义发展研究会等学生理论社团主动发挥"理论学习代表队"的作用,体现了鲜明的时代责任感和较高的理论素质;北大团委高度重视调研和理论研究工作,开展了以"北京大学青年流行文化"等为主题的一系列调研活动,研讨了"原创文艺与大学生思想政治教育"等富有时代气息的新课题,尝试了《学习简报》、《热点参考》、《北京大学青年发展报告》等新的学习载体和理论成果形式,在

《中国青年研究》等刊物上发表了多篇理论文章,出版了《激情之歌、理性之路——北大团校建设发展20余年的奋斗与思考》等理论书籍。团委还通过开展理论研究课题立项工作,推动了基层共青团组织的理论研究工作和学习型组织建设。医学部团委结合自身实际情况,逐一走访各基层团组织,深入了解各基层团组织的状况,进一步增强与基层团组织的沟通和了解,通过对基层组织工作环境、工作状态的调查研究,掌握第一手资料,为2005年工作的开展奠定了良好基础。

【宣传引导】 团委充分发挥宣传工作的教育和引导功能,加强和改进大学生思想政治教育。通过加强团报团刊建设、更新北大团委网站、建立网络数码中心、加强校园BBS的引导工作等措施,从信息化、网络化方面增强教育引导的实效。发挥共青团报刊的覆盖优势,以《北大青年》为宣传窗口,做好学校和团委重要工作和大型活动的宣传,相继推出了学生棋牌队专版、国旗班专版、社会实践专版、评优表彰专版等,展现了优秀共青团员和先进集体的风采;针对校内外热点问题,及时关注、了解学生思想动态,进行信息报送工作,并注重通过各种手段引导学生树立正确的人生观和价值观;积极配合开展纪念抗战胜利60周年系列活动,连续两期在《北大青年》上推出纪念抗战胜利60周年专版,对相关活动给予了宣传报道。宣传委员例会立足于收集、了解各院系关于校内外重大事件的思想动态,将关注的视角深入到普通同学之中,采用问卷调查的方式,积极了解他们对于传承中国传统文化等宏观问题以及与自身利益密切相关的校园生活问题的看法,为共青团做好对学生的指导工作提供了依据。医学部团委大力推动宣传教育工作,不断加强对《北医之窗》、广播站、团内信息等传统校园媒体的基本建设。此外,医学部团委还积极进行网络建设,2月初改版后的团委网站正式开通,从而推进了团委的信息化工作,展示了团委形象,服务团员青年,鼓励学生加强自身文明修养,自觉投身校园文明建设。

【学术科技】 2005年,团委成功组织了北京大学第十三届"挑战杯"五四青年科学奖竞赛,共评出个人一等奖14名、二等奖28名、三等奖25名、鼓励奖20名。人口研究所、社会学系、元培计划管理委员会、信息科学技术学院获得团体一等奖;地球与空间科学学院、生命科学学院、新闻与传播学院、政府管理学院获得团体二等奖;物理学院、光华管理学院、经济学院、环境学院、法学院、信息管理系、历史学系、力学与工程科学系获得团体三等奖;元培计划管理委员会、社会学系、人口研究所、信息科学技术学院、政府管理学院、生命科学学院、地球与空间科学学院、经济学院获得优秀组织奖。2005年3~4月期间,团委举办了北京大学第二届"江泽涵杯"数学建模与计算机应用竞赛:3支团队获一等奖,7支团队获二等奖,15支团队获三等奖,46支团队获成功参赛奖,数学科学学院获得团体一等奖,生命科学学院和信息科学技术学院获得团体二等奖,物理学院、哲学系和地球与空间科学学院获得团体三等奖,上述院系同时获得优秀组织奖。在2005年北京大学生数学建模与计算机应用竞赛中获得1个全国一等奖、3个全国二等奖、1个北京一等奖、4个北京二等奖。2005年3~12月期间,团委举办了第七届"北大科技园杯"学生创业计划大赛:评出金奖1个、银奖2个、铜奖3个。2005年11月,在第九届"挑战杯"全国大学生课外学术科技作品竞赛中获得特等奖1个、一等奖3个、二等奖1个、三等奖1个,以总分370分、全国第二名的成绩捧得"优胜杯"。

【社会实践】 2005年,团委组织了以"青春励志,共建和谐"为主题的暑期社会实践活动,共有223支团队申报立项,2375人参与到暑期社会实践中来。其中,本部共组团194个,1923人参与社会实践;医学部组团29个,452人参与社会实践,主要开展医疗服务活动;有研究生参与的团队共计78个,其中有硕士生参与的实践团队76个,有博士生参与的团队36个,指导教师随团的团队67个。团队的实践区域覆盖了全国各省、市、自治区,按照活动区域划分,赴革命老区的团队16个,赴西部实践的团队82个,赴东北的团队19个,赴东部沿海地区实践的团队42个,赴中部地区实践的团队22个,在北京实践的团队13个;按照主题类型划分,开展经济调查类的团队84个,关注环境类的65个,关注"三农"类的58个,支援地方教育类的38个,红色之旅类的19个,关注"北京关注奥运类"的13个,关注西部大开发的64个,关注东北老工业基地类的13个,关注中原崛起类的11个。在首都大学生暑期社会实践评比中,北京大学被授予2005年度首都高校社会实践先进单位,并荣获大学生社会实践首都贡献奖。17支社会实践团队被评为首都大学生社会实践优秀团队。

医学部团委根据实际情况,坚持突出重点、校地结合的原则,精心组织了3支社会实践队,分别是北京大学医学部赴河北省清河县博士生地方经济实践服务团、北京大学医学部社会调研之北京-莆田分团、北京大学医学部社会调研之北京-长沙分团。

【校园文化建设】 1.学术文化方面。举办了五四学术文化节、研究生"学术十杰"评选、生物医学论坛等品牌活动和"素质教育一百讲"

等系列精品讲座，为广大学生营造了浓厚的校园学术氛围；《北大讲座》第7～10辑的出版和"北京公益讲堂"的开办，进一步提升了北大校园学术文化的辐射作用；校本部和医学部同学共同参与的跨学科博士生论坛，从学术交流角度促进了深度融合；北京大学第十三届"挑战杯"五四青年科学奖竞赛、第二届"江泽涵杯"数学建模与计算机应用竞赛和第七届"北大科技园杯"学生创业计划大赛的举办，掀起了学生创新创业的热潮。其中，北大以全国第二名的优异成绩夺得了第九届"挑战杯"全国大学生课外学术科技作品竞赛"优胜杯"。

2. 文体文化方面。举办了新生文艺汇演、"一二·九"师生歌咏比赛、校园十佳歌手大赛、演讲十佳大赛、新年晚会、"北大杯"及"硕士杯"系列体育比赛，以及医学部新年舞会、新生主持人大赛、服装服饰搭配大赛、神厨大赛等活动，使校园文化得以进一步繁荣。学生书画征集大赛、校园小品短剧大赛等高质量的活动，又成为深受师生欢迎的校园文化新品牌。在第19届"京华杯"棋牌友谊赛上，北大代表队客场折桂，成绩喜人；在2005年国际名校赛艇挑战赛上，北大赛艇队勇夺2000米冠军，取得历史性突破。北大团委还将校园原创歌曲的发展作为一项重要工作，原创音乐剧——"一流大学从澡堂抓起"得到广泛好评，原创歌曲试听会搭建了校园原创歌曲发展的新平台。

2005年，医学部团委继续坚持以高品位、高质量的艺术占领学校舞台，从思想内容和艺术质量上保证正确的导向。以新生文化月、社团文化节、研究生学术文化节、科技文化艺术节、北大生物医学论坛为五大载体，区分不同层次，全面带动广大团员青年投身到校园文化建设中。

【学生组织与社团】 1. 学生会。5月22日，第28届学生会进行中期调整，选举产生了刘凯、沈娟、周健、葛明磊、白小龙、张艺宝、张勇等7人组成的主席团，刘凯当选为学生会执行委员会主席，次海鹏当选为学生会常代会会长。在7月24日举行的中华全国学生联合会第24次代表大会上，北京大学学生会主席、哲学系2002级本科生刘凯当选为第24届中华全国学生联合会主席。

学生会不断加强服务型组织的建设。对于同学们关注的食堂、自行车、宿舍等问题积极与学校有关部门沟通。学生会不断加强自身建设，先后撰写了《学生会案例手册》、《青春北大》、《走出自我中心困境，加强自我能力建设，努力构筑学生会的自我完善体系》、《执行者说》等文章和书籍，加强组织理论建设。

学生会积极参与校园文化建设。4月，在百周年纪念讲堂成功举办"十佳歌手"决赛，成功举办第4届"北大之锋"辩论赛决赛；9月，"放眼寰球"系列活动拉开帷幕，学生会围绕活动主题，举办了一系列讲座和互动活动，特别是邀请到联合国副秘书长Klaus Toepfer在北大举行演讲，引起了很大反响；10月，以"爱·生活"为主题的校园系列文化活动正式启动，期间举行了"校园十佳菜肴"评选、"十佳服务员"评选等活动；12月，学生会成功举办第2届"英语之星"风采大赛。学生会通过一系列校园文化活动，引领校园文化潮流，引导广大同学"文明生活，健康成才"。

2. 研究生会。2005年9月，第21次研究生代表大会选举产生了付超奇、汤杰、蒋承、崔雨薇、刘军、吕聪、孙伟等7人组成的主席团，付超奇当选为第26届研究生会执委会主席，梁洪波当选为研究生会第16届常代会主任。研究生会在具体工作中努力将研究生会的根本宗旨和组织理念有效地贯穿到服务学校发展大局、服务同学实际需求的工作当中，着重从学术、文化和服务3个方面卓有成效地开展一系列工作。

以学术为核心，全面推进学术交流，努力营造浓厚的校园学术氛围。通过开展各类型的活动来促进学术交流融合，举办"创新中国"系列讲座以及邀请"嫦娥工程"首席科学家欧阳自远院士介绍登月计划，报告中洋溢的我国自主创新进程中展现的民族精神，激发了广大同学的爱国之情、报国之志；举办"走近十一五"系列讲座，邀请国家发改委副主任毕井泉，中共海南省委常委、宣传部长周文彰等来北大介绍"十一五"规划；举办"思想者"系列讲座，邀请著名专家学者对当前社会生活中的一些前沿问题进行探讨；承办中美澳三国大学生国际视频会议，负责组织北京大学、北方交通大学的同学与美国西北大学、南加州大学、澳大利亚国立大学的学生就双方关注的中美关系问题展开激烈讨论；举办了北京大学第8届研究生学术十杰评选活动。

以文化为重点，广泛开展文体活动，着力推进校园文化的研究生时代。文化活动方面，在万柳学区举办了DISCO之夜、万柳联谊晚会等活动，在百周年纪念讲堂举办了"天威之夜——2006北京大学研究生新年晚会"等一系列活动，还举行了纪念"一二·九"运动70周年签名大行动，制作了纪念"一二·九"70周年巨型文化衫悬挂在三角地，将有数百名同学签名的文化衫赠送给校史馆永久收藏。体育活动方面，与国际关系学院研究生会组织了北京市高校第二届国际关系学科研究生篮球联赛，北京大学、清华大学、中国人民大学等8所高校参加了比赛。在学校体育教研部的大力帮助和广大体育爱好者的热情参与下，北京

大学硕士杯体育联赛成功举办。

以服务为根本,系统完善维权机制,全力维护同学的正当权益。针对广大同学的就业需求,研究生会两次邀请专家进行公务员考试辅导讲座,并举办了2005年北京大学毕业生求职经验交流会,帮助广大同学树立正确就业观,介绍基本的就业知识和技巧;《大学生创业手册》的编撰和广泛发放,方便了准备自主创业的同学。举办了"秋之问候,魅力同行"文化沙龙,为女同学讲解女性生活常识;举办了"MaryKay帮你打造完美职业形象"彩妆与服饰讲座,为女毕业生讲解面试彩妆与服饰;还举办"品牌折扣"活动以及"恒安集团"产品三角地义卖等活动。为了收集同学们对北大发展、校园文化建设的意见和建议,研究生会组织了多次调研活动,包括研究生收入调研、研究生校园文化调研、畅春园生活质量调研、燕园交通安全问题调研、研究生就业取向调研等,并提交给学校领导和相关部门作参考。

3. 学生社团。团委本着"科学规划,分类指导,重点扶持,整体推进"的思路,在总结原有管理经验的基础上,根据学校的中心工作和具体要求,结合学生社团的实际,不断探索和总结通过社团提升学生思想政治素质的有效途径,在促进社团健康发展的同时推进学生综合素质的提高,收到了良好效果。为整合社团优势资源,宣传社团形象,展示社团风采,提高社团活动的质量和水平,社团文体部适时组织推出了第9届北京大学社团文化节和2005年"爱心·志愿"活动月系列活动暨第2届北京大学"爱心日"主题活动。

团委本着"雅俗共赏,精品至上"的文艺理念,坚持"强身健体,重视安全"的体育精神,利用好四大艺术团、文艺类社团、零散的创作个体三种资源,处理好娱乐化与主旋律、专业性与通俗性、艺术化与技术化等三种关系,成功承办了北京大学第9届社团文化节、"京华杯"、"北大杯"、2005年新生文艺汇演、纪念"一二·九"运动70周年系列活动、北京大学原创音乐试听会、北京大学2006年新年晚会,展示北大社团人多姿多彩的校园文化生活。暑期社会实践中,山鹰社、自行车协会表现突出,山鹰社成功登上了6500多米的桑丹康桑峰。

为了促进社团管理,11月2日重新启动了"社团每周动态"工作;12月中旬,社团文体部又组织社团评优活动,通过社团奖励机制,调动了社团积极性。社团文体骨干培训中心定期开展社团活动规范性讲座、社团内部管理建设经验交流讲座、社团外部资源拓展技能培训,使社团骨干培训呈现了新的活力。

2005年,医学部学生社团队伍进一步壮大,学生社团数量达31个,其中,新成立的青年政治理论研究社是医学部第一个理论研究方面的社团,新成立的北京大学研究生医学发展研究会是医学部第一个以研究生为主体的社团,填补了以往医学部校园文化的相关空白。医学部团委出台了"社团日常管理及奖惩制度"、"北大医学部社团活动办理流程"等规章,并多次组织社团负责人参加干部培训,严格执行各项规章制度,促进医学部学生社团进一步有序化、规范化发展。

【青年志愿服务】 2005年,青年志愿者协会注册志愿者人数达到3337人。年底,学校批准在团委成立了志愿者工作部,指导全校青年志愿者工作的开展。青年志愿者协会组织了一系列志愿服务活动:3月23日主题为"朝暮融情,爱谱阳光"的"敬老育人春风志愿服务行动"正式启动;4月2日,开展了以"手拉手同植奥运林,心连心共话志愿情"为主题的植树活动;4月7日正式启动了以"聆听志愿故事,感悟多彩人生"为主题的"志愿人生"系列讲坛;10月,青年志愿者协会启动了六大系列30个项目,同时还相继启动了以"乐知善行,志愿比拼"为主题的北大志愿者知识竞赛、以"未名礼仪颂,青春奥运行"为主题的志愿奥运与文明礼仪系列活动。

为进一步规范全校志愿服务活动,青年志愿者协会发布了"关于实施志愿服务项目相关注意事项的说明",对全校志愿者组织开展服务活动的程序和注意事项进行了明确规定。进一步完善志愿者注册认证制度,改善对志愿者和志愿者组织的管理。9月,青年志愿者协会制定了"北京大学2005～2006学年度青年志愿者注册工作实施办法"等一系列办法。北京大学志愿者骨干培训学校第二期培训班开学,分设基础班和骨干班。11月3日,青年志愿者骨干培训学校首讲会在英杰交流中心新闻发布厅举行。

大学生志愿服务西部计划、青年志愿者扶贫接力计划研究生支教团、首都大学生基层志愿服务团工作顺利开展。1月1日,研究生支教团的历届志愿者们举行茶话会,党委副书记张彦出席。4月27日,"2005年大学生志愿服务西部计划"的志愿者招募工作启动,法学院法律硕士生李显辉和马克思主义学院思想政治教育专业本科生杨旸2名同学分别到西藏拉萨市林周县检察院和中共西藏山南地委参加志愿服务工作。5月25日,第3届"首都大学毕业生基层志愿服务团"的志愿者招募工作启动,经过岗位对接,最终5名同学入选。8月,医学部第七次派出2名应届毕业生参加团中央的扶贫接力计划——研究生支教团工作,接替上一批志愿者,形成了良好的替换机制。2005年9月,北医三院的3名临床大夫响应团中央和卫生部的号召,组成医学部赴河

北省张北县支医团,到国家级贫困地区开展志愿支医活动。

青年志愿者协会以积极态度迎接北京奥运会的到来,组织多种形式的志愿服务活动。3月5日,"北京青春奥运志愿者文明礼仪学校"开学典礼在北大举行。5月8日,北大讲堂学生志愿者集体把辛苦工作获得的补助的三分之一捐赠给教育基金会,以支持北大奥运场馆建设。7月,在北京举办的国际生物学奥林匹克竞赛以及同年8月举办的纪念联合国第4次世界妇女大会10周年活动等多项国际活动中,团委精心选拔和培训的900余名志愿者为来自近200个国家的参赛选手和国际友人提供志愿服务。11月,举办"北大学子庆祝奥运会倒计时1000天"系列活动。11月24日,青年志愿者协会致信北京奥组委主席刘淇,汇报了北京大学志愿服务开展情况,表达了北大志愿者愿意为北京奥运会志愿服务贡献自己力量的心愿。此外,一系列主题活动也以奥运为主题,如"学雷锋,迎奥运"主题志愿服务活动、"绿色祝福,迎接奥运"植树行动、赴奥运村地区志愿服务实践、"未名礼仪颂,青春奥运行"志愿奥运与文明礼仪系列活动等,在校内营造了很好的奥运志愿服务氛围。

北京大学的青年志愿者工作在校内外得到充分认可。3月4日,"志愿北京,迎接奥运——2004年度北京十大志愿者(团体)"评选结果揭晓,刘正琛同学顺利当选。8月19日,团中央、教育部、全国学联首次对全国高校研究生支教团组织管理工作进行评选,北京大学项目办荣获优秀组织奖,该奖项是高校研究生支教团工作的最高荣誉。11月15日,北京大学通令嘉奖历史学系青年志愿者协会会长刘默涵同学。在2005年12月举行的"第6届(2003~2005年度)北京青年志愿服务行动评选"活动中,北大荣获3个最高奖:北京大学青年志愿者协会荣获"北京青年志愿服务行动杰出服务集体"奖,爱心社品牌项目——"爱心万里行"活动荣获"北京青年志愿服务行动优秀项目"称号(全市共13个),历史学系2003级本科生刘默涵同学荣获"北京市杰出青年志愿者"称号(全市共20人)。在2005年"文明礼仪耀京城,志愿服务迎奥运"青少年主题教育实践活动中,北京大学青年志愿者协会主办的"节约校园,文明生活"主题活动获"优秀活动项目"称号。在12月5日国际志愿者日之际,北大党委书记闵维方在《北大青年(志愿服务特刊)》中为北大青年志愿者题词:"在服务中成长,在奉献中成才"。12月31日,中共中央政治局委员、北京市委书记、北京奥组委主席刘淇回信给北京大学青年志愿者协会,充分肯定了包括北京大学在内的大学生志愿服务取得的成绩,希望大学生继续保持志愿服务热情,为北京奥运会贡献自己的力量。

创建"青年文明号"行动成为医学部参与医药卫生系统精神文明建设的重要形式。医学部团委引导医院团组织结合本单位实际,倡导职业文明,大力弘扬"崇尚学习,锐意创新,团结协作,争创一流"的时代精神,进一步深化了"号手"争创活动。2005年,北京大学第一医院感染科一病房、北京大学人民医院急诊科、北京大学第三医院心内科23病房荣获"卫生系统2003~2004年度全国青年文明号"称号;北京大学第一医院儿科二病房、北京大学第一医院泌尿外科病房、北京大学人民医院创伤骨科、北京大学第三医院神经科高干病房、北京大学临床肿瘤学院内五病房被认定为"全国青年文明号";北京大学基础医学院解剖系副主任张卫光副教授荣获"全国卫生系统2003~2004年度青年岗位能手"称号。截至2005年底,医学部共有全国青年文明号8个、北京市青年文明号11个,成为医学部团的工作一大特色与亮点。各医院团委积极开展多种形式的志愿服务工作,通过义务导医、医疗咨询、义诊、"一加一"结对互助等活动,向社会展示了北大医学部团员青年精湛的医术和高尚的情操,产生了良好的社会效益。

【机关建设】 1. 作风建设。2005年上半年,团委机关党支部开展了保持共产党员先进性教育活动的试点工作。团委机关党支部紧紧抓住保持共产党员先进教育活动的契机,本着实事求是和于法周全、于事简便的原则,对机关的各项工作制度和管理制度进行了集中整理,重点加强了民主集中制建设,巩固了党员岗位工作责任制度、党的基层组织建设制度、党风廉政建设制度等,对加强联系青年、团结凝聚青年、教育引导青年、服务学校建设发展的长效工作机制进行了充分的讨论,对经常性的党员教育管理机制进行了初步探讨,努力用制度约束和规范党员言行,用制度促进机关作风建设,形成常抓不懈的长效工作机制。

2. 机关党务。在保持共产党员先进性教育活动中,团委机关党支部紧密围绕北大创建世界一流大学的中心任务,始终贯彻既严格落实上级统一部署又创造性开展本单位学习活动的工作理念,始终坚持理论联系实际的工作方法,深入动员、落实责任、稳步推进、务求实效,圆满完成了先进性教育各阶段的工作。

3. 信息工作。2005年,团委进一步加强和改进《北大团内信息》的编辑工作,及时、主动、全面地收集和整理有关团委工作的信息,全年共编辑刊发《北大团内信息》43期,及时上报团中央、团市委、校党委、校行政,并下发到各院

（系、所、中心）团委。为进一步规范北大团内信息的报送流程，提高编辑质量，团委在各单位团委（总支）内推行基层信息员制度，加强了校团委与基层团委信息的沟通。通过团内信息编辑制度的规范和完善，稿件的质量明显提高，建设性和综合性的信息所占比例增大，《北大团内信息》报送工作也比上一年有了大幅度的飞跃。2005年，团委共向团市委报送信息600余条，荣获2005年北京共青团信息工作先进单位荣誉称号。

4. 组织建设。2月19日，共青团北京大学第17届委员会第二次全体（扩大）会议召开。通过民主选举，史金龙、陈永利、姚静仪（女）、焦岩（女）和路鹏等5名同志被增补为共青团北京大学第17届委员会委员，史金龙、孙明、张鑫和焦岩（女）等4名同志被增补为共青团北京大学第17届委员会常务委员。

团委将加强基层组织建设作为2005年工作的重要目标，确定了"基层组织建设年"的工作主题。为展现新时期基层团支部能力建设取得的成绩，于3月9日~4月6日开展了以"加强能力建设，展现青春风采"为主题的"北京大学2005年度团支部风采展演大赛"。4月，启动了以健全落实团支部的"三会两制一课"制度为核心的"立足规范化建设，锻造学习型组织"主题团日。本次主题团日共收到来自26个单位的61个团支部报送的总结材料。5月，启动了"德学并举树新风，立志成才做栋梁"主题团日。医学部团委为了促使自身建设和活动正规化并保证其向着健康、正常的方向发展，于3月正式组建成立了宣传部、组织部，并制定了制度章程。为了规范对研究生团员的指导和管理，增强研究生团员的归属感，医学部团委倡导各二级团委加大研究生团员的工作力度，在一年的时间里，研究生团支部的工作初显成效。在下半年开展的增强共青团员意识主题教育活动中，团委积极促进"联系服务基层"制度的落实，力争使了解基层、指导基层、服务基层的工作落到实处，强化团的基层和基础工作；认真实行基层团支部"项目化管理"制度和基层团组织理论研究课题立项工作，扶持基层团组织的活动，帮助基层团组织克服资源瓶颈。

【共青团干与学生骨干培养】 为建设一支高素质的团干部及学生骨干队伍，为增强共青团员意识主题教育活动与加强基层团组织建设夯实人力基础，2005年伊始，根据团中央、团市委、校党委的文件精神，团委拟定了"关于做好2005年度北京大学共青团系统干部及学生骨干培训工作的意见"。团委在上半年邀请了团市委副书记方力、中国青年政治学院党委书记陆士桢教授、光华管理学院职业服务中心主任孙仪为团干部做了"加强共青团干部的能力建设"等3次主题讲座，并组织了相关讨论，进行深入学习；同时，还邀请了多位老团干与团干部们沟通、交流工作经验。通过培训，团干部的思想政治素质、业务能力素质都得到了一定程度的提高。

2005年暑期举办了2005年度北京大学共青团系统组织工作干部培训班。培训班采取理论教学与实践教学相结合、常规课程与互动课程相结合、集中教学与分组教学相结合的办学模式，通过讲座、讨论、参观等形式，全面提高学生骨干素质。

在增强团员意识主题教育活动开展过程中，团委指导各单位大力开展了学生骨干的培训工作，组织学生骨干深入研究、领会上级文件精神，明确增强共青团员意识主题教育活动的指导思想、目标要求和工作程序。同时，邀请了中国青年政治学院副院长李家华做了"高校团干部领袖意识和能力培养"主题报告。

【万柳学区共青团工作】 2005年，万柳学区团工委以确保安全稳定和服务万柳同学为工作基点，以丰富学区文化生活和增强万柳学术氛围为工作突破口，扎实有效地开展了一系列工作。

鉴于万柳学区的特殊地理位置，维护学区安全稳定、服务学校工作大局一直是团工委工作的重中之重，团工委一方面通过基层团组织认真了解万柳同学的思想动态，关注与同学们紧密相关的生活和安全问题；另一方面积极做好与各级领导和各职能部门的汇报和沟通工作，正确及时地应对学区的各类重要事件。4月，团工委在万柳学区建立将近3周年之际开展了"万柳生活满意度"大型调研活动。团工委根据调研结果和学区办等有关部门进行了有效沟通，解决了同学们反映的一些实际问题。8月，万柳学区3200多名学生回迁本部。团工委成立了秩序维护、志愿服务和应急处理3个工作小组，在各楼区为回迁同学提供服务，有力地配合了万柳学区办等相关部门的工作，保障了回迁工作的顺利进行。

万柳学区团工委积极开展多种活动，丰富同学们的课余生活，增强万柳学区的学术氛围。这是2005年万柳学区团工作的一个主要突破口。4月28日晚，由万柳学区团工委举办的万柳学区歌手大赛在万柳多功能厅开赛。这是万柳学区成立3年来的首次歌手大赛，吸引了广大万柳同学的关注。为营造万柳学区良好的学术氛围，团工委于3月末开始举办"万柳学术文化节"系列讲座。文化节期间，团工委邀请了李江海、杨朝晖等多位来自不同学科领域的北大知名老师为万柳同学做了一系列精彩讲座，丰富了万柳学区的学术文化活动。团工委大力举办万柳

学区英语角活动,为所有想练习英语口语、广交朋友的英语爱好者提供了一个交流的好机会。12月31日晚,万柳学区团工委与万柳学区办公室共同举办了一年一度的"万柳新年狂欢夜"活动。

积极服务同学,帮助同学解决生活和学习中的困难一直是万柳团工委工作的重要内容。3月5日,电脑维护志愿小组在3区食堂门口举办现场咨询会。3月12日,法律援助小组在万柳学区进行了一次面向同学的现场法律咨询活动,依照国家有关法律条文,结合案例的具体情况,认真细致地回答了同学们提出的问题,并向过往同学分发了400余份介绍"法律援助制度"的宣传材料,使同学们增强了法律意识。9月,为了做好2005级新生入住万柳的迎新工作,团工委制作了旨在方便新生衣食住行的《万柳生活指南》,并在迎新当天开展了志愿咨询服务,努力解决每一位新生的疑问和要求。12月,鉴于天气干燥及部分同学的不安全用电行为,针对存在的火灾隐患,团工委制作了消防安全知识展板,在万柳学区的各个宿舍区展出。

(团委理论研究室)

【增强团员意识的主题教育活动】
根据上级团组织的有关文件精神和北京大学保持共产党员先进性教育活动的总体部署,团委于2005年下半年举办了增强共青团员意识的主题教育活动。

9月13日,团委隆重召开了北京大学增强共青团员意识主题教育活动动员大会。第一阶段工作紧密围绕宣传动员、营造良好舆论氛围的目标进行。团委高起点、广覆盖、不断加大宣传工作力度,通过网络、橱窗等各种渠道使"增强共青团员意识"的主题深入人心。各基层团委也通过集中召开动员大会与分头召开团支部会议相结合的形式进行了广泛深入的动员工作。为了客观准确地掌握基层团组织的状况,加强团委对基层团组织工作的指导,推出更有利于改进基层团组织工作的方案和举措,团委在全校基层团组织中开展了基层团委、团支部调研工作。

10月14日,团委召开了增强共青团员意识主题教育活动学习教育阶段转段工作会议。这一阶段,北大共青团重点开展了以"三个代表"重要思想为主要内容的理论教育和以团章为主要内容的团史团情教育。团委通过组织"学理论,知团情"党团知识竞赛以及开展相关学习活动,使广大团员拓宽了理论学习范围,提高了理论修养水平。组织已经完成先进性教育活动第一阶段学习的学生党员以及学生党员骨干,向团员青年进一步阐释"三个代表"重要思想等先进理论,对团员的理论学习效果进行巩固和提升。在全校范围内开展"新北京,新奥运,新形象,新贡献"主题征文活动,引导全校团员真情感悟"新北京,新奥运"对北大团员青年提出的机遇和挑战,畅谈首都青年的历史责任和时代风采。对"北京大学增强共青团员意识主题教育活动"专题网页和未名BBS团支部论坛加强建设和管理,使其成为本次主题教育活动行之有效的工作载体。同时,团委还通过建立健全基层团支部"项目化管理"制度和基层团组织理论研究课题立项制度,加大资源向基层团组织倾斜的力度,扎实推进基层团组织的能力建设。各基层团委还组织了各具特色的"新时代,新风采"团员标准讨论活动,引导团员青年对新时期共青团员的时代特征、素质能力等内容进行了深入思考。以团支部或团小组为单位,以"新北京,新奥运,新形象,新贡献"为主题,开展了集中讨论和交流。

11月23日,团委召开了增强共青团员意识主题教育活动总结提高阶段转段工作会议,就总结提高阶段的工作进行统一安排,并对基层团委书记的工作提出了更高要求。在团委的指导下,各基层团委对增强团员意识主题教育活动进行了全面总结。

· 人 物 ·

在 校 院 士 简 介

中国科学院 数学物理学部

李政道 美国物理学家。1926年11月25日生于中国上海市,原籍江苏苏州。1944～1946年先后就读于浙江大学、西南联合大学。1946年入美国芝加哥大学物理系研究院学习,1950年6月获哲学博士学位。1953～1960年历任美国哥伦比亚大学助理教授、副教授、教授,1960～1963年任普林斯顿高等研究院教授,1964年至今任哥伦比亚大学费米物理教授,1984年至今任哥伦比亚大学"大学教授"。是中国科技大学、北京大学等11所大学的名誉教授。1994年6月8日当选为中国科学院首批外籍院士。

李政道教授曾获诺贝尔物理学奖(1957年)、爱因斯坦科学奖(1957年)、法国国立学院布德埃奖章(1969年,1977年)、伽利略·伽利莱奖章(1979年)、意大利共和国最高骑士勋章(1986年)、埃·马诺瑞那爱瑞奇科学和平奖(1994年)等。他是美国艺术和科学院院士(1959年)、美国国家科学院院士(1964年)、意大利林琴科学院院士(1986年)和台湾中央研究院院士(1957年)。

李政道教授关于弱相互作用中宇称不守恒定律以及其一些对称性不守恒的发现,是极为重要的划时代贡献,为此,李政道教授和杨振宁教授共获1957年诺贝尔物理学奖。

从20世纪40年代末～70年代初,李政道教授在弱相互作用研究领域做出了许多具有里程碑性质的工作:除去宇称不守恒定律,还有二分量中微子理论、两种中微子理论、弱相互作用的普适性、中间玻色子理论以及中性K介子衰变中的CP破坏等重要研究成果。

在统计力学方面,李政道和杨振宁研究了一阶相变的本质(1952年);完成了稀薄玻色硬球系统低温行为的分析(1956年);他们还对量子多体系统的维里展开做了一系列研究(1956～1959年),并和黄克孙一起研究了量子玻色硬球系统的能级(1956～1957年)等等。这些研究对多体理论做出了开创性的和重大的贡献。

20世纪70～80年代,李政道教授创立了非拓扑性孤子理论及强子模型方面的研究,具有经典意义。量子场论中的"李模型"对以后的场论和重整化研究有很大影响。"KLN定理"的提出,为分析夸克-胶子相互作用奠定了理论基础。"反常核态"概念的提出,深化了人们对真空的认识,推动了相对论重离子碰撞的理论和实验研究工作。用随机格点的方法研究量子场论的非微扰效应,并建立离散时空上的力学,理论上受到广泛重视。李政道教授近年来关于高温超导的系统理论研究工作,也是别具一格的。

从70年代起,李政道教授为中国的教育事业和科学技术的发展做出了重大的贡献。为了在中国发展高能物理和建立高能加速器,在李政道教授的建议和安排下,自1979年,有几十位中国学者到国外学习和培训,后来成为建立北京正负电子对撞机(BEPC)、北京谱仪和进行高能物理实验的骨干;1982年当中国高能物理事业举棋不定的关键时刻,他帮助中国选择了一个既先进又符合国情的BEPC方案,并促成了中美高能物理合作,使BEPC工程在选择方案、进行设计和建设中都得到了美国高能物理界的帮助和支持。北京正负电子对撞机能如期建成,成为当今世界上在c-τ物理研究能区唯一的高亮度电子对撞机,并做出重要的物理结果,这与他的努力是分不开的。

为让中国的年轻人尽快成才,李政道教授除在中国开设长期讲座外,还倡议并创立了中美联合招考物理研究生计划(CUSPEA),在

1979～1989 年的 10 年内，共派出了 915 位研究生，并得到美方资助。

1985 年，他又倡导成立了中国博士后流动站和中国博士后科学基金会，并担任全国博士后管理委员会顾问和中国博士后科学基金会名誉理事长。1986 年，他争取到意大利的经费，在中国科学院的支持下，创立了中国高等科学技术中心（CCAST）并担任主任，每年回到中国亲自主持国际学术会议，并指导 CCAST 开展多种形式的学术活动，对提高科技人员的学术水平起了重要作用。同时，在北京大学建立了北京现代物理中心（BIMP）；其后，在浙江大学建立了浙江近代物理中心，在复旦大学建立了李政道实验物理中心。

＊**姜伯驹** 1937 年 9 月生于天津，祖籍浙江苍南。1957 年毕业于北京大学数学力学系，留校任教至今。曾在美国普林斯顿高等研究所等处做研究访问。曾于 1995～1998 年任北京大学数学科学学院院长。任第七～十届全国政协委员。现任北京大学数学科学学院教授、博士生导师。1980 年当选为中国科学院数理学部委员（院士），1985 年当选为第三世界科学院院士。

姜伯驹教授主要从事不动点理论与低维拓扑学的研究。在不动点理论中 Nielsen（尼尔森）数的计算方面，首创了迹群和有限覆迭方法，取得突破性进展。深入研究低维的不动点问题，对于曲面自同胚，证明了 Nielsen 数等于最少不动点数；而对于曲面自映射，发现了 Nielsen 数一般不等于最少不动点数。这项成果解决了有半个多世纪历史的"Nielsen 不动点猜测"，开创了 Nielsen 式的周期点理论，并进一步探索与动力系统理论的联系。曾获国家自然科学奖三等奖（1982 年）、二等奖（1987 年），1984 年被授予"国家级有突出贡献中青年专家"的称号，1988 年获陈省身数学奖，1996 年获何梁何利科技进步奖，2002 年获华罗庚数学奖，2002 年获全国五一劳动奖章。

张恭庆 1936 年 5 月生，上海市人。1959 年毕业于北京大学数学系，曾在美、英、法、德、意大利、加拿大等国做研究访问。现任北京大学数学科学学院教授、博士生导师。1991 年当选为中国科学院数理学部院士，1994 年当选为第三世界科学院院士。

张恭庆教授在非线性泛函分析及非线性偏微分方程理论研究中都获得了国际领先成果，特别是他建立和发展了孤立临界点无穷维 Morse（莫尔斯）理论，把几种不同的临界点定理纳入了一个新的统一的理论框架，由此又发现了好几个新的重要的临界定理，运用这一理论，得到了一批重要理论成果。此外，他发展了集值映射拓扑度和不可微泛函的临界点理论，解决了一批有实际应用的非线性偏微分方程的自由边界问题。因上述成果均达到国际领先水平，他多次获国家级科学奖。1984 年被授予"国家级有突出贡献中青年专家"称号。

＊**杨应昌** 物理学家，1934 年 5 月生于北京。1958 年毕业于北京大学物理系，留校任教至今。期间，曾在法国国家科学研究中心格勒诺布尔磁学研究所和美国密苏里—罗拉大学材料研究中心工作。现为北京大学物理学院教授，凝聚态物理博士生导师。1997 年当选为中国科学院院士。

杨应昌教授研究物质的磁性。研究宏观磁性和微观结构的联系，以基础研究为先导，结合我国资源特点，在研究稀土金属 4f 电子和铁族金属 3d 电子的特性、探索新相、发现新效应、开发新材料方面取得了一系列在国际磁学界具有重要影响的成果。1980 年合成了以稀土-铁为基体的新相，该相现在已经成为稀土合金中的一个重要系列；1990 年发现了在磁性合金中氮的间隙原子效应，从理论上阐明了间隙原子效应的物理根源；发明了钕铁氮和镨铁氮等新型稀土永磁材料，并持续研究了氮化物的磁畴结构及其反磁化过程，开发了制备高性能磁粉的新技术。

杨应昌教授发表论文 160 余篇，SCI 他人引用逾 800 次，取得多项国内外发明专利。曾获 1991 年和 2003 年国家自然科学二等奖，获 1991 年和 1993 年国家教委科技进步一等奖，1992 年获王丹萍科学奖，2000 年获全国优秀博士论文指导教师奖，2004 年获何梁何利科学与技术进步奖。

陈佳洱 1934 年 10 月生，上海市人。1954 年毕业于吉林大学物理系。1963～1965 年应英国皇家学会的安排赴牛津大学与卢瑟福高能研究所等处访问，从事串级加速器和等时性回旋加速器的研究工作。1982～1984 年初在美国石溪大学和劳伦斯伯克利国家实验室做访问科学家。曾任北京大学副校长、校长（1996 年 8 月～1999 年 12 月），曾任国家自然科学基金委员会主任

(1999年12月～2003年12月)，1998～2000年任亚太物理学会主席，2000年选为英国物理学会会员(Chartered Physicist)。现任北京大学物理学院教授、博士生导师、北京大学重离子物理研究所所长、中国科学院数理学部主任、中国科学院主席团执行委员会委员、国家高技术项目主题专家组顾问、中国科协全国委员会常务委员、北京市科协主席、中国物理学会理事长等职。1993年当选为中国科学院院士，2001年当选为第三世界科学院院士。

陈佳洱教授长期从事粒子加速器的研究与教学，是一位理论素养与实验技能兼备，熟悉多种加速器的学科带头人。在比较艰苦的条件下完成了4.5兆伏静电加速器的设计、建造以及2×6兆伏串列加速器的改建工程，填补了国内单色中子能区空白，拓展了重离子束核分析技术；主持建成静电加速器质谱计，在国内首次实现C-14同位素的超灵敏检测，为国家夏商周断代工程任务的完成做出了重要贡献；在回旋加速器中心区物理和束流脉冲化研究上取得了一系列创造性成果，大幅度地提高了束流输运和利用效率；在加速器发展的前沿，他建议并主持新型重离子RFQ加速结构，率先实现用一个RFQ同时加速正负离子，大大提高了加速结构的束流效率；推动和主持射频超导加速器的实验研究，取得了具有国际先进水平的成果，为我国新一代加速器的发展做出贡献。在国内外发表论文150余篇，获国家科技进步二等奖、国家"863计划"优秀工作者(一等奖)各一项，省部级科技进步一等奖和二等奖各3项，获美国加州门罗学院、日本早稻田大学和香港中文大学授予的理学荣誉博士学位。

* 甘子钊 1938年4月生，广东省信宜县人。1959年10月于北京大学物理系毕业，1959年12月～1963年1月在北京大学物理系攻读研究生，毕业后留校任教至今。现任北京大学物理学院教授，中国人民政治协商会议第九～十届常委，北京现代物理中心副主任，国家超导实验室学术委员会主任，人工微结构和介观物理国家重点实验室学术委员会主任，《中国物理快报》(Chinese Physics Letter)主编，中国物理协会副理事长。1991年当选为中国科学院院士。

甘子钊教授的研究领域是固体物理和激光物理。1960～1965年间，主要从事半导体物理的研究工作。曾在半导体中的电子隧道过程、杂质电子状态、磁共振现象等方面进行过理论研究，解决了锗中隧道过程的物理机理。1970～1978年间，主要从事激光物理的研究工作，曾在二氧化碳气体激光器和燃烧型气体动力学激光器的研制、气体激光器的频率特性等方面进行过实验和理论研究，对发展我国的大能量气体激光做出一定贡献。1978～1982年间，主要从事光与物质的相互作用的研究，曾提出多原子分子光致离解的物理模型和光在半导体中相干传播的理论。1982～1986年主要从事固体电子状态的研究，曾在半导体中杂质的自电离状态量子Hall(霍尔)效应、绝缘体-金属相变、磁性半导体中磁极化子、低维系统中电子输运等方面进行理论研究。从1986年开始，转入高温超导电性的实验和理论研究，主持北京大学的高温超导和全国超导攻关项目的研究工作，对我国高温超导研究的发展做出重要贡献，并负责组建国家重点实验室"人工微结构物理实验室"的工作，在国际与国内学术刊物上发表论文50余篇。甘子钊学术工作的特点是致力于在凝聚态物理与光学物理的前沿研究，并总是力求把理论研究与实验研究结合起来。1984年被授予"国家级有突出贡献中青年专家"称号。

文兰 1946年3月生，甘肃省兰州市人。1964～1968年在北京大学数学力学系读本科，1978～1981年，在北京大学数学系读研究生，师从著名数学家、国际微分动力系统研究主要代表人之一廖山涛院士。1982～1988年，在美国纽约州立大学、西北大学数学系学习，其间获得西北大学博士学位。1988年回国，在北大博士后流动站从事两年研究工作。现任北京大学数学科学学院教授。1999年11月当选为中国科学院院士数理学部院士，2005年当选为第三世界科学院院士。

文兰教授是数学科学学院微分动力系统专家，独立解决了流C1稳定性猜测，建立了不一定可逆系统的C1封闭引理，证明了Williams(威廉斯)猜测对一大类非扩张双曲引子成立。由于这些工作，文兰教授先后获得国家教委科技进步二等奖(1992年)、国氏博士后奖励基金(1994年)、陈省身数学奖(1996年)、求是杰出青年奖(1997年)。

丁伟岳 1945年4月生，上海市人。1967年毕业于北京大学数学力学系数学专业。"文革"后以优异的成绩考取中国科学院数学研究所

研究生,1986 年获博士学位。现任北京大学数学科学学院教授。1997 年当选为中国科学院院士。

丁伟岳教授在几何分析这一当代基础数学前沿领域的许多重要而困难的课题上做出了令人瞩目的成果。他推广了著名的 Poincare-Birkhoff 定理并将其应用于常微分方程周期解的存在性问题;他在著名的 Nirenberg 问题研究上取得了突破性进展,首次证明了该问题有解的充分条件,这一结果与其他一系列相关研究推进了具共形不变性的半线性椭圆方程的理论;他在调和映射及其热流的存在性和奇异性的研究、Kahler-Einstein 度量的存在性以及薛定谔流的研究等一系列重要问题上也获得了具有国际影响的结果。多年来丁伟岳教授领导了北京地区的几何分析讨论班,培养了一批该领域的优秀青年数学家,并取得了丰硕的成果。丁伟岳教授于 1993 年获国家自然科学二等奖及陈省身数学奖;1991 年被授予"国家级有突出贡献的中青年专家"称号;1995 年获求是杰出青年学者奖。历任中国数学会副理事长(1996～2003 年),2002 年国际数学家大会组委会下属科学委员会主任,第 9～10 届政协委员,第 8 届民建中央常委。

陈建生 1938 年 7 月生,福建福州市人。1963 年毕业于北京大学地球物理系天体物理专业,1979～1980 年在英澳天文台访问,1982～1983 年在欧洲南方天文台访问。现任中国科学院北京天文台研究员,中国科学院-北京大学联合北京天体物理中心主任,北京大学天文系主任。1986 年起任博士生导师,曾兼任中国科学院数理学部副主任,现兼任中国科学院天文学科专家委员会主任,国家自然科学奖等评审组专家,中国科技大学兼职教授,国际天文学会第 9 和第 28 届委员会组委,美国 Fundamental of Cosmic Physics 学报编委,国务院学位委员会及人事部博士后专家组成员,中科院学位委员会委员,第八届全国政协委员、第九～十届全国人大常委、教科文卫委员会委员,农工民主党中央副主席,第九届中-德议会友好小组成员,第十届中匈友好小组副组长,中-欧盟友好小组成员,第十届北京市政协副主席。1991 年当选为中国科学院院士。

陈建生教授主要研究领域为:类星体巡天、类星体吸收线、星系际介质、星系物理、施密特 CCD 测光及大视场、大尺度、大样本天文学。现主持"九五"中科院重大基础研究项目及国家基金委重点项目,为"973 项目——星系形成与演化"首席科学家。

赵光达 1939 年 10 月生,陕西省西安市人。1963 年毕业于北京大学物理系。现任北京大学物理学院理论物理所教授。1994 年被评为国家级有突出贡献的中青年专家。1997 年获中国物理学会评选的周培源物理奖。2001 年当选为中国科学院院士。

在粒子物理学的强子物理和量子色动力学等方面,赵光达教授取得了有意义的研究成果,首次从 QCD 轴矢流反常的基本关系出发,研究了 η,η' 与赝标重夸克偶素之间的混合及现象学,解释了 J/Ψ 的辐射衰变实验,对 $\Psi(2S)$ 的预言与之后的实验一致。与研究生一起,对 NRQCD 和重夸克偶素物理进行了研究,首次给出了强衰变中色八重态对 QCD 辐射修正的贡献,证明了红外发散的抵消,并得到了符合实验的 P 波粲偶素强衰变宽度;指出色八重态可将 D 波粲偶素在许多过程中的产生率提高一两个数量级,是对 NRQCD 产生机制的关键性检验;预言了正负电子对撞中 J/Ψ 的产生截面以色八重态的贡献为主,得到了美国和日本两个 B 介子工厂最新实验结果的支持。与合作者预言了奇异数等于 $-2,-3$ 的重子谱,并被之后发现的 $\Omega^*(2250)$ 等重子所验证。有关夸克模型和重子谱,重子磁矩,胶子球,及 B 介子衰变的 4 篇论文被国际粒子物理界权威评述机构"粒子数据组"连续引用。

田 刚 1958 年 11 月生,江苏省南京市人。1982 年毕业于南京大学数学系,1984 年获北京大学硕士学位,1988 年获美国哈佛大学数学系博士学位,现任北京大学教授及美国麻省理工学院西蒙讲座教授。曾为美国斯坦福、普林斯顿等大学访问教授。自 1998 年起,受聘为北京大学长江讲座教授。2001 年当选为中国科学院院士。

田刚教授解决了一系列几何及数学物理中重大问题,特别是在 Kahler-Einstein 度量研究中做了开创性工作,完全解决了复曲面情形,并发现该度量与几何稳定性的紧密联系。田刚教授与他人合作,建立了量子上同调理论的严格的数学基础,首次证明了量子上同调的可结合性,解决了辛几何 Arnold 猜想的非退化情形。在高维规范场数学理论研究中做出杰出贡献,建立了自对偶 Yang-Mills 联络与标度几何间的深刻联系。由于他的突出贡献,田刚教授获美国国家基金委 1994 年度沃特曼奖;1996 年,获美国数学会的韦伯伦奖。

徐至展 1938年12月生,江苏省苏州市人。1962年毕业于复旦大学本科。1965年北京大学研究生毕业。现任中国科学院上海光学精密机械研究所研究员、所长,从2000年10月起被聘为北京大学物理学院教授、博士生导师,并担任中科院-北京大学激光物理与超快光科学联合研究中心主任。1991年当选为中国科学院学部委员(院士)。2004年当选为第三世界科学院院士。

徐至展教授长期主持激光核聚变研究,在实现激光打靶发射中子、微球靶压缩、建立总体计算机编码及建成6路激光打靶装置等项重大成果中均有突出贡献。在激光与等离子体相互作用领域,特别是在非线性过程或不稳定性研究方面,他从实验与理论上进行了系统的深入研究,取得了多项开创性重要成果。在X射线激光领域,1981年已实现粒子数反转并发现新反转区;首次在国际上用类锂和类钠离子方案获得了8条新波长的X射线激光,最短波已达到4.68纳米。在强场激光科学技术领域,特别是在新型超短超强激光、强场激光与原子、分子、电子、团簇、等离子体的相互作用以及强激光驱动粒子加速等方面,他都取得了重要研究成果。

徐至展教授长期从事并主持激光科学、现代光学领域的科研工作,在国内重要学术刊物上发表论文300余篇,在约20次重要国际学术会议做特邀报告,作为第一研究者完成的10项重大成果获得国家或中国科学院级奖励,包括:全国科学大会重大成果奖1项;国家自然科学奖二等奖1项、三等奖1项;中国科学院自然科学奖一等奖2项、二等奖3项;中国科学院科技进步奖一等奖2项。徐至展教授是国家人事部批准的国家级有突出贡献的中青年科学家,1995年被国务院授予全国先进工作者称号,1998年获何梁何利基金科学与技术进步奖。

周又元 1938年7月生,江苏省南京市人。1960年毕业于北京大学物理系。曾任中国天文学会星系和宇宙专业委员会主任。现为中国天文学会常务理事和中国天文学会教育工作委员会主任,北京大学物理学院教授。2001年当选为中国科学院院士。

周又元教授主要从事类星体和活动星系核的研究,同时涉及宇宙学、宇宙大尺度结构和高能天体物理等的研究。20世纪70年代采用射电类星体子源之间的距离作为判据进行光度标定,改善了类星体的Hubble图,支持了类星体红移的宇宙学起源本质;80年代中期,较早利用类星体获得100Mpc的超大尺度结构的观测证据,并被大样本星系巡天所证实;90年代,通过对活动星系核内部结构和辐射机制的深入研究,首次得到活动星系核大蓝包形状参数方程,给出了估算中心黑洞质量的新方法;并发现Fe Kα短时标变化规律新类型,用耀斑模型对各种类型的变化规律进行了统一解释。

周又元教授发表论文100余篇,其中在国际一流杂志(*Ap. J*,*A&Ap.*,*M. N. R. A. S*)发表13篇,在《中国科学》发表10篇。有15篇论文被国际权威杂志(*Nature*,*Science*,天文和天体物理年评,*Physics Report* 等)介绍和引用,*Nature*(270,205,1977年)曾发专文介绍他及合作者研究的内容和意义。1980年和1990年两次获中科院自然科学二等奖,1992年获中科院有突出贡献中青年科学家奖。

苏肇冰 1937年生,江苏省苏州市人。1953~1958年就读于北京大学物理系。1994~1998年任中科院理论物理研究所所长。现为北京大学物理学院教授、博士生导师。1991年当选为中国科学院院士(学部委员),2000年当选为第三世界科学院院士。

苏肇冰教授目前主要研究领域为强关联多电子系统,介观系统,低维凝聚态系统和非平衡量子统计。他与周光召、郝柏林、于渌合作,系统地把现代量子场论与统计格林函数结合,发展了适用于平衡和非平衡统计的闭路格林函数方法,已经应用到相变临界动力学等多种问题。与合作者论证了电磁波在粗糙金属表面传播的安德逊局域化,提出了在金属小颗粒悬浮液体中可能通过测量吸收系数观察电磁波局域化的迁移率边界的建议。与于渌合作,推广了黄昆的多声子晶格弛豫理论,建立了准一维有机导体系统中非线性元激发的量子跃迁理论。

1987年获中科院科技进步一等奖。1999年获中科院自然科学一等奖。2000年获何梁何利基金科学与技术进奖,同年还获国家自然科学二等奖。

张杰 1958年1月生于山西省太原市,河北省邢州人。1985年2月毕业于内蒙古大学物理系,获硕士学位;1988年8月毕业于中国科学院物理研究所,获博士学位;1989年1月~1990年12月在德国马普量子光学所做博士后研

究(洪堡学者);1991年1月~1999年1月在英国卢瑟福实验室任研究员;1999年9月~1999年12月在日本东京大学任访问教授。现任中国科学院物理研究所研究员,等离子体物理学家,北京大学物理学院教授。2003年当选为中国科学院院士。

张杰教授主要从事X射线激光和强场物理研究。在波长14～6纳米的近水窗波段实现了X射线激光的饱和输出,解决了通向水窗的主要物理难题;研究了X射线激光的最佳泵浦脉冲结构,为X射线激光的小型化做出了贡献;对相对论强激光作用下电子在固体表面的高速运动进行了探索,产生了波长最短的固体高次谐波;测量了与快点火激光核聚变相关的"钻洞"速度,并揭示出其中的物理规律;对超热电子的产生和传输机制进行了深入研究,测量出了高能超热电子的角分布,同时揭示出静电分离势对超热电子的影响,实现了高能超热电子的定向发射和在低密及高密等离子体中的定向传输;对飞秒脉冲强激光与大气相互作用的物理过程进行了研究,在大气中产生了长等离子体通道并获发明专利;揭示了等离子体定标长度和激光偏振对超强激光与等离子体相互作用的影响;与同事合作,研制出超短超强激光装置和其他强场物理诊断系统,建立了先进水平的强场物理研究平台。

张杰教授1997年获国防科工委科技进步奖;1998年获中国青年科学家奖,同年获国家基金委杰出青年基金;1999年获香港求是基金会青年学者奖;2000年获中科院科技进步奖;2002年获中国光学学会王大珩光学奖;2003年获中国物理学会饶毓泰物理奖。

张杰教授社会兼职有:IUPAPC;17量子电子学执行委员会委员;国际X射线激光研究理事会理事;OECD超短超强激光委员会委员;英国物理学会高级会员;亚太原子分子物理国际顾问委员会顾问;物理学报副主编;物理杂志副主编。

张焕乔 核物理学家,1933年12月23日生,重庆市人。1956年毕业于北京大学技术物理系,一直在中国原子能科学研究院工作。现任研究员、博士生导师和北京串列加速器国家核物理实验室主任,兼任北京大学物理学院教授、中核集团公司科技委高级顾问、国防科工委专家咨询委员会委员、中国物理学会常务理事。1997年当选为中国科学院院士。

张焕乔教授先后从事中子物理、裂变物理和重离子反应的实验研究。为我国第一台中子晶体谱仪和第一台中子衍射仪的建立做出了重要贡献;参与压电石英单晶中子衍射增强现象的发现,并提出合理解释;为国防需要测量部分重要核数据,提供若干测试手段和方法;系统研究自发裂变和中子诱发裂变的中子数及其与碎片特性的关联,提供了高精度^{252}Cf自发裂变的平均中子数,成为国际上"热中子常数和^{252}Cf自发裂变中子产额"这组重要初级标准中被收入的唯一中国数据;系统研究近垒和垒下重离子熔合裂变角分布,在国际上首先采用碎片折叠角技术实现将熔合裂变与转移裂变分开,发现碎片角异性的异常现象,并参加提出理论解释,最近得到国外实验支持。在国外合作研究垒下重离子熔合反应的平均角动量激发函数和熔合势垒分布中,首次揭示双声子激发引起熔合势垒分布劈裂成3个峰,表明复杂的核表面振动影响垒下熔合增强。该工作成为这方面研究的一个典型工作。采用转移反应作探针和发展ANC方法,首次研究稳定核激发态中子晕,观测到^{12}B第二、第三激发态和^{13}C第一激发态为中子晕态,扩大了晕核研究范围。

张焕乔教授在国内外杂志发表上百篇文章,在国际学术会上做过16次邀请报告。曾获国家自然科学奖等多项奖励,1991年被评为核工业总公司优秀科技工作者,2004年获何梁何利奖。

解思深 1942年生于山东省青岛市。1965年毕业于北京大学物理系。1983年在中科院物理所获理学博士学位。现任中国科学院物理研究所研究员、博士生导师、凝聚态物理中心副主任,中国科学院纳米科技中心主任,国家纳米科学中心主任首席,北京大学信息科学技术学院教授。解思深教授还是国家自然科学基金委纳米专项计划的负责人和国家中长期规划纳米专项的起草人。2003年当选为中国科学院院士。2004年当选为第三世界科学院院士。

解思深教授1987～1992年主要研究高温氧化物超导体的合成、相关系和晶体结构。在超导氧化物体系的相关系和晶体结构测定上有过重要的贡献。编写《高温超导》一书,合著《高温超导电性》一书。曾获1989年国家自然科学一等奖,1991年国家自然科学三等奖和1998年中科院科技进步三等奖。

1991年至今,解思深教授主要从事富勒烯及其相关化合物的合成、结构和物理性质的研究,是国内最早开展C60、碳纳米管有关工作的少数单位和个人;并开展了介观系统中的光电特性的研究。1992年在国内率先开展了碳纳米管的研究,在定向碳纳米管的制

备、结构和物理性质的研究方面取得了一系列的重要进展。先后在 Science, Nature 上发表 3 篇文章,并在 Phys. Rev. Letts., Phys. Rev. B, Appl. Phys. Letts., Advanced Materials 等发表多篇学术论文;论文被引用 1800 余次。

解思深教授 2000 年获何梁何利科学技术进步奖、桥口隆吉基金会材料奖、ISI1981～1998 年经典论文奖,2001 年获中科院自然科学奖一等奖,2002 年获国家自然科学奖二等奖和周培源基金会物理奖。

王诗宬 1953 年 1 月生于江苏省盐城市。1981 年获北京大学硕士学位,留校任教至今。1988 年获加州大学洛杉矶分校博士。曾获中国青年科学家奖、求是杰出青年奖、国家杰出青年基金、陈省身数学奖、国家自然科学奖二等奖。现任北京大学数学学院教授,为长江特聘教授,*Algebraic and Geometric Topology* 等 5 个数学杂志的编委。2005 年当选中国科学院院士。

王诗宬教授研究涉及低维拓扑,涉及几何群论、不动点、动力系统和代数拓扑等领域。有下述合作成果:发现三维流形中本质浸入曲面不能提升成有限覆叠中嵌入曲面的第一个例子;观察到卫星结上循环手术的障碍,证明了纽结补中的浸入本质曲面边界数的有限性;在有限群作用、手性、流形嵌入等方面均有颇具创意的研究;特别是开拓和发展了三维流形间的映射这个研究领域,在探索覆叠度的唯一性、非零度映射的存在性、有限性、标准型及其与三维流形拓扑的相互作用中,有一系列预见和佳作。

中国科学院化学部

张青莲 博士,著名化学家。1908 年 7 月生,江苏省常熟市人。1930 年毕业于上海光华大学,1936 年获德国柏林大学博士学位,并进入瑞典斯德哥尔摩物理化学研究所当访问学者。回国后,曾任西南联大教授、清华大学教授、北京大学化学系系主任、中国科学院化学部副主任及中国质谱学会理事长。现任北京大学教授、博士生导师。1955 年当选为中国科学院院士。

张青莲教授是我国重水及稳定同位素化学研究的先驱和奠基人。在 1934～1984 年的 50 年中,一直在深入系统地进行中重水和稳定同位素的研究。发表学术论文百余篇。参与重水生产和锂同位素分离,对我国核工业建设做出贡献。耄耋之年,又致力于原子量新值测定。1991～2002 年间共进行 In、Ir、Sb、Eu、Ce、Er、Ge、Dy、Zn、Sm 10 个原子量新值的测定,测定结果全部被国际 CAWIA 正式确认为原子量国际新标准。

唐有祺 中国物理化学家。1920 年 7 月生于江苏省原南汇县。1942 年毕业于同济大学理学院化学系。1946 年秋入美国加州理工学院,主修化学,副修物理,1950 年获博士学位,并在原校任博士后研究员。1951 年回国任教于清华大学化学系,1952 年院系调整转入北京大学。曾任北京大学物理化学研究所所长、分子动态与稳态结构国家重点实验室主任、国家教育委员会科学技术委员会主任、中国化学会和晶体学会理事长以及化学译报和物理化学学报创始主编等职。1980 年当选中国科学院学部委员(院士)。

半个多世纪以来,唐有祺教授一直从事物理化学和结构化学的科研和教学工作。留学期间师从著名化学家 L. 泡令,主攻晶体结构分析和化学键理论,研究合金中形成超结构以及六亚甲基四胺与金属离子络合的本质问题,并在博士后期间涉足蛋白质晶体学领域。回国后,首次开设晶体化学课程,筹建结构化学实验室并培养队伍,并于 1960 年前后取得了首批成果,其中有:首批晶体结构测定结果,专著《结晶化学》和《统计力学》,还有 2 篇分别针对 DNA 双螺旋结构和两种血红蛋白结构的来龙去脉以及有机物电子结构理论问题进行分析的论文,后者还特别阐释了化学中共振的本质。

1970 年结合国内石油化学发展的需要,研究了部分氧化和聚合反应的催化剂,并对活性组分在载体上的分布方式和规律有所揭示。同一时期,唐有祺教授主持的实验室作为主要单位之一,参加了胰岛素结构测定工作。1979 年建成生物大分子结构实验室和表面分析实验室,开展了生物分子结构和表面物理化学研究。20 世纪 90 年代,他历任攀登项目"生命过程中重要化学问题研究"的首席科学家,还曾建议设立另一项目"功能体系的分子工程学研究"并担任顾问。唐有祺教授著有《结晶化学》(1957 年)、《统计力学及其在物理化学中的应用》(1964 年)、《化学动力学和反应器原理》(1974 年)、《对称图像的群论原理》(1977 年)、《有限对称群的表象及其群论原理》(1979 年)和《相平衡、化学平衡和热力学》(1984 年);先后发表论文 300 余篇。

徐光宪 1920年9月生,浙江省绍兴市人。1944年毕业于上海交通大学化学系,1951年获美国哥伦比亚大学博士学位,回国后在北京大学任教。先后曾任北京大学稀土化学研究中心主任、国家自然科学基金委员会化学科学部主任、中国化学会理事长、中国稀土学会副理事长等职。现任北京大学化学与分子工程学院教授、博士生导师。1980年当选为中国科学院学部委员(院士)。

徐光宪教授与合作者在量子化学领域中,提出了原子价的新概念 $nxc\pi$ 结构规则和分子的周期律、同系线性规律的量子化学基础和稀土化合物的电子结构特征,被授予国家自然科学二等奖。他的"串级萃取理论",把我国稀土萃取分离工艺提高到国际先进水平,并取得了巨大经济和社会效益;其《物质结构》一书在长达四分之一世纪的时期内是该课程在全国唯一的统编教材,被授予国家优秀教材特等奖。

张滂 1917年8月生,江苏省南京市人。1942年毕业于国立西南联合大学化学系,1949年获英国剑桥大学博士学位。现为北京大学化学与分子工程学院教授、博士生导师,兼任中国化学会常务理事等职。1991年当选为中国科学院学部委员(院士)。

张滂教授在有机化学领域有很深的造诣,他特别着重于基础理论研究,取得了独创性的成果,在国内外重要期刊上发表了数十篇高水平的论文。他在以天然产物为中心的有机合成、新型化合物、试剂和方法的研究及新的有机反应的发现等研究领域都做出了突出贡献。张滂教授还长期担任国家化学课程改革的学术领导工作,为我国有机化学人才培养、教材建设及教学改革做出了重大贡献。

黎乐民 1935年12月生于广东省电白县。1959年北京大学技术物理系毕业后留校任教。1965年北京大学研究生毕业。1984年2~9月在美国北卡罗莱纳大学做访问学者,1984年10月~1985年6月在美国Iowa州立大学做客座科学家。现任北京大学化学与分子工程学院教授、博士生导师、院学术委员会主任;北京大学稀土化学研究中心主任,稀土材料化学及应用国家重点实验室学术委员会主任。兼任《无机化学学报》、《分子科学学报》、《化学研究与应用》、《北京大学学报(自然科学版)》等刊物的副主编,《中国科学》、《科学通报》、《高等学校化学学报》、《物理化学学报》、《中国稀土学报》等刊物的编委。曾任稀土材料化学及应用国家重点实验室主任,中国化学会常务理事、无机化学委员会副主任等职。1991年当选为中国科学院学部委员(院士)。

1976年以前科研方向为配位化学,开展溶液中络合物的化学平衡、平衡常数测定方法、平衡常数与络合物组成及结构的关系等方面的实验与理论研究。与徐光宪合作提出弱络合物平衡的吸附理论,用正规溶液理论阐明萃取过程中惰性稀释剂的溶剂效应,发展了适用于研究萃取络合平衡的两相滴定法,被用于研究一系列萃取与协萃体系。1977年以后,主要从事量子化学和物理无机化学研究,提出同系物性质变化的正弦型同系线性规律、振动力常数的自洽计算方法、配位场理论——双层点电荷模型及其应用、芬太尼类麻醉镇痛剂的药效与其电子结构的关系;开展稀土化合物的电子结构和化学键、稀土化合物稳定性规律及相对论效应的影响、密度泛函理论计算方法及其应用等方面的研究工作,取得了系统的有特色的研究成果。黎乐民教授与他人合作,发表学术论文100余篇。研究成果"应用量子化学——成键规律和稀土化合物的电子结构"获得1987年国家自然科学奖二等奖,还获得过部委省级科技成果奖多项。在教学方面,与徐光宪等合作,出版教材多本,其中《量子化学——基本原理和从头计算法》(上中下),得到广大读者的好评。

刘元方 生于1931年2月,籍贯浙江省镇海市。放射化学家。1952年毕业于燕京大学化学系。1951年加入中国共产党。毕业后一直在北京大学任教,1981年至今任北京大学化学与分子工程学院教授,1984年为博士生导师。曾任中国核化学与放射化学学会理事长,国际化学联合会(IUPAC)放射化学和核技术委员会主席,中国核学会常务理事,中国科学院化学学部副主任。现任国家自然科学基金会化学部专家咨询委员会委员(第一、二届),国家高放射性废物处置专家顾问委员会副主任等职。多年以来,他还一直兼任《国际放射化学学报》顾问编委。1991年当选为中国科学院院士。

40年来,刘元方教授在核化学与放射化学领域做过许多富于开拓性和创造性的工作。在创立和建设我国第一个放射化学专业的教育事业中做出了贡献。1960

年,由他主持建成了我国第一台 5 万转/分的浓集 ^{235}U 的锥形气体离心机;利用超铀元素重离子核反应首次直接制得 ^{251}Bk,解决了从几十种元素中快速分离纯 Bk 的难题,重制 ^{251}Bk 的衰变纲图;建立了从核燃料废液中提取 Rh、Pd 和 Tc 的先进的化学流程;80 年代起,系统地开展放射性核素标记抗癌单克隆抗体化学的重要研究,其中 ^{111}In 标记化学等成果具有国际先进水平;他负责的"从金川矿中提取铑和铱的新方法"获国家教委 1986 年科技进步一等奖;还最先从生物体提取与稀土相结合的蛋白质。1994 年以来,在生物-加速器质谱学研究中做出了优良成果。2001 年以来,积极从事纳米物质的生物效应研究。在核化学与放射化学等领域发表论文约 140 篇,著有《放射化学》(无机化学丛书 16 卷,科学出版社,1988 年)等书三种。

周其凤 1947 年 10 月生,湖南省浏阳市人。1965~1969 年在北京大学化学系学习;1979~1981 年,在北京大学化学系读研究生,师从著名化学家冯新德教授。1981~1983 年在美国麻省大学攻读研究生,1983 年获得博士学位回国。曾任北京大学研究生院常务副院长。1990 年 8 月起任北京大学化学与分子工程学院教授。1999 年当选为中国科学院院士。

周其凤教授主要从事高分子化学的教学和科研工作。他创造性地提出了"Mesogen-Jacketed Liq-uid Polymer"(甲壳型液晶高分子)的科学概念,并从化学合成和物理性质等角度给出了明确的证明,该成果获 1997 年国家自然科学三等奖。最先发现通过共聚合或提高分子量可使亚温态液晶分子转变为热力学稳定的液晶高分子两个原理;并发现了迄今认为是最早人工合成的热致液晶高分子;发现了高分子六方柱相超分子结构等。16 年来,发表论文 160 篇,据 SCI 统计,其论文被引用 486 次。曾获中国化学会高分子基础研究王葆仁奖、霍英东教育基金会优秀青年教师基金、国家教委科技进步二等奖等奖励。

黄春辉 1933 年 5 月生,河北省邢台市人,无机化学家。1955 年毕业于北京大学化学系,毕业后留校任教。1981~1982 年任美国能源部 Ames 实验室访问学者,1982~1983 年任美国亚利桑那大学化学系访问学者。现任北京大学化学与分子工程学院教授。2001 年当选为中国科学院院士。

黄春辉教授的主要研究领域是稀土配位化学和分子基功能膜材料。在稀土功能配合物的研究中,首次在稀土配合物的光学微腔中同时观察到荧光增强和寿命缩短这两个介观物理现象;以铽配合物组装成的电致发光器件,其绿光亮度达到目前同类工作已知的最高值 920 坎德拉/平方米。在分子基功能材料的研究中,将二阶非线性光学材料分子设计的原理引入到光电转化材料的设计中。在具有二阶非线性的半菁染料体系中,发现了两者在构效关系上的相关性,开发了一类新的光电转化材料。美国期刊 J. Phy. Chem. 连续介绍了她的工作,并于 2000 年被权威杂志 Chem. Rev. 大段引用。在对二氧化钛纳米晶进行表面修饰后,提高了染料敏化纳米晶太阳能电池的一些重要指标。

黄春辉教授著有《稀土配位化学》(1997 年)和《光电功能超薄膜》(2001 年)。此外,还参加编写了《钪及稀土元素》(无机化学丛书第七卷)、《稀土》等 3 部专著;发表论文 200 余篇;曾获得专利 2 项、国家自然科学三等奖 1 项(排名第四)、国家教委科技进步二等奖 2 项(排名第一)。黄春辉教授注重教书育人,共培养硕士 11 名,博士 23 名。研究小组中有一名博士生于 1996 年获中国化学会青年化学奖及首届全国优秀博士论文奖,另一名青年教师获 1998 年中国化学会青年化学奖及 1998 年国家杰出青年基金的资助。

王夔 1928 年 5 月生,天津市人,无机化学家。1949 年毕业于燕京大学化学系。曾任北京医学院及北京医科大学助教、讲师、副教授及教授,教研室主任,药学系主任及药学院院长,天然药物及仿生药物国家重点实验室主任。现任北京大学教授及国家自然科学基金委员会化学科学部主任。1990 年被聘为博士研究生导师。1991 年当选为中国科学院学部委员(院士)。

目前主讲无机化学及细胞无机化学课程。主要研究病理、毒理或药理过程中的基本无机化学问题,包括金属离子与生物大分子、细胞表面及内部靶分子的结合及由之引起的后续变化、生物系统中反应组合、组织表面上的化学(膜或基质指导矿化的过程)以及金属离子生物效应的化学基础及其规律。在大骨节病病理化学过程方面,发现致病因子黄腐酸通过自由基机理引起软骨细胞胶原蛋白基因表达由 II 型转为 I 型,使基质异常、骨矿物形成异常。此项工作获中科院科技进步二等奖及"八五"攻关重大成果奖。在胆红素溶液化学与自由基化学研究基础上阐

述色素型胆结石形成过程,获国家教委科技进步二等奖。在大小分子配体竞争金属离子的反应组合研究方面,获国家教委科技进步三等奖。提出金属络合物(作为毒物或药物)与细胞相互作用的多靶模型,在这方面重点研究对膜分子与细胞骨架的进攻及影响。系统地研究了顺铂类抗癌药物与非 DNA 靶分子的作用,在此基础上找到几种毒性低、抗癌活性强的铂络合物,已申请专利。自 20 世纪世纪末以来,致力于稀土元素的生物化学反应和有关细胞化学过程干预的研究,目的在于阐明稀土生物效应的化学机制,解释稀土金属离子生物效应的两面性和非线性浓度依赖关系,为稀土农用和药用提供合理基础。研究成果获得国家教委科技进步奖二等奖,北京市科技进步奖二等奖,教育部科技进步奖一等奖,中科院科技进步奖二等和三等奖各一次。2000 年获何梁何利科学与技术进步奖。近年来,王夔教授在开展基于生物药物学性质合理设计抗糖尿病和其他无机药物方面的工作。已发表论文近 200 篇,获批专利多项。

张礼和 1937 年 9 月生,江苏省扬州市人,有机化学家。1958 年毕业于北京医学院药学系本科;1967 年北京医学院药学系研究生毕业。1967~1981 年在北京医学院任助教、讲师;1981~1983 年在美国弗吉尼亚大学化学系做访问学者;1983~1985 年在北京医科大学药学院任副研究员;1985~1999 年在北京医科大学任教授;1999 年至今,在北京大学药学院任教授。张礼和现为北京大学药学院(系)教授,天然药物及仿生药物国家重点实验室学术委员会主任。1995 年当选为中国科学院化学学部院士。

张礼和教授主要从事核酸化学及抗肿瘤、抗病毒药物方面的研究。自 1990 年以来,系统研究了细胞内的信使分子 cAMP 和 cADPR 的结构和生物活性的关系。在此基础上发展了作用于信号传导系统,能诱导分化肿瘤细胞的新抗癌剂。发展了结构稳定、模拟 cADPR 活性,并能穿透细胞膜的小分子,成为研究细胞内钙释放机制的有用工具。系统研究了人工修饰的寡核苷酸的合成、性质和对核酸的认别。提出了酶性核酸断裂 RNA 的新机理。发现了异核苷掺入的寡核苷酸能与正常 DNA 或 RNA 序列识别,同时对各种酶有很好的稳定性。寡聚异鸟嘌呤核苷酸有与正常核酸类似形成平行的四链结构的性质。发现了信号肽与反义寡核苷酸缀合后可以引导反义寡核苷酸进入细胞,并保持反义寡核苷酸的切断靶 mRNA 的活性。研究了异核苷掺入 siRNA 双链中去对基因沉默的影响,为发展基因药物提供了一个新途径。共发表论文 200 多篇;获批中国专利 3 项。

曾获日本 Hoshi University 名誉博士学位(1990 年);美国密苏里-堪萨斯大学 Edgar-Snow Professorship(1992 年);何梁、何利科技进步奖(1999 年);国际药联(FIP) Millennium Pharmaceutical Scientists Award(San Francisco, USA)(2000 年);国家自然科学二等奖(2004 年)。兼任国务院学位委员会学科评议组药学学科召集人;中国药学会副理事长;IUPAC, Organic & Biomolecular Chemistry 委员会委员(Titular Member);英国皇家化学会高级会员(FRSC)亚洲药化学会主席(1998~1999 年)及"Organic & Biomolecular Chemistry", "ChemMedChem", "Medicinal Research Review"和"Current Topics of Medicinal Chemistry"编委;《中国药物化学》杂志主编,《高等学校化学学报》副主编等职。

中国科学院地学部

董申葆 1917 年 8 月生,江苏省武进人。1940 年毕业于北京大学地质系。1948 年赴法国留学,回国后曾任北京大学地质系教授、长春地质学院院长等职。现任北京大学地球与空间科学学院教授、博士生导师。1980 年当选为中国科学院学部委员(院士)。

董申葆教授在变质岩石和岩浆岩石学研究方面取得了重要突破,曾获 1978 年全国科技大会先进工作者称号。他发起组织并主持了中国变质地质图件的编制与研究,填补了我国地质科学中的一项空白。其专著《中国变质图及说明书》、《中国变质作用及其与地壳演化的关系》,分别获得国家自然科学二等奖、地矿部及全国优秀科技图书第一届提名奖。1998 年,"中国扬子北缘元古代蓝片岩带及榴辉岩"获得教育部科技进步一等奖。

侯仁之 1911 年 12 月生,山东省恩县人。1940 年毕业于燕京大学并留校任教,1946 年赴英国利物浦大学地理系进修,1949 年获博士学位后回国,并任教于燕京大学。1952 年院系调整后,任教于北京大学地质地理系,曾任系主任和校副教务长等职。还曾兼任国际地理学会及科学历史哲学国际协会

所属地理学思想史工作委员会常任委员,兼任北京市人民政府首都发展战略顾问组顾问等职。现任北京大学环境学院教授、博士生导师。1980 年当选为中国科学院学部委员(院士)。

侯仁之教授长期致力于历史地理学的教学与科学研究,1950 年发表"中国沿革地理课程商榷"一文,首次在我国从理论上阐明沿革地理与历史地理的区别及历史地理学的性质和任务。在对北京历史地理的研究中,解决了北京城市起源、城址转移、城市发展的特点及其客观规律等关键性问题,为北京旧城的改造、城市的总体规划及建设做出重要贡献。在西北干旱及半干旱地区的考察中,他揭示了历史时期不合理的土地利用是导致沙漠化的重要原因,为沙区的治理,在决策上提出了重要的科学依据。改革开放以来,侯仁之教授多次进行国际学术交流,曾应邀在加拿大和美国伊利诺大学讲学,出席在美国、西班牙与荷兰举行的学术讨论会,在康奈尔大学完成"从北京到华盛顿城市设计主体思想试探"专题论文。1984 年被英国利物浦大学授予"荣誉科学博士"称号。1999 年 10 月获何梁何利基金科学与技术成就奖。1999 年 11 月获美国地理学会 The George Davidson 勋章。

赵柏林 1929 年 4 月生,辽宁省辽中人。1952 年毕业于清华大学气象系,其后在北大物理系及地球物理系任助教、讲师,1979 年越级晋升为教授,1984 年任博士研究生导师。1957 年到苏联莫斯科大学和苏联科学院应用地球物理研究所进修,完成国家重要科研任务多项。曾获国家科学大会奖(1978 年)、国家教委科技进步奖一等奖(1986 年)、国家科技进步一等奖(1987 年),获部委科技进步奖二等奖 3 项,1988 年获国家级有突出贡献中青年专家称号,1990 年获全国高等学校科技先进工作者称号。1992~1994 年任中国科学院地学部常务委员。1994 年当选为总部设在莫斯科的国际高等学校科学院院士。是第八~第九届中国人民政治协商会议全国委员会委员。现为北京大学物理学院教授,国家自然科学基金重大项目首席科学家。1991 年当选为中国科学院学部委员(院士)。

赵柏林教授在云降水物理、大气光学、微波遥感、无线电气象、卫星气象及气候变化等科学领域中做出了重大贡献。在苏联期间,实现首次以人乘气球测云中电荷,其结果载入专著之中。后又研究雨层云人工降水和冰雹成长机制,并用于实践;研制多频微波辐射计用以监测天气变化;研制雷达与微波辐射计测雨系统,提高了测雨精度;建立微波遥感地物实验室;研究遥感水面油污和土壤湿度,用于环境遥感。在光学遥感大气污染方面,建立光学遥感气溶胶和二氧化氮的新方法;利用卫星遥感得出东亚大气尘暴的流动和大气臭氧的分布,在国际上有良好的反响;云雨对微波通讯影响的评估为国内外所采用。在海洋大气遥感方面,建成低空大气遥感系统,利用此系统在海洋上进行观测;参加中日合作的西北太平洋云辐射实验,获得成功,受到国际上的重视;建立卫星遥感海洋大气新的方法,在实践中取得效益。目前,赵柏林教授正在主持下述科研项目:世界气候研究计划项目——全球能量与水分循环试验亚洲季风区中日合作的淮河流域试验;热带降水测量卫星(TRMM)微波资料的中日合作研究;国防科研项目——大气底层微波波导传播的预报。

涂传诒 1940 年 7 月生,北京市人。1964 年毕业于北京大学地球物理系。先后于 1980~1981 年在美国天主教大学、1988~1990 年在德国马克斯普朗克学会高空研究所从事合作研究。现任北京大学地球与空间科学学院教授。2001 年当选为中国科学院院士。

涂传诒教授建立了太阳风中湍流串级理论和太阳风质子加热理论;提出了阿尔芬脉动中存在着弱非线性湍流相互作用的新概念,给出了自恰处理阿尔芬脉动在非均匀介质中传播的几何光学效应与湍流串级加热效应的方法,导出了阿尔芬脉动功率谱在非均匀磁流体介质中发展的控制方程及阿尔芬脉动的能量串级函数,该理论揭示了存在于阿尔芬脉动中的湍流串级过程;给出了维持观测到的太阳风质子温度所需的能源,不仅解释了过去学术界所不能解释的关于功率谱发展的观测现象,而且被在该理论发表数年之后所做的数据分析所证实,该理论统一了在理论研究中长期存在的对于阿尔芬脉动的波动描述与湍流描述之间的矛盾,揭示了太阳风中阿尔芬脉动的本质,促进了国际学术界对太阳风湍流传输理论和太阳风动力学模型的研究;建立太阳风湍流发展的形态学和太阳风湍流结构的模型;首次发现太阳风湍流热能值起伏是起伏马赫数的一级量,提出磁声波与压力平衡结构混合模型,否定了国际学术界广泛流行的"近似不可压理论"在太阳风中的适用性;他和 Marsch 出版的专著总结了太阳风湍流研究成果,并指出了新的研究方向。

至 2005 年 4 月,涂传诒教授发表文章已被 SCI 引用 1644 多

次,第一作者被引1118次,单篇最高引用188次;2005年以第一作者在 Science 杂志发表研究论文,论述太阳风起源,提出新的太阳风起源模型。

涂传诒教授先后获得国家教委科技一等奖(1988年)、国家自然科学二等奖(1989年)、Vikram-sarabhai(COSPA)奖章(1992年)、首届王丹萍科学奖(1992年)、北京市科技进步一等奖(2000年)、国家自然科学二等奖(2001年),2002年获何梁何利科学与技术进步奖。

张弥曼 1936年4月生,浙江省嵊县人。1960年毕业于苏联莫斯科大学地质系。1982年获瑞典斯德哥尔摩大学博士学位。现任中国科学院古脊椎动物与古人类研究所研究员,北京大学地球与空间科学学院研究员。1991年当选为中国科学院学部委员(院士)。

张弥曼教授从事比较形态学、古鱼类学、中—新生代地层、古地理学、古生态学及生物进化论的研究。基于对泥盆纪总鳍鱼类、肺鱼和陆生脊椎动物之间的关系的研究得出的结果,她对传统的看法提出了质疑,受到国际上的重视。在中新生代含油地层鱼化石的研究中,探明了这一地质时期东亚鱼类区系演替规律,为探讨东亚真骨鱼类的起源、演化和动物地理学提供了化石证据,并在此基础上提出了对中国东部油田的有关地层时代及沉积环境的看法,在学术上和实际应用上都有一定价值。张弥曼教授曾获国家自然科学二等奖,中国科学院自然科学一等奖,重大成果一等奖,科技进步二等奖及何梁何利科技进步奖。

童庆禧 1935年10月生,湖北省武汉市人。1961年毕业于苏联敖德萨水文气象学院。现任中国科学院遥感应用研究所研究员,北京大学地球与空间科学学院教授,博士生导师。是我国最早从事遥感研究的专家之一。1997年当选为中国科学院院士。

童庆禧教授早年从事气候学、太阳辐射和地物遥感波谱特征研究。在我国首次提出关于多光谱遥感波段选择问题,并在理论、技术和方法上进行了研究。主持了中国科学院航空遥感系统的研制,该系统在"七五"攻关中发展成为具有国际先进水平的高空机载遥感实用系统。倡导和开展了高光谱遥感研究,在岩石矿物识别、信息提取和蚀变带制图方面取得突破。根据植被光谱特征研究发展的高光谱导数模型和光谱角度相似性匹配模型等为高光谱遥感这一科技前沿的发展与应用奠定了基础。近年来特别致力于推动以快、好、省为特征的小卫星对地观测系统的发展和国家航空遥感系统的建设。曾14次获国家及省部级科技奖,其中1次获中科院自然科学一等奖,2次获中国科学院科技进步特等奖。

马宗晋 1933年1月生,吉林省长春市人。1955年毕业于北京地质学院普查系。1961年中国科学院地质研究所研究生毕业。曾任中国地震局分析预中心副主任,中国地震局地质研究所所长;现任名誉所长、研究员,北京大学博士研究生导师和国家减灾委员会专家委员会。1991年当选为中国科学院学部委员(院士)。

马宗晋教授长期从事地质构造、地震预报、地球动力学方面的研究工作。1964年完成节理定性分期配套等小构造研究,在国内构造地质教学中广为选用。他提出的长中短临渐近蕴震模式,成为中国预报强震的主要思想和工作程序。还丰富了现今地球动力学的内涵,建立了3个全球的现今构造系统,论证了地球变动的韵律性和非对称性,从而建立起以壳、幔、核细分层角差运动为基础的地球自转与热、重、流联合的动力模式的构想,对全球构造动力模式进行了新的分析与综合,为灾害和矿产研究提供了部分基础。2004年,出版了《中国重大自然灾害与社会图集》和《全球构造及动力学》专著,提出了综合减灾的减灾系统工程设计。曾获李四光地质科学奖、国家自然科学三等奖1次、国家科技进步二等奖1次、国家地震局科技进步一等奖7次。

叶大年 1939年7月生于香港,祖籍广东省鹤山市。1962年毕业于北京地质学院岩石与矿物专业,1966年中国科学院地质研究所研究生毕业。现任中国科学院地质与地球物理研究所研究员、第九届全国政协常委、民盟中央常委、北京市民盟副主委,2001年9月被聘为北京大学地球与空间科学学院教授,博士研究生导师。1991年当选中国科学院学部委员(院士)。

叶大年教授长期从事矿物光学性质与晶体结构之间的关系研究,发现许多定性和定量的规律,从而开拓了结构光性矿物学的新领域,并著有此领域世界上第一部专著《结构光性矿物学》,1986年获中国科学院自然科学二等奖。1968～1975年,从事铸石学研究,提出"适度过冷结晶"的理论和"余硅指数"的配料计算方法,以及微观结构和结晶程度的测定方法,

1978年获全国科学大会奖。他擅长矿物的X射线鉴定方法,解决了斜长石、单斜辉石、石榴石、角闪石等造岩矿物鉴定问题,其专著《X射线粉末法极其在岩石学中的应用》,推动了矿物学和岩石学研究。1976年在河南大别山发现C类榴辉岩和3T型多硅白云母,并论证了它们在中国大地构造中的意义。叶大年教授多年致力于陶瓷矿物学和水泥矿物学应用技术研究,1986年因沸石水泥研究获国家科技进步三等奖。90年代,研究统计晶体化学和颗粒的随机堆积,发现"地球圈层氧离子平均占有体积守恒定律"、"分子体积可加和性"、"多级随机堆积常数"等等。近年来,他致力于"城市的对称分布和城市化趋势预测"研究。

著有专著3部:《结构光性矿物学》《X射线粉末法及其在岩石学中的应用》《造岩矿物概论》;主编专著4部:《岩矿实验室工作方法》《铸石》《铸石研究》等;发表论文170余篇,涉及结构光性矿物学、造岩矿物学、非金属矿物材料学以及结晶化学等领域。

陈运泰 1940年8月生于福建厦门,广东省潮阳县人。1962年毕业于北京大学地球物理系,1966年中国科学院地球物理研究所研究生毕业。1981~1983年为美国洛杉矶加州大学(UCLA)地球和行星物理研究所(IGPP)访问学者。1986~2000年任中国地震局地球物理研究所所长。现任中国地震局地球物理研究所名誉所长,北京大学地球与空间科学学院院长,中国科学院咨询委员会副主任。历任中国地震学会理事长(1986~1991年,1995、2001年)、副理事长(1991~1995年)、中国地球物理学会常务理事,1991年当选为中国科学院学部委员(院士)。1998~2000年任中国科学院地学部副主任。1999年当选为第三世界科学院(TWAS)院士。

陈运泰教授从事地震学和地球物理学研究,并在地震波理论、地震震源理论和数字地震学研究中做出了突出贡献。他用地震波、大地测量、形变和重力等资料反演与综合研究邢台、昭通、海城、唐山等大地震震源过程的工作,属我国震源研究领域先驱性工作。他在地震震源的静态、准静态和动态裂纹模型,地震序列的动力学模拟等前沿性的理论研究中做出了重要贡献,并将这些理论研究成果与中国地震学研究和防震减灾工作的实际相结合,深化了对地震成因、地震预测和防震减灾的认识。他关于地震矩张量反演和震源过程的数字地震成像的研究,特别是关于青藏高原地区的重要地震震源过程的研究,代表了目前国际上在这一前沿领域的水平。他还积极倡导和从事了数字地震学方面的研究工作。

20世纪70年代以来,陈运泰教授在国内外学术刊物上发表论著170余篇(部),与他人合著的《地球物理学基础》《震源理论》等,长期以来被用作该领域的主要教材。他的研究成果曾获得全国科学大会奖(1978年)、国家自然科学奖三等奖(1987年)、中国地震局科技进步奖二等奖(1983、1985、1988年)、一等奖(1997年)、国家科技进步奖三等奖(1998年)、何梁何利科学与技术进步奖(2000年)等多项奖励。

中国科学院技术科学部

王 选 1937年2月生于上海市,江苏省无锡市人。1958年毕业于北京大学数学力学系计算数学专业。现为北京大学计算机研究所所长、教授、博士生导师,文字信息处理国家重点实验室主任,电子出版新技术国家工程研究中心主任,方正(香港)董事局主席,中国科协副主席,九三学社中央副主席,第九届全国人大常委,全国人大教科文卫委员会副主任,第十届全国政协副主席。1991年当选为中国科学院院士,1991年当选为中国工程院院士,1993年当选为第三世界科学院院士。

王选教授主要致力于文字、图形和图像的计算机处理研究。从1975年开始,他作为技术总负责人,领导了我国计算机汉字激光照排系统和后来的电子出版系统的研制工作。他大胆越过当时日本流行的光机式二代机和欧美流行的阴极射线管式三代机,直接研制当时国外尚无商品的第四代激光照排系统。针对汉字字数多、印刷用汉字字体多、精密照排要求分辨率很高所带来的技术困难,发明了高分辨率字形的高倍率信息压缩技术(压缩倍数达到500:1)和高速复原方法,率先设计了提高字形复原速度的专用芯片,使汉字字形复原速度达到700字/秒的领先水平,在世界上首次使用控制信息(或参数)来描述笔画的宽度、拐角形状等特征,以保证字形变小后的笔画匀称和宽度一致。这一发明获得了欧洲专利和8项中国专利。以此为核心研制的华光和方正中文电子出版系统处于国内外领先地位,引起了我国报业和印刷业的一场"告别铅与火,迈入光与电"的技术革命,使我国沿用了数百年的铅字印刷得到了彻底改造。王选教授因此被誉为"当代毕昇"。这一技术占领了国内报业99%和书刊(黑白)出版业90%的市场,以及80%的海外华文报业市场。目前,方正日文出版系统已进入日本的报社、杂志社和广告业;方正韩文出版系统开始进入韩国市

场；累计利税 15 亿元，取得了巨大的经济效益和社会效益，分别两度被评为国家科技进步一等奖及中国十大科技成就。

其后，王选教授相继提出并领导研制了一系列国内首创并达到国际先进水平的成果——大屏幕中文报纸编排系统、基于页面描述语言的远程传版技术、彩色中文激光照排系统、Post Script Level2 栅格图像处理器、新闻采编流程管理系统等，得到迅速推广应用，使我国出版印刷行业在"告别铅与火"之后又实现了"告别报纸传真机"、"告别传统的电子分色机"以及"告别纸与笔"的技术革新，极大地促进了印刷行业生产力的提高，也使中国报业技术和应用水平，处于世界最前列。近年来方正出版系统的技术优势和市场占有率仍在不断持续上升。王选教授是促进科学技术成果向生产力转化的先驱者。从 1981 年开始，他便致力于研究成果的商品化工作，使中文激光照排系统从 1985 年起就成为商品，开始在市场上大量推广。1988 年后，作为北大方正集团的主要开创者和技术决策人，他又提出"顶天立地"的高新技术企业发展模式，积极倡导技术与市场的结合，闯出了一条产学研一体化的成功道路。

王选教授 1986 年获第 14 届日内瓦国际发明展金奖。1987 年获国家科技进步一等奖、首届毕昇奖。1990 年获陈嘉庚奖。1991 年获国家重大技术装备研制特等奖。1995 年获国家科技进步一等奖、联合国教科文组织科学奖。1996 年获王丹萍科学奖。1997 年获台湾潘文渊文教基金奖，1999 年获香港蒋氏科技成就奖。1993 年、1995 年及 1999 年、2000 年还分别被授予全国劳动模范、全国先进工作者及首都楷模、首都精神文明建设奖光荣称号。2002 年获国家最高科学技术奖。

杨芙清　计算机软件科学家、教育家。汉族，1932 年 11 月 6 日生于江苏省无锡市。1958 年北京大学数学力学系研究生毕业。1957～1959 年在苏联学习程序设计和计算机软件。1962～1964 年任莫斯科杜勃纳联合核子物理研究所计算中心中国专家。历任中国计算机学会副理事长，中国电子学会副理事长，国务院学位委员会委员等。现任北京大学信息科学技术学院教授，信息与工程科学学部主任，软件与微电子学院理事长，软件工程国家工程研究中心主任，国务院学位委员会学科评议组召集人，中国软件行业协会副理事长，《中国科学》、《科学通报》和《电子学报》副主编，清华大学、复旦大学、浙江大学、上海交通大学等校兼职教授，上海大学名誉教授。1991 年当选中国科学院学部委员（院士）。2002 年当选 IEEE Fellow。

杨芙清教授从事系统软件、软件工程、软件工业化生产技术和系统等方面的教学和研究工作，取得了卓越的、富有创造性的研究成果。主持研制成功我国第一台百万次集成电路计算机多道运行操作系统和第一个全部用高级语言书写的操作系统。倡导和推动成立了北京大学计算机科技系，1983～1999 年担任系主任期间，将该系建成国内一流和国际知名的计算机科学技术研究和人才培养基地。在国内率先倡导软件工程研究，创办了国内第一个软件工程学科；主持了历经 4 个五年计划的国家重点科技攻关项目——青鸟工程，为国家软件产业建设提供了技术基础；创建了软件工程国家工程研究中心，促进了科研成果产业化。提出"人才培养与产业建设互动"的理念，创建了以新机制、新模式办学的示范性软件学院，面向产业培养实用型、复合型的国际化人才，被誉为"示范性软件学院的开拓者和设计师"。杨芙清教授在科学研究、学科建设、人才培养和产业建设四方面做出了系统性、开创性工作，为我国计算机科学技术发展，学科建设和软件产业发展做出了重要贡献。

杨芙清教授多次获得各种荣誉称号和奖励，包括：全国科学大会奖、国家科技进步二等奖、电子工业部科技进步特等奖等 15 项国家及部委级的奖励，全国"三八"红旗手、北京市"三八"红旗手、第二届首都"巾帼十杰"、全国高等学校先进科技工作者、国家"七五"、"八五"科技攻关突出贡献先进个人、"九五"国家重点科技攻关计划先进个人、"光华科技基金"一等奖、何梁何利科学与技术进步奖、潘文渊文教基金研究杰出奖。2004 年 12 月，获北京市教学成果一等奖。2005 年 7 月获国家级教学成果奖一等奖。

1984 年杨芙清教授被聘为博士研究生导师，已培养出百余名硕士、博士和博士后。发表论文 100 余篇，著作 8 部。

王阳元　1935 年 1 月生，浙江省人。现任北京大学信息科学技术学院教授、博士生导师，北京大学微电子学研究院首席科学家，中国电子学会副理事长，《半导体学报》和《电子学报》（英文版）副主编，《微电子学科学丛书》主编，信息产业部科技委委员（电子），美国 IEEE Fellow 和英国 IEE Fellow 等。1995 年当选为中国科学院院士。

王阳元教授从事微电子学领域中新器件、新工艺和新结构电路的研究。20 世纪 70 年代主持研究成功我国第一块 3 种类型 1024 位

MOS 动态随机存储器,是我国硅栅 N 沟道 MOS 技术开拓者之一。80 年代提出了多晶硅薄膜"应力增强"氧化模型、工程应用方程和掺杂浓度与迁移率的关系,被国际同行认为"在微电子领域处理了一个对许多研究者都有重要意义的问题","对实践有重要的指导意义"。研究了深亚微米和深亚微米 CMOS 电路的硅化物/多晶硅复合栅结构;发现磷掺杂对固相外延速率增强效应以及 $CoSi_2$ 栅对器件抗辐照特性的改进作用;90 年代在 SOI/CMOS 器件模型和电路模拟工作方面,提出了 SOI 器件浮体效应模型和通过改变器件参量抑制浮体效应的工艺设计技术,扩充了 SPICE 模拟软件。在 SOI/CMOS 新结构电路研究方面,开发了新的深亚微米器件模型和电路模拟方法,研究成功了多种新型器件和电路;与合作者一起提出了超高速多晶硅发射极晶体管的新的解析模型,开发了成套的先进双极集成电路工艺技术;这对独立自主发展我国集成电路产业具有重要意义。90 年代后期,开始研究微机电系统(MEMS),任微米/纳米加工技术国家重点实验室主任,主持开发了五套具有自主知识产权的 MEMS 工艺,开发了多种新型 MEMS 器件并向产业转化,获得一批发明专利。近期又致力于研究亚 0.1 微米器件和集成技术,研制成功多种非经典 CMOS 器件与电路和相关工艺。

在 1986～1993 年担任全国 ICCAD 专家委员会主任和 ICCAT 专家委员会主任期间,领导研制成功了我国第一个大型集成化的 ICCAD 系统,使我继美国、日本、欧共体之后进入能自行开发大型 ICCAD 工具的先进国家行列;在研究集成电路发展规律基础上提出了我国集成电路产业和设计业的发展战略建议。为推动我国微电子产业的发展,作为发起人之一,创建了中芯国际(SMIC-Semiconductor Manufacturing International Corporation)集成电路制造有限公司,被誉为"中国微电子领域的战略科学家"。

王阳元教授发表科研论文 230 多篇,出版著作 6 部,拥有 9 项专利,现有 18 项重大科技成果。获全国科学大会奖、国家发明奖、国家教委科技进步一等奖、光华科技基金一等奖等共 17 项国家级和部委级奖励。

秦国刚 1934 年 3 月生于南京市,原籍江苏省昆山。1956 年 7 月毕业于北京大学物理系,1961 年 2 月研究生(固体物理方向)毕业于该系。现任北京大学物理学院教授。2001 年当选为中国科学院院士。

秦国刚教授长期从事半导体材料物理研究。他带领的研究组在半导体杂质与缺陷和多孔硅与纳米硅镶嵌氧化硅发光领域做出系统的和创造性的成果:在中子辐照含氢硅中检测到结构中含氢缺陷在导带以下 0.20eV 深能级,在国际上最早揭示硅中存在含氢深中心,提出的微观结构,被实验证实;发现退火消失温度原本不同的各辐照缺陷在含氢硅中变得基本相同;最早揭示氢能显著影响肖特基势垒高度。测定的硅中铜的深能级参数被国际权威性半导体数据专著采用。1993 年对多孔硅与纳米硅镶嵌氧化硅光致发光提出量子限制-发光中心模型,成功解释大量实验,得到广泛支持;首次观察到 p-Si 衬底上氧化硅发光中心的电致发光现象。在此基础上,设计并研制出一系列硅基电致发光新结构,如半透明金膜/纳米($SiO_2/Si/SiO_2$)双垒单阱/p-Si 等。发光波长从近红外延伸到近紫外。所提出的电致发光机制模型,被广泛引用。获国家教委(教育部)科技进步奖一等奖和二等奖各 1 次,中科院自然科学二等奖 1 次,获物理学会 2000～2001 年度叶企孙奖。在国内外重要期刊上发表论文 240 余篇,其中 SCI 论文 160 余篇。

叶恒强 1940 年 7 月生,广东省番禺县人。1990 年被授予国家级有突出贡献的中青年专家称号。曾任中科院金属研究所所长、中科院固体原子像开放实验室第一、二届主任,并担任中国电子显微镜学会理事长、国家自然科学基金会委员、国务院学位委员会专家委员会及学科评议组成员等职。现为中科院金属所研究员、北京大学物理学院教授、电子显微镜实验室学术委员会主任,国家重点基础研究发展规划("973 计划")材料计算设计与性能预测基础问题项目首席科学家。1991 年当选为中国科学院学部委员(院士)。

叶恒强教授主要从事材料的电子显微学研究。他与国外学者同时独立发现了传统晶体学不允许的五次对称性,进而与合作者发现并研究了二十面体对称、八次对称等准晶相,为我国在准晶学研究方面居于国际前列做出了突出贡献。他在用高分辨原子成像技术对固体材料结构与缺陷的研究方面有独创性的发现;在高温合金拓扑密堆相中发现多种新相及畴结构,发现层状晶体多种长周期结构,直观揭示了合金非公度结构的原子模型。

叶恒强院士曾先后 4 次获国家自然科学奖(1982 年三等奖,1987 年一等奖,1989 年四等奖,1999 年四等奖),并获钱临照奖(1994 年)、何梁何利科技进步奖(1996 年)等。近 10 多年来,共出

版5部学术专著，发表250余篇论文。先后培养博士、硕士30余名，其中数人获全国优秀博士论文、中科院院长奖学金等多种奖励。

黄琳 控制科学专家。1935年11月30日生，江苏省扬州市人。1961年毕业于北京大学数力系研究生。现任北京大学力学与工程科学系教授。兼任北京航空航天大学、浙江大学、东北大学、南京航空航天大学、华南理工大学、中南大学等多所院校兼职或名誉教授及中科院科学出版基金技术科学组组长。2003年当选为中科院院士。

黄琳教授一直从事系统稳定性与控制理论方面的研究工作。早在1959年，结合飞机安定性分析提出多维系统衰减时间概念并给出估计方法，该成果作为中国的两项成果参加1963年第二届IFAC会议；1964年，解决了现代控制理论中的一些基本问题：给出单输入系统极点配置定理，并且给出了二次型最优控制的存在性、唯一性与线性控制律；后来又给出了输出反馈实现二次型最优控制的充要条件，并指出在一般情况下该问题无解。

1986年，黄琳教授首先给出了稳定多项式其凸组合保持稳定的充要条件，及利用顶点集与边界集判断多面体多项式族稳定的一组充分条件。随后与美国学者一起给出并证明了分析多项式系统族稳定性的棱边定理，有效地降低了计算复杂性。与国内学者合作，给出了更为基础的边界定理，在多项式稳定性理论中相继提出了值映射、参数化等概念，建立了一系列重要定理，形成了一套系统的理论体系。进一步在鲁棒控制前沿领域，控制器与对象同时摄动问题、积分二次约束问题、模型降阶问题、非线性系统总体性质等方面指导开展了一系列研究工作，做出了有价值的成果。曾获包括国家自然科学三等奖在内的多项奖励。

1993~1997年主持国家"八五"重大基金项目——复杂控制系统理论的几个关键问题。此外，先后主持基金委重点项目、攀登项目子课题，以及多项面上项目的研究任务。出版3部著作，其中在《稳定性与鲁棒性的理论基础》（2003年）一书中首次将鲁棒性与稳定性这两个基本概念统一于同一框架下，提炼与总结了相关的基础理论成果。目前正主持基金委重点项目——非线性力学系统的控制。

黄琳教授在人才培养上做出了突出贡献，培养的研究生中有不少已成长为国内外知名学者，其中有长江学者与杰出青年基金获得者，航天控制领域专家（神舟系列飞船控制系统副总设计师）、中国科学院1999年十大优秀博士后称号获得者等。

郭光灿 光学和量子信息专家。1942年生于福建省惠安。1965年毕业于中国科学技术大学无线电电子学系。现任中国科学院中国科学技术大学量子信息重点实验室主任、物理系教授；北京大学物理学院、中科院-北京大学超快光科学和激光联合中心双聘院士。2003年当选为中国科学院院士。

郭光灿教授主要从事量子光学、量子密码、量子通信和量子计算的理论和实验研究。提出概率量子克隆原理，推导出最大克隆效率，在实验上研制成功概率量子克隆机和普适量子克隆机。发现在环境作用下不会消相干的"相干保持态"，提出量子避错编码原理，被实验证实。提出一种新型可望实用的量子处理器，被实验证实。在实验上实现远距离的量子密钥传输，建立基于量子密码的保密通信系统，并提出"信道加密"的新方案，有其独特的安全保密优点。在实验上验证了K-S理论，有力地支持了量子力学理论。发现奇偶相干态的奇异特性等。

中国科学院生物学部

许智宏 1942年10月出生于江苏省无锡市。1959年9月~1965年8月，就读于北京大学生物系植物专业，1965年5月参加工作后长期在中国科学院上海植物生理研究所工作，1979年8月~1981年9月先后在英国约翰依奈斯研究所和诺丁汉大学从事研究工作，1983年12月~1988年10月任上海植物生理研究所副研究员、副所长，1988年11月~1991年2月任上海植物生理研究所研究员、副所长，1991年2月~1999年10月，任上海植物生理研究所所长。1992年10月~2003年2月任中科院副院长、党组成员，1999年12月至今任北京大学校长，现任北京大学生命科学学院教授。1995年当选第三世界科学院院士。1997年当选中国科学院生物学部院士。

许智宏教授长期从事植物生理学和生物工程的研究，为推动和发展中国的植物组织培养和生物工程研究，做出了重要贡献。1988年获国家级有突出贡献的中青年专家称号，1991年获国家自然科学三等奖，1994年获英国

DEMONTFORT大学荣誉科学博士学位。1994年任香港大学荣誉教授。

翟中和 1930年8月生，江苏省溧阳人。1956年毕业于苏联列宁格勒大学生物学系，回国后在北大生物系任教。后曾赴苏联科学院生物物理研究所进修，并到美国麻省理工学院生物学系做访问教授。现任北大生命科学学院教授、博士研究生导师，兼任中国细胞生物学会副理事长、亚洲太平洋地区细胞生物学联盟副主席、北京大学生命科学学院学术委员会主任等职。1991年当选为中国科学院院士。

翟中和教授较早建立细胞超微结构技术，首次研制成鸭瘟细胞疫苗，在动物病毒复制与细胞结构关系的研究方面取得突出成就。近10多年来，主要进行核骨架-核纤层-中间纤维体系、非细胞体系核重建、植物中间纤维及细胞凋亡与细胞衰老的研究，取得了许多创新性的成果，被国内外多次引用。先后在国内外发表科研论文200余篇，其中被SCI收录70多篇。培养硕士30多名、博士20多名、博士后6名。

翟中和教授先后获得过国家教委科学技术进步奖一等奖（4次）；农业部科学技术进步奖一等奖；国家自然科学奖三等、四等奖（2次）；国家科技进步三等奖；钱临照电子显微学奖；何梁何利科学与技术进步奖；北京大学首届自然科学基础理论研究突出贡献奖等奖项。他还主持编写出版了细胞生物学方面高校教材3册，《细胞生物进展》（3卷）、《细胞生物学动态》（3卷）、《生命科学技术》等图书，并参与编著《医学生物学图库》、《生物医学超微结构》等书籍。

朱作言 1941年9月出生于湖南省澧县。1965毕业于北京大学生物系。1980年毕业于中国科学院研究生院细胞及发育生物学专业。自1965年起，先后在中科院水生生物研究所任实习研究员、助理研究员、副研究员、研究员和研究所所长，其中1980～1983年和1988年、1991～1994年间分别在英国和美国的大学和研究所进修和工作。其他兼任职务有：中国科学院水生生物研究所所长（1996～1999年），北京大学学术委员会委员（自2000年），国家科委"863项目"专家组成员（1986～1988年），中科院生物技术专家委员会委员（自1992年），《中国科学基金》主编，《水生生物学报》、《遗传学报》、《遗传》、《动物学报》、《水产学报》、《生物工程学报》、"Cell Research"编委，中国细胞生物学会副理事长、中国水产学会副理事长等，湖北省科学技术协会副主席，第九届全国人民代表大会代表。现任北京大学生命科学学院教授，国家自然基金委员会副主任。1997年当选为中国科学院院士。1998年当选为第三世界科学院院士。

20世纪70年代在童第周教授指导下，合作完成了鲫鲤间的细胞核移植克隆，第一次实现低等脊椎动物异种间克隆。最近又用金鱼卵克隆了转基因鲤鱼，用斑马鱼卵克隆了稀有鮈鲫。鱼类异种克隆成功，对国内外正在进行的哺乳动物异种克隆有重要的激励和指导意义。80年代首创转基因鱼研究，提出鱼类转基因模型理论：外源基因不稳定的嵌合性整合（"有效整合"、"沉默整合"和"毒性整合"）和非均一表达，通过克隆建立稳定的转基因纯系。系统阐明了转GH基因鱼饲料利用、能量转换和蛋白质合成代谢的高效性，在转基因鱼的生理、能量及营养代谢和生态安全对策等方面，均开展前沿性研究，确立了我国在该研究领域的领先地位。提出"全鱼"重组基因概念，克隆鲤鱼肌动蛋白（CA）基因和草鱼生长激素（GH）基因，构建了全部由我国鲤科鱼类基因元件组成的"全鱼"基因重组体pCAgcGH，培育转"全鱼"基因黄河鲤和不育的"863吉鲤"。F1群体生长速度提高42％，饲料节省18.52％，养殖效益提高125.66％，并可实现当年成鱼上市，对促进我国东北和西北淡水养殖有非常重要的意义，现已完成中试和营养安全检测，有望在我国建立世界首例转基因动物品种商品化生产的范例。80年代，组建了鲤鱼、草鱼基因组文库，克隆并测序了鲤科鱼类4个基因和6个特异DNA片段，首次发现了鲤种的DNA分子标记，揭示了鱼类GH基因结构对研究脊椎动物早期演化的特殊意义。

上述几方面共发表研究报告110多篇，其中3篇已成为鱼类基因工程领域公认的经典文献。先后曾应邀25次在国际学术会议和22次在欧美大学做学术报告。1978年获全国科技大会奖。1979年获中科院重大科技成果奖和湖北省科学大会奖。1984年获中国科学院技术改进奖三等奖。1988年获中国科学院科技进步奖二等奖。1992年获国务院政府特殊津贴。1996年获国家级有突出贡献中青年专家称号，同年获中国科学院自然科学奖一等奖。1997年获国家自然科学奖三等奖。

韩启德 1945年7月生,上海市人。病理生理学家。1968年毕业于上海第一医学院医学系,1982年在西安医学院获医学硕士学位,1985年9月~1987年8月在美国埃默里大学药理系进修。1989年~1995年,每年3个月在美国埃默里大学做客座教授。曾任北京大学常务副校长、北京大学研究生院院长、北京医科大学副校长、研究生院院长、北京医科大学学位评定委员会副主席、北京医科大学心血管基础研究所所长。现任全国人大常委会副委员长、九三学社中央主席、欧美同学会·中国留学人员联谊会会长、中国科学技术协会主席、北京大学医学部主任、教育部科技委员会副主任、国际病理生理学会执行主席、国际分子与细胞心脏学会理事、国际心脏研究学会中国分会主席、中国病理生理学会理事长。1997年当选为中国科学院院士。2004年当选为第三世界科学院院士。

长期以来韩启德教授从事心血管基础研究。近十年在α1肾上腺受体α1-AR亚型研究领域获重要成果,1987年在国际上首先证实α1-AR包含α1a与α1b两种亚型,这项具有突破性意义的发现很快得到国际学术界的公认,在α1-AR亚型研究的发展史上占有一定的地位,主要结果在 Nature(自然)与 Molecular Pharmacology(分子药理学)等杂志发表。系统研究α1-AR亚型在心血管分布、功能意义以及病理生理改变,这方面的工作在国际同类研究中具有特色并有较大影响。近年来,关注学科交叉研究,开始研究生物单分子在细胞中的转运及其生物学意义,用复杂系统手段研究肾上腺素受体的网络调节。心血管神经肽研究中也有较多成果,关于神经肽与降钙素基因相关肽对心血管的作用以及病理生理的研究曾先后获得卫生部科技进步三等奖与国家教委科技二等奖。在国内核心期刊发表学术论文200余篇,在国际刊物上发表学术论文40余篇。据不完全统计,发表的论文被 SCI 收录刊物引用1700余次。

曾于1990年获卫生部授予的"优秀留学回国人员"称号,1991年获国家人事部与教委授予的"做出突出贡献的留学回国人员"称号,1992年获国家教委科技进步一等奖,1993年获卫生部科技进步三等奖,1994年获国家自然科学三等奖、获国家人事部授予的"有突出贡献中青年专家"称号,1995年获国家教委科技进步一等奖、获国家教委科技进步二等奖,1998年获何梁何利科技进步奖,2000年获得高校自然科学奖一等奖。1993年被聘为博士研究生导师,讲授心血管病理生理学、受体学等诸门课程。已培养博士30人,硕士7人,博士后7人。

吴阶平 1917年1月生,江苏省常州市人。泌尿外科学家。1942年毕业于北京协和医学院,获医学博士学位。1947~1948年在美国芝加哥大学进修。1952年加入九三学社。1956年加入中国共产党。历任九三学社主席,第五~六届全国政协委员,第七~八届全国人大代表,第七届全国人大常委会副委员长。曾任北平中和医院(现北京大学人民医院)外科住院医师、住院总医师、主治医师,北京医学院第一附属医院外科讲师、副教授、教授,北京第二医学院副院长、院长,中国医学科学院副院长、院长,北京医科大学泌尿外科研究所所长,中华泌尿外科学会主任委员,中国科学技术协会副主任,世界卫生组织人类生殖专门项目顾问组成员等职。现任中国医学科学院名誉院长,中国协和医科大学名誉校长,北京大学泌尿外科研究所名誉所长,中华医学会名誉会长,中华泌尿外科学会名誉主任委员,《中华泌尿外科杂志》总顾问,《中国大百科全书》总编委会副主任,《中国医学百科全书》总编委会名誉主任,5所国内大学名誉教授,国际计划生育联合会中央副主席、亚太地区主席等职。同时,他还是美国医学院荣誉会员,美国泌尿外科学会荣誉会员,国际外科学会荣誉会员,美国泌尿外科学会荣誉会员,国际外科学会荣誉会员,4个国际学术团体荣誉会员或成员。1980年当选为中国科学院院士。1981年被聘为博士研究生导师。1992年当选为第三世界科学院院士。1995年当选为中国工程院院士。

吴阶平在教学工作中强调提高学生实际工作能力,着重掌握临床医学特点,做一名好的医生。主要科研成果包括:提出肾结核对侧肾积水的新概念,使原来不能挽救的病人获得康复机会;计划生育研究中在输精管结扎术的基础上提出多种输精管绝育法,国际上已承认我国居于领先地位;经17年临床资料的积累,确立了肾上腺髓质增生为独立疾病;对肾切除后留存肾的代偿性增长,自80年代起进行了系统的实验和临床研究,已取得的研究成果说明,传统认识需要调整,以提高接受肾切除病人的寿命。1982年编著《性医学》,为在我国开展性教育打下了基础。发表医学论文150篇,编著医学书籍21部,其中13部为主编。获得全国性的科学技术奖7次,获首届人口科技研究奖,北京医科大学首届伯乐奖,巴

黎红宝石最高荣誉奖,日本松下泌尿医学奖。

陈慰峰 免疫学家。1935年11月生,上海市人。1958年毕业于北京医学院医疗系,1982年毕业于澳大利亚墨尔本大学,获哲学博士学位。1958年至今在北京大学医学部(原北京医科大学)工作。1985年被评为正教授,现任免疫学系教授,博士研究生导师。1995年当选为中国科学院院士。

陈慰峰教授主要从事胸腺内T淋巴细胞分化研究。发现在早期T细胞阶段,即进行T细胞受体基因重排;证明胸腺细胞功能成熟是在髓质区进行的,是以程序性过程,呈阶梯性功能成熟发育的;证明胸腺微环境基质细胞在诱导T细胞受体表达,胸腺细胞功能成熟及细胞凋亡中均有诱导作用,指出在胸腺髓质区胸腺细胞经历"二次胸腺选择"的发育过程。目前正在从分子及细胞机理方面深入研究。近10年来,从事肿瘤免疫研究,从肝癌细胞中克隆出多个新的CT(肿瘤-睾丸)及新型CP(肿瘤-胎盘)抗原编码基因;证明肿瘤患者对CT及CP1抗原有特异T细胞免疫应答;这些抗原可用于肿瘤免疫治疗,亦可作为肿瘤标志物判断肿瘤预后及疗效。发表原著科研论文300余篇,获得授权的国家发明专利3项。

陈慰峰教授曾主持并参与"863课题"及"973课题";国家自然科学基金委重点课题;北京市基金委重点课题;主持与美国LUDWIG肿瘤研究所合作研究。

陈慰峰教授获得10多项科技成果奖,主要包括:卫生部科技成果甲级奖(1984年);国家教育委员会科技成果一等奖(1993年);国家自然科学奖三等奖(1993年);国家教育委员会光华科技奖一等奖(1995年);何梁何利代表科技成果奖(1996年);北京市自然科学技术进步二等奖(1999年);国家教委二等奖(第三获奖人,2005年);高等学校科学技术奖自然科学一等奖(第二获奖人,2006年)等等。1988年被授予国家级中青年有突出贡献科学家称号。1990年被授予中华人民共和国人事部全国科技先进工作者称号。

陈慰峰教授长期从事中国免疫学会工作,历任中国免疫学会秘书长、副理事长、理事长;国际免疫学会联合会(IUIS)执行委员;亚洲-大洋洲免疫学会联盟(FIMSA)副主席等职。作为大会主席,在我国成功举办第三届FIMSA免疫学学术大会,为我国免疫学的发展做出了重要的贡献。

韩济生 生理学家。1928年7月生,浙江省萧山市人。1953年毕业于上海医学院医学系。在大连医学院生理高级师资班进修后,先后在哈尔滨医科大学、北京卫生干部进修学院、北京中医学院、北京医学院等院校生理系任教。1979年晋升为教授。1981年被评为博士研究生导师。1983～1993年任北京医科大学生理教研室主任,1987年任该校神经科学研究中心主任。1993年任卫生部神经科学重点实验室主任,神经科学研究所所长。主讲高级神经生理学和神经生物学课程。现兼任中国博士后科学基金会理事会医学组长;北京神经科学会名誉理事长;中华医学会疼痛学分会主任委员;生理科学进展(杂志)名誉主编,中国疼痛医学(杂志)主编及国际神经科学、中国药理学通报、中国中西医结合杂志(英文版)、中国药物滥用防治等期刊的编委。1993年当选为中国科学院院士。

韩济生教授从1965年开始从事针灸原理研究,1972年以来从中枢神经化学角度系统研究针刺镇痛原理,发现针刺可动员体内的镇痛系统,释放出阿片肽、单胺类神经递质等发挥镇痛作用,不同频率的电针可释放出不同种类阿片肽,针效的优劣取决于体内镇痛和抗镇痛两种力量的消长。研制出"韩氏穴位神经刺激仪"(HANS),对镇痛和治疗海洛因成瘾有良效。1979年以来应邀到27个国家和地区的100余所大学和研究机构讲学,多次担任国际学术会议主席。现任世界卫生组织科学顾问。获国际脑研究组织与美国神经科学基金会联合颁发的"杰出神经科学工作者奖学金",被选为瑞典德隆皇家学会国际会员、国际疼痛研究会(IASP)教育委员会委员和中国分会主任委员,担任两届国际麻醉性物研究学会(INRC)执委会委员。1987年以来连续13年获美国国立卫生研究院(NIH)RO1科研基金用以研究针灸原理。2004年与哈佛大学联合申请获美国NIH重大科研基金用以研究针刺治疗药物成瘾原理。

韩济生教授在国内外杂志及专著上发表论文500余篇,主编《中枢神经介质概论》、《针刺镇痛的神经化学原理》、《生理学习题汇编》、《英文生理教科书》、《神经科学纲要》、《神经科学原理》、《针刺镇痛原理》等多部著作。前后分别获国家自然科学二等奖和三等奖各1次,国家科技进步三等奖1次,卫生部甲级奖3次、乙级奖2次,国家教委一等奖2次,二等奖1次,国家民委一等奖1次,北京市科技进步一等奖1次,国家中医药局二等奖1次。1992年获北京医科大

学"桃李奖"。1984年被评为有突出贡献的中青年专家。1995年被评为北京市先进工作者。

方精云 1959年7月出生于安徽省怀宁县。1982年毕业于安徽农学院林学系,同年考取教育部出国研究生,1983年赴日本学习,1989年获大阪市立大学生物学博士学位。现任中国生态学会副理事长及美国生态学会刊物"*Frontiers in Ecology and the Environment*"等国内外多个学术期刊的副主编或编委。现任北京大学环境学院长江特聘教授,生态学系主任。2005年当选中国科学院院士。

方精云教授主要从事植被生态学、全球气候变化以及植物生物地理学的研究。他建立了我国陆地植被和土壤碳储量的研究方法,系统研究了国内陆地生态系统的碳储量及其变化,较早地开展了碳循环主要过程的野外观测,构建了中国第一个国家尺度的陆地碳循环模式,为我国陆地碳循环的研究奠定了基础;系统研究了我国大尺度的植被动态及时空变化,揭示了我国植被生产力的变化趋势、空间分异及其对气候变化响应的规律;系统开展了我国植被分布与气候关系的定量研究,提出了基于植被-气候关系的植被带划分的原则和依据,首次采用统一的调查方法,较系统地研究了国内山地植物多样性的分布规律。他还较为系统地研究了我国一种重要的木本植物属——水青冈属(Fagus L.)植物的生物学及生态学特性;较为深入地研究了长江中游湿地50年来的生境变迁及其生态后果。

方精云教授重视野外调查工作。20多年来,对中国和日本的主要植被类型均做过实地考察或定点观测,涉及我国西藏、青海、新疆、黑龙江、海南等25个省区和日本的一些地区。1995年参加中国首次北极科学考察,对加拿大高纬度地区的生物、冻土、冰雪和大气进行过研究。

方精云教授在国内外发表论文180余篇,其中国际重要刊物的论文40余篇(包括 *Science* 论文2篇)。曾获首届国家杰出青年科学基金(1994年)、国务院政府特殊津贴(1995年),入选国家劳动人事部百千万人才工程(1995年),中国高校十大科技进展(2001年),教育部自然科学一等奖(2003年)、国家自然科学二等奖(2004年)。

童坦君 浙江省慈溪人,1934年8月出生。1959年毕业于北京医学院,毕业后师从刘思职学部委员,1964年生物化学专业研究生毕业。现为北京大学基础医学院生物化学与分子生物学系教授,北京大学衰老研究中心主任,中国老年学会衰老与抗衰老学术委员会副主任委员,中国老年保健医学研究会常务理事,中国癌症研究基金会学术委员及生理科学进展常务编委等。2005年当选为中国科学院院士。

童坦君教授于1978年被选拔为我国中美建交前夕首批派出的52名访美学者之一,先后在约翰·霍普金斯大学、国立卫生研究院(NIH)做研究访问和博士后训练,1986~1988年在美国加州大学戴维斯分校、美国纽约大学等地研究访问。

20世纪70年代末童坦君教授揭示生物体液中存在抑癌活性物质,此物质对癌细胞具有杀伤作用,但不抑制自身骨髓细胞。90年代初,提出了生长因子在肽类生长因子信号传递方面干预原癌基因转录因子及DNA甲基化的设想,由其主持的研究组率先揭示表皮生长因子(EGF)具有降低某些原癌基因甲基化,促进染色质蛋白激酶活性,使某些原癌基因特异结合蛋白增多等作用,并对影响途径进行了系统的研究。

1988年童坦君教授涉足老年医学基础研究,与原在我国从事该领域研究的张宗玉教授共同将分子生物学与细胞生物学理念与技术系统地引入我国衰老研究,并率先在国内开展端粒、端粒酶与衰老相关性研究——衰老的分子机理,对影响衰老的遗传、环境及二者相互关系进行了系统的研究,并创建了估算人类细胞"年龄"的基因水平生物学指征及一套国际承认的评估细胞衰老定量指标,可用于衰老研究,也可检验药物抗衰作用。童坦君教授领导的研究组在寻找衰老相关新基因、深入研究细胞其他重要衰老相关基因、信号传递通路方面做了大量系统的、创新性工作,克隆出延缓衰老的RDL与加速衰老的TOM1两种细胞衰老相关新基因,发现在细胞衰老相关基因之间存在着相互作用。

童坦君教授发表论文约200篇,国际SCI收录论文约40篇,曾为中国科学院提名为2000年Faisal国际医学奖候选人。衰老分子机理相关课题入选两院院士评选的"2002年中国十大科技进展"。主编了《医学老年学》,《医学分子生物学》和高等医学院校教材《生物化学》,参编各类书籍30余部,倡立开办中华健康老年网。

中国工程院
信息与电子工程学部

王 选 （双院士，见中国科学院技术科学部）

何新贵 汉族，1938年10月生，浙江省浦江县人。1960年北京大学数学力学系毕业。1967年北京大学研究生毕业。80年代初留学美国俄亥俄州立大学（The Ohio State University）计算机和信息科学系，研究数据库及数据库机技术。曾先后在国防部五院、七机部（后改航天部）和原国防科工委任技术员、工程组长、室主任、工程总师和所科技委主任和总工程师等职，现任我国载人飞船工程软件专家组组长（被授予少将军衔），及北京大学信息科学技术学院研究员、博士研究生导师。2001年当选中国工程院院士。

何新贵教授长期从事计算机软件和人工智能的理论研究和工程实践工作，是我国首批计算机软件工作者之一。提出了加权模糊逻辑、模糊计算逻辑、模糊区间值逻辑和模糊分布值逻辑等多种非标准模糊逻辑，以及巨并行的浸润推理模式、加权神经元网络和过程神经元网络等理论。他提出的可执行模糊语义网、模糊H网和主动模糊网络概念等在模糊理论与技术、知识处理及数据库等具有创造性和系统性的贡献。此外，在编译程序和数据库管理系统的实现技术、软件过程改进技术及CMM等方面也做出了较大贡献。

已发表第一作者学术论文130多篇，并著有《模糊知识处理的理论与技术》等10部专著，编撰《软件工程进展》等5本文集，是我国多部大型辞书的主要撰稿和审稿人。截至2001年，曾先后获国家或部委级以上科技进步奖19项，其中12项排名第一。

中国工程院
农业轻纺与环境工程学部

唐孝炎 1932年10月生，籍贯江苏省。1959年1月～1960年4月，在苏联科学院地球化学分析化学研究所进修；1985年9月～1986年10月，美国布鲁克海文国家实验和国家大气科学中心高级客座科学家。现任北京大学环境科学中心教授，兼任联合国环境署（UNEP）臭氧层损耗环境影响评估组共同主席、中国环境学会副理事长。1995年当选为中国工程院院士。

自1972年起，唐孝炎教授在我国最早建立环境化学方面的专业，20余年来培养出大量研究生和本科生。自70年代以来，开拓了大气环境化学研究方向。对我国兰州及其他城市光化学烟雾的成因及控制对策，南方地区酸雨的输送成因、来源及控制对策及城市化进程中我国大气污染的特点，大气中细颗粒物污染等研究方向进行了系统深入的研究，取得了丰硕成果。在我国执行"蒙特利尔议定书"过程中，协助国家环保局主持编写《中国消耗臭氧层物质逐步淘汰国家方案》和行业机制战略等。为指定国家执行国际合约的战略和策略奠定了基础。探索了经济、能源与环境协调发展的道路、方法和理论。在福建和青岛做出了富有成效的典型范例。出版了多部著作，其中《大气环境化学》获国家教育部和国家环保局优秀教材一等奖。1985～1993年先后获国家科技进步二等奖3次，三等奖1次，国家教委科技进步一等奖1次。1994年获何梁何利科学技术进步奖。1998年获国家科技进步一等奖。

中国工程院
生物医学学部

吴阶平 （双院士，详见中国科学院生物学部）

陆道培 血液病学家和造血干细胞移植专家。1931年10月生，上海市人。1955年毕业于同济医学院，之后分配至原北京中央人民医院（今北京大学人民医院）内科，1957年起主要从事血液病临床和实验研究。1980年及1986年获世界卫生组织和世界癌联奖学金，分赴英国皇家医师进修学院Hammersmith医院及美国哈佛大学医学院Brigham & Women Hospital专修白血病和骨髓移植。1981年起任北京大学血液病研究所所长。1985年起任北京大学人民医院内科主任。1995年被遴选为中国工程院院士并曾担任主席团成员。目前担任北京大学医学部学术委员会顾问、北京大学血液病国家重点学科带头人（首席专家）、北京市和上海市道培医院医学总监。2005年被复旦大学聘为教授，并任复旦大学第五人民医院血液病中心主任。兼任中华医学会常务理事、医学名词审定工作委员会主任、中华医学会血液学分会名誉主任委员、造血干细胞学组主任、中国抗癌协会血液肿瘤专业委员会

主委。同时担任国内外近 10 所大学的名誉教授或兼职教授，及国内外多种医学杂志任主编、副主编或编委。1995 年当选中国工程院院士。

陆道培教授对我国血液病学发展做出了多方面的杰出贡献，开创了我国异基因骨髓移植事业的先河，并促进了造血干细胞移植事业在我国的迅速发展；同时还是我国出凝血疾病领域少数奠基人之一，也是再生障碍性贫血诊断和治疗的先驱，并在白血病治疗中起着学术带头人的作用。在国际上进行了首例异基因骨髓移植治愈无丙种球蛋白血症；率先在临床上证实第三者细胞有利于 HLA 配型不全相合的造血干细胞移植；发现了硫化砷在急性白血病的治疗作用。已发表 360 余篇/部论著，包括主编《白血病治疗学》等 4 部专著，参与编写 19 部著作。多次主持召开国际或全国专业学术会议。2002 年当选亚洲血液学会（AHA）副主席，并被国际血液学会（ISH）推举为第 11 届国际血液学会（APD）2007 年大会主席（北京）。

陆道培教授除荣获国家科学技术进步二等奖（排名第一）等多项重大奖励外，还荣获何梁何利奖和陈嘉庚奖。

郭应禄 泌尿外科学家。1930 年 5 月生，山西省定襄县人。1956 年毕业于北京医学院医学系，1963 年于北京医学院医学系泌尿外科专业研究生毕业。1983 年在加拿大大学皇家维多利亚医院进修肾移植。曾任北京医科大学第一医院副院长及泌尿外科研究所所长。现任北京大学第一医院名誉院长、北京大学泌尿外科研究所名誉所长、北京大学男科病防治中心主任、北京大学泌尿外科医师培训学院院长，教授、主任医师。此外，还任中国医师协会泌尿外科分会理事长，中华医学会男科学会名誉主任委员，中华医学会泌尿外科学会名誉主任委员，中华泌尿外科杂志名誉主编，中国医学基金会副会长，国家医药管理局全国医疗器械评审专家委员会副主任，卫生部国际交流中心理事及吴阶平-杨森医药研究奖评委会主席。1990 年被聘为博士研究生导师。1992 年开始享受国务院颁发的政府特殊津贴待遇。1999 年当选为中国工程院院士。

郭应禄教授是新一代泌尿外科和男科学学术带头人，多年来从事泌尿外科教学、科研及医疗工作，主要研究方向是尿石症防治、尿路肿瘤的基因诊治及腔内泌尿外科技术。在我国肾移植、体外冲击碎石及腔内泌尿外科的发展中起到牵头促进作用。主编了《肾移植》、《腔内泌尿外科学》、《前列腺热疗及衍生疗法》、《临床男科学》等 32 部著作，发表论文 300 余篇。获首届吴阶平-杨森医药学研究一等奖。获 14 项部委级科技成果奖。

沈渔邨 精神病学家。1924 年 2 月生，浙江省杭州市人。1951 年毕业于北京大学医学院医学系。同年赴苏联留学，1955 年毕业，获医学科学副博士学位。曾任北京医学院第三附属医院精神科主任、副院长，北京医科大学精神卫生研究所所长、教授，WHO 北京精神卫生研究与培训使用中心主任，北京医科大学精神卫生系主任，现任卫生部精神卫生学重点实验室主任。1984 年被聘为研究生导师。1997 年当选为中国工程院院士。

1986 年被挪威科学文学院聘为国外院士。1990 年 12 月被美国精神病学院聘为国外通讯研究员。在国内外兼职有：WHO 总部精神卫生专家组成员（已连任 5 届），《中国心理卫生杂志》社社长。曾任世界心理康复协会亚太区副主席。卫生部精神卫生咨询委员会主任委员，国务院学位委员会医学科学评议组成员。中华精神科学会副主任委员，中国心理卫生协会副理事长，《中华精神科杂志》总编辑，《中国心理卫生杂志》主编。

沈渔邨教授 40 余年来始终坚持在医疗、教学与科学研究的第一线。70 年代，在农村社区首创家庭精神病防治模式，随访证实其治疗效果与住院病人相近、复发率低、社会劳动能力恢复好、费用低。此项成果曾在山东、辽宁、四川等省推广，于 1984 年获卫生部乙级科技成果奖。80 年代引进精神疾病流行病调查的先进方法，组织国内六大行政区的 12 个单位进行了全国首次精神疾病流行病学调查，使得我国该学科领域研究水平迅速与国际接轨，并于 1985 年获卫生部乙级科技成果奖（WHO 已将此调查资料用英文编辑出版）。在此期间，还率先对老年期痴呆筛查和诊断工具、发病率、患病率及发病危险因素进行研究，以及开展抑郁症病人的生化基础与药物治疗研究。上述课题在 1993 年分别获得卫生部与国家教委科技进步三等奖。目前正在开展精神疾病分子遗传学研究工作。

主编大型参考书《精神病学》（已修订至第 5 版，分别获卫生部优秀教材奖、国家新闻出版署优秀科技图书二等奖、卫生部杰出科技著作、科技进步二等奖）、卫生部规划教材《精神病学》和《精神病防治与康复》（荣获中宣部颁发的全国首届奋发文明进步图书二等奖）。发表论文百余篇，被 SCI 收录 19 篇，被引 179 次。参加国际学术会

议50余次。1959年被北京市授予文教卫生先进工作者荣誉称号。是北京医科大学90年代首批八位名医之一。2002年8月由国务院残疾人工作协调委员会、卫生部、民政部、财政部、公安部、教育部、中国残疾人联合会授予"全国残疾人康复工作先进个人"称号。

庄 辉 流行病学、微生物学专家。1935年1月生,浙江省奉化县人。1961年毕业于苏联莫斯科第一医学院。曾在中山医科大学任教;1963年调入北京大学医学部工作至今。先后3次(1980~1982年,1993年,1999年)赴澳大利亚维多利亚州立传染病参比实验室兼世界卫生组织病毒参考、生物安全性和协作研究中心做访问学者。1991年曾为日本大学医学院第一病理学教研室客座教授。现任世界卫生组织西太区消灭脊髓灰质炎证实委员会委员、亚太地区肝病学会理事、国际疫苗研究所理事会理事、国务院学位委员会学科评议组成员、国家药典委员会委员、卫生部病毒性肝炎专家咨询委员会委员、中华医学会理事、中华医学会肝病学会主任委员及中华肝脏病杂志等10余种期刊的顾问、名誉总编、总编、常务编委或编委。现为北京大学医学部病原生物学系教授。1983年被评为北京市教育系统先进工作者,1986年获卫生部有突出贡献的中青年专家称号,1989年被评为北京市劳动模范,1991获国务院颁发的政府特殊津贴。2001年当选为中国工程院医药卫生学部院士。

庄辉教授主要从事病毒性肝炎研究。首先证实我国存在流行性和散发性戊型肝炎;在国内首先建立戊型肝炎实验室诊断技术和猕猴动物模型;研制成功"戊型肝炎病毒IgG抗体酶联免疫测定试剂盒"和"乙型肝炎病毒表面抗原胶体金试纸条"等。庄辉教授曾主持国家"七五"、"八五"、"九五"攻关课题;参加国家"十五"攻关课题、"973计划"、"863计划"、国家科委重大专项课题、国家科技攻关计划引导项目、中比和中日科研合作课题(中方主持人)等。

在国内外学术期刊上共发表论文400余篇,参加编写英文专著5册,中文专著30余册,译著1册。2003年获美国专利1项,1993年和1999年获国家科技进步二等奖2项,1998、1999、2004年获国家新药证书3项;1991、1992、1997年获卫生部科技进步一~三等奖各1项;1998年获教育部科技进步二等奖(基础类),1992年获中国人民解放军总后勤部科技进步二等奖,1991年获北京市科技进步一等奖等。1994年获光华科技基金二等奖,1999年获浙江省科技进步一等奖,2005年获中华医学科技进步一等奖。

教 授 名 录

环境学院

唐孝炎	叶文虎	周一星	夏正楷	王缉慈
白郁华	韩光辉	唐晓峰	蔡运龙	陶澍
许学工	吕斌	栾胜基	王永华	郭怀成
宋豫秦	方拥	毛志锋	莫多闻	韩茂莉
张永和	冯长春	张远航	周力平	阚维民
王红亚	陈效逑	方精云	王健平	刘耕年
胡建信	倪晋仁	吴必虎	朱彤	张世秋
王仰麟	谢绍东	俞孔坚	王学军	李有利
胡建英	胡敏	邵敏	刘鸿雁	

信息科学技术学院

吴全德	杨芙清	王阳元	韩汝琦	何新贵
迟惠生	项海格	解思深	吴淑珍	吴锦雷
周乐柱	杨东海	甘学温	毛晋昌	杨冬青
魏引树	张天义	王立福	徐安士	盛世敏
宁宝俊	赵宝瑛	屈婉玲	王克义	丁文魁
孙家骕	邵维忠	郭瑛	赵兴钰	闫桂珍
姜玉祥	刘新元	王子宇	张志刚	李晓明
谢昆青	陈徐宗	代亚非	焦秉立	谭少华
陈向群	张大成	赵玉萍	彭练矛	查红彬
陈钟	郝一龙	梅宏	夏明耀	王捍贫
王兆江	康晋锋	许超	汪国平	张兴
陈清	金野	刘晓彦	张铭	吴文刚
李红滨	何进	封举富	程旭	吴玺宏
陈章渊	张世琨	张耿民	黄如	郭弘
李志宏				

地球与空间科学学院

马宗晋	童庆禧	张弥曼	叶大年	涂传诒
陈运泰	郝守刚	史訇	董熙平	焦维新
方裕	蔡永恩	郝维城	宋振清	郭仕德
郑海飞	潘懋	徐备	侯建军	李琦
秦其明	吴泰然	高克勤	李京	白志强
晏磊	陈永顺	赵永红	刘树文	王河锦
陈晓非	马学平	关平	韩宝福	程承旗
魏春景	秦善	鲁安怀	张立飞	胡天跃
邬伦	陈斌	陈秀万	朱永峰	李江海
传秀云	傅绥燕			

数学科学学院

谢衷洁	张恭庆	姜伯驹	李承治	郭懋正
彭立中	丘维声	赵春来	刘嘉荃	王铎
丁伟岳	文兰	裘宗燕	王诗宬	郑志明
徐树方	刘和平	伍胜健	方新贵	何书元
谭小江	刘张炬	李治平	高立	耿直
田刚	张继平	孙文祥	莫小欢	许进超
李伟固	房祥忠	夏志宏	宗传明	徐恺
刘力平	蒋美跃	柳彬	陈大岳	王长平
林作铨	姜明	鄂维南	王正栋	刘旭峰
刘培东	任艳霞	葛力明	周蜀林	张平文
蔡金星	王保祥	汤华中	朱小华	甘少波
史宇光				

物理学院

赵柏林	张焕乔	杨应昌	秦国刚	陈佳洱
吴思诚	甘子钊	陈建生	徐至展	周又元
赵光达	王德煌	叶恒强	赵夔	郭光灿
段家忯	卢大海	刘松秋	郭之虞	熊光成
邢启江	包尚联	丁富荣	张保澄	高政祥
郭建栋	冯庆荣	卢咸池	俎栋林	姚淑德
吕建钦	李重生	王稼军	陈金象	朱星
张国义	方胜	钱思进	刘树华	王建勇
张酣	王世光	叶沿林	欧阳顾	田光善
樊铁栓	谭本馗	钱维宏	胡晓东	张杰
俞大鹏	李振平	马中水	许甫荣	刘玉鑫
马伯强	王福仁	史俊杰	班勇	鲁向阳
王宇钢	王若鹏	刘克新	郭华	熊传胜
冒亚军	范祖辉	沈波	龚旗煌	张宏升
郑汉青	王洪庆	刘晓为	吴学兵	李定平
胡永云	刘川	孟杰	蒋红兵	张家森
李焱	盖峥	徐仁新	尹澜	朱守华
朱世琳				

化学与分子工程学院

唐有祺	徐光宪	刘元方	黄春辉	黎乐民
王祥云	陈志达	李俊然	魏根拴	李克安
章士伟	裴伟伟	姚光庆	黄其辰	段连运
翁诗甫	周其凤	寇元	钱民协	程正迪
贾欣茹	袁谷	刘锋	林建华	刘虎威
赵新生	李星国	其鲁	吴云东	杨震
李元宗	严纯华	魏高原	刘忠范	王剑波
王远	邹德春	邵元华	来鲁华	甘良兵
许家喜	席振峰	高松	宛新华	沈兴海
吴凯	金长文	张新祥	黄建滨	陈尔强
刘文剑	李彦	夏斌	裴坚	李子臣
徐东升	齐利民			

生命科学学院

翟中和	潘文石	崔克明	朱作言	丁明孝
孙久荣	程红	樊启昶	罗静初	李松岗
于龙川	许崇任	周先碗	郝福英	顾军
朱玉贤	安成才	赵进东	白书农	张传茂
王忆平	罗明	顾红雅	陈建国	陈章良
李毅	苏都莫日根		饶广远	邓兴旺
苏晓东	孔道春	吕植	昌增益	张博
瞿礼嘉	舒红兵	王世强	郭红卫	魏丽萍

心理学系

朱滢	钱铭怡	谢晓非	李量	王垒
周晓林	韩世辉	苏彦捷	王登峰	

力学与工程科学系

黄琳	黄永念	王敏中	于年才	苏先樾
顾志福	王炜	方竞	刘凯欣	耿志勇
白树林	王建祥	佘振苏	陈国谦	李存标
王龙	谭文长	唐少强	郑玉峰	

中国语言文学系

袁行霈	张双棣	张联荣	孟华	李家浩
董学文	张剑福	葛晓音	曹亦冰	温儒敏
方锡德	李零	董洪利	商金林	宋绍年
程郁缀	卢永磷	王洪君	高路明	耿振生
李小凡	夏晓虹	张鸣	曹文轩	陈平原
陈跃红	王岳川	沈阳	刘东	车槿山
陈保亚	傅刚	朱庆之	孟二冬	孔江平
戴锦华	杨荣祥	陈晓明	刘勇强	钱志熙
郭锐	张颐武	袁毓林	张健	

历史学系

何芳川	王晓秋	徐万民	何顺果	王天有

张希清	宋成有	房德邻	徐 凯	李孝聪
王春梅	朱凤瀚	徐 勇	邓小南	董正华
臧 健	王红生	王小甫	罗志田	许 平
杨奎松	牛大勇	阎步克	朱孝远	茅海建
陈苏镇	郭卫东	高 毅	高 岱	王新生
彭小瑜	辛德勇	荣新江	郭润涛	王立新
欧阳哲生				

考古文博学院

葛英会	赵朝洪	高崇文	权奎山	刘 绪
黄蕴平	赵化成	赵 辉	李水城	齐东方
王幼平	林梅村	秦大树	徐天进	孙 华
李崇峰				

哲学系

叶 朗	魏常海	李中华	杜小真	王 东
靳希平	赵敦华	张祥龙	王海明	胡 军
陈 来	张学智	尚新建	姚卫群	刘壮虎
王宗昱	郭建宁	何怀宏	丰子义	周北海
任定成	朱良志	张志刚	陈 波	韩水法
陈少峰	韩林合	吴国盛	孙尚扬	王 博

经济学院

萧灼基	晏智杰	李庆云	雎国余	萧国亮
王志伟	刘文忻	萧 琛	郑学益	李心愉
叶静怡	何小锋	郑晓瑛	孙祁祥	王大树
胡 坚	刘 伟	周 云	王跃生	陆杰华
李涌平	黄桂田	李绍荣		

法学院

郑胜利	刘瑞复	张玉镶	巩献田	刘守芬
罗玉中	李贵连	饶戈平	姜明安	张建国
周旺生	王世洲	白桂梅	龚刃韧	尹 田
郭自力	白建军	朱苏力	甘培忠	赵国玲
邵景春	吴志攀	李 鸣	陈兴良	刘剑文
张 骐	贺卫方	潘剑锋	汪建成	叶静漪
钱明星	刘凯湘	张千帆	王 磊	张守文
陈瑞华				

国际关系学院

邱恩田	袁 明	张锡镇	张世鹏	王缉思
杨保筠	尚会鹏	李安山	连玉如	牛 军
张光明	叶自成	贾庆国	许振洲	李保平
孔凡君	潘 维	李义虎	张小明	朱 锋
王正毅				

信息管理系

| 秦铁辉 | 赖茂生 | 王锦贵 | 马张华 | 段明莲 |
| 刘兹恒 | 李国新 | 王余光 | 陈建龙 | |

社会学系

夏学銮	吴宝科	杨善华	王汉生	王思斌
马 戎	郑也夫	刘世定	郭志刚	蔡 华
谢立中	张 静	佟 新	高丙中	邱泽奇
王铭铭	方 文			

东方学系

季羡林	姜永仁	韩振乾	赵玉兰	张玉安
裴晓睿	唐仁虎	唐孟生	李先汉	王邦维
刘曙雄	于荣胜	刘金才	吴新英	梁敏和
赵 杰	段 晴	谢秋荣	拱玉书	彭广陆
赵华敏	李 政			

外国语学院

王文融	罗 芃	李昌珂	秦海鹰	王东亮
黄燎宇	董 强	任光宣	查晓燕	赵桂莲
刘意青	解又明	孙 玉	石春祯	韩敏中
姜望琪	李桂霞	辜正坤	王继辉	黄必康
丁宏为	刘建华	韩加明	刘树森	申 丹
周小仪	高一虹	程朝翔	钱 军	

政府管理学院

谢庆奎	宁 骚	陈庆云	李成言	袁 刚
李 强	沈明明	江荣海	关海庭	周志忍
徐湘林	路 风	张国庆	王浦劬	黄恒学
肖鸣政	金安平	杨开忠	李国平	傅 军

光华管理学院

郑胜利	王其文	曹凤岐	杨岳全	张国有
厉以宁	朱善利	王建国	李 东	刘 力
梁钧平	何志毅	王立彦	张维迎	单忠东
武常岐	张红霞	邹恒甫	刘 学	于鸿君
涂 平	符国群	陈 嵘	姚长辉	徐信忠
陆正飞	雷 明	张一弛	周春生	蔡洪滨
江明华				
龚六堂				

马克思主义学院

李顺荣	易杰雄	陈占安	林 娅	智效和
李青宜	程立显	祖嘉合	侯玉杰	李淑珍
仝 华	尹保云	杨 河	黄小寒	李毅红
孙蚌珠				

体育教研部

| 周田宝 | 田敏月 | 李德昌 | 郝光安 | 张 锐 |
| 董进霞 | | | | |

艺术学系

彭吉象　俞　虹　袁　禾　李　松　朱青生
丁　宁　陈旭光

对外汉语教育学院

张秀环　李大遂　李晓琪　王若江　张　英

计算机科学技术研究所

王　选　肖建国　陈晓鸥　周秉锋　邹　维
汤　帜　郭宗明　吴中海

教育学院

高利明　陆小玉　陈学飞　康　健　闵维方
陈向明　马万华　陈洪捷　丁小浩

中国经济研究中心

陈　平　周其仁　梁　能　曾　毅　海　闻
林毅夫　汪丁丁　宋国青　平新乔　胡大源
霍德明　卢　锋　李　玲　赵耀辉　姚　洋
马　浩

计算中心

黄达武　孙光斗　刘贺湘　童建昌　李润娥
张　蓓　种连荣

新闻与传播学院

龚文庠　徐　泓　关世杰　肖东发　杨伯溆
程曼丽　谢新洲　陈　刚

分子医学研究所

李　建　周　专　程和平　梁子才

工学院

陈十一　郑　强　米建春

方正集团

张国祥　张兆东　张炳贤　陈文先　魏　新
汪岳林　蒋必金　廖春生

青鸟公司

刘永进　苏渭珍　田仲义　杨　明

未名集团

宋　云　潘爱华　张　华

维信公司

段震文

资源集团

仇守银　黄琴芳　张永祥

校办公司

王　川　初育国

图书馆

谢琴芳　戴龙基　高倬贤　沈正华　沈乃文
朱　强　陈　凌　肖　珑　聂　华

现代教育技术中心

李树芳　张万增　崔光佐

餐饮中心

崔芳菊

校医院

顾钟瑾　杨萍兰　张宏印

社区服务中心

赵桂连

党办校办

吴树青　赵存生　许智宏　林钧敬　陈文申

纪检监察室

王丽梅　侯志山

组织部

岳素兰

宣传部

魏国英　赵为民

统战部

付　新

人事部

周岳明　冯支越

国际合作部

庞志荣　潘庆德　郝　平

科研部

陈婧媛　吴　錡　刘　波

研究生院

曹在礼　魏志义

继续教育部

李国斌

基建工程部

支　琦　莫元彬

总务部

鞠传进　张宝岭

实验室与设备管理部

史守旭　王兴邦

教育工会

陈淑敏

出版社

段晓青　江　溶　张文定　王明舟　张　冰

档案馆

赵兰明

街道办

张书仁

基础医学院

教授

陈慰峰　崔彩莲　崔德华　方伟岗　宫恩聪
高子芬　高晓明　高远生　顾　江　管又飞
郭长占　韩济生　侯伟敏　贾弘禔　库宝善
李学军　李凌松　李　刚　李　英　刘国庆
刘树林　罗大力　罗　非　马大龙　毛泽斌
梅　林　濮鸣亮　钱瑞琴　邱晓彦　邱幼祥
沙印林　尚永丰　沈　丽　谭焕然　唐朝枢
唐军民　童坦君　王克威　王　露　王　宪
王新娟　王　韵　汪南平　万　有　文宗耀
吴立玲　肖瑞平　谢蜀生　徐国恒　尹长城
于常海　于恩华　张　波　张书永　章国良
张永鹤　张　毓　郑　杰　周春燕　祝世功
钟延丰　朱卫国　朱　毅　庄　辉

研究员

吴鎏桢

编审

冯腊枝

教授级高级工程师

尚　彤

药学院

教授

艾铁民　蔡少青　陈虎彪　崔景荣　果德安
雷小平　李安良　李长龄　李润涛　李中军
刘俊义　刘湘陶　卢　炜　蒲小平　史录文
屠鹏飞　王　超　王　夔　王　璇　王银叶
武凤兰　徐　萍　杨晓达　杨秀伟　叶新山
张礼和　张　强　赵　明　赵玉英　张亮仁
张天蓝

研究员

车庆明　崔育新　郭绪林　洪和根　林文翰
解冬雪　杨　铭

公共卫生学院

教授

安　琳　曹卫华　陈　娟　郭新彪　郭　岩
郝卫东　胡永华　季成叶　康晓平　李立明
李曼春　林晓明　刘　民　马　军　马谢民
钮文异　宋文质　潘小川　唐金陵　王洪玮
王培玉　王　生　王　燕　吴　明　肖　颖
杨　辉　詹思延　张宝旭　张金良　周宗灿

研究员

陈晶琦　康凤娥　李可基　李　勇　王京宇
续美如　余小鸣　周小平

护理学院

教授

洪黛玲　张彦虎　郑修霞

公共教学部

教授

丛亚丽　董　哲　贺东奇　洪　炜　胡德康
胡佩诚　贾炳善　李　菌　刘　奇　刘新芝
刘大川　王　玥　张大庆

网络学院

研究员

陈立奇

党政机关、后勤部门及直属单位

教授

李　竹　李书隽　田　佳

研究员

柏　志　邓艳萍　侯　卉　李　均　李　鹰

梁建辉	刘秀英	刘志民	吕忠生	马长中	刘素宾	刘晓燕	马兰艳	孟繁荣	戚 豫
马焕章	聂克珍	彭嘉柔	乔 力	任爱国	伍期专	夏铁安	徐国兵	姚景雁	俞莉章
王春虎	王振铎	谢培英	辛 兵	闫 敏	张春丽	张祥华	王学美	潘 虹	张庆林
杨果杰	张成兰	张 翎	周喜秀		熊卓为				

主任医师

王晓军

主任药师

孙忠民　孙培红

研究馆员

林小平　尹 源

主任护师

陈素坤

编审

| 周传敬 | 赵 莳 | 安 林 | 赵成正 |

主任技师

| 卢桂芝 | 刘静霞 | 苗鸿才 | 孙孟里 | 王 彬 |
| 吴北生 | 赵 宜 | | | |

第一临床医学院(北大医院)

编审

单爱莲

第二临床医学院(人民医院)

教授

鲍圣德	陈瑞英	丁 洁	丁文惠	杜军保
高献书	郭晓惠	郭燕燕	郭应禄	霍 勇
黄建萍	黄一宁	蒋学祥	姜 毅	金 杰
李克敏	李 龙(2005年10月调出)	李若瑜	李小梅
李晓玫	廖秦平	刘新民	刘玉村	刘荫华
那彦群	潘柏年	秦 炯	任汉云	唐光健
万远廉	王海燕	王贵强	王 丽	
王 梅(2005年9月调出)	王荣福	王仪生	王薇薇
王荫华	汪 涛	温宏武	吴新民	武淑兰
谢鹏雁	肖永红	徐小元	薛兆英	辛钟成
严仁英	晏晓明	姚 晨	袁 云	张 宏
张仁尧	张彦芳	章友康	赵明辉	周丛乐
周利群	周应芳	朱 平	朱天岳	朱学骏
邹英华	左文莉			

教授

白文俊	陈 红	崔 恒	杜如昱	杜湘珂
冯传汉	冯 艺	高旭光	郭 卫	何权瀛
洪 楠	胡大一	黄晓波	黄晓军	纪立农
姜保国	姜燕荣	解基严	冷希圣	李建国
黎晓新	栗占国	刘开彦	卢纹凯	陆道培
吕厚山	苗懿德	王德炳	王建六	王 俊
王 杉	王天龙	王晓峰	魏 来	魏丽惠
余力生	张建中	张庆俊	张小明	张 正
朱继业				

主任医师

白 勇	包新华	岑溪南	柴卫兵	陈 倩
陈永红	戴三冬	段学宁	冯 琪	甘晓玲
高惠珍	高燕明	郭在晨	贺茂林	胡伏莲
洪 涛	霍惟扬	季素珍	贾志荣	金燕志
李桂莲	李 简	李 鸣	李巧娴	李 挺
梁丽莉	梁卫兰	刘玲玲	刘梅林	刘世援
刘桐林	刘新光	刘玉洁	刘运明	林景荣
柳 萍	卢新天	马玉凤	那 加	聂红萍
庞 琳	齐慧敏	乔歧禄	石雪君	宋鲁新
宋以信	孙 洁	谭 伟	汤秀英	涂 平
王爱萍	王东信	王广发	王化虹	王继琛
王建中	王丽勤	王 平	王全桂	王仁贵
王维民	王 颖	文立成	吴常德	肖 锋
肖慧捷	肖江喜	肖水芳	许 幸	杨海珍
杨慧霞	杨俊娟	杨 欣	杨尹默	杨 勇
邑晓东	殷 悦	尤玉才	于岩岩	左 力
张宝娓	张澜波	张明礼	张淑娥	张晓春
张月华	赵冬红	赵建勋	周元春	

主任医师

安友仲	鲍永珍	曹照龙	戴 林	高伯山
高承志	高占成	郭丹杰	郭继鸿	胡肇衡
黄 迅	江 滨	寇伯龙	李立新	李书娴
李 澍	李月玺	梁冶矢	刘桂兰	刘海鹰
刘慧君	刘 军	刘兰燕	刘玉兰	林剑浩
毛 汛	倪 磊	牛兰俊	彭吉润	乔新民
曲星珂	沈丹华	史克菊	苏 茵	孙宁玲
沈 浣	佟富中	万 峰	王福顺	王 豪
王秋生	王少杰	王山米	王伟民	伍少鹏
杨拔贤	杨德启	杨铁生	袁燕林	吴 夕
吴 彦	邢志敏	于贵杰	曾超美	张海澄
张乐萍	张立红	张文娟	赵 辉	赵明威
赵明中(2005年4月调出)	赵 彦	赵 耘	朱继红
朱天刚				

研究员

研究员

| 高树宽 | 冯 陶 | 李海峰 | 李惠芳 | 李六亿 |

冯 捷	何申戌	李春英	李月东	刘艳荣
王吉善	何雨生	黄 锋	周庆环	路 阳
戴谷音				

主任药师

李玉珍　王 佩

主任技师

贾 玫　滕智平

编审

林文玉

第三临床医学院（北医三院）

教授

敖英芳	陈明哲	陈忠新	陈仲强	党耕町
董国祥	段丽萍	樊东升	高 炜	郭静萱
韩启德	贺 蓓	洪天配	蒋建渝	克晓燕
李 东	李健宁	李邻峰	李诗兰	李学佩
林共周	林佩芬	林三仁	刘忠军	娄思权
马庆军	马志中	毛节明	乔 杰	曲绵域
王金锐	王 薇	王 侠	王振宇	谢敬霞
徐 智	杨 孜	叶立娴	张同琳	张 捷
张永珍	赵金垣	赵鸣武	周丽雅	

主任医师

陈凤荣	崔国庆	陈跃国	丁士刚	范家栋
葛堪忆	顾 芳	郭长吉	郭丽君	韩劲松
郝燕生	黄雪彪	黄 毅	黄永辉	侯宽永
胡跃林	贾建文	李 松	李伟力	李 选
李昭屏	李志刚	刘桂花	刘剑羽	吕愈敏
林发俭	鲁 珊	马芙蓉	马力文	马潞林
马勇光	苗立英	聂有智	朴梅花	宋世兵
孙永昌	孙 宇	沈 扬	谭秀娟	童笑梅
王爱英	王 超	王俊杰	王少波	王 悦
魏 玲	吴惠群	吴玲玲	肖卫忠	修典荣
徐 梅	徐希娴	姚婉贞	闫天生	杨碧波
杨雪松	叶蓉华	袁 炯	张福春	张连第
张璐芳	张 克	张燕燕	张永珍	赵 军
周 方	周劲松	周谋望	庄申榕	

研究员

艾 华	陈东明	陈贵安	付贤波	耿 力
韩鸿宾	林 丛	秦泽莲	沈 韬	吴建伟
许 锋	于长隆	余家阔	张幼怡	赵一鸣

主任药师

翟所迪

主任技师

杨池荪

口腔医学院

教授

曹采方	冯海兰	傅开元	付民魁	高学军
高 岩	葛立宏	郭传瑸	姜 婷	李铁军
李雨琴	刘宏伟	林久祥	林琼光	林 野
吕培军	马 莲	马绪臣	毛 驰	孟焕新
欧阳翔英	沙月琴	孙勇刚	王嘉德	王伟建
王新知	王 兴	谢秋菲	许天民	徐 军
于世凤	俞光岩	岳 林	曾祥龙	张博学
张 丁	张 刚	张 益	张震康	周彦恒
魏世成				

主任医师

蔡志刚	陈 洁	董艳梅	丰 淳	高 娟
胡晓阳	华 红	黄敏娴	姬爱平	贾绮林
姜 霞	李巍然	马 琦	秦 满	邱立新
孙 凤	王世明	王忠桂	魏克立	俞兆珠
张汉平	张建国	罗 奕	谢毓秀	徐 莉
阎 燕	翟新利	张成飞	张 清	张祖燕
赵士杰	赵燕平	郑树国		

研究员

| 甘业华 | 林 红 | 刘文一 | 王 同 | 张筱林 |
| 郑 刚 | | | | |

主任药师

梁俐芬

主任技师

吴美娟

编审

颜景芳

临床肿瘤学院（肿瘤医院）

教授

陈敏华	邓大君	顾 晋	黄信孚	季加孚
柯 杨	李吉友	李萍萍	吕有勇	徐光炜
许佐良	杨仁杰	勇威本	张珊文	张晓鹏
寿成超	游伟程	张力健		

主任医师

陈克能	范志毅	高雨农	胡永华	林本耀
刘淑俊	马丽华	施旖旎	孙 艳	王 怡
卫 燕	徐 博	薛仲琪	杨 跃	章新奇
张集昌	张乃嵩	朱广迎		

研究员

| 方家椿 | 何洛文 | 万文徽 | 张 联 | 张青云 |
| 张宗卫 | | | | |

主任药师

张艳华

主任技师

韩树奎

编审

凌启柏

精神卫生研究所（第六医院）

教授

| 崔玉华 | 黄悦勤 | 李淑然 | 沈渔邨 | 王玉凤 |
| 杨晓玲 | 于 欣 | 张 岱 | 周东丰 | |

主任医师

| 方耀奇 | 甘一方 | 韩永华 | 吕秋云 | 唐登华 |
| 张彤玲 | 王希林 | 王向群 | 张大荣 | 张鸿燕 |

研究员

司天梅　汪向东

2005年在岗博士生导师名录

校本部

马克思主义哲学
丰子义　郭建宁　王　东　杨　河　易杰雄
赵家祥

中国哲学
陈　来　胡　军　李中华　楼宇烈　庞　朴
汤一介　王　博　魏常海　许抗生　张学智
朱伯崑

外国哲学
杜小真　韩水法　靳希平　尚新建　张祥龙
赵敦华

逻辑学
陈　波　刘壮虎　周北海

伦理学
陈少峰　何怀宏

美学
叶　朗　朱良志

宗教学
孙尚扬　王宗昱　姚卫群　张志刚

科学技术哲学
傅世侠　龚育之　孙小礼　吴国盛

政治经济学
陈德华　黄桂田　雎国余　李顺荣　刘　伟
卢　锋　孙蚌珠　吴敬琏　吴树青　徐雅民
叶静怡

经济思想史
石世奇　晏智杰　郑学益

经济史
萧国亮　周其仁

西方经济学
樊　刚　胡大源　胡代光　刘文忻　平新乔
宋国卿　汪丁丁　王志伟　易　纲

世界经济
海　闻　王跃生　萧　琛

理论经济学(发展经济学)
林毅夫　姚　洋　曾　毅　赵耀辉

国民经济学
高程德　高尚全　龚六堂　李善同　厉以宁
秦宛顺　王　益　王梦奎　邹恒甫

区域经济学
李国平　杨开忠

金融学
曹凤歧　陈　平　单忠东　高西庆　何小锋
胡　坚　李庆云　李心愉　刘　力　孙祁祥
王大树　肖灼基　徐信忠　姚长辉　于鸿君
周春生

产业经济学
张来武　张维迎　朱善利

统计学
陈　嵘

法学理论
巩献田　罗玉中　张　骐　赵震江　周旺生
朱苏力

法律史
贺卫方　李贵连　王　哲　武树臣　张建国

宪法学与行政法学
姜明安　罗豪才　袁曙宏　张千帆

刑法学
白建军　陈兴良　储槐植　郭自力　梁根林
刘守芬　王世洲　张　文　赵国玲

民商法学
刘凯湘　钱明星　尹　田　张　平　郑胜利

诉讼法学
陈瑞华　潘剑锋　汪建成　张玉镶

经济法学
甘培忠　贾俊玲　刘剑文　刘瑞复　盛杰民
张守文

环境与资源保护法学
汪　劲　魏振瀛　朱启超

国际法学
白桂梅　龚刃韧　李　鸣　李红云　饶戈平
邵　津　邵景春　吴志攀

政治学理论
关海庭　李　强　李成言　宁　骚　王浦劬
谢庆奎　许耀桐　袁　刚

中外政治制度
潘　维　沈明明　徐湘林　许振洲

科学社会主义与国际共产主义运动
黄宗良　孔凡君　李青宜　梁　柱　林代昭

林勋建　潘国华　沙健孙　仝　华　尹保云
张光明　张世鹏　智效和

马克思主义理论与思想政治教育
陈占安　程立显　林　娅　赵存生　祖嘉合

国际政治
陈峰君　李　玉　李安山　李义虎　梁守德
陆庭恩　尚会鹏　王　杰　杨保筠　张锡镇

国际关系
方连庆　连玉如　刘金质　王缉思　王正毅
袁　明　张小明　朱　锋

外交学
贾庆国　牛　军　叶自成

政治学(国际传播)
陈　刚　程曼丽　龚文庠　邵华泽　肖东发
谢新洲　徐　泓　杨伯溆

社会学
郭志刚　李中清　刘世定　马　戎　邱泽奇
佟　新　王汉生　王思斌　谢立中　杨善华
张　静　郑也夫

人口学
陆杰华　穆光宗　张纯元　郑晓瑛　周　云

人类学
蔡　华　高丙中　王铭铭

教育学原理
陈向明

高等教育学
陈洪捷　陈学飞　汪永铨　喻岳青

基础心理学
韩世辉　李　量　钱铭怡　沈　政　苏彦捷
王　垒　王登峰　谢晓非　周晓林　朱　滢

文艺学
陈熙中　董学文　卢永璘　王岳川　张　健
张少康

语言学及应用语言学
陈保亚　孔江平　李晓琪　沈　炯　王洪君
王若江　徐通锵　张　英

汉语言文字学
耿振生　郭　锐　何九盈　蒋绍愚　李小凡
陆俭明　沈　阳　宋绍年　孙玉文　王福堂
袁毓林　朱庆之

中国古典文献学
安平秋　董洪利　金开诚　李　零　李家浩
裘锡圭　孙钦善

中国古代文学
程郁缀　储斌杰　傅　刚　葛晓音　刘勇强
孟二冬　钱志熙　夏晓虹　袁行霈　张　鸣
周先慎

中国现当代文学
曹文轩　陈平原　陈晓明　方锡德　洪子诚
钱理群　商金林　孙玉石　温儒敏　张颐武

比较文学与世界文学
车槿山　戴锦华　刘　东　孟　华　严绍璗

英语语言文学
程朝翔　丁宏为　高一虹　辜正坤　韩加明
韩敏中　胡家峦　姜望琪　刘树森　刘意青
钱　军　申　丹　沈　弘　周小仪

俄语语言文学
查晓燕　李明滨　任光宣　吴贻翼　赵桂莲

法语语言文学
罗　芃　秦海鹰　田庆生　王东亮　王文融

德语语言文学
范大灿　谷　裕　李昌珂　王　建

日语语言文学
刘金才　彭广陆　于荣胜　赵华敏

印度语言文学
段　晴　季羡林　刘曙雄　唐孟生　唐仁虎
王邦维

西班牙语语言文学
赵德明　赵振江

阿拉伯语语言文学
谢秋荣　仲跻昆

亚非语言文学
拱玉书　梁敏和　裴晓睿　张　敏　张玉安
赵　杰

艺术学
丁　宁　李　松　彭吉象　袁　禾　朱青生

史学理论及史学史
董正华

考古学及博物馆学
高崇文　李崇峰　李水城　林梅村　刘　绪
齐东方　秦大树　权奎山　宿　白　孙　华
王幼平　吴小红　徐苹芳　徐天进　严文明
张　弛　赵　辉　赵朝洪　赵化成

历史地理学
侯仁之　李孝聪　于希贤

专门史
牛大勇　荣新江　王晓秋　徐万民

中国古代史
邓小南　郭润涛　荣新江　田余庆　王天有
王小甫　徐　凯　阎步克　岳庆平　张希清
朱诚如　朱凤瀚　祝总斌

中国近现代史
房德邻　郭卫东　金冲及　刘桂生　罗志田
茅海建　欧阳哲生　杨奎松

世界史
董正华　高　毅　何芳川　何顺果　彭小瑜
宋成有　王红生　王立新　王新生　许　平
朱孝远

基础数学
蔡金星　丁石孙　丁伟岳　方新贵　葛力明
姜伯驹　蒋美跃　李承治　李伟固　刘和平
刘嘉荃　柳　彬　莫小欢　彭立中　丘维声
史宇光　孙文祥　谭小江　田　刚　王保祥
王长平　王诗宬　文　兰　伍胜健　夏志宏
徐明曜　张恭庆　张继平　赵春来　郑志明
周蜀林　朱小华　宗传明

计算数学
鄂维南　李治平　汤华中　徐树方　许进超
应隆安　张平文

概率论与数理统计
陈大岳　房祥忠　耿　直　何书元　刘　军
刘力平　马志明　钱敏平　任艳霞　谢衷洁
郁　彬　郑忠国

应用数学
陈亚浙　程乾生　郭懋正　胡德焜　姜　明
李　未　林作铨　刘培东　刘旭峰　刘张炬
马尽文　潘家柱　裘宗燕　史树中　王　铎
王正栋　徐茂智　张恭庆　张乃孝

理论物理
李定平　李重生　刘　川　刘玉鑫　卢大海
马伯强　马中水　宋行长　苏肇冰　赵光达
郑汉青　朱世琳　朱守华

粒子物理与原子核物理
班　勇　陈金象　樊铁栓　郭　华　冒亚军
孟　杰　钱思进　许甫荣　姚淑德　叶沿林
张焕乔

凝聚态物理
戴　伦　盖　峥　甘子钊　高政祥　吕　劲
欧阳颀　秦国刚　沈　波　史俊杰　田光善
王福仁　吴思诚　熊光成　杨应昌　叶恒强
尹　澜　俞大鹏　张　酣　张朝晖　张国义
朱　星

光学
陈志坚　龚旗煌　郭光灿　蒋红兵　李　焱
刘春玲　王若鹏　徐至展　张　杰　张家森

无线电物理
陈徐宗　董太乾　郭　弘　汤俊雄　王义遒
杨东海　张志刚

无机化学
陈志达　高　松　黄春辉　荆西平　李　彦
李星国　林建华　施祖进　孙聆东　王哲明

吴瑾光　徐光宪　严纯华　张亚文　支志明

分析化学
李克安　李元宗　刘　锋　刘虎威　邵元华
杨荣华　张新祥

有机化学
甘良兵　裴　坚　施章杰　王剑波　席振峰
杨　震　余志祥

物理化学
黄建滨　黄其辰　金长文　寇　元　来鲁华
黎乐民　林炳雄　刘海超　刘文剑　刘忠范
马季铭　齐利民　唐有祺　王　远　吴　凯
吴云东　夏　斌　肖进新　谢有畅　徐东升
徐光宪　徐筱杰　张　锦　章士伟

高分子化学与物理
曹维孝　陈尔强　程正迪　冯新德　贾欣茹
李子臣　宛新华　危　岩　魏高原　周其凤
邹德春

化学（化学生物学）
刘元方　钱民协　袁　谷　张　宁　赵新生

化学（应用化学）
刘春立　其　鲁　沈兴海　王祥云　魏根拴
翟茂林

天体物理
艾国祥　陈建生　邓李才　范祖辉　韩金林
景益鹏　刘晓为　吴鑫基　吴学兵　武向平
徐仁新　赵　刚　周　旭　周又元

自然地理学
蔡运龙　陈静生　陈效逑　方精云　蒋有绪
刘鸿雁　王红亚　王仰麟　许学工

人文地理学
董黎明　冯长春　吕　斌　阙维民　王缉慈
吴必虎　谢凝高　杨吾扬　俞孔坚　周一星

地图学与地理信息系统
程承旗　方　裕　李　琦　马蔼乃　秦其明
邬　伦

地理学（环境地理学）
胡建英　陶　澍　王健平　王学军　韩光辉
韩茂莉　唐晓峰　李有利　刘耕年　莫多闻
夏正楷

气象学
付遵涛　胡永云　钱维宏　秦大河　谭本馗
王洪庆　杨海军　张庆红

大气物理学与大气环境
陈家宜　刘式达　刘树华　毛节泰　秦　瑜
张宏升　赵柏林　郑国光　周秀骥

固体地球物理学
蔡永恩　陈晓非　陈永顺　陈运泰　胡天跃

臧绍先　赵永红

空间物理学
付绥燕　濮祖荫　涂传诒　肖　佐

矿物学, 岩石学, 矿床学
陈　斌　邓　军　董申保　关　平　莫宣学
王河锦　魏春景　阎国翰　张立飞

地球化学
刘树文　穆治国　郑海飞　朱永峰

古生物学与地层学
白志强　董熙平　高克勤　郝守刚　郝维城
马学平

构造地质学
韩宝福　侯建军　李江海　马宗晋　潘　懋
史　謌　吴淦国　吴泰然　徐　备

第四纪地质学
崔之久　李树德　杨景春　周力平

地质学 (材料及环境矿物学)
鲁安怀　秦　善

植物学
白书农　崔克明　范六民　顾红雅　李　毅
林忠平　饶广远　许智宏　尤瑞麟　赵进东

动物学
吕　植　潘文石　许崇任

生理学
王世强　于龙川

细胞生物学
陈建国　邓宏魁　丁明孝　林　硕　莫日根
舒红兵　翟中和　张　博　张传茂　朱作言

生物化学与分子生物学
昌增益　顾　军　金长文　梁宋平　罗　明
茹炳根　苏晓东　王忆平　夏　斌　朱圣庚
朱玉贤

生物物理学
程和平　吴才宏

生物学 (生物信息学)
李松岗　罗静初　魏丽萍

生物学 (生物技术)
安成才　陈章良　邓兴旺　瞿礼嘉

科学技术史
何祚庥　任定成

一般力学与力学基础
陈　滨　楚天广　耿志勇　黄　琳　王　龙
叶庆凯

固体力学
胡海昌　黄筑平　刘凯欣　苏先樾　王　炜
王建祥　王敏中

流体力学
陈国谦　陈十一　黄永念　李存标　佘振苏
谭文长　唐少强　魏庆鼎　吴介之

工程力学
白树林　顾志福　颜大椿　袁明武

力学 (生物力学与医学工程)
方　竞　郑玉峰

物理电子学
陈　清　龚中麟　彭练矛　吴锦雷　夏明耀
薛增泉　张耿民　周乐柱

微电子学与固体电子学
甘学温　韩汝琦　郝一龙　黄　如　吉利久
康晋锋　李志宏　刘晓彦　倪学文　盛世敏
王阳元　许铭真　闫桂珍　张　兴　张大成
张利春　赵宝瑛

通信与信息系统
焦秉立　梁庆林　王子宇　邬贺铨　吴德明
项海格　谢麟振　徐安士　赵玉萍

信号与信息处理
查红彬　迟惠生　封举富　何新贵　谭少华
吴玺宏

计算机系统结构
程　旭　丛京生　代亚非　李晓明　王克义

计算机软件与理论
陈　钟　董士海　李大维　梅　宏　屈婉玲
邵维忠　沈昌祥　孙家骕　唐世渭　汪国平
王捍贫　王立福　许卓群　杨冬青　杨芙清
俞士汶　袁崇义　张世琨

计算机应用技术
郭宗明　何新贵　宋再生　谭少华　汤　帜
肖建国　谢昆青　周秉锋

摄影测量与遥感
陈秀万　童庆禧　晏　磊

核技术及应用
包尚联　陈佳洱　郭秋菊　郭之虞　刘克新
吕建钦　唐孝威　王宇钢　于金祥　张保澄
赵　夔　赵渭江　俎栋林

环境科学
白郁华　郭怀成　胡　敏　栾胜基　毛志锋
邵　敏　宋豫秦　唐孝炎　谢绍东　叶文虎
张世秋　张远航　朱　彤

环境工程
查克麦　黄国和　倪晋仁

会计学
陆正飞　王立彦　吴联生

企业管理
成思危　符国群　郭贤达　江明华　靳云汇

雷　明　李　东　梁　能　梁钧平　刘　学
涂　平　王建国　王其文　武常岐　熊维平
徐淑英　杨岳全　尹衍樑　张国有　张一弛
张志学

行政管理
陈庆云　傅　军　黄恒学　刘　峰　路　风
汪玉凯　王　健　肖鸣政　张国庆　周志忍

教育经济与管理
丁晓浩　闵维方

图书馆学
王锦贵　王余光　吴慰慈

情报学
关家麟　赖茂生　梁战平　秦铁辉　王惠临
徐学文　余锦凤　赵澄谋

图书馆、情报与档案管理（编辑）
王余光

医 学 部

神经生物学
韩济生　王晓民　于常海　万　有　崔德华
王　韵　罗　非　崔彩莲　王克威

生理学
唐朝枢　王　宪　肖瑞平　朱　毅　汪南平
刘国庆　徐国恒

遗传学
钟　南

细胞生物学
柯　杨　李凌松

生物化学与分子生物学
贾弘禔　寿成超　吕有勇　邓大君　李　刚
周春燕　尚永丰　朱卫国　王文恭

生物物理学
文宗曜　尹长城　沙印林

人体解剖与组织胚胎学
沈　丽　周长满　濮鸣亮

免疫学
陈慰峰　谢蜀生　马大龙　高晓明　张　毓
邱晓彦

病原生物学
庄　辉　刘树林

病理学
郑　杰　方伟岗　张　波　顾　江

病理生理学
韩启德　吴立玲　祝世功　管又飞　高远生

药理学
李学军　李长龄　陆　林　梁建辉　章国良
张永鹤　蒲小平

流行病与卫生统计学
李　竹　李立明　胡永华　游伟程　詹思延
唐金陵

劳动卫生与环境卫生学
王　生　赵一鸣

营养与食品卫生学
李　勇　李可基

儿少卫生与妇幼保健学
季成叶　王　燕

卫生毒理学
周宗灿　郝卫东　王培玉

社会医学与卫生事业管理
郭　岩　吴　明

药学化学生物学
王　夔　张礼和　刘俊义　李中军　李润涛
叶新山

药物化学
彭师奇　赵　明　杨　铭　崔育新　张亮仁

药剂学
张　强

生药学
赵玉英　果德安　蔡少青　屠鹏飞　杨秀伟
林文翰

内科学
武淑兰　朱　平　任汉云　霍　勇　丁文惠
谢鹏雁　王海燕　章友康　李晓玫　汪　涛
王　梅　赵明辉　郭晓惠　刘新民　王贵强
徐小元　于岩岩　陆道培　王德炳　黄晓军
郭继鸿　孙宁玲　胡大一　陈　红　何权瀛
高占成　王　宇　刘玉兰　栗占国　魏　来
纪立农　陈明哲　郭静萱　陈凤荣　毛节明
张幼怡　高　炜　赵鸣武　姚婉贞　贺　蓓
林三仁　吕愈敏　周丽雅　段丽萍　克晓燕
洪天配　赵金垣

儿科学
王　丽　杜军保　丁　洁　秦　炯　周丛乐
戚　豫　张乐平　李　松

神经病学
王荫华　袁　云　黄一宁　樊东生

皮肤病与性病学
朱学骏　李若瑜　张建中　李邻峰

影像医学与核医学
蒋学祥　邹英华　王荣福　杜湘珂　洪　楠
谢敬霞　王金锐　杨仁杰　陈敏华　张晓鹏

临床检验诊学
夏铁安　张　正　彭黎明

外科学
刘玉村　李　龙　万远廉　朱天岳　郭应禄
薛兆英　俞莉章　那彦群　周立群　辛钟成

潘柏年　李　鸣　李　简　鲍圣德　冷希圣
王　杉　朱继业　吕厚山　姜保国　郭　卫
王晓峰　白文俊　张小东　何申戍　解基严
王　俊　万　峰　张同琳　徐　智　董国祥
党耕町　娄思权　陈仲强　刘忠军　马庆军
李健宁　王振宇　蔡栖伯　王满宜　田　伟
蔡志明
妇产科学
郭燕燕　廖秦平　王临红　周应芳　冯　捷
魏丽惠　崔　恒　王建六　陈贵安　乔　杰
杨　孜
眼科学
晏晓明　黎晓新　王　薇　曹安明　马志中
耳鼻喉科学
余力生　李学佩
运动医学
于长隆　敖英芳　林共周　艾　华
麻醉学
吴新民　杨拔贤

中西医结合临床
　　钱瑞琴　王学美
口腔组织病理学
　　于世凤　高　岩　李铁军
牙体牙髓病学
　　王嘉德　高学军　栾文民
牙周病学
　　曹采方　孟焕新　沙月琴
口腔颌面外科学
　　张震康　马绪臣　俞光岩　王　兴　孙勇刚
　　　　　　林　野　马　莲　郭传瑸　傅开元　魏世成
口腔修复学
　　冯海兰　徐　军　吕培军　谢秋菲
口腔正畸学
　　傅民魁　林久祥　曾祥龙　张　丁　周彦恒
　　许天民
肿瘤学
　　徐光炜　黄信孚　勇威本　李吉友　顾　晋
　　季加孚　任　军

2005年逝世人物名单

姓　名	单　位	职务/职称	生卒年
赵　林	西语系	教授	1906～2005年
段学复	数学科学学院	教授	1914～2005年
周建莹	数学科学学院	教授	1936～2005年
冯新德	化学与分子工程学院	教授	1915～2005年
张锡瑜	化学与分子工程学院	教授	1917～2005年
冯钟芸	中国语言文学系	教授	1919～2005年
吴全德	信息科学技术学院	教授	1923～2005年
郭汝嵩	信息科学技术学院	教授	1924～2005年
肖蔚云	法学院	教授	1924～2005年
邹　衡	考古文博学院	教授	1927～2005年
田万苍	经济学院	教授	1927～2005年
居三元	亚非所	教授	1937～2005年
曹树石	总务部	研究员	1940～2005年
苗为振	马克思主义学院	译审	1923～2005年
顾仁林	基础医学院	研究员	1930～2005年
连志浩	公共卫生学院	教授	1927～2005年
严乐义	公共卫生学院	研究员	1926～2005年
王仁安	公共卫生学院	教授	1934～2005年

2005年北京大学党发、校发文件

北党发

北党发[2005]1号	中共北京大学委员会关于推荐中宣部"四个一批"人才候选人的报告
北党发[2005]2号	关于帮助协调两位外单位人员签署赔付协议的请示
北党发[2005]4号	北京大学关于增补敖英芳同志为党委委员、常委的请示
北党发[2005]5号	北京大学关于上报第五批援疆干部名单的报告
北党发[2005]6号	北京大学关于确定于鸿君同志为副校级干部的请示
北党发[2005]7号	北京大学关于2005年度长江学者人文社会科学候选人政审意见的报告
北党发[2005]12号	北京大学关于同意袁行霈教授担任中央文史馆馆长的函
北党发[2005]13号	关于同意干部挂职的复函
北党发[2005]15号	北京大学关于2005年贯彻执行党风廉政建设责任制自查情况的报告
北党发[2005]16号	北京大学关于2005年度文科长江学者申报人曾满超政审情况的报告

北党函

北党函[2005]1号	关于推荐我校仲联维同学赴滇工作的函
北党函[2005]2号	关于商请借阅《新华社内参》的函

党　发

党发[2005]1号	关于基础医学院党员大会选举结果的批复
党发[2005]2号	关于药学院党员大会选举结果的批复
党发[2005]3号	关于若干党委常委等干部待遇的通知
党发[2005]4号	关于党政领导干部卸任后保留待遇的意见
党发[2005]5号	关于贯彻落实中共北京市委教育工委《北京普通高等学校党建和思想政治工作基本标准(试行)》的通知
党发[2005]6号	关于印发《2005年北京大学党风廉政建设和反腐败工作主要任务分工》的通知
党发[2005]7号	关于成立北京大学开展保持共产党员先进性教育活动领导小组和领导小组办公室的通知
党发[2005]8号	关于查晶、陈建龙职务任免的通知
党发[2005]9号	关于兰明善职务级别的通知
党发[2005]10号	关于调整北京大学校产管理委员会的通知
党发[2005]11号	关于调整教育基金会常务理事、常务副理事长的通知
党发[2005]12号	关于柴真、周春燕任职的通知
党发[2005]13号	关于严敏杰任职的通知
党发[2005]14号	关于印发《北京大学关于校级领导个人推荐干部人选的规定》的通知
党发[2005]15号	关于印发《中共北京大学委员会关于开展以实践"三个代表"重要思想为主要内容的保持共产党员先进性教育活动试点工作的实施意见》的通知
党发[2005]16号	关于魏中鹏、严敏杰职务任免的通知
党发[2005]17号	关于印发《北京大学校级领导干部联系基层制度》的通知
党发[2005]18号	关于李文胜、王倩职务任免的通知
党发[2005]19号	关于评选表彰党务和思想政治工作优秀个人及先进集体的通知
党发[2005]20号	关于敖英芳、郭岩职务任免的通知
党发[2005]21号	关于附属小学党员大会选举结果的批复

党发〔2005〕22 号	关于中文系党员大会选举结果的批复
党发〔2005〕23 号	关于孟庆焱任职的通知
党发〔2005〕24 号	中共北京大学委员会关于表彰党务和思想政治工作先进集体和优秀个人的决定
党发〔2005〕25 号	关于物理学院党员代表大会选举结果的批复
党发〔2005〕27 号	关于口腔医学院、口腔医院党员代表大会选举结果的批复
党发〔2005〕28 号	关于成立北京大学贯彻落实《建立健全教育、制度、监督并重的惩治和预防腐败体系实施纲要》领导小组的通知
党发〔2005〕29 号	关于印发《中共北京大学委员会关于在全校党员中开展保持共产党员先进性教育活动的实施意见》的通知
党发〔2005〕30 号	关于李丽华职务级别的通知
党发〔2005〕31 号	关于张奇免职的通知
党发〔2005〕32 号	关于刘雨龙等同志职务任免的通知
党发〔2005〕33 号	关于校领导联系院系外基层党委(党工委、党总支)的安排的通知
党发〔2005〕34 号	关于荣起国任职的通知
党发〔2005〕35 号	关于沈千帆、陈建龙职务任免的通知
党发〔2005〕36 号	关于敖英芳、郭岩同志职务任免的通知
党发〔2005〕37 号	关于王丽梅等同志职务任免的通知
党发〔2005〕38 号	关于转发《中共教育部党组关于向徐精彩同志学习的决定》的通知
党发〔2005〕39 号	关于号召全校师生员工向孟二冬同志学习的决定
党发〔2005〕40 号	关于转发《中共教育部党组关于向孟二冬同志学习的决定》的通知
党发〔2005〕41 号	关于郭海、杨河职务任免的通知

党办发

党办发〔2005〕1 号	关于印发闵维方书记、许智宏校长在 2005 年春季干部大会上的讲话的通知
党办发〔2005〕2 号	关于印发闵维方书记、许智宏校长在 2005 年秋季干部大会上的讲话的通知
党办发〔2005〕3 号	关于学校党政领导班子成员分工安排的通知

党办会

党办会〔2005〕1 号	关于安排学生思想政治教育及公共活动时间的通知
党办会〔2005〕2 号	关于向北大科技园公司支付成府园区开发费用的决定

校　发

校发〔2005〕1 号	关于调整校园规划委员会、校园规划办公室成员的通知
校发〔2005〕2 号	关于刘俊义任职的通知
校发〔2005〕3 号	关于萧群任职的通知
校发〔2005〕4 号	关于陈耀华任职的通知
校发〔2005〕5 号	关于聘任哲学社会科学资深教授的通知
校发〔2005〕6 号	关于中关园留学生公寓二期建设项目用地的批复
校发〔2005〕10 号	关于批复财务部内设机构负责人招聘结果的通知
校发〔2005〕12 号	关于转发《教育部关于印发〈关于进一步加强高等学校本科教学工作的若干意见〉和周济部长在第二次全国普通高等学校本科教学工作会议上的讲话的通知》的通知
校发〔2005〕13 号	关于转发《教育部关于进一步加强和改进师德建设的意见》的通知
校办会〔2005〕14 号	环境学院"绿色大楼"建设工作会会议纪要
校办会〔2005〕15 号	关于公布北京大学实验室工作先进集体和先进工作者评审结果的通知
校发〔2005〕20 号	关于成立北京大学中国产业发展研究中心的通知
校发〔2005〕22 号	关于成立北京大学宽禁带半导体联合研究中心的通知
校发〔2005〕23 号	关于研究生院内设机构主任调整的通知
校发〔2005〕24 号	关于对医学部《关于魏丽惠同志免职的请示》的批复

校发[2005]25号	关于印发《北京大学放射防护管理规定》的通知
校发[2005]27号	关于公布第二届北大燕园社区理事会组成人员名单的通知
校发[2005]28号	关于成立北京大学前沿交叉学科研究院筹备领导小组和筹备工作小组的通知
校发[2005]29号	关于成立北京大学先进技术研究院筹备工作领导小组和筹备工作小组的通知
校发[2005]30号	关于成立北京大学网络教育学院的通知
校发[2005]31号	关于肖瑞平任职的通知
校发[2005]32号	关于廖陶琴、闫敏职务任免的通知
校发[2005]33号	关于邓娅任职的通知
校发[2005]34号	关于成立北京大学培训中心的通知
校办会[2005]36号	成府园区建设项目前期工作第二次专题会议纪要
校发[2005]38号	关于印发《分子医学研究所建设方案(试行)》的通知
校发[2005]39号	关于成立北京大学北京论坛筹备委员会办公室的通知
校发[2005]40号	关于转发《教育部关于印发〈教育部精神文明建设领导小组2005年工作安排〉的通知》的通知
校发[2005]41号	关于同意聘请格林·汉弗赖斯先生为北京大学客座教授的决定
校发[2005]42号	关于批复研究生院内设机构负责人招聘结果的通知
校发[2005]44号	关于学术委员会调整换届的通知
校办会[2005]45号	为法律硕士争取国家助学贷款专题会议纪要
校发[2005]46号	关于调整北京大学素质教育委员会的通知
校办会[2005]48号	北京大学继续教育体制调整领导小组会议纪要
校发[2005]49号	关于调整北京大学治安综合治理委员会组成人员的通知
校发[2005]50号	关于印发《北京大学教师聘用合同制实施办法》的通知
校发[2005]51号	关于同意联合主办全国首届马克思主义艺术作品展的批复
校办会[2005]52号	新疆生产建设兵团与北京大学友好合作项目对接座谈会纪要
校发[2005]53号	关于免去王玉玲北京北大资产经营有限公司董事的决定
校发[2005]54号	关于同意聘请麦克·乔·奥斯本先生为北京大学客座教授的决定
校发[2005]55号	关于成立北京大学保密资格认证工作领导小组和保密资格认证办公室的通知
校发[2005]56号	关于印发《北京大学保密工作规定》的通知
校办[2005]57号	关于发布北京大学2005～2006学年校历的通知
校发[2005]61号	关于国际关系学院行政班子任职的通知
校发[2005]62号	关于方伟任职的通知
校发[2005]63号	关于原北京医科大学伦理委员会更名的通知
校发[2005]64号	关于公布《北京大学学报(自然科学版)》第五届编辑委员会名单的通知
校发[2005]65号	关于同意聘请杉山正明先生为北京大学客座教授的决定
校发[2005]66号	关于同意聘请恩斯特·波佩尔先生为北京大学客座教授的决定
校发[2005]67号	关于成立北京大学重大外事活动领导小组的通知
校办会[2005]68号	北京国际数学中心建设工作协调会纪要
校办[2005]72号	关于转发学生工作部人民武装部《2004级本科生军训工作的初步安排》的通知
校办[2005]73号	关于北京大学建校107周年暨北京大学、北京医科大学合并5周年庆祝活动安排的通知
校发[2005]74号	关于印发《北京大学优秀青年人才引进计划(试行)》的通知
校发[2005]77号	关于成立北京大学基础物理实验教学中心等实验教学中心的通知
校发[2005]78号	关于姜晓刚、罗志良职务任免的通知
校发[2005]79号	关于成立北京大学实验动物中心的通知
校发[2005]82号	关于调整北京大学学科规划委员会组成人员的通知
校发[2005]83号	关于调整北京大学事业规划委员会组成人员的通知
校办[2005]84号	关于调整北京大学学术委员会的通知
校发[2005]85号	关于成立北京大学高级管理人员工商管理硕士专业学位领导小组的通知
校发[2005]86号	关于聘请厉以宁先生为光华管理学院名誉院长的通知
校发[2005]87号	关于光华管理学院行政班子任命的通知

校办[2005]88 号	关于 2005 年"五一"节放假的通知
校发[2005]89 号	关于屈兵任职的通知
校发[2005]90 号	关于王鹏任职的通知
校发[2005]91 号	关于同意聘请戴聿昌先生为北京大学客座教授的决定
校办[2005]92 号	关于"北京大学第二届国际文化节"推迟举行的通知
校办[2005]93 号	关于 2005 年教职工子女升入初中的通知
校发[2005]94 号	关于同意北京北大方正集团增资的批复
校发[2005]95 号	关于成立北京大学国防教育领导小组的通知
校发[2005]96 号	关于调整北京大学研究生招生工作领导小组的通知
校发[2005]97 号	关于成立北京大学传染病防治工作领导小组的通知
校发[2005]98 号	关于魏常海、吴同瑞任职的通知
校发[2005]99 号	关于印发《北京大学大学生学籍管理细则》的通知
校发[2005]100 号	关于同意授予康罗德先生北京大学名誉教授称号的决定
校发[2005]101 号	关于崔建华任职的通知
校发[2005]102 号	关于成立北京大学医学遗传中心的通知
校发[2005]103 号	关于批复教务部内设机构负责人招聘结果的通知
校发[2005]104 号	关于成立深圳研究生院学术委员会的通知
校发[2005]105 号	关于成立北京大学联泰供应链研究与发展中心的通知
校发[2005]106 号	关于李晓明任职的通知
校办会[2005]107 号	"北京国际数学研究中心"建设工作协调会纪要
校发[2005]109 号	关于委派北京北大资产经营有限公司董事长、副董事长的决定
校发[2005]111 号	关于成立北京大学清理学校规章制度工作小组的通知
校发[2005]112 号	关于北京大学北京论坛筹备委员会办公室更名的通知
校发[2005]113 号	关于北京大学坝上地球环境与生态系统实验站更名为北京大学地球环境与生态系统赛罕坝实验站的通知
校发[2005]114 号	关于调整北京大学中小学教师职务评审委员会、文科评议组、理科评议组、初评组组成人员的通知
校发[2005]115 号	关于同意聘请约瑟夫·J·诺顿先生为北京大学客座教授的决定
校发[2005]116 号	关于同意聘请卢琪女士为北京大学客座教授的决定
校发[2005]117 号	关于同意聘请李中清先生为北京大学客座教授的决定
校发[2005]118 号	关于同意聘请周雪光先生为北京大学客座教授的决定
校发[2005]119 号	关于同意聘请本林透先生为北京大学客座教授的决定
校发[2005]120 号	关于批复继续教育部内设机构负责人招聘结果的通知
校发[2005]121 号	关于批复继续教育部直属实体成人教育学院内设机构负责人招聘结果的通知
校发[2005]122 号	关于批复继续教育部直属实体网络教育学院内设机构负责人招聘结果的通知
校发[2005]123 号	关于批复继续教育部直属实体培训中心内设机构负责人招聘结果的通知
校发[2005]124 号	关于修改北京大学 2005～2006 学年校历的通知
校发[2005]125 号	关于成立北京大学工学院的通知
校发[2005]126 号	关于李政、王东亮职务任免的通知
校办[2005]128 号	关于放暑假的通知
校发[2005]129 号	关于哲学系行政班子任职的通知
校发[2005]130 号	关于调整北京大学元培计划管理委员会的决定
校办[2005]131 号	关于做好毕业生离校工作的通知
校发[2005]132 号	关于批复教务部内设机构负责人招聘结果的通知
校发[2005]133 号	关于同意聘请张信刚先生为北京大学客座教授的决定
校办会[2005]134 号	关于印发《校园参观协调会纪要》的通知
校发[2005]135 号	关于朱强任职的通知
校发[2005]137 号	关于调整北京大学本科教学发展战略小组的通知
校发[2005]139 号	关于印发《北京大学学生违纪处分条例》通知

校办[2005]140号	关于转发《北京大学教材建设立项项目管理办法》的通知
校办[2005]141号	关于转发《北京大学教材选用管理办法》的通知
校办[2005]142号	关于转发北京大学教材建设委员会《关于公布2005年度北京大学教材建设立项名单的通知》的通知
校发[2005]143号	关于同意聘请王中林先生为北京大学客座教授的决定
校发[2005]144号	关于同意聘请郗小星先生为北京大学客座教授的决定
校发[2005]145号	关于成立北京大学实验教学示范中心建设领导小组的通知
校发[2005]146号	关于批复发展规划部内设机构负责人的通知
校发[2005]147号	关于印发《北京大学办学收入分配管理暂行办法》的通知
校发[2005]148号	北京大学关于表彰2005届优秀毕业生的决定
校发[2005]149号	关于成立北京大学基础教育与教师教育研究中心的通知
校发[2005]151号	关于成立北京大学编码调整工作领导小组的通知
校发[2005]152号	关于同意北京大学首钢医院冠名北京大学首钢临床医学院的通知
校发[2005]153号	关于成立北京大学民营经济研究院的通知
校发[2005]154号	关于成立北京大学奥运乒乓球馆工程监督工作领导小组的通知
校发[2005]155号	关于印发《北京大学奥运乒乓球馆工程监督工作实施办法》的通知
校发[2005]156号	关于批复资产管理部内设机构负责人招聘结果的通知
校办[2005]157号	关于成立北大未名BBS发展委员会的通知
校发[2005]158号	关于同意授予饭岛澄男先生北京大学名誉教授称号的决定
校发[2005]159号	关于印发《北京大学工学院建设方案》的通知
校发[2005]160号	关于同意北京大学建筑设计研究院变更注册资金的批复
校发[2005]161号	关于批复实验室与设备管理部部长助理聘任结果的通知
校发[2005]162号	关于同意成立北京大学ACOM金融信息化研究中心的决定
校发[2005]163号	关于印发《北京大学研究生学籍管理实施细则》的通知
校发[2005]164号	北京大学关于北京北大资产经营有限公司划入资产并增资的批复
校办[2005]165号	关于2005年迎新及开学典礼工作安排的通知
校发[2005]166号	关于批复资产管理部内设机构负责人招聘结果的通知
校发[2005]167号	关于印发《北京大学体育特长生管理办法》的通知
校发[2005]168号	关于印发《北京大学艺术特长生管理办法》的通知
校发[2005]169号	关于印发《北京大学经济责任制条例》的通知
校发[2005]170号	关于物理学院行政班子任职的通知
校发[2005]171号	关于批复基建工程部内设机构负责人聘任结果的通知
校办会[2005]172号	北京国际数学研究中心工程建设协调会纪要
校发[2005]173号	关于表彰北京大学教学成果奖和国家级、北京市级教学成果奖获得者的决定
校发[2005]174号	关于表彰北京大学教学优秀奖和国家级、北京市级、校级精品课程、北京市精品教材获得者的决定
校发[2005]175号	关于表彰北京大学2004~2005学年度优秀德育奖和优秀班主任的决定
校发[2005]176号	关于成立北京大学中国教育财政科学研究所的通知
校发[2005]183号	关于同意聘请费英伟先生为北京大学客座教授的决定
校发[2005]184号	关于于鸿君任职的通知
校发[2005]185号	关于同意聘请牛耀龄先生为北京大学客座教授的决定
校发[2005]187号	关于印发《北京大学建设工程全过程跟踪审计办法》的通知
校发[2005]188号	关于刘明利、董德刚职务任免的通知
校办[2005]189号	关于国庆节放假的通知
校发[2005]196号	关于做好"十五·211工程"验收准备工作的通知
校办[2005]198号	关于转发《中共北京市委教育工作委员会北京市教育委员会办公室关于认真学习温家宝总理教师节前夕视察北京教育工作重要讲话精神的通知》的通知
校发[2005]199号	关于印发《北京大学银行账户管理办法》的通知
校发[2005]200号	关于印发《北京大学收费票据管理办法》的通知

校发[2005]201号	关于印发《北京大学外汇收费管理办法》的通知
校发[2005]202号	关于印发《北京大学非贸易非经营性外汇财务管理办法》的通知
校发[2005]203号	关于成立北京大学公民社会研究中心的通知
校发[2005]204号	关于成立北京大学交通医学中心的通知
校发[2005]205号	关于同意授予钱煦先生北京大学名誉教授称号的决定
校发[2005]208号	关于同意聘请尹安先生为北京大学客座教授的决定
校发[2005]209号	关于同意聘请谢宇先生为北京大学客座教授的决定
校发[2005]210号	关于印发《北京大学规章制定管理办法》的通知
校发[2005]211号	关于北京大学规章制度的处理意见
校发[2005]212号	促进北京大学生命科学整体发展座谈会纪要(2006年2月15日补)
校办[2005]213号	关于开斋(尔代)节对信仰伊斯兰教的少数民族放假的通知
校发[2005]214号	关于刘玉村、李鹰任职的通知
校发[2005]215号	关于医学部行政班子副职任职的通知
校发[2005]216号	关于同意聘请布朗先生为北京大学客座教授的决定
校发[2005]217号	关于成立北京大学金融与产业研究中心的通知
校办会[2005]218号	关于进一步落实和推动校园原创歌曲创作的协调会纪要
校发[2005]219号	关于年终结账的通知
校发[2005]220号	关于公布北京大学2006年招生工作组组长名单的通知
校发[2005]221号	关于认真做好2005年从在校生中征集义务兵工作的通知
校发[2005]222号	关于调整北京大学招生委员会的通知
校发[2005]223号	关于同意聘请金昌镇先生为北京大学客座教授的决定
校发[2005]225号	关于朱星、李岩松任职的通知
校发[2005]226号	关于成立北京大学先进技术研究院的通知
校发[2005]227号	关于成立北京大学绿色化学研究中心的通知
校发[2005]230号	关于成立北京大学继续教育委员会的通知
校发[2005]232号	关于成立北京大学艺术大楼建设领导小组的通知
校发[2005]233号	关于成立"北京大学歌剧研究院"筹备领导小组的通知
校发[2005]234号	关于成立北京大学歌剧研究院(筹)的通知
校发[2005]235号	关于同意聘请沈向洋先生为北京大学客座教授的决定
校发[2005]236号	关于同意聘请郭百宁先生为北京大学客座教授的决定
校发[2005]237号	关于成立北京大学农业转基因生物安全小组的通知
校发[2005]238号	关于表彰2004~2005学年度学生优秀个人和先进集体的决定
校发[2005]239号	关于批复校园卡中心副主任招聘结果的通知
校发[2005]240号	关于同意授予白井克彦先生北京大学名誉教授称号的决定
校发[2005]241号	关于同意授予伟严·柯碇甫先生北京大学名誉教授称号的决定
校发[2005]243号	关于重新启动肖家河项目的批复
校发[2005]244号	关于印发《北京大学海外学者讲学计划》的通知
校发[2005]245号	关于对刘默涵同学予以通令嘉奖的决定
校发[2005]246号	关于成立北京大学汉语教学研究中心的通知
校发[2005]247号	关于成立北京大学信息化建设协调小组的通知
校发[2005]248号	关于同意授予白井克彦先生北京大学名誉教授称号的决定
校办会[2005]249号	信息化建设协调小组会议纪要(一)
校发[2005]250号	关于岳素兰等职务任免的通知
校发[2005]251号	关于成立北京大学深圳产学研工作领导小组的通知
校发[2005]252号	关于深圳研究生院领导班子任职的通知
校发[2005]253号	关于李晓明、朱星职务任免的通知
校发[2005]254号	北京大学关于院系综合评估工作的通知
校发[2005]255号	关于设立"北京大学(自然科学版)贡献奖"并表彰获奖人员的决定
校发[2005]256号	关于批复保卫部内设机构负责人招聘结果的通知

校发[2005]257号	全国优秀博士学位论文
校发[2005]258号	关于印发《北京大学本科考试工作与学术规范条例》的通知
校办会[2005]259号	"北京国际数学研究中心"经费使用协调会纪要
校发[2005]260号	关于免去白志强、王运生北大资产经营有限公司董事的决定
校发[2005]261号	关于委派北大资产经营有限公司董事的决定
校发[2005]262号	关于成立北京大学蛋白质研究中心的通知
校发[2005]263号	关于成立北京大学口腔医学中心的通知
校发[2005]264号	关于同意聘请弗兰克·嘎比亚先生为北京大学客座教授的决定
校办[2005]265号	关于召开机关职能部门年终工作总结汇报会议和上报年终工作总结及2006年工作要点的通知
校发[2005]267号	关于公共卫生学院行政班子任职的通知
校发[2005]268号	关于朱德生任职的通知
校发[2005]269号	关于程承旗、金玉丰任职的通知
校发[2005]270号	关于丁伟中、张庆东职务任免的通知
校办[2005]272号	关于元旦放假的通知
校发[2005]273号	关于成立北京大学信息化建设与管理办公室的通知
校办会[2005]274号	北京大学-石河子大学2005年对口支援工作例会纪要
校发[2005]275号	关于贯彻执行《教育部 财政部关于进一步加强高校科研经费管理的若干意见》的通知
校发[2005]281号	关于印发《〈北京大学优秀青年人才引进计划(试行)〉实施细则》的通知
校发[2005]282号	北京大学关于落实《北京市烟花爆竹安全管理规定》的通知
校发[2005]283号	关于调整北京大学辐射防护领导小组的通知
校发[2005]284号	关于成立北京大学学生课外活动指导中心的通知
校发[2005]285号	关于成立北京大学学生心理健康教育与咨询中心的通知
校发[2005]286号	关于成立北京大学学生资助中心的通知
校发[2005]287号	关于成立北京大学贫困地区研究院的通知
校发[2005]288号	关于成立北京大学前沿交叉学科研究院的通知
校办[2005]289号	关于寒假和春节放假的通知
校发[2005]290号	关于邵莉任职的通知
校发[2005]291号	关于副教务长任免的通知
校发[2005]292号	关于王仰麟、张国有职务任免的通知
校发[2005]294号	关于同意北京大学现代日本研究班更名的批复
校发[2005]295号	关于王劲松任职的通知
校发[2005]296号	关于追授牛玉儒同志北京大学杰出校友荣誉称号的决定
校发[2005]298号	关于岳素兰同志兼任中外妇女研究中心主任的通知
校发[2005]299号	关于同意授予连战先生北京大学名誉教授称号的决定

· 表彰与奖励 ·

北京高校先进基层党组织、优秀共产党员和优秀党务工作者名单

北京高校先进基层党组织

医学部第三医院党委
环境学院2003级博士生党支部

北京高校优秀共产党员

张继平	数学科学学院院长
王　宪	基础医学院生理学与病态生理学系主任
黎晓新	人民医院眼科主任

北京高校优秀党务工作者

张　虹	保卫部部长 副研究员
张瑞颖	医学部口腔医学院党委副书记

北京大学党务和思想政治工作先进集体、优秀个人（含李大钊奖）和奉献奖名单

党务和思想政治工作先进集体

数学科学学院党委
信息科学技术学院党委
环境学院党委
历史学系党委
外国语学院党委
后勤党委
药学院党委
第三医院党委
中国民主同盟北京大学医学部委员会

党务和思想政治工作优秀个人
——李大钊奖

刘化荣	数学科学学院党委书记
吴宝科	北京大学副教务长
吴新英	外国语学院党委书记
邱恩田	国际关系学院党委书记
郭建栋	物理学院党委书记
魏中鹏	信息科学技术学院党委副书记
贺　蓓	第三医院党委书记
解冬雪	药学院党委书记

党务和思想政治工作优秀个人

刘力平	数学科学学院党委宣传委员
梁　燕	力学与工程科学系流体力学学科点党支部书记
陈金象	物理学院党委副书记
吴兰芳	信息科学技术学院党委委员
何永克	化学与分子工程学院应用化学系党支部书记
李　彦	化学与分子工程学院党委副书记
周先碗	生命科学学院工会副主席
宋振清	地球与空间科学学院党委书记
蒙吉军	环境学院自然地理教研室党支部书记
刘建国	环境学院教工第四党支部书记
曲振卿	心理系党委副书记
金永兵	中文系学生工作办公室主任
马春英	历史学系党委副书记
金　英	考古文博学院党委副书记
杨伍栓	哲学系副教授

吴祖馨	国际关系学院办公室副主任	仲维英	地球与空间科学学院党委副书记
张小强	经济学院党委副书记	李支敏	化学与分子工程学院学工办主任
马化祥	光华管理学院党委副书记	白郁华	环境学院党委副书记
王 慧	法学院党委委员	张剑波	环境学院党委副书记
李海燕	政府管理学院党委副书记	庞 岩	环境学院党委委员
李桂霞	外国语学院党委副书记	胡建信	环境学院教授
黄南平	马克思主义学院党委书记	邓宝山	环境学院党委委员
胡荣娣	教育学院党总支副书记	邱恩田	国际关系学院党委书记
王若江	对外汉语教育学院党总支副书记	邹月梅	外国语学院党委委员
周岳明	校人事部部长	焦 英	外国语学院副教授
王 干	校团委副书记	傅增有	外国语学院东语系党支部书记
刘长友	校保卫部副部长	侯玉杰	马克思主义学院党委副书记
余 浚	党办校办文秘室主任	乔淑芝	党办校办督察室主任
刘乐坚	出版社党委委员	边抒新	党办校办干部
刘玉珍	后勤党委会议中心分总支书记	田彦清	党办校办干部
张宝岭	后勤党委书记	苏秀芳	党办校办干部
何元康	成人教育学院昌平校区学工组组长	赵为民	党委宣传部部长
李晓娟	图书馆党委委员	张继洲	党委宣传部广播台干部
罗绍光	深圳研究生院党总支委员	林 阳	党委宣传部校报编辑
施 倩	校办产业党委委员	谢 宁	党委统战部干部
赵兰明	档案馆常务副馆长	赵茂勋	国际合作部退休干部
沈正华	民盟中央妇女委员会副主任	于钟莲	国际合作部离休干部
晏懋洵	民建中央委员	李树芳	现代教育技术中心主任
杨其湘	九三学社北大委员会副主委	王继红	档案馆党支部组织委员
廖秦平	第一医院党委副书记	叶树青	校医院党委书记
赵国粹	第一医院工会副主席	范 强	会议中心主任
刘玉洁	第一医院支部书记	来凤萍	会议中心分总支委员
李 航	第一医院学生党总支书记	于素荣	对外汉语教育学院党总支委员
陈 红	人民医院心内科党支部书记	李崇熙	化学学院教授
王少杰	人民医院中医科党支部书记	白致祥	第一医院离休党支部书记
王晓峰	人民医院泌尿科党支部书记	杨运泽	第一医院党委副书记
李树强	第三医院党委副书记	罗光辉	第一医院离退休党总支书记
张汉平	口腔医院特诊科党支部书记	王吉善	人民医院副院长
李萍萍	肿瘤医院党委书记	傅宗莹	人民医院退休党支部书记
刘永寿	基础医学院党委委员	冯百芳	人民医院原科室党支部书记
房亚力	基础医学院学生办公室主任	梁桂莲	第三医院纪委书记
郝卫东	公共卫生学院党委委员	刘幸芬	第三医院工会常务副主席
张继英	护理学院党总支委员	贾建文	第三医院医学部党委委员
胡佩诚	医学部公共教学部教授	康永新	肿瘤医院副院长
丁 磊	医学部团委书记	房亚力	基础医学院学生办公室主任
徐桂珍	医学部机关党委退休党支部书记	谷 涛	基础医学院党委副书记
赵金垣	民盟北大医学部基层委员会副主委	钟延丰	基础医学院病理系党支部书记
		李 英	基础医学院教授
		孔凡红	校纪委副书记
		马文俊	医学部宣传部干部
范桂芝	数学科学学院行政党支部书记	谭昌妮	医学部机关党委副书记
李凤棠	地球与空间科学学院党委委员	李海峰	医学部医院院长

党务和思想政治工作奉献奖

2005年获国家级精品课程名单

序号	课程名称	课程负责人	单位
1	遥感概论	秦其明	地球与空间科学学院
2	生物化学	昌增益	生命科学学院
3	大学英语综合课程	黄必康	外国语学院
4	图书馆学概论	吴慰慈	信息管理系
5	中国哲学史	李中华	哲学系
6	中国现代文学	温儒敏	中文系
7	民族与社会	马戎	社会学系
8	古代汉语	蒋绍愚	中文系
9	光学	钟锡华	物理学院
10	离散数学	屈婉玲	信息科学技术学院

2005年获北京市级精品课程名单

序号	课程名称	课程负责人	单位
1	光学	钟锡华	物理学院
2	普通物理实验	段家忯	物理学院
3	太空探索	焦维新	地球与空间科学学院
4	古代汉语	蒋绍愚	中文系
5	离散数学	屈婉玲	信息科学技术学院
6	几何学及其习题	莫小欢	数学科学学院
7	地貌学	李有利	环境学院
8	宪法学	张千帆	法学院
9	中华人民共和国对外关系	牛军	国际关系学院
10	政治经济学	刘伟	经济学院
11	组织学与胚胎学	唐军民	医学部
12	眼科学	黎晓新	医学部

2005年获北京大学精品课程名单

序号	课程名称	课程负责人	单位
1	几何学及其习题	莫小欢	数学学院
2	高等数学B	李伟固	数学学院
3	常微分方程	柳彬	数学学院
4	数学模型	刘旭峰	数学学院
5	数理统计	何书元	数学学院

序 号	课程名称	课程负责人	单 位
6	环境生态学	刘树华	物理学院
7	光学	钟锡华	物理学院
8	力学	舒幼生	物理学院
9	大气动力学基础	谭本馗	物理学院
10	普通物理实验	段家忯	物理学院
11	核物理与粒子物理导论	叶沿林	物理学院
12	生物化学	昌增益	生命科学学院
13	植物生物学	杨 继	生命科学学院
14	变态心理学	钱铭怡	心理学系
15	普通地质学	吴泰然	地球与空间科学学院
16	遥感概论	秦其明	地球与空间科学学院
17	太空探索	焦维新	地球与空间科学学院
18	结晶学与矿物学	秦 善	地球与空间科学学院
19	自然地理学	陈效逑	环境学院
20	地貌学	李有利	环境学院
21	电路分析原理	余道衡	信息科学技术学院
22	离散数学	屈婉玲	信息科学技术学院
23	中国文献信息资源与检索利用	李国新	信息管理系
24	信息组织	马张华	信息管理系
25	中国古代史(下)	邓小南	历史学系
26	中国历史文选	何 晋	历史学系
27	中国古代的政治与文化	阎步克	历史学系
28	中国区域历史地理	李孝聪	历史学系
29	中国哲学史	李中华	哲学系
30	科学通史	吴国盛	哲学系
31	中国佛教史	周学农	哲学系
32	中国现代文学	温儒敏	中文系
33	中国当代文学	曹文轩	中文系
34	古代汉语	蒋绍愚	中文系
35	汉语方言学	李小凡	中文系
36	法语精读	王文融	外国语学院
37	财税法学	刘剑文	法学院
38	民事诉讼法学	潘剑锋	法学院
39	宪法学	张千帆	法学院
40	政治经济学	刘 伟	经济学院
41	微观经济学	刘文忻	经济学院
42	宏观经济学	张 延	经济学院
43	中华人民共和国对外关系	牛 军	国际关系学院
44	思想道德修养	祖嘉合	马克思主义学院
45	口腔正畸学	周彦恒	口腔医学院
46	核医学	王荣福	医学部核医学系
47	眼科学	黎晓新	第一、第二、第三临床医学院

序 号	课程名称	课程负责人	单 位
48	口腔组织病理学	高 岩	口腔医学院
49	组织学与胚胎学	唐军民	基础医学院
50	人体解剖学	周长满	基础医学院
51	物理诊断学	陈 红	第二临床医学院
52	医学基础化学	杨晓达	药学院

2005年获国家级教学成果奖一等奖名单

成果名称	主要完成人	完成单位
古代汉语系列课程建设的新开拓——以为学生提供全面系统和前沿创新的专业课程训练为核心	中文系古代汉语教研室	中国语言文学系
"电磁学"系列课程的改革和建设	赵凯华 陈秉乾 王稼军 陈熙谋 舒幼生	物理学院
生命科学创新型基础人才的培养与理科基地建设的实践	许崇任 郝福英 柴 真 苏都莫日根 赵进东	生命科学学院
北京大学软件与微电子学院——示范性软件学院建设	杨芙清 陈 钟 苏渭珍	软件学院
"基于网络环境的教学质量实时监控系统"在高等教育教学质量管理中的研究与实践	王 杉 周庆环 刘 帆 李 红 徐 燚 姜可伟	第二临床医学院
构建以素质教育为取向的跨学科通选课体系	迟惠生 关海庭 牛大勇 金顶兵 宋 鑫	教务部

2005年获国家级教学成果奖二等奖名单

成果名称	主要完成人	完成单位
中国哲学课程的全面建设	陈 来 李中华 胡 军	哲学系
"国家经济学基础人才培养基地"建设项目	刘 伟 郑学益 叶静怡 黄桂田 方 敏	经济学院
法学理论学科建设和研究生培养	朱苏力 周旺生	法学院
刑法课程教学方法改革	陈兴良 白建军 梁根林	法学院
北京大学政府管理学院本科生课程体系和教学模式改革	王浦劬 赵成根 胡 华 陈庆云 杨 明	政府管理学院
建立严格的博士生教育管理制度,造就最优秀的学术后备人才	温儒敏 卢永璘 朱庆之 魏 赤 曲庆云	中国语言文学系

成果名称	主要完成人	完成单位
中国古代史主干基础课的教学改革	阎步克　邓小南　张　帆	历史学系
普通统计学课程建设和教学	谢衷洁	数学科学学院
高等代数的教学改革	赵春来　蓝以中　蔡金星	数学科学学院
物理学人才培养基地人才培养模式与课程体系改革	叶沿林　王稼军　刘玉鑫 段家忯　陈晓林	物理学院
一流教育教学水平培育一流化学创新性人才	席振峰　段连运　张新祥 焦书明　李子臣	化学与分子工程学院
细胞生物学课程建设和创新性人才培养	丁明孝　陈建国　张传茂 苏都莫日根	生命科学学院
创新型地质人才培养模式与培养方案的研究与实践	潘　懋　郑海飞　赵连泽 于在平　李昌年	北京大学　南京大学　西北大学　中国地质大学(武汉)
管理运筹学系列课程建设	王其文　雷　明　黄　涛	光华管理学院
设立本科生"研究课程",构建创新能力培养的新平台	关海庭　卢晓东　王海欣 刘　雨	教务部
努力建设精品课程、大力促进素质教育	贾弘禔　李平风　周爱儒 李　刚　刘新文	医学部
新世纪病理学课程体系	宫恩聪　高子芬　郑　杰 钟延丰　邵宏权	医学部
临床医学专业学位培养模式的改革与实践	韩启德　李春英　侯　卉 李　均　刘秀英	医学部

2005年与兄弟院校合作获国家级教学成果奖名单

国家级教学成果特等奖

推荐成果名称	主要完成人	主要完成单位
大学生电子设计竞赛的开展与学生创新能力的培养	王　越　韩　力　沈伯弘　赵显利 俞　信　胡克旺	北京理工大学　北京大学 北京信息工程学院

国家级教学成果一等奖

推荐成果名称	主要完成人	主要完成单位
政治经济学(教材)	逄锦聚　吴树青　洪银兴　林　岗 刘　伟	南开大学　南京大学 中国人民大学　北京大学
高等化学资源共建共享平台	程　鹏　车云霞　高占先　张新祥 刘志广　叶汝强　李炳瑞　马玉龙 沈文霞　李士雨　陈六平　裴伟伟 孙宏伟　张宝申等	南开大学　大连理工大学 北京大学　华东理工大学 兰州大学　武汉大学　南京大学 天津大学　中山大学等

推荐成果名称	主要完成人				主要完成单位		
中国历史（六卷本，教材）	张岂之	刘宝才	钱 逊	周苏平	西北大学	清华大学	南开大学
	王子今	方光华	张国刚	杨树森	东北师范大学	中国人民大学	
	郭成康	王天有	成崇德	陈振江	北京大学		
	江 沛	杨先材					

国家级教学成果二等奖

推荐成果名称	主要完成人				主要完成单位	
我国护理教育课程设置和教学内容改革研究	陈 嬿	李淑迦	吴 瑛	何 仲	首都医科大学	北京大学
	兰 泓				中国协和医科大学	
历史学科网络资源（素材）库建设与应用	马世力	李治安	陈志强	陈春声	南开大学	中山大学
	郭双林	王斯德	张 强	刘新成	中国人民大学	华东师范大学
	何 晋				东北师范大学	首都师范大学
					北京大学	
全国高校心理健康教育创新体系的理论与实践	沈德立	林崇德	王登峰	龚耀先	天津师范大学	北京师范大学
	梁宝勇				北京大学	
环境类专业基础理论建立与课程体系整体优化的研究	左玉辉	朱 坦	叶文虎	杨 持	南京大学	南开大学
	孟紫强					

2005 年北京大学奖教金获得者名单

姓 名	单 位	奖项名称	姓 名	单 位	奖项名称
何芳川	历史学系	杨芙清-王阳元院士奖教金(特)	陈大岳	数学科学学院	正大奖教金(特)
			陈向明	教育学院	正大奖教金(特)
康晓平	公共卫生学院	杨芙清-王阳元院士奖教金(杨-王院士奖教金)	茅海建	历史学系	正大奖教金(特)
			韩世辉	心理学系	正大奖教金(特)
			刘树文	地球与空间科学学院	正大奖教金
王 宪	基础医学院	杨-王院士奖教金	王劲松	地球与空间科学学院	正大奖教金
朱学骏	第一医院	杨-王院士奖教金	张 英	对外汉语教育学院	正大奖教金
樊东升	第三医院	杨-王院士奖教金	刘 燕	法学院	正大奖教金
陈 红	人民医院	杨-王院士奖教金	刘东进	法学院	正大奖教金
罗 芃	外国语学院	杨-王院士奖教金	龚六堂	光华管理学院	正大奖教金
胡 敏	环境学院	杨-王院士奖教金	潘 维	国际关系学院	正大奖教金
秦其明	地球与空间科学学院	杨-王院士奖教金	李俊然	化学与分子工程学院	正大奖教金
魏根拴	化学与分子工程学院	杨-王院士奖教金	李元宗	化学与分子工程学院	正大奖教金
薛增泉	信息科学技术学院	杨-王院士奖教金	谢绍东	环境学院	正大奖教金
王立福	信息科学技术学院	杨-王院士奖教金	孙祁祥	经济学院	正大奖教金
郭 弘	信息科学技术学院	杨-王院士奖教金	张 辛	考古文博学院	正大奖教金
吴文刚	信息科学技术学院	杨-王院士奖教金	荣起国	力学与工程科学系	正大奖教金
孙树立	力学与工程科学系	杨-王院士奖教金	何 晋	历史学系	正大奖教金
陈庆云	政府管理学院	杨-王院士奖教金	祖嘉合	马克思主义学院	正大奖教金
姚 洋	中国经济研究中心	杨-王院士奖教金	朱晓阳	社会学系	正大奖教金

姓 名	单 位	奖项名称	姓 名	单 位	奖项名称
杨 继	生命科学学院	正大奖教金	王正毅	国际关系学院	宝钢奖教金
李伟固	数学科学学院	正大奖教金	俞大鹏	物理学院	宝钢奖教金
曹晓培	体育教研部	正大奖教金	徐 萍	药学院	宝钢奖教金
单荣荣	外国语学院	正大奖教金	贾欣茹	化学与分子工程学院	宝钢奖教金
林庆新	外国语学院	正大奖教金	佟向军	生命科学学院	东宝奖教金
高春媛	物理学院	正大奖教金	闫凤鸣	生命科学学院	东宝奖教金
师曾志	新闻与传播学院	正大奖教金	刘 怡	经济学院	树仁奖教金
张浩达	信息管理系	正大奖教金	施晓光	教育学院	树仁奖教金
王志军	信息科学技术学院	正大奖教金	秦咏梅	生命科学学院	树仁奖教金
彭 锋	哲学系	正大奖教金	李常庆	信息管理系	树仁奖教金
姚卫群	哲学系	正大奖教金	樊 力	考古文博学院	树仁奖教金
燕继荣	政府管理学院	正大奖教金	蒙吉军	环境学院	宝洁奖教金
陈保亚	中国语言文学系	正大奖教金	杨家忠	数学科学学院	宝洁奖教金
吴 鸥	中国语言文学系	正大奖教金	王 莉	心理学系	宝洁奖教金
王捍贫	信息科学技术学院	华为奖教金	朱永峰	地球与空间科学学院	宝洁奖教金
侯士敏	信息科学技术学院	华为奖教金	谢广明	力学与工程学系	宝洁奖教金
赵建业	信息科学技术学院	华为奖教金	孙祈祥	经济学院保险学系	国泰奖教金
唐世渭	信息科学技术学院	华为奖教金	李心愉	经济学院保险学系	国泰奖教金
甘学温	信息科学技术学院	华为奖教金	于小东	经济学院保险学系	国泰奖教金
王 雁	信息科学技术学院	华为奖教金	郑 伟	经济学院保险学系	国泰奖教金
邵维忠	信息科学技术学院	华为奖教金	刘新立	经济学院保险学系	国泰奖教金
胡晓阳	研究生院	华为奖教金	朱南军	经济学院保险学系	国泰奖教金
彭万华	研究生院	华为奖教金	谢麟振	信息学院电子学系	捷迪讯奖教金
陆爱红	研究生院	华为奖教金	钱义真	信息学院计算机系	IBM奖教金
王长平	数学科学学院	宝钢奖教金			

2004～2005年度北京大学教学优秀奖获得者名单

数学科学学院	何书元	刘张炬		社会学系	卢晖临	
力学系	苏卫东			政府管理学院	朱天飚	
物理学院	郭 华	黄显玲		外国语学院	高峰枫	王文融
信息科学技术学院	胡薇薇	佟 冬		马克思主义学院	康沛竹	
化学与分子工程学院	李维红	王 远		体育教研部	曹文革	
生命科学学院	昌增益	瞿礼嘉		艺术学系	李 松	
地球与空间科学学院	宁杰远	秦 善		对外汉语教育学院	刘元满	
环境学院	夏正楷			中国经济研究中心	赵耀辉	
心理学系	毛利华			教育学院	展立新	
中文系	陈平原	王洪君		新闻与传播学院	徐 泓	
历史系	邓小南			药学院	王 夔	
哲学系	章启群			公共卫生学院	季成叶	
经济学院	刘文忻			基础医学院	库宝善	
光华管理学院	彭泗清			第二临床医学院	刘玉兰	
法学院	刘 燕	邓 峰		第一临床医学院	陈永红	
信息管理系	刘兹恒					

2004～2005年度北京大学优秀班主任奖获得者名单

一等奖

数学科学学院	汤华中
国际关系学院	沈青兰
力学与工程科学系	励　争
外国语学院	陈永利
地球与空间科学学院	李江海
信息管理系	王锦贵
化学与分子工程学院	杨展澜
艺术学系	马　清
生命科学学院	于龙川
第四临床医学院	李春光

二等奖

数学科学学院	周蜀林
数学科学学院	李铁军
物理学院	张国辉
物理学院	彭士香
地球与空间科学学院	周仕勇
信息科学技术学院	王捍贫
信息科学技术学院	王　昭
信息科学技术学院	韩德栋
化学与分子工程学院	赵怡芳
生命科学学院	赵卫星
环境学院	贺灿飞
环境学院	张家富
心理学系	王　莉
中国语言文学系	李鹏飞
哲学系	杨学功
光华管理学院	亓淑琴
光华管理学院	王　莹
法学院	乔玉君
法学院	马宝霞
政府管理学院	余　斌
外国语学院	周海燕
外国语学院	高峰枫
马克思主义学院	史春风
教育学院	侯华伟
新闻与传播学院	李　萌
社会学系	方　文
信息管理系	赵　文
元培计划管理委员会	顾凡颖
考古文博学院	韦　正
经济学院	李绍荣
药学院	陈　欣
公共卫生学院	张景怡
公共教学部	于新亮
第三临床医学院	张　祺

三等奖

数学科学学院	邓明华
数学科学学院	马尽文
力学与工程科学系	王　勇
力学与工程科学系	史一鹏
物理学院	李湘庆
物理学院	廖志敏
物理学院	覃怀莉
物理学院	玉　静
地球与空间科学学院	张　臣
地球与空间科学学院	史　謌
信息科学技术学院	白敏珠
信息科学技术学院	高　军
信息科学技术学院	依　那
信息科学技术学院	张海洋
信息科学技术学院	罗英伟
化学与分子工程学院	刘中仕
化学与分子工程学院	邵　娜
化学与分子工程学院	吕传军
生命科学学院	陈建国
生命科学学院	郑晓峰
环境学院	王雪松
环境学院	汪　芳
中国语言文学系	陈晓明
历史学系	叶　炜
历史学系	臧运祜
国际关系学院	孙　岩
国际关系学院	张锡镇
法学院	李媛媛
法学院	樊振华
法学院	陈永生

政府管理学院	李永军	经济学院	张新华
外国语学院	孙建军	公共卫生学院	崔爽
外国语学院	佟秀英	基础医学院	朱滨
外国语学院	杨国政	第三临床学院	王织云
外国语学院	王彦	基础医学院	王程
外国语学院	时光	护理学院	杨萍
新闻与传播学院	陆邵阳	第一临床医学院	张凡
新闻与传播学院	陈开和	第二临床医学院	石淑宵
信息管理系	韩圣龙	口腔医学院	刘杰
元培计划管理委员会	沙丽曼	航天中心医院	赵亚飞
艺术学系	周映辰		

2004～2005年度北京大学优秀德育奖获得者名单

数学科学学院	刘雨龙	新闻与传播学院	孙华
力学与工程科学系	陈征微	社会学系	刘旭东
物理学院	李军会	信息管理系	秦铁辉
地球与空间科学学院	盛淑兰	艺术学系	王欣涛
信息科学技术学院	王雁	对外汉语教育学院	于素荣
化学与分子工程学院	李支敏	元培计划管理委员会	李胜
生命科学学院	刘沛诚	校团委	路鹏
环境学院	刘德英	校团委	郑清文
中国语言文学系	王枫	青年研究中心	刘杉杉
历史学系	何晋	万柳学区办公室	杨兴文
考古文博学院	何嘉宁	药学院	郭昀
哲学系	于晓凤	医学部团委	史金龙
国际关系学院	高静	口腔医学院	徐开秀
经济学院	卢自海	学生工作部	陈炜
光华管理学院	马化祥	学生工作部	霍晓丹
法学院	杨晓雷	学生工作部	苏熙
外国语学院	高一虹	学生工作部	赵天旸
政府管理学院	于峰	学生就业指导服务中心	方伟
马克思主义学院	秦维红		

关于表彰2004～2005年度学生优秀个人和先进集体的决定

为鼓励学生全面发展，引导学生勤奋学习，开拓进取，不断增强创新能力，早日成长为有理想、有道德、有文化、有纪律的社会主义建设者和接班人，根据《北京大学学生奖励条例》，我校从9月初至10月底，在全校学生中开展了学年总结、民主评议、综合素质测评，并在此基础上进行了2004～2005学年度优秀个人和先进集体的评定。经校奖励评审委员会审核、校长办公会批准，决定：

授予元培计划实验班杨滔、基础医学院吴静等213名学生"北京大学三好学生标兵"称号；

授予药学院潘德林、力学与工程科学系楚海建等103名学生"北京大学创新奖",6个团队"北京大学创新团体"荣誉称号;

授予生命科学学院张鹏、公共卫生学院田芳等1448名学生"北京大学三好学生"称号;

授予第一临床医学院李奉龙、心理学系刘江娜等94名学生"北京大学优秀学生干部"称号;

对在学习、社会工作、体育、艺术活动等方面表现突出的1779名学生分别颁发学习优秀奖、社会工作奖、五四体育奖、红楼艺术奖等单项奖励。

授予物理学院、外国语学院、法学院、地球与空间科学学院、政府管理学院、历史学系、航天临床医学院、精神卫生研究所等8个单位"北京大学学生工作先进单位"称号;

授予第三临床医学院临床医学2001级3班、环境学院2004级博士生班等27个班集体"北京大学优秀班集体"称号;

授予马克思主义学院2004级硕士生班、第二临床医学院临床医学2001级2班等76个班集体"北京大学先进学风班"称号;

推荐光华管理学院金玲、公共教学部赵经洲等57名学生为"北京市三好学生";

推荐护理学院段琳、信息科学技术学院朱立达等19名学生为"北京市优秀学生干部";

推荐化学与分子工程学院2004级本科生3班、口腔医学院口腔医学2000级硕士生班等19个班集体为"北京市优秀班集体"。

学校希望被表彰的个人和集体珍惜荣誉,再接再厉,百尺竿头更进一步。学校号召全校学生向获奖的个人和集体学习,按照"文明生活、健康成才"的总体要求,努力把自己锻炼成为素质全面、理想远大、品德高尚、成绩优良、学有专长的具有创新精神和实践能力的优秀人才。

2004～2005年度学生奖励获得者名单

北京市三好学生

教学科学学院	秦伯涛	韩思蒙	
力学与工程科学系	杨玉林		
物理学院	杨远	范鹏宇	
地球与空间科学学院	涂蔚超	刘华峰	
生命科学学院	何斌	郭琴溪	
信息科学技术学院	何巍	辜新星	
化学与分子工程学院	孙飞	寿恒	
环境学院	易如	张鑫	
心理学系	刘松琦		
中国语言文学系	金晶		
历史学系	杜芳		
考古文博学院	黄珊		
哲学系	王云飞		
国际关系学院	朱淑娴	赵焕刚	
经济学院	张春晓	解利艳	
光华管理学院	金玲	陈雯雯	
法学院	戴昕	黄洁	
信息管理系	傅智辉		
政府管理学院	林伟鹏		
社会学系	王迪		
外国语学院	张驰	张婧一	
教育学院	何峰		
艺术学系	匡咨		
新闻与传播学院	刘楠		
元培计划试验班	杨滔		
基础医学院医学预科班	吕达	何长顺	
基础医学院	陈璨	楚红	付文先
公共卫生学院	尹慧	彭妮	赵鹏
药学院	陈晓梅		
公共教学部	赵经洲		
第一临床医学院	童彤		
第二临床医学院	彭文平		
第三临床医学院	钟沃权	吴莹光	
第四临床医学院	高健		
口腔医学院	柳大为		
护理学院	卢欣		
民航总医院教学医院	杨彦		
航天临床医学院	黄志卓		
中日友好临床医学院	刘理		

北京市优秀学生干部

物理学院	于 飞
生命科学学院	康德智
信息科学技术学院	朱立达
环境学院	何 钢
中国语言文学系	袁文旭
国际关系学院	邓晓天
经济学院	周 健
光华管理学院	郑 伟
法学院	陈雯娴 卢 亮
信息管理系	曹冠英
政府管理学院	陈良文
新闻与传播学院	姚 雪
公共卫生学院	王 波
药学院	毛玉丹 田晓明
第一临床医学院	李奉龙
第二临床医学院	王 喻
护理学院	段 琳

北京市优秀班集体

数学科学学院	2002级金融数学本科生1班
物理学院	2004级本科生2班
化学与分子工程学院	2004级本科生3班
生命科学学院	2004级本科生2班
地球与空间科学学院	2003级地球物理本科生班
中国语言文学系	2004级本科生2班
历史学系	2004级本科生班
经济学院	2003级博士生班
光华管理学院	2004级工商管理本科生2班
法学院	2004级本科生3班
政府管理学院	2003级硕士生班
外国语学院	2004级德语本科生班
元培计划试验班	2004级本科生班
信息科学与技术学院电子	2003级本科生1班
基础医学院临床医学	2002级2班
公共卫生学院预防医学	2003级1班
口腔医学院口腔医学	2000级
护理学院护理	2004级
第三临床医学院临床医学	2001级3班

三好学生标兵

数学科学学院	秦伯涛	贺 鹏	陈 浩
	孙幼弘	陈 苏	韩思蒙
	赵新宇	安金鹏	李秋月
力学与工程科学系	蔡 艺	苏天翔	杨玉林
物理学院	赖力鹏	常 嵩	王 赫
	杨 远	范鹏宇	陈 曦
	罗浩俊	周永恒	李 舟
	覃怀莉		
地球与空间科学学院	涂蔚超	刘华峰	范 杰
	王 宇	汪大明	
信息科学技术学院	陈舒毅	李 合	辜新星
	张 笑	王振华	何 巍
	林志伟	毛 震	李浩源
	赵 哲	沈 坚	童 霆
	刘 杨	夏 令	吴智发
	胡子敬	王鸣生	刘譞哲
化学与分子工程学院	魏新宇	丛 欢	孙 飞
	杜娟娟	寿 恒	谢黎明
	王冰冰	邓 巍	赵晓东
生命科学学院	何 斌	陈力颖	郭琴溪
	余 涛	刘 毳	黄 俊
	曲秀霞		
环境学院	陈秀欣	易 如	张诚昊
	张礼文	闫永涛	张 鑫
	李青淼		
心理学系	刘松琦	李 峥	
中国语言文学系	张德付	李 晶	金 晶
	白 雪	王兴莱	韩沛玲
历史学系	鲁虹佑	杜 芳	康 鹏
考古文博学院	黄 珊	陈 瑞	
哲学系	贡 洁	王 征	王云飞
国际关系学院	王晓璇	朱淑娴	王剑英
	赵焕刚	吕 强	卢成军
经济学院	袁 锐	潘醒东	蔡洪玮
	吴博文	林 琨	解利艳
	杨 鑫	张春晓	
光华管理学院	关 冲	金 玲	雷翠霞
	王鹏飞	陈雯雯	胡泽国
	连毅力	刘学臣	杨自成
	李 敬		
法学院	戴 昕	时 磊	廖宇飞
	倪 佳	吴丽芳	叶晓斌
	齐东亮	王 喆	张玲玲
	黄 洁	刘 凯	韩春晖

信息管理系	傅志辉	许 欢			**创 新 奖**		
社会学系	胡倩影	王 迪					
政府管理学院	林伟鹏	刘 增	魏 薇	数学科学学院	黄 芳	刘 方	林一青
	雷艳红				劭嗣烘		
外国语学院	刘宇婧	焦炜铭	张 驰	力学与工程科学系	宫玉才	唐绿岸	楚海建
	刘 宁	张婧一	丁 祎		朱建州	石 红	张丹丹
	魏有美	陈 宁		物理学院	潘华璞	应轶群	赵 清
马克思主义学院	陆 松	胡海茔	陈 丹		李 强	张 立	
教育学院	何 峰			地球与空间科学学院	王华沛	余海洋	李 晶
人口研究所	付一兰				林 星	孙作玉	张贵宾
中国经济研究中心	刘 丹				乔二伟		
对外汉语教育学院	鞠 慧			信息科学技术学院	隆杰毅	王莎莎	刘文俊
艺术学系	匡 咨	俞 燕			施文典	王 湃	王致敏
新闻与传播学院	刘 楠	黄缘缘	刘子祎		杨 利	王鸣生	李路明
	翟淑华			化学与分子工程学院	尹海清	司 锐	陶国宏
软件与微电子学院	张乃岳	蒋天策	杜丙国		段小洁		
	张羽新			生命科学学院	赵玉婷	赵东昕	时 艳
元培计划试验班	杨 滔	赵翰露	杨 威		陈 强	张 勇	胡宇飞
	林英睿				史运明	王向峰	曲秀霞
基础医学院医学预科班	李兴哲	吕 达	刘 烨	环境学院	邢珏珏	李昌霞	安 伟
	何长顺	李葚煦	何丹青		魏永杰		
深圳研究生院	丛 黎	张靖凯	何长春	软件与微电子学院	宿 贠		
	熊启涵	李小东	刘振华	心理学系	李文娟		
基础医学院	宋广瀛	陈 晗	邱素均	历史学系	李 雯	王思葳	昝 涛
	李 倩	李 梦	付文先	国际关系学院	李 巍	孙洪涛	
	吴 静			经济学院	潘醒东	翟 进	赵留彦
公共卫生学院	刘志刚	周 婷	何鲜桂	光华管理学院	陈 烨		
	赵 鹏			法学院	李 锐	陈小娟	刘 博
药学院	杨可伟	周 欣	杨 琳		刘柏才	金 轲	刘晓蒙
	甄 鹏	王 瑞	郭宇岚		赵 宁		
	谢璐佳	刘 毅	刘 瑜	信息管理系	鄢 凡	于 嘉	余训培
公共教学部	张 锐			社会学系	石 昊		
第一临床医学院	赵 妍	童 彤	胡 艳	政府管理学院	刘 增	徐 瑛	曹堂哲
	邢 燕	孙伟平		外国语学院	孔 源		
第二临床医学院	彭文平	王 倩	陈国强	马克思主义学院	杨枝煌	孙文营	
	杨士伟			新闻与传播学院	望开力		
第三临床医学院	钟沃权	吴莹光		教育学院	郭从斌		
第四临床医学院	高 健			人口研究所	陈佳鹏	刘菊芬	
口腔医学院	柳大为	李思雨		元培计划试验班	崔 婧		
护理学院	陈 萌	金文姬	刘 璐	基础医学院	曹长琦	夏 雪	崔翔宇
	郑 奕	韩启飞			李云燕	高志勇	徐 英
中日友好临床医学院	刘 珲				顾艳艳		
民航总医院教学医院	杨 彦			药学院	王黎恩	潘德林	金 伟
航天临床医学院	黄志卓				刘 瑜		
临床肿瘤学院	吴 薇			公共教学部	张艺宝		

第一临床医学院	张 倩　田信奎　程李涛
第三临床医学院	韩 颖 梅 林　张海龙　杜长征 贾凌云
第四临床医学院	曾聪贺
深圳研究生院	郭凌云

创新集体

数学建模竞赛团队
"仿生机器鱼"研究团队
学生合唱团
学生民乐团
学生舞蹈团
桥牌队

三好学生

数学科学学院

刘保平	袁洪松	刘 毅	张 伟	李毅梅	徐 颖
李若莎	韩 晗	刘知海	王 涵	胡冲锋	游佳明
陈 琴	谢兵永	杨静毅	黄春妍	李 娜	周 晶
徐 昕	马 跃	姚佩佩	郑 敏	姚 珧	刘 耿
吴 瑜	林 凌	邵 远	王大可	孙婷妮	梁 超
单治超	李 驰	孙 祺	林 乾	王月清	赵 亮
林 霖	杨 锐	黄 皓	葛 颢	王天一	刘剑锋
邢亦青	方旭赟	王敏瑶	葛 菲	方家聪	宋 鹏
谭 旭	李应博	尹 艳	郭沁苗	谭昌汇	吴建春
杨诗武	李付海	赵 斌	乔 琦	高 堃	张 硕
张珊珊	吕珍涛	沈临辉	孙鹏飞		

力学与工程科学系

蔺 冰	张 哲	朱虹宇	慈懋林	温 鑫	武 牲
郭文轩	郭家杰	陈曾伟	陈青松	朱 洵	刘立忠
王建春	李正宇	肖翌萱	马婷婷	杨延涛	胥柏香
陈 昱	薛凌洲	何劲聪	朱金波	陈 思	路益嘉

物理学院

杨 承	庄士超	吴超伦	史 平	濮 冰	吴俊宝
陈 思	付 强	钱昊宇	毕研盟	李 欣	邹宇斌
张 艳	李锋铭	刘大勇	亓婉铭	董若冰	王直轩
戴俊峰	徐冰笑	朱炜玮	王立坤	贺 丽	李 芬
汤 琦	张 强	池月萌	朱一超	张春雷	丁志博
周治勇	韩 雷	徐文灿	李 昊	王 晨	平夏雨
韩俊峰	林 蒲	张碧辉	王 龑	陈代卓	吴迓璧
顾 杰	黄 博	卢芳超	梁浩原	谢秋实	秦 毅
孔德圣	邵 辰	张 兴	孙 鼎	张一多	杨 征
卢志鑫	尹含韬	许嘉宾	王海辰	王思远	蒲 宇
李 然	方轲杰	陈 同	于 航	岳 嵩	丘文俊
王慧亮					

地球与空间科学学院

彭青兰	易鸿宇	高晶晶	秦 适	李 敏	龚俊峰
匡俊宇	曹 琴	王婷婷	尚学峰	张 婷	陶迎春
石 超	仲力恒	王 东	王占刚	吴 欢	刘 政
朱孟璠	刘超群	岳 汉	杨玉萍	郭永和	何建森
张 曦	高 鹏	杨 毅	刘子瑜	闫彬彦	李海建
高 栏	杜瑾雪	李 潇	薛进庄	李 翔	

信息科学技术学院

吴 俣	徐重远	李 闪	李 因	赵 祺	曹 伟
叶鹏程	赵 益	崔舟航	李端梁	任建国	唐 伟
吴 巍	刘 钰	胡 彬	韩 瑜	金祯祯	丁向辉
刘 筱	肖 斌	赵婷婷	王振兴	朱 玄	梁 昕
赵 硕	桂征辉	魏红秀	肖 琳	陈 辰	曾 晨
顾闻博	张文哲	肖 琴	孙玉香	吴 奇	张 鹏
冯 岩	张福强	王 坤	曹东志	刘 彬	张晓儒
张 诚	杨筱丹	叶 露	宋谊超	吴 冰	任姝环
梁佳乐	范春辉	刘 晟	朱嘉奇	程 志	徐春香
陈治宇	蒋 竞	杨德俊	侯潇潇	银 平	汪 萌
丁 嵩	刘克东	董正斌	吴 泠	戴 蓉	何 靖
封 盛	张贤国	程志文	吴大可	吴 珂	杨 阳
朱 元	吴 怡	赵 瑜	田 豫	刘 洋	姚 琨
李霁昕	肖 锋	张佳璐	张吉豫	田 敬	岳玮宁
王玮琥	兰 希	杨暐健	孔令刚	杨 懋	万小军
蔡明博	洪才富	杨 帅	洪 成	刘 洪	裴玉如
曹 佳	刘 飞	蒋 晓	李 维	郭 奥	宋效正
李柳青	陈 巍	孙丽娜	寿思聪	赵 莉	李双峰
张元睿	申 畅	安 科	窦 亮	范小杏	孙东喜
唐晓晖	申峻嵘	崔高颖	刘 敏	石 铭	萨 宁
夏 天	刘 丹	黄 谦	孙国辉	王 煜	张静肖

化学与分子工程学院

王 璐	魏 漾	王一恺	廖佩琳	张可亚	丁 帅
孙 宁	王阳阳	庞育成	韩佐晏	王 帅	杨新星
廉 洁	王小烨	许灵敏	祝小茗	舒东旭	张中岳
张 晶	张鹏翼	邓钦培	王 炜	郭向宇	李 翔
曹 烨	党项南	吕祎轩	孙 浩	唐 雯	樊 婧
覃 罩	王 进	张 威	徐 骏	刘 娜	王 航
赖丛芳	向 晶	范 兴	郑 波	任 亮	郑 捷
侯 鲲	康 娟	许 峰	许 宁	王松蕊	管洪波
毛 景	房 韬	廖明毅	肖峰平	许荔芬	肖云龙
芦 逵	陈呼和	邵 娜	陈树峰	周 维	苏延静
赵娜娜					

生命科学学院

朱伯开	张继涛	武 晔	胡冠青	孙实笏	苏晓磊
范 宇	楼梅燕	赵江阳	陈晓悦	梁 伟	黄 璞
李 拓	陈 放	张 鹏	刘晓婷	孟琳燕	朱 佳
熊慧中	杨露菡	王国晓	李 冀	刘 倩	宇文泰然
胡镇乾	高杨滨	王 茜	李剑青	毛希增	刘贤伟

陈浩东 宋希军 周艳峰 黄渡海 戚飞 李川昀
逄宇 王晶晶 韩佩 傅静雁 杨伟 张勇
苏小琴 熊伟 李慧惠 钱万强 刘婷 赵卫星
郭安源 王冶 施永辉 王青松

环境学院

张纯 黄珏 于璐 李倞 赵志强 袁慧诗
张雯婷 周固君 张书海 孙建欣 王葭 王亮
季梦 戴薇 郑一就 左盼莉 许开颜 沈咏美
邹倩 刁明慧 马禄义 肖亚娜 胡垚 韦伟
王寅 陈倩倩 刘洋 金晓辉 赵星烁 杨雷
范英英 丁剑 张歆 吴洪德 赵珊珊 严汾
黄钱 陶文娣 温丽丽 赵英丽 彭建 黄义军
毛国柱 李俊 党宁 林涛 万劲波 刘永

心理学系

王雨吟 顾晓思 郭萍 范妍 杨扬子 王纯
孔寅平 杨寅 王非 郝坚 邓晶 王异芳
王明姬

中国语言文学系

王禹 董思聪 范雪 欧阳国焰 丁伟伟 明珊珊
刘书刚 刘同华 伍蕴瑜 刘纯 张蕴爽 付爽
王嵘 万辉 唐璐璐 林峥 许帆婷 周昀
彭春凌 王璞 王振峰 吕远 王彦 胡森森
袁博 王祖明 颜维绮 运红娜 魏薇 卢燕娟
熊权 蔡彦峰 李晶 李龙 于淑静 刘占召
师力斌 杨贺

历史学系

孙佳文 高子越 徐硕 李小斐 田武雄 陈冠华
陈捷 李怡文 吕迅 汪雪良 吴楠 曹晋
韩冰 赵珊珊 马行亮 陈长伟 常越男 吴春丽
陈丹 高岳 施展

考古文博学院

王佳音 王书林 罗汝鹏 薛轶宁 李晴 王敏
马赛 胡传耸 崔剑锋

哲学系

高思存 季志强 李春颖 丁雪 杨超 张晓萌
张梧 吴敏 周祥 王耀华 郗戈 吴莉莉
臧勇 张健捷 陈江进 冯艳 樊阳程 蔡蓁
张双龙 李顺华 任蜜林

国际关系学院

查文晔 周斌 李滨兵 陈可 陈晓晨 王秋实
于慧玲 何叶紫 李潇潇 周济申 吴国金 邢孔婧
周淘沫 张纯 李雪 陈晓君 赵婉伊 吴萱萱
陈琳 马明宇 郝鑫森 王志伦 张静 马冬妮
何林 娄亚 熊婷婷 褚大军 周艳 吴晓丹
罗菁 闫莉 余乐 罗业超 孙广星 王文泽
姚佳威 孙力舟 林影 雷衍华 张莉

经济学院

温鹤飞 赵东君 李梦遥 沈日晶 熊奇舟 沈笑宇
高若然 赵悦 徐竞文 夏小雨 范杨 童雪菲
党笑蕊 黄若琰 曾雪兰 郑裕耕 黄思婧 肖瑶
严薇 杨美玉 李静谦 马思伟 沙莎 郁智慧
姜来 钟美玉 施展 袁锐 陈昌伟 潘醒东
张娴 张涵冰 蔡洪玮 吴博文 周一枫 林琨
杨浩 解利艳 黎阳 杨长湧 吴铭 赵冰喆
黄志刚 刘淼 杨鑫 蔡婧 刘雪菲 辜岚
郜全亮 张春晓 钱宥妮

光华管理学院

陈然 李婧 李密 曲涛 刑佳 徐晶晶
杨本心 张沛之 张严心 高明 赖源棱 李怡
刘俊 刘晓丽 山盟 涂舜德 朱隆斌 王岚
王智鹏 安砾 周晓明 广东 李恩伦 李兮旸
舒威 谭山 周雷 周寅猛 杜建 张初华
高雁 高培道 耿标 管家民 胡大春 金霞
李博 李康 李梦蘅 李蓉蓉 李兴卫 廖青
刘琪 刘葳 罗翔宇 钱叶文 沈恬 水倩
王立 王菁华 王晓东 王兴猛 吴成华 夏华阳
谢毅 晏飞 杨德龙 杨周周 于红霞 余波
张娜 黄良赳 崔浩 王广富 杨娉 沈梁军
崔伟

法学院

陈洁玉 向天宁 庄田田 韩寒 刘小丽 李子瑾
龚仙蓝 赵杨 刘骁 林琼华 王秋雯 张静
葛智 曾璐 陈韵 魏瑾 徐正捷 马力
姜婉莹 郑园 周源源 于宁 程莉 叶菊芬
卢璟 侯东方 蒋航 劳佳琦 郭嘉 朱毅
代锷 贺剑 钱思雯 张黎立 江伟丽 韩里然
韩丽丽 钟炜 焦海涛 贺莎 董宇 刘琼
康凯 刘源明 王红玲 黄韬 陈绍平 李佳佳
刘建辉 叶可 王青山 瓮建 谢凌寒 孟兆平
徐玲芳 陈洁雅 蒋诤 王宇 秦平 杜春娟
倪婷 潘颖 王俊杰 赵伟婧 欧阳铮 刘庆芳
王婷 马艳娟 欧阳应琳 胡斌 陈苏华 尹婧
申展 卢琰 朱理 赵玲 张会峰 叶卫平
张杰 曹明星 张怡超 王新艳 苗文龙

信息管理系

于嘉 鄢凡 王欣 刘幸昕 杜晓梦 李锦香
彭红彬 刘雅琼 金燕 程妮 余训培 柳霞
胡文倩 陈洁 张晓新 葛宁 范凡

社会学系

钟晓芳 周楠 梁晨 郑晓娟 宋倩 郭琦
王璜 赵玉金 赵琳 高洪山 孙力强 张婧
田耕 唐蕊 章邵增 王珊 马雪峰 张翔

政府管理学院

张之星	宋 歌	尹诗翰	向姣姣	程静轩	肖慧华
周 茜	母欣阳	梁彦文	吴 津	赵珊珊	吴 爽
林 赛	朴淑瑜	白 静	段德敏	郑 融	左昌盛
王士才	周雪莲	黄 恒	王媛媛	徐 卓	唐海华
孙宝云	陈小平				

外国语学院

朱宏斌	林龙亮	黄重凤	刘丽红	余 宁	佟 牧
陈 宁	杨 汀	张潇潇	张冉宁	谭金周	张 芳
赵 璧	郭 鑫	钱杨静	黄 弦	吴阳春	徐 晴
文史哲	赵莎莎	明 喆	周晓霄	李祥乐	范 晓
牛艺霖	刘 倩	吴一凡	罗 弥	杨任任	杨 婧
柳 静	戴甚彦	盛 甜	燕 燕	艾 洁	陈 果
丁大伟	付 莉	林 礼	苏 彪	王娅茜	刘骏强
孙 铮	贾永生	郄莉莎	刘 婷	朱丽峰	徐 曦
龚国曦	李苏宁	金红梅	朱 晖	李双志	李如钰
陈 垦	王正斌	代红光	姚 骏	费建华	

马克思主义学院

姜迎新	任卫军	彭 敏	彭颖敏	陈 博	杨 凡
郭 玲	王 斌	周文静	刘 鹏	张 征	李 静
吕 盈	安凤雷	王 强	刘 超	邵 琼	谢振华

教育学院

何 征	赵宇辉	刘彦伟	罗 康	刘钧燕	魏 巍
郭丛斌	薛海平				

人口研究所

王 烨	张 蕾

中国经济研究中心

翁 翕	廖谋华	江 宇	练唯诚	陈工文	王英姿
徐朝阳					

对外汉语教育学院

张京京	詹成峰

艺术学系

任聚会	蒋 薇	章 超	马 骏	吕 帆	崔雨竹
金晓聚	许春阳	杨林玉			

新闻与传播学院

韩天旸	郭素凡	聂芝芯	李 丹	郑一忱	刘寰宇
李 炜	肖 琨	周 悦	蔡金曼	顾 鑫	曹宇钦
任小冰	刘 瑾	陈 玥	冯 娈	周 晶	张 颖
袁 芫	李 婧	臧蕙心	喻 平	文艺橙	吴斌斌
张春铭	张 莹	杜 娟	云国强	王金媛	

软件与微电子学院

李晓芃	梁成修	魏宏一	古可明	郝俊杰	陈筱进
姚正宇	曹贵林	胡 乐	姚 远	楚 建	衡东君
梁 剑	史传英	魏 星	华晓亮	李 谦	何 莉
夏智敏	许 阳	祝振江	丘永萍	曲伟业	史朝胜
高留云					

元培计划试验班

黄冰洁	乔元华	张天翼	杨 凝	彭 放	赖宇鸥
刘诗聪	李璞琳	王俊煜	赵智沉	李 忱	郭甲子
汪 清	韩 婷	施 皖	徐春虎	郭运波	齐彦艳
李 君	杨 森	周蟾燕	李 翱	刘 伟	段晓琳
马卓君	周 全	过琳琳	刘良会	平小虎	

基础医学院医学预科班

刘明霞	周 洲	褚 祎	刘 洋	曹晓静	李嘉华
周 知	喻小娟	高露娟	张筱颖	牛悦青	董士勇
王 欣	周 妍	吴寸草	赵 敏	赵 通	姜俪凡
李秀茅	刘子源	赵建辉	王天昱	李 丹	周 鑫
赵鹏举	王小艺	李 墨	石 砚	闫 琦	李 冉
陈云超	曾塬杰	裴喜燕	李 圆	赖玉梅	臧 鹏
桂 宾	冯 刚	苗一非	于 杰		

深圳研究生院

盛 楠	宣传忠	唐恒标	李 晶	于海波	莫蓁蓁
楼 夏	吴雅婷	卢 俊	魏 薇	杨思博	李 波
张惠芳	陈 冲	齐江春	孙如明	黄常乾	刘逢春
张 琪	王玉国	李 蓓	马利伟	王 帅	李德平
高丹妮	朱 熠	章文颖	赵 欢	李 思	严 俊
童素娟	吴让军	宋 川	陈 伟	毛 浩	陈 璐
黄 建	孙晓静	王广忠	钟启春	岳 隽	

基础医学院

熊婷婷	何 冰	韩 墨	庞 博	郭晓欢	叶 颖
孙 玥	迟 茗	宋韩明	黄远深	桑 田	许 颖
林 洁	王 博	张 锋	徐 力	高莹卉	杨晓燕
周 靖	莫晓冬	莫漓虹	王婕敏	顾阳春	周继豪
王丹丹	杨 拓	苏运超	刘黎黎	毛加明	谢 旻
孙志伟	石婵奇	刘 林	贾茜茜	李沈铎	唐 胤
林 琳	丁 绪	陈宝琼	林胜利	黄应申	裴群羽
黄江梅	戴 晶	沈 涛	潘春水	李卉丽	黄 进
李开荣	戴 慧	靳彩宁	贾玉红	曾 柱	宫丽华
陈丽娜	林燕华	尹利民			

公共卫生学院

田 芳	何民富	武轶群	蔡 楠	何 柳	宋 岩
孙晓东	张 锋	安 伟	肖 杨	吴 静	那木子
杨学礼	刘 淼	范雯怡	穆 璠	胡瑜超	范 杰
钟方虎	丁兆丰	马玉欣	张衍禜	黄 蕾	何忠虎
高文静	祁妍敏				

药学院

赵 岩	孙 婉	付 刚	张 蕾	向 宇	岳元婷
李 媛	商 朴	冯 烨	任宏燕	陈玉平	唐 偲
杨世进	安春娜	高 敏	申晨曦	张春晖	王黎恩
李桃园	梅 辉	万 颖	杜 举	张 婷	王旖旎
王 菲	李 丝	张 元	伍博深	杨丽娟	陆银锁
曹 宇	叶 昕	宋 旭	徐 彬	梁 谋	王 卓
陈 卓	章俊麟	钟 鸣	李天舒	金 武	殷其蕾
于 童	陈星伟	包宁疆	王珊珊	穆 然	张 鹏

史社坡　徐岷涓　刘爱华　朱永强　刘江元　张　航
丁海涛　范秋华　马会利

公共教学部
贾　茹　黄　芳　冯　攀　苗金刚　许　静　董　璐
赵晓曦　蒋艳芳　董美丽

第一临床医学院
陈　琛　陈聪翀　谷　莉　孙　丹　汪　旸　毕青玲
闫　婕　胡　君　杨志凯　朱毓纯　宋韫韬　李佩雯
倪莲芳　刘立军　陶　源　王立柱　武颖超　阴振飞
达娃次仁　于　扬　崔　昭　杜　卉　李晓蕙　褚松筠
王会元　彭　靖　李维青　王　昱　吴文湘　马　为

第二临床医学院
赵　娟　吉晓琳　陈少敏　侯　婧　肖　玮　倪春雅
邓　锐　郑兴邦　闫红珊　陈梦捷　刘晓宇　周　城
盖　源　杨　磊　郑　晟　陈　亮　张　洁　王铭远
丁　敏　唐锦明　饶慧瑛　张　虹　李　慧　李　国
田　蓓

第三临床医学院
王　婷　宋　飞　赵　博　许永乐　廖　莹　盛　森
王一婷　吴晓亮　张秋芳　朗　宁　盖晓燕　徐永胜
张　娜　严晓南　杜建海　王宏利　王丽娜

第四临床医学院
韩　为　康　宁　刘　霞　徐海荣

口腔医学院
曹　烨　朱　敏　徐明明　刘　晶　王雪东　陈　帆
马　雯　浦婷婷　刘树铭　牛春华　王　鹏　单小峰
李　飒　王冬梅

护理学院
邹慧君　陈华夏　张荷钰　李　旭　刘　燕　朱小琴
王春炅　陈逾钦　王雅祺　李孟颖　肖　星　霍春燕
程　芳　龚晶晶　周　颖　戴玉玲　申雪梅　周　波
王巧玲　王笑赛　赵　娜　高　菲　姚　宇　苏　欣
蔡丹萍　宋晓晴　王雪晶　张亚飞　胡佳慧　韩媛媛
戚莹莹　何　洋　薛培培　李雪利　陈　乐　闫丽娟
邓寒羽

民航总医院教学医院
徐晓娟

航天临床医学院
沈　蔷

中日友好临床医学院
敖明昕

深圳北京医院教学医院
李　凌（2001本）

临床肿瘤学院
李燕宁　李永恒　罗达亚　刘江莹　胡维亨　王　友

精神卫生研究所
孙　伟　钱　英　赵　盟

优秀学生干部

数学科学学院	刘　冉	张　璐	杨升松
力学与工程科学系	白　夜	赵　亮	
物理学院	陈祎伟	石宇宁	于　飞
地球与空间科学学院	陈　实	李光辉	
信息科学技术学院	潘玉龙	胡慧琳	胡振燕
	朱立达		
化学与分子工程学院	姚志中	田松海	陆　江
生命科学学院	康德智	王　宇	
环境学院	金　鑫	何　钢	
心理学系	张佳昱	刘江娜	
中国语言文学系	陈　益	金学影	袁文旭
	戴晓华		
历史学系	陈　浩	刘慧娟	韩　冰
考古文博学院	钟棉棉	李青昕	
哲学系	黄　婷	陈　可	
国际关系学院	邓晓天	史　昊	
光华管理学院	滕　飞	郑　伟	
法学院	陈雯娴	霍　琨	孙　琦
	张学勇	卢　亮	
信息管理系	曹冠英	罗　超	
社会学系	金　梓	王　俊	
政府管理学院	张　源	陈良文	吴志翔
外国语学院	郭晓春	张妙妙	蒋　鹏
马克思主义学院	顾一鸣	高　博	于福坚
经济学院	周　健	刘乃铭	刁天烽
教育学院	李　铮		
人口研究所	陈俊华		
中国经济研究中心	李伟博		
对外汉语教育学院	董宪臣		
艺术学系	康　路	肖　琳	
新闻与传播学院	王一涵	姚　雪	
软件与微电子学院	高　江	高志强	
元培计划试验班	张琬婷		
基础医学院医学预科班	陆峥飞	刘晓鲁	
深圳研究生院	张建成	侯博威	
基础医学院	成兴华	麻耀颖	
公共卫生学院	王晋伟	王　波	
药学院	韩天相	田晓明	
公共教学部	王敬庭		
第一临床医学院	李奉龙	蒋　镭	
第二临床医学院	王　喻		
第三临床医学院	刘　磊	舒　展	
第四临床医学院	艾丽菲热		

口腔医学院	黄　振	丁　鹏			
护理学院	喻颖杰				
民航总医院教学医院	林晓琳				
航天临床医学院	徐昕晔				
临床肿瘤学院	郑庆峰				
精神卫生研究所	张　霞				

社会工作奖

数学科学学院

张　赟	谢季纯	刘　畅	邓　剑	杨　丹	范　翔
张　婷	邓　冲	陈可慧	田　陆	何俊嵩	王　露
赵　震	王　鑫	王　乐	范少锋	王铭锋	黎巧玲
韦　卫	董建锋				

力学与工程科学系

| 徐科益 | 刘　苑 | 刘　畅 | 卢梦倩 | 杨艳静 | 李　舟 |
| 李　倩 | | | | | |

物理学院

李继承	袁　博	朱　好	余　环	张新义	戴　昱
贺斐思	刘振鑫	薛秉侃	刘　伟	冷　军	杨苏立
负　克	刘　莎	刘长泽	陈　宇	孙斯纯	郑明杰
苏明贤	曲　波	张玉美	岳友岭	欧阳子皓	

地球与空间科学学院

| 董　攀 | 徐　速 | 曹　隽 | 陶　涛 | 王晓朋 | 张　杨 |
| 周红梅 | 李姗姗 | 邱　林 | 何丽娜 | 戚国伟 | |

信息科学技术学院

刘福东	朴松梅	方路遥	武　帅	申　超	刘　毅
陈　思	袁兆凯	张轶铭	戴冀豪	郭　健	张旭东
梁　璞	吴冬梅	夏　冰	王晓丹	王硕斌	谢　琳
李　超	王　希	石福昊	张　舟	郭文倞	刘　诚
高　枫	徐敬鹏	唐鼎皓	吴峰峰	郭思祺	邓　飞
王晓宁	王子千	戴　旭	鲍鹏飞	李晓东	徐晓帆
李　楹	唐　钊	胥　备	刘新星	田　昊	满志强
王　帆	添　天	鲁莹莹	彭建宏	张　乐	李翔宇
王　刚	徐金博	王方杰	王　腾	杨鲲鹏	黄星琪
冯仕亮	刘静妹	宁　静	幸　运	陈明春	陈　仙
林　腾	黄小兵	陈锦潮	陈玉莹	马　迪	徐　扬
胡尔曼阿里					

化学与分子工程学院

姚万里	梁海林	黄　恺	张雪杉	巨　蓉	王　博
卯光宇	陈　静	杨　婷	王　菲	单州莹	马子玥
钟明江	李宏佳	靳乃雄	钱　方	刘海燕	雷　霆
闫　博	颜　宁	李长坤	宋兆爽	王　凡	何池洋
范嗣纯	梁　波	丁　磊	张黎伟	崔家喜	

生命科学学院

高　巍	刘　音	张　蓬	刘　毅	耿　萱	黄　璞
赵江阳	郭弋戈	左玉茹	李　倩	周　腾	张　赟
张勤意	严海芹	梁中成	李万峰	蒋　琳	张　妍
李红姜	钟应福				

环境学院

| 张　一 | 谢金开 | 赵烽君 | 王乐征 | 马兰兰 | 张霁阳 |
| 卫　欣 | 丁洪建 | 舒时光 | | | |

心理学系

| 李松蔚 | 何吉波 | 侯　悦 | 季　萌 | 黄　峥 | 葛鉴桥 |

中国语言文学系

孙昊牧	丛治辰	蔡　蕊	刘玥妍	常　鸣	俞诸亮
曲　丹	吕厦敏	王小龙	宋伟光	刘明乾	乔　攀
王　婧	闵　慧	史　诗	李　琦	熊　健	李　新
李　芬	胡　楠	吴　燕	吴弘毅	黄　斌	刘润楠
张　治					

历史学系

| 银　飞 | 崔金柱 | 田　园 | 王　颖 | 李　虎 | 聂爱玲 |
| 张善鹏 | | | | | |

考古文博学院

| 徐新云 | 张　钊 | 郎剑锋 | | | |

哲学系

孟庆楠	高星爱	温敬雅	李唯正	钟　麒	张建宝
卞　上	王　璐	袁春艳	单提平	黄小茹	李守利
王楠楠	李大名				

国际关系学院

罗　冲	李　瑜	宋　洁	郑奇峰	崔　剑	陈　光
黄　橙	刘赫丹	王樱杰	龚　正	侯　坤	黄宇蓝
叶啸林	左祖晶	秦　禾	鲍玉良	张松岩	陈吉锋
李　晟	刘东胜	张弘远			

经济学院

刘　卉	徐自华	张荣乐	马　聪	陶　婧	潘昕昕
袁树仁	穆　峥	张　宁	邹天龙	赵雪舟	孙建云
李寒淼	杜美妮	王冬萌	吴姝南	刘小瑞	谭明祥
杨　琼	李宁宁	孙晓力			

光华管理学院

陈　伟	郝　煜	黄艳琼	冯　博	官　乐	黄崇山
郎德超	李　栋	李原草	张志凯	邓抒岚	葛佳洁
林小宇	刘　曼	孟雪莲	朱　虹	董常凌	何　涛
贾志敏	林春阳	刘　东	刘金旭	刘思远	龙　军
牟绍华	谭　佳	万水航	王海燕	文　飞	吴晓帆
易黎明	张涵天	张晓伟	周　飞	周文斌	朱　嘉
陈云云	罗　凯	杨隆华	曹琉郡	李宏伟	

法学院

胡硕叶	陈进进	高　亮	吴　悦	周　佳	李　霞
姜　莹	张天弘	陈莹莹	宋　鸽	许　凯	杨　敏
何　欣	曾　嘉	史　诗	贾　勇	汪相平	崔　强
黄贤涛	段家星	郝海燕	谭　姝	丁宇翔	高广彬

表彰与奖励·2004～2005年度学生奖励获得者名单

阮耀明	徐　征	王爱霞	许增顺	陈泽文	张学博
向　前	罗莉娅	张玲玲	张秋英	刘紫钟	

信息管理系

王一丁	窦曦骞	宋景梅	孙鹏飞	吕　娜	吴　丹

社会学系

李　丁	赵　蕊	辛盛通	高海石	朱　颖	杨　均
李剑钊	邢　婷	许英康	刘伟华	刘　莉	葛　婧

政府管理学院

陈继友	李　旋	王国峰	张晓伟	韩国旭	林　赛
赵　鑫	郭一聪	魏　健	邓　璇	张学艺	王懂棋
李玉成	黄伯平	渠景伟			

外国语学院

王朝薇	王熙威	吴　晶	张冠群	王　帅	陶　涛
刘范美	张　晶	王　琛	李　钧	宋雪思	张皓然
明亮亮	车子龙	王　昊	张香昱	屈丽娜	李　巍
李　婧	黄晓韵	聂　骅	金　欣	许敏敏	孟凡济
倪垚卉	肖华杰	刘惠超	刘　康	程子航	陈　功
李北方	欧锡乾	汪卫岗	张　浩	张　强	王　冕
孙剑峰	吴　婧	高剑妩	张　幸	陈　章	胡　婧

马克思主义学院

凌　锐	孙曼琳	赖　锐	徐飞克	张君源	朱飞飞
高　翔	张瑞敏	姜　波	吴　静	宫聿州	刘东成
王洪廷	刘　红	郭　丽			

教育学院

王茂密	周光稷

中国经济研究中心

李　凯	郑　斐	李俊杰	尹妮娜	尹训东	周　宇

对外汉语教育学院

王玉响

艺术学系

叶盛文	诸丛瑜	左屹桐	赵　卓	张园园	邱恒昌
徐　津					

新闻与传播学院

许丽贤	李双宏	林楠特	许桐珲	王彦直	陈　露
唐　芳	林　松	徐雅菲	张雪姣	陈前军	赵　玮
付雁南	王默晗	王俐琼	谢涤非	陈叶红	沈　磊
刘　馨	戚　佳	樊　敏	肖　莎		

软件与微电子学院

毛益洪	刘　申	潘　扬	陈　昕	程俊霞	乔　勇
燕　飞					

元培计划试验班

刘苗苗	裴秉政	郑小重	葛　磊	梁　曼	王倚天
黄　珊	李　思	陈　晨	刘云波	陈昌明	林山君
黎晖晖	杜　萌	刘　岩	徐　清	汪碧阳	赵　婧
古丽青	类　凡	赵博通	胡明旸	蒲松涛	郭孝纯
尚　辰	方解石	周益聪			

基础医学院医学预科班

赵　旭	于　楠	杨　嫣	杨　曦	张庆芬	张　杨
吴静云	郭惟霄	孟令超	李小雪	安　超	陈　练
唐　涛	孙翔宇	李伟继			

深圳研究生院

卜心国	余　菲	方应龙	林　杰	寇　星	杨　洋
魏　敏	邱培龙	黎　黎	夏云洲	赵慧星	杨泽亮
杨金修					

基础医学院

崔媛媛	范新新	刘晓默	耿　研	孙丽颖	李　方
马亚琪					

公共卫生学院

袁　平	臧嘉捷	汤淑女	彭茨克

药学院

聂菲璘	李　婷	路　敏	陈　瑜	庄　崧	霍常鑫
贾　琳	姜　娟	刘　蕊	孙晓宇	柳雨时	

第一临床医学院

孙浩林	林益华	杨　昕	刘　丽	赵艳东	李志昌
杨　蕊	乔　虹	朱一辰			

第二临床医学院

李丽娟	张　媛	谢　菲

第三临床医学院

杨　帆	李华志	赵旻暐	史俊梅	张　珂

口腔医学院

王　研	王　韵	朱俊霞	杨　坚	王佃灿	曾晨光
释　栋					

中日友好临床医学院

李世鹏

学习优秀奖

数学科学学院

汪　璐	沈瑞鹏	汪　健	王　芳	杨韵文	侯　琳
丁　剑	张贺信	胡　兴	李　琨	张生明	孙润华
吴　迪	吕则良	钟轶飞	杜一平	武　威	万　昕
崔庸非	李　杜	孙洪宾	李文靖	杨子光	李凌飞
孙　玮	叶　明	蔡振宁	王　曦	冯　捷	王长长
朱庆三	刘嘉寅	阎琪峥	张　尧	陆　鑫	王国祯
周　帆	蔡啸天	张　静	张大鹏	陈宗彬	孔　强
沈玉萍	谢先超	杨进伟	田　雷	唐君莉	刘文飞
伍方方	龙　泉	陈　阳	武连文	林战刚	王　辉
刘荣丽	池义春				

力学与工程科学系

吴　悠	孙振旭	刘　洋	杨　帆	王晓晨	王雯珊
陈　卓	沈震远	王　斌	郭　霖	黄　伟	林　婧

陈熹　范瑞峰　周洪伟　巩克壮　邵金燕　李平恩
刘维甫　吕冬姣　李雄魁

物理学院

牛一斐　王雷　唐雪倩　李鹏　王辰宇　洪兴
骆婷　黄利伟　陈燕　周丽丹　刘永铎　顾纬莱
刘作光　许杨　刘琪　李国荣　董哲　陈任煜
苏萌　吴敏　李政言　王昆仑　丁峰　符娇兰
刘志程　马荣荣　崔唯　李志强　张帆　张立国
冯旭　王彦杰　魏启元　贾传宇　孙吉宁　马明敏
郭春蕊　林光星　李红林　李航　经光银　范莹
王国华　卢飞　李钊　南洁　王然　王芳
张伟明　黄森　陈挺　刘兰个川

地球与空间科学学院

裴睿　金戈　宋晓磊　金慧然　陈建业　吴可嘉
瞿清明　徐世庆　丁林芳　张弛　张颖慧　叶起斌
綦超　尤兴志　唐晓琳　王海洋　王文虎　杨圣彬
卢鹏　徐宜勤　陈德智　刘超辉　万珍珠　喻新
陈涛　王文博　郝永强　解学通　湛胜　王亚妹
魏文侠

信息科学技术学院

吴昊宇　王亮　徐茂兴　邢舟　冯滨　文沛
龚子明　吴怡娜　杨杰　王瑞　张弥　乐济麟
吕超　何婷婷　张小青　李文雯　齐奕科　管涛
肖向阳　张翼飞　张辉　柳迪　郑羽南　吕博
俞润祥　张亮亮　黄婧　饶向荣　王文静　党向磊
李逸男　王靖轩　邓芳　王潇　杨碧珊　苏铁晖
林晨希　许诺　牛犇　孙明慧　曹勇　高泓彧
丁飞　傅越　陈元凯　张逸林　赵凯　肖帆
邱宝军　严小天　彭小斌　郭辉　侯丹琼　刘振
王一　王曦元　谭跃　李楠　罗景　孙宏涛
刘静　朱家稷　许建功　王峥　罗引　田浩
李梅梅　李焱　陈亮　张宏　张艳霞　魏大鹏
张秦龙　胡经伟　欧阳佑　黄炎灿　周霞　范刚
陈良　刘江红　马强　韩翔　刘姝　杨梅
孙晖　孟涛　蔡一茂　孙熙　任术波　林芳
张益贞　陈冠华　杨杰　熊英飞　夏志良　赵永杰
龚笔宏　姚从磊

化学与分子工程学院

关晓睦　田丰　史严容　张锐　李东旭　斯翀
谈蕾　熊伟　王海梁　汪蔚学　李腾　徐琳
邹鹏　黄莺　李必杰　张晶　马一丁　滕明俊
林松　王丁众　胡光　王顺海　袁荃　陈泓序
陈琳　钱鹏　邵翔　么敬霞　侯思聪　刘嘉浩
黄少华　段小洁　董长青　石磊　王福东　卢婷
杨韬　刘志伟　刘俊辉　刘颖

生命科学学院

陈栩　潘映红　张铮　于庆辉　陈晓悦　梁伟
吴溪　李春雷　蒋莹　郑闻捷　牟平　桂林

王娜　谭竞智　陈宇涛　范璐君　郑晓瑜　李超然
马志强　蒋斯明　车南颖　王娟　尹玉峰　尹晓磊
魏巍　唐艳　张晓明　周峰　张新跃　王柏臣
吉栩　庞宇　高歌　刘芃　张艳霞　尹平
戴雪瑜　李丹　余雅梅　张鑫鑫

环境学院

宋增文　刘谭　何思源　司苏沛　谢志华　郭嘉
赵靖宇　刘侃　陈旭东　陈卓　许昊　何峰
程龙　于琬　李艳秋　薛钊　赵阳　俞蓉
彭思圆　刘涛　兰宗敏　邰晓雯　李晨枫　金晔
金燕妮　李俊　王戎　王滔　秦思佳　肖海燕
李莉　罗翔　周巧富　刘尚　姚波　潘国隆
芮克俭　刘继文　孙海清　沈洁　辛飞　霍铭群
许姗姗　赵德峰　艾春艳　尹乐　朱强　彭建
韩文轩　南峰　常青　姚磊　李湉湉　黄秋昊
黄铮

心理学系

周艳　许晓婧　李楠欣　肖文　马志莹　杨畅
聂晶　赵红梅　叶铮

中国语言文学系

周剑之　龙瑜宬　芮芊芊　赵祎　薛冬晗　吴君如
马千　谭雨田　耿葳　张心远　彭珊珊　刘子凌
洪丽娟　李斌　孙显斌　祁峰　黄晶　殷何辉
丁文　马俊江　张丽华　汪高武　陈宁

历史学系

张倩　张静　潘丹　张若薇　王娟　孟晓旭
刘洪强　尹汉超　马曙慧　王思葳　覃影　郑振清
刘宪阁　王媛媛　李鑫　乔芳　侯洁

考古文博学院

邢志丹　章珠裕　杨琴　王冠宇　吕宁　余建立
张凌　周繁文　吴婷

哲学系

王静　范闻文　张小星　王涵　李绪青　岳砥柱
张红山　徐唯　钱杰润　俞石洪　李林　张颖
柯志阳

国际关系学院

衣远　陈距　徐薇　纪华菁　郭鸽　陆挺
王田　邱稚博　赵雅茹　沈贤元　潘晔　王霁宏
林峰　刘扬　范晓雁　王锦　马佳　黄梅
汪恒　渠怀重　王俊峰　沈建东　赵京峰　孙冰冰
赵洁　陈晨　仲婷婷　费扬　李敏　耿喜梅
张嵘　曲博　夏维勇　杨毅

经济学院

张硕　王云　茅锐　郭嘉　张敏　陈功
肖慧　朱哈雷　王森　李婧　徐超　周恒
祁雪　吴若晗　徐子菲　薛雨涵　朱丽　金旭毅

朱至瑜	韩 旭	韩京燕	杨 越	邓一婷	韩 艾
陈辉云	瞿 茜	李 丹	岳大洲	许 冬	焦 健
韩汾泉	金仙淑	邓颖璐	张亚光	韩广智	刘 愿
王花蕾	赵留彦	王丹莉			

光华管理学院

陈 飞	赖 娟	李宁远	赵 宇	蒋子懿	李金诺
沈 扬	汪 倩	刘海波	魏小可	许橡笔	杨令霞
杨舒威	叶晚乔	陈淑华	付 莉	胡王欣	霍博宁
李 晋	李 琳	罗荣华	沈 吉	万 芊	王鹏云
吴 蕾	杨文博	叶辉燕	余浩平	赵端端	崔小勇
吕开颜	王 琳	邢煜芝	何一峰	魏 聘	

法学院

卢 莹	刘晓力	徐 莹	游 艺	廖思宇	尹 灿
刘芳宇	罗 意	邵 博	刘仁婧	赵静怡	王 蔚
黄 珊	康文义	谢志伟	杨 芳	孙 蕾	阎 天
张 舒	富 琪	应亚丽	余 珊	许静颐	周 林
吴双双	曹 暑	谢珂珺	沈志良	霍学亮	赵华恩
徐 涛	朱 喆	薛莉莉	金伏海	田 磊	于春露
吴成剑	秦 曲	马 彪	岳 霞	王灵芳	胡 涛
邓碧君	吴 敏	史 成	王 晓	尹维宇	杨梦晗
李 辉	余 薇	王 炜	苏亚新	陈 婷	赵 璧
伍玉联	吴书振	蔡 丹	张若瑶	罗 鉴	万亚平
张 诺	魏 平	张 蕾	沈 宇	吴 琴	刘兴玥
叶慧娟	乔资营	税 兵	吴 飞	翟继光	王贵松
曲广娣	刘鹏飞	古丽阿扎提			

信息管理系

林轶君	刘 菲	刘 杰	桑晓琪	刘 妍	么 博
邱奉捷	刘 欣	王秀峰	王妙娅	杨梁彬	朱 琳
王明良	张 丽				

社会学系

沈 旭	鲁兴中	刘珍珍	哈光甜	王 叶	石 松
杨 敏	蒋 勤	王旭辉	陈冬雪	于明潇	马林霞

政府管理学院

吴 边	闫 娟	柴博洋	孟天广	段 磊	李荔馥
王 伟	武倩倩	杨腾原	夏宏伟	苗 苗	马之兰
熊 磊	杨 波	李 强	左广兵		

外国语学院

林梦茜	张 远	魏 歌	杜 鹃	张 全	吴起全
徐 丹	冯 倩	黄金铭	张雯雯	刘 童	白 瑜
宋亚男	鞠舒文	杨 扬	张 怡	尚 宁	何 及
刘 希	沈宇杰	张 玥	胡 维	罗 颖	许 连
谢 娟	何奕萍	王会英	李 伟	郭晓丽	姜 楠
曾红萍	尹琼瑶	李 杰	欧阳闻捷		

马克思主义学院

王 滢	孙 慧	白 斌	褚悦鑫	杜 楠	马媛媛
乔 梁	王永浩	张建刚			

教育学院

吴晓蕾	孙世兵	秦 琳	乐 园	毛 帽	金红梅
卢立涛					

人口研究所

徐 静	白铭文	肖周燕

中国经济研究中心

刘彦良	邹传伟	梁 爽	胡微微

对外汉语教育学院

马元文	冯丽娟

艺术学系

刘胜眉	陈 婷	吴炜惠	李晶凌	王 宇	崔 腾

新闻与传播学院

王晓申	张 晶	陈 颖	胡 娜	徐文琪	姜 超
李 响	杨 洋	俞自强	麻剑锋	方可成	吴 琼
王 昕	张 颖	郑伟庭	王 珍	吕馨慧	陈嘉燕

软件与微电子学院

王志刚	吴迎松	葛好友	刘笑容	肖 蔚	陈余芳
李 文					

元培计划试验班

周小琴	朱 炜	杨若晓	黎 晨	翟 琳	马 青
孙婷婷	郎瑞田	刘柯帧	卢 炜	黄闻亮	陆怡纳
邱海维	岳 衍	李容任			

基础医学院医学预科班

李荷楠	肖 楠	王 晶	王涵彬	王小蕾	汲 婧
米 兰	李 苗	寇 毅	宋 耕	马 瑞	谢 璐
陈 欢	张 琦	袁家佳	阎乙夫	仝亚琪	周金婷
陈骏良	何 洋	王 芳	王 瑶	宋 昱	凌广慧
刘诗铭	贾平一	宋金雷	傅 饶	上官思怡	

深圳研究生院

蒋玉萍	孙 钊	胡亚飞	张建强	陈晓丹	莫献坤
胡海军	宁丹凤	翟晓平	王 磊	杜 欣	邢美东
刘 洁	班旭欣	马 辉	庞世之	戚 悦	施祖东
付 滔	马晓霞	刘立峰	杜 洁	王 睿	杨顺顺
欧阳海明					

基础医学院

陈瑶瑶	平星杰	王 宁	祁 姬	石 磊	王 娜
赵河川	宋 杨	戴 亮	叶小巾	范芳芳	李 珺
高 那	张明博	王旻舒	王 砲	李 旺	姚震旦
张英斌	张 婧	谢 颖	石晔洁	刘 砺	李玉茜
周海洋	刘 岩	柏 明	孙嘉明	丁 盟	张 帆
郑 强	乔 艳	李雅娟	窦 豆	赵 红	李 慧
黄前容	金 容	汪国良	赵国杰	刘 影	董格红
张爱英	白 香	李清漪	冼勋德	秦绿叶	王 飞
陈宇鹏	吕冰峰	张丽荣	李 扬	郑 鑫	

公共卫生学院
李 翾	栾 承	赵 燕	林 鑫	丁彩翠	涂华康
许涤沙	陈 卿	黄雪梅	聂 垚	李 俊	苏会娟
王宛怡	舒 正	肖晚晴	范天藤	王丽敏	李 娜
王舜钦	张召锋	张秋香	袁 准	姚碧云	冯星淋
张 乐	孙军玲				

药学院
杨 宁	刘 靖	张 超	李 昂	杨 秦	万 吟
温 烃	张宇腾	张关敏	张 苑	刘晶晶	董 静
徐 芳	葛 嘉	徐琼峰	邓小敏	石雅玮	杜 萍
张荣春	刘 迪	王 丹	李 牧	胡 涛	曹 晨
张 翠	胡辛欣	李 然	姚 玥	王晓锋	王 蕊
刘晓静	张兆欣	叶丽华	陈文静	刘 剑	谌 侃
赵 敏	万 箫	蒙昭宇	于琛琛	吴瑨威	吴科春
杨晓鸣	李 星	杨春晖	王卫星	王占良	赵 鹏
庞瑞芳	汤志宇	刘迎春	胡君萍	张岩松	

公共教学部
何 煜	赵 昉	雷 铭	吴晓雯	刘 茜	夏 静
杨越涵	孙守云	颜宜葳			

第一临床医学院
赫英东	王 艳	要 慧	孙晓梅	李建国	张 静
刘 旸	任 建	樊 庆	平莉莉	叶郁红	刘英华
张婷婷	李亚珍	许 戎	李超波	邱建星	钟旭辉
金红芳	王晓松	姜 茜	于晓敏	刘国华	史晓敏

第二临床医学院
张晶晶	鲁 明	静媛媛	时胜男	李俊良	张利平
陈 璐	范洋溢	李 洁	李 晖	余 洁	王 岚
武 楠	程 敏	霍 阳	王亚哲	尚 美	杨 琼
邓 芒	胡 萍	佟光明	褚 琳	王立茹	赵 磊
张 璐	陈 宁				

第三临床医学院
梁 瀛	王行雁	刘 蕾	姜 明	钱 鑫	彭 颖
王 荣	乔 蕊	秦 达	孙建军	李 峰	李晓光
葛辉玉	路 明				

第四临床医学院
康丽惠	张 纪	徐 黎

口腔医学院
刘宣玲	邓 昕	邹晓英	许桐楷	张 勇	姚 瑶
纪颖婕	庄 淼	戚 戈	范 彬		

护理学院
林 淦	沈 杰	魏征新	李 欢	崔玲玲	申 洁
刘亚芳	张凯茵	宋晓禹	田 君	张 甬	董蔺萌
秦雪娇	蔡 艳	李雪静	文 津	扬 洁	鲍念念
李 茜	张媛华	刘 洁	张惠惠	赵丽洁	周远珍
郑秋梅	刘展旦	王 雯	宋晓梅	马黛楠	车新艳

万莎莎	李 玲	赵艳华	王晶晶	王 静	徐丽丽
陈小俊	靖宏宇	高 艳	雷 娟	邵连茹	刘鹏飞

民航总医院教学医院
刘 娟	张浔敏

航天临床医学院
李晓枫	张佳丽	郭立筠

中日友好临床医学院
王莹莹

深圳北大医院教学医院
曾跃平

临床肿瘤学院
易 玲	平凌燕	彭亦凡	李忠武	王晓东	藏师竹

精神卫生研究所
张翰迪	吕建宝	苏允爱

红楼艺术奖

新闻与传播学院	戴艾霖	李 尚	赵 玮
	左 佳		
艺术学系	李思思		
考古文博学院	周 仪		
国际关系学院	朱 砂	刘晨箫	刘 璇
	李 锐		
力学与工程科学系	李亚哲		
信息科学技术学院	李经宇	张 磊	
历史系	杜 凯		
生命科学学院	郭俊杰		
政府管理学院	张 婷	夏瑾璇	
心理学系	刘小黎		
哲学系	禹 洁		
环境学院	王 楷		
中国语言文学系	张 旻		
经济学院	彭 莹		
社会学系	邴 砲		
软件与微电子学院	白云祥	姬 妍	李 明
	李志豪	李 毅	
基础医学院医学预科班	宋一帆		
基础医学院	李 阳	雷素珍	徐 良
药学院	吴 珊		
公共教学部	周盈盈		
第一临床医学院	池 滢		

五四体育奖

国际关系学院	吕家辉
经济学院	周正卿

法学院	吴文彬	李文斌	叶柱轩	
	夏 娟			
新闻与传播学院	赵唐薇	时盛男		
软件与微电子学院	胡 劼	刘松林	林洁琬	
	张彩虹	文 立	马利昭	
基础医学院医学预科班	范 宇			
基础医学院	周 媛			
药学院	杜 楠			
公共教学部	史晓婷			
第一临床医学院	徐稼轩			
第二临床医学院	王 欣			
护理学院	单芳芳			

学生工作先进单位

物理学院
外国语学院
法学院
地球与空间科学学院
政府管理学院
历史学系
航天临床医学院
精神卫生研究所

优秀班集体

数学科学学院	2002级金融数学本科生1班
物理学院	2004级本科生2班
化学与分子工程学院	2004级本科生3班
生命科学学院	2004级本科生2班
地球与空间科学学院	2003级地球物理本科生班
环境学院	2004级博士生班
中国语言文学系	2004级本科生2班
历史学系	2004级本科生班
哲学系	2004级本科生班
国际关系学院	2004级本科生班
经济学院	2003级博士生班
光华管理学院	2004级工商管理本科生2班
法学院	2004级本科生3班
社会学系	2004级硕士生班
政府管理学院	2003级硕士生班
外国语学院	2004级德语本科生班
马克思主义学院	2003级本科生班
元培计划试验班	2004级本科生班
教育学院	2004级硕士生班
信息科学技术学院	2003级电子本科生1班
基础医学院	2004级医学预科临床5班
基础医学院	2002级临床医学2班
公共卫生学院	2003级预防医学1班
口腔医学院	2000级口腔医学
护理学院	2004级护理
第三临床医学院	2001级临床医学3班
药学院	2004级药学3班

先进学风班

数学科学学院	2004级本科生4班
数学科学学院	2002级概率统计本科生2班
数学科学学院	2004级本科生5班
数学科学学院	2004级2班
数学科学学院	2002级金融数学本科生2班
力学与工程科学系	2004级硕士生班
力学与工程科学系	2004级博士生班
物理学院	2003级本科生3班
物理学院	2003级本科生4班
物理学院	2004级1班
物理学院	2004级3班
物理学院	2002级4班
化学与分子工程学院	2004级本科生4班
化学与分子工程学院	2002级本科生1班
化学与分子工程学院	2004级本科生5班
化学与分子工程学院	2004级本科生2班
地球与空间科学学院	2004级地质硕士生班
地球与空间科学学院	2002级地理信息系统本科生班
地球与空间科学学院	2003级地质博士生班
地球与空间科学学院	2004级地空本科生1班
地球与空间科学学院	2004级地理信息系统和摄影与遥感测量硕士生班
生命科学学院	2002级本科生2班
生命科学学院	2004级硕士生班
生命科学学院	2002级本科生1班
生命科学学院	2003级本科生3班
环境学院	2003级环境科学班
新闻与传播学院	2004级本科生班
新闻与传播学院	2002级编辑出版本科生班
新闻与传播学院	2003级新闻学本科生班

中国语言文学系	2004级硕士生班	外国语学院	2004级乌尔都语本科生班
中国语言文学系	2004级行政一班	外国语学院	2003级希伯来语本科生班
历史学系	2004级硕士生班	外国语学院	2003级西班牙语本科生班
考古学系	2002级本科生班	马克思主义学院	2003级硕士生班
考古学系	2003级硕士生班	马克思主义学院	2004级硕士生班
哲学系	2004级硕士生班	艺术学系	2004级影视编导本科生班
国际关系学院	2004级硕士生班	艺术学系	2004级硕士生班
经济学院	2004级本科生3班	元培计划试验班	2002级本科生班
经济学院	2004级本科生4班	元培计划试验班	2003级本科生2班
经济学院	2002级财政学班	信息科学与技术学院电子	2002级本科生3班
经济学院	2002级保险班	信息科学与技术学院微电子	2003级硕士生班
经济学院	2003级3班	信息科学与技术学院电子	2004级硕士生班
光华管理学院	2004级工商管理本科生1班	信息科学与技术学院电子	2003级本科生2班
		信息科学与技术学院微电子	2002级本科生班
光华管理学院	2004级金融本科生班	信息科学与技术学院电子	2002级本科生2班
光华管理学院	2004级工商管理硕士生国际班	深圳研究生院	2004级法律硕士班
		深圳研究生院	2004级新闻与传播硕士班
法学院	2004级本科生2班	深圳研究生院	2004级社会学硕士生班
法学院	2004级硕士生2班	基础医学院医学预科	2003级临床2班
信息管理系	2003级本科生班	基础医学院医学预科	2003级口腔班
信息管理系	2004级本科生班	基础医学院医学预科	2004级口腔班
政府管理学院	2002级本科生班	基础医学院临床医学	2002级1班
政府管理学院	2003级博士生班	公共卫生学院预防医学	2003级1班
外国语学院	2004级西班牙语本科生班	第二临床医学院临床医学	2001级2班
外国语学院	2004级朝鲜语本科生班		

毕业生名单

本专科毕业生

理学学士

数学科学学院

数学与应用数学专业

李凯	王珊	颜巍	王一	瞿枫	谭小路
朱永平	赵珊珊	王智强	姚齐聪	程锦佳	殷婧彬
胡懿娟	孙君仪	王灿	叶琰	李一铮	张楠
齐宪臣	张秀杰	李亚娴	李璐	周惠馨	石亚龙
谭敏昭	朱楠	杨扬	卞林侃	卢旺杉	徐晓书
黄旻	武玮	何济峰	何桢祺	陈灵	何雪冬
丁琦	黄鹤	覃广南	汤健	张明远	李宛朋
高尚	王全刚	王伟男	肖尊雷	王雪杉	王华彦
王娜娜	夏戌罡	梁锦	姜伟斌	方博汉	卞可嘉
张恺元	余仲琪	徐斐	章唯一	钮凯福	杨文敬
张文勇	郑晖	余君	刘锐	胡斌	徐晶
范磊	章宇涵	魏威	殷巾英	周驭强	刘亚鹏
施贵徽	李㑴	陈世炳	王国亮	韩准	吕飞
王小朋	马宗明	滕晔	孙宏钧	张磊	陈曦
严巍	周璇	张志强	杨功荣	王文浩	窦炜
王丹	张诚	王薇	刘晓	郭婷	柴耀晖
徐文婕	祁婷婷	彭玲玲	瞿骢	康宁	侯绍昱
穆义芬	刘小亚	曹礴	王畅	肖梁	陈渝
左俊成	叶筱惊				

信息与计算科学专业

崔江薇	娄易非	李润欣	雷俊	张伟萌	刘昆
彭文军	滕飞	骆俊	张斌	孙名一	赵彬
陈山	杨燕	张春晖	鲁剑锋	杨珊	杨修
罗晨光	周洁云	胡煜成	邓岳	王昊	张增寅
孟祥瑞	帅昕	高小平	任毅	张大维	孙奎刚
靳成亮					

统计学专业

井琪	陈轩	杜超	任天	徐徐	吴双
王鹏	徐保伟	林洁敏	车轩	解书影	张湛

杜炅	丁丹丹	虞志娟	孙海燕	郑豪	王国强
奚诺	赵梦远	王威	雷径	苗卉平	李志芳
董国明	胡雅琴	赵平	李彩艳	张科研	陈洁
刘卫亮	杨曦	李婷	余盈意	陈栋	敖迎辉
赵宏旭	刘坤	梁珂	许秉军		

力学与工程科学系

理论与应用力学专业

李明	章贵和	李金	林勇文	王侃	刘文
张志伟	李瑛瑛	杜特专	井方旭	祝四海	熊奕
孙树涛	楼颖燕	段伟	赵海鹏	何建华	卢露
杨健	邓斐	陈明周	王洪生	冯亮	孙宗晓

物理学院

物理学专业

龙晓澜	王肖遥	李川	孙杰	穆森	盛璞清
忻获麟	吴小征	高吉	徐卓	刘凯	吴夏娃
黄雯雯	钟一安	王欣	刘猛	赵婧	张燕君
岳守晶	黄震	郭严	周其盛	潘婕	李琛
吴永宁	黄成扬	唐志成	言俊杰	戴冰	尤宏业
黄冠	林红斌	黎陈	明帆	唐亮	党克冕
李想	高敏	严斯蒙	周锞	赵然	刘友珊
王位一	臧充之	彭培芝	齐燃	王建辉	郭宇
李莹	羡政	周振宇	李洋	陈西	刘东
贾璋	成静	高一凡	李京惊	鄢宏亮	才博
田旭	陈琢	郭荆璞	陈越超	季敏标	杨锐喆
程熹	黄炳杰	周晓瑜	庄萌	刘循序	陈乐
张熙博	李理	黄河	荆毅	乔永远	张曦
唐晖	邓小宇	朱鹏飞	殷志平	刘云	胡迪
莫一非	刘彦	梁豪兆	朱碧徽	郑海子	龙巍
冯升	杨一玫	张嘉俊	崔永涛	杨永亮	冯国星
李新	钟文嘉	谯春	李璐璐	陈彬	闫昌硕
张昊	李罂辙	舒达	刘伟	马洁	胡曦文
贾鹏翔	倪铭	周德勇	王明志	刘万霖	李红杰
赵楠	张明理	朱晓春			

天文学专业
吕　品　　张振辉　　陈　弦　　谈克峰　　叶　楠　　汪先珍
杨　洋　　刘跃斌　　郭　宏　　齐经武　　陈　晟　　刘　冰
高振宇　　朱　磊　　朱照寰　　何玉斐　　李荣旺　　杨　波
万　玮　　王　帆　　何　颂

大气科学专业
杜晓燕　　郑世龙　　陶　鸥　　辛秦川　　袁　飞　　王　玎
沈　宁　　龚　洁　　童华君　　何　卉　　何　文　　占明锦
余　果　　王　雷　　姜天宇　　聂　绩　　刘明星　　李江霞
王硕鏊

化学与分子工程学院

化学专业
霍君怡　　郝　涛　　吴晓牧　　姜　北　　沈　涓　　凌　云
王晓彧　　张艳玲　　蔡婧菲　　徐　来　　曹　元　　韩德伟
崔文亮　　王　琨　　魏宇明　　徐鹏飞　　陈思远　　董甦伟
彭　炜　　苏佳纯　　秦　朗　　程懿丰　　叶天乐　　资　虹
郑晶洁　　高幻瑶　　毛舒能　　徐　菁　　陈　玮　　张　维
刘毓海　　魏振柯　　冯　骏　　李家齐　　李东阵　　贾晓博
石　峰　　华　伟　　王锦坤　　马景怡　　高英祥　　梁　爽
曹　青　　陈雅涵　　赵紫微　　赵娟娟　　刘晓斌　　楼　斌
罗佗平　　熊　尧　　宗志杰　　甘文勋　　周强辉　　雷　声
李钊博　　孙　昕　　吕晓村　　焦　雷　　王江宁　　龙媛媛
吕　恬　　刘　佳　　黄　山　　丛日红　　梁　勇　　于哲勋
柯福佑　　陈　谦　　刘安安　　许　喆　　吴　君　　钟峥嵘
张前锋　　陈　凯　　穆　犨　　刘　涵　　段公平　　彭疼疼
张　娜　　王　铮　　王　菲　　丁晓洁　　王　婧　　谢新先
饶志华　　姚志鹏　　刘　洋　　李　立　　齐　宾　　张　浩
杨　俊　　赵　扬　　邸　皓　　刘志博　　胡可隶　　郑　洋

应用化学
任晓晶　　王　璋　　龙　云　　陈瑞冰　　黄丽玮　　史现博
金　旭　　方民锋　　王　华　　花德耀　　冀　峰　　万　莹
王　欢　　马　达　　方智超　　李元凯　　姜黎娜　　苏国英
曹剑炜　　汪旻稷　　陆国良　　王　奇　　储　楠　　李　娜
董　娟　　郭　琳　　郭　淳　　林艺扬

材料化学
李霄满　　王　鹏　　杨　征　　沈　杰　　夏　聪　　姚晓晖
陈　宏　　章成峰　　陈朱琦　　谢军奇　　俞　慧　　张闻宇
袁　勋　　蔡志鹏　　沙　炜　　王　荻　　杨　敏　　支泽勇
邱　波　　卢佳义　　凌亚鼎　　朱　欣　　李平凡　　林健辉
吕　舟

生命科学学院

生物科学专业
沈　玥　　钱梦鼎　　昝琰璐　　于秉柯　　赵艳泓　　乐　雯
禹　露　　刘　媛　　毛　雯　　刘曦励　　王梦溪　　李　聪
王　凡　　杨　莹　　孙　黎　　孙丹丹　　张　昕　　陈秋嫒
黄　晴　　张　洁　　韦一然　　郭　聪　　吴　薇　　廖雅静
陈云飞　　张　弛　　崔霁欣　　李文军　　见　康　　王　惟
庞宏博　　曲　洋　　韩　冬　　郭　宁　　周　欣　　卢　立
戚晓栋　　郑益新　　陈　波　　张军杰　　杨桢霄　　王立铭
刘　怡　　肖　安　　朱潋慧　　翟大有　　付旭光　　童　一
封红青　　杨　涯　　吴　霞　　胡蕴菲　　王　虹　　曲　卉
赵　欣　　张　舒　　王　瑶　　姜小默　　徐　郁　　简　翔
林　林　　任　熙　　夏　伟　　王同飞　　温碧清　　黄　博
王　阳　　刘臻峰　　朱　晋　　宋　乐　　何　伟　　罗　凌
李冰峰　　冯　镭　　刘　彬　　蒋　卫　　肖　俊　　裴　萌
陈文倩

生物技术专业
孟祥燕　　董欲晓　　郑圆圆　　张凌青　　苏　玮　　蒙　敏
赵亚男　　巨名华　　张　迪　　谢　静　　于鹏之　　苗成林
单　铭　　李　政　　魏志魁　　王　放　　李　健　　张君瑞
周　陌

地球与空间科学学院

地质学专业
任昊佳　　明　镜　　赵　锴　　崔　铮　　汤玮林　　张　磊
贺元凯　　吕振星　　初　航　　饶松松　　黄　宽　　张　文
张　越　　董欣欣　　莫　迪　　周华彬　　徐成海　　许文骞

地球物理学专业
刘启明　　郝金来　　靳超宇　　金永涛　　刘春煦　　张　刚
董凌轶　　陈明雅　　马宏达　　祝韧洲　　赵　鹏　　郑　钊
柯敢攀　　吴春泉　　唐　哲　　罗　扬　　赵志栋

空间物理学专业
常国平　　王晓栋　　周　科　　黄为权　　吴伟颂　　杨　剑
王　珏

地球化学专业
刘春雷　　黄　可　　赵亚力　　吴才文　　南　萍　　王传成
张华侨　　陈　颖　　顾　潇　　郭　璇　　刘俊杰　　朱　健
朱园健　　杨　旸　　肖育雄　　易　胪　　苏日娜　　舒　洁
姚隽坤　　李慧娟　　刘　刚　　柯昌静　　陈　燕　　鲁志强
陈　爽

地理信息系统专业
黄　骞　　辛晓冬　　郭建聪　　王继昌　　丁　杰　　尹双石
曹传鹏　　张传明　　王子峰　　曲炤鹏　　邵伟超　　古　琳
毛姝洁　　高一鸽　　石　林　　薛露露　　安　安

环境学院

城市规划专业
荀春兵　　闫　斌　　吴晓栋　　刘光磊　　张慧龙　　冀　希
高广汉　　王　勉　　唐　鹏　　张　擎　　毕崇明　　姚江春
王　川　　韩　宇　　陆　轩　　沈青云　　杨　西　　黄超超
吴冬青　　石　岩　　马蓓蓓　　李晓瑨　　陈燧莎　　马　琳
丁文静　　方琬丽　　伍　佳　　何　波　　王单丹　　谭　璐

地理科学专业
唐　辉	韩建伟	覃金堂	照日格图	杨　磊	陈亚丽
张　雯	曹　雯	郑　婷	崔朝伟		

资源环境与城乡规划管理专业
傅　超	余建辉	何重达	许　锋		
买买提江.买提尼亚孜		许　龙	王松涛	余伟伟	
谢秀珍	顾晓明	刘逢媛	李轩逸	宋　歌	陈小洁

环境科学专业
唐明金	李雪霏	岳　鹏	李　根	王林伟	徐志新
万　毅	蔡　皓	王　佳	张树才	代　毅	刘一宁
朱慧武	镇华君	王　印	郭　松	王国瑞	郎　畅
费颖恒	王益红	颜　敏	张　莉	朱秋莉	姜玉梅
张梦妮	胡　璟	郭兆迪	郑晓茜	刘娅囡	王　蓓
王俏巧	谢　倩	米亚敏	经惠云	宗悦茹	吴　薇
刘岑岑	郭　磊	岳　超	贺　妍		

心理学系

心理学专业
高　隽	关　琦	白　云	郝元义	穆　岩	陈艺鑫
杜晓明	张东莱	侯琮璟	汪智艳	王月燕	蔡文菁
钱　栋	张警吁	徐晓琦	谭洁清	王　彦	房　野
孔令志	张丽娟	潘苗苗	邹　玲	曹　明	陆慧菁
何子静	卢　苏	余松霖	杨曼姝	张轶文	高　波

应用心理学专业二学位
赵俊峰	刘文卓	才洪伟	刘　荀	杨文新	王　磊
张妮娜	吴青勇	龚　伟	杨光辉	石永斌	杨　波
路　晶	严剑葵	蔡维燕	陈玉香	宋　杨	唐红斌
拜　静	王日新				

信息科学技术学院

电子信息科学与技术
高　迪	杨　健	王　翔	周　武	王　跃	黄　希
王　玮	于　洋	郭永富	罗　斌	许　顼	何定武
于希金	王　凯	王宇宾	徐费强	李　洋	马千里
巴哈提亚.赛买提		焦中华	罗　兰	杨默闻	常艳玲
刘文蓉	杨艳云	聂　晶	赵　熠	李　敏	梁　瑞
徐方博	马志宇	刘松泉	张　宇	罗逸飞	张　平
蔡金钟	朱玉振	韩　冰	周　围	蔡柏春	钟祯臻
李　翔	鄢贵海	胡华烜	赵康乔	尚怡翔	袁晓飞
赵燕宁	吴晓惠	王　伊	郭立峤	杨景宏	李　岚
张艳娟	李　洁	章蓓蓓	于玛丽	姜　俊	刘　炜
吕晓阳	李　轩	毛宏伟	刘冠麟	袁红杰	李　星
崔　奇	贡佳炜	洪清波	王磊勐	王志强	吴　波
吕　远	蔡鹏飞	赵开兴	轩辕哲	周　沫	杨元安
赵　阳	董长聪	王国晖	解晓雷	张　帆	宓　宁
徐　泉	宋　爽	肖　峥	邹彦书	张　懿	禹露露
容春霞	钟　黎	王　昇	孙炜宁	蔺　飞	蒋　峰

贾敬宇　李天玮　席　刚　魏德龙　买　鹏　杨　毅
张世登　刘佳胤　胡海飞　姜　浩　荣志杰　陈　飞
熊校良　李成垚　王中果　向　博　杨　竞　杨湘云
李慧洋　周　黎　黄凤勐　张　林　汤玲玲　衡雪丽
彭廷莹　郭清逸　李　婧　陈文兰　李俊涛　岳　明
李　阳　李新林　刘　琨　刘文君

计算机科学与技术专业
龙勤思　陈炳霖　张　迪　曾元元　陈　晨　罗连杰
谢羽雁　蔡　错　姬生乐　王　宇　张　涛　王继舜
孟祥奚　冀铁亮　李　鑫　王佳聪　徐兆伟　朱晓航
丁亚楠　朱　成　林鑫芬　张　恒　何金刚　陈　炯
陈　成　唐大闯　王　磊　刘红敏　周新彪　薛　涛
肖阳升　梁　晓　陈　东　段孟成　徐开富　浦　文
张芳芳　赵海峰　蒋亚康　艾尼瓦尔.赛普拉木
朱亚平　林　泊　王　悦　刘　欣　王　峥　冯维森
巩　伟　王沛然　金　韬　王箫音　刘晓舟　孟　嘉
吉　喆　刘超然　全官俊　李　田　郑　涛　张晓薇
袁　征　吉聪睿　陈建伟　董　玮　韩志楠　李　旸
杨　琦　黄　啤　刘明浩　宋本聪　庞九凤　黄　亮
闫博楠　邓柱中　王位春　张益菲　杨国东　张　乐
牛　尧　杨　栋　汤传喜　刘　宇　武　纬　顾欣杰
陈　蔚　张宏光　席　倩　罗国杰　胡斯乐　杨志丰
王　旭　张　宁　倪冬鹤　张昕晔　仇睿恒　赵翔宇
张　弛　汪　强　支　流　赖　卉　王　栋　刘国栋
务孟庆　蒋　斌　刘　超　李亚琪　魏其学　罗　匡
彭云全　向　欣　边凯归　孙逸峰　哈力提　江　南
李　鑫　沈　昂

微电子学专业
陈常歌　王凝华　郭　强　张荣黄　邓家媛　孟思远
冀　凯　佟志伟　刘　鹏　黄文彬　尚　铮　肖慧凌
杜雄雄　幸　秀　闫晚丰　赵晓锦　刘桂江　王世君
魏　蓝　姜　禹　钱　崑　谢　婧　陆凯亮　朱　婧
徐丹夫　曹　笈　吴费维　罗　浩　杨淮洲　张　璠
王润声　陈　晟　王　偲　王　川　姚　源　李　卓
吴小军　周吉龙　易　青　王炜煌　张　扬　赵　崃
马　锐　边　伟　王世江　王　畅　张　昃　宋云成

元培计划试验班

数学与应用数学专业
刘福强　高雷江　媛　姜　旸

信息与计算科学专业
郑士胜　吴　威

物理学专业
马小柏　张小会　王　飞　刘　健　郭　彬　金　戈
罗嘉元　迟　璐　李政坤　孙幼亥

化学专业
李　凡　吕　游　苏　婕　沙　珧

生物科学专业

尚书连　张　海　董潇碧　李　嫱　肖　云　王东升
白　桦　王　婷　陈　苏

地理信息系统专业

金　鑫

环境科学专业

李　峰

心理学专业

刘建龙

电子信息科学与技术

王　建　韩　凌

计算机科学与技术专业

孙勇义　杨劲松　黄　赟

工学学士

力学与工程科学系

工程结构分析专业

谢学君　胡　俊　伍怀中　徐文权　黄任含　钟星立
陈维良　徐　典　王神莲　王丰伟　杨乐天　张　林
刘志贞　江希茂　胡徐强　庄　凡　包鹤立　石　鹏
高玉磊　董子静　万　希　王宝石　易　新　郭丽雅
张新宇　张　衡　司　政　丁　莹　焦　阳　洛志远
朱　涛　王一伟

软件学院

软件工程专业二学位

蒋　勇　高　飞　邹　辰　许元坤　程　禹　毕永明
李　翔　卢艺红　李　琳　裴永菁　徐文起　王丽敏
白艳红　秦占新　李广云　姚黎存　孙　毅　孙　浩
王　永　李　想　罗小川　张俊锋　张　宇　胡　欣
邢　海　马　颜　苏永湛　高　鹏　郭岩刚　胡　杰
祝　麟　柴明贵　崔晓冬　方智林　韩季奇　刘国栋
罗恩韬　彭潇雨　任海一　王兵兵　温　文　吴　娟
张　晨　张海燕　张黎明　张潇潇　郑少将　许　宁
张中苑　陈朋玉　刘慧静　谢建国

文学学士

新闻与传播学院

编辑出版学专业

何　欣　王　正　曹晓明　吴雪亮　周　婧　黄　璐
蒋晓涛　楼伟珊　郑幼智　黄冰如　常慧丽　殷明慧
陈　昀　陈奕新

广告学专业

李　婧　张　晔　冯　喜　陈　述　滕晓彦　李盈蕾
金　玉　李英伟　刘美嫒　单丽晶　李向阳　刘素华
顾筱晓　鲁　菲　李　伟　肖　穆　王彦丽　王倩倩
张星璐　龚婉祺　黄进夫　蒋　莉　张剑烽　蒋晶晶
曾　俊　刘　曦　瞿星海　石碧葆　廖吉平　程千瑞

外国留学生

郑智勋　李东昱

新闻学专业

金　沙　吴　巍　陈晓昱　王彦达　李杰琼　宋曼青
靳　静　康　维　胡晓华　钟　晓　王轶旸　胡　艳
王　琳　马凤娥　朱亮亮　蒋俏蕾　常　江　姚　森
谢佳妮　张晓微　刘誉泽　吴　菲　宋　扬　傅杰妮
胡晓岚　吕　亢　陆小磊　魏　玮　吴春春　柏洁如
余晓萍　叶晓君　宋　涛　陈　曦　裘小玉　马　红
任一帆　王昭倩　王博一宝

中国语言文学系

中国文学专业

李　贞　陈　蕾　孙　爽　韩　熙　卫　纯　梅　玮
任　岩　刘　杰　郭红霞　吴向廷　李亚琦　朱晓科
李蔚超　申玉芬　王　莹　陆　胤　张红超　朱　丹
谢　俊　董　炜　金海英　魏　霄　吴舒洁　包文琦
宫　铭　何　婷　卫志刚　唐　洁　聂宇婷　马海英
郑伟汉　陈　赜　张凡姗　李　牧　钟　健　韩　笑
胡永志　彭　蕾　杨　舒　杨　菲　彭　亮　杨　珂
刘嫒尊　王雅静　袁一丹　李　翔　张　婷　王　斌
邓　盾　陈菁菁

汉语言专业

黄婷婷　王　展　陆　烁　鄂文君　李淑芬　林成彬
王睿卿　陈　莉　韩　珂　孙　顺　李晶晶　庄晶晶
洪　琰　杜　蕾　李　洁　陈　光　谭晶晶　肖　敏
刘洛克　周丽娜　邝剑菁　杨霁楚　白　冰

古典文献专业

秦　俍　王秀莉　刘　婷　吴　坚　余莎米　田　天
李　敏　洪亚楠　张逸临

艺术学系

秦海燕　高　丹　滕宇宁　郑　箫　杨邦皓　王　培
吴　婧　李　娜　西少辉　樊　宁　韩　鹭　刘　鑫
赵明昊　朱　菁　王益钊　陶　蕾　江　芸　曾　颁
王凌非　何　霁　谢　慧　董潇潇　路　娜　蔡　亮
胡　博　柳　青　李　娜

外国语学院

英语

曹凌凌　佟上元　李　安　刘小萌　张　雯　隗平凡
张　童　李　伟　朱　琳　纳　海　杨铁丹　梁　蕴
刘妍君　代艳超　张　婧　那　欣　张慧姝　黄一耕

郑海红　孙健宝　冯　伟　王蓓婕　杜夏白　章　元
朱　磊　徐　建　夏玲敏　姜　瑛　倪　璐　黄　淳
罗晨姿　罗胜兰　代倩梅　王　娜　林　静　李双全
雷用剑　谭胜方　刘　婷　陈利芝　李宗彬　杨川进
徐　笛　李　夏　谢逸琴　车幸原

俄语
李竹君　李艳微　马晓楠　王雅坤　刘　磊　沈　杰
李元元　张璐璐　许一瑾　张　婷　万　瑾

德语
刘世维　姚天焯　段谢非　邓　深　王思翔　王乾坤
宋才华　晏文玲　程诗国　唐　闽　吴　健　谢　艳
姚　丽　王　锦　杨　阳　陈相楠　姜新丽　徐晓辉
张　晓

法语
沈甄莹　古薇微　陈　响　赵莎莎　伍　倩　史秀洁
高振华　李　骏　庄　重　王晓晴　杨　波　赵世欣
薛　碧　徐　君　王竹雅

西班牙语
付萧萧　徐　汀　徐　泉　林经纬　李中杰　王帅兵
温浩江　严　烁　范一捷　王梦春　包希阳　吴丹妮

阿拉伯语
章　磊　龚晓燕　刘佳依　陈　璐　杨万平　王欣绪
张　健　程　松　谢　威　黄胜男　王　恒　王　超
蒋理斌　付予彬　李　想　阿里木江.艾合买提

日语
顾卫霞　高子琳　褚红梅　刘　杨　白　猛　刘　林
刘　星　王　墅　王善涛　于　超　王　嫄　黄惠玲
郑淑琴　陈姝婕

朝鲜语
张媚媚　李文爽　王尚飞　王少喆　丁　洁　董　洁
李婷婷　宣　瑄　罗　晨　干雯婷　徐　昊　曾　龙
施慕颖　刘　凯

蒙古语
高　力　顾一鸣　毕　波　黄　莹　刘培悦　刘　媛
余　巍　王炜祎　贾海龙　袁　琳　袁　娜

乌尔都语
白雨石　魏　巍　杨玉立　张亚冰　邹　帆　吴焱垚
麦　野　潘　焱　林　奕　朱　熹　赵　菲　刘　堃
冯　悦

越南语
王　萌　谢　昂　姚骥坤　严　晓　刘亚元　曹　易
李　理　闫　民　汪　洋　高圆媛　刘　刚　李君全
侯　芳　刘雨丝　王　远

元培计划试验班

编辑出版学专业
方　洋

广告学专业
侯　岳

新闻学专业
李春露

汉语言专业
赵雪峰　陈晓雅

古典文献专业
孙莹莹

历史学学士

历史系

历史专业
王　凯　严　帅　蒋英林　高丹丹　闫桂梅　张忠辉
王　敏　姬　婷　白　维　王海洋　史如松　赵妍杰

世界历史专业
孙　辉　严莲花　毕成功　石　莉　陆　意　赵　锐
刘　怡　曹　婳　吕　媛　马唯超　郝　哲　黄　轩
王路曼　李　洋　武世瑾　周　响

元培计划试验班

历史专业
陈　昊

考古文博学院

考古专业
杨　洁　辛光灿　易　千　陈晓露　施文博　杨　蔚
陈晶鑫　刘　静　项坤鹏　张靖敏　许俊杰　王　磊
程　石

博物馆学专业
张云燕　高　薇　郭慧文　陈　晰　林永昌

文物保护专业
张懿华　黄　河　金　涛　周文丽　柏　柯　王　昊

哲学学士

哲学系

哲学专业
侯俊丹　李　娟　杨　帆　张英伟　刘志成　唐　亮
曹　阳　周　鹏　张秀妹　汪凡凡　王　辉　邓　强
许红蕾　秦　萌　周丽璇　刘　黛　田　园　颜　筝
周劲宇　陈益维

宗教学专业
尹厚清　王清华　董　鹏　肖　草　李雯雯　徐　豪
徐思源　李锦云　李　爽　任迎春　于明明

元培计划试验班

哲学专业
陈伟嘉

法学学士

新闻与传播学院

国际文化交流二学位

闫文捷	王 培	吴 桐	夏侯昭珺	巩增盈	周 丹
姜凯军	杜一平	司徒瑜	宛志弘	付 瑜	杨 柳
杨 旭	雷 阳	王 雷	刘 杰	郭娴稚	

国际关系学院

国际政治专业

胡 颖	潘竞宇	王立鹏	刘文忠	张 煦	梁 婧
周 宇	施雨岑	郑 洁	陈 皓	王 天	李 超
马 岚	李彦铭	李 可	王海林	田 甜	王欣欣
何一轩	金英君	刘远政	邵长春	韩 松	郑 燕
张峿楷	许 亮	张 程	许 静	邱娴都	董见微
夏 菲	黄思路	陈金源	林光辉	汤风琴	谢福贵
周 莉	李玉婷	丛小东	于 菲	李 华	田恩祥
谢治凯	詹奕嘉	陈 蕊	梁 劲	付凤云	杨 霖
刘潇潇	张 毅	吴 原	邓明莉	张 天	廖 望
陈怡如	黄星荣	陈龙宁	顾 朗	杨 亮	

外交学专业

任丽竺	高 源	刘 南	郭杉杉	孙昭钺	李明双
舒 冬	许海静	殷晓斌	董 盼	李晓晖	项佐涛
赵 倩	成 煜	卫 菲	李 慧	何 琳	管秀季
张美阳	李盈莹	王牧笛	朱红梅	王海艳	陈 晞
魏可钦	徐 莎	吴春晖	王庆钊	刘 琼	谢志海
周 芳	余 轶	蔡欣欣	沈 涛	王科舟	蒲 实
张春蕾	庄 阳	佟 萌	李 娜	董昭华	侯 珏
刘巧怡					

法学院

法学专业

王 磊	朱小路	王 珺	杨燕宁	李 佳	庞 博
万桐君	汪亚辉	曹玉骞	吴彤珊	张大鹏	郜 丹
陈 希	文 韬	吕丹萌	周 健	原君凯	郑 燕
杨余敏	温丽梅	张 婧	袁 野	丁昌峰	方 博
邓 澜	袁秀梅	蒋明艳	王 璐	格桑罗布	李 凯
张世原	丁雪瑜	何 汀	王 燕	李文婷	程小琳
刘千千	钱 靖	何诗扬	陈 研	饶 砚	李 菲
牟家玥	刘精华	代跃华	马 鑫	郑 微	李 莉
张乃真	王雨峰	邵锦莉	陈 猛	李正海	周芳芳

李 晅	林彦华	林 妙	徐 婷	李 瑶	徐晓彦
刘博谦	陈 翠	梁素娟	陈 燕	廖璟烽	金 旭
郝 瑄	张 颖	王 悦	葛 琳	董 琦	陈晓雪
张梓园	薄 彬	孙晓璞	代晶皎	彭 鹏	田 甜
林英杰	王 燕	潘冰清	郑志桃	杨立威	王潇婧
戚 静	张西兰	樊昉然	谭四军	廖敏皓	唐婧婧
龙 秦	曾 莹	依天骄	董荣荣	周 涛	严 莉
马翔翔	王 丽	王益为	宗爱华	张慕宇	赵 龙
白 麟	温建利	张佳妮	赵 娟	樊 荣	马 冬
史 蕾	孙景云	刘 赟	路姜男	张薇薇	朴文香
李正慧	薛 静	陈天一	李 丰	刘 飞	叶明欣
康 鹏	赵 琳	李新德	周 丽	蔡明卉	杨 雪
秦 超	廖 丹	杨国艳	程 遥	于 哲	任 政

知识产权专业二学位

王述慧	毕 磊	阎 敏	齐 斌	辛 鸣	石金平
周 芳	周映华	禹俐萌	衣彦威	赵国璧	胡 伟
张 立	刘 鹏	姚 瑶	孙启明	王 刚	许 涛
马丹姝	李娟婷	杨慧丽	王麒麟	张良进	岳 洋
粟晓南	赖海龙	王 陶	谭怀宇	杨 瑞	全 姝

社会学系

社会学专业

龚博君	张 威	朱运佳	徐 丹	张鹤年	贾 磊
尹云翔	化文娟	高圣亮	刘楠楠	曹理达	刘雪婷
尤璞允	王春来	李静文	任 强	骆为祥	郭绍林
王 丹	陈敬元	胡飞飞	顾林枝	李 玮	李格丽
吴 锐	方 辉	彭广舟	傅勇江	刘 琪	史 晶
李雄明	胡 瑜	刘海默	陈 超	卢雨霞	

社会工作专业

张 奕　赵擎寰

政府管理学院

政治学与行政学专业

寇建建	曾 铎	陈万萌	闫立佳	刘 萍	梁 雪
王 猛	杨京涛	王伟锋	邱佳娜	薛 蕾	彭 宇
潘丽媛	芦 杨	丁 宇	齐 亮	王晓锋	朴丽珍
王新刚	李丹丹	成 诚	宋 燕	裘 凯	应潮瀚
沈汝洋	薛 飞	劳 婕	肖 春	肖俊奇	白成太
梁玲玲	李 萌	张晓洁	丁康康	夏 可	卓懿伟
彭兰红	杜伟钊	曾嘉坤	汤丽莉	刘欣怡	李闻汶
张 芳	李文博	刘晓英	晏世琦	刘 蕊	张 弦
任 远	蒋华良				

马克思主义学院

思想政治教育

钱若谷	范秋明	付 军	刘昕果	梁 戈	王娟娟
王 英	孙宁怿	曾小曼	王 锴	胡 康	包卫刚

梅海波	温炎	孙辉	李蔓	宁静	王森	钱磊	欧国强	王东宾	曹星	卜紫洲	魏昕
董月	邵樱	廉薇薇	龙道雷	刘霞	王凤菊	汤国鸿	张琼	王晔	王艺霖	郑宇光	杨斌
萧新桥	王晴	梁文权	刘莉	张涵	闫莉	孙浩	王砾	李硕	曾桂圆	任慧娟	
孟丹	周广尚	刘京京	李倩	徐涛	鲁树伟	**财政学专业**					
张杨	张华	郝文红	王娜娜	黄伟丹	张亦书	于洁	冯博	李赫	彭楠	戴芳	韩楠
申永慧	孙家祥	陈娟	张宏	苏若莹	何芳	耿莹	米大鹏	马龙	董瑞芳	赵磊	李娇
方华明	刘长虹	杨旸	王涛	何峰	胡小燕	宋丹阳	林虹	余向荣	范丽平	钱伟锋	戴晨
李劼	池茗菡	田真真	胡敏	王忠芳	杜薇	伍婧	徐晓菲	张刚	解露露	杨举	彭小春
林语然	高嵩	李爽	张贞宇	祝世峰	翟绍辉	陈苑	曾文玉	杨婷婷	李杨	仝亚娜	洪玉鳞
郑继培	王洪丽	谭军	李海玲	尹盛楠	李云芸	**保险专业**					
史军	王春杰	刘莹	刚绍强	程彬	何园	邹璐莹	黎雪馨	甄颖	王华婧	杨坤	周晓乐
刘诚	刘京凯	付晓辉	鲍积兴	郝国华	周晓佳	贾立超	吴佳琦	刘富伟	张倩	王浩	邵振华
何畔	王大军	卢胤达	何川	王凯	付晓雯	慈晨	卫坤彦	戴晨冉	肖丽	袁新钊	曹欢
林多多	张翔	贾军	张磊	迟频		梅胜军	应隽	詹昊	谭林心	郭小溪	宋鸣
						赵李宁	杨晶	蒋运冰	沈东泉	张洋	喻春琳
						陈奇					

元培计划试验班

国际政治专业
张康

法学专业
白真智　滕琪　何瑞琦　刘璐　徐贺

社会学专业
高虹远　庆小飞　王大军

政治学与行政学专业
吕燕　刘伽　黄思进

经济学学士

经济学院

经济学专业

邢方伟	姚奕	李馨寰	刘铣	童晓白	孙晖
吴宏	邱建雄	崔青筠	潘蕊	葛瑶	邱建业
高冰	许勇	董佳鑫	吴晓雯	陈霞	赵婷
邓靖芳	陈艳	邱晓媚	王希	蔡超	黄泽华
冯度恒					

国际经济与贸易专业

王轩	吴姗	郑蓉	梁毅	刘苏洋	陈敏杰
郭欣	崔少旭	胡玉婷	徐舒扬	杨楠	王冠
沈大伟	李瑞	彭子姮	王蕾	杨毅	边春
王宪鹏	王林丽	肖妍	李熹	张芳	余晓娟
高文	麻志明	肖与华	酒艳	刘春辉	黄小倩
李唯唯	陈睿	赵璧	赵玉亮	吴渊	崔洁
郭星	柯娟	孙蔚娟	连信森	刘军	朱丝丝
宋秀杰					

金融学专业

张杨	张杨	姚晓阳	魏辰晔	孙琦	郑宏威
高树达	于泳	孙晓曦	赵炜	尚洁	李岩
宋鼎哲	邵冰	陈曦	运明	姜媛	李昕旸
查文舜	王佩佩	张妍	李晓菱	王志斌	简练

光华管理学院

金融学专业

商尚	王玥	张君一	李媛媛	魏玮	李芳
甄志勇	王远方	王玉哲	尹璐怡	潘伟明	申晓蕊
丁硕	郭智慧	臧蓝	余珮蛟	包彦	吴琼
陈晓蓉	王晢晢	魏益佳	王微微	宋婷	黄杏
眭芳韫	慈颜谊	宋美虹	谭彦	王海桐	项婷婷
李习	张炜	谭琴	王琅	孟涓涓	王慧
郑庆颐	柏青	王斌	幸婧	邓颖	陈侃
闵璐洁					

元培计划试验班

经济学专业

孙继承	陈永	鲍琳琳	许诺	唐小东

国际经济与贸易专业
赵翔　王文静

金融学

魏恩道	韩菲	杨至明	吴兴宁	李蓓

保险专业
张科

管理学学士

光华管理学院

工商管理专业

见旭	朱琳	董韫韬	安立娟	祁超	赵嘉
陈欣昕	蒙佳玥	冯翔	王华蕾	薛涵	綦龙
王瀛	郑黎励	王文博	许封	薛伟	王健
崔毅	陈祥	余琨	何俊	王绍萍	吕明相
杨东钰	张黎	石昊东	李晶	李茜	黄倩
周颖婷	曾琲茹	柴文进	张嘉至	张婷	

会计学专业

李红莲	金俐娜	袁　烁	李　然	陈　鹏	程乐儿
么　琳	吕思遥	刘　婷	杨　韩	张　帆	王玉洁
薛　杰	邱　爽	陈　曦	曾　勃	朱　莉	白剑峰
王贤沛	石　凡	范亭亭	庞　勃	窦一炜	韩　嫣
应　隽	赵坤瑜	张鲁婧	田　星	郝青山	马　琳
白　靖	安亭亭				

信息管理系

图书馆专业

王雁杰	陈　鑫	杭　杰	唐　润	魏　琴	詹　毅
林剑锋	李书杰	李陆鸣	陈　平	郭　屹	

信息管理与信息系统专业

刘鼎盛	李　菲	田　欣	欧阳白晓	彭　捷	舒　童
林　媛	王静疆	徐　冰	侯建彬	路志学	刘　磊
屈　鹏	钟　声	刘　畅	洪　燕	汪　珊	王苏蕴
徐　景	刘　峰	程　浩	李　跃	张云鹏	杨　林
黄晓莺	李润明	吴龙婷	伍海鹏	寇　钰	王　丹
隆　捷	陈　森	范宇婷			

元培计划试验班

工商管理专业

莫　莉

医　学　部

临床医学

赵晓雯	宋　楠	薛大喜	王冰艳	陈焰锋	郗攀飞
张　潇	蔡　濛	皮　斌	林杏骥	宋巍巍	梁晓莹
张晓文	万　利	丘宏达	刘海成	苗　颖	谢良麒
汪宇鹏	王皓正	吴　昊	王梦琴	张悦悦	刘　芳
侯祖均	赵　亮	王　曦	陈伟呈	梁　思	吴剑挥
张长国	罗　谦	史东利	刘伯南	冯雨苗	孙　博
杨　辰	成志鹏	王　阳	于　玲	吴海燕	朱世杰
谭　鹤	罗　芳	陈　芸	张潇潇	韩　鑫	金　策
熊鑫冶	张　博	张灵云	孟祥才	王　京	李冀峰
娜　仁	夏文丽	钟亚妮	游颖赟	彭　伟	哈斯米尤
赵冬雁	祝水莲	祁红涛	刘　振	舍巴尼	孙　悦
黄　真	王　维	王　潇	维达里	石书伟	吴嘉煖
黄伟龙	曹毅天	拉迪斯拉斯		邓志平	王茂颖
徐义勇	张　磊	卡西安	宋军民	查晔军	查　洋
金　勋	柏　奔	刘　飞	冯　硕	马琳琳	郭玉林
索　芭	郑　鹏	戴如星	王振生	杨　宏	索玛拉亭
史晨旭	庄佩佩	崔益亮	杨菁菁	依列泽	张　源
夏韶华	许　挺	马徽冠	穆罕默德	周妮娜	殷耀斌
李　琳	景小勇	阿　里	娜仁花	周　阳	陶永康
潘海晖	阿比德	刘庆玲	丁晓晨	卢正茂	李艳玲
岛佃惠	张闫贺	周　涛	杨　颖	邹　明	马晓文
永井阳子	张　宇	邹琦娟	杨洪超	王　贺	
坂本真吾	康军仁	艾尼沙	任慧勇	谢　兰	
张海林					

口腔医学

李　杰	张　雷	宫作德	赵　亮	努兰别克	
杨步月	任　莉				

预防医学

吴　盛	华正宇	吴小明	伊　硕	宋欣欣	马晓光
林　杰	杨敏娟	文　涛	武小锋	主马什	屈雷明
王圣淳	桑　布	周金鹏	孙　正	林薇薇	檀　溪
滕克强	王　云	张程程	孙雪冰	许　鹏	田妍妍
吴春眉	梁明斌	马　丽	王　玫	曹　远	赵晋丰
黎惠贞	尹　杰	王晓鹏	王其飞	赵　亮	张晓琳
刘新学	刘　竟	梁艺怀	程亚杰	汤富磊	刘　军
曹宗富	郑锴昕	乔杨峥	李杨眉	王媛媛	苏　畅
邓　锴	杜远举	刘　君	黄超峰	胡　强	喻　达
阮明捷	李　琼	吴　梅	丛　林	薛　波	邓琳耀
颜流霞	赵亮宇	李敬文	吴　钶		

药学

赵　欣	于　嘉	迪力夏提.白克力		唐　晨	王　宁
王建伟	王　蓓	顾媛媛	杨立华	吴　超	
才登卓嘎		毛　薇	陆英哲	许　玲	刘彦婷
谢　敬	韩若冰	张　默	张　瑾	强巴次仁	
张力思	杜　菲	傅筠莎	张　烁	梁晓莹	张　娜
米海波	卫红涛	吕晓洁	才　登		

护理学

张丽燕	刘玮玮	桓　晨	金　晶	许丽萍	李　凡
孙丽秋	杜　忆	谭赛男	刘红波	李　勋	闫　琰
张　慧	赵燕婷	徐阿梅	邢　蕊	吕　娜	杨红霞
杨文菁	冯　姝	王珊珊	于　涛	郭　姣	张丝艳
张燕文	华小雪	郭　楠	潘春卉	魏　艳	马凤玛
陈　华	师晓荣	王　煜	洛桑德吉	曲　珍	黄　婷
王冉冉					

基础医学

彭斯扬	姜晓磊	周小芝	闫　萌	曾庆江	周　烨
史　记	唐逸然	赵幼娜	张剑钊	翁　默	张佳宁
韩　彦	杨　鹤	薛瑞琪	陈　真	陈　晨	张　蓓
李　陶	赵树雍	乌维宁	吕　宁	孙　佳	伍晓盼
崔　扬	林国南	周玉斌	翁　良		

临床护理（高职）

王　润	张　静	黄婧娜	刘英武	佟　玲	杨　光
曹　瑾	郭海萍	郇文伟	李　峥	蔡　萌	安迎杰
李世娟	王　森	张　婷	郭　艺	马子午	付丽娟
孙元园	赵　茜	史　坚	赵　青	孔令玲	苏　倩
张　静	林　萌	李文晶	韩　婷	李　伸	张盛楠
徐　南	张亚芳	张宏滨	张　颖	申唯一	孙　硕
魏　萱	刘　蕊	李　悦	郭　琳	张　贺	尤　静
宋春伟	张　存	曹　慧	赵　娜	郑靓靓	高燕馨
郭丽平	刘红颖	王亚桥	李　鑫	王　洋	邵思洁

矫欣	陈婷	孙梦婕	全颖	王璐	李珂	王希思	张英豪	王雪莲	张佳状	付晓炜	顾黎
刘珂佳	杨北平	田静	崔宁	张童	张彬	荣蓉	石彬彬	张沫	董志凌	贺铮	郑雯
王晶	闻茜	郑晶	陈竹	滕海思	周璐	庚悦	张岳	张琦	李妮	王奕	张紫旭
段铭霞	林妮	杨帆	李颖	姜亚东	李丹	张翠翠	刘家琦	林霖	徐文		
李晓	竺青	邱菊	王蕊	苗苗	李佳	**医学实验(高专)**					
李莹	谭微	赵蕊	王蕾	杨夏末	刘眹冉	张雪	赵任晨宇	李艳芳	寇晓晨	刘晨姝	
蒋苏京	陈霞	李娜	朱冰心	孟然	赵微微	梁安宝	程明	王松涛	李宁	张博	戬莉
王卉	胡颖	王莘	陈旭	刘颖		李晓梦	赵鹏	邓馨	巴晓军	张丽	徐婧

临床护理学(高专)

季月新	李烨	徐冉	杨辉	韩玉婷	王双燕
武薇	孟芳辉	支媛	武程	马瓘	魏婷婷
姜海珍	赵旭辉	肖静	付东艳	曹倩倩	杨萃
刘京博	巴桐	孙荣荣	谷禹	杨颖	金洁
王翠娟	杨建伟	甘露	张曦	崔佳	田晶
陈丽磊	马征	李蕊	王艳丽	丁烨	要琪
章爽	沈静	王章	赵盛楠	许妍	张剑
代迎春	姜倩	包艾荣	洪雪	胡硕	杨晓英
贺新欣	王琳琳	丁晔	黄钰	吕顾	苏艳秋
王颖	姚洁林	戴维	韩立云	刘佳	李文霞
徐丹	田嘉	李帆	郭少彤	吴凡	赵娜

2004年结业
2005年换发毕业证书并获学士学位

数学科学学院	张云涛	宋蕊	
物理学院	沈文昊		
化学与分子工程学院	汤砚蔚		
生命科学学院	黎浩妮	王灿	
地球与空间科学学院	罗璞		
心理学系	蔺鹏		
信息科学技术学院	陈岚	曹竹	李俗梓
中国语言文学系	饶海波	黄智允(留学生)	
经济学院	丁浩		
光华管理学院	刘揆		
法学院	徐东宇		
信息管理系	耿雪莲		
外国语学院	叶楠	邵玄武	赵青
	刘喆	于洋子	
国际关系学院	金智恩(留学生)		

应用药学(高专)

勾宇	付彪	李定翾	林鑫	徐亚涛	张迎一
刘娜	刘昱铜	陈海岩	宋劼	王涛	王阳
代利利	颉博闻	杨建磊	蔡宇	刘彪	张磊
张伟伟	郝言	齐佳	高莹莹	蒋知宇	吴依凡
王超	李博然	林岩	冯鹤鹤	王飞	田春苗
王晓萌	杨威	王京	房元新	付学聪	张荣勋
乔祎	张苑铃	张晔	燕婧	鲍亮	马妍

毕(结)业硕士研究生

数学科学学院

苑明理	胡志广	李佩繁	李震国	刘俊	毛羽
裴廷辉	王允	席瑞斌	夏再	邢冲	杨佳刚
杨雄	张懿彬	朱会青	邹瑾	程林	刘绍波
陆怡舟	王欣	王永刚	张敏	周娜	陈峰
陈启明	李贺	李季	李继轩	李林	刘苏
马建新	王化琨	魏孛	喻晓静	张鹏	张云俊
朱炜	程羽心	何剑钢	黄裕民	江艳	卢志军
陆丹峰	吕海涛	王珊	吴岑	熊江涛	郑昌红
周臻	解国洪	白云山	蔡宏伟	陈光忠	陈永国
董维忠	范文毅	韩丽娟	何磊	何晓梅	洪炯
乐宏彦	李季锋	李绍宾	刘军	刘晓红	刘忠微
庞文中	裴曼	全晖	施京华	谭焕明	唐建新
王国良	王建军	王旭东	王彦	吴义超	吴志波

武红玉	肖玮	熊萍	许伟勤	尹砚华	曾勇
曾志强	张家仲	赵晶	周细祥	周兴庭	何其才
彭图	王静	王亮亮	何亚光	侯杰	黄凯
孙荣哲	肖小勇	王浩高	张璐	周宁	孙乃喆
徐伟刚					

力学与工程科学系

赵玉山	杨铸	李洪波	刘练兵	绳大为	杨柳
宾彬	程天锦	高鹏	陆泉洲	孙黎	王君
魏巍	杨陶令	曾宇	张鹏	程暮林	冯伟斌
郝鹏程	苗文博	叶朝晖	周迪文	单亦升	郭晶晶
何金强	李浩	刘弘毅	刘萌	刘霄	刘宇
罗文林	马家骏	马俐丽	彭文波	孙朗	覃永胜
王大川	杨君昊	殷乃睿	俞建华	傅琦	王占峰
张钶					

物理学院

宋一平	丁莉莉	康 宁	谷晓芳	蔡海颖	谌 勋
李 楠	刘柳明	吕宝贵	吕晓睿	吕序效	罗 瑞
聂一民	苏石泉	孙志祥	王建军	张 翱	钟志诚
侯利娜	李鹏宇	刘鉴常	刘 晶	沈 刚	唐毅南
王 佳	王万章	俞伟林	张 宇	段立松	胡 翔
李 刚	刘仕锋	茅海炎	孟立飞	宁展宇	欧阳正清
王 喆	徐爱国	张敬东	张向辉	周 新	朱耀辉
丛 杨	傅雄广	华 净	李宗升	王润海	闫利芬
孙 磊	唐佳妤	魏明霞	夏丽芳	张 帆	赵 罡
陈 哲	李 剑	刘小刚	欧廷海	王金博	周佰艳
曹治强	方圆圆	胡 予	黄梦宇	牛 峰	牛晓蕾
孙兰涛	童 科	王 凯	周 成	储祥蕾	姜忠德
赖江南	林 林	宋翔翔	魏 德	肖斌平	谢 谊
邹润磊	韦 靓				

化学与分子工程学院

游泽金	程祥龙	姬志强	李泽军	许 宏	杨顺龙
张志亮					

生命科学学院

邢云龙					

地球与空间科学学院

龚 平	苗李莉	何耀锋	凌 勇	吕江宁	王红梅
王 璞	张志刚	郑中华	廖海仁	阮 鹏	沈晓阳
赵 亮	曹淑慧	冯 雪	李瑞萍	刘念周	刘迎新
马生凤	唐国军	王月然	魏学军	杨 磊	周 凌
祝向平	李明艳	唐 宾	陈小红	陈 征	党青宁
杜 蔚	何玉庆	华金玉	李金臣	刘志强	史艳丽
汪 涌	王晓丰	吴 波	张 锐	张 友	赵 健
郑金武	陈 宏	程晓刚	董建华	杜晓明	付大海
付天郁	胡建波	胡彦青	黄 梅	李传红	李 群
林旭东	孟祥军	戚 曦	田国臣	汪爱云	王长生
王洪涛	王景梅	王永霖	杨建国	于开春	俞 军
张 学	赵长久	郑焕军	卞泉洲	董 平	何华伟
柯樱海	李 峰	李 宏	李 鑫	汪冬冬	王站立
吴建新	吴 宁	易永红	张 华	张云海	周 波
杜龙江	王顺义	闻 辉			

环境学院

宋先花	陈 鹏	彭 艳	张 睿	郭德政	季海波
李 婷	秦依明	杨姝影	陈 辉	陈 琦	付琳琳
戈爱晶	韩 蕾	胡建林	郁 宁	李春梅	李 爽
李 巍	李文强	李艳萍	刘荣霞	刘文荣	吕晓剑
苏 凯	王 欢	王丽婧	王 琴	吴 丹	徐金荣
杨 挺	张春燕	张广山	张 静	张晓楠	张晓勇
赵丽娟	赵 鹏	赵月炜	赵云良	郑 洋	周 楠
朱山涛	陈 洁	陈 睿	冯 彪	何 毅	何泽能
黄 鑫	李 晖	林 立	刘 杰	罗 欢	屈 毅
沈兴兴	王 新	尹 璇	喻治平	张琦峰	陈 峰
苏黎杰	支 军	霍豫英	彭慧芳	俞奉庆	喻 蓉

陈宇飞	邓 冰	冯果川	国 夫	何慧珊	和朝东
胡 罡	黄 刚	姜 斌	李静晖	毛 娟	尚嫣然
王 欣	徐勤政	于海波	傅海荣	刘 强	孙雄伟
纪中奎	蒋 峰	吕 楠	朱 彪	顾炜旻	兰 天
吴 敏	邢冠华	詹 巍	赵臻彦	林秀梅	

心理学系

管延军	陈育榆	陈 军	储衡清	付林涛	贾云鹰
李恋敬	李 潜	刘 平	彭晓哲	荣 煜	史 冰
叶冬梅	张 昕	赵迎春	甘 露	李 洁	潘莹欣
曲晓艳	于清源	余媛媛	黄思旅	傅 莉	胡克松
李清阳	李文瑞	罗琳琳	王慧梅	俞 涛	周 斌
周 磊	邹 丹	陈 曦	吕晓薇	任 静	沈秀琼
王 惠	肖震宇	张 莹	郑 亚		

软件与微电子学院

金振宇	李康昊	罗华亮	倪加元	邵 勇	宋 瑞
孙盛艳	谭梅兰	唐春玉	唐华云	闻 乐	肖 恒
谢 青	徐春波	许海江	杨 波	袁 全	袁 治
占彤平	张会成	张钟渊	章 恒	朱兴雄	朱焰冰
卓 玲	宗 琪				

新闻与传播学院

李明博	丁荷莲	徐 笛	张意轩	王 丹	查轶伦
陈 龙	陈 赛	程 颖	董 宁	杜 鹏	胡晓玲
黄 凯	霍晨辉	蓝燕玲	李 培	刘 莉	刘晓东
马 玲	聂玲玲	邵泽慧	舒春艳	宋 豫	孙寒波
佟佳家	王代军	王 萍	王舒怀	王 伟	王 欣
王 颖	王 煜	武晔岚	张 淼	张小青	张 裕
甄晓菲	周 娟	周易军	左瀚颖	陈 波	陈怡香
马国荣	李晶晶				

中国语言文学系

谭嘉欣	孟庆琨	轩新丽	姜卫国	李 琳	苗 辉
裴必玉	时胜勋	孙 鹏	王术臻	曾华锋	于浩森
艾 彦	陈珠珠	李德超	林 娟	宋丽萍	孙 俊
唐艳艳	叶 娜	张 娟	朱子辉	伊 强	陈 明
刘小琴	沈莹莹	王 勇	李仁生	王卓英	陈 岚
方 政	古尊师	林 顶	任成琦	文 韬	文 雯
张 惠	陈 珺	崔问津	代 琦	贾静波	孔令涛
李国华	李 莉	李 李	李雅娟	刘 睿	吕绍刚
牟利锋	石一枫	孙 芳	孙 倩	田 露	万 静
杨 凯	游自荧	詹 勇	张 寒	郑瑞萍	朱滨丹
包 薇	徐则臣	何 恬	李 阳	刘珊珊	王 蓓
王 琳	熊 璐	杨治宜	朱 伟	黄海维	杨雅雯
田 渊	王 申	陈德祥	何洁冰	麦满堂	

历史学系

张殷铭	付 琳	毕 琼	古丽巍	李芳巧智	梁 科
林小异	罗 玲	孙鸿艳	王 超	张树盛	张 炜
朱立峰	朱 溢	王光龙	王 琰	肖光畔	别志雷
高 峰	胡 宏	贾 妍	姜言卿	李 倩	马文丽
倪玉珍	施 霞	夏方晓	邢 颖	袁仕正	张 杰

张在华 周　莉 秦　川 李　航 林锦坤 潘惠祥　　杨　昀 殷　俊 张爱霞 张　涵 张耀权 董海宁
黄致理(结)　　　　　　　　　　　　　　　　　　关　键 辛　凯 赵红滁 林礼宜 段抒晖

考古文博学院

光华管理学院

刘明利 吴　辉 陈　阳 戴　维 冯　峰 胡亚毅　　邱　刚 黄志海 龙　力 彭云峰 孙立新 赖兰芳
康葆强 刘　岩 孟原召 邱丹丹 邵　军 宋艳波　　马远志 曲向东 石春光 张晓博 黄　策 徐海青
王朝勋 王　浩 吴长青 许冰彬 闫　志 杨新成　　桂　权 欧阳辉 蔡雪君 陈剑平 陈善阳 陈志远
杨颖亮 游富祥 张小山 赵　永 吴　仝　　　　　程文俊 邓小群 杜　波 段永刚 范云燕 冯晨晖

哲学系

符　沉 耿照洲 韩晓明 郝　岩 洪　兵 侯洪涛
张东林 刘钦锡 叶苏珍 代建鹏 胡　伟 徐代云　　胡靖华 胡茂平 江德宇 姜　毅 解学军 冷　劲
张鹏毅 陈宝剑 陈　瑛 邓景异 李　喆 刘世宇　　李　浩 李华海 李　铭 李　强 李赛斌 李卫新
戴志勇 范大邯 李科林 吕纯山 牛凯音 谈晓明　　李晓波 廉海东 梁　玲 林旭阳 刘　畅 刘海玮
谭　嫦 李　震 李秋实 吕士胜 褚国娟 贾红雨　　刘润玲 刘永庆 鲁　可 路福清 吕楷之 罗文君
任　楷 徐　陶 杨　震 赵丽君 李　琼 李之美　　罗喜龙 罗彦玮 苗　洁 彭　丹 彭　浪 尚　鹏
钱雪松 宋丽莉 唐英英 陈　健 唐　平 薛　城　　史建华 宋　星 孙晓锋 田昌越 田传科 汪　昆
招富刚 陈　琦 单艳华 高广宇　　　　　　　　汪名发 王高峰 王松泉 王晓飞 王彦侠 王　颖

国际关系学院

王　媛 吴　昊 吴家喜 王　星 向宏屹 熊雪涛
顾　扬 刘　均 胡姮霞 赵煜光 刘小小 任羽中　　徐　崌 徐志伟 闫海鹏 晏　培 杨传斌 杨　虎
张传文 付　焦 刘　佳 罗妍妍 吴晓斐 许世鹏　　杨　静 叶英刚 于　雪 张　博 张大为 张德君
张镱及 邓　海 果　宇 李小萌 罗海珍 张　娟　　张　佳 张京宏 张俊峰 张艳红 赵翠微 赵建勇
郑丽丽 蔡善长 陈彦彦 高明秀 郭山庄 韩　刚　　周　晨 周　匡 朱国祥 朱　航 朱岩岩 邹文标
胡贵华 金飞飞 康　涛 孔伟明 孟建华 缪　贤　　陈　彬 代文彦 王　彬 王　潇 杨　慧 杨心溥
沈晓雷 田景武 王建美 王静秋 吴　蕖 杨　磊　　张晓宾 胡蓓蓓 胡航宇 姬　虹 李　楠 李　松
赵光勇 赵　煦 赵远良 周加李 陈　斌 陈先进　　卢　燕 马　光 彭　华 施涵清 孙毅敏 唐家齐
郭一峰 侯　蔚 李寒芳 李宏毅 马　原 蒲芳芳　　萧　潇 张　勇 陈春林 陈施行 陈　炜 陈文清
史　欣 徐少燕 张桂凤 张　辉 张薇薇 张　轩　　陈　五 陈向东 付　佳 高　慧 龚　科 顾　科
赵红权 陈　勇 郭延凯 何振良 姜维清 李春江　　郭俊华 韩　露 贺国旺 胡忠良 姜天坊 景晓达
李浩宇 李　满 李　悦 梁　宇 林怡静 林　忠　　康延涛 孔连增 匡　澜 李珊珊 李小平 李轶群
孙家宁 佟文琦 王　忠 吴继林 闫　岩 杨智慧　　刘广财 刘海林 刘清敏 卢　戈 卢自本 陆　锋
张书杰 张西峰 张学仁 张志国 赵亚许 丁　瑜　　罗振夏 任　峤 申丽娜 石晓芳 孙　磊 孙文先
侯　育 胡新龙 蒋　淳 李　琳 米　娜 施　毅　　唐倩华 田　陇 王　兵 王　慧 王　进 温养东
涂艳萍 张晓明 赵海建 王国治 陈瑞翎 吴明宪　　吴　旭 吴雅婧 夏沛沛 许　韬 严晓捷 杨　文
江　扬 刘建华 徐　沁 徐学群　　　　　　　　曾龙平 张　滨 张　博 张锦灿 张　娟 张　特

经济学院

张玉贞 赵可满 周雪军 朱朝辉 朱　鹏 李　斌
刘　俊 吕志东 王雁尹桢 陈敬春 姜丹彤　　高星星 康大伟 王秀钢 魏东霞 张妩华 曹丽娜
金紫雨 刘　官 孙赵君 田沐阳 王　芳 吴　玮　　崔　晓 贺艳丽 邵亚楠 宋　波 赵永鹏 柏春林
姚　钧 叶乃森 印　丽 张天宁 张　鑫 赵现军　　常　涛 陈　静 高　键 蒋贵凰 瞿桂林 李　方
林洁霖 苏傲贤 李　剑 马　跃 时延军 史　浩　　李　青 李　卫 林吓平 刘倩倩 王荐文 杨　华
宋　茜 童　竹 谢伦裕 许　辉 张蓉蓉 赵吉壮　　杨　希 赵玲玲 朱军霞 方武军 桂文伟 韩　霞
肖　琦 许月华 于　丽 肖雪萍 黄晓庆 李　兰　　韩志达 胡　玮 计　茜 蒋丽梅 谭　力 王科宇
梁谢军 刘　威 施　亮 苏华山 王　好 许婷婷　　伯　倩 曹映芬 陈　颢 邓甸山 郭　倩 黄　军
张　楠 赵　倩 赵沕芮 高　静 谷晓岚 洪　琳　　黄　黎 李彬璐 李书孝 李雁君 刘　馨 冒大卫
黄　婧 金子竹 刘　佳 刘雅静 罗　玥 孙嘉弥　　潘海燕 沈　睿 宋春蒿 汤　凌 吴　丹 吴　刚
孙笑乐 汪　倩 王　薇 杨　升 尹洪斌 张王(莹)　　徐　鹏 于　泳 余晓平 袁淑萍 曾欣云 张　成
张嘉弘 白育龙 蔡　娟 陈春来 陈　翠 代佳　　　张　卉 朱俊丽 邹　曼 安子中 曹　虌 陈国新
冯莉花 冯晓亮 冯　艳 谷　衡 何　鑫 侯　晓　　陈　可 陈鲁蛟 陈　倩 陈胜伟 陈晓华 陈晓宇
寇锦玮 李　伟 林隆华 林瑞晶 马　筷 马婷婷　　陈　旭 陈毅虹 褚　伟 邓　辉 邓　力 邓　旭
欧阳勇翔 祁树鹏 乔　郁 任　杰 孙　杰 孙雅雯　　段红莉 方高山 冯安定 冯　飞 冯玥珠 付金科
王　飞 王　刚 王昕圆 王子慧 吴　剑 杨文玺　　高春挺 高　岩 管锡诚 郭春华 郭志和 韩　璐

韩志强	郝朝宜	郝晓红	何凤志	何海峰	何 平	曹晓伟	曹臻珍	陈必胜	陈 波	陈 耿	陈 磊
贺 晟	黑 静	侯 健	侯晓琴	胡海涛	胡明焱	陈 磊	陈骊瑶	陈 林	陈 萍	陈绍宇	陈伟超
华 山	黄俊萍	计 昆	姜阳之	蒋大龙	焦 健	陈晓琴	陈 真	程 迈	程 越	崔景诚	邓金华
解天玉	金 波	雷美凤	李昌民	李大钧	李 丹	邓 昔	丁 荣	丁兆立	董继明	董 健	董 永
李宏涛	李 铭	李配章	李 萍	李世红	李 宪	段德峰	段治平	范 辉	方海燕	方 凯	符惠清
李晓林	李 元	栗晓东	梁 斌	梁艳珍	廖良君	高 娜	高 全	高卫平	葛志生	耿哲娇	顾 锦
廖云峰	林 琼	刘辰燕	刘惠明	刘俊锋	刘 涛	郭慧君	郭晓婧	何堃焱	何 睦	何南宁	何 勇
刘为民	刘 营	刘勇刚	刘 禹	刘聿达	刘卓鑫	胡柏铭	胡国磊	胡述锋	胡 尧	胡月平	黄扶摇
卢先义	鲁 沅	路立本	吕全军	罗 剑	毛文杰	黄 花	黄建军	黄 磊	黄 强	黄 曦	黄 征
邱 波	邵军令	史亚莉	宋国华	宋海纲	宋 伟	贾清林	姜 波	姜 丽	姜 岩	姜永庆	蒋 洁
宋晓玲	孙 丹	孙铁钧	孙晓晖	唐启海	唐 茜	蒋仁熙	蒋胜勇	解 宁	景 浩	景 韬	邝 琼
田 芳	田 华	田园林	王 翀	王海波	王海英	雷卫明	冷 晓	李爱华	李 辰	李飞鹏	李 刚
王洪涛	王 欢	王建斌	王 瑾	王 君	王 锴	李 泓	李 洁	李可亚	李 丽	李显辉	李晓慧
王 磊	王 宁	王 琰	翁运春	吴 冰	吴陈仲	李晓霞	李昕遥	廉 丹	梁 杰	梁启勇	林长华
吴 静	吴丽丽	武庆元	夏 黎	夏 耘	向 慧	林 红	林祖松	刘百军	刘 波	刘 冬	刘 峰
肖红卫	肖 鹏	肖宇波	徐海燕	徐 彻	徐雁翔	刘慧琴	刘济源	刘 剑	刘 靖	刘士骏	刘松柏
徐玉龙	徐云兵	许崇伟	许诗友	薛凌云	严伯盛	刘晓飞	刘岩松	刘 艳	刘 艳	刘 莹	刘宇力
燕 伟	杨家华	杨骏芳	姚 垚	殷 昊	尹 锋	刘振洲	芦先国	陆 炯	陆 俊	吕儒红	吕雪芬
尹 鹏	于 兰	喻丁丁	袁 野	苑木辛	张春雨	罗凤伟	罗盛命	马静波	马丽红	马起华	马晓露
张凌慧	张旺德	张文奇	张武疆	张向炜	张亿红	马兆峰	马自润	米铁男	倪晓武	宁剑德	牛宏伟
张竹意	赵华安	赵鲁川	赵 萍	赵湘鄂	赵晓雁	欧阳钢	欧阳琳	潘 晔	彭亚	祁连山	秦 伟
赵蕴青	赖其男	林保全	庄雅凤	陈子朗	徐承瑜	任君垚	任伟伟	任艳利	任 勇	沙 金	邵海雁
蔡孟璁	黄铭弘	王志明	杨 雪			申珺瑶	申钦民	沈妙鸿	沈 奇	沈卓兰	盛 亮

法学院

						司 伟	宋建洪	宋旭东	宋学武	苏安标	孙建国
杨宏军	刘骐嘉	毕洪海	李 蕾	吴菁霞	原 洁	孙丽英	孙正基	谈 蔚	谭道明	谭志坚	檀 钊
陈 强	张 宁	曹怀亮	丁志天	冯 坤	何 伟	唐美训	田海涛	佟艳丽	万 钧	汪 娜	汪 震
胡俊杰	吴 涛	武海燕	尤 岚	张子发	李铭婷	王 旸	王 翀	王传奇	王 纯	王 繁	王奉仁
杜月婵	王鸣峰	汤小华	黄庆枫	洪燮林	崔 雷	王 刚	王红凌	王 健	王 景	王 俊	王立群
刘彩玲	刘明竟	刘太英	陆华强	马湘莺	毛晓秋	王立元	王卫新	王子涵	王尊州	吴 彬	吴 芬
欧树军	王烈琦	赵玮玮	毕竞悦	塞有韬	李玉洁	吴计政	吴淑珍	吴晓明	肖百灵	谢圣普	徐 蓓
胡铁民	蒋湘滨	谭姝娅	谭 喻	唐绍芬	王社坤	徐丙坚	徐竞燕	徐 静	徐 静	徐荣元	徐 燕
杨洁梅	余忠尧	张国芬	周 曦	陈炯中	黑静洁	许 领	严 亮	杨 栋	杨 杰	杨金智	杨 俊
吉莉娅	梁海涛	任扬帆	申柳华	孙 婷	孙运梁	杨 柳	杨士纪	杨玉佳	杨志立	姚利萍	伊 莉
王海涛	王立新	王 伟	王 伟	肖 颖	闫鹏和	尹 丽	于正原	于宗军	余 美	喻 斌	袁 园
张 鑫	张誉馨	张臻珍	朱宁宁	刘孝敏	方 恒	曾华芬	曾颂平	曾勇华	翟格民	翟俊刚	战宝石
韩林伶	贺凤哲	焦 娇	柯中莲	李 雪	廖文彬	张 喆	张 兵	张春宇	张红艳	张宏佐	张金栋
罗 彧	秦 岭	邱俊琼	孙俊武	唐 艳	汪华亮	张 静	张 军	张 磊	张 蕾	张丽娜	张丽英
王建国	王永霞	吴 迪	许 亮	杨 芳	张 实	张 平	张学文	张雪梅	张 岩	张燕妮	张 屹
张学锋	郑小鸿	周 南	周 征	赵林静	陈福勇	张羽君	张 卓	章艳艳	赵 罡	赵 丽	郑 敏
何东青	刘 玥	盛艳慧	王 欣	夏雯雯	张一诺	周公策	周红力	周吉川	周 琳	周文宇	周小霖
赵吉奎	白 峰	包剑虹	陈志强	冯翠玺	李 哲	周 旋	周颖慧	周正国	朱婉白	祝彬森	祝鹏程
刘 琳	欧阳泽蔓	普丽芬	苏 倩	汤洁茵	王 翊	王永元	白淑晨	戴美英	关剑兴	张彩燕	童颖琼
魏 倩	魏秋菊	吴金根	熊 可	易明蓉	周 尔	张 鑫	李 静	陈佩仪	李美恩	彭雪辉	曾建华
管瑜珍	胡 晗	黄健美	蒋雪雁	鲁晓弢	陆艳平	徐昌荣	李 晨	陈伟贤(结)	彭纪莲(结)	沈泰中(结)	
莫 莉	苏 浩	孙 宇	王 来	王丽英	王心安	梁钊炽(结)	梁志明(结)	郭雁萍(结)	周伟明(结)		
夏春利	谢 艺	薛国胜	张 林	周 军	庄 瑾	麦心韵(结)	马国伟(结)	郭康雅(结)	伍景华(结)		
陈 晓	陈 昕	傅建旺	姜 昕	李永辉	刘 阳	李灏霖(结)	冼远光(结)	欧阳恒儿(结)	苏焕明(结)		
田树荣	杨 禾	赵海燕	蔡军龙	曹 玥	曹 蕾	方明远(结)	何剑雄(结)	洪伟森(结)	霍建豪(结)		
						曹顺财(结)	萧进源(结)	陈香雯(结)	何晁理(结)		

耿　民(结)　　陈汝标(结)

马克思主义学院

杨珍平	曲文波	王　胜	王世玲	张守营	仲联维
刘双桂	刘　勇	吴凤武	项　明	陈　娟	巩汉春
李　博	刘文海	陈永辉	蒋贵龙	王军花	职新建
朱德福	黎　诚	陈建波	唐觐英	徐来祥	梁金修
王长明	熊其焰	药利平	张建桥	骆世盈	

信息管理系

邓　倩	李　武	刘富玉	王　法	王素芳	王　玮
王　艳	姚星星	余　艳	赵　丹	安淑敏	曹文娟
常　政	陈　晶	程秀丽	杜　征	冯兰晓	郭　强
郭延吉	黄　莉	黄晓冬	李晓拴	刘继承	刘行歌
梅占武	齐华伟	唐　静	佟慧敏	王腊梅	吴秀丽
姚　乐	喻　菲	张秀坤	周　昀	朱卫杰	郭　洁
赵　承	钟丽华	鲁小江(结)			

艺术学系

陈　亮	段国英	耿　焱	黄　君	金　鹏	刘礼红
王　华	严　冰	赵　磊	崔金阁	胡宏业	满　羿
许　乐	宣　雁	喻　溟	张之晔	张若梅	

社会学系

陈雪亚	成　静	傅　丽	胡　军	胡　薇	黄　凤
靳昊轩	李津津	李　静	李文芬	梁玉梅	刘　鹏
马　丹	彭锢旎	宋　婧	王传松	王卫城	王　雯
王　溪	王玉彬	吴新利	谢力丹	张　擘	张　磊
张　磊	张　敏	张闫龙	张　艳	朱　斌	邹孝亮
鲍雯妍	陈　晋	李　瑞	许雪莲	杨　雪	毕文章
陈崇林	胡宗万	季　蕾	李　伟	刘俊清	潘梅杰

对外汉语教育学院

| 曹晓艳 | 郝艳萍 | 李兰霞 | 王　佶 | 夏秀文 | 章　欣 |

信息科学技术学院

管　雷	洪献文	任晓霞	甘中民	李　军	王　坤
谷亚权	胡宗敏	罗建军	马　里	彭伶珊	伍亚军
张　珂	柴　扬	黄　飙	刘　宇	彭宇才	陶　雄
周晓龙	黄敏声	黄小蔚	刘轶民	罗永恒	杨黎斌
郑治军	李　雷	伍振兴	朱四桃	安方明	陈建平
程　楠	程　鹏	戴志梅	何建彬	胡　真	姜　飞
黎晓晨	李　刚	李勤兵	李晓红	林春雷	罗　艳
潘剑颖	王　勇	向　娟	鄢毅阳	杨曙光	姚宏颖
殷　悦	张惊涛	朱　峰	高　凯	刘传文	王广全
朱弘飞	顾　翔	韩　韬	凌　锋	刘　方	倪夏云
田洪成	岑　洪	方　东	李红刚	张建华	张丽峰
班　藤	陈　刚	顾小锋	管慧文	胡　维	康　兴
李　刚	刘　菁	庞岳东	任　芳	石进杰	王帅旗
武　敬	杨　红	杨晓敏	张　博	张开明	周　健
朱　晖	白　佳	苍志刚	常保健	谌贻荣	程婷婷
迟美娜	丁瑞彭	丁晓红	董爱琴	董　亮	冯晋雯
付洪军	高　翙	高友峰	顾　宏	胡建钧	胡建强
黄　浩	黄　颂	霍金健	蒋　珂	来天平	赖治国
李　刚	李洪忠	林兆祥	刘　灿	刘　畅	刘翰宇
刘思源	刘晓莉	刘昕鹏	刘耀明	罗小清	马　剑
马丽雅	马　旋	梅　铮	潘志勇	彭　艳	朴弘海
申成磊	苏志华	孙基男	谭　佳	唐　灿	陶立波
涂　欣	王春蕾	王　俊	王　荣	王亚章	魏可伟
温珍珊	吴汉唐	吴任初	伍思廉	谢海劝	谢　欣
辛国茂	许　丞	阳瑾瑜	杨春勤	杨好颖	杨庆跃
杨　智	姚明明	叶嘉明	叶运奇	尹大力	尹　婷
余啸海	余　佐	喻丽姗	袁　杰	岳　斌	张　昊
张建伟	张能斌	张　平	张　远	张远志	张振海
赵斌斌	赵珊珊	郑圣炜	郑子瞻	钟　松	周　模
朱　磊	朱龙佰	朱萍萍	朱　强	朱亚莉	韩可玉
黄宝琦	黄金涛	李　波	李翔鹰	刘菲菲	邱海艳
田红成	杨　镇	于红军	赵松涛	姚振华	陈　佳
陈　江	陈京煜	邓　鹏	丁清波	董　宁	冯所前
郭　孟	郭　炜	韩彦菊	黄松芳	焦　宇	刘文洁
马　强	孙岩峰	汤胜良	王素美	王　潇	王小龙

政府管理学院

赵延敏	龙海珊	谢　新	白　萌	陈祁晖	韩振海
金　洁	雷　鹏	李　方	王景岗	杨　晓	郭　亮
黄　辉	倪吉信	钱九红	宋智奇	童品贵	王　令
杨丽涛	赵　红	钟宇宏	朱健宏	陈成标	陈凌云
樊　鹏	姜　宁	孔新峰	史峰峰	唐　益	王雄军
夏宇宁	闫　佳	杨俊峰	张鹏飞	张　洵	陈向前
蒋　鲲	李国强	刘　冰	邵书林	唐　睿	王华宇
吴轶婷	李德强	李平原	裴自余	齐晓娟	杨贻兰
陈　虹	程　霞	高　伟	胡良俊	廖雨霖	林　俊
田　雨	田　志	仝朝阳	向　妮	肖鲲鹏	肖　楠
余琦景	郑后成	朱诺伟	宾小山	蔡琳娜	陈永欢
程　雪	崔　健	高　勇	顾　挺	郭思明	黄旻旻
林炜彬	毛华伟	蒲　凌	丘　干	沈　丽	石　磊
石玉瑜	宋　悦	王　干	王苏颖	王　煜	闫铁恒
颜　刚	詹李鸣	张晓锋	王　娜	胡运起	

外国语学院

刘　瑛	王　蔚	翁蕾华	常利梅	潘　娟	边　疆
李跃静	夏　珣	蔺　勍	史江华	曹疏影	陈媛媛
范　瑾	高　岩	王　琳	温丽姿	安　宁	陈　玮
盖　博	和　平	洪　玮	胡　静	黄若西	贾　真
李　丹	李丽娜	李少君	刘　淳	陆蓉蕾	罗晓晖
沙陶金	周芬芬	周晓薇	何　宇	赵　康	朱沅沅
董瑞芳	郝薇薇	李宏梅	时延奎	汪　芳	王卉莲
王　帅	夏海涵	游珊珊	周朝虹	李声凤	刘　敏
王　迪	周　皓	安　尼	刘　博	王从兵	吴　敏
荆淑娟	唐　卉	唐　娜	郭建荣	陈源源	万苏海
王泽新	叶少勇	刘冬花	王新萍	翁妙玮	黄乐平
韩美玲	贺　莉	金　勇	史　阳	王福英	杨华芸
于丽丽	于　荣	张京青	张锐瑞	张　哲	易　嘉
范颖川					

王新宇	王　越	卫少峰	吴锦怡	伍　赛	应　莺		第一临床医学院				
袁　丽	张惠彬	张　磊	张　十	张月祥	朱国材	张恒辉	周　杨	张　鑫	赵　霞	江鳌峯	陈志越
王　琦	谢　翰	孔凡春(结)				付京波	孙　芳	董静静	李群彦	梁芙茹	李　乾

中国经济研究中心

王　惟	盛柳刚	邢兆鹏	殷　俊	胡　蛟	黄国芳	刘英瑛	张学慧	李传保	边铁军	贾一新	王铁华
蒋永庆	李鹏宇	庞剑锋	阮海涛	史晓霞	宛圆渊	于峥嵘	张建亮	张峪东	宋　波	邹艳荣	狄江丽
颜建晔	张　静	张卫华	孙　宁	俞勤宜	白　营	赵　怿	丛铁川	李天成	李晓梅	宋萍萍	
崔成儿	李　荻	李　莉	林莉尔	刘秋霞	罗　宏		第二临床医学院				
施　华	王海琛	王　亮	王书娜	席　蕾	许红燕	冯　娟	杨丽君	公丕花	梁　旭	崔传亮	袁　远
赵洪岩	周小铃	白　洁	许　飞			任树风	曹　磊	冯海波	陈　雪	齐焕英	焦　凤

教育学院

程　佳	郭　娇	廖来红	刘红燕	刘金玉	孙一木
佟希蒙	徐守磊	陈　建	陈瑞江	李文超	刘　娜
吴　媛	邢　磊	曹　蓓	邓业涛	杜根长	黄　丽
沈祖超	孙　蕾	由　由	江凤娟	吴淑姣	

冀　涛　胡煜强　高鹏骥　孔　雷　李新宇　张伟峰
凯　妮(留学生)

第三临床医学院

赵　剑	吴永华	段卓洋	刘晓红	郑　梅	蒋　洁
李欣欣	聂芳菲	杨　光	张　嘉	谷智明	胡瑞荣
周　苏	马旭东	胡振兴	朱锦明		

人口研究所

李玉柱	刘　骥	周欣欣	杜艺中	杜江勤	傅崇辉
郭　琳	王　莹	张志明	樊雪志	周　辉	

口腔医学院

谷晓美	陈锺汉	林宝山	薛　梅	田　军	史瑞棠
段登辉	于国霞	孙　杰	桑艳辉	李　茵	冯朝华
郝　晋					

基础医学院

江　河	金　莹	杨树法	宋雪梅	马　朋	张军国
吕晓风	张　伟	郑晓惠	徐金翀	赵丽君	战　军
孙　申	贾汝静	陈　静	黄　欣	李玲玲	信红岭
韩　巍	王燕波	韩　容	王丙力	肖梅芳	张　枫
王　宏	陈　静				

精神卫生研究所

谈仁杰	杨　琴	巩凤芹	陈景旭	李　妍

公共教学部

王伟林	李彦昌	王　倩	周福春	张雪红

第四临床医学院(积水潭医院)

张　涛

公共卫生学院

杨旭辉	马　蕊	周　蕾	汤海滢	王菲菲	郑灿军
尹遵栋	郭春晖	杨　兰	邱永祥	马玉霞	王丽敏
贾玉巧	刘　英	张秀娟	王　丽	李　游	蒋　宁
朱滨海					

临床医学(七年制硕士)

刘　洋	李光韬	吴　丹	陈　苗	魏　娜	王晓莉
王　凯	郝徐杰	郭　辉	吴　磊	高　颖	李　洁
张　亮	彭　清	黄　萍	高　澜	李　雪	陆　遥
陆　军	温　泉	罗樱樱	柳　剑	肖　真	陈临新
李绍良	曹　菊	郭　琰	闻卫竞	李　君	魏　征
谢玲玎	黄俐俐	程　瑾	张　锋	赵连明	安　琦
朱　丰	娄鸿飞	李　照	赵海燕	辛　颖	王肖智
张　利	黄　晨	吴昕峰	于　瑶	丘　辉	付志方
齐　越	鲍黎明	刘春雨	许佳文	李　龙	

药学院

张亚同	贺　飞	姜　军	赵　芳	杨思泉	陈艳丽
周　建	严日柏	孙春来	丁武孝	吴珍珍	赵　霞
杨　奕	高毓涛	潘丽怡	温　晶	石玉杰	许俊羽
杨芳艳	李　谌				

护理学院

王　蕾	李　利	夏素华	李　静	来小彬

口腔医学(七年制硕士)

周　欣	赵　彦	孙樱林	肖　楠	李　阳	乔　静
刘云松					

临床肿瘤学院

孙贞媛	王玉珏	邓丽娟	任颖佳	郝建珍	钟文君

毕(结)业博士研究生

数学科学学院

余　鹏	林　昊	佘志坤	邓艳娟	严葵华	刘升平

林　明　吴光旭　孙　猛　张之凯　王蜀洪　孔令泉
李　挺　曾平安　刘　宇　刘长剑　吴　昊　李　明

孙　娜	李同柱	殷　浩	褚晓勇	邸亚娜	张心婷	张　莉	吴承忠	吴水平	宋治清	吴晓莆	李燕琴
刘佰军	赵　慧	赵　强	沈俊山	尤　娜	蒲戈光	胡　军	张　洁	郑　斌	曹丽娟	徐素宁	刘成林
王立威	袁克虹	郑　浩	李　华	彭胜蓝(结)		孟繁瑜	安树民	马奇菊	江田汉	刘仁志	王宣同
冯秀程(结)						宋　波	罗华铭	朱永杰	马保春	李　伟	罗定贵
						路云阁	董广辉	后立胜	魏　遐	于　涛	张照斌

力学与工程科学系

廖锦翔	姚文莉	张晋香	高　阳	段慧玲	张　振
金燕芳	肖世富	纪志坚	穆淑梅	禹　梅	徐思朋
贺学锋					

焦杏春　郑　国　刘海龙　张忠国　王茂军　张　辉
张小飞　邢可霞　于书霞　许　楠　石　楠　王雪琴
韩　凌　何　平(结)

心理学系

刘蓉晖　张　力　毛利华　迟英梅　童永胜　黄　娟
刘兴华　周　帆　陈静欣

物理学院

赵艳霞	丁　勇	虎志明	王海龙	陈　帅	向　红
王均智	胡青元	朱　凤	张　川	全　红	阎　研
刘建军	吕　准	苗　洪	肖志广	穆良柱	张高龙
孙学锋	陈喜红	宋祎璞	向　斌	李福山	郭亨长
李子良	周广强	时少英	赵子强	李金海	张宏杰
毛有东	邱　红				

新闻与传播学院

何　晶　李　玮　刘　琛　仝冠军　诸葛蔚东

中国语言文学系

赵　寻	高小慧	刘　洁	王　艺	蔡　可	陈改玲
陈　均	胡慧翼	凌云岚	杨　早	涂晓华	王　茜
赵　文	王宏林	张敏杰	周　萌	徐晶凝	金春梅
庞光华	宋亚云	谭代龙	王　健	杨玉玲	高原乐
胡玉冰	林　嵩	沙志利	吴国武	徐　刚	张秀春
张富海	曹胜高	刘青海	张学君	赵雪沛	李汇群
徐文凯	李云雷	魏冬峰	张红秋	滕　威	王　炎
马云骎	张伟岐	陈连山			

化学与分子工程学院

王　悦	范江峰	陈庆德	李聪敏	李代双	张建勋
李　斌	李士杰	段德良	董永强	何　筝	王稼国
李兆飞	卫海燕	孙豪岭	张元竹	邵怀宇	丁　里
何建涛	齐小花	王海燕	武利庆	闫　瑾	赵　强
贡素萱	刘　丹	王　军	毛国梁	王从洋	周兴华
陈　辉	沈鸿雁	王　辉	赵永华	黄孟炜	韩　峰
石洪涛	严　鹏	杨金虎	梁永齐	廖　玮	慕　成
黄常康	刘振明	陈　芳	凌　星	彭海琳	王　璇
杨东宁	牟新东	李　琦	林　伟	王春明	巫广腾
章　威	孟建强	杨朝晖	赵永峰	黄　昀	叶　春
张　莉					

历史学系

王　蕾	朱剑利	史　卫	余江宁	张光辉	张翠莲
李松涛	胡连成	尚　微	田嵩燕	李宝明	龚　骞
庞冠群	王立新	李海叶	赵中男	崔　岷	李国芳
文礼朋	彭国运	包茂宏			

考古文博学院

于振龙　王　涛　员雪梅　张明东

哲学系

沙　湄	李海春	张玉安	王怡心	郑辟瑞	徐鹤然
宫　睿	萨尔吉	李　曦	林　丹	邬波涛	释觉幻
魏小巍	胡　刘	李晓江	黄　熹	谢荣华	王　浩
王威威	马亚男	王　玮	陈慧平	张立英	刘叶涛
葛四友	谭安奎	黄华军	钟　芳	马福元	唐晓峰
田　径					

生命科学学院

曹雪松	李　涛	朱士锋	王德智	姚锦仙	徐冬一
王东辉	申云平	刘　标	欧阳昆富	汤　浩	江鹏斐
孙玉慧	范战民	米双利	陈伟强	秦　焱	孙义公
王海波	赵菁菁	郭　蕾	李　珅	段明瑞	任　辉
胡鸢雷	龚化勤	李　竑	徐成冉	谭桂红	赵　庆
李金菊	肖卫民	查纪坤	李联运	罗　敏	王广文
张　虹	周　辰	陈彦丞	方　敏	傅　强	刘　翟
庞立岩	史晓黎	王　晶	王希胤	王显花	魏　刚
吴　昕	尹燕斌	于　明	张昆林		

国际关系学院

芮立平	张植荣	章　方	孙君健	李春华	卫　灵
袁小红	李保平	张生祥	崔　磊	任晓伟	李绍鹏
陈　崎	王国新	王友明	丁启玉	牛仲君	罗建波
古莉亚	王光厚	归泳涛	吴晓春	李扬帆	向　宇
郑　伟	张效民	丁孝文	印红标	陆　京	

地球与空间科学学院

谢　伦	郭　伟	江　洲	罗志清	魏荣强	艾永亮
王　坤	郝银全	李芳玉	高振记	郭玲玲	胡雪莲
于海龙	甘杰夫	桂智明	周　红	洪　菲	贾晓峰
周龙泉	王子煜	李丽娟	伍天洪	刘　瑞	任康绪
赵东军	孙　赜	李会军	吴焕萍	赵泽辉	李秋根
史文勇					

经济学院

古越仁	宋继清	刘群艺	高清海	赵　霞	陈　东
丁秀斌	宫晓冬	李招军	夏　耕	蒋景媛	李　响
赵小凡	周呈奇	高　嵩	蓝　一	王博钊	李泊言

环境学院

曹　军　朱艳明　李　靖　李　雷　宋军继　李文亮

李正全	刘新新	吴 萨	吴彦群	邢莹莹	林 璟	卫剑钒	张 铭	胡文蕙	曹东刚	王 栋	俞银燕
张秋雷	杜凤莲	范幸丽	卢 岩	方 晋	董艳玲	徐 辉	包小源	龙 勤	于 波	梁国远	赵小莹
刘 洋	史晨昱	喻桂华	黄 嵩	王会妙	张春煜	董海峰	朱 泳	卜伟海	石 浩	周荣春	高 峻
梁秦龙	郭国圣	杨云龙	王辉宇(结)			鲁文高	赵 要	刘 强	许俊娟	潘 颖	王 彬

光华管理学院

司端锋	遇 辉	刘云峰	冯 洁	孟 放	武宇文
张 峥	黄成明	钱士春	郭宇飚	陈晓光	赵 俊
刘 林	唐正清	楼国强	刘成彦	程立茹	顾佳峰
贾昌杰	赵 冰	刘雪峰	江若玫	刘建兴	罗 青
王志刚	徐浩萍	曾 颖	王 岩		

李朝晖　许文龙　白　栋　孟祥文(结)

中国经济研究中心

方　健　高　劲　张泓骏　姜　烨

教育学院

李　勇　卢晓东　邢志杰　李锋亮　马晓强

法学院

王 磊	何越峰	乔胜利	方 伟	石东坡	王保民
陈志红	万 玫	于 安	刘四新	张琳琳	高 超
甘培忠	潘银杰	白慧林	亓培冰	李清池	罗 英
牛致中	许秀芳	何一芃	李俊明	罗胜华	张 际
张晓津	凌 斌	黎 敏	张薇薇	王瑞峰	陈新宇
毛国权	张 弛	金自宁	戚建刚	赵 宏	谭 红
房树新	韩永初	康 伟	李 荣	栾 莉	罗 翔
毛玲玲	王飞跃	张 琪	韩友谊	王佳明	房保国
杜水源	马明亮	孙 远	杨开湘	蔡峻峰	郭立仕
孙健波	胡田野	李 艳	申丽凤	吴文嫔	邢 军
郭德忠	纪文华	廖 凡	吴尚昆	周宝峰	邢会强
关成华	阮品嘉	潘国平	丁希正	周赐程	鄂晓梅
刘慧敏	利仕腾	许桂敏(结)			

人口研究所

韩永江　李　强　杨道兵

基础医学院

刘风雨	朱海浩	张其鹏	张 华	郑全辉	蒋玉辉
李肖霞	邵启祥	乔 欢	杨小昂	王宏程	张华刚
王 炜	刘雅楠	李爱玲	王光明	李永华	王玉湘
王晓华	张 艳	李俊旭	刘海静	潘 燕	高军卫
于 鹏	徐 英	魏渲辉	贾竹青	肖志锋	黄 昱
鲁 琰	武春晓	赵亚莉	雷天落	高 雪	

公共卫生学院

叶荣伟	纪文艳	李大林	刘英惠	朱江辉	张乐丰
余焕玲	郑丽萍	李红娟	毕振旺	张 欣	陈天娇
许雅君	石 光				

信息管理系

李国新	乔 欢	申 静	马建华	刘兹恒	邓咏秋
耿 骞	刘 耀	乔 鸿	滕桂法	王 昕	高晓静
孙 平	周 玲	晏创业	黄 崑	武助宇(结)	

药学院

晁建平	藤 杰	徐 风	庞丽萍	史兰香	侯雪玲
孙 崎	田晓娟	黄 健	任 博	李宗圣	张双庆
熊小兵	许玉琼	郭庆梅	李 烈	吕 芳	包淑云
韩 力	张 媛	李 军	霍长虹	刘 毅	赖先银
赵树民	袁 兰				

社会学系

李宏伟	齐 心	龚浩群	杨渝东	葛建军	韩俊魁
澜 清	谢元媛	王雪梅			

第一临床医学院

鄢 华	马慧霞	孟立强	王 薇	李 卓	马序竹
杨 英	郭晓玲	王逸群	王云峰	杨志仙	张 宴
何大可	张礼萍	赵发国	张丽娟	王 京	郑 瑞
李厚敏	沈 晶	邹 强	李海霞	张国华	袁亦铭
杨学贞	朱绪辉	赵旭旻	湛 诚	刘 喆	商 敏
杨松霖	朱 伟	邓晓莉	马青变	牟向东	张 欣
李 虹	叶 华	祝毓琳	陈 彦	杨丽华	侯新琳
吕 鹤	窦 侠	李 颂	郭宏杰	戎 龙	张 骞
杜 鹏	张 宁	梁文立	叶一林	焦卫平	肖建涛
倪石磊	陈俊雅	彭 超	王成元	宋琳琳	姚毓奇

政府管理学院

薛宝生	贾玉成	雷 平	王 锋	沈千帆	包雅钧
李风华	欧阳景根	陈 伟	谷宏大	李若鹏	李玲玲
汤敏轩	王佃利	张 瑞	胡 卫	刘亚娜	申瑞花
孙彩红	王 华	王庆兵	曾 琪	邱志淳	

外国语学院

林 斌	周 荞	王 浩	程 倩	李小鹿	刘晓芳
杨晓霞	徐贵霞(结)				

第二临床医学院

孙健玲	张 楠	李 媛	刘如辉	李世军	高 云
刘 芳	王 婧	赵 婷	李 霞	安 媛	贾因棠
刘 峰	强沁晨	臧 越	郁万江	李 爽	郭晏同
周 迈	许 峰	任 亮	杨 波	张培训	党 育

马克思主义学院

王海港	周作芳	韩文君	秦 龙	刘桂芝	石镇平
侯肖林	傅锁根	王浩雷	王玉云	孟志中	谭来兴
岳金霞	宇文利				

信息科学技术学院

田 方	程宇新	郑 磊	缪 旻	曹延华	吴晓富
薛金银	张锦文	冯文楠	肖明忠	姜 瑛	刘 鹏

姜 军	钱亚龙	唐 顺	刘 刚	马 超	钱 海		口腔医学院				
杨 蓉	白 符	赵 丹	孙蓬明	郭瑞霞	赵 超	刘晓松	张卫民	孟娟红	王 莺	王 洋	寇传哲
马 翔	宋 哲	张 虎	韩雅君	甘良英	王 蔚	张相鲲	马鹏华	贾海潮	宋 宇	钟燕雷	杨 媛
赵艳丽	宋奕宁	杨 明	李大森	陈应泰	刘彦国	司 燕	李启强	许卫华	栾修文	葛 晶	李 健
王志启	张 超	李明新	曲进锋	朱卫华	崔 明	吴敏节	杨 旭	杨 瑛	张若芳	朱胜吉	张海萍
郭长勇	唐杞衡							精神卫生研究所			
		第三临床医学院				隋嫚秋	公晓红	谭淑平	谭云龙	林 红	李 君
韩彤妍	杨 静	廖文强	冯杰莉	梅 双	王丽平	李 荔	康传媛	张伯全			
王 云	孙垂国	杨 民	王 妍	王爱玲	杨丽萍			临床肿瘤学院			
李 峰	郁时兵	许川雅	何 榕	薛 艳	李 琳	宋 琳	王冰晶	刘文斌	胡秀华	曹邦伟	张宝珍
刘 平	郑旭为(留学生)					张庆英	杨海霞	刘 芬	王艳滨	周永建	叶盛威
		第四临床医学院(积水潭医院)				姚云峰	钱红纲	戴 莹	杨 薇	范 铁	冷家骅
刘亚军						包 全	陈晋峰				

毕业留学生

国 籍	姓 名	性别	院 系	类别	专 业
韩国	郑智勋	男	新闻与传播学院	本科	广告学
韩国	李东昱	男	新闻与传播学院	本科	广告学
日本	羽多野智子	女	中国语言文学系	本科	汉语言文学
韩国	崔珍雅	女	中国语言文学系	本科	汉语言文学
新加坡	黄潮兴	男	中国语言文学系	本科	汉语言文学
韩国	韩锡源	男	中国语言文学系	本科	汉语言文学
韩国	黄淳珠	女	中国语言文学系	本科	汉语言文学
韩国	金志映	女	中国语言文学系	本科	汉语言文学
英国	麦丽娟	女	中国语言文学系	本科	汉语言文学
韩国	辛恩憬	女	中国语言文学系	本科	汉语言文学
韩国	金延姝	女	中国语言文学系	本科	汉语言文学
韩国	金娜丽	女	中国语言文学系	本科	汉语言文学
英国	符肇秦	女	中国语言文学系	本科	汉语言文学
韩国	姜炅儿	女	中国语言文学系	本科	汉语言文学
新加坡	林丽燕	女	中国语言文学系	本科	汉语言文学
韩国	李承珍	女	中国语言文学系	本科	汉语言文学
新加坡	周文冰	女	中国语言文学系	本科	汉语言文学
新加坡	吴心萍	女	中国语言文学系	本科	汉语言文学
马来西亚	黄秋琳	女	中国语言文学系	本科	汉语言文学
马来西亚	陈玉雯	女	中国语言文学系	本科	汉语言文学
韩国	李贤柱	女	历史学系	本科	历史学
日本	宇都弘一	男	历史学系	本科	历史学

续表

国　籍	姓　名	性　别	院　系	类　别	专　业
日本	濑尾贤治	男	历史学系	本科	世界历史
韩国	李庸在	男	历史学系	本科	历史学
韩国	尹娜瑛	女	历史学系	本科	世界历史
韩国	金智媛	女	历史学系	本科	历史学
韩国	孙孝知	女	历史学系	本科	历史学
韩国	孙大郁	男	考古文博院	本科	考古学
日本	木川真一郎	男	哲学系	本科	哲学
韩国	朴祥植	男	哲学系	本科	哲学
韩国	孙恩实	女	国际关系学院	本科	国际政治
日本	高桥莎尧莉	女	国际关系学院	本科	国际政治
英国	冯敞熹	男	国际关系学院	本科	国际政治
韩国	郑贞恩	女	国际关系学院	本科	国际政治
英国	陈钰贻	女	国际关系学院	本科	国际政治
韩国	金相勋	男	国际关系学院	本科	国际政治
韩国	金惠珍	女	国际关系学院	本科	国际政治
韩国	黄源俊	男	国际关系学院	本科	国际政治
韩国	尹晓敦	男	国际关系学院	本科	外交学
韩国	赵静恩	女	国际关系学院	本科	外交学
韩国	崔真珠	女	国际关系学院	本科	外交学
韩国	李垠美	女	国际关系学院	本科	外交学
韩国	张惠镇	女	国际关系学院	本科	外交学
韩国	赵银贞	女	国际关系学院	本科	外交学
韩国	崔祥熙	男	国际关系学院	本科	外交学
日本	三原亚矢	女	国际关系学院	本科	外交学
韩国	金洪乐	男	国际关系学院	本科	外交学
印度尼西亚	黄丽娜	女	国际关系学院	本科	外交学
印度尼西亚	黄德基	男	国际关系学院	本科	外交学
印度尼西亚	袁娘顺	男	国际关系学院	本科	外交学
韩国	李宰杓	男	国际关系学院	本科	外交学
韩国	郑湖永	男	国际关系学院	本科	国际政治
美国	许靖宇	男	国际关系学院	本科	国际政治
葡萄牙	黄惠娥	女	经济学院	本科	国际经济、国际贸易
韩国	金载勋	男	经济学院	本科	国际经济、国际贸易
马达加斯加	徐结娥	女	经济学院	本科	国际经济、国际贸易
韩国	金珉廷	女	经济学院	本科	国际经济与贸易
韩国	黄世畯	男	经济学院	本科	国际经济与贸易
韩国	南宪佑	男	经济学院	本科	国际经济与贸易
韩国	裴芝万	男	经济学院	本科	国际经济与贸易
韩国	张宰瑛	男	经济学院	本科	国际经济与贸易
日本	村松慎也	男	经济学院	本科	经济学
日本	今村优莉	女	经济学院	本科	国际经济与贸易

续表

国　籍	姓　名	性　别	院　系	类　别	专　业
韩国	金珍柱	女	经济学院	本科	经济学
韩国	金国炫	男	经济学院	本科	国际经济与贸易
韩国	金贤贞	女	经济学院	本科	国际经济与贸易
韩国	金镇成	男	经济学院	本科	国际经济与贸易
韩国	丁炫宇	男	经济学院	本科	国际经济与贸易
韩国	黄圣壹	男	经济学院	本科	国际经济、国际贸易
韩国	李汉成	男	光华管理学院	本科	市场营销
韩国	金翰武	男	光华管理学院	本科	工商管理
韩国	金宇成	男	光华管理学院	本科	工商管理
韩国	姜俊模	男	光华管理学院	本科	工商管理
韩国	权贞铉	男	光华管理学院	本科	工商管理
老挝	蔡华祥	男	光华管理学院	本科	工商管理
老挝	陈友信	男	光华管理学院	本科	工商管理
印度尼西亚	范渊盛	男	光华管理学院	本科	工商管理
印度尼西亚	何书仙	女	光华管理学院	本科	工商管理
韩国	李恩昊	女	光华管理学院	本科	工商管理
韩国	朴煋禧	女	光华管理学院	本科	会计学
新加坡	陈梦云	女	光华管理学院	本科	金融学
韩国	朴泰雄	男	光华管理学院	本科	金融学
韩国	黄盛湖	男	光华管理学院	本科	企业管理
韩国	全河妍	女	光华管理学院	本科	金融学
韩国	梁纶庭	女	法学院	本科	法学
韩国	申荣国	男	法学院	本科	法学
韩国	禹阿美	女	法学院	本科	法学
蒙古	建·巴珊度兰姆	女	法学院	本科	法学
韩国	朴埈镛	男	法学院	本科	法学
韩国	朴省炫	男	法学院	本科	法学
韩国	李智贤	女	法学院	本科	法学
美国	朱家欣	女	法学院	本科	法学
韩国	李勍慸	男	法学院	本科	法学
韩国	俞俊熙	男	法学院	本科	法学
韩国	崔知一	男	法学院	本科	法学
韩国	朴昶烈	男	法学院	本科	法学
韩国	田雄培	男	法学院	本科	法学
意大利	黄晓夏	女	法学院	本科	法学
韩国	李康锡	男	法学院	本科	法学
韩国	河廷旻	女	法学院	本科	法学
韩国	崔　雄	男	法学院	本科	法学
韩国	尹惠芝	女	社会学系	本科	社会学

续表

国　籍	姓　　名	性　别	院　　系	类　别	专　　业
韩国	金秀贤	男	政府管理学院	本科	政治学与行政学
韩国	孔秀贞	女	政府管理学院	本科	政治学与行政学
韩国	朴润成	女	政府管理学院	本科	政治学与行政学
日本	馆山启代	女	政府管理学院	本科	政治学与行政学
韩国	张美花	女	政府管理学院	本科	政治学与行政学
委内瑞拉	陆安如	女	外国语学院	本科	西班牙语
韩国	宋升佑	男	环境学院	硕士	自然地理学
韩国	林芝爱	女	环境学院	硕士	环境科学
韩国	权珠姬	女	新闻与传播学院	硕士	新闻学
马来西亚	邱克威	男	中国语言文学系	硕士	汉语言文字学
日本	鸟谷真由美	女	中国语言文学系	硕士	中国现当代文学
日本	吉田熏	女	中国语言文学系	硕士	中国现当代文学
马来西亚	梁靖芬	女	中国语言文学系	硕士	中国现当代文学
伊朗	孟　娜	女	中国语言文学系	硕士	中国现当代文学
日本	荒金治	男	历史学系	硕士	中国古代史
韩国	崔碧茹	女	历史学系	硕士	中国古代史
日本	中山隆	男	历史学系	硕士	中国古代史
韩国	黄恩京	女	历史学系	硕士	中国近现代史
哥伦比亚	桑特拉	女	历史学系	硕士	中国近现代史
韩国	柳宗秀	男	历史学系	硕士	世界史
韩国	崔益豪	男	哲学系	硕士	中国哲学
泰国	卢慧雯	女	哲学系	硕士	中国哲学
韩国	金玹秀	女	国际关系学院	硕士	国际政治
韩国	河炅希	女	国际关系学院	硕士	国际政治
韩国	李龙奎	男	国际关系学院	硕士	国际政治
韩国	朴柄久	男	国际关系学院	硕士	国际政治
韩国	李俊镛	男	国际关系学院	硕士	国际关系
韩国	朴姝炫	女	国际关系学院	硕士	国际关系
韩国	韩恩惠	女	国际关系学院	硕士	外交学
刚果	欧敏西	男	经济学院	硕士	西方经济学
保加利亚	多　拉	女	经济学院	硕士	世界经济
新加坡	蔡蓝诗	女	光华管理学院	硕士	工商管理硕士
韩国	姜俊基	男	光华管理学院	硕士	工商管理硕士
韩国	金孝燮	男	光华管理学院	硕士	工商管理硕士
新加坡	李加钦	男	光华管理学院	硕士	工商管理硕士
新加坡	林柯妮	女	光华管理学院	硕士	工商管理硕士
韩国	朴来淳	男	光华管理学院	硕士	工商管理硕士
新加坡	王愉涵	女	光华管理学院	硕士	工商管理硕士
新加坡	肖朝勤	男	光华管理学院	硕士	工商管理硕士

续表

国　籍	姓　　名	性　别	院　　系	类　别	专　　业
新加坡	元达全	男	光华管理学院	硕士	工商管理硕士
韩国	李允熙	女	政府管理学院	硕士	中外政治制度
韩国	赵英珍	女	政府管理学院	硕士	中外政治制度
委内瑞拉	陆虹如	女	外国语学院	硕士	西班牙语语言文学
韩国	刘裕俐	女	对外汉语教育学院	硕士	汉语言文字学
韩国	卢喜善	女	对外汉语教育学院	硕士	汉语言文字学
韩国	权喜静	女	对外汉语教育学院	硕士	汉语言文字学
韩国	许元贞	女	对外汉语教育学院	硕士	汉语言文字学
埃塞俄比亚	沙意远	男	人口研究所	硕士	人口学
韩国	韩相壹	男	环境学院	博士	人文地理学
韩国	郑素英	女	中国语言文学系	博士	语言学及应用语言学
韩国	柳多利	女	中国语言文学系	博士	汉语言文字学
马来西亚	潘碧华	女	中国语言文学系	博士	中国古代文学
韩国	安性栽	男	中国语言文学系	博士	中国古代文学
韩国	李恩英	女	中国语言文学系	博士	中国古代文学
韩国	金孝柍	女	中国语言文学系	博士	中国现当代文学
韩国	安荣银	女	中国语言文学系	博士	中国现当代文学
日本	丸井宪	男	中国语言文学系	博士	比较文学与世界文学
美国	杨贤	男	历史学系	博士	专门史
韩国	李春馥	男	历史学系	博士	中国近现代史
韩国	李钟淑	女	考古文博院	博士	考古学及博物馆学
韩国	朴待男	女	考古文博院	博士	考古学及博物馆学
意大利	魏正中	男	考古文博院	博士	考古学及博物馆学
韩国	韩成求	男	哲学系	博士	中国哲学
韩国	金兑勇	男	哲学系	博士	中国哲学
韩国	朱光镐	男	哲学系	博士	中国哲学
韩国	李溱镕	男	哲学系	博士	中国哲学
韩国	申镇植	男	哲学系	博士	中国哲学
韩国	延在钦	男	哲学系	博士	中国哲学
韩国	李演都	男	哲学系	博士	中国哲学
韩国	贾瑀铉	男	哲学系	博士	中国哲学
韩国	文日铉	男	国际关系学院	博士	国际政治
日本	松元诚治	男	国际关系学院	博士	国际政治
韩国	尹永德	男	国际关系学院	博士	国际政治
韩国	李章源	男	国际关系学院	博士	国际政治
卢旺达	安曼欧	男	经济学院	博士	政治经济学
韩国	李政镇	男	经济学院	博士	政治经济学
韩国	李康枂	男	光华管理学院	博士	企业管理
韩国	朴哲弘	男	法学院	博士	经济法学
澳大利亚	杨自然	男	法学院	博士	国际法学

中国经济研究中心双学位毕业生

城市与环境学系

杨磊　陈亚丽　何重达　许锋　买买提江　许龙
谢秀珍　岳鹏　徐志新　蔡皓　代毅　刘宁
费颖恒　王益红　经惠云　宗悦茹　岳超　叶友斌
吴晓栋　刘光磊　张慧龙　冀希　王勉　唐鹏
张擎　姚江春　李晓瑭　陈熳莎　马琳

地球物理系

周科　吴伟颂　史平

地球与空间科学学院

刘依谋　李航　刘启明　郝金来　董凌铁　陈明雅
祝韧洲　郑钊　明镜　崔铮　吕振星　初航
饶松松　莫迪　周华彬　许文骞　赵亚力　吴才文
顾潇　刘俊杰　杨旸　肖育雄　易肸　苏日娜
舒洁　姚隽坤　刘刚　柯昌静　陈爽　古琳
安安

电子学系

刘松泉　司文轩　赵康乔　吴晓惠　崔奇　洪清波
王磊劼　王国辉　王昇　蒋峰　杨竞　岳明
李阳　贡佳炜

法学院

王珺　杨燕宁　李佳　万桐君　张乃真　陈猛
林彦华　金旭　张颖　王悦　郑志桃　杨立威
王益为　樊荣　马冬　路姜男　李新德　程遥
于哲　任政

国际关系学院

胡颖　葛鹏　潘竞宇　王立鹏　周宇　郑洁
李超　马岚　李可　田甜　韩松　张峿楢
许静　邱娴都　黄思路　汤风琴　于菲　李华
田恩祥　谢治凯　陈蕊　梁劲　刘潇潇　张天
廖望　任丽竺　孙昭钺　李晓晖　成煜　李慧
朱红梅　王海艳　魏可钦　徐莎　吴春晖　刘琼
蔡欣欣　沈涛　王科舟　李娜　杨亮

化学与分子工程学院

杨志瑜　李鑫　葛宁　吕梦媛　张艳玲　王莹
刘毓海　王锦坤　何兵　孙昕　王菲　储楠

计算机科学技术系

刘丹星　朱亦真　赵婧　梅源　于渟　葛文兵
林怀东　杨阳　戴蓉　李晨煜　任茂盛　吴珂
王楠　张迪　曾元元　谢羽雁　张涛　李鑫
徐兆伟　朱成　何金刚　陈成　唐大闰　张芳芳
蒋亚康　艾瓦尼尔.赛普拉木　王悦　王箫音
李田　张晓薇　袁征　李旸　杨琦　黄皞
宋本聪　闵博楠　刘宇　王旭　倪冬鹤　刘超
幸秀　魏蓝　曹笈　陈晟　李卓　吴小军
马锐　张宁

考古文博学院

周宇　辛光灿　郭慧文　易千　陈晓露　杨蔚
刘静　项坤鹏　许俊杰　王磊　王昊

力学与工程科学系

朱涛　楼航迪　李金　刘文　李瑛瑛　井方旭
熊奕　楼颖燕　赵海鹏　伍怀中　钟星立　陈维良
何建华　王神莲　王丰伟　张林　万希　郭丽雅
丁莹　王一伟　邓斐　冯亮

历史系

赵妍杰　孙辉　王凯　陆意　严帅　高丹丹
赵锐　刘怡　姬婷　白维　吕媛　王路曼
武世瑾

社会学系

龚博君　朱运佳　张鹤年　尹云翔　高圣亮　尤璞允
王春来　李静文　骆为祥　王丹　陈敬元　胡飞飞
李格丽　方辉　傅勇江　刘海默　李玮

生命科学学院

沈玥　杨莹　孙丹丹　陈秋媛　见康　曲卉
姜小默

数学科学学院

屈楠　林焕波　陈轩　王智强　杜超　胡懿娟
任天　徐徐　周惠馨　王鹏　朱楠　杨扬
徐晓书　林洁敏　何济峰　张湛　丁丹丹　王国强
王国亮　周璇　窦炜　刘卫亮　侯绍昱　王昊
梁珂　左俊成　崔江薇

外国语学院

尹琼瑶　方菲　龚国曦　李安　张童　朱琳
梁蕴　刘妍君　杜夏白　章元　倪璐　代倩梅
李双全　陈利芝　李宗彬　李夏　李竹君　刘磊
李元元　张璐璐　许一瑾　万瑾　段谢非　王思翔
吴健　王锦　沈甄莹　古薇微　陈响　赵莎莎
伍倩　史秀洁　庄重　薛碧　徐君　徐汀
李中杰　王帅兵　龚晓燕　刘佳依　王欣绪　张健
王超　付予彬　李想　顾卫霞　褚红梅　刘杨
刘星　王善涛　王媛　郑淑琴　李文爽　丁洁

李婷婷	毕 波	余 巍	袁 琳	袁 娜	白雨石
麦 野	赵 菲	王 萌	曹 易	闫 民	侯 芳
车幸原					

物理学院

池月萌	张 立	杨宗长	盛璞清	吴夏娃	黄雯雯
张燕君	黄 震	郭 严	尤宏业	黎 陈	周 鍫
李 莹	鄢宏亮	刘循序	乔永远	唐 晖	胡 迪
冯国星	万 玮	杜晓燕	陶 鸥	袁 飞	沈 宁
龚 洁	占明锦	余 果	王硕鋆	贾鹏翔	

心理学系

穆 岩	钱 栋	张警吁	曹 明	张轶文	高 波

中国语言文学系

陆 烁	刘 杰	鄂文君	聂宇婷	马海英	陈 光
李 敏					

新闻与传播学院

王妍妍	楼伟珊	李 婧	陈 述	滕晓彦	李盈蕾
单丽晶	刘素华	鲁 菲	肖 穆	王彦丽	王倩倩
张星璐	龚婉祺	蒋 莉	张剑烽	蒋晶晶	曾 俊
金 沙	陈晓昱	王彦达	李杰琼	宋曼青	胡 艳
刘誉泽	宋 扬	陆小磊	魏 玮	余晓萍	宋 涛
裘小玉	石碧葆				

信息管理系

王雁杰	陈 鑫	刘鼎盛	魏 琴	林剑锋	李书杰
陈 平	田 欣	彭 捷	徐 冰	刘 畅	洪 燕
刘 峰	李 跃	张云鹏	李润明	吴龙婷	陈 淼

信息科学与技术学院

邓家媛	孟思远	冀 凯	佟志伟	刘 鹏	高 迪

医学部

张 蓓	李冀峰	王姿力	陈 剑	周小芝	孙 正
屈雷明	郑锴忻	耿轶群	万 吟	熊文苑	

艺术学系

李 娜	西少辉	樊 宁	朱 菁	曾 颂	王凌非
何 霁	蔡 亮	胡 博			

元培计划实验班

王 婷	杨劲松	刘建龙	李 峰	李春露	刘 璐

哲学系

侯俊丹	张英伟	刘志成	唐 亮	周 鹏	张秀妹
周丽璇	任迎春				

政府管理学院

汤 杰	杨 波	曾 铎	刘 萍	梁 雪	薛 蕾
齐 亮	李丹丹	成 诚	薛 飞	肖 春	肖俊奇
梁玲玲	张晓洁	夏 可	彭兰红	杜伟钊	汤丽莉
刘欣怡	李文博	晏世琦	刘 蕊	寇建建	钟超堂

校外双学位

刘 扬	殷秋苹	黄 飙	李 君	乔延辉	王 权
李 勇	江 浩	章宏学	李立强	陆 帆	赵博文
任星欣	吴 奇	刘 泽	陈瑞峰	何锦涛	艾 路
肖 箫	秦挺鑫	周 正	李治国	张泰欣	王森涛
陈 琼	高爽悦	许一力	孙基男	张艳英	王招华
董 磊	卢雪花	罗 媛	夏 鹏	刘汗青	

· 2005 年大事记 ·

1月

1月2日 北京大学举行研究生支教志愿者2005年新年茶话会。张彦出席。

北京大学学生艺术团2005年新年文艺晚会在办公楼礼堂举行。吴志攀、柯杨、张彦、杨河出席。

1月3日 中层干部培训座谈会在办公楼会议室召开。岳素兰、杨河出席。

1月4日 北京大学召开党政联席会。

岳素兰接待了来北大慰问北京大学教职工的北京市教育工会主席张振民等来宾。

1月6日 北京大学为离退休老干部举行集体生日庆祝活动。林久祥出席。

1月7日 北京大学学生工作系统2005年新春团拜会在勺园多功能厅举行。闵维方、张彦、林钧敬出席并致辞。

1月8日 北京大学软件与微电子学院首届软件工程专业硕士研究生毕业典礼在校图书馆北配楼举行。软件学院理事长杨芙清院士、教育部高教司张尧学司长和陈文申先后讲话。陈文申和杨芙清向毕业生颁发了证书。

北京大学钦州湾中华白海豚研究基地挂牌成立。

1月8日~9日 第二届中国文化产业高层新年论坛举行。吴志攀出席。

1月9日 北京大学上海微电子研究院开工奠基仪式在上海市浦东新区张江高科技园区举行。林建华出席。

学校召开文科重点研究基地建设工作研讨会。吴志攀出席。

1月9日~11日 教育部直属高校咨询会议在华中科技大学召开。闵维方出席。

1月10日 医学部召开2004年度科研工作总结表彰大会。韩启德、柯杨出席。

1月10日~11日 北京大学召开学生军训工作研讨会。张彦出席。

1月11日 北京市组织部长会议在北京会议中心召开。岳素兰参加会议。

中国国家航天局罗格副局长来北京大学访问。林建华会见来宾。

1月11日~12日 深圳研究生院召开学院发展战略研讨会。史守旭主持会议。

1月12日 新疆大学、郑州大学在北京大学挂职干部欢送会在办公楼会议室举行。岳素兰、林钧敬出席。

北京大学召开学生综合服务信息系统会议。林建华、林钧敬出席。

1月13日 校工会新春联谊会在百周年纪念讲堂举行。闵维方、陈文申、岳素兰、王丽梅、赵存生出席。

北京大学老干部新年团拜会在正大会议中心举行。吴志攀、林久祥出席。

北京大学与新疆生产建设兵团合作项目座谈会在办公楼会议室举行。新疆生产建设兵团副司令员阿勒布斯拜·拉合木、林钧敬出席。会后闵维方宴请了阿勒布斯拜·拉合木司令员一行。

1月14日 中共中央在中南海怀仁堂举行新时期保持共产党员先进性专题报告会,胡锦涛总书记在会上做了重要报告。闵维方参加了报告会。

2005年北京大学两院院士和资深文科教授新春茶话会在百周年纪念讲堂召开。吴志攀、陈文申、林久祥出席。

北京大学与首都媒体界代表新春座谈会举行。闵维方、吴志攀出席。

北京大学归侨侨眷及致公党新春联谊会在正大会议中心举行。岳素兰出席。

医学部统战系统新春联谊会在口腔医院举行。岳素兰出席。

1月14日~15日 北京大学召开2004年度科研通报会。国家科技部发展规划司徐建国副司长做了有关国家科技中长期规划的报告。陈文申、林建华、柯杨出席会议并讲话。

1月15日 北京大学第31期中层干部培训班举行开班典礼。闵维方作报告。岳素兰出席。

1月16日 北大维信公司成立10周年庆祝活动在北京友谊宾馆举行。闵维方、陈文申出席。

1月17日 市委统战部召开全市统战部长会议。岳素兰出席。

1月18日 由北京大学和欧美同学会共同举办的庆祝莫斯科国立罗蒙诺索夫大学(莫斯科大学)建校250周年大会在交流中心举行。郝平、俄罗斯驻华大使罗高

寿、参赞梅捷列夫、欧美同学会常务副会长万明坤等出席。

中共中央召开关于加强和改进大学生思想政治教育工作会议。闵维方参加会议。

学校领导与北京大学的北京市"两会"代表、委员举行座谈。陈文申、岳素兰出席。

北京大学召开燕园文物保护规划编制会议。林钧敬主持。

国家乒乓球队蔡振华总教练率全体在职教练、运动员来北京大学参观访问。岳素兰、林钧敬出席欢迎大会。韩启德出席了代表团与师生球迷互动联谊活动。梁柱教授为访问团做了北大校情报告。

澳大利亚莫纳什大学代表团来北京大学访问。许智宏会见了代表团，双方就两校在理科方面的合作事宜进行了商讨。

原航天中心医院正式更名为北京大学航天临床医学院。柯杨与航天中心医院金永成院长共同签署了《北京大学医学部与航天中心医院协作建设北京大学航天临床医学院协议书》。中国航天科工集团殷兴良总经理、北京市卫生局金大鹏局长分别致辞。

1月19日 北京市纪检委第七次全体会议暨北京市党风廉政建设工作会议召开。王丽梅参加会议。

1月19日～21日 北京大学召开校领导寒假战略研讨会。

1月20日 北京大学-ORACLE电子政务联合实验室成立仪式在交流中心举行。吴志攀出席。

1月21日 美国Fisher科学世界公司副董事长Paul Meister一行来北京大学访问。林建华会见来宾。

北京大学著名教授、宪法学专家、原香港及澳门特别行政区基本法起草委员会委员肖蔚云先生因病在澳门不幸逝世，享年81岁。

1月22日 北京大学在交流中心阳光大厅举行新春团拜会。全国人大常委会副委员长韩启德、国家自然科学基金委副主任朱作言，北京市教育工委常务副书记张建明，北京市教委副主任线联平，北京航空航天大学常务副校长怀进鹏，中国地质大学党委副书记帅开业，闵维方、许智宏、陈文申、林建华、岳素兰、张彦、林钧敬、王学珍、吴树青、陈佳洱等新老校领导以及师生代表出席团拜会。

1月23日 教育部召开教育系统纪检监察工作会议。王丽梅与会。

1月24日 北大医院为赶赴印尼灾区的医务人员送行。闵维方、柯杨参加欢送仪式。

1月24日 校工会举行新老同志新春座谈会。岳素兰出席。

1月25日 闵维方、陈文申、柯杨、岳素兰、张彦、林久祥、鞠传进、杨河等分别看望慰问了寒假期间坚守在工作岗位上的一线职工。

1月29日～2月5日 许智宏、海闻率北京大学代表团和艺术团赴美国访问，并在斯坦福大学、马里兰大学、康奈尔大学、哥伦比亚大学和耶鲁大学举行了5场演出。演出取得了巨大成功。

1月30日 北京市委召开北京市高校党建工作会议。闵维方、岳素兰、杨河参加。

1月31日 北京市委召开了高校领导干部战略研讨会，吴志攀、陈文申参加。

2月

2月1日 北京市奥组委副主席李炳华、拉萨市委书记公保扎西一行来北京大学访问。闵维方会见来宾。

2月2日 韩国韩国学中央研究院尹德弘院长、韩国驻华大使金夏中一行来访北京大学，出席由北京大学韩国学研究中心与韩国学中央研究院共同主办的"第二届世界韩国学学术研讨会"。吴志攀在正大会议中心会客厅会见了韩国客人。

2月4日 市教委主任耿学超在市教委及团市委相关人员陪同下，来北京大学慰问寒假留校特困生。张彦及北京大学团委负责人陪同看望。

2月5日 团中央书记处第一书记周强在书记处书记杨岳、学校部部长卢雍政以及北京团市委书记关成华的陪同下来到北京大学慰问寒假留校同学。闵维方、张彦接待了周强一行。

政府管理学院举行电子党务研讨会。岳素兰、杨河出席。

2月6日 北京市委、团委领导看望北京大学留校过春节的同学并进行了座谈。闵维方、陈文申、张彦参加座谈。

北京大学数学学院教授、著名数学家、中国科学院院士段学复先生因病不幸逝世，享年91岁。

2月7日 教育部党组副书记、副部长张保庆在教育部办公厅副主任王旭明、人事司副司长吕玉刚等陪同下看望了北京大学唐有祺院士和季羡林先生。闵维方、陈文申以及北京大学党办校办、外国语学院的领导陪同前往。

海淀区委副书记黄强，海淀区委常委、组织部部长关成启一行来北京大学慰问寒假留校的贫困生同学。张彦陪同。

2月8日 北京大学2005年寒假留校学生新春联欢会在学五食堂二层隆重举行。闵维方、吴志攀、陈文申、张彦、林久祥参加了联欢会。

为使留校学生过好春节，北京大学成立了专门工作小组，由校团委牵头，学工、后勤、保卫等相关部门配合，全力保障留校学生的日常生活。春节期间学校组织了慰问、联欢会、加餐、集体观看春节晚会、大年初一吃饺子等丰富多彩的活

动,保证留校同学过一个愉快的春节。

2月18日 林钧敬出席"无锡市科技创新奖励大会"并与无锡市市委书记、市长及有关市局委办的领导进行了座谈。

香港新闻界北京大学国情研修班学员国情专题讲座及新春联谊晚会在香港华润大厦举行。香港中联办副主任李刚讲话。郝平致辞。全国政协常委、北京大学经济学院教授萧灼基做了题为2005年中国经济发展展望的讲座。国务院港澳办联络司司长华建、中联办宣传文体部部长张延军、全国记协港澳台办主任李安等以及香港各大媒体代表逾百人出席。

2月19日 共青团北京大学第十七届委员会第二次全体(扩大)会议在正大会议中心多功能厅召开。会议通报了共青团北京大学第十七届委员会部分委员、常务委员的工作调动和职务卸免情况,选举增补共青团北京大学第十七届委员会委员、常务委员,总结了上年度北京大学共青团工作,并对本年度工作进行了部署。张彦出席并讲话。

2月21日 韩国金刚大学校长金裕赫教授率大学生代表团到北京大学哲学系访问。吴志攀出席欢迎仪式暨演讲会。

英国南安普顿大学校长William Wakeham率代表团来访,并与生命科学学院签署了合作协议。郝平出席签约仪式。

2月22日 第十期香港新闻界人士国情研修班举行开班仪式。郝平出席。

北京大学召开党政联席会。

2月24日 法国ST微电子公司副总裁Giuseppe Mariani来访。陈文申会见来宾。

校领导和北京大学全国人大代表、全国政协委员座谈会在交流中心召开。闵维方、许智宏、吴志攀、陈文申、柯杨、岳素兰、林钧敬出席。

欧亚太平洋学术网络主席威克琳娜女士来访北京大学。郝平会见来宾,双方就加强中奥(奥地利)在高教、科研领域的交流合作等事宜进行了商讨。

北京大学"艾滋病流行趋势与预测工作"研讨会在校医院召开。林久祥出席。

元培计划实验班导师聘任仪式在办公楼会议室举行。林建华出席。

北大阳光志愿者协会阳光骨髓库首例"髓缘"造血干细胞捐赠仪式在解放军307医院举行。捐赠者是北医三院的一名学生。这是中国第一例非清髓无关供体外周血造血干细胞和间充质干细胞联合移植手术。

美国科罗拉多州立大学代理副教务长Peter Dorhout一行来北京大学访问。林建华会见来宾。

2月25日 韩国启明大学妇女研究所所长Kang Seyoung女士一行来北京大学访问并商讨与北京大学妇女研究中心合作事宜。吴志攀会见来宾。

北京大学在办公楼召开春季全校干部大会。校领导以及来自全校各单位的中层副职以上干部、教代会工会代表、部分人大代表和政协委员等出席大会。闵维方、许智宏分别部署了本学期的工作。

在全国政协第十届常委会第八次会议上,北大数学学院教授、中科院院士田刚(无党派)和北大第三医院院长陈仲强教授(致公党)被增补为全国政协委员。北大中国经济研究中心林毅夫教授被增补为全国政协经济委员会副主任。迄今北京大学全国政协委员已达27人。

2月28日 北京高校博士后工作评估会在百周年纪念讲堂会议室举行。林久祥出席。

日本东京大学副校长渡边浩一行来访北京大学。郝平会见来宾。双方就加强两校合作及2005年4月27日举办"北京大学东京大学日"的有关事宜进行了商讨。

医学部召开2005年中层干部会议。柯杨对2005年医学部党政工作进行了部署。

由中宣部、新闻出版总署和科技部组织的第三届国家期刊奖颁奖大会在京隆重举行。《北京大学学报(哲学社会科学版)》荣获第三届国家期刊奖(即一等奖),至此该刊连续荣获三届国家期刊中最高级别奖。同时,北京大学《物理化学学报》获第三届国家期刊奖百种重点期刊奖。

美国国务院政策规划司司长Stephen D. Krasner来北京大学访问,并与国关学院师生座谈。郝平会见了来宾。

英国东南英格兰发展署主席James Braithwaite来北京大学访问,陈文申会见来宾,并介绍了北京大学校办产业及招商引资等情况。

3月

在美国举行的国际大学生数学建模竞赛和跨学科建模竞赛成绩于3月揭晓,北京大学共获得了10个奖项。其中数学学院代表队获得5个一等奖和2个二等奖,地空学院代表队获得1个二等奖,医学部代表队获2个二等奖,这是自北大组织参赛以来获奖最多的一届比赛。

北京大学环境学院建筑中心主任张永和教授将于今年秋季出任美国麻省理工学院(MIT)建筑系主任,这将是华裔人士第一次执掌美国建筑研究重镇的牛耳。

3月1日 许智宏与北京大学家庭贫困学生代表进行座谈。张彦参加座谈会。

北京大学2005年两院院士增

选候选人评审会议在办公楼会议室举行。林建华主持会议。

北京大学召开党政联席会。

香港凤凰卫视台台长王纪言一行来北京大学访问,并商谈与北京大学合作举办凤凰卫视9周年台庆有关事宜。许智宏、吴志攀会见来宾。

3月2日 闵维方做客人民网强国论坛,以"进一步加强和改进大学生思想政治教育"为主题,接受了人民日报记者采访,并与网友做了在线交流。

在北京市学生军训工作总结部署会上,北京大学荣获军训工作先进学校,学工部武装部李纬华同志被评为北京市优秀军事教师。张彦出席会议。

韩国高等教育财团金在烈总长一行来访北京大学。许智宏、吴志攀、郝平会见来宾,双方就推进亚太研究院发展等事宜进行了商谈。

3月2日 新加坡南洋理工大学生命科学学院主任James Tam一行来北京大学访问并商讨与北京大学生命学院交流事宜。许智宏会见来宾。

上海交通大学陈刚副校长一行来北京大学访问。陈文申会见来宾。

美国助理国务卿莫拉·哈蒂(Maura Harty)来北京大学访问,并就赴美签证问题与学生进行座谈。郝平会见了来宾。

3月3日 北京大学与耶鲁大学举行视频会议,商谈本科生联合培养项目问题。耶鲁大学副校长兼校务卿Linder Lorimer,北京大学林建华、郝平以及双方有关部门负责人出席会议。

北京大学举办毕业生就业洽谈会,150家单位、8000余名北大学子及其他高校学生参加了洽谈会。张彦视察了洽谈会现场。

3月5日 北京大学法学院与东京大学法学部合作交流协议签约仪式举行。吴志攀出席。

北京青春奥运志愿者文明礼仪学校在北京大学举行开学典礼。来自首都50余所高校的1000多名大学生青年志愿者参加活动。市教工委书记朱善璐、北京团市委书记关成华、北京大学张彦等出席。

3月7日 伊朗驻华大使费理敦·韦尔迪内贾德来北京大学访问并出席第四届波斯语言文学研讨会。林钧敬会见来宾。

林建华在办公楼会议室主持会议,研究"百人计划"人才工作事宜。吴志攀、陈文申、林久祥出席。

庆祝"三八"妇女节座谈会召开。闵维方、吴志攀、岳素兰出席。

国务院学位办主任杨卫来北京大学检查"985工程"二期学科平台建设情况。林建华陪同。

美国思科公司总裁杜家滨来北京大学访问。陈文申会见来宾。

3月8日 全国工商联副主席、香港恒通资源集团有限公司董事局主席施子清夫妇来北京大学访问。陈文申接待来宾。

教育部召开全国普通高校招生工作电视电话会议。林建华参加会议。

3月9日 韩国高等教育研究开发院李宗宰院长一行来北京大学访问。郝平会见来宾。

太平洋保险集团董事长王国良一行来北京大学访问。陈文申会见来宾。

无锡市国家高新区工业设计园发展规划评审会在光华管理学院召开。张彦出席。

3月10日 北大与江苏省无锡市签订《北京大学无锡市人民政府合作协议》。无锡市委书记杨卫泽、市长毛小平、副市长谈学明以及北京大学许智宏、林钧敬出席签约仪式。

河南省委常委、秘书长李柏拴,河南省安阳市委书记靳绥东一行来北京大学访问,并就举办"红旗渠精神北大展"事宜与北京大学进行磋商。闵维方、岳素兰、张彦会见来宾。

3月10日 北京大学召开党委扩大会议。闵维方、吴志攀、岳素兰、张彦、王丽梅分别就保持共产党员先进性教育活动前期准备、落实《北京市普通高校党建和思想政治工作基本标准》、宣传思想工作要点、加强和改进大学生思想政治教育和反腐倡廉等主要工作进行了进一步部署。学校党委常委、委员,纪委委员以及各院系、机关职能部门的党政负责人、各基层党委纪检委员出席了会议。

学校邀请参加"两会"的校友回校访问。闵维方、许智宏、陈文申、林建华、柯杨、张彦、郭岩、张维迎、海闻等校领导会见并与两会校友座谈。随后,北京大学学生艺术团在百周年纪念讲堂为校友代表献上了精彩的访美汇报演出。

北京大学"研究生国是论坛"在交流中心举行。河南省发改委主任张大卫、河南省郑州市市长王文超出席论坛。论坛开始前,张彦会见了张大卫主任和王文超市长。

3月11日 北京市第五次厂务公开工作会议召开,陈文申代表北京大学做了题为"充分发挥行政主体作用 以财务公开为重点全面推进校务公开"的发言。

澳大利亚国立大学校长Ian Chubb来访。郝平会见来宾,双方商讨了建立"研究密集型一流大学联盟"的有关事宜。

北京大学举行新上岗中层干部培训班。岳素兰、王丽梅分别就学校发展总体形势和任务与党风廉政建设工作做了报告。

北京大学与国家行政学院合办的MPA培训班举行春季开学典礼。吴志攀出席。

耶鲁大学助理校务卿王芳一行来到北京大学。郝平会见来宾,双方就"北大-耶鲁联合本科生培养项目"的具体事宜进行了磋商。

林钧敬赴浙江千岛湖北大赛艇队训练基地看望在当地集训的北大赛艇队学生。

3月12日 "红旗渠精神北大展"暨"校市互动"系列活动在百周年纪念讲堂开幕。教育部社政司副司长袁振国,河南省委常委、秘书长李柏拴,河南省安阳市委书记靳绥东,以及北京大学闵维方、岳素兰、张彦出席。下午召开了"北大学子畅谈红旗渠精神"座谈会,张彦出席。

西藏自治区党委书记杨传堂一行来北京大学访问。闵维方会见来宾。

3月15日 由英国联合信息系统委员会组织的教育信息技术考察团来北京大学访问。郝平会见来宾。

北京大学召开党政联席会。

3月16日 北京大学继续教育体制调整领导小组会议在办公楼会议室召开。林建华主持会议。

康奈尔大学法学院院长 Stewart Schwab 教授来北京大学访问。吴志攀会见来宾,双方就两校法学院合作问题进行了商讨。

美国 Pepperdine 大学校长 Andrew K. Benton 及学校董事会成员来北京大学访问。许智宏会见来宾。

环境学院召开学科建设与师资队伍建设研讨会。林建华出席。

北京大学 2004~2005 学年第二学期学生助理学校开学典礼暨首场培训讲座在勺园多功能厅举行。吴志攀为培训班学员做了题为"中国内地信用制度生态环境"的讲座。

3月17日 北京大学校庆活动筹备会议在办公楼会议室召开。林钧敬主持会议。

北京国际数学研究中心筹建领导小组召开会议。闵维方、许智宏、林建华出席。

北京大学召开信息网络工作会议。林建华、张彦以及来自校内各单位的信息网络管理员近 70 人出席会议。

泰国朱拉隆功大学副校长 Werasak Udomkichdecha 率代表团来北京大学访问。郝平会见了来宾,双方就加强两校在生命、纳米、人文等领域的合作进行了探讨。

北京大学光华海波龙企业绩效管理研究中心举行成立大会。吴志攀出席并致辞。

北京大学关心下一代工作委员会(简称"关工委")召开全体工作会议。教育部关工委常务副主任朱新均,北京市教育系统关工委会长陈大白、常务副会长庞文弟,闵维方,北京大学关工委主任王德炳,副主任赵存生、徐天民、何芳川、张彦出席。张彦主持会议。

北京大学民主党派工作会议在统战部会议室召开。岳素兰出席。

3月18日 北京大学召开前沿交叉学科研究院筹备领导小组、工作小组会议。许智宏、林建华、陈文申、岳素兰出席。

2001 年诺贝尔经济学奖得主约瑟夫·斯蒂格利兹(Joseph E. Stiglitz)教授在中国经济研究中心发表题为"21 世纪的中国与全球化的世界经济"的演讲。吴志攀出席演讲会并致辞。

3月19日 北京大学研究生院医学部分院举办"研究生导师培训"。医学部各院(部)、教学医院的博、硕士研究生导师以及负责研究生工作的管理人员 230 余人参加培训。柯杨出席培训会并致辞。

3月21日 美国国务卿康多莉扎·赖斯博士与中美关系研究专家和北京大学、清华大学、北京师范大学学生代表的讨论会在中国经济研究中心举行。美国驻中国大使雷德、许智宏、郝平等出席讨论会。北京大学国际关系学院副院长贾庆国、中国社会科学院美国所所长王缉思、外交学院副院长秦亚青、北京大学国际关系学院副院长袁明、北京大学中国经济研究中心副主任李玲以及来自北京大学国际关系学院、经济学院等院系的 40 多名学生与赖斯博士就中美关系等问题进行了交流。

正大(中国)投资有限公司谢毅总经理一行来访北京大学,商讨资助"中泰建交 30 周年暨诗琳通公主五十华诞庆典"的有关事宜。郝平会见来宾。

3月22日 阿曼驻华大使 Abdullah Al-Hussni 到访北京大学,转达阿曼卡布斯大学邀请北大校长代表团前往访问并探讨在北大设立"卡布斯教授讲座基金"等事宜。郝平会见来宾。

北京大学与美国林肯土地政策研究院签署合作备忘录。美国林肯土地政策研究院院长詹姆斯·布朗和林建华分别代表双方签字。

学工部召开本学期第三次学生工作系统例会。张彦出席会议并就加强校园网管理等问题讲话。

雅虎公司、北大方正集团、北京大学共同设立北京大学讲席教授基金捐赠仪式在中国大饭店举行。雅虎公司和方正集团将分别捐赠 25 万美元,在北大法学院设立永久性基金,以资助设立互联网法律研究的荣誉法学教授席位。吴志攀出席。

北京大学召开党政联席会。

2005 年玫琳凯奖学金捐赠暨颁奖仪式在百周年纪念讲堂多功能厅举行。玫琳凯公司高层人员、岳素兰、海闻等出席。

3月23日 阿拉伯驻华使团大使夫人协会希萨女士一行来访北京大学,并与北京大学外语学院阿拉伯语专业的师生进行座谈。柯杨出席座谈会。

欧洲议会自由党党团代表团由主席格雷汉姆·华生(Gramham Watson)率领来访北京大学,并与北京大学师生座谈。许智宏出席

座谈会。

泰国驻华大使祝立鹏先生来访,郝平会见来宾。双方就泰国诗琳通公主访问北京大学的有关事宜进行了商讨。

3月24日(美国当地时间)国际比较教育学会(Comparative and International Education Society,简称CIES)第49届年会将年度大奖Kneller Prize授予了北京大学闵维方教授,以表彰他在国际比较教育学研究、领导中国大学改革以及主持世界银行扶贫教育项目等诸多领域中做出的重要贡献。闵维方教授从该学会当选主席马丁·克诺尔教授手中接受了奖项,并应邀做了题为"Economic Transition and Higher Education Reform in China"的一个半小时主题讲演,受到了与会各国教育专家和各界人士的热烈欢迎。

3月24日 北京大学事业规划委员会召开第一次会议。会议研究了委员会的议事规则、工作程序等问题。陈文申主持会议,林久祥、鞠传进、杨河出席。

北京大学举行加强和改进大学生思想政治教育工作座谈会。吴志攀、张彦出席。

教育部召开会议研究加强校园网络管理工作问题。张彦参加会议。

新上任的亚洲开发银行行长黑田东彦先生来访北京大学,并在中国经济研究中心做了题为"亚洲地区经济一体化及中国的作用"的主题演讲。

美国IBM公司副总裁唐乃晖一行来北京大学访问。陈文申会见来宾。

3月25日 印度尼西亚驻华大使库斯蒂亚先生来访北京大学,并出席在北京大学举行的"中印(尼)建交55周年纪念研讨会"。李安模会见来宾。

美国GHK天然气公司总裁Robert A. Hefner夫妇来北京大学访问,商讨向北京大学中古史研究中心提供资助事宜。陈文申会见来宾。

北京大学2005年宣传工作会议在交流中心举行。来自全校基层党委、直属单位负责宣传工作的领导、宣传委员及医学部各直属单位宣委参加了会议。

北京大学领导召开会议,研究筹建国际数学中心事宜。陈文申主持会议。林建华、林钧敬、鞠传进出席。

国务院召开会议,研究加强高校校园网络管理问题,国务委员陈至立主持会议。张彦到会。

美国著名戏剧教育家理查·谢克纳先生来北京大学访问并做学术演讲。吴志攀出席演讲会并会见了理查·谢克纳先生。

3月26日 由中国教育国际交流协会与北京大学合作举办的"艾森豪威尔基金会"中国学者交流会在正大国际会议中心举行。吴志攀出席。

首届中美高中生模拟联合国大会在北京大学举行。来自我国各地200多名高中生和10名美国高中生参加了大会。吴志攀出席大会。

3月28日 2004年度国家科学技术奖励大会在人民大会堂隆重举行。北大获奖项目有4项,其中北大为第一完成单位的国家自然科学二等奖3项,为第二完成单位的国家科学技术进步奖1项。1982年至今,以北大为第一完成单位获得的国家自然科学奖共有21项,总数居全国高校第一名。

南京师范大学校长宋永忠、副校长陈凌孚、校长助理潘百齐一行来北京大学调研。林建华在办公楼会见来宾,双方就高等教育体制改革形势下学校的发展、管理等问题进行了探讨。北京大学党办校办、人事部、发展规划部等部门负责同志参加了会见。

2004年度长江学者特聘教授、讲座教授受聘仪式在人民大会堂举行。有17位教授受聘为北京大学长江学者,其中特聘教授9位,他们是:葛力明、沈波、邵元华、管又飞、王克威、张传茂、陈兴良、郑晓瑛、申丹;讲座教授有8位,他们是:曲建民、郁彬、季向东、王存玉、林硕、约翰·施特劳斯(John Strauss)、詹姆斯·赫克曼(James Heckman)、王希。许智宏出席聘任仪式。

印度尼西亚大学校董事会主席李文正先生率印度尼西亚大学代表团来北京大学参观访问。闵维方、陈文申出席接待活动。

3月29日 第二届"北大·哈佛交流营"开幕式在交流中心举行。该项目是由北大、哈佛两校的学生社团——北大学生国际交流协会(SICA)与哈佛亚洲计划(HCAP)所发起,旨在推动两校学生的直接交流,相互认识和体验中美两国的社会文化,增进彼此的友谊。

北京大学召开党政联席会。

3月30日 北京高校保持共产党员先进性教育活动试点单位工作部署会在北京理工大学举行。吴志攀、张彦参加会议。

北京大学、清华大学第十九届"京华杯"棋牌友谊赛动员会在办公楼会议室举行。张彦出席会议并讲话。

由北京大学首钢医院主办的"2005北京西部医学论坛"在世纪金源大酒店举行。全国人大常委会副委员长、北京大学医学部主任、北京大学首钢医院理事会理事长韩启德院士,北京市卫生局局长金大鹏,石景山区副区长刘国庆,解放军总医院黄志强院士,阜外医院高润霖院士,北京大学常务副校长柯杨等出席会议。

3月31日 英国约克大学校长Brian Cantor教授率代表团来访。许智宏、郝平会见了约克大学代表团,双方签署了合作备忘录。

4 月

4月1日 乌克兰驻华大使 Serhii Kamyshev 来北京大学访问。许智宏会见来宾。

秘鲁驻华大使陈路来北京大学访问,郝平会见来宾。双方就秘鲁总统托莱多访问北大的有关事宜进行了商讨。

北京大学与香港凤凰卫视联合举办的"非常凤凰在北大——凤凰卫视9周年台庆特别节目"在百周年纪念讲堂演出。节目以北京大学师生"承包"凤凰卫视一天的节目播出为主线,通过北大学生对凤凰主持人的模仿、反串等表演形式,诙谐地再现了凤凰卫视一天的节目播出情况。凤凰卫视20多位知名主持人和评论员参加了演出。凤凰卫视董事局主席兼行政总裁刘长乐和北京大学领导吴志攀、林钧敬、郭岩、海闻出席并观看演出。该节目于次日在凤凰卫视播出。

日本早稻田大学授予北京大学闵维方教授名誉博士学位。闵维方出席学位授予仪式。

4月2日 北京大学、清华大学第十九届"京华杯"棋牌友谊赛在清华大学留学生餐厅举行。北京大学最终以大分19∶3、小分55.5∶30.5的绝对优势战胜清华。清华大学副校长岑章志、北京大学张彦等出席比赛开幕式并观看了比赛。

4月4日 台湾台北大学侯崇文校长一行来访北京大学。林钧敬、海闻接待来宾。

美国国家科学基金会代表团由副会长傅瑞曼领队来北京大学参观考察。闵维方、林建华会见来宾。

中泰建交30周年纪念研讨会暨泰国诗琳通公主50华诞庆典在交流中心举行。诗琳通公主出席活动。闵维方、许智宏、吴志攀、柯杨、岳素兰、郝平出席活动并会见诗琳通公主。

加州大学研究生院院长代表团由研究生总院院长 Chastain Clifford Attkisson 教授领队来北京大学访问。访问期间许智宏、林建华会见了来宾。

4月5日 泰国朱拉隆功大学素查达校长一行来北京大学访问,郝平会见来宾。双方就加强两校在人文社科、纳米科学和生命科学等领域的交流合作事宜进行了磋商。

北京大学召开党政联席会。

4月6日 国务委员陈至立在文化部部长孙家正、国家发展改革委员会副主任张晓强、教育部副部长赵沁平、科技部副部长李学勇、财政部部长助理张少春、深圳市委书记李鸿忠、广东省副省长许德立、深圳市委办公厅主任戴北方、深圳市副市长闫小培等领导的陪同下视察北京大学深圳研究生院。林建华做了工作汇报。陈至立国务委员一行在林建华、史守旭、大学城管理委员会张宝泉主任等的陪同下视察了微处理器研究开发中心、北大-华为共建的通信网络与信息安全联合实验室、环境模拟与污染控制实验室及化学基因组学实验室。

校党委召开保持共产党员先进性教育活动试点单位动员部署会。闵维方做动员报告,北京市委教育工委先进性教育活动督导组组长毕孔彰出席并讲话,吴志攀主持会议。北京市委教育工委先进性教育活动督导组副组长沈云锁、北京市委教育工委先进性教育活动办公室主任高喜军及许智宏、陈文申、岳素兰、张彦、林钧敬、鞠传进出席会议。

韩国高等教育财团金在烈总长一行来北京大学访问,并商讨举办第二届"北京论坛"等事宜。许智宏、吴志攀、郝平会见来宾。

由北京市委组织的共产党员先进性教育报告会在北京会议中心举行。市委副书记、纪委书记阳安江做辅导报告。岳素兰、鞠传进参加会议。

4月7日 尼日利亚大使乔纳森·奥卢沃莱·科克尔来访北京大学。郝平会见了来宾,双方就尼日利亚奥巴桑乔总统来访北京大学的有关事宜进行了磋商。

原北京大学原北京医科大学合并5周年座谈会在英杰交流中心举行。闵维方、许智宏、王德炳、吴志攀、陈文申、柯杨、林钧敬、郭岩出席座谈会。会议由闵维方主持。

通用电气奖学金颁奖会在交流中心举行。张彦出席。

乌兹别克斯坦总统之女就卡里莫娃访问北京大学。郝平会见来宾,并向来宾介绍了北大历史、发展及国际交流概况。

美国乔治亚理工学院 Book 和 Arkin 教授来北京大学访问。林建华会见了来宾。

4月8日 北京大学事业规划委员会召开会议。陈文申、林建华、林久祥出席。

北京大学首届"世界名校风采日"展览在三角地举行。包括牛津大学、斯坦福大学在内的17所世界名校的学生现场回答了申请学校、奖学金的获得等问题。

德国洪堡大学副校长 Anne-Barbara 教授一行来北京大学访问。郝平会见来宾,双方就今年9月份北京大学成立北京大学德国研究中心以及举办"北京大学洪堡大学日"等事宜进行了磋商。

马克思主义学院团校开学典礼暨"青年先锋"文化节开幕式在交流中心第二会议室举行。张彦出席。

哥伦比亚总统阿尔瓦罗·乌里韦·贝莱斯率领该国官方代表团、教育代表团访问北京大学,并在交流中心发表了演讲。许智宏向乌里韦总统授予北京大学名誉

博士学位。

4月9日 "环境与发展——'人类纪'时期的核心挑战"系列学术报告会在北京大学深圳研究生院开幕。国际著名大气化学家、1995年诺贝尔化学奖得主 Paul Crutzen 做首场报告。北京大学环境学院院长江家驷教授主持并做演讲。长江学者陶澍教授、胡建英教授和环境学院客座教授 Sjaak Slanina 先生也做了精彩演讲。

4月10日 北京大学召开学生工作干部会。学工部、保卫部、团委以及各院系学生工作负责人参加会议。张彦主持会议并讲话。

4月11日 北京大学先进性教育活动领导小组在办公楼103会议室召开会议,研究了党员先进性教育活动试点工作启动以来的总体情况,部署了组织、宣传、文秘、会务等具体工作。吴志攀、岳素兰、王丽梅等出席会议。杨河主持会议。

4月11日~16日 林钧敬、海闻以及首都发展研究院、国内合作办、产业办、科研部、基金会、校办产业等相关负责人一行14人,赴浙江杭州、嘉兴、绍兴、宁波、温州五地,与当地重点中学师生见面,与当地政府、大型企业、科技园座谈,进行招生宣传,并商谈设立产学研基地、募集奥运场馆建设资金等活动。此次出访是为落实去年3月北京大学与浙江省签署的省校合作协议而进行的。

4月12日 先进技术研究院领导小组和筹备小组联合会议在办公楼103会议室召开。林建华、岳素兰、张彦、鞠传进、杨河出席会议。

北大人民医院血液科副主任刘开彦教授在电教举行了造血干细胞移植的知识讲座。这是北京大学红十字会开展的骨髓捐献宣传周系列活动的一部分。林久祥出席。

4月13日 北京大学在办公楼103会议室召开理科学院院长会议。许智宏、林建华出席。

北京大学聘请1995年诺贝尔化学奖得主保罗·克鲁岑(Paul J. Crutzen)为北京大学化学学院名誉教授。许智宏向保罗·克鲁岑教授颁发了聘书,保罗·克鲁岑教授为北京大学师生做了题为"人类纪对环境的影响"的报告。

上海滨江置业有限公司董事长周虞康先生与"北京大学周虞康奖助学金"受助学生见面会在百周年纪念讲堂举行。张彦出席并讲话。

北京大学首届校园小品短剧大赛在百周年纪念讲堂多功能厅举行。张彦出席并讲话。

4月13日~15日 北京大学人口所和世界卫生组织在交流中心联合举办了科学论文写作培训班。主讲人是世界卫生组织官员 Jitendra Khanna 博士。来自北京大学医学部、中国协和医科大学、国家计生委科研所等单位师生30余人参加了培训。

4月14日 北京大学素质教育委员会心理健康教育分会召开会议,就深入贯彻中央16号文件精神与全国加强和改进大学生思想政治教育工作会议精神,进一步加强学校的心理健康教育工作进行座谈。张彦、林久祥参加会议。

"北京大学共产党员先进性教育活动系列报告:宋鱼水同志报告会"在百周年纪念讲堂举行。报告会由吴志攀主持。北京市委教育工委先进性教育活动督导组副组长沈云锁、海淀法院副院长陈琦出席报告会。

4月14日~15日 北京大学校级领导班子成员集体到稻香湖会议中心进行先进性教育活动第一阶段的集中学习。

4月15日 北京大学"北京国际数学研究中心"工程建设汇报会在国家文物局会议室召开,国家文物局局长单霁翔、北京市文物局局长梅宁华主持。会议决定,国家文物局、北京市文物局将为"数学中心"建设开辟绿色通道,尽快办理相关手续,加快推进建设进程。鞠传进及北京大学发展规划部、基建工程部等部门负责人出席会议。

《北京大学研究生学志》创刊20周年庆祝大会暨学术报告会在正大中心多功能厅举行。《学志》顾问谢冕教授、早期创刊人辜正坤教授以及研究生院、社科部、教务部、中文系等单位负责人出席会议。《北京大学研究生学志》创刊于1985年,主要由北京大学博、硕士研究生担任编辑和撰稿人,是全国高校中创刊时间最早、影响最大的研究生学术刊物。

2004年度北京大学-深圳福浩铭助学金签约暨发放仪式在交流中心会议室举行。吴志攀、深圳福浩铭实业有限公司董事长徐森以及北京大学受助学生等参加活动。

数学学院聘请中科院院士、第三世界科学院院士、国际数学联盟执委会委员、国家自然科学基金委员会委员、中科院数学与系统科学研究院马志明研究员为兼职教授。下午在理科一号教学楼举行了聘任仪式和演讲会。林建华出席。

4月15日 北京大学安全稳定工作会议在办公楼礼堂召开,学校党政领导以及全校各院系党政一把手、机关职能部门正职和学生工作系统全体干部参加会议。吴志攀主持会议。闵维方、许智宏、张彦分别讲话。

教育部正式聘任北京大学化学学院席振峰教授和中科院化学所万立骏研究员为"北京分子科学国家实验室(筹)"主任,任期至北京分子科学国家实验室(筹)通过验收。北京分子科学国家实验室(筹)是国家科技部批准筹建的首批5个国家实验室之一,由北京大学化学与分子工程学院和中科院化学所联合组成。

4月16日 尼日利亚总统奥

卢塞贡·奥巴桑乔率代表团来访问北京大学,接受北京大学颁发的名誉博士学位并发表演讲。教育部副部长章新胜和北京大学领导许智宏、郝平等出席学位授予仪式。

物理学院在交流中心阳光大厅举行"物理·文化·中国"主题论坛。中科院院士、北京市科协主席、原北京大学校长陈佳洱教授做了题为"物理与文化"的演讲,并与物理学院赵凯华教授、叶沿林教授一道与现场300多名听众进行了学术交流。论坛开始前,举行了2005北大"物理月"开幕式。张彦出席开幕式。

北京大学第十三届体育文化节暨2005年田径运动会开幕式在五四运动场举行。林钧敬主持开幕式,许智宏致开幕词,吴志攀、陈文申、林建华、岳素兰、林久祥、王丽梅、鞠传进、史守旭参加开幕式及入场仪式。本次运动会共有2322名师生参加了124个运动项目的比赛。

4月17日~19日 "《儒藏》编纂与研究"工作会议召开,讨论《儒藏》精华选目和编纂条例,商讨分工合作事宜并正式启动编纂工作。国内20多家高等院校和学术机构的专家学者出席会议。

4月18日 加拿大多伦多工学院院长 A. N. Venetsanopoulos 先生一行来北京大学访问,并商讨与北京大学工学院进行合作的有关事宜。林建华会见来宾。

北京大学保持共产党员先进性教育活动工作小组在办公楼103会议室召开工作会议。市委教育工委先进性教育活动督导组组长毕孔彰、吴志攀、岳素兰、王丽梅、杨河、北京大学党员先进性教育活动工作小组全体成员以及各试点单位党委负责人出席会议。

三星奖学金颁奖会在交流中心会议室举行。三星集团中国总部总裁朴根熙以及北京大学获奖同学出席。闵维方讲话。

4月18日~22日 受国务院侨务办公室委托,北京大学举办第二期"华裔新生代企业家中国经济高级研修班",学员包括来自马来西亚、印度尼西亚、新加坡、泰国、菲律宾、文莱和香港地区的33位华裔新生代企业家。17日晚,陈文申会见研修班学员;18日上午,在交流中心举行了开班典礼,林钧敬、国务院侨办主任陈玉杰、副主任李海峰出席;20日下午,国务委员唐家璇在钓鱼台国宾馆会见研修班学员,吴志攀参加会见;22日,在交流中心举行了结业典礼,岳素兰、国务院侨办副主任李海峰出席。

4月19日 北京大学举行党政联席会。

由团委、青年马克思主义发展研究会主办的北京大学第三届先锋文化节在交流中心开幕。著名青年研究专家、中国青年政治学院党委书记陆士桢教授应邀做题为"青年与发展"的讲座。讲座前,张彦会见了陆士桢教授。

学校任命光华管理学院新一届领导班子,院长:吴志攀(兼),副院长:张维迎(兼)、朱善利、武常岐、涂平。闵维方、陈文申、岳素兰、杨河来院宣布任命。

4月20日 伦敦政治经济学院副校长 Henrietta Moore 率队访问北京大学,并在交流中心发表演讲。林建华会见来宾,双方商讨了两校合作有关事宜。

奥地利共和国总理沃尔夫冈·许塞尔访问北京大学,并在交流中心阳光大厅发表题为"奥地利在欧洲的角色及中奥关系"的演讲。林建华主持演讲会,闵维方致欢迎辞。

"北大赛瑟论坛·2005"在交流中心举行,论坛主题为"变革中的稳健:保险、社会保障与经济可持续发展"。此次论坛由北京大学中国保险与社会保障研究中心和经济学院主办,中国保监会主席吴定富、劳动和社会保障部副部长刘永富及多家金融机构的主管、相关领域的专家学者出席论坛。岳素兰致开幕词。此次论坛共收到论文逾百篇,主题涉及寿险、产险、巨灾保险、保险法律、社会保障、企业年金等各领域。

4月21日 由中宣部、外交部、市委教工委组织的中日关系形势巡回报告团在医学部会议中心做关于中日关系的专场报告。报告人为外交学院院长、原驻法大使吴建民。包括北京大学在内的22所高校师生共1000余人参加报告会。报告会前,柯杨、张彦、郭岩会见了吴建民。

西班牙参议院议长 Francisco Javier Rojo García 在西班牙驻华大使 Sebastian de Erice 陪同下访问北京大学。林建华会见来宾。宾主一同出席了纪念《堂吉诃德》出版400周年仪式,并向塞万提斯像敬献鲜花。

《北京大学学报(自然科学版)》第五届编委会成立暨第一次全体会议在交流中心召开。新的编委会由来自理、医学科8个学院和2个系的40名学术权威组成,其中院士4名、长江学者7名。林建华出席会议并讲话。

德国驻华公使 Lohr 先生访问北京大学,并向北京大学外语学院捐赠图书。海闻会见来宾。

中文系师生为林庚先生举行"九秩晋五华诞祝寿会"。傅璇琮、褚斌杰、袁行霈、吴小如、白华文、钟元凯、谢冕、钱理群、孙玉石、陈平原等学者参加祝寿会和座谈会。闵维方出席。

北京大学通令嘉奖医学部2001级学生艾薇(化名)。艾薇于今年初向一位白血病患者捐献了骨髓。闵维方在办公楼会见艾薇。

4月22日 由北京大学卫生政策与管理研究中心主办的"中国转型时期医疗卫生改革与发展研

讨会"在中国经济研究中心举行，全国人大副委员长、医学部主任、北京大学卫生政策与管理研究中心主任韩启德，卫生部常务副部长高强，中华医学会常务副会长吴明江等出席。海闻主持会议，郭岩致辞。

"北京大学关于中日关系问题师生座谈会"在办公楼103会议室举行。张彦出席座谈会并发言。

由北京大学涂传诒、周成、赵亮，中国科技大学夏利东，北京天文台汪璟秀，以及德国马普学会太阳系研究所学者合作进行的一项关于太阳风起源的磁场本质的研究成果发表于当日 Science 杂志。涂传诒院士为论文第一作者。

4月23日 北京大学举行保持共产党员先进性教育系列报告会，闵维方做题为"实践'三个代表'重要思想 努力加强党的先进性建设"的报告。吴志攀主持报告会。市委教育工委先进性教育活动督导组组长毕孔彰出席。

北京大学第六届学生演讲十佳大赛总决赛在交流中心阳光大厅举行。张彦出席并致辞。

4月24日 北京大学社会学系教授费孝通先生因病医治无效，于当日晚10时38分在北京医院逝世，享年95岁。费孝通先生系著名社会学家、人类学家、著名社会活动家，生前曾担任第七、第八届全国人大常委会副委员长，第六届全国政协副主席，民盟中央委员会名誉主席等职务，代表作品有《乡土中国》等。

4月25日 香港城市大学副校长黄玉山一行来北京大学访问。张彦会见来宾。

由学生工作部组织的主题为"点滴生活·健康心灵"的心理健康活动月在图书馆北配楼开幕。林久祥出席会议。

加拿大多伦多大学副校长助理 Patricia L. McCarney 一行来北京大学访问，并在加拿大研究中心做了讲座。海闻会见来宾。

瑞典隆德大学校长 Goran Bexell 一行来北京大学访问。林建华会见来宾，双方续签了两校合作协议。

4月26日 北京大学召开党政联席会。

4月27日 甘肃省委党校常务副校长王渊等一行来北京大学考察访问。岳素兰会见来宾。

美国驻华大使雷德（Clark T. Randt, Jr）先生在北京大学交流中心就中国经济问题发表了演讲。演讲前，郝平会见了雷德大使。

北京大学微软统计与信息技术实验室成立签约仪式在数学学院举行。林建华、微软亚洲研究院院长沈向阳分别讲话，并代表双方签订了合作协议。迟惠生、统计与信息技术实验室联合主任李航、微软高校关系与合作部负责人宋罗兰以及北京大学科研部、数学学院的负责人参加签约仪式。

美国廖凯原基金会向北京大学捐赠协议签字仪式在中国经济中心万众楼举行。廖凯原基金会将连续捐赠数千万元人民币，用于支持政府管理学院教学大楼建设、北大与国际著名大学联合举办公共政策高级行政管理人员训练项目，在政府管理学院建立战略研究中心和企业与政府研究所、设立政治经济学教席。廖凯原基金会主席廖凯原先生、北京大学教育基金会理事长吴树青教授以及校领导闵维方、吴志攀、陈文申出席。

4月28日 美国马里兰州州务卿 R. Karl Aumann 先生一行来北京大学访问。海闻会见来宾。

全校学工系统安全教育工作会议召开。各院系学工组组长、院系团委书记和各班班长参加会议。张彦出席会议并讲话。

德国慕尼黑大学副校长 Werner Shuboe 一行来北京大学访问。郝平会见来宾，双方就交流合作问题进行了探讨。

由北京大学与日本东京大学共同举办的"北京大学-东京大学人文社科论坛"在英杰交流中心举行。东京大学总长小宫山宏先生、副校长古田元夫先生率代表团来到北京大学参加论坛。闵维方、郝平出席论坛并会见来宾。

4月29日 中国国民党主席连战先生率领国民党大陆参访团来北京大学访问，并在办公楼礼堂发表题为"坚持和平，走向双赢"的演讲。连战寄语年轻知识分子"为民族立生命，为万世开太平"，提出两岸需要对话与和解，需要相互合作，坚持和平。演讲会上，北大校务委员会主任闵维方教授代表北大师生向连战主席赠送了其母赵兰坤女士在燕京大学求学时的照片和学籍档案的复制件。中共中央台湾工作办公室主任陈云林、常务副主任李炳才等出席。郝平主持演讲会。学校党政领导参加了演讲会。

北京大学举办保持共产党员先进性教育系列报告会，中央党校副校长李君如同志做理论辅导报告。闵维方主持报告会。

4月30日 北京大学举行107周年校庆升旗仪式。闵维方在升旗仪式上发表讲话，回顾了北京大学百余年来的历程，并希望全校师生员工坚定信念，共同为建设世界一流大学而努力。张彦、武警天安门支队副政委陈定学和天安门国旗护卫队的战士同北京大学师生代表一起参加了活动。

"李赋宁先生逝世一周年纪念活动"在民主楼多功能厅举行。吴志攀、王学珍、王义遒等参加了追思会。

海淀区委书记谭维克来北京大学检查工作。闵维方、陈文申、张彦、林钧敬、鞠传进等陪同。

北京大学举行107周年校庆暨原北京大学原北京医科大学合并5周年纪念晚会。闵维方、许智

宏、王德炳、陈佳洱等现任及前任校领导出席晚会。

5月

5月3日 北京大学纪念五四运动86周年师生座谈会在交流中心举行。张彦出席。

北京大学召开党政联席会。

5月4日 国务院总理温家宝在国务委员陈至立、教育部部长周济、国务院副秘书长陈进玉等领导的陪同下来到北京大学与北大学生共度五四青年节。闵维方等校领导陪同温家宝总理一行参观了图书馆，走访了37、36号学生宿舍楼，并在农园餐厅与师生共进午餐。温家宝总理在图书馆参观时，就教育、三农、经济改革等问题与北京大学同学进行了亲切交流。

环境学院环境科学系获得美国环保局颁发的保护臭氧层奖，以奖励其"在发展中国家淘汰消耗臭氧层物质活动方面的领导作用"。该奖项创立于1990年，主要奖励在保护臭氧层、淘汰消耗臭氧层物质方面发挥了卓越领导作用和做出杰出的科学和技术贡献的组织和个人。

5月7日~15日 应台湾"十大杰出青年基金会"的邀请，郝平率领由北大、郑州大学、河南科技大学等高校学生组成的"新世纪两岸大学生研习营"一行24人赴台湾进行交流访问。访问期间，中国国民党主席连战、中国国民党副主席王金平分别接见了研习营全体师生。

5月8日 "百周年纪念讲堂学生志愿者为北大奥运场馆捐款仪式"在百周年纪念讲堂四季庭院举行。学生志愿者们集体拿出1/3辛苦工作的补助款额捐赠给教育基金会，以支持北大奥运场馆建设。该项活动计划在未来3年内，每年分两次向北大的乒乓球奥运场馆捐赠志愿者基金，总额为10000元。

党政领导班子全体成员在办公楼103会议室召开先进性教育学习动员阶段"回头看"活动。闵维方主持会议。市委教育工委督导组副组长沈云锁出席会议。

5月10日 日本曹洞宗宗务总长有田惠宗一行来北京大学访问。张彦会见来宾。

韩国教育人力资源部国际教育信息化司司长朴景载一行来北京大学访问。李晓明会见来宾，并介绍了北大以及我国高等教育改革及高校合并等有关情况。

智利Mayor大学校长Ruben Covarrubias一行来北京大学访问。海闻会见来宾。

北京大学召开党政联席会。

5月11日 保持共产党员先进性教育活动试点单位分析评议阶段工作部署会召开。会议总结了学习动员阶段各项任务的落实情况，并对分析评议阶段的工作进行了部署。吴志攀主持会议。闵维方做报告。北京市委教育工委先进性教育活动督导组组长毕孔彰、副组长沈云锁出席会议，毕孔彰讲话。

荷兰教育、文化和科学部副部长Mark Rutte一行访问北京大学。林建华会见来宾。

5月12日 韩国民主和平统一咨问会议首席副议长李在桢先生一行来北京大学访问。闵维方、许智宏、陈文申会见来宾，双方就中韩两国的高等教育现状以及未来发展合作等问题交换了意见。

北京市市委教育纪工委书记高云华、副书记符悦群就开展"廉政文化进校园"活动来北京大学与师生进行座谈交流。北京大学纪委、学工部、团委、宣传部、人事部、工会负责人和马克思主义学院、廉政研究中心的部分师生参加了座谈。张彦、王丽梅出席座谈会。

"5.12国际护士节"庆祝大会在北京大学第三医院眼科中心学术报告厅举行。刘娟等22位同志获2005年度北京大学医学部优秀护士长称号、尉昕等43位同志获2005年度北京大学医学部优秀护士称号。柯杨出席并讲话。卫生部护理中心主任巩玉秀、台湾阳明大学护理学院院长邱艳芬教授、香港中文大学社会科学院副院长马丽庄教授等出席会议。

5月13日 北京大学与韩国成均馆大学签署校际交流协议。许智宏、韩国成均馆大学校长徐正燉代表两校在协议上签字。

北京大学首届利比亚政府官员培训班开学典礼在西郊宾馆举行。利比亚驻华大使穆斯塔法·格鲁西、林久祥等出席。

瑞典斯德哥尔摩大学校长Kare Bremer代表团来访北京大学。许智宏会见来宾。

5月13日~14日 特长生招生、教育与管理战略研讨会召开。林建华、张彦、林钧敬以及教务部、研究生院、团委、体教部、艺术系负责人以及其他涉及特长生培养的相关院系教学主管参加会议。会议就北京大学特长生教育的目标定位、发展规划、管理方式等问题进行了研讨。

5月16日 美国乔治亚理工学院管理学院院长Terry Blum一行来北京大学访问。林建华会见来宾。

巴基斯坦驻华大使萨尔曼·巴希尔先生一行访问北京大学。许智宏会见来宾。

新加坡总理公署公共服务委员会秘书处处长Choo-Chai Lee See一行来北京大学访问。林建华会见来宾，双方商讨了加强留学生交流等事宜。

5月16日~18日 教育部第一期直属高校党务工作专题研修班在北京大学举行。23所教育部直属高校分管组织工作的党委书记和

组织部长,以及北京、吉林、陕西、江苏四省(市)高校(教育)工委的负责同志参加了研修班。教育部党组成员、人事司司长李卫红出席研修班开班仪式并讲话。闵维方、岳素兰为研修班学员做了专题报告。

5月17日 北京大学2004年度奖教金颁奖典礼在英杰交流中心举行。陈文申、林久祥、王学珍以及青鸟集团、正大集团、宝洁、通化东宝药业等捐赠方的代表出席。颁奖典礼由海闻主持。此次颁奖是北京大学第一次为所有的奖教金项目同时颁奖。本年度共有64位优秀教师获得奖励。

美国前国务卿基辛格博士来北京大学访问,并与北京大学学生代表进行了座谈。许智宏、郝平会见了基辛格博士一行。

5月18日 冰岛共和国总统奥拉维尔·拉格纳·格里姆松(Olafur Ragnar Grimsson)来北京大学访问,并在交流中心发表了演讲。教育部副部长章新胜、许智宏、郝平出席演讲会。

由爱心社组织举办的"2005爱心万里行"新闻发布会暨启动仪式在交流中心举行。张彦出席。

新加坡教育部政务部长曾士生先生来访北京大学。郝平会见来宾,双方就高教发展、未来合作等话题交换了意见。

许智宏到先进性教育联系单位基础医学院调研。许智宏在柯杨、医学部刘玉村副主任的陪同下先后走访了人类基因研究中心、T细胞研究中心和神经科学研究所,并与基础医学院院领导班子和教师代表座谈。

5月19日 闵维方参加先进性教育联系单位数学学院的民主生活会。他指出,先进性教育活动最终要落到实处,关键是在"三个代表"重要思想的指导下,加强学习和思考,认真查找思想上、工作上存在的突出问题,并切实制定出改进措施。

美国白宫研修班Susan Salmini女士率团来北京大学访问。海闻会见来宾。

许智宏与各院系青年教师代表就"在创建世界一流大学进程中如何发挥青年教师的作用及青年教师的现状"话题进行了座谈。岳素兰、林久祥出席座谈会。

中央先进性教育活动领导小组办公室指导协调二组组长、中央直属机关工委委员、组织部部长周延凯率调研组来北京大学调研高等院校先进性教育活动开展情况。北京市委教育工委副书记、北京高校先进性教育活动领导小组副组长刘建,北京高校先进性教育活动督导组组长毕孔彰,吴志攀、杨河以及中国人民大学、北京科技大学、首都经贸大学等高校党委负责同志参加座谈。调研结束后,闵维方会见调研组成员。

5月20日 德国联邦议员、德中议会小组成员Manfred Grund先生访问北京大学。许智宏会见来宾。

"保持共产党员先进性,加强党的执政能力建设"理论研讨会在英杰交流中心召开。来自教育部、中央党校、北京大学以及兄弟院校和研究机构的近百名专家学者参加了研讨。闵维方、教育部社政司司长靳诺、北京市委教育工委副书记刘建、北京高校党建研究会会长、北师大党委书记陈文博先后致辞。岳素兰、赵存生主持会议。

5月21日 由北京科技周组委会主办、北京大学承办的"科学精神与百年物理发展——周光召院士与北京大学学生对话活动"在北京大学举行。北京市科协主席、北京大学前校长陈佳洱院士主持活动。林建华、北京市科协常务副主席田小平出席。

首届北京大学中华武术国际论坛举行。当日还在百周年纪念讲堂举行了河南电视台《武林风》走进北大"特别节目。林钧敬出席。

5月23日 澳大利亚昆士兰科技大学副校长Arun Sharma率代表团来北京大学访问。郝平会见来宾。

5月24日 教育部在北京交通大学召开部分直属高校教师聘任制度改革工作调研会。林久祥参加会议。

北京大学召开党政联席会。

5月24日~25日 学校领导班子召开了新时期保持共产党员先进性教育活动分析评议阶段专题民主生活会。闵维方主持会议。中组部干部三局副局长夏崇源、教育部人事司巡视员赵丹龄、北京市委教育工委副书记刘建、北京市教育工委先进性教育活动督导组组长毕孔彰、副组长沈云锁及中组部、教育部、市委教育工委的有关工作人员应邀列席了会议。闵维方、许智宏学校领导班子其他成员依次进行了党性分析,认真开展了批评和自我批评。

5月25日 美国得克萨斯农机大学副校长Dick Ewing率代表团来北京大学访问。闵维方、林建华、郝平在办公楼会议室会见来宾。

医学部成立儿科、皮肤与性病学和医学检验学系。

韩国大国家党代表(党首)朴槿惠女士来北京大学参观访问,并在英杰交流中心发表演讲。郝平出席。

5月26日 美国南卡罗莱纳大学校长Andrew Sorensen率代表团来访北京大学。林建华、郝平会见来宾。

北京大学2005年博士生录取工作会议在研究生院会议室举行。林建华出席。

5月26日~27日 林钧敬赴密云、延庆等地调研北京大学对口支援郊区县工作。

5月27日 澳大利亚Griffith大学校长Ian O'Connor率代表团

来北京大学访问。郝平会见来宾。

美国乔治亚理工学院 William Wepfer 教授来北京大学访问。林建华会见来宾，并就两校进行远程教育合作的事宜进行了商讨。

日本东京大学副校长桐野丰一行来北京大学访问。郝平会见来宾。双方就合作举办"北京大学东京大学日"等事宜进行了磋商。

5月26日~28日 2005年财政工作会议举行。学校领导闵维方、许智宏、吴志攀、陈文申、林建华、柯杨、张彦、林钧敬、林久祥、鞠传进、王丽梅、杨河、郭岩、史守旭、海闻及全校党政机关、各院系的主要领导和主管财务工作负责人，后勤、各附属医院、校教育基金会、出版社、科技园、资产经营公司以及方正、青鸟、资源、未名、维信等校办企业的主要领导200余人参加了会议。会议讨论和审议了以过去5年财政工作总结和今后财政工作基本思路为主要内容的"北京大学2005年财政工作报告"和若干财务管理制度。

5月28日 光华管理学院举行20周年院庆启动仪式暨校友论坛新闻发布会。吴志攀出席。

5月31日 北京大学召开党政联席会。

上海交通大学校务委员会副主任盛焕烨一行来北京大学调研。林久祥接待来宾。

清理校内规章制度会议召开。林钧敬主持会议。

6月

6月1日 北京大学聘任1999年诺贝尔经济学奖得主、美国哥伦比亚大学教授罗伯特·蒙代尔为北京大学名誉教授。许智宏出席聘任仪式。

6月2日 按照北大迎接教育部本科教学工作评估的日程安排，北京大学对部分院系迎评准备工作进行抽查。林建华率工作组对新闻传播学院、社会学系、信息科学技术学院、中文系、环境学院等5个院系依次进行了检查。

北京大学第十三届"挑战杯"——五四青年科学奖竞赛暨北京大学第二届"江泽涵杯"数学建模与计算机应用竞赛颁奖典礼在英杰交流中心举行。许智宏出席并致辞，张彦出席。

6月3日 秘鲁共和国总统亚历杭德罗·托莱多·曼里克（Alejandro Toledo Manrique）北京大学名誉博士学位授予仪式暨演讲会在英杰交流中心举行。演讲前，闵维方、吴志攀会见了总统一行，并与秘鲁ESAN大学签署了校际合作交流协议。

北京大学召开会议布置维护校园安全稳定工作和万柳学区学生回迁工作。林钧敬、张彦、鞠传进出席会议并讲话。

"北京大学党政领导参加保持共产党员先进性教育活动民主生活会情况通报会"在办公楼礼堂召开。闵维方就学校党政领导班子参加共产党员先进性教育活动特别是第二阶段的情况以及专题民主生活会的情况在大会上做了通报。市委教育工委先进性教育活动督导组副组长沈云锁出席会议。吴志攀主持会议。

新加坡南洋理工大学校长徐冠林一行来北京大学深圳研究生院访问。林建华会见来宾，双方就加强北京大学深圳研究生院与南洋理工大学在相关领域的合作等事宜进行了商讨。

第二届"北大-汇丰经济论坛"在中国经济研究中心举行。1992年诺贝尔经济学奖得主、芝加哥大学教授加里·贝克尔（Gary S. Becker）以"现代经济中的知识、人力资本、市场和经济增长"为题做了演讲。林建华出席。

6月5日 2005鲁能杯中国乒乓球俱乐部超级联赛北京大学赛区方正科技专场比赛在北京大学第一体育馆举行。北大方正俱乐部代表队以五场三胜的成绩取胜。教育部学生体协联合秘书处副秘书长张燕军、国家体育总局乒羽中心乒乓球一部部长李玉环、陈文申、岳素兰、林钧敬、北大方正集团董事长兼北大方正俱乐部董事长魏新以及北京大学师生共300余人出席开幕式并观看了比赛。林钧敬致开幕词。

6月6日 北京大学召开保持共产党员先进性教育活动试点单位整改提高阶段工作部署会。岳素兰主持大会，闵维方做重要报告，北京市委教育工委先进性教育活动督导组组长毕孔彰出席会议并做重要讲话。

比利时老鲁汶大学、布鲁塞尔自由大学等7所比利时著名大学的校长来北京大学访问，了解北京大学科研教学情况，并探讨与北京大学开展合作的可能性。许智宏会见来宾。

瑞典皇家理工学院校长 Andres Flodstrom 教授一行来北京大学访问，了解北京大学科研情况，并探讨双方进一步合作的可能性。许智宏会见来宾。

6月7日 北京大学召开党政联席会。

伦敦政治经济学院院长 Howard Davies 教授一行来访，与北京大学商讨举办国际事务硕士双学位项目的有关事宜。闵维方、郝平在办公楼会见来宾。

巴西 Recife 市市长 Joao Silva 先生率团来北京大学访问。Joao Silva 先生此行是代表巴西 Pernambucc 大学与北京大学商讨有关合作事宜。梁柱会见来宾。

新加坡南洋理工大学徐冠林校长一行来访北京大学。许智宏会见来宾。双方签署了校际合作协议，并探讨了在相关领域开展合作的有关事宜。

北京大学"河合创业基金"签约仪式在英杰交流中心第四会议室举行。张彦、日本通用工程股份有限公司中国筹划室负责人长谷川胜男等出席。此项基金目的在于帮助北大学生优秀的创业计划和商业创意转化为现实的生产力，进而推动北大的学生创业活动。

6月8日 美国加州大学总校校长办公室国际策略发展办公室主任 Gretchen Kalonji 女士访问北京大学。郝平会见来宾。

荷兰 Tilburg 大学校长 Frank van der Duyn Schouten 教授来访北京大学。郝平会见来宾，双方就加强两校法学院的交流合作等事宜进行了商讨。

学校领导与学生会、研究生会代表见面会在办公楼会议室举行。许智宏、张彦出席会议并讲话。

6月9日 中央军委委员、解放军总政治部主任李继耐上将在教育部部长周济等领导的陪同下来北京大学看望国防定向生。陈文申、张彦、林钧敬陪同参观。

北京市离退休老领导访问团来北京大学参观访问。闵维方、岳素兰、鞠传进接待了来宾。

德国驻华大使史丹泽博士应邀在北京大学做演讲。郝平会见来宾。

6月10日 北京大学素质教育委员会艺术教育分会召开会议，研究北京大学艺术教育的现状及其发展方向等问题。张彦出席。

"2004年度中国最受尊敬企业评选"活动颁奖典礼在百周年纪念讲堂举行。林久祥出席。

6月10日~6月17日 在保持共产党员先进性教育活动中，学校领导班子坚持把校领导联系基层制度落到实处。6月10日下午，林建华到新闻学院听课，并与学院领导班子研究新闻学院建设问题；随后，林建华与学院应届毕业生进行了座谈；6月15日上午，林建华分别约见了新闻学院的徐泓教授和肖东发教授。6月14日上午，陈文申到信息学院听取学院领导班子的汇报并研究学院建设问题；6月17日，陈文申到哲学系听取汇报并研究解决问题。

6月11日 北京大学第一医院召开建院90周年庆祝大会。中共中央政治局常委李长春同志发来贺电。全国人大常委会副委员长蒋正华、教育部副部长章新胜、文化部副部长周和平、统战部副部长黄跃金、卫生部副部长陈啸宏、北京市卫生局长金大鹏、许智宏、岳素兰、郭岩及社会各界的代表出席大会。

6月13日 美国夏威夷大学代表团来北京大学访问。北京大学与夏威夷大学希罗分校签署了"中国哲学和东西方比较哲学"项目合作协议。郝平会见来宾并出席签约仪式。

墨西哥蒙特雷技术大学希尔达·克鲁斯副校长率代表团前来北京大学访问。陈文申会见来宾。

学校召开科研管理体制问题协调会议。林建华主持会议。

6月14日 美国堪萨斯大学校长 Robert Hemenway 教授率代表团前来北京大学访问。林建华会见来宾。

北京大学召开党政联席会。

"海峡两岸高等教育法学术研讨会"在北京大学举行。林钧敬出席开幕式。

6月15日 北京国际数学研究中心规划设计方案专家评审会召开。林钧敬、鞠传进及专家评审组成员出席会议。

校园规划委员会召开会议，对"北京大学海淀校区文物保护规划"、"北京大学海淀校区校园总体规划交通影响评价"等项目进行评审。林钧敬、鞠传进出席。

学校教材建设委员会召开工作会。林建华主持会议。

6月16日 秘鲁天主教大学校长路易斯·古斯曼·巴龙率代表团来北京大学访问。许智宏、郝平会见来宾并签署了校际合作协议。

学校召开"985工程"二期基础设施建设进度和情况协调会议。陈文申、林建华、鞠传进出席。

6月17日 2004级本科生军训工作会议召开。张彦出席。

医学部第四届教代会第二次全体会议在医学部会议中心礼堂举行。柯杨、岳素兰、郭岩出席。

6月18日 北京大学深圳研究生院举行2005届研究生毕业典礼。林建华出席。

中国经济研究中心2005届毕业生毕业典礼在百周年纪念讲堂举行。陈文申出席。

6月20日 2005届优秀毕业生代表座谈会在办公楼103会议室举行。许智宏、林建华、林钧敬参加座谈。

6月21日 美国密歇根大学校长 Mary Sue Coleman 教授等一行访问北京大学，并在英杰交流中心召开两校联合新闻发布会，宣布正式启动北京大学-密歇根大学的人文社会科学跨学科研究中心。许智宏、林建华出席。随后，双方签署了合办人文社会科学跨学科研究中心的协议。

北京大学召开党政联席会。

"百年北大情系奥运——周华健演唱会暨向北大奥运场馆捐赠仪式"活动在百周年纪念讲堂举行。在演唱会上，海闻代表学校接受了周华健的捐赠。许智宏向周华健颁发了捐赠证书。

6月22日 韩国总理李海瓒夫妇一行约20人访问北京大学。许智宏会见来宾。双方就中韩高教领域的交流合作以及全球化大环境下高等教育的发展等问题交换了意见。

美国加州州立大学 Fullerton 分校副校长助理 Ray Young 教授一行来访北京大学。校务委员会副主任李安模会见来宾。

校领导班子先进性教育活动整改情况通报会召开。市委教育工委先进性教育活动督导组组长毕孔彰出席会议。闵维方做了情况通报。岳素兰主持会议。

张彦赴大兴、怀柔军训基地检查学生军训准备工作。

6月23日 第二届亚洲女性论坛在北京大学举行，此次论坛由北京大学中外妇女问题研究中心与亚洲女性发展协会共同主办。全国政协副主席张思卿、全国妇联名誉主席彭珮云出席。岳素兰出席并讲话。

全国人大副委员长许嘉璐在人民大会堂接见了"第八届北京大学-香港大学暑期研修班"的全体师生，这是项目举办以来许副委员长对该项目师生的第三次接见。

6月23、24日晚 北京大学原创音乐剧《未名规划中心》2005届毕业公演在百周年纪念讲堂举行。张彦、迟惠生观看演出。

6月24日 保持共产党员先进性教育活动试点单位工作总结大会召开。北京市委教育工委书记朱善璐、北京高校先进性教育活动督导组组长毕孔彰、副组长沈云锁以及学校党政领导班子成员、各试点单位全体党员出席会议。闵维方做总结报告，毕孔彰讲话。岳素兰主持会议。

北京大学纪念中国共产党成立84周年暨表彰大会在百周年纪念讲堂举行。全校党建和思想政治工作先进集体和优秀个人代表以及新党员参加了表彰大会。闵维方做大会讲话。岳素兰主持大会，许智宏、柯杨、张彦、林钧敬、王丽梅、杨河等校领导出席会议。会上，数学科学学院党委等9个单位获授"北京大学党务和思想政治工作先进集体"荣誉称号；郭建栋等8位同志获"北京大学党务和思想政治工作一等奖——李大钊奖"；廖秦平等57位同志获评"北京大学优秀党务和思想政治工作者"；傅增有等49位同志获"北京大学党务和思想政治工作奉献奖"。1100多名新党员在杨河带领下进行了入党宣誓。

爱尔兰财政部长布莱恩·柯文先生一行访问北京大学，并做了题为"爱尔兰的经济发展与中爱经济合作"的演讲。迟惠生会见来宾。

6月25日～30日 林钧敬率北大代表团赴西藏访问。此次访问的主要内容包括：慰问在西藏服务的北大第六届研究生支教团志愿者，并与西藏团委、教育厅等单位探讨支教扶贫工作的新途径；与西藏大学洽谈两校合作事宜，并在数字图书馆、教师培训、科研合作等方面签订合作意向书；看望在西藏工作的北大校友，并联络筹建北大西藏校友分会；回访在山鹰社山难事件中对北大提供过积极帮助的西藏自治区党委、政府的相关单位。访问期间，林钧敬先后会见了西藏自治区党委书记杨传堂、区委常委德吉措姆和区政府副主席吴英杰，并就北大与西藏的优势互补、加强合作等问题进行了座谈。

6月27日 日本文部省科技政策研究所所长永野博先生一行前来北京大学访问。林久祥会见来宾。

北京大学召开党政联席会。

元培计划实验班2001级学生毕业典礼在英杰交流中心举行。许智宏、林建华出席。

6月28日 台湾高雄商业总会北京经贸考察团前来北京大学考察参观。林久祥会见来宾。

美国康奈尔大学副教务长Wippman一行前来北京大学访问，并与北京大学商讨合作培训WTO人才等事宜。郝平会见来宾。

北京大学地空学院聘任联合国粮农组织（FAO）助理总干事、驻亚太区总代表、北京大学数字中国研究理事何昌垂博士为客座教授。李晓明向何昌垂博士颁发了聘任证书。

学校召开交叉学科研究院筹备领导小组会议。林建华主持会议。岳素兰等出席。会议讨论和确定了交叉学科研究院章程。

澳大利亚拉筹伯大学校长Michael Osborne一行前来北京大学访问。郝平会见来宾，双方签署了合作协议。

6月29日 海淀区委区政府有关职能部门到燕北园就封闭燕北园小区问题进行实地考察，鞠传进到现场介绍情况。

6月30日 中泰两国建交30周年小型专题纪念研讨会在英杰交流中心举行。张维迎、何芳川出席。

解放军总政治部驻北大、清华后备军官选拔培养办公室在北京大学学工部举行了2001级国防生毕业座谈会。张彦出席。

北京大学国学研究院举行中国传统文化研究中心博士班首届博士生毕业典礼。林建华出席。

7月

7月1日 北京大学2005届赴西部地区工作毕业生欢送会在正大会议中心多功能厅举行。闵维方、张彦、海闻出席。

7月2日 泰国安美德基金会主席邱威功先生一行前来北京大学访问，并商洽与北京大学开展交流合作等事宜。陈文申会见来宾。

7月4日、5日 北京大学在百周年纪念讲堂分别举行了2005届本科生和研究生毕业典礼。今年北京大学共有851名博士、3449名硕士、2659名学士毕业。闵维方、许智宏、吴志攀、陈文申、柯杨、张彦、林钧敬、林久祥、王丽梅、张维迎以及各学部主任、各院系和部门负责人、教师代表、校友代表出

席了毕业典礼。林钧敬主持毕业典礼。许智宏发表讲话。化学与分子工程学院裴伟伟教授、外国语学院程朝翔教授和光华管理学院王其文教授等教师代表在会上发言。亚信科技（中国）公司董事长丁健、中国科学院院士高庆狮教授、中国政法大学副校长张桂琳教授等校友代表发言。王牧笛、刘小琴、李玲玲等毕业生代表在会上发言。学校并对优秀毕业生进行了表彰。

7月4日 北京大学-国家行政学院MPA联合教育指导委员会和联合学位委员会第一次全体会议在国家行政学院举行。吴志攀出席会议。

7月6日 美国莱斯（Rise）大学校长李伯隆教授夫妇来北京大学访问。许智宏会见来宾。

北京大学教授、世界著名物理学家黄昆先生因病逝世，享年86岁。黄昆教授系中国固体物理学和半导体物理学的奠基人之一，生前曾任中国科学院院士，瑞典皇家科学院外籍院士，第三世界科学院院士，中国人民政治协商会议全国委员会第五～八届常务委员，中国科学院半导体研究所名誉所长、北京大学信息科学学院名誉院长等。黄昆教授曾于2001年度获国家最高科学技术奖。

北京大学召开党政联席会。

日本三得利研究所顾问山田康之先生一行前来北京大学访问。许智宏会见来宾。

7月7日 美国艾默里（Emory）大学副校长Jeffrey Koplan教授一行来北京大学访问。许智宏会见来宾。

7月8日 北京大学召开精品课程和教学信息化建设工作会议。林建华主持会议。

美国康奈尔大学工学院院长Kent Fuchs教授一行前来北京大学访问。林建华会见来宾。

日本国立多媒体教育技术学会清水康敬理事长一行前来北京大学访问。闵维方会见来宾，双方就在多媒体教育技术领域开展合作等事宜进行了商讨。

7月9日 2005年鲁能杯中国乒乓球俱乐部超级联赛北京大学赛区国强博源专场比赛在第一体育馆举行。北大方正队以3∶1比分战胜辽宁本钢队。全国人大常委会副委员长、北大方正俱乐部名誉主席韩启德，岳素兰，中国乒乓球队副总教练陆元盛，北大方正集团董事长魏新，国强集团董事长宋国强等出席观看比赛。

北京大学举办研究生招生咨询日。国内20多所大学和研究单位的研究生招生部门同时前来北京大学开展了招生咨询活动。林建华出席。

7月10日 美国乔治亚理工学院材料工程系主任Robert L. Snyder教授来北京大学访问。林建华会见来宾。

7月11日 第16届中学生国际生物奥林匹克竞赛（简称IBO2005）在北京大学百周年纪念讲堂开幕，来自54个国家和地区的200多名学生参加本次赛事，是历次比赛中参赛国家和地区最多、参赛选手最多的一次，也是国际生物学奥赛创办以来首次在中国举行。本届竞赛由中国科学技术协会主办，北京大学承办，中国植物学会和中国动物学会协办。IBO国际委员会主席Hans Morelis、中国科协副主席徐善衍、北京大学许智宏等出席开幕式。

北京市党的建设研究会第五次代表大会在北京会议中心举行。吴志攀、张彦出席。

第四届"高校教学与技术应用国际研讨会"在百周年纪念讲堂多功能厅举行。闵维方出席。

兰州大学副校长甘辉来北京大学访问。陈文申会见来宾。

文科跨学科研讨会召开。林建华出席会议。

7月12日 事业规划、学科规划委员会联席会召开。陈文申、林建华、林久祥出席。

北京银行向北京大学捐赠仪式在经济中心万众楼举行。陈文申、林久祥出席。

北京大学召开党政联席会。

7月13日 北京大学与国家开发银行合作会议在国家开发银行总行会议室召开。国家开发银行行长陈元、副行长姚中民、总监胡本钢及该行有关部门负责人，北京大学领导闵维方、许智宏、陈文申及有关职能部门负责人出席了会议。双方就建立长期、全面、稳定、互利的合作关系达成共识，国家开发银行将支持北京大学的人才培养、科技研发、校园基础设施建设和高科技成果产业化等各项事业的发展，北京大学将在人才和项目咨询论证等方面向国家开发银行提供智力支持。

美国加州大学校长办公室国际项目部主任Gretchen Kalonji来北京大学访问。海闻会见来宾。

7月15日 闵维方、陈文申赴天津天狮集团访问。

7月16日 "倾听来自台湾的声音——两岸大学生文化交流联合演出"在百周年纪念讲堂举行。吴志攀出席。

7月17日 第六届"海外杰出青年汇中华"访问团来北大参观访问。吴志攀在英杰交流中心会见了访问团成员。

7月18日 美国林肯土地政策研究院和北京大学深圳研究生院联合举办的"城市经济、政策与规划高级培训班"在燕山大酒店开班。林建华、林肯土地政策研究院总裁特别助理兼中国部主任丁成日、国务院发展研究中心对外经济研究部部长隆国强等出席开班仪式。

德国柏林自由大学副校长Klaus Hempher一行访问北京大学。吴志攀会见来宾。

香港普通话学校校长张丹女士来北京大学访问。吴志攀会见来宾。

日本ACOM公司社长木下盛好一行来北京大学访问。林建华会见来宾,双方签署北大-ACOM合作协议。

张彦与北大共青团系统组织工作干部培训班、团校暑期研修班学员座谈,围绕"当代大学生的时代责任"主题进行了交流。

7月19日 埃塞俄比亚联邦议院议长穆拉图一行来北京大学访问,吴志攀会见来宾。

"让世界了解中国——斯诺百年纪念"国际学术研讨会暨"斯诺百年诞辰纪念大会"在英杰交流中心阳光大厅举行。纪念大会由北京大学、国务院新闻办、中国新闻史协会、中国国际友人研究会、美国密苏里大学等共同举办。原国务院副总理、全国人大副委员长黄华,国务院新闻办公室主任赵启正,中国国际友人研究会会长凌青,闵维方、吴志攀、何芳川、中国埃德加·斯诺研究中心主任王学珍,美国斯诺纪念基金会会长戴德维勒(John Deadwyler)、中国人民大学教授方汉奇、密苏里大学新闻学院副院长索森(Esther Thorson)等出席了大会。

教育部召开高校先进性教育工作交流网络视频会议。吴志攀、陈文申、张彦、林钧敬、鞠传进在英杰交流中心第二会议室参加会议。

北京大学召开党政联席会。

7月23日 埃及开罗大学副校长哈米德·塔希尔先生访问北京大学。吴志攀会见来宾。

7月23日～24日 教育部召开高校产业工作会议。陈文申参加会议。

7月25日～27日 由北京大学、南京大学发起主办的"海峡两岸暨港澳地区大学校长联谊活动"在江西庐山举行。来自台湾大学、台湾成功大学、台湾中央大学、台湾联合大学系统、台湾东吴大学、台湾东海大学、台湾逢甲大学、香港城市大学、香港浸会大学以及澳门大学等10所港澳台地区大学的校长,以及来自北京大学、南京大学、浙江大学、上海交通大学以及南昌大学、江西师范大学等6所内地大学的校长参加了联谊活动。全国政协副主席、民盟中央常务副主席张梅颖到会看望与会者。许智宏向与会者以"大陆的高等教育现状和北京大学的基本情况"为题做了专题报告,大家并就高等教育改革、海峡两岸暨港澳地区大学进一步加强合作交流、弘扬中华传统文化等问题进行了研讨。

7月27日 教育部召开直属高校企事业单位土地工作会。鞠传进参加会议。

7月28日 "北京大学民营经济研究院"成立大会暨签约仪式在办公楼103会议室举行。"北京大学民营经济研究院"是在厉以宁教授倡议下成立的研究机构。中央统战部副部长胡德平担任研究院顾问,厉以宁教授任院长,单忠东教授任常务副院长。香港中小企业国际交流协会向北京大学教育基金会捐赠460万元,作为民营研究院的启动资金。陈文申、中央统战部副部长胡德平、全国工商联副主席谢伯阳、香港中小企业国际交流协会会长梁砺锋、北京市副市长张茅等出席大会。

辽宁省委书记、省人大常委会主任李克强在沈阳友谊宾馆接见了2005年北京大学博士生赴辽宁服务考察团全体成员。辽宁省委常委、宣传部长焦利,副省长鲁昕,省委办公厅主任高东晓,省教育厅厅长张德祥,北京市委常委、教工委书记朱善璐,北京大学闵维方书记等参加接见。

7月29日 国务院总理温家宝到解放军三〇一医院看望北京大学季羡林教授。

7月30日 张彦赴湖南湘潭大学看望北京大学赴湖南实践考察团成员。

7月31日 许智宏在广东省梅州市看望了在那里进行社会实践的北京大学同学

8月

8月2日 北京大学召开党政联席会。

北京大学领导与清华大学校领导举行沟通协调会,就"985工程"二期建设等问题进行商讨。闵维方、许智宏、吴志攀、陈文申、林建华出席会议。

8月6日 闵维方、许智宏到解放军三〇一医院看望季羡林先生,并为他94岁生日祝寿。

林钧敬赴广西桂林市看望了北京大学社会实践团师生。

"2005第五届大学生戏剧节"在北兵马司剧场举行,北大学生原创的《一流大学从澡堂抓起》作为首演剧目在戏剧节上演。吴志攀、赵存生观看演出。

8月6日～13日 北京大学举行第32期中层干部研讨班。闵维方、许智宏、吴志攀、林建华、教育部副部长吴启迪分别做了辅导报告。林久祥、王丽梅、杨河率研讨班成员赴江西省井冈山地区考察学习。

8月9日 北京大学召开党政联席会。

8月10日 乔治亚理工学院代表团访问北京大学,商谈中美关系研讨会圆桌论坛筹备事宜。闵维方会见来宾。

8月13日 北京大学举行安全稳定领导小组工作会。闵维方、林钧敬、张彦出席。

8月15日 北京大学召开2004级本科生军训领队工作会议。张彦主持会议。

8月16日 主题为"地理学与

中国发展"的"2005年全球华人地理学家大会"开幕式在北京大学举行。1000多位来自海内外的华人地理学者出席了此次会议。会议由中国地理学会、北京大学和中国科学院地理科学与资源研究所主办,北京师范大学地理学与遥感科学学院、中国科学院青藏高原研究所、《中国国家地理》杂志社等多家单位协办。林建华出席开幕式并致辞。

8月17日 美国华盛顿大学Lawlor教授访问北京大学,并与社会学系洽谈有关合作项目。吴志攀会见来宾。

8月19日~21日 北京大学对新到任的校本部教职工进行岗前培训。82名新上岗的教职工参加了培训。何芳川、林毅夫、陈文申先后为新员工做了培训报告。林久祥致开幕词。

8月23日~8月26日 由国际病理学会（International Academy of Pathology,IAP）中国部主办、北京大学基础医学院病理学系协办的第四届国际病理学会亚洲-太平洋地区学术大会在北京国际会议中心召开。来自30多个国家和地区的900多名代表参加了本次大会。组织委员会主席顾江教授（北京大学基础医学院院长、病理学系主任）等担任大会主持,大会主席吴秉铨教授（北京大学基础医学院病理学系教授）在开幕式上致词。大会邀请Juan Rosai、Philip Allen、John K. C. Chan、Jeffrey L. Sklar、Clive R. Taylor和David L. Page等病理学界顶级专家分别做主题发言。本次大会共展示来稿432篇。

8月24日 校领导吴志攀、张彦、鞠传进在有关职能部门负责人陪同下到畅春新园检查工作,并对入住同学进行慰问。随后,校领导和入住畅春新园的部分学生代表在档案馆会议室进行了座谈。

8月25日 教育部召开教育系统贯彻落实《建立健全教育、监督、制度并重的惩治和预防腐败体系实施纲要》工作网络视频会议。许智宏、吴志攀、林久祥参加会议。

瑞典高等教育和科技国际合作基金会主任Roger Svensson来北京大学访问,探讨为北大学生提供赴瑞典高校交流的奖学金项目。林建华会见来宾。

南洋理工大学国际创业项目陈丁琦主任等4人来北京大学访问。林建华会见来宾,双方探讨了南洋理工大学国际创业项目合作等事宜。

以艾斯拉亚齐（Aissilayachi）博士为团长的部分非洲国家校长代表团访问北京大学。林建华会见来宾,双方在加强交流合作、尤其是协助非洲学生学习汉语方面进行合作等问题达成一致意见。

北京大学深圳研究生院举行开学典礼。林钧敬出席。

8月26日 "纪念夏仁德教授,欢迎夏亨利先生"恳谈会举行,原全国人大常委会副委员长黄华、北京大学林钧敬副校长、校务委员会副主任郝斌、著名历史地理学家侯仁之及多位燕京大学的老校友参加了恳谈会。

"国家中长期科技规划与'十一五'计划"报告会在图书馆北配楼举行。林建华出席。

8月27日 在由国家体育总局中国篮球协会举办的评奖会上,北京大学体教部国际篮球裁判马立军获得"十年贡献奖"。马立军在2005年已经第七次获得CBA"金哨奖"（篮球裁判最高奖）。

8月27日~30日 北京大学召开校领导暑期战略研讨会。

由北京大学世界遗产研究中心谢凝高教授为咨询专家、阙维民教授主持申报的"浙江省庆元县后坑木拱廊桥"荣获2005年联合国教科文组织亚太地区文化遗产保护卓越（一等）奖。

8月29日 香港李嘉诚基金会代表罗慧芳小姐、汕头大学王伟廉副校长一行前来访问北京大学。闵维方会见来宾。

北京大学在百周年纪念讲堂举行新生家长见面会。张彦出席。

8月29日~30日 教育部召开"985工程"二期建设经验交流会。许智宏、林建华出席会议。

北京大学新生接待日。闵维方、许智宏、张彦、林钧敬赴迎新现场检查工作并看望新生。

8月30日 英国金融时报董事长David Bell爵士前来北京大学访问。吴志攀出席欢迎会。

北京大学领导班子暑期战略研讨会就即将在全校党员中开展的先进性教育活动进行了专题研讨。会议由闵维方主持,全体党政领导出席了会议。

西藏自治区副主席甲热·洛桑丹增一行前来北京大学访问。林钧敬、吴志攀会见来宾。

著名数学家、美国普林斯顿大学数学系主任安德鲁·怀尔斯教授在数学学院做专题学术演讲。许智宏会见安德鲁·怀尔斯教授。

8月31日 北京大学学生军训团在大兴军训基地举行"中国人民抗日战争胜利60周年暨北大学生军训工作20周年升旗宣誓仪式"。

澳大利亚悉尼大学代表团前来北京大学访问。闵维方出席欢迎会。

北京大学学生军训团分别在大兴、怀柔军训基地举行结业典礼。张彦、林钧敬出席。

应中央电视台新闻频道新闻会客厅"决策者说"栏目的邀请,闵维方书记就目前社会普遍关注的"新生绿色通道"、大学生心理健康、大学教育改革等问题接受了专访。

8月31日~9月1日 北大2005年新生开学典礼在百周年纪念讲堂举行。本次开学典礼共分三场,分别为文科本科新生场、理

科本科新生场、研究生新生场。闵维方、许智宏、吴志攀、陈文申、林建华、柯杨、林钧敬、林久祥、史守旭等校领导以及各院系教师代表、职能部门负责人出席典礼。许智宏发表讲话。9月1日，开学典礼结束后，许智宏为研究生新生做了校情报告。

9月

在保护臭氧层维也纳公约生效20周年之际，北京大学环境学院唐孝炎教授被联合国环境署和世界气象组织共同授予维也纳公约奖（UNEP/WMO Vienna Convention Award），以表彰她在保护臭氧层的研究方面的杰出贡献。

北京大学荣获北京市委市政府"2004年度北京市信访排查调处工作优秀单位"。

9月1日 北京大学在英杰交流中心第二会议室举行"纪念中国人民抗日战争暨世界反法西斯战争胜利60周年座谈会"。张彦出席。

北京大学2005级优秀新生代表座谈会在办公楼103会议室举行。许智宏、林建华、张彦参加座谈。

美国普度大学校长Martin Jischke教授率团访问北京大学。许智宏在办公楼会见来宾，并就暑期师生交流等项目进行了探讨。

北京大学2005年度岗位考核聘任工作布置会议在生命科学大楼报告厅召开。林久祥主持会议。

原北大副校长何芳川教授在百周年纪念讲堂为新生做题为"百年北大与中国"的报告。

9月2日 北京大学在办公楼103会议室召开"北京大学纪念抗日战争暨世界反法西斯战争胜利60周年老干部老教授座谈会"。王丽梅出席。

学工部在未名BBS上举办名为"纪念中国人民抗日战争胜利60周年，一句话感言征集"纪念活动。

"忆抗战史、励爱国志、铸民族魂"北京青年学生纪念中国人民抗日战争胜利60周年先锋论坛在百周年纪念讲堂举行。北京市委副书记强卫，团中央书记处书记杨岳，市委常委、教育工委书记朱善璐，北京大学党委书记闵维方以及近2000名首都大学生参加。

"北京大学-中国人民财产保险股份有限公司第八期保险青年干部研修班开学典礼"在北京大学举行。林建华、中国人民财产保险股份有限公司副总裁刘政焕等出席。

9月2日～9月3日 北京大学化学学院召开2005年学术年会，年会主题为"化学研究前沿与进展"。国家自然科学基金委员会化学学部和材料科学学部代表、学校科研部代表以及化学学院教师共90多人参加会议。会上化学学院长江特聘教授和杰出青年基金获得者共22人做了学术报告。林建华到会并做学术报告。

9月3日 吴志攀在办公楼会议室会见来访的美国最高法院肯尼迪大法官。

北京大学召开招生工作总结会。林建华出席。

美国最高法院大法官肯尼迪先生及夫人、美国驻华参赞毕绍普先生一行前来北京大学访问。吴志攀陪同参观。随后，双方在办公楼会议室进行了座谈。

9月4日 北京大学在电教报告厅举行"西南联大校友纪念抗战胜利60周年大会"。林钧敬出席。

由意大利著名社会活动家瓦洛里先生率领的意大利拉齐奥大区经贸代表团访问北京大学。瓦洛里先生为国关学院设立了"瓦洛里和平、安全及发展讲座教授基金"。许智宏、吴志攀会见来宾。

陈文申会见来访的美国乔治亚理工学院教务长Charles Liotta教授，双方就设立联合基金会等事宜进行了探讨。

9月4日～6日 美国乔治亚理工学院教务长让·卢·沙梅欧（Jean-Lou Chameau）与卡洛·卡迈克尔（Carol Carmichael）博士一行前来访问北京大学。许智宏、吴志攀、林建华等分别会见来宾，双方就联合基金、共建工学院等事宜进行了磋商。

9月5日 图书馆举行旧馆改造工程竣工暨开馆仪式。许智宏、吴志攀、林久祥、鞠传进出席。

北京大学澳门特区社会工作者培训课程开班典礼举行。吴志攀出席。

由北京大学医学部主办、北京大学公共卫生学院承办的"公共卫生教育改革论坛"在医学部会议中心举行。全国人大常委会副委员长、医学部主任韩启德院士，卫生部副部长王陇德，教育部副部长吴启迪，北京大学常务副校长、医学部常务副主任柯杨，国家CDC中心主任王宇，协和医科大学副校长李立明，国内各知名大学公共卫生学院院长以及包括澳大利亚悉尼大学校长、副校长在内的十多名外籍专家学者参加论坛。韩启德院士致开幕词，柯杨主持论坛。《中国日报》《教育报》《健康报》《光明日报》等媒体应邀出席。

由国家文化部、市教工委、《大学生》杂志社以及宋庆龄、鲁迅、郭沫若、茅盾、老舍、梅兰芳、蔡元培等7家纪念馆与北京大学合作举办的"中国历史文化名人展"开幕式在百周年纪念讲堂大厅举行。林久祥出席开幕式。

北京大学先进技术研究院筹建领导小组在办公楼103会议室举行会议。林建华、岳素兰、鞠传进出席。

北京大学2005年新生音乐会

在百周年纪念讲堂举行。闵维方、许智宏出席。

中国驻澳大利亚大使傅莹女士在北大国际关系学院秋林报告厅做题为"从中国外交环境的变化看中国外交的挑战"的演讲。演讲前,吴志攀会见了傅莹大使。

北京大学学生心理咨询室正式开放。

9月6日 由北京市委教育工委、市教委、市教育工会共同举办的"北京师德论坛"在英杰交流中心举行。市委常委、教育工委书记朱善璐,市总工会主席侯小丽,市教委委员孙善学,中国教科文卫体工会分党组成员何力克,市教育工会主席张青山以及来自北京市高校和普教系统的教师和学生代表200余人参加论坛。论坛围绕师德建设的现状、师德在青少年和大学生学习成长中的作用、师德教育的创新和发展等问题进行了研讨。

北京大学召开党政联席会。

9月7日 日本会津大学数理研究中心主任、国际战略本部长佐川弘幸先生访问北京大学。林建华在办公楼会见来宾。

北京大学在百周年纪念讲堂召开全校工作会议暨保持共产党员先进性教育活动骨干培训会议。闵维方、许智宏等校领导,党委委员、纪委委员,各学部负责人,各院系、职能部门、直属附属单位、产业集团、附属医院党政负责人,各基层党支部书记,学校各民主党派负责人,以及学校第十一次党代会代表出席会议。闵维方做大会讲话。会议以先进性教育为重要主题,对本学期的主要工作进行了部署,对基层组织负责人进行了先进性教育活动工作培训。会后对全校各基层党委书记进行了先进性教育活动工作培训,杨河主持培训会。

韩国韩京大学校长崔一信一行访问北京大学。许智宏、吴志攀会见来宾。

北京大学团委"河合创业基金"正式启动。

9月8日 北京大学在英杰交流中心举行国家助学贷款工作人员培训会。张彦出席并讲话。

北京大学附属中学张思明荣获本届全国十杰中小学中青年教师称号。

9月9日 国务院总理温家宝在人民大会堂会见出席第五届高等教育国家级教学成果奖颁奖大会代表和北京市优秀教师师德报告会主讲教师代表。"北京大学软件与微电子学院——示范性软件学院建设"荣获"2005年国家教学成果一等奖",杨芙清院士作为项目负责人受到温家宝总理的亲切接见。

北京大学隆重表彰在2004~2005年度在教学、科研和思想教育方面做出贡献的北大教职工。闵维方、许智宏、吴志攀、林建华、柯杨、岳素兰等校领导和北大奖教金的资助单位负责人出席会议。吴志攀主持会议。许智宏和林建华宣布了奖励名单。闵维方在大会上致辞,向教师们致以节日的祝贺,并对广大教职工的辛勤奉献给予了充分肯定。

9月10日 大型史诗话剧《教育就是兴国》在百周年纪念讲堂举行首场演出。全国人大常委会副委员长韩启德、教育部部长助理郭向远、教育部体育卫生与艺术教育司司长杨贵仁、北京市委教育工委先进性教育活动第一督导组组长沈云锁等领导以及闵维方、许智宏等党政领导班子成员、教师党员代表共1000余人观看演出。

9月11日 "雷洁琼同志百年华诞暨《雷洁琼画传》出版"座谈会举行。全国人大常委会副委员长、民进中央主席许嘉璐,全国政协副主席、中共中央统战部部长刘延东,全国人大常委会副委员长、民革中央主席何鲁丽,全国政协副席、民进中央常务副主席张怀西等出席。北京大学常务副书记、副校长吴志攀参加座谈。雷洁琼现任北京大学社会学系教授、博士研究生导师、中国社会学会名誉会长、中国婚姻家庭研究会名誉会长。

9月12日 教育部直属高校奥运场馆建设监督工作汇报会在办公楼会议室举行。会前,闵维方会见了中纪委驻教育部纪检组组长田淑兰。鞠传进、王丽梅参加汇报会。

北京大学电视研究中心成立仪式在百周年纪念讲堂举行。吴志攀出席。北京师范大学艺术与传媒学院院长黄会林,中国国际广播电台电视中心主任尹力,中国文联副主席、国家广电总局副总编辑仲呈祥等嘉宾以及敬一丹、白岩松、杨澜等著名主持人应邀出席。

吴志攀、陈文申会见来访的联合国秘书长特使Morris John先生一行。

荷兰蒂尔堡(Tilburg)大学校长Hein van Oorschot教授一行访问北京大学。许智宏会见来宾,双方签署了"北京大学-蒂尔堡大学交流协议"。

北京大学保持共产党员先进性教育活动专题系列报告——杨业功同志先进事迹报告会在百周年纪念讲堂举行。闵维方主持报告会,吴志攀、张彦出席。

"钟盛标物理教育基金"颁奖会暨学术论坛在现代物理中心报告厅举行。林建华出席。

9月13日 希腊雅典大学校长George Babiniotis教授夫妇访问北大。许智宏会见来宾。

医学部"争取国家'十一五计划'项目动员会"在医学部会议中心举行。柯杨到会并讲话。

湖南湘潭大学党委书记彭国甫一行来访北京大学。闵维方会见来宾。

北京大学召开党政联席会。

2004~2005年度北京大学共

青团系统评优表彰暨增强共青团员意识主题教育活动动员大会在办公楼礼堂召开。共青团中央学校部部长卢雍政、共青团中央学校部大学处处长陈光浩、共青团北京市委副书记王粤以及北京大学张彦副书记等领导出席大会。

9月14日 以色列希伯来大学校长玛吉道博士来北京大学访问。吴志攀会见来宾。

由德国杜塞尔多夫大学学生交响乐团在北京大学百周年纪念讲堂举行交流演出。吴志攀出席观看。

9月15日 北京大学保持共产党员先进性教育活动工作部署大会在百周年纪念讲堂举行。北京市委教工委副书记刘建、市委先进性教育活动第一督导组组长沈云锁、闵维方、岳素兰、陈文申等学校党政领导出席大会。大会由吴志攀主持。大会结束后,学校先进性教育工作小组对全校各基层单位党组织负责人进行了培训,杨河主持培训会。

瑞典驻华大使雍博瑞(Borje Ljunggren)博士应邀在北京大学做演讲。演讲前,吴志攀会见了雍博瑞先生。

奥地利维也纳工业大学副校长 Hans Kaiser 教授一行访问北京大学。林钧敬会见来宾。

"北京大学-马里兰大学日"活动举行。美国马里兰大学校长莫特(Clayton Daniel Mote Jr.)教授率代表团访问北京大学,并在英杰交流中心发表了演讲。随团来访的马里兰大学计算机与自然科学学院院长 Stephen Halperin、生命科学学院院长 Norma M. Allewell、罗伯特·史密斯商学院院长 Howard Frank、行为社会科学学院院长 Edward Montgomery 分别在信息科学技术学院、生命科学学院、光华管理学院和中国经济研究中心做学术报告。

9月16日 受民用航天主管部门委托,北京大学和中国科学院空间科学与应用研究中心在北大召开"'十一五'日地空间探测规划研讨会",讨论日地空间探测长期规划建议,以及"十一五"期间需共同推动的日地空间探测计划。北京大学地球与空间科学学院涂传诒院士等人提出的"夸父计划——空间风暴、极光和空间天气探测计划"是本次研讨会的主要议题之一。林建华、中国科学院空间科学与应用研究中心主任吴季、中国科技大学王水院士分别主持了3个阶段的研讨会。许智宏到会并致辞。

"北京大学-北京外国语大学-(澳大利亚)拉筹伯大学联合中国研究中心协议备忘录签署仪式"在百周年纪念讲堂举行。该中心将设在拉筹伯大学墨尔本校区,旨在促进中国语言和文化项目在澳大利亚的发展,起到在澳大利亚研究中国问题,特别是中国高等教育的作用。许智宏出席签约仪式。

北京大学学生服务总队2005年中秋联欢会在百周年纪念讲堂多功能厅举行。张彦出席。

9月17日 2008年奥运会乒乓球比赛馆(北京大学体育馆)工程举行开工典礼。闵维方、许智宏、林钧敬、鞠传进、王丽梅出席。

北京大学医学部眼科学系成立大会暨眼科学系教学研讨会在医学部会议中心举行。柯杨出席会议并讲话。

北京大学学报(哲学社会科学版)创刊50周年庆典在英杰交流中心阳光大厅举行。许智宏、林建华出席。

首都高校军训20周年阅兵仪式第二次联合演练在丰台体育场进行。张彦出席。在随后举行的总结评比中,北大被评为阅兵工作先进学校。

9月19日 瑞典奥斯陆大学代表团由校长 Arild Underdal 率领前来北京大学访问。林建华会见来宾。

第三期"斯坦福北大分校项目"开班仪式在勺园举行。闵维方出席并致辞。

美国纽约州州长 George Pataki 前来北京大学访问并发表演讲,演讲主题是"经济发展、能源与环境"。演讲会后,许智宏会见了 Pataki 州长一行。

法国工业与教育界研究协会代表团访问北京大学,旨在促进中法两国高校与工业界的合作与交流。林建华会见来宾,并表示北大愿意参与协会倡议的"中法2+2项目",希望双方进一步开展合作。

9月20日 新西兰奥克兰大学校长 Stuart McCutcheon 率代表团访问北京大学。许智宏、林建华会见来宾。

北京大学召开党政联席会。

奥地利维也纳经济管理大学副校长 Barbara Sporn 一行访问北京大学。林建华会见来宾。

美国弗吉尼亚联邦大学校长 Trani 教授一行来北京大学访问。林建华会见来宾。

牛津大学校长约翰·胡德博士访问北京大学。在英杰交流中心举行了约翰·胡德博士北京大学名誉博士授予仪式,许智宏、林建华出席。仪式结束后,胡德校长向师生发表了题为"牛津、中国和大学"的主题演讲。

9月20日～22日 林钧敬率团参加在辽宁沈阳举办的"东北亚高新技术博览会"。北大展出了"两栖全路况汽车"等20多个科技成果项目。20日,国务委员陈至立在辽宁省委书记李克强、省长张文岳的陪同下参观了北大的项目;21日,在辽宁省人民政府与一院十校"十一五"全面合作签约仪式上,林钧敬代表北京大学与辽宁省续签了省校合作协议,并代表兄弟院校做了发言。

9月21日 "北京大学-耶鲁大学微电子和纳米技术联合研究

中心"成立签字暨揭牌仪式在英杰交流中心举行。美国耶鲁大学校长理查德·雷文教授率团前来北京大学，并和许智宏校长代表两校分别在协议上签字。教育部副部长吴启迪、耶鲁大学副校长 Linda Lorimer 教授出席。

台湾作家李敖访问北京大学并在办公楼礼堂发表演讲。闵维方、凤凰卫视董事局主席刘长乐等出席演讲会。吴志攀担任主持。

日本驹泽大学校长大谷哲夫先生一行访问北京大学。吴志攀会见了来宾。

金曼女士捐赠建设北京大学艺术大楼暨成立北京大学歌剧研究院协议签字仪式在中国经济研究中心万众楼举行。许智宏、陈文申、林建华出席。海闻担任主持。著名词作家乔羽、原文化部副部长艾青春、旅美著名歌剧表演艺术家范竞马以及来自中国音乐学院、中央音乐学院的艺术教育专家和企业界人士应邀出席。

智利驻华大使 Pablo Cabrera 北大演讲会暨智利国庆酒会在英杰交流中心举行。Pablo Cabrera 大使以"智利——亲近的伙伴"为题做了演讲。演讲前，吴志攀会见了大使一行。

9月22日 北京大学《儒藏》（《论语》专集）出版新闻发布会在百周年纪念讲堂举行。由北京大学主持的"《儒藏》编纂与研究"项目，是在教育部和全国哲学社会科学规划办公室立项的我国重大文化学术工程，有全国20多所高等院校和科研机构参加。全国高等院校古籍整理委员会主任安平秋主持新闻发布仪式。许智宏、吴志攀、北京大学《儒藏》编纂中心主任暨"《儒藏》工程"首席专家汤一介、北京外国语大学校长郝平、清华大学中国思想文化研究所所长李学勤、南开大学古籍研究所所长赵伯雄等出席。

北京大学2005级新生党员培训大会在图书馆北配楼召开。岳素兰以"继承北大光荣传统，做合格的共产党员"为题为新生党员做了党课报告。

北京大学与伦敦政治经济学院签署了培养国际事务双学士项目的协议书。伦敦政治经济学院副校长 Sarah Worthington 和林建华分别代表两校在协议上签字。Worthington 副校长还与政府管理学院签署了博士生交流项目协议书。

北京大学学生管理工作检查指导现场会在学工部会议室召开。张彦出席并讲话。

9月23日 由日内瓦大学校长 Hurst Andre、巴塞尔大学校长 Gaebler Ulrich、伯尼尔大学应用语言系主任 Lachner Anton 和洛桑大学国际关系部主任 Charon Antoinette 等人组成的瑞士大学校长联席会议代表团访问北京大学。林建华会见了来宾。

加拿大麦吉尔大学副校长 Jacques Hurtubise 和蒙特利尔大学副校长 Jacques Fremont 访问北京大学。林建华会见了来宾。北京大学与麦吉尔大学商讨了在明清妇女作品数字化方面的合作问题，并与蒙特利尔大学商讨了两校校际交流协议续签等事宜。

保持共产党员先进性教育系列报告会在百周年纪念讲堂举行。闵维方做题为"深入开展保持共产党员先进性教育活动，扎实推进创建世界一流大学工作"的党课辅导报告。岳素兰主持大会。北京市委高校先进性教育活动第一督导组组长沈云锁出席会议。

9月25日 北京大学第21次研究生代表大会在电教报告厅举行。闵维方、张彦以及全国学联、北京市学联、各兄弟院校研究生会代表出席大会。会议审议了第25届研究生会执委会工作报告，并选举产生了新一届研究生会执委会主席团和常代会主席团成员。

9月26日 北大赛艇队在2005国际名校赛艇挑战赛中获得2000米冠军。林钧敬观看比赛。

日本三得利（Suntory）研究所顾问山田康之（Yasuyuki YAMADA）先生一行访问北大。许智宏会见了来宾。

泰国法政大学校长 Surapon Nitikraipot 一行来访北京大学。许智宏会见来宾。

日本早稻田大学前校长奥岛孝康前来北京大学访问。许智宏会见来宾。

9月26日～27日 北京大学举行"柏林自由大学/洪堡大学日"活动。26日，德国柏林自由大学校长迪特·兰森（Dietor Lenzen）教授与洪堡大学代校长汉斯·尤尔根·普梅尔教授在英杰交流中心阳光大厅发表演讲，林建华主持演讲会，许智宏出席。在大学日活动期间，三方还举行了一系列的学术交流与展示活动。吴志攀出席了有关活动。

9月27日 中共中央政治局委员、书记处书记、中央组织部部长、中央先进性教育活动领导小组组长贺国强同志来北大调研，并出席在北大召开的在京部分高校先进性教育活动座谈会并发表重要讲话。闵维方同志代表学校党委就北京大学开展先进性教育的情况做了汇报发言。座谈会结束后，贺国强同志与北京大学党政领导进行了会谈，闵维方、许智宏、吴志攀、杨河出席。

德意志学术英杰交流中心（DAAD）资助北京大学德国研究中心项目启动仪式在百周年纪念讲堂多功能厅举行。德意志学术英杰交流中心秘书长克里斯蒂安·博德博士、柏林自由大学校长迪特·兰森教授、洪堡大学代校长汉斯·尤尔根·普梅尔教授、吴志攀副校长和德国驻华公使衔参赞贺志峰先生分别致辞。许智宏、林建华出席。克里斯蒂安·博德博

士、迪特·蓝森教授、汉斯·尤尔根·普梅尔教授和吴志攀分别代表合作四方签署了资助协议。根据协议，北京大学德国研究中心将与柏林自由大学、洪堡大学合作开展学生联合培养与联合科研项目。

北京大学召开文科院系师德工作会议。吴志攀出席。

瑞典王储维多利亚公主访问北京大学。迟惠生会见了来宾。

9月28日 北京大学举行党政联席会。

墨西哥蒙特雷科技大学亚太研究院 Thomas Wood 院长及 Mauricio Cervantes 执行主任访问北京大学。林建华会见了来宾，双方就学生互换等问题进行了探讨。

"红色之旅，共建和谐"2005年暑期社会实践报告会在英杰交流中心举行。北京大学、清华大学、北京师范大学、北京外国语大学等十几所兄弟院校的实践团队代表参加。5位社会实践团代表分别以"老区精神"、"老区思想政治教育"、"科教兴国"、"三农问题"、"红色旅游"为主题做了报告。张彦出席。

9月29日 北京大学规划委员会扩大会议在办公楼会议室召开。会议就结合学校学科、事业的发展以及地铁4号线震动对学校教学科研可能的影响，研究了未来几年校园规划的调整、完善问题。许智宏主持会议。陈文申、林建华、柯杨、岳素兰、林钧敬、林久祥、鞠传进出席会议。

香港社会工作人员协会国庆访问团来北京大学访问。吴志攀会见来宾。

北京大学保持共产党员先进性教育活动领导小组扩大会议在北阁召开。闵维方传达了贺国强同志在北大高校先进性教育座谈会上的讲话精神，并就开展党员先进性具体要求大讨论做了部署。吴志攀主持会议。

9月30日 第19届"京华杯"棋牌友谊赛总结会议在校工会召开。张彦出席并讲话。

北京大学将与澳门理工学院、北京外国语大学、中央电视台合作制作电视片《杰出历史人物与澳门》，并举行了合作签约仪式。吴志攀出席。

10月

10月4日～10月9日 许智宏、陈文申、海闻率北大代表团及北大学生艺术团赴深、港、澳三地访问

10月6日 光华管理学院举办的"再造全球时代管理教育——2005光华国际论坛"开幕。闵维方、吴志攀出席开幕式。

10月9日 北大国际医院投资管理有限公司与北京中关村生命科学园发展有限责任公司签署了北大国际医院项目土地开发建设合同。全国人大常委会副委员长韩启德、北京市副市长范伯元以及国务院相关部委、北京市有关局委、中关村管委会、国家开发银行、北大方正集团的负责人出席。即将动工兴建的北大国际医院是中关村生命科学园二期项目"中关村国际生命医疗园"的重要组成部分，建成后将成为国内最大的综合医院之一。

"2005中日经济高级论坛"举行，此次论坛以"中日合作与东亚经济发展"为主题，重点围绕"中日经济相互依存的现状与展望"和"金融体系与金融资本之国有企业改革与日本金融经验"及"金融体制与金融资本之中国金融改革与经济发展"等议题进行了讨论。由北京大学民营经济研究院、北京大学光华管理学院和日本产学官交流机构联合举办。出席论坛的中方代表有国家发展与改革委员会副主任张晓强，中华全国工商联副主席胡德平，中国人民对外友好协会会长陈昊苏，中国银监会副主席唐双宁，北京大学副校长吴志攀等。参加论坛的日方代表有日本经济产业省大臣官方审议官长谷川荣一，前亚洲开发银行总裁千野忠男，日本财务省关东财务局长小手川大助，日本内阁府参事官田中修，日本金融厅国际担当参事知原信良等。

2005级新生文艺汇演在百周年纪念讲堂举行。许智宏、张彦等校领导观看演出。

10月10日 "老年学的多学科视野——首届中国老年学家论坛"在英杰交流中心召开。此次论坛由北京大学和中国人口学会、中国老年学学会教学与研究委员会联合举办。吴志攀出席并致辞。前全国人大常委会副委员长、中国人口学会会长彭珮云等在会上发言。

巴黎第一大学副校长 Christiane Prigent 教授率团前来北京大学访问。吴志攀会见来宾。

10月11日 美国加州大学总校校长戴恩斯教授率团访问北京大学。许智宏、林钧敬分别会见了代表团一行。戴恩斯校长在国际关系学院秋林报告厅发表了演讲。

由北京大学、清华大学和高等教育出版社联合主办的"海峡两岸大学文化高层论坛"在英杰交流中心举行。吴志攀出席并发言。

德国维尔茨堡大学校长 Axel Haase 教授来北京大学访问。吴志攀会见了来宾。

10月12日 以色列理工学院校长伊扎克·阿佩罗伊格教授来访北京大学。林建华会见来宾，双方就两校合作等问题进行了探讨。

美国 Calvin 学院校长 Gaylen Byker 教授一行来北京大学访问。吴志攀会见来宾。

10月13日 日本创价大学校长若江正三（Wakae Masami）教授一行访问北京大学，许智宏会见了来宾。双方就继续加强两校合作进行了探讨。

北京大学召开党政联席会。

10月14日 何梁何利基金2005年度颁奖大会在上海国际会议中心举行。北京大学徐光宪院士荣获2005年度"何梁何利基金科学与技术成就奖",北京大学黄春辉院士荣获"何梁何利基金科学与技术进步奖"化学奖。

北京大学召开党委扩大会。学校党委委员、纪委委员和基层党委书记参加了会议。闵维方传达了中央十六届五中全会主要精神。吴志攀主持会议。

比利时Ghent大学校长Van Cauwenberge教授来北京大学访问。许智宏会见来宾。

10月15日 林建华在北大附中会见来访的日本早稻田大学堀口健治副校长。

中石油塔里木油田分公司招聘会暨奖学金捐赠仪式在北阁举行。张彦代表学校接受捐赠并发表讲话。

10月15日~10月16日 北大第五次校友工作研讨会在安徽合肥市召开。许智宏在15日开幕式上讲话。陈文申在16日闭幕式上做总结发言。会议表彰了"北大杰出校友"和"北大优秀校友工作者"等4个奖项的获得者,并改选了校友会理事会。会议期间,安徽省省长王金山和省委副书记王明方先后会见了许智宏校长一行。

10月16日 首都庆祝学生军训20周年大会在北京市丰台体育馆举行,北大阅兵方队作为第一支方队参加了汇报表演。大会对北京市学生军训工作先进单位和个人进行了表彰,北京大学等单位荣获北京市学生军训工作先进单位,林钧敬等荣获北京市学生军训工作先进个人。许智宏、张彦观看了汇报表演。

经济学院建院20周年暨经济学科设立103周年庆祝大会在电教报告厅举行。闵维方出席庆祝大会。北大各院系代表,清华大学、中国人民大学、北京师范大学、南开大学、上海交大、南京大学、湖南大学、厦门大学、中山大学等大学的经济学院院长,北大经济学院校友代表、离退休教职员工代表、在校师生代表参加了大会。

首届中国党政与国企领导人才素质标准与开发战略研讨会在北京大学英杰交流中心举行。岳素兰出席并致辞。

10月17日 北京大学在办公楼会议室召开校园歌曲创作工作座谈会。陈文申、张彦出席。

第七届中国(深圳)国际高新技术成果交易会在深圳市会展中心落幕。北京大学展团共展出了200余项高新科技成果,其中微处理器研究中心和北大众志微系统科技有限责任公司生产的"北大众志-863CPU系统芯片"、"北大众志网络计算机"两项产品荣获优秀产品奖。陈文申、李晓明出席。

阿根廷大北部国立大学代表团访问北京大学,许智宏会见了来宾。

第四期"香港特区公务员北京大学国情研习课程"开班仪式举行。张彦出席。

北京大学召开保持共产党员先进性教育活动分析评议阶段工作部署会。会议由岳素兰主持。闵维方做动员报告。北京市委教工委高校先进性教育活动第一督导组组长沈云锁出席会议并讲话。

北京大学名誉教授、韩国社会科学院理事长金俊烨先生85岁华诞寿筵在正大会议中心多功能厅举行。陈文申出席宴会并致祝寿辞。中国首任驻韩大使张庭延、北京大学前党委书记王学珍、北京大学前校长吴树青、北京大学前常务副校长迟惠生、北京外国语大学校长郝平、北京大学韩国学研究中心主任杨通方等出席了寿筵。

10月17日~10月18日 为庆祝北京大学分子医学研究所的成立,由美国麻省总医院(简称MGH)、*Nature*(杂志)出版集团公司和北京大学共同举办的中国国际分子医学与生物技术会议在英杰交流中心举行。约30位国内外知名医学专家、产业界人士和政府官员在会议上应邀做了报告,内容涉及心血管疾病、糖尿病等医学领域的前沿课题,以及中国新药研发、审批、知识产权管理等问题。国务委员陈至立为大会发来贺电。林建华主持开幕式,许智宏致辞。

10月18日 北京大学召开党政联席会。

10月19日 北京大学召开徐光宪教授、黄春辉教授分获何梁何利基金科技"成就奖"、"进步奖"庆祝会。陈文申出席。

老挝教育部代部长波显坎·冯达拉博士(Prof. Dr. Bosengkham VONGDARA)一行访问北京大学。闵维方、林建华先后会见波显坎代部长一行。

北京大学研究生思想政治工作研讨会在研究生院举行。张彦出席。

北京大学团校、研究生骨干学校2004~2005年度毕业典礼暨2005~2006年度开学典礼在正大会议中心多功能厅举行。张彦出席并讲话。

10月20日 英国南安普顿大学校长Bill Wakeham教授访问北京大学。陈文申、许智宏先后会见来宾。

北京大学学生助理学校2005~2006年度开学典礼暨2004~2005年度优秀学生助理表彰大会在生命科学学院报告厅举行。张彦出席。

10月21日 泰国宋卡拉大学(Prince of Songkla University)副校长波恩·斯里布龙卡(Boonsom Siribumrungsukha)教授一行访问北京大学。陈文申会见来宾。

北京大学聘任美国科学院士、医学院士、工程院士,美国加州大学圣地亚戈分校Whitaker生物医学工程研究院主任钱煦(Shu

Chien)教授为北京大学名誉教授。

校领导与党外人士座谈会召开。闵维方、岳素兰、杨河出席座谈会。

国家人事部、全国博士后管委会在人民大会堂举行"全国优秀博士后表彰暨博士后工作会议"。北大数学学院文兰、环境学院倪晋仁、物理学院龚旗煌、化学学院袁谷、数学学院段海豹、信息学院梅宏、人口所郑晓瑛、化学学院黄建滨、数学学院朱小华、生命学院李毅、光华管理学院雷明等11人获得"全国优秀博士后"荣誉称号;北大化学、数学、社会学、应用经济学获得"全国优秀博士后科研流动站"荣誉称号。北大人事部博士后办公室冯支越获得"全国优秀博士后管理工作者"称号。中共中央政治局常委、国务院总理温家宝,中共中央政治局常委、国家副主席曾庆红会见了出席表彰大会的代表。

10月22日 北京大学第二届国际文化节在百周年纪念讲堂广场举行。林建华主持开幕式。闵维方、教育部国际合作与交流司副司长姜锋、国家留学基金管理委员会秘书长张秀琴、北京市教委委员马胜杰、墨西哥驻华大使李子文先后致辞。

10月24日 著名化学家、中国科学院院士、北京大学化学与分子工程学院教授冯新德先生因病医治无效逝世,享年91岁。闵维方等学校领导参加了27日的遗体告别仪式。

美国堪萨斯大学常务副校长、教务长David Shulenburger教授来北京大学访问。林建华会见来宾。

北京大学"庆祝中国博士后制度建立20周年暨北京大学博士后工作会议"在国关学院秋林报告厅隆重举行。林久祥主持大会,许智宏致开幕词,国家人事部、中国博士后科学基金会、国家教育部、北京市人事局的领导分别致辞。我国博士后制度的倡议者、世界著名物理学家、北京大学教授李政道专程到会祝贺,并发表题为"在世界物理年祝福中国博士后流动站制度"的演讲。在此前后,闵维方、许智宏、吴志攀、林建华、林久祥、陈佳洱等先后会见了李政道先生。

美国超威半导体公司(AMD)与国家科技部签署备忘录,AMD公司向科技部指定的技术受让机构——北京大学微处理器研究开发中心转让其所拥有的低功耗X86架构微处理器设计技术。科技部副部长马颂德等出席签约仪式。许智宏与AMD全球高级副总裁Iain Morris代表双方签署了受让协议。

10月24日~25日 "北京大学与新西兰梅西大学(Massey University)双边学术研讨会"在英杰交流中心举行。梅西大学校长Kinnear教授率该校10余位专家参加了会议。与会学者就纳米科技、生命科学等领域的前沿问题进行了研讨。林建华、Judith Kinnear校长分别在开幕式上致辞。会后,双方商定进一步加强两校学术交流与合作,推动两校研究生与博士后的交流,在双方共同关注的重点研究领域展开实质性的合作,并共同设立研究基金予以资助。

10月25日 全国省级文物局长、博物馆长培训班开学典礼在考古文博学院举行。林钧敬出席。

北京大学召开党政联席会。

泰国华侨崇圣大学副校长帕拉查克教授一行访问北京大学。迟惠生会见来宾。

10月26日 医学部保持共产党员先进性教育工作领导小组召开征求离退休代表意见座谈会。医学部党委书记敖英芳出席会议。

"北京大学亚太论坛——朝鲜半岛与东北亚和平发展学术会议"在北京大学举行,会议由北京大学亚太研究院和北京大学韩国学研究中心共同主办。北京大学校务委员会副主任、亚太研究院院长何芳川教授、韩国前驻华大使权丙铉先生出席开幕式并致辞。我国首任驻韩国大使张庭延、韩国国会议员权哲贤分别做了题为《朝鲜半岛局势与展望》及《积极促进东北亚和平发展》的报告。

"青春励志,共建和谐——北京大学2005年学生暑期社会实践活动总结表彰大会"在英杰交流中心举行。张彦出席。

10月27日 美国联合利华公司高级副总裁C. V. Natraj先生一行访问北京大学。林建华会见了来宾。

德国斯图加特市市长Wolfgang Schuster先生一行访问北京大学。闵维方会见来宾。

北京大学中国教育财政科学研究所成立大会在英杰交流中心举行。教育部副部长袁贵仁、财政部部长助理张少春等出席成立大会。闵维方、吴志攀、陈文申以及部分高校、学术机构的专家学者出席大会。

10月28日 第六届北京大学生物医学论坛开幕式在百周年纪念讲堂举行。论坛主题是"关注新科学模式——跨学科研究"。韩启德、柯杨、张彦出席。

第22期香港工商界高层管理人员进修班开班典礼在英杰交流中心会议室举行。闵维方出席。

北大宣明助学金发放仪式暨北大服务总队宣明分队活动汇报会在英杰交流中心举行。世界宣明会中国办事处副总监王超、张彦出席。

中国银行行长李礼辉一行来北京大学访问。闵维方、陈文申会见了李礼辉行长一行。

11月

11月1日 法国巴黎六大校长Gilbert Bereziat教授一行访问

北京大学。林建华会见来宾。

纪念江隆基诞辰 100 周年座谈会在北京大学举行。北大原党委书记王学珍，原副校长沈克琦，原党委副书记、副校长郝斌，原党委副书记王效挺以及当年曾和江隆基共事的老同志参加了座谈会。

由民盟中央、北京大学联合主办的"追思费老——费孝通学术思想座谈会"在人民大会堂举行。全国人大常委会副委员长、民盟中央主席丁石孙，全国政协副主席、民盟中央常务副主席张梅颖等出席并讲话。吴志攀参加会议。

11 月 2 日 美国戴尔公司 CEO 凯文·罗林斯先生在英杰交流中心阳光大厅发表了题为"戴尔之魂"的讲演。海闻会见了罗林斯先生一行。

北京大学召开党政联席会。

德国奔驰奖学金主席 Gisbert Freiherr zu Putlitz 一行来北京大学访问。林建华在办公楼会议室会见来宾。

北京大学召开青年教师教学基本功比赛动员会议。林建华、岳素兰出席。

11 月 3 日 校园规划委员会召开扩大会议。闵维方、许智宏、陈文申出席，会上就成府园区土地规划等问题进行了研讨。

11 月 4 日 欧洲社会党主席波尔·拉斯姆森一行访问北京大学，吴志攀会见来宾。

美国中学国际师生协会代表团来北京大学访问。陈文申会见了来宾。

"北京大学 2005 年南方都市报新闻奖学金"颁奖仪式在正大会议中心多功能厅举行。吴志攀、南方日报报业集团社长范以锦、南方都市报主编王春芙等出席并致辞。

11 月 4 日～5 日 北京大学 2005 年研究生工作研讨会在英杰交流中心召开。与会者就改革招生机制、师资队伍建设、严格学术规范、改进奖助机制及北京大学研究生教育的未来发展等问题进行了研讨。许智宏、林建华、张彦先后出席。

11 月 5 日 全国人大常委会副委员长成思危在中国经济研究中心做了题为"中国资本市场存在的问题及改革与发展"的演讲。林建华出席演讲会。

"冯友兰先生诞辰 110 周年纪念及冯友兰国际学术研讨会"在正大会议中心多功能厅举行。吴志攀出席。

"2005 名校——浦东青年人才直通车"北京专场招聘会在生命科学院大楼多功能厅开幕。张彦出席。

11 月 7 日 美国康奈尔大学前校长、著名法学家杰弗里·雷蒙教授（Jeffrey Lehman）北京大学名誉博士学位授予仪式暨演讲会举行。吴志攀、林建华、北京外国语大学校长郝平、厦门大学校长朱崇实、清华大学副校长龚克等参加了学位授予仪式。林建华主持大会。

德国黑森州高等教育、科研与艺术部部长代表团由州教育部长 Udo Corts 先生率领前来北大访问。林建华会见来宾。

11 月 8 日 北京大学召开党政联席会。

"北京大学巴西文化月"开幕式暨巴西大使演讲在图书馆北配楼举行，巴西驻华大使卡斯特罗·内维斯演讲的题目为"中巴政治经济关系和两国在全球化大环境中的位置"。林建华致开幕词。

11 月 9 日 北京大学召开规章制度清理会。林钧敬主持会议。

北京大学在百周年纪念讲堂举办保持共产党员先进性教育系列报告会，国家监察部副部长李玉赋同志应邀做关于党风廉政建设的报告。吴志攀主持报告会。

燕园社区网络服务工作交流会在北大社区中心召开。鞠传进主持会议，总务部、社区中心、保卫部、校医院、街道办、工会、资产部等单位负责人参加会议。

11 月 10 日 北京市召开"加强社区服务、建设和谐社区北京论坛"。林钧敬做了"创新管理机制，建设和谐社区，为创建世界一流大学服务——北京大学建设燕园社区的实践"的大会发言。

由团中央组织开展的"学理论知团情"党团知识竞赛决赛在百周年纪念讲堂多功能厅举行。团中央书记处书记王晓、团中央组织部部长倪邦文、团中央组织部副部长张欣欣、北京大学张彦等出席。

北京大学事业规划委员会、北京大学学科规划委员会召开联席会议。林建华、陈文申、岳素兰、林久祥、鞠传进出席会议。

"全国劳动模范和先进工作者先进事迹报告会"在办公楼礼堂举行。许振超、王顺友、郝颂琴、明正彬等全国劳模和先进工作者在会上做了报告。张彦主持报告会，岳素兰出席。

11 月 11 日 北京大学召开全校学生工作干部大会，宣布学工部部长任免。张彦主持会议。杨河宣读了任免决定。闵维方出席大会，并就进一步做好北京大学学生工作提出了五点要求：第一，要进一步提高对北京大学学生工作重要性的认识。第二，要进一步加强对新形势下学生工作特点的研究。第三，要进一步改进和提高学生工作的方式方法。第四，要进一步加强学生工作队伍建设的力度。第五，要进一步加大对学生工作的投入。

北京市教育系统防控禽流感工作会议在市教委召开。林久祥参加会议。

由学工部主办的第五届心理健康月开幕式在英杰交流中心举行。张彦出席开幕式。

11 月 12 日 英国卡迪夫大学校长 David Grant 来北京大学访问。林建华会见来宾。

北京大学 2004～2005 学年奖

学金颁奖典礼在百周年纪念讲堂举行。许智宏、吴志攀、陈文申、张彦、海闻出席。许智宏在大会上致辞。张彦通报了北京大学2004~2005学年奖学金评奖情况。

11月13日~14日 "全球化进程中的东方文明"国际学术研讨会举行,研讨会由北京大学和哈佛燕京学社联合举办。13日在英杰交流中心举行了开幕式。会议邀请了美国、韩国以及中国内地及港澳30余所院校和科研单位的100多名学者和专家,共提交了61篇论文。哈佛大学东亚系教授杜维明、北京大学哲学系教授汤一介、中国考古学会理事长徐苹芳分别做了"新轴心时代的对话文明"、"中国现代哲学的三个'接着讲'"、"中国现代考古学的引进及其传统"的主题演讲。吴志攀、林建华会见了部分与会学者。

11月15日 美国康奈尔大学校长亨特·罗林斯(Hunter R. Rawlings III)教授率团访问北京大学,并与北京大学签署中国亚太项目合作协议。许智宏会见了代表团一行。随后,Rawlings校长在国际关系学院秋林报告厅发表了题为"科技时代的人文主义精神"的演讲。

北京大学召开党政联席会。

11月16日 北京大学召开保持共产党员先进性教育活动整改提高阶段工作部署大会。吴志攀主持会议。闵维方做部署报告。北京市委教育工委高校先进性教育活动第一督导组组长沈云锁出席会议并讲话。

11月16日 美国乔治城大学校长约翰·迪基奥斯校长一行访问北京大学。许智宏在办公楼会议室会见了来宾。

11月16日~17日 由北京大学和美国德州农工大学联合举办的第二届"中美关系研讨会学术圆桌会议"在北京大学举行,这是由中国人民对外友好协会主办的第二届"中美关系研讨会"的一部分。闵维方、许智宏、林建华出席了研讨会。

11月16日~18日 由北京大学和北京市教委联合主办的"北京论坛(2005)"在北京饭店举行。本次论坛主题为"文明的和谐与共同繁荣——全球化视野中亚洲的机遇与发展",下设国际关系、经济、历史、公共卫生、大众文化和哲学6个分论坛。来自全世界40余个国家和地区的505名中外著名学者参加了本届论坛,其中包括联合国副秘书长约瑟夫·里德(Joseph Verner Reed)、美国前助理副国务卿谢淑丽(Susan Shirk),伊朗学者哈梅内伊(M·H·Khameneh)(伊朗前最高领袖哈梅内伊之弟)、台湾前"监察院长"、"外交部长"钱复等。11月16日,在人民大会堂举行了论坛开幕式,美国前总统乔治·布什出席开幕式并致辞;闵维方宣读了北京大学季羡林教授为大会发来的贺信;全国人大常委会副委员长许嘉璐,全国人大常委会副委员长、"北京论坛(2005)"大会主席韩启德,全国政协副主席罗豪才,教育部副部长吴启迪,北京市委教育工委书记朱善璐,北京市副市长范伯元以及北京大学领导许智宏、吴志攀、林建华等出席开幕式。11月17日,来自24个国家和地区的30多位大学校长在北京饭店举行了联谊会,并就"大学在建设和谐社会中的地位和作用"问题进行了研讨,许智宏、吴志攀出席。11月18日,"北京论坛(2005)"在北京大学英杰交流中心举行闭幕式。全国人大常委会副委员长、"北京论坛(2005)"大会主席韩启德,联合国副秘书长里德,北京大学许智宏校长,北京市教委副主任线联平等在闭幕式上致辞,林建华做总结报告,吴志攀等出席。

11月17日 国务院总理温家宝、副总理回良玉、吴仪视察北大未名集团,并参观了集团下属的北京科兴公司流感疫苗生产车间。温家宝对北京大学成功研制出"人用禽流感疫苗"表示热烈祝贺和衷心感谢。陪同考察的其他部委领导有:卫生部部长高强、教育部部长周济、国家食品药品监督管理局局长邵明立、中科院常务副院长白春礼、科技部副部长李学勇等。

联合国副秘书长Klaus Toepfer先生在办公楼礼堂为师生做关于全球环境问题的讲演。演讲前,林建华在办公楼贵宾室会见了Toepfer先生。

"中国体育彩票·新长城助学基金签字仪式暨北京大学爱心见面会"举行。中国扶贫基金会名誉会长王郁昭、国家体育总局机关党委副书记曲志东、北京大学党委副书记张彦等出席。

"宣南文化燕园行"文艺会在百周年纪念讲堂上演,这是宣武区与北京大学合作举办的"宣南文化燕园行"系列活动的一部分。宣武区区委书记唐大生、区长武高山以及北京大学陈文申、张彦等领导观看了演出。

11月18日 北京市卫生局召开首都卫生系统有效防控人感染高致病性禽流感工作会议。林久祥参加会议。

北京大学与澳大利亚格里菲斯(Griffith)大学联合成立"人口健康、环境与发展国际合作中心(IcDEPH)"谅解备忘录签字仪式举行。林建华和格里菲斯大学校长Ian O'Connor教授代表两校在备忘录上签字。

11月20日 "医学大家校园行"新闻发布会暨裘法祖院士首场报告会在医学部会议中心举行。卫生部原副部长、中国红十字会副会长朱庆生,教育部社政司副司长雷召海,中央电视台副台长高峰,医学部党委书记敖英芳等先后致辞。

11月20日~21日 北京大学召开保密资格认证工作宣讲动

员大会。林建华、张彦部署了对下一阶段的有关工作。

11月21日 北京大学与中国工商银行战略合作协议签约仪式在办公楼会议室举行。中国工商银行董事长姜建清、中国工商银行北京分行行长易会满和北京大学闵维方、陈文申等领导出席。陈文申与易会满代表双方在合作协议上签字。

韩国三星电子公司总裁黄昌圭先生一行来北京大学访问。闵维方、陈文申会见来宾。

11月22日 第11届国际植物组织培养与生物技术大会暨展览会新闻发布会在中国记协新闻发布厅召开。许智宏出席新闻发布会。

台湾"2005大陆高校产业合作考察团"来北京大学考察访问。陈文申会见考察团成员。

北京大学召开党政联席会。

第九届"挑战杯"全国大学生课外学术科技作品竞赛决赛在上海复旦大学结束。北京大学以全国第二名、总分370分的成绩荣获"优胜杯"。比赛期间,张彦还赴上海看望和勉励我校参赛同学。

11月23日 北京大学2004~2005学年学生优秀个人和先进集体表彰大会在办公楼礼堂举行,大会由林钧敬主持,闵维方做了重要讲话。吴志攀、林建华、张彦等出席。

越南社会主义共和国驻华大使陈文律在北京大学英杰交流中心做了题为"越南革新开放与中越友好"的报告。北京大学亚太研究院院长、校务委员会副主任何芳川教授主持报告会。

11月24日 北京大学校园原创文艺与大学生思想政治教育研讨会在百周年纪念讲堂会议室召开。吴志攀、张彦、北京市社会科学院院长朱明德等出席并发言。

瑞士联邦工学院校长Olaf Kuebler教授一行访问北大。林建华会见了来宾,双方就共同加入"研究型大学国际联盟"交换了意见,并就加强两校的交流合作进行了探讨。

英国驻华大使韩魁发(Christopher Hum)爵士应邀为北京大学师生发表演讲,他就中国经济的发展对于世界经济增长所起的重要作用等问题进行了阐述。演讲前,吴志攀会见了韩魁发大使。

11月24日~27日 第四届海峡两岸数学研讨会在数学学院举行。全国人大常委会副委员长丁石孙、北京大学林建华等到会祝贺。国家自然科学基金委数理部副主任张立群、国家自然科学基金委数学处处长张文岭在会上做了学术报告。

11月25日 英格兰拨款委员会国际合作与发展部主任Jannette Cheong女士访问北大。闵维方会见来宾。

中韩政府管理研讨会在英杰交流中心召开。与会者围绕政府与经济发展、中国与韩国的政府管理模式及比较、中国与韩国在各领域的公共政策等主题进行了探讨。北京大学党委常务副书记吴志攀、韩国大学社会科学学院院长宋云锡、社会科学研究所所长姜太勋等出席了开幕式。

"2005年中国首届女性与体育文化国际论坛"在英杰交流中心开幕。全国人大常委会副委员长韩启德、教育部副部长章新胜、全国妇联副主席陈秀榕、北京大学吴志攀、北京体育大学副校长池建、吉首大学副校长白晋湘、广西体育局副局长张冬梅等以及来自英国、加拿大、韩国、菲律宾等国家和来自国内及香港、台湾地区的专家学者参加了开幕式。

北京市委统战部常务副部长闵克一行来北京大学调研。张彦出席座谈会。

意大利博洛尼亚大学副校长Roberto Grandi教授一行访问北京大学。吴志攀会见来宾。双方签署了合作协议。

校工会召开工会干部研讨会。闵维方出席会议并讲话。

"中非教育部长论坛"北大圆桌会议在中国经济研究中心万众楼举行。李岩松主持会议。闵维方和苏丹教育部部长Peter Kok在会上发表讲话。

11月26日 北京大学-耶鲁大学联合本科项目谅解备忘录签署仪式举行。许智宏与美国耶鲁大学莱温(Richard C. Levin)校长代表两校签署了备忘录。该项目拟于2006年秋启动,历时3年,耶鲁每学期将选拔20名优秀本科生来北大与北京大学学生共同学习、生活,并由两校教师联合授课,从而为两校学生营造一个相互了解和交流的平台。

化学学院举行研究生思想政治工作研讨会。张彦出席并讲话。

11月27日 北京大学召开党政联席会。

北京大学理论生物学中心与美国加州大学加州定量生物医学研究所签署建立定量生物医学研究中心的合作协议。旧金山市Gavin Newsom市长、美国参议员Dianne Feinstein女士率团前来北京大学访问和见证该协议的签署过程,以表示对此合作的大力支持。许智宏、林建华会见了来宾并出席签约仪式。

11月28日 美国洛杉矶加州大学(UCLA)副校长何志明来北京大学访问。林建华会见来宾。

11月29日 "北京大学2004~2005学年度POSCO奖学金签字暨颁奖仪式"举行。张彦、POSCO青岩财团常务副理事长崔光雄等出席。

11月30日 美国助理国务卿Jendayi Frazer前来北京大学访问。吴志攀会见来宾。

蒙古国总统恩赫巴亚尔访问北京大学,并对北京大学师生发表

了题为"全球化与蒙古"的主题演讲。演讲会由林建华主持,闵维方致欢迎辞,李岩松出席。

巴西教育部副部长 Ricardo Henriques 率团来北京大学访问。张国有会见来宾。

加拿大多伦多大学副教务长 David H. Farrar 率团访问北京大学。林建华会见来宾。

12 月

12月1日 泰国教育部次长坤仁·甘萨玛访问北京大学。张国有会见来宾。

深港产学研基地第二届理事会举行第一次会议。深圳市常务副市长刘应力当选为第二届理事会理事长,陈文申、香港科技大学副校长陈玉树当选为副理事长。许智宏、林钧敬、史守旭、香港科技大学校长朱经武等出席会议。

欧盟高等教育代表团访问北京大学。林建华会见代表团成员。

12月2日 国家审计署审计长李金华出席北京大学政府管理学院举办的"政府管理论坛"并做演讲。演讲会开始前,闵维方、王丽梅会见了李金华。

南非教育部部长 Naledi Mandisa Grace 女士率代表团访问北京大学。林建华会见来宾。

12月2日~3日 由中国法学会、中华国际法学会(台湾)、北京大学法学院、北京大学金融法研究中心等联合举办的"海峡两岸WTO法律论坛"在英杰交流中心举行。吴志攀主持论坛开幕式,中国法学会世界贸易组织法研究会名誉会长、原最高人民法院院长任建新,中华国际法学会理事长陈长文,中国法学会副会长孙在雍,中国法学会世界贸易组织法研究会会长孙琬钟等出席开幕式。

12月3日 "美国花旗集团金融信息科技教育基金项目 2005 颁奖典礼"在国际关系学院秋林报告厅举行。花旗银行亚洲技术中心主管曾昭河、张彦、教育部高等教育司副司长葛道凯先后致辞。教育基金项目顾问委员会主席杨芙清宣读了获奖者名单。北京大学参赛队的作品"可嵌入的轻量级工作引擎"获得了二等奖。

北京大学举行活动庆祝厉以宁教授从教 50 周年暨 75 岁华诞。厉以宁教授在光华管理学院做了题为"工业化的比较研究"的讲座,吴志攀主持演讲会,许智宏发来贺电;在光华管理学院举行了"北京大学庆祝厉以宁教授从教 50 周年暨 75 岁华诞座谈会",张国有主持会议。闵维方,张维迎,全国政协副主席、民盟中央常务副主席张梅颖,总理办公室主任丘小雄,江苏省委书记李源潮,北京市委常委、教工委书记朱善璐等出席并致辞。

"一二·九"文化节——"红色经典"主题歌会、"青春之歌"原创歌曲试听会举行。张彦出席。

12月4日 北京大学纪念"一二·九"运动 70 周年师生歌咏比赛在百周年纪念讲堂举行。吴志攀、林建华、岳素兰、张彦和北京大学师生一起观看了本次比赛。

由团市委、北京志愿者协会主办的第六届"北京青年志愿服务行动"先进集体及个人评选揭晓。北大荣获 3 个最高奖:"北京青年志愿服务行动杰出服务集体"奖、"北京青年志愿服务行动杰出青年志愿者"奖和"北京青年志愿服务行动优秀项目"称号。

12月5日 "华年如歌——北京大学学生合唱团 15 周年团庆音乐会"在百周年纪念讲堂举行。吴志攀、王义遒出席。

"2005 美国 FDA cGMP 中国培训项目"在英杰交流中心开幕。林建华出席。

12月6日 张彦在办公楼会议室会见本届校研究生会主要干部,并就研究生会今后的工作提出了指导意见。

北京大学召开党政联席会。

12月6日 根据中国科学技术信息研究所"第 13 届中国科技论文统计结果发布会"上公布的统计结果,北京大学 2004 年度国际论文被引用次数为 4314 次,在高等院校中排名第一位;国际论文被引用篇数为 1678 篇,在高等院校中排名第二位;SCI 收录论文 1604 篇,在高等院校中排名第三位。2004 年度,医学部有 311 篇论文被SCI 收录,在全国同类院校和科研机构中排名第一位。此外,会议还公布了"第四届中国百种杰出学术期刊"名单,北京大学学报(自然科学版)和北京大学学报(医学版)入选。

"欧洲专利局局长阿莱·蓬皮杜教授北京大学名誉博士授予仪式暨演讲会"举行。许智宏、林建华出席。

"北京大学-早稻田大学日"举行。闵维方、许智宏、林建华、李岩松出席了有关活动。

12月7日 纪念"一二·九"运动 70 周年座谈会举行。闵维方、张彦、张国有、赵存生、郝斌等出席。

北大清华支援烟台大学委员会第八次会议筹备工作会在办公楼会议室召开。岳素兰、林钧敬出席。

北京大学召开先进性教育活动领导班子整改情况通报会。闵维方对学校先进性教育活动的进展情况和领导班子整改情况做了通报。市委教工委先进性教育活动第一督导组组长沈云锁、副组长张五洲,吴志攀、杨河出席会议。

北京大学新兵入伍欢送仪式在英杰交流中心举行。张彦出席,并为光华管理学院本科生高明同学颁发了荣誉证书和奖金。

北京市规划委员会副主任黄艳在英杰交流中心会议室发表题

为"绿色奥运与北京市城市规划"的演讲。陈文申出席。

12月8日 联合国教科文组织世界遗产专家Herb Stovel先生前来北京大学,听取北京大学设立UNESCO世界遗产研究与培训中心的可行性汇报。林建华会见来宾。

北京大学2006年毕业生就业工作会议在生命科学大楼报告厅召开。许智宏出席会议并发表讲话。

林建华在办公楼会议室与北京大学本科生代表座谈,就学校教育教学改革和人才培养等问题听取了同学意见。

"首届中国人口学家前沿论坛"召开。吴志攀出席并致辞。

12月9日 "北京大学2005年教学成果奖、优秀博士论文表彰大会"在办公楼礼堂举行。闵维方、许智宏、吴志攀、林建华、张国有、李晓明等校领导出席表彰大会,并为获奖代表颁发证书。许智宏在大会上发表了讲话。2005年,北大的国家级教学成果奖获奖数目居全国第一。其中,北京大学作为第二完成单位完成的"大学生电子设计竞赛的开展与学生创新能力的培养"获得国家级教学成果特等奖,中文系完成的"古代汉语系列课程建设的新开拓"等6项获得国家级教学成果一等奖,化学与分子工程学院完成的"一流教育教学水平培育一流化学创新性人才"等18项获得国家级教学成果二等奖。同时,北大有8篇博士论文被评为2005年全国优秀博士学位论文,名列全国高校第一。

美国麻省理工学院副校长Allen Bufferd和威灵顿投资管理公司代表团访问北京大学。许智宏、陈文申会见来宾。

世界跆拳道联盟主席赵正源访问北京大学。许智宏、李岩松会见来宾。

"第八届北京大学-中国人保青年干部培训班结业典礼"举行。岳素兰出席并讲话。

国务委员陈至立在教育部部长周济和北京大学领导闵维方、许智宏等陪同下看望了中文系孟二冬教授。北京大学决定授予孟二冬教授"北京大学优秀共产党员"和"北京大学优秀教师标兵"的称号,并号召全校师生员工向孟二冬教授学习。次日,教育部决定在全国教育系统开展向孟二冬同志学习的活动,号召广大教师和教育工作者向孟二冬同志学习。

首都大学生纪念"一二·九"运动70周年文艺会在百周年纪念讲堂举行,国务委员陈至立、教育部部长周济、团中央书记处第一书记周强、北京市委副书记龙新民以及北京大学闵维方、许智宏、陈文申、林建华、岳素兰、张彦、杨河等领导和来自北京各高校的2000多名大学生观看了演出。

12月9日~10日 北京大学举行2005年教学工作会议。会议分成行政、理工、文科、教务4个组讨论。会上研讨了课程改革、GPA评价体系的完善、元培计划实验班与各院系之间的衔接、教学评估改革、强化规章制度执行力等问题。许智宏出席开幕式并讲话。林建华做大会总结发言。

北京大学第七届"北大科技园杯"学生创业计划大赛决赛答辩暨颁奖典礼在图书馆北配楼举行。张彦出席并讲话。

2005年中国科学院院士增选工作于近期完成,数学学院王诗宬教授、环境学院方精云教授、医学部童坦君教授被增选为中国科学院院士。

近日,基础医学院尚永丰教授所领导的课题组对雌激素和三氧苯胺诱发子宫内膜癌的分子机理研究取得突破性进展,尚永丰教授作为通讯作者的研究论文以Article形式已发表于近期的*Nature*杂志上,论文题目为"Hypomethylation-linked PAX2 Activation Mediates Tamoxifen-stimulated Endometrial Carcinogenesis"。

近日,北京市委教育工委决定,授予北京大学中文系教授孟二冬同志"北京教育系统优秀共产党员"称号,并决定在全市教育系统开展向孟二冬同志学习的活动。

近日,北京大学对历史学系2003级本科学生刘默涵同学予以通令嘉奖,以表扬她乐观向上、甘于奉献的精神,以及她在社会公益事业方面做出的突出贡献。

12月11日 纪念"一二·九"运动70周年朗诵艺术大赛举行。杨河出席。

12月12日 北京大学2004年度科技奖励大会在英杰交流中心召开。大会表彰了2004年度北京大学获得国家级与省部级奖励的优秀教师以及获得发明专利、实用新型专利授权的师生,奖励了理学、工学和医学科学技术已获得国家级、省(市)级和部(委)级奖励的成果。2004年度,北京大学获国家科学技术奖4项,其中国家自然科学奖二等奖3项,国家科学技术进步奖二等奖1项(北大为第二完成单位);获教育部提名国家科学技术奖(教育部奖)15项,获北京市科学技术奖20项。大会还表彰了北京大学2004年度获授权专利55件。大会由朱星主持。闵维方、许智宏、陈文申、林建华、李晓明出席大会。

院系学生工作例会召开。张彦、杨河出席。

12月13日 北京市市委教育工委书记朱善璐在市教委主任耿学超、市教育工委副书记刘建、北京大学杨河副书记的陪同下前往家中看望了孟二冬教授。

北京大学召开党政联席会。

北京大学召开保持共产党员先进性教育活动工作总结大会。北京市委教育工委书记、北京市委教育工委先进性教育活动领导小

组组长朱善璐，北京市委教育工委副书记、北京市委教育工委先进性教育活动领导小组副组长刘建，北京市委教育工委高校先进性教育活动第一督导组组长沈云锁出席会议。闵维方做总结报告，沈云锁讲话，许智宏主持大会。

美国纽约大学副教务长 Yaw Nyarko 率团访问北京大学。张维迎会见来宾。

12月14~21日 许智宏率北京大学代表团和学生艺术团到台湾进行交流访问。

12月15日 岳素兰赴肿瘤医院看望孟二冬教授。

岳素兰前往西二旗智学苑小区与物业公司领导座谈，双方就小区管理的有关问题进行了沟通、协调。

"我心中的宣武"座谈会暨北大校友座谈会在宣武区政府会议室举行。杨河出席。

阿曼卡布斯大学校长 Saudi Al-Riyami 访问北京大学。吴志攀会见来宾。

12月16日 北京大学召开"向孟二冬同志学习，加强师德学风建设"座谈会。杨河出席。

老挝总理府副部长本佩·门波赛（Bounpheng MOUNPHOXAY）女士一行访问北京大学。李晓明会见来宾。

北京大学举行冬季师生健康长跑比赛。吴志攀、岳素兰、王丽梅、杨河、张国有参加。

12月17日 北大、清华两校领导举行协调会。陈文申、鞠传进出席，双方就蓝旗营小区管理、房补政策等有关问题进行了商讨。

2005年度中国石油奖学金颁奖仪式在清华大学举行。杨河出席并讲话。

12月18日 重庆市委党校常务副校长周旬访问北京大学。岳素兰会见来宾。

12月19日 北京大学召开校园综合治理协调会，就南门废墟清理、北新商店拆迁等工作进行部署。陈文申主持会议。鞠传进出席。

井冈山干部学院副院长周金堂一行访问北京大学。岳素兰会见来宾。

闵维方、许智宏给数学学院王诗宬教授、环境学院方精云教授、基础医学院童坦君教授分别发去贺信，祝贺他们当选为中国科学院院士；给基础医学院尚永丰教授发去贺信，祝贺他在近期 Nature 杂志上发表研究论文（Article）。

12月20日 陈文申在办公楼会议室会见海淀区副区长杨志强。

日本驹泽大学（Komazawa University）校长大谷哲夫（Otani Tetsuo）一行访问北京大学。林建华会见了来宾，双方签署了两校校际交流协议。

北京大学化学学院一博士生在校内被校外人员殴打致伤。学校领导对此高度重视，21日，张彦主持召开协调会；北京大学学工系统也召开紧急会议，张彦出席并布置了工作。22日，张彦在保卫部、学工部、化学学院负责人陪同下，前往北医三院看望了受伤同学。

12月21日 "北京大学学报（自然科学版）创刊50周年暨首届学报贡献奖颁奖典礼"举行。林建华、李晓明出席。

"北京大学学生服务总队2006年元旦会"在勺园二号楼举行。张彦出席。

12月22日 北京大学召开党政联席会。

北京大学学工系统举行学习孟二冬同志座谈会。

外交部部长李肇星在医学部会议中心礼堂为师生做了题为"当前的国际形势与中国外交"的报告会。韩启德、柯杨出席。

12月23日 "高雅艺术进高校"交响音乐会在百周年纪念讲堂举行。前国务院副总理李岚清，国务委员陈至立，教育部部长周济、副部长吴启迪和许智宏、吴志攀、杨河出席。

北京大学召开基层党委书记工作会议，对全校保持共产党员先进性教育活动的后续工作进行部署。杨河主持会议并讲话。

"2005年北京大学辐射防护工作会议"召开。陈文申主持会议。

举行外国专家和留学生新年招待会。许智宏、林建华、李岩松参加。

韩国北京大学校友会在韩国首尔成立。许智宏发去贺电。

12月24日 北京大学、清华大学支援烟台大学建设委员会第八次会议在北京大学召开。许智宏、岳素兰、林钧敬、张国出席。

"北京大学蛋白质科学中心"成立大会举行。全国人大常委会副委员长韩启德及许智宏、林建华、陈佳洱等出席大会，参加大会的还有中国农业大学校长陈章良，中国生物化学与分子生物学会前任理事长许根俊院士，中国科学院生物物理研究所所长、中国晶体学会会长饶子和院士，九三学社中央副主席、中国生物化学与分子生物学会蛋白质专业委员会主任委员王志珍院士，北京大学蛋白质科学中心主任昌增益教授等。

12月25日 北京大学召开深入学习孟二冬同志动员大会。吴志攀宣读了教育部党组、北京市委教育工委和北京大学关于向孟二冬同志学习的有关决定。中文系系主任温儒敏教授介绍了孟二冬同志的先进事迹并谈了感受。许智宏发表讲话，号召全校师生员工深入学习孟二冬同志。杨河主持会议。

"嘉里粮油优秀大学生奖学金"颁奖大会在中国农业大学举行。张彦出席。

北京大学第十八期"党的知识"培训班结业典礼在百周年纪念讲堂举行，吴志攀、张彦、王丽梅、

敖英芳出席。杨河主持大会。

北京大学第五届教职工代表大会暨第十七次工会会员代表大会第二次会议召开。许智宏做了学校行政工作报告。岳素兰做了教代会、工会工作报告。会议通过了《北京大学教职工代表大会工作细则》(试行)和《北京大学工会工作细则》(修正案),通过了全体代表向全校教职工发出的向孟二冬同志学习的倡议书。吴志攀做总结讲话。在随后召开的教代会第五届执委会第六次会议上,张国有被增补为教代会执委会副主任。

附 录

2005年授予的名誉博士

序号	姓名	性别	国籍	职务
1	阿尔瓦罗·乌里韦·贝莱斯(Alvaro Uribe Vélez)	男	哥伦比亚共和国	哥伦比亚共和国总统
2	奥卢塞贡·奥巴桑乔(Olusegun Obasanjo)	男	尼日利亚	尼日利亚联邦共和国总统
3	亚历杭德罗·托莱多·曼里克(Alejandro Toledo Manrique)	男	秘鲁共和国	秘鲁共和国总统
4	约翰·安东尼·胡德	男	新西兰	牛津大学校长
5	杰弗里·肖恩·雷蒙	男	美国	康奈尔大学前校长
6	阿兰·蓬皮杜	男	法国	欧洲专利局局长

2005年授予的名誉教授

序号	姓名	性别	国籍	职务	申报单位
1	康罗德(C. Ronald Kahn)	男	美国	哈佛大学医学终身教授,哈佛大学Joslin糖尿病中心主任,美国科学院院士、科学院医学院院士	医学部
2	饭岛澄男	男	日本	日本名城大学教授、国际著名电子显微学专家、碳纳米管道发现者	化学与分子工程学院
3	钱煦	男	美国	美国加州大学圣地亚戈分校Whitaker生物医学工程研究院主任、分子遗传学生物工程与医学教授	医学部
4	白井克彦	男	日本	早稻田大学总长、国际计算机科学领域的知名教授	信息科学技术学院
5	伟严·柯碇甫	男	美国	乔治亚理工大学校长、国际知名的工程科学专家、美国工程院院士	工学院
6	连战	男	中国台湾地区	历任国民党中央委员会副秘书长、常委、副主任、主席;曾执教美国威斯康星大学、台湾大学政治系、政治研究所所长	政府管理学院

2005年聘请的客座教授

序号	姓　名	性别	国籍	职　务	申报单位
1	格林·汉弗赖斯 (Glyn W. Humphreys)	男	英国	英国伯明翰大学心理学院院长、心理学教授	心理学系
2	麦克·乔·奥斯本 (Michael John Osborne)	男	澳大利亚	澳大利亚亚拉筹伯大学(La Trobe University, Melbourne, Australia)校长	考古文博学院
3	杉山正明 (Masaaki Sugiyama)	男	日本	日本京都大学文学部教授	历史学系
4	恩斯特·波佩尔 (Ernst Pöppel)	男	德国	慕尼黑大学人类研究中心主任,慕尼黑大学医学研究所所长	心理学系
5	戴聿昌 (Yu-Chong Tai)	男	中国	美国加州理工大学电子工程与生物工程学系教授	信息科学技术学院
6	约瑟夫·J·诺顿 (Joseph Jude Norton)	男	美国	英国伦敦大学John Lubbock爵士银行法教授、美国南美以美大学法学院James L Walsh杰出教员及金融法教授	法学院
7	卢　琪(Lu qi)	女	美国	美国海军研究生院软件工程学科主席、软件工程自动化中心主任	信息科学技术学院
8	李中清 (James Lee)	男	美国	美国密执安大学中国研究中心主任、历史学系教授	社会学系
9	周雪光 (Zhou Xueguang)	男	美国	美国杜克大学社会学系教授	社会学系
10	本林透 (Tohru Motobayashi)	男	日本	日本理化学研究所重离子核物理实验室首席科学家、教授	物理学院
11	张信刚	男	中国台湾地区	香港城市大学校长	
12	王中林	男	美国	美国乔治亚理工学院(Georgia Institute of Technology)教授,校摄政董事教授,电子显微镜实验室主任和纳米科学和技术中心主任	化学学院
13	郗小星	男	美国	美国宾州大学(Penn State University)物理系和材料科学与工程系教授	物理学院
14	费英伟	男	美国	美国卡内基研究所(Carnegie Institution of Washington)高级(终身)研究员(Senior Staff Member)	地球与空间科学学院
15	牛耀龄	男	澳大利亚	英国杜伦(Durham)大学地球科学系主任教授(Chair Professor)	地球与空间科学学院
16	尹　安	男	美国	美国加州大学洛杉矶分校(UCLA)地球与空间科学系教授	地球与空间科学学院
17	谢　宇	男	美国	美国密执安大学社会学系教授	社会学系
18	布　朗	男	美国	美国科学学院院士,宾州大学(University of Pennsyvania)沃顿学院统计系Miers Busch讲座教授	数学学院
19	金昌镇	男	美国	美国加州大学洛杉矶分校机械与工程学系教授	信息科学技术学院
20	沈向洋	男	中国香港	微软亚洲研究院院长,兼首席科学家	数学学院
21	郭百宁	男	加拿大	微软亚洲研究院网络图形学研究组主任研究员	数学学院
22	弗兰克·嘎比亚	男	德国	Rossendorf研究中心实验室设备和信息技术部主任,超导电子束源项目主任	物理学院

媒体有关北京大学主要消息索引

【新闻·消息】

北大"卡西欧基金会"日前成立	《北京晨报》2005年12月30日第12版
北大半边南墙将整体重现	《北京青年报》2005年12月30日第A4版
"商周考古第一人"邹衡逝世	《北京晚报》2005年12月29日第3版
北大蛋白质科学中心成立	《科技日报》2005年12月27日第7版
北大学子不当"食客"做"习客"	《北京青年报》2005年12月27日第A8版
光华新年论坛下周开讲	《北京晨报》2005年12月27日第25版
《千里走单骑》对话北大	《北京晚报》2005年12月26日第17版
"防身术"成北大学子热门选修课	《北京晚报》2005年12月25日第3版
北大中文系引入民间基金探索科研项目新模式	《中国青年报》2005年12月23日第6版
石河子大学党委书记看望孟二冬教授	《光明日报》2005年12月22日第2版
方正钛金版2006防病毒软件推出	《光明日报》2005年12月22日第5版
北大向全国招标中学语文教改课题	《新华每日电讯》2005年12月21日第7版
《课堂内外》科研基金落户北京大学	《中国教育报》2005年12月21日第2版
北大师生连续10年入户调查北京市民公共政策满意度	《中国青年报》2005年12月21日第7版
北大发布《北京居民生活状况满意程度调查》	《京华时报》2005年12月21日第A5版
第三届"方正奖"中文字体设计大赛颁奖	《科技日报》2005年12月21日第7版
孟二冬教授事迹激励北大人	《光明日报》2005年12月20日第2版
北大举办"感受欧罗巴"系列活动	《中国教育报》2005年12月19日第2版
北大严校纪学生抄论文将被开除	《科技日报》2005年12月18日第1版
招研告别"一考定",北大已在调整中	《新华每日电讯》2005年12月17日第4版
北大出台"学术宪章" 本科生抄袭论文可开除	《人民日报》2005年12月15日第11版
方正字体设计大赛揭晓	《京华时报》2005年12月15日第A25版
方正:升起在休斯敦的民族品牌	《科技日报》2005年12月13日第10版
北京大学办药物规范化生产培训班	《科学时报》2005年12月12日第B1版
教育部党组决定全国教育系统学习孟二冬	《现代教育报》2005年12月12日第1版
北大博导成为楷模	《午报》2005年12月12日第4版
向北大教授孟二冬学习	《人民日报》2005年12月11日第2版
北大教授孟二冬带病援疆	《新京报》2005年12月11日第A6版
北大本科教育首要任务是启蒙	《新京报》2005年12月11日第A6版
国际名厨甄文达到北大演讲	《京华时报》2005年12月10日第6版
北大成立软法研究中心	《新京报》2005年12月9日第A13版
北京大学论文引证频次高校居首	《午报》2005年12月8日第4版
九成北大学子受流行文化影响	《华夏时报》2005年12月8日第A6版
早稻田大学校长受聘北大名誉教授	《中国教育报》2005年12月7日第1版
北大试点推行论文代表作制度	《北京晨报》2005年12月7日第3版
北大取消量化考核符合高校"学本位"	《华夏时报》2005年12月7日第A2版
北大早稻田合办学 学生可获两校学位	《华夏时报》2005年12月7日第A6版
北大首次举行亚洲大学日	《午报》2005年12月7日第5版
北大中文系试点论文代表作制	《新京报》2005年12月7日第A7版
"活北京"侯仁之出传记	《新京报》2005年12月7日第C10版

北大举办早稻田大学日活动	《北京晚报》2005年12月7日第4版
季羡林回忆文集为求原貌"四不改"	《中华读书报》2005年12月7日第1版
北大举行丸山昇著作中译本出版座谈会	《中华读书报》2005年12月7日第9版
许智宏称应取消研究生入学考试	《新京报》2005年12月6日第A12版
北大博士生学制延至四年	《北京日报》2005年12月6日第2版
北大深圳研究生院致力特色办学	《科技日报》2005年12月6日第11版
北大来沪选秀：只面试不笔试	《新民晚报》2005年12月6日第1版
北大博士生学制延至4年	《人民日报》2005年12月5日第11版
北大12博士挂职东城区基层	《新京报》2005年12月5日第D3版
75岁厉股份两小时讲座度华诞	《北京青年报》2005年12月4日第A2版
县级市委书记走上北大讲坛剖析中西部农区县域经济实践与困惑	《科技日报》2005年12月3日第7版
北大2000"校外生"将从万柳回迁	《华夏时报》2005年12月2日第A8版
北大清华明年自主招生将大幅降分录取	《光明日报》2005年12月1日第1版
北大清华调整自主招生政策	《人民日报(海外版)》2005年12月1日第2版
北大教授进伊朗"名人堂"	《京华时报》2005年11月30日第A6版
耶鲁大学生明年进北大	《北京青年报》2005年11月27日第A4版
北大与邯郸开展文化产业合作	《光明日报》2005年11月27日第4版
北大博士后挂职东城	《北京青年报》2005年11月25日第A3版
大学生义务实习赚钱捐助贫困生	《北京晨报》2005年11月24日第6版
首所以北大名义命名的希望小学诞生	《中国青年报》2005年11月22日第6版
舞台剧《寻找父亲》在北大上演	《光明日报》2005年11月22日第2版
《未名湖是个海洋》记录北大原创音乐	《北京日报》2005年11月21日第13版
北京论坛：打造世界学术论坛的品牌	《科学时报》2005年11月21日第B1版
第二届"北京论坛"开幕	《人民日报》2005年11月17日第4版
北大昨开"国学教室"	《北京青年报》2005年11月20日第A7版
女性健康讲座昨晚进北大	《北京晚报》2005年11月20日第3版
北大哲学硕士的免费国学课	《新京报》2005年11月18日第A28版
北京副市长邀学者建言奥运	《新京报》2005年11月17日第A10版
卫生总费用中政府投入比重下降	《新京报》2005年11月17日第A10版
大城市人均寿命比农村高12年	《新京报》2005年11月17日第A10版
康奈尔本科生须来北大学习	《新京报》2005年11月16日第A6版
北大招研将给导师更多自主权	《新京报》2005年11月16日第A19版
胡适手稿现身北大图书馆	《北京晨报》2005年11月16日第3版
高二学生可参加北大棋牌冬令营	《新京报》2005年11月16日第A18版
斯特林堡国际研讨会在北京大学举办	《中国教育报》2005年11月16日第5版
北大四分之三奖学金来自校外捐赠	《中国青年报》2005年11月15日第6版
世界知名大学校长应邀北京论坛	《中国教育报》2005年11月15日第1版
大学生计算机高手力拼国际程序大赛	《午报》2005年11月15日第5版
北大哈佛合办"全球化进程中的东方文明"研讨会	中国新闻网2005年11月14日
全国数十所高校顶尖计算机高手云集北大论剑	中国新闻网2005年11月14日
北大2800名学生获755万元奖学金	《北京晚报》2005年11月14日第4版
北大研究生冷对心理健康测评	《北京青年报》2005年11月13日第A6版
北大学子放飞五环气球	《京华时报》2005年11月12日第13版
"学理论知团情"竞赛决赛北大	《中国青年报》2005年11月11日第4版
北大将通过同一考试选拔保送生和自主招生	《北京青年报》2005年11月11日第A8版
北大原创音乐人浮出水面	《新京报》2005年11月11日第C6版
第二届中国民营企业投资与发展论坛在北京大学举行	《科技日报》2005年11月10日第7版

北大两学生将走进军营	《北京青年报》2005年11月10日第A10版
北大确定特招计划	《北京青年报》2005年11月10日第A10版
北大网上征集最喜爱奥运吉祥物	《京华时报》2005年11月10日第A7版
北大酝酿缩小招研规模	《北京晨报》2005年11月10日第3版
北大日本学研究基金会成立	《中国教育报》2005年11月10日第2版
北大将不欢迎靠文凭吃饭者	《新京报》2005年11月10日第A10版
北大"未明大讲堂"庆祝中国记者节	《光明日报》2005年11月9日第11版
北大推出朗润预测	《北京晨报》2005年11月9日第25版
北大研究生将成为创新型领导人才	《华夏时报》2005年11月9日第A5版
北大医学部建立研究生心理档案	《华夏时报》2005年11月9日第A5版
北京论坛不接受已发表论文	《新京报》2005年11月7日第A6版
北大艺术招生取消文化课笔试	《新京报》2005年11月7日第D3版
浦东人才直通车开进北大	《中国教育报》2005年11月6日第1版
校园首场招聘会今天进北大	《北京晚报》2005年11月5日第4版
北大招艺术特长生四大变化	《北京青年报》2005年11月3日第A13版
季羡林当选"世界桂冠诗人"	《文汇报》2005年11月3日第9版
北大学生康复中心秀魔术	《新京报》2005年11月2日第A12版
北大学生扎堆学魔术	《京华时报》2005年11月1日第A22版
北大在校生入伍立三等功可免试读研	《北京青年报》2005年11月1日第A1版
北大150学子获宣明奖学金	《新京报》2005年10月30日第A6版
北京大学排名亚洲第一	《华夏时报》2005年10月28日第A5版
北大中国教育财政科学研究所成立	《中国教育报》2005年10月28日第1版
富力携手经典文化 新派粤剧进北大	《北京晨报》2005年10月28日第30版
北大被《泰晤士报》评为亚洲最佳	《新京报》2005年10月28日第A16版
北大纪念博士后制度建立20周年	《中国教育报》2005年10月25日第1版
体育设施社会化 北大尝试值得借鉴	《北京青年报》2005年10月24日第A7版
北大学子捐过冬衣物	《京华时报》2005年10月24日第A5版
一流专家聚集北大探讨医学前沿课题	《科学时报》2005年10月24日第B2版
留学生北大"摆擂"展本国文化	《午报》2005年10月24日第9版
北京大学软件工程学院两地招生	《中国教育报》2005年10月20日第7版
马悦然等三位诺奖评委造访北大	《中华读书报》2005年10月19日第1版
中国国际分子医学与生物技术会议在北大召开	《科技日报》2005年10月18日第7版
李连杰与北大学生畅谈生命感悟并向红十字会捐款50万	《北京晚报》2005年10月14日第17版
人民出版社与北大联办学术讲座	《光明日报》2005年10月13日第9版
荷兰性科学协会主席北大传教	《新京报》2005年10月13日第B15版
北京大学与《社会科学报》联合召开"北京社会科学工作者'三项学习教育'"座谈会	《社会科学报》2005年10月13日第1版
北大清华入"双10"联盟	《新京报》2005年10月12日第A15版
北大加强与德国大学的联系	《中国日报》2005年10月6日第7版
北大心理咨询室开放三周爆棚	《北京晨报》2005年9月29日第5版
《儒藏》样书《论语》专集出版	《中国青年报》2005年9月26日第12版
北大诞生中国第一个彩票硕士点	《新京报》2005年9月26日第D2版
北大清华今年起自审博士点	《新京报》2005年9月26日第D3版
《儒藏》工程《论语》打头	《新京报》2005年9月24日第A21版
李敖在北大演讲	《人民日报》2005年9月22日第5版
北大与耶鲁合建纳米中心	《京华时报》2005年9月22日第A5版
北大成立电视研究中心	《中华读书报》2005年9月21日第1版

牛津校长戴上北大博士帽	《新京报》2005年9月21日第A7版
光华MBA首先学做北大人	《北京晨报》2005年9月19日第17版
马里兰大学校长和北京大学校长谈论大学排名	《中国教育报》2005年9月17日第1版
北大举办"马里兰大学日"	《午报》2005年9月16日第4版
北大学生实习挣钱助贫困生	《北京日报》2005年9月14日第5版
北大师生纪念抗战胜利60周年	《光明日报》2005年9月14日第5版
杨业功精神回响北大	《中国青年报》2005年9月13日第4版
北大学生发起"公益实习"	《京华时报》2005年9月11日第4版
"蔡元培"今晚登上北大舞台	《北京晚报》2005年9月10日第10版
北大研究生明年不会全面收费	《北京青年报》2005年9月9日第A5版
北大招36名"奥运硕士"	《新京报》2005年9月9日第A6版
许智宏受聘兰大客座教授	《中国教育报》2005年9月5日第2版
北大学子发起18分钟感言	《北京晚报》2005年9月2日第4版
北京大学给新生送上特别礼物	《中国教育报》2005年9月2日第2版
北大安排两岸新生同住	《人民日报(海外版)》2005年9月1日第3版
北大招收248名本科留学生	《新京报》2005年8月31日第A7版
贫困新生获赠爱心礼包	《北京青年报》2005年8月30日第A1版
北大实行新生自愿买卧具制	《新京报》2005年8月30日第A5版
学术界纪念哲学大师金岳霖诞辰110周年	《光明日报》2005年8月26日第2版
北大在新疆建实习基地	《光明日报》2005年8月22日第1版
斯诺百年纪念大会在京举行	《中国教育报》2005年7月20日第1版
第十六届国际生物学奥赛北大开幕	《科学时报》2005年7月13日第A3版
北大人民医院激光治疗近视技术领先	《环球时报》2005年7月13日第B11版
2万学员网上读北大	《北京晚报》2005年7月13日第60版
北大开始招收博彩管理硕士生	《华夏时报》2005年7月12日第B2版
北大博导试点的亮点与难点	《北京青年报》2005年7月11日第A2版
北大试点废除博导资格终身制	《中国青年报》2005年7月10日第A1版
北大保研不再要求过四六级	《北京青年报》2005年7月10日第A3版
北大师生祭拜黄昆	《北京晨报》2005年7月9日第3版
北大清华登山队勇攀两高峰	《中国教育报》2005年7月9日第2版
《儒藏》精华编样书本月"出世"	《文汇读书周报》2005年7月8日第2版
《儒藏》样书本月"出世"全书收录10亿字耗时17年	《中华读书报》2005年7月6日第2版
73名北大学子奔西部工作	《光明日报》2005年7月6日第5版
北大国学研究院首届博士生毕业	《中国教育报》2005年7月5日第2版
首届元培实验班学生毕业了	《中国教育报》2005年7月4日第2版
北大学生英语口试实现"全自动"	《北京晨报》2005年7月4日第20版
北大"官方版"十大校园不文明行为出炉	《京华时报》2005年7月2日第6版
病儿笑圆"北大梦"	《新京报》2005年6月30日第A14版
北京大学举办校园歌星演唱会	《中国教育报》2005年6月29日第2版
北大联姻密西根大学	《京华时报》2005年6月27日第B41版
北大研究生播撒希望	《人民日报(海外版)》2005年6月25日第3版
北大阳光志愿者赴川	《京华时报》2005年6月25日第3版
北京大学毕业生的最后一课——写封家书感恩父母	《中国教育报》2005年6月23日第2版
人文社科跨学科研究中心成立	《中国教育报》2005年6月22日第2版
国内首家医学遗传中心在北大成立	《北京晚报》2005年6月21日第4版
周华健昨北大漫步	《北京日报》2005年6月21日第13版
北大打造人事科学顶峰人才	《北京晨报》2005年6月20日第17版

北大实行一年三学期	《新京报》2005年6月18日第A10版
北大学者呼吁：别活活掐死古籍整理	《中华读书报》2005年6月15日第1版
49位北大副教授任博导	《新京报》2005年6月14日第A7版
北大医院加快打造世界一流大学临床医学院	《光明日报》2005年6月14日第2版
北大女生文章入选教科书	《京华时报》2005年6月11日第9版
北京大学举办中国电影百年学术研讨会	《中国教育报》2005年6月8日第2版
北大光华管理学院庆祝建院20周年	《中国教育报》2005年6月8日第2版
秘鲁总统托莱多获颁授北京大学名誉博士学位	《中华日报》2005年6月4日第1版
蒙代尔戴上北大校徽	《北京日报》2005年6月2日第2版
北大学生圆打工子弟心愿	《新京报》2005年5月30日第D2版
北大学子扎气球献爱心	《京华时报》2005年5月26日第A7版
在北大图书馆感受中国压力	《环球时报》2005年5月25日第9版
北大学子昨举办七日法国文化节	《北京日报》2005年5月24日第13版
北大将为特长生指定导师	《新京报》2005年5月21日第A6版
冰岛总统北大演讲	《中国教育报》2005年5月19日第1版
美国前国务卿基辛格博士访问北大	《京华时报》2005年5月18日第A5版
北大暑期学校今年开课69门　今天市民可上网选课	《北京晚报》2005年5月16日第4版
北大学生获欧盟大奖	《北京青年报》2005年5月14日第A7版
潘文石呼吁让熊猫回归野外	《新京报》2005年5月13日第C11版
校外生可读北大暑期学校	《新京报》2005年5月12日第A14版
北大将组团参加2005年度欧洲国际模拟联合国大会	《中国教育报》2005年5月12日第2版
北大清华培养院士最多	《北京晨报》2005年5月10日第2版
考上北大　勤奋最为关键	《北京青年报》2005年5月9日第A7版
北大学子把爱国之情化为学习动力	《人民日报》2005年5月4日第1版
连战在北京大学发表演讲	《人民日报》2005年4月30日第5版
连战寄语北大学子"为民族立生命，为万世开太平"	《光明日报》2005年4月30日第2版
北大师生自发悼念费老	《北京青年报》2005年4月27日第A6版
北京大学哲学系纪念张岱年逝世一周年	《光明日报》2005年4月26日第5版
大学生演绎国际礼仪服饰文化	《新京报》2005年4月25日第A7版
奥地利总理北大演讲	《中国教育报》2005年4月21日第1版
阳光骨髓库要发展10000例配型	《北京晨报》2005年4月20日第5版
北大组建乒乓球队	《光明日报》2005年4月20日第6版
北大"阳光计划"将全国推行	《新京报》2005年4月20日第A7版
北大学者研讨构建社会主义和谐社会	《光明日报》2005年4月19日第5版
北医三院为院士建保健方案	《京华时报》2005年4月18日第A3版
北大方正进军乒超联赛	《中国教育报》2005年4月18日第2版
北大山鹰社举办户外技能大赛	《京华时报》2005年4月18日第A3版
北医三院定制院士健康计划	《北京晚报》2005年4月17日第3版
奥巴桑乔获北大名誉博士学位	《光明日报》2005年4月17日第2版
尼日利亚总统获北大名誉博士学位	《中国教育报》2005年4月16日第1版
北大1.52亿编纂《儒藏》	《京华时报》2005年4月16日第6版
北大赛诗圆桌会	《北京晚报》2005年4月16日第10版
北大举办首届校园小品短剧大赛	《京华时报》2005年4月15日第A33版
北大国际医院落户昌平	《新京报》2005年4月13日第A5版
北大国际MBA最值钱	《北京晨报》2005年4月13日第23版
北大为进修教师和访问学者设奖	《中国青年报》2005年4月12日第B2版
北大学子预支打工费救助患病女孩	《北京青年报》2005年4月12日第A6版

北大肄业生继续学业有了新途径	《中国教育报》2005年4月11日第2版
哥伦比亚共和国总统获北大名誉博士学位	《中国教育报》2005年4月9日第1版
北京大学2005戏剧论坛启动	《新京报》2005年4月8日第C9版
北大今年招生呈现七点变化	《中国教育报》2005年4月6日第9版
诗琳通公主生日获北大"名誉主席"厚礼	《中国青年报》2005年4月5日第A5版
方正科技携手微软实施正版战略	《科技日报》2005年4月5日第11版
北京大学成立"诗琳通科技文化交流中心"	《联合日报》2005年4月5日第11版
北大学生反串凤凰主持	《中国青年报》2005年4月3日第A3版
今年北大诗歌节更加成熟	《光明日报》2005年4月1日第2版
国内首届中学生模拟联合国大会在北大举行	《北京青年报》2005年3月27日第A4版
赖斯与北大师生座谈	《华夏时报》2005年3月22日第A2版
北大学生参加洋学生班	《新京报》2005年3月21日第A6版
北大学子崇文访古迹	《新京报》2005年3月21日第A6版
北大戏剧大师工作坊开讲	《新京报》2005年3月19日第C53版
北大图书馆刷卡进门	《新京报》2005年3月16日第A6版
"红旗渠精神"进北大	《中国青年报》2005年3月13日第A2版
人大代表与北大学子共话国是	《中国教育报》2005年3月11日第1版
《辛德勒的名单》原著作者北大谈二战	《京华时报》2005年3月9日第A15版
青春奥运志愿者文明礼仪学校在北大开学	《北京日报》2005年3月6日第4版
北大阳光骨髓库首次成功移植造血干细胞	《北京日报》2005年2月25日第8版
北大女生骨髓植入血癌患者	《新京报》2005年2月25日第A7版
北大红楼成红色旅游景点	《北京日报》2005年2月24日第5版
叶江川北大教下棋	《京华时报》2005年2月24日第A6版
北大研究生陪空巢老人过年	《北京日报》2005年2月7日第5版
北大学生建议：为留校的民工加餐	《中国青年报》2005年2月6日第1版
北大学生艺术团首次赴美演出	《北京青年报》2005年1月30日第A7版
北大医院救援队将赴印尼灾区	《中国教育报》2005年1月25日第2版
北大法学楼设灵堂吊唁萧蔚云	《新京报》2005年1月24日第A14版
精彩国球北大行	《科技日报》2005年1月20日第7版
《全宋诗》分析系统通过专家鉴定	《科技日报》2005年1月18日第7版
北大"《全宋诗》分析系统"通过专家鉴定	《中国教育报》2005年1月18日第2版
社区工作者北大充电	《北京青年报》2005年1月8日第A6版
北大悄然兴起"学术午餐会"	《北京晨报》2005年1月4日第21版
五所高校首开文物修复课	《北京日报》2005年1月4日第6版

【专题】

北大与北大人	《中华读书报》2005年12月28日第23版
北大：不断扩大党的影响力凝聚力	《中国教育报》2005年12月23日第1版
北大加快创建世界一流大学	《现代教育报》2005年12月21日第2版
给400万生命多一次机会	《人民日报(海外版)》2005年12月12日第4版
十说《儒藏》	《中华读书报》2005年12月7日第9版
走出大学之门以后干点啥？	《科学时报》2005年12月5日第B1版
北京大学积极提高辅导员队伍素质	《人民日报》2005年11月19日第5版
北大数学学院：将中国数学推向世界	《光明日报》2005年11月16日第6版
北大光华管理学院——培养未来的商界领袖	《北京晚报》2005年11月9日第55版
"班主任"：北大学生的领路人	《光明日报》2005年11月5日第2版
北京大学积极推进保持共产党员先进性教育活动	《光明日报》2005年9月29日第1版
大学生活不应以分数论成败——北大校长许智宏馈赠新生十点建议	《文汇报》2005年9月8日第6版

未名湖畔话抗战——北大纪念抗战胜利60周年"一句话感言"征集活动纪实 ………………………………………
………………………………………………………………………………《人民日报(海外版)》2005年9月3日第2版
15分钟办完借款手续——北大新生入学"绿色通道"见闻 …………《中国教育报》2005年8月30日第1版
元培计划给本科教学带来了什么 ……………………………………《科学时报》2005年7月4日第B1版
北大学子看世界系列专栏之一——与基辛格面对面 ………………《环球时报》2005年6月24日第11版
坚定的跨越迎来崭新的北大——写在原北京大学与原北京医科大学合并五周年之际 ……………………………
………………………………………………………………………………《中国教育报》2005年5月19日第10版
学习为了国家,爱国努力学习——温家宝总理五四青年节看望北京大学学生侧记 ……………………………
………………………………………………………………………………《光明日报》2005年5月5日第1版
北大爱心社:将爱心撒满人间 …………………………………………《光明日报》2005年4月15日第2版
把师生的心声带到"两会"上——全国人大代表连线北大学子 ……《中国教育报》2005年3月7日第2版
北京大学:学生社团是更广阔的课堂 …………………………………《光明日报》2005年3月3日第A2版
北大清华向世界一流大学迈进 …………………………………………《光明日报》2005年2月23日第A1版
我的大学,学业职业都灿烂——北京大学破解学生学习就业难题 …《中国青年报》2005年1月28日第1版
北大:创新个性化教育 …………………………………………………《中国教育报》2005年1月21日第3版
北大以主题活动创新育人途径 …………………………………………《中国教育报》2005年1月20日第1版
北大"文明生活、健康成才"活动效果好 ……………………………《光明日报》2005年1月18日第A1版

【访谈】

北大版《新人文读本》:为孩子的成长提供良好的人性基础——主编曹文轩访谈
他离我们很近,很近……——北京大学教师谈学习孟二冬精神 …《中国教育报》2005年12月17日第2版
农民看病难,难在哪里——北京大学王红漫访谈录 ………………《光明日报》2005年12月1日第9版
利用全球智慧帮助中国和平发展——访北大国际关系学院副院长贾庆国教授 ……………………………………
………………………………………………………………………………《光明日报》2005年11月18日第11版
以最新学术视野审视文明进程——访历史分论坛负责人牛大勇教授 …《光明日报》2005年11月18日第11版
公共卫生与和谐社会的建立——访公共卫生分论坛负责人胡永华教授 ……………………………………………
………………………………………………………………………………《光明日报》2005年11月18日第11版
东西文明的对话——访哲学分论坛负责人赵敦华教授 ……………《光明日报》2005年11月18日第11版
关注东亚制造业重组后的影响——访经济分论坛负责人姚洋 ……《光明日报》2005年11月18日第11版
探索全球化、本土化下的亚洲大众文化——访大众文化分论坛负责人王建副教授 ……………………………
………………………………………………………………………………《光明日报》2005年11月18日第11版
"北京论坛"与和谐社会——访北京大学校长许智宏 ………………《光明日报》2005年11月15日第9版
给足钱 配备人 少评估 不干预——王选院士谈科学研究的环境建设 …………………………………………
………………………………………………………………………………《科学时报》2005年10月26日第1版
院士未必是学术权威——王选院士谈院士增选 ………………………《科学时报》2005年9月27日第1版
左右中日关系发展的六个变量——访北京大学国际关系学院潘维教授 ……《新京报》2005年9月18日第A4版
大学制度改革:我们清楚目的和原则吗?——访北京大学哲学系韩水法教授 ……………………………………
………………………………………………………………………………《科学时报》2005年6月27日第B1版
好判例 坏判例——访北京大学法学院教授贺卫方 …………………《中国青年报》2005年6月8日第B1版
重大改革有我们的声音——访全国劳模、北京大学中国经济研究中心林毅夫教授 ……………………………
………………………………………………………………………………《北京青年报》2005年5月2日第A4版
国际化本土化一起消化——访北京大学中国经济研究中心林毅夫教授 …………………………………………
………………………………………………………………………………《中国青年报》2005年4月25日第A6版
圆明园事件强化国人的遗产意识——访北京大学俞孔坚教授 ………《新京报》2005年4月17日第A4版
萧灼基高度评价"生物产业革命"理论和相关讨论 …………………《光明日报》2005年4月12日第6版
科技创新需更好地发挥大学的作用——访北京大学校长许智宏 ……《中国教育报》2005年4月1日第3版
教育公平应循序渐进——访北京大学校长许智宏 ……………………《中国教育报》2005年3月29日第2版
新课标让数学课失去了什么——访姜伯驹 ……………………………《光明日报》2005年3月16日第5版

军营呼唤高素质人才——访北大后备军官选培办负责人 ……………《中国教育报》2005年3月16日第8版
北大改革不会裁撤很多人——访北京大学校长许智宏 ……………《京华时报》2005年3月14日第A6版
"研究生录取应重导师推荐"——访北京大学校长许智宏 …………《新京报》2005年3月12日第A5版
高招指标分配不可能绝对公平——访北京大学校长许智宏 ………《新京报》2005年3月12日第A13版
国企改革要拟"时间表"——萧灼基答问录 ……………………………《北京日报》2005年2月28日第17版
北大学者孔庆东推出《金庸评传》为金庸"打抱不平" ……………《中国青年报》2005年1月16日第A2版
听曹文轩叔叔谈文学 ……………………………………………………………………中华文苑网2005年1月7日
李凌松：坚决反对克隆人 ……………………………………………………《科技日报》2005年1月5日

【人物】
北大女博士后求解乡村医疗之困 ………………………………………《新京报》2005年12月28日第A26版
齐思和：燕园第一位哈佛博士 …………………………………………《新京报》2005年12月28日第C12版
孟二冬：书里书外的行者 ………………………………………《人民日报(海外版)》2005年12月27日第2版
学者本色亦英雄 …………………………………………………………《中华读书报》2005年12月21日第7版
北大教授孟二冬：寸阴十金铸师魂 ……………………………………《新华每日电讯》2005年12月19日第1版
微笑着迎接如约而至的春天——记北大中文系教授孟二冬 ………《北京日报》2005年12月19日第1版
新疆石河子大学师范学院中文系2002级全体学生深情地说——"孟老师，我们想分担您的痛苦" ………
　　　　　　　　　　　　　　　　　　　　　　　　　　　　　　《中国教育报》2005年12月19日第2版
三万多颗心：因时代英雄故事而感动 …………………………………《光明日报》2005年12月18日第2版
孟二冬：支教·治学·做人 ……………………………………………《人民日报》2005年12月12日第1版
侯仁之：九十五高寿忆情缘 ……………………………………………《光明日报》2005年12月7日第2版
肖建国：拨转网络出版时针 ……………………………………………《科技日报》2005年12月7日第5版
胡续冬：北大副教授,自称土鳖 ………………………………《华夏时报》2005年11月22日第B1213版
季羡林：行者无疆 …………………………………………………………《北京考试报》2005年11月23日
蔡元培：科举之后教育第一人 …………………………………………《新京报》2005年9月9日第C21版
邹衡：解决郭沫若的三大难题 …………………………………………《新京报》2005年7月15日第C12版
陈运泰：遭遇文革　荒而不废 …………………………………………《科学时报》2005年6月6日第7版
桑兰的一天 ………………………………………………………………《中国电视报》2005年6月6日第43版
直道而行的张岱年先生 …………………………………………………《光明日报》2005年5月19日第9版
侯仁之：辟密道送学子赴解放区 ………………………………………《新京报》2005年5月19日第C12版
陈平原：从小学生教到博士生 …………………………………………《新京报》2005年5月10日第C12版
费孝通：行走是他的生命方式 …………………………………………《中国青年报》2005年5月8日第A2版
张芝联：一半是燕京，一半是光华 ……………………………………《新京报》2005年4月15日第C11版
薛暮桥教授和北京大学 …………………………………………………《文汇读书周报》2005年4月1日第12版
林毅夫：向记者要问题不厌其烦 ………………………………………《科技日报》2005年3月13日第B4版
孔庆东：从北大讲台到央视讲坛 ………………………………………《北京青年报》2005年2月22日第B3版
张维迎：心灵随经济脉搏跳动 …………………………………………《北京青年报》2005年2月21日第B3版
厉以宁：一生治学当如此　只计耕耘莫问收 ………………………………………………华夏网2005年2月21日
汤一介：君子自强不息 ………………………………………《人民日报(海外版)》2005年2月18日第2版
听季羡林先生谈翻译 ……………………………………………………《光明日报》2005年2月17日第B9版
张岱年先生的学问之道 …………………………………………………《中华读书报》2005年2月16日第7版
季羡林自传 ………………………………………………………………………………新浪网2005年1月13日

（张　琳）

索　引

使 用 说 明

1. 本索引采用内容分析索引法编制。除"大事记"外，年鉴中有实质检索意义的内容均予以标引，以供检索使用。

2. 本索引基本上按汉语拼音音序排列。具体排列方法如下：以数字开头的标目，排在最前面；字母开头的标目，列于其次；汉字标目则按首字的音序、音调依次排列。首字相同时则以第二个字排序，并依此类推。

3. 索引标目后的数字，表示检索内容所在的正文页码，数字后面的英文字母 a、b、c，表示正文中的栏别，组合在一起即指该页码及自左至右的版面区域。年鉴中以表格、图形反映的内容，则在索引标目后用括号注明（表）、（图）字样，以区别于文字标目。

4. 为反映索引款目间的逻辑关系，对于二级标目，采取在一级标目下缩二格的形式编排，之下再按汉语拼音的音序、音调排列。

0～9

1998～2005 年北京大学大型仪器测试服务
　　收入统计（表）……………………… 310b
1998～2005 年全校到校科研经费
　　分类统计（表）……………………… 212
1998～2005 年全校到校科研经费
　　总额呈增长趋势（图）……………… 212
2003～2005 年北京大学参加北京地区
　　科学仪器协作共用网情况（表）…… 310a
2003～2005 年北京大学教学科研仪器设备
　　对照表（表）………………………… 310b
2003～2005 年北京大学新增 800 元以上仪器设备
　　对照表（表）………………………… 310a
2003～2005 年收入情况比较（图）…… 300
2004～2005 年度北京大学教学优秀奖
　　获得者名单…………………………… 436
2004～2005 年度北京大学优秀班主任奖
　　获得者名单…………………………… 437
2004～2005 年度北京大学优秀德育奖
　　获得者名单…………………………… 438
2004～2005 年度学生奖励获得者名单 … 439
2004～2005 年度学生优秀个人和先进集体 … 438
2004、2005 年支出构成比较（图）…… 300
2004 年结业 2005 年换发毕业证书并
　　获学士学位…………………………… 461b
2005～2006 学年医学部在校留学生
　　分国别统计（表）…………………… 204
2005 年秋季校本部在校留学生
　　分国别统计（表）…………………… 201
2005 年秋季校本部在校留学生
　　分院系统计（表）…………………… 203
211 工程建设 ……………………………… 278
　　资金到位和执行情况………………… 278b
863 计划 …………………………………… 208a
973 项目 …………………………………… 207c
985 工程建设 ……………………………… 278
　　采购…………………………………… 307b
　　进口仪器设备一览（表）…………… 312
　　资金到位和执行情况………………… 278a

A～Z

SCI 论文 …………………………………… 227
SCI 数据库收录的北京大学为第一作者单位的
　　论文及分布（表）…………………… 227

A

安全教育 …………………………………… 370b
　　活动…………………………………… 376c
奥运场馆工程监督 ………………………… 367b
奥运乒乓球馆建设 ………………………… 31b
奥运实习生选拔 …………………………… 173c

索引

B

百周年纪念讲堂 …………………………… 341c
 高品质演出引进 ………………………… 342b
 内部管理 ………………………………… 342a
 人员状况 ………………………………… 342b
 上岗服务工作 …………………………… 342a
 演出策划宣传工作 ……………………… 342a
 音响设备、消防工具检修工作 ………… 342b
办学经费筹措 ……………………… 299b、301b
保持共产党员先进性教育活动 …… 3、29a、357b、377a
  总结大会 ………………………………… 4a
保密工作 …………………………………… 370c
保卫部 ……………………………………… 368a
保卫工作 …………………………………… 368
 研讨会 …………………………………… 368b
保险 ………………………………………… 296b
北大方正集团公司 ………………………… 247
 IT产业 …………………………………… 248a
 IT硬件领域 ……………………………… 248b
 产业布局 ………………………………… 248a
 发明创新 ………………………………… 249a
 品牌建设 ………………………………… 248c
 业务发展 ………………………………… 248a
 医疗、医药业产业 ……………………… 248b
北大附小教学楼及宿舍楼工程 …………… 322a
北大科技园有限公司 ……………………… 253c
 北大科技园创新中心一期项目拆迁、报建
  工作 …………………………………… 253c
 科技孵化 ………………………………… 254b
 园区建设 ………………………………… 253c
 资产分离 ………………………………… 254b
北大青鸟集团 ……………………………… 249a
 IT行业 …………………………………… 249a
 大事记 …………………………………… 251a
 海水淡化行业 …………………………… 251a
 教育行业 ………………………………… 250a
 文化传媒行业 …………………………… 250c
 新能源行业 ……………………………… 251a
 主要成绩 ………………………………… 249a
北大数字中国研究院 ……………………… 50b
北大维信生物科技有限公司 ……………… 253c
北大未名生物工程集团有限公司 ………… 252c
 产业基地 ………………………………… 252c
 多肽药物 ………………………………… 253b
 分子育种 ………………………………… 253b
 基因药物研究 …………………………… 253b
 生物工程产业化 ………………………… 253a

 研发工作 ………………………………… 253a
 疫苗研究 ………………………………… 253a
 主要业务 ………………………………… 252c
北大信息周刊 ……………………………… 361c
北大资产经营有限公司 …………………… 243a
北京大学 …………………………………… 28a
北京大学办学收入分配管理暂行办法修订 … 301c
北京大学-柏林自由大学/洪堡大学日 …… 282a
北京大学出版社 …………………………… 263b
北京大学第三医院 ………………………… 120a
北京大学第一医院 ………………………… 115b
北京大学非贸易非经营性外汇财务管理
 办法制定 ………………………………… 301c
北京大学附属小学 ………………………… 352
 德育工作 ………………………………… 352c
 教师获奖 ………………………………… 352b
 教学工作 ………………………………… 352a
 教职工 …………………………………… 352a
 行政工作 ………………………………… 352a
 学生 ……………………………………… 352a
 学生获奖 ………………………………… 352b
 学校获奖 ………………………………… 352c
北京大学附属中学 ………………………… 350
 保持共产党员先进性教育活动 ………… 350b
 大事记 …………………………………… 350c
 党建工作 ………………………………… 350b
 教职工 …………………………………… 350b
 素质教育 ………………………………… 350a
 校园文化 ………………………………… 350a
 学生 ……………………………………… 350b
北京大学-哥伦比亚大学首届暑期汉语
 研修项目 ………………………………… 200b
北京大学经济责任制条例修订 …………… 301b
北京大学口腔医院 ………………………… 124a
北京大学-马里兰大学日 ………………… 281c
北京大学-南洋理工大学首届中国学项目 … 200b
北京大学收费票据管理办法修订 ………… 301c
北京大学外汇收费管理规定制定 ………… 301c
北京大学学报(医学版) …………………… 270a
北京大学学报(哲学社会科学版) ………… 269b
 办刊理念 ………………………………… 269c
 北京大学学报创刊50周年庆典 ………… 269b
 规章制度 ………………………………… 269c
 栏目设置 ………………………………… 269c
 声誉 ……………………………………… 270a
 影响 ……………………………………… 270a
北京大学学报(自然科学版) ……………… 268c

2004年刊载论文被国际检索机构
　　收录情况(表) ……………………… 232
2005年刊载论文学科分布(表) ……… 232
庆祝北京大学学报(自然科学版)创刊50周年
　　暨首届学报贡献奖颁奖典礼 ……… 269a
　　校报纪念特刊出版 ………………… 268c
　　《学报》编委会换届工作 …………… 268c
　　《学报》纪念专刊出版 ……………… 268c
　　《学报》全文检索数据库(DVD)出版 … 268c
　　《学报》网站开通 …………………… 269a
　　主要工作 …………………………… 268c
北京大学医学部收入分配管理暂行办法修订 … 301c
北京大学医院 …………………………… 348
　　国际交流 …………………………… 349c
　　护理工作 …………………………… 349a
　　教育培训 …………………………… 349c
　　科研工作 …………………………… 349b
　　其他工作 …………………………… 349c
　　人员状况 …………………………… 348a
　　医疗工作 …………………………… 348c
　　资产设备 …………………………… 348a
北京大学银行账户管理规定制定 ……… 301c
北京大学-早稻田大学日 ………………… 282b
北京大学-早稻田大学首届中国学暑期项目 … 200c
北京高校先进基层党组织 ……………… 429
北京高校优秀党务工作者 ……………… 429
北京高校优秀共产党员 ………………… 429
北京国际数学研究中心 ………………… 43
　　工程建设前期工作 ………………… 306a
北京论坛 ………………………… 31a、283a
北京市基地重大项目名单(表) ………… 237
北京市级精品课程名单(表) …………… 431
北京市教委共建项目 …………………… 208b
北京市教育调查特别委托课题名单(表) … 237
北京市科技项目与北京市科技新星计划 … 208b
北京市科学技术奖名单(表) …………… 225
北京市科研项目 ………………………… 208b
北京市三好学生 ………………………… 439a
北京市社科理论著作出版基金资助人员
　　名单(表) …………………………… 240
北京市项目名单(表) …………………… 237
北京市优秀班集体 ……………………… 440a
北京市优秀学生干部 …………………… 440a
北京市重点实验室(表) ………………… 210
北京市自然科学基金项目 ……………… 208b
北京肿瘤医院 …………………………… 125c
本科课程目录(表) ……………………… 153

本科生教育教学 ………………………… 145
本科专业目录(表) ……………………… 150
本专科毕业生 …………………………… 453
毕业博士研究生 ………………………… 466
毕业教育活动 ………………………… 376c
毕业留学生(表) ………………………… 469
毕业生 …………………………………… 28b
　　名单 ………………………………… 453
　　学历证书电子注册工作 …………… 189c
毕业硕士研究生 ………………………… 461
表彰 ……………………………………… 429
表彰2004～2005年度学生优秀个人和先进集体
　　的决定 ……………………………… 438
博导遴选制度改革 ………………… 30a、173b
博士后工作 ……………………………… 298b
博士后公寓管理 ………………………… 304c
博士学位授权点 ………………………… 28b
博士、硕士学位的学科专业目录 …… 183、186a

C

财经政策法规宣传学习 ………………… 302a
财务 ……………………………………… 299
　　管理工作 …………………………… 301a
　　规章制度建设 ……………………… 301b
　　收支概况 …………………………… 299a
　　指标 ………………………………… 301a
　　专题分析 …………………………… 299b
财务工作 ………………………………… 299a
　　十字指导方针 ……………………… 301a
财政工作会议 …………………………… 301a
财政审计 ………………………………… 302c
参加北京地区科学仪器协作共用网情况(表) … 310a
餐饮中心 ………………………………… 326a
　　保持共产党员先进性教育活动 …… 327c
　　餐品管理 …………………………… 327a
　　餐饮创新 …………………………… 327a
　　餐饮服务与保障体系 ……………… 326b
　　服务水平 …………………………… 326b
　　机构设置 …………………………… 326a
　　基层技术骨干培训 ………………… 327a
　　降低伙食成本新举措 ……………… 327a
　　南开太阳计算机物流管理系统开发
　　　　和使用 ………………………… 327b
　　品种开发 …………………………… 327a
　　人才引进招聘工作 ………………… 327a
　　社会影响 …………………………… 326c
　　食堂学生监督员工作 ……………… 327b

饮食安全	327c
硬件水平	326b
产业管理	241
产业开发	206
长江学者聘任	289c
畅春新园过街天桥工程	322b
畅春新园学生宿舍工程	321b
畅春园学生宿舍63楼工程	321c
陈佳洱	46c、388c
陈建生	390a
陈慰峰	405a
陈运泰	399a
陈至立	1a
成果管理	233b
成果推广	242a
成人教育学院	191a
党、学、团、工会建设	192c
教学管理	191b
培训	191c
入党积极分子培养和考察工作	193a
暑期工作研讨会	191c
校园文化建设	192c
学生	191b
招生	191c
专业设置	191b
资源建设	192a
综合管理	192c
成套家属房汇总统计(表)	308
出版社	263
版权工作	264b
北京大学法学百科全书	263c
北京大学数学丛书	264a
北京大学语言学研究丛书	264a
出版图书	263b
邓小平理论与当代中国哲学社会科学发展丛书	263c
发展概况	263b
工作业绩	263b
获奖情况	264c
人员状况	263c
"十五"重点图书出版项目	264b
世界文明史	264a
学术史丛书	263c
重点项目	263c
出访外国和港澳台地区人员统计(表)	284
创建世界一流大学工作	4a
创新成果	30b
创新集体	442a
创新奖	441b
创新团队发展计划	208a
春季全校干部大会	10、14

D

大发展、大建设的新时期	28a
大事记	476
1月	476a
2月	477b
3月	478c
4月	482a
5月	486a
6月	488b
7月	490c
8月	492c
9月	494a
10月	498b
11月	500c
12月	504a
大型贵重仪器购置论证统计(表)	311
大型仪器测试服务收入统计(表)	310b
大学日	281c
大学学报类期刊2004年被引总频次分类排序(表)	269
单证专业学位研究生管理	172c
党的干部工作路线贯彻	355a
党发文件(表)	422
党风廉政建设	365a
工作会议	365b
党建工作	354
党建理论研究	354b
党建研究水平	354b
党委	354a
党务和思想政治工作先进集体、优秀个人(含李大钊奖)和奉献奖	429
党校工作	354c
党员	354a
党政工作部署	365a
党政领导班子调整工作	356a
党政领导干部选拔任用条例学习贯彻	355a
档案馆	265b
保持共产党员先进性教育活动	265b
保密工作	266a
档案WEB检索系统投入使用	266a
档案服务	265c
档案工作研讨会	265c

档案收集	265b
档案整理	265c
流媒体服务器	266a
信息化建设	266a
学术研究	266a
到校科研经费分类统计(图)	212
到校科研经费总额呈增长趋势(图)	212
地方调入人员分布(表)	288
地球科学发展战略座谈会	279b
地球与空间科学学院	48a
保持共产党员先进性教育活动	48b
北大数字中国研究院	50b
本科生和研究生教学计划和培养方案整合修订	48c
党建工作	48b
发展概况	48a
工会工作	50b
国际遥感与空间技术多学科应用研讨会	50b
交流合作	49c
教学工作	48c
教职工	48a
科研工作	49b
空间信息技术在防灾减灾中的应用专家研讨会	50c
学科建设	49b
学生	48b
学生工作	50a
遥感楼装修	50c
专业设置	48a
地铁四号线施工临时占用学校部分土地及补偿事宜	306a
第二届华裔新生代企业家中国经济高级研修班	200a
第二临床医学院	118a
发展概况	118a
后勤工作	119c
护理工作	118c
基本建设	120a
交流合作	119c
教学工作	119b
科研工作	119a
取得成绩	118b
信息化建设	119c
研究生招收	119a
医疗工作	118b
在职职工	118a
第六医院	128b
第七届教代会工会工作培训班	374c
第三临床医学院	120a
病案质量管理	120b
初级医师培训体系	121b
传染病防控体系建设	121a
大事记	123b
发展概况	120a
护理队伍培训	121b
护理学科建设	122a
基建工作	123b
教学工作	121b
精神文明	123a
科研工作	121c
突发事件应急体系	121a
信息管理	122c
医疗工作	120b
医疗质量安全核心制度建设与落实	120b
医院管理	122a
影响医疗质量安全的重点环节管理	120c
影响医疗质量安全的重点平台建设	120c
职工	120a
中青年医师培养	121b
重点项目支持	121c
第五届教职工代表大会	374b
执行委员会	35
第一临床医学院	115b
病案管理工作	116a
发展概况	115b
肺移植	116a
护理服务意识	116b
护理工作	116b
护理质量	116b
护士在职教育	116b
获奖情况	117c
基建工程	117b
交流合作	117a
教学工作	116c
九十周年院庆	117c
科研工作	116c
信息化建设	117b
行政办公自动化系统特点	117b
医德医风建设	117a
医疗工作	115c
职工	115c
电话室	332b
电视台	360c
工作成果	360c

索 引

电视研究中心	99a
调查反馈	173a
调查研究	358c
调出人员技术岗位及来源分布(表)	289
调入人员技术岗位及来源分布(表)	288
丁伟岳	389c
董申葆	396c
短期留学项目	199c
对口支援	244a
对外汉语教育学院	105b
发展概况	105b
机构设置	105b
交流合作	106a
教学工作	105b
教职工	105b
科研工作	105c
课程设置	105c
孔子学院	106a
领导名单	105b
研究生培养	106a
对外合作	31a
对外交流	281、334b
对外交流中心	341b
承办会议	341b
领导名单	341c
多学科优势	28b

F

发展规划部	279a
常规事务	280a
地铁四号线工程协调工作	280c
防辐射工作	281a
规范化运行程序	280a
规划委员会调整充实	279b
环保工作	281a
两部融合	281c
配套规划报批工作	280c
委员会职能	280a
校园规划	280c
校园规划常规工作	281a
信息收集	280b
学科与事业规划	280a
银校合作方案	280b
制度化建设	280a
中长期发展规划研究	280b
重大学术机构筹建	280a
重要报表填写	280b

主要职能	279a
发展规划工作	279
法学学士	458a
法学院	83c
毕业生	84a
发展概况	83c
法学多学科研究	84a
国家社科基金项目	84b
交流合作	84b
教职工	84a
科研工作	84b
青年法律人第二课堂成才计划	86a、86b
学生	84a
学生工作	86a
学术研究	84a
研究中心	84a
反腐倡廉宣传	366b
方精云	406a
房地产工作	304a
房地产管理	304b
管理信息系统建设	305b
房改工作	305a
房屋安全检查工作	306a
房屋产权管理	305a
房屋基本情况汇总表(表)	308b
访问学者	190a
非离退人员减员分布(表)	289
学历分布(表)	289
费孝通教授逝世	89c
福利	295c
福利费支出金额统计(表)	296
附录	508
附小教学楼改造和加层工程	322b
富余人员管理	295a

G

概况	28
干部大会	365a
干部工作	32、355a
考核机制	356a
理论培训工作	354c
能力建设	357a
人事制度改革	355b
制度化建设	355a
甘子钊	389b
岗位聘任	291a

港澳台工作 ……………………………… 284a	公用房使用与管理制度改革 ……………… 305c
港澳台学生 ……………………………… 201c	公用房调配与管理 ………………………… 304b
高等学校仪器设备和优质资源共享系统入网仪器设备	供暖费、物业费支付 ……………………… 304c
清单(表) ……………………………… 310	供暖中心 …………………………………… 328c
高端培训 ………………………………… 191a	党支部工作 ……………………………… 328c
高级行政代表团及艺术团出访港澳台地区 … 284a	改造工程 ………………………………… 329a
高科技企业 ……………………………… 247	工会工作 ………………………………… 328c
高新科技成果展洽会 …………………… 242a	供暖工作 ………………………………… 329a
各分会非教师系列正高职务评议结果(表) … 293	新建工程 ………………………………… 329a
各学部教师系列副教授(副研究员)	浴室工作 ………………………………… 329a
审议结果(表) ………………………… 292	巩固和扩大先进性教育活动成果
各学部教师系列教授(研究员)审议结果(表) … 292	扎实推进创建世界一流大学工作 ………… 4a
工程审计 ………………………………… 303a	把握社会主义办学方向 ………………… 8b
工程项目管理 …………………………… 321b	保持共产党员先进性教育活动 ………… 4a
工程预结算审核 ………………………… 321a	保持共产党员先进性重大意义 ………… 9a
工会工作 ………………………………… 371	保持先进性的自觉性 …………………… 9a
理念 …………………………………… 371a	创建世界一流大学中心工作 …………… 8b
总体思路 ……………………………… 371a	党的建设中心工作 ……………………… 4a
工会自身建设 …………………………… 371c	党的先进性教育 ………………………… 8b
工学学士 ………………………………… 456a	党员底数 ………………………………… 5a
工学院 …………………………………… 108b	党在高知识群体中的凝聚力和影响力 … 7a
发展概况 ……………………………… 108b	调查研究 ………………………………… 4b
交流合作 ……………………………… 108c	多学科综合优势 ………………………… 8b
教学计划 ……………………………… 108c	发扬北大光荣传统 ……………………… 8b
师资队伍 ……………………………… 108b	分类指导 ………………………………… 6a、8a
工资 ……………………………………… 295c	工作制度 ………………………………… 5a
日常工作量统计(表) ………………… 296	骨干培训 ………………………………… 5a
公房普查工作 …………………………… 304b	宏观领导 ………………………………… 7b
公房验收工作 …………………………… 304c	活动时间安排 …………………………… 7a
公共卫生学院 …………………………… 112b	基层能动作用 …………………………… 6b
毕业研究生 …………………………… 112c	基层组织调整 …………………………… 5a
党建工作 ……………………………… 112b	教育形式创新 …………………………… 6b
发展概况 ……………………………… 112b	理论创新 ………………………………… 8b
继续教育 ……………………………… 113c	全面动员 ………………………………… 5b
教学大纲与培养方案修订工作 ……… 112c	实践三个代表重要思想 ………………… 6b
教学工作 ……………………………… 112c	试点工作经验总结 ……………………… 4b
教学条件改善 ………………………… 113a	思想发动 ………………………………… 5b、7b
教职工 ………………………………… 112b	微观指导 ………………………………… 7b
科研工作 ……………………………… 113a	先进性教育活动基本经验 ……………… 7b
领导名单 ……………………………… 112b	先进性教育活动基础 …………………… 4b
研究生招收 …………………………… 112c	先进性教育活动取得实效基本要求 …… 8a
公派出国人员派出类别(表) …………… 290a	先进性教育活动取得实效思想基础 …… 7b
公派出国人员派往地(表) ……………… 290a	先进性教育活动取得实效重要内容 …… 8b
公派出国人员学历、职称、年龄分布状况(表) … 290b	先进性教育活动取得实效重要条件 …… 8b
公派留学人员回校工作类别分布(表) …… 290b	先进性教育活动取得实效组织保证 …… 7b
公用房搬迁与周转 ……………………… 304b	先进性教育活动主要做法 ……………… 4b
公用房分配与调整 ……………………… 304b	学习贯彻三个代表重要思想 …………… 6b

学校领导班子整改方案通报会	9b	机构设置	74a
用发展着的马克思主义教育全校党员	7b	基本工作思路	76a
与时俱进的先进性意识	7b	交流合作	75a
正面教育	8a	教学工作	74c
中央精神学习领会	5b	教学体系调整、充实和完善	74c
专家学者作用	7a	教职工	74a
自我教育	8a	科研工作	74c
组织领导机制	4b	科研项目	74c
组织领导体系	7b	领导班子自身建设	74b
共青团干与学生骨干培养	385b	日常党建工作	74b
共青团工作	380	团委主要工作	76a
管理工作	174c、278	行政班子	74a
管理学学士	459b	学生	74a
光华管理学院	81b	学生工作	76a
20周年院庆	82c	学术国关建设	76a
本科生教育	81c	学术研讨会	75a
毕业生	81c	专业设置	74a
博士生培养	82a	资产设备	74a
大事记	83b	国际交流	31a
短期培训项目	83a	国际文化节	201c
发展概况	81b	国际学术会议	283c
交流合作	82c	国际影响	31a
教职工	81b	国家高技术发展计划	208a
科研工作	82a	国家高新技术研究发展计划课题(表)	218
硕士研究生教育	82a	国家工程研究中心(表)	209
校友工作	83b	国家级教学成果二等奖	435
学科建设	81c	国家级教学成果奖二等奖名单	433
学生	81c	国家级教学成果奖一等奖名单	433
学生工作	83a	国家级教学成果特等奖	434
与国外商学院的合作	82c	国家级教学成果一等奖	434
光华企业家研修院工程	322c	国家级精品课程名单	431
广播台	362a	国家科学技术进步奖名单(表)	224
归国华侨联合会负责人	41	国家科研计划项目	207c
郭光灿	402b	国家社科基金项目立项名单(表)	234
郭应禄	408a	国家实验室建设	206c
国防教育	378a	国家重点基础研究发展规划项目	207c
活动	306b	国家重点基础研究发展规划项目(表)	217
国际(地区)合作项目(表)	232	国家重点实验室(表)	209
国际关系学院	73c	国家重点实验室更新改造费及校基建费采购	307c
保持共产党员先进性教育活动	74b	国家重点实验室及基建经费进口仪器设备	
出版著作(表)	75	一览(表)	317
党建工作	74a	国家重点实验室评估	206b
党员发展工作	74b	国家自然科学基金面上和重点项目数和	
党支部书记培训工作	74b	经费数(表)	217
发展概况	73c	国家自然科学基金委员会资助项目	207a
服务青年	76a	创新研究群体科学基金	207b
国际交流平台	76b	国际交流与合作项目	207c

国家杰出青年科学基金 …………………… 207b
　　海外(及港澳)青年学者合作研究基金 …… 207b
　　面上项目 …………………………………… 207b
　　重点项目 …………………………………… 207b
国内合作 ……………………………………… 241、243c
国内设备采购 ………………………………………… 308a
国情研习课程 ………………………………………… 284b
国有土地使用权登记 ………………………………… 304c

H

海外教育 ……………………………………………… 199
韩济生 ………………………………………………… 405b
韩启德 ………………………………………………… 404a
合同管理 ……………………………………………… 241c
何新贵 ………………………………………………… 407a
贺国强 ………………………………………………… 4a、5b
横向项目和经费管理 ………………………………… 233a
红楼艺术奖 …………………………………………… 450b
侯仁之 ………………………………………………… 396c
后勤 …………………………………………………… 320
　　保障 ……………………………………………… 278
后勤党委 ……………………………………………… 332b
胡锦涛 ………………………………………………… 21a
护理学院 ……………………………………………… 113c
　　承担科研项目(表) ……………………………… 114
　　出版教材(表) …………………………………… 114
　　发表论文(表) …………………………………… 114
　　发展概况 ………………………………………… 113c
　　获奖情况 ………………………………………… 115b
　　机构设置 ………………………………………… 113c
　　教职工 …………………………………………… 113c
　　科研工作 ………………………………………… 114a
　　社会服务 ………………………………………… 115a
　　学生 ……………………………………………… 114a
　　学生工作 ………………………………………… 115a
华裔新生代企业家中国经济高级研修班 …………… 200a
化学与分子工程学院 ………………………………… 55a
　　承担科研项目(表) ……………………………… 57
　　第11届国际北京分析测试学术报告会 ………… 59a
　　发展概况 ………………………………………… 55a
　　固体化学和无机合成会议 ……………………… 59a
　　机构设置 ………………………………………… 55a
　　教学工作 ………………………………………… 56a
　　教职工 …………………………………………… 56a
　　京津地区青年有机化学家研讨会 ……………… 58b
　　科研工作 ………………………………………… 56c
　　全国高分子学术论文报告会 …………………… 58c
　　师资队伍 ………………………………………… 56a
　　学生工作 ………………………………………… 56b
　　学术交流 ………………………………………… 58a
　　学术年会 ………………………………………… 58a
　　中-日双边有机化学研讨会 ……………………… 58b
环境学院 ……………………………………………… 61b
　　北京大学地球环境与生态系统塞罕坝
　　　实验站 ………………………………………… 62a
　　本科教学工作 …………………………………… 62b
　　毕业生就业情况 ………………………………… 64a
　　党建工作 ………………………………………… 61b
　　党建工作成绩 …………………………………… 61c
　　党建基础工作 …………………………………… 61b
　　党员发展关 ……………………………………… 62a
　　发展概况 ………………………………………… 61b
　　服务社会 ………………………………………… 63a
　　国际交流 ………………………………………… 63b
　　教学工作 ………………………………………… 62b
　　教学奖励 ………………………………………… 63a
　　科研工作 ………………………………………… 62c
　　科研奖励 ………………………………………… 62c
　　绿色大楼建设 …………………………………… 64a
　　实验站建设 ……………………………………… 62b
　　思想政治工作 …………………………………… 61c
　　先进性教育活动 ………………………………… 61c
　　宣传工作 ………………………………………… 62a
　　学科建设 ………………………………………… 62a、63c
　　学科与队伍建设研讨会 ………………………… 63c
　　学生工作 ………………………………………… 63c
　　研究生教学管理工作 …………………………… 62c
黄春辉 ………………………………………………… 395b
黄琳 …………………………………………………… 402a
会议中心 ……………………………………………… 340
　　干部研讨会 ……………………………………… 340a
　　工作业绩 ………………………………………… 340c
　　机构设置 ………………………………………… 340a
　　接待服务任务 …………………………………… 340b
　　理事会第四次会议 ……………………………… 340a
　　领导名单 ………………………………………… 340a
　　主要任务 ………………………………………… 340a
获准成立交叉学科研究中心(表) …………………… 210

J

机构 …………………………………………………… 32
机关干部年度考核工作 ……………………………… 356a
机关各部门、工会、团委负责人 …………………… 35
　　校本部 …………………………………………… 35

医学部	36	栅格图像处理器及其应用	101a
机关基层办公室负责人年龄结构统计(表)	294	计算中心	270b
机关基层办公室负责人学历结构统计(表)	294	办公区IP网关控制管理	271b
机关基层办公室负责人学位结构统计(表)	294	保持共产党员先进性教育活动	270c
机关基层办公室负责人职称结构统计(表)	294	成人教育	270c
机关建设	356c	电子校务	271c
基层党建工作规范化、制度化建设	354b	东门光缆改道工程	271a
基础设施	31b	服务保障工作	273a
基础研究	206a	高性能并行计算	272c
基础医学院	109b	国际交流	270c
发展概况	109b	合作渠道拓宽	270c
教学工作	109c	教工宿舍联网工程	271a
教职工	109c	科研工作	271c
科研工作	110a	年度工作任务	270b
荣誉	109c	年轻骨干培养	270c
学科建设	110b	千兆防火墙和入侵检测系统的测试、选型	271a
基地建设	146c、207a、233b	人员状况	270b
基建工作	320	荣誉	270c
工程项目招投标	367a	网络管理和服务质量	271b
投资	320c	网络性能优化	271b
基建工程部	320a	微机教学实验室	272b
保持共产党员先进性教育活动	320a	校园网建设	271a
加强管理	320b	校园网升级	271b
勤政廉政思想教育	320b	校园网主干升级	271a
人员状况	320a	信息网络工作会议	270b
入党积极分子培养教育工作	320c	学生宿舍联网工程	271a
制度建设	320b	研究生培养	270c
基金委国际(地区)合作项目(表)	231	纪检监察干部队伍建设	367c
计算机科学技术研究所	100b	纪检监察工作	365
Apabi电子书系统	101b	技防设施建设	369c
报业数字资产管理系统	101a	技术合同到款额统计(表)	245
承担纵向项目	101c	技术合同额统计(表)	244
出版专著	101c	技术合同目录	245
电子出版新技术	100b	技术合同院系分布(表)	244
发表学术论文	101c	技术交易会	242a
发展概况	100b	继续教育	188
获得奖励	101c	工作	188a
机构设置	100b	国际合作	188b
交流合作	101a	合作办学	189c
科研工作	100b、101c	理论研究	188c
人员状况	100b	品牌塑造和推广	188a
申请专利	101c	新增长点开发	188b
数码印刷系统	101a	宣传	188a
数字播控系统	101b	监督检查工作	366c
网络边界安全防护	101b	减员情况	288a
网络金融	101a	姜伯驹	388a
信息安全	100c	奖教金获得者名单	435

条目	页码
奖励	429
奖励奖学金评审工作	377a
奖学金颁奖大会	377b
奖学金、助学金、奖教金、研究资助项目（表）	335
奖教金	337
奖学金	335
研究资助	338
助学金	336
奖学金、助学金、奖教金、研究资助项目（院系）（表）	338
奖教金	339
奖学金	338
研究资助	339
助学金	339
奖学金、助学金、奖教金、研究资助项目总表（表）	335
奖助工作	176c
交流学习	173a
教材建设	147b
教代会工会工作培训班	374c
教代会工作	371
教代会自身建设	371c
教师队伍年龄结构（表）	286
统计（表）	294
教师队伍学历结构统计（表）	294
教师队伍学历状况（表）	287
教师公寓管理和服务	304c
教师职务评审委员会	33
教授名录	409
教务管理	146c
教学成果奖	173b
教学改革	30a、145a
教学管理	145b、189c
教学科研服务机构	257
教学评估	147c
教学优秀奖获得者名单	436
教学有关数据	149c
教育部或卫生部正式鉴定的科研成果（表）	230
教育部其他资助	208a
教育部人文社科研究项目名单（表）	235
教育部提名国家科学技术奖名单（表）	225
教育部网上合作研究中心（表）	209
教育部重大项目培育资金项目	208a
教育部重大项目、重大项目培育资金项目、重点科学研究项目及高等学校博士点学科专项科研基金	208a
教育部重点科学研究项目及高等学校博士点	
学科专项科研基金	208a
教育部重点实验室（表）	209
教育部重点研究基地重大项目名单（表）	236
教育部资助项目	208a
教育管理与德育系列职称评审工作	356b
教育基金会工作	333
接受捐赠概况	333a
内部建设	334c
教育教学	145
教育收费专项检查	367a
教育学院	95b
参加学术会议	97a
发展概况	95b
国内学者来访	96c
国外及港台地区学者来访	96b
机构设置	95b
交流合作	96b
教职工	95b
科研工作	96a
人才培养	95c
师资队伍	97b
学术会议	97b
在研大型科研项目	96a
教职工	28b
队伍建设	371b
队伍状况	286a
基本情况一览（表）	286、287
选购住房服务	306a
住房补贴发放和预算决算工作	305b
住房管理和服务	304c
住宅现状情况（表）	308
教职工代表大会	374b
执行委员会	35
接收毕业生岗位分布及学历分布（表）	288
接受境外赠送	307c
（受赠）科教用品一览（表）	317
接受免试推荐研究生工作	171c
结业博士研究生	466
结业硕士研究生	461
进修教师	190a
经济学学士	459a
经济学院	80b
博士点	80c
发展概况	80b
继续教育	81a
交流合作	80c
科研工作	80c

科研基地	80c	科学研究	206
社会实践活动	81b	科研成果	208b
学生	80c	科研工作	30b
学生工作	81a	科研管理	234b
学术论坛	80c	科研基地建设	30b、206c
增强共青团员意识活动	81a	科研经费	207a
专业设置	80b	管理工作	302a
精品课程名单	431	科研项目	207a
精品课建设	145c	客座教授(表)	509
精神卫生研究所	128b	课程建设	176a
发展概况	128b	孔子学院	106a
服务社会	129b	口腔医学院	124a
后勤工作	129c	传染病防治院内培训与教育工作	124c
交流合作	129b	发展概况	124a
教学工作	129a	护理工作	125a
科研工作	129a	机构设置	124a
医德医风建设	129c	交流合作	125b
医疗工作	128b	教学工作	125b
职工	128b	教育培训	124c
纠正行业不正之风	366c	科研工作	125a
竣工工程	321b	医疗安全院内培训与教育	124c
		医疗工作	124b
K		医院感染管理	124c
考古文博学院	68a	院外培训与教育	125a
出版研究著作、田野考古报告	68b	会计队伍建设	302a
大事记	69a		
发展概况	68a	**L**	
教学工作	68a	离退休人员党支部建设	298b
教学科研机构	68a	离退休人员分布(表)	289
教职工	68a	离退休人员分类统计(表)	296
结项国家课题	68b	离退休人员工作	298a
科研工作	68a	生活待遇落实	298a
山东临淄桐林新石器时代遗址调查与发掘	68b	黎乐民	394b
申报获批准教育部重大项目	68b	李敖北京大学演讲	284c
学生结构	68a	李昭玲到北大调研	364b
学术交流	68c	李政道	387a
在研教育部重大科研项目	68b	理科获准项目及经费(表)	213
重要考古发掘	68b	理科科研	206
周公庙遗址调查与发掘	68c	理科与医科到校科研经费来源(图)	212
科级干部任免	294a	理科与医科和北京市科委新签科技合同(表)	221
科技部政府间国际合作项目(表)	232	理科与医科获准北京科技新星计划人员名单(表)	222
科技合作及成果交流洽谈会	242a	理科与医科获准北京市教委共建项目(表)	221
科技奖项	208c	理科与医科获准北京市自然科学基金(表)	221
科技开发	31a、241	理科与医科获准创新团队发展计划名单(表)	218
科技开发部	241c	理科与医科获准高等学校博士点专项科研基金(表)	219
科教兴国	28b		

理科与医科获准高等学校全国优秀博士学位论文作者专项资金(表)	220	历史遗留问题处理	356b
理科与医科获准霍英东高等学校青年教师奖和资助情况(表)	220	连战来访	284a
		廉洁自律工作重点	366a
		廉政文化进校园	366b
理科与医科获准教育部重大和重点项目(表)	219	临床药理研究所	136a
理科与医科获准新世纪优秀人才支持计划名单(表)	219	大事记	137a
		发展概况	136a
理科与医科科研项目到校经费(表)	211	交流合作	136c
理科与医科通过验收结题的主要科研项目(表)	222	教学工作	136b
		科研工作	136c
		医疗工作	136b
理科与医科在研科研项目(表)	210	临床肿瘤学院	125c
理科与医科在研科研项目来源(图)	211	985工程二期项目申报工作	127a
理论工作	358a	创建人民满意医院活动	127b
理论学习	358a	岗位培训	127b
理论研究	380c	管理工作	127c
理论研讨	358a	规范管理	125c
理学部学术委员会	34	合同护士待遇	128a
理学学士	453a	护理管理	126b
力学与工程科学系	44a	护理质量	126b
发展概况	44a	护士长竞聘上岗	128a
工程应用项目开拓	45b	教学工作	126b
公开招聘工作	45a	教育活动	127b
交流合作	45b	抗感染管理工作	126a
教学工作大会	44b	科室设置调整	127c
教学科研	44b	科研工作	126c
教职工	44b	临床医技科室主任换届工作	128a
科研工作	44b	民主管理监督职能	128a
科研获奖情况(表)	44	三基培训	125c
师资队伍	45a	审计工作	128b
水上运动奥运科技攻关研究	45b	突发事件、应急事件处理预案制定	126a
湍流与复杂系统国家重点实验室评估	44c	宣传工作	128b
学生	44b	医保政策贯彻落实	126a
学生工作	45a	医疗安全	126a
职务晋升工作	45b	医疗保险管理	126b
历史学系	66c	医疗工作	125c
保持共产党员先进性教育活动	67a	医疗质量基础	125c
党建工作	67a	医院文化建设	128a
发展概况	66c	整章建制	125c
机构设置	66c	临时聘用人员管理	295a
交流合作	67b	医疗保险缴费情况(表)	297
教学工作	67a	领导干部管理和监督	356a
教职工	67a	领导干部廉洁自律工作	366a
科研工作	67b	刘元方	394c
师资队伍	67b	流动编制管理	294a
学生工作	67c	留学海外项目	282c
制度建设	67b	留学回国人员科研启动基金入选者名单(表)	236
历史学学士	457b		

留学生工作	199a	转型	302c
箩斗桥学生宿舍工程	323a	年度考核	291a
陆道培	407c	女教职工工作	373b
录取各省(自治区、直辖市)高考理科			
第一名学生(表)	169	**P**	
录取各省(自治区、直辖市)高考文科		派出工作	283c
第一名学生(表)	169	培训中心	194b
录取中学生国际奥林匹克竞赛获奖学生(表)	170	国际合作	194c
论文专著	208b	机构设置	194b
		培养质量	30a
M		聘请的客座教授(表)	509
马克思主义学院	94a	聘任教师系列副教授(副研究员)(不含引进)	
队伍建设	95a	年龄与学历分布统计(表)	293
服务学生	94b	聘任教师系列副教授(副研究员)(不含引进)	
教学内容说服力	94c	任职时间与教学任务、科研文章统计(表)	293
教学针对性和实效性	94c	聘任教师系列教授(研究员)(不含引进、提退)	
科学研究	94c	年龄与学历分布统计(表)	292
联系实际	94c	聘任教师系列教授(研究员)(不含引进、提退)	
思想政治理论课教学	94a	任职时间与教学任务、科研文章统计(表)	293
思想政治理论课教育理念	94b	平台课建设	145c
以学生为中心思想	94b		
用人机制改革	95a	**Q**	
马宗晋	398b	期中教学检查	146a
媒体有关北京大学主要消息索引	510	企业改制工作	241a
访谈	516	企业名录	245
人物	517	企业审计	303b
消息	510	秦国刚	401b
新闻	510	青年工作	373a
专题	515	青年教师流动公寓	291a
孟二冬教授先进事迹	1	青年研究中心	379c
民盟北大委员会换届	363c	青年志愿服务	383b
民主党派和归国华侨联合会负责人	41	秋季全校干部大会	20、23
民主党派组织机构状况(表)	364	全方位、多角度宣传	357c
民主管理渠道拓宽	371b	全国教育规划项目立项名单(表)	237
闵克到北大调研	363c	全国医学专业学位教育指导委员会秘书处	177b
闵维方	4a、10、20	全国医药卫生行业 EMBA 高级论坛	197a
名誉博士(表)	508	全国优秀博士学位论文	174b
名誉教授(表)	508	全国优秀博士学位论文(表)	183
		全校到校科研经费分类统计(表)	212
N		全校到校科研经费总额呈增长趋势(图)	212
内部审计队伍建设	303b	群众体育活动	149c
内部审计法规范建设	303b	群众性文体活动	371c
内部审计工作	302b		
环境建设	304a	**R**	
建设	303b	人才队伍建设	286a
理论建设	303c	人才队伍实力	29b
业务技术建设	303c	人才工作	233b

人才开发与培训	290c	接待任务	340c
人才培养	28b	全员待遇体系调整	341a
人才优势	28b	人员状况	341b
人防工程管理	306b	硬件设施维护	341b
人防工程统计(表)	309	优质服务品牌打造	340c
人防工程信息化建设	306b	社会调查中心建设研讨会	279c
人防工作宣传	306b	社会工作奖	446a
人防资料管理工作	306b	社会科学部学术委员会	34
人口研究所	104a	社会实践	381c
党建工作	104b	社会学系	88a
发展概况	104a	本科生招生	88c
交流合作	104c	博士后流动站工作评估	89b
教学工作	105a	党建工作	88a
教职工	104a	发展概况	88a
科研工作	104b	费孝通教授逝世	89c
师资队伍	105a	分析评议工作	88b
学生	105a	机构设置	88a
人民武装部	375b	教师	88a
人民医院	118a	教学出版工作	89b
人事代理	295b	教学工作	88c
人事档案工作统计(表)	299	科研工作	89a
人事档案管理	298c	先进性教育活动	88b
人事管理	286	学术研讨会	89b
人文社会科学入选教育部新世纪优秀人才支持计划人员名单(表)	240	应用类研究项目	89b
人文学部学术委员会	34	在研课题	89a
人物	387	摄影	362a
人员分布情况(表)	286	深入学习孟二冬教授先进事迹动员大会	1b
入党积极分子教育培训	355a	深圳研究生院	181b
软件与微电子学院	106a	大事记	182a
发展概况	106a	党团建设	182a
获奖情况	107b	发展概况	181b
基础建设	107c	机构设置	181b
交流合作	107a	教职工	181c
教学工作	106b	科研工作	181c
教职工	106b	领导名单	181b
教职员工职务晋升工作	107a	学科建设	181c
科研工作	107b	研究生招收	181b
师资队伍	106c	深圳医院	129c
外籍系主任续聘	106c	不合理收费严控	132b
学生工作	107c、108a	大事记	132c
S		党群工作	132a
三好学生	442a	发展概况	129c
三好学生标兵	440b	规范化管理	130b
勺园	340c	后勤工作	131c
队伍建设	341a	基建工作	131c
		健康产业	131c
		教学工作	131a

教学条件	131a	学科建设	138b
科研工作	131b	省部级以上项目名单(表)	238
名校资源挖掘	131b	省校合作	243c
人才培养	131b	失业保险缴费情况(表)	297
人员状况	130a	统计(表)	296
收费违规买单制落实	132b	师德医风建设	29b
收费项目清查	132b	师资培训	188c
信息化建设	132a	十六届五中全会精神学习领会	354a
学科建设	130c	十五·211工程采购	307c
医疗工作	130a	十五·211工程进口仪器设备一览(表)	314
医疗管理制度	130b	实践教学	146b
医疗效率	130a	实验动物科学部	276c
医疗应急体系	130a	交流合作	276c
医院管理年活动	132b	教学工作	276c
医院运营质量	130b	两个确保	276c
运营成本降低	132b	一个中心	276c
招投标管理	132b	实验室管理	306c
制度建设	130b	实验室基本情况一览(表)	309
重大公共卫生和重大医疗实践防范和应对能力	130a	实验室与设备管理部工作重点	304a
		世行贷款高等教育发展项目	308b
综合目标管理	130b	市校合作	243c
沈渔邨	408b	逝世人物名单(表)	421
审计	299	收入构成(图)	299
业务进展	302c	收入情况比较(图)	300
整改意见落实	301b	首都发展研究院	254
审计工作	302c	参加咨询活动	255c
绩效	302b	承担科研项目	254a
生活福利工作	373c	出版著作	255c
生命科学前沿研究中的化学问题研讨会	278c	发表学术论文	255a
生命科学学院	59a	概况	254a
保持共产党员先进性教育活动	59b	合作工作	256b
党政工作	59b	科研工作	254a
发展概况	59a	其他工作	256b
国际生物奥林匹克竞赛	59c	提交科研报告	254c
机构设置	59b	首钢医院	133a
教职工	59b	保持共产党员先进性教育活动	133b
科学研究	59c	创建人民满意医院活动	134a
研究特色	59b	党建工作	133b
重要学术论文	60b	党员素质	133b
生物信息学学科战略研讨会	279a	队伍建设	133b
生育健康研究所	138b	发展概况	133a
发展概况	138b	管理工作	134a
机构设置	138b	护理工作	134b
交流合作	138c	环节质量监控	134b
人员状况	138b	获奖情况	135c
生育健康电子监测系统	138c	基础建设	136a
卫生部生育健康研究重点实验室	139b		

继续教育工作	134c
教学工作	134c
科室综合质量考评工作	134b
人员状况	133b
社会服务	135a
新技术、新业务准入制度落实	134a
学科建设	134c
医保工作	135b
医疗工作	133c
医疗质量	134b
医院改制	133c
医院管理年	134a
资产设备	133b
售房工作	305a
授予的名誉博士(表)	508
授予的名誉教授(表)	508
暑期学校	146a
数学科学学院	42a
北京国际数学研究中心	43a
党建工作	42a
发展概况	42a
教职工	42b
科研工作	43a
课程	42c
荣获2004～2005年度北京大学教学优秀奖名单(表)	43
荣获省部级以上教学成果奖名单(表)	43
荣获省部级以上科技奖名单(表)	43
特别数学讲座	42c
学科建设	42b、42c
学生	42c
学生工作	43c
学术交流	42c、43b
院系设置	42a
水电中心	328a
电力安全运行保障工作	328a
校园供电系统	328a
校园给排水系统	328b
校园零修	328b
校园水电施工工程	328c
校园水电收费	328b
校园水电物业管理	328c
硕士学位授权点	28b
硕士研究生学制改革	30a
思想政治工作	354
奉献奖	430a
先进集体	429a
先进集体、优秀个人(含李大钊奖)和奉献奖	429
优秀个人	429b
优秀个人——李大钊奖	429a
思想政治理论课教学	148b
思想作风建设	356c
斯坦福北大分校项目厨艺课程开设	200c
斯坦福大学北京大学分校项目	200a
苏肇冰	391c

T

唐孝炎	407b
唐有祺	393b
特载	1
体育代表队	149a
体育工作	372b
体育馆工程	322c
体育教学	148c
田刚	390c
通选课建设	145b
童庆禧	398b
童坦君	406b
统战部	362c
主要工作	363c
统战队伍综合素质	363a
统战工作	362、363b
图书馆	257a
CALIS省中心建设启动时间(表)	260
CALIS项目	260a
CASHL项目	259c
部门调整	259a
电子资源	257b
读者服务	258a
分馆建设	259b
工作业绩	257a
古籍采访	257c
交流合作	259b
接待读者借阅咨询统计(表)	258
旧馆改造	258a
旧馆改造工程	31b、257a、322a
期刊采访统计(表)	257
期刊改排架	259a
数字图书馆建设	258b
特色展览	258c
图书采访	257c
图书采访统计(表)	257
文献编目	257c

文献编目统计（表）	257	外国专家工作	283b
文献采访	257c	外事活动	31a
音像资料	257c	万柳学区工作	379a
涂传诒	397c	共青团工作	385c
土地与房屋产权管理	304c	王夔	395c
土地资源基本情况汇总表	308a	王诗宬	393a
团委	380a	王选	399b
机关建设	384c	王阳元	400c
		网络教育	193b

W

		技术支持	194a
外国语学院	89c	教务	193c
北京市社科理论专著出版基金（表）	92	教学	193c
北京市社科理论专著出版基金申请工作	91c	远程教育合作	194a
毕业生	90c	招生工作	193c
党建工作	90a	卫生部工程研究中心（表）	210
发展概况	89c	卫生部生育健康研究重点实验室	139b
工会工作	94a	卫生部正式鉴定的科研成果（表）	230
国家社科基金项目（表）	92	卫生部重点实验室（表）	210
国内奖励	91b	温家宝	2a
横向研究项目（表）	92	五四青年节看望北大师生	2
继续教育	93c	温儒敏	2a
交流合作	93a	文化工作	372b
教材建设立项（表）	91	文科科研	2232
教学工作	90c	项目管理	232b
教育部留学回国人员科研启动基金		文兰	389c
项目（表）	92	文明礼仪宣传教育实践活动	376b
教职工	90a	文学学士	456a
举办会议（表）	93	吴阶平	404b
科研成果分类统计（表）	93	五道口经济适用房项目	306a
科研工作	91b	五四体育奖	450b
理论学习	90b	物理学院	45b
领导名单	89c	保持共产党员先进性教育活动	45c
批准立项建设研究生课程	91a	本科生培养	47a
师资队伍	90b	党委、行政班子换届工作	45c
所获国际荣誉（表）	92	党政工作	45c
外事交流	93c	发展概况	45b
外语实践	93c	获得省部级以上奖励（表）	47
外资研究项目（表）	92	基础物理实验教学中心	46c
文化交流活动	93a	基金申请	46b
新聘博士生指导教师	90c	教学	46a
新生招收	90c	教学科研实体单位	45c
虚体研究机构	90a	教职工	45c
学生	90a	科研	46a
学生工作	90c、93b	科研机构	45c
学术团体	90a	人工微结构和介观物理国家重点实验室	
招生语种	90a	考察评估	46c
外国政要来访	282b	社会实践活动	47c

| 学生工作 …………………………………… 47c
| 研究生培养 ………………………………… 47a
| 重离子物理教育部重点实验室考察评估 …… 46c

X

西二旗二期经济适用住房入住工作 ………… 305c
夏威夷中国学项目剪纸课程 ………………… 201a
先锋作用 ……………………………………… 28a
先进性教育活动 ……………………………… 363a
  成果 ……………………………………… 4a
  工作培训会议 …………………………… 20
先进性评选和表彰工作 ……………………… 354b
先进学风班 …………………………………… 451b
现代企业制度 ………………………………… 241a
现有人员编制构成（表） ……………………… 287
项目评审 ……………………………………… 233a
消防工作 ……………………………………… 369a
小金库清理清查 ……………………………… 367a
校办产业 ……………………………………… 241a
校本部出访外国和港澳台地区人员统计（表） …… 284
校本部从地方调入人员分布（表） …………… 288
校本部非离退人员减员分布（表） …………… 289
  学历分布（表） …………………………… 289
校本部福利费支出金额统计（表） …………… 296
校本部各分会非教师系列正高职务评议
  结果（表） ………………………………… 293
校本部各学部教师系列副教授（副研究员）
  审议结果（表） …………………………… 292
校本部各学部教师系列教授（研究员）
  审议结果（表） …………………………… 292
校本部工资日常工作量统计（表） …………… 296
校本部公派出国人员派出类别（表） ………… 290a
校本部公派出国人员学历、职称、年龄
  分布状况（表） …………………………… 290b
校本部公派留学人员回校工作类别分布（表） …… 290b
校本部获准国家自然科学基金项目情况（表） …… 215
校本部机关基层办公室负责人年龄结构
  统计（表） ………………………………… 294
校本部机关基层办公室负责人学历结构
  统计（表） ………………………………… 294
校本部机关基层办公室负责人学位结构
  统计（表） ………………………………… 294
校本部机关基层办公室负责人职称结构
  统计（表） ………………………………… 294
校本部教师队伍年龄结构（表） ……………… 286
校本部教师队伍学历状况（表） ……………… 287
校本部教职员工基本情况一览（表） ………… 286
校本部离退休人员分布（表） ………………… 289
校本部离退休人员分类统计（表） …………… 296
校本部民主党派组织机构状况（表） ………… 364
校本部聘任教师系列副教授（副研究员）（不含引进）
  年龄与学历分布统计（表） ……………… 293
校本部聘任教师系列副教授（副研究员）（不含引进）
  任职时间与教学任务、科研文章
  统计（表） ………………………………… 293
校本部聘任教师系列教授（研究员）（不含引进、提退）
  年龄与学历分布统计（表） ……………… 292
校本部聘任教师系列教授（研究员）（不含引进、提退）
  任职时间与教学任务、科研文章统计（表） … 293
校本部人事档案工作统计（表） ……………… 299
校本部失业保险缴费情况统计（表） ………… 296
校本部现有人员编制构成（表） ……………… 287
校本部选留毕业生分布（表） ………………… 287
校本部养老保险人员及缴费情况（表） ……… 297
校本部医疗保险工作统计（表） ……………… 297
校本部增员类别及学历分布（表） …………… 287
校本部增员情况分布（表） …………………… 287
校本部总减员分布（表） ……………………… 289
校长科研基金 ………………………………… 208b
校发文件（表） ………………………………… 422
校际交流 ……………………………………… 281a
校刊 …………………………………………… 359c
  创新工作 ………………………………… 360b
  工作成果 ………………………………… 359c
校领导机构组成名单 ………………………… 32
校内20楼房屋改造 …………………………… 304c
校内开放测试基金情况（表） ………………… 310
校企改制 ……………………………… 31a、241b
校史馆 ………………………………………… 266c
  对外交流 ………………………………… 268b
  机构设置 ………………………………… 267a
  人员状况 ………………………………… 267a
  日常接待工作 …………………………… 267a
  校史讲座 ………………………………… 268a
  校史文物征集 …………………………… 268a
  校史研究 ………………………………… 267b
  校史展览 ………………………………… 267a
  行政工作 ………………………………… 268a
  专题展览 ………………………………… 267b
校友工作 ……………………………… 333、334a
校园110建设 ………………………………… 370c
校园管理服务中心 …………………………… 329b
  保洁工作 ………………………………… 329c
  环卫工作 ………………………………… 329c

机构设置	329b	信息管理系	86c
绿化新建和改造工程	329c	本科生招生	87a
其他工作	330a	成人教育	87c
人员状况	329b	发展概况	86c
园林绿化工作	329b	国家信息资源管理北京研究基地	87a
主要工作	329b	获批重大科研项目(表)	88
校园环境秩序整治	369b	机构设置	86c
校园面貌	31b	交流合作	87c
校园维稳工作	368c	教职工	86c
校园文化建设	359b、381c	科研工作	87b
解思深	392c	新开设专业课程	87b
心理健康教育	378b	学科建设	87a
活动月	379a	学术交流	87b
心理学系	64a	专业设置	87b
保持共产党员先进性教育活动	64a、65a	信息化建设	357a
党建工作	64a	信息科学技术学院	51a
队伍建设	65a	班主任工作队伍建设和培养	54a
岗位聘任及续聘工作	65a	保持共产党员先进性教育活动	51b
交流合作	64c	本科生培养	52a
教学工作	64b	本科招生与宣传	52b
科研工作	64b	毕业论文开题工作	52a
困难学生工作	65b	出版科技专著(表)	55
行政工作	65a	党建工作	51b
学生工作	65a	党支部换届改选工作	51c
学术交流活动	65b	第30届ACM国际大学生程序设计竞赛亚洲区	
心理咨询机构	378c	北京赛区预选赛暨方正科技杯邀请赛	52b
新化学南楼工程	323a	队伍建设	51c
新获准国家高新技术研究发展计划课题(表)	218	发表论文(表)	54
新获准国家重点基础研究发展规划子项目(表)	217	发展概况	51a
新教职工岗前培训	290c	发展规划修订	51b
新生入学教育活动	376c	服务学生成长成才	54a
新生心理测评和访谈	378c	构建和谐校园	54c
新世纪优秀人才支持计划	208a	关心学生生活	54c
新闻网	361b	机构设置	51a
新闻宣传	359a	交流与合作	53b
新闻与传播学院	76b	教职工	51a
毕业生就业工作	77a	精品课程建设	53a
发展概况	76b	科研成果鉴定和验收	52c
国际交流	77a	科研工作	52c
教学工作	76b	科研项目承担	52c
科研工作	76c	荣誉	52c
学生工作	77a	师资队伍建设	51c
研究项目	76c	文体活动	54b
新增800元以上仪器设备对照表(表)	310a	新博导遴选工作	52c
信访接待与案件办理	366c	行政工作	54c
信息管理	321b	学生	51a
		学生导师制	52a

学生工作	53c
学生工作队伍建设	53c
学生科技实践活动	54b
学生日常管理和服务工作	54a
研究生培养	52b
研究生学术十杰评选活动	54b
研究生招生宣传	52b
研究所评估体系	53b
院工会作用	54c
重点实验室	51b
资产设备	53a
信息与工程学部学术委员会	34
徐光宪	394a
徐至展	391a
许智宏	1b、14、23、402c
宣传工作	357
宣传和学习孟二冬教授先进事迹	29b
宣传引导	381a
选留毕业生分布(表)	287
学部学术委员会	34
学籍管理	174c
学科布局调整	29b
学科建设	145
学科结构优化	29b
学科增列	173c
学历教育	189a
招生工作重点	189a
学生工作	375
队伍建设	375b、375c
机制建设	375b
先进单位	451a
专业化、科学化水平	375b
学生工作部	375b
学生管理规章制度修订	377c
学生会	382b
学生奖励获得者名单	439
学生日常管理	377a
学生社团	382b,383a
学生思想政治教育	376a、380a
学生宿舍41~43楼工程	321c
学生宿舍管理服务中心	330a
畅春新园公寓接管	330b
暑期综合修缮工程	330b
文明卫生宿舍评比表彰活动	330b
先进性教育	330a
学生团体保险人数	377c

学生优秀个人	438
学生住宿和生活条件	31b
学生组织	382b
学术会议	234a
学术科技	381b
学术委员会	33
学位工作	174a
学位评定委员会	33
学习优秀奖	447b

Y

研究生毕业典礼	175c
研究生毕业审批	174a
研究生工作研讨会	174c
研究生公共课教学管理	174c
研究生会	382b
研究生教务工作研讨会	175b
研究生教育	170
研究生精品课程	176b
研究生开学典礼	175c
研究生考试安全与保密	172a
研究生考务工作	172a
研究生课程建设	172c、176a
研究生课程进修班	174a
研究生课程评估	176a
体系	172c
研究生培养创新工程	173a
研究生培养工作	172b
研究生培养管理政策	172b
研究生学制调整	173a
研究生招生计划	171a
研究生招生监督机制	172a
研究生招生宣传与咨询	1761b
研究生招生选拔办法改革	172b
研究生招收	170b
研究资助项目(表)	335
研究资助项目(院系)(表)	338
研究资助项目总表(表)	335
研讨会	278c
燕北园生活配套用房工程	322c
燕园街道办事处	347
保持共产党员先进性教育活动	347c
党建工作	347b
工作职能	347a
环境综合整治	348a
其他工作	348c
社区建设	348b

燕园社区服务中心 ……………………	343	医科获准创新团队发展计划名单(表)…………	218
安全生产管理 …………………………	345c	医科获准高等学校博士点专项科研基金(表)……	219
便民服务活动开展情况 …………………	344a	医科获准高等学校全国优秀博士学位论文	
对外合作 ………………………………	345a	作者专项资金(表) …………………………	220
工程情况汇总(表) ………………………	344	医科获准霍英东高等学校青年教师奖和	
工作任务 ………………………………	343a	资助情况(表) ………………………………	220
家政服务项目汇总(表) …………………	344	医科获准教育部重大和重点项目(表) ………	219
教育培训工作开展情况 …………………	344b	医科获准项目及经费(表) ……………………	214
企业名录(表) …………………………	346	医科获准新世纪优秀人才支持计划名单(表)……	219
人员状况 ………………………………	343b	医科科研 ……………………………………	206
社区服务 ………………………………	343c	科研项目到校经费(表) ……………………	211
社区各项服务单位名录及联系电话(表)……	346	医科通过验收结题的主要科研项目(表) ……	222
社区家政服务运行情况 …………………	343c	医科在研科研项目(表) ………………………	210
社区建设 ………………………………	344c	医科在研科研项目来源(图) …………………	211
社区经营 ………………………………	344a	医疗保险工作统计(表) ………………………	297
社区网络服务运行情况 …………………	343c	医疗投资 ……………………………………	243a
文化宣传 ………………………………	345a	医学部安防监控系统 ………………………	370a
职能部门 ………………………………	343a	医学部保卫工作 ……………………………	368a
宗旨 ……………………………………	343a	医学部本部(含临时聘用人员)失业保险	
杨芙清 ………………………………………	400b	缴费情况(表) ………………………………	297
杨应昌 ………………………………………	388b	医学部本部(含临时聘用人员)养老保险	
养老保险缴费情况(表) ……………………	297	缴费情况(表) ………………………………	297
养老保险人员及缴费情况(表) ……………	297	医学部本部临时聘用人员医疗保险	
药品、医用耗材集中采购 …………………	367b	缴费情况(表) ………………………………	297
药学院 ………………………………………	110b	医学部本专科毕业生 ………………………	460a
博士生导师情况(表) ……………………	110	医学部产业发展和改制 ……………………	241b
党建工作 ………………………………	111a	医学部调出人员技术岗位及来源分布(表)……	289
发展概况 ………………………………	110b	医学部调入人员技术岗位及来源分布(表)……	288
国家自然科学基金资助项目(表) ………	111	医学部负责人 ………………………………	35
获得奖学金研究生 ………………………	112b	医学部工会大事记 …………………………	374c
机构设置 ………………………………	110c	医学部公共教学部 …………………………	140a
教学工作 ………………………………	112a	保持共产党员先进性教育活动 …………	140a
教职工 …………………………………	110c	党的组织建设 ……………………………	140b
科研工作 ………………………………	111c	党建工作 …………………………………	140a
十五规划·211项目药学学科群建设 ……	111b	发展概况 …………………………………	140a
学科建设 ………………………………	111a	加强领导班子能力建设重要性和紧迫性 …	140b
学生 ……………………………………	110c	教学工作 …………………………………	140c
研究生工作 ……………………………	112a	教职工 ……………………………………	140
应届毕业研究生 ………………………	112b	科研工作 …………………………………	141a
叶大年 ………………………………………	398c	理论研讨 …………………………………	140b
叶恒强 ………………………………………	401c	领导班子思想政治素质和领导水平 ……	140a
一般性进口采购 ……………………………	308a	领导班子自身建设 ………………………	140a
医科到校科研经费来源(图) ………………	212	领导班子作风建设 ………………………	140b
医科和北京市科委新签科技合同(表) ……	221	实践活动 …………………………………	140b
医科获准北京科技新星计划人员名单(表)……	222	学科建设 …………………………………	140c
医科获准北京市教委共建项目(表) ………	221	医学部获准国家自然科学基金项目情况(表)……	216
医科获准北京市自然科学基金(表) ………	221	医学部教师队伍年龄结构统计(表) …………	294

医学部教师队伍学历结构统计(表)	294	住院医师规范化培训	195b
医学部教育改革研究立项工作	145a	专业培训	195b
医学部教职工基本情况一览(表)	287	综合性培训工作	195c
医学部接收毕业生岗位分布及学历分布(表)	288	医学图书馆	261
医学部民主党派组织机构状况(表)	364	CALIS 二期工程建设	262c
医学部情况	146a	CALIS 全国高校医学图书馆工作会议	263a
医学部校园110建设	370c	参考咨询	261c
医学部校园基础设施建设	31b	读者服务	261c
医学部校园交通安全工作	369c	馆际互借	261c、262c
医学部校园治安综合治理工作	369c	集团采购数据库	262c
医学部信息通讯中心	273b	培训工作	262c
电话网建设	273b	日常借阅服务	261c
服务工作	273c	数字图书馆专项建设	262a
校园网建设	273b	图书采购情况(表)	262
医学部学术委员会	34	图书馆自动化管理系统建设	262a
医学部夜大学	197b	网络资源建设	262a
医学部有权授予博士、硕士学位的		文献采访编目	261c
学科专业目录	186a	文献传递工作	262c
医学部在校留学生分国别统计(表)	204	文献信息保障服务	261b
医学部在职教育培训中心	196a	信息参考咨询部全年教学工作量(表)	262
医学部治安工作	370b	子项目建设	263b
医学部专业技术职务聘任统计(表)	294	医学网络教育学院	197c
医学部自学考试	197b	发展概况	197c
医学出版社	264	非学历教育	197c、198b
队伍建设	265a	技术开发	198a
教材推广	265a	内部管理	199a
普通高等教育十一五国家级教材申报	265a	学历教育	197c、198a
医学部出版基金	265b	学生工作	199c
医学部科学出版基金资助评选结果(表)	264	学术交流	198c
医学档案馆	266b	医学研究生教育	177b
保持共产党员先进性教育活动	266b	博士后管理工作	180b
党建工作	266b	就业工作	179c
档案接收工作	266c	课程教学	177b
档案理论学习	266c	培养工作	179a
人员状况	266b	学籍管理	178c
日常工作	266b	学生工作	180b
医学技术转移办公室	242b	学位工作	179b
医学继续教育	195a	研究生课程进修班	179a
调研工作	196a	研究生招生工作	178a
发展概况	195a	研究生综合素质及心理健康教育改革	177c
高层次医学人才培养	195b	医药科工作委员会	181a
全国医药卫生行业 EMBA 高级论坛	197a	招生工作	178a
项目拓展	195b	医学在职教育培训	243b
学科优势教学转化	195b	医药卫生分析中心	273c
医学部夜大学	197b	承担课题	273c
医学部在职教育培训中心	196a	蛋白质组学实验室	275a
医学部自学考试	197b	党政工作	274a

电镜室	274c	幼教中心	331a
队伍建设	274a	安全工作	332a
机构设置	273c	办园空间和办园条件拓展	331c
人员状况	274a	家园沟通渠道	332a
卫生与环境分析室	276a	教师深造学习	331b
细胞分析实验室	274b	教育资源优势整合和发挥	331b
药学与化学分析室	276a	亲子教育活动	331c
药学与化学分析室完成测试数统计(表)	276b	全纳教育	331c
医学同位素研究中心	275c	全园聘任制	331b
医院管理	333	人员状况	331a
医院管理年活动	333a	与兄弟院校合作获国家级教学成果奖名单	434
医院医疗质量综合管理	333a	预防腐败工作	365a
仪器设备采购	307b	预科留学项目	201b
仪器设备管理	306c、307a	元培计划办学理念和实践	145a
艺术教学	148c	元培计划管理委员会	141a
艺术学系	97c	大事记	144a
承担国家级科研项目(表)	98	党建工作	141b
出版学术作品(表)	98	导师工作	142b
电视研究中心	99a	发展概况	141a
发表论文(表)	98	机构调整	141c
发展概况	97c	交流合作	143a
合唱团	99a	教学改革	141b
交流合作	98a	教学工作	141c
交响乐团	100b	就业指导工作	143b
教学科研	98b	新生辅导员队伍	143b
教学资源	98a	新生教育、管理和指导	143b
教职工	97c	学生工作	143b
民乐团	99b	元培计划2005年获奖情况(表)	143
舞蹈团	99c	元培计划实验班2004级学生专业分流情况(表)	142
学科建设	98b		
学生	97c	元培计划实验班导师名单(表)	142
研究所	98a	院士增选	289a
艺术硕士(MFA)研究生招收	99b	院、系、所、中心负责人	37
艺术学一级博士学科点申报	98b	校本部	37
应用基础研究	206a	医学部	39
英语新闻网	362b	院系情况	42
迎评准备工作	146a	院系调整	28a
影响因子较高的SCI论文	227	运输中心	330c
优秀班集体	451a		
优秀班主任奖获得者名单	437	**Z**	
一等奖	437a	在春季全校干部大会上的讲话	10、14
二等奖	437a	985工程二期建设	15a、16a
三等奖	437b	985工程二期启动筹备工作	14b
优秀博士学位论文	174b	安全工作	19b
优秀博士学位论文(表)	183	保持共产党员先进性教育活动	13a
优秀德育奖获得者名单	438	保持清醒的头脑和高度的政治敏感性	14b
优秀学生干部	445b	《北京普通高校党建和思想政治工作基本标准》	

落实	11a	人才队伍	16a
本科生教学改革	17a	人才队伍建设	15b、16b
本学期工作	15a	人才培养质量	16b
财务工作	18a	深度融合	17b
财务工作中存在的不足和问题	18b	生源质量	17a
产业工作	19a	师资人事制度改革	16a
创建世界一流大学	11a	思想政治工作	11a
大学生思想政治工作	12a	思想政治教育覆盖面和影响力	13a
大学生思想政治教育网络	12b	思想政治理论课建设	12b
大学生思想政治教育组织保证	13a	统筹规划	16a
党的工作	10a	统一认识	15a
党风廉政建设	13b	向印度洋海域地震和海啸灾害	
党建工作	11a	灾区人民捐款	11a
党、团和学生组织在大学生思想政治教育中		校级行政领导班子换届工作	15a
的重要作用	13a	行政换届工作	10b
党委2004年工作	10a	学工队伍建设	13b
党委常规工作	13b	学科建设	15b、16a
党委工作重点	11a	学生工作	19b
第十七次工会会员代表大会	10b、11a	学生思想政治教育工作组织领导	12a
第五届教代会	10b、11a	学习和实践邓小平理论和三个代表	
附属医院建设	17b	重要思想	13a
高层次学术带头人吸引和培养	16a	学校安全	14b
工作成绩	14a	研究生教育	17a
贯彻落实《北京普通高校党建和思想政治		医学部建设	17b
工作基本标准》工作	11b	择优扶重	16a
国际交流	19a	招生规模稳定	17a
国内合作工作	19a	哲学社会科学课程建设	12b
寒假战略研讨会	10a	政治稳定	14b
合校优势	17b	中纪委五次全会精神学习贯彻	13b
基层领导班子建设	13b	重头工作	14b
基础设施建设	15b、18b	重要基础设施建设	18b
纪检监察工作	13b	主要工作	10a
教师队伍建设	16a	在岗博士生导师名录	416
教师队伍实力	16b	在建工程	322c
教学改革	16b	在秋季全校干部大会暨先进性教育活动工作	
教学管理	16b	培训会议上的讲话	20
经费使用	15b	保持党的先进性	20b
竞争国家重大科研项目能力	17b	保持共产党员先进性教育活动的重要性和	
开源节流	18a	必要性	20b
科研管理体制改革	17b	创建世界一流大学	21b
课堂教学在大学生思想政治教育中的		大学生思想政治工作	21b
主导作用	12b	党的先进性建设	20b
理论宣传工作	14a	党员教师开展先进性教育活动的着力点	21b
廉政工作	19b	反腐倡廉工作	22a
马克思主义在意识形态领域的指导地位	14a	工会工作	22a
民主党派北大委员会换届工作	14a	贯彻三个代表重要思想与创建世界一流大学	
强化管理	18a	的联系	21a

继承和发扬艰苦奋斗的精神	21a	资源统筹配置	25b
加强领导	22b	在线心理咨询	378c
两个务必	21a	在校留学生分国别统计(表)	201
勤俭创一流意识	21a	在校留学生分院系统计(表)	203
群众满意工程	21a	在校生	29a
人事变动	23b	在校研究生统计(表)	187
上级精神领会	21a	在校院士	387
师德建设	21b	中国工程院农业轻纺与环境工程学部	407b
统战工作	22b	中国工程院生物医学学部	407c
先进性教育活动	21a、22b、23a	中国工程院信息与电子工程学部	407a
先进性教育活动任务	22b	中国科学院地学部	396c
先进性教育活动责任感和使命感	20b	中国科学院化学部	393b
先进性教育活动组织领导工作	22b	中国科学院技术科学部	399b
先进性教育试点工作	20a	中国科学院生物学部	402c
学风建设	21b	中国科学院数学物理学部	387a
学术道德建设	21b	在新时期保持共产党员先进性教育活动总结大会	
学习落实中共中央《建立健全教育、制度、监督并重的惩治和预防腐败体系实施纲要》	22a	上的讲话	4a
学习三个代表重要思想	21a	增强团员意识的主题教育活动	386a
中央16号文件学习贯彻	21b	增员类别及学历分布(表)	287
在秋季全校干部大会上的讲话	23	增员情况	287a
985工程二期建设	24b	分布(表)	287
985工程二期重点	25a	翟中和	403a
队伍建设工作	24b	张恭庆	388b
附属医院管理和支持	26a、27a	张焕乔	392b
公共教学大楼	26a	张杰	391c
国家高等教育发展的大趋势	23a	张礼和	396a
国家十一五科技发展规划分析、研究	24a	张弥曼	398a
基建项目投入	25b	张滂	394a
计划建设项目	26a	张青莲	393b
面临的形势	23a	招生	29a
民主监督	27b	招生工作	148a、170c
民主决策	27b	监督检查	367a
全员育人意识	27a	赵柏林	397a
人文社会科学	25a	赵光达	390b
体制创新	25b	哲学系	70b
为师生服务意识	27b	保持共产党员先进性教育活动	70c
校本部和医学部的关系	26a	北京论坛哲学分论坛	73c
校务公开	27b	本科教学工作	71a
学科建设	25b	本科考试与毕业论文管理工作	71b
学生工作	27a	出版编著	71c
学术道德建设	27a	出版译著	71c
学术氛围营造	27a	出版专著	71c
医科八年制教学工作	26b	党建工作	70c
与教职工和学生的沟通	27b	党员队伍建设	70c
在建项目	26a	对外学术交流	72b
资源使用效益	25b	发展概况	70b
		海峡两岸研究生哲学论坛	73b

获奖项目	71b	学生工作	80a
纪念冯友兰先生诞辰110周年暨冯友兰学术		院友会成立大会	78a
国际研讨会	73b	在研课题	78c
纪念席勒逝世200周年学术讨论会	73c	政府管理论坛	78a
交流合作	72a	政治发展研究会	80a
教材建设	71a	政治发展与政府管理研究所	77c
教学工作	70c	政府特贴	289b
教学计划	71a	支出构成(图)	300
教职工	70b	支出构成比较(图)	300
科研工作	71b	直属、附属单位负责人	39
科研项目	72a	校本部	39
马克思主义文本研究方法		医学部	40
暨前沿问题研讨会	73a	制度建设	356c
三级精品课建设	71a	治安防范	370b
社会·文化·心灵哲学文化节	73a	致公党北大支部换届	363c
文体活动	72c	中层领导班子调整和换届工作	355c
席勒美育思想的当代意义——纪念席勒		中关园留学生公寓(一期)工程	322c
逝世200周年学术讨论会	73c	中关园留学生公寓建设项目部	342b
宣传和交流平台建设	72c	拆迁工作	342b
学生工作	72b	二期工程筹建	342c
学术会议	72a	工程建设	342c
学术活动	73a	工程设计方案调整及申报	342c
迎接教育部本科教学工作水平评估		内部管理	343b
准备工作	71b	人员状况	343b
主干基础课建设	71a	一期工程建设	342c
主题文化活动	72c	园区整体建设	342c
哲学学士	457b	中国经济研究中心	101c
正常进口仪器设备一览(表)	318	大事记	102c
政府管理学院	77b	党建工作	101c
保持共产党员先进性教育活动	78a	发展概况	101c
本科生教学管理工作	78b	服务社会	102c
本科主干基础课	78b	交流合作	102b
博士点	77b	教师引进	102a
成人教育	78c	科研工作	102a
党建工作	77c	师资队伍	102a
党政工作	77c	双学位毕业生	474
发展概况	77b	学科建设	102a
公共管理研究会	80a	中国研究生院院长联席会秘书处	177a
交流合作	79a	中国药物依赖性研究所	137a
教学工作	78b	973项目子课题	137c
教育部人文社会科学基金项目申报	78c	发展概况	137a
教职工	77c	教学工作	138a
科研工作	78c	科研工作	137b
硕士点	77b	社会服务	138a
外国官员研修班	80a	学科建设	137b
委托项目	79a	中国语言文学系	65c
新大楼建设	78a	95周年系庆	66b

发展概况	65c	自学考试	190c
机构设置	65c	宗教学系	70b
教学成果奖	66a	总减员分布(表)	289
教学工作	66a	总务部	323a
教职工	66a	安全稳定工作	323c
科研工作	66b	保持共产党员先进性教育活动	323a
学生	66a	保障服务能力	324b
中华医学科技奖名单(表)	226	财务制度	325a
中央文件精神贯彻落实	365c	畅春新园外线配套工程	324b
重大警卫活动	368c	规范管理	323a
重大科技成果目录	263	后勤管理骨干建设	325b
重点实验室评估	206c	后勤社会化改革	323a
重点专项工作	305b	基础保障工作	323b
周其凤	395a	基础设施条件	324b
周又元	391b	基础设施主要工程一览(表)	324
朱作言	403b	集中供热锅炉房增容改造工程	324b
主干基础课建设	145b	技术骨干队伍建设	325b
助学工作	377c	节约能源建设节约型校园工作	325c
助学金、奖教金、研究资助项目(表)	335	人力资源优化	325b
助学金、奖教金、研究资助项目(院系)(表)	338	卫生工作	326a
助学金、奖教金、研究资助项目总表(表)	335	学生教室改造	324c
专利	208c	学生宿舍改造	324b
申请受理、授权情况统计(表)	230	学校改革和发展	323b
专文	10	制度建设	323a
专业技术职务聘任	291c	总务系统运行经费管理	325a
统计(表)	294	总务系统工作	323a
专业技术职务评审委员会	33	纵向项目申报立项	232c
庄辉	409a	纵向项目中检、结项	233a
资产管理	304	组织工作	354
资产管理部	304a	组织宣传工作	372a
资产经营	243a		

（肖东发　王彦祥　编制）